I0288970

www.ingramcontent.com/pod-product-compliance
Lightning Source LLC
Chambersburg PA
CBHW080537230426
43663CB00015B/2624

* 9 7 8 6 0 0 9 5 3 0 2 4 3 *

بسم الله الرحمن الرحیم

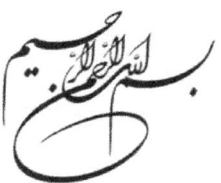

ناهید عبقری

شرح مثنوی معنوی

دفتر پنجم

با نگاهی تطبیقی به مبانی عرفان نظری

سرشناسه : عبقری، ناهید، ۱۳۳۱ -
عنوان قراردادی : مثنوی. شرح
عنوان و نام پدیدار : شرح مثنوی معنوی (با نگاهی تطبیقی به مبانی عرفان نظری) /ناهید عبقری.
مشخصات نشر : مشهد: بانگ نی، ۱۳۹۴ -
مشخصات ظاهری : ج.
شابک : دوره 7-6-95302-600-978: ؛ 3-4-95302-600-978: ج. ۵ ؛
وضعیت فهرست‌نویسی : فیپا
موضوع : مولوی، جلال‌الدین محمد بن محمد، ۶۰۴ - ۶۷۲ ق. مثنوی -- نقد و تفسیر
موضوع : شعر فارسی -- قرن ۷ ق. -- تاریخ و نقد
شناسه افزوده : مولوی، جلال‌الدین محمد بن محمد، ۶۰۴ - ۶۷۲ ق. مثنوی. شرح
رده‌بندی کنگره : ۱۳۹۴ ۴ش ۲۶ ع/۵۳۰۱ PIR
رده‌بندی دیویی : ۸فا۱/۳۱
شماره کتابشناسی ملی : ۴۱۰۶۸۲۸

نام کتاب : شرح مثنوی معنوی (با نگاهی تطبیقی به مبانی عرفان نظری) دفتر پنجم
نویسنده : ناهید عبقری
ویراستار : عفت‌السّادات شهیدی
ویراستار : زهرا رحمانی
ویراستار : نسیم نیک‌پور
حروف‌چینی و صفحه‌آرایی : اسد احمدی
طراح جلد : نسیم نیک‌پور
چاپ : دقت
نوبت چاپ : اول / ۱۳۹۵
شمارگان : ۲۰۰۰
شابک : ۳-۴-۹۵۳۰۲-۶۰۰-۹۷۸
شابک دوره : ۷-۶-۹۵۳۰۲-۶۰۰-۹۷۸
تعداد صفحات : ۶۰۰ صفحه وزیری
بها : ۵۴۰۰۰ تومان (دورهٔ ۶ جلدی: ۳۵۰۰۰۰ تومان)
ناشر : بانگ نی e-mail : info@bangeney.ir

مرکز پخش: انتشارات بانگ نی، مشهد، هنرستان ۵، پلاک ۲۴، تلفن ۳۸۶۷۳۳۱۳ ۰۵۱ تلفکس ۳۸۶۷۳۱۲۹ ۰۵۱
سایت: bangeney.ir کانال در تلگرام: bangeney@ ارتباط با ما در تلگرام: bangeney2@

فهرست اجمالی حکایات و قصص
دفتر پنجم

۱ ـ دیباچهٔ منثور و توضیحاتی مربوط به آن .... شماره ص ۱۳

۲ ـ مجلّد پنجم از کتاب مولانا قَدَّسَ اللهُ سِرَّهُ .... شماره ص ۱۵

عنوان — **شماره بیت**

۳ ـ تفسیر «خُذْ أَرْبَعَةً مِنَ الطَّیرِ فَصُرْهُنَّ إِلَیْکَ» ۳۱

۴ ـ در سبب ورودِ این حدیثِ مصطفی صلوات الله علیه که «الکافِرُ یَأکُلُ . . .» ۶۴

۵ ـ بیانِ آنکه نماز و روزه و همهٔ چیزهای برونی گواهی‌هاست بر نور اندرونی ۱۸۳

۶ ـ پاک کردن آب همهٔ پلیدی‌ها را ۲۰۰

۷ ـ در بیان آنکه نور خود از اندرون شخص منوّر بی آنکه فعلی و قولی بیان کند ۲۴۲

۸ ـ بیان آنکه نور که غذای جان است غذایِ جسم اولیا می‌شود ۲۸۸

۹ ـ انکارِ اهلِ تن غذایِ روح را ۳۰۲

۱۰ ـ مناجات ۳۰۵

۱۱ ـ تمثیلِ لوحِ محفوظ و ادراکِ عقلِ هرکسی از آن ۳۱۷

۱۲ ـ تمثیلِ روش‌هایِ مختلف و همّت‌هایِ گوناگون به اختلافِ تَحَرّی ۳۲۹

۱۳ ـ تفسیر «یا حَسْرَةً عَلی العِبادِ» ۳۴۶

۱۴ ـ سببِ آنکه فَرَجی را نام فرجی نهادند از اوّل ۳۵۴

۱۵ ـ صفت طاووس و طبع او ۳۹۵

۱۶ ـ در بیان آنکه لطف حق را همه کس داند و ۴۲۰

۱۷ ـ تفاوتِ عُقول در اصلِ فطرت ۴۵۹

۱۸ ـ حکایتِ آن اعرابی که سگِ او از گرسنگی می‌مُرد ۴۷۷

۱۹ ـ در بیان آنکه هیچ چشم بدی آدمی را چنان مُهلک نیست که ۴۹۸

۲۰ ـ تفسیر «و إنْ یکادُ الَّذینَ کَفَرُوا لَیُزْلِقُونَکَ بِأَبْصارِهِمْ» الآیة ۵۰۶

۲۱ ـ قصّهٔ آن حکیم که دید طاووسی را ...	۵۳۶
۲۲ ـ در بیان آنکه صفا و سادگیِ نَفْسِ مطمئنّهُ از فکرت‌ها مشوّش می‌شود ...	۵۵۷
۲۳ ـ در بیان قول رسول علیه السَّلام: «لَا رَهْبَانِیَّةَ فِی الْإِسْلَام»	۵۷۴
۲۴ ـ در بیان آنکه ثوابِ عملِ عاشق از حق، هم حقّ است	۵۸۶
۲۵ ـ در تفسیرِ قولِ رسول علیه السَّلام: «مَا مَاتَ مَنْ مَاتَ إلَّا وَ تَمَنَّی ...».	۶۰۴
۲۶ ـ در بیان آنکه عقل و روح در آب و گِل محبوس‌اند	۶۲۰
۲۷ ـ در صفت آن بی‌خودان که از شرِّ خود و هنرِ خود آمن شده‌اند ...	۶۷۲
۲۸ ـ در بیان آنکه ما سِوَی الله، هر چیزی آکل و مأکول است ...	۷۱۹
۲۹ ـ صفتِ کشتنِ خلیل(ع) زاغ را ...	۷۶۵
۳۰ ـ مناجات	۷۸۰
۳۱ ـ قال النَّبی علیه السَّلام: «ارْحَمُوا ثَلَاثاً عَزِیزَ قَوْمٍ ...»	۸۲۳
۳۲ ـ قصّهٔ محبوس شدنِ آن آهوبچه در آخُرِ خران ...	۸۳۳
۳۳ ـ حکایت محمّد خوارزم‌شاه که شهر سبزوار که ...	۸۴۵
۳۴ ـ تفسیر «إنّی أرَی سَبْعَ بَقَرَاتٍ ...» ...	۹۳۲
۳۵ ـ بیان آنکه کشتنِ خلیل علیه السَّلام خروس را ...	۹۴۰
۳۶ ـ تفسیر «خَلَقْنَا الْانْسَانَ فِی أحْسَنِ تَقْویمٍ ...» ...	۹۶۲
۳۷ ـ تفسیر «أسْفَلَ السَّافِلِینَ إلَّا الَّذِین ...».	۹۷۴
۳۸ ـ مثالِ عالَمِ هستِ نیست‌نما و عالَمِ نیستِ هست‌نما	۱۰۲۶
۳۹ ـ در تفسیر قول مصطفی علیه السَّلام: «لَا بُدَّ مِنْ قَرِینٍ یُدْفَنُ مَعَکَ وَ هُوَ ...»	۱۰۵۱
۴۰ ـ تفسیر «وَ هُوَ مَعَکُمْ».	۱۰۷۳
۴۱ ـ در تفسیر قول مصطفی علیه السَّلام: «مَنْ جَعَلَ الْهُمُومَ هَمَّاً ...» ...	۱۰۸۴
۴۲ ـ در معنی این بیت: گر راه روی راه بَرَت بگشایند / ور نیست شوی به هستی‌اَت بگرایند.	۱۱۰۵
۴۳ ـ قصّهٔ آن شخص که دعویِ پیغامبری می‌کرد ...	۱۱۱۹
۴۴ ـ سببِ عداوتِ عام و بیگانه زیستنِ ایشان با اولیای خدا	۱۱۴۹
۴۵ ـ در بیان آنکه مردِ بدکار چون متمکّن شود در بدکاری ...	۱۱۷۱
۴۶ ـ مناجات	۱۱۹۷
۴۷ ـ پرسیدن آن پادشاه از آن مدّعیِ نبوّت که ...	۱۲۲۶
۴۸ ـ داستان آن عاشق که با معشوقِ خود بر می‌شمرد خدمت‌ها و ...	۱۲۴۲
۴۹ ـ یکی پرسید از عالمی عارفی که اگر در نمازکسی بگرید ...	۱۲۶۵

50 ـ مریدی در آمد به خدمت شیخ و از این شیخ پیر سن نمی‌خواهم ... ۱۲۷۱	
51 ـ داستان آن کنیزک که با خر خاتون شهوت می‌راند ... ۱۳۳۳	
52 ـ تمثیلِ تلقینِ شیخ مریدان را و پیغامبر امّت را ... ۱۴۳۰	
53 ـ صاحب دلی دید سگِ حامله در شکم آن سگ بچگان بانگ می‌کردند ... ۱۴۴۵	
54 ـ قصّهٔ اهلِ ضروان و حسدِ ایشان ... ۱۴۷۳	
55 ـ بیان آنکه عطای حق و قدرت موقوف قابلیّت نیست ... ۱۵۳۷	
56 ـ در ابتدای خلقتِ جسم آدم(ع) ... ۱۵۵۶	
57 ـ قصّهٔ قوم یونس علیه السّلام بیان و برهان آن است که ... ۱۶۰۸	
58 ـ بیان آنکه مخلوقی که تو را از او ظلمی رسد، به حقیقت او همچون آلتی است ... ۱۶۸۳	
59 ـ جواب آمدن که: آنکه نظرِ او بر اسباب و مرض و زخمِ تیغ نیاید ... ۱۷۱۰	
60 ـ در بیان وخامت چرب و شیرین دنیا و ... ۱۷۴۳	
61 ـ جواب آمدن آن مُغفَّل که گفته است که خوش بودی این جهان اگر مرگ نبودی ... ۱۷۶۰	
62 ـ فیما یُرجیٰ مِنْ رَحمَةِ الله تعالیٰ مُعْطی اَلنُّعَم ... ۱۷۷۲	
63 ـ قصّهٔ ایاز و حجره داشتن او جهت چارق و پوستین ... ۱۸۵۷	
64 ـ بیان آنکه: آنچه بیان کرده می شود صورتِ قصّه است و ... ۱۸۹۲	
65 ـ «خَلَقَ الْجانُّ مِنْ مارجٍ مِنْ نارٍ» وَ قولُهُ تَعالیٰ ... ۱۹۲۷	
66 ـ در معنی این که: «أرِنا الأَشْیاءَ کَما هِیَ» ... ۱۹۷۴	
67 ـ بیان اتّحاد عاشق و معشوق ... ۱۹۹۹	
68 ـ معشوقی از عاشقی پرسید که خود را دوست‌تر داری یا مرا؟ ... ۲۰۲۰	
69 ـ حکایت در تقریر این سخن که چندین‌گاه گفتِ ذکر را آزمودیم ... ۲۱۵۰	
70 ـ در بیان کسی که سخنی گوید که حال او مناسب آن سخن و آن دعوی نباشد ... ۲۱۶۳	
71 ـ حکایت در بیان توبهٔ نصوح ... ۲۲۲۸	
72 ـ در بیان آنکه دعایِ عارفِ واصل و ... ۲۲۴۲	
73 ـ حکایت در بیان آنکه کسی توبه کند و پشیمان شود و ... ۲۳۲۶	
74 ـ تشبیه کردن قطب که عارفِ واصل است در اجری دادنِ خلق ... ۲۳۳۹	
75 ـ حکایت دیدنِ خرِ هیزُم‌فروش بانواییِ اسبان تازی را بر آخُر خاص و ... ۲۳۶۱	
76 ـ ناپسندیدن روباه گفتن خر را که من راضی‌ام به قسمت ... ۲۳۸۲	
77 ـ در تقریر معنی توکّل: حکایت آن زاهد که توکّل را امتحان می‌کرد ... ۲۴۰۲	
78 ـ مَثَل آوردن اُشتر در بیان آنکه: در مُخبِرِ دولتی فرّ و اثر آن چون نبینی، ... ۲۴۴۱	

۷۹ ـ فرقِ میانِ دعوتِ شیخِ کاملِ واصل و میانِ سخنِ ناقصانِ فاضل ... ۲۴۸۵	
۸۰ ـ حکایت آن مُخَنَّث و پرسیدن لوطی از او ... ۲۴۹۸	
۸۱ ـ غالب شدن حیلهٔ روباه بر استعصام و تعفّفِ خر و ... ۲۵۱۷	
۸۲ ـ حکایت آن شخص که از ترس خویشتن را ... ۲۵۳۹	
۸۳ ـ در بیان آنکه نقضِ عهد و توبه موجب بلا بُوَد بلکه موجب مسخ است ... ۲۵۹۲	
۸۴ ـ حکایت شیخ محمّدِ سَرْرَزی غزنوی قَدَّسَ اللهُ سِرَّهُ ۲۶۶۸	
۸۵ ـ در معنی «لَوْلَاكَ لَمَا خَلَقْتُ ٱلْأَفْلَاكَ» ۲۷۳۵	
۸۶ ـ سبب دانستنِ ضمیرهای خلق ۲۸۱۳	
۸۷ ـ در بیانِ فضیلت اِحتما و جوع ۲۸۳۳	
۸۸ ـ مَثَل ۲۸۳۵	
۸۹ ـ حکایت مریدی که شیخ از حرص و ضمیر او واقف شد ... ۲۸۴۲	
۹۰ ـ حکایت آن گاو که تنها در جزیره‌ای بزرگ است ... ۲۸۵۶	
۹۱ ـ صید کردن شیر آن خر و تشنه شدن شیر از کوشش ... ۲۸۷۱	
۹۲ ـ حکایت آن راهب که روز با چراغ می‌گشت ... ۲۸۸۸	
۹۳ ـ دعوت کردن مسلمان مُغ را ۲۹۱۳	
۹۴ ـ مَثَلِ شیطان بر در رحمان ۲۹۳۸	
۹۵ ـ جواب گفتن مؤمنِ سُنّی، کافرِ جبری را و در اثباتِ اختیارِ بنده دلیل گفتن، ... ۲۹۶۴	
۹۶ ـ درکِ وجدانی چون اختیار و اضطرار و خشم و اصطبار و ... ۳۰۲۳	
۹۷ ـ حکایت هم در بیانِ تقریرِ اختیارِ خلق ... ۳۰۵۹	
۹۸ ـ حکایت هم در جوابِ جبری و اثباتِ اختیار ... ۳۰۷۸	
۹۹ ـ معنیِ «ماشاءَ اللهُ کانَ» یعنی خواست خواست او و رضا رضای او جویید ... ۳۱۱۲	
۱۰۰ ـ و همچنین: «قَدْ جَفَّ ٱلْقَلَمُ» یعنی ... ۳۱۳۲	
۱۰۱ ـ حکایت آن درویش که در هَری غلامان آراستهٔ عمید خراسان را دید و ... ۳۱۶۶	
۱۰۲ ـ گفتن خویشاوندان مجنون را که ... ۳۲۸۷	
۱۰۳ ـ حکایت جوحی که چادر پوشید و در وعظ میان زنان نشست و ... ۳۳۲۶	
۱۰۴ ـ حکایت کافری که گفتندش در عهد ابایزید که مسلمان شو و ... ۳۳۵۷	
۱۰۵ ـ حکایت آن مُؤَذِّنِ زشت‌آواز که در کافرستان بانگ نماز داد ... ۳۳۶۸	
۱۰۶ ـ حکایت آن زن که گفت شوهر را که گوشت را گربه خورد ... ۳۴۱۰	
۱۰۷ ـ حکایت آن امیر که غلام را گفت که می بیار ... ۳۴۴۰	

۱۰۸ ـ حکایت ضیاءِ دَلْق که سخت دراز بود و برادرش شیخ اسلام تاج بلخ ...	۳۴۷۳
۱۰۹ ـ حکایت مات کردنِ دلقک، سیّد شاه تِرْمِدْ را	۳۵۰۸
۱۱۰ ـ انداختن مصطفی علیه السَّلام خود را از کوهِ حِریٰ ...	۳۵۳۶
۱۱۱ ـ تفسیر این آیت که «وَ إنَّ الدَّارَ الآخِرَةَ لَهِیَ الْحَیَوانُ ...» ...	۳۵۹۲
۱۱۲ ـ تمثیلِ تنِ آدمی به مهمان‌خانه و اندیشه‌های مختلف به مهمانان مختلف ...	۳۶۴۵
۱۱۳ ـ حکایتِ آن مهمان که زنِ خداوند خانه گفت که ...	۳۶۴۸
۱۱۴ ـ تمثیلِ فکر هر روزینه که اندر دل آید ...	۳۶۷۷
۱۱۵ ـ وصیّت کردنِ پدر دختر راکه خود را نگهدار تا حامله نشوی از شوهرت	۳۷۱۷
۱۱۶ ـ وصفِ ضعیف‌دلی و سستیِ صوفیِ سایه‌پروردِ مجاهده ناکرده ...	۳۷۳۸
۱۱۷ ـ حکایتِ عَبّاضیِ رَحِمَهُ الله که هفتاد غَزْوْ کرده بود ...	۳۷۸۱
۱۱۸ ـ حکایتِ آن مجاهد که از هَمْیانِ سیم هر روز یک درم در خندق انداختی ...	۳۸۱۶
۱۱۹ ـ صفت کردنِ مردِ غمّاز و نمودنِ صورتِ کنیزکِ مصوّر در کاغذ ...	۳۸۳۲
۱۲۰ ـ حجّتِ منکرانِ آخرت ...	۳۹۳۱
۱۲۱ ـ بیان آنکه «نَحْنُ قَسَمْنا» که یکی را شهوت و ...	۴۰۲۶
۱۲۲ ـ دادن شاه گوهر را میان دیوان و مجمع به دست وزیر که این چند ارزد؟	۴۰۳۶
۱۲۳ ـ تفسیر گفتنِ ساحران فرعون را در وقت سیاست با او که ...	۴۱۲۲
۱۲۴ ـ مجرم دانستنِ ایاز خود را در این شفاعت‌گری ...	۴۱۵۵

بسم الله الرّحمن الرّحیم

وَ بِهِ نَسْتَعِینُ وَ عَلَیْهِ نَتَوَکَّلُ وَ عِنْدَهُ مَفاتیحُ الْقُلُوبِ وَ صَلَّی اللهُ عَلیٰ خَیْرِ خَلْقِه مُحَمَّدٍ وَ آلِهِ وَ صَحْبِهِ أَجْمَعِینَ[1]

این مُجلّدِ پنجم است از دفترهایِ مثنوی و تِبْیانِ[2] معنوی در بیان آنکه شریعت همچون شمع است،[3] ره می‌نماید، و بی آنکه شمع به دست آوری، راه رفته نشود و چون در رَه آمدی، آن رفتن تو طریقت است، و چون رسیدی به مقصود، آن حقیقت است، و جهت این گفته‌اند که: **لَوْ ظَهَرَتِ الحَقایِقُ بَطَلَتِ الشَّرایعُ.**[4] همچنانکه مس زر شود، و یا خود از اصل زر بُوَد، او را نه علم کیمیا حاجت است که آن شریعت است، و نه خود را در کیمیا مالیدن که آن طریقت است، چنانکه گفته‌اند: **طَلَبُ الدَّلیلِ بَعْدَ الوُصُولِ إلَی الْمَدْلُولِ قَبیحٌ، وَ تَرْکُ الدَّلیلِ قَبْلَ الوُصُولِ إلَی الْمَدْلُولِ مَذْمُومٌ.**[5] حاصل آنکه: شریعت همچون علمِ کیمیا آموختن است از استاد یا از کتاب، و طریقت استعمال کردنِ داروها و مس را در کیمیا مالیدن است، و حقیقتْ زر شدن مس. کیمیادانان به علمِ کیمیا شادند که: ما علمِ این می‌دانیم، و عمل‌کنندگان به عملِ کیمیا شادند که: ما چنین کارها می‌کنیم، و حقیقت یافتگان به حقیقت شادند که: ما زر شدیم و از علم و عمل کیمیا آزاد شدیم، **عُتَقآءُ الله**[6]ایم. **کُلُّ حِزْبٍ بِمٰا لَدَیْهِمْ فَرِحُونَ.**[7] یا مثالِ شریعت همچو علمِ طب آموختن است، و طریقت، پرهیز کردن به موجب علمِ طب و داروها خوردن، و حقیقت،

---

۱ - و از او یاری می‌جوییم و به او توکّل می‌کنیم، و کلیدهای دل‌ها نزد اوست و درود پروردگار بر بهترینِ آفریدگانش محمّد و بر خاندان او و همهٔ یارانش. ۲ - **تبیان** : تبیین، بیان.

۳ - قشیری می‌گوید: فالشَّریعةُ أَن تَعْبُدَهُ وَ الطَّریقةُ أَنْ تَقْصِدَهُ وَ الْحَقیقةُ أَنْ تَشْهَدَهُ : شرح مثنوی مولوی، ج ۵، ص ۱۷۲۴. ۴ - چون حقایق آشکار شود شرایع باطل می‌شود.

۵ - جست‌وجوی دلیل پس از یافتن مدلول کار زشتی است و ترک دلیل پیش از رسیدن به مدلول ناپسند است.

۶ - **عُتَقآءُ الله** : بندگان آزاد شدهٔ خدا، عُتقاء جمع عتیق است. نمونهٔ این واصلان لقمان سرخسی است که در طیّ مناجاتی با پروردگار، خود را از تکالیف ظاهر آزاد ساخت: منطق الطّیر عطّار، تصحیح دکتر سیّد صادق گوهرین، ص ۲۰۹، نقل از: مثنوی، تصحیح دکتر محمّد استعلامی، ج ۵، ص ۲۰۷.

۷ - **کُلُّ حزبٍ...** : قرآن: مؤمنون: ۵۳/۲۳: هر گروهی بدانچه در می‌یابند، خشنودند.

صحّت یافتنِ ابدی، و از آن هر دو فارغ شدن. چون آدمی از این حیات میرد،[1] شریعت و طریقت از او منقطع شود و حقیقت مانَد. حقیقت اگر دارد نعره می‌زند که: **یالَیْتَ قَوْمي یَعْلَمُونَ بِما غَفَرَلی رَبّي**[2] و اگر ندارد نعره می‌زند که: **یا لَیْتَني لَمْ أُوتَ کِتابِیَهْ وَ لَمْ أَدْرِ ما حِسابِیَهْ. یا لَیْتَها کانَتِ الْقاضِیَهْ. ما أَغْنیٰ عَنّي مالِیَه، هَلَکَ عَنّي سُلْطانِیَهْ.**[3]

شریعت علم است،[4] طریقت عمل است، حقیقت، **الوُصُول إلی الله. فَمَنْ کانَ یَرْجُو لِقاءَ رَبِّهِ فَلْیَعْمَلْ عَمَلاً صالِحاً و لا یُشْرِكْ بِعِبادَةِ رَبِّهِ أَحَداً**[5]**، وَ صَلَّی اللهُ عَلیٰ خَیْرِ خَلْقِهِ مُحَمَّدٍ وَ آلِهِ وَ صَحْبِهِ وَ عِتْرَتِهِ وَ سَلَّمَ تَسْلیماً.**[6]

---

۱ - **از این حیات میرد :** از نظر روحانی به کمال برسد.

۲ - قرآن: یس: ۳۶/۲۷-۲۶: ...ای کاش قوم من می‌دانستند این را که پروردگارم مرا آمرزیده است... . اشاره است به سخنان مردی به نام حبیب نجّار که به شهادت رسید و هنگام ورود به بهشت این سخنان را بر زبان آورد: ر.ک: ۲۰۱۷/۳.

۳ - قرآن: حاقّه: ۶۹/۲۹-۲۵: ...ای کاش کارنامه‌ام به من داده نمی‌شد و نمی‌دانستم حساب و کتابم چیست. کاش آن [مرگ] یکسره بود. مال و منال من به کار من نیامد. دستگاه [قدرت] من از دستم برفت.

معروف است که عضدالدّوله پادشاه مقتدر آل بویه، هنگام نزع مکرّر این آیات را با دریغ و درد می‌خوانده است: نقل از قرآن، ترجمهٔ خرّمشاهی، ذیل آیهٔ شریفه.

۴ - **شریعت علم است... :** سخنی است منسوب به پیامبر(ص): الشَّریعةُ أَقْوالي، والطَّریقةُ عَمَلي، وَالحقیقة حالِي: شریعت گفته‌های من، طریقت اعمال من و حقیقت حال درونی من است.

۵ - قرآن: کهف: ۱۸/۱۱۰: ...هر آن کس که امید در لقای پروردگارش بسته است، باید کار نیکو پیشه کند و در پرستش پروردگارش کسی را شریک نیاورد.

۶ - و درود پروردگار بر بهترینِ آفریدگانش محمّد و پیروان و یاران و نزدیکانش باد، و سلام خداوند بر آنان.

مجلّد پنجم از کتاب مولانا قَدَّسَ اللّٰهُ سِرَّهُ[۱]

در آغاز دفتر پنجم مولانا همانند دیگر مواردی که در تمام دفاتر شاهد بوده‌ایم، حُسام‌الدّین را می‌ستاید و کشش او را انگیزهٔ تقریر مثنوی می‌داند و اعلام می‌کند که عامِ خلق قادر به درک شأن روحانی وی نیستند و به او حسد می‌ورزند. آنان در این قطعه به صَعوه‌های حقیری مانند شده‌اند که قادر به هضم و جذب لقمهٔ «باز» نیستند، این لقمه در گلویشان می‌مانَد و پایین نمی‌رود و موجب بغض و حسد و عِناد می‌شود؛ پس اینکه خلق محجوب‌اند و توانایی قبول مدح او را ندارند، سببی است که مولانا بیش از این در ستایش حُسام‌الدّین دادِ معنی ندهد و آن را به مجمع روحانیان موکول کند.

شه حُسام‌الدّین که نورِ انجُم[۲] است　　طـالبِ آغـازِ سِـفْرِ[۳] پـنجم است ۱

شاه حُسام‌الدّین که روشنی ستارگان است شروع دفتر پنجم مثنوی را خواهان است.

ای ضیاء الحق حُسام الدّینِ راد[۴]　　اوسـتادانِ صـفا[۵] را اوسـتاد ۲

ای ضیاء الحق حُسام الدّینِ جوانمرد، ای استادِ استادانِ عالم معنا،

---

۱ - **قَدَّسَ سِرَّهُ**: خاک او پاکیزه باد.

۲ - **أَنْجُم**: جمع نَجم به معنی ستاره، نورِ نجم: روشنی ستارگان، در پرتو نور باطن انسان کامل، عالمِ هستی نور می‌یابد.　۳ - **سِفْر**: کتاب.

۴ - **راد**: جوانمرد، شاید هم اشاره‌ای به «اهلِ فتوّت» که حُسام الدّین بعد از پدرش سرحلقهٔ آنان بوده است، باشد.

۵ - **اوستادان صفا**: استادانِ عالمِ معنا، مردانِ راهِ حق.

۳ **گر نبودی خلق محجوب[1] و کثیف[2]   ور نبودی حلق‌ها تنگ و ضـعیف[3]**

اگر مردم قادر به درک حقایق بودند، اگر فهم آنان برای جذب معانی این قدر ناچیز نبود،

۴ **در مـــدیحت دادِ مـــعنی دادَمـــی[4]   غـــیرِ ایـــن مـنطق[5] لبـی بگشـادمی**

در ستایش تو حقِ مطلب را ادا می‌کردم و با بیانی غیر از این لب به سخن می‌گشودم.

۵ **لیک لقـــمۀ بـاز[6] آنِ صَـعوه[7] نـیست   چاره اکنون آب و روغن کردنی‌ست[8]**

امّا آن معانی در حدّ درکِ تنگ نظران نیست و باید با همین بیان متعارف سخن بگوییم.

۶ **مدحِ تو حیف است بـا زنـدانـیان[9]   گـــویم انـــدر مـــجمعِ روحـــانیان**

حیف است مدح تو را در حضورِ «محبوسانِ عالمِ حسّ» بگویم، آن را در محفلِ عارفان می‌گویم.

۷ **شرحِ تو غَبن[10] است با اهلِ جهان[11]   هـــمچو رازِ عشـــق دارم در نـــهان**

حیف است که شرح حال تو را برای «اهلِ دنیا» بگویم، آن را همانندِ سرّ عشق پنهان می‌کنم.

۸ **مدحْ تعریف[12] است و تَخْریقِ حجاب[13]   فـارغ است از شـرح و تـعریفْ آفـتاب**

ستایش، توصیف و شناساندنِ چیزی است که شناخته شده نیست، در حالی که خورشیدِ معنویِ وجود تو از توصیف بی‌نیاز است.

۹ **مـادحِ خـورشید مـدّاحِ خـود است   که:دو چشمم روشن و نامُرمَد[14] است**

کسی که خورشید را می‌ستاید، خود را ستوده و در واقع گفته است: چشمان من بیناست و معیوب نیست.

---

۱ - **محجوب و کثیف** : در حجاب و غیر لطیف، کسی که حجابی بر چشم باطن اوست و حقیقت را نمی‌فهمد.
۲ - **کثیف** : غلیظ و در هم پیچیده، ناپاک، اینجا به معنی درگیر در امور دنیوی و غافل از حقایق (غیر لطیف).
۳ - مصراع دوم؛ یعنی حلقی که رزق معنوی را دریافت می‌کند، فهم و جذب معانی و معارف.
۴ - **دادِ معنی دادن** : حقّ مطلب را ادا کردن.
۵ - **این منطق** : الفاظ و زبان متعارف، غیر این منطق سخن گفتن، یعنی به زبان اهل دل یا اهل معنا، زبانی که اسرار و حقایق ماورای حجاب‌ها را می‌گوید.   ۶ - **لقمۀ باز** : غذای پرنده‌ای بلندپرواز، اینجا کنایه از معانی بلند.
۷ - **صَعْوَة** : گنجشکِ کوچک، کنایه از ضعف درک مریدان.
۸ - مصراع دوم؛ بنابر مصلحت ظاهر را حفظ کردن.
۹ - **زندانیان** : اهل دنیا که در عالم حسّ و زندگی دنیوی خویش اسیر و زندانی‌اند.   ۱۰ - **غَبْن** : زیان و ضرر.
۱۱ - **اهلِ جهان** : همان زندانیان، اسیران عالم حسّ.
۱۲ - **تعریف** : وصف و شناساندن چیزی که شناخته شده نیست.
۱۳ - **تخریقِ حجاب** : پاره کردن پرده، یعنی پرده را از روی اسرار برداشتن.
۱۴ - **مُرْمَد** : کسی که دچار التهاب چشم شده است، اینجا ضعفِ بینایی.

دفتر پنجم ۱۷

ذمِّ خــورشیدِ جـهان ذمِّ خـود است　　　که دو چشمم کور و تاریک و بد است ۱۰

نکوهش خورشید هم مذمّتِ خود است و مفهوم آن این است که چشمان مـن نـابینا و معیوب است؛ یعنی حقیقت را نمی‌بیند.

تو ببخشا[1] بـر کسـی کـاندر جـهان　　　شـد حسـودِ آفـتابِ کـامران ۱۱

تو کسی را که بر آفتاب کامران حسادت می‌کند، ببخشای.

توٰاَنَدَش[2] پـوشید هـیچ از دیـده‌ها؟　　　وز طـراوت دادنِ پـوسیده‌ها؟ ۱۲

آیا با حسادت می‌توان آفتاب را نهان کرد و نگذاشت که گیاهان پژمرده را باطراوت کند؟

یا ز نورِ بی حدش توٰانند[3] کاست؟　　　یا به دفعِ جاه او تـوٰانـند خـاست؟ ۱۳

آیا می‌توانند از نور بی حدّش بکاهند یا مقام شکوهمندش را از بین ببرند؟

هر کسـی کـو حـاسدِ گـیهان[4] بُـوَد　　　آن حسد، خود مرگِ جاویدان بُـوَد ۱۴

هر کسی که به انسان کاملی حسد بِوَرزَد، مردهٔ جاوید است؛ زیرا هـرگز قـادر بـه درک حقایق نخواهد شد.

قـدرِ تـو بگـذشت از درکِ عـقول[5]　　　عقل اندر شرحِ تو شد بُوالْفُضول[6] ۱۵

شأن معنوی تو برتر از درک عام است و آنچه را که عقل می‌تواند در شرح آن بگوید، در تقابل با عظمتت، یاوه است.

گرچه عاجز آمد این عـقل از بـیان　　　عـاجزانـه جُـنبشی بـاید در آن ۱۶

هرچند که «عقلِ جزوی» شأن تو را درک نمی‌کند؛ امّا باید چیزی گفت؛ حتّی عاجزانه.

اِنَّ شَـــیْئاً کُـــلُّهُ لاٰ یُـــدْرَکُ　　　اِعْـــلَمُوا اَنْ کُـــلُّهُ لا یُـــتْرَکُ[7] ۱۷

به راستی اگر تمام یک چیز را نتوان درک کرد، بدانید که تمام آن را هم نمی‌توان رها کرد.

---

۱ - مولانا در واقع از خود و حُسام‌الدّین می‌خواهد که مریدان را ببخشند و بر آنان شفقت بِوَرزَند، جاهلانی را که به آفتاب کامران حسد می‌ورزند.　۲ - **توٰاَنَدَش** : تاَنَدَش بخوانید.　۳ - **توٰانند** : آیا می‌توانند؟

۴ - **گیهان** : کیهان، جهان، انسان کامل: انسانِ کامل کتابی است جامعِ جمیعِ کُتُب الهیّه، چون انسان نسخهٔ عالم کبیر است: ر.ک. شرح مقدّمهٔ قیصری، ص ۴۵۴.　۵ - **عُقُول** : عقل‌ها، مراد عَقل‌های جزوی است.

۶ - **بوالفضول** : پرگو، یاوه‌گو.

۷ - اشاره به مثل: ما لا یُدْرَکُ کُلُّهُ لاٰ یُتْرَکُ کُلُّهُ: چیزی که همهٔ آن را نتوان دریافت، نباید همهٔ آن را فروگذاشت: نثر و شرح مثنوی شریف، گولپینارلی، ج ۳، ص ۳۲.

گر نتانی خورد طوفانِ سحاب[۱] کِی توان کردن به ترکِ خوردِ آب؟ ۱۸

اگر تمام رگبار را نمی‌توانی بیاشامی، کجا می‌توانی آب خوردن را ترک کنی؟

راز را گر می‌نیاری در میان درک‌ها را تازه کن از قشرِ آن ۱۹

اگر نمی‌توانی تمام اسرار را با خلق بگویی، مختصری را بگو تا با همان مختصر «قشر»، اندیشهٔ شنونده با طراوت و تازه شود.

نُطق‌ها نسبت به تو قشر است، لیک پیشِ دیگر فهم‌ها، مغز است نیک ۲۰

هرچند که این‌گونه سخن گفتن نزدِ تو «قشر» محسوب می‌شود؛ امّا برای آنان همین هم معنایِ بلندی است.

آسمان نسبت به عرش آمد فرود ورنه بس عالی‌ست سویِ خاکْ تود[۲] ۲۱

آسمان در مقایسه با عرش پست است؛ امّا نسبت به زمین بسی رفیع است.

من بگویم وصفِ تو، تا رَه بَرَند[۳] پیش از آن کز فوتِ آن[۴] حسرت خورند[۵] ۲۲

من اوصاف تو را می‌گویم تا به عظمت شأن تو پی ببرند، پیش از آنکه فرصت از دست برود و افسوس بخورند.

نور حقّی و بـه حـق جَذّابِ جان خلق در ظلماتِ وهم‌اَند و گمان ۲۳

نور حق در تو متجلّی است و حقّا که جان‌های متعالی را به سوی خود جذب می‌کنی؛ امّا جان‌های غیر متعالی در تاریکی‌های گمان و پندار اسیرند و تو را انسانی همانند خود می‌بینند.

شرطْ تعظیم است، تا این نورِ خَوش[۶] گردد این بی دیدگان را سُرمه کَش[۷] ۲۴

شرط آنکه این نور خوش بر جان این نابینایان بتابد تا بینا شوند، رعایت حرمتِ آن است که در مردِ حق تجلّی یافته است.

---

۱ - **طوفان سحاب :** باران شدید، رگبار. ۲ - **خاک تود :** خاک توده، زمین.

۳ - **تا ره برند :** تا مریدان حسود هم بفهمند. ۴ - **فوت آن :** از دست رفتن فرصت وصف.

۵ - احتمالاً در حال تقریر این ابیات ذهن مولانا متوجّه شمس و خاطرات مربوط به غیبت نهایی او و حسرت و تأثّر مریدان از این فقدان نیز بوده است و این همه تأکید و هشدار به حُسام‌الدّین به جهت مدارا با مریدان، و به یاران به جهت درک عظمت باطنی این خلیفهٔ جدید برای جلوگیری از تکرار چنان حادثهٔ شومی است.

۶ - **نور خوش :** نور حق.

۷ - مصراع دوم؛ تا این نور همانند سرمه‌ای چشم آنان را قوّت بدهد که قادر به درک حقایق بشوند.

۲۵ **نـــور یـــابد مُســـتعدِ تـــیزْ گـــوش کو نباشد عاشقِ ظلمت[۱] چو موش**

نورِ حق به سالک قابلی توجّه می‌کند که گوش شنوایی دارد و همانندِ موش عاشق ظلمات نیست.

۲۶ **سُست چشمانی[۲] که شب[۳] جولان کنند کِـی طـوافِ مشـعلهٔ ایـمان[۴] کـنند؟**

خفّاش صفتانی که جز در قلمرو عالم محسوس چیزی را نمی‌فهمند، چگونه جانِ عظیمِ حُسام‌الدّین را بشناسند و آن را تعظیم و تکریم کنند؟

۲۷ **نکـتـه‌هایِ مشکـلِ بـاریک،[۵] شـد بندِ[۶] طبعی، که ز دین تاریک شـد[۷]**

کسی که جوهر دین را نمی‌شناسد نمی‌تواند ادراکات عارفانه داشته باشد.

۲۸ **تـــا بـــر آرایـد هـنر را تـار و پـود چشم در خـورشید نـتوانـد گشـود**

تا سالک تار و پود وجودش را به انواع ظرایف و دقایق نیاراید، چشم باطنش گشوده نمی‌شود و نمی‌تواند خورشید حقیقت را ببیند.

۲۹ **هـــمچو نـخلی بـر نـیارد شـاخه‌ها کـــرده مـوشانه[۸] زمـین سـوراخ‌هـا**

او هرگز نمی‌تواند همانند درخت پر باری شاخه‌ها و برگ‌ها را بگشاید؛ یعنی در راه حق شأنی داشته باشد؛ بلکه ناگزیر است همانند موش بـه تـاریکی و محدودیّتِ عالم حس تن در دهد.

۳۰ **چار وَصْف است این بشر را دلفشار[۹] چـارْ مـیخِ عـقل[۱۰] گشـته ایـن چـهار**

چهار صفت است که «دل» را به «گِل» تبدیل می‌کند و عقل را مصلوب.

---

۱ - **عاشق ظلمت :** اهل دنیا که به عالم معنا توجّهی ندارد.

۲ - **سُست چشم :** کسی که چشم ضعیفی دارد، کنایه از آدم خفّاش صفت که نمی‌تواند نور خورشید را ببیند.

۳ - **شب :** کنایه از عالم مادّه. ۴ - **مشعلهٔ ایمان :** مشعل ایمان، کنایه از حُسام‌الدّین.

۵ - **نکته هایِ مشکلِ باریک :** نکته‌های دقیق عرفانی، ادراک عارفانه. ۶ - **بند :** قید و بند.

۷ - **ز دین تاریک شد :** کسی که نور دین بر جانش نتافت، جوهر و حقیقت دین را نتوانست درک کند.

۸ - مصراع دوم؛ مانند موش زمین را سوراخ کند؛ یعنی در نهایت حقارت و پستی به همین امور دون دنیوی بپردازد و در تاریکی بماند. نیکلسون مراد از «شب پره‌ها» و «موش‌ها» را در این ابیات متشرّعان و اهل حکمت دانسته است.

۹ - **دل فشار :** آزار دهندهٔ دل.

۱۰ - **چارْ میخ عقل :** مقیّدکردن عقل، بستن پایِ عقل که نتواند به سوی حقیقت برود. صفاتی که موجب تنزّل آدمی به عمق پستی و تاریکی می‌شوند، عبارت‌اند از: حرص، شهوت، جاه و آرزو.

تفسیرِ خُذْ اَرْبَعَةً مِنَ ٱلطَّیْرِ فَصُرْهُنَّ اِلَیْکَ[1]

اشاره است به تفصیلی که مفسّران به اختلاف در ذیل آیهٔ شریفه نقل کرده‌اند: قرآن: بقره: ۲۶۰/۲: وَإِذْ قَالَ إِبْرَاهِيمُ رَبِّ أَرِنِي كَيْفَ تُحْيِي ٱلْمَوْتَىٰ...: *و آنگاه که ابراهیم گفت: پروردگارا، به من بنمای که چگونه مردگان را زنده می‌کنی؟ فرمود: مگر ایمان نداری؟ گفت: چرا؛ ولی برای آنکه دلم آرام گیرد. فرمود: چهار پرنده را بگیر [و بکش] و پاره پاره کن [و همه را در هم بیامیز]؛ سپس بر سر هر کوهی، پاره‌ای از آن‌ها را بگذار، آنگاه آنان را [به خود] بخوان [خواهی دید]که شتابان به سوی تو می‌آیند و بدان که خداوند پیروزمند فرزانه است.*

این چهار مرغ در روایات و تفسیرها:[2] طاووس، کرکس، کلاغ و خروس‌اند و در بعضی روایات به جای کرکس، کبوتر آمده است. عطاء خراسانی مرغ‌ها را: بطِّ سبز، کلاغِ سیاه، کبوترِ سفید و خروسِ سرخ دانسته است.

اهل اشاره گفته‌اند: طاووس مرغی با زینت است و کلاغ حریص، خروس شهوانی، کرکس دراز عمر و کبوتر اَلوف[3] است. اینکه گفته‌اند: ایشان را بکش؛ یعنی این چهار صفت را در خود بکش. کرکس را بکُش و طمع از طول عمر برگیر. با کُشتن طاووس طمع از زینت دنیا بِبُر. کلاغ را بکُش و گلوی حرص را بِبُر. با کشتن خروس، شهوت را نابود کن و کبوتر را بکُش و اِلف از تمام دنیا بگسل.

«ابوعبدالرحمن السُلَمی در تفسیر این آیه گفته است:[4] خداوند می‌گوید: چشم از زینت‌های دنیا برگیر و از مغرور شدن و طمع ورزیدن به آن‌ها و انهماک[5] در شهوتِ نَفْس کناره‌جوی تا در نتیجه به حقیقتِ ایمان مطلق برسی و آنگاه که این صفاتِ پلید را از نَفْسِ خود جدا ساختی، من که خداوندم تو را در زنده کردن مردگان [احیاءُ المَوْتیٰ] صفت خود ببخشم.»

در مثنوی آن چهار مرغ عبارتند از: بَط، طاووس، زاغ و خروس که نمادی از **«اوصاف دل‌فشار»** بشری‌اند: حرص، جاه، آرزو و شهوت. شرحی که مولانا بر این آیهٔ شریفه دارد، صدها بیت از دفتر پنجم را به خود اختصاص می‌دهد و تقریباً شامل یک چهارمِ آن است.

مولانا از حُسام‌الدّین می‌خواهد تا همان گونه که خلیل چهار مرغِ سرکش راکشت، او هم که خلیل وقت خویش است، اینک که در مقام خلافت و ارشاد مریدان قرار دارد، وجود این مرغان زاغوش را در جان آنان نپسندد و به همّت روحانی خویش آن‌ها را بکشد تا **«اوصاف بشری»**شان به **«اوصاف الهی»** مبدّل گردد و با این تبدیل هم جان مریدان از حسد بِرَهَد و هم عداوت از میان آنان برخیزد و ماجرایِ غم‌انگیزِ غیبتِ شمس که موجبات حرمان و هجران بود، تکرار نگردد.

---

۱ - تفسیرِ «چهار پرنده برگیر و گوشت آن‌ها را به هم بیامیز».

۲ - احادیث، ص ۴۲۵، نقل از تفسیر ابوالفتوح رازی. ۳ - **اَلُوف** : بسیار الفت گیرنده.

۴ - شرح مثنوی مولوی، ج ۵، ص ۱۷۲۶. ۵ - **اِنْهِماک** : سخت درگیر کاری شدن.

۳۱ **تو خلیلِ وقتی ای خورشیدْهُش[۱] این چهار اَطیارِ[۲] رَهزن را بکُش**

ای صاحبِ خردِ ناب، تو ابراهیم زمانهٔ خود هستی. این چهار پرندهٔ گمراه کننده را بکش.

۳۲ **زانکه هر مرغی از این‌ها زاغْوَش هست عقلِ عاقلان را دیده‌کَش[۳]**

زیرا هر یک از آن‌ها همانند زاغ، چشمِ عقلِ خردمندان را کور می‌کند.

۳۳ **چار وصفِ تن[۴] چو مرغانِ خلیل بِسْمِلِ[۵] ایشان دهد جان را سبیل**

این اوصاف بشری، همانند مرغان خلیل‌اند که با کشتن آنان، جان رهایی می‌یابد.

۳۴ **ای خلیل! اندر خلاصِ نیک و بد[۶] سر بِبُرشان تا رهد پاها زِ سد**

ای خلیل، برای نجات مریدان این صفات را محو کن تا پایِ جانِ آنان از این مانع عظیمِ راهِ کمال رها شود.

۳۵ **کُل تویی و جملگان اجزایِ تو برگشا که هست پاشان[۷] پایِ تو**

تو انسان کاملی و دیگران همگی اجزای این کلّ‌اند؛ پس پایِ جانِ آن‌ها را از این قیدها رها کن.

۳۶ **از تو عالَم، روح‌زاری[۸] می‌شود پُشتِ صد لشکر، سواری می‌شود**

با همّت و ارشاد تو، اوصاف بشری مریدان به روح بدل می‌گردد. یک انسان کامل می‌تواند صد لشکر را به ادراک روحانی برساند.

۳۷ **زانکه این تن شد مقامِ چار خُو نامشان شد چارْ مرغِ فتنه‌جو[۹]**

زیرا این تن محلّ چهار صفت است که نام آن‌ها چهار پرندهٔ فتنه‌انگیز است.

---

۱ - **خورشید هُش** : کسی که عقلش مانند خورشید تابناک است، دارای خرد ناب. مخاطب، حُسام‌الدّین است یا هر مرشدِ کاملِ واصل دیگر.

۲ - **أطْیار** : جمع طَیْر به معنی پرنده، «اطیار رهزن»، یعنی اوصافی که سبب گمراهی است.

۳ - **دیده‌کَش** : بیرون آورندهٔ چشم، زاغ را عادت این است که چون بر مرداری می‌نشیند ابتدا چشم او را در می‌آورد. ۴ - **چار وصف تن** : اوصاف بشری: حرص، جاه، آرزو و شهوت.

۵ - **بسمل** : سربریدن با گفتن بسم الله الرَّحمن الرَّحیم. ۶ - **نیک و بد** : مریدانِ خوب و بد، همه.

۷ - **برگشا پاشان** : پای آنان را برگشا؛ یعنی آنان را با امداد روحانی و ارشاد به سوی حق هدایت کن.

۸ - **روح‌زار** : جایی که پر از روح باشد.

۹ - **فتنه جو** : چون این صفات سبب زوال دین و ایمان و هلاکت جانِ آدمی‌اند.

خلق را گر زندگی خواهی ابد   سر بِبُر زین چار مرغِ شومِ بد ۳۸

اگر می‌خواهی خلق زندگی جاوید داشته باشند، سرِ این چهار پرندهٔ شوم را بِبُر.

بازشان زنده کن از نوعی دگر[1]   که نباشد بعد از آن ز ایشان ضرر ۳۹

بعد به آن‌ها حیاتِ روحانی و معنوی بده که دیگر به کسی ضرر و زیانی نرسانند.

چار مرغِ معنویِ[2] راه‌زن   کرده‌اند اندر دلِ خلقان وطن ۴۰

این چهار پرندهٔ درونیِ گمراه کننده در دل مردم جای گرفته‌اند.

چون امیرِ جمله دل‌هایِ سَوی[3]   اندر این دور، ای خلیفهٔ حق تُوی ۴۱

ای خلیفهٔ حق، چون در این روزگار، امیرِ دل‌هایِ سالکان تو هستی،

سر بِبُر این چار مرغِ زنده را   سرمدی[4] کن خلقِ ناپاینده را ۴۲

سر این چهار پرنده را ببُر و حیاتِ غیر حقیقی‌شان را به حیاتی حقیقی مبدّل گردان.

بطّ و طاووس است و زاغ است و خروس   این مثالِ چار خُلق اندر نفوس ۴۳

این چهار مرغ عبارتند از: مرغابی، طاووس، زاغ و خروس که هر یک نمادِ یکی از اوصافِ نَفْسانی انسان‌ها هستند.

بطّ حرص است، و خروس آن شهوت است   جاه چون طاووس، و زاغ اُمنیّت[5] است ۴۴

«بط»، نمادِ حرص، «خروس»، نمادِ شهوت، «طاووس»، نمادِ جاه‌طلبی و «زاغ»، نمادِ آرزوهای بی‌پایان است.

مُنْیَتَش آن که بُوَد اومیدساز[6]   طامعِ[7] تأبید[8]، یا عُمرِ دراز ۴۵

«زاغ»، آرزومندِ عمرِ طولانی و جاودان است.

بطّ حرص آمد، که نُوکش در زمین   در تر و در خشک می‌جوید دفین ۴۶

«بطّ»، مظهر حرص است؛ زیرا همواره با نوکش روی خاک و لجنزار در حال جست‌وجوی چیزهای پنهانی و مدفون برای خوردن است.

---

۱ - مصراع اوّل؛ با کشتن این صفات، صفات دیگری حیات می‌یابند: قناعت، صبر، تواضع و اعتماد به نفس.

۲ - **مرغ معنوی**: مرغ باطنی و درونی.

۳ - **سَوِیّ**: بدون نقص، راست و درست، دل‌های سَوی، یعنی دل‌های سالکان. ۴ - **سَرْمدی**: جاودانه.

۵ - **اُمْنِیَّة**: آرزو. ۶ - **اومیدساز**: امّید ساز، امّید پرورنده. ۷ - **طامع**: طمع کننده.

۸ - **تأبید**: جاودانه کردن.

یک زمان نَبْوَد معطّل آن گلو نشنود از حُکْمْ جز اَمرِ کُلُوا[۱] ۴۷

گلویش لحظه‌ای بی‌کار نیست. از حکم الهی جز فرمان «بخورید» را نمی‌شنود. «بخورید» را می‌شنود؛ ولی «اسراف نکنید» را نمی‌شنود.

همچو یغماجی‌ست[۲]**، خانه می‌کَنَد**[۳] **زود زود انبانِ خود پُر می‌کُند** ۴۸

همانندِ غارتگری است که به هر جا برود، همه چیز را می‌برد و کیسهٔ خود را پر می‌کند.

اندر انبان می‌فشارد نیک و بد دانه‌هایِ دُرّ و حبّاتِ نُخود[۴] ۴۹

هر چیزی را که می‌یابد از خوب و بد، باارزش و بی‌ارزش در کیسه می‌ریزد.

تا مبادا یاغیی آید دگر می‌فشارد در جوال او خشک و تر ۵۰

شتابان و بیمناک که مبادا غارتگر دیگری سر برسد، هر چیزی را که هست در کیسه می‌ریزد و می‌برد.

وقتْ تنگ و فرصتْ اندک، او مخوف[۵] **در بغل زد هر چه زُوتر بی وقوف**[۶] ۵۱

در فرصت اندکی که دارد با نگرانی و ترس هرچه را که بتواند زیر بغل می‌زند.

اعتمادش نیست بر سلطانِ خویش[۷] **که نیارد یاغیی آید به پیش** ۵۲

او به خودش هم اعتمادی ندارد و از رسیدن یاغیان دیگر نیز بیمناک است.

لیک مؤمن زِ اعتمادِ آن حیات می‌کند غارت به مَهْل[۸] **و با اَنات**[۹] ۵۳

امّا «مؤمن» که به حیات آن جهانی اعتماد دارد، با آرامش و متانت و بدون حرص از امور دنیوی بهره می‌برد.

آمِن است از فوت و از یاغی، که او می‌شناسد قهرِ شه[۱۰] **را بر عدو** ۵۴

«مؤمن» از فوت وقت یا دشمن بیمناک نیست؛ زیرا می‌داند که شاه دشمن را مغلوب می‌کند.

---

۱ - اشارتی قرآنی؛ اعراف: ۳۱/۷: ...کُلُوا وَ اَشْرَبُوا... : بخورید و بیاشامید؛ ولی اسراف نکنید... . و مائده: ۸۸/۵

۲ - **یغماجی** : یغماگر، غارتگر، واژهٔ ترکی است.

۳ - **خانه می‌کَنَد** : دیوار خانه را سوراخ می‌کند یا نقب می‌زند؛ یعنی همه چیز را می‌برد.

۴ - **دانه هایِ درّ و حبّات نخود** : دانه‌های مروارید و دانه‌های نخود، کنایه از چیزهای باارزش و کم‌ارزش.

۵ - **مخوف** : ترسناک، اینجا ترسان. ۶ - **بی وقوف** : بی آنکه واقف باشد، بی آنکه بداند، ناآگاه.

۷ - **سلطانِ خویش** : قدرت خویش. ۸ - **مَهْل** : آرامی، آهستگی. ۹ - **اَنات** : أناة: وقار، تأنّی و متانت.

۱۰ - **شه** : اینجا شاه وجود، پروردگار.

آمِن است از خـواجـه‌تاشانِ[1] دگـر که بـیایندش، مـزاحـم، صَـرفه‌بر[2] ۵۵

او آمدن مردم و سود بردنِ آنان را مزاحمت نمی‌داند؛ زیرا می‌داند که سهمِ خود را می‌یابد.

عدلِ شه را دیـد در ضـبطِ حَشَـم[3] کـه نـیارد کـرد کس بـر کس سِـتم ۵۶

او دادگری شاه را در ادارهٔ امور بندگان دیده است و می‌داند که کسی نمی‌تواند به دیگری ستم کند.

لاجـرم نشــتابد و ســاکـن بُـوَد[4] از فَـواتِ[5] حَـظِّ[6] خـود آمِـن بُـوَد ۵۷

بنابراین بدون شتاب و با آرامش است و می‌داند که سهم او به دستش می‌رسد.

بس تأنّـــی[7] دارد و صـــبر و شکـیب چشمْ سیر[8] و مُؤثِر[9]است و پاکْ‌جیب[10] ۵۸

بسیار متین، صبور و شکیباست. بی نیاز، ایثارگر و پارساست.

کــین تأنّــی پــرتوِ رحــمان بُـوَد و آن شتاب از هَزّهٔ[11] شیطان بُوَد[12] ۵۹

این «آرامش و متانت» از توجّه حق است و آن «شتاب و بیمناکی» از وسوسه‌های شیطان.

زانکــه شــیطانَش بـترساند ز فـقر بارگیرِ[13] صبر را بُکْشَد بـه عَـقْر[14] ۶۰

زیرا شیطان او را از فقر و درویشی می‌ترساند و صبرش را از میان می‌برد.

از نُبی[15] بشنو که: شیطان در وعید مـی‌کند تـهدیدت از فــقر شـدید ۶۱

از قرآن بشنو که شیطان تو را از فقر شدید می‌ترساند.

تا خوری زشت و بَری زشت، و شتاب نــی مــروّت، نــی تأنّــی، نی ثـواب ۶۲

تا به هر کار زشتی تن در دهی. مال مردم را بخوری و ببری. نه جوانمردی برایت می‌ماند نه آرامشی. همه چیز را از دست می‌دهی بی هیچ پاداشی.

---

۱ - **خواجه تاش** : دو غلام که ارباب واحدی دارند، اینجا انسان‌های دیگر، همنوعان.

۲ - **صَرفه بَر** : سود برنده.

۳ - **ضبطِ حَشَم** : ادارهٔ امور بندگان. مؤمن راستین در ستم و یا زیان دنیوی به منافع معنوی حاصل از آن می‌نگرد.

۴ - **ساکن بُوَد** : آرام است، آرامش دارد. ۵ - **فوات** : درگذشتن، از دست رفتن. ۶ - **حَظّ** : بهره، سهم.

۷ - **تَأنّي** : درنگ و تأمّل. ۸ - **چشم سیر** : بی نیاز. ۹ - **مؤثِر** : ایثارگر.

۱۰ - **پاک جیب** : پارسا، درستکار. ۱۱ - **هَزّه** : تکان، لرزش، اینجا وسوسه.

۱۲ - مستفاد است از مضمون روایت : أَلتَّأَنّي مِنَ اللهِ وَ الْعَجَلَةُ مِنَ الشَّيْطَانِ: احادیث، ص ۴۲۶.

۱۳ - **بارگیر** : کسی که باری را حمل می‌کند، انسان یا حیوان، اینجا مراد بارِ زندگی است.

۱۴ - **عَقْر** : نحر کردن، پی کردن، خسته و مجروح کردن.

۱۵ - **نُبی** : قرآن: بقره: ۲۶۸/۲: الشَّيْطَانُ يَعِدُكُمُ الْفَقْرَ وَ يَأْمُرُكُمْ بِالْفَحْشاءِ... : ر.ک: ۶۳۶/۲.

۶۳ **لاجــرم کـافِر خـورَد در هـفت بـطن　　　دین و دل باریک و لاغر، زَفْت[۱] بطن**

ناچار آدم بی ایمان پُر می‌خورد که گویی هفت شکم دارد، با دین و دلی ضعیف و شکمی برآمده.

در سببِ ورودِ این حدیثِ[۲] مصطفی، صلوات الله علیه، که: الکافِرُ یَأکُلُ فیِ سَبْعَةِ اَمْعاءٍ وَ اَلمُؤمِنُ یَأکُلُ فی مِعاً واحِدٍ[۳]

عدّه‌ای از کافران که از راهی دور به مسجد آمده بودند، بنا بر توصیهٔ پیامبر(ص) هر یک به عنوان میهمان به منزل یکی از مؤمنان رفتند و تنومندترین آنان که مانند رسوبی در ته جام بر جای مانده بود، از کَرَم رسول خدا(ص) میهمان آن بزرگوار شد و هنگام شام سهم اهل منزل را به تمامی خورد و خوابید. کنیزک که از پرخوری او گرسنه و خشمگین بود، از بیرون زنجیر در را افکند. نیمه شب که میهمان به شتاب برای قضای حاجت به سوی در دوید، آن را بسته یافت و به ناچار به بستر خزید و در خواب خود را در ویرانه‌ای دید و بیاسود. در این هنگام از خواب پرید و با دیدن آن همه آلودگی و نجاست از شدّت اضطراب حال جنون یافت.

بامدادان پیامبر(ص) به آهستگی در راگشود که میهمان بتواند بدون خجلت بگریزد. کافر در حالی که به سرعت دور می‌شد به یاد آورد که «بت یادگار» را در آن حجره جاگذاشته است و چاره‌ای جز بازگشت ندارد. هنگامی که برگشت و مشاهده کرد که رسول خدا(ص) در نهایت گشاده‌رویی در حال پاک کردن و شستن بستر اوست، بر سر خود کوبید **«خواست دیوانه شدن، عقلش رمید»**. استدعا کرد که شهادت عرضه کن **«تاگواهی بِدْهم، و بیرون شوم»**، و بدین ترتیب کافرِ مسلمان شده، آن شب را نیز میهمانِ پیامبر(ص) بود و به اندک طعامی بسنده کرد؛ زیرا نورِ ایمان او را از «حرص» پاک کرده بود.

سرّ سخن آنکه: **«مؤمن»** در پرتو ایمان از وسوسهٔ شیطان که او را به «حرص» ترغیب می‌کند در امان است؛ امّا **«کافر»** که از نور ایمان بهره‌ای ندارد، وجودش سرشار از حرص است.

---

۱ - **زفت** : بزرگ.

۲ - اشاره است به حدیث: اَلْمُؤْمِنُ یَأْکُلُ فِي مِعیً وَاحِدٍ وَالْکَافِرُ یَأْکُلُ فِي سَبْعَةِ أَمْعَاءٍ: مؤمن با یک شکم می‌خورد و کافر با هفت شکم: احادیث، صص ۴۲۹-۴۲۶.

۳ - مأخذ آن روایتی است از سیرهٔ ابن هشام با این مضمون که کافری به دست مسلمانان اسیر می‌شود و به دستور پیامبر(ص) با وی به نیکی رفتار می‌کنند و اسلام می‌آوَرَد؛ پس از مسلمان شدن بر خلاف شب قبل جز اندکی نمی‌خورَد. رسول خدا(ص) به اصحاب می‌فرمایند: او قبلاً با شکمی کافر غذا می‌خورد و اینک با شکمی مسلمان. روایات دیگری را هم تقریباً با همین مضمون نقل کرده‌اند: همان.

کافرانْ مهمانِ پیغمبر شدند   وقتِ شام ایشان به مسجد آمدند ۶۴

کافران شبانگاه به مسجد آمدند و میهمان پیامبر(ص) شدند.

کآمدیم ای شاه! ما اینجا قُنُق[1]   ای تو مهمانْدارِ سُکّانِ[2] اُفُق[3] ۶۵

گفتند: ای شاه، ای میزبان ساکنان جهان، ما اینجا به میهمانی آمده‌ایم.

بی نواییم و رسیده ما ز دور   هین بیفشان بر سرِ ما فضل و نور ۶۶

از راه دور آمده‌ایم و آذوقه‌ای نداریم. اینک در انتظار فضل و لطف تو هستیم.

گفت: ای یارانِ من! قسمت کنید   که شما پُر از من و خویِ من‌اید ۶۷

پیامبر(ص) گفت: ای یاران من، میهمانان را به خانه‌های خود ببرید؛ زیرا شما از صفات من و وجودم بهره‌ها برده‌اید؛ یعنی بخشنده، مهربان و میهمان‌نواز هستید.

پُر بُوَد اجسامِ هر لشکر ز شاه   زآن زنندی تیغْ بر اَعدایِ جاه[4] ۶۸

وجود افراد لشکر سرشار از محبّت شاه است که علیه دشمنانِ او می‌جنگند.[5]

تو به خشمِ شه زنی آن تیغ[6] را   ورنه بر اِخوان چه خشم آید تو را؟ ۶۹

تو به سبب خشمِ شاه خشمگین می‌شوی و می‌جنگی وگرنه خودت چه کینه‌ای داری؟

بر برادر، بی گناهی، می‌زنی   عکسِ خشمِ شاه، گُرزِ دَه منی[7] ۷۰

خشم شاه چنان در تو اثر می‌کند که گرز سنگینی را بر سر برادر بی‌گناه می‌کوبی.

شه[8] یکی جان است و لشکر پُر از او   روح[9] چون آب است و این اجسامْ جُو ۷۱

شاه مانند جانی است که سپاهیان را پر کرده است. روح همانند آب است و این بدن‌ها بسان جو.

آبِ روحِ شاه[10] اگر شیرین بُوَد   جمله جوها[11] پر ز آبِ خوش شود ۷۲

اگر اوصاف شاه نیک باشد، به تبعیّت از او، اوصاف یاران و پیروان نیز نیک می‌شود.

---

۱ - **قُنُق**: واژهٔ ترکی، میهمان.   ۲ - **سُکّان**: ساکنان، جمع ساکن.

۳ - **اُفُق**: آنچه پیدا باشد ازکرانهٔ آسمان و نواحی زمین.

۴ - **اعدای جاه**: دشمنان جاه و جلال یا دشمنان عظمت شاه.

۵ - اشاره است به تأثیر مرد حق در یاران و ارادتمندان.   ۶ - **تیغ زدن**: شمشیر زدن.

۷ - **گرز ده منی**: گرز بسیار سنگین.   ۸ - **شه**: مراد مرد حق است.   ۹ - **روح**: روح مرد حق.

۱۰ - **آب روح شاه**: اینجا اوصاف شاه.   ۱۱ - **جوها**: کنایه از یاران و پیروان.

این چنین فرمود سلطانِ عَبَس[2] که رعیّت دینِ شه دارند و بس[1] ۷۳

زیرا رعیّت تابع دین و آیین شاه‌اند. این سخن را سلطانی که سورهٔ عَبَس در حقّ او نازل شده، فرموده است.

هر یکی یاری، یکی مهمان گُزید در میان، یک زَفت بود و بی نَدید[3] ۷۴

هر صحابی میهمانی را برگزید. در میان آنان شخصی بود که در درشتیِ اندام نظیر نداشت.

جسم ضَخْمی[4] داشت، کس او را نَبُرد ماند در مسجد، چو اندر جام، دُرد[5] ۷۵

هیکل دُرُشتی داشت که هیچ کس او را نبرد و مانند رسوبِ جام در مسجد ماند.

مصطفی بُردش چو وامانْد از همه هفت بُز بُد شیردهْ اندر رَمه ۷۶

مصطفی(ص) او را که مانده بود، به خانه برد. در گلّه هفت رأس بز شیرده بود.

که مقیمِ خانه بودندی بُزان بهرِ دوشیدن برایِ وقتِ خوان ۷۷

بزها در خانه بودند که شیرشان را برای غذا بدوشند و سر سفره بگذارند.

نان و آش و شیرِ آن هر هفت بُز خورد آن بوقحطِ[6] عُوجِ[7] ابنِ غُز[8] ۷۸

آن قحطی زده که همانند عُوج بن عُنُق و پرخور بود، نان و آش و شیرِ آن هفت بز را خورد.

جمله اهلِ بیت خشم آلو[9] شدند که همه در شیرِ بُز طامع[10] بدند ۷۹

اهل خانه عصبانی شدند، چون آنان هم مایل بودند از شیرِ بز بخورند.

معده طبلی خوار[11] همچون طبل کرد قِسم هژده آدمی تنها بخورد ۸۰

آن پرخور شکمش مثل طبل ورم کرد؛ زیرا سهم هجده نفر را به تنهایی خورده بود.

---

۱ - اشاره به خبر است: النَّاسُ عَلیٰ دِینِ مُلُوکِهِم: احادیث، ص ۱۱۸.

۲ - اشارتی قرآنی؛ عَبَس: ۱/۸۰؛ ر.ک: ۲۰۶۸/۲. ۳ - **نَدِیْد** : نظیر، همتا. ۴ - **ضَخْم** : کلفت، درشت.

۵ - **چو اندر جام دُرد** : مانند رسوب ته جام. ۶ - **بوقحط** : قحطی زده.

۷ - **عُوج ابن غُز** : مراد عُوج بن عُنُق از قوم عاد است که تا زمان موسی(ع) زیست و از دشمنان او بود: ر.ک: ۲۳۱۰/۲.

۸ - **غُز** : ترکان غُز یا اُغُز قومی وحشی و غارتگر بودند، اینکه مولانا عُوج بن عُنُق را عوج بن غُز خوانده به سبب غارتگری و پرخوری او بوده است. ۹ - **خشم آلو** : خشم‌آلوده، خشمگین. ۱۰ - **طامع** : طمع کننده.

۱۱ - **طبلی خوار** : پرخور، شکمباره.

۸۱ **وقتِ خفتن رفت و در حُجره[۱] نشست پس کـنیزک از غـضب در را ببست**

هنگام خواب به اتاقی رفت؛ امّا کنیزک که از او خشمگین بود، در را به رویش بست.

۸۲ **از بـرون زنـجیرِ در را درفِکَـند کـه از او بُـد خشـمگین و دردمـند**

از بیرون زنجیرِ در را انداخت؛ زیرا از او عصبانی بود و دلش به درد آمده بود.

۸۳ **گـبر[۲] را در نـیم‌شب یـا صـبحدم چـون تـقاضا آمـد و دَرْدِ شکـم**

نیمه شب و یا نزدیک صبح، آن کافر با دل‌درد، نیازمند به قضای حاجت شد.

۸۴ **از فراش ِ[۳] خویش سویِ در شـتافت دست بر در چون نهاد او، بسته یافت**

از بستر با شتاب به سوی در رفت؛ امّا بسته بود.

۸۵ **در گشادن حیله کرد آن حیله سـاز نوع نوع، و خـود نشـد آن بـند بـاز**

آن مکّار کوشید که به هر شکلی که شده در را باز کند؛ امّا نشد.

۸۶ **شد تقاضا بر تقاضا،[۴] خـانه تـنگ ماند او حیران و بی درمان و دَنگ[۵]**

نیاز او برای قضای حاجت شدیدتر می‌شد و در آن اتاق کوچک گیج و مات گیر افتاده بود.

۸۷ **حیله کرد او و به خواب اندر خزید خویشتن، در خواب، در ویرانه دید**

به فکرش رسید که بخوابد، شاید از این مخمصه نجات یابد. اتّفاقاً خـوابش بـرد و در خواب خود را در ویرانه‌ای دید.

۸۸ **زانکه ویـرانـه بُـد انـدر خـاطرش[۶] شد به خواب اندر همانجا منظرش**

زیرا در خاطرش ویرانه‌ای بود و همان را هم در خواب دید.

۸۹ **خویش در ویرانۀ خـالی چـو دیـد او چـنان مـحتاج، انـدر دَم بِـرید**

خود را در آن ویرانه تنها دید و به قضای حاجت هم نیازمند بود و بدان پرداخت.

۹۰ **گشت بیدار و بدید آن جامه خواب پُر حَدَث[۷]، دیوانه شد از اضطراب**

چون بیدار شد و بستر را پر از نجاست دید، از ناراحتی داشت دیوانه می‌شد.

---

۱ - **حُجْرَة**: اتاق. ۲ - **گبر**: مطلقِ کافر. ۳ - **فِراش**: رختخواب، بستر.
۴ - **تقاضا بر تقاضا شدن**: اینجا شدّت یافتنِ نیاز. ۵ - **دَنگ**: گیج.
۶ - به جای ویران و خلوتی فکر می‌کرد که بتواند قضای حاجت کند. ۷ - **حَدَث**: مدفوع.

ز اندرونِ او بر آمد صد خروش زین چنین رسواییِ بی خاک پوش[1] ۹۱
از دلش ناله‌های زار برخاست؛ زیرا این رسوایی را نمی‌شد نهان کرد.

گفت: خوابم بَتَّر از بیداریَم گُه خورم این سو، و آن سو می‌ریم ۹۲
گفت: خوابم از بیداری‌ام بدتر است که از این طرف می‌خورم و از آن طرف خالی می‌کنم.

بانگ می‌زد: واثُبورا واثُبور[2]! همچنانکه کافر اندر قعرِ گور ۹۳
با ناله و زاری وای بر من وای بر من می‌گفت، همان‌گونه که کافر در اعماق گور می‌گوید.

منتظر که کی شود این شب به سر یا[3] برآید در گشادن بانگِ در ۹۴
او منتظر بود که این شب به سر آید و صدای باز شدن در را بشنود.

تا گریزد او چو تیری از کمان تا نبیند هیچ کس او را چنان ۹۵
تا همانند تیری که از چلّهٔ کمان رها می‌شود، بگریزد که هیچ کس او را در آن وضع نبیند.

قصّه بسیار است، کوته می‌کنم باز شد آن در، رهید از درد و غم ۹۶
قصّه طولانی است، کوتاهش می‌کنم. در باز شد و او از درد و اندوه رهایی یافت.

درِ حجره گشادنِ مصطفی علیه السَّلام بر مهمان، و خود را پنهان کردن تا او خیالِ گشاینده[4] را نبیند و خجل شود و گستاخ[5] بیرون رود

مصطفی صبح آمد و در را گشاد صبح آن گُمراه را او راه داد ۹۷
مصطفی(ص) بامدادان آمد و در را باز کرد و راه را بر آن گمراه گشود.

در گشاد و گشت پنهان مصطفی تا نگردد شرمسار آن مُبتلا ۹۸
مصطفی(ص) در را باز کرد و سعی کرد خود را پنهان کند تا آن میهمانِ دردمند شرمگین نشود.

---

۱ - **رسواییِ بی خاک پوش:** رسوایی زشتی که نمی‌شد خاکی روی آن ریخت و مخفی‌اش کرد.
۲ - **واثبورا واثبور:** وای بر من، وای بر من. «ثُبوراً» واژه‌ای قرآنی است: انشقاق: ۱۱/۸۴.
۳ - در متن کهن «یا» هست. ۴ - **خیال گشاینده:** شکل بازکنندهٔ در، صورت او را.
۵ - **گستاخ:** بی پروا، بدون دغدغه.

۹۹ **تـا بُـرون آیـد، رود گسـتاخ، او　　تـا نـبیند درگُشـا را پُشت و رو[1]**

تا میهمان بدون دغدغه بیرون بیاید و برود و نفهمد چه کسی در را باز کرده است.

۱۰۰ **یا نـهان شـد در پسِ چـیزی و یـا　　از وی‌اَش پـوشید دامـانِ خـدا**

یا پیامبر(ص) پشت چیزی نهان شد و یا اینکه خداوند خواست که او از چشم میهمان نهان بماند.

۱۰۱ **صِـبْغَةُ اللّـه[2] گـاه پـوشیده کـند　　پردهٔ بـی چـون[3] بـر آن نـاظر تَـنَد**

گاه ارادهٔ خداوند چیزی را می‌پوشاند و پرده‌ای غیبی و غیر قابل وصف بر چشم بیننده می‌کشد.

۱۰۲ **تا نبیند خـصم را پـهلویِ خـویش　　قدرتِ یزدان از آن بیش است بیش**

تا نتواند دشمن را درکنار خویش ببیند. قدرت خداوند بیش از آن است که بتوانیم فکرش را بکنیم.

۱۰۳ **مـصطفی مـی‌دید احـوالِ شب‌اَش　　لیک مـانع بـود فـرمانِ رَب‌اَش**

مصطفی(ص) حال شبانهٔ او را می‌دید و می‌دانست؛ امّا فرمان الهی اجازه نمی‌داد که به او کمک کند.

۱۰۴ **تا که پیش از خَبْط[4] بگشاید رهـی　　تا نـیفتد زآن فـضیحت در چَـهی[5]**

او می‌توانست پیش از وقوع آن حادثه در را بگشاید تا به سبب آن رسوایی به فضیحت نیفتد.

۱۰۵ **لیک حِکـمت بـود و امرِ آسـمان　　تـا بـبیند خـویشتن را او چـنان**

امّا حکمت و فرمان خداوند بود که آن میهمان خود را در همان وضع ببیند.

۱۰۶ **بس عداوت‌هـا، کـه آن یـاری بُـوَد　　بس خـرابـی‌ها، کـه مـعماری بُـوَد**

بسا دشمنی‌هایی که در واقع دوستی است و بسا خرابی‌ها که عین آبادانی است.

۱۰۷ **جامه خوابِ پُر حَدَث را یک فضول　　قـاصدا آورد در پـیشِ رسـول**

فضولی بستر پر از نجاست را عمداً به نزد رسول خدا(ص) آورد.

۱۰۸ **که: چنین کرده‌ست مهمانت، ببین　　خـنده‌یی زد رَحْـمَةً لِلْـعالمین[6]**

که ببین میهمانت چه کرده است. آن رحمت جهانیان لبخندی زد.

---

۱ - **پشت و رو :** صورت و اندام، قیافه و هیکل.

۲ - **صبغة الله :** رنگ‌آمیزی خدا، رنگ بی‌رنگی، تعبیری قرآنی: بقره: ۱۳۸/۲؛ ر.ک: ۷۷۱/۱، اینجا مراد «اراده و قدرت» حق است که گاه نمی‌گذارد چیزی به چشم بیاید و «پردهٔ بی چون» بر آن می‌کشد.

۳ - **پردهٔ بی چون :** پرده‌ای که غیرِ قابلِ وصف است.　۴ - **خَبْط :** خطا، اینجا همان حادثهٔ زشت.

۵ - **زآن فضحیت در چهی [افتادن] :** از شدّت رسوایی و بی‌آبرویی در چاهی از ندامت افتادن.

۶ - **رحمةً لِلْعالمین :** انبیاء: ۱۰۷/۲۱: وَ مَا أَرْسَلناكَ إِلاَّ رَحْمَةً لِّلْعَالَمین: ر.ک: ۱۸۰۵/۳.

که: بیار آن مِطْهَره[1] اینجا به پیش　　تا بِشُویم جمله را با دستِ خویش ۱۰۹

پیامبر(ص) گفت: آن آفتابه را بیاور تا من تمام این‌ها را با دست خود بشویم.

هر کسی می‌جَست کز بهرِ خدا　　جانِ ما و جسم ما قربانْ تو را ۱۱۰

کسانی که آنجا بودند پیشدستی می‌کردند و می‌گفتند: جان و تن ما به قربان تو، اجازه بده.

ما بِشُوییم این حَدَث[2] را، تو بِهِل　　کارِ دست است این نَمَط[3]، نه کارِ دل ۱۱۱

ما باید این نجاست را بشوییم؛ زیرا پاک کردن این آلودگی کار دست است، نه دل.

ای لَعَمْرُک[4]، مر تو را حق عُمْر خواند　　پس خلیفه کرد و بر کُرسی نشاند ۱۱۲

ای کسی که خداوند به جان تو سوگند خورد و «عُمْر» خطابت کرد، آنگاه تو را به خلافت خود برگزید و بر مسند رفیع پیامبری نشاند.

ما برای خدمتِ تو می‌زییم　　چون تو خدمت می‌کنی، پس ما چه‌ایم؟ ۱۱۳

زندگی ما برای خدمت به توست، چون خودت خدمت می‌کنی، ما چه کاره‌ایم؟

گفت: آن دانم، و لیک این ساعتی‌ست　　که در این شُستن به خویشم حکمتی‌ست ۱۱۴

پیامبر(ص) گفت: می‌دانم؛ امّا اینک لحظه‌ای است که بنا بر حکمتی من خودم باید آن را بشویم.

منتظر بودند کین قولِ نَبی‌ست　　تا پدید آید که این اسرار چیست؟ ۱۱۵

همه منتظر بودند که سرّ سخنی که پیامبر(ص) گفته است، آشکار گردد.

او به جِد می‌شُست آن اَحداث[5] را　　خاص زَامْر حق، نه تقلید و ریا ۱۱۶

او با جدیّت نجاسات را می‌شست و این کار بنا بر فرمان خداوند بود، نه تقلید یا تظاهر.

که دلش می‌گفت کین را تو بشُو　　که در اینجا هست حکمت تُو به تُو[6] ۱۱۷

دلش به او می‌گفت: این را تو بشوی؛ زیرا در این شستن حکمت خاصّی هست.

---

۱ - **مِطْهَرَة :** آفتابه. ۲ - **حَدَث :** سرگین، مدفوع، جمع: أَحْداث. ۳ - **نَمَط :** روش، نوع.

۴ - **لَعَمْرُک :** سوگند به جانِ تو: قرآن: حجر: ۷۲/۱۵، اشاره است به مقام والای پیامبر(ص) نزد پروردگار.

۵ - **أَحْداث :** جمع حَدَث.

۶ - **تُو به تُو :** لایه به لایه، اینجا حکمتِ خاصّی که همان ایمان آوردنِ کافر است.

سببِ رجوع کردنِ آن مهمان به خانهٔ مصطفی علیه السَّلام، در آن ساعت که مصطفی نهالینِ [۱] مُلَوَّث [۲] او را به دستِ خود می‌شُست، و خجل شدنِ او و جامه‌چاک‌کردن و نوحهٔ او برخود و برسعادتِ‌خود [۳]

۱۱۸ **کافرک را هیکلی [۴] بُد یادگار یاوه [۵] دید آن را و گشت او بی‌قرار**

آن کافر حقیر، بت یادگاری داشت که دید همراهش نیست و پریشان شد.

۱۱۹ **گفت: آن حُجره که شب جا داشتم هیکل آنجا بی خبر بگذاشتم**

با خود گفت: حتماً بت را در اتاقی که دیشب در آن خوابیدم، جا گذاشته‌ام.

۱۲۰ **گرچه شرمین بود، شرمش حرص بُرد حرص اژدرهاست، نه چیزی است خُرد**

هرچند که شرمسار بود؛ امّا حرص شرمش را از میان برد. حرص همانند اژدهاست، چیز کوچکی نیست.

۱۲۱ **از پیِ هیکل، شتاب اندر دوید در وُثاقِ [۶] مصطفی، وآن را بدید**

برای برداشتن بت با شتاب به منزل مصطفی(ص) بازگشت و آن حال را دید.

۱۲۲ **کآن یَدُاللّٰه، آن حَدَث را هم به خَود خوش همی شُوَید، که دُورش چشمِ بد**

دید که آن مظهرِ دستِ خدا که چشم بد از او دور باد، با دست خود آن نجاست را می‌شوید.

۱۲۳ **هیکلش از یاد رفت، و شد پدید اندر او شوری، گریبان را درید**

بت را فراموش کرد، چنان دگرگونی عظیمی در وی به وجود آمد که گریبان را چاک کرد.

۱۲۴ **می‌زد او دو دست را بر رُو و سر کَلّه را می‌کوفت بر دیوار و در**

با دو دست بر سر و روی خود می‌زد و سرش را به در و دیوار می‌کوبید.

۱۲۵ **آنچنانکه خون ز بینی و سرش شد روان و رحم کرد آن مهترش [۷]**

چنانکه خون از بینی و سرش جاری شد و دل پیامبر(ص) به حال زار او سوخت.

---

۱ - **نهالین** : رختخواب. ۲ - **مُلوَّث** : آلوده. ۳ - **بر سعادتِ خود** : مراد سعادتی است که او نداشت.
۴ - **هیکل** : بت، تعویذ و حِرْز. ۵ - **یاوه** : گم شده.
۶ - **وُثاق** : خانه، حُجره و سرا، واژه‌ای ترکی که در اصل به معنی خیمه و خرگاه است. در نظم و نثر فارسی به معنای اتاق به کار می‌رود. ۷ - **مِهتر** : بزرگ‌تر، مراد پیامبر(ص) است.

نعره‌ها زد خلق جمع آمد بر او   گبر گویان: اَیُّها اَلنّاس! اِحْذَرُوا[۱] ۱۲۶

در اثر عربده‌هایش خلق جمع شدند. کافر می‌گفت: ای مردم دور شوید.

می‌زد او بر سر که: ای بی عقل سر!   می‌زد او بر سینه کِای بی نور بَر! ۱۲۷

بر سر می‌کوبید که: ای سرِ بدون عقل، و بر سینه می‌کوبید که: ای سینهٔ بی نور «بی معرفت».

سجده می‌کرد او که: ای کُلِّ زمین[۲] **!   شرمسار است از تو این جُزوِ مَهین**[۳] ۱۲۸

کافر سجده می‌کرد و می‌گفت: ای کلِّ عالم، این جزوِ ناچیز از تو شرمنده است.

تو که کُلّی، خاضِع امرِ وی‌ای   من که جزوم، ظالم[۴] **و زشت و غَوی**[۵] ۱۲۹

تو که کُلّی، مطیع امر حق هستی؛ ولی من که جزوی بیش نیستم این‌طور نافرمان و زشت و گمراهم.

تو که کُلّی، خوار و لرزانی ز حق   من که جزوم، در خلاف[۶] **و در سَبَق**[۷] ۱۳۰

تو که وجودت کلّ است، در برابر حق خوار و لرزان هستی؛ امّا من که موجودی جزیی هستم نافرمانی می‌کنم و فراتر از حدّ خود می‌روم.

هر زمان می‌کرد رُو بر آسمان   که ندارم روی ای قبلهٔ جهان[۸] ۱۳۱

هر لحظه رو به آسمان می‌کرد و می‌گفت: ای قبلهٔ جهان، روی آن را ندارم که به تو نظر کنم.

چو ز حد بیرون بلرزید و طپید   مصطفی‌اَش در کنارِ خود کشید ۱۳۲

چون لرزیدن و تپیدن او از حد گذشت، مصطفی(ص) او را در آغوش گرفت.

ساکنش کرد و بسی بِنواختش   دیده‌اش بگشاد و داد اِشناختش ۱۳۳

او را آرام کرد و مورد محبّت قرار داد. چشم باطنش راگشود و به او معرفت داد.

تا نگرید ابر، کی خندد چمن؟   تا نگرید طفل، کی جوشَد لَبَن[۹] **؟** ۱۳۴

تا ابر نگرید و نبارد، چمن خرّم نمی‌شود و تا کودک نگرید، شیر مادر به جوشش نمی‌آید.

---

۱ - **اِحْذَرُوا**: حذر کنید.

۲ - **کُلِّ زمین**: مراد کُلّ عالم است؛ زیرا انسان کامل محمّدی(ص) چون احاطه بر مراتب اطلاقی الهی و تقیّدیِ عبدی دارد، وجود او دارای نسخهٔ ظاهر و باطن است: ر.ک. شرح مقدّمهٔ قیصری، ص ۲۲۱.

۳ - **مَهین**: حقیر.   ۴ - **ظالم**: ستمگر، اینجا غیر مطیع، نافرمان.   ۵ - **غَوِیّ**: گمراه.

۶ - **در خلاف**: نافرمانی.

۷ - **در سَبْق**: در پیشی گرفتن، اینجا از حدّ خود فراتر رفتن، به ضرورت شعری «سَبَق» آمده است.

۸ - **قبلهٔ جهان**: مراد پیامبر(ص) است.   ۹ - **لَبَن**: شیر.

طفلِ یک روزه همی دانَد طریق که: بگریم تا رسد دایهٔ شفیق ۱۳۵

نوزادی که تازه به دنیا آمده این را می‌داند که اگر گریه کند، دایهٔ مهربان می‌آید.

تو نمی‌دانی که دایهٔ دایگان[۱] کم دهد بی گریه شیر او رایگان[۲]؟ ۱۳۶

تو نمی‌دانی که دایهٔ همهٔ دایه‌ها بدون گریه و رایگان شیر نمی‌دهد؟

گفت: فَلْيَبْكُوا كَثيراً[۳]، گوش دار تا بریزد شیرِ فضلِ[۴] کردگار ۱۳۷

به اینکه گفته است: «زیاد گریه کنید»، گوش کن تا شیرِ فضل خداوند بر تو ببارد.

گریهٔ ابر است و سوزِ آفتاب اُستُنِ دنیا، همین دو رشته تاب[۵] ۱۳۸

بارشِ باران و تابشِ خورشید عوامل اصلی یا «ستونِ» نگه‌دارندهٔ «حیاتِ مادّی»اند، تو هم برای نگه‌داری و تعالی «حیاتِ معنوی»ات به «اشک» و «سوز» متوسّل شو.

گر نبودی سوزِ مهر[۶] و اشکِ ابر کِی شدی جسم و عَرَض[۷] زَفت و سطبر[۸]؟ ۱۳۹

اگر حرارت خورشید و بارش ابر نبود، جسم موجودات زنده رشد نمی‌کرد.

کِی بُدی معمور[۹] این هر چار فصل گر نبودی این تَف و این گریه اصل؟ ۱۴۰

در واقع برقراری و انتظام این چهار فصل وابسته به «حرارت» و «آب» است.

سوزِ مهر و گریهٔ ابرِ جهان چون همی دارد جهان را خوش دهان[۱۰] ۱۴۱

دقّت کن که چگونه «سوزش و تابشِ خورشید» و «گریهٔ ابر» حیات دنیوی را استمرار می‌دهد.

آفتابِ عقل را در سوز دار[۱۱] چشم را چون ابر اشک اَفروز دار ۱۴۲

تو نیز بگذار تا آفتاب عقلت بتابد و چشمت ببارد.

---

۱ - **دایهٔ دایگان:** پروردگار. ۲ - **رایگان:** مجّانی.

۳ - «فَلْيَبْكُوا كَثيراً»، اقتباس لفظی است از: توبه: ۸۲/۹، اشاره است به حال کافران که باید در آتش دوزخ بسیار بگریند. ۴ - **فضل:** لطف و عنایتِ بیش از استحقاق.

۵ - **دو رشته تاب:** این دو هستند که رشتهٔ وجود را در حیات دنیوی می‌تابند. ۶ - **مهر:** خورشید.

۷ - **جسم و عَرَض:** جسم تمام موجودات زنده، حیات مادّیِ موجودات زنده: ر.ک: ۹۴۷/۲.

۸ - **زفت و سطبر:** بزرگ و تنومند، مراد رشد کردن است. ۹ - **معمور:** آباد.

۱۰ - **دارد جهان را خوش دهان:** کام دنیا را شیرین می‌کند؛ یعنی موجب برقراری و استمرار و آبادانی‌اش می‌گردد.

۱۱ - **در سوز دار:** بگذار بتابد، تابان نگاهش دار.

چشمِ گریان بایَدَت، چون طفلِ خُرد　　کم خور آن نان[1] را، که نان آبِ تو بُرد[2] ۱۴۳

همان‌گونه که کودک برای خواسته‌هایش می‌گرید، تو نیز باید برای «ادراکِ عالم معنا» رنج بکشی و اشک بریزی، این ادراک و کمال به آسانی حاصل نمی‌شود. باید از جلوه‌های دنیوی و بهره‌منديِ از آن گذشت.

تن چو با برگ[3] است، روز و شب از آن　　شاخِ جان[4] در برگ‌ریز است و خزان ۱۴۴

هرچه «تن» بیشتر از لذّت‌های دنیوی بهره‌مند باشد، «جان» ضعیف‌تر و ناتوان‌تر است.

برگِ تن بی‌برگیِ جان است، زود　　این بباید کاستن آن را فزود ۱۴۵

توجّه تامّ به «حیاتِ مادّی»، بی توجّهی تامّ به «حیاتِ روحانی» است؛ پس باید از این کاست و به آن افزود.

أقْرِضُوا اللّٰه،[5] قرض دِه زین برگِ تن　　تا بروید در عوض در دل چمن[6] ۱۴۶

همان‌گونه که در قرآن فرموده است: «به خدا قرض دهید»، باید به «جان» هم قرض داد؛ یعنی با کاهش توشهٔ تن به توشهٔ جان که از «عالم امر» است افزود تا «جان» بتواند مراحل کمال را طی کند.

قرض ده، کم کُن از این لقمهٔ تنت　　تا نماید وَجْهِ لا عَیْنٌ رَأت[7] ۱۴۷

با کاستن از بهره‌منديِ جسمانی، بهره‌منديِ روحانی افزون می‌شود و چهره‌ای را می‌بینی که «هیچ چشمی نظیرش را ندیده است».

تن ز سرگین[8]، خویش چون خالی کند　　پُر ز مُشک و دُرِّ اِجلالی[9] کند ۱۴۸

اگر این قالب جسمانی از پلیدی پاک شود، خداوند آن را سرشار از معارف و معانی می‌کند.

---

۱ - **آن نان :** کنایه از بهره‌های دنیوی.　　۲ - **آبِ تو بُرد :** آبرویت را نزد آبرومندانِ عالم معنا برد.

۳ - **با برگ :** اینجا بهره‌مند.

۴ - **شاخ جان :** جان به شاخهٔ درخت مانند شده است که در خزانِ لذّات دنیوی برگ‌هایش فرو می‌ریزد.

۵ - قرآن: مزمّل: ۲۰/۷۳: ...وَ أَقْرِضُوا اللّٰهَ قَرْضاً حَسَناً...: و در راه خدا قرض الحسنه دهید. در سوره‌های دیگری هم قرض دادن به خدا آمده است: بقره: ۲۴۵/۲، حدید: ۱۱/۵۷ و ۱۸، تغابن: ۱۷/۶۴.

۶ - **بروید چمن :** چمن و چمنزار، اشاره به مقام جمع، از تفرقه باز آمدن و به جمع پیوستن: ر.ک. ترجمان الاشواق، ابن عربی، ترجمهٔ فارسی گل‌بابا سعیدی، ص ۱۲۰.

۷ - مصراع دوم اشاره به حدیث قدسی است که در آن سخن از «نعمت بی‌زوال» و «ادراک عوالم غیبی» برای بندگان صالح است: ر.ک: ۳۴۰۷/۳، اینجا از حدیث اقتباس لفظی شده است.

۸ - **سرگین :** نجاست، کنایه از لذایذ جسمانی است.

۹ - **دُرّ اجلالی :** مرواریدهای شاهانه، کنایه از معارف الهی.

زیــن پــلیدی بِـدْهد و پــاکــی بَـرَد   از یُــطَهِّرْکُــمْ[1] تــنِ او بَـر خــورَد ۱۴۹

این «ظلمت» را می‌دهد و به جای آن «نور» دریافت مـی‌کند و وجـودش از حـقیقتِ آیـهٔ شریفهٔ «شما را پاک گرداند»، برخوردار می‌شود؛ یعنی خداوند شما را از آلودگی‌ها پاک می‌کند.

دیو می‌ترسانَدَت کـه: هـین و هـین   زین پشیمان گردی و گردی حزین ۱۵۰

امّا شیطان تو را می‌ترساند که آگاه و هوشیار باش، از این کار پشیمان و اندوهگین خواهی شد.

گر گدازی[2] زین هـوس‌ها تـو بَـدَن   بس پشیمان و غمین خواهی شـدن ۱۵۱

اگر تمایلاتت را برآورده نکنی و به دنبال عبادت و ریاضت باشی، نصیبی جز پشیمانی و غم نخواهی داشت.

این بخور، گرم است و داروی مزاج   و آن بـیاشام از پـی نـفع و عِـلاج ۱۵۲

شیطان القا می‌کند این غذا را بخور که طبع گرم دارد و داروی مزاج توست و آن شراب را بیاشام، چون به نفع تو و سبب معالجه است.

هم بدین نیّت کـه ایـن تـن مَـرکب است   آنچه خُو کرده‌ست، آنَش اَصْوَب است[3] ۱۵۳

تو را فریب می‌دهد که تن مرکبِ توست، به او هر چیزی را که عادت کرده بده، برایش بهتر است.

هین! مگردان خُو، که پیش آید خِلَل   در دِمــاغ و دل، بـزایـد صـد عِـلَل ۱۵۴

آگاه باش! عادتت را تغییر نده که سلامتت به خطر می‌افتد و مغز و قلبت بیمار می‌شود.

ایـن چـنین تـهدیدها آن دیـوِ دون   آرَد و بر خلق خـوانَـد صـد فسـون ۱۵۵

آن شیطان فرومایه با این گونه تهدیدها آدمی را می‌ترساند و وسوسه می‌کند.

خـویش جـالینوس[4] سـازد در دوا   تــا فــریبد نَــفْس بــیمارِ تــو را ۱۵۶

وانمود می‌کند که درمان همهٔ دردها را می‌داند و به این ترتیب نَفْسِ بیمارت را فریب می‌دهد.

---

۱ - **یُطَهِّرکُم** : اشارتی قرآنی؛ احزاب: ۳۳/۳۳: ...وَ یُطَهِّرُکُمْ تَطْهیراً : و شما را پاک گرداند به پاکی تمام. این آیـهٔ U ¼wAo S ³î ª± "« ØyA¬C¬nA jrr«±njQBK«Lo(|),î| »( ),B ª³ (t), ev ( ) ° e¼ (ع) می‌دانند، برخی هم «oAjApA> ¥AZ¼ S<nApB¬nw±¤ ikA(|) «»jA®k Ò¬,Uo]ª iØ«zB » ¼¥Y¼ {½ ³/

۲ - **گدازی** : گداختن، سوزاندن، رنج تکالیف و ریاضت را تحمّل کردن.   ۳ - **أَصْوَب** : درست‌تر.

۴ - **جالینوس** : پزشک یونانی، در زمان خود بی مانند بوده است: ر.ک: ۲۰۹۶/۲.

کین تو را سود است از درد و غمی گـفت آدم را هـمین در گـندمی ۱۵۷

که این برای تو مفید است و اندوه را زایل می‌کند. به آدم(ع) هم برای خوردن گندم همین را گفت.

پـیش آرَد هـی‌هی و هـیهات را وز لَـویشه[1] پـیچد او لبـهات را ۱۵۸

شیطان سخنانی از سر افسوس و وسوسه‌آمیز می‌گوید و لب‌هایت را می‌بندد.

همچو لب‌هایِ فَرَس[2] در وقتِ نعل تا نـماید سـنگِ کـمتر را چـو لعـل ۱۵۹

تا چیز بی‌قدر در نظرت قدر و شأن یابد، همانندِ لب‌های اسب که در وقت نعل کوبیدن بسته می‌شود.

گوش‌هااَت گیرد او چون گـوشِ اسب می‌کَشاند سویِ حرص و سویِ کسب[3] ۱۶۰

گوش‌هایت را همانند گوش اسب می‌گیرد و تو را به سوی حرص و کسب می‌کشانَد.

بَـر زنـد بـر پـات نـعلی زِ اشـتباه[4] کـه بـمانی تـو ز دردِ آن ز راه ۱۶۱

با وسوسه‌های مکرر تو را به «اشتباه دیدن و غلط فهمیدن» و «باور غلط» دچار می‌کند تا از دردِ این سرگشتگی، از راه حق باز بمانی.

نعلِ او هست آن تَردُّد[5] در دو کـار این کنم؟ یا آن کنم؟ هین! هوش دار ۱۶۲

نعلِ «سرگشتگی»اش تردید در کارهاست که این را بکنم یا آن را؟ آگاه و هوشیار باش و از او بپرهیز.

آن بکُـن کـه هست مـختارِ نَـبی[6] آن مکن که کـرد مـجنون و صَـبی[7] ۱۶۳

کاری را بکن که مورد رضایت پیامبر(ص) است، نه کاری که دیوانه و کودک می‌کنند.

حُفَّتِ آلجَنَّه[8]، به چه مَحفوف[9] گشت؟ بِـالمَکارِه[10]، کـه از او افـزود کَشْت ۱۶۴

«بهشت پوشیده شده است»؛ امّا با چه چیزی؟ با رنج‌ها و سختی‌ها؛ زیرا در اثر رنج جانِ آدمی به سوی معنویّات گرایش می‌یابد.

---

۱ - **لویشه** : ابزاری که دهان چهارپای چموش را بدان می‌بندند، پوزه‌بند. ۲ - **فَرَس** : اسب.

۳ - که به دنبال معنویّت و راه حق نباشی.

۴ - **بر زند بر پات نعلی زِ اشتباه** : نعلی از اشتباه کوبیدن، یعنی در اثر وسوسه‌هایِ مکرر «باور غلطی» را در کسی به وجود آوردن. ۵ - **تردّد** : تردید و دودلی. ۶ - **مختار نبی** : مورد رضایت و قبول نبی.

۷ - **صَبِی** : کودک.

۸ - اشاره به حدیث: بهشت در سختی و دوزخ در لذّت‌های دنیوی پیچیده شده است: ر.ک: ۱۸۳۹/۲.

۹ - **مَحْفُوف** : پوشیده. ۱۰ - **مَکارِه** : جمع مَکْرُهَة به معنی ناپسندی و سختی.

صد فسون دارد ز حیلت وز دَهـا[1] که کند در سَلّه[2]، گـر هست اژدهـا ۱۶۵

چنان افسونگر و مکّار است که حریف را هر قدر نیرومند باشد، به دام می‌افکند.

گــر بُــوَد آبِ روان، بــر بـنددش ور بُوَد حَبْرِ زمان[3]، بـر خـنددش[4] ۱۶۶

اگر انسان همانند آب جاری پویا و روان باشد، راهش را می‌بندد و اگر آگاه‌ترین فرد باشد باز هم می‌تواند گمراهش کند.

عــقل را بــا عـقلِ یـاری یـار کـن اَمْرُهُمْ شُـوریٰ[5] بـخوان و کـار کـن ۱۶۷

عقل را با عقلِ یارِ موافق تقویت کن. آیهٔ شریفهٔ «کار آن‌ها بر اساس مشورت است» را بخوان و بدان عمل کن.

نواختنِ مصطفی علیه‌السَّلام، آن عربِ مهمان را، و تسکین دادن او را از اضطراب و گریه و نوحه که بر خود می‌کرد، در خجالت و ندامت و آتشِ نومیدی

این سخن پـایان نـدارد، آن عـرب مـاند از الطـافِ آن شـه در عـجب ۱۶۸

این سخن را پایانی نیست، آن عرب از لطف و مرحمت پیامبر(ص) متعجّب شد.

خواست دیوانه شدن، عقلش رمـید دستِ عقلِ مصطفی[6] بازش کشـید ۱۶۹

نزدیک بود دیوانه شود و عقلش زوال یابد که ارادهٔ مصطفی(ص) او را نگه داشت.

گفت: ایـن سـو[7] آ، بـیامد آنـچنان که کسی بر خیزد از خـوابِ گـران ۱۷۰

گفت: به این سو بیا. آن عرب همانند کسی که از خواب سنگینی بیدار شده است، بدان سو آمد.

گفت: این سو آ، مکن هین! با خود آ که از این سـو هست بـا تـو کـارها ۱۷۱

پیامبر(ص) گفت: به این سو بیا، ناله نکن و به خود بیا؛ زیرا در اینجا با تو کارها دارم.

---

۱ - **دَها**: مخفّف دَهاء، زیرکی، اینجا زیرکی منفی، یعنی مکر و نیرنگ. ۲ - **سَلّة**: سبد، اینجا دام.
۳ - **حَبْرِ زمان**: دانشمند زمان، فرد بسیار آگاه.
۴ - **برخنددش**: به ریشش می‌خندد و گمراهش می‌کند. اشاره به تأثیر وسوسه‌های شیطان است.
۵ - اشارتی قرآنی؛ شوریٰ: ۳۸/۴۲: ...وَ أَمْرُهُمْ شُوریٰ بَیْنَهُمْ... : و کارشان رایزنی با یک‌دیگر است. «در ارتباط است با مؤمنان.» ۶ - **دست عقل مصطفی**: مراد ارادهٔ آن حضرت است. ۷ - **این سو**: سوی حق.

آب بـــر رُو زد، در آمــد در ســخُن کِای شهیدِ حق[1] ! شهادت عرضه کن ۱۷۲

آبی به صورت زد و به سخن آمد و گفت: ای گواه پروردگار، کلمهٔ شهادت را به من عرضه کن.

تـــا گـواهـی بِـدْهم و بـیرون شـوم سیرم از هستی، در آن هامون[2] شوم ۱۷۳

تا شهادت بدهم، مسلمان شوم و از این دنیا بـروم؛ زیـرا از ایـن زنـدگی سیر شـده‌ام، می‌خواهم به آن دنیا «عالم غیب» بروم.

مـــا در ایـن دِهـلیز قـاضیِّ قـضا[3] بـــهرِ دعــویِّ اَلَـــستیم[4] و بَــلیٰ ۱۷۴

ما به سبب ادّعایی که در روز الست کردیم و «قالوُا بلیٰ» که گفتیم، گرد آمده‌ایم.

کـه بـلیٰ گـفتیم و آن را ز امـتحان فعل و قولِ ما شُـهود است و بـیان ۱۷۵

چون «بلی» گفتیم و ادّعا کردیم، باید امتحان بدهیم و «فعل و قول» ما گواه آن است.

از چه در دِهلیزِ قاضی تـن زدیـم[5] نـه کـه مـا بـهرِ گـواهـی آمـدیم؟ ۱۷۶

مگر ما برای شهادت به پروردگاریِ او به این دنیا نیامده‌ایم؟ چرا سکوت کرده‌ایم و به روی خودمان نمی‌آوریم؟

چـــند در دهـلیزِ قـاضی ای گـواه! حبس باشی؟ دِه شهادت از بِگـاه[6] ۱۷۷

ای شاهد، تا کی می‌خواهی در «دهلیزِ قاضیِ قضا» محبوس بمانی؟ هر چه زودتر شهادت بده.

زآن بخوانَدَندَت بدینجا، تا کـه تـو آن گـــواهـــی بِـدْهی و نآری عُـتُو[7] ۱۷۸

تو را به اینجا فرا خوانده‌اند تا بیایی، شهادت بدهی و سرکشی نکنی.

از لجـــاجِ خـــویشتن بـــنشسته‌ای اندر این تنگی کـف و لب بسـته‌ای ۱۷۹

با لجبازی در این جای تنگ و دلگیر نشسته‌ای، نه کاری می‌کنی و نه چیزی می‌گویی.

---

۱ - **شهید حق** : گواهِ پروردگار، مراد پیامبر(ص) است.

۲ - **آن هامون** : آن صحرا، اینجا صحرای غیب، دنیای دیگر.

۳ - **دهلیزِ قاضیِ قضا** : دنیا به «راهرو قاضی قضا» که خداوند است، مانند شده، یعنی قاضی قضا ما را در این محلّ عبور جمع آورده است تا از آن برای رسیدن به «عالم معنا و کمال وجودی‌مان» بهره ببریم.

۴ - بنابر اشارت قرآنی، اعراف: ۱۷۲/۷، پیش از خلقت صوری، خداوند از مخلوقات پرسید که آیا من پروردگار شما نیستم؟ گفتند: آری، هستی؛ پس اینجاگرد آمده‌ایم تا به آن دعوی تحقّق بخشیم به «قول و فعل»: ر.ک: ۱۲۴۶/۱.

۵ - **تن زدن** : سکوت کردن، به روی خود نیاوردن. ۶ - **از بگاه** : از بامداد، اینجا هرچه زودتر.

۷ - **عُتُوّ** : سرکشی و نافرمانی.

۱۸۰ **تـا بِـنَدْهی آن گـواهـی ای شـهید! تو از این دِهلیز کی خواهی رهید؟**[۱]
ای شاهد، تا شهادت ندهی از قید دنیا رهایی نخواهی داشت.

۱۸۱ **یک زمان کار است، بگـزار و بـتاز کـارِ کـوته را مکـن بـر خـود دراز**
انجام این کار لحظه‌ای بیش نیست. شهادت بده و بگریز. کار کوتاه را طولانی نکن.

۱۸۲ **خواه در صد سال، خواهی یک زمان ایـــن امـــانت واگـــزار**[۲] **و وارهـــان**
چه در صد سال، چه در یک لحظه، حقّ امانت را اداکن و خود را بِرَهان.

بیانِ آنکه نماز و روزه و همه چیزهایِ برونی گواهی‌هاست بر نورِ اندرونی

۱۸۳ **ایـن نـماز و روزه و حـجّ و جـهاد هـم گـواهـی دادن است از اعـتقاد**
اعمال عبادی همه بر اعتقاد قلبی شهادت می‌دهند.

۱۸۴ **این زکات و هـدیه**[۳] **و تـرکِ حسـد هم گواهی دادن است از سِـرِّ خَـود**
زکات، قربانی و دوری از بخل و حسد هم بر اعتقاد و مهر درونی شهادت می‌دهند.

۱۸۵ **خوان و مهمانی، پیِ اظهار راست**[۴] **کِای مِهان! ما با شما گشتیم راست**
دعوت و سفره گستردن برای بیان این است که ای بزرگواران، ما با شما با صفا هستیم.

۱۸۶ **هـدیه‌ها و ارمـغان و پـیش کش شدگواهِ آنکه: هستم بـا تـو خَـوش**
هدیه‌ها و پیشکش‌ها هم نشان دوستی و محبّت است.

۱۸۷ **هر کسی کوشَد به مالی یـا فسـون**[۵] **چیست؟ دارم گـوهری در انـدرون**
در این دنیا هر کسی به نوعی با بذل مال یا تدبیری می‌کوشد و مقصود همه این است که بگویند: در درونمان گوهری نهان است.

---

۱ - همچنان در قید و بند صفاتِ دونِ بشری و تعلّقاتِ دنیوی باقی خواهی ماند.
۲ - **امانت را واگزار**: امانتی را که نزد توست، پس بده. «امانت گذاردن»: چیزی را نزد کسی به امانت نهادن.
۳ - **هَدِیَة**: تحفه، قربانی. ۴ - **پیِ اظهار راست**: برای اظهار و بیان آن است که... .
۵ - **فسون**: اینجا تدبیر، مثلاً اعمال خیرخواهانه از قبیل رسیدگی به امور ایتام و مستمندان.

گـوهری دارم ز تـقویٰ یـا سـخا　　　ایـن زکـات و روزه در هـر دو گـوا ۱۸۸

در درونم گوهرِ «پرهیزکاری» یا «بخشندگی» هست، زکات و روزهٔ من نشان وجود آن‌هاست.

روزه گـوید:کـرد تـقویٰ از حـلال　　　در حرامش، دان که نَبْوَد اتّـصال[1] ۱۸۹

روزه به زبانِ حال می‌گوید: کسی که از «حلال» پرهیز کرد، بدان که از «حرام» هم پرهیز می‌کند.

وآن زکاتش گفت کـو از مـالِ خـویش　　　می‌دهد، پس چون بدزدد زَاهلِ کیش[2]**؟** ۱۹۰

زکات به زبانِ حال می‌گوید: کسی که از مال خود می‌بخشد، چگونه از مال دیگری بدزدد؟

گر به طـرّاری[3] **کـند، پس دو گـواه　　　جَـرْح**[4] **شـد در مـحکمهٔ عـدلِ اِلٰـه** ۱۹۱

اگر در اعمالِ عبادی‌اش تظاهر باشد، دو شاهدِ او، یعنی «فعل» و «قول» در دادگاه عدل الهی رد می‌شوند.

هست صـیّاد، ار کـند دانـه نـثار　　　نه ز رحم و جُـود، بـل بـهرِ شکـار ۱۹۲

کسانی هستند که اگر مالی بذل می‌کنند از سر شفقت و بخشش نیست، بـرای فـریب است، مثل صیّادی که برای پرنده دانه می‌ریزد.

هست گُربهٔ روزه‌دار[5] **انـدر صـیام**[6]　　　**خُفته کرده خویش بهرِ صـیدِ خـام** ۱۹۳

«مؤمن نما»، همانند گربه‌ای روزه‌دار در ماه رمضان است که خود را به خواب زده تا صید غافل را شکار کند.

کرده بدظن[7] **زین کَژی صد قـوم را　　　کرده بدنام اهـلِ جُـود و صَـوم**[8] **را** ۱۹۴

با فریبکاری گروه کـثیری را بـدگمان کـرده و بـخشندگان و روزه‌داران راسـتین را بـدنام ساخته است.

فضلِ[9] **حق، با این که او کژ می‌تَنَد　　　عاقبت زین جـمله پـاکَش مـی‌کند** ۱۹۵

علی‌رغمِ این کج‌رفتاری، فضل الهی سرانجام او را هم از بدی‌ها پاک می‌کند.

---

۱ - مصراع دوم؛ با حرام پیوندی ندارد، از آن پرهیز می‌کند. ۲ - **اهلِ کیش** : همکیش، اینجا انسان‌ها، دیگران.
۳ - **طَرّاری** : دزدی، اینجا غیر صادقانه، تظاهر. ۴ - **جَرح** : باطل شدن یا ردکردن شهادت.
۵ - **گربهٔ روزه‌دار** : مؤمن‌نمای ریاکار. ۶ - **صیام** : روزه. ۷ - **بدظن** : بدگمان.
۸ - **صَوْم** : روزه‌گرفتن. ۹ - **فَضْل** : وفور لطف حق که بیش از استحقاق است.

سَبْق بُرده[۱] رحمتش وآن غَدْر[۲] را   داده نوری که نباشد بَدْر را ۱۹۶

چون رحمت خداوند بر غضبش پیشی دارد، علی‌رغمِ اعمالِ ریاکارانه‌اش، او را چنان نورانی می‌کند که تابان‌تر از ماهِ تمام باشد.

کوششش را شُسته حق زین اختلاط[۳]   غُسل داده رحمتْ او را زین خُباط[۴] ۱۹۷

رحمتِ خداوند تلاش او را از این آلودگی و خطاي جاهلانه پاک می‌کند.

تا که غفّاري[۵] او ظاهر شود   مِغْفَری[۶] کَلّی‌ش[۷] را غافِر[۸] شود ۱۹۸

تا بخشندگی الهی ظهور یابد و عیب او را بپوشاند.

آب بهرِ این ببارید از سِماک[۹]   تا پلیدان را کند از خُبث[۱۰] پاک ۱۹۹

باران از آسمان می‌بارد تا پلیدان را از آلودگی پاک کند.

پاک کردنِ آبْ همه پلیدی‌ها را، و باز پاک کردنِ خدای تعالی آب را از پلیدی، لاجرم قُدُّوس[۱۱] آمد حق تعالی

آب چون بیگار[۱۲] کرد و شد نجِس   تا چنان شدکآب را رَدکرد حِس[۱۳] ۲۰۰

چون آب با پلیدی نبرد کرد و ناپاک شد، یعنی به وضعی در آمد که مورد قبول حسّ آدمی نبود،

---

۱ - **سَبْق بردن** : سَبَقْ بردن: پیشی گرفتن، ر.ک: ۲۶۸۴/۱.   ۲ - **غَدْر** : نیرنگ.
۳ - **اختلاط** : آمیزش حق و باطل، کار خوب که در آن غرض بدی هم باشد.
۴ - **خُباط** : بیماریی مانند دیوانگی، اینجا خبط و خطاي جنون‌آمیز یا جاهلانه.   ۵ - **غفّاری** : بخشندگی.
۶ - **مِغْفَر** : کلاه‌خُود، مغفرت الهی به کلاه‌خُودی مانند شده که بر سر کچل، یعنی سرِ معیوبِ بنده قرار می‌گیرد و نقص آن را می‌پوشانَد.   ۷ - **کَلْ** : کچل، اینجا به معنی معیوب، «کَلّی»: کَچلی.
۸ - **غافر** : آمرزنده و پوشانندهٔ گناه.
۹ - **سِماک** : اینجا به معنی آسمان، ستاره‌ای در پای اسد، از صور فلکی: ر.ک: ۵۹۱/۱.   ۱۰ - **خُبْث** : پلیدی.
۱۱ - **قُدُّوس** : از اسماء حق تعالیٰ به معنی منزّه.   ۱۲ - **بیگار** : پیکار، رزم و نبرد.
۱۳ - مراد از این ابیات آن است که: همان‌گونه که حق تعالیٰ به فضل خود آبِ گل‌آلود را پاک می‌کند، «عابدان کج رفتار»، «مؤمن‌نما» و «گناهکاران» را نیز می‌بخشد و پاک می‌کند.

۲۰۱ **حق بِبُردش باز در بحرِ صواب[1] تا بشستش از کَرَم آن آبِ آب[2]**

حق آن را به قدرت و مشیّت خود از کَرَم می‌شوید و پاک می‌کند.

۲۰۲ **سالِ دیگر آمد او دامنْ کشان هی کجا بودی؟ به دریایِ خوشان**

سال دیگر همان آب با ناز فرو می‌بارد و اگر بپرسند: کجا بودی؟ می‌گوید: در «بحر صواب».

۲۰۳ **من نجس زین‌جا شدم، پاک آمدم بِسْتَدَم[3] خِلْعَت[4]، سویِ خاک آمدم**

من آلوده رفتم و پاک بازگشتم. جامه‌ای از پاکی بر من پوشاندند و به سوی زمین برگشتم.

۲۰۴ **هین! بیایید ای پلیدان سویِ من که گرفت از خُویِ یزدان خُویِ من**

هان! ای ناپاکان، به سوی من بیایید که صفت پاک کنندگی را از یزدان گرفته‌ام.

۲۰۵ **در پذیرم جملهٔ زشتیت را چون مَلَک پاکی دهم عِفریت را**

همهٔ ناپاکی‌ها و پلیدی‌هایت را می‌پذیرم و شیاطین را همانند فرشتگان پاک می‌کنم.

۲۰۶ **چون شوم آلوده، باز آنجا رَوَم سوی اصلِ اصلِ پاکی‌ها[5] رَوَم**

چون آلوده شوم دوباره به سوی اصلِ اصلِ پاکی‌ها می‌روم.

۲۰۷ **دلقِ چرکین[6] بر کَنَم آنجا ز سر خلعتِ پاکم دهد بارِ دگر**

آنجا پلیدی‌هایم زایل می‌گردد و دوباره پاک می‌شوم.

۲۰۸ **کارِ او این است و کارِ من همین عالَم‌آرای است رَبُّ العالمین**

کار او این و کار من هم همین است. کارِ پروردگار دو عالم آراستنِ تمامِ هستی است.

۲۰۹ **گر نبودی این پلیدی‌هایِ ما کِی بُدی این بارنامه[7] آب را؟**

اگر ناپاکی‌های ما نبود، آب این همه شأن و عظمت نداشت.

---

۱ - **بحر صواب** : دریای راستی، کنایه از دریایِ بیکران قدرت الهی است؛ یعنی مشیّت و ارادهٔ حق تعالی.

۲ - **آبِ آب** : آبی که آب را می‌شوید؛ یعنی حق تعالیٰ و ارادهٔ او. «آب» نمادی از مرد حق نیز هست که از «آبِ آب» امداد می‌یابد تا همواره قدرت پاک کنندگیِ جان‌ها را داشته باشد. ۳ - **بِسْتَدَم** : ستاندم، گرفتم.

۴ - **خلعت** : جامهٔ گرانبها که بزرگان به زیردستان می‌بخشیده‌اند، اینجا مراد همان «پاکی» است.

۵ - **اصلِ اصلِ پاکی‌ها** : خداوند. ۶ - **دلق چرکین** : کنایه از پلیدی‌ها.

۷ - **بارنامه** : اجازه نامهٔ ورود به مجلس بزرگان.

کیسه‌هایِ زر[۱] بدزدید[۲] از کسی   می‌رود هر سو که: هین! کو مفلسی؟ ۲۱۰

«آب»، همانند عیّاری[۳] کیسه‌های زر را از صاحبِ آن گرفته است و مشتاقانه به هر سو می‌رود تا نیازِ نیازمندی را برطرف کند.

یا بریزد بر گیاهِ رُسته‌یی   یا بِشُوید رویِ رُوناشُسته‌یی[۴] ۲۱۱

یا بر سرگیاه نورُسته‌ای ببارَد و یا رویِ ناشسته‌رویی را بشوید.

یا بگیرد بر سرْ او حمّال‌وار   کَشتیِ بی دست و پا را در بِحار ۲۱۲

یا در دریاها کشتی‌ها را حمل کند، همان‌گونه که باربران بارها بر سر می‌نهند.

صد هزاران دارو اندر وی نهان   زآن که هر دارو بروید زو چنان ۲۱۳

در وجودِ «آب» صدها هزار دارو نهان است؛ زیرا همهٔ گیاهان دارویی از او پدید آمده‌اند.

جانِ هر دُرّی[۵]، دلِ هر دانه‌یی[۶]   می‌رود در جُو چو داروخانه‌یی ۲۱۴

از آنجا که هر چیز از «آب» حیات یافته است؛ پس خاصیّت دارویی آن همانند داروخانه‌ای متحرّک در آب جریان دارد.

زو یتیمانِ زمین[۷] را پرورش   بستگانِ خُشک[۸] را از وی رَوِش[۹] ۲۱۵

به سبب وجود «آب»، دانه‌ها و گیاهان می‌رویند و درختان رشد می‌کنند.

چون نمانَد مایه‌اش، تیره شود   همچو ما اندر زمین خیره شود ۲۱۶

هنگامی که «آب» قدرت پاک کنندگی‌اش را از دست می‌دهد و تیره می‌شود، همانند ما که درگیر و آلودهٔ امور دنیوی هستیم، مات می‌مانَد.

---

۱ - **کیسه های زر :** مراد «پاکی» است.   ۲ - **بدزدید :** اینجا گرفت.

۳ - **عیّار :** جوانمرد، در گذشته رسم بود که عیّاران به زور از توانمندان می‌ستاندند و به مستمندان می‌دادند: ر.ک: ۹۶۰/۱.   ۴ - **ناشسته رُو :** ناپاک، کسی که تحت ارشاد و تربیت استاد روحانی قرار نگرفته است.

۵ - **دُرّ :** قدما معتقد بودند که مروارید در اثر چکیدن قطرهٔ باران نیسان به وجود می‌آید، همچنین از ساییدن و کوبیدن آن و امتزاجش با گلاب برای درمان سردرد استفاده می‌کرده‌اند.

۶ - **هر دانه یی :** هر دانه‌ای، مراد گیاهان دارویی است.   ۷ - **یتیمان زمین :** دانه‌ها و گیاهان.

۸ - **بستگانِ خشک :** درختان که پایشان در زمین بسته است؛ امّا می‌توانند رشد کنند.

۹ - موجودات بنا بر قابلیّت و استعداد خود از «آب» بهره می‌برند. در ابیات بعدی مولانا می‌گوید: «جانِ» اولیا همان «آب» است که هر کس را بنا بر قابلیّتی که دارد، می‌پرورانَد و داروی علّت‌های روحانی همگان را در خود دارد.

استعانتِ آب از حق جَلَّ جلالُهُ، بعد از تیره شدن

نــاله از بــاطن بــر آرَد کِـای خـدا ! آنــچه دادی، دادم و مــاندم گــدا ۲۱۷

«آب» از درون می‌نالد که ای خدا، سرمایه‌ای را که دادی، بخشیدم و تهی دست مانده‌ام.

ریـختم سـرمایه بـر پـاک و پـلید[1] ای شه سرمایه[2] دِه! هَلْ مِنْ مَـزید[3] ۲۱۸

سرمایه‌ام را نثار پاک و ناپاک کردم. ای پروردگار، قدرتِ پاک کنندگیِ بیشتری به من بده.

ابر را گـوید: بِـبَر جـایِ خـوشش[4] هم تو خورشیدا ! به بالا بر کَشش[5] ۲۱۹

پروردگار به ابر می‌گوید: او را به جای خوبی ببر و به خورشید هم فرمان می‌دهد که او را به بالا و به سوی آسمان‌ها جذب کن.

راه‌هــایِ مــختلف مــی‌رانَــدَش تا رساند سـویِ بـحرِ بـی حَـدَش[6] ۲۲۰

او را از راه‌های گوناگون به دریای بیکران حق می‌رساند.

خود غرض زین آبْ جانِ اولیاست کـو غَسـولِ[7] تـیرگی‌هایِ شـماست ۲۲۱

مقصود ما از «آب»، «جانِ» اولیاست که تیرگی و آلودگیِ جان شما را پاک می‌کند.

چون شود تیره ز غَدرِ اهلِ فـرش[8] باز گردد سویِ پاکـی‌بخشِ عـرش ۲۲۲

هنگامی که «جانِ ولیّ» از مکرِ اهلِ دنیا تیره شود به سوی خداوند پاکی‌بخش باز می‌گردد.

بــاز آرَد زآن طــرف دامــن کشــان از طهاراتِ مُـحیط[9] او درس شـان[10] ۲۲۳

و از آن سوی با ناز و پاکیِ تامّ که از کُلِ هستی دریافت داشته و برای پاک کردن خلق آورده است، باز می‌گردد.

---

۱ - از سرمایه‌ام برای همه استفاده کردم.

۲ - **سرمایه** : اینجا قابلیّت پاک کنندگی، نور حق که درون اولیا و مردان حق متجلّی شده است.

۳ - اشارتی قرآنی؛ ق: ۳۰/۵۰، اشاره به زیاده‌خواهیِ دوزخ، اینجا «آب» قدرت پاک کنندگیِ بیشتری می‌خواهد: ر.ک: ۱۳۸۵/۱ و ۶۲۲/۲. ۴ - ببار و آب راکد را به سوی جوی، رود یا دریا ببر.

۵ - با تابش خورشید، آب بخار می‌شود و بالا می‌رود. در این تمثیل، «رحمت»، «هدایت» و «عشق»، جان آلوده به دنیا را به «بحر هستی» باز می‌گرداند. ۶ - **بحر بی حدش** : کُلّ هستی، دریای وحدانیّت حق.

۷ - **غَسُول** : غُسل دهنده، بسیار پاک کننده. ۸ - **اهلِ فرش** : اهلِ دنیا.

۹ - **مُحیط** : اقیانوس، هستیِ کلّ، دریایِ وحدت.

۱۰ - **درسشان** : درسِ ولیِّ حق بیشتر عملی است، جانِ خلق را پاک می‌کند و آنان را به سوی حق جذب می‌نماید.

۴۶ شرح مثنوی معنوی

ز اختلاطِ خلق یابد اِعتِلال[1] آن سفر جویَد که: اَرِحْنا یا بِلال[2] ! ۲۲۴

اگر در اثر ارتباط با خلق که عموماً «اهلِ دنیا»اند، ملول شود، مشتاقِ سفرِ روحانی و استغراقِ در حق می‌گردد، همان گونه که پیامبر(ص) وقت نماز به بلال می‌فرمود تا اذان سر دهد و می‌گفت: «ای بلال، ما را از اندیشه‌های این عالم آسایش ده».

ای بلالِ خوش نوایِ خوش صَهیل[3] مِیْذَنَه[4] بر رو، بزن طبلِ رَحیل[5] ۲۲۵

ای بلالِ خوش نوایِ خوش آوا، بالای مناره برو و اذان بگو.

جان سفر رفت و بدن اندر قیام وقتِ رجعت زین سبب گوید: سلام ۲۲۶

جانِ آدمی هنگامِ نماز به سفری روحانی می‌رود، در حالی که بدنش در حال قیام است و وقتی که نماز تمام می‌شود و باز می‌گردد، سلام می‌گوید.

از تیمّم[6] وارهانَد جمله را وز تَحَرّی[7] طالبانِ قبله را[8] ۲۲۷

همه را از تیمّم بی‌نیاز می‌کند و قبله را به جویندگان نشان می‌دهد.

این مَثَل چون واسطه‌ست اندر کلام واسطه شرط است بهرِ فهمِ عام ۲۲۸

«مثال» آوردن در سخن گفتن، همانند واسطه لازم است تا عوام سخن را بفهمند.

اندر آتش[9] کِی رود بی واسطه؟ جز سمندر[10]، کو رهید از رابطه ۲۲۹

به جز عارفِ واصل که مستقیماً و بدون واسطه قادر به درک حقیقت هست، هیچ کس نمی‌تواند این آتش را تحمّل کند.

---

۱ - **اعتلال :** دچار علّت یا بیماری، اینجا تیرگی و از دست دادن صفا و تَنَوُّر است.

۲ - اشاره به حدیث: ر.ک: ۱۹۹۶/۱، أَرِحْنا به معنی «ما را آسوده کن».

۳ - **صَهیل :** شیههٔ اسب، اینجا مطلق آوا یا بانگ. ۴ - **مِیْذَنَه :** مِئْذَنَة، محلّ اذان، مناره، گلدسته.

۵ - **طبلِ رحیل :** بانگ اذان که مؤمنِ حقیقی با شنیدن آن و اقامهٔ نماز با سفری روحانی از دنیا «کوچ» می‌کند.

۶ - در متن کهن این بیت در همین جا آمده است؛ ولی بعداً جابه‌جایی صورت گرفته و به علّتِ ارتباط مفهومی که با ابیات قبلی دارد، در حاشیه و بعد از بیت ۲۲۳ قرار داده شده است.

۷ - **تَحَرِّي :** جستجو کردن: ر.ک: ۲۲۹۵/۱.

۸ - «تیمّم» و «تحرّی» کنایه از «علم الیقین» یا «ایمان تقلیدی»اند که ولیّ حق خلق را از آن عبور می‌دهد و همه را به مراتب برتر ایمان و درک حقیقت رهنمون می‌شود: «عین الیقین»، «حق الیقین»: ر.ک: ۸۶۳/۲

۹ - **آتش :** حقیقت به آتش مانند شده است.

۱۰ - **سمندر :** جانوری معروف که در آتش پدید می‌آید و در آن می‌سوزد و از خاکسترش جانوری دیگر به وجود می‌آید. اینجا «عارفِ واصل» به سمندر مانند شده که بی واسطه به درون آتش می‌رود؛ یعنی ادراک حقایق برای جانِ کاملِ او مستقیماً امکان‌پذیر است.

واسطهٔ حمّام باید مر تو را　　تا ز آتش خوش کنی تو طبع را ۲۳۰

برای آنکه به آتش عادت کنی و از آن لذّت ببری، لازم است که واسطه‌ای به نام حمّام و آب وجود داشته باشد.

چون نتانی شد در آتش چون خلیل　　گشت حمّامت رسول، آبت دلیل[۱] ۲۳۱

چون نمی‌توانی مانند ابراهیم خلیل(ع) به میان آتش بروی و نسوزی؛ پس باید حرارت آن از طریق واسطه‌ای به تو برسد.

سیری از حقّ است، لیک اهلِ طَبَع[۲]　　**کِی رسد بی واسطهٔ نان در شَبَع**[۳] ۲۳۲

«سیر بودن» یک احساس است که از سوی خداوند به آدمی می‌رسد؛ امّا «اهلِ دنیا» تا واسطهٔ نان در میان نباشد، احساس سیر بودن نمی‌کنند.

لطف از حقّ است، لیکن اهلِ تن　　در نیابد لطف، بی پردهٔ چمن ۲۳۳

خداوند، مظهرِ «لطافت و جمال» است؛ امّا «اهلِ دنیا» بدون واسطهٔ باغ و چمن نمی‌توانند آن را درک کنند.

چون نمانَد واسطهٔ تن، بی حجاب　　همچو موسی، نورِ مَهْ یابد ز جیب[۴] ۲۳۴

هنگامی که بنده‌ای بتواند بدون «واسطهٔ تن» نور حق را درک کند، همانندِ موسیٰ(ع) نور ماه را در گریبان خود می‌یابد.

این هنرها آب را هم شاهد است　　کاندرونَش پر ز لطفِ ایزد است ۲۳۵

اینکه آب قدرت پاک کنندگی و رویاندن دارد، نشان آن است که درونش پر از «لطفِ ایزدی» است که به او چنین توانایی‌هایی را عطا کرده است.

---

۱ – پیامبر(ص)، ولیّ یا مرد حقّی باید واسطه باشد تا بتوانی گرمی و لطف حقایق را درک کنی و در اثر تماس مستقیم با آتش نسوزی.

۲ – **طَبَع** : گناه، نقیصه، زنگار، عیب، «اهلِ طَبَع» مراد «اهل دنیا»ست که در نقصِ درک و معنویّت‌اند.

۳ – **شَبَع** : سیری. شِبَع: مقداری از طعام که سیرتر کند یا غذایِ سیر.

۴ – اشاره به ید بیضا؛ ر.ک: ۳۵۰۰/۱، مراد آنکه با اتّصال به حق، انسان می‌تواند خرق عادت کند.

گواهی فعل و قولِ بیرونی بر ضمیر و نورِ اندرونی

فعل و قول آمد گواهانِ ضمیر زین دو بر باطن تو استدلال گیر ۲۳۶

کردار و گفتار هر کس گواه باطن اوست. توسّط این دو می‌توانی به باطن افراد پی ببری.

چون ندارد سَیْر، سِرَّت در درون[۱] بنگر اندر بولِ رنجور[۲]، از بُرون ۲۳۷

اگر ضمیرت نمی‌تواند به باطن دیگران راه یابد، مانند پزشکان به علایم ظاهری آنان توجّه کن، به «کردار و گفتار».

فعل و قول آن بولِ رنجوران بُوَد که طبیبِ جسم[۳] را بُرهان بُوَد ۲۳۸

همان‌گونه که طبیب جسم علایم ظاهری را دلیل صحّت یا مرض می‌داند، «اهلِ ظاهر» هم صحّت یا مرضِ باطنیِ افراد را از علایم ظاهری، یعنی «فعل و قول» می‌شناسند.

وآن طبیبِ روح در جانش رَوَد وز رَهِ جان اندر ایمانش رَوَد ۲۳۹

امّا «طبیبِ روح» یا «انسانِ متعالی، مردِ حق» با چشمِ باطن مرتبهٔ جان و ایمان خلق را در می‌یابد.

حاجَتَش نایَد به فعل و قولِ خوب اِحْذَرُوهُم، هُمْ جَواسیسُ اَلقُلوب[۴] ۲۴۰

معرفتِ او به خلق از گفتار و عمل نیست؛ یعنی باطن افراد را می‌شناسد؛ پس در برابر آنان صادق باشید که از حالِ درونی‌تان باخبرند.

این گواهِ فعل و قول از وی بجو کو به دریا نیست واصل همچو جُو ۲۴۱

«فعل و قول» برای کسی است که همانند جوی آب روان است و هنوز به دریای حق واصل نیست، این‌ها آثار و علایمی برای درک احوال درونی افرادند.

---

۱ - مصراع اوّل: چون باطنِ تو نمی‌تواند به درون دیگران نفوذ کند و از آن آگاهی یابد. «سَیْر کردن»: گردش کردن، مراد سیرِ معنوی است.

۲ - **بولِ رنجور**: ادرار بیمار، گذشته از آزمایش‌هایی که بر روی ادرار انجام می‌دهند، رنگ و میزان شفاف یا کدر بودنش نیز نشان بیماری یا سلامت است، مراد علایم ظاهری است.

۳ - **طبیبِ جسم**: پزشک، در تقابل با طبیب روح که نبی، ولیّ یا مرد حق است.

۴ - اشاره است به سخن احمد بن عاصم الانطاکی: در برابر مردان حق راست و صادق باشید که آنان جاسوس دل‌ها هستند: ر.ک: ۱۴۸۱/۲.

در بیانِ آنکه نور، خود از اندرونِ شخصِ منوّر، بی آنکه فعلی و قولی بیان کند، گواهی دهد بر نورِ وی[۱]. در بیانِ آنکه آن نور خود را از اندرونِ سرّ عارف ظاهر کند بر خلقان بی فعلِ عارف و بی قولِ عارف، افزون از آنکه به قول و فعلِ او ظاهر شود، چنانکه آفتاب بلند شود، بانگِ خروس و اعلامِ مؤذن و علاماتِ دیگر حاجت نیاید

لیک نورِ سالکی کز حد[۲] گذشت — نورِ او پُر شد بیابان‌ها و دشت[۳] ۲۴۲

هنگامی که نورِ درونِ سالک حواسّ ظاهری را تحت الشعاع قرار داد و توانست حواسّ باطنی را فعّال کند و به عالم معنا برسد، این نور چنان تابناک است که به همهٔ عالم می‌تابد.

شاهدی‌اش[۴] فارغ آمد از شُهود — وز تکلّف‌ها[۵] و جانبازی[۶] و جود[۷] ۲۴۳

او چنان شاهد حقایق است که از آن جدایی ندارد؛ پس مفهوم ظاهریِ «شهود» در ارتباط با او مصداقی ندارد؛ چون خارج از حقیقت، «شاهد» آن نشده و اینک به مقامی رسیده است که نیازی به مجاهده، ریاضت، بذل و بخشش ندارد؛ زیرا این تلاش‌ها برای رسیدن به حق است و او واصل شده.

نورِ آن گوهر چو بیرون تافته‌ست — زین تَسَلُّس‌ها[۸] فراغت یافته‌ست ۲۴۴

چون نورِ معرفت در وجودش متجلّی شده، از تظاهر و نیرنگ نجات یافته است.

پس مجو از وی گواهِ فعل و گفت — که از او هر دو جهان چون گُل شِکُفت ۲۴۵

پس از کسی که نور باطنش می‌تابد، دلیلِ «فعل و قول» را نمی‌خواهند؛ زیرا نور باطن او به همه جا می‌تابد و نیازی به گواه ندارد، «آفتاب آمد دلیل آفتاب».

این گواهی چیست؟ اظهارِ نهان — خواه قول و خواه فعل و غیرِ آن ۲۴۶

وجود دلایل ظاهریِ «فعل و قول» برای اثبات نور باطن است.

---

۱ - از اینجا به بعد «در بیانِ آنکه آن نور...» را با قلم قرمز و در زیر عنوان افزوده‌اند.

۲ - **حدّ**: مراد عبور از عالم محسوس و ورود به عالم معناست.

۳ - **بیابان‌ها و دشت**: همه جا، تمامِ عالم، تمام هستی. ۴ - **شاهدی**: شاهد حقایق بودن.

۵ - **تکلّف**: مجاهده‌ها و ریاضت‌ها، کوشش‌های سالک برای وصول به حق.

۶ - **جانبازی**: مجاهدهٔ خالصانه. ۷ - **جُود**: بخشش. ۸ - **تَسَلُّس**: سالوس ورزیدن، نیرنگ و تظاهر.

۵۰ شرح مثنوی معنوی

کـه عَـرَض اظـهارِ سِرِّ جـوهر است[۱] وصفْ[۲] باقی، وین عَرَض[۳] بر مَعْبَر است[۴] ۲۴۷

آثار و علایم ظاهری در واقع نشان دهندهٔ وجود باطن‌اند، باطن «ذات» باقی است؛ امّا آثار و علایمی را که بر جای می‌گذارد ناپایدار و گذرا هستند.

ایـن نشـانِ زر نـمانَد بـر مِـحَک زر بـمانَد نـیک نـام و بی زِ شک ۲۴۸

اثرِ ساییده شدن زرّ بر سنگِ مِحک باقی نمی‌مانَد؛ ولی خود طلا باقی می‌مانَد.

این صَلات[۵] و این جهاد و این صیام هـم نـمانَد، جـان بـمانَد نـیک نـام ۲۴۹

نماز، جهاد و روزه، یعنی ظاهرِ اعمالِ عبادی «فعل و قول» باقی نمی‌مانَد؛ ولی «جان» که با این اعمال می‌خواهد «سرّ جوهر» یا «حقیقت» خود را نشان دهد، بر جـای مـی‌مانَد، هـمانند طلایی که بر سنگ محک ساییده شده باشد تا خلوصش آشکار شود.

جان چنین افعال و اقـوالی[۶] نـمود بر مِـحَکّ امـر[۷]، جـوهر را بِسـود[۸] ۲۵۰

«جان» با انجام این کردارها و گفتارها، جوهر خود را بر محکِ امر الهی زد.

که اعتقادم راست است، اینک گواه[۹] لیک هست انـدر گـواهـان اشـتباه[۱۰] ۲۵۱

و سعی کرد «ایمان راستین» خود را نشان دهد؛ امّا «ایمان حقیقی» فـقط بـا رعـایت اوامـر و نواهی ثابت نمی‌شود.

تـزکیه[۱۱] بـاید گـواهـان را، بـدان تزکیه‌ش صدقی که موقوفی بدآن[۱۲] ۲۵۲

این اعمالی که به عنوان گواهِ ایمان عرضه می‌شوند، باید راستی و درستی‌شان تأیید شود و تأییدِ آن، همان صدقی است که در عمل داریم.

---

۱ - **سرّ جوهر :** حقیقتِ روحِ انسان.

۲ - **وصف :** صفت، «وصفِ باقی» یعنی جوهر یا ذات باقی می‌مانَد و سرمدی است.

۳ - **وین عَرَض :** این آثار و علایم ظاهری. ۴ - **بر معبر است :** ناپایدار و گذراست. ۵ - **صلاة :** نماز.

۶ - **أفعال و أقوال :** مراد اعمال عبادی و صالحه است.

۷ - امر الهی، یعنی اوامر و نواهی شرع مقدّس و رعایت خالصانهٔ او.

۸ - **جوهر را بِسود :** حقیقتِ خود را نشان داد. ۹ - **گواه :** همان اعمال عبادی و نیک.

۱۰ - انجام اعمال عبادی و یا صالحه و یا هر فعل دیگری می‌تواند خالصانه باشد یا ریاکارانه؛ پس صرفاً صورتِ اعمال نمی‌تواند دلالت بر «ایمان راستین» باشد.

۱۱ - **تزکیة :** پاک کردن، در فقه گواهی دادن به عدالتِ گواه را تزکیه گویند، تأیید شدن.

۱۲ - «فعل و قول» باید خالصانه و برای رضایت حق و تقرّب به او باشد.

حـفظِ لفـظ انـدر گـواهِ قـولی است   حفظِ عهد انـدر گـواهِ فـعلی است[۱] ۲۵۳

هنگامی که گواه «قول» باشد، حفظ لفظ ضروری است و اگر گواه «فعل» باشد، حفظ عمل لازم است.

گر گـواهِ قـول کـژ گـوید، رَد است   ور گـواهِ فـعل کـژ پـوید، رَد است ۲۵۴

اگر گواهِ «گفتاری» نادرست بگوید، مردود است و اگر گواهِ «فعلی» نادرست عمل کند، رد است.

قــول و فـعلِ بـی تـناقُض بـایَدَت   تا قـبول انـدر زمـان پـیش آیـدت ۲۵۵

باید «قول» و «فعل»، یعنی حرف و عمل یکی باشند تا فوراً پذیرفته شوند.

سَــعْیُکُمْ شَــتّیٰ[۲]، تـناقُض انـدرید   روز مـی‌دوزید، شب بَـر مـی‌درید[۳] ۲۵۶

کارهای شما دوگانه و متناقض است؛ یعنی یک‌دیگر را تأیید نمی‌کند.

پس گواهی بـا تـناقض کِـه شْـنَوَد؟   یا مگر حـلمی کـند از لطـفِ خَـود ۲۵۷

بدان که گواهیِ متناقض را کسی نمی‌پذیرد، مگر از سر لطف به روی خود نیاوَرَد.

فعل و قول اظهارِ سِرّ است و ضمیر   هــر دو پــیدا مـی‌کند سِـرّ سَـتیر[۴] ۲۵۸

«فعل» و «قول»، راز درون را آشکار می‌کنند و پرده از اسرار آن بر می‌دارند.

چون گواهت تزکیه شد، شد قـبول   ورنه محبوس است اندر مُولْ مُول[5] 259

چون «حرف» و «عمل» تأیید شدند، سخنِ <B¬> که دعویِ ایمان دارد پذیرفته می‌شود و گرنه آن را نمی‌پذیرند.

تا تو بستیزی، ستیزند ای حَرون[۶]!   فَـــانْتَظِرْهُمْ،[۷] اِنَّـــهُمْ مُـــنْتَظِرُونْ[۸] ۲۶۰

ای سرکش، اگر در نادرستیِ خود پافشاری کنی، اولیا نیز با تو می‌ستیزند؛ پس منتظر باش که آنان نیز منتظرند.

---

۱ - چون گواه «فعل و قول» است؛ پس باید هم «لفظ» درست باشد هم «عمل».

۲ - لیل: ۴/۹۲: إِنَّ سَعْيَكُمْ لَشَتَّىٰ : که کوشش شما پراکنده [و گونه‌گون] است.

۳ - مصراع دوم؛ یعنی هماهنگ نیست.   ۴ - **سَتیر** : مستور، پوشیده.

5 - **مول مول** : درنگ و تردید، مصراع دوم: در درنگ و تردید محبوس می‌مانَد؛ یعنی مقبول و پذیرفته نمی‌شود.

۶ - **حَرون** : نافرمان، سرکش.

۷ - مراد آن است که اگر «فعل» و «قولِ» تو را نپذیرفتند، بدان که در آن خلوص و صداقت نیست؛ پس سرکشی و پافشاری نکن.

۸ - اشارتی قرآنی؛ سجده : ۳۰/۳۲ : فَأَعْرِضْ عَنْهُمْ وَ انْتَظِرْ إِنَّهُمْ مُنْتَظِرُونَ : پس از آنان روی بگردان و منتظر باش که آنان نیز منتظرند.

عرضه کردنِ مصطفی علیه‌السَّلام شهادت را بر مهمانِ خویش

این سخن پایان ندارد مصطفی   عرضه کرد ایمان و پَذرُفت آن فتیٰ[1] ۲۶۱

این سخن پایانی ندارد. مصطفی(ص) کلمهٔ شهادت را عرضه کرد و آن جوان پذیرفت.

آن شهادت را که فَرُّخ بوده است   بندهایِ بسته را بگشوده است ۲۶۲

همان کلمهٔ شهادت را که همواره فرخنده بوده و گره‌های بسته را گشوده است.

گشت مؤمن، گفت او را مصطفی   که: امشبان هم باش تو مهمانِ ما ۲۶۳

آن مرد ایمان آورد. مصطفی(ص) به او گفت: امشب هم میهمان ما باش.

گفت: وَاللّه تا ابد ضَیفِ[2] توأم   هر کجا باشم، به هر جا که رَوَم ۲۶۴

نومسلمان گفت: به خدا که تا ابد هر جا باشم و هر جا بروم، میهمان توام.

زنده کرده[3] و مُعْتَق[4] و دربانِ تو   این جهان و آن جهان برخوانِ تو ۲۶۵

من توسّط تو زنده شدم، آزادی یافتم و بر دَرَت ایستاده‌ام. در هر دو جهان بر سر سفرهٔ تو نشسته‌ام و میهمانت هستم.

هر که بُگزیند جز این بُگزیده خوان[5]   عاقبت دَرَّد گلویش ز استخوان[6] ۲۶۶

هر کس که جز این خوان بر سر خوان دیگری بنشیند، عاقبت استخوان گلویش را پاره می‌کند.

هر که سویِ خوانِ غیرِ تو رَوَد   دیو با او، دان که هم کاسه[7] بُوَد ۲۶۷

هر کس که بر سفره‌ای به غیر از سفرهٔ تو بنشیند، رزقش شیطانی است و اسیرِ اوهام است.

هر که از همسایگیِّ تو رَوَد   دیو، بی شکّی که همسایه‌ش شود ۲۶۸

هر کس که از تو دور شود، بی شک به شیطان نزدیک شده است.

ور رود بی تو سفر او دُوردست[8]   دیوِ بد همراه و هم سفرهٔ وی است ۲۶۹

هر کس بدون تو به سفری دراز برود، شیطان شرور همراه و همسفرش خواهد بود.

---

۱ - **فتیٰ :** جوانمرد، جوان، مراد همان کافر پرخور و پشیمان است.   ۲ - **ضَیْف :** میهمان.

۳ - **زنده کرده :** حیات روحانی و معنوی یافته.

۴ - **مُعْتَق :** از بردگی آزاد شده، اینجا از اسارتِ نَفْس و جهل رهایی یافته.   ۵ - **بُگزیده خوان :** اینجا اسلام.

۶ - حلق روحانی‌اش با استخوانِ جهل و ستیز پاره می‌شود و به هلاکت معنوی می‌رسد.

۷ - **همکاسه :** دو نفر که در یک ظرف غذا می‌خورند، کنایه از همراهی و همگامی.

۸ - **دور دست :** دور و دراز، دور و دشوار.

ور نشـــیند بــر ســرِ اسبِ شـریف   حاسدِ ماه[1] است دیو او را ردیف[2] ۲۷۰

اگر بر اسبی اصیل سوار شود؛ یعنی اگر ابزار مناسبی هم در اختیار داشته باشد؛ چون شیطان همراه اوست، به مرد حق حسد می‌ورزد؛ یعنی با حقایق مبارزه می‌کند.

ور بـــچه گـیرد از او شــهناز[3] او   دیـــو در نســلش بُـوَد انـباز[4] او ۲۷۱

و اگر همسرش از او باردار شود، شیطان در نسلش شریک است؛ یعنی ظلمتِ شیطان در نسل او نیز اثر می‌گذارد.

در نُـبی شـارِکْهُمُ[5] گـفته‌ست حـق   هم در اموال و در اولاد ای شفق[6] ! ۲۷۲

ای مؤمن، خداوند در قرآن به شیطان فرموده است که در مال و فرزندان انسان شریک شو.

گفت پیغمبر ز غیب ایـن را جَـلی   در مـــقالاتِ نـــوادِر[7] بـا عـلی ۲۷۳

پیامبر(ص) این موضوع را از راه علم غیب در سخنان خود با علی(ع) آشکارا فرموده است.

یـا رسـولَ اللّـه رسـالت را تـمام   تو نمودی همچو شمسِ بی غَمام[8] ۲۷۴

میهمان گفت: ای رسول خدا، رسالتت را همانند خورشید تابناک به انجام رسانیدی.

این که تو کردی، دو صد مادر نکرد   عیسی از افسونش با عـازَر[9] نکـرد ۲۷۵

کاری که تو کردی هیچ مادری نکرده است؛ حتّی عیسی(ع) با دم مسیحایی‌اش هم نتوانست این لطف را در حق عازَر بکند.

---

۱ - **ماه**: کنایه از مرد حق که در زندگی دنیوی که بسان شبی تاریک است، روشنگر راه طالبان حقایق است.

۲ - **ردیف**: همراه، همگام، یعنی در سیطرهٔ شیطان.   ۳ - **شهناز**: عروس، همسر.   ۴ - **انباز**: شریک.

۵ - اشارتی قرآنی؛ إسراء: ۶۴/۱۷: ...وَ شَارِكْهُمْ فِي ٱلْأَمْوَالِ وَ ٱلْأَوْلَادِ...: و با آنان در اموال و اولاد شریک شو. اشاره است به مضمون آیات ۶۵-۶۲ سورهٔ إسراء که در آن خداوند به شیطان می‌گوید: با فرزندان آدم هرچه می‌خواهی بکن، در اموال و اولاد نیز با آنان مشارکت کن؛ امّا بدان که بر بندگان من سلطه نخواهی یافت.

۶ - **شَفَق**: سرخی بامداد و شام قبل از طلوع و هنگام غروب، اینجا مؤمن که نور ایمانش از خورشید حقایق است.

۷ - **مقالات نوادر**: سخنان بی‌نظیر، «مقالات نوادر» را ظاهراً حدیثی مفصّل دانسته‌اند که مضمون آن چگونگی شراکت شیطان در اولاد و اموال فرزندان آدم است که ملا محسن فیض این روایت را ضعیف شمرده، همچنین روایات متعدّدی با همین مضمون در **وافی** آمده است. اکثر شارحان مراد از «مقالات نوادر» سخنان و اسراری را که پیامبر(ص) به علی(ع) می‌گفته است، دانسته‌اند: ر.ک. احادیث، ص ۴۳۱.

۸ - **غَمام**: ابر، خورشیدِ بی غَمام: خورشیدی که ابری آن را نپوشانده است، خورشید کاملاً تابناک.

۹ - **عازَر**: آزر: در انجیل یوحنّا، باب یازدهم به نام ایلعازر آمده است که عیسی(ع) در حقّ او و خانواده‌اش محبّت داشت و بنا به درخواست خواهرش او را زنده کرد در حالی که چهار روز از مرگش گذشته بود.

از تو، جانم از اجل نک جان بِبُرد عازَر اَر شد زنده زآن دم، باز مُرد ۲۷۶

اینک جانم از تو حیات معنوی یافته و از مرگ ابدی رسته است، در حالی که عازر زنده شد؛ ولی دوباره مرد.

گشت مهمانِ رسول آن شبْ عرب شیرِ یک بُز نیمه خورد و بست لب[۱] ۲۷۷

مرد عرب آن شب هم میهمان رسول خدا(ص) شد. نیمی از شیر یک بز را نوشید و سیر شد.

کرد اِلحاحش[۲]**: بخور شیر و رُقاق**[۳] **گفت: گشتم سیر وَاللّه، بی نفاق**[۴] ۲۷۸

پیامبر(ص) اصرار کرد که باز هم شیر و نان بخور. میهمان گفت: به خدا که به راستی سیر شده‌ام.

این تکلّف[۵] **نیست، نی ناموس**[۶] **و فن**[۷] **سیرتر گشتم از آنکه دوشْ من** ۲۷۹

تظاهر به ایمان و تقوا نمی‌کنم. من واقعاً از دیشب سیرتر شده‌ام.

در عجب ماندند جمله اهلِ بیت پُر شد این قِندیل[۸] **زین یک قطره زَیْت**[۹]**؟** ۲۸۰

اهل خانه تعجّب کردند که چگونه این قندیل با یک قطره روغن پر شد؟

آنچه قُوتِ مرغِ بابیلی[۱۰] **بُوَد سیریِ معدهٔ چنین پیلی شود؟** ۲۸۱

چگونه غذای پرندهٔ کوچکی می‌تواند معدهٔ چنین فیلی را سیر کند؟

فُجْفُجه[۱۱] **افتاد اندر مرد و زن قدرِ پشّه می‌خورد آن پیلْ‌تن** ۲۸۲

مرد و زن به پچ پچ افتادند که پیل تنی به قدر یک پشّه غذا می‌خورد.

حرص و وَهْمِ کافری سرزیر[۱۲] **شد اژدها از قُوتِ موری سیر شد** ۲۸۳

هرگاه حرص و پندار ناشی از کفر از بین برود، اژدها با غذای مورچه‌ای سیر می‌شود.

آن گدا چشمیِّ کُفر از وی برفت لوتِ[۱۳] **ایمانی‌ش**[۱۴] **لَمْتَر**[۱۵] **کرد و زَفت**[۱۶] ۲۸۴

تنگ چشمی کافرانه او را ترک کرد و رزق روحانی سیر و پُرش ساخت.

---

۱ - **بست لب :** دهان را بست، سیر شد. ۲ - **الحاح :** اصرار. ۳ - **رُقاق :** نان نازک.

۴ - **بی نفاق :** بدون ریا، بدون دروغ. ۵ - **تکلّف :** ظاهرسازی.

۶ - **ناموس :** آبرو، خوشنامی، اینجا تظاهر به ایمان و تقوا. ۷ - **فن :** تدبیر، اینجا حیله.

۸ - **قندیل :** چراغ. ۹ - **زَیْت :** روغن زیتون، روغن چراغ.

۱۰ - **مرغ بابیلی :** مرغ ابابیل، پرندهٔ کوچک: ر.ک: ۱۳۱۹/۱. ۱۱ - **فُجفجه :** پچ پچ.

۱۲ - **سرزیر شد :** سرنگون شد، از بین رفت. ۱۳ - **لُوت :** غذا.

۱۴ - **لوت ایمانی :** رزق روحانی و معنوی. ۱۵ - **لَمْتُر :** چاق، اینجا سیر. ۱۶ - **زَفت :** بزرگ، اینجا پُر.

آنکه از جوعُ اَلبَقَر[۱] او می‌طپید　　　همچو مریم میوهٔ جنّت بدید[۲] ۲۸۵

کسی که همواره گرسنه بود، همانند مریم(ع) میوهٔ بهشتی را دید؛ یعنی رزق روحانی.

میوهٔ جنّت سویِ چشمش شتافت　　　معدهٔ چون دوزخش آرام یافت ۲۸۶

هنگامی که چشمِ جانش رزق روحانی و معنوی را دید، معدهٔ سیری‌ناپذیرش آرام یافت.

ذاتِ ایمان[۳] نعمت و لوتی‌ست هَوْل[۴]　　　ای قناعت کرده از ایمان به‌قول ۲۸۷

ای کسی که از ایمان به لفظ و گفتار قناعت کرده‌ای، «ایمانِ حقیقی» نعمتی عظیم و رزق معنوی بزرگی است.

بیانِ آنکه: نور که غذایِ جان است، غذایِ جسم اولیا می‌شود، تا او هم یار می‌شود روح را، که: «اَسْلَمَ شَیْطانی عَلیٰ یَدی»

در تقریر این معناست: «نور» که رزق جان است، در اولیا رزق جسم هم می‌شود که جسمشان هم منوّر گردد و در راستای فعالیّت‌های روح به او کمک کند تا بتواند «وجه نفسانی»اش را کاملاً تحت سیطرهٔ خود آوَرَد.

همچنین اشاره به خبری است با این مضمون که پیامبر فرموده است:[۵] شیطان[۶] من تسلیم من شده است و مرا صرفاً به خیر امر می‌دهد.

گرچه آن مَطعوم[۷] جان است و نظر　　　جسم را هم زآن نصیب است ای پسر! ۲۸۸

هرچند که «نور» طعامِ جان و دل است؛ امّا ای پسر، جسم هم از آن بهره‌مند می‌شود.

گر نگشتی دیوِ جسم[۸] آن را اَکُول[۹]　　　اَسْلَمَ اَلشَّیطانْ نفرمودی رسول ۲۸۹

اگر جسم نمی‌توانست از «نور» بهره ببرد، رسول(ص) نمی‌فرمود: شیطان من تسلیم شده است.

---

۱ - **جوعُ البقر** : پرخوری شدید و بیمارگونه.

۲ - اشاره است به آل‌عمران: ۳۷/۳، که در ارتباط است با دوران کودکی مریم(س) که در معبد و به کفالت زکریّا زندگی می‌کرد و هرگاه زکریّا به او سر می‌زد، رزق و روزی نزد وی می‌دید و می‌پرسید که از کجاست؟ و مریم(س) می‌گفت: از جانب خداوند آمده است.　۳ - **ذاتِ ایمان** : ایمانِ حقیقی.　۴ - **هَول** : ترس، اینجا عظیم.

۵ - ر.ک: ۲۶۸۲/۲. همچنین: احادیث، ص ۴۳۲.

۶ - مراد از «شیطان»، وجه مادّیِ نَفْس است که تحت سیطرهٔ تامّ وجه روحانیِ نَفْس اولیا که مطمئنّه است، قرار می‌گیرد.　۷ - **مَطْعوم** : طعام.　۸ - **دیوِ جسم** : جسم یا تن آدمی که به دیو مانند شده است.

۹ - **اَکُول** : پرخور، به جای آکل به معنی خورنده به کار رفته است.

دیو زآن لوتی که مُرده حَیْ شود[1] تـا نـیاشامد مسـلمان کـی شـود؟ ۲۹۰

تا «نَفْس» از نوری که مرده را زنده می‌کند، بهره‌مند نشود، تسلیم نخواهد شد.

دیو بر دنـیاست عـاشق کـور و کـر عشـق را عشـقی دگـر[2] بُـرَّد مگـر ۲۹۱

نَفْس شیفتهٔ ظواهر دنیوی و «کور و کر» است. این عشق با عشق برتری محو می‌شود.

از نهانْخانهٔ یقین[3] چون مِیْ[4] چشـد انلک انـک رختِ عشـق آنـجاکشـد ۲۹۲

اگر نفس راهی به عالم غیب داشته باشد؛ یعنی بتوانـد آن را درک کـند، آرام آرام تـمامِ توجّه و علاقه‌اش بدان سو متمایل می‌شود.

یا حَریصَ ٱلبَـطْن[5]! عَـرِّجْ[6] هٰکَـذٰا اِنَّــــما ٱلمِــــنْهاجُ تَــبْدیلُ ٱلغِــذٰا ۲۹۳

ای شکمباره، از این روش دست بردار و برایِ ارتقا طعام خود را روحانی کن.

یـــا مـریضَ ٱلقَـلْبِ! عَـرِّجْ لِـلْعِلاٰجْ جُـــمْلَةُ ٱلتَّـــدبیرِ تَــبْدیلُ ٱلمِــزاج ۲۹۴

ای بیمار دل، برای درمان بکوش. تمام تدبیرها در تبدیلِ مزاج است.

اَیُّها ٱلمَـحْبُوسُ فـی رَهْـنِ ٱلطَّـعام! سَوْفَ تَنْجو[7] اِنْ تَحَمَّلْتَ[8] ٱلفِـطام[9] ۲۹۵

ای محبوسِ طعام دنیوی، اگر مدّتی گرسنگی و امساک را تحمّل کنی، نجات می‌یابی.

اِنَّ فـــی ٱلجُــــوعِ طَـعامٌ وافِـرُ اِفْــتَقِدْها[10] وَٱرْتَــجِ[11] یــا نـافِرُ[12] ۲۹۶

در تحمّل گرسنگی، طعام روحانی فراوانی هست. ای گریزان، آن را بجو.

اِغْــتَذِ[13] بـالنُّورِ، کُـنْ مِـثْلَ ٱلْـبَصَر وٰافِقِ[14] ٱلاَمْلاکَ[15] یا خَیْرَ ٱلبَشَر![16] ۲۹۷

ای بهترینِ انسان‌ها، همانندِ چشم از نور تغذیه کن. با فرشتگان همراه باش که چنین‌اند.

---

۱ - **مُرده حَی شود** : دلی که مُرده، یعنی دلی که به سبب غفلت از حق قابلیّت و استعدادِ تکامل و روحانیّت خود را از دست داده است، با نور حق، «نورِ معرفت» و حیات روحانی بیابد. ۲ - با عشق حق.

۳ - **نهان خانهٔ یقین** : عالم غیب. ۴ - **مِیْ** : میِ حقیقت، ادراکِ حقیقت.

۵ - **یا حریصَ البَطْن** : ای کسی که شکمِ حریص داری، یعنی حرصِ دنیا وجودت را پُر کرده است.

۶ - **عَرِّجْ** : توقّف کن، درنگ کن. ۷ - **تَنْجُو** : نجات می‌یابی. ۸ - **تَحَمَّلْتَ** : تحمّل کردی.

۹ - **فِطام** : از شیر باز گرفتن کودک. ۱۰ - **اِفْتَقِدْها** : جویای آن باش. ۱۱ - **اِرْتَجِ** : امیدوار باش.

۱۲ - **نافر** : گریزان. ۱۳ - **اِغْتَذِ** : تغذیه کن. ۱۴ - **وافِقْ** : همراهی کن.

۱۵ - **املاک** : جمع مَلَک، فرشتگان. ۱۶ - **خَیْرَ ٱلبَشَر** : ای که بهترینِ خلق هستی.

۲۹۸ **چون مَلَک تسبیحِ حق[1] را کُن غذا تـا رهـی هـمچون مـلایک از اَذا[2]**

همانند فرشته از نور تغذیه کن و قوّت بگیر تا از آزارِ عالمِ کثرت رهایی یابی.

۲۹۹ **جبرئیل ار سـویِ جـیفه[3] کـم تَـنَد او به قوّت کِی ز کـرکس کـم زنـد؟**

جبرائیل که به مُردار توجّهی ندارد، قوّتش از کرکس کمتر است؟

۳۰۰ **حَـبَّذا[4] خـوانـی نـهاده در جـهان لیک از چشمِ خسیسان[5] بس نـهان**

پروردگار بساطی از کَرَم را در جهان گسترده است؛ امّا اغیار از درک آن عاجزند.

۳۰۱ **گر جهان باغی پُـر از نـعمت شـود قسمِ موش و مار[6] هم خـاکی[7] بُـوَد**

امّا اگر جهان به باغی پر نعمت مبدّل شود، نصیب موش و مار همچنان خاک است.

انکارِ اهلِ تن غذایِ روح را و لرزیدنِ ایشان بر غذایِ خسیس[8]

۳۰۲ **قِسمِ او خاک است، گر دِیْ، گـر بـهار میرِ کَوْنی، خاک چون نوشی چو مار؟[9]**

مار به خاک تعلّق دارد و بهره‌اش خاک است؛ امّا تو که سرور کاینات به شمار می‌آیی، چرا وابستهٔ خاک و دنیا شده‌ای؟

۳۰۳ **در میانِ چوب، گـوید کـرمِ چـوب مر که را باشد چنین حلوایِ خوب؟**

کِرمِ چوب در میان چوب با خود می‌گوید: چه کسی چنین حلوای لذیذی دارد؟

۳۰۴ **کِرمِ سرگین[10] در مـیانِ آن حَـدَث در جهان نُقلی[11] نداند جز خَبَث[12]**

کِرمی که در میان مدفوع می‌لولد، چیزی را لذیذتر از آن نمی‌شناسد.

---

۱ - **تسبیح حق** : مراد حمد و ثنای حق که چیزی جز نور نیست. ۲ - **اَذا** : أَذیٰ: اذیّت و آزار.
۳ - **جِیفَة** : مُردار، کنایه از دنیا. ۴ - **حبّذا** : واژهٔ عربی به معنی چه خوب، چه نیکو، خوشا.
۵ - **خسیسان** : فرومایگان، کسانی که از عالم معنا بی‌خبرند، اهل دنیا، اغیار.
۶ - **موش و مار** : کنایه از اهل دنیا، غافلان. ۷ - **خاک** : کنایه از جیفهٔ دنیا، هر چیز مادّی.
۸ - **غذایِ خسیس** : غذای دون، کنایه از تمام لذایذ و مطامع دنیوی. ۹ - چرا به امور معنوی توجّه نمی‌کنی؟
۱۰ - **سرگین** : حَدَث، مدفوع. ۱۱ - **نُقل** : اینجا شیرینی، هر خوراک لذیذ. ۱۲ - **خُبث** : پلیدی.

مناجات

ای خـدایِ بـی نـظیر! ایـثار[1] کـن — گوش را چون حلقه دادی زین سخُن ۳۰۵

ای خدای بی همتا، اینک که گوشِ جان ما با معانیِ بلندی از عالم غیب زینت یافته و این آشنایی ما را بندهٔ تو کرده است؛ پس اجازه بده بیشتر بدانیم و آشناتر شویم.

گوش ما گیر و بـدآن مـجلس[2] کَشـان — کز رَحیقت[3] می‌خورند آن سرخوشان[4] ۳۰۶

ما راگوش‌کشان به محفلی ببر که در آن «اهلِ معنا» از شرابِ حقایق می‌آشامند.

چون به ما بویی رسـانیدی از ایـن — سر مبند آن مَشک را ای ربِّ دیـن! ۳۰۷

ای پروردگار، چون بویی از حقایق به مشامِ جانِ ما رساندی، راهِ آن را مبند. اجازه بده حقایق بیشتری را دریابیم.

از تو نوشند ار ذکورند[5]، ار أُنـاث[6] — بی دریغی در عـطا یـا مُسـتَغاث[7]! ۳۰۸

ای فریادرس، تمام مخلوقات از خوان تو بهره‌مندند؛ زیرا بی دریغ می‌بخشی.

ای دعـا نـاگـفته از تـو مُستجاب — داده دل را هر دمی صد فـتحِ بـاب ۳۰۹

ای خدایی که بدون درخواست هم نیاز بنده را اجـابت مـی‌کنی و در هـر لحـظه بسـی گشایش در دل به وجود می‌آوری.

چند حرفی[8] نـقش کـردی از رُقـوم[9] — سنگ‌ها از عشقِ آن شد همچو مُوم[10] ۳۱۰

مراتبِ نازلِ حقیقت که در این جهان مادّی جلوه‌گر شده‌اند، چنان زیبا و مفتون کننده‌اند که دل‌هایِ سخت را عاشق و نرم می‌کنند.

نونِ ابرو، صادِ چشم و جیمِ گوش[11] — بر نوشتی، فتنهٔ[12] صد عقل و هوش ۳۱۱

نون ابرو، صاد چشم و جیم گوش را چنان زیبا نوشتی که مایهٔ بر باد رفتن عقل و هوش است.

---

۱ - **ایثار**: بخشش. ۲ - **آن مجلس**: عالم معنا. ۳ - **رَحیق**: شراب، میِ حقایق.
۴ - **سرخوشان**: اهل معنا، اهل دل. ۵ - **ذُکور**: جمع ذَکَر، مردان یا پسران.
۶ - **أُناث**: جمع أُنثی، زنان یا دختران. ۷ - **مُسْتَغاث**: فریادرس، محلِّ استغاثه.
۸ - **چند حرفی**: چند حرف رقم زدی، پرتوی از حقایق را در این جهان متجلّی کردی.
۹ - **رقوم**: رقم‌ها، حروف، تجلیّات نازل حقایق در این جهان.
۱۰ - صورت یا ظاهر مخلوقات به حروف یا کلمات مانند شده است. همین صورت یا پرتو نازل حقیقت نیز آدمی را شیفته می‌کند. ۱۱ - **نون ابرو ...**: همه اضافهٔ تشبیهی‌اند. ۱۲ - **فتنه**: آزمون، فریفته شدن.

دفتر پنجم ۵۹

۳۱۲ **زآن حُروفت، شد خرد باریک ریس[۱]   نَسخ[۲] می‌کن ای ادیبِ خوش‌نویس**

ای ادیبِ خوش نویس، عقلِ ما عاجزتر از آن است که بتواند از ظاهرِ حروفی که بر صحیفهٔ هستی نگاشته‌ای به کُنه و حقیقت آن پی ببرد؛ امّا باز هم بنویس و بگذار که عقل‌ها عاجزانه جویای حقایق باشند.

۳۱۳ **در خورِ هر فکرِ بسته بر عَدَم[۳]   دم به دم نقشِ خیالی[۴] خوش‌رَقم**

خداوند لحظه به لحظه از «کتمِ عدم» نقوشی زیبا را بر لوح خیال یا ذهن آدمی می‌نگارد و هر کس در خورِ ادراک، از آن چیزی را در می‌یابد یا اندیشهٔ تازه‌ای بر لوح خیالش حک می‌شود.

۳۱۴ **حرف‌هایِ طُرفه[۵] بر لوحِ خیال[۶]   بر نوشته چشم و عارِض[۷]، خَدّ[۸] و خال**

بر لوح خیال، نقشِ چشم، صورت، چهره و خال را تصویر می‌کنی.

۳۱۵ **بر عدم[۹] باشم، نه بر موجود[۱۰] مست   زانکه معشوقِ عدم وافی‌تر[۱۱] است**

من مستِ هستیِ حقیقی‌ام نه هستیِ فانی؛ زیرا هستیِ حقیقی پایدار است.

۳۱۶ **عقل را خط خوانِ آن اَشکال کرد   تا دهد تدبیرها را زآن نَوَرد[۱۲]**

خداوند به عقل انسان توانایی محدودی داده است که بتواند بنا بر مرتبهٔ خود، بخشی از خطوطی را که بر «صحیفهٔ هستی» و یا بر «لوح خیال» نقش شده است، بخواند و بنابر درکی که دارد، به تدبیر زندگی و امور این جهانی بپردازد.[۱۳]

---

۱ - **باریک ریس**: عاجز، ناتوان، لاغر.   ۲ - **نسخ**: خط قرآنی، یکی از شش خط انتزاعی ابن مقله.

۳ - **عدم**: عالم اعیان ثابته و بالاتر از آن علم الهی یا هستی حقیقی.

۴ - **نقش خیالی**: صورتِ ظاهرِ تمام مخلوقات است که چون هستیِ حقیقی ندارند و قائم بالذّات نیستند، «نقش خیالی» خوانده شده‌اند.   ۵ - **طُرْفَة**: چیز نو و نیکو و خوشایند.   ۶ - **لوح خیال**: ذهن و ضمیر آدمی.

۷ - **عارض**: صورت.   ۸ - **خَدّ**: رخساره، چهره.   ۹ - مراد هستیِ نیست‌نما یا هستیِ حقیقی است.

۱۰ - **موجود**: مراد موجود امکانی یا مخلوق است.   ۱۱ - **وافی**: وفادار، پایدار، باقی.

۱۲ - مصراع دوم؛ تا تدبیرها مؤثّر واقع شود و امور این جهانی جریان داشته باشد، نورد به معنی طی کردن.

۱۳ - اگر عقل انسان قادر به درک عالم غیب بود، کار جهان تعطیل می‌شد؛ یعنی هیچ کس هیچ تدبیری برای زندگی نداشت که در جهت سامان آن بکوشد و همه به فکر آن جهان بودند.

تمثیلِ لوحِ محفوظ [1]، و ادراکِ عقلِ هر کسی از آن لوح، آن که امر و قسمت و مقدورِ هر روزهٔ وی است، همچون ادراکِ جبرئیل علیه السَّلام هر روزی از لوحِ اعظم [2] (عقلِ مثالِ جبرئیل است و نظرِ او به تفکّر به سویِ غیبی که معهودِ اوست در تفکّر و اندیشهٔ کیفیتِ معاش و بیرون‌شُوِ کارهایِ هر روزینه مانندِ نظرِ جبرئیل است در لوح و فهم کردن او از لوح) [3]

این قطعه در تقریر این معناست که هر کس بنا بر قابلیّت و ادراک خویش از «خزانهٔ ادراکات نفوس جزیی» بهره‌ای محدود دارد، این امر شامل «جبرائیل» فرشتهٔ وحی نیز هست و علی‌رغم آنکه از عقولِ متصّل به عقلِ اوّل است [4] از این خزانهٔ علم بهره‌ای محدود و روزانه دارد.

سرّ سخن در آن است که اگر عقل آدمی این جهانی باشد، محدود و متناهی است و جز بهره‌ای اندک از خزانهٔ کُلّیِ علم ندارد؛ امّا اگر زنگارزدایی گردد و صُوَر حقایق شفّاف و بی‌غبار بر آن بنشیند و راه کشف گشوده شود، می‌تواند نامحدود باشد، همان‌گونه که در مورد انسان کامل هست.

۳۱۷ **چون مَلَک از لوحِ محفوظ، آن خِرَد　　　هر صباحی درس، هر روزه بَرَد**

«عقل»، همانندِ «فرشته» هر روز صبح از لوح محفوظ، علمِ آن روز را دریافت می‌کند.

۳۱۸ **بر عدم تحریرها بین بی‌بَنان [5]　　　و از سوادش [6] حیرتِ سودائیان [7]**

خطوط فراوانی که به ارادهٔ حق بر «لوحِ محفوظ» نگاشته شده است، همه را سودایی و حیران می‌کند. تحیّرِ عارفان از شهودِ عظمت است و حیرتِ «اهلِ خیال» از پندارِ درک حقایق.

---

۱ - **لوح محفوظ**: حقیقتِ وجود پس از تجلّی در عقلِ اوّل از عالم عقول مرور می‌نماید و به نفسِ کلّی می‌رسد و در آن ظهور می‌یابد و به اعتبار آنکه این نفسِ کلّی «ربّ»، خزینهٔ ادراکات نفوس جزیی است، آن را لوح محفوظ دانسته‌اند: ر.ک: ۱۰۶۹/۱، نفس کلّی را لوح قَدَر نیز می‌نامند؛ چون محلّ ظهور کلمات موجود در عقل اوّل است و آنچه که در عقلِ اوّل موجود است، در نفسِ کلّی به نحو تقدّر و تقیید و جزئیّت موجود است و به همین سبب آن را «کتاب مبین» هم دانسته‌اند: ر.ک. شرح مقدّمهٔ قیصری، ص ۲۱۶.

۲ - عباراتی که درون پرانتز است، در متن اصلی نبوده و در مقابله به عنوان اضافه شده است.

۳ - ظاهراً از مضمون این روایت برگرفته شده است: قلم، علم را به لوح که فرشته است، می‌دهد. لوح آن را به اسرافیل، اسرافیل به میکائیل، میکائیل به جبرائیل، جبرائیل به پیامبران و رسولان ابلاغ می‌کند: احادیث، ص ۴۳۳.

۴ - ر.ک. شرح مقدّمهٔ قیصری، ص ۲۱۶.　۵ - **بَنان**: انگشت.　۶ - **سَواد**: سیاهی.

۷ - **سودایی**: مالیخولیایی، مجنون، شیفته و شیدا، توسّعاً تحیّر و سرگشتگی. «سودائیان»: اینجا متحیّران و سرگشتگان. مُراد آنکه: خلقِ عالم همه از عظمتِ خلقت و آنچه که در هستی هست، متحیّرند؛ «عارف» از درک حقایق و «عامی یا مدّعی» از پندار درکِ حقایق.

هر کسی شد بر خیالی ریشِ گـاو[۱] گشته در سودای گنجی[۲] کُنجْ‌کـاو[۳] ۳۱۹

هر کس اسیر پندارِ خویش است و آن را حقیقت می‌پندارد و در همان جهت تلاش می‌کند.

از خیالی گشته شخصی پـرشکوه[۴] روی آورده بـــه مـــعدن‌های کـــوه ۳۲۰

با خیالی واهی احساسِ بزرگی و قدرت می‌کند و به استخراجِ معادن می‌پردازد.

وز خـــیالی آن دگـر بـا جـهدِ مُـرّ[۵] رو نـــهاده ســـوی دریـــا بـــهرِ دُرّ ۳۲۱

دیگری با خیالی دیگر و با تلاشی رنج‌آور برای صید مروارید رو به دریا نهاده است.

وآن دگر بـهر تَـرهُّب[۶] در کُـنِشت[۷] وآن یکی اندر حریصی سوی کِشت ۳۲۲

دیگری برای راهب شدن به صومعه رفته و یکی دیگر با حرص به کشت پرداخته است.

از خـــیال، آن ره‌زنِ رَســـته[۸] شـده وز خیال، این مرهمِ خسـته[۹] شـده ۳۲۳

آن یکی با خیالی مردم را گمراه می‌کند و دیگری با خیالی دیگر به کمک خلق می‌رود.

در پَری‌خوانی[۱۰] یکی دل کرده گُـم بر نجوم[۱۱] آن دیگری بنهاده سُم[۱۲] ۳۲۴

یکی شیفتهٔ «جن‌گیری» شده و دیگری به «طالع‌بینی» روی آورده است.

این روش‌هـا مـختلف بـیند بـرون زآن خـــیالاتِ مُـــلَوَّن[۱۳] ز انـدرون ۳۲۵

روش‌های گوناگونِ زندگیِ خلق برخاسته از خیالات متفاوت درون آن‌هاست.

این در آن حیران شده، کآن بر چی است؟ هـــر چشـــنده آن دگـر را نـافی است ۳۲۶

این یکی درکار آن یکی متحیّر است که چرا چنین می‌کند و به همین ترتیب هر کس بنا بر ادراک ذهنی و ذوق، راه و روشی دارد و راه و روش دیگری را نفی می‌کند؛ زیرا همه برخاسته از خیال است نه علمِ حق.

---

۱ - **ریشِ گاو** : احمق و مسخره، «بر خیالی ریش گاو شدن» یعنی اسیر و مسخرهٔ آن «خیال» یا پندار شدن.

۲ - **سودایِ گنجی** : با این باور که «پندار و خیالِ» او همان گنجِ حقیقت است.

۳ - **کنج‌کاو** : جست‌وجو و تلاش کردن. ۴ - **پرشکوه** : شکوهمند، باارزش، بزرگ و قدرتمند.

۵ - **جَهْدِ مُرّ** : جهدِ تلخ، تلاش سخت و رنج‌آور. ۶ - **تَرَهُّب** : راهب شدن، پرهیزگاری.

۷ - **کُنِشت** : معبد یهودیان که اینجا به معنی صومعه به کار رفته است.

۸ - **رَه‌زنِ رَسته** : راهزن یا گمراه کنندهٔ کسی که گمراه نیست، نه راهزن هدایت یافتگان؛ زیرا هدایت یافته که به ضلالت نمی‌افتد، همان‌گونه که آرد گندم نمی‌شود. ۹ - **خسته** : مجروح، اینجا نیازمندان یا درماندگان.

۱۰ - **پری‌خوانی** : جن‌گیری. ۱۱ - **نُجُوم** : اینجا مراد ستاره‌شناسی نیست، طالع‌بینی.

۱۲ - **بِنْهاده سُم** : پافشاری می‌کند. ۱۳ - **مُلَوَّن** : رنگارنگ، اینجا توسّعاً متفاوت و متعدد.

آن خیالات ار نَبُد نامؤتَلِف[1]   چون ز بیرون شد رَوِش‌ها مختلف؟ ۳۲۷

اگر خیالات درونی خلق این همه ناهماهنگ نیست، چرا راه و روش‌ها تفاوت دارد؟

قبلهٔ جان[2] را چو پنهان کرده‌اند   هر کسی رُو جانبی آورده‌اند ۳۲۸

چون حقیقت نهان است، هر کس یا هر گروهی از سویی در جست‌وجویِ آن است.

تمثیلِ روش‌هایِ مختلف[3] و همّت‌هایِ[4] گوناگون به اختلافِ تَحَرّیِ[5] متحرّیان در وقتِ نمازْ قبله را به وقتِ تاریکی، و تَحَرّیِ غوّاصان در قعرِ بحر

این تمثیل در تقریر این معناست که **«مذاهب»** گوناگون، **«فرقه»**های متعدّد یا روش‌های فکری متفاوت که هر یک خود را کاملاً بر حق می‌دانند و از بزرگان خویش در جهت رسیدنِ بدانچه که حق می‌پندارند، امداد می‌یابند، همانند جست‌وجوی قبله‌اند در تاریکی شب و یا شبیه جست‌وجوی غوّاص در اعماق دریا، که تا صبح نشود جهت قبله به درستی آشکار نمی‌شود و تا غوّاص از اعماق دریا خارج نشود، نمی‌داند آنچه که صید شده درّ ثمین است یا شَبَه.

سرّ سخن آنکه: ادراک حقیقت جز با تهذیب درون و راه یافتن به عوالم غیبی امکان‌پذیر نیست.

همچو قومی که تحرّی می‌کنند   بر خیالِ قبله سویی می‌تَنَند[6] ۳۲۹

جست‌وجوی حقیقت، همانند جُستن قبله در شب است که هرکس با خیالی به سویی رو می‌کند.

چونکه کعبه رُو نماید صبحگاه   کشف گردد که: که گُم کرده‌ست راه؟ ۳۳۰

صبحدم که کعبه آشکار شود، مشخّص می‌شود چه کسی اشتباه کرده است.

یا چو غوّاصان به زیرِ قعرِ آب   هر کسی چیزی همی چیند شتاب ۳۳۱

یا همانند غوّاصان که هر کس به شتاب در اعماق آب چیزی را جمع می‌کند.

---

۱ - **ناموْتَلِف :** ناهماهنگ.   ۲ - **قبلهٔ جان :** خداوند، حقیقت.

۳ - **روش‌هایِ مختلف :** جریان‌های فکری متعدّد درون و برون‌دینی در ادیان گوناگون، مذاهب و فرقه‌های متعدّد.

۴ - **همّت :** نفوذ روحانی مرشد در مرید، تقویت ارادهٔ سالک توسّط استاد طریقت.

۵ - **تَحَرّی :** جست‌وجوی صواب‌ترین، جست‌وجوی قبله در شب از طریق ستارگان یا نشانه‌های دیگر.

۶ - **می‌تَنَند :** از تنیدن: بافتن، به‌گِرد چیزی گردیدن و توجّه کردن.

بـــر امـــیدِ گـــوهر و دُرِّ ثـــمین[1] تـــوبره پُـــر مـــی‌کنند از آن و ایـــن ۳۳۲

آنان به امیدِ صیدِ گوهر و مرواریدِ گرانبها انبان خود را از چیزهای مختلف پر می‌کنند.

چون بر آیند از تکِ دریـایِ[2] ژرف کشف گردد صـاحبِ دُرِّ شگـرف[3] ۳۳۳

هنگامی که از اعماق دریا بیرون آیند، معلوم می‌شود که چه کسی توانسته مروارید بی‌نظیر و گرانبها را به دست آوَرَد.

و آن دگر کـه بُـرد مـرواریـدِ خُـرد و آن دگر که سنگْ‌ریزه و شَبَّه[4] بُرد ۳۳۴

و معلوم می‌شود که چه کسی مروارید کوچکی صید کرده و چه کس سنگریزه یا شَبَه به دست آورده است.

هٰکَـــذیٰ[5] یَـــبْلُوهُمُ[6] بـــالسّاهِرَه[7] فِـــتْنَةٌ[8] ذاتُ افْـــتضاحٍ قـــاهِرَه[9] ۳۳۵

به همین ترتیب آزمونی رسواکننده و غیر قابل مقاومت آنان را در قیامت می‌آزماید.

همچنین هر قوم چـون پـروانگـان گِردِ شمعی پر زنـان، انـدر جـهان ۳۳۶

همچنین پیروان مذاهب مختلف، فرقه‌های گوناگون یا هر گروهی بنا بر اعتقادی که دارند از اندیشه‌ها و راه و روش، شخصِ خاصّی «نبیّ، ولیّ» یا فرد مورد اعتقادشان پیروی می‌کنند.

خــویشتن بــر آتشی بر مـی‌زنند گِردِ شـمعِ خـود طـوافـی مـی‌کنند ۳۳۷

مخلصانه از اندیشه‌های شخص برگزیده‌شان تبعیّت می‌کنند و به او ارادت می‌ورزند.

بـر امـیدِ آتشِ مـوسیِّ[10] بـخت[11] کز لَهیبش سبزتر گردد[12] درخت[13] ۳۳۸

به امید آنکه در راه خدا هستند و روز به روز متعالی‌تر می‌شوند.

---

۱ - **دُرّ ثمین :** مروارید گرانبها. ۲ - **تک دریا :** ته دریا.

۳ - **دُرّ شگرف :** مروارید بی‌نظیر یا بی‌همتا و زیبا.

۴ - **شبّه :** شَبَه، تشدید به ضرورت وزن است، سنگ سیاه برّاق. ۵ - **هکذا :** بدین سان.

۶ - **یَبْلُوهُمُ :** ایشان را می‌آزماید. ۷ - **بالسّاهِرَة :** عرصهٔ محشر، زمین قیامت. ۸ - **فِتْنَة :** آزمون.

۹ - **قاهِرة :** نیرومند و مسلّط.

۱۰ - **آتش موسیِ بخت :** عشقِ حق، محبّت مقبلانه و اعتقادی که در راه خدا باشد.

۱۱ - **موسیِّ بخت :** اقبالِ خدایی، بخت بلندی که به حق رهنمون می‌شود.

۱۲ - این بیت اشاره است به آتشی که موسیٰ(ع) بر طور دید و درختی افروخته که پروردگار از میان آن با او سخن گفت: ر.ک: ۱۹۴۳/۱ و ۲۸۰۱/۱: قرآن: نمل: ۷/۲۷: إِنّی آنَسْتُ ناراً : من از دور آتشی دیدم. همچنین: قصص: ۲۹/۲۸.

۱۳ - مفسّران گفته‌اند: نار همان نور است، نور محبّت، معرفت، مشاهدت و اتّصال.

فضلِ آن آتش شنیده هر رَمه[۱] هر شَرَر[۲] را، آن گُمان بُرده همه ۳۳۹

هر گروه به نوعی از آتش محبّت به حق چیزی شنیده‌اند، در نتیجه هر شور و حالی را همان آتش می‌پندارند.

چون بر آید صبحدم نورِ خُلود[۳] وانماید هر یکی چه شمع بود ۳۴۰

چون نورِ حقایق بتابد، آشکار می‌شود که هر مرشد یا مدّعی ارشاد که بوده است.

هر که را پر سوخت زآن شمعِ ظفر[۴] بِدْهَدَش آن شمعِ خوش هشتاد پر ۳۴۱

هر کس که بال و پرش از عشق حق و ارادت به انسان کامل واصلی بسوزد، بال و پر عظیمی می‌یابد که می‌تواند به سوی حق پرواز کند؛ یعنی به کمال برسد.

جوقِ[۵] پروانهٔ[۶] دو دیده دوخته[۷] مانده زیر شمعِ بد[۸]، پر سوخته ۳۴۲

مردمِ بی‌بصیرت که نتوانستند حق و باطل را تمییز دهند، اسیرِ مدّعیانِ مزوّر یا جاذبه‌ها و مطامع دنیوی شدند و قابلیّتِ ترقّی را از دست دادند.

می‌طپد اندر پشیمانی و سوز می‌کند آه از هوایِ چشمْ‌دوز[۹] ۳۴۳

آنان از اینکه خواسته‌های باطل چشمِ حقیقت‌بین‌شان را بسته بود، آه می‌کشند.

شمعِ او گوید که: چون من سوختم کِی تو را بِرهانَم از سوز و سِتم[۱۰]؟ ۳۴۴

مدّعی ارشاد به او می‌گوید: من که خود سوخته‌ام، چگونه تو را نجات دهم؟

شمعِ او گریان که: من سر سوخته چون کنم مر غیر را افروخته؟ ۳۴۵

مطلوب فانی‌اش گریان می‌گوید: من که سوخته و خاموشم، چگونه به دیگری نور بدهم؟

---

۱ - **رَمه** : گروه، قوم.
۲ - **هر شرر** : هر شعله، هر جاذبهٔ این جهانی، هر جاذبهٔ غیر حق، جاذبهٔ راهنمایان غیر الهی، مرشدان مدّعی.
۳ - **نورِ خُلود** : نور حقیقت، نور جاودانه.
۴ - **شمع ظفر** : انسان کامل واصلی که موجب ظفر و پیروزی سالک در سیر و سلوک است.
۵ - **جُوق** : گروه، دسته. ۶ - **پروانه** : کنایه از خلق.
۷ - **دو دیده دوخته** : سالک مبتدی، خلقِ ناآگاه، کسی که چشم باطنش بسته است و نمی‌تواند حقیقت را ادراک کند. ۸ - **شمع بد** : مدّعی ارشاد، مطلوب دنیوی، ماسِوَی‌الله.
۹ - **هوایِ چشم‌دوز** : خواسته‌های باطل، مطلوب دنیوی، آرزوهای فانی.
۱۰ - **از سوز و ستم** : از سوختن و بدبختی، از قهر حق.

تفسیر یا حَسْرَةً عَلی ٱلعِبادِ

اشارتی قرآنی؛ یس: ۳۰/۳۶: **یا حَسْرَةً عَلَی ٱلْعِبَادِ مَا یَأْتِیهِمْ مِّن رَّسُولٍ إِلاَّ کَانُوا بِهِ یَسْتَهْزِءُونَ:**
ای دریغ بر بندگان، هیچ پیامبری برای آنان نیامد، مگر آنکه او را ریشخند کردند.

در این قطعه با استفاده از تفسیرِ اشارت قرآنی، سرّ سخن در تبیین این معناست: همان‌گونه که بر اقوامِ پیشین که به انبیا ایمان نیاوردند، دریغ و درد است، بر کسانی که به جای پیروی از هادیان راستین به تبعیّت از مدّعیان ارشاد می‌پردازند یا آنان که به مراد و مطلوبی فناپذیر دل می‌بندند، نیز دریغ و درد هست.

او[1] همی گوید که: از اَشکالِ[2] تو　　غرّه گشتم[3]، دیر دیدم حالِ تو ۳۴۶

مرید گمراه به مراد دروغین می‌گوید: من گولِ ظاهرت را خوردم و حقیقت حالِ تو را دیر فهمیدم.

شمعْ مُرده[4]، باده رفته، دلربا[5]　　غوطه خورد[6] از ننگِ کژبینی[7] ما ۳۴۷

مطلوبِ فانی فنا یافته، جاذبه‌ها از دست رفته و مطلوب حقیقی نیز از کج‌فهمی و کج‌رفتاری ما نهان شده است.

ظَلَّتِ ٱلاَرْباحُ خُسْراً مَغْرَما　　نَشْتَکی شَکْوی اِلَی اللهِ ٱلعَمیٰ ۳۴۸

کج‌بینی و کج‌فهمی سبب شد که سودها به زیانی غیر قابل جبران بدل شود. از این کج‌بینی‌ها به خداوند شکایت می‌کنیم.

حَبَّذا اَرْواحُ اِخْوانٍ ثِقات　　مُسْلِماتٍ مُؤمِناتٍ قانِتات[8] ۳۴۹

خوشا جان‌های یاران معتمد که مسلم و مؤمن‌اند و از خدا می‌ترسند.

هر کسی رویی به سویی بُرده‌اند　　وآن عزیزان رُو به بی‌سو[9] کرده‌اند ۳۵۰

هر کسی به چیزی تعلّق خاطری پیدا کرده است؛ امّا آن عزیزان به حق روی آورده‌اند.

هر کبوتر می‌پَرَد در مذهبی[10]　　وین کبوتر جانبِ بی جانبی[11] ۳۵۱

هر کبوتر به سویی پرواز می‌کند؛ امّا مرغِ جانِ این عزیزان به سوی بی‌سویی در پرواز است.

---

۱ - **او**: مرید گمراه و گول خورده، کسی که جذبِ مطلوبِ فانی و دنیوی شده.
۲ - **أشْکال**: شکل‌ها، ظاهر فریبنده.　۳ - **غِرَّة گشتم**: فریب خوردم.
۴ - **شمع مرده**: فانی بودن مطلوب غیر حقیقی آشکار شده است.
۵ - **دلربا**: کنایه از هستیِ حقیقی یا مطلوبِ حقیقی و فناناپذیر، حق.
۶ - **غوطه خورد**: در آب فرو رفته، نهان شده.　۷ - **کژبینی**: ادراک غلط، کج فهمی.
۸ - اشارتی قرآنی؛ تحریم: ۵/۶۶.　۹ - **بی‌سو**: عالم غیب.　۱۰ - **مذهب**: محلّ رفتن، راه.
۱۱ - **جانبِ بی جانبی**: بی‌سویی، لامکان.

ما[1] نه مرغان هوا، نه خانگی ‌‌‌ دانهٔ ما، دانهٔ بی‌دانگی[2] ۳۵۲

سالکان و عارفان، پرندهٔ هوا یا مرغ خانگی نیستند و رزقِ روحانی‌شان با قطع تعلّقات حصول یافته است.

زآن فراخ آمد چنین روزیِ ما[3] ‌‌ که دریدنْ[4] شد قبادوزیِ[5] ما ۳۵۳

روزیِ معنویِ ما به این جهت چنین فراوان است که قبایِ بی‌نیازی و عدم تعلّق بر قامت ماست.

سبب آنکه فَرَجی[6] را نام فَرَجی نهادند از اوّل[7]

سرّ سخن در تداعی این قصّه در واقع جهد دیگری است برای تبیین همان معنایی که در قطعهٔ پیشین بدان پرداخته شد و تأکید بر این نکته که اگر آدمی در عالم حسّ که همانند جبّه‌ای او را در خود گرفته است، جویای فَرَج و گشایش، یعنی راه‌یابی به عالم نامحسوس باشد؛ ساقی اَلَست بر سر این شوره خاک زیر دست جرعه‌ای خواهد ریخت؛ در نتیجه می‌تواند حجاب‌ها را بدَرَد و هرگز اسیر مطلوب‌های فناپذیر نشود.

صوفیی بِدْرید جُبّه[8] در حَرَج[9] ‌‌ پیشش آمد بعدِ بِدْریدن فَرَج[10] ۳۵۴

مرد صوفی از سر دلتنگی قبای خود را چاک کرد[11] و پس از آن گشایشی حاصل شد.

---

۱ - **ما :** سالکان، عارفان، عاشقانِ حق.

۲ - مصراع دوم؛ «دانهٔ ما» یعنی بهره‌ها و کمالِ روحانیِ ما پس از «بی‌دانگی»، یعنی پس از قطع تعلّقات دنیوی حاصل شده است. ۳ - **روزیِ ما :** روزیِ معنوی، فیض ربّانی که موجب کمال است.

۴ - **دریدن :** دریدنِ قبا کنایه از خروج از عالم حس و ورود به عالم غیب و ترک تعلّق و ترکِ مهرِ دنیاست.

۵ - **قبادوزی :** کنایه از تلاشِ خلق برای رسیدن به مطامع دنیوی و آبادانیِ آن. می‌فرماید: همه می‌کوشند تا به دنیا برسند، ما می‌کوشیم تا از آن بِرَهیم، مُراد مهرِ دنیاست.

۶ - **فَرَجی :** قبای گشاد و جلوباز با آستین بلند، خرقهٔ درویشان.

۷ - مأخذ این قصّهٔ کوتاه حکایتی با همین مضمون در مقالات شمس است: جُبّه را بِدْرید. گفت: وافَرَجی؛ یعنی فَرَجیم بخش. فَرَجی نام شد: احادیث، ص ۴۳۳.

۸ - **جُبَّة :** لباس بلند و گشادی که روی جامه‌های دیگر می‌پوشیدند. ۹ - **حَرَج :** تنگی، سختی.

۱۰ - **فَرَج :** گشایش.

۱۱ - صوفیان گاه در مراسم سماع از غلبهٔ حال خرقه را چاک می‌کردند؛ امّا آنچنان که از مأخذ این قصّه و همچنین از گفتار مولانا و انتخاب واژهٔ «حَرَج» بر می‌آید، این صوفی در قبضی شدید و دلتنگی ناشی از آن قبای خود را چاک کرده است نه از غلبهٔ حال.

کــــرد نــــامِ آن دریــده فَــرَجی   این لَقَب شد فاش زآن مردِ نَجی[1] ۳۵۵

آن جبّهٔ دریده را فَرَجی نامید و این نام پس از آن مرد رستگار به یادگار بر جای ماند.

این لقب شد فاش، و صافش شیخ[2] بُرد[3]   مـاند انـدر طـبعِ خَـلقان حـرفِ دُرد[4] ۳۵۶

این نام بر جای ماند و حقیقتِ آن را که همان «فَرَج و گشایش» یا راه‌یابی به عالم معناست، عارف دریافت و ظاهرش که استفاده از نام و پوشیدن آن بود، نصیبِ اهلِ ظاهر شد.

همچنین هر نام، صافی داشـته‌ست   اسم را چون دُردیی بگـذاشـته‌ست ۳۵۷

و به همین ترتیب هر «نام» معنا و حقیقتی داشته است که خودِ نام در مقایسه با آن، همانندِ قیاس شراب با دُرد آن است.

هر که گِل‌خوار[5] است، دُردی[6] را گرفت   رفت صوفی سویِ صافی[7]، ناشِکِفت[8] ۳۵۸

اهل دنیا که صفایِ باطنی ندارند به دنیا تمایل دارند؛ امّا صوفی به سبب صفایِ باطن به حقایق تمایل دارد.

گـــفت: لابــد دُرد را صـــافی بُـوَد   زین دلالت[9] دل به صَفوت[10] می‌رود ۳۵۹

صوفی با خود گفت: چون هر ظاهری باطنی دارد؛ پس دل ما به سوی باطن می‌رود.

دُردْ عُسر[11] افتاد و صافش یُسْرِ[12] او   صاف چون خرما، و دُردی بُسْرِ[13] او ۳۶۰

اگر به این اشارت قرآنی توجّه کنی که می‌فرماید: شرح: ۵/۹۴: «فَـإِنَّ مَـعَ ٱلْعُسْرِ یُسْراً : بی‌گمان در جنب دشواری، آسانی است»، در می‌یابی که «ظاهر» همان تنگی و «معنا» همان گشایش است که همراه یک‌دیگرند و یا می‌توان «صورت» و «حقیقت» را به خرمای کال و خرمای رسیده تمثیل کرد.

یُسر با عُسر است، هین! آیِس[14] مباش   راه داری زین مَمات[15] اندر مـعاش[16] ۳۶۱

به خود بیا و ناامید نباش؛ زیرا از همین هستیِ فناپذیر راهی به هستی فناناپذیر هست.

---

۱ - **نَجیّ** : نجات یافته.   ۲ - **شیخ** : عارف، انسانِ آگاه.

۳ - **صافش شیخ برد** : حقیقت این موضوع را عارف یا انسان آگاه در می‌یابد.

۴ - **دُرد** : رسوب مایعات در ته ظرف، اینجا کنایه از ظاهر.

۵ - **گِل‌خوار** : کسی که گِل می‌خورد و بیمار است، کنایه از تمایل به دنیا و امور دون دنیوی.

۶ - **دُرد** : اینجا کنایه از ظاهرپرستی و دنیادوستی.   ۷ - **صافی** : کنایه از عالم معنا، حقایق.

۸ - **شکفت** : اسم از مصدر شِکِفتن به معنی تعجّب و شگفت، ناشِکِفت یعنی بدون هیچ‌گونه تعجّب.

۹ - **دلالت** : راهنمایی.   ۱۰ - **صفوت** : صَفْوَة: صفا، کنایه از عالم معنا.   ۱۱ - **عُسْر** : تنگی، سختی.

۱۲ - **یُسر** : آسانی.   ۱۳ - **بُسر** : خرمای نارس، کنایه از ظواهر زندگی.   ۱۴ - **آیِس** : ناامید.

۱۵ - **مَمات** : مرگ، مراد هستی موهومی یا هستیِ غیر حقیقی در زندگی دنیوی است.

۱۶ - **معاش** : زندگی، زندگانی، مراد هستیِ حقیقی است.

روح[۱] خواهی، جُبّه[۲] بشکاف ای پسر! تـا از آن صَـفوَت[۳] بـرآری زود سـر ۳۶۲

اگر صفا و گشادگی می‌خواهی، تعلّقات را رها کن تا به عالم معنا برسی.

هست صوفی آنکه شد صَـفوَتْ‌طلب نه از لباسِ صُوف و خیّاطی[۴] و دَب[۵] ۳۶۳

صوفی کسی است که جویایِ صفایِ عالم معناست، نه کسی که پشمینه می‌پوشد و تکّه بر خرقه می‌دوزد و با وقار راه می‌رود.[۶]

صوفیی، گشته به پیشِ ایـن لِـئام[۷] اَلخِـیاطَه وَ اللِّـواطَـه[۸]، و السَّـلام ۳۶۴

امّا صوفی بودن نزد مدّعیانِ عاری از معنا، عبارت است از خرقه‌پوشی و فساد والسّلام.

بـر خـیالِ آن صـفا و نـامِ نـیک[۹] رنگْ پوشیدن[۱۰] نکو بـاشد، و لیک ۳۶۵

خرقه پوشی با خیال و امید رسیدن به آن صفا و نور باطنی خوب است؛ امّا

بـر خـیالش گـر رَوی تـا اصـلِ او نی چو عُبّادِ[۱۱] خـیالِ تـو بـه تُـو[۱۲] ۳۶۶

به این شرط که آن امید تو را به نور درون برساند، نه اینکه همانند کسانی باشی که پندار و اوهامِ خود را می‌پرستند.

دورْبـاشِ[۱۳] غـیرتت آمـد خـیال گِـرد بـر گِـردِ سـراپـردهٔ جـمال ۳۶۷

«اوهام و پندار»، همانندِ «دورباش» است که غیرتِ حق درگِرداگِردِ سراپـردهٔ جـمال الهـی کشیده است و نمی‌گذارد «نااهل» به حریمِ ادراکِ حقایق راه یابد.

---

۱ - **روح** : آسایش، راحتی. ۲ - **جُبّة** : اینجا کنایه از قیود زندگی دنیوی و تعلّقات است.

۳ - **صفوت** : صَفْوَة: صفا و نور باطن.

۴ - **خیّاطی** : مراد دوختن دلق مرقّع که جامه‌ای است از تکّه‌های مختلف و رنگارنگ که به جهت ذِلَّت نفس می‌پوشیده‌اند.

۵ - **دَب** : نقش کردن جامه، یعنی همان جامهٔ مندرس یا دلق مرقّع پوشیدن: دهخدا: ذیل همین بیت، به معنی آرامی و باوقار راه رفتن و یا لواط نیز هست. ۶ - صوفی بودن به صفایِ دل است نه به آراستگیِ گِل.

۷ - **لِئام** : جمع لَئیم به معنی فرومایه، پست، اینجا مدّعیِ لاف‌زن. ۸ - **لِواطَة** : لواط کردن، فساد و پلیدی.

۹ - **نام نیک** : صوفیِ حقیقی بودن. ۱۰ - **رنگ پوشیدن** : خرقه پوشی یا جامه‌هایِ خاصِّ صوفیان.

۱۱ - **عُبّاد** : جمع عابد، پرستش کننده.

۱۲ - **تُو به تُو** : لایه به لایه، «خیالِ تو به تو» یعنی پندار و اوهام یا خیالات باطل.

۱۳ - **دورباش** : چاووش، مأموران سلطنتی و حاجبانی که با نیزه‌های خاصّ در پیشاپیش موکب ملوکانه حرکت می‌کردند و عام را می‌راندند.

بسته هر جوینده را کـه: راه نـیست   هر خیالش پیش می‌آید که: بیست[۱] ۳۶۸

«اوهام و پندار» راه را بر هر «نالایق» می‌بندد و به زبان حال می‌گوید: راه نیست. بایست، شایسته نیستی.

جـز مگـر آن تـیزگوشِ تـیزهوش[۲]   کِش بود از جَیْشِ نصرت‌هاش[۳] جوش[۴] ۳۶۹

به غیر از سالک فهیم و آگاهی که از سپاه حق امداد غیبی می‌یابد و این امداد بر آگاهی‌اش می‌افزاید و او را به جوش و جهد وامی‌دارد.

نَجْهَد[۵] از تخییل‌ها، نی شَـه شـود[۶]   تـیرِ شـه[۷] بـنماید، آنگـه ره شـود ۳۷۰

سالکِ آگاه با پندار گمراه نمی‌شود، امدادِ الهی را که همان نورِ معرفت است به حاجبانِ سراپردهٔ غیرت حق نشان می‌دهد و عبور می‌کند.

ایـن دلِ سـرگشته را تـدبیر بـخش   وین کمان‌های دوتُو را تـیر بـخش ۳۷۱

پروردگارا، دل سرگشتهٔ ما را هدایت کن و به تن‌های خمیده‌مان اجازهٔ ادامهٔ سیر و سلوک بده.

جرعه‌یی بر ریـختی زآن خُـفیه جـام[۸]   بر زمینِ[۹] خاک، مِنْ کَأسِ[۱۰] الکِرام[۱۱] ۳۷۲

اندکی معرفت را از جام نهانِ فیض الهی از طریق انبیا و اولیا بر خاک و خاکیان ریختی.

---

۱ - **بیست** : بایست، توقّف کن.

۲ - **تیزگوشِ تیزهوش** : کسی که گوش حق‌شنو دارد و بسیار هوشمند است؛ یعنی سالکِ آگاه که تحت تعلیم قرار گرفته و با عالم غیب و معارف آشناست.   ۳ - **جیشِ نصرت‌ها** : سپاه نصرت الهی، سپاه حق، امداد غیبی.

۴ - تنها امداد غیبی است که می‌تواند پردهٔ پندار را بدرد و شاهد طلوع خورشید حقایق باشد.

۵ - **نجهد** : نمی‌جهد، نمی‌هراسد، یعنی گمراه نمی‌شود.

۶ - **شَه شود** : شَه گفتن در بازی شطرنج و به معنی تهدید به مات شدن: مثنوی، تعلیق و تصحیح دکتر استعلامی، ج ۵، ص ۲۳۲.

۷ - **تیر شه** : تیری که نام شاه بر آن منقوش بوده است و به رسم امان به دشمن تسلیم شده می‌داده‌اند: شرح مثنوی مولوی، ج ۵، ص ۱۷۴۷.   ۸ - **خُفیه جام** : جام نهان، فیض و علم حق.

۹ - **جُرعه بر خاک ریختن** : از قدیم مرسوم بوده است که باده‌خواران به یادِ یارانِ غایب و یا از دست رفته جرعه‌ای هم بر خاک می‌افشانده‌اند.   ۱۰ - **کأس** : جام.

۱۱ - **کِرام** : جمع کریم، بزرگواران. **من کأس الکرام** : از طریق وجود بزرگواران (انبیا و اولیا)، حقیقت محمّدیّه(ص) در تعیّن اوّل با فیض مقدّس در کسوت صُوَر خارجیه و صُوَر ادراکیّه ظاهر می‌گردد و در واقع واسطهٔ فیض حق تعالیٰ است: ر.ک. شرح مقدّمهٔ قیصری، ص ۱۵۳.

جَست[۱] بر زلف و رخ از جرعه‌ش نشان[۲] خـاک را شـاهان هـمی لیسـند از آن ۳۷۳

ذرّه‌ای از آن جرعه به زلف و رخسارهٔ زیبارویان پرید و چنان دل‌انگیزشان کرد که قدرتمندان عالم در برابرشان به خاک می‌افتند.

جرعهٔ حُسن است اندر خاکِ گَش[۳] که به صد دل[۴] روز و شب می‌بوسی‌اَش ۳۷۴

پرتوِ جمالِ حق در انسان متجلّی شده است که تو در نهایت مهر بر آن بوسه می‌زنی.

جرعه خاک‌آمیز چون مجنون کند مر تو را، تا صافِ او خود چون کند؟ ۳۷۵

هنگامی که تجلّیِ حق در عالمِ مادّه و جسم خاکی انسان تو را این چنین بی‌خود می‌کند، توجّه کن که اگر تجلّیاتش را به دورَ از آمیختگیَ با عالم مادّه ببینی، چه حالی خواهی داشت؟

هر کسی پیشِ کلوخی[۵] جامه‌پاک[۶] کآن کلوخ از حُسن آمد جرعه‌ناک[۷] ۳۷۶

هر کسی شیفتهٔ زیبارویی است؛ زیرا آن زیبا بهره‌ای از حُسن الهی دارد.

جرعه‌یی بر ماه و خورشید و حَمَل[۸] جرعه‌یی بر عرش و کرسی[۹] و زُحل[۱۰] ۳۷۷

ماه، خورشید، برج حَمَل، عرش، کرسی و زحل، یعنی تمام کائنات و تمامِ عالم هستی در مراتبِ گوناگون بهره‌های متفاوتی از تجلّیِ حق دارند که زیبا، درخشان، لطیف و عَظیم‌اند.

جرعه گوییش، ای عجب! یا کیمیا؟ که ز آسیبش[۱۱] بُوَد چندین بها[۱۲] ۳۷۸

اینکه تجلّیات حق را به جرعه مانند کرده‌ایم، تعجّب‌آور است، باید آن را به کیمیا تشبیه کنیم که موجب پیدایش این همه زیبایی و تابناکی شده است.

جِد طلب آسیبِ او، ای ذوفنون! لایَمَسُّ[۱۳] ذاکَ[۱۴] اِلاَّ اَلمُطَهَّرُون[۱۵] ۳۷۹

ای پرهنر، جداً طالب این تأثیر و تجلّی باش که جز پاکان کسی را از آن نصیبی نیست.

---

۱ - ابتدا در متن «هست» بوده است، بعد به «جَست» اصلاح کرده‌اند.

۲ - تجلّی حق در مراتب مختلف هستی این همه زیبایی آفریده است. ۳ - **گَش** : خوش و زیبا.

۴ - **به صد دل** : در نهایت محبّت و صمیمانه. ۵ - **کلوخ** : کنایه از انسان خاکی.

۶ - **جامه پاک** : مفتون، شیفته. ۷ - **جرعه ناک** : جرعه‌ای نوشیده است، بهره‌ای دارد.

۸ - **حَمَل** : برجی از بروج فلکی، خورشید مقارن اوّل فروردین در این برج قرار دارد.

۹ - **کُرْسیّ** : تخت، عرش، کرسی زمین که کنایه از کرهٔ زمین است.

۱۰ - **زحل** : کیوان، مراد تأثیرات زحل است.

۱۱ - **آسیب** : گزند، صدمه، اینجا مراد «تجلّی» و تأثیر حق است. ۱۲ - **بها** : درخشش.

۱۳ - **لا یَمَسُّ** : لمس نمی‌کند. ۱۴ - **ذاک** : آن.

۱۵ - مقتبس است از: قرآن: واقعه: ۷۹/۵۶: لا یَمَسُّهُ اِلاَّ اَلْمُطَهَّرُونَ.

جرعه‌یی بر زرّ و بر لعل و دُرَر[1] جرعه‌یی بر خَمر و بر نُقل و ثَمَر ۳۸۰

در پرتو تأثیر حق است که زر، لعل، مروارید، شراب، نُقل و میوه لطف و خوبی یافته‌اند.

جرعه‌یی بر رویِ خوبانِ لِطاف[2] تا چگونه باشد آن راواقِ[3] صاف ۳۸۱

زیبارویانِ لطیف هم در پرتو جمالِ حق زیبا و خوب شده‌اند. می‌توانی قیاس کنی که تأثیر تجلّی حق چیست؟

چون همی مالی زبان را اندر این[4] چون شوی چون بینی آن را بی زِ طین[5]؟ ۳۸۲

هنگامی که در اثر تجلّی حق موجودِ مادّی این چنین شیرین و خوشایند می‌شود، تصوّر کن که اگر بتوانی آن را خارج از عالم مادّه درک کنی چه حالی خواهی داشت؟

چونکه وقتِ مرگ آن جرعهٔ صفا[6] زین کلوخِ تن به مُردن شد جدا ۳۸۳

با فرارسیدن مرگ، روح از کالبد خاکی جدا می‌شود،

آنچه می‌مانَد کُنی دفنش تو زود این چنین زشتی بدآن چون گشته بود؟ ۳۸۴

جسد را که دیگر دوست داشتنی نیست، به سرعت به خاک می‌سپاری. توجّه کن که این جسمِ زشت در جوارِ آن روح چقدر زیبا و دوست‌داشتنی بود.

جان چو بی این جیفه[7] بنماید جمال من نتانم گفت لطفِ آن وصال ۳۸۵

اگر «جان» بدون وجه مادّی و این جهانی جمال خود را نشان دهد، من از وصفِ لطف آن وصال روحانی عاجز خواهم بود.

مَهْ[8] چو بی این ابر[9] بنماید ضیا[10] شرح نَتْوان کرد زآن کار و کیا[11] ۳۸۶

اگر «روح» بدون «تن» نورافشانی کند، هرگز جلال و شکوهش را نمی‌توان شرح داد.

---

۱ - **دُرَر**: جمع دُرّ به معنی مروارید. ۲ - **لِطاف**: جمع لطیف.

۳ - **راواق**: راووق، واژهٔ عربی به معنی پالونه یا وسیله‌ای که با آن شراب را صاف می‌کنند. شرابِ صاف، شرابِ بی‌دُرد. ۴ - زبان را اندر چیزی مالیدن و لیسیدن، یعنی بسیار خوشایند بودن.

۵ - **بی ز طین**: بدون تجلّی در خاک یا عالم مادّه. ۶ - **جرعهٔ صفا**: روح که تجلّی حق است در تن آدمی.

۷ - **جِیْفَة**: مُردار، کنایه از کالبد خاکی آدمی. ۸ - **مَه**: جان، روح. ۹ - **ابر**: کنایه از تن.

۱۰ - **ضیا**: روشناییِ ذاتی چنانکه در خورشید ذاتی است و در ماه و یا آینه عارضی است؛ پس ضیا از نور قوی‌تر است. ۱۱ - **کار و کیا**: اینجا جلال و عظمت.

حَبَّذا آن مطبخِ پر نوش و قند[۱]   کین سلاطین کاسه‌لیسانِ[۲] وی‌اند ۳۸۷

خوشا حقیقتی که این پادشاهان، گدایان و نیازمندان آن‌اند.

حَبَّذا آن خرمنِ صحرایِ دین[۳]   که بُوَد هر خرمن آن را دانه‌چین[۴] ۳۸۸

خوشا آن هستیِ حقیقی که هستی‌بخش همهٔ هستی‌هاست.

حَبَّذا دریایِ عُمرِ بی‌غمی[۵]   که بُوَد زو هفت دریا[۶] شبنمی ۳۸۹

خوشا آن زندگی و عمر با عظمتی که اسیر تنگناهایِ عالم مادّه نیست و در تقابل با عظمتِ آن دریاها هیچ‌اند.

جرعه‌یی چون ریخت ساقیِّ اَلَست[۷]   بر سرِ این شوره خاکِ زیر دست ۳۹۰

چون پروردگار بر این شوره خاکِ بی قدر تجلّی کرد،

جوش کرد آن خاک و ما زآن جوششیم   جرعهٔ دیگر، که بس بی کوششیم[۸] ۳۹۱

خاک جوشید و ما آفریده شدیم. به جرعه‌ای دیگر نیازمندیم تا به حق اتّصال یابیم.

گر روا بُد ناله کردم از عدم[۹]   ور نبود این گفتنی، نک[۱۰] تن زدم[۱۱] ۳۹۲

اگر نالیدن از «مبدأ هستی» مُجاز بود، نالیدم و اگر نبود، سکوت کردم.

این بیانِ بَطِّ[۱۲] حرصِ مُنثَنی‌ست[۱۳]   از خلیل آموز کآن بَطْ کُشتنی‌ست ۳۹۳

آنچه را که در این مبحث گفتیم، در شرح «بطّ» بود که کنایه از صفت رذیلهٔ «حرص» است. از ابراهیم(ع) بیاموز که باید این بطّ را هلاک کرد.

---

۱ - **مطبخ پر نوش و قند**: اینجا کنایه از حقیقتِ مطلق، هستیِ حقیقی.
۲ - **کاسه لیس**: آن کس که ته‌ماندهٔ غذا را می‌خورد، گدا، نیازمند.
۳ - **خرمن صحرای دین**: کنایه از هستیِ حقیقی، ذات حق تعالیٰ.
۴ - **دانه چین**: کسی که دانه‌های برجای ماندهٔ خرمن را بر می‌دارد، نیازمند.
۵ - **دریایِ عمرِ بی‌غمی**: زندگیِ کاملان و واصلان. ۶ - **هفت دریا**: ر.ک: ۱۳۸۱/۱.
۷ - **ساقی الست**: خداوند، اَلَست؛ ر.ک: ۱۲۴۶/۱.
۸ - **بی کوششیم**: تلاشی برای کمال نمی‌کنیم یا تلاش ما بدون فضل تو اثری ندارد؛ یعنی تو باید بخواهی تا هر کوششی مثمر ثمر بشود. ۹ - **عدم**: مراد مبدأ هستی است. ۱۰ - **نک**: مخفّف اینک.
۱۱ - **تن زدن**: خودداری کردن.
۱۲ - **بَطّ**: مرغابی، اینجا بازگشت به عنوانی است که از بیت ۳۱ همین دفتر آغاز شد و در طیّ آن ابراهیم(ع) خواستار آن بود که بداند خداوند چگونه مردگان را زنده می‌کند. ۱۳ - **مُنْثَنی**: خمیده، سرنگون و دو تا، اینجا منحرف.

۳۹۴ **هست در بط غیرِ این بس خیر و شر — ترسم از فوتِ سخن‌هایِ دگر**

در این صفت به غیر از آنچه که گفته شد، خوبی و بدی‌های دیگری هم هست که از آن می‌گذریم تا فرصتِ پرداختن به سخنان دیگر از دست نرود.

صفتِ طاووس و طبعِ او، و سببِ کُشتنِ ابراهیم، علیه السَّلام، او را

همان‌گونه که در آغاز این مبحث گفته شد، بعضی صفات موجب تنزّل آدمی به پستی و ظلمات‌اند، از آن میان «جاه» است که طاووس نمادی از آن به شمار می‌آید؛ مرغی زینتی که رنگارنگ و فریبنده است.

«جاه و مقام» زینت دنیاست و سبب غرور؛ پس باید همان‌گونه که خلیل(ع) چهار مرغ سرکش راکشت، سالک نیز به همّتِ روحانیِ مُراد این مرغانِ زاغ‌وش را در درونِ خویش بکشد تا «اوصافِ بشری»اش به «اوصافِ الهی» بدل گردد.

۳۹۵ **آمدیم اکنون به طاووسِ دو رنگ — کو کند جلوه برای نام و ننگ[1]**

اینک به طاووس رسیدیم که با ریا و نفاق برای شهرت و خوشنامی جلوه می‌کند.

۳۹۶ **همّتِ او صیدِ خلق، از خیر و شر — وز نتیجه و فایدهٔ آن بی خبر**

تمام تلاش او برای جلب توجّه خلق است و به نتیجهٔ عبثِ آن فکر نمی‌کند.

۳۹۷ **بی خبر چون دام می‌گیرد شکار — دام را چه عِلْم از مقصودِ کار؟**

«جاه‌طلبی»، همانند دام خلق راگول می‌زند و اسیر می‌کند، بی‌آنکه از علّت آن باخبر باشد.

۳۹۸ **دام را چه ضَرّ و چه نفع از گرفت؟ — زین گرفتِ بیهده‌ش دارم شگفت**

«شهرت و خودنمایی» چه حاصلی دارد؟ من از این جلوه‌فروشی بیهوده متعجّب هستم.

۳۹۹ **ای برادر! دوستان افراشتی — با دو صد دلداری، و بگذاشتی**

ای برادر، دوستانی برگزیدی و به آنان مهربانی‌ها ورزیدی و بعد همه را رها کردی.

۴۰۰ **کارَت این بوده‌ست از وقتِ ولاد[2] — صیدِ مردم کردن از دامِ وِداد[3]**

از ابتدای زندگی سعی کردی که مردم را با دامِ دوستی شکار کنی.

---

۱ - **نام و ننگ** : آبرو و بی‌آبرویی، خوشنام بودن و بدنام بودن. ۲ - **وِلاد** : زاییدن یا زاییده شدن، تولّد.
۳ - **وِداد** : دوستی و مهربانی.

زآن شکــار و آنــبُهی و بـاد و بـود[1] **دست درکُن**[2]**، هیچ یابی تار و پود**[3]**؟** ۴۰۱

اینک دقّت کن که از آن همه صید و جاه‌طلبی و خودنمایی چه حاصلی برایت باقی مانده است؟

بیشتر رفته‌ست و بیگاه[4] **است روز** **تو به جِـد در صـیدِ خـلقانی هـنوز** ۴۰۲

عمرت سپری شده و فرصتی نمانده است؛ امّا تو هنوز با جدّیت مشغولِ جلب تـوجّه خلق هستی.

آن یکی مـی‌گیر و آن مـی‌هِلْ ز دام **وین دگر را صید می‌کن چون لِئام**[5] ۴۰۳

یکی را می‌گیری و دیگـری را رهـا مـی‌کنی و هـمانند فـرومایگان بـه صـید ایـن یکـی می‌پردازی.[6]

بـاز ایـن را مـی‌هل و مـی‌جو دگـر **ایـنْتْ**[7] **لعبِ کــودکانِ بــی خـبر** ۴۰۴

باز این را رها کن و جویای دیگری باش. این کار همانند بازیِ کودکانِ ناآگاه است.

شب شود، در دامِ تو یک صید نـی **دام بر تـو جـز صُـداع**[8] **و قـید نـی** ۴۰۵

عمر به پایان می‌رسد، در دامت صیدی نمانده و جاه‌طلبی و جلوه‌فروشی حاصلی جز دردسر و گرفتاری نداشته است.

پس تو خود را صید می‌کردی به دام **که شدی محبوس و محرومی زکام**[9] ۴۰۶

پس در واقع خود را در دام خویش شکار می‌کردی که محبوس و ناکام ماندی.

در زمـــانه صـــاحبِ دامــی بُــوَد؟ **همچو ما احمق، که صیدِ خود کند؟** ۴۰۷

آیا در روزگار شکارچیِ نادانی همانند ما پیدا می‌شود که خود را شکار کند؟

چون شکارِ خـوک آمـد صـیدِ عـام **رنجِ بی حد، لقمه خوردن زو حرام** ۴۰۸

اینکه آدمی با جلوه‌فروشی عوام را اسیر خود کند، همانند شکار خوک رنج‌آور و بیهوده است؛ زیرا یک لقمه‌اش نیز حرام است.

---

۱ - **باد و بود** : خودخواهی و تکبّر، اینجا جاه‌طلبی و خودنمایی.

۲ - **دست درکن** : در وجودت جست‌وجو کن.

۳ - **تار و پود** : اینجا اصل و اساس، یعنی هیچ چیز باارزشی را می‌یابی؟ ۴ - **بیگاه** : دیر.

۵ - **لئام** : جمع لئیم به معنی فرومایه. ۶ - «اهل دنیا»، دوستی و ارتباط‌شان نیز بر مبنای منافع دنیوی است.

۷ - **اینْتْ** : این تو را. ۸ - **صُداع** : درد سر.

۹ - یعنی هرگز نفهمیدی که زندگی عمقی و معنایی هم دارد و باید جویای آن بود.

آنکه ارزد صید را عشق است[۱] و بس   لیک او کِی گنجد اندر دامِ کس؟ ۴۰۹

تنها چیزی که ارزش شکار کردن را دارد، «عشق» است و بس؛ امّا او کی در دام کسی می‌افتد؟

تو مگر آیی و صیدِ او شوی   دام بگذاری، به دامِ او روی ۴۱۰

مگر اینکه خودت شکارِ عشق بشوی. دام خود را رها کنی و به دام او بیفتی.

عشق می‌گوید به گوشم پَستْ پست   صید بودن خوشتر از صیّادی است ۴۱۱

«عشق» درگوشم آرامِ آرام نجوا می‌کند که شکار شدن بهتر از شکارچی بودن است.

گولِ[۲] من کن خویش را و غَرّه[۳] شو   آفتابی[۴] را رها کن، ذرّه شو ۴۱۲

افتخار کن که مفتون و مجذوب من باشی. از درخشیدن و جلوه‌گری بگذر. مثلِ یک ذرّه باش که اصلاً دیده نمی‌شود؛ یعنی نه دیگران تو را ببینند و نه خودت خود را ببینی.

بر دَرَم ساکن شو و بی‌خانه باش   دعوی شمعی مکُن، پروانه باش ۴۱۳

از این درگاه به جای دیگری نرو، همین جا بمان. نخواه که دیگران گِرد وجودت بگردند، تو آن قدر گِرد این درگاه بگرد تا فانی شوی.

تا ببینی چاشنیِ زندگی   سلطنت بینی، نهان در بندگی ۴۱۴

تا دریابی که عاشق حق بودن چه لذّت‌بخش و گواراست. سلطنت در بندگی است.

نعل بینی بازگونه[۵] در جهان   تَخته‌بندان[۶] را لقب گشته شهان ۴۱۵

آن‌گاه می‌بینی که حقیقتِ هر چیزِ این جهان جز آن است که دیده می‌شود، مثلاً کسانی را که اسیرِ جاه، مال و شهوات‌اند، شاه می‌نامند.

بس طناب اندر گلو و تاجِ دار[۷]   بر وی انبوهی که: اینک تاجْدار ۴۱۶

چه بسا کسانی که مستحقّ اعدام‌اند و یا بر سر دار رفته‌اند و گروهی جمع شده‌اند که این سلطان است.

---

۱ - **عشق**: عشق حق که برترین است و یا هر عشقی.
۲ - **گول**: نادان، «گول من کن خویش را»، یعنی خرد، اختیار و همه چیزت را به من بده، در من مضمحل شو.
۳ - **غَرَّة**: مغرور شدن و به خود بالیدن.
۴ - **آفتابی**: آفتاب بودن، اینجا در میان خلق درخشیدن و جلوه‌گری کردن.
۵ - **نعل بازگونه دیدن**: دزدان و یا کسانی که می‌خواستند ردگم کنند، نعل اسب خود را وارونه و در جهت مخالف می‌کوبیدند و تعقیب کنندگان را گمراه می‌کردند.
۶ - **تخته‌بند**: کسی که به تخته بسته شده است؛ یعنی اسیر و گرفتار.   ۷ - **تاجِ دار**: سرِ دار.

همچو گورِ کافران[1]، بیرون حُلَل[2] اندرون قهرِ خدا، عَزَّوَجَل ۴۱۷

همانندِ گورِ کافران که ظاهری آراسته دارد؛ امّا درونش سرشار از قهر و خشم خداوند عزیز و جلیل است.

چون قُبور آن را مُجَصَّص[3] کرده‌اند پردهٔ پندار پیش آورده‌اند[4] ۴۱۸

همان‌گونه که آن قبور دارای گچ‌کاری و تزیینات مختلف است، «اهل دنیا» هم ظاهرِ خود را می‌آرایند و پرده‌ای از پندار بر آن می‌کشند.

طبعِ مسکینت مُجَصَّص از هنر همچو نخلِ موم[5]، بی برگ و ثمر[6] ۴۱۹

تو هم «وجه نفسانی»ات با هنرها و دانش‌های این جهانی آراسته شده و وجودت همانند درختی از موم است که برگ و ثمری ندارد.

در بیانِ آنکه لطفِ حق را همه کس داند، و قهرِ حق را همه کس داند، و همه از قهرِ حق گریزان‌اند و به لطفِ حق در آویزان، امّا حقّ تعالی قهرها را در لطف پنهان کرد و لطف‌ها را در قهر پنهان کرد، نعلِ بازگونه[7] و تلبیس[8] و مکرالله[9] بود، تا اهلِ تمییز[10] و یَنْظُرْ بِنُورِالله[11] از حالی بینان و ظاهربینان جدا شوند، که: «لِیَبْلُوَکُمْ اَیُّکُمْ اَحْسَنُ عَمَلاً»

این قطعه در تقریر این معناست که «لطف» و «قهر» حق را همه می‌شناسند و جویای لطف‌اند و از قهر گریزان؛ امّا حق تعالیٰ در این جهان چنان قهر را در لطف نهان کرده است و لطف را در قهر که جز آگاهان و کسانی که به نور خدا می‌بینند، هیچ کس نمی‌تواند حقیقت هر چیز را دریابد و بدین سان «اهل دنیا» از «اهل معنا» جدا می‌شوند. اشارتی قرآنی؛ مُلک : ۲/۶۷ : الَّذِي خَلَقَ ٱلْمَوتَ وَ ٱلْحَيَاةَ لِيَبْلُوَكُمْ أَيُّكُمْ أَحْسَنُ عَمَلاً... : او مرگ و زندگی را آفرید تا شما را بیازماید که کدام یک نیکوکارترید.

---

۱ - **گور کافران :** مقبرهٔ افراد غیر موحّدی که مقامات دنیوی برجسته‌ای داشته‌اند.
۲ - **حُلَل :** جمع حُلَّة به معنی پارچهٔ ابریشمی، اینجا پارچه‌های زربفت و زیورهای گرانبهاست.
۳ - **مُجَصَّص :** گچ‌کاری. ۴ - **پردهٔ پندار پیش آوردن :** با ظاهر آراسته اهل ظاهر را گول زدن.
۵ - **نخلِ موم :** درخت خرمایی که از موم ساخته باشند. ۶ - **بی برگ و ثمر :** ثمرهٔ روحانی و معنوی ندارد.
۷ - **نعل بازگونه :** ر.ک: ۴۱۵/۵.
۸ - **تلبیس :** ظاهر چیزی را به گونه‌ای دیگر آراستن که با باطنش هیچ مشابهتی نداشته باشد.
۹ - **مکرِ الله :** خداوند با کسانی که مکر می‌ورزند و نافرمان و عصیانگرند مکر می‌ورزد.
۱۰ - **اهلِ تمییز :** آگاهان، افراد دارای بصیرت.
۱۱ - **یَنْظُرْ بِنُورِالله :** عارفان، کاملان و واصلان که به نور حق می‌بینند.

گفت درویشی به درویشی که: تو — چون بدیدی حضرتِ حق را؟ بگو ۴۲۰

درویشی به درویش دیگر گفت: بگو که حضرت حق را چگونه دیده‌ای؟

گفت: بی چون[1] دیدم، امّا بهرِ قال — باز گویم مختصر آن را مثال ۴۲۱

گفت: حق غیر قابل وصف است؛ امّا برای آنکه چیزی گفته باشم، مثالی کوتاه می‌آورم.

دیدمش سوی چپِ او آذری[2] — سویِ دستِ راست جویِ کوثری[3] ۴۲۲

او را دیدم که در سمت چپش آتش و در سمت راستش جویِ آبی بود.

سویِ چَپِّش بس جهانْسوز[4] آتشی — سویِ دستِ راستش جویِ خَوشی ۴۲۳

آتشِ سمت چپش بسیار عظیم و جوی سمت راستش خوب و خوشایند بود.

سویِ آن آتش گروهی بُرده دست — بهرِ آن کوثر گروهی شاد و مست ۴۲۴

عدّه‌ای به سوی آتش دست دراز کرده بودند و عدّه‌ای به امید رسیدن به جوی آب شاد و سرمست بودند.

لیک لعبِ بازگونه بود سخت — پیشِ پایِ هر شَقی[5] و نیکبخت[6] ۴۲۵

امّا این وضع شبیه بازیِ کاملاً وارونه‌ای بود که در برابر همه قرار داشت.

هر که در آتش همی رفت و شَرَر — از میانِ آب بر می‌کرد سر ۴۲۶

هر کس به میان آتش می‌رفت، از میان آب سر بیرون می‌آورد.

هر که سویِ آب می‌رفت از میان — او در آتش یافت می‌شد در زمان ۴۲۷

هر کس که به سویِ آب می‌رفت، در میان آتش ظاهر می‌شد.

هر که سویِ راست شد و آبِ زلال — سر ز آتش بر زد، از سویِ شِمال[7] ۴۲۸

هر کس به سوی راست و آب زلال می‌رفت از سوی چپ و میان آتش سر بر می‌آوَرد.

---

۱ - **بی چون**: چونی و چگونگی یا کیفیّت‌پذیری را در آن راهی نیست.

۲ - **آذر**: آتش، کنایه از رنج‌های راه حق. ۳ - **جوی کوثر**: جوی آب، کنایه از خوشی‌هایِ غافلانهٔ زندگی.

۴ - **جهان سوز**: چیزی که بتواند عالمی را بسوزاند، عظیم. ۵ - **شَقِیّ**: بدبخت، اینجا گمراه و غافل.

۶ - **نیکبخت**: خوشبخت، اینجا آگاه و مؤمن.

۷ - **شِمال**: مراد «أَصْحابُ الشِّمال» است: قرآن: واقعه: ۴۱/۵۶. که همان «یاران چپ» یا گناهکاران‌اند که نامهٔ اعمالشان را به دست چپ می‌دهند.

۴۲۹ وانکه شد سوی شِمالِ آتشین سر برون می‌کرد از سوی یمین[۱]

کسی که به سوی چپ و آتش می‌رفت از سمت راست سر بیرون می‌آورد.

۴۳۰ کم کسی بر سِرّ این مُضْمَر[۲] زدی لاجرم کم کس در آن آذر شدی

کمتر کسی به راز نهان پی می‌برد؛ ناچار خلقی اندک به سوی آتش می‌رفت.

۴۳۱ جز کسی که بر سَرَش اقبال ریخت کو رها کرد آب و در آتش گریخت

جز کسی که اقبال نصیبش می‌شد و با رها کردن آب به سوی آتش می‌رفت.

۴۳۲ کرده ذوقِ نقد را معبود، خلق لاجرم زین لَعِبْ مغبون[۳] بود خلق

مردم لذّتِ ناپایدارِ نقد و موجود را معبود خود ساخته‌اند و در این بازی زیان دیده‌اند.

۴۳۳ جَوق‌جَوق[۴] وصَف‌صَف ازحرص وشتاب مُحترز[۵] ز آتش،گریزان سوی آب

دسته دسته و گروه‌گروه حریصانه و پر شتاب از آتش می‌گریزند و به سوی آب می‌روند.

۴۳۴ لاجرم ز آتش بر آوردند سر اعتبارا! الاعتبارا! ای بی خبر!

سرانجام از آتش سر بر می‌آورند. ای نادان، عبرت بگیر، عبرت بگیر.

۴۳۵ بانگ می‌زد آتش: ای گیجانِ گول[۶]! من نی‌اَم آتش، منم چشمهٔ قبول[۷]

آتش به لسان حال بانگ می‌زد: ای گیج‌هایِ نادان، من آتش نیستم، لطف الهی هستم.

۴۳۶ چشم‌بندی[۸] کرده‌اند ای بی‌نظر! در من آی و هیچ مگریز از شرر

ای بی‌بصیرت، حقیقت را واژگونه نشان داده‌اند، بیا و از این شعله نترس و فرار نکن.

۴۳۷ ای خلیل[۹]! اینجا شرار و دود نیست جز که سِحْر و خُدعهٔ نمرود نیست

ای دوست، اینجا شعله و دودی نیست، وجه نفسانیِ نمرود صفتِ آدمی حاضر نیست رنج‌هایِ راه حق را که نتیجه‌اش اتّصال به هستیِ حقیقی است، بپذیرد.

---

۱ - **یمین**: «اصحاب الیمین»: قرآن: واقعه: ۲۷/۵۶. که همان «یاران راست» یا مؤمنان‌اند که نامهٔ اعمالشان را به دست راست می‌دهند. ۲ - **مُضْمَر**: نهان شده. ۳ - **مغبون**: فریب‌خورده.

۴ - **جَوق جَوق**: دسته دسته. ۵ - **مُحْتَرَز**: احتراز کننده، دوری کننده. ۶ - **گول**: نادان.

۷ - **چشمهٔ قبول**: لطف الهی، عنایت حق. ۸ - **چشم‌بندی**: شعبده، حقیقت را دیگرگون نشان دادن.

۹ - **خلیل**: دوست، «ابراهیم خلیل(ع)» که در آتش نمرود نسوخت، مراد آن است که هر کس که دوست حق است و تقرّب به او را می‌خواهد باید به درون این آتش «عبادات، طاعات، تهذیب» برود؛ زیرا این آتش، آتش نیست، نفسِ آدمی و ذهن او آن را به صورت آتش می‌بیند، با وارد شدنِ به آن می‌بینی که برداً و سلاما است.

۴۳۸ **چـون خـلیلِ حـق اگـر فـرزانـه‌ای		آتش آبِ توست و تـو پـروانـه‌ای**[۱]

اگر همانند ابراهیم(ع) خردمند هستی، باید بدانی که این آتش برای تو ضروری است و تو باید مثل پروانه عاشقانه به گِرد آن بگردی تا فانی شوی.

۴۳۹ **جـانِ پـروانـه هـمی دارد نـدا		کِـای دریـغا صـدهزارم پَـر بُـدی**

جان پروانه که مشتاق سوختن در آتش است به لسان حال فریاد می‌زند: ای کاش صدها هزار بال و پر داشتم.

۴۴۰ **تـا هـمی سـوزید ز آتش بـی‌امـان		کـوریِ چشـم و دلِ نـامحرمان**[۲]

تا به کوری چشم و دل نامحرمان بی محابا همهٔ آن‌ها در آتش می سوخت.

۴۴۱ **بر من آرَد رحـم جـاهل از خـری**[۳] **		من بر او رحـم آرَم از بـینشْ‌وَری**[۴]

جاهل از نادانی برای من دلسوزی می‌کند؛ امّا من از سر بصیرت دلم برای او می سوزد.

۴۴۲ **خاصه این آتش که جانِ آب‌هاست		کارِ پروانه بـه عکس کـارِ مـاست**[5]

بخصوص آتشِ عشقِ حق که حقیقتِ تمامِ «کامیابی‌ها» و حیات سرمدی است. پروانه که در آتش می سوزد، عاشق همان شعلهٔ مادّی است؛ ولی ما عاشق شعلهٔ عشقی هستیم که در دل می‌بینیم و برای آن بال و پر زندگیِ دنیوی‌مان را می سوزانیم و فدا می‌کنیم.

۴۴۳ **او بـبیند نـور و در نـاری رَوَد		دل بـبیند نـار و در نـوری شـود**

پروانه نور را می‌بیند و خود را به آتش می‌افکند؛ امّا دل ما آتش را می‌بیند و نور را می‌یابد.

444 **این چنین لعب**[6] **آمد از ربِّ جلیل**[7] **		تـا بـبینی کـیست از آلِ خـلیل**

این تدبیر و یا تقدیری است که خداوند مقدّر کرده است تا بدانی که مردان راستین حق چه کسانی‌اند؟

44۵ **آتشـی را شکـلِ آبـی داده‌انـد		وانـدر آتش چشـمه‌یی بگشـاده‌انـد**

آتش را به صورت آب نمایانده‌اند و در دل آتش چشمه‌ای روان کرده‌اند.

---

۱ - **پروانه**: کنایه از عاشقِ راستین حق که تمام همّ او فنای در معشوق است.

۲ - **نامحرم**: نااهل، غیر اهلِ معنا، کسی که حال اهلِ دل را نمی‌فهمد.   ۳ - **خری**: خر بودن.

۴ - **بینشْ وَری**: دارای بینش بودن، دارای بصیرت.   ۵ - **ما**: مراد عاشقان حق‌اند.

6 - **لَعِب**: بازی، اینجا در معنیِ تدبیر یا تقدیر الهی برای انسان.   7 - Jøn]¼¥: ikAßMqnÓ

ساحری صحنِ[1] برنجی را بـه فـن صحنِ پُـر کِـرمی کـند در انـجمن ۴۴۶

جادوگر می‌تواند بشقاب پر از برنج را در حضور جمع به بشقابی پر از کرم مبدّل کند.

خـانه را او پُـر ز کـژدُم‌ها نـمود از دَمِ سِحر، و خود آن کـژدُم نـبود ۴۴۷

یا اینکه می‌تواند خانه را پر از عقرب نشان بدهد، در حالی که عقربی نیست.

چونکه جادو می‌نماید صـد چـنین چون بُـوَد دسـتانِ[2] جـادو آفـرین؟ ۴۴۸

هنگامی که جادو می‌تواند کارهای عجیبی انجام دهد، بیندیش که سحرِ خالق جادوگران چگونه چشمت را می‌بندد.

لاجرم از سِحرِ یزدان قـرنْ[3] قـرن اندر افتادند چـون زن، زیـر پَـهْن[4] ۴۴۹

ناگزیر در اثر سحر خداوند، اقوامِ پیشین که اسیر نفس شدند، مغلوب و هلاک گشتند.

ساحرانشـان بـنده بـودند و غـلام انـدر افـتادند چـون صَـعوه بـه دام ۴۵۰

هرچند که جادوگران بندهٔ عصیانگرانی همانند فرعون بودند؛ امّا بالاخره مثل گنجشک به دامِ قضای حق افتادند.

هین! بخوان قرآن، ببین سِحرِ حلال[5] سـر نگـونی مکـرهایِ کـالجِبْال[6] ۴۵۱

آگاه باش و قرآن را بخوان تا بدانی که این حقیقت چگونه در آنجا بیان شده است.

من نی‌اَم فـرعون کآیَـم سـویِ نـیل سویِ آتش می‌روم من چون خـلیل ۴۵۲

من فرعون نیستم که به سوی آب بروم، همانند ابراهیم(ع) به سوی آتش می‌روم.

---

۱ - **صَحْن :** بشقاب. ۲ - **دستان :** مکر و حیله، مراد تدبیر حق تعالیٰ است.

۳ - **قرن :** نسل، قوم، مراد اقوام عصیانگری همانند قوم عاد، ثمود و قوم نوح‌اند.

۴ - مصراع دوم؛ همانند زن مغلوب شدند، قهر الهی نصیبشان شد.

۵ - **سِحر حلال :** کنایه از کلام فصیح و موزون که به منزلهٔ سحر باشد. این تعبیر مأخوذ از حدیث: «إنَّ مِنَ البیانِ لَسِحْراً» از نهایة ابن اثیر است.

ماهیان قعر دریای جلال بحرشان آموختهٔ سحر حلال: مثنوی

۶ - اشاره است به مکر، نیرنگ و نقشه‌های بسیار نیرومند و قویِ اقوامِ متمرّدِ پیشین که کوه‌ها را از جای بر می‌کَند و آنان که خود را عقل کلّ و دیگران را بی‌خرد می‌پنداشتند، با بلاها و مجازات‌های دنیوی از زندگیِ زمینی محروم ماندند: ر.ک: ۹۵۷/۱؛ قرآن: ابراهیم: ۴۶/۱۴.

۴۵۳ **نیست آتش، هست آن ماءِ مَعین[۱] و آن دگر از مکر، آبِ آتشین**

آن که آتش می‌نماید، آب گواراست و آن دیگری که آب می‌نماید، آتش است.

۴۵۴ **پس نکو گفت آن رسولِ خوش‌جواز[۲] ذرّه‌یی عقلت بِهْ از صوم و نماز[۳]**

پس آن رسول باگذشت و آسانگیر چه نیک فرموده است: ذرّه‌ای عقل بهتر از روزه و نماز است.

۴۵۵ **زانکه عقلت جوهر است، این دو عَرَض[۴] این دو در تکمیلِ آن شد مُفْتَرَض[۵]**

زیرا «عقلِ حق‌جو»، «جوهر» یا «اصل» است و نماز، روزه یا سایر عبادات و تکالیف شرعی، «عَرَض» یا «فرع»اند و برای کمال یافتنِ عقل معاد به صورت واجب وضع شده‌اند.

۴۵۶ **تا جلا باشد مر آن آیینه را که صفا آید ز طاعت سینه را**

این عبادات واجب شدند تا آیینهٔ عقل را جلا بدهند؛ زیرا انجام طاعات دل را صفا می‌بخشد.

۴۵۷ **لیک گر آیینه از بُن فاسد[۶] است صیقل او را دیر باز آرَد به دست**

امّا اگر عقل و دل به سبب تبعیّت از نفس بسیار زنگار داشته باشد، زنگارزدایی آن دشوار و در شرایطِ متعارَف غیر ممکن است.

۴۵۸ **و آن گزین آیینه[۷] که خوش‌مَغْرَس[۸] است اندکی صیقل‌گری آن را بس است**

و آیینهٔ ممتازی که قابلیّت و استعداد لازم را دارد، با اندک صیقلی شفاف می‌شود.

---

۱ - **ماء معین :** آب گوارا، تعبیری قرآنی؛ مُلک: ۳۰/۶۷؛ ر.ک: ۱۶۳۶/۲.

۲ - **خوش جواز :** این تعبیر مقتبس است از روایت: ...کانَ مِنْ خُلُقِی اَلْجَوَازُ: از خوی‌های من آسانگیری و گذشت است: احادیث، صص ۴۳۵-۴۳۴.

۳ - مصراع دوم؛ اشاره است به روایتی که در طیّ آن صحابه از نماز و عبادت و خوبی‌های مردی ستایش می‌کردند. پیامبر(ص) پرسید: عقلش چگونه است؟ قطعاً در قیامت درجهٔ تقرّب بندگان به میزان عقلشان بستگی دارد: ...وَ یَنالُونَ مِنَ الزُّلفیٰ عَلَی قَدْرِ عُقُولِهِمْ: ر.ک. همان، مراد عقلِ خداجو یا عقل معاد است.

۴ - **جوهر و عَرَض :** ر.ک: ۲۱۲۰/۱ و ۹۴۷/۲. ۵ - **مُفْتَرَض :** فریضه شده، واجب شده.

۶ - **از بُن فاسد :** عقل و دلی که کاملاً نفسانی شده و قابلیّت خود را برای جذب انوار حق از دست داده است.

۷ - **گزین آیینه :** آیینهٔ عالی و ممتاز.

۸ - **مَغْرَس :** محلّ کاشتن نهال، «خوش مغرس» یعنی دارای شرایط و محلّ مناسب یا داشتن قابلیّت و استعداد.

تفاوتِ عُقول در اصلِ فطرت، خلافِ معتزله[1] که ایشان گویند: در اصلْ عقولِ جزوی برابرند، این افزونی و تفاوت از تعلّم است و ریاضت و تجربه[2]

این قطعه در تقریر این معناست که ظرفیّت ذهنی و عقلی انسان‌ها در اصل فطرت متفاوت است؛ امّا معتزله وجود چنین تفاوتی را خارج از عدل الهی می‌دانند، لذا معتقدند که اختلاف موجودِ در عقول ناشی از تأثیرِ تحصیلِ علم، ریاضت و تجربه، یعنی اکتسابی است.

۴۵۹ **این تفاوتْ عقل‌ها را نیک دان   در مراتب، از زمین تا آسمان**

بدان که تفاوت میان عقل‌ها در مرتبه و درجات از زمین تا آسمان است.

۴۶۰ **هست عقلی همچو قرصِ آفتاب   هست عقلی کمتر از زُهره و شهاب**

«عقلی» هست که همانند خورشید درخشان است و «عقلی» هم هست که از زهره و شهابِ ثاقب هم کم‌نورتر است؛ یعنی مختصری از عوالم معنوی را می‌تواند درک کند.

۴۶۱ **هست عقلی چون چراغی سَر خوشی[3]   هست عقلی چون ستارهٔ آتشی[4]**

«عقلی» هست که نورش در حدّ یک چراغِ روشن است و «عقلی» دیگر از آن هم کمتر و همانند یک جرقّه است، برقی می‌زند و محو می‌شود.

۴۶۲ **زانکه ابر از پیشِ آن چون واجَهَد   نورِ یزدانْ‌بین خِرَدها بر دهد**

هنگامی که «عقل» زنگارزدایی شود، همچون «قرص آفتاب» درخشان و تابناک می‌گردد و این «نورِ یزدان بین» منشأ خرد است.

۴۶۳ **عقلِ جُزوی[5] عقل را بدنام کرد   کامِ دنیا مرد را بی‌کام کرد**

«عقلِ جزوی» که مادّی و در سیطرهٔ نفس است، «عقل» را که غیر مادّی است، بدنام کرده و پیروی از هوا و هوس انسان را از «عقلِ حقیقی» بی‌بهره ساخته است.

---

۱ - **معتزله**: ر.ک: ۶۱/۲.   ۲ - همین معنا قبلاً در دفتر سوم بیت ۱۵۴۰ نیز آمده است.

۳ - **چراغ سرخوشی**: سرخوش یعنی خوشحال و شاد، چراغ سرخوش به معنی چراغ روشن و درخشان.

۴ - **ستارهٔ آتشی**: جرقه.

۵ - وجود این عقل مادّی یا عقلِ نَفسانی شده در عام خلق موجب می‌شود که همگان می‌پندارند که از عقل برخوردارند و در واقع خود را نیازمندِ عقلِ کاملِ صاحبانِ عقل که همان کاملانِ واصل‌اند، نمی‌دانند؛ بنابراین از ادراک حقایق بهره‌ای نمی‌برند.

آن ز صیدی[1] حُسنِ صیّادی[2] بدید وین ز صیّادی غمِ صیدی کشید ۴۶۴

«عقلِ معاد» یا «عقلِ کمال طلب» صید حق می‌شود؛ یعنی خود را در حق مستهلک می‌کند و به این ترتیب به «عقل کلّ» اتّصال می‌یابد و در واقع آنچه را که مطلوب اوست، صید می‌کند؛ امّا «عقلِ جزوی» که خود را کامل می‌پندارد، صیدِ پندار خود می‌شود و ناقص می‌مانَد.

آن ز خدمتْ[3] نازِ مخدومی[4] بیافت وآن ز مخدومی ز راهِ عِز بتافت ۴۶۵

«عقلِ حق‌جو» مرتبهٔ نازل خود را در تقابل با «عقلِ کلّ» می‌داند؛ بنابراین با بندگی به مقام سروری می‌رسد؛ امّا «عقلِ جزوی» با پندارِ کمال از راه کمال منحرف می‌شود.

آن[5] ز فرعونی اسیرِ آب شد[6] وز اسیری، سِبط[7]، صد سُهراب[8] شد ۴۶۶

«عقلِ جزوی» که طغیان‌گر است، همانند فرعون به هلاکت می‌رسد؛ امّا «عقلِ معاد» که کاستیِ خود را می‌پذیرد، کمال می‌یابد.

لِعبِ‌معکوس[9] است و فرزین‌بندِ[10] سخت حیله کم کن، کارِ اقبال است و بخت ۴۶۷

تقدیرِ الهی این است که در دنیا حقایق واژگونه نمایان شده‌اند و آدمی در عالم محسوس گرفتار حواسّی است که نمی‌گذارد به عالمِ حقایق راه یابد؛ پس تدبیر انسان در برابر تقدیر بی‌حاصل است، بختی می‌خواهد و اقبالی.

بر خیال و حیله کم تَن[11] تار را که غنی[12] ره کم دهد مکّار را ۴۶۸

برای رسیدن به حقایق نمی‌توان به پندار و تدبیر متوسّل شد؛ زیرا مکّار به حریم حق راهی ندارد.

مکر[13] کن در راهِ نیکوخدمتی تا نبوّت[14] یابی اندر امّتی ۴۶۹

تدبیرت را در راه خدمات نیک به کار ببر تا به کمال و مقام رهبری معنوی برسی.

---

۱ - **صیدی** : صید شدن. ۲ - **صیّادی** : صیّاد بودن. ۳ - **خدمت** : بندگی و عبادت.
۴ - **مخدومی** : سروری، مورد خدمت قرارگرفتن. ۵ - **آن** : عقل جزوی، مراد صاحبِ عقل جزوی است.
۶ - **اسیر آب شد** : در رود نیل غرق شد؛ یعنی به هلاکت رسید.
۷ - **سِبْط** : فرزندزاده، نوه. مراد قوم بنی‌اسرائیل است که دوازده سبط «قوم یا گروه» بودند.
۸ - **سهراب** : اینجا کنایه از قدرت و کمال است. ۹ - **لعبِ معکوس** : بازی گمراه کننده.
۱۰ - **فرزین‌بند** : حرکت در بازی شطرنج که در آن مهرهٔ فرزین (وزیر) گرفتار می‌شود.
۱۱ - **تَن** : فعل امر از مصدر تنیدن، «تنیدن تار» اینجا به معنی متوسّل شدن است.
۱۲ - **غنی** : از اسماءالحسنی. ۱۳ - **مکر** : اینجا مراد «تدبیر» و چاره‌اندیشی است.
۱۴ - **نبوّت** : اینجا مراد مقام ارشاد و هدایت روحانی است.

مکر کن تا وارهی از مکرِ خَود مکر کن تا فرد گردی از جَسَد[۱] ۴۷۰

تدبیرِ مؤثّر این است که تدبیر را رها کنی و بهترین چاره‌اندیشی این است که بتوانی از عالم مادّه به عالم غیب راه یابی.

مکر کن تا کمترین بنده شوی در کمی رفتی، خداونده شوی ۴۷۱

چاره‌ای بیندیش تا این احساس در تو به وجود بیاید که کمترین و حقیرترینِ بندگان خدا هستی، اگر این احساس، خالصانه و مستمر باشد، به کمال می‌رسی.

روبهی[۲] **و خدمت، ای گرگ کهُن! هیچ، بر قصدِ خداوندی مکن** ۴۷۲

ای گرگ کهنه کار، هرگز به قصد سروری، بندگی و خدمت ریاکارانه نکن.

لیک چون پروانه در آتش بتاز کیسه‌یی زآن بر مدوز[۳]**، و پاک باز**[۴] ۴۷۳

همانند پروانه به سوی آتش برو و به فکر پاداش نباش. هستیِ خود را در حق فنا کن.

زور را بگذار و زاری را بگیر رحم سویِ زاری آید، ای فقیر! ۴۷۴

زور را رها کن و به زاری روی بیاور؛ زیرا ای فقیر، رحمت الهی شاملِ حال بندهٔ نالان است.

زاریِ مضطرِّ[۵] **تشنهٔ معنوی است زاریِ سردِ دروغ، آنِ غَوی**[۶] **است** ۴۷۵

نالهٔ درماندهٔ تشنه، یعنی بندهٔ جویای حق از اعماق وجود است؛ امّا نالهٔ آدم گمراه با سوز دل و طلب همراه نیست.

گریهٔ اخوان یوسف حیلت است[۷] **که درونشان پُر ز رَشک و علّت**[۸] **است** ۴۷۶

گریهٔ برادران یوسف(ع) حیله‌ای بیش نبود؛ زیرا دل آنان سرشار از حسادت و کینه بود.

---

۱ - **فرد گردی از جسد**: از عالم مادّه فراتر بروی. ۲ - **روبهی**: بندگیِ ریاکارانه، تظاهر به بندگی.
۳ - **کیسه دوختن**: توقّع و طمع داشتن. ۴ - **پاک باز**: پاک و خالص بباز، هستی‌ات را به تمامی فدا کن.
۵ - **مضطرّ**: درمانده. ۶ - **غَوِیّ**: گمراه.
۷ - اشاره است به: قرآن: یوسف: ۱۶/۱۲، که به استناد آن برادران یوسف(ع) پس از آنکه او را به چاه افکندند، شامگاه نزد پدر رفتند در حالی که می‌گریستند. ۸ - **علّت**: مرض، بیماری، اینجا حسد و کینه.

حکایتِ آن اعرابی[1] که سگِ او از گرسنگی می‌مُرد و انبانِ[2] او پُر نان، و بر سگ نوحه می‌کرد و شعر می‌گفت و می‌گریست، و سر و رُو می‌زد، و دریغش می‌آمد لقمه‌یی از انبان به سگ دادن[3]

سگِ مردی بادیه‌نشین از گرسنگی در حال مرگ بود و او با اندوه بر نزع حیوان نوحه می‌کرد؛ امّا از دادن لقمه‌ای از نانِ انبان دریغ داشت. سائلی از وی پرسید که چرا تکّه‌ای نان از انبانِ پُری که دارد به سگ نمی‌دهد تا از مرگ بِرَهد؟ اعرابی در پاسخ گفت: نان را به رایگان به دست نیاورده‌ام؛ **«لیک هست آب دو دیده رایگان»**.

سرّ سخن در این حکایت تأییدی است بر معنایی که در ابیات پایانی قطعهٔ پیشین به تقریر آمد و تأکید بر این نکته‌که نالهٔ سرد و عاری از سوز و ریاکارانه در درگاه حق خریداری ندارد.

۴۷۷ **آن سگی می‌مُرد و گریان آن عرب — اشک می‌بارید و می‌گفت: ای کُرَب[4]**

سگی در حال مردن بود و صاحب عربش گریان بود و می‌گفت: ای وای!

۴۷۸ **سائلی[5] بگذشت و گفت: این گریه چیست؟ — نوحه و زاری تو از بهرِ کیست؟**

شخصی که می‌گذشت، پرسید: چرا گریه می‌کنی؟ ناله و زاری‌ات برای کیست؟

۴۷۹ **گفت در مِلْکم سگی بُد نیکخو — نک همی میرد میانِ راهْ او**

اعرابی گفت: سگی باوفا داشتم که اینک در میانهٔ راه در حال مرگ است.

۴۸۰ **روز صیّادم بُد و شب پاسبان — تیزْچشم و صیدْگیر و دزدْران**

روز شکار می‌کرد و شب نگهبان بود. سگی تیزبین و با مهارت که دزدان را فراری می‌داد.

۴۸۱ **گفت رنجش چیست؟ زخمی خورده‌است؟ — گفت: جُوعُ اَلکَلْب[6] زارش کرده است**

پرسید: بیماری‌اش چیست؟ زخمی شده است؟ اعرابی گفت: گرسنگی او را لاغر و ضعیف کرده است.

---

۱ - **أَعْرابیّ** : عرب بیابانی. ۲ - **اَنْبان** : کیسه. ۳ - مأخذی برای آن پیش از مثنوی یافت نشده است.
۴ - **کُرَب** : جمعِ کَرْبَة: غم و اندوه. ۵ - **سائل** : سؤال کننده، گدا.
۶ - **جُوْعُ الکَلْبَ** : گرسنگی سگ، توسّعاً گرسنگی شدید.

گفت: صبری کن بر این رنج و حَرَض[1] صابران را فضلِ حق بخشد عوض ۴۸۲

سائل گفت: برای رنج و محنت صبر کن؛ زیرا فضل الهی به صابران پاداش می‌دهد.

بعد از آن گفتش که: ای سالارِ حُر[2]! چیست اندر دستت این انبانِ پُر؟ ۴۸۳

سائل سپس گفت: ای بزرگمردِ آزاده، این انبان پُر که در دست توست، محتویِ چه چیز است؟

گفت: نان و زاد و لوتِ[3] دوش، من می‌کَشانم بهرِ تَقْوِیتِ[4] بدن ۴۸۴

اعرابی گفت: نان، توشه و بازماندهٔ غذای دیشب را برای تقویت بدن حمل می‌کنم.

گفت: چون نَدْهی بدان سگ نان و زاد؟ گفت: تا این حد ندارم مِهر و داد[5] ۴۸۵

سائل گفت: چرا از این نان و توشه به سگ نمی‌دهی؟ اعرابی گفت: مهر و کَرَم من نسبت به او تا این حدّ نیست.

دست ناید بی دِرَم در راهْ نان لیک هست آب دو دیده رایگان ۴۸۶

نان بدون پول و به رایگان حاصل نمی‌شود؛ امّا اشک چشم رایگان است.

گفت: خاکت بر سر ای پر بادْ مَشک[6] که لبِ نان[7] پیشِ تو بهتر ز اشک ۴۸۷

سائل گفت: خاک بر سرت ای تهی مغز که تکّه‌ای نان در نظرت بهتر از اشک چشم است.

اشک، خون است و به غم آبی شده می‌نیرزد خاک[8]، خونِ بیهده[9] ۴۸۸

اشک در واقع همان خون است که در اثر فعل و انفعالاتی که غم عامل اصلی آن است، به آبِ چشم تبدیل شده است. یک تکّه نان آن قدر نمی‌ارزد که برایش این همه اشک ریاکارانه بریزی.

کُلِّ خود را خوارکرد او چون بلیس[10] پارهٔ این کُل نباشد جز خسیس[11] ۴۸۹

اعرابی همانند ابلیس کُلِّ وجودش را خوار کرد؛ بنابراین اجزای این کُلِّ حقیر هم حقیرند.

---

۱ - **حَرَض** : هلاک شدن از اندوه یا بیماری. ۲ - **حُرّ** : آزاده. ۳ - **لوت** : مطلقِ غذا.
۴ - **تقویت** : بر وزن «ترکیب» یا «ترتیب» به معنی قوت دادن، غذا دادن. ۵ - **داد** : دَهِش، بخشندگی و کَرَم.
۶ - **پر باد مشک** : مَشکِ پُر باد، کنایه است از سبک مغزی و لاف‌زنی.
۷ - **لبِ نان** : کنارهٔ ضخیم نان، مراد تکّه‌ای نان است.
۸ - **خاک** : کنایه از «نان» و یا «امور دنیوی و مادّی» است. ۹ - **خونِ بیهُده** : اشک تمساح، اشک ریاکارانه.
۱۰ - **بلیس** : ابلیس. ۱۱ - **خسیس** : پست، خوار و فرومایه.

مــن غــلامِ آنکـه نَـفْروشد وُجـود   جز بدان سلطانِ با اِفضال و جود[۱] ۴۹۰

من بندهٔ کسی هستم که هستیِ خود را جز به پروردگار نمی‌فروشد؛ یعنی خود را در راه حق فدا و فنا می‌کند.

چون بگرید، آســمان گـریان شـود   چون بنالد، چرخ یارب‌خوان شود ۴۹۱

چنین عارفی اگر بگرید، آسمان هم می‌گرید و اگر بنالد، گردون نیز همنوا با درون او که با هستی هماهنگ و متّصل است، یاربّ، یاربّ می‌گوید.

مــن غـلامِ آن مس ِ هـمّتْ‌پرست[۲] **کـو بـه غـیر کـیمیا**[۳] **نـارَد شِکَست** ۴۹۲

من بندهٔ انسان بلند همّتی هستم که جز در برابر حق سر فرود نمی‌آوَرَد.

دستِ اِشکســـته بــر آور در دُعــا   سویِ اِشکسته، پَـرَد فـضلِ خـدا[۴] ۴۹۳

هنگام دعا با دلی پرسوز و شکسته به درگاه حق روی بیاور؛ زیرا لطف الهی شامل حال دل‌شکستگان است.

گر رهایی بایَدَت زیـن چـاهِ تـنگ   ای بــرادر رو بــر آذر[۵] **بــی‌درنگ** ۴۹۴

اگر می‌خواهی از قید و بند عالم محسوس رهایی یابی، ای برادر، بی‌درنگ آغوش خود را به روی رنج‌های راه حق بگشا.

مکرِ حق را بین و مکرِ خود بِـهِل[۶] **ای**[۷] **ز مکرش مکرِ مکّاران**[۸] **خَجِل**[۹] ۴۹۵

به تدبیر و مشیّت الهی توجّه کن که چگونه هر حقیقتی را در این جهان واژگونه نمایان کرده است؛ پس تدبیر و نیرنگ خود را رها کن. جانم قربان آنکه مکر مکّاران در برابر مکرش شرمسار و بی‌قدر است.

---

۱ - **سلطان با افضال و جود :** خداوند بخشنده و کریم.

۲ - **مس ِهمّت‌پرست :** سالکی که به نقص معنوی و روحانیِ خویش واقف است و مشتاقانه آرزومند نفوذ روحانیِ مراد خویش است تا به کمال برسد و از قید محسوسات بِرَهد.   ۳ - **کیمیا :** نظر عنایت مراد روحانی.

۴ - نظر به این روایت است که موسیٰ(ع) از خداوند پرسید: تو را کجا بجویم؟ فرمود: أَنَا عِندَ ٱلْمُنْكَسِرَةِ قُلُوبُهُمْ : نزد دل‌شکستگان: احادیث، ص ۴۳۶.   ۵ - **آذر :** آتش، مراد رنج‌های سلوک است.

۶ - **بِهِل :** از هلیدن به معنی رها کردن.

۷ - **ای :** اینجا برای بیان تحبیب و تحسین است: جانم به قربان، جانم فدایِ... .

۸ - اشارتی قرآنی؛ آل‌عمران: ۵۴/۳: وَ مَكَرُوا وَ مَكَرَ اللهُ وَاللهُ خَيْرُ ٱلْمٰاكِرِينَ.

۹ - از ره تدبیر بر خیز و بر ره تقدیر بنشین؛ یعنی تسلیم باش.

چونکه مکرت شد فنایِ مکرِ رَب   بر گشایی یک کمینی بوالعجب ۴۹۶

هنگامی که تسلیم شدی و تدبیر خود را در تقدیر فانی کردی، نهانگاه حیرت‌انگیزی را خواهی یافت؛ یعنی از اسرار الهی آگاه خواهی شد.

که کمینهٔ آن کمین باشد بقا   تا ابد اندر عُروج و اِرتقا ۴۹۷

که کمترین بهرهٔ آن نهانگاه غیبی، زندگی جاوید «بقاء بالله» است و با رسیدن به این مکمن همواره در حال عروج و ارتقای روحانی خواهی بود.

در بیانِ آنکه هیچ چشمِ بدی[1] آدمی را چنان مُهلک نیست که چشمِ پسندِ خویشتن[2]، مگر که چشمِ او مبدّل شده باشد[3] به نورِ حق، که بی یَسْمَع و بی یُبْصِر[4]، و خویشتنِ او بی خویشتن شده

پَرِّ طاووست[5] مبین و پایْ[6] بین   تا که سوءُ ألعَین[7] نگشاید کمین ۴۹۸

جاه و مقامِ خود را نبین، عیوب خود را ببین تا به خودپسندی دچار نشوی.

که بلغزد کوه از چشمِ بَدان   یُزْلِقُونَکْ[8] از نُبی[9] بر خوان بدان ۴۹۹

زیرا چشمِ بد، انسانی به عظمت کوه را هم می‌لرزاند. از قرآن آیهٔ **وَ إِنْ یَکاد** را بخوان تا بدانی که مقصود چیست.

---

۱ - **چشمِ بد :** چشم زخم.   ۲ - **چشم پسند خویشتن :** خودبینی، خودپسندی.
۳ - **چشمِ او مبدّل شده باشد :** خودبین نباشد، به جای خودمحوری در وجودش حق محوری حاکم باشد.
۴ - اشاره به حدیث قدسی که به موجب آن بندهٔ واصل به نور حق می‌شنود و می‌بیند و چون هستی‌اش در هستی حق فانی شده است و از خود رهایی یافته؛ پس فعل او فعل حق است.
۵ - **پرّ طاووس :** کنایه از جاه و مقام که زینت دنیاست و موجب غرور.
۶ - **پا :** پای طاووس بر خلاف پرهایش زشت است و کنایه‌ای است از عیوب و نقایص.
۷ - **سوءُ العَین :** چشمِ بدبین، چشمی که نمی‌تواند حقیقت را ببیند، خودبینی و خودپسندی.
۸ - اشارتی قرآنی؛ قلم: ۵۱/۶۸: نزدیک بود که کافران به چشمان بد، چشم‌زخمت زنند که چون آیات قرآن بشنوند، گویند که این شخص عجب دیوانه است. اشاره است به کافری از طایفهٔ بنی اسد که پیامبر(ص) را چشم زد؛ ولی خداوند وی را حفظ کرد.   ۹ - **نُبی :** قرآن.

احمدِ چون کوه، لغزید از نَظَر   در میانِ راهِ بی گِل، بی مَطَر[۱] ۵۰۰

احمد(ص) که چون کوه استوار بود، در راهِ بدون گِل و باران به سبب چشمِ بد لغزید.[۲]

در عجب درماند کین لغزش ز چیست؟   من نپندارم که این حالت تهی‌ست ۵۰۱

پیامبر(ص) متعجّب شد که سبب این لغزش چیست؟ گمان نمی‌کنم بی‌دلیل باشد.

تا بیامد آیت و آگاه کرد   کآن ز چشمِ بد رسیدت وز نبرد ۵۰۲

تا آیه‌ای نازل شد و آگاهی داد که به سبب چشم‌زخم و عناد بدخواهان بوده است.

گر بُدی غیرِ تو در دَم لا شُدی[۳] **   صیدِ چشم**[۴] **و سُخرهٔ**[۵] **اِفنا**[۶] **شدی** ۵۰۳

اگر هر کس به جز تو بود، هلاک می‌شد و چشمِ بد به نابودی‌اش می‌انجامید.

لیک آمد عصمتی دامن‌کشان[۷] **   وین که لغزیدی، بُد از بهرِ نشان** ۵۰۴

امّا مصونیّتی از جانب من تو را حفظ کرد. لغزیدی که بدانی چشم بد اثر دارد.

عبرتی گیر، اندر آن کُه کن نگاه   برگِ خود عرضه مکن[۸] **ای کَم زِکاه**[۹] **!** ۵۰۵

ای بی‌قدرتر از کاه، به رسولِ استوار بنگر و پند بگیر، هرگز ابراز وجود نکن.

---

۱ - **مَطَر** : باران.

۲ - مراد آنکه برای پیشگیری از اثرات سوء و هرگونه لغزشی باید به قرآن پناه برد و «وَ اِنْ یَکاد» خواند.

۳ - **لا شدی** : نابود می‌شد.

۴ - **صید چشم شدن** : قربانیِ چشم زخم شدن، یعنی چشم بد تأثیر بسیار بد و نابودکننده‌ای می‌توانست داشته باشد. ۵ - **سُخْرَة** : تسخیر کردن، اینجا مقهور و مغلوب شدن. ۶ - **اِفْناء** : فنا شدن، از میان رفتن.

۷ - **دامن‌کشان** : با ناز و خرامان، اینجا از روی فضل و لطف الهی.

۸ - **برگ خود عرضه کردن** : توانایی و حشمت و جاه خود را دیدن و به نمایش گذاشتن، عرض اندام یا ابراز وجود کردن. ۹ - **کم زکاه** : از هر چیز بی‌قدری بی‌قدرتر.

تفسیرِ وَ اِنْ یَکادُ الَّذینَ کَفَرُوا لَیُزْلِقُونَکَ بِأَبْصارِهِمْ[1]، الآیه

در این قطعه ضمن توضیحاتی که در ارتباط با چشم بد به تقریر می‌آید، به این نکتهٔ مهم نیز اشاره می‌شود که چشمِ بد ناشی از درونِ تاریک و ظلمانی و نتیجهٔ قهرِ الهی است که به سبب حق‌ستیزی و عنادی مستمر حاصل شده.

همچنین «حسد» به عنوان یک صفت رذیله که می‌تواند منشأ دیگر رذایل نیز باشد، مطرح می‌شود؛ امّا در تقابل با تمام این ویژگی‌های بد و هلاکت‌آور به چشم نیک‌مردان حق نیز اشاره‌ای هست که نشان لطف حق و در واقع دوای چشم بد و تاریکیِ درون است.

۵۰۶ **یا رسولَ اللّه! در آن نادی[2] کسان — می‌زنند از چشمِ بد بر کرکسان**

ای رسول خدا، در میان دشمنان کسانی هستند که چشمِ بدشان کرکسان را هم هلاک می‌کند.

۵۰۷ **از نظرشان کَلّهٔ شیرِ عَرین[3] — واشکافد تا کند آن شیر اَنین[4]**

از چشمِ بد آنان سرِ شیرِ بیشه شکافته می‌شود و به ناله می‌آید.

۵۰۸ **بر شتر چشم افکَنَد همچون حِمام[5] — وآنگهان بِفْرستد اندر پیْ غلام**

نگاهش، همانندِ اجل شتر را به هلاکت می‌رساند؛ سپس غلام را در پی شتر می‌فرستد.

۵۰۹ **که برو از پیهِ این اُشتر بِخَر — بیند اشتر را سَقَط او راه در**

که: برو و از پیه این شتر بخر. غلام می‌رسد و می‌بیند که شتر در راه هلاک شده است.

۵۱۰ **سر بُریده از مرض آن اشتری[6] — کو به تک با اسب می‌کردی مِری[7]**

شتری را که با اسب تندرو مقابله می‌کرد، به سبب بیماری ناگهانی سر می‌بُرند.

۵۱۱ **کز حسد وز چشمِ بد بی هیچ شک — سَیْر و گردش را بگرداند فلک**

بدون هیچ تردید، حسد و چشمِ بد تأثیرات بدی در زندگی و سرنوشتِ خودِ آدمِ حسود هم دارد و اقبال از او روی‌گردان می‌شود.

---

۱ – قرآن: قلم: ۵۱/۶۸؛ ر.ک: ۴۹۸/۵. ۲ – **نادی** : جمع، انجمن، مراد دشمنان رسول خدا(ص)اند.

۳ – **عَرین** : بیشه. ۴ – **أَنِیْن** : آه و ناله، حنین. ۵ – **حِمام** : مرگ.

۶ – می‌تواند اشاره به روایتی از پیامبر(ص) باشد: چشم زخم می‌تواند مرد را به‌گور و شتر را به دیگ ببرد: ر.ک. احادیث مثنوی، ص ۱۵۱. ۷ – **مِری** : ستیزه و مبارزه، اینجا برابری و مقابله.

آبْ[1] پنهان است و دولابْ[2] آشکار — لیک در گردش، بُوَد آبْ اصلِ کار ۵۱۲

عامل اصلی که «قضای الهی» است، آشکار نیست؛ امّا عوامل فرعی «علل و اسبابِ ظاهری» آشکارند؛ ولی چیزی که در سرنوشت هر کس تأثیر حقیقی را دارد، عامل اصلی است.

چشمِ نیکو[3] شد دوایِ چشمِ بد — چشمِ بد را لا کند زیرِ لگد ۵۱۳

«چشمِ نیک»، دوایِ «چشمِ بد» است که می‌تواند آن را دفع و مبدّل کند.

سَبْق رَحمت[4] راست و او از رحمت است — چشمِ بد محصولِ قهر و لعنت است ۵۱۴

رحمتِ الهی بر غضبِ او پیشی دارد و «چشمِ نیک» حاصلِ رحمت؛ امّا «چشمِ بد» نتیجهٔ قهر و لعنت است.

رحمتش بر نِقمتش[5] غالب شود — چیره زین شد هر نَبی بر ضِدِّ خَود[6] ۵۱۵

چون رحمتِ الهی بر قهرِ او چیره است، هر پیامبری بر دشمن خود غلبه دارد.

کو نتیجهٔ رحمت است و ضِدِّ او — از نتیجهٔ قهر بود آن زشتْ‌رو[7] ۵۱۶

زیرا پیامبر مظهر رحمت و دشمنِ او مظهرِ قهرِ حق است.

حرصِ بط[8] یک تاست[9]، این پنجاه تاست — حرصِ شهوتْ مار و منصبْ اژدهاست[10] ۵۱۷

حرص که «بط» نمادِ آن است، از اوصافِ رذیله است که اگر به حرصِ شهوت‌رانیِ «حلق و فَرْج» محدود باشد، ساده‌تر و درمان‌پذیرتر از طمع جاه و مقام است، همانند تقابل مار و اژدها.

حرصِ بط از شهوتِ حلق است و فرج — در ریاست بیست چندان است دَرْج[11] ۵۱۸

حرصِ جاه و مقام از حرصِ خوردن و یا حرصِ شهوت‌رانی بسیار شدیدتر است.

---

۱ - **آب** : اینجا کنایه از «قضای الهی» است.

۲ - **دولاب** : چرخ چاه، اینجا کنایه از «علل و اسباب ظاهری» است.

۳ - **چشم نیک** : نفوذ روحانیِ باطن منوّر مرد حق.

۴ - اشاره است به حدیث قدسی: سَبَقَتْ رَحْمَتی غَضَبی : رحمتم بر غضبم پیشی دارد: ر.ک: ۲۶۸۴/۱.

۵ - **نقمت** : نِقْمَة: خشم و قهر، عقوبت. ۶ - **ضدِّ خود** : دشمنِ خود که مظهرِ قهرِ الهی است.

۷ - **زشت رو** : دشمنِ حق که باطنی تاریک دارد.

۸ - **حرصِ بَطّ** : مرغابی مظهر حرص است؛ زیرا همواره با نوکش در خاک و لجن در حال جست‌وجوی چیزهای نهانی برای خوردن است.

۹ - **یک تا** : یک لایه، یعنی ساده‌تر از حرصِ جاه و مقام است که پنجاه لایه است و درمان‌ناپذیر.

۱۰ - بازگشتی است به تفسیر «چهار پرندهٔ گمراه کننده» که از بیت ۳۱ همین دفتر آغاز شده بود.

۱۱ - **درج** : قرارگرفتن و یا پیچیدن چیزی در چیز دیگر.

از اُلوهیّت[1] زنند در جاه لاف   طامعِ شرکت کجا باشد مُعاف؟ ۵۱۹

کسی که حرصِ «جاه و مقام» دارد، به جایی می‌رسد که دم از خدایی می‌زند و چنین لافی به مفهوم ادّعایِ شراکت درکار خداست؛ پس او چگونه از کیفر معاف شود؟

زَلَّتِ[2] آدم ز اِشکم بود و باه[3]   وآنِ ابلیس از تکبّر بود و جاه ۵۲۰

لغزشِ آدم(ع) از میل به خوردن و غریزهٔ جنسی بود؛ امّا گناه ابلیس از گردنکشی و جاه‌طلبی بود.

لاجرم او زود استغفار کرد   و آن لعین از توبه استکبار کرد ۵۲۱

ناگزیر آدم(ع) بلافاصله طلب آمرزش کرد؛ امّا ابلیس ملعون به سبب تکبّر توبه نکرد.

حرصِ حلق و فرج[4] هم خودبدرگی‌ست[5]   لیک منصب نیست آن، اِشکستگی‌ست ۵۲۲

حرصِ «حلق و فرج» هم از اوصاف بد و ناشی از تیرگیِ درون است؛ امّا همانند حرصِ «جاه و مقام» نیست، یک نوع خواری و پستی است.

بیخ و شاخِ این ریاست را اگر   باز گوییم، دفتری باید دگر ۵۲۳

اگر بخواهم اساس و بنیانِ «جاه‌طلبی» را بگوییم، کتابی دیگر خواهد شد.

اسبِ سرکش را عرب شیطانْش خواند[6]   نی ستوری را که در مَرعیٰ[7] بمانْد ۵۲۴

عرب به اسب سرکش «شیطان» می‌گوید، نه به چهارپایی که رام در چراگاه مانده است.

شیطنت گردن کشی بُد در لغت   مستحقِّ لعنت آمد این صفت ۵۲۵

شیطنت در لفظ به معنی طغیان و نافرمانی است و این صفت در خور لعنت است.

صد خورنده گُنجد اندر گِردِ خوان[8]   دو ریاستْ جو نگنجد در جهان ۵۲۶

گروه کثیری گِرد خوانی می‌نشینند و بهره می‌برند؛ امّا دو ریاست‌جو در جهان، نمی‌گنجند.

آن نخواهد کین بُوَد بر پُشتِ خاک   تا مَلِک بُکْشد پدر را زِ اشتراک ۵۲۷

آن یکی نمی‌خواهد این یکی روی زمین باشد، تا جایی که پسر پدرش را می‌کشد تا در سلطنت شریک نداشته باشد.

---

۱ - همانند فرعون که أَنَا رَبُّکُمُ ٱلأَعْلیٰ گفت.   ۲ - **زَلَّت** : زَلَّة: لغزش.   ۳ - **باه** : غریزه یا شهوت جنسی.
۴ - **حلق و فرج** : کنایه از خوردن و شهوت‌راندن.   ۵ - **بد رگی** : بدنهادی، باطن تیره و تار.
۶ - یا به هر موجود متمرّد و سرکش دیگری چه انسان چه حیوان.   ۷ - **مَرْعیٰ** : چراگاه.
۸ - **گِردِ خوان** : دور سفره.

آن شـــنیدستی کـه: اَلْـمُلْکُ عـقیم؟ قطعِ خویشی کرد مُلکتْ‌جو ز بـیم ۵۲۸

شنیده‌ای که «سلطنت عقیم است»؟ فرمانروا برای نگهداری قدرت، خویشان را می‌کشد.

که عقیم است و وَرا فـرزند نـیست همچو آتش با کَسَش پیوند نـیست ۵۲۹

«قدرت و حکومت»، عقیم است، فرزند ندارد، همانند آتش هیچ پیوندی را نمی‌شناسد و هر کس و هر چیزی را که در برابرش قد عَلَم کند، می‌سوزاند.

هـــر چـه یـابد او بسـوزد، بـر دَرَد چون نیابد هیچ، خود را مـی‌خورد ۵۳۰

همه چیز را می‌سوزاند و از بین می‌برد و اگر چیزی را نیابد، با اوهام خود را به هلاکت می‌رساند.

هـــیچ شـــو، وارَه تـو از دنـدانِ او[1] رحـــم کـــم جـو از دلِ سـندانِ او[2] ۵۳۱

اگر می‌خواهی از شرّ «جاه‌طلبی» و آفات آن بِرَهی، خود را نبین؛ زیرا این صفت رذیله به هیچ کس رحم نمی‌کند.

چونکه گشتی هیچ، از سندان مترس هر صباح از فقرِ مطلق[3] گـیر درس ۵۳۲

چونکه هیچ و فنا شدی، از «جاه و مقام» بیمناک نباش و هر روز صبح به یاد بیاور که فقیرِ مخلصی بیش نیستی و هر چه هست، فضل حق است.

هست اُلوهیّت[4] ردایِ[5] ذوالجـلال[6] هر که در پوشد، بر او گردد[7] وبال[8] ۵۳۳

«الوهیّت»، شایستهٔ خداوندِ صاحب جلال است. هر کس که خواهانِ تسبیح و تقدیس خلق باشد، به عذاب مبتلا خواهد شد.

تـــاج از آنِ اوست، آنِ مـــا کـــمر وای او کـــز حـــدِّ خـود دارد گـذر ۵۳۴

خداوندی از آن او و بندگی از آن ماست. وای بر کسی که از حدِّ خود فراتر رود.

---

۱ - **او** : این ضمیر اشاره به «جاه و مقام» دارد.

۲ - **دل سندان او** : دل سخت او، دلی که به هیچ کس ترحّم نمی‌کند و مانند سندان سخت است.

۳ - **فقر مطلق** : درویشی و بی‌نیازی از ماسِوی‌الله. ۴ - **الوهیّت** : اُلوهِیَّة: مقام خداوندی.

۵ - **ردا** : رِداء: جامهٔ رویین همانند عبا. ۶ - **ذوالجلال** : صاحب جلال. ۷ - **وَبال** : عذاب.

۸ - اشاره است به حدیث قدسی: الکبریاءُ رِدائی وَالْعِزَّةُ إزاری، فَمَن نازَعَنی واحداً مِنْهُما اُلْقیهِ فی النّار : عظمت لباس من و عزّت پوشش من است، هر کس در یکی از این دو به نزاع برخیزد، عذابش می‌کنم: احادیث، ص ۴۰۰.

فتنهٔ توست این پرِ طاووسی‌اَت   که اشتراکت[1] باید و قُدّوسی‌اَت[2] ۵۳۵

این «جاه و مقام» موجبِ آزمون توست؛ زیرا «قدرت و جاه» سبب خودبینی و موجب ادّعای اشتراک و قدّوسی می‌شود.

قصّهٔ آن حکیم که دید طاووسی را که پرِ زیبایِ خود را می‌کَند به منقار و می‌انداخت، و تنِ خود راکَل و زشت می‌کرد، از تعجّب پرسید که: دریغت نمی آید؟ گفت: می آید، امّا پیشِ من جان از پر عزیزتر است، و این پر عدویِ جان من است [3]

حکیمی طاووسی را دید که پرهای زیبای خویش را بر می‌کَند و خود را زشت و ناهنجار می‌کرد، زبان به ملامت گشود و در وصف پرهای طاووس دادِ سخن داد.

طاووس در پاسخ گفت: این پرها دشمن جان من است و در هر لحظه صدها بلا پی این بال‌ها بر سرم می‌بارد.

سرّ سخن در تقریر این معناست که: هنر، زیرکی، مال دنیا و هر چیزی که وسیله‌ای برای «أنانیتِ» آدمی باشد، همان پرِ طاووس است که عدوِ جان اوست.

پرِّ خود می‌کَند طاووسی به دشت   یک حکیمی رفته بود آن‌جا به گشت ۵۳۶

حکیمی که برای گشت به صحرا رفته بود، طاووسی را دید که پرهای خود را می‌کَند.

---

۱ - **اِشتِراک**: شراکت، شریک بودن.

۲ - **قدّوسیّ**: بسیار پاک، اینجا یعنی آنکه شخص خود را منزّه از خطا و مُحق بداند.

۳ - مأخذ آن احتمالاً ابیاتی از سعد الدّین شرف الحکما کافی البخاری است که در لباب الالباب، ج ۲، ص ۳۸۰ آمده و «پر و بال» طاووس را «زرّ» دانسته است که آدمی را به هلاکت می‌افکند: احادیث، ص ۴۳۸.

طاووس را بدیدم می‌کند پرّ خویش   گفتم: مَکَن که پرّ تو بازیب و بافر است
بگریست زار زار و مرا گفت: ای حکیم   آگه نه‌ای که دشمن جان من این پر است
ای خواجه پرّ و بال تو می‌دان که زرّ توست   زیرا که شخصِ پاک تو طاووسِ دیگر است

اصل حکایت ظاهراً صورت بسط و توسعه یافتهٔ این قولِ مَثَل‌گونه می‌تواند باشد که می‌گوید: پر طاووس وبال طاووس است: بحر در کوزه، ص ۱۹۲.

گفت: طاووسا! چـنین پـرِّ سَـنی[1] بی دریغ از بیخ چون بـر مـی‌کَنی؟ ۵۳۷

حکیم گفت: ای طاووس، چرا این پرهای زیبا را بی‌محابا می‌کَنی؟

خود دلت چون می‌دهد تا این حُلَل[2] بـر کَـنی، انـدازی‌اَش انـدر وَحَـل[3]؟ ۵۳۸

چگونه دلت راضی می‌شود که این پـرهای زیبا را کـه زیـور تـوست، مـیان گِـل و لای بیندازی؟

هـر پَـرَت را از عـزیزی و پسـند حافظان[4] در طَیِّ مُصْحَف مـی‌نهند ۵۳۹

هر پرِ تو چنان عزیز است که قرآن‌خوانان آن را میان صفحات قرآن می‌گذارند.

بـهرِ تـحریکِ هـوایِ سودمند[5] از پـرِ تـو بـادْبیزن مـی‌کُنند ۵۴۰

از پرِ تو بادبزن می‌سازند و خود را باد می‌زنند.

این چه ناشکری و چه بی‌باکی است؟ تو نمی‌دانی کـه نقّاشش کی است؟ ۵۴۱

مگر نمی‌دانی که این پرها را خداوند نقش کرده است؟ با چه جرأتی ناسپاسی و گستاخی می‌کنی؟

یـا هـمی دانـی و نـازی مـی‌کنی قـاصدا[6] قـلع[7] طِـرازی[8] مـی‌کنی؟ ۵۴۲

یا شاید می‌دانی و ناز می‌کنی و عمداً این پرهای پُر نقش و زیبا را می‌کَنی؟

ای بسـا نـازا کـه گـردد آن گـناه افکَـنَد مـر بـنده را از چشـمِ شـاه[9] ۵۴۳

چه بسا نازهایی که گناه محسوب می‌شود و بنده را از نظر حق می‌اندازد.

نـازکـردن خـوشتر آیـد از شکَـر لیک کم خایَش[10]، که دارد صد خطر ۵۴۴

نازکردن از شکر شیرین‌تر است؛ امّا ناز نکن که خطرات فراوانی دارد.

---

۱ - **سَنِیّ**: رفیع، اینجا عالی و ارزشمند. ۲ - **حُلَل**: جمع حُلَّة به معنی پارچهٔ ابریشمی، زینت و زیور.

۳ - **وَحَل**: گِل و لای. ۴ - **حافظان**: مراد صِرفاً حافظان قرآن نیست، قرآن خوانان.

۵ - مصراع اوّل؛ برای به حرکت در آوردن هوای سالم و خوب. ۶ - **قاصدا**: از روی قصد، عمداً.

۷ - **قَلْع**: کَندن. ۸ - **طِراز**: زینت و نقش و نگار، مراد پرهای رنگین است.

۹ - ابیات بعدی در ارتباط است با چگونگی رابطهٔ مخلوق با خالق و تأکید بر این نکته که این ارتباط باید همواره نیازمندانه و عاجزانه باشد.

۱۰ - **خایَش**: از مصدر خاییدن به معنی جویدن، اینجا «کم خایش» یعنی آن را مزه مزه نکن، خواهان آن نباش.

آمِــنْ آبــاد است آن راهِ نــیاز[۱] ترکِ نازِش[۲] گیر، و بـا آن رَه بســاز ۵۴۵

راهِ «نیاز» راه امنی است. «ناز» را رها کن و با «نیاز» بساز؛ یعنی عجز و نیازمندی‌ات را باور کن.

ای بســا نــازآوری[۳] زد پَــرّ و بــال[۴] آخِرَ ٱلأَمْر، آن بر آن کس شد وَبـال ۵۴۶

گاه به بنده مجالِ نازکردن داده می‌شود؛ امّا اگر متوجّه نشود و به ناز و تفاخر ادامه دهد، به عذاب دچار می‌شود.

خــوشیِ نــاز اَر دمــی بِـفْرازَدَت[۵] بیم و ترس مُـضْمَرش[۶] بُگْـدازَدَت ۵۴۷

اگر خشنودیِ ناشی از «ناز» لحظه‌ای شادت کند، بیمِ نهانیِ آن تو را می‌سوزاند و آب می‌کند.

وین نیاز، ارچه کـه لاغـر مـی‌کند[۷] صـدر را چـون بـدرِ اَنْـوَر مـی‌کند ۵۴۸

هرچند که «نیاز» سبب انکسار و لاغر شدنِ نَفْس است؛ امّا باطن را نورانی می‌سازد.

چون ز مُرده زنـده بـیرون مـی‌کَشَد هر که مُرده[۸] گشت، او دارد رَشَـد[۹] ۵۴۹

خداوند خالق است و به کلّیهٔ موجوداتی که قابلیّتِ هستی دارند، حیات می‌بخشد؛ پس هر کس که در برابر او مُرده شد؛ یعنی اراده و اختیار خود را تسلیم کرد، راه راست را یافته است و حیاتِ حقیقی می‌یابد.

چون ز زنـده مُـرده بـیرون مـی‌کند نَفْسِ زنده سـویِ مـرگی مـی‌تَنَد[۱۰] ۵۵۰

چون از زنده مُرده بیرون می‌آوَرَد و برعکس، نَفْسِ زنده «نفسِ فاقدِ حیاتِ روحانی و معنوی»، به سوی «فنا» یا مرگ می‌رود تا پس از «فنای فی الله» به زندگیِ حقیقی «بقای بالله» برسد.

مُرده شو تا مُخْرِجُ ٱلحَیِّ ٱلصَّـمَد[۱۱] زنــده‌یی زیــن مُـرده بـیرون آوَرَد ۵۵۱

بمیر، یعنی «ارادهٔ خود را در ارادهٔ حق مستهلک کن» تا خداوند از «نَفْسِ امّاره‌ات»، «نفسِ مطمئنّه» بیافریند.

---

۱ - **نیاز :** عجز و نیازمندی بنده به پروردگار. ۲ - **نازِش :** نازکردن. ۳ - **نازآوری :** نازکردن.
۴ - **پرّ و بال :** شرایط نازکردن مهیّا شد، به نازکردن میدان داده شد. ۵ - **بِفرازَدَت :** سرافراز و خشنودت کند.
۶ - **مُضْمَر :** از مصدرِ اضمار به معنی نهان و پوشیده شده.
۷ - مراد آنکه «نیاز» سبب افتادگی، تواضع و کوچکیِ نفس و در واقع موجب متعالی شدن آن می‌گردد.
۸ - **مُرده :** کسی که می‌داند هستی‌اش حقیقی نیست و فناپذیر است. ۹ - **رَشَد :** در راه راست بودن.
۱۰ - **می‌تَنَد :** اینجا می‌رود.
۱۱ - اشارتی قرآنی؛ انعام: ۹۵/۶: ...یُخْرِجُ ٱلْحَیَّ مِنَ ٱلْمَیِّتِ وَ مُخْرِجُ ٱلْمَیِّتِ مِنَ ٱلْحَیِّ...: زنده را از مُرده و مُرده را از زنده پدید آرد.

دفتر پنجم ۹۷

دِی شوی[1]، بینی تو اِخـراجِ بـهار[2]   لیــل گـردی، بـینی ایـلاجِ[3] نـهار[4] ۵۵۲

اگر زمستان بشوی، بعد از آن بهار را می‌بینی با تمام روییدنی‌هایش، و اگر باور کنی که در تاریکی جهل فرورفته‌ای، به روشنیِ حقایق خواهی رسید.

بر مَکَن آن پَـر[5] کـه نَـپْذیرد رُفـو[6]   روی مخراش از عزا[7] ای خوبْ‌رو ! ۵۵۳

قابلیّت و استعدادِ رسیدن به کمال را زایل نکن؛ زیرا این توانایی‌ها بازگشت‌پذیر نیست. ای زیبارو، جمال جان را با پیروی از هوا و هوس خدشه‌دار نکن.

آنچنان رویی که چون شمسِ ضُحاست[8]   آنــچنان رخ را خــراشـیدن خــطاست ۵۵۴

جمالِ جانِ انسان، خورشیدی تابناک است که تنزّل دادن آن خطایی جبران‌ناپذیر است.

زخمِ ناخن[9] بر چنان رخ کافری‌ست   کــه رخِ مَـهْ در فـراقِ او گـریست[10] ۵۵۵

خدشه‌دار کردن جمالی که ماه و تمامِ مظاهرِ زیبایِ دنیوی مشتاق آن‌اند، کفر است.

یـا نـمی‌بینی تـو رویِ خـویش را   تــرک کـن خـویِ لجـاجْ‌انـدیش را ۵۵۶

مگر تو جمالِ جان خود را نمی‌بینی و از شأنی که انسان می‌تواند داشته باشد، بی خبری؟ این خوی ستیزه‌گر را رها کن.

---

۱ - **دی شوی :** زمستان شوی، یعنی نفس اَمّاره‌ات فعالیّت نکند و حس کنی که هیچ چیزی نداری.
۲ - **اخراج بهار :** خروجِ بهار، ظهور بهار، اینجا طراوت باطنی و معنوی است.
۳ - **ایلاج :** پدید آوردنِ چیزی از چیز دیگر. ۴ - **ایلاج نهار :** طلوع کردن روز، اینجا نور حقایق.
۵ - **پر :** اینجا بال و پر روحانی و معنوی و یا همان قابلیّتَ و استعداد رسیدن به کمال است.
۶ - **رُفو :** دوختن پارگی لباس و یا هر چیز.
۷ - **عزا :** اینجا کنایه از امور دنیوی و هرچیزی است که آدمی را از خدا منفک می‌کند.
۸ - **شمسِ ضُحا :** خورشید درخشان.
۹ - **زخم ناخن :** خراشیدن، خدشه‌دارکردن جان یا روحی که قابلیّت ارتقا دارد و می‌تواند به کمال برسد.
۱۰ - افلاک و کائنات مشتاق جان یا روح انسان کامل‌اند و در سیطرهٔ آن.

در بیانِ آنکه صفا و سادگیِ نَفْسِ مطمئنّه[1] از فکرت‌ها مشوّش شود، چنان که بر رویِ آینه چیزی نویسی یا نقش کنی، اگرچه پاک کنی، داغی بمانَد و نقصانی

این قطعه در بیانِ این معناست که نَفْسِ انسان مستعدِّ تجلّیِ جمیعِ حقایقِ وجودی است و چیزی که مانع تجلّی آن در لوح نفس قدسی آدمی می‌گردد، توجّه به امور دنیوی، کدورت‌های طبع و ماسِوَی‌الله است؛ زیرا این نفس «روح انسان کامل واصل» از عالم ملکوت و سطوت است و همواره به حقیقتِ وجودِ خود توجّه دارد و هر چیز دیگری او را آزرده و مشوّش می‌کند.

همچنین تقابلی هم هست بین «اهلِ مکاشفه» و «اهلِ نظر» و شرحِ این نکته که: «اهلِ مکاشفه» عمر خود را در پی علم حاصلِ از تصفیه می‌گذرانند تا اینکه مرتبهٔ خود را در مراتب هستی بیابند؛ امّا «اهلِ نظر» چنان مشغولِ تقلید از مقدّمات و در پی صغری و کبریٰ چیدن‌اند که از بذر مکاشفه و مشاهده به دور می‌افتند.[2]

رویِ نفس مُطمئنّه در جَسَد زخمِ ناخن‌هایِ فکرت می‌کَشَد ۵۵۷

اندیشهٔ دنیوی، همانند ناخن چهرهٔ نفس مطمئنّه را در تن آدمی می‌خراشد.

فکرتِ بد ناخنِ پُر زهر دان می‌خراشد در تَعمُّق[3] رویِ جان ۵۵۸

اندیشهٔ بد، همانندِ ناخنِ پر زهر رخسار جان را مجروح می‌کند.

تا گشاید عُقدهٔ اِشکال[4] را در حَدَث[5] کرده‌ست زرّین بیل را ۵۵۹

می‌خواهد گره‌ای را بگشاید؛ امّا مانند آن است که بیل زرّینی را در نجاست فرو برده است.

عقده را بگشاده گیر ای مُنتهی[6] عقده‌یی سخت است بر کیسهٔ تهی ۵۶۰

ای به کمال رسیده، فرض کن که این گره را هم گشودی، گره محکمی است بر کیسهٔ تهی.

در گشادِ عقده‌ها گشتی تو پیر عُقدهٔ چندی دگر بگشاده گیر ۵۶۱

تمام عمرت در گره‌گشایی گذشت، فرض کن که چند مشکل دیگر را هم حل کردی.

---

۱ - **نَفْس مطمئنّه** : فجر: ۲۷/۸۹: یا أَیَّتُهَا ٱلنَّفْسُ ٱلْمُطْمَئِنَّةُ : ای نَفْسِ قُدسیِ مطمئن و دل آرام.

۲ -

آن مقلّد هست چون مرد علیل گرچه دارد بحث باریک و دلیل
آن تعمّق در دلیل و در شکیل از بصیرت می‌کند او را گسیل

«مثنوی»

۳ - **در تعمّق** : در ضمن اندیشیدن و بررسی کردن موضوع، خردورزیِ عقلِ جزوی.

۴ - نظر به بحث‌ها و تفکّراتِ عالمانِ غیر عارف است. ۵ - **حَدَث** : مدفوع.

۶ - **مُنْتَهی** : به انتها رسیده، کمال یافته.

دفتر پنجم ۹۹

عقده‌یی کآن بر گلوی ماست سخت   که: بدانی که خسی یا نیکبخت[۱]؟ ۵۶۲

سخت‌ترین گرهٔ نَفَس‌گیر بر گلوی انسان این است که بداند عاقبت صالح است یا طالح.

حلِّ این اِشکال کن، گر آدمی[۲]   خرجِ این کُن دم، اگر آدمْ‌دمی[۳] ۵۶۳

اگر جویای حقایق هستی، باید ابتدا خود را بشناسی؛ زیرا کسی که تحت ارشاد استاد کامل است، قابلیّت و استعداد خود را صرف این معرفت می‌کند.

حدِّ[۴] اَعیان[۵] و عَرَض[۶] دانسته گیر   حدِّ خود را دان، که نَبْوَد زین گُزیر[۷] ۵۶۴

تعریف جوهر و عَرَض را دانستی. حدّ خود را بدان که از این معرفت گزیری نیست.

چون بدانی حدِّ خود، زین حد گریز   تا به بی‌حَدْ در رسی، ای خاکْ‌بیز[۸]! ۵۶۵

ای اهلِ نظر «اهل بحث و قال»، هنگامی که حدِّ خود را شناختی، از این وجودِ محدود بگریز تا «هستیِ بی حدّ» را درک کنی.

عُمر در مَحْمول و در موضوع[۹] رفت   بی بصیرت عمر در مسموع[۱۰] رفت ۵۶۶

عمر را در بحث پیرامون «محمول» و «موضوع» گذراندی و بی آنکه بینش و بصیرتی بیابی با «بحث و قال» زندگی‌ات سپری شد.

هر دلیلی بی‌نتیجه و بی‌اثر   باطل آمد، در نتیجهٔ خود نگر ۵۶۷

هر «دلیل» که نتیجه‌ای نداشته باشد، بی حاصل و باطل است. اینک به حاصلِ عمری که با «بحث و قال» گذشت، بنگر و ببین که همچنان در پسِ حجاب مانده‌ای.

---

۱ - **خسی یا نیکبخت**: شقی یا سعید، طالح یا صالح، بدبخت یا خوشبخت.

۲ - **گر آدمی**: اگر آدم هستی؛ یعنی اگر نفس امّاره بر تو چیره نیست و عقل معاد تو را به کمال فرا می‌خوانَد.

۳ - **آدمْ‌دم**: کسی که تحت ارشاد مرشد روحانی است و از دم او بهره‌مند شده.

۴ - **حدّ**: تعریف جامع، اصطلاحی در منطق.

۵ - **أَعْیان**: جمع عَیْن، مراد «جوهر» یا جوهرِ هستیِ هر چیز است.

۶ - **عَرَض**: هرچیزی که قائم به ذات خود نیست، آثار و عوارض جوهرها.

۷ - اشاره است به: مَنْ عَرَفَ نَفْسَهُ فَقَدْ عَرَفَ رَبَّهُ: احادیث، ص ۴۷۱.

۸ - **خاک بیز**: کسی که خاک را غربال می‌کند، اینجا کسی که با موضوعات بی‌قدر اوقات می‌گذراند، اینجا کنایه از اهل نظر، اصحاب قیل و قال، در تقابل با اهل دل که صاحب مکاشفه‌اند.

۹ - **محمول و موضوع**: «موضوع»: چیزی است که دربارهٔ آن بحث می‌کنند و سخن می‌گویند، «محمول»: مطلبی است که دربارهٔ موضوع گفته می‌شود، اصطلاحات منطق است.

۱۰ - **مَسْمُوع**: شنیده شده‌ها، مراد علم رسمی و کسبی است، همان «قیل و قال».

جز به مصنوعی ندیدی صانعی   بر قیاسِ اقْترانی[1] قانعی ۵۶۸

خالق را فقط از طریق مخلوق شناختی و به «قیاسِ اقترانی» بسنده کردی، در حالی که معرفت و شناخت خالق از راه «استدلال» یا «قیاس» ممکن نیست، نور باطنی می‌خواهد.

می‌فزاید در وسایط فلسفی[2]   از دلایل، باز بر عکسش صفی ۵۶۹

«اهلِ قال» برای شناخت پروردگار به «واسطه و دلیل» تمسّک می‌جوید و همواره دلایل را می‌افزاید؛ امّا «اهلِ حال» به واسطه و دلیل کاری ندارد.

این گریزد از دلیل و از حجاب[3]   از پیِ مدلول[4]، سَر بُرده به جیب[5] ۵۷۰

«اهلِ حال» از «دلیل و واسطه» می‌گریزد؛ زیرا آن را حجابِ راه حق می‌داند. برای درک حقایق سر را به گریبان می‌برد و به مراقبه و ذکر می‌پردازد، تا آینهٔ درون را صیقل دهد.

گر دُخان[6] او را دلیلِ آتش است   بی دُخان ما را در آن آتش خوش است ۵۷۱

اگر برای «اهلِ قال» وجودِ «واسطه و دلیل» نشانِ آتش است، ما بدون دود یا «واسطه و دلیل» در میانِ آتش خوش هستیم.

خاصه این آتش که از قُربِ وَلا[7]   از دُخان نزدیکتر آمد به ما ۵۷۲

مخصوصاً این آتشِ محبّت و عشق که از تقرّب به حق در دل ما افروخته شده است، موجب می‌شود که ما به دل خود که حق در آن متجلّی است، نزدیک‌تر باشیم تا به این دلایل.

پس سیه‌کاری[8] بُوَد رفتن ز جان   بهرِ تخییلات[9] جانْ سویِ دُخان ۵۷۳

پس اگر کسی قادر به درکِ «جان» یا «هستیِ حقیقی» باشد و باز هم به «واسطه و دلیل» متمسّک شود، مرتکب کاری زشت شده است.

---

۱ - **قیاسِ اقترانی :** روشی است در استدلال که نتیجه در مقدّمهٔ سخن گفته نشده است؛ امّا از اقتران مفاهیم حاصل می‌شود.

۲ - **فلسفی :** در کلام مولانا هر کسی است که غیر از راه دل یا راه کشف باطنی از راهی دیگر جویای حقایق باشد، «متفکّر و متکلّم» که در تقابل با «صفی»، یعنی «اهل دل»، «اهل معرفت» یا «اهل کشف» قرار می‌گیرد.

۳ - «حجاب» را به صورت اماله و حجیب بخوانید، ضرورتی است در حفظ قافیه.

۴ - **مَدْلُول :** مقصود، خداوند.   ۵ - **جَیْب :** گریبان.   ۶ - **دُخان :** دود، اینجا کنایه از دلیل و واسطه.

۷ - **وَلا :** وِلاء: دوستی، محبّت.   ۸ - **سیه کاری :** ظلم، کار زشت و بد، گمراهی.

۹ - **تخییلات :** جمع تخییل، خیال کردن، اینجا کنایه از تعقّلِ عقل جزوی است که جویای «ادلّه و براهین» است.

در بیانِ قولِ رسول، علیه السَّلام: لا رَهْبانِيَّةَ فِي ٱلإِسْلامِ[1]

نتیجه‌ای که از ابیات پایانی قطعهٔ پیشین گرفته شد، آن بود که اگر کسی بتواند «هستیِ حقیقی» را درک کند، متمسّک شدنِ به «ادلّه» که در واقع مراحل اوّلیّهٔ رسیدنِ به حقیقت‌اند، برای وی کاری زشت محسوب است. اینک همان معنا به شکلی دیگر و با استناد به یک حدیث نبوی مطرح می‌شود و نتیجه‌ای را که مولانا از آن اخذ می‌کند این است که در نظامِ آفرینش، دنیا با تمامِ جلوه‌ها و انسان با نَفْسی که در اوست آفریده شده‌اند و هدفِ خالقِ هستی آن است که آدمی در این دنیا زندگی کند، جلوه‌های آن را ببیند و علی‌رغم تمامِ جاذبه‌های مادّی، در عرصهٔ درون خود به جهاد با هواهای نفسانی بپردازد تا به کمال برسد؛ پس انقطاع کامل از دنیا و خلق نیز خلاف اهداف آفرینش و کاری ناپسند است.

بر مَکَن پَر[2] را، و دل بر کَن از او — زانکه شرطِ این جهاد، آمد عدو ۵۷۴

ای طاووس، پر خود را نَکَن؛ امّا به آن دل نبند؛ زیرا شرط جهاد با نَفْس این است که هواهای نفسانی باشند و انسان بتواند بر آن‌ها غلبه کند.

چون عدو نَبْوَد، جهاد آمد مُحال — شهوتت نَبْوَد، نباشد اِمتثال[3] ۵۷۵

بدونِ دشمن جهاد ممکن نیست و بدونِ شهوت، جهاد با نفس مفهومی ندارد.

صبر، نَبْوَد چون نباشد میلِ تو — خصم چون نَبْوَد، چه حاجت خیلِ[4] تو؟ ۵۷۶

چون تمایل به چیزی نباشد، «صبر» مفهومی ندارد؛ زیرا دشمنی نیست که بر آن غلبه کنی.

هین! مکُن خود را خَصِیّ[5]، رُهبان[6] مشو — زانکه عفّت، هست شهوت را گرو ۵۷۷

آگاه باش، خود را اخته نکن و راهب نشو؛ زیرا باید شهوت باشد تا با غلبه بر آن «عفّت» مفهوم پیدا کند.

---

۱ - **لا رَهبانیّة فی الاسلام :** در اسلام ترک دنیا نیست. قسمتی از یک حدیث نبوی است که در برخی از منابع این عبارت نیز بر آن افزوده است: رَهْبانِيَّةُ اُمَّتی ٱلْجِهادُ : پارسایی مسلمانان جهاد است: احادیث مثنوی، ص ۱۸۹، رَهْبانیت یا رُهْبانیّت: عزلت گزیدن به نیّت تهذیب و عبادت.

۲ - **پر :** مراد پر طاووس است که کنایه‌ای است از هرچیزی که سببِ «خودبینی» شود، از قبیل: مال و جاه، هنر، زیرکی و....

۳ - **اِمْتِثال :** فرمانبری، اینجا اطاعت از فرمان حق «اوامر و نواهی»، که با وجود هواهای نفسانی امکان‌پذیر است و باید بر آن غلبه کرد.

۴ - **خیل :** سپاه، لشکر، اینجا قوای روحی و عقلی، در بعضی نسخه‌ها «حَیْل» به معنی نیرو و قوّت آمده است.

۵ - **خِصِیّ :** اخته شده، مقطوع‌النّسل، اشاره به راهبان مسیحی است که از آمیزش می‌پرهیزند. در متن کهن: خَصِیّ آمده است.

۶ - **رُهْبان :** راهب، تارکِ دنیا.

بی هـوا، نَـهْی از هـوا مـمکن نـبود غـازیی بـر مُـردگان نـتوان نـمود ۵۷۸

اگر هوایِ نفس نبود، جهاد با آن معنا نداشت؛ زیرا جنگ با مردگان غیر ممکن است.

اَنْفِقُوا[1] گفته‌ست، پس کسبی بکـن زانکه نَبْوَد خـرج بـی دخـلِ کَـهُن[2] ۵۷۹

اینکه خداوند در موارد گوناگونی در قرآن فـرموده است: انـفاق کـنید؛ یـعنی کـاری و درآمدی داشته باش و از آن انفاق کن.

گـرچـه آورد اَنْـفِقُوا را مـطلق او تو بخوان کـه: اِکْسِـبُوا ثُـمَّ اَنْـفِقُوا[3] ۵۸۰

هرچند «انفاق کنید» را مطلق و بدون شرط آورده است؛ امّا شما آن را چنین بدانید: درآمد داشته باشید و از آن انفاق کنید.

همچنان چون شاه فرمود: اِصْبِرُوا[4] رغـبتی بـایدکـز آن تـابی تـو رُو ۵۸۱

همچنین چون خداوند به «صبر» و شکیبا بودن امر فرموده است؛ پس باید خواسته‌ای باشد تا تو از آن روی بگردانی و صبر پیشه کنی که حُکمِ الهی مفهوم و معنی پیدا کند.

پس کُلوا[5] از بهرِ دامِ شـهوت است بعد از آن لا تُسْرِفُوا آن عفّت است ۵۸۲

پس فرمانِ «بخورید» برای شهوتی است که نسبت به خـوردن در آدمـی هست و سـپس حُکمِ «زیاده‌روی نکنید» که در پی آن آمده، همان «عفّتِ» ناشی از جهاد با نَفْس است.

چـونکه مَـحْمُولٌ بِـهِ[6] نَـبْوَد لَـدَیْه[7] نیست مـمکن بـودِ مَـحْمُولٌ عَـلَیْه[8] ۵۸۳

اگر «موضوع» وجود نداشته باشد، صدور حکم در مورد «محمول» غیر ممکن است.

چونکه رنـجِ صـبر نَـبْوَد مـر تـو را شرط[9] نَبْوَد، پس فرو نـایَد جـزا[10] ۵۸۴

شرطِ لازم برای وجود اجر و پاداش، تحمّل رنج ناشی از «صبر» است، اگر آن را تحمّل نکنی، شرط را به جای نیاورده‌ای و پاداشی نداری.

---

۱ - **أَنْفِقُوا**: انفاق کنید، از جمله آیات ۱۹۵ و ۲۶۷ سورهٔ بقره، آیهٔ ۷ سورهٔ حدید و... .

۲ - **دخل کَهُن**: ثروت قدیمی یا کافی، اینجا به معنی درآمد کافی.

۳ - در آیهٔ ۲۶۷ سورهٔ بقره: ...أَنْفِقُوا مِنْ طَیِّباتِ ما کَسَبْتُمْ...: «این دستور همواره و به‌طور مطلق بیان شده است.»

۴ - اشارتی قرآنی؛ آل‌عمران: ۲۰۰/۳. ۵ - اشارتی قرآنی؛ اعراف: ۳۱/۷.

۶ - **مَحْمُولٌ بِهِ**: توضیحی که دربارهٔ «موضوع» می‌دهیم. ۷ - **لَدَیْه**: نزد او.

۸ - **مَحْمُولٌ عَلَیْه**: موضوع: ر.ک: ۵۶۶/۵. ۹ - **شرط**: وضعیّتی که برای رخ دادن یک رویداد لازم است.

۱۰ - **جزا**: جملهٔ بعد از شرط و در پاسخ آن.

حَبَّذا[1] آن شرط و شادا آن جزا　　آن جزایِ دلنوازِ جان‌فزا[2] ۵۸۵

خوشا به آن «شرط» و خوشا به آن «جزا» که پاداشی دلنواز و جانبخش است.

در بیانِ آنکه ثوابِ عملِ عاشق از حق، هم حقّ است

عاشقان را شادمانی و غم اوست　　دستمُزد و اُجرتِ خدمتْ هم اوست ۵۸۶

مایهٔ شادی و غمِ عاشقانِ حق خداوند است. دستمزد و پاداشِ خدمت آنان هم اوست.

غیرِ معشوق ار تماشایی بُوَد　　عشق نَبْوَد، هرزه سودایی[3] بُوَد ۵۸۷

اگر به غیر از حق در دل عاشق چیز دیگری جلوه‌ای داشته باشد، عشقِ او عشق نیست، خیال باطلی است.

عشق آن شعله‌ست، کو چون بر فروخت　　هر چه جز معشوقِ باقی[4]، جمله سوخت ۵۸۸

عشق شعله‌ای است که اگر افروخته شود، همه چیز جز معشوق را محو می‌کند.

تیغ لا[5] در قتلِ غیرِ حق[6] براند　　درنگر زآن پس که بعدِ لا چه ماند[7]؟ ۵۸۹

عاشق با شعله‌ای که در درونش افروخته شده است، چنان در حق محو و فانی می‌شود که برای او هیچ چیزِ «غیرِ حق» باقی نمی‌ماند؛ بنابراین توجّه کن که بعد از فنای ماسِوَی الله چه می‌ماند؟

ماند اِلاَّ الله، باقی جمله رفت　　شاد باش ای عشقِ شرکتْ‌سوز[8] زَفت[9] ۵۹۰

فقط «إلاّ الله» باقی می‌ماند و همه چیز محو می‌گردد. شاد باش ای عشقِ توانمندِ زداینده‌ٔ شرک.

---

۱ - **حَبَّذا**: خوشا.　۲ - «شرط» و «اجر» لازم و ملزوم‌اند.　۳ - **هرزه سودا**: خیال باطل.

۴ - **معشوق باقی**: می‌توان «باقی» را صفت دانست و «معشوقِ باقی» قرائت کرد و می‌توان قید دانست که «باقی جمله سوخت» می‌شود و هر دو درست است.　۵ - **تیغ لا**: شمشیرِ لا، یعنی فانی شدن در حق، فنای فی الله.

۶ - **قتل غیر حق**: فنایِ غیر حق، فنا و محوِ ماسِوَی الله.　۷ - مراد جملهٔ **لا إله إلاّ الله** است.

۸ - **شرکت‌سوز**: نابود کنندهٔ شرک و دوبینی.　۹ - **زفت**: عظیم، بزرگ، نیرومند.

خود همو بود آخرین و اوّلین[۱] شرکْ جز از دیدهٔ اَحول[۲] مبین ۵۹۱

«اوّلین» و «آخرین» همه اوست؛ یعنی هستیِ حقیقیِ دیگری جز «حق» نیست و هر کس که جز این بیندیشد، «دوبین» است.

ای عجب! حُسنی بُوَد جز عکسِ آن؟ نیست تن را جنبشی از غیرِ جان ۵۹۲

ای عجب! آیا مگر حُسنی و جلوه‌ای جز پرتو جمال او هست؟ تمام کاینات و مخلوقات بسان کالبدی‌اند که هستیِ حقیقی در مراتب گوناگون در آن سَرَیان دارد و موجب این خلقت صوری و جنبش‌های آن است؛ پس تمام زیبایی‌ها پرتوِ زیبایی اوست.

آن تنی را که بُوَد در جان خَلل خوش نگردد گر بگیری در عَسَل ۵۹۳

تنی که جانش ناقص باشد، اگر در عسل هم غرق کنی، خوشایند نمی‌شود.

این کسی داند که روزی[۳] زنده بود از کفِ این جانِ جانْ جامی ربود ۵۹۴

این نکته را کسی متوجّه می‌شود که در روز اَلَست، یعنی قبل از اینکه حیات ظاهری بیابد، از هستیِ حقیقی بهره برده است.

وانکه چشم او ندیده‌ست آن رُخان[۴] پیشِ او، جان است این تَفِّ دُخان[۵] ۵۹۵

امّا چشمی که در آن روز حقیقتِ هستی را درک نکرده است، همین هستی‌های دنیوی و جلوه‌هایِ آن را حقیقت می‌پندارد.

چون ندید او عُمَرِ عَبْدُالعزیز[۶] پیشِ او، عادل بُوَد حَجّاج[۷] نیز ۵۹۶

کسی که خلیفهٔ عادل را ندیده و «عدل و داد» را نشناخته باشد، ممکن است هر حاکم ستمگری مانند حجّاج را نیز عادل بداند.

---

۱ - اشارتی قرآنی؛ حدید: ۳/۵۷: هُوَ ٱلأَوَّلُ وَ ٱلآخِرُ وَ ٱلظَّاهِرُ وَ ٱلْبَاطِنُ.

۲ - **دیدهٔ أَحْوَل**: چشم دوبین، اینجا کسی است که هستیِ مادّی و صوری را که قائم به ذات و فناپذیر است، هستیِ حقیقی می‌پندارد. ۳ - اشاره به روز اَلَست. ۴ - **آن رُخان**: تجلّی جمال حق.

۵ - **تفِّ دخان**: گرمی دود، کنایه از جلوه‌های دنیوی، هستی‌های ناپایدار.

۶ - **عُمرِ بن عبدالعزیز**: خلیفهٔ اموی، تولّد ۶۳ هجری، لغو لعن حضرت علی(ع) و بازگشت فدک به خاندان رسول(ص) به دستور وی بود.

۷ - **حَجّاج**: حجّاج بن یوسف، حاکم ستمگری که به ظالم بودن شهره بود، معاصر با عمر بن عبدالعزیز.

۵۹۷ **چون ندید او مارِ موسی را ثبات[۱] در حِبالِ[۲] سِحْر پندارد حیات[۳]**

کسی که حقّانیّت اژدهای موسیٰ(ع) را ندیده و باور نداشته باشد، ریسمانِ جادوگران را حقیقی می‌پندارد.

۵۹۸ **مرغ کو ناخورده است آبِ زلال اندر آبِ شور دارد پَرّ و بال[۴]**

پرنده‌ای که آب شیرین را نخورده و آن را نمی‌شناسد، با آب شور هم شاد است.

۵۹۹ **جز به ضد، ضد را همی نتوان شناخت چون ببیند زخم[۵]، بشناسد نواخت[۶]**

هیچ چیز را جز از طریق ضدّش نمی‌توان شناخت، همان‌گونه که انسان دردمند می‌تواند لطفی را که التیام و نوازش دارد، بشناسد.

۶۰۰ **لاجرم دنیا مقدّم آمده‌ست تا بدانی قدرِ اقلیمِ اَلَست**

بنابراین، ناگزیر این جهان مقدّم آمده است تا قدر آن جهان را بدانی.

۶۰۱ **چون از اینجا وارَهی آنجا روی در شکرخانهٔ اَبَد[۷] شاکر شوی**

هنگامی که از این عالم رها شوی، به آن عالم می‌روی و در آنجا به شکرگزاری می‌پردازی.

۶۰۲ **گویی: آنجا خاک را می‌بیختم[۸] زین جهانِ پاک[۹] می‌بگریختم**

در آن جهان خواهی گفت: در دنیا به چه کارهای بی‌ارزشی می‌پرداختم و هیچ توجّهی به این جهان پاک نداشتم.

۶۰۳ **ای دریغا پیش از این بودیم اَجَل تا عذابم کم بُدی اندر وَجَل[۱۰]**

کاش مرگ من زودتر فرا رسیده بود تا در آن دنیای مادّی کمتر عذاب می‌کشیدم.

---

۱ - **ثبات**: قدرت و استقامت، اینجا حقیقی بودن و حقّانیّت. ۲ - **حِبال**: جمع حَبْل به معنی ریسمان.
۳ - **حیات**: زنده بودن، اینجا حقیقی بودن. ۴ - **پر و بال داشتن**: پر و بال زدن، حیات داشتن و شادی کردن.
۵ - **زخم**: صدمه و آسیب. ۶ - **نواخت**: نوازش، التیام.
۷ - **شکر خانهٔ ابد**: شکرستان جاوید، عالم غیب، جهان باقی.
۸ - **خاک را بیختن**: الک کردن خاک، کنایه از کار دشوار و بی‌قدر. ۹ - **جهانِ پاک**: عالمِ غیب.
۱۰ - **وَجَل**: ترس و اضطراب.

در تفسیرِ قولِ رسول علیه السَّلام:[۱] ما ماتَ مَنْ ماتَ اِلاّ وَ تَمَنّیٰ اَنْ یَمُوتَ قَبْلَ ما ماتَ، اِنْ کانَ بَرّاً لِیَکُونَ اِلیٰ وُصُولِ اَلبِرِّ اَعْجَلَ، وَ اِنْ کانَ فاجِراً لِیَقِلَّ فُجُورُهُ[۲]

در قطعهٔ پیشین آمدکه هر چیزی را جز از طریق ضدّش نمی‌توان شناخت، اینک در این قطعه و با استناد به قول رسول(ص) و تفسیر آن، سرّ سخن در این است که این عالم «عالم غفلت» است و آن جهان «عالم رؤیت»؛ امّا چون خداوند راه رسیدنِ به «عالم معنا» را در همین «عالم مادّه» و از طَریق این حیات دنیوی قرار داده است؛ پس چاره‌ای جز آن نیست که آدمی از زندگی این جهانی بهترین بهره را برای حیات آن جهانی ببرد.

۶۰۴ زین بفرموده‌ست آن آگه رسول / که هر آنکه مُرد و کرد از تن نُزول

آن رسول آگاه(ص) به همین مناسبت فرموده است: هر کس که مُرد و تن را رها کرد،

۶۰۵ نَبْوَد او را حسرتِ نُقلان[۳] و موت / لیک باشد حسرتِ تقصیر و فوت

برای این انتقال و موت حسرتی ندارد؛ امّا برای کوتاهی‌هایی که کرده و فرصت‌هایی که از دست داده حسرت می‌خورد.

۶۰۶ هر که میرد، خود تمنّیٰ باشدش / که بُدی زین پیش نقلِ مقصدش

هر کس که بمیرد، آرزو می‌کند که ای کاش زودتر به سرای باقی شتافته بود.

۶۰۷ گر بُوَد بد، تا بدی کمتر بُدی / ور تَقی[۴]، تا خانه زوتر آمدی

زیرا اگر آدم بدی بود، با بدی‌های کمتری می‌رفت و اگر پرهیزکار بود، زودتر به خانهٔ ابدی‌اش می‌رسید.

۶۰۸ گوید آن بد: بی خبر می‌بوده‌ام / دم به دم من پرده[۵] می‌افزوده‌ام

آدم بدکار می‌گوید: من آگاه نبودم و لحظه به لحظه بر حجاب‌ها می‌افزودم.

۶۰۹ گر از این زوتر مرا مَعبر[۶] بُدی / این حجاب و پرده‌ام کمتر بُدی

اگر زودتر از دنیا عبور می‌کردم، حجاب‌ها و پرده‌های کمتری داشتم.

---

۱ - ترجمهٔ عبارت: هر کس که می‌میرد؛ پس از مرگ آروز می‌کند که ای کاش زودتر مرده بود، اگر نیکوکار باشد برای آنکه زودتر به سوی نیکی بشتابد و اگر تبهکار باشد، برای آنکه سیاهکاری‌هایش را بکاهد.

۲ - مأخذ آن روایاتی است که در منابع مختلف و به الفاظ متفاوت آمده است؛ امّا مضمون واحدی دارد: احادیث مثنوی، ص ۱۵۴. ۳ - **نقلان**: انتقال یافتن، جابه‌جا شدن. ۴ - **تَقِیّ**: پرهیزگار.

۵ - **پرده**: چیزی که مانع درک حقیقت باشد.

۶ - **معبر**: محلّ عبور، گذرگاه، «مرا معبر بُدی» یعنی زودتر عبور می‌کردم یا اگر زودتر اجازهٔ عبور از دنیا به آخرت را می‌دادند.

از حریصی کـم دِران[1] رویِ قَـنوع[2]   وز تکبّر کـم دِران چـهرهٔ خُشـوع[3] 610

با حرص زدن طبع بلندی را که می‌توانی داشته باشی، خدشه‌دار و زایل نکن و یا با تکبّر ورزیدن به افتادگی و تواضعی که لازمهٔ انسانیّت است، صدمه نزن.

همچنین از بُخل کم دِر رُویِ جـود   وز بـلیسی چـهرهٔ خـوب سُـجود 611

همچنین با تنگ نظری مانع ظهور «سخا و جُود» در وجودت نشو و اجازه نده که ویژگی‌های پستی، همانند طغیان و گردنکشی جایگزین لطف و زیباییِ بندگی بشود.

بـر مَکَـن آن پَـرِّ[۴] خُـلدْ آرای را   بـر مَکَـن آن پـرّ رَهْ‌پـیمای را ۶۱۲

آن پرهای زینت‌بخش بهشت و آن پر و بالی را که می‌توان به کمک آن راه حق را پیمود، نکَن.

چون شنید این پند، در وی بنگریست   بعد از آن در نوحه آمـد، می‌گریست ۶۱۳

چون طاووس پند حکیم را شنید، ابتدا به وی نگاهی کرد و سپس با صدای بلند گریست.

نـوحه و گـریهٔ درازِ دردمـند   هر که آن‌جا بود، بر گـریه‌ش فکـند ۶۱۴

ناله و گریه‌اش چنان پرسوز و دردمندانه بود که حاضران را به گریه آورد.

وانکه می‌پرسید: پر کَندن ز چیست؟   بی جوابی شد پشیمان، می‌گریست ۶۱۵

کسی که پرسیده بود: چرا پرها را می‌کَنی؟ بی آنکه جوابی دریافت داشته باشد، از پشیمانی می‌گریست.

کز فضولی، من چـرا پـرسیدمش؟   او ز غـم پُـر بـود، شـورانـیدمش ۶۱۶

که چرا فضولی کردم و پرسیدم. دل غمگینش را آشفته‌تر کردم.

می‌چکید از چشمِ تر بـر خـاک، آب   اندر آن هر قطره، مُدْرَج[۵] صد جواب ۶۱۷

در هر قطره‌ای که از چشمِ پُر اشکِ طاووس می‌چکید، صدها جواب مندرج بود.

گـریهٔ بـا صـدق بـر جـان‌ها زنـد   تا که چرخ و عـرش را گـریان کـند ۶۱۸

گریهٔ صادقانه بر جان‌ها اثر می‌گذارد؛ حتّی آسمان و عرش را نیز می‌گریاند.

---

1 - **کم دِران** : نَدَران، چهرهٔ کسی یا چیزی را دریدن، یعنی آن را خدشه‌دار کردن و با استمرار آن می‌شود: زایل hjo 2 - **قَنُوع** : B é An «M, BB1 S 3 - **خُشوع**: AU é

۴ - بازگشتی است به قصّهٔ طاووس: ر.ک: ۵۳۶/۵.   ۵ - **مُدْرَج** : درج شده، در چیزی اضافه و ضمیمه شده.

عقل[1] و دل‌ها بی گُمانی عرشی‌اَند در حجاب از نورِ عرشی می‌زیند ۶۱۹

«عقل» و «دل» بدون تردید از عالم بالا هستند و اینجا در پسِ حجاب‌ها از نور حقیقت مهجورند.

در بیانِ آنکه: عقل و روح در آب و گِل محبوس‌اند، همچون هاروت و ماروت[2] در چاهِ بابِل

با توجّه به اینکه در بیت پیشین گفته شد که «عقل» و «دل» غیر مادّی و از عالم مجرّدات‌اند، اینک در این قطعهٔ تمثیلی، «عقل» و «روح» به دو فرشتهٔ افسانه‌ای مانند می‌شوند که به سبب غرورِ ناشی از زهد، خود را برتر از فرزندان آدم که گنهکار بودند، پنداشتند و پذیرفتند که برای امتحانِ الهی با ویژگی‌های نفسانی آدمی به زمین فرود آیند و در عمل و در زندگیِ دنیوی نتوانستند قِداست خود را حفظ کنند و به گناه آلوده شدند، در نتیجه سرنگون به چاه بابل در افتادند تا با عذابِ این جهانی از عذابِ آن جهانی در امان باشند.

با استفاده از این قصّه به تبیین این معنا می‌پردازد که: «عقل» و «روح» هم همانند هاروت و ماروت در این «چاه سهمناک» که دنیای مادّی و تن آدمی است، محبوس‌اند و مختارکه «سحر» بیاموزند یا ضدّ سحر.

همچو هاروت و چو ماروت، آن دو پاک بسته‌اند اینجا به چاهِ سهمناک[3] ۶۲۰

همانند هاروت و ماروت، «عقل» و «روح» در این دنیای مادّی محبوس‌اند.

عالمِ سِفلی و شهوانی دَر اند اندر این چَهْ[4] گشته‌اند از جُرمْ بند ۶۲۱

آن‌ها به این عالمِ دون و شهوانی افتاده‌اند و به سبب گناهی در این چاه به بند کشیده شده‌اند.

سِحر و ضدِّ سحر[5] را بی اختیار[6] زین دو آموزند نیکان و شِرار ۶۲۲

تمام انسان‌ها اعم از نیک یا بد، می‌توانند بنا بر مشیّت الهی از «روح» و «عقل» خود بیاموزند که مسحور دنیا بشوند یا نشوند.

---

۱ - **عقل**: اینجا «عقل حق‌جو» یا «عقل معاد». ۲ - **هاروت و ماروت**: ر.ک: ۵۳۹/۱.
۳ - **چاه سهمناک**: کنایه از دنیای مادّی و تن آدمی. ۴ - **چَه**: چاه، دنیا.
۵ - **سحر و ضدّ سحر**: اشارتی قرآنی؛ بقره: ۱۰۲/۲، که در آن گفته شده است که این دو فرشته می‌توانند به خلق جادو بیاموزند؛ امّا اگر خدا نخواهد، هرگز نمی‌توانند. اینجا مراد از «سحر و ضدّ سحر» این است که مفتون و مسحور دنیا و امور فانی بشوند یا نه.
۶ - **بی اختیار**: مراد تقدیر و مشیّت الهی است؛ یعنی تمامِ عوامل مؤثّری که می‌توانند در درک و تمایل و یا تصمیم‌گیری‌های آدمی مؤثّر باشد.

لیک اوّل پند بِدْهندش که: هین!   سِحر را از ما مَیاموز و مچین[1] ۶۲۳

امّا در آغاز، همان‌گونه که هاروت و ماروت به خلق پند می‌دادند که از ما سحر نیاموزید که کار ما فتنه و امتحان است، «روح» و «عقل» هم به آدمی همین پند را می‌دهند.

ما بیاموزیم این سِحر ای فُلان!   از بـرایِ ابـتلا و امـتحان ۶۲۴

آن‌ها می‌گفتند: ای فلانی، ما این جادو را می‌آموزیم؛ امّا آموختنِ آن ابتلا و امتحان است.

کِامتحان را شرط، باشد اختیار   اختیاری نَبْوَدت بی اِقتدار[2] ۶۲۵

زیرا داشتن اختیار، شرط امتحان است و اگر قدرتی نداشته باشی، اختیاری هم نداری.

میل‌ها، همچون سگانِ خفته‌اند   اندر ایشان خیر و شر بِنْهفته‌اند ۶۲۶

میل‌های گوناگون در نهادِ نَفْسِ آدمی خفته‌اند، آن‌ها امیال سرکوب شده‌ای هستند که در نَفْسی که تحت تربیت و ریاضت قرار می‌گیرد، مقهورِ عقل گشته‌اند و هر جا که فرصتی بیابند، عقل را تیره و تار و مغلوبِ نَفْس می‌کنند. امیال خفته، در این تمثیل به سگ‌های خفته مانند شده‌اند که خیر و شرّشان آشکار نیست.

چونکه قُدرت نیست، خُفتند این رَده[3]   همچو هیزم پاره‌ها، و تن زَده[4] ۶۲۷

این تمایلات فعلاً مغلوبِ عقل و در نهادِ نَفْس نهان و همانند هیزم‌پاره‌ها بی‌حرکت‌اند.

تا که مُرداری در آید در میان   نفخِ صورِ[5] حرص، کوبد بر سگان ۶۲۸

به محض اینکه بویِ مُرداری برسد، حرص همانند نفخِ صُور بر سگان خفته فرو می‌کوبد و آن‌ها را بر می‌انگیزد.

چون در آن کوچه خری مُردار شد[6]   صد سگِ خفته بدآن بیدار شد ۶۲۹

بوی خر مرده‌ای که در آن کوی است، صدها سگ خفته را بیدار می‌کند.

حرص‌هایِ رفته اندر کَتْمِ غیب[7]   تاختن آورد، سر بر زد زِ جیب[8] ۶۳۰

حرص‌هایی که در اعماق نهاد انسان مدّتی بی تحرّک مانده‌اند، با بویِ مُردار به تاخت و تاز می‌آیند و سر بر می‌زنند.

---

۱ - قرآن: بقره: ۱۰۲/۲.   ۲ - **اقتدار**: قدرت، اشاره به قدرت و توانایی آدمی برای برگزیدنِ خیر یا شرّ.

۳ - **رَده**: دسته، گروه.   ۴ - **تن زَده**: به خواب رفته، چیزی را به روی خود نیاورده.

۵ - **نفخ صور**: دمیدن در صور، صور اسرافیل که قبل از رستاخیز، مردگان را از گور بر می‌انگیزد.

۶ - **خرِی مُردار شد**: مراد آن است که اگر شرایط و امکانات بهره‌مندی از لذایذ و تمتّعات حاصل شود، امیال خفتهٔ آدمی به حرکت در می‌آیند و عقل را تحت سیطرهٔ خویش قرار می‌دهند.

۷ - **کَتْمِ غیب**: پردهٔ عالم غیب، اینجا مراد ضمیر و نهانِ آدمی است.   ۸ - **جَیْب**: گریبان.

۶۳۱ **مو به مویِ هر سگی[1] دندان شده وز برای حیله[2] دُمْ‌جُنبان شده**

هر یک از سگ‌ها، تمام وجودش به دندان مبدّل می‌شود و از سر نیرنگ دم می‌جنباند.

۶۳۲ **نیم زیرش حیله، بالا آن غَضَب چون ضعیف آتش، که یابد او حَطَب[3]**

نیم پایین بدن سگ مکر و حیله و نیم بالای آن خشم است، همانندِ آتشِ ضعیفی که به آن هیزم اضافه کنند.

۶۳۳ **شعله شعله می‌رسد از لامکان می‌رود دودِ لَهَب[4] تا آسمان**

شعله‌هایی از عالم غیب به این آتش کمک می‌رساند تا دود آن به آسمان بلند می‌شود.

۶۳۴ **صد چنین سگ اندر این تن خفته‌اند چون شکاری نیست‌شان، بنهفته‌اند**

در تن آدمی سگ‌ها با این ویژگی‌ها نهان‌اند، آن‌ها شکاری را نیافته‌اند که آرام و خفته به نظر می‌رسند.

۶۳۵ **یا چو بازان‌اَند[5] و دیده دوخته[6] در حجاب، از عشقِ صیدی سوخته**

یا می‌توان گفت که آن‌ها، همانند بازان شکاری هستند که چشمشان را پوشانده‌اند و در پس این حجاب در سودای صید می‌سوزند.

۶۳۶ **تا کُله بردارد و بیند شکار آنگهان سازد طوافِ کوهسار**

و هر لحظه در انتظارند تا سرپوش را بردارند و شکار را ببینند و آنگاه در کوهسار به چرخش و پرواز آیند.

۶۳۷ **شهوتِ رنجور[7] ساکن می‌بُوَد خاطرِ او سویِ صحّت می‌رود**

انسان بیمار ظاهراً تمایلی به پرخوری ندارد، برای آن که مشتاق سلامتی است.[8]

---

۱ - **هر سگی** : هر یک از امیالِ سرکوب شده.

۲ - **حیله** : مراد آنکه برای رسیدن به آن امیال سرکوب شده، وجود آدمی پر از اندیشه‌ها و تدبیرهایِ متفاوت می‌شود. ۳ - **حَطَب** : هیزم. ۴ - **لَهَب** : شعله.

۵ - **بازان** : امیال و آرزوها به باز شکاری مانند شده‌اند.

۶ - **دیده دوخته** : اشاره است به کلاهی که بر سر بازان شکاری می‌نهاده‌اند و با پیدا شدن شکار آن را بر می‌داشتند تا باز به سوی شکار پرواز کند.

۷ - **رنجور** : بیمار، اینجا کنایه از انسانِ ناقص، کسی که هنوز به کمال الهی نرسیده است.

۸ - مراد آنکه در انسان ناقص هنوز صفات پست هست و به صفات متعالی تبدیل نشده است.

۶۳۸ **چون ببینند نان و سیب و خربزه[1] در مصاف[2] آید مزه و خوفِ بِزه[3]**

هنگامی که بیمار نان و سیب و خربزه ببیند، اشتیاق چشیدن و نگرانی مُضر بودن آن‌ها در وجودش به تنازع بر می‌خیزند.

۶۳۹ **گر بُوَد صَبّار[4]، دیدنْ سودِ اوست آن تَهَیُّج[5] طبعِ سُسْتَش[6] را نکوست**

اگر او در برابر این «میلِ تهییج شده» صبور باشد، دیدن خوراکی‌های اشتهابرانگیز برای سلامت او مفید هم هست؛ زیرا طبیعت وی را به تحرّک وامی‌دارد.

۶۴۰ **ور نباشد صبر پس نادیده بِهْ تیرْ دورْ اَولیٰ، زِ مردِ بی زِرِه**

و اگر نتواند در برابر خواسته‌ها صبوری کند، طبعاً زیان می‌بینند و مانند مردی بی زره است که باید خود را از تیررس پیکان و تیر به دور دارد.

جواب گفتنِ طاووس آن سائل را

۶۴۱ **چون ز گریه فارغ آمد،[7] گفت: رو که تو رنگ و بوی را هستی گرو**

چون طاووس از گریه فارغ شد، به حکیم گفت: برو که تو اسیرِ ظواهر هستی.

۶۴۲ **آن نمی‌بینی که هر سو صد بلا[8] سویِ من آید پیِ این بال‌ها[9]؟**

آیا نمی‌بینی که برای همین بال و پر از هر طرف صدها بلا به سوی من می‌آید؟

۶۴۳ **ای بسا صیّادِ بی رحمت مُدام بهرِ این پرها نهد هر سُوم[10] دام**

چه بسا شکارچیان بی‌رحمی که همواره برای همین پرها همه جا دام می‌گسترند.

۶۴۴ **چند تیرانداز بهرِ بال‌ها تیر سویِ من کشد اندر هوا**

تیراندازان به سبب پر و بال به سوی من تیر می‌افکنند.

---

۱ - **نان و سیب و خربزه:** کنایه از بهره‌های دنیوی. ۲ - **مصاف:** محلّ صف بستن، میدان جنگ.
۳ - **بِزِه:** گناه، خطا. ۴ - **صَبّار:** صبرکننده. ۵ - **تَهَیُّج:** به هیجان آمدن.
۶ - **طبعِ سُست:** مزاج ضعیف، نَفْسِ ناکامل، نَفْسی که هنوز قوّتِ کامل بودن را نیافته.
۷ - بازگشت است به قصّهٔ طاووس و حکیم: ر.ک: ۵/۵۳۶.
۸ - **صد بلا:** امکان سقوط و هلاک با بلاهای گوناگون.
۹ - **بال‌ها:** پر و بال طاووس کنایه از جاه و مقام یا جاذبه‌های دنیوی است. ۱۰ - **هر سُوم:** هر سو برای من.

چون ندارم زور و ضبطِ خویشتن زین قضا و زین بلا و زین فِتَن[۱] ۶۴۵

چون توانایی و قدرتِ حفظ خود را از این قضا و بلا و فتنه‌ها ندارم،

آن بِهْ آید که شَوَم زشت و کَریه[۲] تا بُوَم[۳] آمِن[۴] در این کُهسار و تیه[۵] ۶۴۶

بهتر است که زشت و بدمنظره باشم تا در این کوهستان و صحرا در امان زندگی کنم.

این سلاحِ عُجبِ من شد ای فَتیٰ! عُجب آرد مُعجِبان را صد بلا ۶۴۷

ای جوان، این بال و پر موجبِ غرورِ من است. غرور صاحبانش را به بلاها گرفتار می‌کند.

بیانِ آنکه هنرها و زیرکی‌ها و مالِ دنیا همچون پرهایِ طاووس عَدُوّ جان است

پس هنر[۶]، آمد هلاکت خامْ[۷] را کز پیِ دانه[۸]، نبیند دام[۹] را ۶۴۸

پس برای آدمِ خام شهرت و جلوه‌گری زیانبار است؛ زیرا دانه را می‌بیند، دام را نه.

اختیار آن را نکو باشد که او مالکِ خود باشد اندر اِتَّقوا[۱۰] ۶۴۹

شأن و اعتبار اجتماعی و آزادیِ عمل، شایستهٔ کسی است که مالکِ نَفْس خویش باشد.

چون نباشد حفظ و تقویٰ، زینهار دور کن آلت، بینداز اختیار ۶۵۰

زنهار، اگر خویشتن‌دار نیستی، عوامل فریبنده را دور کن و این نوع آزادیِ عمل را رها ساز.

جلوه‌گاه و اختیارم آن پر است بر کَنَم پر را که در قصدِ سر است ۶۵۱

جلوه و اختیاری که دارم از همان پر است. آن را می‌کَنَم؛ زیرا قصد جانم را دارد.

نیست انگارد پرِ خود را صبور تا پَرَش در نَفْکَنَد در شرّ و شور[۱۱] ۶۵۲

انسان خویشتن‌دار، موقعیّت‌ها و جلوه‌گری‌ها را هیچ می‌شمارد تا دچار فتنه و بلا نشود.

---

۱ - **فِتَن** : فتنه‌ها، فریب‌ها. ۲ - **کَریه** : زشت، بدمنظره. ۳ - **بُوَم** : باشم. ۴ - **آمِن** : در امان.

۵ - **تِیْه** : صحرا.

۶ - اینجا مراد از «هنر» تمام قابلیّت‌ها و استعدادهای شکوفا شده‌ای است که «نَفْس» می‌تواند از آن برای سقوط و هلاکِ آدمی سود ببرد. ۷ - **خام** : انسان ناکامل. ۸ - **دانه** : مطامع دنیوی.

۹ - **دام** : کنایه از اسیر ظواهر شدن است. ۱۰ - **اِتّقوا** : پرهیزگار باشید، درکثیری از آیات قرآنی آمده است.

۱۱ - **شرّ و شور** : فتنه و بلا، اینجا کنایه از عُجب و خودبینی که موجب هلاکتِ جان آدمی و تنزّل اوست.

۶۵۳ **پس زبانش نیست پر، گو: بر مَکَن   گر رسد تیری، به پیش آرَد مِجَن[۱]**

پس برای او هر شأن، مقام و جلوه‌گری زیانبار نیست و دلیلی ندارد که از آن احتراز کند؛ زیرا اگر خطری را حس کند، از سپرِ خویشتن‌داری و پرهیز برخوردار است.

۶۵۴ **لیک بر من پرّ زیبا دشمنی‌ست   چونکه از جلوه‌گری صبریم نیست**

امّا پر زیبا برای من دشمن است؛ زیرا تمایلِ به خودنمایی و جلوه‌گری در من هست.

۶۵۵ **گر بُدی صبر و حفاظم راهبر   بر فزودی ز اختیارم کَرّ و فَر**

اگر بردبار و خویشتن‌دار بودم، آزادیِ عمل به شکوه و جلال من می‌افزود.

۶۵۶ **همچو طفلم، یا چو مست، اندر فِتَن[۲]   نیست لایق تیغ[۳] اندر دستِ من**

امّا من در برابر وسوسه‌ها، همانند کودک یا آدمِ مست، شایستگی داشتن آزادیِ عمل و اختیار را ندارم.

۶۵۷ **گر مرا عقلی بُدی و مُنْزَجَر[۴]   تیغ اندر دستِ من بودی ظفر**

اگر عقلی متعالی داشتم، با اختیار و آزادیِ عمل کمالِ افزون‌تری می‌یافتم.

۶۵۸ **عقل باید نوردهْ چون آفتاب   تا زند تیغی که نَبْوَد جز صواب**

اگر عقل زنگارزدایی شده و تابناک باشد از اختیار و آزادیِ عملی که دارد جز در راه راست و درکِ بهتر حقایق استفاده نمی‌کند.

۶۵۹ **چون ندارم عقلِ تابان و صَلاح[۵]   پس چرا در چاه نَندازم سِلاح[۶]؟**

چون من از عقل تابناک و صالح برخوردار نیستم، چرا عوامل هلاک را دور نیندازم؟

۶۶۰ **در چَهْ اندازم کنون تیغ و مِجَن   کین سلاحِ خصمِ من[۷] خواهد شدن**

هم اکنون شمشیر و سپر را در چاه می‌اندازم؛ زیرا نَفْس از این دو علیه من استفاده می‌کند.

۱ – **مِجَن** : سپر، کنایه از خویشتن‌داری و پرهیزگاری.   ۲ – **فِتَن** : فتنه‌ها، اینجا وسوسه‌های نفسانی.
۳ – **تیغ** : شمشیر، کنایه از اختیار و آزادیِ عمل.   ۴ – **مُنْزَجَر** : دارای انزجار.
۵ – **صَلاح** : مراد صالح بودن و پارسایی است.
۶ – **سلاح** : اسلحه، کنایه از «اختیار» است که می‌تواند پرهای خویش را نگه دارد یا دور افکَنَد.
۷ – **خصمِ من** : نَفْس من که از این سلاح در راه غلط و علیه خودم استفاده می‌کند.

چون ندارم زور و یاری و سَند[1] تیغم او بستانَد و بر من زند ۶۶۱

چون نمی‌توانم به عقل تکیه کنم و بر نَفْس مسلّط باشم، او این حربه‌ها را علیه من به کار می‌بَرَد.

رَغْمِ این نَفْسِ وقیحه‌خوی[2] را که نپوشد رو، خراشم روی را ۶۶۲

بر خلافِ تمایلِ این نَفْسِ بی‌شرم که همواره در حالِ خودنمایی است، من رویِ خود را زخمی خواهم کرد؛ یعنی جلوه، شأن و قدر دنیوی را از خود دور می‌کنم.

تا شود کم این جمال و این کمال چون نمانَد رُو، کم افتم در وَبال ۶۶۳

تا جمال و کمالم ناقص شود. چون جمالی نمانَد، به گرفتاری و سختی دچار نمی‌شوم.

چون بدین نیّت خراشم، بِزَّه[3] نیست که به زخم[4]، این روی را پوشیدنی‌ست ۶۶۴

چون نیّت من در خراب کردن جلوه‌های دنیوی‌ام، دوری از گناه است؛ پس جرم محسوب نمی‌شود؛ زیرا چاره‌ای جز آن ندارم.

گر دلم خویِ سَتیری[5] داشتی رویِ خوبم جز صفا نَفْراشتی ۶۶۵

اگر دلِ من تمایل به جلوه‌گری و خودنمایی نداشت، زیبایی‌های ظاهری‌ام سبب صفای درونم هم می‌شد.

چون ندیدم زور و فرهنگ[6] و صلاح خصم دیدم،[7] زود بشکستم سِلاح ۶۶۶

چون در خود قدرتِ تسلّط به نفس، تدبیر و شایستگی ندیدم، متوجّه شدم که این زیبایی‌ها دشمن من‌اند؛ پس بی‌درنگ به خراب کردن آن پرداختم.

تا نگردد تیغِ من او را کمال تا نگردد خنجرم بر من وبال ۶۶۷

تا اختیارِ من موجب نشود که نَفْس قوّت بگیرد و مرا به عذاب گرفتار کند.

می‌گریزم تا رگم جُنبان بُوَد کِی فرار از خویشتن آسان بُوَد ؟ ۶۶۸

تا جان در بدن دارم می‌گریزم، فرار از خویشتن آسان نیست.

---

۱ - **سَنَد** : تکیه‌گاه، «عقل» که می‌توان به آن تکیه کرد؛ یعنی عقلِ تابناکی هم ندارم.

۲ - **وقیحه خوی** : بی‌شرم. ۳ - **بِزّه** : بزه: جُرم و گناه.

۴ - **زخم** : اینجا خراشیدن یا خراب کردنِ هر چیزی که موجب جلوه‌گری و تفاخر دنیوی می‌تواند باشد.

۵ - **ستیری** : مستوری، پوشیدگی. ۶ - **فرهنگ** : حیله و تدبیر.

۷ - **خصم دیدم** : زیبایی و جمالم را خصمِ خود دیدم.

۶۶۹ **آنکـــه از غـــیری بُـــوَد او را فـــرار   چـــون از او بُــبْرید، گــیرد او قــرار**

کسی که از دیگری می‌گریزد، با دور شدن از او، آرام می‌یابد.

۶۷۰ **من که خصمم[۱] هم منم، اندر گـریز   تـــا ابــد کــارِ مــن آمــد خــیزخــیز[۲]**

من که از خودم می‌گریزم، تا ابد افتان و خیزان هستم.

۶۷۱ **نه به هند است آمِن و نه در خُـتَن[۳]   آنکه خصمِ اوست سایهٔ خویشتن[۴]**

کسی که دشمنش نَفْس اوست، هیچ جا در امان نیست.

در صفتِ آن بی خودان[۵] که از شرِّ خود[۶] و هنرِ خود[۷] آمن شده‌اند که فانی‌اند در بقایِ حق، هـمچون سـتارگان کـه فانی‌اند روز در آفتاب، و فانی را خوفِ آفت و خطر نباشد

نتیجهٔ اخذ شده از قطعهٔ پیشین آن بود که تا دشمن در درون آدمی است هیچ جا در امان نیست. اینک در استمرار همان معنا به این نکتهٔ مهم اشاره می‌شود که انسان برای رسیدن به امنیّت و سعادت چاره‌ای جز آن ندارد که «هستیِ فناپذیر» خویش را در «هستیِ حقیقی» حق، محو و مستهلک کند، همان‌گونه که مردان حق، فانیِ فی الله و باقیِ بالله شدند و آنان را خوف و حُزنی نیست.

۶۷۲ **چـون فـناش از فـقر پـیرایـه شـود   او مـحمّدوار بـی سـایه شـود[۸]**

آدمی در مقامِ فنا، با «فقر» زینت می‌یابد و همانندِ محمّد(ص) هستیِ فناپذیرش به هستیِ حقیقی مبدّل می‌شود.

---

۱ – از نفسِ خود و وسوسه‌های آن می‌گریزم، از ذهنیّات خود. ۲ – **خیز خیز** : افتان و خیزان.

۳ – نه در هند و نه در خُتَن امنیّت ندارد؛ یعنی هیچ جا.

۴ – **سایهٔ خویشتن** : کنایه از نَفْس؛ زیرا نَفْس تا کمال نیابد، از هستیِ حقیقی برخوردار نیست و مثل سایه است.

۵ – **بی خود** : کسی که هستی فناپذیرش را در هستیِ حقیقی مستهلک کرده و در واقع تسلیم حق شده و ارادهٔ حق ارادهٔ او گشته است. ۶ – **خود** : خودبینی.

۷ – **هنر خود** : جلوه‌های دنیوی، جاه و مقام، تمام توانایی‌ها و قدرت‌ها و علوم و فنون مختلف.

۸ – مصراع دوم؛ در روایات آمده است که سایهٔ پیامبر(ص) بر زمین نمی‌افتاد؛ زیرا سایه از ظلمت است: ر.ک. شرح و نثر مثنوی، گولپینارلی، ج ۵، ص ۱۰۷ به نقل از سفینة‌البحار، ج ۲، ص ۱۰۵: مراد آنکه رسول خدا(ص) نور مطلق بود و از جهتِ خاصّی نمی‌تابید تا سایه داشته باشد.

فَـقْرُ فَـخْرِي[1] را فـنا پـیرایـه شـد چون زبانهٔ شـمع[2] او بـی‌سایه شـد ۶۷۳

هر کس که با «فقر و فنا» زینت یابد، همانندِ مردِ خدا نورِ محض می‌شود.

شـمع، جـمله شـد زبـانه پـا و سـر سـایه را نَـبْوَد بـه گِـردِ او گـذر ۶۷۴

سراپای مرد حق نور است و ظلمت در آن راهی ندارد.

موم[3] از خویش[4] و ز سایه درگریخت در شعاع[5]، از بهرِ او، که شمع ریخت ۶۷۵

نَفْسی که جویای کمال است از خودبینی و ظلمت می‌گریزد و به پرتو نوری که روحِ عالی عِلوی به او می‌افشانَد، پناه می‌بَرَد.

گـفت او: بـهر فـنایت ریـختم گـفت: مـن هـم در فـنا بگـریختم ۶۷۶

نور به او می‌گوید: تو را برای فانی شدن خلق کرده‌ام. نَفْس پاسخ می‌دهد: من هم به فنا پناه بردم.

ایـن شـعاعِ بـاقی آمـد، مُـفْتَرَض[6] نـه شـعاعِ شـمعِ فـانیِّ عَـرَض[7] ۶۷۷

مقصودِ ما از این تمثیل، نورِ جاویدانِ حقیقت است نه پرتوِ شمعِ فانیِ ظاهری.

شمع چـون در نـار شـد کـلّی فـنا نـه اثـر بینی ز شـمع و نـه ضـیا ۶۷۸

هنگامی که نَفْسِ سالکِ متعالی به کلّی در نور حقیقت فانی شود، در وجودش اثری از وجوه نَفْسانی و یا حتّی روحانی نمی‌بینی؛ زیرا او به حق اتّصال یافته و استقلال فردی‌اش را از دست داده است.

هست انـدر دفـعِ ظـلمت آشکـار آتشِ صـورت بـه مـومی پـایدار ۶۷۹

شمع که تاریکیِ ظاهری را با شعلهٔ ظاهری از بین می‌برد، وجودِ روشنایی و پایداری‌اش وابسته به وجودِ موم «جسم، مادّه» است.

بـر خـلافِ مـومِ شـمعِ جسـم، کآن تا شود کم، گردد افزون نـورِ جـان ۶۸۰

امّا شمعِ جسمِ انسان برخلافِ موم، هرچه کمتر باشد، نورِ جانش بیشتر می‌شود.

---

۱ – اشاره به حدیث: اَلْفَقْرُ فَخْرِي وَ بِهِ أَفْتَخِرُ : فقر مایهٔ مباهات من است و به آن افتخار می‌کنم: ر.ک: ۲۳۵۲/۱.

۲ – **شمع** : مرد خدا. ۳ – **موم** : کنایه از نَفْسِ کسی که جویای کمال است. ۴ – **خویش** : خودبینی.

۵ – **شعاع** : شعلهٔ شمع، زبانهٔ شمع، کنایه از روحِ عالیِ عِلْوی است. [قرآن: حِجْر: ۲۹/۱۵: ...وَ نَفَخْتُ فِيهِ مِنْ رُوحي...] ۶ – **مُفْتَرَض** : واجب و فرض شده. ۷ – **عَرَض** : هرچیزی که قائم به ذات خویش نیست.

ایـن شـعاع بـاقی و آن فـانی است   شمعِ جـان را شـعلهٔ ربّـانی است[1] ۶۸۱

نور جانِ آدمی به هستیِ حقیقی اتّصال دارد و باقی است؛ امّا نورِ شمعِ مادّی فناپذیر است.

این زبـانهٔ آتشی[2] چـون نـور بـود   سـایهٔ فـانی شـدن زو دور بـود ۶۸۲

چون نورِ جان شعله‌ای الهی است، فناناپذیر است.

ابـــر را ســـایه بـیفتد در زمـین   مـاه[3] را، سـایه[4] نـباشد هـمنشین ۶۸۳

سایهٔ ابر بر زمین می‌افتد؛ امّا سایه نمی‌تواند همنشین ماه باشد.

بی‌خودی بی‌ابری است ای نیکخواه!   باشی اندر بی‌خودی چون قرصِ ماه ۶۸۴

ای نیکخواه، در «بی خودی» حیاتِ دنیوی نمی‌تواند همانند ابر نورِ روح را بپوشاند.

بـاز چـون ابـری بـیاید رانـده[5]   رفت نـور، از مـه خـیالی[6] مـانده ۶۸۵

اگر در طیِّ سلوک، حیاتِ نَفْسانی همانند ابری در برابـر نـورِ روح قـرار گـیرد، از درک حقیقتِ هر چیز جز صورتِ ذهنی‌اش باقی نمی‌ماند؛ یعنی تحقّق آن در وجود سالک زوال می‌یابد.

از حجابِ ابر نورش شد ضـعیف   کم ز مـاه نـو شـد آن بـدرِ شـریف ۶۸۶

حقیقتی که در وجود سالک در حال تحقّق یافتن بود، با غلبهٔ جـنبهٔ نَـفْسانی بـه حـدّی ضعیف می‌شود که آن ماهِ شریفِ شبِ چهارده، کم‌نورتر از هلال می‌گردد.

مَهْ، خـیالی مـی‌نماید ز ابـر و گَـرد   ابرِ تـن[7] مـا را خـیالْ‌انـدیش کـرد ۶۸۷

«تمایلاتِ دنیوی» نمی‌گذارند از ادراکِ حقایق چیزی جز «خیال»، یعنی صورت ذهنی‌اش بر جای بماند. «حیاتِ مادّی» ما را خیال‌اندیش می‌کند، آن‌چنان که باور می‌کنیم که هستی فـقط همین هستیِ مادّی است.

لطفِ مَهْ بنگر، که این هم لطفِ اوست   که بگـفت او: اَبـرها مـا را عـدوست ۶۸۸

این همه لطف و تابناکیِ روح از لطف و نورانیّت حق است که فرمود: علایق و تمایلاتِ دنیوی، چیزی جز وسوسهٔ شیطان که دشمن آشکارِ انسان است، نیست.

---

۱ - **شعلهٔ ربّانی :** نور حق.   ۲ - **زبانهٔ آتش :** نور جان، نور حق.   ۳ - **ماه :** کنایه از حق و نور ذات.

۴ - **سایه :** حیات دنیوی و مادّی یا وجه نفسانی.

۵ - **ابری بیاید رانده :** اگر ابری رانده شود و در مقابل ماه قرارگیرد؛ یعنی اگر تمایلات دنیوی یـا وسوسه‌های نفسانی قوّت گیرد و همانند ابری نور روح را بپوشانَد.

۶ - **خیال :** اینجا به معنی چیزی که حقیقی نیست، صورتِ ذهنیِ یک چیز.

۷ - **ابرِ تن :** حیات دنیوی و مادّی.

مَـهْ فـراغت دارد از ابـر و غـبار بـر فـرازِ چـرخ دارد مَـهْ مـدار ۶۸۹

امورِ دنیوی نمی‌توانند صدمه‌ای به «روح» وارد کنند؛ زیرا روح از عالمِ مجرّدات است و در عالی‌ترین درجات.

ابر ما را شـد عَـدُو و خـصمِ جـان کـه کند مَـهْ را ز چشـمِ مـا نـهان ۶۹۰

نگرشِ مادّیِ ما به جهانِ هستی؛ دشمنِ جانِ ماست؛ زیرا مانع دیدن حقایق می‌شود.

حُـور را ایـن پـرده[1] زالی می‌کند[2] بـــدر را کـم از هِـلالی مـی‌کند ۶۹۱

حیات مادّی و غافلانه سبب می‌شود که نتوانیم زیبایی و لطافتِ حقیقیِ روح را درک کنیم و در چشم ما درخشش ماهِ کاملِ حقایق کم‌نورتر از هلال می‌گردد.

مـاهْ مـا را در کـنارِ عِـز نشـاند دشمن ما را عدوی خویش خوانـد ۶۹۲

روح عالی عِلوی که در انسان دمیده شده، به او عزّت داده و وجه نفسانی و مادّیِ ما را که مانعِ درکِ حقیقت است، دشمنِ خویش خوانده است.

تابِ ابر و آبِ او، خود زیـن مَـه است هر که مه خواند ابر را، بس گُمره است[3] ۶۹۳

اگر حیاتِ مادّی ما هم آب و تاب و لطفی دارد، در پرتو وجود روح است. هر کس آن را حیات حقیقی بداند، گمراه است.

نورِ مه بر ابر چون مُنْزَل[4] شده است رویِ تاریکش ز مه مُبْدَل شده است ۶۹۴

«نورِ روح» بر «تن» تابیده و به آن جلوه‌ای داده است.

گرچه همرنگِ مَهْ است و دولتی‌ست انـدر ابـر آن نـورِ مَـهْ عـاریّتی‌ست ۶۹۵

هرچند که جسم در پرتوِ روح دولت و اقبالی یافته و از رنگ و بویِ حیات برخوردار شده؛ امّا این نور در تن ناپایدار است.

در قیامت شمس و مَهْ[5] معزول شد چشم[6] در اصلِ ضیا[7] مشغول شد ۶۹۶

در روزِ رستاخیز، نورهایِ مادّی خاموش می‌شوند و چشم‌ها به نورِ ذات و نور هستیِ حقیقیِ خداوند دوخته می‌گردد.

---

۱ - **این پرده :** حجابِ تن و حیات مادّی.

۲ - مصراع اوّل؛ زن زیبا را پیرزنی فرتوت نشان می‌دهد، واژگون دیدن حقایق.

۳ - هر کس حیات مادّی را حیات حقیقی بداند، بسیارگمراه است. ۴ - **مُنْزَل :** نازل شده، فرود آمده.

۵ - **شمس و مه :** خورشید و ماه، اشارتی قرآنی؛ القِیٰمَة: ۷۵/۹-۸ ۶ - **چشم :** چشمِ باطن.

۷ - **اصلِ ضیاء :** نور ذات پروردگار.

تـــا بـــدانـد مُـلک[1] را از مسـتعار[2]   ویـــن ربـاطِ فـانی[3] از دارُ آلقَـرار[4] ۶۹۷

تا آدمی تفاوتِ میان «هستیِ حقیقی» و «هستیِ موهومی» و یا «عالمِ مادّه» و «عالمِ غیب» را درک کند.

دایـــه عـاریّه بُـوَد روزی سه چـار   مـــادرا ! مـا را تـو گـیر انـدر کـنار ۶۹۸

عالمِ مادّه و سرشتِ طبیعی‌مان در مدّتِ کوتاهِ «عمرِ بشری» پرورش ما را بر عهده داشتند، اینک آمَده‌ایم که در آغوش اصلِ خویش باشیم.

پرِّ من ابر است[5] و پرده است و کثیف[6]   ز انعکاسِ لطفِ حق شد او لطیف ۶۹۹

پرهایم، تجلّیِ حیاتِ نَفْسانی و مادّی من‌اند که مانند پرده‌ای متراکم نمی‌گذارند حقایق را درک کنم و اگر زیبا هستند، به لطف حق است؛ امّا به هر حال حجاب مادّی‌اند.

بـر کَـنَم پَـر را و حُـسنش را ز راه   تـا بـبینم حُـسنِ مَـهْ را هـم ز مـاه ۷۰۰

این پر و زیبایی‌اش را از راه خود بر می‌دارم تا زیباییِ حقایق را بدون واسطه دریابم.

من نخواهم دایه، مادر خوشتر است   موسی‌ام من، دایـهٔ مـن مـادر است ۷۰۱

من دایه نمی‌خواهم. مادر دلنشین‌تر است. من همانند موسیٰ(ع) هستم که دایه‌ام مادر است.

من نخواهـم لطـفِ مَـهْ از واسـطه[7]   کـه هـلاکِ قـوم شـد ایـن رابـطه ۷۰۲

نمی‌خواهم زیبایی حقایق را از طریقِ واسطه درک کنم؛ زیرا واسطه‌ها موجب هلاکت‌اند.

یـا مگـر ابـری شـود فـانیِّ راه   تـا نگـردد او حـجابِ رویِ مـاه ۷۰۳

مگر اینکه «حیاتِ مادّی و نفسانی» در حق فنا شود و حجابِ نورِ روح نباشد. آنگاه حیاتِ دنیوی هم تحت سیطرهٔ روح و در خدمت آن است.

صورتش بـنماید او در وصـفِ لا[8]   هـــمچو جســـمِ انـبیا و اولیـا ۷۰۴

در چنین شرایطی «حیاتِ مادّی» و «صورت» وجود دارد؛ امّا در حق فانی است، همانند جسم انبیا و اولیا.

---

۱ - **مُلک** : سرزمین، کشور، اینجا هستیِ حقیقی.

۲ - **مستعار** : عاریه، اینجا هستیِ ناپایدار و غیر حقیقیِ مادّی، هستیِ موهومی.

۳ - **رباط فانی** : کنایه از دنیا که کاروانسرا و محلِّ گذر است. ۴ - **دار القرار** : عالم باقی.

۵ - بازگشت به قصّهٔ طاووس و حکیم. ۶ - **کَثِیْف** : ستبر، متراکم، انبوه.

۷ - **واسطه و رابطه** : حیات مادّی و دیدن زیبایی‌های صنع. ۸ - **وصف لا** : فانی در حق.

آنچنان ابری نباشد پرده‌بند　　پرده دَر باشد، به معنی سودمند[1] ۷۰۵

این گونه حیاتِ مادّی حجابِ روح و نور آن نیست، زایل کنندهٔ حجاب‌ها و سودمند است.

آنچنان کاندَر صباحِ روشنی　　قطره می‌بارید، و بالا اَبْر نی[2] ۷۰۶

همان‌طور که سحرگاهی روشن با آنکه ابری در آسمان نبود، باران می‌بارید.

معجزهٔ پیغمبری بود آن سَقا[3]　　**گشته ابر از مَحْو هم رنگِ سما** ۷۰۷

آن باران و ابر از معجزه‌های نبوّت بود که در اثر تجلّی ارادهٔ پیامبر(ص)، وجودِ مادّی ابر چنان محو شده بود که جز آسمان چیزی دیده نمی‌شد.

بود ابر، و رفته از وی خویِ ابر　　این چنین گردد تنِ عاشق به صبر ۷۰۸

ابر بود؛ اما خصوصیّتِ ابر را نداشت. تنِ عاشق در اثر صبر همین حالت را می‌یابد.

تن[4] **بُوَد، امّا تنی**[5] **گم گشته زو　　گشته مُبْدَل، رفته از وی رنگ و بو** ۷۰۹

بدن هست؛ امّا علی‌رغم مادّی بودن، صفات عنصری آن تبدیل یافته است.

پر[6] **پیِ غیر است، و سر از بهرِ من　　خانهٔ سمع و بَصَر، اُستونِ تن** ۷۱۰

جلوه و زیبایی پرِ من موجب لذّت دیگران است؛ پس به آن‌ها تعلّق دارد؛ امّا سرِ من که محلِّ قوایِ ذهنی و عقلی و ستونِ نگه‌دارندهٔ حیاتِ جسمانی من است، به خودم تعلّق دارد و باید آن را حفظ کنم و از آن برای تعالی و کمالِ حیات روحانی‌ام بهره ببرم.

جان فدا کردن برای صیدِ غیر[7]　　**کفرِ مطلق دان و نومیدی ز خیر** ۷۱۱

اینکه برای «جلبِ توجّه» اهلِ دنیا جانم را فدا کنم، چیزی جز ناامیدی از خیر مطلق نیست.

---

۱ - خلق از طریق وجود پربرکت انبیا و اولیا تجلّی نور حق را درک می‌کنند و ارشاد می‌شوند.

۲ - اشاره است به یکی از معجزات پیامبر(ص) که به قدرت او از آسمان بی ابر باران رحمت باریدن گرفت: ر.ک. شرح جامع مثنوی، کریم زمانی، ج ۵، ص ۲۱۴، به نقل از بحارالانوار.

۳ - **سَقا** : مَشکِ آب، اینجا مراد ابر و بارانی است که از آن بارید.　　۴ - **تن** : قالب عنصری و مادّی.

۵ - **تنی** : صفات و خواص مادّیِ آن.

۶ - بازگشت به قصّهٔ طاووس و حکیم، در اینجا طاووس می‌گوید: حیات مادّی من شامل پر و سر است؛ یعنی «زیبایی و جلوهٔ ظاهری» و «قوای عقلی و ذهنی»، می‌توانم از پر بگذرم و سر را حفظ کنم تا جانم به کمال برسد. پر و سر در تقابل با هم آمده است و معنای ظاهر و باطن را ندارد. با حفظ سر، حیات ادامه می‌یابد و باطن می‌تواند کمال یابد.　　۷ - **صیدِ غیر** : شکارِ اهل دنیا و جلب توجّه آنان، «غیر» یعنی غیرِ اهلِ معنا.

هین! مشو چون قند پیشِ طوطیان[۱] بلکه زهری شو، شـو آمـن از زیـان ۷۱۲

آگاه باش که برای «اهلِ ظاهر» شیرین و خوشایند نباشی؛ بلکه تلخ شو تا از شرّشان امان یابی.

یـا بـرای شـادباشی[۲] در خـطاب خویش چون مُردارکُن پیشِ کِلاب[۳] ۷۱۳

یا اینکه سعی نکن برای شنیدن تحسینِ این و آن، خود را خوار و پست کنی.

پس خِضِر[۴] کشتی برای این شِکست تا که آن کشتی ز غـاصب بـاز رَست ۷۱۴

پس اگر به قصّهٔ خضر(ع) و موسیٰ(ع) توجّه کنی، می‌بینی که شکستن کشتی برای آن بود که از دست غارتگران در امان باشد.

فَـقرُ فَـخْرِی[۵] بـهرِ آن آمـد سَـنی[۶] تـا ز طـمّاعان[۷] گـریزم در غَـنی ۷۱۵

این حدیث نبوی از آن رو والاست و به آن استناد می‌کنیم که ما را از اهل دنیا دور می‌کند و به حق نزدیک.

گـنج‌ها[۸] را در خـرابـی[۹] زآن نـهند تا ز حرصِ اهلِ عُـمران[۱۰] وارهـند ۷۱۶

از آن‌رو گنج‌ها را در ویرانه‌ها پنهان می‌کنند تا از حرصِ دنیاپرستان نجات دهند.

پَـر نـتانی کَـند، رو خـلوت گـزین تا نگـردی جـمله خـرجِ آن و ایـن ۷۱۷

اگر نمی‌توانی از جلوه‌های دنیوی دل بر کَنی، به خلوت پناه ببر تا وجودت صرفِ این و آن نشود.

زانکه تو هم لقمه‌ای، هم لقـمه‌خوار آکل و مأکولی ای جان! هـوش دار ۷۱۸

زیرا تو هم طعمهٔ دیگرانی و هم آنان طعمهٔ تواَند؛ پس ای جان، آگاه باش که در اجتماعِ دو انسانِ غیرکامل هر دو ضرر می‌بینند و از حق باز می‌مانند.

---

۱ - **طوطیان** : کنایه از اهل دنیا. ۲ - **شادباش** : تحسین.

۳ - **کِلاب** : جمع کَلْب به معنی سگ، کنایه از «اهل ظاهر»، خود را همانند لاشه نزد سگان نیفکن.

۴ - قصّهٔ موسی و خضر؛ ر.ک: ۲۹۸۳/۱. ۵ - ر.ک: ۲۳۵۲/۱ و ۶۷۳/۵. ۶ - **سَنی** : رفیع، بلند.

۷ - **طمّاعان** : اهل دنیا. ۸ - **گنج** : کنایه از مرد حق.

۹ - **خرابی** : اینجا ظاهر ساده و بدون تجمّل، حتّی گاه ژنده. ۱۰ - **اهلِ عمران** : اینجا دنیا دوستان.

در بیانِ آنکه ما سِوَی الله[۱]، هر چیزی آکل و مأکول است، همچون آن مرغی که قصدِ صیدِ ملخ می‌کرد، و به صیدِ ملخ مشغول می‌بود، و غافل بود از بازِ گرسنه که از پسِ قفایِ او قصدِ صیدِ او داشت. اکنون ای آدمیِ صیّادِ آکل! از صیّاد و آکِلِ خود ایمن مباش، اگرچه نمی‌بینی‌اَش به نظرِ چشم، به نظرِ دلیل عبرتش می‌بین تا چشم نیز باز شدن[۲]

در این تمثیل، حال مرغکی که در حین شکار کِرم، اسیر پنجهٔ قدرتمند گربه می‌شود، تصویری است از تقریر این معنا که آنچه در کاینات است، به همین نحو در مراتب آکل و مأکول است.

«مولانا این معنی را منحصر به کاینات جسمانی نمی‌دانَد و احوال نفسانی و عوالم ماورای حسّ را هم مشمول آن می‌یابَد، چنانکه هر خیالی را هم مأکول خیال دیگری به تقریر می آوَرَد و در ماورای عالم خیال هم به آکلان دیگری قایل است که صورت‌های عالم خیال را می‌بلعند؛ حتّی عقل مُرید را هم نسبت به عقل مُراد در مرتبهٔ مأکول نشان می‌دهد و نتیجه می‌گیرد که تا سالک عقلِ خود را در عقلِ مُراد در نبازد از مرتبهٔ مأکول به مرتبهٔ آکل نمی‌رسد و کمال نمی‌یابد. بدین ترتیب تمثیل مربوط به آکل و مأکول در تقریر مثنوی ضرورت تسلیم سالک را در برابر شیخ کامل توجیه می‌کند.»[۳]

مرغکی اندر شِکارِ کِرْم بود   گربه فرصت یافت، او را در رُبود ۷۱۹

پرندهٔ کوچکی در حال شکار کِرم بود که گربه فرصتی یافت و او را گرفت و بُرد.

آکل و مأکول[۴] بود، و بی خبر   در شکارِ خود ز صیّادی دگر ۷۲۰

پرندهٔ کوچک آکل بود و نمی‌دانست که مأکول هم هست و توسّط شکارچی دیگری صید می‌شود.

دزد گرچه در شکارِ کاله‌یی‌ست[۵]   شِحْنه[۶] با خصمانْش[۷] در دنباله‌یی‌ست ۷۲۱

اگرچه دزد در صدد ربودن کالایی است؛ امّا همان موقع داروغه و مأموران دولت هم در تعقیب وی‌اند.

عقلِ او مشغولِ رخت و قفل و در   غافل از شِحنه‌ست و از آهِ سَحَر ۷۲۲

فکر و حواسش چنان مشغول کالا و گشودن در است که به داروغه و نفرین سحرگاهی صاحب مال توجّهی ندارد.

---

۱ - **ما سِوَی الله** : هرچیز غیر از خدا. ۲ - اوّلین «صید» بعداً افزوده شده است.
۳ - بحر درکوزه، صص ۲۱۵ و ۲۱۶. ۴ - **آکِل و مَأْکُول** : خورنده و خورده شده. ۵ - **کاله** : کالا، متاع.
۶ - **شِحْنَة** : داروغه، مأمور دولت. ۷ - **خصمان** : دشمنان، اینجا مأموران دیگر.

او چنان غرق است در سودایِ خود   غافل است از طالب و جویایِ خود ۷۲۳

او چنان در خیالِ زشتِ خود غرق شده که از مأموران و تعقیب کنندگان بی‌خبر مانده است.

گر حشیش[۱] آب و هوایی می‌خورد   معدهٔ حیوانْش در پی می‌چرد ۷۲۴

اگر گیاه آب و هوایی می‌خورد، توسّط حیوانی خورده می‌شود.

آکل و مأکول آمد آن گیاه   همچنین هر هستی‌یی، غیرِ اِلٰه ۷۲۵

آن گیاه هم آکل است و هم مأکول و هر چیزی در عالمِ هستی همین است، جز ذات پروردگار.

وَ هُوَ یُطْعِمُکُمْ وَ لا یُطْعَمْ[۲] چو اوست   نیست حق مأکول و آکل، لحم[۳] و پوست ۷۲۶

«او به شما طعام می‌رساند و به طعامِ نیازی ندارد»، در وصف اوست که نه آکل است و نه مأکول و وجود مادّی ندارد.

آکل و مأکول کِی ایمن بُوَد   ز آکِلی کاندر کمین ساکن بُوَد؟ ۷۲۷

آکل و مأکول هرگز نمی‌تواند از آکل دیگری که در کمین او نشسته در امان باشد.

اَمنِ مأکولان جَذوبِ ماتم است   رو بدان درگاه کو لا یُطْعَم است ۷۲۸

موجوداتی که آکل و مأکول‌اند، اگر امنیّتی هم بیابند، ناپایدار است و عاقبت به نابودی می‌انجامد. اگر خواهان امنیّت هستی به درگاه حق پناه ببر.

هر خیالی را خیالی می‌خورَد   فکرْ آن فکرِ دگر را می‌چَرَد ۷۲۹

هر خیالی توسّطِ خیالِ دیگری محو می‌شود و به همین ترتیب هر فکری با فکر دیگری.

تو نتانی کز خیالی وارهی   یا بخسبی که از آن بیرون جهی ۷۳۰

تو قادر نیستی که از خیالی رهایی یابی و یا با خوابیدن از آن بیاسایی.

فکرْ زنبور است و آن خوابِ تو آب   چون شوی بیدار، باز آید ذُباب[۴] ۷۳۱

«فکر»، همانند «زنبور»ی است که گِردِ تو می‌گردد و خوابیدن بسان آبی که در آن فرو می‌روی تا از زنبور رهایی یابی، پس از بیدار شدن باز هم زنبور به سویت می‌آید و گِرد تو می‌گردد.

---

۱ - **حشیش** : مطلق گیاه.   ۲ - اشارتی قرآنی؛ انعام: ۱۴/۶: ...وَ هوَ یُطْعِمُ وَ لاٰ یُطْعَمُ... .   ۳ - **لحم** : گوشت.
۴ - **ذُباب** : مگس، به انواع زنبور نیز می‌گویند.

چـــند زنـــبورِ خـــیالی در پَـرَد　　　می‌کَشَد این سـو و آن سـو مـی‌برد ۷۳۲

خیالاتِ مختلف، مانند زنبور به پرواز در می‌آیند و تو را به این سو و آن سو می‌کشانند.

کـمترینِ آکِـلان است ایـن خـیال　　　و آن دگـرها را شـناسد ذوالجـلال ۷۳۳

«خیالات» جزوِ ناچیزترینِ آکلان‌اند. از آکلان دیگر فقط خداوند باخبر است.

هین! گریز از جَوْقِ[1] اَکّـالِ غـلیظِ[2]　　　سویِ او که گفت ماایـمَت حَـفیظ[3] 734

آگاه باش، از خیالات و ذهنیّاتی که پیرامون امور دنیوی‌اند، به سوی خداوند بگریز که گفت: ما تو را حفظ می‌کنیم.

یا به سویِ آن که او این حفظ یافت　　　گر نتانی سـویِ آن حـافظ شـتافت ۷۳۵

اگر نمی‌توانی به سوی حافظ حقیقی بروی، به سوی کسی برو که قدرت حفظ را از حق کسب کرده است.

دست را مســپار جــز در دستِ پــیر　　　حق شده است آن دستِ او را دستگیر ۷۳۶

دستت را فقط به دست پیر بده؛ زیرا حق دست او را گرفته است.

پیرِ عقلت کـودکی خـو کـرده است　　　از جــوارِ نَـفْس کـاندر پـرده است ۷۳۷

عقلِ تو تحت سیطرهٔ نَفْس که مکر و نیرنگش را نمی‌بینی و نمی‌شناسی، زنگار گرفته و اسیر هوا و هوس‌های کودکانه است.

عـقلِ کـامل را قـرین کُـن بـا خِـرَد　　　تا که باز آیـد خِـرَد زآن خـویِ بـد ۷۳۸

عقلِ کامل پیر را با عقل خود همراه کن تا در اثر این همجواری و در پرتو نور آن، عقلت آرام آرام از سیطرهٔ نَفْس و هوا و هوس‌های کودکانه نجات یابد.

چونکه دستِ خود به دست او نهی　　　پس ز دستِ آکِـلان بـیرون جـهی ۷۳۹

هنگامی که دستت را به او بدهی، از خیالات و ذهنیّات مادّی و دنیوی نجات می‌یابی.

---

1 - **جوق**: دسته،گروه.

2 - **اَکّال غلیظ**: Ekn±i « ³ ° j±] ° gB« ° knAj ,kBd ¿ R ° 1 UB »³ Q½A«±¬A«±n j¼± ° ° gB« kA/

3 - **حَفِیظ**: Be , ¢³knAj, ¢LH¬,ApB" B ° iAk° kAw S ±j 57.11 ° wH 21.34/

دستِ تـو از اهـلِ آن بـیعت شـود   کـه یَـدُ اللّٰـه فَـوْقَ اَیْـدیهِم بُـوَد[1] ۷۴۰

آن‌گاه دستت همانندِ دست بیعت کنندگانی است که دربارهٔ آنان گفته شده: دست خداوند بالای دست آنان است.

چون بدادی دستِ خود در دستِ پیر   پیرِ حکمت[2] **که علیم است و خـطیر** ۷۴۱

چون دست خود را به دست پیر که حکیم و دانا و عظیم است، دادی،

کو نبیِّ وقتِ خویش است ای مُرید[3] **   تـــا از او نـــورِ نَـــبی آیــد پــدید** ۷۴۲

ای مرید، او پیام‌آور زمان خویش است و از وجودش نور پیامبر(ص) می‌تابد.

در حُـــدَیبیّه شـدی حـاضر بـدین   و آن صـحابهٔ بـیعتی را هـم قـرین ۷۴۳

با دست ارادتی که به او دادی، گویی در حُدَیبیّه همراه اصحاب پیامبر(ص) بوده‌ای.

پس ز دَه یـــارِ مُـــبَشَّر[4] **آمــدی   همچو زرِّ دَه‌دَهی**[5] **خـالص شـدی** ۷۴۴

پس در شمار ده یار بهشتی پیامبر(ص) قرار گرفته‌ای و همانند زرِّ تمام عیارِ خالص شده‌ای.

تـا مَعیّت[6] **راست آیـد، زانکـه مـرد   باکسی جُفت است کو را دوست کرد** ۷۴۵

به این ترتیب همراهی تحقّق پیدا می‌کند؛ زیرا انسان همراه کسی است که او را دوست دارد.

این جـهان و آن جـهان بـا او بُـوَد   وین حدیثِ احمدِ خـوش‌خو بُـوَد ۷۴۶

این همنشین در دو جهان با اوست؛ زیرا احمد خوش خوی(ص) آن را فرموده است.

گـــفت: اَلْمَـــرْءُ مَـــعَ مَـحْبُوبِهِ   لا یُـفَکُّ اَلقَـلْبُ مِـنْ مَـطْلُوبِهِ[7] ۷۴۷

پیامبر(ص) گفت: انسان همراه کسی است که دوستش دارد. دل از مطلوب جدا نمی‌شود.

---

۱ – اشارتی قرآنی؛ فتح: ۱۰/۴۸، در ارتباط با پیمان وفاداری و سوگند مسلمانان با پیامبر(ص)، اشاره به بیعت مراد با مرید: ر.ک: ۲۹۸۵/۱.   ۲ – **حکمت** : علم باطنِ قرآن.   ۳ – اشاره است به حدیث: ر.ک: ۱۷۷۵/۳.

۴ – **ده یار مبشَّر** : عَشَرهٔ مُبَشَّرَه، ده نفر از یاران رسول خدا(ص) که از آن حضرت مژدهٔ بهشت یافتند: ابوبکر، عمر، عثمان و علی(ع) از آن جمله‌اند.   ۵ – **زر دَه‌دَهی** : طلای خالص، طلای صد در صد.

۶ – **معیّت** : همراهی: ر.ک: ۱۴۷۰/۱.

۷ – اشاره به حدیث: اَلْمَرْءُ مَعَ مَنْ أَحَبَّ : مرد همراه کسی است که دوست می‌دارد: ر.ک. احادیث مثنوی، ص ۱۵۵.

هر کجا دام است و دانه[1]، کَم نشین[2] رو زبونگیرا[3] ! زبونگیران[4] ببین[5] ۷۴۸

هر جا جاذبه‌های دنیوی و یا عوامل گمراه کننده هست، نمان. تو که همواره در پی صیدِ چیزهایِ حقیر هستی، ببین که چگونه این جاذبه‌ها به خواری تو را در دام خود می‌افکنند.

ای زبونگیرِ زبونان! این بدان دست هم بالایِ دست است ای جوان! ۷۴۹

ای جوان، ای صیّادِ صیدهایِ حقیر، بدان که دست بالای دست بسیار است.

تو زبونی و زبونگیر ای عجب! هم تو صید، و صیدگیر اندر طلب ۷۵۰

عجیب است که تو درمانده‌ای و درماندگان را هم می‌گیری. هم شکار هستی و هم شکارچی.

بَیْنَ ایدی خَلفَهُم سَدّاً[6] مباش که نبینی خصم را، و آن خصمْ فاش[7] ۷۵۱

همانندِ کسانی که «در برابر و پشت سرشان دیواری هست»، نباش که دشمنِ آشکار را نتوانی ببینی.

حرصِ صیّادی، ز صیدی مُغْفِل[8] است دلبری می‌کند[9]، او بی‌دل است[10] ۷۵۲

آدمی برای به دست آوردن جاذبه‌های دنیوی چنان حریص است که نمی‌فهمد همان دم صیدِ همان عوامل شده است و در کمال ناآگاهی تمام تلاشش را می‌کند تا به خواسته‌اش برسد.

تو کم از مرغی مباش اندر نَشید[11] بَیْنَ اَیْدي، خَلف، عُصفوری[12] بدید ۷۵۳

در زندگی و سلوک، دست کم به اندازهٔ یک پرندهٔ کوچک به اطرافت توجّه کن که قبل از دانه خوردن پیش و پس را نگاه می‌کند.

---

۱ - **دام و دانه** : جاذبه‌های دنیوی، عوامل گمراهی. ۲ - **کم نشین** : اصلاً ننشین، نباش.
۳ - **زبونگیر** : کسی که به چیزهای حقیر دل می‌بندد و در پیِ صید آن‌هاست.
۴ - **زبونگیران** : عوامل دنیویِ دیگری که آدمی را در دامِ خود می‌افکنند.
۵ - بازگشت به موضوع «آکل و مأکول».
۶ - اشارتی قرآنی؛ یس: ۹/۳۶: وَجَعَلْنا مِنْ بَيْنَ أَيْديهِمْ سَدّاً وَ مِنْ خَلْفِهِمْ سَدّاً فَأَغْشَيْناهُمْ فَهُمْ لا يُبْصِرُونَ : و ما در پیش روی ایشان سدّی بنهادیم و در پشت سرشان نیز سدّی و چشمانشان را پرده افکندیم که هیچ نبینند.
۷ - اشاره است به مشیّت الهی و قوانین حاکم بر نظام هستی که از آن نمی‌توان گریخت.
۸ - **مُغْفِل** : غافل کننده، گمراه کننده. ۹ - **دلبری می‌کند** : تمام تلاشش را به کار می‌برد.
۱۰ - **بی دل است** : دلِ آگاهی ندارد، نوری در دلش نیست که حقایق را بفهمد.
۱۱ - **نشید** : نَشید از مصدر نَشد به معنی طلب و جست‌وجو کردن، نِشید مخفّف نشیدن به معنی نشستن و قرار گرفتن است. ۱۲ - **عُصْفُور** : گنجشک.

چون به نزدِ دانه آید، پیش و پس چند گرداند سر و رو آن نَفَس ۷۵۴

لحظه‌ای که نزد دانه می‌رسد، چندین بار اطراف را نگاه می‌کند.

کِای عجب! پیش و پَسَم صیّاد هست تا کَشَم از بیم او زین لُقمه دست؟ ۷۵۵

که آیا پیش و پسِ من صیّادی هست که از ترسِ او، این دانه را رها کنم و بروم؟

تو ببین پس قصّهٔ فُجّار[1] را پیش بنگر مرگِ یار و جار[2] را ۷۵۶

به قصّهٔ زندگیِ تباهکاران و سرانجام آنان دقّت کن و مرگِ دوست و همسایه را ببین؛ یعنی توجّه کن که بدکاران عاقبت در دام حق گرفتار می‌شوند، همان‌گونه که پرنده به دامِ صیّاد زیرک می‌افتد.

که هلاکت دادشان بی آلتی[3] او قرینِ[4] توست در هر حالتی ۷۵۷

ببین که خداوند بدون هیچ وسیله‌ای کیفرشان داد. او در همه حال با تو هم هست.

حق شکنجه کرد، و گُرز و دست نیست[5] پس بدان: بی دستْ حق داوَرکُنی‌ست[6] ۷۵۸

حق تعالی آنان را بدون ابزار عذاب کرد، پس بدان که اجرایِ داوری و عدالتِ خداوند بی‌نیاز از سبب است.

آنکه می‌گفتی: اگر حق هست، کو؟ در شکنجهٔ او مُقِر می‌شد که: هو ۷۵۹

کسی که می‌گفت: اگر خدا هست، کجاست؟ هنگام عذاب اقرار می‌کند که هست.

آنکه می‌گفت: این بعید است و عجیب اشک می‌راند و همی گفت: ای قریب ۷۶۰

منکری که وجود خدا و عِقاب را غیر عقلانی و عجیب می‌دانست، هنگام عذاب اشک می‌ریزد و می‌گوید: ای خدا تو نزدیک من هستی.

چون فرار از دام واجب دیده است دامِ تو خود بر پَرَت چفسیده است[7] ۷۶۱

عقل حکم می‌کند که باید از دام گریخت، در حالی که دامِ تو همین بال و پرِ «جاه، مقام و جلوه‌های دنیوی» است که دلبستهٔ آن هستی.

---

۱ - **فُجّار**: جمع فاجر به معنی تبهکار. ۲ - **یار و جار**: دوست و همسایه. ۳ - **آلت**: آلَة: وسیله، سبب.
۴ - **قَرین**: همراه. ۵ - **گرز و دست نیست**: بدون ابزار و وسیله. ۶ - **داوَرکُنی**: داوری کننده.
۷ - سخنان طاووس یا «سالکِ آگاه» خطاب به هر کس که در دام گرفتار آمده است.

بر کَنَم من میخِ این منحوس‌دام   از پیِ کامی نباشم تلخ کام ۷۶۲

من این دام نحس را از بیخ و بُن بر می‌کَنَم تا برای هوا و هوس بدبخت نشوم.

در خورِ عقل تو گفتم این جواب   فهم کن وز جُست و جو رو بر متاب ۷۶۳

این جواب متناسب با درک و فهم تو بود، دریاب و همواره طالب باش.

بِسْکُل[1] این حَبْلی[2] که حرص است و حَسَد   یاد کن: فی جیدِها حَبْلٌ مَسَد[3] ۷۶۴

این رشتهٔ حرص و حسد که جانت را وابستهٔ دنیا کرده است، پاره کن و به یاد داشته باش که غافلانِ دنیادوست سرانجام به دوزخ می‌روند.

صفت کشتنِ خلیل علیه السَّلام زاغ را، که آن اشارت به قمعِ کدام صفت بود از صفاتِ مذمومهٔ مُهلِکه در مُرید

در این قطعه مولانا مجدّداً به قصّهٔ ابراهیم خلیل(ع) و چهار مرغِ تمثیلی که هر یک نمادی از اوصاف دل‌فشار بشری‌اند، باز می‌گردد تا راجع به یکی دیگر از صفاتی که موجب تنزّل آدمی به عمقِ پستی، تاریکی و مصلوب کنندهٔ عقل‌اند، سخن بگوید.

همچنان که قبلاً تقریر گردید، «زاغ» نمادی از آرزوهای بی پایان و دور و دراز به شمار می‌آید که برای رسیدن به حقیقتِ ایمانِ مطلق چاره‌ای جز آن نیست که این صفت پلید از نَفْسِ انسان جدا گردد.

این سخن را نیست پایان و فراغ   ای خلیل حق! چرا کُشتی تو زاغ؟ ۷۶۵

این سخن پایانی ندارد. ای خلیل الله، چرا زاغ را کشتی؟

بهرِ فرمان؟ حکمتِ فرمان چه بود؟   اندکی ز اسرارِ آن باید نمود ۷۶۶

برای اطاعت از فرمان خدا؟ حکمت آن چه بود؟ اندکی از آن اسرار را باید بازگو کرد.

کاغ کاغ[4] و نعرهٔ زاغ سیاه   دایما باشد بدن را[5] عُمْرخواه ۷۶۷

قار قار و بانگ زاغِ سیاه برای درخواستِ عمری طولانی است.

---

۱ - **بِسْکُل**: بُگْسَل، پاره کن.   ۲ - **حَبْل**: ریسمان، رشته.

۳ - اشارتی قرآنی؛ لهب: ۵/۱۱۱: فِي جِيدِهَا حَبْلٌ مِنْ مَسَدٍ : در حالی که طنابی از لیف خرما به گردن دارد. اشاره است به همسر ابولهب. او در حالی که ریسمانی از لیف خرما به گردن دارد، به سوی دوزخ کشیده می‌شود و هیزمِ آتش‌افروزِ آن است.   ۴ - **کاغ کاغ**: قار قار.   ۵ - «بدن را» ابتدا در متن «به دنیا» بوده است.

همچو ابلیس از خدایِ پاکِ فرد   تا قیامت عمرِ تن درخواست کرد ۷۶۸

همانند ابلیس که از خدای پاک یگانه تا قیامت عمر خواست.

گفت: اَنْظِرْنی اِلیٰ یَوْمِ اَلجَزا[1]   کاشکی گفتی که: تُبْنا رَبَّنا ۷۶۹

ابلیس گفت: به من تا روز رستاخیز مهلت بده. ای کاش می‌گفت: پروردگارا، ما توبه کردیم.

عُمرِ بی توبه[2]، همه جانْ کَندن است   مرگِ حاضر[3]، غایب از حق بودن است ۷۷۰

عمر بدون توبه عذاب‌آور است. بُعدِ از حق چیزی جز مرگ نیست.

عمر و مرگ، این هر دو با حق خوش بُوَد   بی‌خدا، آبِ حیات آتش بُوَد ۷۷۱

حیات و ممات، هر دو با حق خوشایند است. بدون حق، آبِ حیات هم آتش است.

آن هم از تأثیرِ لعنت بود کو   در چنان حضرت همی شد عُمرجو ۷۷۲

اینکه ابلیس در چنان درگاهی درخواست عمر دراز کرد، در اثر لعنتِ الهی بود.

از خدا غیرِ خدا را خواستن   ظَنِّ افزونی‌ست، و کُلّی کاستن ۷۷۳

از خدا جز خدا را خواستن، پندار افزون‌خواهی است؛ امّا در واقع به کلّی نقصان است.

خاصه عُمری غرق در بیگانگی   در حضورِ شیر روبَهْ‌شانگی[4] ۷۷۴

مخصوصاً عمری که سبب دوریِ از حق شود، چیزی جز اظهارِ وجود در برابر هستیِ حقیقی نیست.

عمر بیشم دِه که تا پس‌تر رَوَم   مَهْلَم[5] افزون کن که تا کمتر شوم ۷۷۵

به این معنی که آدمی بگوید: عمر بیشتری بده تا تنزّل یابم. مهلت افزون‌تری بده تا پست‌تر از این که هستم، بشوم.

تا که لعنت را نشانه او بُوَد   بد کسی باشد که لعنتْ‌جو بُوَد ۷۷۶

بدین ترتیب چنان شخصی هدفِ نفرین واقع می‌شود. کسی که طالب لعنت الهی است، فرد رَد و بدی است.

---

۱ - اشارتی قرآنی؛ ص: ۷۹/۳۸: قَالَ رَبِّ فَأَنْظِرْنِي إِلىٰ يَوْمِ يُبْعَثُونَ : [شیطان] گفت: پروردگارا، پس مهلتم ده که تا روز قیامت زنده بمانم.   ۲ - عمری که در آن بازگشتی به سوی خدا نباشد.

۳ - **مرگِ حاضر** : مرگی که الان هست؛ یعنی به یاد خدا نبودن که همان مرگ و غفلت و جهل است و زندگی نیست.

۴ - **روبه شانگی** : حیله‌گری، روباه‌بازی، اینجا اظهار وجود، خودبینی و خودمحوری.

۵ - **مَهْلَم** : مَهْلِ من، مهلتِ من.

عُمرِ خوش، در قربْ جان پروردن است　　　عُمرِ زاغ از بهرِ سرگین خوردن است ۷۷۷

عمرِ خوشایند، عمری است که در طیِّ آن جان آدمی در قُربِ رحمت حق متعالی شود. عمرِ زاغ برای سرگین خوردن است.

عُمر بیشم دِه که تا گُه می‌خورم　　　دایم اینم دِه که بس بَدْگوهرم ۷۷۸

زاغ عمری درازتر می‌خواهد تا نجاست بیشتری بخورد؛ زیرا سرشتِ پلیدی دارد.

گرنه گُه‌خوار است آن گَنده دهان　　　گویدی کز خویِ زاغم وارهان ۷۷۹

اگر آن گَنده‌دهان نجس‌خوار نبود، از خدا نجات از این «زاغ صفتی» را می‌خواست.

مُناجات[1]

ای مُبدّل کرده خاکی را به زر[2]　　　خاکِ دیگر را بکرده بوآلبَشَر ۷۸۰

ای خدایی که خاکی را به زرّ و خاکی دیگر را به آدم ابوالبشر مبدّل کردی،

کارِ تو تبدیلِ اعیان[3] و عطا　　　کارِ من سهو است و نسیان[4] و خطا ۷۸۱

پروردگارا، کارِ تو تغییر در جوهرِ مخلوقات و احسان است و کارِ من خطا، فراموشی و اشتباه.

سهو و نسیان را مبدّل کن به علم　　　من همه خِلمم[5]، مرا کن صبر و حِلم ۷۸۲

«خطا» و «نسیان» را به علم بَدَل کن و این وجود سرشار از خشم را شکیبایی بده.

ای که خاکِ شوره را تو نان کنی　　　وی که نانِ مُرده را تو جان کنی ۷۸۳

ای خدایی که خاکِ بی قدر را به گندم و نان بدل می‌کنی و نانِ بی جان را در وجودِ آدمی حیات می‌بخشی.

---

۱ - سخن از «بُعد حق» بود، مولانا از جهل و غفلت آدمی و اصراری که در ارتکابِ معاصی دارد، غمگین می‌شود و اینک در این قطعه راز و نیاز و مناجاتی است از زبانِ «انسان» که موجودی است با تمام ضعف‌ها و کژی‌ها و به قول شیخ اجلّ :

من آن ظَلومِ جهولم که اوّلم گفتی　　　چه خواهی از ضُعفا ای کریم وز جُهّال؟

۲ - بنا بر عقیدهٔ قدما زرّ و تمام کانی‌ها و تمام جمادات از خاک به وجود آمده‌اند.

۳ - **تبدیل اعیان** : تغییر جوهر اشیا، تبدیل اشیا.　　۴ - **نسیان** : فراموشی.　　۵ - **خِلْم** : خشم.

ای که جـانِ خـیره[1] را رهـبر کـنی وی کـه بـی‌ره[2] را تـو پـیغمبر کـنی ۷۸۴

ای خدایی که جانِ حیرانی را منوّر می‌کنی و به هدایتِ خلق بر می‌گزینی، و ای قادری که ناآگاهی را آگاه می‌کنی و به پیامبری می‌رسانی.

مـی‌کُنی جـزوِ زمـین را آسـمان مـی‌فزایـی در زمـین از اخـتران[3] ۷۸۵

انسانِ زمینی را کمال می‌بخشی و آسمانی می‌کنی و از وجود کاملان به خاک و خاکیان فیض می‌رسانی.

هر که سازد زین جهان آبِ حیات زوتَـرَش[4] از دیگـران آیـد مَـمات ۷۸۶

هر کس که «حیات» و «هستی» را فقط در زندگیِ این جهانی می‌داند، در همین زندگی هم مُرده‌ای بیش نیست؛ و پیش از مرگِ ظاهری، مُرده است.

دیدهٔ دل کو به گـردون[5] بـنگریست دید کاینجا هر دمی میناگری‌ست[6] ۷۸۷

چشمِ باطن‌بین که عالمِ غیب را می‌بیند، می‌داند که هر لحظه در عالم تـغییر و تـبدیلی اساسی رُخ می‌دهد.

قلبِ اَعیان[7] است و اکسیری مُحیط[8] ائتلافِ[9] خـرقهٔ تـن[10] بی مَخیط[11] ۷۸۸

در عالَم غیب ذات اشیا تغییر می‌یابند. عالمی که در آن تنِ مادّی با روح که غیر مـادّی است، بدونِ واسطهٔ این جهانی درکنار یک‌دیگر قرار می‌گیرند.

تو از آن روزی که در هست آمـدی آتشی یا باد[12] یـا خـاکـی[13] بُـدی ۷۸۹

از روزی که به وجود آمدی، دارای یک هستیِ مادّی بودی.

گر بر آن حـالت تـو را بـودی بـقا کِی رسیدی مـر تـو را ایـن اِرتـقا؟ ۷۹۰

اگر در ذاتِ اشیا تغییر و تبدیلِ مستمر نبود، به همان حال می‌ماندی و به مقامِ انسانی نمی‌رسیدی.

---

۱ - **خیره** : سرگردان، حیران، جانی که از درک حقایق عاجز است.

۲ - **بی رَه** : گمگشته، ناآگاه: اشارتی قرآنی: ضُحیٰ: ۷/۹۳: وَ وَجَدَكَ ضالّاً فَهَدیٰ : تو را بی راه یافت و به راه آوَرد.

۳ - مصراع دوم؛ می‌تواند تأثیرِ نیکِ ستارگان در زندگی و سرنوشت خاک و خاکیان هم باشد.

۴ - **زوتَرَش** : زودتر برای او، برای او زودتر. ۵ - **گردون** : افلاک، اینجا عالم غیب.

۶ - **میناگری** : کیمیاگری، اینجا تغییر و تبدیل جوهرِ اشیا. ۷ - **قلبِ اعیان** : دگرگونی ذات اشیا.

۸ - **اکسیری محیط** : عاملی که موجب تغییر و تبدیل اشیا می‌شود و بر همهٔ عالم امکان، یعنی بر تمام هستی احاطه و سیطره دارد. ۹ - **ائتلاف** : جمع شدن [با یکدیگر].

۱۰ - **خرقهٔ تن** : تن همانند خرقه یا پوشش روح است. ۱۱ - **مَخیط** : دوخته شده.

۱۲ - در متن کهن «بادی» ضبط شده است. ۱۳ - جزو عناصر اربعه بودی، هستی‌ات مادّی بود.

از مبدِّل[1]، هستی اوّل نماند هستیِ بهتر به جایِ آن نشاند ۷۹۱

از قدرتِ «تغییر و تبدیل» خالق، هستیِ اوّلیّه‌ات نماند و کامل‌تر شد.

همچنین تا صد هزاران هست‌ها بعدِ یکدیگر، دوم بِه ز ابتدا ۷۹۲

به همین ترتیب، صدها هزار بار تغییر کردی و به صورت‌های گوناگون در آمدی و همواره صورت بعدی بهتر از صورت قبلی بود.

از مبدِّل بین، وسایط را بمان کز وسایط دور گردی ز اصلِ آن ۷۹۳

همهٔ این تغییر و تبدیل‌ها را از قدرتِ خلقِ خالق بدان، به واسطه‌ها و عوامل ظاهری کاری نداشته باش؛ زیرا توجّه به اسباب و علل آدمی را از شناختِ حقیقتی که بر تمامِ این واسطه‌ها سیطره دارد، دور می‌کند.

واسطه هر جا فزون شد، وصل جَست واسطه کم، ذوقِ وصل افزون‌تر است ۷۹۴

هر جا که توجّه افزون‌تری به «اسباب و علل» باشد، درکِ حقایق غیر ممکن است و برعکس.

از سبب دانی شود کم حیرتت حیرتِ تو ره دهد در حضرتت ۷۹۵

توجّهِ به «اسباب و علل» نمی‌گذارد که در قدرت حق و سیطره‌اش بر هستی متحیّر بشوی، در حالی که همین «حیرت» تو را به حقیقت رهنمون می‌شود.

این بقاها از فناها یافتی از فنااَش رُو چرا بر تافتی؟ ۷۹۶

حیات و بقای امروزی‌ات نتیجهٔ فناهای مکرّر توست؛ پس چرا از فنا و محوِ نفست در حق روی بر می‌تابی؟

زآن فناها چه زیان بودت؟ که تا بر بقا چفسیده‌ای، ای نافِقا[2] ! ۷۹۷

ای جاهل، از فناهای پی در پی چه زیانی دیده‌ای که به حیات و بقایِ دنیوی چسبیده‌ای؟

چون دوم از اوّلینَت بهتر است پس فنا جو، و مُبَدِّل را پرست ۷۹۸

چون در سیر تکاملی، هر مرحله‌ای بهتر از مرحلهٔ قبل بود؛ پس جویایِ فنایِ نَفْس که قسمتی از سیر تکاملی توست، باش و خدا را پرستش کن.

---

۱ - **مُبَدِّل** : تبدیل کننده، پروردگار.

۲ - **نافِقا** : سوراخ موش، مراد باطنی است که عاری از معرفت و همانند سوراخِ موش تاریک است.

۷۹۹ **صد هزاران حَشر دیدی ای عَنود! تا کنون هر لحظه از بَدوِ وجود**

ای سرکش، از بدوِ وجودت تا کنون شاهدِ فنا و بقاهای مکرّری در زندگی‌ات بوده‌ای.

۸۰۰ **از جمادِ بی خبر سویِ نَما[۱] وز نَما سویِ حیات و ابتلا**

از مرتبهٔ «جمادی»، ناآگاهانه به مرتبهٔ «نباتی» رسیدی و از آن مرحله به مرتبهٔ «حیوانی» و رنج و آزمون‌های الهی وارد شدی.

۸۰۱ **باز سویِ عقل و تمییزاتِ خَوش[۲] باز سویِ خارج این پنج و شَش[۳]**

سپس به مرتبهٔ «انسانی» و خِرد و تشخیص گام نهادی و توانستی فراتر از عالم مادّه و به عالمِ غیب راه یابی.

۸۰۲ **تا لبِ بحر[۴]، این نشانِ پای‌هاست[۵] پس نشانِ پا درونِ بحر[۶] لاست[۷]**

تغییراتِ روحانی و یا باطنی که در انسان رُخ می‌دهد، آثار و نشانه‌هایی دارد که فقط تا «لبِ بحر»، یعنی «فانی شدنِ در حق» از آن اثری دیده می شود و پس از «فنایِ فی‌الله» که بندهٔ واصل به «دریایِ وحدانیّت» می‌پیوندد، از وجود این هستی‌های فردی دیگر اثری نیست؛ زیرا او دیگر هستیِ مستقلّی ندارد.

۸۰۳ **زانکه منزل‌هایِ خشکی[۸] زِاحتیاط[۹] هست دِه‌ها و وَطَن‌ها[۱۰] و رِباط[۱۱]**

زیرا در سیر تکاملیِ روح، تا طیّ مراتبِ مختلف مادّی‌اند و هنوز «لبِ بحر» به شمار می‌آیند، در هر منزل یا هر مرتبه، مانند دِه یا رُباط نشانه‌هایِ ظاهری هم دارد.

۸۰۴ **باز منزل‌هایِ دریا در وُقوف[۱۲] وقتِ موج و حَبْس[۱۳] بی‌عرصه و سُقوف[۱۴]**

امّا منزل‌هایِ دریاییِ «عالمِ غیب»، عرصه، سقف یا در و دیوار ندارد که هنگامِ تلاطم و یا آرامش دریا بتوان در آنجا آسود.[۱۵]

---

۱ - **نما** : حیاتِ گیاهی، رویش نباتی. ۲ - **تمییزاتِ خوش** : درک و تشخیص.
۳ - **پنج و شش** : عالم مادّه، انسان در عالم مادّه با حواسِّ پنجگانه و در شش جهتِ این عالم مادّی محصور و محبوس است. ۴ - **لبِ بحر** : ساحلِ دریا، ساحلِ دریایِ حقیقت، قبل از فنای فی الله.
۵ - **نشانِ پای‌ها** : ردّ پا، آثار و علایم خودی یا وجودِ فردی. ۶ - **درونِ بحر** : دریایِ حقایق.
۷ - **لاست** : نیست، وجود ندارد. ۸ - **منزل‌هایِ خشکی** : مراتب سلوک یا تکاملِ روح.
۹ - **زِاحتیاط** : از روی عاقبت اندیشی. ۱۰ - **وطن‌ها** : اقامتگاه‌ها. ۱۱ - **رِباط** : کاروانسرا.
۱۲ - **در وقوف** : در حال توقّف. ۱۳ - **وقت موج و حبس** : در تلاطم و آرامش. ۱۴ - **سُقُوف** : سقف‌ها.
۱۵ - یعنی در تجلیّات الهی که فَیَضان آن بر عارف همیشگی است، روحش همواره در تحرّک و به سوی حق «مِنْ الله الی الله» در تکاپوست.

نیست پیدا آن مراحل را سَنام[۱] نه نشان است آن منازل را، نه نام ۸۰۵

مراحلِ معنوی نشانِ محسوسی، همانند «کوه یا تپّه» ندارد. این منازل نه نامی دارند و نه نشانی.

هست صد چندان میانِ منزلَیْن[۲] آن طرف که از نَما تا روحِ عَیْن[۳] ۸۰۶

فواصلِ میانِ منزل‌هایِ عالمِ غیب صدها برابر طولانی‌تر از فاصله‌ای است که روحِ آدمی در سیرِ خشکی طی کرده و به سیرِ دریاییِ «معنوی» رسیده است.

در فناها این بقاها دیده‌ای بر بقایِ جسم چون چفسیده‌ای؟ ۸۰۷

این‌ها مراحلی بوده که طی کرده‌ای و بارها با فنا شدن بقای تازه‌ای یافته‌ای؛ پس چرا به بقای این تنِ عنصری چسبیده‌ای؟

هین! بده ای زاغ[۴] این جان، باز باش[۵] پیشِ تبدیل[۶] خدا جانباز باش[۷] ۸۰۸

ای زاغ صفت، این روحِ حیوانی را بده و بگذار روحِ انسانی جای آن را بگیرد. در برابر مشیّتِ الهی که جهان را به سویِ کمال می‌بَرَد، جانباز باش.

تازه[۸] می‌گیر و کُهَن[۹] را می‌سپار که هر امسالت فزون است از سه پار[۱۰] ۸۰۹

تازه را بگیر و کهنه را رها کن که هر تازه‌ای بسیار بهتر از کهنهٔ پیشین است.

گر نباشی نخل‌وار، ایثارکن[۱۱] کهنه[۱۲] بر کهنه نِه، و انبارکن ۸۱۰

اگر نمی‌توانی همانندِ درختِ نخل ایثارگر باشی و به دیگران بهره‌های معنوی برسانی؛ پس برو و همان ارزش‌های کهنه و بی‌قدر این جهانی را روی هم بگذار و به آن‌ها بناز.

---

۱ - **سَنام**: بلندی تپّه، کوهان شتر. ۲ - **منزلَیْن**: دو منزل.

۳ - **از نما تا روح عَیْن**: از مرحلهٔ نباتی تا رسیدن به مرحلهٔ انسانی که «مرتبهٔ انسانی» همان «لب بحر» یا ساحل دریای حقیقت است و آدمی اگر فضل الهی شامل حالش باشد، تحت تربیت مرشد کامل می‌تواند به این دریا گام بگذارد. ۴ - خطاب به کسی که خواهان عمر دراز این جهانی است.

۵ - همانند باز در عوالم غیبی پرواز کن. ۶ - **تبدیل**: تبدیل در جهت تکمیل.

۷ - **جانباز باش**: همکاری کن. ۸ - **تازه**: روحِ جویای حق، روحِ انسانی.

۹ - **کهن**: مراد روح حیوانی است.

۱۰ - مصراع دوم؛ زندگی تازه با روح انسانی بسیار ارزشمندتر از زندگی با روح حیوانی است.

۱۱ - **ایثارکن**: ایثارگر. ۱۲ - **کهنه**: کنایه از ارزش‌هایِ این جهانی، متاع دنیوی.

کهنه و گندیده و پوسیده را　　　تُحفه می‌بر بهرِ هر نادیده[۱] را[۲] ۸۱۱

خریدارِ تمامِ این ارزش‌هایِ کهنه و متعفّن «زر و زور، جاه و مقام» فقط آدم‌های بی‌بصیرت‌اند.

آنکه نو دید، او خریدارِ تو نیست　　　صیدِ حقّ است او، گرفتارِ تو نیست ۸۱۲

کسی که «عالمِ غیب» را دید، به تو اهمّیّتی نمی‌دهد؛ زیرا شیفتهٔ حق است، نه متاعِ دنیویِ تو.

هر کجا باشند جَوقِ مُرغِ کور[۳]　　　بر تو جمع آیند ای سیلابِ شور[۴] ! ۸۱۳

ای مدّعیِ مزوّر، هر جا که ساده‌دلانِ ناآگاه باشند، به دورِ تو جمع می‌شوند و فریب می‌خورند.

تا فزاید کوری[۵] از شوراب‌ها　　　زانکه آبِ شور افزاید عَمیٰ[۶] ۸۱۴

تا از تیرگیِ درونت کورتر و گمراه‌تر شوند؛ زیرا هدایتِ مدّعیِ گمراه سبب جهلِ بیشتر است.

اهلِ دنیا زآن سبب اَعمی دل‌اند　　　شاربِ شورآبهٔ آب و گِل‌اند ۸۱۵

اینکه «اهلِ دنیا» یا «دنیادوستان» کوردل‌اند و ادراک باطنی ندارند، بدان سبب است که دلبستهٔ دنیا و خوشی‌های آن‌اند.

شور می‌دِه، کور می‌خر در جهان　　　چون نداری آبِ حیوان[۷] در نهان ۸۱۶

چون هیچ راهی به درک حقایق و عوالم غیبی نداشته‌ای؛ ولی تمایل به تملّق و تعظیم دیگران داری؛ پس از همان درک و فهمِ غلطِ خود به ساده‌دلان بده و گروهی را به دورِ خویش جمع کن.

با چنین حالت بقا خواهی و یاد　　　همچو زنگی در سیه‌رویی تو شاد ۸۱۷

با این همه جهل و دلبستگی‌های دنیوی، خواهان بقا و نام نیک هم هستی. تو همانند زنگیان به سیاهی‌هایِ خود دل خوش کرده‌ای.

---

۱ - **نادیده :** کسی که چشمش حقایق را نمی‌بیند و یا از درک حقیقت عاجز است، اهل دنیا.

۲ - تفاخر اهلِ دنیا به متاع دنیوی کوردلان را کورتر می‌کند، همان‌گونه که ادّعایِ مدّعیان ارشاد اثری منفی در مریدان ساده‌دل دارد و سبب گمراهیِ افزون‌ترشان می‌شود.　۳ - **مرغ کور :** کنایه از مریدانِ غافل و ساده‌دل.

۴ - **سیلابِ شور :** کنایه است از مدّعیان ارشاد که فاقد کمالات معنوی و روحانی‌اند و با تقلید از کاملانِ واصل و دزدیدن کلماتِ ایشان، ساده‌دلان را می‌فریبند و گمراه می‌کنند.　۵ - **کوری :** کور باطنی.　۶ - **عَمیٰ :** کوری.

۷ - **آب حیوان :** آب حیات، حیات سرمدی که با فنای در حق و بقای به حق برای کاملانِ واصل امکان‌پذیر می‌گردد، اینجا درک حقایق.

در سیاهی، زنگی زآن آسوده است   کو ز زاد و اصلْ زنگی بوده است ۸۱۸

اگر زنگی به سیاهی خرسند است از آن‌روست که اصل و ذاتش سیاه بوده.

آنکه روزی شاهد و خوش‌رُو بُوَد   گر سیه گردد، تدارک‌جو[1] بُوَد[2] ۸۱۹

کسی که روزی جمالی داشته است، اگر سیاه شود به فکر چاره‌ای می‌افتد.

مرغِ پَرَّنده چو مانَد در زمین   باشد اندر غصّه و درد و حَنین[3] ۸۲۰

پرنده اگر روی زمین بماند، غصّه می‌خورد و دردمند و نالان می‌شود.

مرغِ خانه بر زمین خوش می‌رود   دانه‌چین و شاد و شاطر[4] می‌دود ۸۲۱

امّا مرغِ خانگی از راه رفتن بر زمین خوشحال است، دانه بر می‌چیند و شاد و چابک می‌دَوَد.

زانکه او از اصلْ بی پرواز بود   و آن دگر پرّنده و پَرْ واز[5] بود[6] ۸۲۲

زیرا او ذاتاً قابلیّت پرواز را نداشته است؛ ولی پرنده توانایی پرواز و بال‌های گشاده دارد.

قالَ النبیُّ عَلیه السَّلام:[7]
اِرْحَمُوا ثَلاثاً، عَزیزَ قَوْمٍ ذَلَّ، وَ غَنیَّ قَوْمٍ اَفْتَقَرَ، وَ عالِماً یَلْعَبُ بِهِ الجُهّالُ

پیامبر(ص) گفت: بر سه کس رحم کنید: کسی که در میان مردم عزیز است و خوار می‌شود، توانگری که به ناتوانی و بینوایی می‌افتد و خردمندی که بازیچهٔ دست بی‌خردان می‌شود.

گفت پیغمبر که: رحم آرید بر   جانِ مَنْ کانَ غَنِیّاً فَافْتَقَرْ ۸۲۳

پیامبر(ص) گفت: بر جانِ کسی که توانگر بوده است و بینوا شده، رحم کنید.

---

۱ - **تدارک‌جو بودن**: به فکر چاره بودن.

۲ - انسانی که باطنی خوب داشته؛ امّا به سبب خطا و لغزش به تیرگی مبتلا شده است، باید به فکر چاره و توبه باشد. ۳ - **حَنین**: ناله. ۴ - **شاطِر**: چابک. ۵ - **پَرْ واز**: دارای بالِ گشوده، قادر به پرواز.

۶ - در این تمثیل، «اهل دنیا» به مرغ خانگی مانند شده که نه «اهل آسمان» است و نه «اهل دریا» و به همین دانه‌چینی‌های خُرد دلخوش است و ماندگار.

۷ - مقصود روایتی است تقریباً با همین مضمون که منسوب است به فُضیل بن عیاض: ر.ک. احادیث، ص ۴۴۳.

۸۲۴ **وَالَّذِي کانَ عَزیزاً فَاحْتَقَر اَوْ صَفِیّاً عالِماً بَیْنَ ألمُضَر**[۱]

بر کسی که عزیز بوده و خوار شده است و بر دانشمندی برگزیده که میان جاهلان باشد.

۸۲۵ **گفت پیغمبر که: با این سه گروه رحم آرید، ار ز سنگ‌اید و زکوه**[۲]

پیامبر(ص)گفت: هر قدر سنگدل باشید، باز هم باید به این سه گروه رحم کنید.

۸۲۶ **آنکه او بعد از رئیسی خوار شد وآن توانگر هم که بی‌دینار شد**

آن کس که بعد از سروری خوار شده و توانگری که بینوا شده است.

۸۲۷ **وآن سِوُم، آن عالمی کاندر جهان مُبتلا گردد میان ابلهان**

و سوم دانشمندی که در میان ابلهان گرفتار شده است.

۸۲۸ **زانکه از عزّت به خواری آمدن همچو قطع عُضو باشد از بدن**

زیرا سقوط از عزّت به ذلّت، همانندِ قطع کردن عضو از بدن است.

۸۲۹ **عضو، گردد مُرده کز تن وابرید نو بریده، جُنبد، امّا نی مَدید**[۳]

عضوی که به تازگی از تن جدا شده است، تا مدّتی حرکت می‌کند؛ امّا نه طولانی.

۸۳۰ **هر که از جام اَلَست**[۴] **او خورد پار**[۵] **هستش امسال**[۶] **آفتِ رنج و خمار**

کسی که از جام اَلست خورده باشد؛ یعنی با حقیقت آشنا باشد، در این جهان به رنج و خمار مبتلاست و آرامش ندارد.

۸۳۱ **وانکه چون سگ، ز اصلْ کَهدانی**[۷] **بُوَد کِی مر او را حرصِ سلطانی**[۸] **بُوَد؟**

کسی که ذاتاً پست است، هرگز شوقِ رسیدن به حقایق و مبدأ هستی را ندارد.

۸۳۲ **توبه او جوید که کرده است او گناه آه او گوید که گُم کرده است راه**

کسی که گناه و یا گمراهی خود را درک می‌کند، می‌کوشد به سویِ حق بازگردد و «توبه» یا «آه و ناله»اش نشانهٔ درک اوست.

---

۱ - **المضر** : نام قبیله‌ای در عرب جاهلی که به سفاهت شهره بودند؛ امّا اینجا به‌طور کُلّی اشاره به جاهلان است.
۲ - **ار ز سنگ اید وزکوه** : اگر بسیار سنگدل هستید. ۳ - **مَدید** : طولانی، کشیده شده.
۴ - **جام اَلَست** : قرآن: اعراف: ۱۷۲/۷، اشاره به پیوند خالق و مخلوق «روح عالی انسانی».
۵ - **پار** : پارسال، اینجا روز ازل. ۶ - **امسال** : مراد زندگی این جهانی است.
۷ - **کهدان** : کاهدان، کنایه از دنیا و امور مادّی و دنیوی که در تقابل با امور معنوی بسیار پست‌اند.
۸ - **سلطانی** : سلطنت معنوی، بازگشت به اصل.

قصّهٔ محبوس شدنِ آن آهوبچه در آخُرِ خران، و طعنهٔ آن خران بـر آن[1] غریب گاه به جنگ و گاه به تَسْخَر، و مبتلی گشتنِ او به کاهِ خشک که غذایِ او نیست، و این صفتِ بندهٔ خاصّ ِ خداست میانِ اهلِ دنیا و اهلِ هوا و شهوت، که «الإِسْلامُ[2] بَدَأَ غَریباً وَ سَیَعُودُ غَریباً فَطُوبیٰ لِلْغُرَباء»[3] صَدَقَ رَسولُ الله[4]

آهوبچه‌ای محبوسِ آخورِ خران شد و در قضایی که بر وی رفته بود، غریبانه هدف طعنه و تَسْخَر گاوان و خران قرار گرفت و به کاه خشک که غذای او نیست، مبتلا گردید.

این قصّه تمثیلی است طنزآمیز از بیان حالِ «عارف» که بندهٔ خاصّ خداست در میان «اهلِ دنیا» و «اهلِ شهوات» که جز محسوسات و ملموسات نمی‌بینند و نمی‌دانند؛ زیرا به بوی سرگین که نمادی از شهوات است خو گرفته‌اند؛ بنابراین ذوق و شوقِ حاصلِ از مُشک آهو را که رمزی از احوالات عارفان و سالکان است، در نمی‌یابند.

این قصّه در واقع تفسیری است عارفانه بر بخشی از روایتی که در **بیت ۸۲۳** آمد، آنجا سخن از عالِمی در میان جاهلان بود و اینجا سخن از حالِ عارف است در میان بی معرفتان.

آهـویی را کـرد صـیّادی شکـار — انـدر آخُـر[5] کـردش آن بـی‌زینهار[6] ۸۳۳

صیّادی آهویی را شکار کرد و با بی‌توجّهی او را به طویله انداخت.

آخُـری را پُـر زگـاوان و خـران — حبسِ آهو کـرد چـون اِستمگران ۸۳۴

ستمگرانه آهو را در طویله‌ای پر از گاو و خر محبوس کرد.

آهو از وحشت به هر سو می‌گریخت — او به پیشِ آن خران شب کاه ریخت ۸۳۵

آهو از وحشت و دلتنگی به هر طرف می‌دوید. صیّاد شبانگاه برای خران کاه ریخت.

از مَجاعت[7] و اشتها هر گاو و خـر — کاه را مـی‌خورد خـوشتر از شَکَـر ۸۳۶

گاوان و خران از گرسنگی و با اشتها کاه‌ها را لذیذتر از شکر می‌خوردند.

---

۱ - «بر آن» را بعداً افزوده‌اند.

۲ - مراد از «اسلام»، تسلیمِ ارادهٔ حق بودن و بندگیِ خداست که این مقامِ شامخ جز از ایمانِ حقیقیِ کاملانِ واصل انتظار نمی‌رود. و اینکه فرموده است: «...و همچنان غریب خواهد ماند»، یادآور غریبیِ شمس نیز هست. «خود غریبی در جهان چون شمس نیست»: ر.ک: ۱۱۹/۱.

۳ - «اسلام غریبانه آغاز شد و همچنان غریب خواهد ماند، خوشا به حال غریبان» رسول خدا راست گفت.

۴ - مأخذ آن را «امثال سایر» دانسته‌اند که از بسط و توسعهٔ آن این قصّه در افواه رواج یافته است.

۵ - **آخُر** : آخور: طویله. ۶ - **بی زینهار** : بی رحم، بی توجّه. ۷ - **مَجاعت** : گرسنگی.

گـاه آهـو مـی‌رمید از سـو بـه سـو گـه ز دود و گَـردِ کَـهْ مـی‌تافت رُو ۸۳۷

آهو گاه از سویی به سویی می‌رمید و گاه از دود و غبارِ کاه روی بر می‌گردانید.

هر که را با ضـدِّ خـود بگـذاشـتند آن عقوبت را چـو مـرگ انگـاشتند ۸۳۸

هر کسی را که با ضدّ خود نگه دارند، آن شکنجه و عذاب را مرگبار دانسته‌اند.

تـا سـلیمان گـفت کاَن هُـدهُد اگـر هَــجر را عــذری نگــوید مُـعتبر [1] ۸۳۹

چنانکه سلیمان(ع) گفته بود: اگر هُدهُد برای عدمِ حضورش عذری قابل قبول نداشته باشد،

بُکْشَمَش، یا خود دهم او را عذاب یک عذاب سختِ بیرون از حساب ۸۴۰

می‌کشمش یا عذابش می‌دهم، شکنجهٔ سختی که بیرون از حساب باشد.

هان! کدام است آن عذاب ای مُعْتَمَد؟ در قفص بودن به غـیرِ جـنسِ خَـود ۸۴۱

ای انسان مورد اعتماد، آن عذابِ بیرون از حساب چیست؟ در قفس بودن با غیر از همجنسِ خود است.

زیـن بـدن انـدر عـذابی ای بشـر! مرغِ روحت [2] بسته با جـنسی دگـر ۸۴۲

ای انسان، عذابی که در زندگیِ این جهانی متحمّل می‌شوی برای آن است که پرنده‌ای آسمانی با مرغِ خانگی در یک قفس‌اند.

روحْ بــاز است [3] و طـبایعْ [4] زاغ‌هـا دارد از زاغــان و جُـغدان داغ‌هـا [5] ۸۴۳

«روحِ انسانی»، همانندِ بازِ بلند پروازی است که با سرشتِ بشری و پستی‌ها سنخیّتی ندارد.

او بــــمانده در مـــیانْشان زارِ زار هـمچو بـوبکری بـه شـهرِ سـبزوار ۸۴۴

او در میان آنان، همانندِ ابوبکری است که در شهر سبزوار گیر کرده است.

---

۱ - اشاره است به تفسیر آیهٔ ۲۱ سورهٔ نمل که بر اساس آن سلیمان(ع) در سرزمین نمل نگاهی به جمع پرندگان می‌کند و چون هُدهُد را در میان آنان نمی‌بیند، می‌گوید: اگر عذر قابل قبولی نداشته باشد، او را می‌کُشد یا عذاب می‌کند. مفسّران در تفسیر آن نوشته‌اند: هُدهُد را مجبور می‌کنم تا با غیر همجنس خود در قفس همنشین شود. این امر یادآور سخن حافظ است: روح را صحبت ناجنس عذابی است الیم: ر.ک. احادیث، ص ۴۴۴.

۲ - روح از اعلیٰ علّیّین و عالم امر، تن از اسفل السّافلین و عالم مادّه.

۳ - اشاره است به قصّهٔ بازی که در میان جغدان افتاده بود. ر.ک: ۱۱۳۵/۲.

۴ - **طبایع** : جمع طبیعت: اینجا سرشت بشری. ۵ - از زاغ‌ها و جغدها داغ‌ها بر دل دارد؛ یعنی در رنج است.

حکایتِ محمّدِ خوارزمشاه که شهرِ سبزوار، که همه رافضی[1] باشند، به جنگ بگرفت، امانِ جان خواستند، گفت: آنگه امان دهم که از این شهر پیشِ من به هدیه ابوبکر نامی بیارید[2]

سلطان محمّد سبزوار را محاصره کرد و سپاهیانش به قتل عام خلق پرداختند. مردم از بیم جان و غارت امان خواستند و پذیرفتند که هرگونه خراجی را که شاه بخواهد بپردازند؛ امّا سلطان به عنوان پیشکش فقط خواهان ابوبکر نامی از مردم سبزوار شد. در تمام سبزوار که مردمِ آن از دیرباز شیعه بودند، یافتن مردی به این نام سخت دشوار و غیر ممکن می‌نمود؛ امّا پس از جست‌وجوی بسیار ابوبکری را یافتند که مسافری غریب بود و زار و نزار در کُنجی خراب افتاده بود و یارای حرکت نداشت. مردم برای بردن او به نزد سلطان ناچار شدند وی را بر تختهٔ مُرده‌کشان بِنَهند و به خدمت شاه ببرند.

در این داستان «سرّ قصّه» آن است که سلطانِ مُلکِ هستی از ساکنانِ عالمِ محسوسات که سبزوار شیعی مذهب نمادی از آن به شمار می‌آید، خواهانِ **«دل»** است، دلی که جایگاه حق و منظورِ نظرِ او باشد و عارفی که صاحبدل است در دنیای محسوسات که حقایق در آن بس نهان‌اند، جز نزار و بی مقدار نیست. هرچند که چنین صاحبدلی را اتّصالی است با دریای کُلّ، بی چون و چگونه، اتّصالی که نگنجد در کلام.

این تمثیل سطح واقعیّت را می‌کاود و عمق را بیرون می‌کشد و نیرویِ خیر راکه استغراق در عالمِ حسّ مانع از مشاهدهٔ آن است بر آدمی مکشوف می‌دارد.

---

1 - **رافضی** : رَفْض در لفظ به معنی ترک یا رد کردن و یا رها کردن است. شیعه را «رافضی» می‌گفتند؛ چون در امر [illegible] (ص) [illegible]

۲ - هرچند که اصل قصّهٔ محاصره سبزوار جنبهٔ تاریخی دارد و سلطان محمّد در سنهٔ ۵۸۲ هجری این شهر را در محاصره‌ای سخت انداخت؛ امّا آن‌گونه که عطا ملک جوینی مورّخ عصر خاطر نشان می‌کند، در این واقعه با وساطت یکی از مشایخ شهر به نام احمد بدیلی که از ابدال زمانه بود، جان خلق در امان ماند و اینکه سلطان ابوبکر نامی را از اهالی شهر هدیه خواسته باشد، در این روایت نیست و ممکن است آن را به قرینهٔ تشیّع اهل سبزوار از روی ضرب‌المثل مشابه «عُمر در شهر کاشان» که در مثنوی نیز بدان اشارت هست، ساخته و با داستان محاصرهٔ سبزوار و وساطت یک تن از مشایخ به هم پیوسته باشند. نظیر این قصّه قبل از مولانا دربارهٔ شیعهٔ قم نیز نقل می‌شده و ذکری که یاقوت از این ابوبکر قم دارد، نشان می‌دهد که قصّه به خوارزمشاه هم مربوط نیست و مولانا که به سِرّ قصّه بیش از صورت آن اهمّیّت می‌دهد، به جنبهٔ تاریخی آن چندان اعتنایی نکرده است؛ زیرا غَرَض از بیان این حکایات تمثیلی و رمزآمیز شرح نکات و رموز عرفانی است: جهانگشای جوینی: ر.ک. احادیث، ص ۴۴۵ و معجم البلدان، ج ۷، ص ۱۶۰: ر.ک. همان، که در ارتباط است با حاکمی سنّی و متعصّب که بر مردم قم حکومت یافت و از خلق که به سبب کینه‌ای که با خلفا داشتند، هرگز فرزندان خود را به نام ایشان نامگذاری نمی‌کردند، خواهان فردی از میان مردم به نام خُلفا شد که سرانجام تهیدستِ پابرهنهٔ کورِ زشتی را که غیر بومی هم بود، یافتند. حاکم خشمگین شد و به ناسزاگویی پرداخت. در این میان بذله‌گویی فریاد زد: ای حاکم، هر کاری می‌خواهی بکن، اصلاً آب و هوای این شهر فردی را با این نام بهتر از این نمی‌پرورَد.

شد محمّد اَلْپ اُلُغ[1] خوارزمشاه — در قِتالِ[2] سبزوارِ پُر پناه[3] ۸۴۵

سلطان محمّد خوارزمشاه به سبزوار که امن بود، حمله کرد و قصد قتل عام مردم را داشت.

تنگشان آورد لشکرهایِ او — اِسْپَهَش افتاد در قتلِ عَدُو[4] ۸۴۶

سپاهیانش مردم را در تنگنا قرار دادند و کثیری از آنان را کشتند.

سجده آوردند پیشش کَالاَمان — حلقه‌مان درگوش کن، وابَخش جان ۸۴۷

اهالی سبزوار خاضعانه از شاه خواستند که ما را امان بده، بگذار بنده‌ات باشیم و غلامی کنیم.

هر خراج[5] و صِلَتی[6] که بایدت — آن ز ما هر موسِمی افزایدت ۸۴۸

هر قدر مالیات و هدیه بخواهی به موقع می‌دهیم و حتّی بیش از آن را.

جانِ ما آنِ تو است ای شیرخو! — پیش ما چندی امانت باش گو[7] ۸۴۹

ای شیر صفت، جان ما در دست توست. امان بده.

گفت: نَرْهانید از من جانِ خویش — تا نیاریدم ابوبکری به پیش ۸۵۰

سلطان گفت: تا ابوبکر نامی را به نزد من نیاورید، از دستم جان سالم به در نمی‌برید.

تا مرا بوبکر نام از شهرتان — هدیه نارید، ای رمیده[8] امّتان[9]! ۸۵۱

ای شیعیان، تا ابوبکر نامی از شهرتان به عنوان هدیه به نزدم نیاورید،

بِدْرَوَمْتان[10] همچو کِشت ای قومِ دون! — نه خراج اِستانم و نه هم فسون[11] ۸۵۲

ای فرومایگان، شما را همانند کِشت درو می‌کنم. نه خراج می‌خواهم و نه گول می‌خورم.

بس جوالِ زر کشیدندش به راه[12] — کز چنین شهری ابوبکری مخواه ۸۵۳

مردم کیسه‌های طلا بردند و گفتند: از سبزوارِ شیعه‌نشین، خواهان ابوبکر نباش.

---

۱ - **اَلْپ اُلُغ**: قهرمان بزرگ، دلاور بزرگ. ۲ - **قِتال**: جنگ، قتل عام. ۳ - **پر پناه**: امن، دارای امنیّت.
۴ - **عَدُوّ**: دشمن. ۵ - **خَراج**: مالیات. ۶ - **صِلَة**: هدیه.
۷ - جانی را که مالِ توست، اجازه بده مدّتی به امانت نزد ما باشد؛ یعنی ما را نکش، امان بده.
۸ - **رمیده**: همان «ترک کننده» یا «رهاکننده»، رافضی، شیعه. ۹ - **رمیده امّتان**: شیعیان.
۱۰ - **بِدْرَوَمْتان**: شما را درو می‌کنم. ۱۱ - **فسون**: نیرنگ، افسون.
۱۲ - **کشیدندش به راه**: بر سر راهش آوردند.

کِی بُوَد بوبکر اندر سبزوار؟ یا کُلوخِ خشک اندر جویبار؟ ۸۵۴

در سبزوار ابوبکر وجود ندارد، همان طور که کلوخِ خشک در جویبار یافت نمی‌شود.

رُو بتابید از زر و گفت: ای مُغان[1] تا نیاریدم ابوبکر ارمغان ۸۵۵

سلطان طلاها را نپذیرفت و گفت: ای کافران، تا ابوبکر نامی را به هدیه اینجا نیاورید،

هیچ سودی نیست، کودک نیستم تا به زرّ و سیم حیران بیستم ۸۵۶

فایده‌ای ندارد. کودک نیستم که گول سیم و زرّ شما را بخورم.

تا نیاری سجده، نَرهی ای زبون! گر بپیمایی تو مسجد را به کون ۸۵۷

ای فرومایه، نشستن تو در مسجد، بی آنکه دلت ساجد باشد ارزشی ندارد.

مُنهیان[2] انگیختند از چپّ و راست کاندر این ویرانه بوبکری کجاست؟ ۸۵۸

مردم سبزوار به هر طرف مأمورانی را فرستادند تا ابوبکر نامی را بیابند.

بعدِ سه روز و سه شب که اِشتافتند یک ابوبکری، نزاری، یافتند ۸۵۹

بعد از سه شبانه روز جست‌وجو، یک ابوبکر زار و نزاری را پیدا کردند.

رَه‌گذر[3] بود و بمانده از مَرَض[4] در یکی گوشهٔ خرابه پُر حَرَض[5] ۸۶۰

این ابوبکر مسافری بود که به سبب بیماری آنجا مانده و در خرابه‌ای در حال مرگ بود.

خفته بود او در یکی کُنجی خراب چون بدیدندش، بگفتندش: شتاب ۸۶۱

او درگوشهٔ ویرانه‌ای خوابیده بود. تا او را دیدند، گفتند: بشتاب.

خیز که سلطان تو را طالب شده‌ست کز تو خواهد شهر ما از قتل رَست ۸۶۲

برخیز که سلطان خواهان توست و به سبب وجودت شهر ما از قتل عام نجات خواهد یافت.

گفت: اگر پایم بُدی یا مَقدَمی[6] خود، به راهِ خود، به مقصد رفتمی ۸۶۳

گفت: اگر پایی داشتم و می‌توانستم قدمی بردارم، به راهم ادامه می‌دادم و نمی‌ماندم.

---

۱ - **مُغان**: جمع مُغ به معنی زرتشتی؛ امّا اینجا مطلق کافر و بی دین. ۲ - **مُنهیان**: جمع مُنهی، خبرچین.

۳ - **رَه‌گذر**: مسافر. ۴ - **مرض**: بیماری. ۵ - **حَرَض**: هلاک شدن از بیماری یا درد و اندوه.

۶ - **مَقدم**: وارد شدن، توانایی قدم برداشتن.

اندر این دُشمن‌کده[۱] کِی ماندمی؟ سویِ شهرِ دوستان[۲] می‌راندمی ۸۶۴
چگونه در این شهر که پر از دشمنان است، می‌ماندم، قطعاً به شهر یاران می‌رفتم.

تختهٔ مُرده‌کشان[۳] بِفْراشتند وآن ابوبکر مرا[۴] برداشتند ۸۶۵
تابوتی آوردند و ابوبکر را درون آن قرار دادند.

سویِ خوارَمشاه، حمّالان کشان می‌کشیدندش که تا بیند نشان ۸۶۶
حمل کنندگان، تابوت را به سرعت می‌بردند تا به سلطان برسانند که او را ببیند.

سبزوار است این جهان، و مردِ حق اندر این جا ضایع است[۵] و مُمْتَحَق[۶] ۸۶۷
این جهان، همانند سبزوار است و «مردِ حق» در آن بی‌قدر و بی‌اعتبار.

هست خوارمشاه یزدانِ جلیل دل همی خواهد از این قومِ رذیل ۸۶۸
در این قصّه، خوارزمشاه نمادی از حق است که از این مردم بی ایمان، «دل» می‌خواهد.

گفت: لا یَنْظُرْ اِلی تَصْویرِکُم فَابْتَغُوا ذَاالقَلْبِ فی تَدبیرِکُم[۷] ۸۶۹
پیامبر(ص) گفت: خداوند به ظاهر شما نمی‌نگرد؛ پس اگر در راه حق تدبیری می‌کنید، صاحب دلی بجویید.

من ز صاحب دل کنم در تو نظر نه به نقشِ سجده و ایثار زر ۸۷۰
خداوند می‌فرماید: از طریق صاحبدل به تو می‌نگرم نه به سجده «تعظیم و تکریم» و یا انفاقِ مال.

تو دلِ خود را چو دل پنداشتی جُست و جُویِ اهلِ دل بگذاشتی[۸] ۸۷۱
اشتباه تو این است که خود را صاحبدل پنداشته و از «اهل دل» بی نیاز دانسته‌ای.

دل، که گر هفصد چو این هفت آسمان[۹] اندر او آید، شود یاوه و نهان ۸۷۲
دلِ «اهلِ دل» چنان عظمتی دارد که تمام کاینات در آن گُم است.

---

۱ - **دشمن‌کده:** اینجا مراد شهر سبزوار است که شیعی مذهب بودند.
۲ - **شهر دوستان:** شهری که سنّی باشند. ۳ - **تختهٔ مرده‌کشان:** تابوت یا تخته‌ای همانند آن.
۴ - **ابوبکر مرا:** ابوبکر قصّهٔ مرا. ۵ - **ضایع:** تباه، بی قدر.
۶ - **مُمْتَحَق:** در محاق شده، در تاریکی، بی اعتباری. ۷ - اشاره به حدیث: ر.ک: ۱۷۶۱/۲.
۸ - این عضو صنوبری که در سینه‌ات می‌تپد؛ چون به نورِ حق منوّر نشده، از دیدگاه عارفان «دل» نیست، «آب و گِل» است. ۹ - مصراع اوّل؛ هفتصد برابر این هفت آسمان، یعنی همهٔ آسمان و زمین، کاینات.

این چـنین دل ریـزه‌ها را دل مگـو سـبزوار[1] انـدر، ابـوبکری[2] بـجو ۸۷۳

این دل‌های حقیرِ عاری از نور معرفت، دل نیست. جویای مرد حق باش.

صـاحبِ دل آیـنهٔ شش‌رُو شـود[3] حق از او در شش جهت ناظر بُـوَد ۸۷۴

«صاحبدل» یا «عارف» کسی است که حق از لامکان به او توجّه دارد.

هر که اندر شش جهت[4] دارد مَقَر[5] نَکْنَدَش بـی واسـطهٔ او[6] حـق نـظر ۸۷۵

پروردگار فقط از طریقِ مردِ حق به هر کس که در تمامِ این هستیِ ظاهری هست، نظر می‌کند.

گـر کـند رَد از بـرای او کـند ور قـبول آرَد هـمو بـاشد سَـنَد[7] ۸۷۶

ردّ و قبولِ هر کس، منوط به ردّ و قبولِ انسانِ کامل است.

بـی از او نَـدْهد کسـی را حـق نَـوال[8] شمّه‌یی[9] گفتم من از صاحب وِصال[10] ۸۷۷

بهره و نصیبی که به هر کس می‌رسد، فقط از طریق انسان کامل است. اندکی از عظمتِ او را بیان کردم.

موهبت[11] را بر کفِ دستش نـهد[12] وز کَفَش آن را به مرحومان[13] دهـد ۸۷۸

خداوند مواهب را در اختیار انسان کامل قرار می‌دهد تا او به کسانی که مورد رحمت‌اند برساند.

بـا کَـفَش[14] دریـایِ کُـل را اتّـصال هست بی چون و چگونه و بر کمال ۸۷۹

دستِ مردِ خدا «ارادهٔ مردِ حق»، اتّصالی کامل با هستیِ مطلق دارد که بی چون و چگـونه است؛ یعنی کمّیّت و کیفیّت‌پذیر نیست.

اتّـصالی کـه نگـنجد در کـلام گـفتنش تکـلیف بـاشد، و السَّـلام ۸۸۰

اتّصال و ارتباطی که کلمات قادر به شرح آن نیستند. این را هم که گفتم، فقط تکلیف است و بس. والسّلام.

---

۱ - **سبزوار**: کنایه از عالم حسّ، عالم مادّی. ۲ - **ابوبکر**: اینجا کنایه از مرد حق که دارای دلِ دلین باشد.

۳ - **آینهٔ شش رو شود**: همانند آینه‌ای شش رویه است؛ یعنی دلش خارج از جهات ششگانه به حق توجّه دارد و حق هم از همه سو به او ناظر است از لامکان. ۴ - **اندر شش جهت**: در عالم حسّ، هستیِ ظاهری.

۵ - **مَقَرّ**: قرارگرفتن. ۶ - **او**: اشاره به انسان کاملِ واصل. ۷ - **سند**: تکیه‌گاه.

۸ - **نَوال**: بهره، نصیب. ۹ - **شِمَّة**: کم، اندک. ۱۰ - **صاحب وصال**: انسان کامل.

۱۱ - **موهبت**: مَوْهِبَة: عطا. ۱۲ - **بر کف دستش نهد**: کفِ دستش می‌گذارد، در اختیارش قرار می‌دهد.

۱۳ - **مرحومان**: کسانی که مورد رحمت‌اند. ۱۴ - **کَفَش**: کف دستش.

صد جوالِ[1] زر بیاری، ای غَنی! حق بگوید: دل بیار ای مُنحنی[2]! ۸۸۱

ای توانگر، هر قدر زر بیاوری ثمری ندارد، حق می‌گوید: ای بیچاره، دل بیاور.

گر ز تو راضی‌ست دل[3]، من راضی‌ام ور ز تو مُعرِض[4] بُوَد، اِعراضی‌ام ۸۸۲

اگر دلِ مردِ حق از تو راضی باشد، من از تو راضی‌ام و اگر ناراضی باشد، ناراضی‌ام.

ننگرم در تو، در آن دل بنگرم تحفه او را آر، ای جان! بر دَرَم ۸۸۳

نگاه و توجّه من به تو نیست، به آن دل است. ای عزیز، آن دل را به درگاه من هدیه بیاور.

با تو او چون است؟ هستم من چنان زیرِ پایِ مادران باشد جِنان[5] ۸۸۴

همان‌طور که بهشت زیر پای مادران است؛ یعنی رضایتِ آنان شرطِ رسیدن به بهشت است، من هم با تو همانم که اوست.

مادر و بابا و اصلِ خلق اوست[6] ای خُنُک آن‌کس که داند دل ز پوست ۸۸۵

اصل و تبار همه از اوست؛ یعنی در اتّصال کامل با هستیِ مطلق است. خوشا به حال کسی که بتواند حقیقتِ دل را از ظاهر آن باز شناسد.

تو بگویی: نک، دل آوردم به تو گویدت: پُرّ است از این دل‌ها قُتُو[7] ۸۸۶

تو خواهی گفت: اینک دل آورده‌ام. حق می‌گوید: دنیا پر از این دل‌هاست.

آن دلی آور که قطبِ عالم[8] اوست جانِ جانِ جانِ جانِ آدم اوست ۸۸۷

دلِ انسانِ کاملِ واصل را بیاور که اصل و حقیقتِ هستی است.

از برای آن دلِ پر نور و بِر[9] هست آن سلطانِ دل‌ها منتظر ۸۸۸

پروردگار در انتظار آن دل منوّر و پُر خیر است.

---

۱ - **جوال**: کیسه. ۲ - **منحنی**: درمانده، بیچاره. ۳ - **دل**: مراد دلِ انسان کاملِ واصل است.

۴ - **مُعْرِض**: اعراض کننده، روی برگرداننده، ناراضی.

۵ - مقتبس است از این حدیث: اَلْجَنَّةُ تَحْتَ أَقدَامِ ٱلأُمَّهَاتِ: بهشت زیر پای مادران است: ر.ک. احادیث، ص ۴۴۶.

۶ - **او**: انسان کامل.

۷ - **قُتُو**: قوطی، ر.ک. سرّنی، دکتر زرّین‌کوب، ج ۱، ص ۲۲۳. شهری در ترکستان بوده است: مثنوی، دکتر استعلامی، تعلیقات ج ۵، ص ۲۶۳. اینجا کنایه از دنیا. ۸ - **قطب عالم**: بالاترین مرتبهٔ اولیای حق.

۹ - **بِرّ**: خیر، اینجا واسطهٔ فیض.

تـو بگـردی روزهـا در سبزوار[۱] آنـچنان دل را نـیابی ز اعـتبار[۲] ۸۸۹

اگر روزهای متوالی در این دنیا بگردی، چنان دلی را نمی‌توانی بیابی.

پس دلِ پـژمردهٔ پـوسیده جـان بر سرِ تـخته نـهی، آن سو کشـان ۸۹۰

سرانجام دلِ تاریکِ عاری از معرفت را بر تختهٔ مُرده‌کشان می‌گذاری و می‌بری.

کـه: دل آوردم تـو را ای شـهریار! بِهْ از ایـن، دل نَـبْوَد انـدر سـبزوار ۸۹۱

می‌گویی: ای شهریار، دل آوردم، در دنیا بهتر از این نبود.

گویدت: این گورخانه است ای جَری[۳]؟ کـه دلِ مـرده بـدینجا آوری؟ ۸۹۲

حق می‌گوید: ای گستاخ، مگر پیشگاه حق قبرستان است که دلی مُرده را آورده‌ای؟

رو، بیاور آن دلی کو شاه‌خُوست[۴] که امـانِ سبزوارِ کَـوْن[۵] از اوست ۸۹۳

برو و دلی را بیاور که به نورِ حق «حیّ» باشد؛ زیرا کاینات به برکتِ وجودِ او امان می‌یابند.

گویی: آن دل زین جهان[۶] پنهان بُوَد زانکه ظلمت با ضـیا[۷] ضـدّان بُـوَد ۸۹۴

می‌گویی: چنان دلی را «اهلِ دنیا» نمی‌توانند بشناسند؛ زیرا «نور» با «ظلمت» در تضادند.

دشـمنیِ آن دل از روزِ اَلَست سـبزوارِ طـبع[۸] را مـیراثـی است ۸۹۵

دشمنی با آن دل یا «حقیقت» از روزِ ازل در سرشتِ «وجهِ مادّیِ نَفْسِ» آدمی به ودیعه نهاده شده است.

زانکه او باز است[۹] و، دنیا شهرِ زاغ دیـدنِ نـاجنسْ بـر نـاجنس داغ ۸۹۶

زیرا آن دل، همانندِ باز است و دنیا محلِّ زندگیِ زاغان. زاغ نمی‌تواند «باز» را ببیند.

ور کـند نـرمی، نـفاقی[۱۰] مـی‌کند زِاسـتمالت[۱۱] اِرتـفاقی[۱۲] مـی‌کند ۸۹۷

اگر نرمی و ملایمت کند، صادقانه نیست. دلجویی‌اش سازشکارانه است.

مـی‌کند، آری، نـه از بـهرِ نـیاز تـا کـه نـاصح کَم کـند نُصحِ دراز ۸۹۸

اگر «بلی» بگوید، از روی نیاز و تسلیم در راه حق نیست؛ بلکه برای آن است که مرد حق اندرزگویی را کوتاه کند.

---

۱ - **سبزوار :** کنایه از دنیا. ۲ - **مصراع دوم:** با نگریستن به این دنیا نمی‌توانی بیابی. ۳ - **جَری :** گستاخ.
۴ - مصراع اوّل؛ دلی که زنده یا حیّ باشد و صفات حق در آن متجلّی.
۵ - **سبزوارِ کَوْن :** کاینات، جهانِ هستی. ۶ - **زین جهان :** از اهلِ دنیا. ۷ - **ضیا :** نور ذات.
۸ - **سبزوارِ طبع :** سرشت طبیعی یا وجه مادّی نَفْسِ آدمی به سبزوار مانند شده؛ زیرا نَفْس در صمیمِ ذاتش «نارِ معنوی» است. ۹ - اشاره به قصّهٔ گرفتار شدن باز در میان جغدان: ر.ک: ۱۱۳۵/۲. ۱۰ - **نفاق :** دورویی.
۱۱ - **استمالت :** دلجویی. ۱۲ - **ارتفاق :** رفق و مدارا، سازش.

زانکه ایـن زاغِ خَس ِ مُـردارْجُـو[1]　　صد هزاران مکـر دارد تُـو بـه تُـو[2] ۸۹۹

زیرا «وجهِ مادّیِ نَفْس» اهلِ دنیا بیش از حدّ مکّار است.

گـر پـذیرند آن نـفاقش را، رهـید　　شد نـفاقش عـینِ صـدقِ مُسـتفید[3] ۹۰۰

اگر مردِ حق «اهل دل»، «بلی» و تأییدِ منافقانهٔ او را بپذیرد، نجات می‌یابد و نفاقش به صدق و اعتقاد بَدَل می‌گردد.

زانکه آن صاحب‌دلِ بـا کـرّ و فـر[4]　　هست در بـــازارِ مـا مـعیوبْ‌خر ۹۰۱

زیرا آن صاحبدلِ با احتشام در این دنیا جویا و خریدار همین دل‌هایِ معیوب و ناقص است.

صاحبِ دل جو اگر بی‌جان نه‌ای[5]　　جنس ِ دل شو گر ضِدِ سلطان نه‌ای ۹۰۲

اگر انسانِ آگاهی هستی و «حقایق» را انکار نمی‌کنی، صاحبدلی را بجو تـا بـه امـدادِ او بتوانی عوالمِ غیبی را درک کنی.

آنکه زَرقِ او خوش آیـد مـر تـو را　　آن ولیِّ توست، نـه خـاص ِ خـدا[6] ۹۰۳

مکر و ریای هر کس را که می‌پسندی، ولیِّ توست، «ولیّ» خدا نیست.

هر که او بر خُو و بر طبعِ تو زیست　　پیش ِ طبعِ تو ولی است و نبی‌ست ۹۰۴

هر کس که موافق خصلت و خُوی تو رفتار کند، در نظرت ولیِّ خدا و پیامبر است.

رو، هـوا[7] بگـذار، تـا بـویت شـود[8]　　و آن مشامِ خوش[9] عَبَرجویت[10] شود ۹۰۵

هوایِ نفس را رها کن تا بویی از حقیقت را دریابی و این ادراکِ باطنی، جویایِ حقایق شود.

از هـوارانــی[11] دمـاغت[12] فـاسد است　　مُشک و عَنبر[13] پیش‌مغزت‌کاسد[14] است ۹۰۶

در اثر پیروی از هوایِ نفس، ادراک باطنی‌ات از کار افتاده و بویِ حقایق را ناخوشایند می‌دانی.

---

۱ - **زاغِ خس ِ مُردارْجو** : زاغِ پست لاشه‌جو، کنایه از «وجهِ مادّیِ نفس».

۲ - **تُو بِه تُو** : لایه به لایه، تُو در تُو، خیلی زیاد.　　۳ - **صدقِ مستفید** : صدق فایده‌بخش، اعتقادِ صادقانه.

۴ - **کرّ و فرّ** : باشکوه و پر جلال.　　۵ - **بی جان نه ای** : بی جان نیستی، اگر از آگاهی برخورداری.

۶ - مُراد آنکه: هر کس را که تو فکر می‌کنی صاحبدل و خاصّ خداست، الزاماً نیست.　　۷ - **هوا** : هوای نفس.

۸ - **بویت شود** : بویی از حقیقت به مشامِ جانت برسد.　　۹ - **مشامِ خوش** : ادراک باطنی.

۱۰ - **عَبَرجُو** : «عَبَر» به معنی «عبیر» به کار رفته، جویندهٔ بویِ عبیر، جویندهٔ بویِ خوشِ حقیقت.

۱۱ - **هوارانی** : هوس‌رانی.　　۱۲ - **دِماغ** : مغز، اینجا ادراک.　　۱۳ - **مُشک و عَنبر** : کنایه از حقایق.

۱۴ - **کاسد** : تباه.

حد ندارد این سخن، و آهوِی ما — می‌گریزد اندر آخُر جا به جا ۹۰۷

این سخن پایانی ندارد و آهوی ما در طویله از سویی به سویی می‌گریزد.

بقیّهٔ قصّهٔ آهو و آخُرِ خران

روزها آن آهوِی خوش‌نافِ نر[1] — در شکنجه بود در اصطبلِ خر ۹۰۸

آن آهوی نر که نافه‌ای خوشبو و معطّر داشت، روزها در آخور خران در عذاب بود.

مضطرب، در نَزع[2] چون ماهی ز خُشک — در یکی حُقّه[3] معذّب[4]، پُشک و مُشک[5] ۹۰۹

همانندِ ماهی که به خشکی افتاده باشد یا مُشک و پُشکی که یک جا باشند.

یک خرش گفتی که: ها! این بوالوُحوش[6] — طبعِ شاهان دارد و میران، خموش! ۹۱۰

یکی از خران به دیگران می‌گفت: هان، ساکت که این موجودِ وحشی طبعِ بلندی دارد.

و آن دگر تَسْخَر زدی کز جَرّ و مَد[7] — گوهر آورده‌ست، کِی ارزان دهد؟ ۹۱۱

خر دیگری با تمسخر می‌گفت: این حیوان در اثر کوشش گوهری به دست آورده است که آن را ارزان نمی‌دهد.

و آن خری گفتی که: با این نازکی[8] — بر سریرِ[9] شاه شو، گُو، مُتّکی ۹۱۲

خر دیگری می‌گفت: با ظرافتی که تو داری فقط باید به تخت شاه تکیه بزنی.

آن خری شد تُخمه[10]، وز خوردن بماند — پس به رسمِ دعوت آهو را بخواند ۹۱۳

خر دیگری که پرخوری کرده و شکمش سنگین شده بود، آهو را دعوت به خوردن کرد.

سر چنین کرد او که: نه، رو ای فلان! — اشتهاام نیست، هستم ناتوان ۹۱۴

آهو سری تکان داد و گفت: نه. فلانی برو. نمی‌خورم. اشتها ندارم. مریض هستم.

---

۱ - **آهوِی خوش نافِ نر** : کنایه از عارف، سالکِ آگاه که در کنارِ «اهل دنیا» که نزد «اهلِ معرفت» نماد آن اصطبلِ خران است، آزار می‌بینند. ۲ - **نَزع** : جان کندن. ۳ - **حُقّه** : قوطی. ۴ - **مُعذّب** : در عذاب.
۵ - **پُشک و مُشک** : پشکل و مُشک، دو چیز متناقض، خوب و بد.
۶ - **بوالوُحوش** : پدرِ جانوران، موجودِ وحشی. ۷ - **جرّ و مد** : جزر و مدّ دریا، اینجا سلوکِ عارفانه.
۸ - **نازک** : لطیف، ظریف. ۹ - **سریر** : تخت سلطنت. ۱۰ - **تُخْمَة** : پرخوری.

گفت: می‌دانم که نازی می‌کنی　　یا ز ناموس[۱] احترازی می‌کنی ۹۱۵

خرگفت: می‌دانم که ناز می‌کنی یا برای حفظِ ظاهر نمی‌خوری.

گفت او با خودکه: آن طعمهٔ تُو است　　که از آن اجزایِ تو زنده و نو است ۹۱۶

آهو با خودگفت: آن غذایِ توست، اجزای بدنت با آن زنده و شاداب است.

مـن اَلیـفِ[۲] مَـرغزاری[۳] بـوده‌ام　　در زلال و روضـه‌ها[۴] آسـوده‌ام ۹۱۷

من به علفزار خو گرفته‌ام و در کنار چشمه‌ها و باغ‌ها آرامش داشته‌ام.

گر قضا[۵] انداخت ما را در عذاب　　کِی رود آن خو و طبع مُستطاب[۶]؟ ۹۱۸

هرچند که مشیّت الهی ما را به درد و رنج مبتلا کرده است؛ امّا خو و سرشتِ پاک را داریم.

گر گدا گشتم[۷]، گداروکِی شوم؟　　ور لباسم کهنه گردد، من نوم ۹۱۹

اگر گدا شده‌ام، گدا صفت نیستم. اگر ظاهرم فرسوده شود، باطنم طراوت دارد.

سنبل و لاله و سِپَرْغم[۸] نیز هم　　با هزاران ناز و نفرت خورده‌ام ۹۲۰

من سنبل و لاله و ریحان را هم با هزاران ناز و بی‌میلی می‌خوردم.

گفت: آری، لاف می‌زن[۹]، لاف، لاف　　در غریبی بس توان گفتن گزاف[۱۰] ۹۲۱

خرگفت: آری، خودستایی کن؛ زیرا در غربت می‌توان خود را بسیار ستود.

گفت: نافم خود گواهی می‌دهد[۱۱]　　منّتی بر عود و عنبر می‌نهد ۹۲۲

آهو گفت: نافِ من شاهدِ این ادّعاست که از عود و عنبر نیز معطّرتر است.

---

۱ - **ز ناموس**: برایِ آبرو، برای حفظِ ظاهر.　　۲ - **أَلِیْف**: الفت گیرنده.

۳ - **مرغزار**: علفزار، اینجا کنایه از عالم غیب.　　۴ - **رَوْضَه**: باغ.　　۵ - **قضا**: مشیّت الهی.

۶ - **خُو و طبع مستطاب**: خو و سرشت پاکیزه، اینجا علاقه‌ای است که روح به اصلِ خود دارد و مشتاق است که به «حقیقتِ هستی» بازگردد.　　۷ - اشاره است به هبوطِ انسان.

۸ - **سپرغم**: اسپرغم، ریحان و به طور کلّی گیاهان خوشبو، اینجا هم کنایه از بهره‌هایِ خوبِ زندگی دنیوی است و هم کنایه از حقایق عالم معنا، یعنی تمام توجّه و اشتیاقِ من به «مبدأ هستی» است. نه این جهان برایم جاذبه‌ای دارد و نه در پی جاذبه‌های آن جهانی‌ام. اصل را می‌خواهم.　　۹ - **لاف زدن**: بیهوده گفتن، اینجا خود را ستودن.

۱۰ - **گزاف**: یاوه، بیهوده.　　۱۱ - حالِ عارف شاهد ادّعای اوست.

لیک آن را که شْنَوَد؟ صاحبْ مشام[1] بر خرِ[2] سرگین[3] پرست آن شد حرام ۹۲۳

امّا بوی ناف را کسی در می‌یابد که شامّهٔ سالمی داشته باشد. خر که به سرگین تمایل دارد، نمی‌تواند.

خر کُمیز[4] خر ببوید بر طریق مُشک چون عرضه کنم با این فریق؟ ۹۲۴

خر در مسیرِ خود، جویایِ بوی ادرار و مدفوع خرهای دیگر است، چگونه به این گروه مُشک عرضه کنم؟

بهرِ این گفت آن نبیِّ مُستجیب رمزِ اَلْاِسلامُ فی الدّنیا غَریب[5] ۹۲۵

به همین مناسبت، پیامبر شفاعت کننده این راز را بیان داشت که «اسلام در جهان غریب است»؛ یعنی مردِ حق که دارای ایمانِ حقیقی است در این دنیا غریب است.

زانکه خویشانش هم از وی می‌رمند[6] گرچه با ذاتش ملایک همدم‌اند ۹۲۶

زیرا خویشاوندانش هم از او دوری می‌کنند، هرچند که فرشتگان با ذاتش همدم‌اند.

صورتش را جنس می‌بینند اَنام[7] لیک از وی می‌نیابند آن مشام ۹۲۷

مردم می‌توانند ظاهرِ بشری او را ببینند؛ امّا نمی‌توانند بویِ حقیقت را از باطنش حس کنند.

همچو شیری در میانِ نقشِ گاو[8] دور می‌بینش، ولی او را مَکاو ۹۲۸

او همانند شیری در پوستِ گاو است. او را از دور ببین و بدان که «گاو» نیست؛ امّا در پی درک حقیقتش نباش.

ور بکاوی[9]، ترکِ گاوِ تن[10] بگو که بدرَّد گاو را آن شیرخو[11] ۹۲۹

اگر می‌خواهی حقیقتش را دریابی، تعلّقات را رها کن؛ زیرا آن دلاور با امور دنیوی سنخیّتی ندارد و آن‌ها را محو می‌کند.

---

۱ - **صاحبْ مشام :** دارای شامّهٔ سالم، کنایه از کسی که قادر به درک حقایق است.

۲ - **خر :** کنایه از «اهل دنیا» که به سرگینِ شهوات عادت کرده است.

۳ - **سرگین :** نجاست، مدفوع، کنایه از لذّت‌های پست. ۴ - **کُمیز :** ادرار، مدفوع.

۵ - اشاره به روایت: ر.ک: ۸۳۳/۵

۶ - اشاره به پیامبر(ص) است که بعضی از خویشان از وی روی‌گردان بودند. ۷ - **اَنام :** مردم.

۸ - تداعی‌گر قصّهٔ آن روستایی است که در تاریکی شب، شیر را به ظنّ آنکه گاو است، می‌خارید: ر.ک: ۵۰۷/۲.

۹ - **بکاوی :** جست‌وجو کنی، حقیقتش را بفهمی. ۱۰ - **گاوِ تن :** گاوِ نفس، تمایلات و تعلّقات دنیوی.

۱۱ - **شیرخُو :** شیر صفت، پهلوان، انسان کامل به شیر مانند شده است.

طبعِ گاوی از سرت بیرون کند   خویِ حیوانی ز حیوان بر کَنَد ۹۳۰

سرشتِ طبیعیِ تو را که به نفسانیّات تمایل دارد، تغییر می‌دهد و صفات رذیله را در وجودت محو می‌کند.

گاو باشی، شیر گردی نزدِ او[1]   گر تو با گاوی خوشی، شیری مجو ۹۳۱

او از باطن قدرتمندی برخوردار است که می‌تواند «روحِ حیوانی» را به «روحِ عالیِ انسانی» مبدّل کند. اگر دلبستهٔ دنیا و همین مرتبهٔ پست هستی، طالب شیر بودن نباش.

تفسیرِ «اِنّی اَریٰ سَبْعَ بَقَراتٍ سِمانٍ یَأکُلُهُنَّ سَبْعٌ عِجٰافٌ»، آن گاوانِ لاغر را خدا به صفتِ شیرانِ گرسنه آفریده بود، تا آن هفت گاوِ فربه را به اشتها می‌خوردند، اگرچه آن خیالاتِ صُوَرِ گاوان در آینهٔ خواب نمودند، تو معنی نگر

مقتبس است از آیهٔ شریفه: قرآن؛ یوسف: ۴۳/۱۲: وَقَالَ ٱلْمَلِكُ إِنِّیٓ أَرَىٰ سَبْعَ بَقَرَٰتٍ سِمَانٍ یَأْكُلُهُنَّ سَبْعٌ عِجَافٌ...: *پادشاه [مصر] گفت: در خواب هفت گاو چاق را دیدم که هفت گاو لاغر آن‌ها را می‌خوردند.*

در این قطعه با اشاره به آیهٔ شریفه و خوابی که پادشاه مصر دید و به ناچار یوسف(ع)[2] را از زندان به قصر آوَرد و در ارتباط با تعبیر این خواب که «هفت سال فراوانی» در دل «هفت سال قحط» محو و مضمحل می‌شود، سرّ سخن در این است: همان گونه که در خوابِ پادشاه مصر، «گاوانِ لاغرِ» شیر صفت «گاوانِ چاق» را بلعیدند و محو کردند، «مردانِ حق» یا «اهلِ معنا» می توانند شیرصفت «اهلِ دنیا» را ببلعند و تحت سیطرهٔ روحانیِ خود در آورند، هر چند که اغلب جسمشان لاغر و ظاهرشان ساده یا فقیرانه است.[3]

آن عزیزِ مصر می‌دیدی به خواب   چونکه چشمِ غیب را شد فتحِ باب ۹۳۲

چون چشم غیب‌بین عزیز مصر در خواب گشوده شد، در رؤیا دید،

---

۱ - می‌تواند مریدان را ارتقا بدهد و به مراتب مختلفِ کمال برساند، «شیرگردی» یعنی کمال یابی.

۲ - زندگی یوسف(ع): ر.ک: ۳۱۶۹/۱.

۳ - این تفسیر نزدیک است به تعبیر نجم الدّین کبری: العجافُ مِنْ عالَمِ ٱلأرواح وَ ٱلسَّمانُ مِنْ عالَمِ ٱلأَجْسام: ر.ک. شرح مثنوی مولوی، ج ۵، ص ۱۷۸۲.

**هفت گاوِ فربه بس پروری		خوردشان آن هفت گاوِ لاغری** ۹۳۳

هفت گاو چاق و پروار را هفت گاو لاغر خوردند.

**در درون شیران بُدند آن لاغران		ورنه گاوان را نبودندی خوران** ۹۳۴

آن گاوهای لاغر باطناً شیر بودند؛ و الاّ نمی‌توانستند گاوان چاق را بخورند.

**پس بشر آمد به صورت، مردِ کار[۱]		لیک در وی شیرْ پنهان، مردْخوار[۲]** ۹۳۵

پس «مرد حق» ظاهری همانند انسان‌های دیگر دارد؛ ولی در باطن دارای روحی متعالی و کامل است که بر جانِ خلق سیطره دارد.

**مرد را خوش واخورَد[۳]، فردش کند[۴]		صاف گردد[۵] دُردش، ار دَردَش کند[۶]** ۹۳۶

اگر مرد حق به کسی توجّه کند، او را به سویِ حق جذب و چنان دگرگون می‌کند که از قیدِ تمام تعلّقات آزاد شود، هرچند که این صافی و آزادگی بدون رنج و درد نیست.

**زآن یکی درد، او ز جمله دردها		وارَهَد، پا بر نهد او بر سُها[۷]** ۹۳۷

با تحمّل رنجِ «تبدیل و دگرگونی» و رسیدن به کمالِ ناشی از آن، درواقع از همهٔ دردها که مربوط به وجه نَفسانیِ روح آدمی‌اند، می‌رهد و به وجه روحانی خویش می‌رسد.

**چندگویی همچو زاغِ پر نُحوس[۸]		ای خلیل از بهرِ چه کُشتی خروس[۹]؟** ۹۳۸

تا کی همانند زاغِ منحوس می‌گویی: ای خلیل، چرا خروس را کُشتی؟

**گفت: فرمان، حکمتِ فرمان بگو		تا مُسبِّح گردم[۱۰] آن را مو به مو** ۹۳۹

ابراهیم(ع) گفت: به فرمان خدا. حکمت این فرمان چه بود تا بدانم و آن را ستایش کنم.

---

۱ - **مردِ کار**: مرد راه حق، مرد حق.
۲ - **مردْخوار**: کسی که بر جان خلق تسلّط دارد و می‌تواند آن را تبدیل و متعالی کند.
۳ - **خوش واخورد**: او را به سوی حق جذب می‌کند و تحت سیطرهٔ روحانیِ خود در می‌آوَرَد.
۴ - **فردش کند**: از قید مادّه، امور دنیوی و تعلّقات رهایی‌اش می‌دهد.
۵ - **صاف گردد**: از «دُرد» یعنی اوصاف رذیله و طبعِ بشری پاک می‌شود.
۶ - **اَر دردش کند**: حتّی اگر برایش دردناک باشد.
۷ - **سُها**: ستارهٔ سُها، مراد رهایی از عالم مادّه و تعلّقات و رسیدن به عالم غیب یا آسمان است: ر.ک: ۱۶۲۷/۲.
۸ - **پر نُحوس**: منحوس، بدشگون.	۹ - **خروس**: یکی از چهار مرغ ابراهیم(ع) که نمادی از شهوات است.
۱۰ - **مُسبِّح گردم**: تقدیس کنم، ستایش کنم.

بیانِ آنکه کُشتنِ خلیل علیه السَّلام خروس را، اشارت به قَمع[۱] و قهرِ کدام صفت بود از صفاتِ مذموماتِ مُهلکات در باطنِ مُرید

این قطعه در شرح آیۀ شریفه: قرآن: بقره: ۲۶۰/۲ است که از سی و یکمین بیت همین دفتر آغاز شد و در ارتباط بود با حکم الهی مبنی بر کشتن چهار مرغ به ابراهیم خلیل(ع) که مشتاق دانستن آن بود که خداوند چگونه مردگان را زنده می‌کند.

هر یک از این مرغان در تفسیر عرفانیِ عارفان، نماد یکی از اوصاف ناپسند آدمیان‌اندکه باید به همّت روحانی مردان حق آن‌ها راکُشت تا «اوصاف بشری» به «اوصاف الهی» مبدّل گردد.

اینک سخن ازکشتنِ «خروس» است که نماد «شهوت» به شمار می‌آید و بدون محو و اضمحلال آن جان آدمی قادر به طیّ مراحل کمال نیست.

شهوتی است او و بس شهوت پرست زآن شـــرابِ زهــرناکِ[۲] ژاژ[۳] مست ۹۴۰

خروس، شهوت‌ران و شهوت‌پرست است. شهوت بسان شرابی زهـرآگـین او را مست کرده است.

گرنه بهرِ نسل بـودی ای وَصـیّ ![۴] آدم[۵] از ننگش بکردی خود خَصیّ[۶] ۹۴۱

ای شنونده، اگر شهوت برای بقای نسل لازم نبود، هر آدمِ آگـاهی از نـنگِ آن خـود را اخته می‌کرد.

گـــفت ابـــلیس لعـین دادار را دامِ زَفتی[۷] خـواهـم ایـن اِشکـار را ۹۴۲

ابلیسِ ملعون به آفریدگار گفت: برای شکارِ بنی آدم دامِ نیرومند و عظیمی می‌خواهم.

زرّ و سـیم و گـلّهٔ اسـبش نـمود کـه بـدین تـانی خـلایق را رُبـود ۹۴۳

خداوند، طلا و نقره و گلّهٔ اسب را نشان داد و گفت: از طریق این‌ها می‌توانی خلق را صید کنی.

---

۱ - **قَمع** : خوارکردن. ۲ - **شرابِ زهرناک** : شراب مسموم، مراد شهوت است. ۳ - **ژاژ** : بیهوده.
۴ - **وَصیّ** : کسی که به او نصیحت شده. ۵ - **آدم** : هر آدمی. ۶ - **خَصیّ** : اخته، مقطوع النسل.
۷ - **دامِ زفت** : دامِ بزرگ و اینجا فریبنده. در ارتباط با این دام فریبنده، روایتی مشابه در احیاء علوم الدّین غزّالی هست: ابوامامه که از صحابه بود از پیامبر(ص) نقل می‌کند: ابلیس پس از طرد شدن، از خدا خانه خواست، گفت: حمام. محلّی برای نشستن خواست، گفت: سر بازارها و گذرها. خوراک خواست، گفت: هرچه نام خدا را بر آن نبرند. نوشیدنی خواست، گفت: مُسکر. پرسید دام من برای خلق چه باشد؟ گفت: زن‌ها: ر.ک. احادیث، صص ۴۴۸-۴۴۷.

گفت: شاباش[۱]، و تُرُش آویخت لُنج[۲] شد تُرُنجیده[۳] و تُرُش همچون تُرُنج[۴] ۹۴۴

ابلیس سپاسگزاری کرد؛ امّا لب و لوچه‌اش آویزان شد و مثل نارنج ترش‌رو گردید.

پس زر و گوهر ز معدن‌هایِ خَوش[۵] کرد آن پس مانده[۶] را حق پیش‌کش ۹۴۵

سپس خداوند از معادنِ زیبا، طلا و جواهر به آن وامانده عرضه کرد.

گیر این دامِ دگر را ای لعین! گفت: زین افزون دِه ای نِعمَ آلمُعین! ۹۴۶

گفت: ای ملعون، این دام را هم بگیر. ابلیس گفت: ای بهترین یاور، بیشتر بده.

چرب و شیرین و شراباتِ ثَمین[۷] دادش و بس جامهٔ ابریشمین ۹۴۷

خداوند انواع اغذیهٔ چرب و شیرین، نوشیدنی‌های گرانبها و جامه‌های ابریشمین به او داد.

گفت: یا رب! بیش از این خواهم مدد تا بِبَندم‌شان به حَبلِ مِنْ مَسَد[۸] ۹۴۸

گفت: یا ربّ، بیش از این کمکم کن تا آنان را «با طنابِ لیف خرما به بند بکشم»؛ یعنی گمراه کنم.

تا که مستانت[۹] که نرّ[۱۰] و پُردل‌اند[۱۱] مَردوار آن بندها را بِسْکُلَند ۹۴۹

تا عاشقان و شیفتگانت که دلاور و شجاع‌اند، مردانه آن بندها را پاره کنند.

تا بدین دام و رَسَن‌هایِ[۱۲] هوا مردِ تو گردد ز نامردان جدا ۹۵۰

تا توسّط این دام‌ها و بندهایِ نهانیِ هوا و هوس، مرد و نامرد از یک‌دیگر جدا شوند.

دامِ دیگر خواهم ای سلطانِ تخت[۱۳]! دامِ مَردْانداز و حیلت‌سازِ سخت ۹۵۱

ای سلطان هستی، خواهانِ دام دیگری هستم که مردافکن و بسیار کارساز باشد.

خَمْر و چنگ آورد، پیش او نهاد نیم خنده زد، بدآن شد نیم شاد ۹۵۲

شراب و چنگ آورد و نزد او نهاد. ابلیس تبسّمی کرد و کمی شاد شد.

---

۱ - **شاباش**: کلمهٔ تحسین، شادباش، اینجا تشکّر و سپاسگزاری.
۲ - **تُرُش آویخت لُنج**: لب و لوچه‌اش با ناراحتی آویزان شد. ۳ - **تُرُنجیده**: در هم کشیده شده.
۴ - **تُرُنج**: بالنگ. ۵ - **خَوش**: خوب، زیبا. ۶ - **پس مانده**: وامانده. ۷ - **ثمین**: گرانبها.
۸ - اقتباس لفظی از: قرآن: لَهَب: ۵/۱۱۱: فِی جیدِها حَبْلٌ مِنْ مَّسَدٍ: در حالی که طنابی از لیف خرما به‌گردن دارد.
۹ - **مستانت**: عاشقان و شیفتگان. ۱۰ - **نرّ**: مرد، مرد راه حق، دلاور. ۱۱ - **پُردل**: جسور، شجاع.
۱۲ - **رَسَن**: طناب، بند. ۱۳ - **سلطانِ تخت**: سلطان تخت هستی، سلطان هستی.

که: بر آر از قعرِ بحرِ فتنه گَرد²	سـوی اضـلالِ ازل¹ پـیـغام کـرد

۹۵۳

ابلیس از خدا خواست که بدترین و آخرین فتنهٔ مردافکن را هم به من بیاموز.

پرده‌ها در بَحر، او از گَرْد بست³	نی یکی از بندگانت موسی است؟

۹۵۴

بندگان راستینت توانایی‌های خاصی را دارند [که فریب دادن آنان دشوار است] مثل موسی که توانست رود نیل را بشکافد و خشک کند.

از تکِ دریـا غـبـاری بـر جهید	آب از هــر سـو عِنـان را واکشید

۹۵۵

آب از هر طرف عقب‌نشینی کرد و ایستاد، آنگاه کفِ رودِ نیل خشک شد.

که ز عقل و صبر مردان می‌فزود⁶	چونکه خوبیِ⁴ زنـان فـا او نمود⁵

۹۵۶

هنگامی که خداوند جمال زنان را که بر عقل و صبر مردان غلبه می‌کرد، به او نشان داد،

کـه: بـده زُوتـر، رسـیدم در مُـراد	پس زد انگشتک⁷، به رقص انـدرفُتاد⁸

۹۵۷

ابلیس بشکن زد و شادی کرد که این را زودتر بده؛ زیرا خواستهٔ من همین است.

که کند عـقل و خِـرَد را بـی قـرار	چون بدید آن چشم‌هایِ پـر خُـمار

۹۵۸

چون آن چشمان پر خُمار زنان که عقل و هوش را از کار می‌اندازد، دید،

که بسوزد چون سپند این دل بر آن	وآن صـفایِ عـارض⁹ آن دلبران

۹۵۹

و آن لطف و زیبایی چهرهٔ زنان زیبارویی را دل از اشتیاق آن چون سپند می‌سوزد،

گویـیا حق تـافت از پـردهٔ رقیق¹⁰	رُو و خال و ابرو و لب چون عقیق

۹۶۰

چهره و خال و لب، ابرو مثلِ عقیق که گویی حق از پشت پردهای نازک نمایان است.

چون تجلّیِ حق از پردهٔ تُنُک¹³	دید او آن غُنج¹¹ و برجَستِ سَبُک¹²

۹۶۱

او دید که آن ناز و رفتار نرم و سبک، همانند تجلّی حق است از پسِ پرده‌ای نازک.

---

۱ - اضلالِ ازل : صفت گمراه سازی ابدی خداوند، صفات جلالی که منشأ «قهر و غضب و بُعد» است. مانند: اسم «مانع»، «قابض»، «قهار»، «مذل»، «مضلّ»، «ضار». صفات جلالی ناشی از اِحتجاب حقاند به حجاب عِزّت و کبریایی.   ۲ - از اعماقِ دریای فتنه غبار انگیختن، یعنی عظیم‌ترین مایهٔ فتنه را نشان دادن.
۳ - مصراع دوم؛ در رود نیل پرده‌ها به خاک آویخت؛ یعنی با معجزه نیل را شکافت: قرآن: بقره: ۵۰/۲.
۴ - خوبیِ : جمال، زیبایی.   ۵ - فا او نمود : به او نشان داد.   ۶ - می‌فُزود : غلبه می‌کرد.
۷ - انگشتک زدن : بشکن زدن.   ۸ - به رقص اندر افتادن : رقصیدن، شادی کردن.
۹ - صفایِ عارض : لطف و لطافت چهرهٔ زنان.

تفسیرِ «خَلَقْنَا آلانْسانَ فی اَحْسنِ تَقْویم ثُمَّ رَدَدْناهُ اَسْفَلَ سافِلین» و تفسیرِ «وَ مَنْ نُعَمِّرْهُ نُنَكِّسْهُ فی آلخَلق»

در این قطعه با تفسیر عرفانی آیهٔ شریفه: قرآن: تین: ۹۵/۵-۴: **لَقَدْ خَلَقْنَا ٱلإِنْسانَ فِي أَحْسَنِ تَقْوِيمٍ. ثُمَّ رَدَدْناهُ أَسْفَلَ سافِلِينَ** : *به راستی که انسان را در نیکوترین شایستگی‌ها آفریدیم، آنگاه به فروترین پستی‌ها برگرداندیم.* و همچنین تفسیر: قرآن: یس: ۳۶/۶۸: **وَ مَنْ نُعَمِّرْهُ نُنَكِّسْهُ فِي ٱلْخَلْقِ...** : *و ما هر کس را عمر [دراز] می‌دهیم [در پیری] از خلقتش می‌کاهیم.*

سرّ سخن در آن است که: علی‌رغم آنکه جلوه‌های دنیوی به زیباترین وجه آراسته شده‌اند و بهترین شرایط در اختیار ابلیس برای گمراه کردن بنی آدم نهاده شده است؛ امّا اگر انسان راه حق را به درستی بپیماید، هرگز اسیر شهوات و گمراهی نمی‌شود و هرگز جایگاهش فروترین پستی‌ها نخواهد بود و امکان ندارد که سقوط ظاهری و پیری‌اش همراه و همگام با سقوط معنوی و روحانی‌اش باشد.

با توجّه به دو آیهٔ شریفه، آشکار است که هر دو از «هبوط» سخن می‌گویند، اوّلی از هبوط روحانی و دومی از هبوط جسمانی. مولانا باکنار هم نهادن این آیات در واقع می‌خواهد متذکّر این نکته باشد: باید چنان زیست که هبوط جسمانی توأم با عروج روحانی باشد، نه هبوط در هبوط.

آدمِ حُسن[1] و مَلَک ساجد شده[2] همچو آدم باز معزول آمده ۹۶۲

حُسنِ درونیِ انسان سبب سجدهٔ فرشتگان است؛ امّا با سرانجامی مانند آدم(ع) ازمقام عالی‌اش معزول می‌شود.

گفت: آوه! بعدِ هستی، نیستی؟ گفت: جُرمت این که افزون زیستی ۹۶۳

انسان بعد از عزل شدن گفت: ای وای! بعد از هستی، این نیستی برای چیست؟ خداوند فرمود: گناهت این بود که بیش از حدّ عمر کردی.

جبرئیلش می‌کشانَد موکشان که: برو زین خُلد[3] و از جَوْقِ خوشان[4] ۹۶۴

جبرائیل مویش را می‌کشد و می‌گوید: از بهشت جاودان و از میان خوشدلان خارج شو.

گفت: بعد از عِزّ، این اِذلال[5] چیست؟ گفت: آن داد است و اینت داوری‌ست[6] ۹۶۵

آدم گفت: بعد از اعزاز این خواری برای چیست؟ جبرائیل گفت: آن عطا بود و این عدل.

---

۱ - **آدم حسن** : انسانی که زیبایی‌های باطنی و روحانی در باطن به وی عطا شده بود.
۲ - **مَلَکِ ساجد شده** : اشاره است به سجود فرشتگان در برابر روحِ عالیِ عِلویِ آدم(ع).
۳ - **خُلْد** : بهشت برین. ۴ - **جُوْقِ خوشان** : جمع سعادتمندان، از میان نیکبختان.
۵ - **اِذْلال** : خوار کردن. ۶ - مصراع دوم؛ این قضا و قدر الهی است.

جبرئیلا ! سجده می‌کردی[1] به جان چون کنون می‌رانی‌ام تو از جِنان[2] ؟ ۹۶۶

ای جبرائیل، تو صمیمانه به من سجده می‌کردی، اینک چرا مرا از بهشت می‌رانی؟

حُلّه[3] می‌پَرَّد ز من در امتحان همچو برگ از نخل در فصلِ خزان[4] ۹۶۷

در این آزمونِ الهی، «جامه‌هایِ بهشتی» و «عزّت و احترام» را از دست می‌دهم، همان گونه که برگ‌هایِ نخل در پاییز می‌ریزند.

آن رُخی که تاب او بُد ماه‌وار شد به پیری همچو پُشتِ سوسمار ۹۶۸

آن چهرهٔ زیبا که بسان ماه می‌درخشید، با فرارسیدن پیری، همانند پشتِ سوسمار چروک شده است.

وآن سر و فرقِ گَش[5] شَعشَع[6] شده وقتِ پیری ناخوش و اَصلَع[7] شده ۹۶۹

آن سر و موی زیبا و درخشان در هنگامِ پیری زشت و بی‌مو شده است.

وآن قدِ صف‌دَر[8] نازان[9] چون سِنان[10] گشته در پیری دوتا همچون کمان ۹۷۰

آن قد و بالای نیرومند و رعنا در ایّام پیری، همانندِ کمان خمیده شده است.

رنگِ لاله گشته رنگِ زعفران زورِ شیرش گشته چون زَهرهٔ زنان[11] ۹۷۱

سرخیِ چهره زرد شده و قدرتش به شدّت کاهش یافته شده است.

آنکه مردی در بغل کردن به فن می‌بگیرندش بغل وقتِ شدن ۹۷۲

آن که مردان را در زورآزمایی بر زمین می‌کوبید، اینک موقع راه رفتن باید زیر بغلش را بگیرند.

این خود آثارِ غم و پژمُردگی‌ست هر یکی زین‌ها رسولِ مُردگی‌ست ۹۷۳

این‌ها نشانه‌های غم و افسردگی است. هر یک از این‌ها پیام‌آور مرگ است.

---

۱ - **سجده کردن :** سجدهٔ تعظیم و بزرگداشت. ۲ - **جِنان :** جمع جَنَّة به معنی بهشت.

۳ - **حُلّه :** حُلَّة: جامه یا پوشش بهشتی، کنایه از تمامیِ عزّتی که آدم(ع) در قرب حق داشت.

۴ - انسان با هبوط از قرب وصال حق، جمال، کمال، امنیّت و آرامش را از دست داد.

۵ - **سر و فرقِ گَش :** سر و موی زیبا، «گش» به معنی زیبا. ۶ - **شَعْشَع :** تابناک، درخشان.

۷ - **أَصْلَع :** تاس. ۸ - **صف‌دَر :** درندهٔ صف، نیرومند. ۹ - **نازان :** ناز کننده.

۱۰ - **سِنان :** نیزه، اینجا راست بودن. ۱۱ - **زَهرهٔ زنان :** جرأت زنان که کم است.

تفسیر
«اَسْفَلَ سافِلینَ، اِلاّ الّذینَ آمَنُوا وَ عَمِلُوا اَلصّالِحاتِ فَلَهُمْ أَجْرٌ غَیْرُ مَمنُونٍ»

اشارت قرآنی: تین: ۹۵/۶-۵: **ثُمَّ رَدَدْناهُ أَسْفَلَ سافِلینَ. إلاَّ الَّذینَ امَنُوا وَ عَمِلُوا الصّالِحاتِ فَلَهُمْ أَجْرٌ غَیْرُ مَمْنُونٍ**: *سپس به اسفل السّافلین برگردانیدیم، مگر آنان که به خدا ایمان آوردند و نیکوکار شدند که به آن‌ها پاداش دایمی عطا کردیم.*

این قطعه در تفسیر آیات شریفهٔ فوق و در تقریر این معناست: ظاهر و باطن انسان که «فِی أَحْسَنِ تَقویم» آفریده شده است، در «کُهولت» به «زشتی» و با «بُعد از حق» به «نازل‌ترین» مرتبه رانده می‌شود؛ امّا **«ایمان»** و «عمل نیک» ناجیِ او و در واقع طبیبی برای طراوتِ روح و عدمِ هُبوطاش به اسفل السّافلین و یا ارتقااش به اعلیٰ علّیین‌اند.

لیک گر باشد طبیبش نورِ حق نیست از پیری و تبْ[۱] نقصان[۲] و دَق[۳] ۹۷۴

امّا اگر «نورِ حق» بر وی بتابد، همانند طبیبی است که مانعِ پژمردگیِ روح می‌شود و نمی‌گذارد بیماری‌های جسمی سبب زشتی و تحقیر شوند.

سستیِ او هست چون سستیِّ مست کاندر آن سُستی‌ش رشکِ رُستم است ۹۷۵

ظاهراً ضعیف و ناتوان می‌شود؛ امّا ضعفِ او همانندِ ضعفِ مستانِ حق است و چنان قدرت و هیبتی در آن نهفته است که قدرتمندترینِ انسان‌ها آرزویش را دارند.

گر بمیرد، استخوانش غرقِ ذوق ذرّه ذرّه‌ش در شعاعِ نورِ شوق[۴] ۹۷۶

جسمِ او در پرتو روحِ منوّرش چنان تابناک شده است که پس از مرگش هم تمامِ ذرّاتِ وجودِ عنصری‌اش غرق ذَوق و شوق و حاکی از فَیَضانِ نور حق‌اند.

---

۱ - **پیری و تب**: بیماری‌های دوران کهولت. ۲ - **نقصان**: کاستی، زشتی.
۳ - **دَق**: سرزنش، سرکوفت و خوار شدن.
۴ - یادآور غزلی از مولاناست:

ز خاک من اگر گندم بر آید از آن گر نان پزی مستی فزاید
خمیر و نانبا دیوانه گردد تنورش بیت مستانه سراید
اگر بر گور من آیی زیارت تو را خرپشته‌ام رقصان نماید:

کلیات شمس تبریزی، تصحیح استاد فروزانفر، مقدّمهٔ دکتر بیاتی، انتشارات دوستان، ص ۲۰۵.

وانکه آتش نیست، باغِ بی‌ثمر   که خزانَش می‌کند زیر و زبر ۹۷۷

کسی که «نورِ حق» بر وی نمی‌تابد، روحش همانندِ باغِ بی‌ثمری است که اجازه می‌دهد خزانِ زندگی، ظاهر یا وجود عنصری‌اش را زشت، کریه و نابود کند.

گُل نماند، خارها مانَد سیاه   زرد و بی مغز آمده چون تَلِّ کاه ۹۷۸

زیبایی ظاهری می‌رود و گُلِ وجود آدمی در اثر کهولت به خار تیره‌ای بدل می‌شود که همانند توده‌ای کاهِ زرد و بی مغز است.

تا چه زَلّت[۱] کرد آن باغ[۲] ای خدا !   که از او این حُلّه‌ها[۳] گردد جدا؟ ۹۷۹

پروردگارا، انسان چه خطایی کرده است که سبب می‌شود جمال و کمالش را از او بگیرند؟

خویشتن را دید و دیدِ خویشتن   زهرِ قَتّال است، هین! ای ممتحن[۴] ! ۹۸۰

انسان به «خودبینی» دچار شد. ای سالک، بدان که «خودمحوری»، زهری کُشنده است.

شاهدی[۵] کز عشقِ او عالم گریست   عالَمَش می‌راند از خود، جُرم چیست؟ ۹۸۱

صاحب جمالی که مورد توجّه و ستایش فرشتگان و بعدها «همهٔ عالم» بود، اینک چرا خوار شده است، گناهش چیست؟

جُرمْ آنکه زیورِ عاریّه[۶] بست   کرد دعوی کین حُلَل[۷] مِلکِ من است[۸] ۹۸۲

جرمش آن بود که مدّعیِ «جمال و کمال» شد که بر قامتِ او زیوری عاریه بود.

واستانیم آن، که تا داند یقین   خرمن آنِ ماست، خوبان دانه‌چین[۹] ۹۸۳

زیورها را باز می‌گیریم تا دریابد که منبع جمال ما هستیم و زیبایان در پرتوِ تجلّی حق، اندکی بهره برده‌اند.

تا بداند کآن حُلَل عاریّه بُود   پرتوی بود آن ز خورشیدِ وجود ۹۸۴

تا بداند که زیورها عاریه بود و چیزی جز تجلّی خورشید هستی که موقّتاً بر او می‌تابید، نبود.

---

۱ - **زَلّت** : لغزش، خطا. ۲ - **آن باغ** : کنایه از وجود انسان. ۳ - **حُلّه‌ها** : کنایه از جمال و کمال ظاهری.
۴ - **مُمْتَحَن** : کسی که مورد امتحان قرار می‌گیرد. ۵ - **شاهد** : زیبارو.
۶ - **زیور عاریه** : کنایه از جمال و کمالِ دنیوی. ۷ - **حُلَل** : حُلّه‌ها. ۸ - **مِلکِ من است** : مال من است.
۹ - إنَّ اللهَ جَمیلٌ؛ پس مظهر و منبع تمام زیبایی‌ها حق تعالی است که مظهرِ اسمِ جمیل است.

آن جمال و قدرت و فضل و هنر ز آفتاب حُسن کرد این سو سفر ۹۸۵

زیبایی، قدرت، فضل و هنر همه کمال‌اند و «کمال» آن جهانی است. در اثر تجلّیِ «آفتابِ حُسن» مدّتی به این جهان آمده بودند.

باز می‌گردند چون اِستاره‌ها نورِ آن خورشید زین دیوارها[1] ۹۸۶

تجلّیِ جمالِ حق در انسان‌ها، همانندِ پرتوِ ستارگان از دیوارِ وجودشان باز می‌گردد.

پرتوِ خورشید شد واجایگاه ماند هر دیوار تاریک و سیاه ۹۸۷

چون نور خورشید به جایگاه اصلی‌اش برگشت، دیوارها تاریک و سیاه بر جای ماندند.

آنکه کرد او در رخ خوبانْت دَنگ[2] نورِ خورشید است از شیشهٔ سه رنگ[3] ۹۸۸

«نورِ هستی» به صُوَر مادّی «شیشه‌های رنگ رنگ» می‌تابد و جهان و جهانیان را چنان زیبا می‌کند که حیران و مسحور می‌شویم.

شیشه‌هایِ رنگْ رَنگ آن نور را می‌نمایند این چنین رنگین به ما ۹۸۹

تجلّی نور حق در صُوَر مادّی جلوه‌های گوناگونی دارد و سبب می‌شود تا مخلوقات را این چنین متعدّد و متکثّر ببینیم.

چون نماند شیشه‌هایِ رنگ رنگ نورِ بی رنگت[4] کند آنگاه دَنگ ۹۹۰

اگر بدونِ وجود این واسطه‌های مادّی، یعنی با «چشمِ دل» یا «چشمِ باطن» بتوانی به ادراک حق نایل گردی، غرقِ حیرت می‌شوی.[5]

خوی کن[6] بی شیشه دیدن نور را تا چو شیشه بشکند، نَبْوَد عَمیٰ[7] ۹۹۱

بکوش که حقایق را بدون صُوَر مادّی ببینی تا اگر واسطه نبود، حقیقت را دریابی.

قانعی با دانشِ آموخته در چراغِ غیر[8]، چشم افروخته[9] ۹۹۲

به دانشی که در مدرسه آموخته‌ای، قانع هستی و با «چراغِ غیر» چشمت را روشن کرده‌ای.

---

۱ - تجلّی حق در انسان به تابش نور خورشید به دیوار مانند شده است که دایمی نیست.

۲ - **دَنگ** : گیج، حیران. ۳ - **شیشهٔ سه رنگ** : صُوَر مادّی، مخلوقات، عالم امکان.

۴ - **نورِ بی رنگ** : نورِ حق. ۵ - تحیّرِ عارفانه. ۶ - **خُوی کن** : عادت کن، اینجا سعی کن.

۷ - **عَمیٰ** : کوری. ۸ - **چراغِ غیر** : دانشِ مدرسه، علوم رسمی و کسبی در تقابل با علوم کشفی.

۹ - علوم رسمی و کسبی «چراغِ غیر»اند و بر خلاف علوم کشفی که محصول تهذیب و صفای سینه‌اند، «چراغ حق» نیستند و از راه منوّر شدن باطن به دست نیامده‌اند.

او چـراغِ خـویش بِـرْبایَد، کـه تـا تـو بـدانی مُستعیری[۱]، نی فَتا[۲] ۹۹۳

این «چراغِ غیر» ناگهان برداشته می‌شود تا بدانی که آن نور به تو تعلّق نداشته است.

گر تو کردی شُکر و سعیِ مُجتَهد[۳] غم مخور که صد چنان بازت دهـد ۹۹۴

امّا اگر برای منوّر شدن سعی کردی و به سبب ادراکی که حاصل شد، شاکر بودی، بسی بر درک و آگاهی‌ات می‌افزاید.

ور نکردی شُکر، اکنون خون گِری[۴] که شده‌ست آن حُسن[۵] ازکافر بَری ۹۹۵

اگر شاکر نبودی، خون گریه کن که درکِ حقایق برای منکر ممکن نیست.

اُمَّـةُ اَلکُـفران، اَضَـلَّ اَعْـمالَهُمْ اُمَّـةُ الایـمان، اَصْـلَح بـالَهُمْ[۶] ۹۹۶

خداوند اعمال کافران را باطل می‌کند و کارهای اهل ایمان را سامان می‌دهد.

گم شد از بی شُکر خـوبی و هـنر کـه دگـر هـرگز نـبیند زآن اثـر ۹۹۷

شخص ناسپاس تمام جلوه‌های دنیوی‌اش اعمّ از زیبایی و هـر نـوع هـنری را چـنان از دست می‌دهد که هرگز اثری از آن را نخواهد دید.

خویشی و بی‌خویشی و سُکرِ[۷] وَداد[۸] رفت زآن سان کـه نـیاردْشان بـه یـاد ۹۹۸

افرادِ ناسپاس از هر چه دارند و هر چه که می‌کنند، بهرهٔ معنوی نمی‌برند. «خودی» یا «بی‌خودی» و سرمستی‌هایِ دوستی‌شان همه و همه چنان بر باد می‌رود که گویی هرگز نبوده است.

کـه اَضَـلَّ اَعْـمالهُمْ ای کـافران جَسـتنِ کـام است از هـر کـامْران ۹۹۹

ای اهلِ کُفران، معنیِ «اعمالشان را باطل کرد» این است که «مُراد» از «خود محوران» دور می‌شود.

جز زِ اهـلِ شکـر و اصـحابِ وفـا که مر ایشان راست دولت[۹] در قفا[۱۰] ۱۰۰۰

امّا «شاکران» و «وفاداران»، شاکرانه به مجاهده می‌پردازند و در پیِ بخت و اقبالی که دارند به ادراک حقایق می‌رسند.

---

۱ - **مُستعیر** : عاریه خواهنده. ۲ - **فتا** : جوانمرد، اینجا صاحب، مالک. ۳ - **سعیِ مُجْتَهَد** : سعیِ فراوان.

۴ - **خون گری** : خون گریه کن. ۵ - **آن حُسن** : جمال حق، ادراک حقایق.

۶ - اشاره به قرآن: محمّد: ۲/۴۷-۱: آنان که به خدا کافر شدند و راه دین خدا را بر خلق بستند أَضَلَّ أَعْمٰالَهُمْ و آنان که به خدا گرویدند و نیکوکار شدند و به قرآنی که بر محمّد نازل شد که البتّه بر حق و از جانب خدا بود، ایمان آوردند، خدا از گناهانشان در گذشت وَ أَصْلَحَ بٰالَهُمْ [امر دین و دنیای آنان را اصلاح فرمود].

۷ - در متن کهن «سُکر» است به معنی «سرمستی»؛ امّا در بعضی متون «شکر». ۸ - **وَداد** : دوستی.

۹ - **دولت** : بخت و اقبال، اینجا عنایت حق. ۱۰ - **قفا** : پشت سر.

دولتِ رفته کجا قوّت دهد؟ دولتِ آینده خاصیّت دهد ۱۰۰۱

«بخت و اقبالِ» از دست رفتهٔ اهل کفران به آنان هیچ بهره‌ای نمی‌رساند؛ امّا «بخت و اقبالِ» اهلِ شکر و وفا مددکار آن‌هاست.

قرض ده زین دولت اندر اَقْرِضُوا[1] تا که صد دولت ببینی پیشِ رو ۱۰۰۲

اینک که «بخت و اقبال» نصیبت شده است و «اهلِ شکر و وفا» هستی، بکوش هر چه بیشتر مهرِ دنیا و تمتّعاتش را از دلت بیرون کنی تا از دولتِ عنایتِ حق بهره‌مند شوی.

اندکی زین شُرب کم کن بهرِ خویش تا که حوضِ کوثری یابی به پیش ۱۰۰۳

بهره‌مندی از تمتّعاتِ دنیوی، همانندِ نوشیدن آب است که کاستن از آن افزودنِ آبِ بهشتی است.

جرعه بر خاکِ وفا[2] آن کس که ریخت[3] کِی تواند صیدِ دولت زو گریخت[4]؟ ۱۰۰۴

کسی که همواره به یاد حق باشد و شاکرانه بکوشد، دولتِ عنایتِ حق نصیبش می‌شود.

خوش کند دلشان که اَصْلَحْ بالَهُم[5] رَدَّ مِنْ بَعْدِ آلتَّوىٰ اَنزالَهُم ۱۰۰۵

خداوند دلشان را شاد می‌کند و کارشان را به سامان می‌آوَرَد. هرچه را که از آنان گرفته است، باز می‌گرداند.

ای اجل! وِی تُرکِ غارت‌ساز[6] دِه[7] هر چه بُردی زین شَکوران[8]، بازده ۱۰۰۶

ای مرگِ خودی‌ها و تعلّقات «ای فنای در حق»، هر چه را که از این «شکوران» گرفته‌ای، بازگردان.

وادهد، ایشان بِنَپْذیرند آن زانکه منعم[9] گشته‌اند از رختِ جان ۱۰۰۷

همه را پس می‌دهد؛ امّا جانِ آنان چنان منوّر شده است که دیگر متاعِ دنیوی را بی‌قدر می‌دانند.

---

۱ - قرآن: مزّمّل: ۲۰/۷۳: ...و در راه خدا قرض الحسنه دهید: ر.ک: ۱۴۶/۵.

۲ - **جرعه بر خاک وفا ریختن**: همواره به یاد پیمان روز ازل بودن و یا با یاد پیمانِ اَلَست سرمست بودن.

۳ - **جرعه بر خاک ریختن**: سنّتی دیرین میان میگساران که به یاد یاران غایب و یا از دست رفته جرعه‌ای بر خاک می‌فشاندند. ۴ - بخت و اقبال صید وی می‌شود و نمی‌تواند از او بگریزد.

۵ - ر.ک: ۹۹۹/۵؛ قرآن: محمّد: ۲/۴۷-۱. ۶ - **تُرکِ غارت ساز**: غارتگر.

۷ - **دِه**: دِه همواره نمادی است از نَفْس و امور مادّی. ۸ - **شَکوران**: شاکران.

۹ - **مُنْعِم**: برخوردار از نعمت.

صـوفییم و خـرقه‌ها انداختیم[1] بـاز نسـتانیم، چـون درباختیم ۱۰۰۸

«اهلِ شکر و وفا» می‌گویند: ما همانندِ صوفیانی هستیم که از شدّتِ جذبه و شوق خرقهٔ «خودی و تعلّقات» را افکندیم و آن‌ها را دیگر پس نمی‌گیریم.

ما عوض دیـدیم، آنگـه چـون عـوض رفت از ما حاجت[2] و حرص و غَرَض[3] ۱۰۰۹

ما چیزهایی را که به آن «نیازمند» و «وابسته» بودیم دادیم و در عوض «بی‌نیاز» شدیم.

ز آبِ شور و مُهلکی[4] بیرون شدیم بر رَحیق[5] و چشمهٔ کـوثر[6] زدیـم ۱۰۱۰

از وابستگی به دنیایِ مادّی و هلاکت‌آور رهایی یافتیم و به درکِ «عالمِ غیب» که همانندِ شراب مستی‌آور و حیاتی جاودانی است، رسیدیم.

آنچه کردی ای جـهان بـا دیگـران بـی وفـایی و فـن و نـازِ گِـران ۱۰۱۱

ای دنیا، بی وفایی، نیرنگ و نازِ ناگواری را که با دیگران کردی،

بـر سـرت ریـزیم مـا بـهرِ جـزا کـه شـهیدیم، آمـده انـدر غـزا[7] ۱۰۱۲

بدی‌هایت را به عنوانِ کیفر به تو بر می‌گردانیم؛ زیرا در نبردِ راه حق از هستیِ خود و تعلّقات گذشته‌ایم.

تـا بـدانـی کـه خـدایِ پـاک را بندگان هستند پُر حـمله و مِـریٰ[8] ۱۰۱۳

تا بدانی که خدای پاک بندگانی مبارز و مقابله‌گر دارد.

سِـبلتِ تـزویر دنـیا بـر کَـنَند[9] خیمه را بر باروی[10] نصرت زنند[11] ۱۰۱۴

بندگانی که گولِ نیرنگ دنیا را نمی‌خورند و به امدادِ حق متّکی‌اند.

---

۱ - **خرقه افکندن :** در مجالس سماع صوفیان رسم بود که در حال جذبه و شوق، خرقه را در می‌آوردند و می‌افکندند. این امر که در بی‌خودیِ صوفی اتّفاق می‌افتاد، کنایه‌ای بود از به دور افکندن دنیا و تعلّقات.

۲ - **حاجت :** نیاز. ۳ - **غَرَض :** علّت، مرض، کنایه از صفات دون بشری.

۴ - **آبِ شور و مُهلک :** کنایه از دنیا و محبوس بودن در حواسِّ پنجگانه و جهات ششگانه، یعنی از محدودیّت رهایی یافتن و به نامحدود رسیدن. ۵ - **رَحیق :** شراب.

۶ - **چشمهٔ کوثر :** حوضی در بهشت با خیری کثیر. ۷ - **غزا :** جنگ. ۸ - **مِریٰ :** نبرد و مقابله.

۹ - مصراع اوّل؛ برای تحقیر سبیلِ کسی را تراشیدن، یعنی خوار کردن.

۱۰ - **بارو :** دیوار قلعه، «باروی نصرت» یعنی قلعه یا حصنِ امدادِ خداوند، یاریِ حق.

۱۱ - **خیمه بر باروی نصرت زدن :** به عنایت و حمایت حق تعالی متّکی بودن.

این شهیدان باز نو غازی[۱] شدند   وین اسیران باز بر نصرت زدند ۱۰۱۵

این فانیانِ در حق باز به مبارزه پرداختند و دوباره پیروز شدند.[۲]

سر بر آوردند باز از نیستی[۳]   که: ببین ما را، گر اَکمه[۴] نیستی ۱۰۱۶

هستیِ غیر حقیقی را در هستی حقیقی فانی کرده‌اند و می‌گویند: اگر بینا هستی، ببین که ما هستیم.

تا بدانی در عدم[۵] خورشیدهاست   و آنچه اینجا آفتاب، آنجا سُهاست[۶] ۱۰۱۷

تا دریابی که «عالمِ غیب»، دارای حقایقی تابناک است و آنچه در این جهان درخششی دارد، در برابر آفتابِ حقیقت بی نور است.

در عدم، هستی برادر چون بُوَد[۷]؟   ضدّ اندر ضدّ، چون مَکنون بُوَد؟ ۱۰۱۸

ای برادر، در عالم غیب که ظاهراً نیست و دیده نمی‌شود، چگونه می‌تواند «هستی» وجود داشته باشد؟ در «نیستی» که ضدّ هستی است، چگونه «هستی» هست؟

یُخرِجُ اَلحَیَّ مِنَ المَیِّت[۸] بدان   که عدم آمد امیدِ عابدان ۱۰۱۹

در قرآن می‌خوانیم که خداوند از مُرده زنده بیرون می‌آوَرَد، همین «هستی بخشی» از «نیستی» امیدی است که عابدان از طاعات و عباداتِ خود دارند.

مردِ کارنده که انبارش تهی‌ست   شاد و خوش، نه بر امیدِ نیستی‌ست ۱۰۲۰

عابدان، همانندِ کشاورزی‌اند که بذرها را کاشته و با انباری تهی دلشاد است؛ زیرا می‌داند که محصولی دارد.

که بروید آن ز سویِ نیستی   فهم کن گر واقفِ معنیستی ۱۰۲۱

زارع می‌داند چیزی که اینک نیست، بعداً می‌روید و هست می‌شود. اگر قادر به درک معانی هستی، سخن را بفهم.

---

۱ - **غازی**: جنگجو.

۲ - زیرا حق نامتناهی است و راهِ حق بی انتها؛ پس سالکِ متعالی «عارف» هم، همواره بنا بر مرتبه‌ای که در آن است، باز به نوعی «غازی» است.

۳ - **نیستی**: فانی شدن در حق، فنای فی الله که بعد از آن بقای به حق است؛ یعنی هستیِ حقیقی.

۴ - **اَکْمَه**: کور، نابینا.   ۵ - **عدم**: چیزی که ظاهراً نیست، عالم غیب.

۶ - **سُها**: ستاره‌ای کوچک و کم نور.   ۷ - مولانا سؤالی را مطرح می‌کند و خود به آن پاسخ می‌دهد.

۸ - قرآن: انعام: ۹۵/۶ و روم: ۱۹/۳۰.

دم بــه دم از نــیستی، تــو مــنتظر   که بـیابی فـهم و ذوق، آرام و بِـر[1] ۱۰۲۲

این امر در تمام امور زندگی مصداق دارد، تو همواره در انتظار چیزی هستی که نیست و می‌خواهی که هست بشود، مثل: درکِ بهتر، ذوق، آرامش و خوبی‌ها.

نیست دسـتوری گـشاد ایـن راز را   ورنــه بــغدادی[2] کــنم اَبــخاز[3] را ۱۰۲۳

پدید آمدنِ «هستی» از «نیستی» رازی است که اجازه ندارم بیش از این دربـاره‌اش سـخن بگویم و گرنه آنان را که با این اسرار بیگانه‌اند و آن را باور ندارند به آشنا بَدَل می‌کنم.

پس خِزانهٔ صـنعِ حـق بـاشد عـدم   کــه بــرآرَد زو عــطاها دم بــه دم ۱۰۲۴

پس «عدم» یا «عالمِ غیب» گنجینهٔ آفرینش خداوند است که لحظه به لحظه خلق می‌کند.

مُـبدِع[4] آمـد حـق و مـبدِع آن بُـوَد   که بـرآرَد فـرعْ بـی اصـل[5] و سـند ۱۰۲۵

خداوند می‌آفریند و آفریننده آن است که «فرع» را بدون «اصل» یا منشأ بیافریند.

مثالِ عالَمِ هستِ نیستْ‌نما[6]، و عالَمِ نیستِ هستْ‌نما[7]

سرِ سخن در این قطعه در تقریر این معناست که: «هستیِ حقیقی» یا «حقیقتِ هستی» در مراتب گوناگون در همین دنیای محسوس سَرَیان و جریان دارد؛ امّا با حواسِ پنجگانهٔ ظاهری انسان قابل درک نیست، همانند دریایی که در زیر کف نهان است یا بادی که غبار را برمی‌انگیزد؛ ولی قابل رؤیت نیست.

نیست[8] را بنمود هست و محتشم[9]   هست را بــنمود بــر شکــلِ عــدم ۱۰۲۶

خداوند، «نیست» را به صورت چیزی که «هست» نمایانده است و «هست» را به صورت «نیست».

---

۱ - **بِرّ** : نیکی. ۲ - **بغداد** : از مراکز برجستهٔ اسلامی، مقرّ حکومت عبّاسیان، مراد «نزدیکی و آشنایی» است.

۳ - **ابخاز** : محلّی در کوه‌های قفقاز، مراد محلّی «دور و غریبه» است: شرح جامع مثنوی، کریم زمانی، ج ۵، ص ۲۹۶.

۴ - **مُبدِع** : ابداع کننده، به وجود آورنده، آفریننده، از صفات پروردگار که عالمِ «امکان» یا «عالمِ شهادت» را از «عالمِ غیب» که به ظاهر عدم است آفریده. ۵ - مثلِ ساقهٔ بدون ریشه.

۶ - **هستِ نیست‌نما** : عالم غیب، هستیِ حقیقی.

۷ - **نیست هست‌نما** : عالم محسوس، دنیا، هستیِ غیر حقیقی.

۸ - **نیست** : چیزی که قائم به ذاتِ خویش نیست، عالم امکان که همه ممکن‌الوجودند و قائم به ذات خود نیستند؛ بلکه قائم به ذات حق‌اند. ۹ - **محتشم** : دارای حشمت، با شکوه، اینجا دارای شأن و اعتبار.

بحر را پوشید، و کَف کرد آشکار   باد را پوشید، و بنمودت غبار ۱۰۲۷

«بحرِ حقایق» در زیر کفِ صُوَر ظاهری نهان شده، همان‌گونه که «باد» نهان است و گرد و غبارِ آن عیان.

چون مِنارهٔ خاک پیچان در هوا   خاک از خود چون بر آید بر عُلا[1] ؟ ۱۰۲۸

گردباد که همانند مناره در هوا دیده می‌شود، بدون حرکت‌دهنده نمی‌تواند به هوا بلند شود.

خاک را بینی به بالا ای علیل[2] !   باد را نی، جز به تعریفِ دلیل ۱۰۲۹

ای ظاهربین، «گردباد» را می‌بینی و «باد» را که سببِ آن است، نمی‌بینی و برای وجودش در پیِ «دلیل» هستی.

کف همی بینی روانه هر طرف   کفِّ بی‌دریا ندارد مُنصَرَف[3] ۱۰۳۰

کفِ متحرّک روی آب را می‌بینی؛ ولی توجّه نداری که کف بدون دریا حرکتی ندارد.

کف به حس[4] بینی و دریا از دلیل[5]   فکرْ پنهان، آشکارا قال و قیل ۱۰۳۱

کفِ روی آب یا «صُوَر خلقت» دیده می‌شوند؛ امّا دریا نه، همان‌طور که دریای اندیشهٔ ما نیز در زیر الفاظ و سخنان نهان است.

نفی[6] را اثبات[7] می‌پنداشتیم   دیدهٔ معدوم‌بینی داشتیم ۱۰۳۲

ما همهٔ چیزهای فناپذیر و غیر قائم به ذات را که در واقع جنبهٔ عدمی دارند، حقیقی می‌پنداریم؛ زیرا از طریقِ حواسّ ظاهری که قابلیّت درک مادّی دارند با این جهان ارتباط برقرار می‌کنیم.

دیده‌یی کاندر نُعاسی[8] شد پدید   کِی تواند جز خیال و نیست[9] دید؟ ۱۰۳۳

چشمی که خوابناک و غافلانه به جهان بنگرد، هرگز نمی‌تواند حقیقت را ببیند.

لاجرم سرگشته گشتیم از ضَلال[10]   چون حقیقت شد نهان، پیدا خیال ۱۰۳۴

ناگزیر گمراه و سرگردان می‌شویم؛ زیرا «حقیقت» نهان و «غیرحقیقت» آشکار است.

---

۱ - **عُلا** : آسمان.   ۲ - **علیل** : مریض، دارای علّت، اینجا «ظاهربین» که چشمش قادر به درک حقایق نیست.
۳ - **مُنصَرَف** : انصراف و گشتن، حرکت.   ۴ - **به حس** : با چشم سر، از طریق حواسّ پنجگانهٔ ظاهری.
۵ - **دریا از دلیل** : برای درک حقیقت به «دلیل و برهان» نیازمند هستی که البته پایش چوبین است.
۶ - **نفی** : مراد هر چیز مادّی است.   ۷ - **اثبات** : مراد «حقیقت» است.   ۸ - **نُعاس** : چُرت، خواب.
۹ - **خیال و نیست** : مراد «وهم و پندار»، چیزهای غیر حقیقی.   ۱۰ - **ضَلال** : گمراهی.

این عدم را چون نشاند اندر نظر؟ چون نهان کرد آن حقیقت از بصر؟ ۱۰۳۵

خداوند چگونه «حقیقت» را نهان کرد و «عدم» را حقیقی جلوه داد؟

آفرین ای اوستادِ سِحرباف[1] که نمودی مُعرِضان[2] را دُردْ[3] صاف[4] ۱۰۳۶

آفرین بر مشیّتِ الهی‌ات ای پروردگار که «فانی» را در نظرِ اهلِ دنیا «باقی» می‌نمایی.

ساحِران مهتاب پیمایند زود[5] پیش بازرگان، و زر گیرند سود ۱۰۳۷

مراتب نازل این واژگون نمایی را خلق از طریق ساحران دیده‌اند که با سحر قادر بودند نور ماه را همانند پارچه گز کنند و بفروشند.

سیم[6] بُربایند زین گون[7] پیچ پیچ[8] سیم از کف رفته و کرباس[9] هیچ ۱۰۳۸

ساحران با چنین نیرنگ بزرگی پول را می‌گیرند؛ در حالی که پارچه‌ای در کار نیست.

این جهان جادوست، ما آن تاجریم که از او مهتابِ پیموده[10] خریم ۱۰۳۹

این «دنیا»، همان «ساحر» است و ما آن «تاجر»یم که عمرمان را می‌دهیم و از او چیزی نمی‌گیریم.

گز کُند[11] کرباس، پانصد گز، شتاب ساحرانه او ز نورِ ماهتاب ۱۰۴۰

«دنیا» هم نور مهتاب را به «دنیادوستان» ساحرانه می‌فروشد؛ یعنی آنان را اسیر توهّم و ذهنیات می‌کند.

چون ستد او سیمِ عُمرت[12]، ای رهی[13]! سیم شد، کرباس نی، کیسه تهی ۱۰۴۱

ای اهل دنیا، عمرت را می‌دهی و حاصلی به دست نمی‌آوری.

---

۱ - **اوستادِ سحرباف** : پروردگار که مشیّت و اراده‌اش می‌تواند هر چیزی را جلوه‌ای دیگر دهد.

۲ - **مُعرِضان** : اعراض کنندگان، منکران و معاندان، اهل دنیا، کسانی که از حقایق روی‌گردان‌اند.

۳ - **دُرد** : تیره.

۴ - **صاف** : زلال، مراد آنکه: دُردِ شراب را شرابِ صاف می‌نمایی؛ یعنی دنیای فناپذیر را باقی و حقیقی جلوه می‌دهی.

۵ - ر.ک: ۱۱۶۳/۳، که به چنین سحری اشاره می‌شود:

شکل کرباسی نموده ماهتاب آن بپیموده فروشیده شتاب

۶ - **سیم** : نقره، اینجا پول. ۷ - **زین گون** : به این ترتیب. ۸ - **پیچ پیچ** : با پیچ و خم، با نیرنگ و فریب.

۹ - **کرباس** : نوعی پارچه. ۱۰ - **مهتاب پیمودن** : مهتاب را متر کردن.

۱۱ - **گز کُند** : اندازه بگیرد، متر کند. ۱۲ - **سیمِ عمر** : عمر گران‌بها، اضافهٔ تشبیهی.

۱۳ - **رهی** : بنده، غلام.

قُلْ اَعُوذَت[1] خواند باید، کِای اَحَد! هین زِ نَفّاثاتْ[2] افغان، وز عُقَد[3] ۱۰۴۲

برای رهایی از این «سحر» یا «واژگون نمایی» باید به خدا پناه ببری و «قُلْ أَعُوذ» بخوانی و بگویی: ای خداوند یکتا، از شرّ ساحران و سحرشان به تو پناه می‌برم.

می‌دمند اندر گِرِه آن ساحرات الغیاث[4]! المستغاث[5]! از بُرد و مات[6] ۱۰۴۳

زنان جادوگر در گره‌ها می‌دمند. پروردگارا، از شرّ آنان نجاتمان بده.

لیک بر خوان از زبانِ فعل[7] نیز که زبانِ قولْ سُست است ای عزیز! ۱۰۴۴

ای عزیز، خواندن آن به تنهایی کافی نیست، در عمل هم بکوش تا از وسوسه‌ها پرهیز کنی.

در زمانه مر تو را سه همره‌اند آن یکی وافی و این دو غَدْرمَند[8] ۱۰۴۵

در زندگی سه همراه داری که یکی همواره می‌ماند و دوتای دیگر رفیق نیم‌راه‌اند.

آن یکی یاران، و دیگر رخت و مال و آن سِوُم وافی‌ست، و آن حُسنُ اَلفِعال[9] ۱۰۴۶

رفقا و ثروت فقط تا پایان عمر با تواَند؛ امّا «عملِ نیک» در دو جهان با توست.

مال نایَد با تو بیرون از قُصور یار آید، لیک آید تا به گور ۱۰۴۷

ثروت در خانه و قصر می‌مانَد و دوست هم تا گور همراه است.

چون تو را روزِ اجل آید به پیش یار گوید از زبانِ حالِ خویش ۱۰۴۸

چون روز مرگ فرا رسد، دوست به زبان حال می‌گوید:

تا بدینجا بیش همره نیستم بر سرِ گورَت زمانی بیستم ۱۰۴۹

بیش از این نمی‌توانم همراهی‌ات کنم، مدّتی هم بر سرگورت می‌ایستم.

فعلِ تو وافی است، زو کن مُلتَحَد[10] که در آید با تو در قعر لَحَد ۱۰۵۰

امّا عمل می‌مانَد؛ پس به عمل نیک پناه ببر و از او پناه بجوی که تا قعر گور هم با تو خواهد بود.

---

۱ - قرآن: فَلَق: ۱/۱۱۳.
۲ - قرآن: فَلَق: ۴/۱۱۳: وَ مِنْ شَرِّ نَفّاثاتِ فِی ٱلْعُقَدِ : و از شرّ زنان افسونگر چون به جادو درگره‌ها بدمند.
۳ - **عُقَد** : گره‌ها. ۴ - **الغیاث** : کمک. ۵ - **المستغاث** : فریادرس.
۶ - **برد و مات** : بردن «دنیا» و مات شدنِ من. ۷ - **از زبان فعل** : در عمل.
۸ - **غَدْرمند** : مکّار، رفیق نیم‌راه. ۹ - مقتبس از خبری با همین مضمون: ر.ک. احادیث، ص ۴۵۴.
۱۰ - **مُلْتَحَد** : پناهگاه.

در تفسیرِ قولِ مصطفی علیه السَّلام: لابُدَّ مِنْ قَرینٍ یُدْفَنُ مَعَکَ، وَ هُوَ حَیٌّ، وَ تُدفَنُ مَعَه وَ اَنْتَ مَیِّتٌ، اِنْ کانَ کَریماً اَکْرَمَکَ، وَ اِنْ کانَ لَئیماً اَسْلَمَکَ، وَ ذلِکَ اَلقَرینُ عَمَلُکَ، فَأصْلِحْهُ مَا اَسْتَطَعْتَ، صَدَقَ رَسُولُ الله [1]

حضرت محمّد(ص): ناگزیر تو قرینی داری که زنده است و او را با تو هنگام مرگت به خاک می‌سپارند. اگر آن قرین بزرگوار باشد تو را گرامی می‌دارد و اگر فرومایه باشد، خوار می‌کند. مُراد از آن قرین عمل توست، تا می‌توانی در اصلاح آن بکوش.

مضمون این حدیث تمثیل‌گونه حاکی از آن معنا است که فرجامِ آدمی با عمل وی مرتبط است.

پس پیمبر گفت: بهرِ این طریق[2] باوفاتر از عمل نَبْوَد رفیق ۱۰۵۱

از این‌رو پیامبر(ص) گفت: در زندگی و مرگ رفیقی باوفاتر از «عمل» نیست.

گر بُوَد نیکو، اَبَد یارت شود ور بود بَد، در لَحَد مارت شود[3] ۱۰۵۲

اگر نیک باشد تا ابد یار توست و اگر بد باشد درگور آزارت می‌دهد.

این عمل، وین کسب، در راهِ سَداد[4] کی توان کرد ای پدر بی اوستاد؟ ۱۰۵۳

عزیز من، این «عمل» و «کسب» را در راه رستگاری، چگونه می‌توان بدون استاد آموخت؟

دُون‌ترین کسبی که در عالم رَوَد هیچ بی ارشاد استادی بُوَد؟ ۱۰۵۴

پست‌ترین مشاغل دنیوی را بی‌تعلیم می‌توان آموخت؟

اوّلش علم است، آنگاهی عمل تا دهد بر، بعدِ مُهلت یا اَجَل ۱۰۵۵

برای هر کاری ابتدا باید دانشی کسب کرد؛ سپس به عمل پرداخت تا پس از مدّتی یا حتّی بعد از مرگ نتیجهٔ نیک بدهد.

---

۱ - در این تمثیل که در مستدرک حاکم به عنوان حدیث مذکور است، مَثَل مؤمن و مرگ او همانند داستان کسی است که دارای سه دوست است: یک دوست عبارت از «ثروت» اوست که به او می‌گوید: تا زنده‌ای از آن تو هستم، هرچه خواهی برگیر و هرچه خواهی فروگذار. آن دیگر «اهل و خویش» اوست که می‌گوید: در زندگی با تو هستم و چون بمردی تو را برگیرم و درگور گذارم. سومین که «عمل» اوست، می‌گوید: در زندگی با توأم و درگور نیز با تو خواهم بود: مستدرک حاکم، ج ۱، صص ۷۵-۷۴ به نقل از احادیث، ص ۴۵۵.
حدیث دیگری را هم با همین مضمون آورده‌اند که حاکی از آن است که اهل و مال میّت ازگورستان باز می‌گردند؛ امّا عمل وی می‌مانَد: احادیث، ص ۴۵۴. ۲ - **این طریق :** این راه، راهِ زندگی و مرگ.
۳ - **در لحد مارت شود :** درگور آزارت می‌دهد. ۴ - **سَداد :** راستی و درستی.

اِسْتَعینُوا فِی اَلحِرَفْ یا ذَاالنُّهٰی مِـنْ کَـریمٍ صٰالحٍ مِـنْ اَهْـلِها ۱۰۵۶

ای خردمندان، برای آموختنِ حرفه‌ها از شخصی صالح و بزرگوار که اهلِ آن پیشه است، کمک بخواهید.

اُطْلُبُ اَلدُرَّ اَخی وَسْطَ الصَّدَف وَ اَطْلُبِ اَلفَنَّ مِنْ اَرْبابِ اَلحِرَف ۱۰۵۷

ای برادر، مروارید را از درون صدف بخواه و صنعت را از صنعتگران طلب کن.

اِنْ رَأَیْتُمْ ناصِحینَ، اَنْصِفُوا بادِرُوا اَلتَّعْلیمَ، لا تَسْتَنْکِفُوا ۱۰۵۸

اگر اندرز دهندگان خیراندیش را دیدید، حقّ آنان را ادا کنید و به تعلیم آنان روی آورید و از این کار سرپیچی نکنید.

در دباغی گر خَلَق[۱] پوشید مرد خواجگیِّ[۲] خواجه را آن کم نکرد ۱۰۵۹

اگر استادِ دبّاغ هنگام کار جامه‌ای مندرس بپوشد، از آقایی‌اش کم نمی‌شود.

وقتِ دَم آهنگر ار پوشید دَلق[۳] احتشامِ او نشد کَم پیشِ خلق ۱۰۶۰

اگر آهنگر هنگام افروختن کوره جامه‌ای خشن بر تن کند، از احترامش کاسته نمی‌شود.

پس لباسِ کِبر[۴] بیرون کُن ز تن مَلبسِ[۵] ذُل[۶] پوش در آموختن ۱۰۶۱

پس تو هم برای آنکه «معرفت» را از «عارف» بیاموزی، باید «خودبینی» را رها کنی و به جامهٔ «فقر» آراسته بشوی؛ یعنی باور کنی که دانش تو هر چه که هست، دانشِ رستگاری نیست.

علم آموزی، طریقش قولی است حِرفَت آموزی، طریقش فعلی است ۱۰۶۲

«علم» را از راه «زبان و گفتار» می‌آموزند و حرفه‌ها را از راه «عمل».

فقر[۷] خواهی، آن به صحبت قایم است نه زبانت کار می‌آید، نه دست ۱۰۶۳

اگر مشتاق سیر و سلوک هستی، باید با «اهل فقر» و مرشد روحانی مصاحب باشی که در این راه نه از «قول» به تنهایی کاری ساخته است نه از «فعل».

---

۱ - **خَلَق** : کهنه، مندرس. ۲ - **خواجگی** : آقایی، سروری.

۳ - **دَلق** : لباس خشن و کم‌بها، اینجا لباس یا خرقهٔ صوفیان مورد نظر نیست.

۴ - **لباسِ کبر** : «خودبینی» یا «خود محوری». ۵ - **مَلْبَس** : جامه، لباس. ۶ - **ذُل** : خواری.

۷ - **فقر** : دانشِ راه حق: ر.ک: ۱۹۱۸/۱ و ۲۳۵۲/۱.

دانش ِ آن را، سِتانَد جان ز جان نه ز راهِ دفتر، و نه از زبان ۱۰۶۴

در این راه، انتقال معارف از طریقِ «جان» به «جان» است، نه از راه کتاب و گفتار.

در دلِ سالک، اگر هست آن رُموز رَمزدانی نیست سالک را هنوز ۱۰۶۵

اگر سالک تصوّر کند که «حقیقتِ فقر» را می‌توان از طریقِ عرفانِ نظری «علمِ فقر» دریافت، هنوز به درک رموز و اسرار نرسیده است و نخواهد رسید.

تا دلش را شرحِ[1] آن سازد ضیا[2] پس اَلَمْ نَشْرَح[3] بفرماید خدا ۱۰۶۶

تا آرام آرام درکِ معارف و حقایق «نور حق»، دلش را بسط بدهد و معانی و اسرار را در درون او بشکافد و خداوند به او خطاب کند: آیا سینه‌ات را گشاده نکردیم؟

که: درونِ سینه شرحت داده‌ایم شرح اندر سینه‌اَت بنهاده‌ایم ۱۰۶۷

ما «معارف» و «حقایق» را در دلت قرار داده‌ایم و اندک اندک سینه‌ات را بسط می‌دهیم و اسرار و رموز را برایت می‌شکافیم.

تو هنوز از خارج آن را طالبی؟ مَحْلَبی[4]، از دیگران چون حالِبی[5]؟ ۱۰۶۸

تو هنوز آن‌ها را از بیرون می‌جویی؟ خودت منشأ معارف هستی، چرا از دیگران می‌خواهی؟

چشمهٔ شیر است در تو بی‌کنار[6] تو چرا می شیر جویی از تَغار[7] ۱۰۶۹

خداوند چشمه‌های علوم و اسرار را در دلت نهاده است، چرا آن را از اندک‌مایگان می‌طلبی؟

منفذی داری به بحر، ای آبگیر[8]! ننگ دار از آب جُستن از غدیر[9] ۱۰۷۰

ای سالک، دل و جانت به دریای معانی و اسرار اتّصال دارد، شرم‌آور است که آن را از برکه‌ای کوچک بخواهی.

---

۱ - **شرح :** بسط و گشایش. ۲ - **ضیا :** نور حق.

۳ - قرآن: انشراح: ۱/۹۴: أَلَمْ نَشْرَحْ لَكَ صَدْرَكَ : آیا ما تو را شرح صدر عطا نکردیم؟

۴ - **مَحْلَب :** محلّ دوشیدن شیر. ۵ - **حالِب :** شیرخواه. ۶ - **بی‌کنار :** نامحدود، بی‌کرانه.

۷ - **تغار :** ظرف سفالین برای ماست، کنایه از کسی که کامل نیست و خود از علوم و اسرار بیش از اندکی نمی‌داند، کسی که علم تقلیدی یا کسبی دارد در تقابل با علم کشفیِ کاملان.

۸ - **آبگیر :** محلّ جمع شدن آب، اینجا اشاره به سالک است.

۹ - **غدیر :** برکه، کنایه از کسی که هنوز به کمال الهی نرسیده یا علوم رسمی و کسبی.

که: اَلَمْ نَشْرَح؟ نه شرحت هست بـاز؟ چون شدی تو شرح‌جو و کُـدیه‌ساز[1] ؟ ۱۰۷۱

آیا آنچه که در «أَلَمْ نَشْرَحْ» آمده است، حقیقتِ مطلب را برایت روشن نمی‌کند؟ پس چرا از این و آن برای توضیحِ بیشتر گدایی می‌کنی؟

در نگـر در شـرحِ دل در انـدرون تـا نـیاید طـعنهٔ لا تُـبْصِرُون[2] ۱۰۷۲

بکوش تا گشایشی برای شرحِ اسرار در درونت حاصل شود تا در ردیف کسانی که بینش ندارند، قرار نگیری.

تفسیر وَ هُوَ مَعَکُم

این قطعه تفسیری است بر آیهٔ شریفه: قرآن: حدید: ۴/۵۷ : وَ هُوَ مَعَکُمْ أَیْنَمَا کُنْتُمْ.... او با شماست هرجا که باشید....

سرّ سخن در تقریر این است که: حق تعالیٰ در مقامِ فعل معیّت سَرَیانی و در مقامِ ذات معیّت قیّومی دارد؛[3] پس اگر آدمی بتواند با تمرکز بر درون خود به معرفتِ حقیقتِ وجودِ خویش برسد و اجازه ندهد که ذهن‌گرایی او را از راه حق دور کند، خورشیدِ روحِ عالیِ عِلوی بر ماه باطنش می‌تابد و گشایش و شرح صدری در سینهٔ خود می‌یابد.

یک سبد پُر نان[4] تو را بر فرقِ سر[5] تو همی خواهی لَبِ نان[6] در به در؟ ۱۰۷۳

عالی‌ترینِ حقایق نزد خود توست. چرا عاجزانه از این و آن جویای بخشِ نازلی از حقیقت هستی؟

در سرِ خود پیچ[7]، هِل[8] خیره‌سری[9] رو دَرِ دل زن، چـرا بـر هـر دری؟ ۱۰۷۴

حقیقتِ خود را بشناس و بدون سرگشتگی، فقط به دلت توجّه کن. چرا محتاج دیگران باشی؟

تـا بـه زانـویی مـیانِ آبِ[10] جُـو غافل از خود، زین و آن تو آب‌جو ۱۰۷۵

وضع تو همانند کسی است که تا زانو در جوی باشد و غافلانه در طلبِ آب از این و آن.

---

۱ - **کُدیه ساز :** گدایی کننده.

۲ - **لا تُبْصِرُون :** «نمی‌بینند»: قرآن: ذاریات: ۲۱/۵۱، که مضمون این آیه و آیهٔ قبل از آن اشاره دارد به نشانه‌هایی که برای اهل یقین در این جهان و در درون انسان هست، آیا نمی‌بینید؟ ۳ - ر.ک: ۱۴۷۰/۱ و ۱۵۱۵/۱.

۴ - **سبدِ پر نان :** کنایه از عالی‌ترین علوم و اسرار. ۵ - **بر فرقِ سر :** نزد خودت، درون خودت.

۶ - **لبِ نان :** کنارهٔ ضخیم نان که معمولاً به گدایان می‌دهند، کنایه از چیزِ حقیر.

۷ - **در سر خود پیچ :** در خود تأمّل کن. ۸ - **هِل :** فرو بگذار، رها کن. ۹ - **خیره‌سری :** سرگشتگی.

۱۰ - **آب :** کنایه از حقایق است.

پیش آب، و پس هم آبِ با مَدَد　　چشم‌ها را پیشْ سدّ و خَلفْ سَد[1] ۱۰۷۶

دور تا دور وجودت آب حیات‌بخش است؛ امّا بر چشمانت پرده‌ای است که آن را نمی‌بینی.

اسب زیرِ ران، و فارِس[2] اسبْ[3] جو　　چیست این؟ گفت: اسب، لیکن اسب کو؟ ۱۰۷۷

یا می‌توان احوالت را به کسی مانند کرد که بر اسبی نشسته و جویای آن است و اگر از او بپرسند: پس این که رویش نشسته‌ای چیست؟ می‌گوید: اسب است؛ امّا همچنان در پی اسب است.

هی! نه اسب است این به زیر تو پدید؟　　گفت: آری، لیک خود اسبی که دید؟ ۱۰۷۸

آگاه باش، مگر این که بر آن نشسته‌ای، اسب نیست؟ می‌گوید: آری: ولی اسب مرا که دیده است؟

مستِ آب، و پیش رویِ اوست آن　　اندر آب، و بی خبر ز آبِ روان ۱۰۷۹

این همه تشنگی برای آبی است که پیش روی اوست و آن را نمی‌بیند، در میان آب است و از آب روان بی خبر.

چون گُهر در بحر، گوید: بحر کو؟　　و آن خیالِ[4] چون صدف دیوارِ او ۱۰۸۰

همانندِ گوهری که در اعماق دریا می‌پرسد: دریا کجاست؟ «خیال»، بسان صدف او را از دیدن حقیقت باز می‌دارد.

گفتنِ آن کو؟ حجابش می‌شود　　ابرِ تابِ آفتابش می‌شود ۱۰۸۱

همان که می‌گوید: کو؟ مانع دیدنش می‌شود، همانند ابر که مانع تابش نور خورشید می‌گردد.

بندِ چشم اوست هم چشم بَدَش[5]　　عینِ رفع سَدِّ[6] او گشته سَدَش ۱۰۸۲

چیزی که چشمش را بسته «دید غلط» یا «دید نادرست» اوست؛ یعنی درکِ اشتباه که در فهمِ معارف و اسرار، اثرِ وارونه دارد.

بندِ گوش او شده هم هوشِ او　　هوش با حق دار ای مدهوشِ او ۱۰۸۳

عقل و هوش مادّی گوشِ باطنیِ او را کر کرده است. ای شیفتهٔ حق، عقل و ادراکِ خود را به حق بسپار.

---

۱ - مقتبس از: قرآن: یس: ۹/۳۶: وَ جَعَلْنا مِنْ بَیْنِ أَیْدیهِمْ سَدّاً وَ مِنْ خَلْفِهِمْ سَدّاً...: و [راه خیر را] از پیش و پس بر آن‌ها سد کردیم و بر چشمِ [هوشِ] شان هم پرده افکندیم...: ر.ک: ۷۵۱/۵.　۲ - **فارِس** : اسب سوار.

۳ - **اسب** : کنایه از علوم و معارف.

۴ - **خیال** : اینجا پندار، ذهن‌گرایی و یا هر فکری که آدمی را از درک حقایق باز دارد.

۵ - **چشم بد** : دیدِ غلط، دیدگاهی که صاحبش حقایقِ هستی را وارونه می‌فهمد.

۶ - **عین رَفعِ سدّ** : همین که می‌خواهد سدّی را از بین ببرد، مانعی را رفع کند یا رازی را بفهمد.

در تفسیر قولِ مصطفی علیه السَّلام: مَنْ جَعَلَ آلهُمُومَ هَمّاً واحِداً، کَفَاهُ اللهُ سائِرَ هُمُومِهِ، وَ مَنْ تَفَرَّقَتْ بِهِ آلهُمُومُ لا یُبالی اللهُ فی اَیِّ وادٍ اَهْلَکَهُ

در تفسیر گفتهٔ مصطفی(ص): هر کس همهٔ غم‌هایش را به غمی واحد محدود کند، خداوند غم‌های دیگر او را از میان می‌بَرَد و کسی که غم‌های متعدّد و پراکنده‌ای داشته باشد، خداوند پروا نمی‌کند که او را در کدام بیابان هلاک کند.[1]

هوش را توزیع کردی[2] بر جهات — می نیرزد تَرّه‌یی[3] آن تُرَّهات[4] ۱۰۸۴

عقل و هوش تو به موضوعات متعدّدی توجّه دارد و در واقع اندیشه‌ات پراکنده است. این پراکندگی تمامِ توان و قدرت‌های روحی‌ات را به هدر می‌دهد و آن اندیشه‌های بیهوده هم به قدر پر کاهی نمی‌ارزد.

آب هُش[5] را می‌کَشَد هر بیخِ خار[6] — آبِ هوشت چون رسد سوی ثمار[7]؟ ۱۰۸۵

هر اندیشهٔ بیهوده‌ای عقل و هوش‌ات را به خود جلب می‌کند؛ در نتیجه فرصت و توانایی برای اندیشهٔ اصلی باقی نمی‌ماند.

هین! بزن آن شاخِ بَد را، خَوْ کُنَش[8] — آب دِه این شاخ خوش را، نو کُنَش ۱۰۸۶

آگاه باش که باید اصلی‌ترین اندیشهٔ آدمی «اندیشهٔ درکِ حقیقت و وصول به حق» باشد؛ پس اندیشه‌های بیهوده را رها کن و به اساسی‌ترین بپرداز.

هر دو سبزند[9] این زمان، آخِر نگر — کین شود باطل، از آن روید ثمر ۱۰۸۷

«اندیشهٔ این جهانی» و «اندیشهٔ آن جهانی» هر دو برای زندگی دنیوی ضروری‌اند؛ امّا اگر به عاقبت بیندیشی، می‌بینی که اوّلی زوال می‌یابد و از دومی بهرهٔ معنوی و روحانی نصیب انسان می‌شود.

---

۱ - مراد از این خبر این است: اگر آدمی تمام اندیشه و همّ و غم‌اش رسیدن به حق و درک حقایق باشد، پروردگار او را از اندیشه‌های متعدّد و پراکنده که موجب غم و پریشانی است، نجات می‌دهد و غم‌هایش را از میان می‌برد، در غیر این صورت برای پروردگار اهمّیّتی ندارد که او در میان کدام یک از غم‌ها و اندیشه‌هایش هلاک شود؛ چون به «ماسوی‌الله» پرداخته و از «الله» غافل شده است. کسی که خدا را فراموش کند، خدا هم او را فراموش می‌کند.

۲ - همین معنا قبلاً در بیت ۳۲۸۸ دفتر چهارم آمده است:

عقل تو قسمت شده بر صد مهمّ — بر هزاران آرزو و طِمّ و رِمّ

۳ - **تَرّه**: تره، یک نوع سبزی خوردنی. ۴ - **تُرّهات**: جمع تُرَّهة به معنی سخن بیهوده.

۵ - **آبِ هُش**: آبِ عقل و درک، نیروی عقلانی و اندیشه. ۶ - **خار**: کنایه از اندیشه‌های پوچِ دنیوی.

۷ - **ثمار**: جمع ثمر: میوه، کنایه از علوم و اسرار.

۸ - **خَوْ کردن**: هَرَس کردن شاخه‌های درخت، کَندن علفِ هرز، وجین کردن.

۹ - **هر دو سبزند**: هر دو به خوبی هستند و حضور دارند و هرگز نمی‌توانی به‌طور کامل مانع اندیشه‌هایِ دنیوی بشوی؛ چون در این دنیا زندگی می‌کنی.

آبِ باغ[۱] این را حلال، آن را حرام فرق را، آخِر ببینی، و السَّلام ۱۰۸۸

صرف کردن نیروی عقل و درک برای «وصل به حق»، یعنی در جهت اهداف آفرینش کاری بجا و برای امور دنیوی که در واقع «بُعد از حق» است، نابجاست. این تفاوت را عاقبت‌الامر می‌بینی، والسَّلام.

عدل چه بْوَد؟ آب دِهْ اشجار[۲] را ظلم چه بْوَد؟ آب دادن خار را ۱۰۸۹

عدل چیست؟ این است که هر چیزی در موضعی بجا و شایسته به کار برود و ظلم عکس آن است.

عدل وضع[۳] نعمتی در موضعش[۴] نه به هر بیخی که باشد آبْ کَش[۵] ۱۰۹۰

«عدل»، قرار دادن «نعمت» در راه صحیح است، نه به کار بردن آن به هر صورت که بشود.

ظلم چه بْوَد؟ وضع در ناموضعی که نباشد جز بلا را منبعی ۱۰۹۱

«ظلم»، قرار دادن هر چیز در محلّ نامناسب است که سبب فتنه و بلا می‌شود.

نعمتِ حق را به جان و عقل[۶] دِه نه به طبعِ[۷] پُر زَحیرِ[۸] پُر گِره[۹] ۱۰۹۲

نعمتِ عقل و درک را برای ارتقای جان و عقلِ خود به کار ببر، نه برای سرشت طبیعی یا «وجه نفسانی و مادّی» که همواره اسیر تنگناها و گرفتاری‌هاست.

بار کن بیگارِ[۱۰] غم را بر تَنَت بر دل و جان[۱۱] کم نِهْ آن جان کَنَدنت ۱۰۹۳

دل نگرانی‌ها و دغدغه‌های امور دنیوی همانند باری است که «تن» و «سرشت طبیعی» باید آن را به دوش بکشند، نه «جان»، یعنی در حالی که «دل و جان» به حق توجّه دارد باید به حلّ و فصل امور دنیوی نیز پرداخت.

---

۱ - **آبِ باغ :** کنایه از نیروی ذهنی، نیروی عقل و درک.

۲ - **اشجار :** جمع شجره به معنی درخت، اینجا کنایه از اندیشهٔ وصول به حق و درک حقایق.

۳ - **وضع :** قرار دادن، نهادن. ۴ - **موضع :** محلّ مناسب.

۵ - مصرع دوم: نه هر اندیشه‌ای که آب را جذب می‌کند.

۶ - **جان و عقل :** جان و عقلِ انسان قابلیّت و استعداد ارتقا و کمال را دارند.

۷ - **طبع :** سرشت طبیعی، وجه مادّی و عنصری انسان. ۸ - **زحیر :** مطلق بیماری، گرفتاری، تنگنا.

۹ - **پر گره :** سرشار از مشکلات. ۱۰ - **بیگار :** کار بدون مزد.

۱۱ - نباید «دل و جان» در خدمتِ امور دنیوی باشد؛ بلکه باید دغدغه‌های امور دنیوی هم در خدمت تعالی و کمالِ روح به کار گرفته شود و این امر زمانی میسّر است که دل همواره به یاد حق باشد.

بر سرِ عیسی[1] نهاده تَنگِ بار[2] — خر سِکیزه[3] می‌زند در مرغزار ۱۰۹۴

اگر بار امور دنیوی را «روح» تحمّل کند، رنج می‌کشد، در حالی که «تن»، همانند درازگوشی که در علف غلت می‌زند، آسوده است.

سُرمه را در گوش کردن شرط نیست — کارِ دل را جُستن از تن شرط نیست ۱۰۹۵

شرط عقل آن است که از هر چیزی استفادهٔ بجایی بشود، مثلاً همان‌طور که سرمه را در گوش نمی‌ریزند، نباید کار دل را از تن توقّع داشت؛ یعنی «تن» باید در خدمتِ تکامل «روح» باشد.

گر دلی[4]، رو نازکن، خواری مَکَش — ور تنی[5]، شکّر[6] منوش و زَهْر[7] چَش ۱۰۹۶

اگر توانسته‌ای از طریقِ دل به عالمِ غیب اتّصال یابی، می‌توانی با سربلندی زندگی کنی؛ امّا اگر هنوز اسیر حواسِّ مادّی و امور دنیوی هستی، باید رنج‌ها و سختی‌های تهذیب را بپذیری.

زهرْ تن را نافع است و قندْ بد — تن همان بهتر که باشد بی مَدَد[8] ۱۰۹۷

همان‌قدر که رنج و سختی برای ارتقا و تهذیبِ «وجه مادّی و نفسانی» مفید است، آسایش مضر است. سعادتِ «وجه مادّی و نفسانی» آدمی در رنج است.

هیزمِ دوزخ تن است و کَم کُنَش — ور برویَد هیزمی، رو بر کَنَش ۱۰۹۸

«وجه نفسانیِ» آدمی در صمیم ذات نار معنوی است[9] و پس از تحوّل و ترقّی به مقام «روح» می‌رسد و نور محض می‌گردد؛ پس تا می‌توان باید از «ظلمت» و «احتراق» آن کاست و بر نورش افزود؛ زیرا «نَفْس» دارای درجاتی از وجود است که مرتبه‌ای از آن «طبیعت»، مرتبه‌ای «مثالی» و مرتبه‌ای «عقلِ صِرف» است.[10]

ورنه حمّالِ حَطَب[11] باشی، حَطَب — در دو عالم، همچو جُفتِ بو لَهَب[12] ۱۰۹۹

اگر در ترقّیِ «نَفْس» نکوشی، همانندِ زنِ ابولهب چوبِ آتشِ دوزخ را بر دوش می‌کشی.

---

۱ - **عیسی** : کنایه از «روح». ۲ - **تَنگِ بار** : لنگه یا کیسهٔ بار.

۳ - **سِکیزه** : غلت زدن، جست و خیز، جفتک اندازی.

۴ - **گر دلی** : اگر دلت منوّر شده، اگر صاحبدل به شمار می‌آیی، اگر اسرار و معانی غیبی را می‌فهمی.

۵ - **ور تنی** : اگر منوّر نیستی. ۶ - **شکّر** : کنایه از خوشی و آسایش. ۷ - **زهر** : کنایه از رنج و سختی.

۸ - **بی مدد** : بی یار و یاور، در رنج و سختی.

۹ - سورهٔ هُمَزَة: ۱۰۴/۷-۶ : نَارُ اللهِ الموقَدَةُ ٱلَّتِی تَطَّلِعُ عَلَی ٱلأَفْئِدَةِ : آن آتش را خدا افروخته. شرارهٔ آن بر دل‌های کافران شعله‌ور است. ۱۰ - شرح مقدّمهٔ قیصری، ص ۸۱۳.

۱۱ - اشاره به قرآن: مَسَد: ۱۱۱/۴: وَ ٱمْرَأَتُهُ حَمَّالَةَ ٱلْحَطَبِ : و زنش هیزم‌کش [و آتش‌افروز معرکه] است.

۱۲ - **ابولهب** : ر.ک: ۲۶۷۳/۲.

از حَطَب[۱] بشناس شاخِ سِدره[۲] را گرچه هر دو سبز باشند[۳] ای فَتی! ۱۱۰۰

ای جوان، از «روحِ حیوانی» یا «نفسِ بهیمی» که پیرو شهوات است، می‌توانی «روحِ انسانی» و «روحِ عالیِ عِلوی» را بشناسی و تفاوت میان آن‌ها را درک کنی، هرچند که ظاهراً هر دو حیات دارند.

اصلِ آن شاخ است هفتم آسمان اصلِ این شاخ است از نار و دُخان[۴] ۱۱۰۱

«روحِ انسانی» که عالی‌ترین مرتبه‌اش «روحِ عالیِ عِلوی» است از ملکوت یا لاهوت آمده است؛ در حالی که «نفسِ بهیمی یا روحِ حیوانی» همان «نارِ معنوی» و دود است.

هست مانندا[۵] به صورت، پیشِ حس که غلط‌بین است چشم و کیشِ حس ۱۱۰۲

فرد ظاهربین هر دو را یکسان می‌بیند؛ زیرا تنها ابزار او برای درک و فهم آن‌ها، «حسّ» و «چشم» یا همان حواسّ ظاهری است که قابلیّت درک آن جهانی و دیدن حقایق را ندارد.

هست آن پیدا به پیشِ چشمِ دل جهد کن، سویِ دل آ، جُهْدُ المُقِلْ[۶] ۱۱۰۳

فقط «حواسّ باطنی» می‌تواند آن را درک کند؛ پس به دل خویش توجّه کن و بکوش هرچند توانایی‌ات ناچیز باشد.

ور نداری پا[۷]، بجنبان خویش را تا ببینی هر کم و هر بیش را ۱۱۰۴

اگر درک باطنی نداری، ناامید نشو و سعی‌ات را بکن تا راهِ درون به رویت باز شود.

در معنیِ این بیت :
گر راه رَوی، راه بَرَت بگشایند ور نیست شوی، به هستی‌لَت بگرایند

این قطعه که مفتاح آن بیت نخستین یکی از رباعی‌های مولاناست[۸] در تأیید و شرحِ معانی ابیات پیشین است و باز هم در ادامهٔ بحث پیرامون **«فنا»** و **«بقا»**، تأکید بر تأثیر جهد آدمی **«جَهْدُ المُقِل»**[۹] است در گشودن راهی به عالم

---

۱ - **حَطَب** : هیزم، کنایه از تن. ۲ - **شاخ سِدره** : کنایه از روح انسانی یا روح حق‌جو.
۳ - **سبز بودن** : کنایه از طراوت و یا حیات داشتن است. ۴ - **دُخان** : دود.
۵ - **مانندا** : مانند، برای وزن شعر «مانندا» آمده است.
۶ - **جُهْدُ المُقِل** : تعبیری است مأخوذ از این سخن که برخی آن را حدیث دانسته‌اند: أَفْضَلُ الصَّدَقَة جُهْدُ الْمُقِلِّ: برترین احسان فقیر، تلاش معاش اوست: ر.ک. احادیث، ص ۴۵۵.
۷ - **ور نداری پا** : اگر «پایِ جانت» ناتوان است و قابلیّت طیّ راه حق را ندارد، اگر درک باطنی نداری.
۸ - بیت دیگر آن در دیوان کبیر: « ور پست شوی نگنجی اندر عالم آن‌گاه تو را بی تو به تو بنمایند »
۹ - حداقلّ کاری را که می‌توانی بکن.

معنا و به عنوان نمونه به قصهٔ زندگی یوسف(ع)اشاره می‌شودکه علی‌رغم بسته بودن همهٔ درها، «جهد و توکّل» او را از دست زلیخا رهانید و راهی به رویش گشوده شد؛ پس آدمی باید مجاهدانه و متوکّلانه خواستار گشوده شدن راهی به عالم معنا باشد تا فضل الهی در رسد.

۱۱۰۵ **گــر زلیـخا بست درهـا هـر طـرف[۱] یافت یوسف هم ز جنبش مُنْصَرَف[۲]**

هرچند که زلیخا همهٔ درها را بسته بود؛ امّا یوسف(ع) هم برای رهایی تلاش کرد و راه نجاتی یافت.

۱۱۰۶ **باز شد قـفل و در او شـد رَه پـدید چون توکّل کرد یـوسف، بـرجـهید**

قفل باز شد و راه نجاتی پدیدار گردید. «جهد» و «توکّل» او را رهانید.

۱۱۰۷ **گرچه رخنه نـیست عـالم را پـدید خـیره[۳]، یـوسف‌وار مـی‌باید دویـد**

زندگی در عالم محسوس آدمی را در خود محبوس کرده و راه او را به سوی عالم نامحسوس بسته است؛ امّا یأس ثمری ندارد، باید همانند یوسف(ع) تلاش کرد؛ حتّی با تحیّر یا سرگشتگی.

۱۱۰۸ **تــا گُشـــاید قـفل و در پـیدا شـود سویِ بی جایی[۴] شـما را جـا شـود**

تا روزی که قفل و درِ عالم معنا گشوده شود و راهی به حقایق یا «عالم لامکان» بیابید.

۱۱۰۹ **آمـدی انـدر جـهان ای مـمتَحَن[۵]! هــــیچ مــی‌بینی طـریقِ آمــدن؟**

ای انسان، تو از آن جهان به این جهان آمده‌ای، آیا راه آمدنت را می‌شناسی؟

۱۱۱۰ **تــو ز جـایی آمـدی، وز مَـوطِنی[۶] آمــــدن را راه دانـــی هـــیچ؟ نـــی**

در هر حال از جایی یا عالمی به اینجا آمدی، آیا آن راه را می‌شناسی؟ قطعاً نه.

۱۱۱۱ **گر ندانـی، تـا نگـویی[۷] راه نـیست زین رَهِ بی راهه[۸] مـا را رفـتنی‌ست**

اگر نمی‌دانی، نمی‌توانی بگویی که چنین راهی نیست، این راه هست؛ امّا با چشم باطن می‌توان آن را دید و خواه ناخواه همه باید از همین «رهِ بی راهه» که ظاهراً قابل رؤیت نیست، به سوی حق باز گردیم.

---

۱ - اشارتی قرآنی؛ یوسف: ۲۳/۱۲، مضمون آن حاکی از این است که زن عزیز مصر تمام درها را بسته بود تا از یوسف(ع) کامیاب شود؛ امّا او تلاش کرد که بگریزد و دری باز شد. ۲ - **مُنْصَرَف** : گریزگاه، محلّ بازگشتن.

۳ - **خیره** : حیران، اینجا می‌تواند برای غیر عارف مفهوم سرگشتگی هم داشته باشد.

۴ - **بی جایی** : عالم غیب، لامکان.

۵ - **مُمْتَحَن** : امتحان شده، سالک، «انسان» که همواره با آزمون‌های الهی روبروست.

۶ - **موطنی** : مراد عالم غیب و مبدأ هستی است. ۷ - **تا نگویی** : مبادا بگویی، نمی‌توانی بگویی.

۸ - **ره بی راهه** : راهی که مثل راه‌های دنیوی قابل دیدن نیست.

می‌روی در خواب شادان چپّ و راست　　　هیچ دانی راهِ آن میدان کجاست؟ ۱۱۱۲

در خواب با شادمانی به این سو و آن سو می‌روی، آیا می‌دانی که کجا هستی و از چه راهی به آنجا رفته‌ای؟

تو ببند آن چشم، و خود تسلیم کن　　　خویش را بینی در آن شهرِ کُهُن[۱] ۱۱۱۳

چشم از دنیا و جاذبه‌هایش برگیر و تسلیم باش تا با چشم باطن به عالم غیب راه یابی.

چشم چون بندی؟ که صد چشم خمار[۲] **　　　بندِ چشم**[۳] **توست این سو از غِرار**[۴] ۱۱۱۴

امّا چشم فرو بستن از دنیا و جاذبه‌هایش کار آسانی نیست؛ زیرا هر یک از زیبایی‌ها و جلوه‌های دنیا، آدمی را چنان مشغول می‌کند که نمی‌گذارد چشم باطنش گشوده شود.

چارچشمی[۵] **تو ز عشقِ مُشتری**[۶] **　　　بر امیدِ مهتری و سروری** ۱۱۱۵

تو حریصانه در پی جلب توجّه دیگران هستی به امید آنکه بتوانی برتری‌ات را ثابت کنی.

ور بخُسپی، مشتری بینی به خواب　　　جُغدِ[۷] **بد کی خواب بیند جز خراب؟** ۱۱۱۶

چنان افکارت به جلب اهل دنیا متمرکز شده است که در خواب هم جز آن را نمی‌بینی.

مشتری خواهی به هر دم پیچ پیچ[۸] **　　　تو چه داری که فروشی؟ هیچ هیچ** ۱۱۱۷

هر لحظه دغدغهٔ مشتریِ افزون‌تری را داری، در حالی که چه متاعی داری؟ هیچ.

گر دلت را نان بُدی یا چاشتی　　　از خریداران فراغت داشتی[۹] ۱۱۱۸

اگر دلت به نور حق منوّر بود و ادراکی از عالم معنا داشتی، از مشتری بی‌نیاز می‌شدی.

---

۱ – **شهر کُهُن**: عالم غیب.　۲ – **چشم خُمار**: چشم زیبارو.
۳ – **بندِ چشم**: پرده و یا حجابی بر روی چشم.　۴ – **غِرار**: فریب، گول خوردن.
۵ – **چار چشم**: چهار چشم، کنایه از حرص.　۶ – **مشتری**: خریدار، کنایه از تحسین کننده.
۷ – **جُغد**: کنایه از «اهل دنیا» که جز «خراب» یا «دنیا» را نمی‌بیند.　۸ – **پیچ پیچ**: پریشانی و دغدغه.
۹ – تحسین و تقبیحِ دیگران یکسان می‌شد.

قصّهٔ آن شخص که دعویِ پیغامبری می‌کرد، گفتندش: چه خورده‌ای که گیج شده‌ای و یاوه می‌گویی؟ گفت: اگر چیزی یافتمی که خوردمی، نه گیج شدمی و نه یاوه گفتمی، که هر سخنِ نیک که با غیرِ اهلش گویند، یاوه گفته باشند، اگر چه در آن یاوه گفتن مأمورند[۱]

مردی نحیف و نزار دعوی پیامبری کرد و گفت که از تمام انبیا نیز افضل است. او را به محضر سلطان بردند؛ امّا سلطان علی‌رغم اصرار مدّعیان که خواهان شکنجهٔ او بودند، با لطف سخن گفت و از حال و معاش او پرسید و از سر طنز گفت: امروز چاشت چه خورده‌ای که این چنین سرمستی و پر لاف و بادی؟ مدّعی بینوا گفت: اگر نان پاره‌ای می‌داشتم، هرگز با این گروه غافل دعویِ پیامبری نمی‌کردم که دعوی با این گروه همچنان است که دل جُستن ز کوه.

«این قصّه متضمّن اعتراض‌هایی است بر نارواییهایی که در تقلید عام ریشه دارد و طرح کردن آن‌ها جسارت تهوّرآمیزی می‌خواهد که جز در عهدهٔ شوریدگان و آشفته‌حالان نیست و نظایر آن در کلام عطّار هم به همین عاقلان مجنون‌نما منسوب است. نقدی که این مدّعی پیامبری از غفلت عام و استغراق آن‌ها در لذّات حیات این جهانی دارد، از مقولهٔ یک **«دردِ فلسفی»** است که گویی نزولِ وحیِ راستین را هم برای آنان زاید و عبث می‌سازد، و وقتی که می‌گوید: برای چنین قوم اگر کسی از زنی یا شاهدی پیام آوَرَد به او زر می‌دهند؛ امّا اگر از خدا پیام آوَرَد، آن را به چیزی نمی‌گیرند، بیانِ این مدّعاست و رنگِ کلامِ اولیا را دارد، چنانکه گویی این کلام جز از عاقلی مجنون‌نما برنمی‌آید.

این داستان بیشتر ناظر است به نقد احوال جامعه و تقریر استمراری که خلق در غفلت و طغیان و گناه دارند چنانکه حوصلهٔ عام را از ادراک اشارات الهی تنگ می‌دارد.»[۲]

۱۱۱۹ **آن یکی می‌گفت: من پیغمبرم — از همه پیغمبران فاضل‌ترم**

شخصی ادّعای پیامبری می‌کرد و می‌گفت: از همهٔ پیامبران داناتر هستم.

۱۱۲۰ **گردنش بستند[۳] و بردندش به شاه — کین همی گوید: رسولم از اِله**

او را با غلّ و زنجیر نزد شاه بردند و گفتند: ادّعای پیامبری دارد.

۱۱۲۱ **خلق بر وی جمع چون مور و ملخ[۴] — که: چه مکراست و چه دام است و چه فخ[۵]؟**

انبوهی از مردم ازدحام کرده بودند که این دیگر چه تله و دامی است؟

---

۱ - مأخذی برای آن در منابع پیشین یافته نشده است. ۲ - بحر در کوزه، صص ۳۵۵ و ۳۵۶.

۳ - **گردنش بستند**: غلّ و زنجیرش کردند. ۴ - **چون مور و ملخ**: خیلی فراوان. ۵ - **فَخْ**: دام.

گر رسول آن است کآید از عدم   ما همه پیغمبریم و محتشم ۱۱۲۲

اگر رسول از عدم آمده است که ما همگی از عدم آمده‌ایم و پیامبر و محتشم هستیم.

ما از آنجا آمدیم، اینجا غریب   تو چرا مخصوص باشی ای ادیب؟ ۱۱۲۳

ما هم از «نیستی»، غریبانه به «هستی» آمده‌ایم، ای فاضل، تو چرا باید استثنا باشی؟

نه شما چون طفلِ خفته آمدیت؟   بی خبر از راه وَز منزل بُدیت[1] ؟ ۱۱۲۴

مگر شما همانند طفلی که از رحم مادر به دنیا می‌آید، بی خبر از راه و مبدأ به این جهان نیامدید؟

از منازل خفته بگذشتید و مست   بی خبر از راه و از بالا و پست ۱۱۲۵

هنگام عبور از منازل مختلف عالم هستی، خواب‌آلوده و بی خبر از راه و پستی و بلندیِ آن بودید.

ما به بیداری روان گشتیم و خَوش   از ورایِ پنج و شش[2] تا پنج و شش ۱۱۲۶

امّا ما «مردانِ حق» آگاهانه و شاد منازلِ عالم هستی را از ماورای مادّه تا مادّه طی کرده‌ایم.

دیده منزل‌ها ز اصل و از اساس   چون قَلاووزان[3] خبیر و رَهْشناس ۱۱۲۷

منازلِ غیر مادّی تا مادّی را از اصل دیده‌ایم و همانندِ راهنمایان، آگاه و راه‌شناس‌ایم.

شاه را گفتند: اشکنجه‌اش بکن   تا نگوید جنسِ او هیچ این سخُن ۱۱۲۸

به شاه گفتند: شکنجه‌اش کن تا امثال او جرأت نکنند چنین سخنانی بگویند.

شاه دیدش بس نزار و بس ضعیف   که به یک سیلی بمیرد آن نحیف ۱۱۲۹

شاه دید که او فردی بسیار لاغر و ناتوان است که با یک سیلی می‌میرد.

کِی توان او را فشردن یا زدن؟   که چو شیشه گشته است او را بَدَن ۱۱۳۰

شاه اندیشید: چگونه می‌توان او را که بدنش همانندِ شیشه ظریف و شکننده است، شکنجه کرد یا کتک زد؟

لیک با او گوییم از راهِ خوشی   که چرا داری تو لافِ سرکشی؟ ۱۱۳۱

امّا با ملایمت به او می‌گوییم که چه چیزی سبب چنین ادّعای گستاخانه‌ای شده است؟

---

۱ - آدمی از راه‌هایی که عبور کرده است، چیزی را به یاد ندارد.

۲ - **پنج و شش** : پنج حسّ و شش جهت، کنایه از عالم محسوس یا جهان مادّی است.   ۳ - **قَلاووز** : راهنما.

که درشتی نایَد اینجا هیچ کار هم به نرمی سر کُند از غارْ مار ۱۱۳۲

زیرا در این مورد خشونت ثمری ندارد. مار با زبان خوش از سوراخ بیرون می‌آید.

مردمان را دور کرد از گِردِ وی شه لطیفی بود، و نرمی وِرْدِ وی ۱۱۳۳

مردم را از دور و بر او پراکنده کرد. شاه مرد مهربانی بود که با لطف سخن می‌گفت.

پس نشاندش باز پرسیدش ز جا که:کجا داری معاش و مُلْتَجیٰ[۱] ؟ ۱۱۳۴

او را نشاند و پرسید:کجا زندگی می‌کنی و درآمدت چیست و مأوایت کجاست؟

گفت : ای شه! هستم از دارُآلسَّلام[۲] آمده از ره در این دارُآلمَلام[۳] ۱۱۳۵

گفت: ای شاه، از بهشت به این دنیا آمده‌ام.

نه مرا خانه‌ست و نه یک همنشین خانه کی کرده‌ست ماهی در زمین؟ ۱۱۳۶

خانه و همدمی ندارم. کِی ماه در زمین زندگی کرده است؟

باز شه از رویِ لاغش[۴] گفت باز که:چه خوردی و چه داری چاشتْ‌ساز[۵]؟ ۱۱۳۷

بار دیگر شاه از روی مزاح گفت: چه خورده‌ای؟ و برای غذا چه تدارکی دیده‌ای؟

اشتِهی داری؟ چه خوردی بامداد؟ که چنین سرمستی و پُر لاف و باد ۱۱۳۸

میل به خوراک داری؟ صبحانه چه خورده‌ای که این چنین مستانه لاف می‌زنی؟

گفت :اگر نانم بُدی، خشک و طَری[۶] کی کنیمی[۷] دعویِ پیغمبری؟ ۱۱۳۹

گفت: اگر لقمه نانِ خشک یا تری داشتم که ادّعای پیامبری نمی‌کردم.

دعویِ پیغمبری با این گروه همچنان باشد که دل جُستن ز کوه ۱۱۴۰

ادّعای پیامبری برای این قوم همانند «دل» خواستن است از کوه.

کس ز کوه و سنگ عقل و دل نجُست فهم و ضبطِ نکتهٔ مشکل[۸] نجُست ۱۱۴۱

هیچ کس از کوه و سنگ «عقل و دل» نمی‌خواهد و توقّع ندارد که نکاتی را بفهمند و به یاد بسپارند.

---

۱ - **ملتجیٰ :** پناه یا پناهگاه. ۲ - **دارالسَّلام :** بهشت، محلّ امنیّت و آرامش.

۳ - **دارُ المَلام :** سرای ملامت، کنایه از دنیا. ۴ - **لاغ :** مزاح، شوخی.

۵ - **چاشت ساز :** ساز و برگ برای خوراک، تدارکِ غذا. ۶ - **طَری :** تازه.

۷ - **کنیمی :** به جای می‌کردم به کار رفته است.

۸ - **نکتهٔ مشکل :** مراد علوم و اسرار حق است که «عقل و دلِ» انسانِ آگاه با مجاهده آن را درک می‌کند و می‌فهمد؛ امّا «اهلِ دنیا» که همانند کوه و سنگ فاقدِ دل‌اند از فهم آن عاجزند.

هرچه گویی باز گوید کُه همان   می‌کند افسوس چون مُسْتَهزِیان[۱] ۱۱۴۲

کوه فقط انعکاس صدا را بر می‌گرداند، گویی قصد تمسخر دارد، مانند این قوم.

از کجا این قوم و پیغام از کجا؟   از جمادی جان، که را باشد رجا[۲] ؟ ۱۱۴۳

این قوم در حدّی نیستند که برای آنان پیامی از خدا برسد، همانند جمادات‌اند که از آنان انتظار جان و درک نیست.

گر تو پیغامِ زنی آری و زر   پیش تو بِنْهَند جمله سیم و سر ۱۱۴۴

اگر برای آنان از زنی پیامی بیاوری و یا از طلا سراغی بدهی، مال و جان را نثارت می‌کنند.

که: فلان جا شاهدی می‌خوانَدَت   عاشق آمد بر تو، او می‌دانَدَت ۱۱۴۵

مثلاً اگر بگویی: فلان جا زیبارویی دعوتت کرده، عاشقت شده است و تو را می‌شناسد، حاضر است که همه چیز را فدای تو کند.

ور تو پیغامِ خدا آری چو شَهْد   که: بیا سویِ خدا ای نیکْ عهد[۳] ! ۱۱۴۶

امّا اگر پیام خداوند را بیاوری و بگویی: ای نیک پیمان، برای وفای به عهد به سوی خدا بیا،

از جهانِ مرگ سویِ برگ رو   چون بقا ممکن بُوَد، فانی مشو ۱۱۴۷

از دنیایِ فانی به دنیایِ باقی برو؛ زیرا بقای راستین امکان‌پذیر است؛ پس به فنا راضی نباش،

قصدِ خونِ تو کنند و قصدِ سر   نه از برای حَمْیَتِ[۴] دین و هنر ۱۱۴۸

قصد کشتن تو را می‌کنند؛ امّا نه به سبب غیرت دینی و یا ادراک برتر، برای آن‌که از «خدا» سخن گفته‌ای.

سببِ عداوتِ عام و بیگانه زیستنِ ایشان با اولیای خدا که به حقّ‌شان می‌خوانند، و به آبِ حیاتِ ابدی

جان کلام در این قطعه بیانگر آن است که عامِ خلق به سببِ استغراقی که در لذّاتِ حیاتِ این جهانی دارند، با اولیا به عداوت بر می‌خیزند و استمرارِ غفلت‌ها و گناهان چنان حیطهٔ ادراکشان را محدود ساخته است که جز ظواهر را نمی‌بینند.

---

۱ - **مُستَهزیان :** مسخره کنندگان.   ۲ - **رَجا :** امید.   ۳ - اشاره به پیمانِ روز اَلَست.

۴ - **حَمْیَت :** غیرت.

بلکه از چفسیدگی[1] بر خان و مان[2] تلخشان آید شنیدن این بیان ۱۱۴۹

عامِ خلق که به شدّت دلبستهٔ زندگیِ دنیوی‌اند، چنین سخنان تلخی را دوست ندارند.

خرقه‌یی[3] بر ریشِ خر[4] چفسید سخت چونکه خواهی برکَنی زو لخت لخت[5] ۱۱۵۰

اگر بخواهی پارچه‌ای را که محکم به زخم بدنِ خر چسبیده است، تکّه تکّه جدا کنی،

جُفته اندازد یقین آن خر ز درد حبّذا[6] آن کس کز او پرهیز کرد ۱۱۵۱

به یقین خر از درد جفتک می‌اندازد. خوشا به کسی که از آن خر دوری کند.

خاصه پَنْجَهْ ریش[7] و هر جا خرقه‌یی بر سرش چفسیده در نم غرقه‌یی[8] ۱۱۵۲

بخصوص اگر رویِ هر یک از زخم‌های فراوان، پارچه‌ای غرق خون و چرک چسبیده باشد.

خان و مان چون خرقه، و این حرص ریش حرص هر که بیش باشد، ریش بیش ۱۱۵۳

تعلّق خاطری که آدمی به «زندگیِ مادّی و تمتعاتش» دارد، همانندِ آن پارچه و حرصِ او همان «زخم» است. هر کس حریص‌تر باشد، زخم بیشتری دارد.

خان و مانِ جُغد، ویران[9] است و بس نشنَوَد اوصافِ بغداد و طَبَس[10] ۱۱۵۴

«اهلِ دنیا» همین خرابهٔ دنیا را خانه و کاشانه می‌داند و حاضر نیست اوصاف آن جهان را بشنود.

گر بیاید بازِ سلطانی[11] ز راه صد[12] خبر آرَد بدین جُغدان ز شاه ۱۱۵۵

اگر عارفی «مردِ حق» بیاید وحقایقی را به این «دنیادوستان» بگوید،

شرح دارُالمُلک[13] و باغستان و جُو[14] پس بر او افسوس[15] دارد صد عدو[16] ۱۱۵۶

بارگاه الهی و عوالم غیبی را شرح دهد، مُنکران او را مسخره می‌کنند.

---

۱ - **چَفسیدگی** : چسبیدن. ۲ - **خان و مان** : خانه و زندگی و منافع دنیوی.

۳ - **خرقه** : اینجا مراد یک تکّه پارچه است. ۴ - **ریشِ خر** : زخمی در بدن درازگوش.

۵ - **لَخت لَخت** : تکّه تکّه. ۶ - **حَبّذا** : خوشا.

۷ - **پَنْجَهْ ریش** : پنجاه زخم، کنایه از تعلّقات گوناگون دنیوی است.

۸ - **در نم غرقه‌یی** : غرق در خونابه و چرک. ۹ - **ویرانه** : کنایه از دنیا.

۱۰ - **بغداد و طبس** : تعبیری از عالمی آباد یا عالم غیب، جهان دیگر.

۱۱ - **بازِ سلطانی** : تعبیری از عارف «مرد حق». ۱۲ - **صد** : نشان کثرت.

۱۳ - **دارُالمُلک** : پایتخت، اینجا بارگاه الهی. ۱۴ - **باغستان و جو** : مراد معارف و حقایق است، عوالم غیبی.

۱۵ - **افسوس** : تمسخر. ۱۶ - **عَدو** : دشمن، منکر.

کـه: چـه بـاز آورد؟ افسـانهٔ کـهن[۱] کـز گـزاف و لاف مـی‌بافد سـخن ۱۱۵۷

منکران می‌گویند: باز چه آورده؟ قصّهٔ گذشتگان را که سرشار از لاف و گزاف است.

کـهنه ایشـان‌انـد و پـوسیدهٔ ابـد ورنـه آن دَم کـهنه را نـو مـی‌کند ۱۱۵۸

در حالی که منکران کهنه و پوسیدهٔ ابدند و گرنه دمِ گرمِ مردِ حق می‌تواند هر جانِ عاری از نور و بی‌طراوتی را زنده و شاداب کند.

مُـردگانِ کـهنه را جـان مـی‌دهد تـاجِ عـقل[۲] و نـورِ ایـمان مـی‌دهد ۱۱۵۹

جان‌هایی را که فقط حیات دنیوی دارنـد، حیات روحـانی مـی‌بخشد و بـه آنـان عـقلِ کمال‌جو و نور ایمان می‌دهد.

دل مَـدُزد از دلربـایِ روح‌بـخش که سوارت می‌کند بر پشتِ رَخش[۳] ۱۱۶۰

دلِ خود را در اختیارِ مردِ حق قرار بده تا به امداد معنوی و روحانی‌اش به مقصود برسی.

سـر مَـدُزد از سـرفرازِ تـاج دِه[۴] کـو ز پـایِ دل گشـاید صـد گـره[۵] ۱۱۶۱

سر و جان را نثار مرد خدا کن؛ زیرا می‌تواند بندِ تعلّقات را از پایِ دلت بگشاید.

با که گویم؟ در همه دِه[۶] زنده[۷] کـو؟ سـویِ آبِ زنـدگی[۸] پـوینده کـو؟ ۱۱۶۲

با چه کسی سخن بگویم که مفهوم آن را دریابد؟ در دنـیا یک زنـده‌دلِ جـویای حیات سرمدی کجاست؟

تو به یک خواری گریزانی ز عشـق تو به جز نامی چه می‌دانی ز عشق؟ ۱۱۶۳

راه حق و وصول به عشق او سخت دشوار است. تو که با کوچک‌ترین تحقیری روی‌گردان می‌شوی، از عشق جز نامش چه می‌دانی؟

---

۱ - **افسانهٔ کهن:** اشاره است به سخن معاندان که قرآن را «اساطیر الاوّلین» می‌خواندند: قرآن: انعام: ۲۵/۶.

۲ - **تاج عقل دادن:** کسی را از عقل معاد یا عقل کمال‌جو برخوردار کردن.

۳ - **رَخْش:** اسب رستم، هر اسب اصیل، اینجا «بر پشت رخش سوار کردن» یعنی به مراد رسانیدن.

۴ - **سرفراز تاج دِه:** انسان سربلند و والایی که می‌تواند تاج پادشاهیِ معنوی، یعنی حُرّیّت بدهد.

۵ - مفهوم کلّی مصراع: می‌تواند دل را از گِل آزاد کند؛ یعنی از بندِ تعلّقات دنیوی.

۶ - **دِهْ:** کنایه از دنیا و حیات مادّی.

۷ - **زنده:** صاحبدل، کسی که دلش به نور حق زنده شده و حیات معنوی یافته است.

۸ - **آبِ زندگی:** آب حیات، حیات جاودان.

عشق را صد ناز و استکبار[1] هست   عشق با صد نـاز مـی‌آید بـه دست ۱۱۶۴

«عشق»، جایگاهی رفیع و سرشار از ناز دارد و جز با نیاز به دست نمی‌آید.

عشق چون وافی‌ست[2]، وافی می‌خَرَد   در حـــریفِ بــی وفــا مــی‌نَنْگَرد ۱۱۶۵

چون عشق باوفاست، باوفا می‌خواهد و به بی‌وفایان توجّهی نمی‌کند.

چون درخت است آدمی، و بیخْ[3] عهد   بــیخ را تــیمار[4] مــی‌باید بــه جَـهد ۱۱۶۶

می‌توان «انسان» را به درخت مانند کرد و «عهد و پیمان»اش را بـه ریشـه، بـاید از ریشـه مراقبت کرد.

عــهدِ فــاسد[5] بــیخ پـوسیده بُـوَد   وز ثِــمار[6] و لطــف بُــبْریده بُـوَد ۱۱۶۷

پیمان شکنی، همانندِ ریشهٔ پوسیده‌ای است که نمی‌تواند محصولش میوه و لطف باشد.

شاخ و برگِ نخل[7] گرچه سبز[8] بـود   با فسادِ بـیخ، سـبزی نـیست سـود ۱۱۶۸

اگر شاخه و برگ درخت سبز باشد؛ امّا ریشه‌اش فاسد، سرسبزی ثمره‌ای ندارد.

ور ندارد بـرگِ سـبز، و بـیخ هست   عاقبت بیرون کند صد بـرگ دست ۱۱۶۹

اگر برگ سبز ندارد؛ امّا ریشه‌اش سالم است، بالاخره برگ‌ها خواهند رویید.

تو مشـو غـرّه بـه عـلمش، عـهد جـو   علم چون قشر است و عهدش مغزِ او ۱۱۷۰

فریبِ علم و دانش او را نخور، دقّت کن که تا چه حد به پیمان خود وفادار است؛ زیرا علم همانندِ پوسته است و وفای به عهد مغز آن.

---

۱ - **استکبار:** خود را بزرگ شمردن، بزرگی. ۲ - **وافی:** وفادار. ۳ - **بیخ:** ریشه.

۴ - **تیمار:** مراقبت. ریشهٔ انسانیّت و کمال انسان وفای به عهد است. ۵ - **عهدِ فاسد:** پیمان شکنی.

۶ - **ثمار:** ثمره‌ها، میوه‌ها، اینجا درک حقایق و حصول معارف.

۷ - **نخل:** درخت خرما، اینجا تعبیری برای «مرد حق» است که باید ظاهر و باطنش هر دو به صلاح باشد.

۸ - **سبز:** اینجا ظاهرِ آراسته به صلاح است.

در بیانِ آنکه مردِ بدکار چون متمکّن شود در بدکاری، و اثرِ دولتِ نیکوکاران ببیند، شیطان شود و مانعِ خیر گردد از حسد، همچون شیطان، که خرمن‌سوخته همه را خرمن سوخته خواهد، اَرَأَیْتَ الَّذي یَنْهیٰ عَبْداً اِذا صَلّیٰ؟[۱]

در بیان آنکه مرد بدکار چون به کارِ بد عادت کند و در آن ثابت قدم شود، با دیدن نشانه‌های سعادتِ نیکوکاران، به شیطان بَدَل می‌شود و مانند شیطان مردم را از کار نیک باز می‌دارد؛ زیرا بدبخت یا مفلس همه را همانند خود می‌خواهد. «آیا آن کس را دیدی که بنده‌ای را از نماز باز می‌دارد؟»

این قطعه هم در واقع استمرار معنای قطعهٔ پیشین است که «سبب عداوتِ عام با انبیا و اولیا» بود، اینک سرّ سخن در این است: آدم‌های بدبخت هم که به اعمال زشتِ خود خو گرفته‌اند و قادر به ترک آن نیستند، با انسان‌های سعادتمند که به عهد خود با خدا وفادارند و به اعمال نیک می‌پردازند، عداوت می‌کنند و شیطان‌صفتانه مایل‌اند که آنان را از نیکی‌ها باز دارند.

۱۱۷۱ **وافیان[۲] را چون ببینی کرده سود — تو چو شیطانی شوی آنجا حسود**

هرگاه ببینی که «وفاداران» نتیجهٔ وفای خود را دیده‌اند، همانند شیطان حسد می‌ورزی.

۱۱۷۲ **هر که را باشد مزاج و طبعِ سست[۳] — او نخواهد هیچ کس را تن درست**

هر کس که از نور حقایق بی بهره باشد، دیگران را هم بی بهره می‌خواهد.

۱۱۷۳ **گر نخواهی رشکِ ابلیسی، بیا — از درِ دعوی[۴] به درگاهِ وفا[۵]**

اگر نمی‌خواهی که به حسادتِ شیطانی مبتلا شوی، به جای «خودمحور»، «حق‌محور» باش.

۱۱۷۴ **چون وفاات نیست، باری دم مزن — که سخن دعوی‌ست، اغلب ما و من**

اگر «حق‌محور» نیستی، لااقلّ خاموش باش؛ زیرا سخن غالباً برای اثبات «ما» و «من» است؛ یعنی «خودمحوری» یا «خودپرستی».

---

۱ – قرآن: عَلَق: ۱۰/۹۶–۹: أَرَأَیْتَ ٱلَّذِی یَنْهیٰ عَبْداً إِذَا صَلّیٰ : آیا نگریسته‌ای کسی را که باز می‌دارد، بنده‌ای را که به نماز برخیزد.

ابوجهل تهدید کرده بود که اگر پیامبر را در حال سجود بیابد، گردنش را زیر پای خود بشکند. مسلّم است که مولانا این تفسیر را پذیرفته است؛ امّا منتقدان اروپایی بر این باورند که «عَبْداً» در اینجا مفهومی غیر مذهبی دارد: ر.ک. شرح مثنوی مولوی، ج ۵، ص ۱۷۹۸. ۲ – **وافیان** : وفاداران.

۳ – **مزاج و طبع سست** : ضعف و بیماری، اینجا نفسِ بیمار. ۴ – **درِ دعوی** : از خودبینی یا خودمحوری.

۵ – **درگاهِ وفا** : درگاه حق، درگاهی که برای رسیدنِ به آن باید به «پیمان روز اَلَست» متعهد و وفادار بود؛ یعنی «حق‌محوری».

این سخن در سینه دخلِ[1] مغزهاست   در خموشی مغزِ جان را صد نَماست[2] ۱۱۷۵

سخنی که در سینه می‌مانَد و گفته نمی‌شود، در واقع پخته و بارور می‌گردد؛ پس «دخل» یا حاصلی برای مغز است. خاموشی «جان» را رشد می‌دهد که بهتر نور حقایق و معارف را دریافت کند.

چون بیامد در زبان، شد خرج، مغز   خرج کم کن تا بماند مغزِ نَغْز ۱۱۷۶

هنگامی که سخن گفته می‌شود، حاصلی که مغز می‌توانست از سکوت ببرد، مصرف می‌شود؛ پس کمتر سخن بگو تا حاصلِ معنویِ مغزت لطیف بماند.

مردِ کم گوینده را فکر است زَفت[3]   قشرِ گفتن چون فزون شد، مغز رفت ۱۱۷۷

کسی که کم حرف می‌زند از اندیشه‌ای نیرومند برخوردار است. سخن گفتن را می‌توان به قشر یا پوسته‌ای برای «مغز» تشبیه کرد که هرچه این پوسته ضخیم‌تر باشد، مغز کمتر است.

پوست افزون بود، لاغر بود مغز   پوست، لاغر شد، چو کامل گشت و نغز ۱۱۷۸

پوستهٔ ضخیم‌تر، مغز کوچک‌تری دارد؛ امّا با کم شدن پوسته، مغز کامل و نیک می‌شود.

بنگر این هر سه ز خامی رَسته را   جوز[4] را و لوز[5] را و پسته را ۱۱۷۹

توجّه کن که سه میوهٔ گردو، بادام و پسته که خود را از خام بودن رهانیده‌اند، چگونه‌اند، هرچه رسیده‌تر و پربارتر شده‌اند، پوستشان نازک‌تر است.

هر که او عصیان کند، شیطان شود   که حسودِ دولتِ نیکان شود ۱۱۸۰

هر کس که در مقابل حق سرکشی کند، به شیطانی مبدّل می‌شود که به اقبال نیکان حسد می‌ورزد.

چونکه در عهدِ خدا کردی وفا[6]   از کَرَم عهدت نگه دارد خدا ۱۱۸۱

اگر به عهدی که با خدا داری وفادار باشی، خداوند هم از کَرَم به عهد خود وفا می‌کند.

از وفایِ حق تو بسته دیده‌ای   أُذْکُرُوا أَذْکُرْکُمْ[7] نشنیده‌ای ۱۱۸۲

تو واقعاً نمی‌دانی که خداوند چه قدر به عهد خود وفادار است، نشنیده‌ای که فرموده است: مرا یاد کنید تا شما را یاد کنم.

---

۱ - **دخل**: درآمد، حاصل. ۲ - **نما**: رشد. ۳ - **زفت**: بزرگ، زیاد یا نیرومند. ۴ - **جُوز**: گردو.
۵ - **لوز**: بادام.
۶ - اشارتی قرآنی؛ بقره؛ ۴۰/۲: ...أَوْفُوا بِعَهْدِی أُوفِ بِعَهْدِکُمْ...: به پیمان من وفا کنید تا به پیمان خود با شما وفا کنم. ۷ - اشارتی قرآنی؛ بقره: ۱۵۲/۲: فَاذْکُرُونِی أَذْکُرْکُمْ...: پس مرا یاد کنید تا شما را یاد کنم.

گوش نِهْ، اَوْفُوا بِعَهدی گوش دار ‌ ‌ ‌ تا کـه اُوفِ عَهْدَکُمْ آیـد ز یار ۱۱۸۳

به اینکه فرمود: «به عهدِ من وفاکنید»، عمل کن تا از یار «به عهدِ شما وفاکنم»، برسد.

عهد و قرض[1] ما چه باشد؟ ای حزین! ‌ ‌ ‌ همچو دانهٔ خشک کِشتن در زمین ۱۱۸۴

ای غم‌زده، می‌دانی که عهد و قرض‌الحسنهٔ ما به خدا یا به عبارتی داد و ستدِ بنده با خدا چیست؟ همانند کاشتن دانهٔ خشک در زمین است.

نـه زمین را زآن فروغ و لَمتُری[2] ‌ ‌ ‌ نـه خـداونـدِ زمین را تـوانگری ۱۱۸۵

نه زمین از آن بافروغ و فربه می‌شود و نه صاحب زمین توانگر.

جز اشارت کـه: از ایـن می‌بایدم ‌ ‌ ‌ که تو دادی اصلِ این را از عـدم ۱۱۸۶

مفهومِ کاشتن این است که پروردگارا، از این دانه که اصلش را از عدم آورده‌ای، می‌خواهم.

خـوردم و دانـه بیاوردم نشـان ‌ ‌ ‌ که: از این نعمت به سویِ ماکَشان ۱۱۸۷

نعمتی را که عطا کردی، خوردم. دانه‌اش را نشانه آوردم که باز هم به ما عطا کن.

پس دعایِ خشک هِل[3] ای نیکبخت ‌ ‌ ‌ که فشانْدِ دانه می‌خواهد درخت ۱۱۸۸

پس ای نیکبخت، دعای خشک و خالی را رها کن که برآمدن درخت در پی پاشیدن دانه است؛ یعنی به عملِ خیر بپرداز.

گـر نـداری دانـه، ایـزد زآن دعا ‌ ‌ ‌ بخشدت نخلی[4]، که نِعْمَ ما سَعیٰ ۱۱۸۹

اگر دانهٔ «مال یا عملِ خیر» نداری، خالصانه و با سوز دل دعا کن تا خداوند آن دعا را برویاند که این بنده چه خوب کوشیده است.

همچو مریم، درد بودش، دانه نـی[5] ‌ ‌ ‌ سبز کرد آن نخل را صاحبْ فَنی[6] ۱۱۹۰

همانند مریم(س) که هنگام تولّد عیسی(ع) درد داشت و به خدا پناه برد و خداوند درخت نخلی را که او زیرش نشسته بود، سبز و بارور کرد.

---

۱ - اشارتی قرآنی؛ مُزَّمّل: ۲۰/۷۳: ...أَقْرِضُواْ ٱللهَ قَرْضاً حَسَناً... : در راه خدا قرض الحسنه دهید.

۲ - **لَمْتُر** : فربه. ‌ ‌ ۳ - **هِل** : بگذار، رها کن.

۴ - **بخشدت نخلی** : درخت نخلی به تو ببخشد، یعنی آن را برویاند. ‌ ‌ ۵ - اشاره به: قرآن: مریم ۲۵/۱۹-۲۳.

۶ - **صاحب فن** : توانا، پروردگار.

۱۱۹۱ **زانکـه وافـی بـود آن خـاتونِ راد بی مُرادش[۱] داد یـزدان صـد مُـراد**

زیرا آن خاتون دلیر به عهدش وفا کرده بود؛ پس خداوند بی آنکه او چیزی بخواهد، خواسته‌هایش را برآورد.

۱۱۹۲ **آن جماعت را کـه وافـی بـوده‌انـد[۲] بـر هـمه اَصـنافشان[۳] افـزوده‌انـد**

چون خداوند به عهد خود وفادار است، کسانی را که به عهدشان با او وفا کرده‌اند، بر دیگران برتری بخشیده است.

۱۱۹۳ **گشت دریـاها مُسَخَّرشان و کـوه چـار عُـنصر[۴] نـیز بـندهٔ آن گـروه**

دریاها و کوه‌ها رامِ کاملان شدند و کائنات تحت سیطرهٔ روحانی آنان قرار گرفت.

۱۱۹۴ **این خود اِکرامی‌ست[۵] از بهرِ نشان[۶] تـا بـبینند اهـلِ انکـار آن عـیان**

علاوه بر تسلّطی که کاملان بر عالم مادّی دارند و در واقع نشانهٔ کوچکی است که منکران بتوانند آن را آشکارا ببینند، عنایات دیگری هم در حقّ آنان شده است.

۱۱۹۵ **آن کرامت‌هـایِ[۷] پـنهانشان کـه آن در نـیاید در حـواس و در بـیان**

کرامت‌هایی در نهان به آنان داده شده که ما قادر به درک و بیان آن نیستیم.

۱۱۹۶ **کار آن دارد[۸]، خـود آن بـاشد اَبَـد دایـما، نـه مـنقطع[۹]، نـه مُسـتَرَد[۱۰]**

اهمّیّتِ حقیقی در کرامت‌های نهانیِ ابدی است که هرگز از آنان گرفته نمی‌شود.

مناجات

۱۱۹۷ **ای دهندهٔ قُوت و تمکین[۱۱] و ثبات خـلق را زیـن بـی‌ثباتی دِه نـجات**

ای خدایی که روزی و پایداری و استواری می‌دهی، مردم را از این تزلزل نجات بده.

---

۱ - **بی مراد :** بی آنکه بخواهد یا آرزو کند. ۲ - مراد مؤمنان و مردان حق‌اند.

۳ - **همهٔ اصناف :** همهٔ صنف‌ها، تمامِ مردم. ۴ - **چار عنصر :** خاک، باد، آب و آتش.

۵ - **اِکرام :** فضیلت. ۶ - **از بهرِ نشان :** برای نمونه.

۷ - **کرامت :** بخشش، خرقِ عادت را در ارتباط با اولیا و مردان حق کرامت گویند.

۸ - **کار آن دارد :** اهمّیّت دارد، ارزش دارد. ۹ - **منقطع :** قطع شده. ۱۰ - **مسترد :** بازپس گرفته شده.

۱۱ - **تمکین :** در مقابل تلوین، ثابت بودن، اشاره به حال باطنی کاملان که درونی غیر متزلزل و آرام دارند و از تنگناهای عالم محسوس به دغدغه‌ای نمی‌افتند.

اندر آن کاری که ثابت بودَنی‌ست قایمی[1] دِه نَفس را، که مُنْثَنی‌ست[2] ۱۱۹۸

به این نَفْسِ ضعیف در هر کاری که نیاز به ثبات دارد، استواری عطا کن.

صبرشان بخش و کفهٔ میزان گران[3] وارهانشان از فنِ صورتگران[4] ۱۱۹۹

به آنان بردباریِ فراوان بده و از نیرنگِ ظاهرپرستان که خلق را مفتونِ جلوه‌های دنیا می‌کنند، نجات دِه.

وز حسودی بازشان خر ای کریم! تا نباشند از حسد دیوِ رجیم[5] ۱۲۰۰

ای خداوند بخشنده، آنان را از حسد نجات بده تا به شیطانِ مطرود مبدّل نشوند.

در نعیمِ فانیِ مال و جَسَد[6] چون همی سوزند عامه از حَسَد ۱۲۰۱

خلق برای بهره‌مند شدنِ هرچه بیشتر از متاع فانی و زندگی دنیوی در آتش حسد می‌سوزند.

پادشاهان بین که لشکر می‌کشند از حسد خویشانِ خود را می‌کُشند ۱۲۰۲

پادشاهان را ببین که از روی حسد، لشکرکشی می‌کنند و بستگان خود را می‌کشند.

عاشقانِ لعبتانِ[7] پُر قَذَر[8] کرده قصدِ خون و جانِ همدگر ۱۲۰۳

عاشقانِ دلبرانِ زشت سیرت برای دستیابی به معشوق قصد جان همدیگر را می‌کنند.

ویس و رامین[9]، خسرو و شیرین[10]، بخوان که چه کردند از حسد آن ابلهان ۱۲۰۴

قصّهٔ ویس و رامین یا خسرو و شیرین را بخوان که آن احمق‌ها از حسد چه کردند!

---

۱ - **قایم** : استوار. ۲ - **مُنْثَنی** : خمیده، دوتا، اینجا ضعیف و ناتوان.

۳ - **کفهٔ میزان گران** : کفهٔ ترازویِ صبرِ آنان را سنگین کن؛ یعنی صبر فراوانی عطا کن.

۴ - **فنِ صورتگران** : نیرنگِ ظاهرسازان یا ظاهرپرستان. (**صورتگر** : نقّاش، تصویرساز.)

۵ - **رَجیم** : مطرود، ملعون. ۶ - **جسد** : جسم، تن، مراد زندگیِ این جهانی است.

۷ - **لُعبت** : دلبر، معشوق، مطلوب. ۸ - **قَذَر** : پلیدی، کثافت، آلوده.

۹ - **ویس و رامین** : ر.ک: ۲۲۸/۳، بسیاری از وقایعی که در این داستان می‌گذرد، متضمّن اوضاع و احوالی مخالف عقاید اسلامی دربارهٔ ازدواج، زن و عشق است.

۱۰ - **خسرو و شیرین** : نام یکی از کتاب‌های خمسهٔ نظامی گنجوی است که در قرن ششم سروده شده. خسرو پرویز یکی از پادشاهان عیّاش ساسانی است که سوگلی حرمش زنی عیسوی به نام شیرین بود. اطرافیانش بر این باور بودند که به اوهام و خرافات نصاریٰ گرایش پیدا کرده و موبد او در این عقاید شیرین است. مجالس عشرت او زبانزد تاریخ نویسان است. نوازندگان معروفی در بارگاه او بوده‌اند از جمله باربد.

طعنه‌ای است به عاشقان معروف که در چشمِ عارفان هم خودشان بی‌قدرند و هم عشق این جهانیِ‌شان. در اوّلین حکایت مثنوی «پادشاه و کنیزک» نیز سلسله داستان‌های مثنوی با عشقی این جهانی «کنیزک به زرگر» آغاز می‌شود.

۱۲۰۵ **که فنا شد عاشق، و معشوق نیز   هم نه چیزند، و هواشان هم نه چیز**

عاشق و معشوق هر دو از میان رفتند. هم خودشان ناچیزند و هم عشق‌هایشان.

۱۲۰۶ **پاک الهی که عدم برهم زند   مر عدم را بر عدم عاشق کند**

منزّه است پروردگاری که این عدم‌ها: «ویس و رامین» یا «خسرو و شیرین» را در کنار هم قرار می‌دهد تا عاشق یک‌دیگر شوند.

۱۲۰۷ **در دلِ نَه دل[۱]، حسدها سر کند   نیست[۲] را هست این چنین مضطر کند**

از دلی که واقعاً دل نیست و مظهر نَفْس امّاره است، حسدها ظاهر می‌شوند و آدمی را این چنین درمانده می‌کنند.

۱۲۰۸ **این زنانی کز همه مشفق‌ترند   از حسد، دو ضَرَّه[۳] خود را می‌خورند**

زنان علی‌رغم آنکه از همه مهربان‌ترند، هنگامی که پایِ مطامعِ دنیوی در میان است، دو هَوو حاضرند یک‌دیگر را نابود کنند.

۱۲۰۹ **تا که مردانی که خود سنگین دل‌اند   از حسد تا در کدامین منزل‌اند[۴]؟**

چه رسد به مردان که سخت‌دلی در سرشت آنان است؛ پس ببین که در حسدورزی تا چه حدّ ممکن است پیش بروند.

۱۲۱۰ **گر نکردی شرع افسونی لطیف[۵]   بر دریدی هر کسی جسمِ حریف**

اگر شرع تدبیر ظریفی به کار نمی‌برد، هر کس رقیب خود را از روی حسد می‌کشت.

۱۲۱۱ **شرعْ بهرِ دفعِ شر رایی زند   دیو را در شیشهٔ حُجَّت کند**

شرع برای دفع بدی‌ها تدابیری می‌اندیشد تا حیطهٔ ترکتازیِ نَفْسِ امّاره را با دلیل و برهان محدود و او را مغلوب کند.

۱۲۱۲ **از گواه[۶] و از یمین[۷] و از نُکول[۸]   تا به شیشه در رَوَد دیوِ فضول[۹]**

از گواه «شاهد»، سوگند و امتناع از سوگند استفاده می‌کند تا نَفْسِ امّاره را مقهور کند.

---

۱ - **دلِ نه دل :** دلی که دل نیست؛ زیرا اگر دل واقعاً دل باشد به نور حق حیّ شده و در آن محبّت و عشق حق ظاهر گشته است. ۲ - **نیست :** مراد انسان است که هستیِ موهومی یا عدمی دارد. ۳ - **ضَرَّه :** هَوو.

۴ - **منزل :** پایگاه. ۵ - **افسونی لطیف :** تأثیری که احکام شریعت بر خلق دارد و بازدارنده از مناهی است.

۶ - **گواه :** شاهد، دلایل محکمه پسند برای اثبات ادّعا، بیّنه. ۷ - **یمین :** سوگند.

۸ - **نُکول :** امتناع از سوگند، اعراض کردن، امتناع کردن.

۹ - بنا بر روایات سلیمان(ع) جنّ را در شیشه محبوس کرده است: ر.ک: ۴۷۱/۳.

مثلِ میزانی، که خشنودی دو ضد   جمع می‌آید یقین در هَزل[1] و جِد ۱۲۱۳

شرع، همانند ترازویی است که طرفین یک دعوا را به یقین راضی می‌کند، چه در موضوعاتِ مهم و چه در مسائل بی‌اهمّیّت.

شرعْ چون کَیْلَه[2] و ترازو دان یقین   که بدو، خصمان رَهَند از جنگ و کین ۱۲۱۴

«شرع»، همانند پیمانه یا ترازویی است که طرفینِ مخاصمه را از درگیری نجات می‌دهد.

گر ترازو نَبْوَد، آن خصم[3] از جدال   کِی رهد از وهمِ حیف[4] و اِحتیال[5]؟ ۱۲۱۵

اگر معیاری برای سنجش نباشد، مدّعی در ادّعایِ خود پابرجا می‌ماند و همواره در این پندار خواهد بود که به او زیانی وارد شده و یا نیرنگی درکار بوده است.

پس در این مُردارِ زشتِ بی وفا[6]   این همه رشک است و خصم است و جفا ۱۲۱۶

در حالی که خلق برای تمتّعات دنیایِ فانی این همه با هم حسد، دشمنی و جفا دارند،

پس در آن اقبال و دولت چون بُوَد؟   چون شود جنّی و انسی در حسد ۱۲۱۷

پس چگونه به سبب اقبالِ معنوی که تمتّعی پایدار است، حسد نَوَرزَند؟

آن شیاطین خود حسودِ کهنه‌اَند[7]   یک زمان از ره‌زنی خالی نه‌اَند ۱۲۱۸

حسدِ شیاطین دیرینه است و لحظه‌ای از گمراه کردنِ خلق باز نمی‌ایستند.

وآن بنی آدم که عصیان کِشته‌اند   از حسودی نیز شیطان گشته‌اند ۱۲۱۹

آدم‌هایی که سرکشی می‌کنند، از حسد به شیطان بدل می‌شوند.

از نُبی برخوان که: شیطانانِ اِنس   گشته‌اند از مسخِ حَقّ با دیوْ جنس[8] ۱۲۲۰

در قرآن بخوان که خداوند آدم‌های شیطان صفت را مسخ می‌کند که با شیطان همجنس می‌شوند.

دیو چون عاجز شود در اِفْتِتان[9]   استعانت جوید او زین اِنسیان ۱۲۲۱

هنگامی که شیطان در گمراه کردن خلق در می‌مانَد، از شیطان صفتان یاری می‌خواهد.

---

۱ - **هَزل :** شوخی، اینجا بی‌قدر، پیش‌پا افتاده. ۲ - **کیله :** پیمانه.

۳ - **خصم :** دشمن، اینجا مدّعی در یک دعوی. ۴ - **حیف :** ستم. ۵ - **اِحتیال :** حیله‌گری.

۶ - **مُردارِ زشتِ بی وفا :** دنیا. ۷ - **حسودِ کهنه :** حسود دیرینه، حسود همیشگی.

۸ - بنا بر مضمون آیهٔ ۱۱۲ سورهٔ انعام: ما «شَیاطینَ الانسِ وَ الْجِنّ» را دشمن پیامبران قرار داده‌ایم.

۹ - **اِفْتِتان :** فتنه‌انگیزی، گمراه کردن.

کـه شـما یـارید بـا مـا، یـاری‌ای   جـانبِ مـایید، جـانب‌داری‌ای ۱۲۲۲

و می‌گوید: شما دوست ما هستید؛ پس یاری کنید. طرفدار ما هستید؛ پس حمایت کنید.

گـر کسـی را ره زنـند انـدر جـهان   هر دو گون شیطان[۱]، برآید شادمان ۱۲۲۳

اگر بتوانند کسی را گمراه کنند، تمامِ شیاطین شاد می‌شوند.

ورکسی جان بُرد و شد در دین بلند[۲]   نـوحه مـی‌دارنـد آن دو رَشکْ‌مـند[۳] ۱۲۲۴

ولی اگر کسی جانِ سالم به در بَرَد و به معرفت برسد، هر دو گروه غمگین می‌شوند.

هـر دو مـی‌خایند دنـدانِ حسـد[۴]   بر کسی کـه داد ادیب[۵] او را خِـرَد ۱۲۲۵

به کسی که از طریقِ استادی روحانی به تهذیبِ نَفْس و زنگارزداییِ عقل می‌پردازد، خشم می‌ورزند.

پرسیدنِ آن پادشاه از آن مدّعیِ نبوّت که: آن که رسولِ راستین باشد و ثابت شود، با او چه باشد که کسی را بخشد، یا به صحبت و خدمتِ او چه بخشش یابند غیرِ نصیحت به زبان که می‌گوید؟[6]

شاه پرسیدش که: باری وحی چیست؟   یا چه حاصل دارد آن کس کو نَبی‌ست؟ ۱۲۲۶

شاه پرسید: بگو که وحی چیست؟ یا کسی که پیامبر است، چه خصوصیّتی دارد؟

گفت: خود آن چیست کِش حاصل نشد؟   یـا چـه دولت مـاند کـو واصـل نشـد؟ ۱۲۲۷

مدّعی نبوّت گفت: پیامبر کسی است که دارای عالی‌ترین کمالات و اقبال است.

گیرم این وحی نَبی گنجور[۷] نیست   هم کـم از وَحْـیِ دلِ زنـبور نـیست ۱۲۲۸

فرض کنیم که این وحیِ دلِ من همان وحیِ نازلِ بر جبرائیل نباشد؛ امّا هر چه هست، از آن وحی که به دل زنبور عسل القا می‌شود، کمتر نیست.[۸]

---

۱ - **هر دو گون شیطان :** شیاطین انس و جنّ یا شیطان و شیطان صفتان.

۲ - **شد در دین بلند :** به درجات عالی رسید.   ۳ - **رشک‌مند :** حسود.

۴ - **می‌خایند دندانِ حسد :** دندان‌ها را از حسد بر هم ساییدن، بسیار خشمگین شدن.

۵ - **ادیب :** اینجا استاد «استاد طریقت، پیر» است.   ۶ - بازگشت به قصّه‌ای که از بیت ۱۱۱۹/۵ آغاز شده بود.

۷ - **گنجور :** گنجینه‌دار، «نَبیِ گنجور» یعنی پیامبر صاحب گنج.

۸ - نیکلسون از این بیت همین مفهوم را آورده است: امّا دکتر استعلامی آن را از زبان خود مولانا و در شرح وحی و شأن آن دانسته است.

چونکه اَوْحَی اَلرَّبُ اِلَی اَلنَّحْل[1] آمده‌است خـــانهٔ وَحْـیَش پـر از حـلوا شـده است ۱۲۲۹

چون خداوند به زنبور عسل الهام کرد، خانه‌اش پر از عسل شده است.

او بـــه نـــورِ وحـیِ حـق عَـزَّوجَل کرد عـالم را پُـر از شـمع و عسـل ۱۲۳۰

زنبورِ عسل که در مراتبِ هستی موجودی حقیر و نازل است در پرتوِ الهامِ خداوندِ عزیز و جلیل، این همه موم و عسل تولید می‌کند.

این که کَـرَّمْناست[2] و بـالا مـی‌رود وَحْـیَش از زنـبور کـمتر کِـی بُـوَد؟ ۱۲۳۱

این انسان که مورد تکریم خداوند قرار گرفته و قابلیّت وصول به عالی‌ترین کمالات به او عطا شده، قطعاً وحی و الهامش بسیار برتر است.

نه تو اَعْطَیْناکَ کَوْثَر[3] خـوانـده‌ای؟ پس چرا خشکی و تشنه مـانده‌ای؟ ۱۲۳۲

آیا آیهٔ «ما به تو کوثر را عطا کردیم» را نخوانده‌ای و مفهوم آن را نمی‌دانی که این چنین خشک و تشنه و بدون هیچ‌گونه شادابی و طراوت معنوی بر جای مانده‌ای؟

یـــا مگـــر فـــرعونی، و کـوثر چـو نـیل[4] بر تو خون گشته‌ست و ناخوش، ای علیل! ۱۲۳۳

ای بیماردل، شاید تو فرعون صفتی که نمی‌توانی از کوثر و خیرِ کثیر آن بهره ببری؟

تـوبه کـن، بـیزار شـو از هـر عـدو کـــو نـــدارد آبِ کـــوثر در کـــدو[5] ۱۲۳۴

به سوی حق برگرد و از هر کسی که عاری از معرفت است دوری کن.

هـر کـه را دیـدی ز کـوثر سـرخ‌رو او مـــحمّدخوست، بـا او گـیر خـو ۱۲۳۵

هر کسی که سرشار از شادابی و سرمستی روحانی و معنوی است، خوی محمّدی(ص) دارد؛ یعنی پیرو راستین پیامبر(ص) است؛ پس از مصاحبت با او بهره‌مند شو.

---

۱ - اشارتی قرآنی؛ نحل: ۶۹/۱۶-۶۸: وَ أَوْحَىٰ رَبُّكَ إِلَى ٱلنَّحْلِ... : و پروردگارت به زنبور عسل وحی کرد. مفسّران وحی را در اینجا به معنای الهام و مراد از الهام را سرشتن این نحو رفتار در غرایز و ذات زنبور عسل می‌دانند: قرآن، ترجمهٔ بهاءالدّین خرّمشاهی، ذیل آیه. ۲ - اشارتی قرآنی؛ إسراء: ۷۰/۱۷: ر.ک: ۷۶۷/۱.

۳ - اشارتی قرآنی؛ کوثر: ۱/۱۰۸: إِنَّا أَعْطَيْنَاكَ ٱلْكَوْثَرَ.

کوثر یک تفسیر دارد و یک تأویل، تفسیر آن، همان حوض شگرف است در بهشت با خیر کثیر و تأویل آن ذریّهٔ بسیار از طریق حضرت فاطمه(س) است و عارفان آن را علاوه بر این دو عالی‌ترین مرتبهٔ معرفت نیز دانسته‌اند.

۴ - اشاره به رود نیل که برای فرعونیان خون بود و برای قوم بنی اسرائیل آبی گوارا: ر.ک: ۸۴۰/۳.

۵ - **کدو** : اینجا کوزهٔ وجود.

۱۲۳۶ **تـا اَحَبَّ لِـلّٰه[1] آیـی در حسـاب[2] کز درختِ احمدی با اوست سیب[3]**

دوست داشتن و مجالست با کسی که از معارفِ شجرهٔ احمدی(ص) برخوردار است، تو را در زمرهٔ کسانی قرار می‌دهد که «برای خاطرِ خدا دوست دارند».

۱۲۳۷ **هـرکه را دیـدی زکـوثر خشکْلب دشمنش می‌دار همچون مرگ و تَب**

از هر کسی که از این معارف بی‌بهره است، دوری کن، همان‌گونه که از هلاکت و بیماری روی‌گردان هستی.

۱۲۳۸ **گرچـه بـاباىِ تـو است و مـامِ تـو کـو حـقیقت هست خـونْ‌آشامِ تـو**

حتّی اگر پدر یا مادرت باشد؛ زیرا در واقع مصاحبت با او سبب هلاکتت می‌شود.

۱۲۳۹ **از خـلیل حـق بـیاموز ایـن سِـیَر[4] کـه شـد او بـیزار اوّل از پـدر[5]**

این روش زندگی را از خلیل الله بیاموز که وقتی مطمئن شد که پدرش دشمن خداوند است، از او بیزاری جُست.

۱۲۴۰ **تا که اَبْغَضْ لِلّٰه[6] آیـی پـیش حـق تا نگیرد بر تـو رَشکِ عشـق[7] دَق[8]**

تا در پیشگاه خداوند جزو کسانی باشی که «برای خدا دشمن می‌دارند» و غیرت حق بـر تـو خشم نگیرد.

۱۲۴۱ **تـــا نـــخوانـــی لا و اِلاّ اَللّه را در نـــیابی مَـــنْهَج[9] ایـــن راه را**

تا خالصانه به یکتایی خداوند شهادت ندهی راهِ رسیدن و تقرّب به حق را نمی‌یابی.

---

۱ – اشاره به حدیث: ر.ک: ۳۸۱۸/۱. ۲ – حساب را حِسیب بخوانید به صورت ممال.

۳ – سیبِ درختِ احمدی(ص) را داشتن، یعنی از معارف بهره‌مند بودن.

۴ – **سِیَر** : جمع سیره به معنی روش و سنّت.

۵ – اشارتی قرآنی؛ توبه: ۱۱۴/۹، که بنابر آن: وقتی که ابراهیم(ع) آشکارا دریافت که پدرش دشمن خداست از او بری و برکنار شد. در انعام: ۷۴/۶، نام پدر ابراهیم(ع) آزر ذکر شده و فقط همین یک بار نام او در قرآن آمده است. ابراهیم(ع) بارها پدرش را از شرک و بت‌پرستی باز می‌دارد و سرزنش می‌کند. بعضی از متکلّمان و مفسّران (مخصوصاً شیعه) از آنجاکه علی‌الاصول قائل به عصمت انبیا و پاکیِ دامانِ خانوادهٔ آنان از شرک هستند، از پذیرفتن اینکه آزر پدر ابراهیم(ع) بوده است، ابا دارند و گفته‌اند که نام پدر او «تارَح» یا «تارَخ» بوده است و «آزر» جدّ پدری یا عموی اوست؛ زیرا در عرف عرب رسم است که عمو یا دایی را پدر می‌نامند و یا خاله را مادر: ر.ک. قرآن، ترجمهٔ خرّمشاهی، ذیل آیهٔ ۷۴ سورهٔ انعام. ۶ – اشاره به حدیث: ر.ک: ۳۸۱۸/۱. ۷ – **رشکِ عشق** : غیرتِ حق.

۸ – **دَق** : نکوهش، ایراد، اینجا خشم. ۹ – **مَنْهَج** : راه یا راه یافتن.

داستانِ آن عاشق که با معشوقِ خود بر می‌شمرد خدمت‌ها و وفاهایِ خود را و شب‌هایِ درازِ «تَتَجَافىٰ جُنُوبُهُمْ عَنِ ٱلْمَضَاجِعِ»[۱] را و بی‌نوایی و جگرتشنگیِ روزهایِ دراز را، و می‌گفت که: من جز این خدمت نمی‌دانم، اگر خدمتِ دیگر هست، مرا ارشاد کن، که هرچه فرمایی مُنقادم[۲]، اگر در آتش رفتن است چون خلیل[۳] علیه السَّلام، و اگر در دهانِ نهنگِ دریا فُتادن است چون یونُس[۴] علیه السَّلام، و اگر هفتاد بار کشته شدن است چون جرجیس[۵] علیه السَّلام، و اگر از گریه نابینا شدن است چون شُعیب[۶] علیه السَّلام و وفا و جانبازیِ انبیا را علیهم‌السَّلام شمار نیست، و جواب گفتنِ معشوق او را[۷]

عاشقی نزد معشوق خدمت‌های صادقانهٔ خود و رنج و درد و حرمانی را که خاضعانه در راه عشق او به جان پذیرفته بود، بر می‌شمرد. معشوق گفت: همهٔ این‌ها درست است؛ ولی اصلی‌ترینِ کارها مانده است:

تو همه کردی، نمردی، زنده‌ای   هین! بمیر، ار یارِ جان‌بازنده‌ای

سرّ سخن: فنایِ عاشق در معشوق است یا محو و استهلاکِ هستیِ غیرِ حقیقیِ سالک در هستیِ حقیقیِ حق.

آن یکی عاشق به پیشِ یارِ خود   می‌شمرد از خدمت و از کارِ خود ۱۲۴۲

عاشقی نزد معشوق از خدمات و جانبازی‌های خود سخن می‌گفت.

کز برای تو چنین کردم، چنان   تیرها خوردم در این رزم، و سِنان[۸] ۱۲۴۳

که در راه وصالت چه کارهایی که نکرده‌ام و چه رنج‌ها که نکشیده‌ام.

---

۱ - اشارتی قرآنی؛ سجده: ۱۶/۳۲: تَتَجَافىٰ جُنُوبُهُمْ عَنِ ٱلْمَضَاجِعِ...: پهلوهایشان از بسترها جدا شود [و به نیایش شبانه برخیزند]. ۲ - **مُنقاد :** مطیع. ۳ - ابراهیم(ع): ر.ک: ۴۲۱۶/۳.

۴ - یونس(ع): ر.ک. مثنوی ۳۱۴۳/۲ و ۴۵۱۳/۳.

۵ - جرجیس(ع): پیامبری از بنی اسرائیل که به انواع عقوبت او را می‌کشتند، باز به امر الهی زنده می‌شد و امّت خود را هدایت می‌کرد. از اهالی فلسطین و بر دین عیسی(ع) بود. ۶ - شعیب(ع): ر.ک: ۳۳۷۶/۲.

۷ - مأخذ آن را حکایتی با همین مضمون در احیاءالعلوم غزّالی دانسته‌اند که به نقل از جنید آمده است: مردی به پسر بچّه‌ای اظهار دلدادگی می‌کرد و می‌گفت: چنان در این محبّت صادقم که اگر بگویی بمیر، می‌میرم. پسربچّه همان گفت و او در دم مُرد.

این حکایت مشابهی نیز در هزار و یک شب دارد: احادیث، ص ۴۵۶.

۸ - مصراع دوم: در رزمگاهِ عشق تیرها و نیزه‌ها خورده‌ام؛ یعنی خیلی رنج برده‌ام.

مـال رفت و زور رفت و نـام رفت   بر من از عشقت بسی نـاکـام رفت ۱۲۴۴

در راهِ عشق، مال و قدرت و نیک‌نامی‌ام بر باد رفت و ناکامی‌های فراوانی نصیبم شد.

هیچ صبحم خُفته یا خندان نیافت   هیچ شامم با سـر و سـامان نـیافت ۱۲۴۵

شب‌ها تا صبح نخفتم، شاد نبودم و هرگز آرامشی نداشتم.

آنچه او نوشیده بـود از تـلخ و دُرد   او به تـفصیلش یکـایک مـی‌شمرد ۱۲۴۶

عاشق، تلخی‌ها و ناکامی‌هایش را یک به یک و به تفصیل شرح می‌داد.

نــه از بــرای مــنّتی، بَـل مـی‌نمود   بــر درســتیِ مـحبّت صـد شـهود ۱۲۴۷

البتّه منّتی نداشت؛ بلکه می‌خواست دلایلی برای عشقِ خالصِ خود بیاورد.

عــاقلان را یک اشــارت بس بُـوَد   عــاشقان را تشـنگی زآن کـی رود؟ ۱۲۴۸

برایِ عاقلان اشارتی کافی است؛ امّا عاشقان که مشتاق ابراز عشق‌اند، کی به اشاره بسنده می‌کنند؟

مــــی‌کند تکــــرارِ گــفتن، بـی‌ملال   کی ز اشارت بس کند حُوت[1] از زُلال؟ ۱۲۴۹

عاشق از ابراز مکرّرِ عشق ملول نمی‌شود، همان‌گونه که ماهی از آب.

صد سخن مـی‌گفت زآن دردِ کـهن   در شکایت، که: نگفتم یک سـخن! ۱۲۵۰

عاشق از دردِ دیرین سخن‌ها می‌گفت و شِکوه می‌کرد که چیزی نگفته است!

آتشی بـودش، نـمی‌دانست چـیست   لیک چون شمع از تَفِ آن می‌گریست ۱۲۵۱

در آتشی می‌سوخت و نمی‌دانست که آتشِ عشق است و از سوزِ آن می‌گریست.

گفت معشوق: این همه کردی و لیک   گوش بگشا پهن[2] و اندر یاب نیک ۱۲۵۲

معشوق گفت: آری، همهٔ این کارها را کردی؛ امّا خوب گوش کن و بفهم که چه می‌گویم.

کآنچه اصلِ اصلِ عشق است و وَلاست[3]   آن نکـردی، ایـنچه کـردی، فـرع‌هاست ۱۲۵۳

آنچه را که اصلِ اصلِ عشق و محبّت است، انجام نداده‌ای، این کارها فرع است.

گفتش آن عاشق: بگو کآن اصل چیست؟   گفت: اصلش مُـردن است و نـیستی‌ست ۱۲۵۴

عاشق گفت: کارِ اصلی چیست؟ معشوق گفت: مردن و فانی شدن است.

---

۱ - **حُوت** : ماهی.   ۲ - **گوش بگشا پهن** : گوش‌هایت را باز کن.   ۳ - **وَلا** : دوستی.

تو همه کردی نمُردی، زنده‌ای هین! بمیر، ار یارِ جان‌بازنده‌ای[۱] ۱۲۵۵

تو همه کار کردی؛ امّا نمرده‌ای و زنده‌ای. آگاه باش. اگر عاشق جانبازی، بمیر.

هم در آن دَم شد دراز و جان بداد همچو گل درباخت سر خندان و شاد[۲] ۱۲۵۶

عاشق همان لحظه دراز کشید و مُرد و همانند گل شاد و خندان در راه معشوق جان داد.

ماند آن خنده بر او وقفِ ابد همچو جان و عقلِ عارف بی کبَد[۳] ۱۲۵۷

لبخند بر لبش جاودانه ماند، مانندِ جان و عقل عارف که جاودانه عاری از رنج است.

نورِ مَه آلوده کِی گردد ابد؟ گر زند آن نور بر هر نیک و بد ۱۲۵۸

جان و عقلِ عارف که نور حق در او تجلّی یافته، همانند نور ماه است که در تاریکیِ جهلِ خلق بر آنان می‌تابد و هرگز آلوده نمی‌شود.

او ز جمله پاک واگردد به ماه همچو نورِ عقل و جان سوی اِلٰه ۱۲۵۹

این نور پاک عاری از هر آلایشی به ماهِ جان عارف باز می‌گردد، همان‌گونه که نورِ عقل و جان به بارگاه الهی باز می‌گردد.

وصفِ پاکی وقف بر نورِ مَهْ است تابشَش گر بر نجاساتِ ره است ۱۲۶۰

از اوصاف این نور پاکی آن است؛ حتّی اگر بر پلیدی‌ها بتابد.

زآن نجاساتِ ره و آلودگی نور را حاصل نگردد بَدرگی[۴] ۱۲۶۱

این نور هرگز از پلیدی‌ها و آلودگی‌های دنیوی آلایشی نمی‌یابد.

اِرْجِعی[۵] **بشنود نورِ آفتاب سویِ اصل خویش باز آمد شتاب** ۱۲۶۲

روحِ تابناکِ عارف به محض آنکه خطابِ **اِرْجعی** را بشنود، به حق باز می‌گردد.

نه ز گُلخن‌ها[۶] **بر او ننگی بماند نه ز گُلشن‌ها**[۷] **بر او رنگی بماند** ۱۲۶۳

نه از زشتی‌های دنیوی بر او اثری است و نه از زیبایی‌های دنیا تعلّقی.

---

۱ - اشاره است به فنای در حق، محو خودی و هستیِ فانی در هستی باقی.

۲ - عارفان از فنایِ در حق شاد و خندان‌اند. ۳ - **کَبَد** : رنج. ۴ - **بدرگی** : بدنهادی.

۵ - **اِرْجِعی** : برگرد، اشارتی قرآنی؛ فجر: ۲۸/۸۹؛ ر.ک: ۵۷۲/۱.

۶ - **گُلخن‌ها** : آتش‌خانهٔ حمّام‌های قدیمی، کنایه از زشتی‌ها و آلودگی‌های دنیوی یا رذایلِ جانِ سالکان که به امداد معنوی عارف ربّانی به فضایل بَدَل می‌گردد.

۷ - **گلشن‌ها** : زیبایی‌های دنیوی، مراد آنکه عارفِ عاشق از قید تعلّقات دنیوی «رنگ‌ها» آزاد است.

نـــورِ دیــده[۱] و نــوژدیده[۲] بــازگشت ماند در سودایِ[۳] او صحرا و دشت[۴] ۱۲۶۴
عارف عزیزِ منوّر به سوی حق باز می‌گردد و خلق در حسرت او می‌مانند.

یکی پرسید از عالمی عارفی که: اگر در نماز کسی بگرید به آواز، و آه کند و نوحه کند، نمازش باطل شود؟ جواب گفت که: نامِ آن آبِ دیده است، تا آن گرینده چه دیده است؟ اگر شوقِ خدا دیده است و می‌گرید، یا پشیمانی گناهی، نمازش تباه نشود، بلکه کمال گیرد، که «لا صَلوةَ اِلاّ بِحُضُورِ اَلقَلْبِ»[۵]، و اگر او رنجوریِ تن یا فراقِ فرزند دیده است، نمازش تباه شود، که اصلِ نماز ترکِ تن است و ترکِ فرزند، ابراهیم‌وار[۶]، که فرزند را قربان می‌کرد از بهر تکمیلِ نماز، و تن را بـه آتش نـمرود[۷] مـی‌سپرد، و امـر آمـد مـصطفی را علیـه‌السّـلام، بدین خصال که: «فَـاتَّبِـعْ مِلَّـةَ اِبْراهیـمَ»[۸]، «لَقَـدْ کانَتْ لَکُـمْ اُسْوَةٌ حَسَنَـةٌ فی اِبراهیـمَ»[۹]

سائلی از مفتیِ عارفی پرسید: اگر کسی در نماز نوحه‌کنان بگرید، نمازش باطل است؟ مفتی در پاسخ گفت: گریه آبِ دیده است، تا دیده که را دیده؟ اگر دیده از شوق خدا یا پشیمانی گناه می‌گرید، نمازش تباه نمی‌شود و کمال نیز می‌گیرد؛ امّا اگر از بیماری تن و فراق فرزند و امور دنیوی است، تباه است که نماز طاعتی است برای ترک تن و تعلّقات، ابراهیم‌وار.

سرّ قصّه در تقریر این معناست که هر طاعت و عبادتی را ظاهری است و باطنی، نماز راستین بی حضور قلب امکان‌پذیر نیست و حضور قلب حالتی است که در آن قطع تعلّقات و سیر استکمالی معنوی و روحانی حصول می‌یابد و بندهٔ مؤمن به ترک فرزند ابراهیم‌وار تن می‌دهد و به ماسِوی‌الله همچنین.

آن یکی پـرسید از مـفتی[۱۰] بـه راز گر کسـی گـرید بـه نـوحه در نـماز ۱۲۶۵
شخصی نهانی از مفتی پرسید: اگر کسی در نماز با صدای بلند گریه کند،

آن نـــمازِ او، عـجب بـاطل شـود؟ یـــا نـــمازش جـایز و کـامل بـود؟ ۱۲۶۶
نمازش باطل می‌شود؟ یا کامل است؟

---

۱ - **نورِ دیده:** عزیز. ۲ - **نوژدیده:** به نور حق منوّر شده و معرفت یافته. ۳ - **سودا:** اینجا حسرت.
۴ - **صحرا و دشت:** کنایه از همهٔ عالم، یعنی همهٔ خلق.
۵ - اشاره به حدیث نبوی: نماز جز با حضور دل درست نیست: ر.ک: ۳۸۲/۱.
۶ - ابراهیم(ع) و ذبح فرزند: ر.ک: ۲۲۸/۱. ۷ - ابراهیم(ع) و آتش نمرود: ر.ک: ۵۵۱/۱.
۸ - اشارتی قرآنی؛ نحل: ۱۲۳/۱۶: ثُمَّ أَوْحَيْنآ إِلَيْكَ أَنِ اتَّبِعْ مِلَّةَ إِبْراهِيمَ...: سپس به تو وحی کردیم که از آیین ابراهیم پاکدین پیروی کن.
۹ - اشارتی قرآنی؛ ممتحنه: ۴/۶۰: قَدْ كانَتْ لَكُمْ أُسْوَةٌ حَسَنَةٌ فِي إِبْراهِيمَ وَ الَّذِينَ مَعَهُ...: برای شما در ابراهیم و همراهان او سرمشقی نیکوست. ۱۰ - **مفتی:** فتوا دهنده، فقیه، اینجا عالم و عارف.

گفت: آبِ دیده نامش بهرِ چیست؟ بنگری تا که چه دید او و گریست؟ ۱۲۶۷
مفتی گفت: گریه را چرا «آبِ دیده» می‌گویند؟ ببین او چه دیده که می‌گرید؟

آبِ دیده، تا چه دید او از نهان؟ تا بدآن شد او ز چشمهٔ خود روان ۱۲۶۸
باید دید چه چیزی سبب جاری شدن اشک شده است؟

آن جهانْ گر دیده است آن پُرنیاز[1] رونقی یابد ز نوحه آن نماز ۱۲۶۹
اگر آن نیازمند عوالم غیبی را دیده است، نمازش از گریه رونقی می‌یابد.

ور ز رنج تن[2] بُد آن گریه و زِ سوک[3] ریسمان بِسْکُست[4]، و هم بشکست دوک[5] ۱۲۷۰
ولی اگر گریه برای درد و رنجِ دنیوی باشد، رشتهٔ ارتباطش با حق گسسته می شود و نماز باطل است.

مریدی در آمد به خدمتِ شیخ، و از این شیخ پیرِ سنّ نمی‌خواهم، بلکه پیرِ عقل و معرفت، و اگرچه عیسی است[6] علیه السَّلام درگهواره، و یحیی[7] است علیه السَّلام در مکتبِ کودکان، مرید شیخ را گریان دید، او نیز موافقت کرد و گریست، چون فارغ شد و به در آمد، مریدی دیگر که از حالِ شیخ واقف‌تر بود از سرِ غیرت در عقبِ او تیز بیرون آمد. گفتش: ای برادرِ من، تو را گفته باشم: الله الله، تا نیندیشی و نگویی که شیخ می‌گریست و من نیز می‌گریستم، که سی سال ریاضتِ بی‌ریا باید کرد، و از عَقَبات[8] و دریاهایِ پرنهنگ و کوه‌هایِ بلندِ پُرشیر و پلنگ می‌باید گذشت تا بدآن گریهٔ شیخ رسی یا نرسی، اگر رسی شُکرِ زُوِیَتْ لِیَ ٱلْأَرْضُ[9] گویی بسیار

مریدِ مبتدی به محضرِ شیخی کامل رسید و او را گریان دید. نومُرید نیز به موافقتِ او گریست و پس از فراغت از گریه رفت. مریدی از متوسّطان که از حالِ شیخ وقوفی تام‌تر داشت از سرِ غیرت به او گفت: ای برادر، بهوش باش تا نپنداری و نگویی که شیخ گریست و من هم به موافقت او گریستم که گریهٔ او از سرِ شهود و تحقیق بود و گریهٔ تو از سرِ تقلید و تحمیق.

---

۱ - **پرنیاز :** بسیار نیازمند. ۲ - **رنجِ تن :** بیماری. ۳ - **سوک :** ماتم. ۴ - **بِسْکُسْت :** گسسته شد.
۵ - **دوک :** اینجا کنایه از نماز. ۶ - اشارتی قرآنی؛ مریم: ۳۰/۱۹. ۷ - اشارتی قرآنی؛ مریم: ۱۲/۱۹.
۸ - **عَقَبات :** جمع عقبه به معنی گردنه، یعنی سختی‌ها و دشواری‌ها.
۹ - زُوِیَتْ لِیَ ٱلْأَرْضُ فَأُرِیتُ مَشارِقَها وَ مَغارِبَها... : زمین از برای من در نوردیده شد، مشرق‌ها و مغرب‌های آن را دیدم و فرمانروایی امّت من به تمام آنچه از آن به من نموده شد، خواهد رسید: بحارالانوار، ج ۱۸، ص ۱۳۶.

این قصّه که در باب صوفیه و مشایخ آن‌ها و بیان احوال ایشان است، متضمّن سرّی است در تقریر این معنا که: در تقابلِ حالِ شیخِ کامل و مُریدِ ناقص، کامل را حالی است از شهود و تحقیق که ورای ادراک ناقصِ مقلّد است.

یک مریدی اندر آمد پیشِ پیر — پیر اندر گریه بود و در نَفیر ۱۲۷۱

مریدی به محضر پیر رسید و او را در حال گریه و ناله دید.

شیخ را چون دید گریان آن مرید — گشت گریان، آب از چشمش دوید ۱۲۷۲

چون شیخ را گریان دید، مرید هم اشک از چشمانش سرازیر گردید.

گوشوَر[1] یکبار خندد، کَر دو بار — چونکه لاغ[2] اِمْلی[3] کند یاری به یار[4] ۱۲۷۳

اگر دوستی به دوست خود لطیفه‌ای را بگوید، شنوا یک بار می‌خندد، ناشنوا دو بار.

بارِ اوّل از رَهِ تقلید و سَوْم[5] — که همی بیند که می‌خندند قوم ۱۲۷۴

بار اوّل از روی تقلید و تکلّف می‌خندد، چون می‌بیند که همه می‌خندند.

کر بخندد همچو ایشان آن زمان — بی خبر از حالتِ خندندگان[6] ۱۲۷۵

در آن لحظه کر همانند دیگران می‌خندد؛ ولی سبب خنده را نمی‌داند.

باز واپرسد که: خنده بر چه بود؟ — پس دُوُم کرَّت بخندد، چون شنود ۱۲۷۶

بعد می‌پرسد: سبب خنده چه بود؟ بار دوم وقتی که سبب خنده را فهمید، می‌خندد.

پس مقلِّد[7] نیز مانند کَر است — اندر آن شادی که او را در سر است[8] ۱۲۷۷

آدمِ مقلّد نیز در ابراز احساسات و شور، همانند ناشنوا عمل می‌کند.

پرتوِ شیخ آمد و مَنْهَل[9] ز شیخ — فیضِ شادی نه از مریدان، بل ز شیخ ۱۲۷۸

وجد و شور مرید در پرتو مراد است و منشأ همهٔ این احوال خوش وجودِ اوست.

چون سبد در آب، و نوری بر زُجاج[10] — گر ز خود دانند، آن باشد خِداج[11] ۱۲۷۹

مریدان، همانند سبدی در آب و یا شیشه‌ای‌اند که بر آن نوری تابیده است، اگر آن‌ها را از خود بدانند، عین خودبینی و گمراهی است.

---

۱ - **گوشوَر**: گوش‌ور، شنوا. ۲ - **لاغ**: شوخی. ۳ - **اِملی**: املاء.
۴ - **یاری به یار**: دوستی به دوستِ خود. ۵ - **سَوْم**: عرضه کردن، خودنمایی، تکلّف.
۶ - **حالتِ خندندگان**: چیزی که موجب خنده در آنان شده است.
۷ - **مقلّد**: کسی که دلش به نور حق منوّر نشده و عاری از معارف است.
۸ - مراد آنکه فعل مرید، یعنی وجدی که دارد، مقلّدانه است نه از روی ادراک معنوی. ۹ - **مَنْهَل**: سرچشمه.
۱۰ - **زجاج**: شیشه. ۱۱ - **خِداج**: آسیب، زیان، اینجا گمراهی.

چون جدا گردد ز جو، داند عَنود[1]   کاندر او آن آبِ خوش از جوی بود ۱۲۸۰

چون سبد را از جویِ آب بیرون آوَرَند، مریدِ سرکش متوجّه می‌شود که پاکی و خوشیِ باطنی‌اش از مراد بوده است.

آبگینه[2] هم بداند، از غروب   کان لُمَع[3] بود از مهِ تابانِ خوب ۱۲۸۱

شیشه هم پس از غروب در می‌یابد که آن همه درخشش از نورِ ماهِ تابناک بوده است.

چونکه چشمش را گشاید امرِ قُم[4]   پس بخندد چون سَحَر بارِ دُوُم[5] ۱۲۸۲

هنگامی که ارادهٔ حق مرید را آگاه می‌کند، به سبب درک حقایق، همانند صبح صادق روشن و خندان می‌شود.

خنده‌ش آید هم بر آن خندهٔ خودش   که در آن تقلید بر می‌آمدش ۱۲۸۳

این بار به خندهٔ مقلّدانهٔ خود می‌خندد.

گوید از چندین رَهِ دور و دراز[6]   کین حقیقت بود و این اسرار و راز ۱۲۸۴

با خود می‌گوید: اگر حقیقت و اسرار همین است که پس از این راهِ دراز به آن رسیده‌ام،

من در آن وادی[7] چگونه خود زِ دور   شادیی می‌کردم از عَمیا[8] و شور ۱۲۸۵

پس من که این همه با حقیقت فاصله داشتم، چگونه کورکورانه شادی می‌کردم؟

من چه می‌بستم خیال[9] و آن چه بود؟   درکِ سُستم سُست نقشی می‌نمود ۱۲۸۶

من چه خیالی داشتم و حقیقت چه بود؟ درکِ ضعیفِ من تصویرِ ناقصی را نشان می‌داد؛ یعنی ابداً نمی‌فهمیدم.

۱ - **عَنود** : عنادکننده، سرکش. [چون مُراد به او توجّه و افاضهٔ فیض نکند، در می‌یابد که از خود چیزی نداشته است.]   ۲ - **آبگینه** : شیشه.   ۳ - **لُمَع** : جمع لُمْعَه به معنی درخشندگی.

۴ - **امرِ قُم** : برخیز: مقتبس از: قرآن: مُزَمِّل: ۲/۷۳: قُمِ اللَّیْلَ إِلاَّ قَلِیلاً : شب را به پای دار مگر اندکی. مُدَّثِّر: ۲/۷۴: قُمْ فَأَنذِرْ : برخیز و هشدار ده. این آیات خطاب به حضرت محمّد(ص) است.

۵ - درک حقایق و عالی‌ترین مرتبهٔ آن که «تحقیق» است به صبح صادق مانند شده در تقابل با «تقلید» که به صبح کاذب.   ۶ - **ره دور و دراز** : فاصلهٔ بین جهل و علم یا تقلید و تحقیق.

۷ - **آن وادی** : مراد مرحلهٔ تقلید است.   ۸ - **عمیا** : نابینایی.   ۹ - **خیال بستن** : خیال کردن، خیالبافی.

۱۲۸۷ **طفلِ ره[۱] را فکرتِ مردان[۲] کجاست؟ کو خیالِ او[۳] و کو تحقیقِ راست[۴]؟**

نومرید هرگز نمی‌تواند اندیشه و درک مراد را داشته باشد، تقلید کجا و تحقیق کجا؟

۱۲۸۸ **فکرِ طفلان دایه باشد یا که شیر یا مویز و جوز یا گریه و نَفیر**

اطفال فقط به دایه یا شیر، یا مویز و گردو می‌اندیشند و برای آن می‌گریند.

۱۲۸۹ **آن مقلِّد هست چون طفلِ علیل گرچه دارد بحثِ باریک و دلیل**

«مقلّد»، در ادراک معانی، همانند کودک ناتوان است؛ حتّی اگر دقیق بحث کند یا براهین متفاوتی را ارائه دهد و ظاهراً آگاه به نظر برسد.

۱۲۹۰ **آن تَعَمُّق[۵] در دلیل و در شِکال[۶] از بصیرت، می‌کند او را گُسیل[۷]**

اینکه تمام توجّهش را به «فرع» معطوف می‌کند از «اصل» باز می‌مانَد.

۱۲۹۱ **مایه‌یی کو سرمهٔ سِرّ وی است[۸] بُرد و در اِشکال گفتن[۹] کار بست**

نیروهای معنوی و روحانی‌اش را که به امداد آن می‌توانست بصیرتی بیابد و چشم باطنی‌اش گشوده گردد، در «قیل و قال» گذرانده است.

۱۲۹۲ **ای مقلِّد! از بخارا[۱۰] باز گرد رو به خواری، تا شوی تو شیرمرد**

ای مقلّد، علم دنیوی و خیالات را رها کن. در برابر مرد حق خوار و فروتن باش تا به همّت روحانی‌اش تو هم به مراتب عالی کمال برسی.

۱۲۹۳ **تا بخارایِ دگر[۱۱] بینی درون صَفدِران[۱۲] در محفلش لا یَفْقَهُون[۱۳]**

تا چشمه‌های علوم و اسرار از دل خودت بجوشد و عالمان هم در برابر آن خود را نادان بیابند.

---

۱ - **طفلِ ره :** نومرید. ۲ - **مرد :** پیر، مراد. ۳ - **خیالِ او :** همان پندار و رفتار مقلّدانه.

۴ - **تحقیقِ راست :** درک حقایق، علم تحقیقی.

۵ - **تَعَمُّق :** فرو رفتن یا ژرف‌اندیشی، کنجکاوی فراوان در امری.

۶ - **دلیل و شکال :** اقامهٔ دلیل و اشکال گرفتن یا ایراد گرفتن.

۷ - مصراع دوم: او را از بصیرت دور می‌کند، از آگاه شدن دور می‌کند.

۸ - مصراع اوّل: سرمایه‌ای که سرمهٔ چشم باطنی اوست.

۹ - **اِشکال گفتن :** اِشکال گرفتن، مراد همَان «قیل و قال» است در تقابل با «شور و حال».

۱۰ - **بخارا :** بخارا در قدیم مرکز علوم مختلف بوده، اینجا کنایه از علوم رسمی و کسبی یا به زبانی علمِ «اهلِ قال» است. ۱۱ - **بخارایِ دگر :** کنایه از علوم کشفی و شهودی.

۱۲ - **صفدر :** دلیر، دلاور، اینجا مدّعیِ علم و ادراک. ۱۳ - **لا یَفقَهون :** نمی‌دانند.

پیک[1] اگرچه در زمین چابکْ‌تگی‌ست[2]   چون به دریا رفت، بِسْکُسْتِه رَگی‌ست[3] ۱۲۹۴

هر چند که چاپار در زمین به سرعت پیش می‌رود؛ امّا به دریا که برسد، عاجز است و هلاک می‌شود.

او حَـمَلْناهُمْ بُـوَد فـی اَلْبَرّ[4] و بس   آنکه محمول است در بحر، اوست کس ۱۲۹۵

«مدّعیانِ علم»، همانندِ آن چاپارند که فقط قابلیّتِ سفر در خشکی را دارد؛ یعنی محدودهٔ دانش آنان دنیایِ مادّی است؛ امّا «عارف» که می‌تواند در بحرِ معانی سیر کند، شایستگیِ گرامی‌داشت حق را دارد که فرموده است:

و به راستی که فرزندان آدم را گرامی داشتیم و آنان را در خشکی و دریا به گردش درآوردیم....

بـخشش ِ بسـیار دارد شـه، بِـدُو   ای شده در وَهْم و تـصویری گـرو ۱۲۹۶

ای گرفتار پندار و ظواهر، شتاب کن که خداوند در حقّ بنی آدم بخشش فراوان دارد.

آن مـرید[5] سـاده، از تـقلید نـیز   گـریه‌یی مـی‌کرد وَفـقِ[6] آن عـزیز ۱۲۹۷

آن مریدِ ساده‌دل نیز مقلّدانه و به موافقت با مراد می‌گریست.

او مـقلّدوار هـمچون مـردِ کَـر   گـریه مـی‌دید وز مـوجب بـی‌خبر ۱۲۹۸

او همانند آن مرد ناشنوا گریهٔ شیخ را می‌دید؛ امّا سبب آن را نمی‌دانست.

چون بسی بگریست، خدمت کرد[7] و رفت   از پـی‌اَش آمـد مُـریدِ خـاصْ تـفت[8] ۱۲۹۹

چون بسیار گریست، تعظیم کرد و رفت. مرید خاصّ به شتاب به دنبالش رفت.

گفت: ای گریان چو ابرِ بی خبر!   بـر وِفـاقِ[9] گـریهٔ شـیخِ نـظر ۱۳۰۰

و به او گفت: ای کسی که به موافقت با شیخ باطن‌بین همانند ابرِ بی‌خبر گریه کردی،

اَللّـه اَللّـه اَللّـه[10] ای وافی مُـریدا!   گرچه در تـقلید هسـتی مُسْـتَفید[11] ۱۳۰۱

ای مرید باوفا، هرچند که از تقلید هم می‌توانی بهره‌ای ببری؛ امّا خدا را، خدا را، خدا را،

---

۱ - **پیک** : قاصد.   ۲ - **چابک تگ** : تندرو.

۳ - **بِسْکُسْتِه رگ** : رگش پاره شده، کنایه از ناتوانی و عجز یا مرگ.

۴ - اشارتی قرآنی؛ إسراء: ۷۰/۱۷؛ ر.ک: ۳۷۸۵/۲.

۵ - بازگشت به قصّه‌ای که از بیت ۱۲۷۱ همین دفتر آغاز شده است.   ۶ - **وفق** : موافقت، همراهی.

۷ - **خدمت کردن** : تعظیم کردن و احترام گذاشتن.   ۸ - **تفت** : تند، به شتاب.

۹ - **وِفاق** : هماهنگی و سازگاری، موافقت.   ۱۰ - **اَللّه اَللّه** : برای خدا، تو را به خدا.

۱۱ - **مُسْتَفید** : فایده گیرنده.

۱۳۰۲ **تـا نگـویی: دیـدم آن شـه مـی‌گریست　　　من چو او بگریستم، کآن مُنکِری‌ست**[۱]

مبادا بگویی که چون شیخ را گریان دیدم، من هم مانند او گریستم که این پندار انکار است.

۱۳۰۳ **گریهٔ پر جـهل و پـر تـقلید و ظـن　　　نیست هـمچون گـریهٔ آن مُـؤتَمَن**[۲]

گریهٔ پر از نادانی و تقلید و پندار، هرگز همانندِ گریهٔ آن مردِ حق نیست.

۱۳۰۴ **تـو قـیاس گـریه بـر گـریه مسـاز　　　هست زیـن گـریه بـدان راهِ دراز**

گریهٔ خود را همانند گریهٔ او مدان؛ زیرا میان آن‌ها تفاوت بسیار زیادی است.

۱۳۰۵ **هست آن از بعدِ سـی سـاله جـهاد　　　عـقل آنـجا هـیچ نـتوانَـد فُـتاد**

گریهٔ مرد حق ناشی از سی سال مجاهده با نفس و شهودِ پس از آن است که عقل جزوی نمی‌تواند آن را درک کند.

۱۳۰۶ **هست زآن سویِ خرد**[۳] **صد مرحله　　　عـقل را واقـف مـدان زآن قـافله**[۴]

ورای عقلِ جزوی مراحل زیادی است که عقلِ زنگارزدایی نشده قادر به فهم آن نیست. آن مراحل، مراتبِ عقلِ کمال یافتهٔ مردان حق است.

۱۳۰۷ **گریهٔ او نه از غم است و نه از فرح　　　روح**[۵] **دانـد گـریهٔ عَـیْنُ ٱلمُـلَح**[۶]

اشک او از غم یا شادی نیست، روحِ کاملِ واصلِ به حق می‌داند که اشک مرد حق چیست.

۱۳۰۸ **گـریهٔ او، خـندهٔ او، آن سَـری‌ست**[۷] **　　　زآنچه وَهمِ عقل**[۸] **باشد، آن بَری‌ست**[۹]

گریه یا خندهٔ او در واقع تحت تأثیر عوالم غیبی است و هرگز عقلِ جزوی نمی‌تواند آن را بفهمد.

۱۳۰۹ **آبِ دیـدهٔ او چـو دیـدهٔ او بُـوَد　　　دیـدهٔ نـادیده، دیـده کـی شـود؟**

اشکِ مردِ حق، همانندِ چشمِ او که ناظر بر عوالم نهانی است، دنیوی نیست. چشمِ ظاهربینِ اهل دنیا را که نمی‌توان «بینا» دانست.

---

۱ - **منکِری** : انکار، اینجا عدم شناخت مرتبهٔ معنوی و روحانیِ شیخ و خود را با او برابر دانستن و گریهٔ خود را همانند گریهٔ او پنداشتن.　　۲ - **مُؤتَمَن** : امین، مرد حق.

۳ - **خِرَد** : اینجا عقل جزوی یا عقل دنیوی، عقل زنگارزدایی نشده.　　۴ - **زآن قافله** : از قافلهٔ مردان حق.

۵ - **روح** : روحِ کمال یافته، جانِ متّصل به حق.　　۶ - **عَیْنُ ٱلمُلَح** : چشمهٔ ملاحت، اینجا مرد حق.

۷ - **آن سَری** : آن جهانی.　　۸ - **وهمِ عقل** : درکِ عقل جزوی جز پندار یا وهم نیست.

۹ - **بریّ** : مبرّا، منزّه.

آنچه او بیند، نَتان کـردن مَسـاس[1] نه از قیاس عقل و نه از راهِ حواس ۱۳۱۰

چیزی را که او می‌بیند، نمی‌توان از طریق قیاس عقلی یا حواسِ ظاهری حس یا درک کرد.

شب گـریزد چـونکه نـور آیـد ز دور پس چه داند ظلمتِ شبْ[2] حالِ نور؟ ۱۳۱۱

با طلوعِ نور ظلمت محو می‌شود؛ یعنی این‌ها چیزهای متضادند؛ پس «جاهل» یا «غافل» چگونه می‌تواند حالِ «عارف» را بداند؟

پشّـــه بگـــریزد ز بـــادِ بـــا دَهـــا[3] پس چـــه دانـــد پشّـه ذوقِ بـادها؟ ۱۳۱۲

پشّه از باد شدید می‌گریزد؛ بنابراین چگونه لذّتِ وزش باد را می‌تواند دریابد؟

چون قدیم[4] آید، حَدَث[5]گردد عَبَث[6] پس کـجا دانـد قـدیمی را حـدث؟ ۱۳۱۳

چون «ذاتِ ازلی» تجلّی کند، «ذاتِ فانی» محو می‌شود؛ پس چگونه «حادث» می‌تواند «قدیم» را درک کند؟

بر حَدَث چون زد قِدَم[7]، دَنگش[8]کند چونکه کردش نیست، هم‌رنگش[9]کند ۱۳۱۴

تجلّیِ ذاتِ حق، ذاتِ حادث را مبهوت می‌سازد و چون او را محو کرد با خود یکی می‌کند.

گر بخواهی تـو، بـیابی صـد نـظیر لیک مـن پـروا نـدارم[10] ای فـقیر! ۱۳۱۵

ای فقیر، اگر بخواهی، می‌توانی مثال‌های فراوانی بیابی؛ امّا همین کافی است.

ایـن الٓمْ و حٰـمْ،[11] ایـن حـروف چون عصایِ موسی آمد در وُقوف[12] ۱۳۱۶

این «حروف» می‌توانند همانندِ عصایِ موسیٰ(ع) اعجاز کنند و با محو نوشته‌های دیگر به انسان آگاهی و معرفت برتری بدهند.

---

۱ - **مَساس کردن :** لمس کردن، مسّ کردن، اینجا فهمیدن و ادراک.

۲ - **ظلمتِ شب :** جاهل یا غافل به شب مانند شده است. ۳ - **دَها :** دهاء: دلیری، زیرکی، اینجا شدید.

۴ - **قدیم :** ذات ازلی حق تعالیٰ. ۵ - **حَدَث :** حادث، هستی فناپذیر. ۶ - **عَبَث :** بیهوده.

۷ - **قِدَم :** قدیم بودن، ازلی، سرمدی. ۸ - **دَنگ :** گیج، مبهوت.

۹ - **هم رنگ :** اینجا مراد آنکه: پس از فنای فی الله بنده به بقای حق باقی می‌شود.

۱۰ - **پروا ندارم :** اهمّیّتی نمی‌دهم، اعتنایی نمی‌کنم.

۱۱ - حروف مقطّعه: اینجا مرد حق «شیخ» یا «مراد» به حروف مقطّعهٔ قرآن مانند شده که در ظاهر شبیه سایر حروف است؛ امّا حاوی معانی دیگر: ر.ک: ۳۵۱۶/۴ و قرآن، ترجمهٔ خرّمشاهی، ذیل آیهٔ اوّل سورهٔ بقره.

۱۲ - **وقوف :** آگاهی و شعور.

۱۳۱۷ **حرف‌ها مانَد بدین حرف از برون   لیک باشد در صفاتِ این زبون[۱]**

سایر حروف هم از نظر ظاهری شبیه همین حروف‌اند؛ امّا شأن معنویِ این‌ها را ندارند.

۱۳۱۸ **هر که گیرد او عصایی ز امتحان   کِی بُوَد چون آن عصا وقتِ بیان[۲] ؟**

هر کسی که برای امتحان عصایی به دست بگیرد، در عمل عصایِ موسی(ع) نیست.

۱۳۱۹ **عیسوی‌ست این دَم، نه هر باد و دَمی   که بر آید از فرح یا از غمی**

«نَفَسِ عارف»، همانندِ «نَفَس عیسی(ع)» زندگی‌بخش است، شبیه نفس‌ها و آه‌هایِ برخاسته از شادی یا غم نیست.

۱۳۲۰ **این الف لام است و حا میم[۳] ای پدر!   آمده‌ست از حضرتِ مَوْلَی ٱلْبَشَر[۴]**

«دمِ عیسویِ» عارف از بارگاه پروردگار نازل شده است.

۱۳۲۱ **هر الف لامی[۵] چه می‌مانَد بدین؟   گر تو جان داری، بدین چشمش مبین[۶]**

دمِ خلق هرگز همانند دمِ عارف نیست، اگر جانت جویای آگاهی است، ظاهربین نباش.

۱۳۲۲ **گرچه ترکیبش حروف است ای هُمام[۷]!   می‌بمانَد هم به ترکیبِ عوام**

ای مرد بزرگ، هرچند که ترکیب و ظاهر آن‌ها شبیه است و علاوه بر آن نظیرِ گفتارِ عوام هم هست؛ زیرا آنان هم برای گفتن از همین حروف استفاده می‌کنند؛ امّا از نظر معنا شبیه نیستند.

۱۳۲۳ **هست ترکیبِ محمّد لحم و پوست   گرچه در ترکیب هر تن جنسِ اوست**

تن محمّد(ص) از گوشت و پوست به وجود آمده بود و هر بدنِ دیگری نیز همین است.

۱۳۲۴ **گوشت دارد، پوست دارد، استخوان   هیچ این ترکیب را باشد همان[۸] ؟**

بدن او هم گوشت، پوست و استخوان دارد؛ امّا آیا جسم او شبیه دیگران می‌تواند باشد؟

---

۱ - **در صفاتِ این زبون** : در برابر اوصاف این حروف عاجز و ناتوان‌اند.

۲ - **وقتِ بیان** : هنگام اظهار حقیقتِ واقعیِ خود.

۳ - **الف لام و حا میم** : اینجا دم عیسویِ عارف به حروف مقطّعه مانند شده است.

۴ - **مَوْلَی ٱلْبَشَر** : سرور آدمیان، پروردگار.

۵ - **هر الف لامی** : هر یک از حروفِ دیگر، اینجا دم یا نَفَس مردم.

۶ - با معیارها و موازین این جهانی نمی‌توان او را سنجید.   ۷ - **هُمام** : سرور، مرد بزرگ.

۸ - جسم پیامبر(ص) با سیطرهٔ جانِ منوّر، منوّر شده و خاصیّتِ جان را یافته بود.

کاندر آن ترکیب آمد معجزات   که همه ترکیب‌ها گشتند مات ۱۳۲۵

از وجود او معجزاتی به ظهور رسید که همه حیران شدند.

همچنان، ترکیبِ حٰم[۱] کتاب   هست بس بالا، و دیگرها نشیب ۱۳۲۶

به همین ترتیب، ترکیبِ **حم** در قرآن بسیار والاست و حروف دیگر در مرتبهٔ پایین قرار دارند.

زانکه زین ترکیب[۲] آید زندگی   همچو نَفْخِ صُور در درماندگی[۳] ۱۳۲۷

زیرا این الفاظ زندگی‌بخش‌اند؛ یعنی با درک معانیِ آن آدمی حیات روحانی می‌یابد، همان‌گونه که اسرافیل مردگان را پیش از رستاخیز زنده می‌کند.

اژدها گردد، شکافد بحر را   چون عصا، حٰم، از دادِ خدا ۱۳۲۸

این الفاظ «کلام الهی»، همانند اژدهایی قدرتمند دریایِ جانِ آدمی را می‌شکافد و در آن تأثیر می‌گذارد، همان‌گونه که عصای موسیٰ(ع) برای قوم راه راگشود.

ظاهرش مانَد به ظاهرها و لیک   قرصِ نان از قرص مه دور است نیک ۱۳۲۹

ظاهرش شبیه سایر حروف است؛ امّا قرص نان با قرص ماه بسیار تفاوت دارد.

گریهٔ او، خندهٔ او، نطقِ او   نیست از وی، هست محضِ خُلقِ هو ۱۳۳۰

گریه، خنده و سخن شیخ از خودِ او نیست، از حق است؛ زیرا او متخلّق به اخلاق الله شده است.[۴]

چونکه ظاهرها گرفتند احمقان   و آن دقایق[۵] شد از ایشان بس نهان ۱۳۳۱

چون احمق‌ها فقط به ظواهر بسنده کردند، این دقایق و ظرایف از آنان نهان ماند.

لاجرم محجوب گشتند از غَرَض[۶]   که دقیقه فوت شد در مُعْتَرَض[۷] ۱۳۳۲

ناگزیر از درک حقایق محروم ماندند؛ زیرا به جای درک حقایق سرگرم اعتراض یا اشکال گرفتن شدند.

---

۱ - از بیت ۱۳۱۶ همین دفتر به بعد یادآور شدیم که مرد حق یا «عارف» به «حروف مقطّعهٔ» قرآن مانند شده است، اینجا نیز تکرار همان معناست که مرد حق از نظر ظاهر «گوشت و پوست»، شبیه خلق است، همان‌گونه که هر یک از «حروف مقطّعه» از نظر ظاهر شبیه سایر حروف الفباست؛ امّا میان آن‌ها تفاوتی عظیم است که با جانی منوّر می‌توان به درک آن نایل آمد. همچنین اشاره به الفاظ قرآن نیز هست که هرچند که از حروف تشکیل شده است؛ امّا شأن و عظمتی دارد که الفاظ دیگر در تقابل با آن بی‌قدر و در نشیب‌اند.   ۲ - **زین ترکیب :** مراد کلام الهی است.

۳ - **در درماندگی :** هنگامی که آدمی در تنگناهای زندگی در می‌ماند و نیازِ روحانیِ شدیدی دارد.

۴ - مراد فنای فی الله و بقای بالله است.   ۵ - **آن دقایق :** اسرار الفاظ «کلام الهی» یا اسرارِ احوالِ کاملان.

۶ - **غَرَض :** علّت، اینجا درک حقایق.

۷ - **مُعْتَرَض :** اعتراض، پرداختن به «فرع» آنان را از «اصل» دور می‌کند.

داستان آن کنیزک که با خرِ خاتون شهوت می‌راند، و او را چون بُز و خرس آموخته بود شهوت راندنِ آدمیانه، و کدویی در قضیبِ خر می‌کرد تا از اندازه نگذرد. خاتون بر آن وقوف یافت، لکن دقیقهٔ کدو را ندید. کنیزک را به بهانه به راه کرد جای دور، و با خر جمع شد بی کدو، و هلاک شد به فضیحت. کنیزک بیگاه باز آمد و نوحه کرد که: ای جانم و ای چشم روشنم! کیر دیدی کدو ندیدی، ذَکَر دیدی آن دگر ندیدی. «کُلُّ ناقِصٍ مَلْعُون»[1]، یعنی کُلُّ نَظَرٍ وَ فَهْمٍ ناقِصٍ مَلْعُونٌ، و اگرنه ناقصانِ ظاهرِ جسم، مرحوم‌اند، ملعون نه‌اند، برخوان: «لَیْسَ عَلَی الأَعْمیٰ حَرَجٌ»[2]، نفیِ حَرَج کرد وَ نَفیِ لعنت و نَفیِ عتاب و غَضَب

خاتونی کنیزکی سخت شهوتران داشت که در غیبت وی و خلوت با خرِ خاتون شهوت می‌راند و برای این امر کدویی خشک و توخالی را گِردِ اندامِ خر می‌نهاد تا از آسیب در امان مانَد. بدین ترتیب چهارپایِ خاتون هر روز ضعیف‌تر می‌شد و خاتون از علّتِ آن بی خبر بود تا اینکه روزی از شکاف در ماوَقَع را دید و اندیشید که چرا خودِ وی از این خرِ تعلیم یافته بهره نَبَرد؛ لذا کنیزک را به جهت انجام کاری به راهی دور روانه کرد و با خر در آمیخت؛ امّا چون از ماجرای کدو آگاه نبود؛ از زخمِ اندام خر در دم هلاک شد. کنیزک به خانه بازگشت و با دیدن خاتون در آن وضع فجیع، نوحه سر داد که ای بانوی من، آن حال را دیدی؛ امّا کدو را ندیدی. ظاهرش را دیدی، سِرّش از تو نهان، **«اوستا ناگشته بگشادی دکان»**.

«این قصّه از مستهجن‌ترین هزلیاتی است که در مثنوی به تقریر آمده است. وجود قصّه‌های رکیک در مثنوی خالی از غرابت نیست و هرچند نظایر آن‌ها در کلام بوکاتچو[3] و چاسر[4] و رابله[5]، اعتراض اخلاق را بر این قصّه‌ها رفع نمی‌کند، باری بیانگر شباهت اخلاق عامیانه در شرق و غرب عالم است.

اینکه مولانا در قصّه نظر به سِرّ معنی دارد و به ظاهر چندان اهمّیّتی نمی‌دهد، سبب می‌شده است که مثل سنایی، حتّی هزل قبیح را نیز به سبب اشتمالش بر سِرّ لطیف در ردیف نوعی تعلیم تلقّی کند به شکلی که همواره در ورای ظاهرِ حکایاتِ مستهجنِ مثنوی، جنبهٔ تعلیمی و روحانی نیز هست.

---

۱ - حدیث: ر.ک: ۱۵۳۹/۲.   ۲ - اشارتی قرآنی؛ فتح: ۱۷/۴۸: بر کور گناهی نیست.

۳ - **بوکاتچو**: ایتالیایی، دکامرون اثر اوست که داستان امرودبُن نیز در آن است.

۴ - **چاسر**: شاعر انگلیسی، منظومهٔ قصّه‌های کنتربوری از اوست که داستان امرودبُن را هم از دکامرون اخذ کرده است.

۵ - **رابله**: از مشاهیر علمای فرانسه ۱۵۵۳-۱۴۸۳ م، راهبی بود که این طریقه را ترک کرد و باز هم بدان پیوست؛ امّا در آثارش آیین آنان را استهزا می‌کرد.

این قصّه چنانکه نیکلسون خاطرنشان می‌کند از بعضی جهات یادآور داستان یونانی مسخ اثر آپولیوس نیز هست که در طی آن چیزی از ماجرای عشق بازی خاتون با خر که جادو وی را از صورت انسانی بدان هیبت آورده است، هست. به هر حال شاید اقتضای مجلس و احوالِ مخاطبان در مقامِ عامِ انسان و به موجب آنکه خود مولانا می‌فرماید: چونکه مجلس بی چنین پِیغاره نیست، از حدیث پست نازل چاره نیست[1] و هم به قول او: قدر مستمع آید نَبا، بر قد خواجه بُرَد دَرزی قبا،[2] احتمالاً ضرورتِ واقع‌نگری از دیدگاه اوست[3] که الفاظ و تعبیرات عامداً عریان و بی‌نقاب‌اند و صحنه‌ها شرم‌انگیز.»[4]

سِرِ قصّهٔ کنیزک و خرِ خاتون، تبیین حماقت ابلهان است که ظاهر را گرفتند و ظرایف و دقایق از ایشان نهان شد لاجرم محجوب گشتند. همان‌گونه که در آغاز حکایت آمد «**کُلُّ نظرٍ وَ فَهْمٍ ناقصٍ مَلْعُونٌ**»، یعنی هر نظر و هر ادراک ناقص نفرت‌آور و کراهت‌انگیز است. نَفْس آدمی تا سیرِ استکمالی را که برای آن آفریده شده است، طی نکند و به کمال نرسد، هر نظر و هر درکِ او ناقص و از دیدگاه کاملان کریه است، از این نکته نباید غافل بود که آدمی تا به مرحلهٔ شهود عینی نرسد، حقایق و دقایق بر وی نهان‌اند و اگر از علوم به تقلید بسنده کند، از دقایقِ باطن محروم می‌مانَد، لاجرم همان‌گونه که خاتون این چنین وقاحت‌آور با خر شهوت راند و به هلاکتی بی‌شرمانه دچار گشت، هر انسان کمال‌نیافته در درون به نحوی از انحا با حبّ دنیا که تحت پوشش حبّ جاه و حبّ مال و حبّ زن و فرزند و غیره است، شهوتی می‌رانَد و از حقیقتِ حالِ خود و دقایق و ظرایف و اهداف آفرینش بی‌خبر می‌مانَد.

یک کنیزک یک خری برخود فکند　　　از وفـورِ شـهوت و فـرطِ گـزند[5] ۱۳۳۳

کنیزکی از شدّت شهوت و رنجِ ناشی از آن خری را به روی خود کشید.

آن خر نر را، به گان[6] خو کرده بود　　　خـر جِـماعِ آدمی پی بُرده بود ۱۳۳۴

خر نر را به جماع عادت داده بود. خر نیز مجامعت با انسان را یاد گرفته بود.

یک کـدویی بود حیلتْ‌سازه[7] را　　　در نَـرَش کـردی پـیِ انـدازه را ۱۳۳۵

کنیزک برای چاره‌سازی از کدویی برای حفظ اندازهٔ آلت استفاده می‌کرد.

در ذَکَر[8] کـردی کـدو را آن عـجوز　　　تـا رود نـیمِ ذَکَـر وقتِ سُـپوز[9] ۱۳۳۶

آن عجوز کدو را در آلت خر می‌انداخت تا هنگام دخول نیمِ آن رَوَد.

---

۱ - ر.ک: ۱۲۴۶/۶.　　۲ - ر.ک: ۱۲۴۵/۶　　۳ - موارد دیگری: ر.ک: ۲۴۹۸/۵ و ۳۹۴۲/۵.

۴ - سرّ نی، صص ۳۲۶-۳۲۵.　　۵ - **از فرطِ گزند** : از فشار و رنجی که شهوت بر او وارد آورده بود.

۶ - **گان** : گای، جماع.　　۷ - **حیلت سازه** : حیلت‌ساز، چاره‌سازی.　　۸ - **ذَکَر** : آلت تناسلی نر.

۹ - **سُپوز** : از سُپوختن به معنی فرو کردن چیزی در چیز دیگر با فشار.

گــر هــمه کــیر خــر انــدر وی رود آن رَحِم و آن رودەها ویـران شـود ۱۳۳۷

اگر همهٔ آلت خر دخول می‌کرد، رحم و روده‌ها ویران می‌شد.

خــر هــمی شــد لاغــر و خـاتونِ او مانده عاجز کز چه شد این خر چو مو؟ ۱۳۳۸

خر لاغر می‌شد و خاتون نمی‌دانست که چرا ضعیف و ناتوان شده است؟

نعل‌بندان[1] را نمود آن خر که: چیست؟ عــلّتِ او کــه نـتیجه‌ش لاغـری‌ست؟ ۱۳۳۹

او را به نعل‌بندان نشان داد که بیماری‌اش چیست که به سبب آن لاغر می‌شود؟

هــیچ عــلّت انـدر او ظـاهر نشـد هـیچ کس از سـرِّ آن مُـخْبِر[2] نشـد ۱۳۴۰

امّا هیچ علامتی از بیماری دیده نشد و هیچ کس علّت آن را نفهمید.

در تفحّص اندر افـتاد او بـه جِـدّ[3] شــد تــفحّص را دَمـادَم مُسـتعِدّ[4] ۱۳۴۱

خاتون جدّاً به جست‌وجوی موضوع پرداخت و هر لحظه به آن دقّت می‌کرد.

جِــدّ را بــاید کـه جـان بـنده بُـوَد زانکــه جِـد جـوینده یـابنده بُـوَد ۱۳۴۲

جان آدمی باید ساعی و کوشا باشد؛ زیرا کسی که با جدیّت جویا باشد، آن را می‌یابد.

چون تفحّص کـرد از حـالِ اِشَک[5] دید خفته زیـرِ خـر، آن نـرگسک[6] ۱۳۴۳

چون خاتون جویای احوال خر بود، دید که کنیزک زیر آن خوابیده است.

از شکــافِ در بــدید آن حــال را بس عـجب آمـد از آن، آن زال[7] را ۱۳۴۴

زن از شکاف در ماجرا را دید و بسیار تعجّب کرد.

خــر هـمی گـاید کـنیزک را چـنان که به عقل و رسم، مردان بـا زنـان ۱۳۴۵

دید که خر چنان با کنیزک جماع می‌کند که مردان از سر عقل و عرف.

در حسد شد، گفت: چون این مُمکن است پس من اولیٰ‌تر، که خـر مِـلکِ مـن است ۱۳۴۶

خاتون حسودی کرد و با خود گفت: حال که این کار امکان دارد، من واجب‌تر هستم؛ زیرا خر مال من است.

---

۱ - **نعل‌بند**: کسی که ستور را نعل می‌کند. ۲ - **مُخْبِر**: خبردهنده، آگاه. ۳ - **به جِدّ**: جدّاً.
۴ - **مُسْتَعِد**: آماده. ۵ - **اِشَک**: خر، لفظ ترکی. ۶ - **نرگسک**: مصغّر نرگس، مراد کنیزک است.
۷ - **زال**: پیرزن، اینجا زن یا همان خاتون.

خـــر مُـــهذَّب[1] گشـــته و آمـــوخته خوان نهاده‌ست و چراغ افـروخته[2] ۱۳۴۷

خر تربیت شده و یاد گرفته است؛ پس همه چیز مهیّاست.

کـــرد نـــادیده، و درِ خـــانه بکـــوفت کِای کنیزک! چند خواهی خانه روفت؟ ۱۳۴۸

خاتون به روی خود نیاورد و در را زد و گفت: ای کنیزک، چقدر جارو می‌کنی؟

از پیِ روپوش می‌گفت ایـن سـخُن کِـای کـنیزک! آمـدم، در بـاز کُـن ۱۳۴۹

من آمدم، در را باز کن؛ امّا این سخنان را برای حفظِ ظاهر می‌گفت.

کرد خـاموش، و کـنیزک را نگـفت راز را از بـــهرِ طَـمْع خـود نـهفت ۱۳۵۰

سکوت کرد و به کنیزک چیزی نگفت؛ زیرا از حفظ این راز مقصودی داشت.

پس کـــنیزک جـــمله آلاتِ فســـاد کرد پنهان، پیش شد، در را گشـاد ۱۳۵۱

کنیزک ابزار فساد را پنهان کرد و پیش رفت و در را باز کرد.

رو تُرُش کرد و دو دیـده پُـر ز نَـم لب فـرو مـالید، یـعنی صـایم‌اَم[3] ۱۳۵۲

کنیزک با چهرهٔ گرفته و چشمانی اشک‌آلود، لب‌ها را به هم مالید؛ یعنی روزه‌ام.

در کفِ او نرمه جـاروبی، کـه: مـن خـــانه را مـــی‌روفتم بـــهرِ عَـــطَن[4] ۱۳۵۳

در دست جاروی نرمی داشت و وانمود می‌کرد که طویله را تمیز می‌کردم.

چونکه بـا جـاروب در را واگشـاد گفت خاتون زیرِ لب کِای اوسـتاد! ۱۳۵۴

چون کنیزک جارو به دست در را باز کرد، خاتون زیر لب گفت: ای استادِ حیله‌گری!

رو تُرُش کردی و جاروبی به کـف! چیست آن خر برگسسته از عـلف؟ ۱۳۵۵

با چهرهٔ در هم، جارویی به دست گرفتی؛ امّا خر را چه شده است که علف نمی‌خورد؟

---

۱ - **مُهَذَّب** : پاکیزه، اینجا تربیت شده. ۲ - مصراع دوم: سفره پهن و چراغ روشن، یعنی همه چیز مهیّاست.
۳ - **صایم** : روزه‌دار.
۴ - **عَطَن** : خوابگاه، محلّ خوابیدن چهارپایان، اینجا نظافت و جاروکردن خانه یا طویله برای رفع و دفع بو و کثافت.

۱۳۵۶ **نیم کاره و خشمگین، جُنبان ذَکَر   ز انتظارِ تو دو چشمش سویِ در**

کار نیمه تمام مانده است و خشمگین آلتش می‌جنبد و چشمانش به درِ طویله دوخته شده است.

۱۳۵۷ **زیرِ لب گفت این، نهان کرد از کنیز   داشتش آن دم چو بی‌جُرمان عزیز**

این سخنان را زیر لب گفت و در آن لحظه با او همانندِ افرادِ بی‌گناه و محترم رفتار کرد.

۱۳۵۸ **بعد از آن گفتش که: چادر نِه به سر   رو فلان خانه، ز من پیغام بر**

بعد از آن به کنیزک گفت: چادر سرت کن، به فلان خانه برو و از من پیغامی ببر.

۱۳۵۹ **این چنین گو، وین چنین کن، و آنچنان   مختصر کردم من[1] افسانهٔ زنان**

چنین بگو، چنان بکن. من قصّهٔ زنان را که معمولاً طویل است، کوتاه بیان می‌کنم.

۱۳۶۰ **آنچه مقصود است، مغزِ آن بگیر   چون به راهش کرد آن زالِ ستیر[2]**

ای خواننده، تو هم سعی کن سرّ سخن را بفهمی. هنگامی که زن او را روانه کرد،

۱۳۶۱ **بود از مستیِّ شهوت شادمان   در فرو بست، و همی گفت آن زمان**

از مستیِ شهوت شاد بود. در را بست و با خود می‌گفت:

۱۳۶۲ **یافتم خلوت، زنم از شُکر بانگ   رَسته‌ام از چاردانگ و از دو دانگ[3]**

خلوتی یافتم. با صدای بلند شُکر می‌کنم که از کمبود رهایی یافتم.

۱۳۶۳ **از طرب، گشته بُزانِ زن هزار   در شرارِ شهوتِ خر بی‌قرار**

چنان شاد بود که گویی هزاران بُز دارد؛ یعنی به ثروت بادآورده‌ای رسیده است. در آتش شهوتِ خر بی‌تاب بود.

۱۳۶۴ **چه بُزان؟ کآن شهوت او را بُز گرفت[4]   بُز گرفتن گیج را نَبْوَد شگفت**

چه بُزی؟ شهوت او را گول زده بود و مسخره می‌کرد. تمسخر آدمِ ابله عجیب نیست.

---

۱ - **من** : اینجا مولانا.

۲ - **سَتیر** : مستوره، پوشیده، محجوب، اینجا «زالِ ستیر» می‌تواند به معنی زنِ محروم باشد و هم به معنی زنِ پاکدامن و عفیف که البتّه جنبهٔ طنز و طعنه دارد.

۳ - **چاردانگ و دودانگ** : هر چیزی که شش دانگ و کامل نیست، کمبود.

۴ - **بُز گرفتن** : تمسخر کردن، آلت دست قرار دادن.

میلِ شـهوت کَـر کـند دل را و کـور   تا نماید خر چو یـوسف، نـارْ نـور ۱۳۶۵

شهوت دل را کر و کور می‌کند، چنانکه خر را صاحب جمال می‌بیند و نار را نور.

ای بسا سـرمستِ نـار[1] و نـارجـو[2]   خــویشتن را نــورِ مـطلق دانـد او ۱۳۶۶

چه بسا کسی که در عین گمراهی است و خود را نور مطلق می‌پندارد.

جز مگر بندهٔ خدا، یا جـذب حـق   بــا رهش آرَد، بگـــردانــد وَرَق ۱۳۶۷

او نجات نمی‌یابد، مگر آنکه مرد خدا یا جذبهٔ حق، به راهش آوَرَد و ورق سرنوشتش را برگرداند.

تــا بــدانــد کآن خـیالِ نـاریه[3]   در طــریقت نـیست الاّ عــاریه[4] ۱۳۶۸

تا بفهمد که پندارهایِ او از نظر طریقت عاری از حقیقت و پست بوده است.

زشت‌هــا را خـوب بـنماید شَـرَه[5]   نیست چون شهوت، بَتَر ز آفاتِ رَه ۱۳۶۹

حرص، زشت‌ها را زیبا نشان می‌دهد. در سلوک هیچ آفتی بدتر از شهوت نیست.

صد هزاران نامِ خوش را کرد نـنگ   صد هزاران زیـرکان را کـرد دَنگ[6] ۱۳۷۰

شهوت، صدها هزار نام نیک را به ننگ مبدّل کرده است و صدها هزار زیرک را ابله.

چون خری را یوسف مصری نمود   یوسفی را چون نماید آن جهود[7] ؟ ۱۳۷۱

«شهوت»، حقیقت را وارونه جلوه می‌دهد. هنگامی که می‌تواند خری را صاحب جمال بنماید، صاحب جمال را چگونه می‌نماید؟

بر تو سرگین[8] را فسونَش شهد[9] کرد   شهد را خود چون کند وقتِ نـبرد؟ ۱۳۷۲

وسوسهٔ نفسانی چنان فریب می‌دهد که «بد» را «خوب» ببینی؛ پس اگر غلبه کند، «خوب» را چگونه عرضه می‌کند؟

---

۱ – **سرمستِ نار**: از بادهٔ گمراهی سرمست.
۲ – **نارجو**: طالب آتش، خواهانِ گمراهی، کسی که جویایِ حقایق نیست و اندیشهٔ خود را بر صواب می‌پندارد.
۳ – **خیالِ ناریه**: خیالات و پندارهای شخصِ گمراه. ۴ – **عاریه**: موقّتی، مادّی، این جهانی.
۵ – **شَرَه**: حرص. ۶ – **دَنگ**: ابله، کودن. ۷ – **جُهود**: کافر، بی دین، مراد یهودی نیست.
۸ – **سرگین**: مدفوع، اینجا هرچیز بد و زشت. ۹ – **شهد**: عسل، اینجا هرچیز خوب و زیبا.

شهوت از خوردن بُوَد، کم کُن ز خَور یا نکاحی کن، گریزان شو ز شر ۱۳۷۳

شهوت از پرخوری است. یا خوراک خود را کم کن یا ازدواج کن و از شرّ آن در امان باش.

چون بخوردی، می‌کشد سوی حَرَم[1] دخل[2] را خرجی[3] بباید لاجرم ۱۳۷۴

زیرا پرخوری تو را به اندرونی می‌کشاند، هر دخلی ناگزیر خرجی در پی دارد.

پس نکاح، آمد چو لا حَوْلَ وَ لا[4] تا که دیوت نفکَنَد اندر بلا ۱۳۷۵

پس ازدواج به منزلهٔ لاٰ حَوْل گفتن و به خدا پناه بردن است تا شیطان نتواند تو را به بلا گرفتار کند.

چون حریص خوردنی، زن خواه زود ورنه آمد گربه[5] و دُنبه[6] رُبود ۱۳۷۶

اگر برای خوردن حریص هستی، فوراً زن بگیر و گرنه غلبهٔ وسوسه تقوا را می‌رباید.

بارِ سنگی بر خری که می‌جهد زود برنِه، پیش از آن کو بر نهد ۱۳۷۷

بر پشت خرِ نَفْس جفتک‌انداز بارِ سنگینی بگذار، پیش از آنکه او باری بر دوش تو بگذارد.

فعلِ آتش[7] را نمی‌دانی تو بَرد[8] گِردِ آتش با چنین دانش مَگَرد ۱۳۷۸

هنگامی که نمی‌دانی آتش چه خساراتی می‌تواند به بار آوَرَد، از آن دوری کن و چون دانش و قدرتِ مهار کردنش را نداری، گِردِ آن نگرد.

علمِ دیگ و آتش ار نَبْوَد تو را از شَرَر نه دیگ مانَد، نه اَبا[9] ۱۳۷۹

اگر دانشی دربارهٔ دیگ و آتش نداشته باشی، از شراره‌های آتش نه دیگ می‌ماند و نه آش؛ یعنی همه چیزت را از دست می‌دهی.

آبْ حاضر باید و فرهنگ نیز تا پَزَد آن دیگْ سالم در اَزیز[10] ۱۳۸۰

باید آب حاضر باشد، هنر آشپزی را هم بدانی تا دیگ به آرامی بجوشد.

---

۱ - **حَرَم**: پردگیان، اندرونی، حرم‌سرا. ۲ - **دخل**: درآمد، اینجا خوردن.
۳ - **خرج**: اینجا شهوت راندن. ۴ - لاٰ حَوْلَ وَ لاٰ قُوَّةَ إلاّ بِالله: ر.ک: ۲۰۶/۲.
۵ - **گربه**: اینجا وسوسه و شهوت. ۶ - **دنبه**: اینجا پرهیز و تقوا. ۷ - **آتش**: اینجا آتش شهوت.
۸ - **بَرْد**: دورباش. ۹ - **اَبا**: آش. ۱۰ - **اَزیز**: جوشیدن، به جوش آمدن.

چـــون نـــدانـــی دانشِ آهـــنگری   ریش و مو سوزد چو آنجا بگـذری ۱۳۸۱

اگر فنِّ آهنگری را ندانی، هنگامی که از کنار کوره عبور می‌کنی، ریش و مویت می‌سوزد.

در فرو بست آن زن و خر را کشید   شـــادمانه، لاجـــرم کـــیفر چشـــید ۱۳۸۲

آن زن در را بست و با شادی خر را به خود کشید و ناگزیر کیفرش را هم چشید.

در مـــیانِ خـــانه آوردش کشـــان   خفت اندر زیـرِ آن نـرخـر سِـتان[1] ۱۳۸۳

خر را وسطِ طویله آورد و طاقباز زیر آن نرّه خر دراز کشید.

هم برآن کرسی کـه دیـد او از کـنیز   تا رسد درکامِ خـود آن قـحبه نـیز ۱۳۸۴

روی همان کرسی که از کنیزک دیده بود، خوابید تا آن زن بدکاره هم به آرزوی خود برسد.

پا بر آورد و خر اندر وی سپوخت[2]   **آتشی از کیرِ خـر در وی فـروخت** ۱۳۸۵

خاتون پا را بلند کرد و خر در او دخول کرد و با این کار آتشی در درون او زبانه کشید.

خر، مؤدّب گشته[3]**، در خاتون فشرد   تا به خایه، در زمان خـاتون بِـمُرد** ۱۳۸۶

خر که جماع با انسان را آموخته بود، دخول کامل کرد. خاتون همان لحظه هلاک شد.

بـر دریـد از زخـم کـیرِ خـر جگـر   رودهـا بِسْکُسْـته[4] **شـد از هـمدگر** ۱۳۸۷

از شدّت زخم آلت خر، جگر خاتون دریده شد و روده‌هایش از هم گسیخت.

دم نزد، در حال آن زن جـان بـداد   کرسی از یک‌سو، زن از یک‌سو فتاد ۱۳۸۸

زن نتوانست نفس بکشد و همان لحظه جان داد. کرسی به سویی و او به سویی افتاد.

صحنِ خانه پر ز خون شد، زن نگون   مُـرد او، و بُـرد جـان رَیْبُ ٱلمَـنُون[5] ۱۳۸۹

کفِ آخور پر از خون شد و زن سرنگون افتاد و در حادثه‌ای ناگوار جان داد.

مرگ بَد با صد فـضیحت ای پـدر!   تـو شـهیدی دیـده‌ای از کـیرِ خـر؟ ۱۳۹۰

ای پدر، مرگِ زشتی با این همه رسوایی، آیا تاکنون دیده‌ای که کسی شهیدِ آلت خر شود؟

---

۱ - **سِتان**: طاقباز.   ۲ - **سپوخت**: فروکرد.   ۳ - **مؤدّب گشته**: آموخته.

۴ - **بِسْکُسْته**: گسسته، پاره.

۵ - **رَیْبُ ٱلْمَنُون**: حوادث ناگوار روزگار، در آیهٔ ۳۰ سورهٔ طور آمده است و در ارتباط با معاندان است که منتظر حادثهٔ ناگواری برای پیامبر(ص) بودند: ر.ک: ۱۱۴۵/۳.

تو عَذابُ آلخِزی[1] بشنو از نُبی[2] در چنین ننگی مکن جان را فدی[3] ۱۳۹۱

تو «عذابِ خواری» را از قرآن بشنو تا جان خود را در چنین ننگی فدا نکنی.

دان که این نَفْس ِ بهیمی نرخر است زیرِ او بودن از آن ننگین‌تر است ۱۳۹۲

نَفْس ِ حیوانی، همانند آن نرّه‌خر است و مغلوب آن شدن ننگِ بزرگ‌تری است.

در رهِ نَفْس ار بمیری در منی تو حقیقت دان که مثلِ آن زنی ۱۳۹۳

اگر با خودبینی در راه نَفْس بمیری، بدان که تو هم واقعاً همانند آن خاتون هستی.

نَفْس ِ ما را صورتِ خر بِدْهد او زانکه صورت‌ها کند بر وَفقِ[4] خو[5] ۱۳۹۴

خداوند نَفْس امّاره را به صورتِ خر در خواهد آورد که صورت و سیرت هماهنگ باشند.[6]

این بُوَد اظهار سِر در رستخیز اللّه اللّه از تن چون خر گریز ۱۳۹۵

آشکار شدن اسرار در رستاخیز همین است که رذایل به صورت حیوانات تجسّم می‌یابند. خدارا خدارا از تن یا «وجه مادّی» نَفْس که مانند الاغ است، دوری کن.

کافران را بیم کرد ایزد ز نار کافران گفتند: نارْ اَوْلیٰ ز عار ۱۳۹۶

خداوند کافران را از آتش ترساند؛ امّا گفتند: سوختن بهتر از پیروی و خواری است.

گفت: نی، آن نار اصلِ عارهاست همچو این ناری که این زن را بکاست ۱۳۹۷

خداوند فرمود: آتشی که در شما شعله می‌کشد، منشأ خواری‌هاست، همانند آتش شهوتِ این زن.

لقمه اندازه نخورد از حرصِ خَود در گلو بگرفت لقمهٔ مرگِ بد[7] ۱۳۹۸

آن زن به سببِ حرص لقمه به اندازهٔ گلوی خود بر نداشت و به زشتی هلاک شد.

لقمه اندازه خور ای مردِ حریص! گرچه باشد لقمه حلوا و خبیص[8] ۱۳۹۹

ای مرد طمعکار، لقمه را به اندازهٔ گلو بگیر، حتّی اگر حلوا و شیرینی باشد؛ یعنی اعتدال را رعایت کن.

---

۱ - **عَذابُ آلخِزی :** تعبیر قرآنی: فُصّلت: ۱۶/۴۱ و یونس: ۹۸/۱۰، مراد خواری این جهانی و آن جهانی است.

۲ - **نُبی :** قرآن. ۳ - **فِدی :** فدا. ۴ - **وَفق :** موافق. ۵ - **خُو :** سیرت، خصلت.

۶ - اشاره به محشور شدن آدمی با صفتی که بر او غالب بوده است.

۷ - لقمهٔ مرگِ زشتی گلویش را گرفت؛ یعنی با خواری مُرد.

۸ - **خبیص :** یک نوع شیرینی از خرما و روغن، در فارسی به آن آفروشه گویند.

حق تعالی داد میزان را زبان   هین! ز قرآن سورهٔ رحمٰن[1] بخوان ۱۴۰۰

همان‌طور که ترازو، یعنی ابزاری برای سنجش «زبانه»ای دارد و توسّط زبانه تعادل کفه‌ها دیده می‌شود، قرآن نیز بهترین میزان سنجشِ اعتدال و درستی است. بهوش باش و سورهٔ الرّحمن را از قرآن بخوان.

هین! ز حرص خویش میزان را مَهِل[2]   آز و حرص آمد تو را خصمِ مُضِل[3] ۱۴۰۱

زنهار، به سببِ طمع ترازو را رها نکن. حرص و طمع دشمن گمراه کنندهٔ توست.

حرص، جوید کُل، بر آید او ز کُلّ   حرص مَپَرَست ای فُجُلّ ابنِ ٱلفُجُلّ[4] ۱۴۰۲

آدمِ حریص همه چیز را برای خود می‌خواهد و همه را از دست می‌دهد. ای فرومایهٔ بی‌قدر، حریص نباش.

آن کنیزک می‌شد و می‌گفت: آه   کردی ای خاتون! تو اُستا را به راه ۱۴۰۳

کنیزک می‌رفت، آه می‌کشید و می‌گفت: ای خاتون، تو استاد را روانه کردی.

کار بی‌استاد خواهی ساختن   جاهلانه جان بخواهی باختن[5] ۱۴۰۴

اگر بخواهی بدون استاد کاری را انجام دهی، جانت را جاهلانه از دست خواهی داد.

ای ز من دزدیده علمی ناتمام   ننگت آمد که بپرسی حالِ دام؟ ۱۴۰۵

ای کسی که دانش ناقصی را از من دزدیدی، ننگت آمد که موضوع دام را بپرسی؟

هم بچیدی دانه مرغ از خرمنش[6]   هم نیفتادی رَسَن در گردنش[7] ۱۴۰۶

اگر می‌پرسیدی، هم بهره می‌بُردی هم هلاک نمی‌شدی.

---

۱ - اشارتی قرآنی؛ الرّحمن: ۵۵/۹-۷: ...وَ وَضَعَ ٱلْمِيزانَ أَلاَّ تَطْغَوا فِی ٱلْمِيزَانِ وَ أَقِيمُوا ٱلْوَزْنَ بِالْقِسْطِ وَ لاَ تُخْسِرُوا ٱلْمِيزَانَ: و معیار و میزان مقرّر داشت از بهر آنکه در ترازو از حد تجاوز مکنید و وزن را دادگرانه به کار آورید و در ترازو کمی و کاستی میاورید.   ۲ - **مَهِل**: رها مکن.   ۳ - **مُضِل**: گمراه کننده.

۴ - **فُجُلّ بن الفُجل**: تُرُبِ تُرُب زاده، اینجا ناکسِ فرومایه، یعنی بی ارزش و بی‌قدر.

۵ - در واقع خطاب به مریدان است که به اندک معرفتی خود را کامل می‌پندارند.

۶ - مصراع اوّل: هم پرنده از خرمن دانه‌ها، دانه می‌چید و بهره‌مند می‌شد.

۷ - مصراع دوم: هم طناب دام به گردنش نمی‌افتاد و اسیر و هلاک نمی‌شد.

۱۴۰۷ **دانه کمتر خور، مکن چندین رفو[۱] چون کُلُوا[۲] خواندی، بخوان لاٰ تُسْرِفُوا**

در خوردن و بهره‌مندی از تمتّعات دنیوی حریص نباش و سعی نکن فقط جسمت را با خوردن ترمیم و تقویت کنی. اگر آیهٔ «بخورید» را خوانده‌ای، «اسراف نکنید» را هم بخوان.

۱۴۰۸ **تـا خـوری دانـه نـیفتی تـو بـه دام این کـند عـلم و قـناعت، والسَّلام**

اگر زیاده‌روی نکنی، در واقع با نَفْس جهاد کرده‌ای؛ پس اسیرِ صفات رذیله نمی‌شوی. علم و قناعت چنین ایجاب می‌کند، والسّلام.

۱۴۰۹ **نعمت از دنیا خورَد عـاقل، نـه غـم جـاهلان مـحروم مـانده در نَـدَم[۳]**

عاقل از نعمت دنیا به طریقی استفاده می‌کند که غم و پشیمانی در پی ندارد؛ امّا جاهل به سبب حرص و زیاده‌روی، خود را از آرامشِ این جهانی و سعادت آن جهانی محروم می‌کند.

۱۴۱۰ **چون در افتد درگلوشان حَبلِ دام[۴] دانه خوردن گشت بر جمله حرام[۵]**

اگر آدمی در دام حرص و شهوات اسیر شود، بهره‌مندی از نعمت‌ها برایش لطف و لذّتی ندارد.

۱۴۱۱ **مـرغ انـدر دامْ دانـه کِـی خـورَد؟ دانه چون زَهر است در دام، ار چَرَد[۶]**

دانه‌ای که پرندهٔ اسیر در دام می‌خورد برایش همانند زهر ناگوار است.

۱۴۱۲ **مـرغِ غـافل مـی‌خورد دانـه ز دام هـمچو انـدر دامِ دنـیا، ایـن عـوام**

پرندهٔ غافل در دام دانه را با لذّت می‌خورد. عوام هم همین‌طورند و در حالی که در دامِ «عالمِ محسوس» گرفتارند، تلاشی برای رهایی نمی‌کنند و از دانه‌های این دام «تمتعاتِ دنیوی»، لذّتِ غافلانه‌ای می‌برند.

۱۴۱۳ **بـاز مـرغانِ خـبیرِ هـوشمند کرده‌اند از دانه خود را خشک‌بند[۷]**

امّا عارفان که آگاه و زیرک‌اند، در بهره‌مندی از تمتّعات بر خود سخت می‌گیرند.

---

۱ - **رفو**: دوختن و ترمیم یا تعمیرِ پارگیِ لباس. ۲ - اشارتی قرآنی؛ اعراف: ۳۱/۷؛ ر.ک: ۵۸۲/۵.
۳ - **نَدَم**: پشیمانی، ندامت. ۴ - اگر طنابِ دام درگلویشان بیفتد؛ یعنی اسیرشان بکند.
۵ - دانه خوردن بر همه حرام می‌گردد؛ یعنی لطف و جاذبهٔ خود را از دست می‌دهد.
۶ - **اَر چَرَد**: اگر بخورد. ۷ - **خُشک‌بند**: خود را از چیزی باز داشتن، بر خود سخت گرفتن.

کاندرونِ دام، دانه زَهرباست[1] کور آن مرغی که در فَخ[2] دانه خواست ۱۴۱۴

دانهٔ دام مسموم است. پرنده‌ای که در دام خواهان دانه باشد، کور است.

صاحبِ دام[3] ابلهان را سر بُرید وآن ظریفان را به مجلس‌ها کشید ۱۴۱۵

ارادهٔ خداوند قوانینی را بر نظام هستی ساری و جاری کرده است؛ بنابراین ابلهانی که اسیرِ دام «حرص و شهوت» می‌شوند، به هلاکت می‌رسند و «ظریفان» که همان «عارفان»اند به مجالس «اهلِ معنا» و یا «حلقهٔ خاصّ خدا» راه می‌یابند.

که از آن‌ها گوشت می‌آید به کار وز ظریفان بانگ و نالهٔ زیر و زار ۱۴۱۶

زیرا پرندهٔ احمق فقط گوشتش به درد می‌خورد؛ امّا پرندهٔ ظریف بانگِ زیر و بم و نغمه‌ای خوشایند دارد.

پس کنیزک آمد، از اِشکافِ در دید خاتون را بمُرده زیرِ خر ۱۴۱۷

پس کنیزک آمد و از شکافِ درِ طویله دید که خاتون زیرِ خر مرده است.

گفت: ای خاتونِ احمق! این چه بود؟ گر تو را استاد خود نقشی نمود ۱۴۱۸

کنیزک با خود گفت: ای خاتون نادان، این چه وضعی است؟ اگر استاد به تو چیزی نشان داد،

ظاهرش دیدی، سِرش از تو نهان اُوستا ناگشته بگشادی دکان[4]؟ ۱۴۱۹

ظاهرش را دیدی؛ امّا از باطنش چیزی نفهمیده‌ای، چرا بدون آنکه از تمام فنون و رموز مطّلع شوی، فکر کردی که استاد شده‌ای؟

کیر دیدی همچو شهد و چون خَبیص آن کدو را چون ندیدی؟ ای حریص! ۱۴۲۰

ای حریص، تو که آلت الاغ را آن قدر لذّت‌بخش دیدی، چرا کدو را ندیدی؟

یا چو مستغرق شدی در عشقِ خر آن کدو پنهان بماندت از نظر؟ ۱۴۲۱

یا چنان در عشق درازگوش غرق شدی که کدو از چشمت نهان ماند؟

ظاهرِ صنعت بدیدی ز اوستاد اوستادی برگرفتی شادِ شاد؟ ۱۴۲۲

ظاهر فنّ را از استاد دیدی و شاد و خندان فکر کردی استاد شده‌ای؟

---

۱ - **زهربا**: آش زهرآلود، آش مسموم. ۲ - **فَخ**: دام. ۳ - **صاحبِ دام**: خداوند.

۴ - **بگشادی دکان**: دکّان بازکرده‌ای؛ یعنی مدّعیِ استادی هستی.

ای بســا زرّاقِ[1] گــولِ بــی‌وقوف[2]   از رَه مــردان نــدیده غـیرِ صــوف[3] ۱۴۲۳

ای بسا حیله‌گرانِ احمق و نادان که از راهِ مردانِ حق چیزی جز پشمینه‌پوشی نفهمیده‌اند؛ یعنی از حقیقتِ آن بی‌خبرند.

ای بسا شوخان[4]، ز اندک اِحتراف[5]   از شهان[6] ناموخته جز گفت و لاف ۱۴۲۴

بسیارند آدم‌های گستاخ و بی‌شرمی که از بزرگان معرفت یا «عـارفان» و کـلام آنـان جـز مختصری را در نیافته‌اند و چیزی جز حرّافی و ادّعا ندارند.

هر یکی در کف عصا، که: موسی‌اَم   مـی‌دمد بـر ابـلهان کـه: عـیسی‌اَم ۱۴۲۵

هر یکی عصایی به دست دارد؛ یعنی موسی هستم، و بر احمق‌ها می‌دمد؛ یعنی عیسی هستم و نَفَسم مرده را زنده می‌کند.[7]

آه از آن روزی که صـدقِ صـادقان   باز خواهد از تـو، سـنگِ امـتحان[8] ۱۴۲۶

وای به روزی که پیر با امتحانِ الهی از تو صدقِ صادقان را بخواهد.

آخــــر از اســـــتاد بــاقی را بــپُرس   یا، حریصان جمله کوران‌اند و خُرس[9] ۱۴۲۷

لااقلّ بقیّهٔ رمز و فن را از استاد بپرس یا اینکه به سببِ حرص کور و کر و خِنگ شده‌ای و نمی‌توانی.

جمله جُستی، بـاز مـاندی از هـمه   صـیدِ گـرگان‌انـد ایـن ابـله رَمـه ۱۴۲۸

حریصانه همه چیز را خواستی؛ امّا همه را از دست دادی. گلّهٔ احمق‌ها همواره شکـار گرگ‌ها خواهد شد.

صورتی بشنیده، گشتی ترجـمان[10]   بی خبر ازگفتِ خود، چون طوطیان ۱۴۲۹

ظاهرِ موضوعی را شنیدی و همان را به زبان آوردی؛ امّا همانندِ طوطیان از مـفهومِ آن بی‌خبر هستی.

---

۱ - **زرّاق**: حیله‌گر و بسیار ریاکار. ۲ - **بی‌وقوف**: ناآگاه. ۳ - طعنه به مدّعیان معرفت است.

۴ - **شوخان**: جمع شوخ به معنی گستاخ.

۵ - **احتراف**: دارای حرفه شدن، پیشه‌وری، «اندک احتراف» یعنی آشنایی مختصر، درکِ ناچیز.

۶ - **شهان**: عارفان. ۷ - مدّعی‌اند که صفات و قدرت مردان حق را دارند.

۸ - **سنگِ امتحان**: سنگِ محک، دلِ منوّرِ انسانِ کامل، از طریق دل منوّر مراد، مرید مورد امتحان قرار می‌گیرد.

۹ - **خُرس**: جمعِ اَخرَس و خَرساء به معنی زبان‌گُنگ، اینجا گیج و گول. ۱۰ - **گشتی ترجمان**: بیان کردی.

تمثیلِ تلقینِ[1] شیخ مریدان را، و پیغامبر امّت را، که ایشان طاقتِ تلقینِ حق ندارند و با حق اِلف[2] ندارند، چنانکه طوطی با صورتِ آدمی اِلف ندارد که از او تلقین تواند گرفت. حق تعالی شیخ را چون آینه‌یی پیشِ مریدِ همچو طوطی دارد، و از پسِ آینه تلقین می‌کند: لاٰ تُحَرِّكْ بِهِ لِسٰانَكَ[3]، إِنْ هُوَ إِلاّٰ وَحْيٌ يُوحىٰ.[4] این است ابتدایِ مسئلهٔ بی‌منتهیٰ، چنانکه منقار جنبانیدنِ طوطیِ اندرونِ آینه، که خیالش می‌خوانی، بی اختیار و تصرّفِ اوست، عکسِ خواندنِ طوطیِ برونی که متعلم است، نه عکسِ آن معلّم که پسِ آینه است، و لیکن خواندنِ طوطیِ برونی تصرّفِ آن معلّم است. پس این مثال آمد، نه مِثل

تعلیم دادن مُراد مرید را و پیامبر اُمّت را، همانندِ تعلیمی است که به طوطی می‌دهند؛ زیرا انسان‌ها تاب و تحمّل تعلیم خدا را ندارند و با خداوند مأنوس نیستند، چنانکه طوطی با انسان اُنس ندارد که بتواند از او تعلیم بگیرد. خدای تعالی شیخ را در برابر مُرید، چون آیینه‌ای در برابر طوطی می‌گذارد و او را از پشت آیینه تعلیم می‌دهد. «زبانت را با شتاب مجنبان»، «نیست این سخن جز آنچه به او وحی می‌شود»، این است آغاز مسأله‌ای که نهایتی ندارد، چنانکه هنگامی که طوطیِ درونِ آیینه، که تو آن را خیال می‌نامی، منقارش را حرکت می‌دهد، خارج از اختیار و تصرّف اوست، بازتاب حرکت آن طوطیِ بیرونیِ تعلیم‌گیرنده است، نه بازتاب معلّم که در پشت آیینه است، و امّا خواندنِ آن طوطیِ بیرونی به ارادهٔ آن معلّمِ پشتِ آیینه است؛ بنابراین، این فقط تمثیل است، مِثل و همانند آن نیست.

سِرّ سخن آنکه: مُرید در آیینهٔ صیقلیِ جسمِ مُرادِ کاملِ واصل خویش را می‌بیند و تعلیم را که الهامی است وحی‌آسا، از پس آیینهٔ دل مُرادِ کامل دریافت می‌دارد و در این مقام انسان کامل تمثیلی است از طوطی حقّانی. همچنین این قطعه طعنی است بر مدّعیان لاف‌زن که آیینهٔ وجودشان صیقلی نیافته و طوطی حقّانی نگشته است؛ امّا با آموختن کلامِ کاملان، گفتارشان به گفتار آن طوطی مقلّد می‌ماند که چیزی می‌گوید؛ امّا از معنا و درکِ کلام خود بی‌خبر است.

۱۴۳۰ **طوطیی در آینه می‌بیند او　　عکسِ خود را، پیشِ او آورده رُو**

طوطی تصویر خود را در آینه می‌بیند که روبروی اوست.

---

۱ - **تلقین**: القا کردن، تعلیم دادن.　۲ - **اِلف**: خو گرفتن، اُلفت.

۳ - اشارتی قرآنی؛ قیامت: ۱۶/۷۵: لاٰ تُحَرِّكْ بِهِ لِسَانَكَ لِتَعْجَلَ بِهِ: زبانت را به [بازخوانی وحی] مجنبان که در کار آن شتاب کنی.

تأکیدی است بر این امر که در بازخوانی قرآن پیش از به پایان رسیدن وحی شتاب مکن، طه: ۱۱۴/۲۰.

۴ - اشارتی قرآنی؛ نجم: ۴/۵۳: آن جز وحیی نیست که به او فرستاده می‌شود.

۱۴۳۱ **در پس آیینه آن اُستا نهان حرف می‌گوید، ادیبِ خوش زبان**

استاد ادیب پشت آینه پنهان شده است و با شیرین زبانی سخن می‌گوید.

۱۴۳۲ **طوطیک پنداشته کین گفتِ پست گفتنِ طوطی‌ست کاندر آینه‌ست**

طوطی بی‌نوا می‌پندارد که این سخنِ آهسته، گفتارِ آن طوطی است که در آینه می‌بیند.

۱۴۳۳ **پس ز جنسِ خویش آموزد سخن بی خبر از مکرِ آن گرگِ کهن**[1]

پس سخن گفتن را از همجنسِ خود می‌آموزد، بی‌آنکه از تدبیرِ استادِ کهنه‌کار باخبر باشد.

۱۴۳۴ **از پسِ آیینه می‌آموزدش ورنه ناموزد جز از جنسِ خودش**

استاد از پشت آینه تعلیم می‌دهد وگرنه طوطی نمی‌تواند سخن گفتن را از غیر همجنس بیاموزد.

۱۴۳۵ **گفت را آموخت زآن مردِ هنر**[2] **لیک از معنی و سِرّش بی خبر**

طوطی سخن را از آن استادِ باتدبیر می‌آموزد؛ امّا از معنی و راز آن چیزی نمی‌داند.

۱۴۳۶ **از بشر بگرفت منطق**[3] **یک به یک از بشر جز این چه داند طوطیک؟**

طوطی سخن گفتن را کلمه به کلمه از انسان فرا می‌گیرد؛ امّا از انسان جز همین چه می‌داند؟

۱۴۳۷ **همچنان در آینهٔ جسمِ ولی خویش را بیند مریدِ مُمْتَلی**[4]

مریدِ خودبین و ناقص هم در آینهٔ وجود مراد «انسان کامل» خود را می‌بیند.

۱۴۳۸ **از پسِ آیینه عقلِ کُلّ را کِی ببیند وقتِ گفت و ماجرا**[5] **؟**

امّا او هرگز هنگامِ سخن گفتن و عمل نمی‌تواند در پسِ «جسم یا ظاهرِ ولیّ»، عقلِ کُلّ را ببیند.

---

۱ - **گرگ کهن** : مراد استاد کهنه‌کار است، اینجا قدرت ازلی که هیچ نیرویی توان برابری با آن را ندارد.

۲ - **مردِ هنر** : مرد هنرمند، اینجا صاحبِ فنّ و تدبیر. ۳ - **منطق** : نطق.

۴ - **مُمْتَلی** : پُر، انباشته شده، اینجا انباشته از خودبینی، ادّعا و معایب یا به‌طور کلّی خلاصه پُر از نقص، «ناقص».

۵ - **گفت و ماجرا** : هنگام تربیت، در سیر و سلوک.

او[1] گمان دارد که می‌گوید بشر   و آن دگر سِرّ است، و او زآن بی‌خبر ۱۴۳۹

او می‌پندارد که حقایق همین کلماتی است که یک «بشر»، یعنی «مراد» می‌گوید و از سرِّ آن هیچ نمی‌داند.

حرف آموزد، ولی سِرّ قدیم[2]   او نداند، طوطی است او، نی ندیم[3] ۱۴۴۰

به این ترتیب نومرید «معارف» را می‌آموزد؛ ولی از «علوم و اسرار» آگاه نیست؛ زیرا او در مرحلهٔ «تقلید» است و به مرتبهٔ «تحقیق» که مقامِ محرمان است نرسیده.

هم صفیرِ مرغ آموزند خلق[4]   کین سخن کارِ دهان افتاد و حلق ۱۴۴۱

خلق هم می‌توانند بانگ پرندگان را بیاموزند؛ چون این هنر به دهان و گلو مربوط است.

لیک از معنیِّ مرغان بی‌خبر   جز سلیمانِ[5] قِرانیِ[6] خوش نظر[7] ۱۴۴۲

امّا کسی بجز سلیمانِ صاحبقرانِ آگاه از معنیِ بانگِ پرندگان چیزی نمی‌فهمد.

حرفِ درویشان بسی آموختند   منبر و محفل بدآن افروختند ۱۴۴۳

بسی افراد کلام صوفیان را می‌آموزند و با آن منبر و محفل خود را می‌آرایند.

یا بجز آن حرفشان روزی نبود   یا در آخِر رحمت آمد، ره نمود ۱۴۴۴

یا این‌ها نصیبی جز «حرف» یا «قال» ندارند یا اینکه بالاخره روزی رحمت الهی راهِ رسیدن به «حال» و «عالمِ معنا» را به آنان نشان می‌دهد.

---

۱ - **او** : نومرید، مرید خام و ناآگاه.   ۲ - **سرّ قدیم** : علوم و اسرار الهی.   ۳ - **ندیم** : محرم.
۴ - **خَلق** : مردم.   ۵ - سلیمان(ع) زبان مرغان را می‌دانسته است: قرآن: نمل: ۱۶/۲۷.
۶ - **قِران** : صاحبقران، کسی که طالع نیک دارد: ر.ک: ۱۴۳۸/۴.
۷ - **خوش نظر** : کسی که چشمِ باطن دارد و از حقایق آگاه است.

صاحبْ‌دلی دید سگِ حامله، در شکمِ آن سگ بچگان بانگ می‌کردند، در تعجّب ماند که: حکمتِ بانگِ سگ پاسبانی است، بانگ در اندرونِ شکم مادر پاسبانی نیست، و نیز بانگ جهتِ یاری خواستن و شیر خواستن باشد و غیره، و آنجا هیچ این فایده‌ها نیست. چون به خویش آمد، با حضرت مناجات کرد «وَ ما یَعْلَمُ تَأویلَهُ اِلاّ اللهُ»[1] جواب آمد که آن صورتِ حالِ قومی است از حجاب بیرون نیامده و چشم دل باز ناشده، دعویِ بصیرت کنند و مقالات گویند، از آن نه ایشان را قوّتی و یاری‌یی رسد و نه مستمعان را هدایتی و رُشدی[2]

صاحبدلی هنگام چلّه‌نشینی[3] در خواب ماده‌سگی حامله را بر راهی دید که هرچند بچه سگان در دلِ مادر نهان بودند؛ امّا بانگ آنان به‌گوش می‌رسید. چون به خود آمد، از خداوند خواست تا مشکلِ وی را بگشاید. هاتفی در گوشِ دلش آواز داد: **«کآن مثالی دان ز لاف جاهلان»** که از حجاب و پرده به در نیامده، با چشمی بر حقایق بسته، بیهده‌گویان، در هوایِ مشتری و سروری، بخت و اقبالِ سرمدی را که **«اللهُ اشْتَریٰ»** است، به فراموشی سپرده‌اند. غافل از آنکه عبد با فنای در حق به مقامی می‌رسد که حق تعالیٰ خریدار اوست و با چنین خریدار، پروای خریداری دیگر، جز جهل نیست.

آن یکی می‌دید خواب اندر چله — در رهی ماده سگی بُد حامله ۱۴۴۵

صاحبدلی در ایّام خلوتِ چلّه‌نشینی در خواب ماده‌سگ حامله‌ای را در راهی دید.

ناگهان آوازِ سگ‌بَچْگان شنید — سگ‌بچه اندر شکم بُد ناپدید ۱۴۴۶

ناگهان بانگ توله‌سگ‌هایی را که در شکم مادر بودند، شنید.

بس عجب آمد وَرا آن بانگ‌ها — سگ‌بچه اندر شکم چون زد ندا؟ ۱۴۴۷

از آن صدا بسیار متعجّب شد که چگونه توله‌سگ در شکم مادر پارس می‌کند؟

سگ‌بچه اندر شکم ناله‌کنان — هیچ کس دیده است این اندر جهان؟ ۱۴۴۸

آیا هرگز کسی در جهان دیده است که توله‌سگ در شکم مادر بتواند صدا کند؟

---

۱ - اشارتی قرآنی؛ آل‌عمران: ۷/۳: ... و تأویل آن را جز خداوند نمی‌داند.

۲ - مأخذی برای این قصّه یافت نشد. ۳ - **چله نشینی** : ر.ک: ۵۵۳/۱.

چون بِجَست از واقعه[1]، آمد به خویش حـیرتِ او دم بـه دم مـی‌گشت بـیش ۱۴۴۹

چون از خواب پرید و به خود آمد، لحظه به لحظه بر حیرتش افزوده می‌شد.

در چله، کس نی که گردد عُقده حل جـز کـه درگـاهِ خـدا عَـزَّوَجَلّ[2] ۱۴۵۰

در خلوتِ او کسی جز خداوند عزّوجلّ نبود که بتواند موضوع را با او در میان بگذارد.

گفت: یا رب! زین شِکال[3] وگفت و گو[4] در چـــله وامـــانده‌ام از ذکـرِ تـو ۱۴۵۱

گفت: پروردگارا، آنچه را که دیده‌ام، فکرم را مشغول کرده است و از ذکرِ تو بازمانده‌ام.

پـرّ مـن بگشـای تـا پـرّان شـوم[5] در حَدیقهٔ[6] ذِکر و سیبستان[7] شوم ۱۴۵۲

مشکل مرا حل کن تا با آسایش خاطر به عالم معنا توجّه کنم و به ذکر بپردازم.

آمـــدش آوازِ هــاتف[8] در زمــان کـآن مـثالی دان ز لافِ جـاهلان[9] ۱۴۵۳

همان لحظه سروشِ غیب گفت: مثالی بود از ادّعای جاهلان.

کز حـجاب و پـرده بـیرون نـامده چـشمْ‌بسته[10]، بـیهده گـویان شـده 1454

مدّعیانی که از حجاب عالم مادّه به ماورا راهی نیافته‌اند، یاوه‌ای می‌گویند.

بانگِ سگ اندر شکم، بـاشد زیـان نه شکـارانگـیز و نـه شب پـاسبان 1455

بانگ سگ در شکم مادر فایده‌ای ندارد؛ زیرا نه برای شکار است و نه نگهبانی در شب.

گُـرگ نـادیده کـه مَـنْعِ او بُـوَد دزد نـــادیده کــه دفـع او شــود 1456

نه برای مقابله با گرگ است و نه برای فراری دادن دزد.

---

۱ – **واقعه** : امور غیبی که بر سالک در خلوت و مراقبه و یا ذکر آشکار شود. ۲ – **عزَّوَجَل** : عزیز و جلیل.
۳ – **شِکال** : اشکال. ۴ – **گفت و گو** : قیل و قال.
۵ – مصراع اوّل: بال و پرم را بگشا تا پرواز کنم؛ یعنی مشکلم را حل کن. ۶ – **حدیقه** : باغ.
۷ – **سیبستان** : باغ سیب. ۸ – **هاتف** : ندای غیبی.
۹ – **جاهلان** : ناآگاهانِ مدّعیِ آگاهی، کسانی که هنوز ناقص‌اند و به حق اتّصال نیافته‌اند و با اندک آشنایی با معارف، ادّعای کمال و ارشاد دارند.
۱۰ – **چشم بسته** : کسی که چشم باطنش گشوده نشده است، کورکورانه یا مقلّدانه.

از حـــریصی، وز هـــوایِ ســروری در نظر کُـند، و بـه لافـیدن جَـری[1] ۱۴۵۷

حرص و شهوتِ سروری بر اهل معنا را دارد؛ در حالی که ادراک باطنی‌اش بسیار ضعیف است؛ امّا در خودستایی و یاوه‌گویی گستاخ.

از هـــوایِ مشــــتری و گـــرم‌دار بـی بـصیرت پـا نـهاده در فُشـار[2] ۱۴۵۸

برای آنکه عدّه‌ای خریدارش باشند و به مجلس‌اش بیایند و بازارش راگرم کنند، بی آنکه بصیرتی داشته باشد، مدام یاوه می‌گوید.

مـــاه[3] نـــادیده نشـــان‌ها مـی‌دهد روســـتایی[4] را بـــدآن کـــژ مـی‌نهد ۱۴۵۹

بدون کشف و شهود، نشانی‌ها می‌دهد و ناآگاهانِ ساده‌لوح را گمراه می‌کند.

از بـــرای مشـــتری در وصـفِ مـاه صد نشـان نـادیده گـوید بـهرِ جـاه ۱۴۶۰

برای جلب مشتری و تثبیت سروریِ خود، صدها نشان در توصیف حقایق می‌گوید.

مشتری کو سود دارد، خود یکی است لیک ایشان را در او رَیْب و شَکی است ۱۴۶۱

خریداری که خریدش سودمند است، خداست؛ امّا غافلان در وجود او دچار تردیدند.

از هـــوایِ مشـــتریِ بـــی شکـــوه[5] مشـتری[6] را بـاد دادنـد ایـن گـروه ۱۴۶۲

از شدّت توجّهی که به خریدارانِ دنیوی دارند، خریدار حقیقی را از دست داده‌اند.

مشـــــتریِ مـــاست اللهُ اشْـتَریٰ[7] از غـم هـر مشتری هـین! بـرتر آ ۱۴۶۳

حق تعالیٰ به حُکمِ اشارت قرآنی؛ توبه: ۱۱۱/۹، خریدار مال و جسمی است که در راه او فدا می‌شود؛ امّا خریدارِ علَمِ تقلیدی نیست؛ زیرا علمِ تقلیدی عَرَض است و تا به مرحلهٔ تحقیق نرسد، تأثیری در منوّر ساختن جان آدمی ندارد. حق، خریدارِ فـنایِ عـبد است، بـا چـنین خریداری نباید پروایِ خریداری دیگر داشت.

مشتریِ جو کـه جـویانِ تـو است عـــالِمِ آغـاز و پـایان تـو است ۱۴۶۴

جویای خریداری باش که جویای توست و از آغاز و انجام کارت باخبر است.

---

۱ - **جَری :** گستاخ. ۲ - **فُشار :** یاوه، بیهوده، حرفِ مفت. ۳ - **ماه :** ماهِ حقایق.

۴ - **روستایی :** اینجا نمادی از انسانِ ناآگاه و ساده‌لوح. ۵ - **مشتریِ بی‌شکوه :** علاقه‌مندان و مریدان.

۶ - **مشتری :** اینجا مشتریِ حقیقی که خداوند است. ۷ - اشارت قرآنی: ر.ک: ۲۷۲۱/۱.

هین! مکَش هر مشتری را تو به دست[1] عشـق بـازی بـا دو مـعشوقه بـد است ۱۴۶۵

به هوش باش که قلب و روحت مسخَّرِ خریداران دنیوی نشود؛ زیرا با دو معشوق نـرد عشق باختن زشت است.

زو نـیابی سـود و مـایه، گـر خَـرَد نَبْوَدش خود قیمتِ عـقل و خـرد[2] ۱۴۶۶

اگر اهلِ دنیا خریدارت باشد، از او سود و سرمایه‌ای حاصل نمی‌شود؛ زیرا نمی‌تواند بهایِ متاعِ معنوی‌ات را بپردازد.

نیست او را خود بـهایِ نـیمْ نـعل[3] تو بر او عرضه کنی یاقوت و لعل[4] ؟ ۱۴۶۷

او پول کافی برای کم‌ارزش‌ترین کالا را ندارد. تو به او کالای گرانبها عرضه می‌کنی؟

حرص کورت کرد و محرومت کند دیو همچون خویش مَرجومت[5] کند ۱۴۶۸

طمع کورت کرده است و محرومت هم می‌کند. شیطان تو را همانند خود مطرود و دور می‌کند.

همچنانک اصحابِ فـیل و قـوم لوط کردشان مرجوم چون خود، آن سَخوط[6] ۱۴۶۹

همان‌طور که آن شیطان طغیانگر، «اصحاب فیل» و «قومِ لوط» را مثلِ خود مطرود کرد.

مشـــتری را صـــابران دریـــافتند چون سویِ هـر مشـتری نشـتافتند ۱۴۷۰

مشتریِ حقیقی را صابران یافتند؛ چون به خریداران دیگر اهمّیّتی ندادند.

آنکــه گــردانــید رُو زآن مشـتری بخت و اقـبال و بـقا شـد زو بـری ۱۴۷۱

کسی که از مشتری حقیقی غافل شود و به مشتریان دنیوی بپردازد، بخت، اقبال و بقا را از دست می‌دهد.

ماند حسرت بـر حـریصان تـا اَبَـد همچو حالِ اهلِ ضَروان در حَسَـد ۱۴۷۲

حریص تا ابد در حسرت می‌ماند، همان‌طور که حرص و حسدِ «اهلِ ضَروان» آنان را در حسرت ابدی گذاشت.

---

۱ - **دست کشیدن :** نوازش کردن. ۲ - **عقل و خرد :** مراد عقل و خرد کمال‌جو است.

۳ - **نیم نعل :** کالای کم‌بها. ۴ - **یاقوت و لعل :** کالای گرانبها، اینجا عقل و خرد.

۵ - **مرجوم :** سنگباران شده، مطرود. ۶ - **سَخوط :** مکروه، در این بیت غضب شده، نفرین شده.

قصّهٔ اهلِ ضَروان[۱] و حسدِ ایشان بر درویشان که: پدرِ ما از سلیمی[۲] اغلب دخلِ باغ را به مسکینان می‌داد، چون انگور بودی عُشر[۳] دادی، و چون مویز و دوشاب[۴] شدی عُشر دادی، و چون حلوا و پالوده کردی عُشر دادی، و از قصیل[۵] عُشر دادی، و چون در خرمن می‌کوفتی از کفهٔ آمیخته[۶] عُشر دادی، و چون گندم از کاه جدا شدی عُشر دادی، و چون آرد کردی عُشر دادی، و چون خمیر کردی عُشر دادی، و چون نان کردی عُشر دادی. لاجرم حق تعالی در آن باغ و کشت برکتی نهاده بود که همهٔ اصحابِ باغ‌ها محتاجِ او بُدندی هم به میوه و هم به سیم[۷]، و او محتاجِ هیچ کس نی از ایشان. فرزندانشان خرجِ عُشر می‌دیدند مکرّر، و آن برکت را نمی‌دیدند، همچون آن زنِ بدبخت که خر را دید و کدو را ندید[۸]

صالح‌مردی ربّانی در دِهِ ضَروان نزدیکِ صنعایِ یمن از محصول باغ خویش همواره سهم درویشان را منظور می‌داشت و در هر مرحله‌ای که نصیبی از باغ می‌یافت، عُشر آن را به مسکینان می‌بخشید و بدین مناسبت کوی او کعبهٔ نیازِ نیازمندان بود؛ امّا فرزندان مانع این کار می‌شدند و بعد از پدر، علی‌رغم وصیّتِ وی که آنان را سفارش اکید کرده بود که مبادا بهرهٔ مسکین را از او باز گیرند، هنگامِ برداشتنِ محصول، شبانه گرد یک‌دیگر جمع شدند تا حیله‌ای بیندیشند و بهرهٔ درویش را از وی برگیرند؛ پس با رایزنی به این نتیجه رسیدند که باید صبحگاهان محصول باغ را بچینند و مسکینان را به درون باغ راه ندهند؛ پس صبحگاه که به ملک خویش رفتند، اثری از باغ ندیدند؛ زیرا قهر الهی با آتشی سوزان و صاعقه‌ای مرگبار از آن جز مشتی خاکستر بر جای نگذاشته بود. آنگاه با حسرت خویش را ملامت کردند؛ امّا ملامت برای گروهی طغیانگر سودی نداشت. این است عذابِ دنیوی برای آنان که مغرور و انحصارگرند.

بودی مردی، صالحی، ربّانیی عقلِ کامل داشت و پایان‌دانیی ۱۴۷۳

مرد صالح و خداشناسی بود که عقلی کامل داشت و عاقبت‌اندیش بود.

---

۱ - این قصّه به اجمال در ۴۷۴/۳ آمده است و اینک تفصیل آن. ۲ - **سلیمی** : ساده‌دلی.

۳ - **عُشر** : یک دهم. ۴ - **دوشاب** : شیرهٔ انگور.

۵ - **قصیل** : آنچه که از کشت در مرحلهٔ سبز بودن درو شود برای خوراک چهارپایان.

۶ - **کفهٔ آمیخته** : آمیختهٔ دانه و کاه. ۷ - به سیم آن محتاج بودند؛ یعنی از او قرض هم می‌گرفتند.

۸ - مأخذ آن داستان عبرت‌انگیز «اصحاب الجنّه» است در قرآن کریم: قلم: ۱۷-۳۳/۶۸، که در آنجا نامی از «ضَروان» و «یمن» نیست؛ امّا مفسّران محلّ وقوع ماجرا را یمن دانسته‌اند که صاحب باغ پیرمردی مؤمن و صالح بوده است. در عجایب نامه و تفسیر ابوالفتوح نیز آمده است: احادیث، صص ۴۵۹-۴۵۸.

در دِهِ ضَـروان بـه نـزدیکِ یَـمَن   شُهره انـدر صَـدْقه و خُـلقِ حَسَـن ۱۴۷۴

او در ده ضروان نزدیک صنعای یمن زندگی می‌کرد. به احسان و اخلاق نیک شهره بود.

کـعبهٔ درویش بـودی کـویِ او   آمـدندی مسـتمندان سـویِ او ۱۴۷۵

خانهٔ او کعبهٔ نیازمندان بود؛ زیرا محتاجان همه به نزد او می‌رفتند.

هـم ز خـوشه عُشـر دادی بـی ریـا   هم ز گندم، چون شدی از کَهْ جـدا ۱۴۷۶

او سخاوتمندانه و بدون تظاهر هم از خوشه و هم از گندمی که از کاه جدا می‌شد، یک‌دهم را به محتاجان می‌داد.

آرد گشـتی، عُشـر دادی هـم از آن   نان شدی، عُشرِ دگـر دادی ز نـان ۱۴۷۷

هنگامی که گندم آرد می‌شد، یک‌دهمِ آن را می‌بخشید و نان که می‌پخت یک‌دهمِ دیگر هم از نان می‌داد.

عُشـرِ هـر دخـلی فـرو نگـذاشتی   چـار بـاره دادی ز آنـچه کـاشتی ۱۴۷۸

از هر درآمدی که داشت، یک‌دهم را انفاق می‌کرد و از هر چه می‌کاشت، چهار بار عُشر می‌داد.

بس وصـیّت‌ها بگـفتی هـر زمـان   جـمعِ فـرزندان خـود را آن جـوان ۱۴۷۹

آن جوانمرد، همواره و به تکرار به فرزندانِ خود سفارش می‌کرد.

اَللهُ اَللهُ قِسـمِ مسکـین بـعدِ مـن   وامگـیریدش ز حـرصِ خـویشتن ۱۴۸۰

می‌گفت: خدا را، خدا را، بعد از من به سببِ طمعِ خود نصیبِ مسکینان را قطع نکنید.

تـا بـمانَد بـر شـما کِشت و ثِـمار[1]   در پـناهِ طـاعتِ حـق[2] پـایدار ۱۴۸۱

این انفاق سبب می‌شود تا محصول و میوه‌های شما در سایهٔ اجرای فرمان حق در امان باشد.

دخـل‌ها و مـیوه‌ها جـمله ز غـیب   حق فرستاده‌ست بی تخمین[3] و رَیْب[4] ۱۴۸۲

بدون شک آنچه که می‌رسد، از درآمد و میوه، همه را خداوند از غیب فرستاده است.

---

۱ - **ثِمار** : میوه‌ها.

۲ - **در پناه طاعت حق** : در پناه پیروی از خدا، در سایهٔ اجرای فرمان حق که انفاق به مسکین است.

۳ - **بی تخمین** : بی حساب، بدون حساب دنیوی، تخمین: با حدس و گمان چیزی را اندازه‌گیری کردن.

۴ - **ریب** : شک و شبهه.

در محلِّ دخل اگر خرجی کنی   درگهِ سود است، سودی بر زنی ۱۴۸۳

اگر در راه خدا هزینه کنی، در واقع درِ سودِ حقیقی به رویت گشوده شده است و بهره‌مند می‌شوی.

تُرکْ[1] اغلب دخل را در کِشت‌زار   باز کارَد، که وی است اصلِ ثِمار ۱۴۸۴

کشاورز قسمت اعظم کشت را مجدداً می‌کارد؛ زیرا این کار موجب افزونیِ محصول است.

بیشتر کارَد، خورَد زآن اندکی   که ندارد در برُوییدن شکی ۱۴۸۵

بیشترِ محصول را می‌کارد و اندکی را مصرف می‌کند؛ زیرا در روییدنش شک ندارد.

زآن بیفشاندَ به کِشتن تُرکْ دست   کآن غله‌ش هم، زآن زمین حاصل شده‌ست ۱۴۸۶

زارع می‌داند که این غلّه هم از همین زمین حاصل شده است؛ پس با اطمینان بذر را می‌کارد.

کفشگر هم آنچه افزاید زِ نان[2]   می‌خَرَد چرم و اَدیم[3] و سَختیان[4] ۱۴۸۷

کفّاش هم درآمد مازاد بر احتیاج را برای افزایش سرمایه و تولید، صرفِ خرید چرم و پوست می‌کند.

که اصولِ دخلم این‌ها بوده‌اند   هم از این‌ها می‌گشاید رزقْ بند[5] ۱۴۸۸

زیرا می‌داند که منبع درآمدش از همین‌ها بوده و به این ترتیب رزق و روزی به دست می‌آید.

دخل از آنجا آمدستش، لاجرم   هم در آنجا می‌کُند داد و کرم[6] ۱۴۸۹

چون درآمدش از آن راه بوده است، ناگزیر در همان راه هزینه می‌کند.

این زمین و سَختیان پَرده‌ست و بس   اصلِ روزی از خدا دان هر نَفَس ۱۴۹۰

ابزاری که توسّط آن‌ها درآمدی به دست می‌آید، ظاهر قضیه است. بدان که اصلِ روزی هر لحظه بنا بر مشیّت خداوند است.

---

۱ - **تُرک**: اینجا زارع، کشاورز. به اقوام زراعت پیشهٔ مرکز و غرب آسیا اطلاق شده است.

۲ - **افزاید ز نان**: مازاد بر خرج زندگی.   ۳ - **اَدیم**: پوست دبّاغی شده.

۴ - **سختیان**: پوست بُز دبّاغی شده.

۵ - **می‌گشاید رزقْ بند**: روزیِ من از این‌ها گشوده می‌شود؛ یعنی به دست می‌آید.

۶ - **می‌کند داد و کَرَم**: بخشش و کَرَم به خرج می‌دهد.

چون بکاری، در زمینِ اصلْ کار   تا بروید هر یکی را صد هزار ۱۴۹۱

اگر بذر را در زمینِ اصلی بیفشانی؛ یعنی از جان و مال در راه خدا هزینه کنی، از هر دانه صدها هزار می‌روید.

گیرم اکنون تخم را گر کاشتی   در زمینی که سبب پنداشتی ۱۴۹۲

فرض کنیم بذر را در زمینی که تو سببِ اصلی می‌پنداشتی، کاشتی،

چون دو سه سال آن نروید، چون کنی؟   جز که در لابه و دعا کف در زنی ۱۴۹۳

اگر تخم‌ها در مدّت دو یا سه سال نروید، چه می‌کنی؟ جز این که به ناله و دعا متوسّل شوی؟

دست بر سر می‌زنی پیش اِلٰه   دست و سر، بر دادنِ رزقش گواه ۱۴۹۴

در پیشگاه خداوند دست بر سر می‌زنی، دست بر سر زدن گواهِ آن است که روزی را «حق» می دهد.

تا بدانی اصلِ اصلِ رزق اوست   تا هم او را جوید آنکه رزق‌جوست ۱۴۹۵

تا بدانی که منبعِ روزی اوست و جویایِ رزق باید از او بخواهد.

رزق از وی جو، مجو از زید و عَمْرو[1]   مستی از وی جو، مجو از بَنگ و خَمر[2] ۱۴۹۶

رزق از حق بخواه نه از خلق. مستی را هم از او بخواه نه از غیرِ او.

تُوانگری[3] زو خواه، نه از گنج و مال   نصرت از وی خواه، نه از عَمّ و خال ۱۴۹۷

توانگریِ حقیقی، بی‌نیازی است نه ثروت، آن را از خدا بخواه. یاری کنندهٔ راستین هم اوست نه عمو و دایی.

عاقبت زین‌ها بخواهی ماندن   هین! که را خواهی در آن دم خواندن؟ ۱۴۹۸

سرانجام روزی دستت از تمام این‌ها کوتاه می‌شود. در آن دم از که یاری می‌خواهی؟

---

۱ - **زید و عَمرو**: این و آن، مردم.
۲ - **بَنگ و خَمر**: بنگ و شراب، هر چیز مست کننده، یعنی بکوش تا با استغراق در حق و درک حقایق مست گردی.
۳ - تانْگَری بخوانید به ضرورت وزن.

این دم او را خوان، و باقی را بمان — تا تو باشی وارثِ مُلکِ جهان[1] ۱۴۹۹

قبل از آن روز، هم اکنون او را بخواه و بقیّه را رها کن تا با فنای در حق، بقا یابی.

چـون یَـفِرُّ المَـرْءُ آیـد مِنْ اَخـیه — یَـهْرُبُ المَـوْلُودُ یَـوْماً مِـنْ اَبـیه[2] ۱۵۰۰

چون آن روز که انسان از برادرش می‌گریزد و فرزند از پدرش فرار می‌کند، فرارسد،

زآن شود هر دوست آن ساعت عدو[3] **— کـه بُتِ تـو بـود و از ره مـانع او** ۱۵۰۱

در آن ساعت هر دوست را دشمن می‌بینی؛ زیرا متوجّه می‌شوی که توجّه و محبّت به او که برایت مثل بُت بود، مانع توجّهات به حق می‌شد.

رویْ از نـقّاش رُو مـی‌تافتی — چـون ز نـقشی اُنس ِ دل مـی‌یافتی ۱۵۰۲

از نقّاش ازلی غافل بودی؛ زیرا دلت به نقش یا نقوشی از خلقتِ صُوری مأنوس و دلخوش بود.

این دم ار یارانْت با تو ضِـد شـوند — وز تو برگردند و در خـصمی رونـد ۱۵۰۳

اگر اینک یارانت با تو مخالف شوند، روی برگردانند و دشمنی کنند،

هین! بگو: نَک روزِ من پـیروز شـد — آنچه فردا خواست شد، امروز شـد ۱۵۰۴

آگاه باش که اینک روز پیروزی است. چیزی که عاقبت رخ می‌داد، امروز اتّفاق افتاد.

ضـدِّ مـن گشـتند اهـلِ ایـن سـرا — تا قـیامت عـین شـد[4] **پـیشین مـرا** ۱۵۰۵

«اهل دنیا» با من دشمن شدند و توانستم پیشاپیش قیامت را ببینم.

پـیش از آنکـه روزگـار خـود بَـرَم — عُـمر بـا ایشـان بـه پـایان آوَرَم[5] ۱۵۰۶

پیش از آنکه روزگارم سپری شود و عمرم با آنان به پایان برسد،

کـالهٔ مـعیوبِ بـخریده بُـدم — شُکر کز عـیبش بِگَـه واقـف شـدم ۱۵۰۷

«محبّت و دوستی»شان کالای معیوبی بود که ناآگاهانه خریدارش بودم. خدا را شکر که به موقع متوجّه شدم.

---

۱ - اشاره به مضمون آیهٔ شریفه نیز هست: قرآن: انبیا: ۱۰۵/۲۱: ...زمین را بندگان صالح من به میراث خواهند بُرد.
۲ - اشارتی قرآنی؛ عَبَس: ۸۰/۳۵-۳۴؛ ر.ک: ۶۱۳/۳، در تبیین احوال روز رستاخیز.
۳ - اشارتی قرآنی؛ زُخرف: ۶۷/۴۳، که بنا بر مضمون آن: در روز رستاخیز دوستان دشمن یک‌دیگرند به جز پرهیزکاران. ۴ - **عین شد**: آشکار شد. ۵ - آنچه که بالاخره روزی رخ می‌داد، رخ داد.

پیش از آن کز دست سرمایه شدی[1]   عاقبت معیوب بیرون آمدی ۱۵۰۸

قبل از آنکه سرمایهٔ عمرم از دست برود و عاقبت عیبِ این کالا را بفهمم، حقیقت را دریافتم.

مال رفته، عمر رفته، ای نَسیب[2]   مال و جان داده پیِ کالهٔ مَعیب[3] ۱۵۰۹

ای مرد عالی نَسَب، اگر متوجّه نمی‌شدم، عمر و مال و جانم را در پی این دوستی‌هایِ معیوبِ دنیوی به هدر داده بودم.

رخت دادم[4]، زرّ قلبی[5] بِسْتَدَم   شاد شادان سویِ خانه می‌شدم ۱۵۱۰

در آن حال هستی‌ام را می‌دادم و چیزِ بی‌قدری می‌گرفتم و شادِ شاد به خانه می‌رفتم.

شُکر کین زرْ قلب پیدا شد کنون   پیش از آنکه عمر بگذشتی فزون ۱۵۱۱

خدا را شکر که پیش از آنکه عمرم بیش از این هدر رَوَد، بی‌قدر بودنِ این دوستی‌ها را فهمیدم.

قلب ماندی تا ابد در گردنم   حیف بودی عمر ضایع کردنم ۱۵۱۲

حیف بود که عمرم تباه شود و تأثیراتِ بدِ این دوستی‌هایِ صرفاً دنیوی که غفلت از حق است، تا ابد در وجودم بماند.

چون بِگَه‌تر[6] قلبیِ او رو نمود   پایِ خود زو واکَشَم من زودِ زود[7] ۱۵۱۳

چون تقلّبی بودنش زود معلوم شد، من هم به سرعت رهایش می‌کنم.

یار[8] تو چون دشمنی پیدا کند   گَرّ[9] حِقد[10] و رَشک[11] او بیرون زند ۱۵۱۴

اگر دشمنی یکی از دوستانِ دنیوی‌ات آشکار شود و کینه و حسدی که جانش را همانند بیماری گَر معیوب کرده است ظاهر گردد،

---

۱ - **کز دست سرمایه شدی :** عمر به پایان برسد.   ۲ - **نسیب :** دارای اصل و نَسَب، اصیل.

۳ - **مُعیب :** عیب‌دار.   ۴ - **رَخت دادم :** مال و متاع می‌دادم؛ یعنی هرچه داشتم، هستی‌ام.

۵ - **زرّ قلب :** طلای تقلّبی، کالای بی‌قدر، چیزِ بی ارزش.   ۶ - **بگه :** زود، به موقع.

۷ - من هم زودتر از آن دست می‌کشم، رهایش می‌کنم.

۸ - **یار :** اینجا دوستِ دنیوی، کسی که جانش در نقص و کاستی است و در وجودش رذایل به فضایل تبدیل نشده است؛ پس در دوستی نیز خالص نیست و در ارتباط ریاکار و ظاهرساز هم هست.

۹ - **گَر :** کچلی، اینجا مطلق بیماری.   ۱۰ - **حِقد :** کینه.   ۱۱ - **رَشک :** حسد.

تو از آن اِعـراضِ[1] او اَفـغان مکـن خـویشتن را ابـله و نـادان مکـن ۱۵۱۵

تو از روی گرداندن او ناراحت نباش. اجازه نده دیدگاهت به روابطِ بـی‌قدر و نـاپایدارِ دنیوی ابلهانه و جاهلانه باشد.

بلکه شُکرِ حق کن و نان بخش کن کـه نگشـتی در جـوالِ[2] او کُـهُن ۱۵۱۶

بلکه شاکرانه صدقه بده تا در این دوستی کـه هـمانند جـوالی دورت را گـرفته بـود و نمی‌گذاشت حقایق را بفهمی، نماندی و نپوسیدی.

از جـــوالش زود بـیرون آمـدی تـا بـجویی یـارِ صـدقِ سَـرمدی[3] ۱۵۱۷

از پوستهٔ این دوستی زود به در آمدی تا یارِ صادقِ سرمدی را بجویی.

نازنین یـاری کـه بـعد از مـرگِ تـو رشـتهٔ یـاریِّ او گـردد سـه‌تُو[4] ۱۵۱۸

یار نازنینی که بعد از مرگ، رشتهٔ دوستی‌اش محکم‌تر می‌شود؛ یعنی بعد از محو وجه مادّی‌ات.

آن مگر سـلطان بُـوَد، شـاهِ رفـیع[5] یـا بُـوَد مـقبولِ سـلطان و شـفیع ۱۵۱۹

این یار نازنین یا خودِ خداوند است یا مقبول او که می‌تواند در پیشگاه حق شفیع باشد.

رَستی از قَلاّب[6] و سالوس[7] و دَغَل[8] غُرِّ[9] او دیدی عـیان پـیش از اجـل ۱۵۲۰

از دوست متقلّب، ریاکار و حیله‌گر رهایی یافتی و قبل از مرگ دروغ و نیرنگ او را دیدی.

این جفایِ خـلق بـا تـو در جـهان گـر بـدانـی، گـنجِ زر آمـد نـهان ۱۵۲۱

اگر بتوانی حقایق را بفهمی، در می‌یابی که جفایِ اهلِ دنیا که آدمی را ناچار به سوی اهلِ معنا و خدا می‌برد، در واقع گنجِ زر است.

خلق را بـا تـو چـنین بـدخو کـنند تـا تـو را نـاچار رُو آن سـو کـنند ۱۵۲۲

این لطف الهی است که مردم را چنان با تو بدخو می‌کند که راهی جز پناه بردن به حق نداشته باشی.

---

۱ - **اِعراض** : روی گرداندن، نفرت داشتن. ۲ - **جَوال** : کیسهٔ بزرگ. ۳ - **سَرمدی** : ابدی، جاوید.

۴ - **سه تُو** : سه لایه، اینجا محکم‌تر.

۵ - **سلطان بود شاه رفیع** : آن سلطان سلطانی بلند مرتبه است، پروردگار.

۶ - **قَلاّب** : کسی که سکّهٔ تقلّبی می‌سازد، اینجا یار دنیوی. ۷ - **سالوس** : حیله‌گر. ۸ - **دَغَل** : مکّار.

۹ - **غُر** : فَتق، ورم یا مرض، اینجا فریب و دروغ.

این یقین دان که در آخر جمله‌شان — خصم گردند و عدو و سرکشان ۱۵۲۳

یقین داشته باش که همهٔ دوستان دنیوی و تمام روابطی که مبنای حق‌جویانه نداشته باشد، عاقبت به دشمنی و بدخواهی و طغیان مبدّل خواهد شد.

تو بمانی با فغان اندر لَحَد — لاٰ تَذَرْنی فَرْدَا[1] خواهان از اَحَد ۱۵۲۴

تو با ناله و فریاد در گور تنها می‌مانی و از خدا می‌خواهی که مرا تنها مگذار.

ای جفاات بِه ز عهدِ وافیان[2] — هم ز دادِ توست شهدِ وافیان ۱۵۲۵

ای خدایی که جفایت بهتر از وفای خلق است، لطف وفایِ وفاداران هم از توست.

بشنو از عقلِ خود ای انبارْدار[3] — گندم خود را به اَرضُ اللّه سپار ۱۵۲۶

ای انسان، ثروت و توانایی‌هایت را در راه خیر و به امید رضای حق به کار ببر.

تا شود ایمن ز دُزد و از شُپُش[4] — دیو[5] را با دیوچه[6] زوتر بکُش ۱۵۲۷

تا از آسیبِ هرز رفتن در امان باشد و عواملِ گمراه‌کننده از زندگی حذف شوند.

کو همی ترسانَدَت هر دَم ز فقر — همچوکبکش صیدکُن ای نَرّه صَقْر[7] ۱۵۲۸

شیطان را که هر لحظه سببِ ترس تو از فقر می‌شود، مثل کبک شکار کن؛ زیرا تو در تقابل با او همانند شاهینِ نر قوی و بلندپرواز هستی.

بازِ سلطانِ[8] عزیزِ[9] کامیار[10] — ننگ باشد که کند کبکش شکار ۱۵۲۹

ننگ است که بازِ سلطانیِ عزیز و کامروا را کبک شکار کند.

---

۱ - مقتبس از: قرآن: انبیاء: ۸۹/۲۱: ...لاٰ تَذَرْنی فَرداً وَ أَنْتَ خَیْرُ ٱلْوارِثین: مرا تنها مگذار که تو بهترین وارثان هستی. سخن زکریّا با خداوند است. ۲ - **وافیان**: کسانی که به عهد خود وفا می‌کنند، اینجا وفایِ اهل دنیا.

۳ - **انباردار**: انسانی که سرمایه‌ای اندوخته است: ثروت، علم، تجربه و توانایی‌های گوناگون.

۴ - **دزد و شپش**: عوامل و جاذبه‌های دنیوی که مال و جان آدمی را صدمه می‌زند و به هرز می‌برد.

۵ - **دیو**: شیطان. ۶ - **دیوچه**: «بید» که پارچه و لباس را می‌خورد، موریانه، اینجا عوامل گمراه کننده.

۷ - **صَقْر**: شاهینِ نر، باز. ۸ - **بازِ سلطان**: بندهٔ متّقی، عارف.

۹ - **عزیز**: اینجا کسی که نزد حق عزیز است.

۱۰ - **کامیار**: کامروا، اینجا کسی که در راه حق توفیق دارد و به تعالی یا کمالاتی رسیده است.

بس وصیّت کرد و تخمِ وعظ کاشت   چون زمینشان شوره بُد، سودی نداشت ۱۵۳۰

مردِ صالح بسیار سفارش و نصیحت کرد که فرزندان سهم نیازمندان را بدهند؛ امّا چون آنان ذهن و وجودشان قابلیّتِ درکِ حقیقت را نداشت، نپذیرفتند.

گرچه ناصح را بُوَد صد داعیه[1]   پند را اُذْنی[2] بباید واعیه ۱۵۳۱

هرچند که ناصح به تأثیر اندرز، بسیار امیدوار است؛ امّا باید گوشی شنوا هم باشد.

تو به صد تلطیف پندش میدهی   او ز پندت میکُند پهلو تُهی ۱۵۳۲

تو با لطف و محبّت اندرز میدهی؛ امّا او اعتنا نمیکند.

یک کسِ نامستمع زِ استیز و رَد   صد کسِ گوینده را عاجز کند ۱۵۳۳

هنگامی که شنونده لجبازی میکند، هر گویندهای خسته و درمانده میشود.

ز انبیا ناصحتر و خوشلهجهتر   کی بُوَد؟ که گْرفت دَمْشان در حجر[3] ۱۵۳۴

از انبیا اندرز دهندهتر و خوشبیانتر نبوده است؛ زیرا نَفَس گرم آنان در سنگ هم اثر میکرد.

زآنچه کوه و سنگ در کار آمدند   مینشد بدبخت را بگشاده بند[4] ۱۵۳۵

از کلام معجزهآسای انبیا که در کوه و سنگ هم اثر میکرد، تأثیری در آدم بدبخت دیده نشد.

آنچنان دلها که بُدشان ما و من   نَعْتِشان[5] شد: بَلْ اَشَدُّ قَسْوَةً[6] ۱۵۳۶

در توصیف دلهایی که پُر از خودمحوریاند، قرآن میفرماید: حتّی از سنگ هم سختترند.

---

۱ - **داعیه :** میل و خواسته، امید.   ۲ - **اُذْنِ واعیه :** گوش شنوا: عبارت قرآنی؛ حاقّه: ۱۲/۶۹.

۳ - نالیدن ستون حنّانه: ر.ک: ۲۱۲۳/۱، سخن گفتن سنگریزه در دست ابوجهل: ر.ک: ۲۱۶۴/۱.

۴ - مصراع دوم: گره از مشکل آدم بدبخت گشوده نشد؛ یعنی همچنان جاهل و غافل و حقستیز بر جای ماند.

۵ - **نَعت :** وصف، توصیف.

۶ - اشارتی قرآنی؛ بقره: ۷۴/۲: ... فَهِیَ کالحِجارَةِ أَوْ أَشَدُّ قَسْوَةً... : مانند سنگ است یا سختتر از سنگ. در ارتباط است با قوم بنی اسرائیل که در اجرای فرمان خداوند مبنی بر کشتن گاو و زدن بخشی از آن به بدن شخصی که کشته شده بود، به چند و چون فراوان پرداختند که چه رنگی باشد و چه جثّهای داشته باشد و موارد دیگر.

دفتر پنجم ۲۳۹

بیان آنکه عطایِ حق[1] و قدرت، موقوفِ قابلیّت[2] نیست، همچون دادِ خلقان[3] که آن را قابلیّت باید، زیرا عطا قدیم است و قابلیّت حادث، عطا صفتِ حقّ است و قابلیّت صفتِ مخلوق، و قدیم موقوفِ حادث نباشد و اگر نه حدوث مُحال باشد

ابیاتِ پایانیِ قطعهٔ پیشین در تقریر این معنا بود که «بعضی از دل‌ها از سنگ سخت‌ترند»، اینک در ادامهٔ همان موضوع این نکته نیز ذکر می‌شود که: **«عطای حق»** می‌تواند همان دل‌های سخت را نیز دگرگون کند. در شرح این امر و تفسیر عنوان لازم است به چگونگی ارتباط حق تعالی با موجودات و اشیا اشاره کنیم؛ یعنی **«رشتهٔ سبب‌سازی»** که به واسطهٔ قرار دادن اسباب و علل و تابع علّت و معلول است و دیگری که **«رشتهٔ سبب‌سوزی»** است و مقیّد به هیچ قیدی نیست. **«عطا و قدرت حق»** خارج از «رشتهٔ سبب‌سازی» و «اسباب و علل» با موجودات و اشیا ارتباط دارند و وابسته به **«قابلیّت»** نیستند؛ زیرا عطا، صفت حق است و قدیم؛ امّا قابلیّت صفت مخلوق است و حادث، و هرگز **«قدیم»** وابسته به **«حادث»** نیست وگرنه حدوث محال است.

۱۵۳۷ **چارهٔ آن دل عطایِ مُبدِلی است[4] دادِ او را قابلیّت شرط نیست**

علاجِ دلِ سخت، عطایِ حق است که می‌تواند دل‌ها را تغییر دهد و برای برخورداری از آن «قابلیّت» شرط نیست.

۱۵۳۸ **بلکه شرطِ قابلیّت دادِ اوست دادْ لُبّ[5]، و قابلیّت هست پوست**

بلکه شرط قابلیّت عطای اوست؛ زیرا بخششِ حق، اصل یا مغز و قابلیّت فرع یا پوستهٔ آن است.

۱۵۳۹ **این که موسی را عصا ثُعبان[6] شود همچو خورشیدی کَفَش رُخشان شود[7]**

اینکه عصا در دست موسی(ع) اژدها شد و دستش مثل خورشید درخشید،

۱۵۴۰ **صدهزاران مُعجزاتِ انبیا کآن نگنجد در ضمیر و عقلِ ما**

و یا معجزات فراوانی که انبیا داشته‌اند و توصیف و توجیهش در عقل و فکر ما نمی‌گنجد،

۱۵۴۱ **نیست از اسباب، تصریفِ[8] خداست نیست‌ها را قابلیّت از کجاست؟**

هیچ یک وابسته به «سبب» نیستند؛ بلکه نشانهٔ تصرّف خداوند هستند. عدم‌ها جز با «عطایِ محض» نمی‌توانند قابلیّت کسب کنند.

---

۱ - **عطای حق** : بخشش بیکرانِ بی قید و شرط. ۲ - **موقوفِ قابلیّت** : وابسته به قابلیّت.
۳ - **دادِ خلقان** : عطای خلق. ۴ - **مُبْدِل** : بَدَل کننده، تغییر دهنده. ۵ - **لُبّ** : مغز.
۶ - **ثُعبان** : اژدها. ۷ - اعراف: ۱۰۷/۷. ۸ - **تصریف** : تصرّف کردن در چیزی، دگرگون کردن.

قابلی گر شرطِ فعلِ حق بُدی هیچ معدومی به هستی نامدی ۱۵۴۲

اگر در کار خداوند «قابلیّت» شرط بود، هیچ موجودی از «نیستی» به «هستی» نمی‌آمد؛ یعنی موجودی نبود که قابلیّتی داشته باشد.

سنّتی[۱] بِنْهاد و اسباب[۲] و طُرُق[۳] طالبان را زیر این اَزرَق تُتُق[۴] ۱۵۴۳

خداوند برای مخلوقات قوانینی را وضع کرده و جریان امور را طبق ضوابطِ علّت و معلول مقرّر داشته است.

بیشتر احوال بر سنّت رود گاهْ قدرت خارقِ[۵] سنّت شود ۱۵۴۴

در اکثر موارد، انجام کارها و وقایع بر اساس علل و اسباب مادّی است؛ امّا گاه قدرتِ الهی خارج از حیطهٔ علل و اسباب عمل می‌کند.

سنّت و عادت نهاده با مزه باز کرده خرقِ عادت معجزه ۱۵۴۵

پروردگار راه و روش و قوانینِ عالی را در نظامِ هستی قرار داده است؛ امّا «معجزه» را هم به عنوان درهم ریزندهٔ این ضوابط قرار داده است.

بی سبب گر عِز به ما موصول نیست قدرت از عزلِ سبب معزول نیست ۱۵۴۶

در این جهان، عزّت و احترام دنیوی بی سبب به کسی نمی‌رسد؛ امّا قدرت خداوند می‌تواند بدونِ وجودِ سبب هر کاری را انجام دهد.

ای گرفتارِ سبب! بیرون مَپَر لیک عزلِ آن مُسبِّب ظن مَبَر ۱۵۴۷

ای اسیرِ عالمِ محسوس و علل و اسبابِ آن، تلاشی برای خروج از این عالم نکن؛ زیرا کار آسانی نیست؛ امّا نپندار که این علل و اسباب به خودیِ خود کار می‌کنند و «مسبّب» ندارند.

هرچه خواهد آن مسبّب، آوَرَد قدرتِ مطلق سبب‌ها بر دَرَد ۱۵۴۸

قادری که این «سبب»ها را وسیله قرار داده است، هر کاری را که اراده کند، می‌شود؛ یعنی هر وقت بخواهد، بدون این وسایل کاری را به انجام می‌رساند.

---

۱ - **سنّت :** راه و روش، شیوه، قانون. ۲ - **اسباب :** سبب‌ها. ۳ - **طُرُق :** راه‌های گوناگون.
۴ - **اَزرَق تُتُق :** سراپردهٔ کبود، گنبد کبود، مراد دنیای خاکی و مادّی است.
۵ - **خارق :** ویژگی آنچه عادت و نظام عمومی و طبیعی را بر هم زند.

لیک اغلب بر سبب رانَد نَفاد[1] **تا بداند طالبی جُستن مُراد** ۱۵۴۹

امّا غالباً سببی برای کارها قرار می‌دهد تا هر طالبی از آن راه خواستهٔ خود را بجوید.

چون سبب نَبْوَد، چه رَه جوید مُرید؟ پس سبب در راه می‌باید بدید[2] ۱۵۵۰

اگر «سبب» نبود، طالب نمی‌دانست از چه راهی مقصود را بجوید؛ پس باید «سبب» باشد و وجودش آشکار هم باشد.

این سبب‌ها بر نظرها پرده‌هاست که نه هر دیدار صُنعش را سزاست ۱۵۵۱

«سبب»ها، همانند پرده‌ای چشمانِ اهل ظاهر را می‌پوشانند و نمی‌گذارند حقیقت را دریابند؛ زیرا ظاهربینان توانایی درک حقایق را ندارند.

دیده‌یی باید سببْ سوراخ‌کُن[3] **تا حُجُب**[4] **را بر کَنَد از بیخ و بُن** ۱۵۵۲

آدمی باید به عالمِ ماورایِ حسّ راه یابد و ادراکی از عالمِ معنا داشته باشد تا بتواند سیطرهٔ تامِّ حق را در پسِ این اسباب و علل دریابد و حجاب‌ها را به کلّی کنار بزند.

تا مسبِّب بیند اندر لامکان هرزه[5] **داند جهد و اَکساب**[6] **و دکان** ۱۵۵۳

تا سبب‌ساز را در عالمِ بدون حدّ و مرز بشناسد و بداند که تلاش و کسب و کار واسطه‌ای بیش نیست.

از مسبِّب می‌رسد هر خیر و شر نیست اسباب و وسایط ای پدر! ۱۵۵۴

ای عزیز، هر خیر و شرّی از «سبب‌ساز» می‌رسد، این سبب‌ها و واسطه‌ها،

جز خیالی مُنعقِد[7] **بر شاهْراه**[8] **تا بماند دورِ غفلت چندگاه** ۱۵۵۵

چیزی جز پرده‌هایی از وهم نیستند و در پس آن‌ها اراده و قدرت حق است که از طریق این سبب‌ها جریان می‌یابد تا زندگیِ عادی خلق که معمولاً غافلانه هم هست، مسیرِ طبیعی خود را طی کند و حیات استمرار یابد.

---

۱ - **نفاد**: به آخر رسیدن، سپری شدن. ۲ - **بدید**: پدید، آشکار.

۳ - **سبب سوراخ‌کُن**: سوراخ کنندهٔ سبب، شکافندهٔ «سبب».

۴ - **حُجُب**: حجاب‌ها، ظواهر، اینجا سبب‌ها و واسطه‌ها. ۵ - **هرزه**: بیهوده.

۶ - **اَکساب**: کسب‌ها، کارها. ۷ - **منعقد**: بسته شده، گره خورده، تشکیل یافته.

۸ - **شاه‌راه**: مسیر زندگی، راهی که میان خلق و حق است.

در ابتدایِ خلقتِ جسمِ آدم علیه السَّلام، که جبرئیل علیه السَّلام را اشارت کرد که: برو از زمین مشتی خاک برگیر، و به روایتی از هر نواحی مشت مشت برگیر[1]

هنگامی که خداوند خواست تا کالبد آدم(ع) را بیافریند، ابتدا جبرائیل را به زمین فرستاد تا از زمین خاک برگیرد؛ امّا او به سبب ناله و زاریِ زمین دستِ خالی بازگشت. سپس میکائیل و اسرافیل روانه شدند و به همین ترتیب برگشتند؛ امّا عزرائیل به ناله‌ها توجّه نکرد و مشتی خاک برگرفت که در آن هم از خاک اعلا و هم شوره‌زار و به رنگ‌های مختلفِ زمین: سرخ، سیاه و سفید و از دشت‌ها و کوه‌ها بود.

چونکه صانع خواست ایجادِ بشر — از بـــرای ابـتلایِ خـیر و شـر ۱۵۵۶
چون خداوند اراده کرد که بشر را به منظور آزمایش در خیر و شر بیافریند،

جـــبرئیلِ صــدق[2] را فــرمود: رو — مشتِ خاکی از زمین بِسْتان گـرو[3] ۱۵۵۷
به جبرائیل صادق امر فرمود: برو و از زمین مشتی خاک به امانت بگیر.

او مـیان بست[4] و بـیامد تـا زمـین — تــا گــزارد اَمـرِ رَبُّ العــالمین ۱۵۵۸
او اطاعت کرد و به زمین آمد تا فرمان پروردگار جهانیان را اجرا کند.

دستْ سویِ خاک بـرد آن مُـؤتَمِر[5] — خاک خود را درکشید و شد حَذِر[6] ۱۵۵۹
آن مأمور دست به سوی خاک دراز کرد؛ امّا خاک خود را کنار کشید و ترسید.

پس زبان بگشاد خاک و لابـه کـرد — کــز بـرای حُـرمتِ خـلاّقِ فـرد ۱۵۶۰
بعد خاک به سخن آمد و زاری کرد که به احترام آفرینندهٔ یگانه قسم می‌دهم،

ترکِ من گـو و بـرو، جـانم بـبخش — رو، بتاب از من عنانِ خنگِ رَخش[7] ۱۵۶۱
مرا بگذار و بگذر، جانم را ببخش و به من کاری نداشته باش.

---

۱ - قصّهٔ عامیانه‌ای است که مأخذ آن را قصص‌الانبیا، ص ۲۲ و تفسیر طبری، ج ۱، ص ۱۵۶ دانسته‌اند: احادیث، صص ۴۶۰-۴۵۹. ۲ - **صدق**: صادق، به صورت صفت به کار رفته است.
۳ - **بستان گرو**: به امانت بگیر. ۴ - **میان بست**: آماده شد، اطاعت کرد. ۵ - **مُؤتَمِر**: فرمان‌پذیر، مأمور.
۶ - **شد حَذِر**: پرهیز کرد، ترسید.
۷ - لگام اسب راهوار خود را بگردان و برو. «خِنگ رخش» یعنی اسب سفید و اصیل. «رخش» اینجا به صورت اسم عام و به معنی اسب به کار رفته است.

در کَشاکَش‌هایِ تکلیف و خطر بهرِ لِلّه هِل مرا، اندر مَبَر ۱۵۶۲

برای خدا رهایم کن و مرا به کشاکش امر و نهیِ تکلیف و خطر نبر.

بهرِ آن لطفی که حَقَّت برگزید کرد بر تو عِلمِ لوحِ کُلّ[1] پدید ۱۵۶۳

به سبب لطفی که خداوند تو را برگزید و علمِ لوحِ کُلّ را بر تو آشکار کرد.

تا ملایک را معلّم آمدی دایما با حق مُکلِّم[2] آمدی ۱۵۶۴

تا به سبب این علم معلّم فرشتگان شدی و همواره با حق سخن می‌گویی.

که سفیرِ انبیا خواهی بُدَن تو حیاتِ جانِ وَحیی، نی بَدَن ۱۵۶۵

سفیر پیامبران خواهی بود. تو مایهٔ حیات وحی هستی نه حیات تن.

بر سِرافیلت فضیلت بود از آن کو حیاتِ تن بُوَد، تو آنِ جان ۱۵۶۶

سبب برتری تو به اسرافیل همین است که او مایهٔ حیات تن است و تو مایهٔ حیات جان.

بانگِ صُورش نشأتِ[3] تن‌ها بُوَد نفخِ تو نَشو[4] دلِ یکتا[5] بُوَد ۱۵۶۷

بانگِ صُورِ اسرافیل بدن‌ها را زنده می‌کند؛ امّا دمیدن تو دل‌ها را.

جانِ جانِ تن حیاتِ دل بُوَد پس ز دادش دادِ تو فاضل بُوَد ۱۵۶۸

حیاتِ دل مایهٔ اصلی حیاتِ جان است؛[6] پس آنچه تو می‌دهی، برتر از چیزی است که او می‌دهد.

باز میکائیل[7] رزقِ تن دهد سعیِ تو رزقِ دلِ روشن[8] دهد ۱۵۶۹

میکائیل روزیِ دنیوی را می‌دهد و تو روزیِ معنوی را می‌دهی.

او به دادِ[9] کَیْل[10] پُر کرده‌ست ذَیل[11] دادِ رزقِ تو نمی‌گنجد به کَیْل ۱۵۷۰

عطای دنیویِ او محدود است و عطای معنویِ تو نامحدود.

---

۱ - **لوح کلّ** : ر.ک: ۱۰۶۹/۱، همان لوح محفوظ است. ۲ - **مُکلِّم** : تکلّم کننده.

۳ - **نَشأت** : برآمدن، زنده شدن. ۴ - **نَشو** : بالیدن، رویش، اینجا زنده شدن.

۵ - **دل یکتا** : اینجا دلی که زنده و بی‌همتا می‌شود.

۶ - اگر دل آدمی به نور حق حیّ شده باشد؛ یعنی به نور حق حیات یافته باشد، زندگیِ شخص در مسیر حق‌طلبی و کمال‌جویی است. ۷ - **میکائیل** : در قرآن «میکال» آمده، فرشتهٔ رزق است.

۸ - **رزق دل روشن** : روزیِ معنوی و روحانی، معرفتِ علوم و اسرار غیبی. ۹ - **داد** : عطا، بخشش.

۱۰ - **کَیل** : پیمانه.

۱۱ - **ذَیل** : دامن. مصراع اوّل: او دامن خود را از عطا پر کرده است که در پیمانه‌ها می‌گنجد.

1571 **هم ز عزرائیلِ با قهر و عَطَب**[۱] **تو بِهی، چون سَبقِ رحمت بر غَضَب**[۲]

تو از عزرائیلِ قهّار و مُهلک هم برتری؛ زیرا رحمت بر غضب تقدّم دارد.

1572 **حاملِ عرش این چهارند، و تو شاه** **بهترینِ هر چهاری زانتباه**[3]

این چهار فرشته حاملان عرش‌اند و تو از نظر علم و آگاهی برترین آن‌ها هستی.

۱۵۷۳ **روزِ محشر، هشت بینی حاملانْش**[۴] **هم تو باشی افضلِ هشت، آن زمانْش**

روز رستاخیز که هشت فرشته حاملان عرش‌اند، تو برترین هستی.

۱۵۷۴ **همچنین بر می‌شمرد و می‌گریست** **بوی می‌بُرد او، کزین مقصود چیست؟**

خاک این سخنان را می‌گفت و می‌گریست؛ زیرا مقصود را می‌دانست.

۱۵۷۵ **معدنِ شرم و حیا بُد جبرئیل** **بست آن سوگندها بر وی سَبیل**[5]

سوگندها راه را بر جبرائیل که مظهر شرم بود، بست و نگذاشت که از خاک بر دارد.

۱۵۷۶ **بس که لابه کردش و سوگند داد** **بازگشت و گفت یا ربَّ آلعِباد!**

خاک چنان زاری کرد و سوگند داد که جبرائیل برگشت و گفت: ای پروردگار بندگان،

۱۵۷۷ **که نبودم من به کارَت سرسری** **لیک زآنچه رفت تو داناتری**

در اجرای فرمانت کوتاهی نکردم؛ امّا تو بهتر می‌دانی که چه شد.

۱۵۷۸ **گفت نامی، که ز هولش ای بصیر**[۶]**!** **هفت گردون باز مانَد از مسیر**

ای خداوند بصیر، خاک به نامی از نام‌هایت متوسّل شد که از هیبتِ آن افلاک از گردش باز می‌مانند.[۷]

۱۵۷۹ **شرمم آمد، گشتم از نامت خَجِل** **ورنه آسان است نَقْلِ مُشتِ گِل**

از نامت شرمنده و خجل شدم و گرنه آوردن یک مشت خاک کار آسانی است.

---

۱ - **عَطَب** : خشم، پر از هلاکت، مُهلک. ۲ - ر.ک: ۲۶۸۴/۱. ۳ - **انتباه** : آگاهی، بیداری.

۴ - اشارتی قرآنی؛ حاقّه: ۱۷/۶۹، بنابر مضمون این آیهٔ شریفه در روز رستاخیز تعداد حاملان عرش دو برابر می‌شود «یَوْمَئِذٍ ثمانیة». ۵ - **سَبیل بر وی بست** : راه را بر او بست، مانع شد. «سبیل»: راه.

۶ - **بصیر** : بینا. ۷ - مراد «الله» است که جامع صفات جمالی و جلالی است.

کـه تـو زوری داده‌ای اَمْلاک[1] را　　　کـه بـدرّانـند ایـن افـلاک را ۱۵۸۰

زیرا تو به فرشتگان قدرتی داده‌ای که افلاک در سیطرهٔ آنان است.

فرستادن میکائیل را علیه السَّلام به قبضِ[2] حَفْنه‌یی[3] خاک از زمین، جهتِ ترکیبِ ترتیبِ جسمِ مبارکِ ابوالبشر، خلیفة الحقّ، مسجودُ المَلَك وَ مُعَلِّمُهُم، آدم علیه السَّلام

گـفت مـیکائیل را: تـو رو بـه زیـر　　　مُشتِ خاکی در رُبا از وی چو شیر ۱۵۸۱

خداوند به میکائیل گفت: تو به زمین برو و با شجاعت یک مشت خاک بردار.

چونکه میکائیل شـد تـا خـاکـدان　　　دست کـرد او تـا کـه بِرْباید از آن ۱۵۸۲

چون میکائیل به زمین آمد و دست را دراز کرد تا خاک بردارد،

خـاک لرزیـد و در آمـد در گـریز　　　گشت او لابـه‌کـنان و اشکْ‌ریـز ۱۵۸۳

خاک لرزید و خواست فرار کند، سپس نالان و گریان شد.

سـینه‌سوزان لابـه کـرد و اجـتهاد[4]　　　با سرشکِ پُـر ز خـون سـوگند داد ۱۵۸۴

با دلی پر سوز ناله و تلاش کرد و با اشک خونین میکائیل را سوگند داد.

که: بـه یـزدانِ لطـیفِ[5] بـی نَـدید[6]　　　که بکـردت حـاملِ عـرش ِ مـجید ۱۵۸۵

گفت: به حقّ خدای لطیفِ بی همتا که تو را حامل عرش بلند کرده است.

کَـیْلِ ارزاقِ جـهان را مُشـرِفی[7]　　　تشـنگانِ فـضل را تـو مُـغرِفی[8] ۱۵۸۶

تو مسئولِ چگونگی رزق در جهان هستی و تشنگان فضل را سیراب می‌کنی.

---

۱ - **اَملاک**: جمع مَلَک به معنی فرشته.　۲ - **قبض**: به دست گرفتن.　۳ - **حَفنه**: یک مشت از چیزی.
۴ - **اجتهاد**: جهد و تلاش.　۵ - **لطیف**: از اسمای حق.　۶ - **ندید**: نظیر، همتا.
۷ - **مشرف**: ناظر، نظارت کننده.　۸ - **مُغْرِف**: به کفِ دست آب گیرنده، اینجا سیراب کننده.

زانکــه مـیکائیل از کَـیْل[1] اشـتقاق   دارد، و کـــیّال[2] شــد در اِرتــزاق ۱۵۸۷

زیرا میکائیل[3] مشتقّ از «کَیْل» است و پیمانهٔ رزقِ خلق را به آنان می‌رسانَد.

کـــه امـــانم دِه، مــرا آزاد کــن   بین که[4] خون آلود می‌گویم سخُن[5] ۱۵۸۸

به من امان بده و رهایم کن؛ زیرا می‌بینی که سخنم پر از درد و غم است.

مــــعدنِ رحـــم اِلـــه آمـد مَـلَک   گفت: چون ریزم بر آن ریش این نمک؟ ۱۵۸۹

چون فرشتگان مظهر رحمت الهی‌اند، میکائیل با خود گفت: چگونه غم او را بیشتر کنم؟

هــمچنانکه مـعدنِ قـهر است دیـو   کــه بــر آورد از بــنی آدم غــریو ۱۵۹۰

همان‌طور که شیطان هم مظهر قهر الهی است و فرزندان آدم را به فغان آورده است.

سَبْقِ رحمت بر غضب هست ای فَتا!   لطـفْ غـالب بـود در وصـفِ خـدا ۱۵۹۱

ای جوان، رحمت بر غضب مقدّم است. در صفاتِ الهی لطف بر قهر غلبه دارد.

بــندگان[6] دارنــد لابــد خــویِ او   مَشک‌هـاشان[7] پُـر ز آبِ جـویِ او ۱۵۹۲

فرشتگان نیز طبعاً همان اوصاف را دارند و سرشار از صفات و خوی الهی‌اند.

آن رســولِ حــق قَـلاووز[8] سـلوک   گفت: اَلنّـاسُ عَـلیٰ دیـنِ المُـلُوک[9] ۱۵۹۳

آن رسول حق و راهنمای سلوک گفت: مردم بر دین پادشاهان‌اند و از روش آنان پیروی می‌کنند.

رفت مـیکائیل سـویِ ربِّ دیـن[10]   خالی از مقصود دست و آسـتین[11] ۱۵۹۴

میکائیل در حالی که دست و آستینش از خاک تهی بود، به سوی پروردگار بازگشت.

---

۱ - **کَیْل** : پیمانه. ۲ - **کَیّال** : پیمانه‌دار.

۳ - میکائیل از اسامی سامی است: دهخدا، لفظاً مشتق از کیل نیست؛ امّا مولانا به ارتباط میان آن‌ها اشاره می‌کند: با استفاده از مثنوی، استعلامی، ج ۵. ۴ - **بین که** : ببین که یا می‌بینی که.

۵ - **خون‌آلود سخن گفتن** : پر از درد و غم و خون جگر سخن گفتن.

۶ - **بندگان** : بندگانِ راستین حق، اینجا مراد فرشتگان مقرّب است. ۷ - **مَشک** : کنایه از روح آن‌هاست.

۸ - **قلاووز** : پیشرو لشکر. ۹ - مقتبس از خبری که: أَلنَّاسُ عَلَی دِینِ مُلُوکِهِم: ر.ک: ۲۸۳۴/۱.

۱۰ - **ربِّ دین** : پروردگارِ روزِ جزا.

۱۱ - **آستین** : قُدما در آستین گشادِ جامه اشیایی می‌گذاشتند، مولانا هم گاه دیوانِ متنّبی را آنجا می‌نهاد که شمس وی را از خواندنش منع کرد.

گفت: ای دانایِ سرّ و شاهِ فرد!   خاکم از زاری و گریه بسته کرد ۱۵۹۵

گفت: ای دانای راز و ای خدای یکتا، خاک با گریه و زاری دست مرا بست.

آبِ دیده پیشِ تو با قدر بود   من نتانستم که آرَم ناشنود ۱۵۹۶

چون اشک چشم نزد تو ارجمند است، نتوانستم آن را نادیده بگیرم.

آه و زاری پیشِ تو بس قدر داشت   من نتانستم حقوقِ آن گذاشت ۱۵۹۷

چون آه و ناله در پیشگاه تو قدر دارد، نتوانستم حقّ آن را نادیده بگیرم.

پیشِ تو بس قدر دارد چشمِ تر   من چگونه گشتمی اِستیزه‌گر[1] ؟ ۱۵۹۸

چشمِ گریان نزدِ تو بسیار شأن دارد، چگونه چیزی را که تو قدر می‌نهی، بی‌قدر بدانم؟

دعوتِ زاری‌ست روزی پنج بار   بنده را که: در نماز آ و بزار ۱۵۹۹

بنده را روزی پنج بار به تضرّع دعوت کرده‌ای و گفته‌ای که به نماز روی بیاور و زاری کن.

نعرهٔ مُؤذِن که حَیَّا عَلْ فَلاح   وآن فلاح این زاری است و اقتراح[2] ۱۶۰۰

بانگ مؤذّن که می‌گوید: **حَیَّ عَلَی الْفَلاح**؛ یعنی بشتاب به سوی رستگاری، در واقع «رستگاری» همین ناله و زاری به درگاه حق است که سبب تقرّب می‌شود.

آن که خواهی کز غمش خسته کنی   راهِ زاری بر دلش بسته کنی ۱۶۰۱

کسی را که بخواهی با غم از پای درآوری، راه گریه و زاری را بر دلش می‌بندی.

تا فرو آید بلا بی دافعی   چون نباشد از تضرّع شافعی ۱۶۰۲

تا «بلا» بدون دفع‌کننده‌ای نازل شود؛ چون او از «ناله و زاری» برای خود «سپر» یا شفاعت کننده‌ای نساخته است.

وانکه خواهی کز بلااَش واخَری   جان او را در تضرّع آوری ۱۶۰۳

امّا کسی را که بخواهی از بلا نجات دهی، جانش را به زاری وادار می‌کنی.

گفته‌ای اندر نُبی[3]، کآن امّتان   که بر ایشان آمد آن قهرِ گران ۱۶۰۴

در قرآن دربارهٔ امّت‌هایی که مشمول قهر الهی شدند، گفته‌ای:

---

۱ - **اِستیزه‌گر**: ستیزه کننده.   ۲ - **اقتراح**: طلبیدن، درخواستن.   ۳ - **نُبی**: قرآن.

چون تضرّع می‌نکردند آن نَفَس؟ تا بلا ز ایشان بگشتی باز پس[۱] ۱۶۰۵

چرا در آن لحظه زاری نکردند تا بلا از ایشان باز گردد و دور شود؟

لیک دل‌هاشان چو قاسی[۲] **گشته بود آن گنه‌هاشان عبادت می‌نمود**[۳] ۱۶۰۶

امّا چون دل‌هایشان سخت شده بود، گناهانشان را «گناه» نمی‌دیدند که زاری کنند.

تا نداند خویش را مُجرم، عَنید[۴] **آب از چشمش کجا داند دوید؟** ۱۶۰۷

شخص سرکش تا خود را گناهکار نداند، چگونه گریه و زاری کند؟

قصّهٔ قومِ یونس[۵] علیه السّلام، بیان و برهان آن است که تضرّع و زاری دافعِ بلای آسمانی است و حق تعالی فاعل مختار[۶] است، پس تضرّع و تعظیم پیشِ او مفید باشد، و فلاسفه[۷] گویند فاعلِ به طبع[۸] است و به علّت، نه مختار، پس تضرّع طبع را نگرداند

قوم یونس(ع) در سرزمین موصل می‌زیستند و به رسالت او ایمان نیاوردند. با شِکوهٔ وی به درگاه باری تعالی، مقرّر گشت که ظرف سه روز آینده عذابی بر آنان نازل شود.

شبانگاه که قوم از بالایِ بام ناظرِ تهدیدِ قهر و عذاب بودند، به توبه و تضرّع پرداختند تا سرانجام خداوند بر آن قومِ عَنود رحمت آورد و پس از آن ناامیدی و ناله‌های بی‌صبرانه، کم‌کم ابرِ آتش و برقِ سوزنده که بر بالایِ شهر ایستاده بود، کنار رفت.

---

۱ - اشاره به مضمون آیاتِ: قرآن: انعام: ۶/۴۳-۴۲: پیش از تو [پیامبرانی] به سوی امّت‌ها[ی پیشین] فرستادیم و آنان را به تنگدستی و ناخوشی دچار ساختیم تا زاری و خاکساری کنند. پس چرا هنگامی که عذاب ما به سراغشان آمد، زاری و خاکساری نکردند؟ زیرا دل‌هایشان سخت شده و شیطان کار و کردارشان را در نظرشان آراسته بود.

۲ - **قاسی** : سفت و سخت.

۳ - مراد آن است که: «خطا، گناه و عصیان» در نظرشان عین عبادت بود، نمی‌توانستند «حق و باطل» را تمییز دهند.

۴ - **عَنید** : معاند، ستیزه‌گر. ۵ - یونس(ع): ر.ک: ۳۱۴۳/۲.

۶ - **فاعلِ مختار** : فاعلی که هرچه بخواهد می‌کند.

۷ - **فلاسفه** : اینجا و غالباً در کلام مولانا، «فلسفی» معادل «طبیعت‌گرا» یا «مادّیون» است که منکر دین و خدا هستند و تمام امور را بر اساس علل و اسباب تفسیر می‌کنند.

۸ - **فاعلِ به طبع** : فاعلی که طبعاً و با توجّه به علّت فاعل است نه مختار مطلق؛ یعنی فعل او ناشی از طبیعت اوست و تابع علل و اسباب؛ امّا مولانا این سخن را نمی‌پذیرد؛ زیرا آن را کفر و نافیِ قدرت مطلق الهی می‌داند.

جانِ کلام در قصّهٔ یونس(ع) در تقریر این معنا است که بنا بر اشارت قرآنی؛ یونس: ۹۸/۱۰، توبهٔ این قوم که هنگامِ مشاهدهٔ عذاب الهی بود، در محلّ قبول افتاد و این امر حاکی از آن است که خداوند فاعل مختار است و تضرّع و توبه به درگاه او تأثیر دارد و آنچه را که مقتضای طبع است، هرگاه که بخواهد، دگرگون می‌کند و این دلیلی است بر ردِّ قولِ اهلِ فلسفه که فعلِ باری تعالیٰ را به طبع و علّت می‌دانند.

**قومِ یونس را چو پیدا شد بلا		ابرِ پُر آتش جدا شد از سَما** ۱۶۰۸

هنگامی که قوم یونس بلا را آشکارا دیدند، مشاهده کردند که ابری آتشین از آسمان جدا شد.

**برق می‌انداخت، می‌سوزید سنگ		ابر می‌غرّید، رخ می‌ریخت رنگ** ۱۶۰۹

برقِ آتشین سنگ‌ها را می‌سوزانید. با غرّش رعد رنگ از صورت خلق می‌پرید.

**جملگان بر بام‌ها بودند شب		که پدید آمد ز بالا آن کُرَب**[1] ۱۶۱۰

قوم یونس بالای بام‌ها بودند که آن بلایِ عظیم از آسمان آشکار شد.

**جملگان از بام‌ها زیر آمدند		سر برهنه جانبِ صحرا شدند** ۱۶۱۱

همهٔ مردم از پشت بام‌ها پایین آمدند و سر برهنه به سوی بیابان دویدند.

**مادران بچگان برون انداختند		تا همه ناله و نفیر افراختند** ۱۶۱۲

مادران بچّه‌ها را از خود دور کردند تا آنان هم به گریه بیفتند و ناله سر دهند.

**از نمازِ شام تا وقتِ سحر		خاک می‌کردند بر سر آن نفر**[2] ۱۶۱۳

آن قوم از غروب تا سحر زار می‌زدند و ناله می‌کردند.

**جملگی آوازها بگرفته شد		رحم آمد بر سر آن قوم لُد**[3] ۱۶۱۴

آن چنان فغان کردند و نالیدند که صدای همه گرفت. سرانجام خداوند به آن قوم سرکش رحم کرد.

**بعدِ نومیدی و آهِ ناشِکفت		اندک اندک ابر واگشتن گرفت** ۱۶۱۵

بعد از آن همه ناامیدی و ناله‌های بی‌صبرانه، آرام آرام ابر آتشین کنار رفت.

**قصّهٔ یونس دراز است و عریض		وقتِ خاک است و حدیثِ مستفیض**[4] ۱۶۱۶

قصّهٔ قوم یونس بسیار طولانی است و بهتر است از آن درگذریم و به حکایت «خاک» باز گردیم.

---

۱ - **کُرَب** : جمع کُرْبَة به معنی غم و اندوه. ۲ - **نفر** : قوم،گروه، دسته. ۳ - **لُد** : سرکش، طاغی.
۴ - **حدیثِ مستفیض** : سخن فاش و معروف یا مشهور.

چون تضرّع را بَرِ حق قَدْرهاست وآن بها کآنجاست زاری را، کجاست؟ ۱۶۱۷

چون «ناله و زاری» در درگاه الهی بسیار ارجمند است و هیچ جایِ دیگری چنین شأنی را ندارد.

هین امید[1] ! اکنون میان را چُست بند[2] خیز[3] ای گرینده! و دایم بخند[4] ۱۶۱۸

هان، ای «امید»، همواره پابرجای بمان. ای گریان، شاد باش که مقبول درگاه حق خواهی بود.

که برابر می‌نهد شاهِ مجید[5] اشک را، در فضل، با خونِ شهید[6] ۱۶۱۹

زیرا خداوند، اشک را در فضیلت با خون شهید برابر قرار داده است.

فرستادن اسرافیل را علیه السَّلام به خاک که: حفنه‌یی برگیر از خاک بهرِ ترکیبِ جسمِ آدم علیه السَّلام

گفت اسرافیل را یزدانِ ما که: برو زآن خاک پُر کن کف، بیا ۱۶۲۰

پروردگار ما به اسرافیل گفت: برو و مشتت را از خاک پر کن و بیا.

آمد اسرافیل هم سویِ زمین باز آغازید خاکستان حنین ۱۶۲۱

اسرافیل هم به سوی زمین آمد؛ امّا خاک دوباره ناله را آغاز کرد.

کِای فرشتهٔ صُور و ای بحرِ حیات! که ز دَم‌هایِ تو جان یابد مَوات ۱۶۲۲

زمین گفت: ای فرشته‌ای که در صور می‌دمی، ای بحر حیات، که با دمیدنت مردگان جان می‌یابند.

در دمی از صُور یک بانگ عظیم پُر شود محشر، خلایق از رَمیم[7] ۱۶۲۳

با دمیدن در صور بانگ عظیمی برپا می‌کنی که محشر را از مردمی که استخوان‌هایشان پوسیده است، پُر می‌کند.

---

۱ - **امید :** امید به درگاه الهی که «ناله و زاری» را ارج می‌نهد.

۲ - **میان را چُست بند :** کمر را محکم ببند، آماده باش، اینجا یعنی همواره بمان و به «ناامیدی» مبدّل نشو.

۳ - **خیز :** اینجا یعنی برخیز و این سخن را بشنو. ۴ - **دایم بخند :** شاد باش، خوشحال باش.

۵ - **شاهِ مجید :** شاه عالی مقام، خداوند.

۶ - ناظر است به مضمون این خبر: قطره اشکی که از خوف خدا ریخته شود و نیز قطره خونی که در راه حق جاری گردد، محبوب‌ترین قطرات نزد خداوند است: ر.ک. احادیث، ص ۴۶۱.

۷ - **رَمیم :** پوسیده، استخوان پوسیده.

در دمی در صُور، گویی اَلصَّلا[1]   بر جهید ای کُشتگانِ کربلا[2] ! ۱۶۲۴

در صور می‌دمی و می‌گویی: ای کسانی که مصیبت‌های زندگی و مرگ را تحمّل کردید، برخیزید و بیایید.

ای هلاکت‌دیدگان از تیغِ مرگ!   برزنید از خاک سر چون شاخ و برگ ۱۶۲۵

ای کسانی که با شمشیر مرگ هلاک شدید، دوباره جان یابید و همانند شاخه و برگ سر از خاک بر آوَرید.

رحمتِ تو و آن دَمِ گیرایِ تو   پُر شود این عالم از اِحیایِ تو ۱۶۲۶

از رحمتِ نَفَسِ گرمِ تو، عالم از کسانی که زنده‌شان کردی، پُر می‌شود.

تو فرشتهٔ رحمتی، رحمت نما   حامل عرشی و قبلهٔ دادها[3] ۱۶۲۷

تو فرشتهٔ رحمتی؛ پس رحم کن. تو حامل عرش و قبلهٔ عدالت هستی.

عرش معدنْگاهِ داد و مَعْدِلت[4]   چارجُو در زیر او پُر مغفرت[5] ۱۶۲۸

عرشِ الهی منبعِ عدل و داد است و چهار جویِ بهشتی در زیر آن روان.

جویِ شیر و جویِ شهدِ جاودان   جویِ خمر و دجلهٔ آبِ روان ۱۶۲۹

جوی‌ها عبارت‌اند از: جوی شیر، عسل، شراب و آب روان.

پس ز عرش اندر بهشتستان رود[6]   در جهان هم چیزکی ظاهر شود[7] ۱۶۳۰

این جوی‌ها از عرش به بهشت روان می‌شوند و اندکی از آن‌ها هم در جهان آشکار می‌شود.

گرچه آلوده‌ست اینجا آن چهار   از چه؟ از زَهرِ فنا و ناگوار[8] ۱۶۳۱

هرچند که بهره‌های بهشتی با ظهور در دنیا، آلایش می‌یابند و فناپذیر و غیر حقیقی می‌شوند.

---

۱ - **اَلصَّلا :** بیایید.

۲ - **کشتگانِ کربلا :** اینجا مفهومی عام دارد و کنایه از کسانی است که رنج و مصیبت را تحمّل کرده‌اند، رنج و مصایب زندگی و سپس رنجِ مرگ را.   ۳ - ر.ک: ۱۵۷۳/۵.   ۴ - **معدلت :** عدل و دادگری.

۵ - **چار جوی پر مغفرت :** چهار جوی پر از بخشایش، جوهای بهشتی: جوی آب، شیر، عسل و شراب: ر.ک: ۱۵۹۲/۱.

۶ - مولانا قبلاً چهار جوی بهشتی را که اشارت آن: قرآن: محمّد: ۱۵/۴۷، است در ۳۴۶۲/۳ به صفات و افعال نیک آدمی ربط داده بود.

۷ - نیکلسون احتمال داده است که چهار جوی بهشتی که در جهان آشکار می‌شوند، عشق و رحمت یا دیگر صفات الهی باشد که آثارشان در عالمِ شهادت محسوس است.   ۸ - **زهر فنا و ناگوار :** فناپذیر و غیر حقیقی.

جرعه‌یی بر خـاکِ تـیره ریـختند[1]   زآن چـهار و فـتنه‌یی انگـیختند ۱۶۳۲

جرعه‌ای از آن بهره‌ها بر خاک تیره ریختند و غوغایی به پا کردند.

تا بجویند اصلِ آن را این خَسـان[2]   خود بر این قانع شدند این ناکسان[3] ۱۶۳۳

اگر اندکی از بهره‌های آن جهانی در این جهان ظاهر شد، برای آن بود که خاکیان جویای سرچشمهٔ آن بشوند؛ امّا «اهلِ دنیا» به همین اندک قناعت کردند.

شـــیر داد و پـرورش اطـفال را   چشـمه کـرده سـینهٔ هـر زال[4] را ۱۶۳۴

خداوند جوی شیر این جهانی را چشمه‌های شیری قرار داده است که از پستان هر زنی به مهر و برای پروردن طفل جاری می‌شود.

خـمر، دفـع غـصّه و انـدیشه را   چشمه کـرده از عِـنَب[5] در اِجـترا[6] ۱۶۳۵

برای دفع غم و اضطراب و ایجاد جرأت، شراب را در انگور به صورت چشمه‌ای روان کرده است.

انگــبین، داروِی تــن رنـجور را   چشـــمه کـرده بـاطنِ زنـبور را ۱۶۳۶

عسل را به عنوان داروی تن بیمار، همانند چشمه‌ای در درون زنبور جای داده است.

آب دادی عــام، اصــل و فـرع[7] را   از بـرای طُـهْر[8] و بـهرِ کَرْع[9] را ۱۶۳۷

آب را برای پاکیزگی و نوشیدن به همهٔ موجودات عطا کرد.

تا از این‌ها پی بَـری سـویِ اُصـول   تو بر این قانع شدی ای بوالفضول! ۱۶۳۸

این بهره‌های بهشتی به زمین رسید که به جست‌وجوِی سرچشمهٔ آن برآیی؛ امّا ای یاوه‌گو، تو به همین قناعت کردی.

بشـنو اکـنون مـاجرایِ خـاک را   که چه می‌گوید فسون[10] مِحْراک[11] را ۱۶۳۹

اکنون به ماجرای خاک گوش بده که می‌کوشد تا اسرافیل را تحت تأثیر قرار دهد.

---

۱ - مراد آنکه، آن بهره‌ها و خوشی‌ها اینجا با آلایشی دنیوی متجلّی شد و این همه غوغا در دنیا برانگیخت؛ یعنی سبب شد که خلق خوشی و لذّت را بشناسد. «جرعه بر خاک ریختن» اشاره به رسمی است کهن: ر.ک: ۱۵۷۱/۱.

۲ - **خَسان** : فرومایگان، خاکیان.   ۳ - **ناکسان** : فرومایگان، دنیاپرستان.

۴ - **زال** : پیرزن، اینجا به معنی «زن».   ۵ - **عِنَب** : انگور.   ۶ - **اِجتِرا** : دلیر شدن، جرأت ورزیدن.

۷ - **اصل و فرع** : مراد همهٔ موجودات است.   ۸ - **طُهْر** : طهارت و شست‌وشو.

۹ - **کَرْع** : آشامیدن، نوشیدن.   ۱۰ - **فسون** : مخفّف افسون، اینجا سخن مؤثّر.

۱۱ - **مِحْراک** : بسیار حرکت دهنده.

پیش ِ اسرافیل گشته او عَبوس[۱] **می‌کُنَد صد گونه شکل**[۲] **و چاپلوس** ۱۶۴۰

خاک نزد اسرافیل خود را غمگین نشان می‌دهد و مظلوم‌نمایی می‌کند.

که: به حقّ ذاتِ پاکِ ذوالجلال[۳] **که مدار این قهر**[۴] **را بر من حلال** ۱۶۴۱

خاک می‌گوید: تو را به حقّ آن خدای پاک ذوالجلال که این ظلم را به من روا ندار.

من از این تقلیب[۵] **بویی می‌بَرَم**[۶] **بدگمانی**[۷] **می‌دود اندر سَرَم** ۱۶۴۲

من از این دگرگونی و تبدیلِ خاک به جسمِ آدم احساس خوبی ندارم و نگرانم.

تو فرشتهٔ رحمتی، رحمت نما زانکه مرغی را نیازارد هُما[۸] ۱۶۴۳

تو فرشتهٔ رحمتی، رحم کن؛ زیرا هرگز «هما»، «پرندهٔ کوچک» را آزار نمی‌دهد.

ای شفا و رحمتِ اصحابِ درد تو همان کن، کآن دو نیکوکار کرد ۱۶۴۴

ای درمان و رحمتِ دردمندان، تو هم همان کاری را که آن دو فرشتهٔ نیکوکار کردند، بکن.

زود اسرافیل باز آمد به شاه[۹] **گفت عُذر و ماجرا نزدِ اِلٰه** ۱۶۴۵

اسرافیل به سرعت به درگاه الهی بازگشت و عذر خاک و ماجرا را بازگفت.

کز برون فرمان بدادی که بگیر عکس ِ آن الهام دادی در ضمیر؟ ۱۶۴۶

اسرافیل گفت: پروردگارا، به ظاهر امر کردی که مشتی خاک برگیر؛ امّا در باطن عکس ِ آن را به دلم الهام کردی؟

امر کردی در گرفتن، سوی گوش نهی کردی از قساوت، سویِ هوش؟ ۱۶۴۷

به گوش من امر کردی که خاک را برگیرم؛ امّا جانم را از سنگدلی باز داشتی؟

سبقِ رحمت گشت غالب بر غَضَب ای بدیعْ‌اَفعال[۱۰] **و نیکوکارْ رب!** ۱۶۴۸

ای پروردگاری که آفرینشی بی‌مانند و نو داری، رحمت تو بر غضبِ تو پیشی دارد.

---

۱ - **عبوس** : ترشرو، اینجا غمگین.

۲ - **صد گونه شکل** : تظاهر به چیزی کردن، قیافه گرفتن، اینجا مظلوم‌نمایی.

۳ - **ذوالجلال** : دارای جلال و شکوه. ۴ - **قهر** : ظلم و ستم. ۵ - **تقلیب** : دگرگون کردن، دگرگونی.

۶ - **بویی می‌بَرَم** : احساس می‌کنم، اینجا احساس بد. ۷ - **بدگمانی** : گمان بد داشتن، نگران بودن.

۸ - **هما** : پرندهٔ استخوان‌خوار که سایه‌اش بر سر هر کس بیفتد به دولت و اقبال می‌رسد، در ادبیّات ما مظهر جلال و شکوه است. ۹ - **شاه** : شاه وجود، خداوند.

۱۰ - **بدیع افعال** : کسی که فعلش تازه و نو یا بی‌مانند است، اینجا می‌تواند آفرینش نو باشد.

فرستادنِ عزرائیل مَلَكِ اَلْعَزم و اَلحزم[1] را علیه السَّلام، به بر گرفتنِ حَفنه‌یی خاک[2]، تا شود جسم آدمِ چالاک[3] علیه الصّلوة و السَّلام

گفت یزدان زود عزرائیل را — که: ببین آن خاکِ پُر تخییل[4] را ۱۶۴۹

فوراً خداوند به عزرائیل گفت: آن خاکِ خیالاتی را ببین.

آن ضعیفِ زالِ ظالم[5] را بیاب — مشتِ خاکی هین! بیاور با شتاب ۱۶۵۰

آن ناتوانِ فرتوتِ ستمگر را پیدا کن و زود یک مشت خاک بردار و بیاور.

رفت عزرائیل سرهنگِ قضا[6] — سویِ کُرّهٔ خاک، بهرِ اقتضا[7] ۱۶۵۱

عزرائیل که مأمور اجرایِ فرمان بود، بنا بر دستور به سوی زمین حرکت کرد.

خاک بر قانون[8]، نفیر آغاز کرد — داد سوگندش، بسی سوگند خَورد ۱۶۵۲

خاک بنا بر عادت به ناله پرداخت. او را سوگند داد و بسیار سوگند خورد.

کِای غلامِ خاص، و ای حمّالِ عرش! — ای مُطاعُ اَلأَمر[9] اندر عرش و فرش! ۱۶۵۳

خاک گفت: ای بندهٔ خاصّ و ای حامل عرش، ای آنکه در آسمان و زمین همه از فرمانت پیروی می‌کنند.

رو، به حقِّ رحمتِ رحمانِ فرد — رو، به حقِّ آنکه با تو لطف کرد ۱۶۵۴

تو را به حقّ رحمت خدای یگانه قسم می‌دهم که برو، به حقّ آن خدایی که با تو مهربانی کرده است، برو.

---

۱ - **مَلَک العزم و الحزم :** فرشتهٔ با اراده و دوراندیش.

۲ - **به بر گرفتن حفنه یی خاک :** برای برداشتن مشتی خاک.

۳ - **آدمِ چالاک :** آدم چُست و چالاک در راه حق و ادراک معانی غیبی.

۴ - **پُر تخییل :** آکنده از وهم و خیالات، اینجا «زمین» خیالاتی خوانده شده است؛ چون بی آنکه از حکمت الهی باخبر باشد در ارتباط با آن اظهار نظر می‌کند و حاضر نیست آن را بپذیرد.

۵ - **ضعیفِ زالِ ظالم :** زمین که ناتوان است و عمر دراز داشته و چون فرمان حق را نمی‌پذیرد، به خود ستم می‌کند، در دستور زبان عرب «ارض» از اسماء مؤنّث مجازی است.

۶ - **سرهنگِ قضا :** سرهنگِ سرنوشت، مأمور اجرای فرمان حق. ۷ - **بهرِ اقتضا :** به اقتضا، به مناسبتِ.

۸ - **بر قانون :** بنابر عادت، می‌توانِ «قانون» را مأمور اجرای قانون هم دانست و یا «قانون الهی» که همان «حکم یا فرمان» حق است. ۹ - **مُطاعُ الأَمر :** کسی که اطاعت از فرمانش واجب و غیر قابل سرپیچی است.

حقِّ شاهی که جز او معبود نیست پیشِ او زاریِّ کس مردود نیست ۱۶۵۵

به حقّ خداوندی که جز او معبودی نیست، خدایی که نالهٔ هیچ کس از درگاهش ردّ نمی‌شود.

گفت: نَتوانم بدین افسون[1]، که من رو بتابم ز آمِرِ[2] سِرّ و عَلَن[3] ۱۶۵۶

عزرائیل گفت: علی‌رغم این سخنان نمی‌توانم از فرمانِ فرمانروایِ آشکار و نهان سرپیچی کنم.

گفت: آخر، امر فرمود او به حلم هر دو امرند، آن بگیر از راهِ علم ۱۶۵۷

خاک گفت: آخر خداوند به بردباری هم امر فرموده و تو می‌دانی که هر دو امر است؛ پس «حلم» و گذشت را انتخاب کن.

گفت: آن تأویل[4] باشد یا قیاس[5] در صریحِ اَمْر، کم جو التباس[6] ۱۶۵۸

عزرائیل گفت: چیزی که تو می‌گویی «تأویل» یا «قیاس» است، در امرِ صریحِ حق که کاملاً آشکار است، نباید تردید کرد.

فکر خود را گر کنی تأویل، به که کنی تأویلِ این نامشتَبِه[7] ۱۶۵۹

اگر فکر خودت را «تأویل» کنی و متوجّه بشوی سخنی که از «حلم» می‌گویی، برای نجات توست، بهتر است از آنکه این امرِ صریح و تردیدناپذیر را تأویل کنی.

دل همی سوزد مرا بر لابه‌ات سینه‌ام پر خون شد از شورابه‌اَت[8] ۱۶۶۰

دلم از لابه‌ات می‌سوزد و سینه‌ام از اشک‌هایت پرخون شده است.

نیستم بی‌رحم، بل زآن هر سه پاک رحم بیش اَستم زِ دردِ دردناک ۱۶۶۱

من بی‌رحم نیستم؛ بلکه بیش از آن سه فرشتهٔ پاک دلم برای دردمندان می‌سوزد.

گر طپانچه[9] می‌زنم من بر یتیم ور دهد حلوا[10] به دستش آن حلیم[11] ۱۶۶۲

اگر ضربه‌ای به یتیمی بزنم و دیگری لطفی در حقّش بکند،

---

۱ - **افسون** : سخنان مؤثّر، اینجا سخنان سوزناک. ۲ - **آمِر** : امر کننده، فرمانروا، خداوند.
۳ - **سِرّ و عَلَن** : پنهان و پیدا. ۴ - **تأویل** : تفسیر آیه یا حکم حق بنابر درک خود: ر.ک: ۱۲۵۸/۱ و ۳۲۵۵/۲.
۵ - **قیاس** : استدلالی که می‌توان آن را به موارد کلّی دیگری تعمیم داد: ر.ک: ۲۱۴۶/۱ و ۳۴۱۰/۱.
۶ - **اِلتِباس** : اشتباه، پوشیده بودن کار، ظاهرسازی. ۷ - **مُشتَبِه** : مُشْتَبَه: اشتباه شده. ۸ - **شورابه** : اشک.
۹ - **طپانچه** : سیلی، ضربه. ۱۰ - **حلوا** : مطلق شیرینی، اینجا لطف و محبّت.
۱۱ - **حلیم** : بردبار، اینجا هر آدم بردبار و مهربان.

این طپانچه خوشتر از حلوایِ او ور شود غَرّه[1] به حلوا، وایِ او ۱۶۶۳

ضربهٔ من بهتر از لطف اوست؛ زیرا از سوی حق است. وای بر آن یتیم اگر فریب لطف او را بخورد.

بر نفیرِ تو جگر می‌سوزدم لیک، حق لطفی همی آموزدم ۱۶۶۴

جگرم از ناله‌های تو می‌سوزد؛ امّا خداوند لطف دیگری را به من می‌آموزد.

لطفِ مخفی در میانِ قهرها در حَدَث[2] پنهان، عقیقِ بی‌بها ۱۶۶۵

لطفی که در لابلای قهرها نهان است، همانندِ عقیقِ بی‌نظیر میان پلیدی‌هاست.

قهرِ حق بهتر ز صد حلمِ من است منع کردن جان ز حق، جان کندن است ۱۶۶۶

خشم خداوند بهتر از مهر و حلمِ بسیار من است. بازداشتن جان از حق جز جان کَندن نیست.

بتّرین قهرش بِهْ از حلمِ دو کَوْن نِعْمَ ربُّ آلعالمین و نِعْمَ عَوْن ۱۶۶۷

شدیدترین قهرِ خداوند بهتر از شکیبایی و مهرِ دو عالم است. چه پروردگار خوبی برای جهانیان است و چه یاور خوبی!

لطف‌هایِ مُضمَر[3] اندر قهرِ او جان سپردن جان فزاید بهرِ او ۱۶۶۸

در خشمِ او لطف‌ها نهان شده و جان دادن در راه او روح‌فزاست.

هین! رها کن بدگمانی و ضَلال[4] سر قدم کن چونکه فرمودت تَعال[5] ۱۶۶۹

زنهار، بدگمانی و گمراهی را رها کن. چون فرمود: بیا، با سر برو.

آن تَعالِ او تعالی‌ها دهد مستی و جفت[6] و نَهالی‌ها[7] دهد ۱۶۷۰

آن «بیا» گفتنِ او، سببِ تعالی و کمال می‌شود. تو را مست می‌کند، آرامش و لذّت معنوی می‌دهد.

باری، آن امرِ سَنی[8] را هیچ هیچ من نیارم کرد وَهْن[9] و پیچ پیچ[10] ۱۶۷۱

خلاصه، من به هیچ عنوان نمی‌توانم آن فرمان بلندمرتبه را خوار کنم و طفره بروم.

---

۱ - **غَرّه** : مغرور، فریفته،گول خورده. ۲ - **حَدَث** : سرگین، نجاست. ۳ - **مُضمَر** : پوشیده، نهان.
۴ - **ضَلال** : گمراهی. ۵ - **تعال** : بیا. ۶ - **جُفت** : همسر، اینجا احساس امنیّت و آرامش.
۷ - **نَهالی** : نِهالی: بستر، بالش، اینجا آرامش. ۸ - **سَنی** : رفیع، بلند مرتبه. ۹ - **وَهن** : سستی کردن.
۱۰ - **پیچ پیچ کردن** : اینجا به معنی دچار انحراف کردن، به میل خود توجیه یا تفسیر کردن.

ایـن هـمه بشـنید آن خـاکِ نـژند[1] زآن گمانِ بَد، بُـدَش در گـوش بـند ۱۶۷۲

خاک افسرده، این حرف‌ها را شنید؛ امّا «گمانِ بد»، همانندِ سدّی نمی‌گذاشت آن را بفهمد.

بـاز از نـوعِ دگـر آن خـاکِ پست لابه و سجده همی‌کرد او چو مست ۱۶۷۳

بار دیگر خاک فرومایه بسان مستان در برابر عزرائیل لابه و تعظیم کرد.

گفت: نه، بـرخـیز، نَبْوَد زیـن زیـان من سر و جان می‌نهم رَهْن و ضِمان[2] ۱۶۷۴

عزرائیل گفت: نه، برخیز. به تو زیانی نمی‌رسد. سر و جانم را گرو می‌گذارم و ضمانت می‌کنم.

لابـه[3] مـندیش و مکـن لابـه دگـر جـز بـدآن شـاهِ رحـیمِ دادگـر ۱۶۷۵

به فکر ناله و زاری نباش، مگر در پیشگاه آن خداوندِ مهربانِ عادل.

بـنده‌فرمانم نـیارم تَـرک کـرد امـرِ او کـز بـحر انگـیزید گـرد[4] ۱۶۷۶

من مطیع فرمان هستم. نمی‌توانم فرمان خدا را که امرش دریا را خشک می‌کند، فرو گذارم.

جز از آن خلّاقِ گوش و چشم و سر نشنوم از جان خود هم خیر و شر ۱۶۷۷

من به جز از آن خدایی که گوش، چشم و سر را آفریده است؛ حتّی از خودم هم سخن خوب یا بد را نمی‌شنوم.

گوش ِ من از گفتِ غیرِ او کر است او مرا از جانِ شیرین جان‌تر است[5] ۱۶۷۸

گوش من جز سخن او را نمی‌شنود. او برایم از جان شیرین‌تر و جان‌تر است.

جـان از او آمـد، نـیامد او ز جـان صد هزاران جـان دهـد او رایگـان ۱۶۷۹

جان از او هستی یافته است، نه او از جان. صدها هزار جان به رایگان بر خلق عطا می‌کند.

جان که باشد کِش گزینم بر کـریم؟ کیک[6] چه‌بْوَد که بسوزم زو گلیم[7]؟ ۱۶۸۰

جان چه ارزشی دارد که آن را بر خداوند کریم ترجیح دهـم؟ کک چیست کـه بـرایش گلیمی را بسوزانم؟

---

۱ - **نژند**: غمگین، افسرده. ۲ - عزرائیل ضمانت می‌کند که از خاک موجود بدی خلق نشود.

۳ - **لابه**: ناله و زاری. ۴ - اشاره است به عبور قوم بنی اسرائیل از رود نیل: ر.ک: ۸۴۰/۳.

۵ - **جان‌تر است**: جانِ جانم اوست. ۶ - **کیک**: کک.

۷ - اشاره به ضرب‌المثل: «گلیم را برای کیک سوزاندن»؛ یعنی اصل را فدای فرع کردن یا چیز باقدری را برای چیز بی‌قدر از دست دادن.

۱۶۸۱ **مـن نـدانـم خـیر، الاّ خـیرِ او صُمّ و بُکم و عُمْی[۱] مـن از غـیرِ او**

من خیری جز خیرِ او نمی‌شناسم. در برابر هر چیز دیگری جز او کر، لال و کور هستم.

۱۶۸۲ **گوش مـن کـرّ است از زاری کُـنان که منم در کفِ او هـمچون سِـنان[۲]**

گوش من نالهٔ ناله کنندگان را نمی‌شنود؛ زیرا من در دست او بسان نیزه‌ای هستم.

بیانِ آنکه: مخلوقی که تو را از او ظلمی رسد، به حقیقت او همچون آلتی است.[۳] عارف آن بُوَد که به حق رجوع کند[۴] نه به آلت، و اگر به آلت رجوع کند، به ظاهر، نه از جهل کند، بلکه برای مصلحتی[۵]، چنان که ابایزید[۶] قَدَّسَ اللهُ سِرَّهُ گفت که: چندین سال است که من با مخلوق سخن نگفته‌ام و از مـخلوق سـخن نشنیده‌ام و لیکن خلق چنین پندارند که با ایشان سخن می‌گویم و از ایشان می‌شنوم؛ زیرا ایشان مخاطبِ اکبر[۷] را نمی‌بینند، که ایشان چون صداآند[۸] او را نسبت به حالِ من، التفاتِ مستمع عاقل به صدا نباشد، چنان که مَثَل است معروف: قالَ الْجِدارُ لِلْوَتَد: لِمَ تَشُقُّنی؟ قالَ الْوَتَدُ: اُنْظُرْ اِلیٰ مَنْ یَدُقُّنی[۹]

این قطعه در واقع ادامهٔ همان معنایی است که از زبان عزرائیل به خاک گفته می‌شد و اینکه: «عارف» کسی است که همه چیز را از حق ببیند و بداند که «اسباب و علل» هم ابزاری‌اند در دست قدرت خداوند.

۱۶۸۳ **احـمقانه از سِـنان رحـمت مـجو زآن شهی جو، کآن بُوَد در دستِ او**

همانندِ ابلهان از نیزه انتظار شفقت نداشته باش، از خدایی بخواه که نیزه در دستِ قدرت اوست.

۱۶۸۴ **با سِنان و تیغ[۱۰] لابـه چـون کـنی؟ کو اسیر آمد بـه دستِ آن سَـنی[۱۱]**

چرا نزدِ «اسباب و علل» تضرّع می‌کنی؟ آن‌ها ابزاری در دست حق‌اند.

---

۱ - مقتبس از: قرآن: بقره: ۱۸/۲. ۲ - **سِنان :** سرنیزه. ۳ - **آلتی است :** وسیله‌ای است.

۴ - **به حق رجوع کند :** به خدا توجّه کند؛ یعنی از خدا ببیند و از خدا بدانَد.

۵ - **اگر به آلت رجوع کند به ظاهر نه از جهل کند بلکه برای مصلحتی :** اگر ظاهراً هم به وسیله توجّه کند، از روی جهل نباشد؛ بلکه بنابر مصلحتی باشد. ۶ - **ابایزید :** ر.ک: ۲۲۸۵/۱. ۷ - **مخاطبِ اکبر :** خداوند.

۸ - که ایشان نسبت به مخاطب اکبر برای من به منزلهٔ انعکاس صوت‌اند.

۹ - مثل معروف: دیوار به میخ گفت: چرا مرا می‌شکافی؟ میخ گفت: به آن کس نگاه کن که مرا می‌کوبد.

۱۰ - **سِنان و تیغ :** نیزه و شمشیر، مراد «اسباب و علل» است. ۱۱ - **سَنی :** بزرگ، بلندمرتبه.

او به صنعت آزر است[1] و من صَنَم[2] آلتی کو سازَدَم، من آن شوم ۱۶۸۵

خداوند بسان بت‌گر است و من همانند بتی در دست او. مرا هرگونه که بسازد، همان می‌شوم.

گر مرا ساغر[3] کند، ساغر شوم ور مرا خنجر کند، خنجر شوم[4] ۱۶۸۶

اگر ساغرم کند، ساغر می‌شوم و اگر خنجرم کند، همان می‌شوم.

گر مرا چشمه کند، آبی دهم ور مرا آتش کند، تابی دهم ۱۶۸۷

اگر از من چشمه‌ای بسازد، آب می‌دهم و اگر از من آتش بسازد، می‌سوزانم.

گر مرا باران کند، خرمن دهم ور مرا ناوَک[5] کند، در تن جَهَم ۱۶۸۸

اگر مرا باران کند، خرمن را می‌رویانم و اگر پیکان کند، تن را می‌شکافم.

گر مرا ماری کند، زهر افکنم ور مرا یاری کند، خدمت کنم ۱۶۸۹

اگر مرا مار کند، زهر می‌ریزم و اگر یار کند، یاری می‌کنم.

من چو کِلکم[6] در میانِ اِصْبَعَیْن[7] نیستم در صفِّ طاعت بَیْن بَیْن[8] ۱۶۹۰

من همانندِ قلمی در میان دو انگشت قدرت او هستم که رقمِ «مهر» یا «قهر» را می‌زنند. بنده و مطیعِ آن رقم هستم.

خاک را مشغول کرد او در سخن یک کفی بِرْبود از آن خاکِ کهن[9] ۱۶۹۱

عزرائیل خاک را با حرف زدن سرگرم کرد و مشتی از آن را برداشت.

ساحرانه[10] در ربود از خاکدان خاک مشغول سخن چون بی‌خودان[11] ۱۶۹۲

با تردستی و ماهرانه مشتی خاک را ربود، در حالی که زمین همچنان بی‌خودانه حرف می‌زد.

بُرد تا حق تُربتِ بی‌رای[12] را تا به مکتب آن گریزان‌پای را ۱۶۹۳

عزرائیل خاکِ ناراضی را مانندِ کودکی گریزان از مکتب به پیشگاه خداوند برد.

---

۱ - **آزر :** پدر حضرت ابراهیم(ع) که بت‌گر بود: ر.ک: ۱۲۳۹/۵. ۲ - **صنم :** بت. ۳ - **ساغر :** جام.

۴ - مراد آنکه: اگر بخواهد ابزاری برای لطف می‌شوم یا ابزاری برای قهر. ۵ - **ناوَک :** تیر، پیکان.

۶ - **کِلک :** قلم. ۷ - اشاره به حدیث: ر.ک: ۷۶۴/۱. ۸ - **بَیْن بَیْن :** دودل، مردّد.

۹ - **خاکِ کهن :** خاک قدیمی، خاک دیرین. ۱۰ - **ساحرانه :** اینجا ماهرانه و با تردستی.

۱۱ - **بی‌خودان :** اینجا به معنی کسی که از شرایط خود بی‌خبر است. ۱۲ - **رای :** فکر، تأمّل و تدبیر.

۱۶۹۴ **گفت یزدان که: به علمِ روشنم[۱] که تو را جلّادِ این خَلقان کنم**

خداوند به عزرائیل گفت: قسم به علمِ الهی که تو را جلّاد و قابض ارواح آدمیان می‌کنم.

۱۶۹۵ **گفت: یا رب! دشمنم گیرند خلق چون فشارم خلق را در مرگْ حلق**

عزرائیل گفت: پروردگارا، اگر گلویِ مردم را هنگامِ مرگ بفشارم، با من دشمن می‌شوند.

۱۶۹۶ **تو روا داری، خداوندِ سَنی! که مرا مبغوض[۲] و دشمن‌رُو کنی؟**

ای خداوند بلند مرتبه، روا داری که مردم با من بد و دشمن شوند؟

۱۶۹۷ **گفت: اسبابی پدید آرم عیان از تب و قولنج[۳] و سرسام[۴] و سِنان**

خداوند گفت: من برای مرگِ آدمیان سبب‌های آشکاری به وجود می‌آورم، همانند: تب، درد شکم، سرگیجه و زخم نیزه.

۱۶۹۸ **که بگردانم نظرشان را ز تو در مرض‌ها و سبب‌هایِ سه‌تُو[۵]**

که تو را سبب مرگِ خود ندانند و بیماری‌ها و علّت‌های پیچیده‌ای را سبب آن بدانند.

۱۶۹۹ **گفت: یارب بندگان هستند نیز که سبب‌ها را بِدَرَّند،[۶] ای عزیز!**

عزرائیل گفت: پروردگارا، ای خداوند عزیز، بندگانی هستند که اسباب و علل را نمی‌بینند.

۱۷۰۰ **چشمشان باشد گذاره از سبب[۷] درگذشته از حُجب از فَضْلِ رب**

چشمشان فراتر از سبب‌ها را می‌بیند. به فضل الهی از حجاب‌ها گذشته‌اند.

۱۷۰۱ **سرمهٔ توحید از کَحّالِ[۸] حال[۹] یافته، رسته ز علّت و اِعتلال[۱۰]**

چشمِ بصیرشان در پرتو کمال معنوی از «سبب» و «دوبینی» نجات یافته است.

۱۷۰۲ **ننگرند اندر تب و قولنج و سِل راه نَدْهند این سبب‌ها را به دل**

آنان به تب، درد شکم و سل توجّهی نمی‌کنند. «سبب»ها در دل آنان راهی ندارند.

۱۷۰۳ **زانکه هر یک زین مرض‌ها را دَواست چون دوا نَپْذیرد، آن فعلِ قضاست**

زیرا هر یک از این بیماری‌ها درمانی دارد و اگر علاج نپذیرد قضای الهی است.

---

۱ - **علمِ روشن** : علم الهی. ۲ - **مبغوض** : دشمن داشته شده. ۳ - **قولنج** : درد شکم.
۴ - **سرسام** : سرگیجه و سردرد. ۵ - **سه تُو** : سه لایه، اینجا مراد مختلف و پیچیده یا عجیب و غریب.
۶ - **سبب‌ها را بِدَرَّند** : به اسباب و علل توجّهی نمی‌کنند؛ بلکه به مسبّب توجّه دارند.
۷ - **گذاره از سبب** : گذشتن از سبب و رسیدن به مسبّب. ۸ - **کحّال** : سُرمه‌کش، سُرمه‌فروش.
۹ - **کحّالِ حال** : مرد حق، کسی که بصیرت و درک توحید را به مرید می‌دهد و به او می‌فهماند که در عالم هیچ قدرتی جز قدرت حق نیست. «حالِ عارف» را نیز می‌توان «کحّالِ حال» دانست که در پرتو کمال روحانی، حالی دارد که در آن چشم بصیر و حقیقت‌بینِ وی اسباب و علل را جز ابزاری نمی‌داند. ۱۰ - **اِعتلال** : بیماری.

۱۷۰۴ **هر مرض دارد دوا، می‌دان یقین — چون دوایِ رنجِ سرما، پوستین**

مسلّم بدان که هر دردی درمانی دارد، همانندِ پوستین که برای دفعِ سرماست.

۱۷۰۵ **چون خدا خواهد که مردی بِفْسُرَد — سردی از صد پوستین هم بگذرد**

اگر خدا بخواهد که کسی منجمد شود، صدها پوستین هم نمی‌تواند او را گرم کند.

۱۷۰۶ **در وجودش لرزه‌یی بنهد که آن — نه به جامه بِهْ شود، نه از آشیان**[1]

بدنش را به لرزشی مبتلا می‌کند که با گرمیِ لباس و خانه از بین نمی‌رود.

۱۷۰۷ **چون قضا آید، طبیب ابله شود — وآن دوا در نفع هم گمره شود**

چون قضایِ الهی فرود آید، طبیب طبابتش را فراموش می‌کند و دوا خاصّیتش را از دست می‌دهد.

۱۷۰۸ **کِی شود محجوب ادراکِ بصیر؟ — زین سبب‌هایِ حجابِ گول‌گیر**[2]

ادراکِ باطن‌بین در پسِ حجاب‌هایِ «اسباب و علل» که درکِ ناآگاهان را می‌پوشانَد، پوشیده نمی‌مانَد.

۱۷۰۹ **اصل بیند دیده، چون اَکْمَل**[3] **بُوَد — فرع بیند، چونکه مرد اَحْوَل**[4] **بُوَد**

چشم باطن عارف که کامل‌تر از خلق است، اصل را می‌بیند؛ امّا آدم دوبین فرع را می‌بیند.

جواب آمدن که: آنکه نظرِ او بر اسباب و مرض و زخم تیغ نیاید، برکارِ تو عزرائیل هم نیاید، که تو هم سببی اگرچه مخفی‌تری اَز آن سبب‌ها، و بُوَد که بر آن رنجور مخفی نباشد که: «وَ هُوَ اَقْرَبُ اِلَیْهِ مِنْکُمْ وَ لٰکِنْ لاٰ تُبْصِرُونْ»[5]

۱۷۱۰ **گفت یزدان: آنکه باشد اصل‌دان — پس تو را کی بیند او اندر میان؟**

خداوند گفت: کسی که بتواند اصلِ هستی را بشناسد، تو را در میان نمی‌بیند.

۱۷۱۱ **گرچه خویش از عامه پنهان کرده‌ای — پیش روشنْ‌دیدگان هم پرده‌ای**

هرچند که عامِ خلق اسباب و علل را می‌بینند نه تو را؛ امّا آگاهان می‌دانند که وجودت در واقع پرده‌ای است بر فعل حق.

---

۱ - **آشیان**: خانه، پناهگاهِ گرم. ۲ - **گول‌گیر**: احمق‌فریب. ۳ - **اَکْمَل**: کامل‌تر.

۴ - **اَحْوَل**: دوبین، اسیرِ عالمِ محسوس که به جز «اسباب و علل» چیز دیگری را نمی‌بیند؛ یعنی به «مسبّب» توجّهی ندارد.

۵ - قرآن: واقعه: ۸۵/۵۶: وَ نَحْنُ أَقْرَبُ إِلَيْهِ مِنْكُمْ وَ لٰكِنْ لاَ تُبْصِرُونَ: ما به [جان شما] از شما نزدیک‌تریم؛ ولی شما به چشم بصیرت نمی‌نگرید.

وانکه ایشان را شِکَر باشد اجل — چون نظرشان مست باشد در دُوَل[۱] ۱۷۱۲

کسانی که مرگ را شیرین می‌دانند، هرگز از بخت و اقبال دنیوی مست و مدهوش نیستند.

تلخ نَبْوَد پیشِ ایشان مرگِ تن — چون روند از چاه و زندان در چمن ۱۷۱۳

نابودیِ تن نزدشان ناگوار نیست؛ زیرا می‌دانند که از زندانی تنگ به عرصه‌ای فراخ و خرّم می‌روند.

وارهیدند از جهانِ پیچ پیچ — کس نگرید بر فَواتِ هیچ[۲] **هیچ** ۱۷۱۴

از دنیایی که آدمی در آن اسیرِ تنگناهایِ فراوانی است، رهایی یافته‌اند و تنها چیزی را که از دست داده‌اند «هیچ» است، آیا کسی برای از دست دادن «هیچ» اشک می‌ریزد؟

بُرج زندان[۳] **را شکست ارکانیی**[۴] **— هیچ از او رنجد دلِ زندانیی؟** ۱۷۱۵

اگر حوادثِ طبیعی مثل: زلزله و یا سیل زندان را خراب کند، دلِ زندانیان آزرده می‌شود؟

کِای دریغ این سنگ مرمر را شکست — تا روان و جانِ ما از حبس رَست ۱۷۱۶

که دریغا او سنگ مرمر را شکست تا روح و روان ما از زندان رها شود؟

آن رُخام[۵] **خوب و آن سنگِ شریف — بُرجِ زندان را بَهی**[۶] **بود و الیف**[۷] ۱۷۱۷

آن سنگ مرمرِ خوبِ گرانبها برای زندان زیبنده و متناسب با آن بود.

چون شکستش تا که زندانی بِرَست؟ — دستِ او در جُرمِ این باید شکست ۱۷۱۸

چرا سنگ را شکست تا زندانی رها شود؟ به کیفرِ این کار باید دستش را شکست.

هیچ زندانی نگوید این فُشار[۸] **— جز کسی کز حبس آرَندش به دار** ۱۷۱۹

هیچ زندانی چنین حرف بیهوده‌ای نمی‌زند، مگر کسی که او را از زندان به پای دار ببرند.

تلخ کِی باشد کسی را کِش بَرَند — از میانِ زهرِ ماران سویِ قند؟ ۱۷۲۰

اگر کسی را از میان سختی، رنج و فراق برهانند و به وصل یار برسانند، تلخکام می‌شود؟

---

۱ - **دُوَل** : دولت‌ها به معنی بخت و اقبال، در متن کهن «دِوِل» ضبط شده است.

۲ - **فَواتِ هیچ** : از دست رفتن هیچ، مراد از «هیچ»، اینجا «تن» و «دنیای مادّی» است که چون هستیِ مجازی دارد؛ پس فناپذیر و «نیست» است.

۳ - **برج زندان** : مراد ساختمان زندان است.

۴ - **ارکانیی** : یکی از عناصر اربعهٔ طبیعتَ: آب، خاک، باد و آتش.

۵ - **رُخام** : سنگ مرمر.

۶ - **بَهی** : روشن و تابان.

۷ - **الیف** : دارای الفت، اینجا متناسب.

۸ - **فُشار** : یاوه، بیهوده.

جان[1] مجرّد گشته[2] از غوغایِ تن[3] می‌پرد با پرِّ دل، بی پایِ تن[4] ۱۷۲۱

هنگامی که «جان» از قیدِ تن و تعلّقاتِ آن رهایی یابد، با پر و بالِ دل به سوی حق پرواز می‌کند، بی آنکه سیر و پرواز او را بتوان دید.

همچو زندانیِّ چَهْ، کاندر شبان خُسبد و بیند به خواب او گلستان[5] ۱۷۲۲

همانندِ زندانیِ محبوس در سیاهچال که شب‌ها بخوابد و در خوابِ گلستان را ببیند.

گوید: ای یزدان مرا در تن مَبَر تا در این گلشن کنم من کَرّ و فَر[6] ۱۷۲۳

در خواب از خدا بخواهد: مرا به تن باز نگردان تا در گلشنِ عالم معنا جولان دهم.

گویدش یزدان: دعا شد مستجاب وامَرو[7]، وَاللهُ اَعْلَم بالصَّواب ۱۷۲۴

پروردگار هم اجابتش کند و بگوید: دیگر باز نگرد و خداوند صلاح را بهتر می‌داند.

این چنین خوابی ببین، چون خوش بُوَد مرگ نادیده به جنّت در رَوَد[8] ۱۷۲۵

ببین که چنین خوابی چقدر خوشایند است که آدمی بدون مُردن به بهشت برود.

هیچ او حسرت خورَد بر انتباه[9] بر تنِ با سلسله[10] در قعرِ چاه؟ ۱۷۲۶

آیا او حسرت اینکه بیدار شود و ببیند که با زنجیر در سیاهچال است را خواهد داشت؟

مؤمنی آخر دراَ در صفِّ رزم که تو را بر آسمان بوده‌ست بزم ۱۷۲۷

اگر به خدا و زندگی آن جهانی ایمان داری، شروع کن به مبارزه با نفس تا بتوانی به بزم حلقهٔ خاصّ خدا، برگردی.

بر امیدِ راهِ بالا کن قیام همچو شمعی پیشِ محراب[11]، ای غلام! ۱۷۲۸

ای بنده، به امیدِ راه یافتن به مراتبِ بالا، همچون شمع در مقابل محراب برپاخیز.

---

۱ - **جان :** اینجا جانِ سالک، جانِ عارف.   ۲ - **مجرّد گشته :** رها شده.

۳ - **غوغایِ تن :** تمایلاتِ تن و سرشت طبیعیِ آن و تعلّقات دنیوی.

۴ - **بی پایِ تن :** حرکت و پروازی که تن و پا در آن دخالتی ندارد، سیرِ معنوی و روحانی.

۵ - مراد آنکه: جان عارف که این جهان را در تقابل با آن جهان زندان تاریک و سیاهی بیش نمی‌داند، همواره در حال خواب و بیداری در گلستانِ عالم معناست.   ۶ - **کَرّ و فَرّ :** شکوه و جلال.   ۷ - **وامَرو :** باز نگرد.

۸ - با رهایی از تعلّقات دنیوی و قیود عالم مادّه، انسان در بهشت است، بدون آنکه مرگ به سراغش آمده باشد.

۹ - **انتباه :** بیداری، آگاهی.   ۱۰ - **سلسله :** زنجیر.

۱۱ - مراد آنکه: قبلهٔ دلت «خدا» باشد، نه «دنیا» و در برابر آن با طلب، تهذیب و طاعات، هستیِ مجازی‌ات را بسوزان.

اشک می‌بار و همی سوز از طلب همچو شمعِ سر بریده جمله شب ۱۷۲۹

تمامِ شب، همانندِ شمعی با فتیلهٔ سوخته و بریده، از سوز و دردِ طلب اشک بریز.

لب فرو بند از طعام و از شراب سویِ خوانِ آسمانی[1] کن شتاب ۱۷۳۰

با امساک در غذا، بکوش تا رزقِ حقیقیِ تو، رزقِ روحانی و «نور حق» باشد، نه رزق جسمانی.

دم به دم بر آسمان می‌دار امید در هوایِ آسمان[2] رقصان چو بید[3] ۱۷۳۱

برای رسیدن به کمال امیدوار باش و در عین جهد خود را به نسیمِ عنایت بسپار.

دم به دم از آسمان می‌آیدت آب و آتش رِزق می‌افزایدت ۱۷۳۲

لحظه به لحظه، آسمان از باران و آفتاب رزقِ جسمانی‌ات را می‌رسانَد و می‌افزاید.

گر تو را آنجا بَرَد، نَبْوَد عجب منگر اندر عجز، و بنگر در طلب ۱۷۳۳

اگر تو را به بامِ آسمان معرفت ببرد، عجیب نیست؛ زیرا علی‌رغم عجزِ تو، قدرتِ «طلب» بسیار زیاد است.

کین طلب در تو گروگانِ خداست زانکه هر طالب به مطلوبی سزاست ۱۷۳۴

این «طلب» را خداوند در وجودت به ودیعه نهاده است تا بتوانی حقایقِ هستی را درک کنی و هر طالب بنا بر طلب و قابلیّت به این درک می‌رسد.

جهد کن تا این طلب افزون شود تا دلت زین چاهِ تن بیرون شود ۱۷۳۵

بخواه که «طلب» در تو افزون شود تا به قدرتِ آن، دلت از قید مادّه رهایی یابد.

خلق گوید: مُرد مسکین آن فلان تو بگویی: زنده‌ام ای غافلان! ۱۷۳۶

بعد از مرگِ تو، می‌گویند: بیچاره فلانی مُرد؛ امّا تو می‌گویی: ای بی‌خبران، من زنده‌ام.

گر تنِ من همچو تن‌ها خُفته است هشت جنّت در دلم بِشکفته است ۱۷۳۷

تنِ من، همانند سایر بدن‌ها در زیر خاک خفته؛ امّا بهشت در دلم ظهور یافته است.

جان چو خُفته در گل و نسرین بُوَد چه غم است ار تن در آن سرگین[4] بُوَد؟ ۱۷۳۸

هنگامی که «جان» در گلستانِ معنا است، چه اهمّیّتی دارد که «تن» در بدترین جاست؟

---

۱ - **خوانِ آسمانی** : سفرهٔ آسمانی، رزق روحانی، نور حق.

۲ - **در هوایِ آسمان** : به امید تعالی و رسیدن به کمال.

۳ - **رقصان چو بید** : شاخه و برگ بید در اثر وزش نسیم حرکت می‌کند، تو هم با وجود طلبی که داری و جهدی که می‌کنی خود را به نسیمِ عنایت حق بسپار. ۴ - **سرگین** : پلیدی و نجاست، کنایه از دنیای مادّی و یا قعرِ گور.

جـانِ خُـفته چـه خـبر دارد ز تـن کو به گلشن خفت یا در گولخن[۱] ؟ ۱۷۳۹

برای روحی که در عالم غیب آسوده، چه فرقی دارد که «تنِ» او در گلشن است یا گلخن؟

مـی‌زند جـان در جـهانِ آبگـون[۲] نـعرهٔ یـا لَـیْتَ قَـومی یَـعْلَمُون[۳] ۱۷۴۰

«جان» پس از رها شدن از تن در عالمِ غیب فریاد می‌زند: ای کاش مردم می‌دانستند.

گر نخواهد زیست جان بی این بَدَن پس فلک ایوانِ[۴] که خواهد بُـدَن؟[۵] ۱۷۴۱

اگر قرار باشد که «جان» بدونِ «تن» زندگی نکند؛ پس افلاک ایوان و بارگاه چه کسی باشد؟

گر نخواهد بی بدن جانِ تو زیست فی السَّماءِ رِزْقُکُم[۶] روزیِّ کـیست؟ ۱۷۴۲

اگر روح بدون جسم حیات نداشته باشد؛ پس اینکه فرمود: «روزیِ شما در آسمان است» نصیب کیست؟

در بیانِ وخامتِ[۷] چرب و شیرینِ دنیا و مانع شدنِ او از طعام الله، چنان که فرمود: «اَلْجُوعُ طَعَامُ اللهِ یُحْیِی بِهِ اَبْدانَ الصِّدّیقینَ» اَیْ فِی الجُوعِ طَعامُ الله، وَ قَولُه: اَبِیْتُ عِنْدَ رَبّی یُطعِمُنی وَ یَسقِینی،[۸] و قَولُهُ: «یُرْزَقُونَ فَرِحینَ»[۹]

در این قطعه سرّ سخن در این است که: غذایِ حقیقیِ انسان در مقامی که شأن راستین اوست، **«نور حق»** است؛ امّا افراط در برخورداری از تمتّعات و لذایذ دنیوی که «طعام» هم یکی از آن‌هاست، مانع دریافت این رزق معنوی‌است.

قبلاً در ۱۶۴۱/۴ هم همین معنا آمده است.

---

۱ - **گلشن و گُلْخَن :** گلستان و آتش‌خانهٔ حمّام، مراد جایِ خوب و بد است.

۲ - **جهانِ آبگون :** عالم غیب، عالم معنا که مثل آب بی‌رنگ، زلال و لطیف است.

۳ - اشارتی قرآنی؛ یس: ۲۶/۳۶: ر.ک: ۲۰۱۷/۳، مفسّران این مرد را «حبیب نجّار» دانسته‌اند که در انطاکیه «شمال سوریه» به حمایت از رسولان عیسی(ع) که زجر و نفی می‌شدند، پرداخت و به ضرب سنگ کشته شد.

۴ - **ایوان :** بارگاه.

۵ - مراد آنکه: بهشت و مراتبِ عالیِ هستی برای زندگیِ جان‌هایِ آسوده از تن و آلایشِ مادّه است.

۶ - اشارتی قرآنی؛ ذاریات: ۲۲/۵۱، «رزقِ تن» توسّط باران و آفتاب در زمین حاصل می‌شود و «رزق جان» و آنچه که به بندگان وعده داده شده که «رزقِ معنوی و روحانی» است از آسمان می‌رسد.

۷ - **وخامت :** زیان.

۸ - «گرسنگی»، طعام الهی است، خداوند بدن‌های صدّیقان را با آن زنده نگه می‌دارد؛ یعنی در گرسنگی طعام الهی است، و فرمود: «من نزد پروردگارم بیتوته می‌کنم، او به من غذا می‌دهد و سیرابم می‌کند».

۹ - **یُرْزَقُون فَرِحینَ :** از سورهٔ آل‌عمران گرفته شده است: آل‌عمران: ۱۷۰/۳-۱۶۹، که در ارتباط است با کسانی که در راه خدا کشته شده‌اند و نزد خداوند روزی می‌خورند و شادمان‌اند.

وارهی زین روزیِ ریزهٔ کثیف درفُتی در لوت و در قُوتِ شریف ۱۷۴۳

اگر بتوانی از حرصِ روزیِ حقیرِ مادّی بِرَهی، به روزیِ شریفِ معنوی می‌رسی.

گر هزاران رَطلِ[1] لوتش می‌خوری می‌روی پاک و سبک همچون پَری ۱۷۴۴

رزقی که هر قدر از آن بهره‌مند شوی، باز هم همانند فرشته پاک و سبک هستی.

که نه حبسِ باد و قولنجت[2] کند چارمیخِ[3] معده آهنجت[4] کند ۱۷۴۵

رزقی که بر خلافِ «طعامِ مادّی»، نفخ و قولنج نمی‌آورد و سبب سوء هاضمه نمی‌شود.

گر خوری کم، گُرْسنه مانی چو زاغ ور خوری پُر، گیرد آروغت دماغ[5] ۱۷۴۶

اگر از طعام دنیوی کم بخوری، چون کلاغ گرسنه و حریص می‌مانی، اگر زیاد بخوری به امتلای معده مبتلا می‌شوی.

کم خوری، خویِ بد و خشکی و دِق[6] پُر خوری، شد تُخمه[7] را تن مُستحِق ۱۷۴۷

کم خوردن سبب بداخلاقی، خشونت و ضعف می‌شود و پرخوردن تن را گرفتار سوءهاضمه می‌کند.

از طعامُ الله و قوتِ خوش‌گوار[8] بر چنان دریا چو کشتی شو سوار ۱۷۴۸

امّا با خوردن طعام الهی که مخصوصِ جان آدمی است، بدون دغدغه بر دریای معنا، همانند کشتی روانه باش.

باش در روزه شکیبا و مُصِر دم به دم قُوتِ خدا را منتظر ۱۷۴۹

در روزه گرفتن و امساک در غذا شکیبا و ثابت قدم باش و هر لحظه منتظرِ غذایِ الهی بمان.

کآن خدایِ خوبکارِ بُردبار هدیه‌ها را می‌دهد در انتظار ۱۷۵۰

زیرا خدای احسان‌کنندهٔ شکیبا بندگانی را که در انتظارند، بی بهره نمی‌گذارد؛ یعنی عطای او به میزان صدق، طلب و انتظار به خلق می‌رسد.

---

۱ - **رَطل**: پیمانه. ۲ - **قولنج**: دل درد. ۳ - **چارمیخ**: نوعی شکنجه بوده است.

۴ - **معده آهنج**: فشار معده.

۵ - باد معده بینی‌ات را آزار می‌دهد و همچنین سنگینی معده و پرخوری سبب از کار افتادن مغز می‌شود.

۶ - **دِق**: تبی توأم با لاغری، تب لازم، اینجا ضعف و لاغری. ۷ - **تُخمه**: پرخوری و امتلاء معده.

۸ - **خوش‌گوار**: لذیذ.

انتظارِ نان ندارد مردِ سیر — که سبک آید[۱] وظیفه[۲] یا که دیر ۱۷۵۱

آدمِ سیر منتظرِ نان نیست، برایِ او زود یا دیر رسیدنِ «روزی» یا «جیره» تفاوتی ندارد.

بی نوا هر دم همی گوید که: کو؟ — در مَجاعت[۳] منتظر در جُست و جو ۱۷۵۲

امّا آدمِ گرسنه در تمامِ لحظات منتظر و در جست و جوی نان است.

چون نباشی منتظر نایَد به تو — آن نواله[۴] دولتِ هفتادتُو[۵] ۱۷۵۳

اگر منتظرِ عطایِ الهی که چیزی جز عنایتِ حق نیست، نباشی، نمی‌رسد.

ای پدر! الانتظار! اَلانتظار! — از برای خوانِ بالا، مَردوار ۱۷۵۴

ای عزیز، مردانه در انتظار آن سفرهٔ آسمانی و رزق روحانی باش و منتظر بمان.

هر گرسنه عاقبت قوتی بیافت — آفتابِ دولتی بر وی بتافت ۱۷۵۵

هر گرسنه سرانجام غذایی می‌یابد و بالاخره آفتاب سعادت بر وی می‌تابد.

ضَیْفِ[۶] باهمّت[۷] چو زآشی[۸] کم خورَد — صاحبِ خوانِ آش ِ بهتر آوَرَد ۱۷۵۶

اگر مهمانِ بلندنظر از غذایی کم بخورد، میزبان غذای بهتری برایش می‌آوَرَد.

جز که صاحب‌خوانِ درویشی لئیم[۹] — ظنِّ بد کم بر به رزّاقِ کریم ۱۷۵۷

مگر آنکه میزبان مستمندِ فرومایه‌ای باشد. هرگز نسبت به خداوند بخشنده‌ای که جملهٔ مخلوقات بر خوان کَرَمش نشسته‌اند، چنین گمان بدی نداشته باش.

سر بر آوَر همچو کوهی ای سَنَد[۱۰]! — تا نخستین نورِ خور بر تو زند[۱۱] ۱۷۵۸

ای شخص مورد اعتماد، همانند کوه سری افراشته داشته باش؛ یعنی با طلب امور حقیر دنیوی خود را خوار نکن تا نخستین پرتو خورشید به تو بتابد.[۱۲]

---

۱ - **سبک آید** : زود برسد.

۲ - **وظیفه** : جیره و مقرّری. برای برخورداری از «رزق روحانی» باید خیلی گرسنه و مشتاقِ آن بود.

۳ - **مَجاعت** : گرسنگی. ۴ - **نَواله** : لقمه، اینجا رزق و روزیِ روحانی.

۵ - **دولت هفتادتُو** : بختِ هفتاد لایه، بختِ موافق و اقبال بلند که همان «عنایتِ حق» است که شامل حال فرد سعادتمندی می‌شود و «عطایِ حق» یا «رزقِ روحانی» را به او می‌رساند. ۶ - **ضَیْف** : مهمان.

۷ - **باهمّت** : بلندنظر. ۸ - **آش** : اینجا مطلقِ غذا.

۹ - **درویش لئیم** : مستمند فرومایه، مراد «اهل دنیا» است که علی‌رغم تمکّن، چشم‌سیر و بلندنظر نیست.

۱۰ - **سَنَد** : چیزی که به آن تکیه کنند، شخص مورد اعتماد.

۱۱ - نیکلسون به نقل از فاتح این سخن خواجه عبدالله انصاری را آورده است: تجلّیِ حق گاه و بی‌گاه آید لیکن بر دلی آگاه آید: ر.ک. شرح مثنوی مولوی، ج ۵، ص ۱۸۳۱.

۱۲ - آن قدر طالب و مشتاق باش تا هنگام فَیَضانِ عنایتِ الهی، اوّل از همه به تو برسد.

کآن سـر کـوه[1] بـلندِ مُسْتَقِر[2] هست خـورشیدِ سـحر را منتظر ۱۷۵۹

زیرا قلّهٔ استوارِ کوهِ بلند در انتظار خورشید سحرگاهی است.

جوابِ آن مُغفَّل[3] که گفته است: خوش بودی این جهان اگر مرگ نبودی و خوش بودی مُلکِ دنیا اگر زوالش نبودی،[4] وَ عَلیٰ هٰذِهِ اَلوَتیرَةِ مِنَ الفُشارات[5]

این قطعه پاسخی است به آنان‌که دنیای بدون مرگ و فناناپذیر را دوست دارند و از جبری‌که آدمی را وادار به ترک این جهان می‌کند متأثّرند.

آن یکی می‌گفت: خوش بودی جهان گـر نـبودی پـایِ مرگ انـدر میان ۱۷۶۰

شخصی می‌گفت: چقدر دنیا دلنشین بود اگر مرگی در کار نبود.

آن دگر گفت: ار نبودی مـرگْ هـیچ کَـهْ نـیرزیدی[6] جـهانِ پـیچ‌پیچ[7] ۱۷۶۱

دیگری در پاسخ گفت: اگر مرگ نبود، این جهانِ پر از درد و رنج به پر کاهی نمی‌ارزید.

خـرمنی بـودی بـه دشت افـراشته مُـهمَل و نـاکـوفته[8] بگـذاشـته ۱۷۶۲

در آن صورت جهان همانند خرمنی بود که عاطل و ناکوبیده در دشتی بر جای گذاشته باشند.

مـرگ را تـو زنـدگی پـنداشتی تخم را در شوره خـاکی کـاشتی[9] ۱۷۶۳

ای گمراه، آنچه را که زندگی می‌پنداری، زندگی نیست، خـودِ مـرگ است. امیدت بـه چیزی است که هیچ ثمری ندارد.

---

۱ - **سر کوه** : قلّه. ۲ - **مُستقِر** : استوار. ۳ - **مُغفَّل** : غفلت‌زده، گمراه.

۴ - و سخنانی یاوه از این قبیل.

۵ - مأخذ آن را استاد فروزانفر مطلبی دانسته است که شیخ عطّار در ضمن شرح حال یحیی معاذ رازی (متوفّیٰ به سال ۲۵۸ ق.) آورده با این مضمون که روزی نزد او گفتند: دنیا با ملک الموت به حبّه‌ای نیرزد. گفت: اگر او نبود، هیچ نمی‌ارزید؛ زیرا مرگ پلی است که دوست را به دوست می‌رساند: ر.ک. احادیث، صص ۴۶۵-۴۶۴.

همچنین استاد بیتی از شاهنامه را هم آورده است:

بهشتی بُدی گیتی از رنگ و بوی اگر مرگ و پیری نبودی در اوی

۶ - **کَهْ نیرزیدی** : به کاهی نمی‌ارزید. ۷ - **جهانِ پیچ‌پیچ** : دنیای پر از سختی و دردسر.

۸ - **ناکوفته** : ناکوبیده، کاه و دانه گندم با هم مخلوط و جدانشده.

۹ - **تخم در شوره کاشتن** : امیدِ به چیز بی‌ثمری داشتن.

عقلِ کاذب[1] هست خود معکوس‌بین   زنـدگی را مـرگ بـیند، ای غَـبین[2]! ۱۷۶۴

ای مغبون، «عقل جزوی»ات که فقط اسمی از عقل را دارد و تحت سیطرهٔ نَفْس، نَفْسانی شده است، نمی‌تواند حقایق را ببیند و بفهمد؛ بنابراین زندگیِ جاودانه را که با انتقال به جهان دیگر شروع می‌شود، مرگ می‌پندارد.

ای خـدا! بـنمای تـو هـر چـیز را   آنـچنانکه هست در خُـدعه‌سرا[3]![4] ۱۷۶۵

ای خدا، در این دنیا، حقیقت هر چیز را آن چنان که هست، به ما بنما.

هیچ مُرده نیست پُر حسـرت ز مـرگ   حسرتش آن است کِش کم بود برگ[5] ۱۷۶۶

هیچ مُرده‌ای از مرگ افسوس و اندوهی ندارد؛ بلکه ندامتِ او از توشهٔ اندک است.

ورنـه از چـاهی بـه صـحرا اوفـتاد   در مـیانِ دولت و عـیش و گشـاد ۱۷۶۷

وگرنه با مُردن گویی از چاهی نجات یافته و به صحرایی سرشار از عنایت، عیش و گشایش رسیده است.

زیـن مـقامِ مـاتم[6] و نـنگین‌مُناخ[7]   نـقل افـتادش بـه صـحرایِ فـراخ[8] ۱۷۶۸

از این ماتم‌سرایِ بدِ مادّی به عالمِ غیب بیکران انتقال یافته است.

مَـقعدِ صـدقی[9]، نـه ایـوانِ دروغ[10]   بادهٔ خـاصی، نـه مستیی ز دوغ[11] ۱۷۶۹

به عالمی منتقل شده که هستیِ حقیقی دارد و سراب نیست. به مستی و عیشِ راستین رسیده است نه کاذب.

---

۱ - **عقلِ کاذب :** عقل جزوی. ۲ - **غَبین :** مغبون، گول خورده. ۳ - **خُدعه سرا :** تعبیری برای دنیا.

۴ - این بیت اشاره است به حدیثی با همین مضمون: ر.ک: ۴۶۹/۲. ۵ - **برگ :** توشهٔ آن‌جهانی.

۶ - **مقام ماتم :** ماتم‌سرا، دنیا.

۷ - **مُناخ :** محلّ خواب شتران، اینجا کنایه از جای بد. «ننگین‌مُناخ»، یعنی جایی که آلوده به ننگ است، «دنیای مادّی که فقط حیوان صفتان می‌توانند در آن به آسودگی بیارامند و زندگی کنند».

۸ - **صحرایِ فراخ :** کنایه از عالم غیب.

۹ - **مقعدِ صدق :** تعبیری قرآنی: قمر: ۵۴-۵۵/۵۴، جایگاهی پسندیده، جایگاه راستین، مراد مقام و منزلت در عالم غیب و پیشگاه حق است: ر.ک. قرآن، ترجمهٔ خرّمشاهی، ذیل آیه. ۱۰ - **ایوانِ دروغ :** کنایه از دنیا.

۱۱ - **مستی ز دوغ :** تظاهر به عیش و مستی.

مَقعدِ صدق، و جلیسش حق شده رَسته زین آب و گِلِ آتشکده[۱] ۱۷۷۰

به مقام و منزلتِ حقیقی رسیده و همنشینِ حق شده است. از این آب و گِلِ دوزخی نجات یافته است.

ور نکردی زندگانیِّ مُنیر[۲] یک دو دم ماندەست، مردانه بمیر[۳] ۱۷۷۱

اگر تاکنون متعالی نشده‌ای، از فرصتِ باقی‌مانده استفاده کن و زندگی‌ات را به حق‌جویی اختصاص بده.

فیما یُرْجیٰ مِنْ رَحْمَةِ اللهِ تَعالیٰ مُعْطِي ٱلنِّعَم قَبْلَ ٱسْتِحْقاقِها، وَ هُوَ الَّذي يُنَزِّلُ ٱلغَيْثَ مِنْ بَعْدِ ما قَنَطُوا، وَ رُبَّ بُعْدٍ يُورِثُ قُرْباً، وَ رُبَّ مَعْصِيَةٍ مَيْمُونَةٍ، وَ رُبَّ سَعادَةٍ تَأتي مِنْ حَيْثُ يُرْجَی ٱلنِّقَمُ، لِيُعْلَمَ أَنَّ اللهَ «يُبَدِّلُ سَيِّئاتِهِمْ حَسَناتٍ»[۴]

در بیان آنچه که امید می‌رود از رحمت پروردگار بلندپایه که بخشندهٔ نعمت‌هاست، پیش از آنکه استحقاق بنده در آن باشد، و او کسی است که پس از آنکه خلق ناامید می‌شوند، برای آنان باران فرو می‌ریزد، و چه بسا دوری از او که نزدیکی در پی می‌آوَرَد، و چه بسا گناهی که مبارک است و راه خیر را می‌گشاید، و چه بسا سعادتی که از جایی می‌رسد که بیم رنج و عِقاب است. این برای آن است که دانسته شود که پروردگار بدی‌ها را به نیکی‌ها تبدیل می‌کند.

در حدیث آمد[۵] که روزِ رستخیز امر آید هر یکی تن را که: خیز ۱۷۷۲

در حدیث آمده است که روز رستاخیز به هرکس امر می‌شود که برخیز.

---

۱ - **آب و گِل آتشکده :** دنیای پر آتش یا دنیای دوزخی؛ زیرا مظاهرش فریبنده و گمراه کننده و زندگی در آن توأم با رنج‌ها و دردهاست. ۲ - **زندگانیِ مُنیر :** زندگی باطنیِ منوّر به نور ایمان.

۳ - **مردانه بمیر :** با ایمانِ کامل بمیر، یعنی تمام زندگی‌ات را به حق‌جویی اختصاص بده و خالصانه بخواه تا همانند مردان حق نور ایمان بر دلت بتابد و حقایق را بفهمی.

۴ - در عبارت عربی فوق دو اشارت قرآنی است: شوری: ۲۸/۴۲: وَ هُوَ ٱلَّذِی يُنَزِّلُ ٱلغَيْثَ مِنْ بَعْدِ مَا قَنَطُوا...: و هموست که باران را پس از آنکه نومید شده‌اند، فرو می‌فرستد... . و دیگری: فرقان: ۷۰/۲۵: ...يُبَدِّلُ ٱللَّهُ سَيِّئَاتِهِمْ حَسَنَاتٍ...: خدا سیّئاتشان را به حَسَنات بدل می‌کند.

۵ - اشاره به حدیث: در روز رستاخیز بندهٔ گناهکار را به فرمان حق به دوزخ می‌برند. هنگام بردن او به پشتِ سر می‌نگرد. خطاب می‌شود: او را به سمتی که می‌نگرد، برگردانید. هنگامی که برگشت می‌گوید: خدایا، امّید من به تو این نبود. خداوند می‌فرماید: راست می‌گویی. آنگاه او را به بهشت می‌برند: ر.ک. احادیث، صص ۴۶۶-۴۶۵.

نفخِ صُور[1] اَمر است از یزدانِ پاک   که بر آرید ای ذَرایر[2] سر ز خـاک ۱۷۷۳

دمیدن در صور به امر خدای پاک است که ای ذرّات، سر از خاک بردارید.

بـازآیـد جـانِ هـر یک در بَـدَن   همچو وقتِ صبح، هوش آید به تن ۱۷۷۴

همان‌طور که سحرگاه جان هر کس به تنش باز می‌گردد، در رستاخیز هم روح هر کس به جسمش بر می‌گردد.

جان تنِ خود را شناسد وقتِ روز   در خرابِ خود در آید، چون[3] کُنوز[4] ۱۷۷۵

صبحگاهان هر «جان»، «تن» خود را می‌شناسد و همانند گنجینه‌ای به ویرانهٔ خود می‌رود.

جسمِ خـود بشناسد و در وی رَوَد   جانِ زرگـر سـویِ درزی[5] کـی رَوَد ۱۷۷۶

هر «جان» جسمِ خود را می‌شناسد. هرگز جانِ زرگر به تنِ خیّاط وارد نمی‌شود.

جـانِ عـالِم[6] سوی عـالِم می‌دود   روحِ ظـالِم سـویِ ظـالم مـی‌دود ۱۷۷۷

جانِ عالم به تن او و جانِ ظالم به تن خودش وارد می‌شود.

کـه شـناسا کـردشان عـلمِ اِلٰـه   چونکه برّه و میش، وقتِ صبحگاه ۱۷۷۸

زیرا علم الهی، آن‌ها را آگاه کرده است، همان‌طور که سحرگاه برّه و میش یک‌دیگر را می‌شناسند.

پایْ کفشِ خود شناسد در ظُلَم[7]   چون نداند جان، تنِ خود؟ ای صنم! ۱۷۷۹

پا در تاریکی کفش خود را می‌شناسد، ای زیبارو، چه‌طور جان، تنِ خود را نشناسد؟

صبح، حشرِ کوچک است ای مُسْتَجیر[8]!   حشـرِ اکـبر را قـیاس از وی بگـیر ۱۷۸۰

ای پناهنده به حق، صبح رستاخیز صغیر است. رستاخیز کبیر را با آن قیاس کن.

آنچنانکه جـان بـپرّد سـویِ طـین[9]   نـامه پـرّد تـا یسـار و تـا یـمین[10] ۱۷۸۱

مانندِ «جان» که به سوی «تن» پرواز می‌کند، نامهٔ اعمال هم به سوی هرکس پرواز خواهد کرد.

---

۱ - **نفخ صور**: از مصطلحات قرآنی، دمیدن اسرافیل در صور برای برانگیختن مردگان، درکهف: ۹۹/۱۸ و نظایر آن آمده است.

۲ - **ذرایر**: جمع ذرّه به معنی مورِ خُرد، کنایه از آدمیان. نیکلسون و دکتر استعلامی: مولانا آن را با «ذراری» که جمع «ذریّه» است اشتباه کرده؛ زیرا این جمع در عربی نیست و شاید ساختهٔ فارسی‌زبانان باشد.

۳ - **کُنوز**: جمع کنز به معنی گنج یا گنجینه. ۴ - در شرح چگونگی رستاخیز است. ۵ - **دَرزی**: خیّاط.

۶ - **عالِم**: دانشمند. ۷ - **ظُلَم**: تاریکی‌ها. ۸ - **مُسْتَجیر**: پناه‌جوینده، پناهنده به حق.

۹ - **طین**: گِل یا خاک. ۱۰ - **یسار و یمین**: چپ و راست.

درکَـفَش بِـنْهَند نـامهٔ بُخل و جُـود فِسق و تقوی، آنچه دی[۱] خُوکرده بود ۱۷۸۲

در رستاخیز نامهٔ رذایل و فضایلی را که با آن زیسته و عادت کرده بود، به دستش می‌دهند.

چون شود بیدار از خواب او سَحَر[۲] بـاز آیـد سـویِ او آن خـیر و شـر ۱۷۸۳

هنگامی که در صبح قیامت از خوابِ گران برخیزد، آن نیکی و بدی به سویش باز می‌گردند.

گر ریاضت داده باشد خویِ خویش وقتِ بیداری هـمان آیـد بـه پـیش ۱۷۸۴

اگر با ریاضت و تهذیبِ نَفْس صفاتِ خود را متعالی کرده باشد، همان‌ها نزد او می‌آیند.

ور بُد او دی خام و زشت و در ضَلال چون عزا، نـامهٔ[۳] سـیه یـابد شِـمال[۴] ۱۷۸۵

اگر او در دنیا گمراه، خام و ناپاک باشد، نامهٔ سیاه اعمالش را به دست چپش می‌دهند.

ور بُد او دی پاک و با تقوی و دین وقتِ بـیداری بَـرَد دُرِّ ثـمین ۱۷۸۶

اگر در دنیا پاک، پرهیزکار و دین‌دار باشد، در صبح قیامت، نامهٔ منوّرِ اعمال نیک را به دست خواهد آورد.

هست مـا را خـواب و بـیداریّ مـا بـر نشـانِ مرگ و مـحشر دو گـوا ۱۷۸۷

همین که ما می‌خوابیم و بعد بیدار می‌شویم، دو گواه برای «مرگ» و «رستاخیز» است.

حشرِ اصغر[۵] حشرِ اکـبر[۶] را نـمود مرگِ اصغر[۷] مـرگِ اکـبر[۸] را زُدود[۹] ۱۷۸۸

«رستاخیز کوچک»، «رستاخیز بزرگ» را نشان می‌دهد و «مرگ کوچک»، «مرگ بزرگ» را.

لیک این نامه خـیال است و نـهان وآن شود در حَشْرِ اکبر بس عـیان ۱۷۸۹

امّا «نامهٔ اعمال» را که در این جهان نمی‌بینیم و آن را «خیال» می‌پنداریم، در رستاخیز می‌بینیم.

ایـن خـیال ایـنجا نـهان پـیدا اثـر زیـن خـیال آنـجا بـرویاند صُـوَر ۱۷۹۰

در دنیا «خیال» دیده نمی‌شود و اثرش مشهود است؛ امّا در رستاخیز تجسّم پیدا می‌کند و قابل رؤیت می‌شود.

---

۱ - **دی** : دیروز، در دنیا. ۲ - **سَحَر** : سحرگاه قیامت.

۳ - **عزانامه** : نامهٔ عزا، اینجا بهتر است «عزا» از «نامه» جدا قرائت شود؛ یعنی «نامه سیه» بخوانیم.

۴ - **شِمال** : چپ، دست چپ. ۵ - **حشرِ اصغر** : رستاخیز کوچک، بیداری.

۶ - **حشرِ اکبر** : رستاخیز بزرگ، قیامت. ۷ - **مرگِ اصغر** : خواب. ۸ - **مرگِ اکبر** : مرگ.

۹ - **زُدود** : پاک کرد، اینجا روشن و آشکار کرد.

۱۷۹۱ **در مُـهندس بـین خـیالِ خـانه‌یی   در دلش چـون در زمـینی دانـه‌یی**

برای ساختنِ یک خانه ابتدا فکر یا «خیال» آن، همانندِ دانه در زمینِ اندیشهٔ مهندس کاشته‌می‌شود.

۱۷۹۲ **آن خـیال از انـدرون آیـد بـرون   چون زمین، که زاید از تخمِ درون[۱]**

آن «خیال»، همانند دانه‌ای که از زمین می‌روید، از فکرِ مهندس ظهور می‌یابد.

۱۷۹۳ **هـر خـیالی کـو کُـند در دل وطـن   روزِ محشر صورتی خواهد شـدن[۲]**

هر خیالی که در دل جای گرفته باشد، در رستاخیز صورت عینی می‌یابد و مجسّم می‌شود.

۱۷۹۴ **چون خیالِ آن مـهندس در ضـمیر   چون نبات انـدر زمـینِ دانـه‌گیر[۳]**

همانند خیالی که در مخیّلهٔ آن مهندس است و بعداً به ساختمانی بَدَل می‌شود و یا بسان گیاهی که در دلِ دانه‌ای در زمین نهان است و بعدها می‌روید.

۱۷۹۵ **مَخْلَصم[۴] زین هر دو محشر قصّه‌ای‌ست   مـؤمنان را در بـیانش حـصّه‌ای‌ست[5]**

مقصود من از بیان دو محشر حکایتی است که گفتنِ آن برای مؤمنان مفید است.

۱۷۹۶ **چـون بـر آیـد آفـتابِ رسـتخیز   بر جهند از خاک، زشت و خوبْ تیز**

با طلوعِ آفتابِ روزِ رستاخیز، خوب و بد همه با شتاب از گور برمی‌خیزند.

۱۷۹۷ **سـویِ دیـوانِ قـضا پـویان شـوند   نقدِ نیک و بد[۶] بـه کـوره[۷] مـی‌روند**

همه به سوی دیوانِ داوریِ الهی می‌شتابند. سره و ناسره وارد بوتهٔ آزمایش می‌شوند.

۱۷۹۸ **نـقدِ نـیکو[۸] شـادمان و نـازناز[۹]   نقدِ قلب انـدر زَحـیر[۱۰] و در گُـداز**

طلای خالص شاد است و سربلند؛ امّا طلای ناخالص «تقلّبی» در رنج و سوز و گداز.

1799 **لحظه لحظه امـتحان‌ها[11] مـی‌رسد   سِـرِّ دل‌هـا مـی‌نماید در جَسَـد**

لحظه به لحظه اخلاق و اوصافِ خلق در ظاهرشان بروز می‌کند و در تن‌ها ظهور می‌یابد.

---

۱ - **تخمِ درون**: تخمی که در درون زمین است. ۲ - **صورتی خواهد شدن**: صورت عینی، تجسّم یافتن.
۳ - **زمینِ دانه‌گیر**: زمین قابلِ کشت. ۴ - **مَخْلَصم**: خلاصهٔ کلام، خلاصهٔ سخن. ۵ - **حصّه**: بهره.
۶ - **نقد نیک و بد**: طلای خالص و ناخالص، سره و ناسره.
۷ - **کوره**: محلّ ذوب فلزّات، اینجا دیوان داوریِ الهی که حق و باطل را از هم جدا می‌کند.
۸ - **نقدِ نیکو**: مراد مؤمن است. ۹ - **نازناز**: به خود می‌نازد، سربلند. ۱۰ - **زَحیر**: درد و رنج، سختی.
11 - **امتحان**: آزمون الهی، اینجا بروز و ظهور خُو و صفات خلق.

۱۸۰۰ **چون زِ قندیل آب و روغن گشته فاش   یا چو خاکی که بروید سِرّهاش**

همانندِ قندیلی که در آن «آب و روغن» از هم جدا هستند یا خاکی که دانه‌های نهفته‌اش بروید.

۱۸۰۱ **از پیاز و گَندنا و کُوکنار[1]   سِرِّ دِیْ پیدا کند دستِ بهار[2]**

دستِ قدرتِ بهار، اسراری را که زمستان مخفی کرده از قبیل: پیاز، تره و خشخاش آشکار می‌کند.

۱۸۰۲ **آن یکی سرسبز، نَحْنُ اَلْمُتَّقُون   و آن دگر همچون بنفشه سرنگون**

گروهی سرسبز و با طراوت به زبانِ حال می‌گویند: ما پرهیزکارانیم و دسته‌ای دیگر همانندِ بنفشه سر افکنده‌اند.

۱۸۰۳ **چشم‌ها بیرون جهیده از خطر   گشته دَه چشمه[3] ز بیمِ مُستَقَر[4]**

چشم‌ها از شدّت بیم از حدقه بیرون زده و از ترسِ دوزخ، دَه چشمی نگران خواهند شد.

۱۸۰۴ **باز مانده دیده‌ها در انتظار   تا که نامه ناید از سوی یَسار**

دیده‌ها نگران‌اند که مبادا نامهٔ اعمال از سمت چپ بیاید.

۱۸۰۵ **چشمْ گَردان سویِ راست و سویِ چپ   زانکه نَبْوَد بختْ‌نامهٔ راست زَپ[5]**

چشم‌ها به راست و چپ می‌گردند؛ زیرا نامه را با دست راست گرفتن آسان نیست.

۱۸۰۶ **نامه‌یی آید به دستِ بنده‌یی   سرسیه[6] از جُرم و فسق‌آگنده‌یی**

نامهٔ بنده‌ای را به دستش می‌دهند که سراسر سیاه و پر از جُرم، گناه و نافرمانی است.

۱۸۰۷ **اندر او یک خیر و یک توفیق نه   جز که آزارِ دلِ صِدّیق[7] نه**

در آن نامه، عمل نیک و توفیق معنوی نیست. آزردن دلِ سالکان و مردان حق است.

۱۸۰۸ **پُر ز سر تا پای زشتی و گناه   تَسْخَر[8] و خُنبک زدن[9] بر اهلِ راه**

سر تا پای نامه، زشتی و گناه، استهزا و طعنه بر اهل طریقت است.

---

۱ - **گَندنا و کوکنار**: تره و خشخاش.

۲ - مراد آنکه به ارادهٔ خداوند در بهار گیاهان و رویدنی‌ها از خواب زمستانی بر می‌خیزند.

۳ - **ده چشمه**: دَه چشمی، چشم هر گناهکار معادل ده چشمه اشک می‌ریزد و چون در این بیت هنوز نامه‌ها نیامده است؛ پس ترجیحاً باید «دَه چشمی» را انتخاب کنیم که مفهوم نگرانی و بیم عمیق را دارد.

۴ - **مُسْتَقَر**: محلّ استقرار، جهنّم.   ۵ - **زَپ**: آسان، سهل.

۶ - **سرسیه**: سراسر سیاه، حاکی از جُرم و تبه‌کاری.   ۷ - **صدّیق**: مرد حق، سالک.

۸ - **تَسْخَر**: مسخره کردن.   ۹ - **خُنبک زدن**: دنبک زدن، مجازاً به معنی مسخره کردن.

آن دغـــــل‌کاری و دزدی‌هـــایِ او وآن چـو فـرعونان اَنـا و اَنّـایِ[1] او ۱۸۰۹

حیله‌گری‌ها، دزدی‌ها، خودمحوری‌ها و من من گوییهایش همه ضبط شده است.

چون بخوانَد نـامهٔ خـود آن ثـقیل[2] داند او که سویِ زندان شد رَحـیل[3] ۱۸۱۰

هنگامی که فردِ گناهکار نامهٔ خود را بخوانَد، می‌دانَد که باید به دوزخ روانه شود.

پس روان گردد چو دزدان سویِ دار[4] جُـــرمْ پـــیدا، بســته راهِ اعــتذار[5] ۱۸۱۱

جرمِ آشکار است و راهِ بهانه بسته؛ پس باید بسان دزدان به سوی دار برود و کیفر ببیند.

آن هــزاران حــجّت و گــفتارِ بـد بر دهانش گشته چون مِسمارِ[6] بـد ۱۸۱۲

دلیل تراشی‌هایِ او برای توجیه کارهای زشت و سخنان ناهنجار، همانندِ میخی محکم دهانش را می‌بندد.

رَخت دزدی بر تن[7] و در خانه‌اش گشته پـیدا، گـم شـده افسـانه‌اش[8] ۱۸۱۳

وضعیّت او، همانند دزدی است که لباس مسروقه را بر تن دارد و کالای دزدی در خانه‌اش یافت شده و پندارهایش نقش بر آب است.

پس روان گـردد بـه زنـدانِ سَعیر[9] کــه نــباشد خـار را ز آتش گـزیر ۱۸۱۴

پس او را به دوزخ می‌برند؛ زیرا خار سرنوشتی جز سوزاندن ندارد.

چون مُوکَّل[10] آن ملایک پیش و پس بوده پنهان، گشته پیدا چون عَسَس[11] ۱۸۱۵

فرشتگان، همانند مأموران در پیشاپیش و پشتِ سر او حرکت می‌کنند. آنان قبلاً هم بودند؛ امّا دیده نمی‌شدند؛ ولی اینک آشکار شده‌اند.

می‌بَرَنْدَش، می‌سُپوزَنْدَش[12] به نیش[13] که:برو ای سگ به کَهدان‌هایِ[14] خویش ۱۸۱۶

مأمورانِ حق او را می‌برند و به پیش می‌رانند و می‌گویند: ای سگ، به لانهٔ خودت برو.

---

۱ - **أَنا و إِنّا :** من و مایی، خودبینی یا خودپرستی: اشارتی قرآنی؛ نازعات: ۲۴/۷۹: أَنَا رَبُّکُمُ الأَعْلیٰ : من پروردگار برتر شما هستم. ر.ک: ۲۴۶۵/۱. ۲ - **ثقیل :** اینجا کسی که بار جرایم و گناهانش سنگین است.

۳ - **رَحیل :** کوچنده، روانه. ۴ - مصراع اوّل: یعنی باید کیفر ببیند. ۵ - **اِعتذار :** عذر آوردن.

۶ - **مِسمار :** میخ. ۷ - **رخت دزدی بر تن :** جُرمش آشکار شده.

۸ - **گم شده افسانه اش :** توجیهات و پندارهایی که در دنیا داشته اینک نقش بر آب شده. ۹ - **سَعیر :** دوزخ.

۱۰ - **مُوکّل :** مأمور. ۱۱ - **عَسَس :** شبگرد، پاسبان. ۱۲ - **می‌سپوزند :** از سُپوختن به معنی فروکردن.

۱۳ - **می‌سپوزَنَدَش به نیش :** به پیش می‌رانند در حالی که هُل می‌دهند یا سیخونک می‌زنند.

۱۴ - **کَهدان :** کاهدان، لانه.

مـی‌کَشَد پـا بـر سرِ هـر راه او[۱] تا بُـوَد کـه بـر جَـهَد زآن چـاه او[۲] ۱۸۱۷

پا را به زمین می‌کشد؛ یعنی آرام یا کُند می‌رود، شاید از عذاب نجات یابد.

مـنتظر مـی‌ایسـتد تـن مـی‌زند[۳] در امـیدی رُوی واپس مـی‌کند ۱۸۱۸

منتظر می‌مانَد. از رفتن خودداری می‌کند و به امیدی به پشتِ سرِ خود نگاه می‌کند.[۴]

اشک مـی‌بارد چـون بـارانِ خـزان خشک اومیدی چه دارد او جز آن؟ ۱۸۱۹

مثل باران پاییزی اشک می‌ریزد و امّید بی‌حاصلی دارد.

هـر زمـانی رُوی واپس مـی‌کُند رُو بـه درگـاهِ مـقدّس مـی‌کند ۱۸۲۰

هر لحظه به پشتِ سرِ خود می‌نگرد و به درگاه پاک خداوند روی می‌کند.

پس ز حق اَمر آیـد از اقـلیم نـور[۵] که بگوییدش که: ای بَطّالِ عُـور[۶] ! ۱۸۲۱

سپس از پیشگاه خداوند فرمان می‌رسد که به او بگویید: ای بی‌کارهٔ عریان،

انـتظارِ چـیستی؟ ای کـانِ شـر! رُو چه واپس می‌کُنی؟ ای خیره سر! ۱۸۲۲

ای معدنِ شرارت، در انتظار چه هستی؟ ای پریشان حال، چرا به پشت نگاه می‌کنی؟

نامه‌ات آن است کِت آمد بـه دست ای خـداآزار[۷] و ای شـیطان‌پَرَست! ۱۸۲۳

ای آزارندهٔ خدا، ای شیطان‌پرست، نامه‌ات همان است که به دستت داده‌اند.

چـون بـدیدی نـامهٔ کـردارِ خـویش چه نْگری پس، بین جزایِ کارِ خویش ۱۸۲۴

نامهٔ اعمالت را که دیده‌ای، چرا به پشتِ سر نگاه می‌کنی؟ سزای کردارت را ببین.

بـیهُده چـه مُـول مُـولی[۸] مـی‌زنی در چنین چَـهْ[۹] کـو امـیدِ روشـنی؟ ۱۸۲۵

چرا بیهوده درنگ می‌کنی؟ در چنین چاهی امید به کدام روشنایی داری؟

---

۱ - مصراع اوّل: پای خود را عقب می‌کشد؛ یعنی آهسته می‌رود، کُند می‌رود.

۲ - **بَرجَهَد زآن چاه او**: شاید از عذاب بِرَهد. ۳ - **تن زدن**: سر باز زدن.

۴ - شاید شفیعی برسد یا فَرَجی حاصل شود. ۵ - **اقلیم نور**: پیشگاه حق.

۶ - **بَطّالِ عُور**: کسی که عمری را به بطالت گذرانده و از اعمال نیک و طاعات عاری و برهنه است.

۷ - **خداآزار**: کسی که با اوامر حق می‌ستیزد. ۸ - **مُول مُول**: درنگ کردن.

۹ - **در چنین چَهْ**: چاهی از تبه‌کاری‌ها و فساد.

نــه تــو را از رویِ ظـاهر طـاعتی　　　نــه تــو را در سِــرّ و بـاطن نـیّتی ۱۸۲۶

نه در ظاهر طاعت داشته‌ای و نه در باطن نیّت خیر.

نه تـو را شب‌هـا مـناجات و قـیام　　　نـه تـو را در روز پـرهیز و صـیام[1] ۱۸۲۷

نه شب‌ها به راز و نیاز و نماز پرداختی و نه روزها به تقوا و روزه.

نــه تـو را حـفظِ زبـان ز آزارِ کس　　　نه نظر کردن به عبرت پیش و پس[2] ۱۸۲۸

نه زبان خود را از آزارِ خلق نگه داشتی و نه به چشمِ عبرت به آینده و گذشته نگریستی.

پیش چه بْوَد؟ یادِ مرگ و نزعِ[3] خویش　　　پس چه بـاشد؟ مُـردنِ یـاران ز پـیش ۱۸۲۹

نگریستن به پیش چیست؟ اینکه یادِ مرگ باشی. نگریستن به پس هم عبرت از مرگِ یاران است.

نه تو را بر ظـلم تـوبهٔ پـر خـروش　　　ای دغـا[4] گـندم‌نمایِ جـوفروش[5] ! ۱۸۳۰

ای نادرستِ ریاکار، هرگز از ظلمی که کردی، پشیمان نشدی و توبه و ناله نکردی.

چـون تـرازویِ تـو کـژ بـود و دغـا　　　راست چون جویی ترازویِ جزا[6] ؟ ۱۸۳۱

چون ترازوی تو معیوب و ناراست بود، چرا توقّع داری ترازوی سنجش اعمالت راست باشد؟

چونکه پایِ چپ بُدی[7] در غَدر و کاست[8]　　　نـامه چـون آیـد تـو را در دست راست؟ ۱۸۳۲

تو که با نقض عهد و ناراستی منحرف بودی، چگونه نامهٔ اعمال را به دست راستت بدهند؟

چون جزا سایه‌ست، ای قدِّ تو خَم[9]　　　سـایهٔ تـو کـژ فُـتد در پـیش هـم ۱۸۳۳

ای گناهکار، سزایِ اعمال، همانندِ سایه همراه توست. سایه در برابرت کج و خمیده است.

زیــن قِــبَل آیـد خِـطاباتِ درشت　　　که شود کُهْ را از آن هـم کُـوزپُشت ۱۸۳۴

از سوی بارگاه الهی سرزنش‌های تندی می‌رسد که کمر کوه هم خم می‌شود.

---

۱ - **صیام** : روزه.

۲ - از مرگ دیگران عبرت نگرفتی که مرگِ خودت را در آینده باور کنی و در موردش بیندیشی.

۳ - **نزع** : حال جان کندن.　　۴ - **دغا** : دغل و ناراست، فریبکار.

۵ - **گندم‌نمای جوفروش** : متظاهر، کنایه از باطنِ بد و ظاهر آراسته است.

۶ - مراد آنکه: چون بدی کرده‌ای، چرا توقّع پاسخ نیک داری؟

۷ - **پایِ چپ بُدی** : منحرف بودی، به سوی انحراف رفتی.　　۸ - **غَدر و کاست** : نقض عهد و ناراستی.

۹ - **قدِّ تو خَم** : خمیده قامت، سرافکنده، گناهکار.

بنده گوید: آنچه فرمودی بیان   صد چنانم، صد چنانم، صد چنان ۱۸۳۵

بنده می‌گوید: پروردگارا، از آنچه که فرمودی، صد بار بدتر هستم، صدبار، صد بار.

خود تو پوشیدی بَتَرها را به حلم   ورنه می‌دانی فضیحت‌ها به علم[1] ۱۸۳۶

تو با بردباری عیوب بدتر مرا پوشاندی، وگرنه از رسوایی‌هایم به خوبی آگاه هستی.

لیک بیرون از جهاد و فعلِ خویش   از ورایِ خیر و شرّ و کفر و کیش ۱۸۳۷

امّا صرف نظر از سعی و عملِ خود، و از نیکی و بدی و کفر و ایمان،

وز نیازِ عاجزانهٔ خویشتن   وز خیال و وهمِ من یا صد چو من ۱۸۳۸

و صرف نظر از نیازِ عاجزانه و خیال و پندارِ من یا صدها تن همانند من،

بودم اومیدی به محضِ لطفِ تو   از ورایِ راست‌باشی[2] یا عُتو[3] ۱۸۳۹

صرف نظر از فرمانبرداری و یا نافرمانی‌ام، فقط به لطفِ محض تو امیدوار بودم.

بخششِ محضی[4] ز لطفِ بی‌عوض[5]   بودم اومید، ای کریمِ بی‌غرض[6]! ۱۸۴۰

ای کریمِ بی‌غرض، به بخششِ محض و فضلِ تو امید داشتم.

رُو سپس کردم بدآن محضِ کَرَم   سویِ فعلِ خویشتن می‌ننگرم ۱۸۴۱

به سبب آن بخششِ محض پشت سرم را می‌نگریستم، نه اعمالِ خودم.

سویِ آن اومید کردم رویِ خویش   که وجودم داده‌ای از پیش پیش ۱۸۴۲

روی به سوی امیدی برگرداندم که موجب شده بود به من پیشاپیش هستی ببخشی.

خلعتِ هستی[7] بدادی رایگان   من همیشه معتمِد بودم بر آن ۱۸۴۳

هستی را هم تو به من رایگان عطا کردی و همیشه به این عطا اعتماد داشتم.

---

۱ - علمِ الهی بر همه چیز واقف است و رسوایی‌های مرا نیز می‌دانَد.

۲ - **راست‌باشی** : فرمانبرداری، اطاعت.   ۳ - **عُتو** : نافرمانی.

۴ - **بخششِ محض** : بخششی که صرفاً برای بخشش است.

۵ - **لطفِ بی عوض** : فضلِ الهی، لطف و بخششِ بیش از استحقاق.

۶ - **کریمِ بی‌غَرَض** : کریمی که کَرَمش محضِ کریم بودن است، کَرَمِ بی‌علّت.

۷ - **خِلعتِ هستی** : جامهٔ هستی.

چون شمارد جُرم خود را و خطا محضِ بخشایش در آید در عطا[1] ۱۸۴۴

هنگامی که بنده گناه و تقصیرِ خود را بر می‌شمارد، فضلِ الهی شاملِ حالش می‌شود.

کِای ملایک! باز آریدش به ما که بُده‌ستش چشمِ دل سویِ رجا[2] ۱۸۴۵

خطاب می‌رسد: ای فرشتگان، او را برگردانید؛ زیرا چشمِ دلش به ما امیدوار بوده است.

لاأُبالی‌وار[3] **آزادش کنیم و آن خطاها را همه خط بر زنیم**[4] ۱۸۴۶

صرف نظر از هر چیز آزادش می‌کنیم و بر خطاهایش قلم عفو می‌کشیم.[5]

لاأُبالی مر کسی را شد مُباح کِش زیان نَبْوَد ز غَدر[6] **و از صلاح** ۱۸۴۷

در مقامِ خداوند که از «خوبی و بدی» یا «خیر و شرِ» خلق به او سود و زیانی نمی‌رسد، رحمتِ صرف مباح است؛ یعنی جایز است که رحمتش شامل حال همه بشود.

آتشی خوش برفروزیم از کَرَم تا نماند جُرم و زَلّت[7]**، بیش و کم** ۱۸۴۸

آتشی از بخششِ الهی بر می‌افروزیم تا همهٔ گناهان بنده بسوزد.

آتشی کز شعله‌اش کمتر شرار می‌بسوزد جُرم و جبر و اختیار ۱۸۴۹

آتشی که کمترین شرارهٔ شعله‌اش، گناه و جبر و اختیار را می‌سوزاند.

شعله در بنگاهِ انسانی[8] **زنیم خار را گُلزارِ روحانی کنیم** ۱۸۵۰

وجه مادّی حیات آدمی را می‌سوزانیم تا وجه غیر مادّی که جان مجرّد است، بمانَد.

---

۱ - مشمول لطف و احسان می‌شود. ۲ - **رَجا**: امید به لطف الهی.

۳ - **لاأُبالی‌وار**: بدون توجّه به گناه، صرف نظر از هر چیز «نیکی و بدی، گناه و ثواب، خیر و شرّ»، بدون توجّه به هر چیزی، از تعبیراتِ مثنوی است.

۴ - احتمالاً اشاره به حدیثی نبوی است با این مضمون: مرا باکی نیست که گروهی بهشتی باشند و گروهی جهنمی. و یا اشاره به روایتی با این مضمون: خداوند می‌فرماید: بنده‌ای که بداند می‌توانم گناهانش را بیامرزم تا مُشرک نشود، او را می‌آمرزم و این برای من امری عادی است: ر.ک. احادیث، ص ۴۶۷.

۵ - رحمت عام حق در پایانِ حجابِ جهل و غفلت و انکار را که عذاب دوزخ را تشکیل می‌دهد و اشقیا را از سعادت مانع می‌شود، برطرف می‌سازد: ر.ک. مثنوی معنوی مولوی، ج ۵، ص ۱۸۳۶. ۶ - **غَدر**: نیرنگ.

۷ - **زَلّت**: لغزش. ۸ - **بنگاهِ انسانی**: بنیادِ حیاتِ مادّی.

ما فرستادیم از چرخ نُهم[1] کیمیا[2]، یُصْلِحْ لَکُم اَعْمالَکُم[3] ۱۸۵۱

ارادهٔ الهی ما چنین است که کیمیای قدرتِ حق اعمال شما را اصلاح کند.

خود چه باشد پیش ِ نورِ مُسْتَقَر[4] کَرّ و فَرّ اختیارِ بوالبَشَر[5] ؟ ۱۸۵۲

در برابر هستیِ حقیقیِ خداوند، هستیِ غیر حقیقیِ آدمی و اختیار او چه شأنی دارد؟

گوشتْ پاره آلتِ گویایِ او پیه‌پاره[6] مَنْظَرِ بینایِ او ۱۸۵۳

با تکّه گوشتی سخن می‌گوید و با تکّه‌ای پیه می‌بیند.

مَسمَع[7] او آن دو پاره استخوان مَدْرَکش[8] دو قطره خون یعنی جَنان[9] ۱۸۵۴

با دو قطعه استخوان می شنود و به کمک دو قطره خون، یعنی «دل»، حسّ و درک می‌کند.

کِرْمَکیّ و از قَذَر[10] آگنده‌ای[11] طُمطُراقی[12] در جهان افکنده‌ای ۱۸۵۵

ای آدمی، وجه مادّی وجودت، همانندِ کِرمِ کوچکی حقیر و پُر از پلیدی است و از سرِ جهل و نادانی چه هیاهویی در جهان برپا کرده است.

از مَنی[13] بودی، مَنی را واگذار ای ایاز! آن پوستین را یاد دار[14] ۱۸۵۶

تو از «منی» به وجود آمده‌ای، خودبینی را رها کن. ای ایاز، پوستین را به یاد داشته باش.

---

۱ - **چرخ نهم** : بارگاهِ الهی، عرشِ الهی.

۲ - **کیمیا** : مراد قدرتِ مطلق خداوند است که می‌تواند اعمال بد را به اعمال نیک بَدَل کند.

۳ - یُصْلِح لَکُمْ اَعْمالَکُم: اعمالتان را اصلاح کند: قرآن: احزاب: ۳۳/۷۱-۷۰: ای مؤمنان از خداوند پروا کنید و سخنی درست و استوار بگویید تا اعمالتان را صالح بدارد....

۴ - **نورِ مستقر** : نور الهی، نور سرمدی الهی، هستیِ مطلق. ۵ - **بوالبشر** : مطلق انسان.

۶ - **پیه پاره** : چشم، قدما می‌پنداشتند که ساختمان و بافت چشم از پیه است. ۷ - **مَسْمَع** : گوش.

۸ - **مَدْرَک** : محلّ ادراک. ۹ - **جَنان** : دل، قلب. ۱۰ - **قَذَر** : ناپاکی و پلیدی.

۱۱ - **آگنده** : پُر، سرشار.

۱۲ - **طُمطُراق** : (طُم و طُراق) ترکیبی از دو اسم صوت که اصطلاحاً به معنی شکوه و جلال است.

۱۳ - **مَنی** : آبِ منی. ۱۴ - مراد آنکه: تو هم مانند ایاز به یاد داشته باش که از کجا به کجا رسیده‌ای.

قصّهٔ ایاز [۱] و حُجره [۲] داشتنِ او جهتِ چارُق و پوستین، و گمان آمدنْ خواجه‌تاشانَش [۳] را که او را در آن حُجره دفینه [۴] است، به سبب محکمیِ در و گرانیِ [۵] قفل [۶]

«ایاز»، غلامِ ترکمانِ صدّیق و خوش سیمایِ سلطان محمود غزنوی [۷] که امیرِ مقرّبِ بارگاه نیز به شمار می‌رفت، در کاخِ سلطان حُجره‌ای داشت که همواره بسته بود. او همه روزه نهانی بدان جایگاه می‌رفت و زمانی را در آنجا می‌ماند. خبر به سلطان بردند که ایاز چنین حُجره‌ای دارد که بی شک زرّ و لعل و عقیق بسیار در آن نهاده است و کس را بدان مکان راه نمی‌دهد. سلطان علی‌رغم آنکه در حقّ ایاز گمان بدی نداشت و او را از هر آلایشی پاک می‌دانست، امیری را فرمان داد که در نیمه‌های شب حُجره را بگشا و پنهانی به آنجا برو و هرچه را یافتی به یغما بِبَر و راز او را بر ندیمان افشا کن. امیر چنان کرد و عدّه‌ای را با خویش برد و جز چارقی کهنه و پوستینی مُندرس هیچ نیافت و پس از کندوکاوی بیهوده در هر سوی حُجره سرافکنده و شرمسار بازگشت.

سلطان که این بُهتان را تهمتی بر آبروی ایازِ محبوب که خِصال نیکش رشک مَلَک است، می‌دانست، از خودِ ایاز خواست که بر مُجرمان حُکم برانَد؛ امّا ایاز که وجود خویش را در

---

۱ - **ایاز**: اسم ترکی به معنی روشن و زیبا. ۲ - **حُجره**: اتاق.

۳ - **خواجه تاش**: دو غلام که ارباب واحدی دارند، اینجا همردیفان، اُمرا. ۴ - **دفینه**: گنجینه.

۵ - **قفلِ گران**: قفل محکم.

۶ - مأخذ آن را حکایتی در اسرار التوحید، چاپ تهران، ص ۲۰۹ دانسته‌اند که در طیّ آن جولاهه‌ای (بافنده‌ای) که به وزارت رسیده بود، هر روز به تنهایی در خانه‌ای می‌شد و زمانی در خلوت بود و چون روزی خبر به امیر رسید، در پیِ او به خانه وارد گشت و جز گویِ جولاهگان در آن مکان هیچ نیافت. او در پاسخ امیر گفت: ما ابتدای خویش فراموش نکرده‌ایم، هرچه اکنون هست، از دولت امیر است. امیر انگشتر خویش به او داد و گفت: تا کنون وزیر بودی، اکنون امیری. همچنین شیخ عطّار نیز این حکایت را در مصیبت‌نامه منظوم فرموده که به روایت مولانا نزدیک‌تر است. محقّقان معتقدند که مأخذ این هر دو حکایت، روایتی است در حلیة الاولیاء، ج ۵، ص ۲۹۱، که بر اساس آن عمر بن عبدالعزیز همواره نیمه شب جامه‌های خشن را بر تن می‌کرد و غل و زنجیری بر گردن می‌افکند و به عبادت و مناجات می‌پرداخت و تا سپیدهٔ صبح می‌گریست: احادیث، صص ۴۶۹-۴۶۷.

۷ - سلطان محمود غزنوی (۴۲۱-۳۶۰ هـ.ق.) اوّلین پادشاه مستقل و بزرگترین فرد خاندان غزنوی که به سبب کثرت فتوحات و شکوه دربار در تاریخ اسلام بسیار معروف شده، مخصوصاً به دلیلِ غنایمی که از هند آورده است. کثرت عُلما و شعرای دستگاه او که از برجسته ترین آنان ابوریحان بیرونی و عنصری بلخی و فرخی سیستانی‌اند، نامِ او را در اکناف عالم مشهور کرده است. فردوسی توسی حماسه‌سرایِ گران‌قدر نیز معاصر وی بوده است.

برابر آفتاب تابناک وجود سلطان فانی می‌یافت و در محضر او اظهار وجود نمی‌کرد، شرح داد که منِ مسکین که سراپای وجودم وفاداریِ خاصّ نسبت به سلطان است، چارق و پوستینی را که روز نخست با آن به دربار آمده‌ام، نگه داشتم و همه روزه با آن خلوتی می‌کردم تا اصل خویش را و این که از کجا به کجا رسیده‌ام، فراموش نکنم و حُرمتی که سلطان در حقِّ بندهٔ خاصّ خود روا می‌دارد، به غرور مبتلایم نسازد.

«حکایت ایاز و حجرهٔ او، در تاریخ ظاهراً مستندی ندارد و صورتی از یک داستان عامیانه است در باب بزرگان نودولتِ خویشتن‌شناس. در هر حال در ارتباط با ایاز، قبل از مولانا و مثنوی، در مرصادالعباد نجم‌الدّین رازی هم اشارتی هست. داستان محمّد علی بیگ، ناظرِ شاه صفی هم در روایت تاورنیه سیّاح فرانسوی عصرِ صفویه، ناظر به همین گونه حکایات است.

در قصّه‌های مربوط به ایاز در مثنوی و بوستان شیخ سعدی و مثنویّات عطّار، ایاز معمولاً نمونهٔ کمال آداب‌دانی است. داستان عشق سلطان غزنه در حقِّ غلام ترک‌نژاد خویش منشأ قصّه‌های بسیار شده است. فرّخی به این عشق اشارت دارد و در چهار مقالهٔ نظامی عروضی نیز مذکور است. از تاریخ بیهقی چنان بر می‌آید که اوایل حال، در بین هفت، هشت غلام ماهروی که ساقیان سلطان بوده‌اند، ایاز از همه مقبول‌تر بوده است. به هر حال در روایاتِ صوفیه و اکثر شاعران بعد، ایاز تجسّم کمالِ باطنی و ظاهری است[1] که آن را به اشارت کریمهٔ يُحِبُّهُمْ وَ يُحِبُّونَهُ، مائده: ۵۴/۵، مبتنی کرده‌اند و در این طرز تلّقی که در سوانحِ احمدِ غزّالی هم قریب به همین معنی آمده، این رابطهٔ محبّت نمادی از مفهوم محبّت بین عبد و حق دانسته شده است؛ البتّه قصیدهٔ فرّخی و حکایتی در چهار مقاله، جنبهٔ نَفْسانی آن را نفی نمی‌کند. ابوالنّجم ایاز، که نام وی آیاز یا آیّاز و ایاس هم آمده، بعدها در دستگاه سلطان به مرتبهٔ امارت رسیده و در عهدِ مسعود هم منشأ خدمات شده است.[2]

سِرّ سخن اجتناب از غرور و انانیّت در این دارالغرورِ جهان محسوسات است و در بیانِ این معنا است که آدمی معجونی است از «ناسوت» و «لاهوت»، و این هستیِ موهومی غرورآفرین است؛ پس تو ای آدمی، اصل خویش را که جز نطفه‌ای و خونی نیست، همواره یادآوَر و کِبری را که ابلیس بدان مهجور و ملعون‌گشت از خود دور بدار و بدان که از منی بودی پس منی را واگذار **«ای ایاز! آن پوستین را یاد دار»**.

۱۸۵۷ **آن ایاز از زیرکی انگیخته پوستین و چارقش[3] آویخته**

ایاز زیرک و هوشیار پوستین و چارقش را در اتاقی آویزان کرده بود.

۱۸۵۸ **می‌رود هر روز در حُجرهٔ خلا چارقت این است، منگر در عُلا**

هر روز به اتاق خلوت می‌رفت و به خود می‌گفت: چارقت این است، مغرور نشو.

---

۱ - سِرّ نی، صص ۳۰۹ و ۳۱۰. ۲ - بحر در کوزه، صص ۴۴۸ و ۴۴۹ با تصرّف و تلخیص.

۳ - **چارق** : کفش چوپانان یا چاپاران قدیمی است که با بند و تسمه‌های بلند به ساق پا بسته می‌شد.

شاه را گـفتند: او را حُـجره‌ای‌ست   اندر آنجا زرّ و سیم و خُمره‌ای‌ست ۱۸۵۹

به شاه گفتند: او اتاقی دارد که در آن سیم و زرّ و خمرهٔ جواهرات را پنهان کرده است.

راه مـــی‌نَدْهد کســـی را انـــدر او   بســـته مـــی‌دارد هـــمیشه آن در او ۱۸۶۰

کسی را به آنجا راه نمی‌دهد. همیشه در اتاق را بسته نگه می‌دارد.

شاه فرمود: ای عـجب! آن بـنده را   چیست خود پنهان و پوشیده ز ما؟ ۱۸۶۱

شاه فرمود: آن بنده چه چیزی دارد که از ما نهان می‌دارد؟

پس اشارت کـرد مـیری را کـه: رو   نیم‌شب بگشای و اندر حُجره شـو ۱۸۶۲

پس به امیری فرمان داد که نیمه شب برو و درِ اتاق را بگشا.

هرچه یابی مر تـو را، یـغماش کـن   سِـــرِّ او را بـــر نـــدیمان فـاش کـن ۱۸۶۳

هرچه یافتی به تاراج ببر و اسرارش را به نزدیکان افشا کن.

بـــا چـنین اِکـرام و لطـفِ بی‌عدد   از لئـیمی سـیم و زر پـنهان کـند ۱۸۶۴

با این همه احسان و مهربانیِ بی نظیر، او از فرومایگی سیم و زر انبار می‌کند.

می‌نماید او وفـا و عشـق و جـوش   وآنگـــه او گـــندمْ‌نمایِ جـــوفروش ۱۸۶۵

از خود عشق و وفا، شور و شوق نشان می‌دهد، آنگاه ریا می‌ورزد.

هـــر کـه انـدر عشـق یـابد زنـدگی   کـــفر بـاشد پـیش ِ او جـز بـندگی ۱۸۶۶

هر کسی که زندگی را در عشقِ معشوقی بیابد، باید هستی‌اش را فدای بندگیِ او کند.

نـــیم‌شب آن مـــیر بـا سـی مُـعْتَمَد   درگشـــــادِ حُـــجرهٔ او رای زد ۱۸۶۷

آن امیر با سی نفر از افراد قابل اعتماد نیمه شب در مورد گشودن درِ اتاق ایاز مشورت کرد.

مَشـــعله بـر کـرده چـندین پـهلوان   جـــانبِ حُـــجره روانـــه، شـادمان ۱۸۶۸

افراد نیرومندی با مشعل‌های فروزان و شادمان به سوی حجرهٔ ایاز روانه شدند.

که امرِ سلطان است بر حُجره زنیم هر یکی هَمْیانِ¹ زر در کَش² کنیم	۱۸۶۹

با خود می‌گفتند: فرمان سلطان است که به اتاق ایاز حمله کنیم و کیسه‌های زر را برداریم.

آن یکی می‌گفت: هی! چه جای زر؟ از عقیق و لعل گوی و از گُهَر	۱۸۷۰

یکی از آنان می‌گفت: زر چیست؟ از عقیق، لعل و جواهر بگو.

خاصِ خاصِ مخزنِ سلطان وی است بلکه اکنون شاه را خود جان وی است	۱۸۷۱

او نه فقط خزانه‌دار است، بلکه اکنون به منزلهٔ جانِ شاه به شمار می‌آید.

چه محل دارد به پیشِ این عشیق³ لعل و یاقوت و زُمرّد یا عقیق؟	۱۸۷۲

در برابر چنین معشوقی، لعل و یاقوت یا زمرّد و عقیق چه ارزشی دارد؟

شاه را بر وی نبودی بدگمان تَسْخَری می‌کرد بهرِ امتحان	۱۸۷۳

شاه به او اعتماد داشت. بداندیشان را دست می‌انداخت و می‌خواست آنان را رسوا کند.

پاک می‌دانستش از هر غِشّ و غِل⁴ باز از وَهْمش⁵ همی لرزید دل	۱۸۷۴

ایاز را از هر آلایشی پاک می‌دانست؛ امّا در هر حال از خیال باطل دلش می‌لرزید.

که: مبادا کین بُوَد، خسته شود⁶ من نخواهم که بر او خِجلت رود	۱۸۷۵

که مبادا راست بگویند و ایاز صدمه ببیند. نمی‌خواهم خجالت‌زده شود.

این نکرده‌ست او، و گر کرد او رواست هرچه خواهد،گو: بکن، محبوبِ ماست	۱۸۷۶

او چنین نکرده و اگر هم هر کاری کرده باشد، مجاز است؛ زیرا محبوبِ ماست.

هر چه محبوبم کند، من کرده‌ام او منم، من او، چه گر در پرده‌ام	۱۸۷۷

هر چه معشوقم بکند، من کرده‌ام. او منم و من او، هرچند که این وحدت عیان نیست.

۱- هَمیان: کیسهٔ چرمی که در آن پول یا طلا و جواهر می‌گذاشتند. ۲- کَش: بغل، آغوش.
۳- عشیق: معشوق. ۴- غِشّ و غِل: نادرستی و آلودگی. ۵- وَهم: پندار، خیال باطل.
۶- خسته شدن: آسیب دیدن، صدمه دیدن.

بــاز گـفتی: دور از آن خُـو و خـصال   این چنین تخلیط[۱]، ژاژ[۲] است و خیال ۱۸۷۸

باز می‌گفت: این کار از اوصاف ایاز به دور است. این سخنان بیهوده و خیالات را برای خراب کردن ایاز به هم بافته‌اند.

از ایاز این خود مُحال است و بعید   کو یکی دریاست، قعرش نـاپدید[۳] ۱۸۷۹

چنین کاری از ایاز غیرممکن است؛ زیرا او همانند دریایی است که عمقش ناپیداست.

هفت دریـا[۴] انـدر او یک قـطره‌یی   جملهٔ هستی ز مـوجش چَکـره‌یی[۵] ۱۸۸۰

تمام دریاها در برابر عظمتِ او قطره‌ای بیش نیستند و موجودات چکّه‌ای از هستیِ او هستند.

جــمله پـاکـی‌ها از آن دریـا بَـرَند   قطره‌هااَش یک به یک مـیناگـرند[۶] ۱۸۸۱

پاکیِ تمام موجودات از پرتوِ پاکیِ دریایِ وجودِ اوست؛ زیرا همهٔ هستی‌اش کیمیاست.[۷]

شاهِ شـاهان است و بـلکه شـاه‌ساز   وز بــرای چشـمِ بـد نـامش ایـاز ۱۸۸۲

او شاهِ همهٔ شاهان، بلکه به وجود آورندهٔ شاه است که برای دفعِ چشمِ بد نامش ایاز است.[۸]

چشم‌هایِ نیک[۹] هم بر وی بـد است   از رهِ غیرت، که حُسنش بی حد است ۱۸۸۳

حتّی چشمِ نیکان هم ممکن است به او صدمه بزند؛ زیرا جمال، کمال و تقرّب او موجب غیرت و حَسَدِ آنان می‌شود.[۱۰]

یک دهان خواهم به پهنایِ فلک[۱۱]   تا بگویم وصفِ آن رشکِ مَـلَک[۱۲] ۱۸۸۴

دهانی به پهنای فلک می‌خواهم تا اوصاف او را که مایهٔ حسرت فرشتگان است، بگویم.

---

۱ - **تخلیط** : در هم آمیختن، اینجا توسّط سخنانی که به هم ببافند و بخواهند کسی را خراب کنند.
۲ - **ژاژ** : بیهوده.
۳ - اوصافی که در این پنج بیت برای ایاز برشمرده می‌شود، اوصافِ عارفِ کاملِ واصل است.
۴ - هفت دریا: ر.ک: ۱۳۸۱/۱.   ۵ - **چَکره** : چکّه.   ۶ - **میناگر** : اینجا کیمیاگر.
۷ - وجودِ عارفِ کاملِ مکمل همانند کیمیایی است که می‌تواند مسِ وجود سالک را به زر بَدَل کند.
۸ - یعنی در این مرتبه قرارگرفته است.   ۹ - **چشم هایِ نیک** : چشمِ نیکان، چشمِ سالکانِ متعالی.
۱۰ - زیرا جمال، کمال و تقرّب فراوان آرزوی دیرینهٔ همهٔ رهروان راه حقّ است.   ۱۱ - **فَلَک** : آسمان.
۱۲ - سخنانِ خودِ مولاناست در مورد انسانِ کاملِ مکمل.

ور دهان یابم چنین و صد چنین   تنگ آید در فغانِ این حَنین[1] ۱۸۸۵

اگر چنین دهانی داشته باشم یا صدها برابر آن، باز هم برای نالهٔ درونم که ناگزیر باید این سخنان را بگوید، تنگ است.

این قَدَر هم گر نگویم، ای سَنَد[2] !   شیشهٔ دل از ضعیفی بشکند[3] ۱۸۸۶

ای شخص مورد اعتماد، اگر همین مقدار را هم نگویم، شیشهٔ دلم از نازکی می‌شکند.

شیشهٔ دل را چو نازک دیده‌ام   بهرِ تسکین بس قبا بدریده‌ام[4] ۱۸۸۷

چون بی‌طاقتی‌هایِ دلم را دیدم، برای آرام کردنش به شرحِ اوصافِ محبوب پرداختم.

من سرِ هر ماه سه روز ای صنم!   بی‌گمان باید که دیوانه شوم[5] ۱۸۸۸

ای یار، من سرِ هر ماه بی تردید سه روز شوریدگیِ جنون مانندی دارم.

هین! که امروز اوّلِ سه روزه است   روزِ پیروز است، نه پیروزه[6] است ۱۸۸۹

بدان که امروز اوّلین روزِ آن است. روز پیروزیِ غَلَیانِ عشقِ الهی است، نه پیروزیِ دنیوی.

هر دلی کاندر غمِ شه می‌بُوَد[7]   دم به دم او را سرِ مَهْ می‌بُوَد ۱۸۹۰

عاشقِ حق همواره شوریده و بی‌قرار است.

قصّهٔ محمود و اوصافِ ایاز[8]   چون شدم دیوانه، رفت اکنون ز ساز ۱۸۹۱

جذبهٔ شدیدِ حق سبب شده است که قصّهٔ محمود و اوصاف ایاز از نظم بیفتد.

---

۱ - **حَنین :** ناله.   ۲ - **سَنَد :** شخص مورد اعتماد، مخاطب مبهم.

۳ - مصراع دوم: دلم نمی‌تواند این فشار را تحمّل کند.

۴ - **قبا دریدن :** خرقه دریدن، صوفیان در مجالس سماع گاه از شدّت وجد خرقهٔ خود را چاک می‌داده‌اند، اینجا مراد خرقهٔ سخن را دریدن است؛ یعنی سخن گفتن.

۵ - مولانا شدّت تجلیّات و جذبهٔ حق را که موجب استغراقِ عظیم و خوشی و شوریدگیِ گاه غیر قابل تعدیل بوده است، به جنونی مانند می‌کند که تصوّر می‌رفته دیوانگان در آغاز هر ماه بدان مبتلا می‌شوند. در دیوان شمس هم نظایر آن هست: «باز سرِ ماه شد، نوبت دیوانگی‌ست»: با استفاده از: مثنوی معنوی مولوی، ج ۵، ص ۱۸۳۷.

۶ - **پیروزه :** فیروزه، سنگی قیمتی که مردم هنگام مشاهدهٔ ماه نو به آن می‌نگریستند تا تمام ماه را به پیروزی و شادی بگذرانند.   ۷ - **دلی که در غم شاه است :** عاشقِ حق.

۸ - این قصّه در بیت ۳۲۵۲ همین دفتر مجدداً مجال تقریر و پایان می‌یابد.

بیانِ آن که: آنچه بیان کرده می‌شود، صورتِ قصّه[1] است، و آنکه: آن صورتی است که درخوردِ این صورت گیران است[2]، و درخوردِ آینهٔ تصویرِ ایشان،[3] و از قدّوسیّتی که حقیقتِ این قصّه راست، نطق را از این تنزیل شرم می‌آید، و از خجالت سر و ریش و قلم گم می‌کند[4]، وَالعاقِلُ یَکفیهِ الاِشارَة[5]

آنچه گفته می‌شود، ظاهر قصّه است که در خورِ ظاهربینان و در حدِّ قوایِ ذهنیِ آنان است. اگر از قِداستی که باطن این قصّه دارد، سخن بگوییم نطق از این فرود آمدن شرمنده می‌شود و از شرم پریشان می‌گردد. خردمند را اشاره‌ای کافی است.

زانکه پیلم دید هندُستان به خواب[6]　　از خراج[7] اومید بُر، دِه شد خراب ۱۸۹۲

زیرا اینک حالی دارم که نمی‌توانم به ظاهر قصّه بپردازم؛ پس فعلاً به چنین بهره‌ای امیدوار نباش که هستیِ این جهانی‌ام محو شده است.

کَـیْفَ یَأتی النَّظْمُ لی وَ ٱلقافیَه؟　　بَـعْدَ مـا ضاعَتْ اُصُولُ ٱلعافیَه ۱۸۹۳

چون ریشه‌هایِ سلامتیِ ظاهری من تباه شده است، چگونه نظم و قافیه‌ام سالم باشد؟

ما جُنُونٌ واحِـدٌ لی فِی الشُّجُون　　بَلْ جُـنُونٌ فِی جُنُونٍ فِی جُنُون ۱۸۹۴

من در میان غمِ عشق فقط یک جنون ندارم؛ بلکه جنون در جنون در جنون است.

ذابَ جِسْمی مِنْ اِشاراتِ الکُنیٰ　　مُـنْذُ عـایَنْتُ البَـقاءَ فِـی الفَـنا ۱۸۹۵

از روزی که با چشمِ باطن بقا را در فنا دیدم، جسمم به اشاراتِ عالمِ غیب ذوب شده است.

---

۱ - **صورتِ قصّه :** ظاهر قصّه.　۲ - **صورت گیران :** ظاهربینان.

۳ - **در خورد آینهٔ تصویرِ ایشان :** در حدّ قوای ذهنی و درک آنان.

۴ - **سر و ریش و قلم گم کردن :** دست و پای خود را گم کردن، توانایی خود را از دست دادن، پریشان و درمانده شدن.　۵ - مراد آنکه: واژه‌ها و الفاظ از توصیف معانیِ بلند عاجزند.

۶ - **پیلم خواب هندوستان را دیده :** جذبهٔ الهی مرا با زندگی این جهانی بیگانه کرده است.

۷ - مصراع دوم: «خراج» بهره‌هایی است که دیگران از مولانا می‌برند؛ امّا او اینک وجه این جهانی‌اش محو شد «ده خراب شده»؛ پس در حال استغراق، نمی‌تواند پاسخ‌گوی مسئولیّت‌ها باشد.

ای ایاز[۱] ! از عشقِ تو گشتم چو موی ماندم از قصّه، تو قصّهٔ من بگوی ۱۸۹۶

ای ایاز، از عشقت همانندِ موی باریک شده‌ام و از قصّه گفتن باز مانده‌ام؛ پس تو قصّهٔ مرا بگو.

بس فسانهٔ عشقِ تو خواندم به جان تو مرا، کَافسانه گشته‌ستم، بخوان ۱۸۹۷

بارها قصّهٔ عشق تو را از دل و جان برای خود خوانده‌ام، اینک که من در این عشق و در جذبهٔ حق محو یا گم شده‌ام، تو قصّهٔ مرا بخوان.

خود تو می‌خوانی، نه من، ای مقتدیٰ[۲] ! من کُهِ طورم، تو موسی، وین صدا ۱۸۹۸

ای مقتدیٰ، در واقع تو الهام ربّانی را دریافت می‌کنی و می‌گویی؛ زیرا تو همانندِ موسیٰ هستی و من بسان کوه طور که صدایت را به تو باز می‌گردانم.

کوهِ بیچاره چه داند گفت چیست؟ زانکه موسی[۳] می‌بداند، کُهْ[۴] تهی است ۱۸۹۹

کوه نمی‌تواند سخن بگوید، فقط صدا را منعکس می‌کند و از آن درکی ندارد؛ ولی موسی می‌داند که کوه فاقد صوت است.

کوه[۵] می‌داند به قدرِ خویشتن اندکی دارد ز لطفِ روحْ تن ۱۹۰۰

کوه در حدِّ مرتبهٔ خود از هستی درکی دارد. بیش از اندکی از لطف روح در تن جلوه‌گر نمی‌شود.

تن چو اصطرلاب[۶] باشد ز احتساب[۷] آیتی[۸] از روحِ همچون آفتاب[۹] ۱۹۰۱

جانِ سالک همانندِ منجّمی است که می‌خواهد خورشیدِ حقایق را در آسمانِ دلِ خود رَصَد کند و اصطرلاب یا ابزارش برای این کار تنِ اوست که باید برای درکِ حقایق به «جان» کمک کند.

---

۱ - **ایاز** : اینجا مراد حُسام‌الدّین است نه ایازِ سلطانِ محمود؛ زیرا او مخاطبِ خاصّ مثنوی است و اینک که مولانا به سبب جذبه و استغراق، از ظاهر قصّه باز مانده و معانی بلندی را که اکنون در آن مستغرق است، متناسب با قالب تنگ الفاظ و سخن نمی‌یابد، از او کمک می‌خواهد، کسی که مولانا «فسانهٔ عشق او را به جان خوانده است» و برای مولانا محلّ تجلّی انوار حق و یا «انسان کامل واصل» است. ۲ - **مقتدیٰ** : مرشد، پیشوا.

۳ - **موسیٰ** : اینجا نمادی از «مرد حق» که می‌داند القاء یا الهام ربّانی از حق می‌رسد.

۴ - **کُه** : اینجا مولانا خود را به کوه تهی مانند کرده است؛ یعنی همان «نی» یا نایِ تهی که در آغاز مثنوی آمد. مقصود از «تهی بودن»، تهی بودن از هوش یا هوشیاری دنیوی است و پُر بودن از هوشِ آن جهانی.

۵ - **کوه** : مراد طبیعت بشری و قالب جسمانی و وجه مادّیِ نَفْس است.

۶ - **اصطرلاب** : آلتی برای مشاهدهٔ وضع ستارگان و تعیین ارتفاع آن‌ها: ر.ک: ۱۱۰/۱ و ۳۰۲۲/۲.

۷ - **اِحتساب** : محاسبه کردن. ۸ - **آیت** : نشانه. ۹ - **روحِ همچون آفتاب** : روحِ عالیِ عِلْوی.

آن منجّم[1] چون نباشد چشم‌تیز[2]   شرط باشد مردِ اصطرلابْ‌ریز[3] ۱۹۰۲

اگر سالک، استثنایی و دقیق نباشد، وجود استاد برایِ هدایت و امداد الزامی است.

تا صُطُرلابی کند از بهرِ او   تا بَرَد از حالتِ خورشید بو ۱۹۰۳

تا به کمک مرشد، اصطرلابِ تنِ او در خدمتِ جان باشد و به درک حقایق راه یابد.

جان کز اصطرلاب جوید او صواب   چه قَدَر داند ز چرخ و آفتاب؟ ۱۹۰۴

حتّی اگر «جان» بتواند «تن» را به خدمتِ درکِ حقایق در آوَرَد، باز هم ادراکِ او بسیار ناچیز است.

تو که ز اصطرلابِ دیده بنگری   در جهان دیدن یقین بس قاصری[4] ۱۹۰۵

کسی که به کمکِ چشمِ مادّی دنیا را می‌نگرد، طبیعتاً جهان‌بینی محدودی دارد.

تو جهان را قدرِ دیده دیده‌ای   کو جهان[5]؟ سِبْلَت چرا مالیده‌ای[6]؟ ۱۹۰۶

درکی که از جهان هستی داری، به اندازهٔ دیدگاهِ مادّی تو و ناچیز است؛ امّا به آن می‌بالی.

عارفان را سُرمه‌یی هست، آن بجوی   تاکه دریا گردد این چشم چو جوی[7] ۱۹۰۷

عارفان دارای بصیرت و چشمی باطنی‌اند که توسّط آن حقایقِ کُلّیِ عالَمِ هستی را می‌بینند. جویای چنین چشمی باش تا تو هم عوالم غیبی را ببینی.

ذره‌یی از عقل و هوش ار با من است   این چه سودا و پریشان‌گفتن است؟[8] ۱۹۰۸

اگر هنوز ذرّه‌ای از عقل و هوشِ دنیوی‌ام باقی است، چرا همانند دیوانگان پریشان می‌گویم؟

چونکه مغزِ من ز عقل و هُش تهی است   پس گناهِ من در این تخلیط[9] چیست؟ ۱۹۰۹

چون اینک از عقل و هوشِ دنیوی عاری شده‌ام، پس در این هذیان‌گویی چه گناهی دارم؟

---

۱ - **منجّم** : اینجا طالبِ حق، سالک.

۲ - **چشم‌تیز** : بسیار آگاه و دقیق، در واقع کاملاً استثنایی، چون سلوک بدون استاد راهنما کاری بس خطرناک و تقریباً غیر ممکن است.   ۳ - **مردِ اصطرلاب‌ریز** : مُرشد.   ۴ - **قاصر** : نارسا، ناتوان.

۵ - **کو جهان** : جهان هستی که تنها فقط همین نیست، این بخش بسیار ناچیزی از آن است.

۶ - **سبلت چرا مالیده‌ای** : چرا دست به سبیلت می‌کشی؟ چرا به خودت می‌بالی یا می‌نازی؟

۷ - مصراع دوم: تبدیل جوی به دریا تعبیری است برای تبدیل چشم ظاهربین به چشم حقیقت‌بین.

۸ - مولانا تصوّر می‌کند که به سبب جذبه و استغراق سخنانش پریشان است.

۹ - **تَخلیط** : هذیان، پریشان‌گویی.

نه، گناه او راست که عقلم بِبُرد عقلِ جملهٔ عاقلان پیشش بمُرد ۱۹۱۰

گناهکار کسی است که عقلم را ربوده، کسی که عقلِ تمامِ عاقلان در معرفتش محو می‌شود.

یا مُجیرَ العَقْل، فَتّانَ ٱلحِجیٰ! ما سِواکَ لِلْعُقُولِ مُرْتَجیٰ ۱۹۱۱

ای پناه عقل، ای مفتون کنندهٔ خرد، عقل‌ها جز تو پناهگاهی ندارند.

مَا اشْتَهَیْتُ العَقلَ مُذْ جَنَّنْتَنی ما حَسَدْتُ ٱلحُسْنَ مُذ زَیَّنْتَنی ۱۹۱۲

از هنگامی که دیوانه‌ام کردی، آرزوی عقل نکرده‌ام و از هنگامی که مرا زیور دادی به زیبایی‌ها رشک نبرده‌ام.

هَل جُنُونی فی هَواکَ مُسْتَطاب؟ قُلْ: بَلیٰ، وَاللهُ یَجْزِیکَ الثَّواب[1] ۱۹۱۳

آیا عشق جنون‌آمیز من به تو پسندیده است؟ بگو: آری. خدا جزای خیرت دهد.

گر به تازی گوید او، ور پارسی گوش و هوشی کو که در فهمش رسی؟ ۱۹۱۴

اگر او به فارسی بگوید یا عربی، کجاست گوش و هوشی که سخنانش را درک کنی؟

بادهٔ[2] **او در خورِ هر هوش نیست حلقهٔ او سُخرهٔ**[3] **هر گوش نیست** ۱۹۱۵

حقایقی را که می‌گوید، هر هوشی نمی‌تواند بفهمد، همان‌طور که هر گوشی شایستهٔ حلقهٔ بندگی‌اش نیست.

بارِ دیگر آمدم دیوانه‌وار رو رو ای جان! زود زنجیری بیار ۱۹۱۶

بار دیگر همانند دیوانگان آمدم. برو ای عزیز، زود زنجیری بیاور.

غیرِ آن زنجیرِ زلفِ دلبرم گر دو صد زنجیر آری، بردَرَم[4] ۱۹۱۷

اگر غیر از زلف معشوقم، هر زنجیر دیگری بیاوری، پاره می‌کنم.

---

۱ - مخاطب این ابیات عربی می‌تواند خداوند باشد یا انسان کامل. ۲ - **باده:** اینجا حقایق.

۳ - **سُخره:** مطیع و در تسخیر.

۴ - مجنونِ عشقِ حق را فقط عشقِ حق می‌تواند آرام کند یا به عبارتی «به زنجیر بکشد» و تحت کنترل در آوَرَد.

حکمتِ نظر کردن در چارُق و پوستین، که فَلْیَنْظُرِ آلاِنْسانُ مِمَّ خُلِقَ؟[۱]

بـــاز گـــردان قـــصّهٔ عشـــقِ ایـــاز   کآن یکی گنجی است مـالامالِ راز ۱۹۱۸

جهت سخن را به قصّهٔ عشق ایاز بازگردانیم؛ زیرا گنجی سرشار از اسرار است.

مـی‌رود هـر روز در حُـجرهٔ بَـرین   تــا بـبیند چــارقی بــا پــوستین ۱۹۱۹

ایاز هر روز به اتاق فوقانی می‌رفت تا چارق و پوستین را ببیند.

زانکـه هسـتی سـخت مسـتی آوَرَد   عــقل از سـر شـرم از دل مـی‌برد ۱۹۲۰

زیرا می‌دانست که خودبینی آدمی را از بادهٔ غرور سرمست می‌کند و عقل و شرم را زایل.

صد هزاران قرنِ[۲] پیشین[۳] را همین   مستیِ هسـتی بـزد رَه زیـن کـمین[۴] ۱۹۲۱

از آغاز آفرینش انسان تا کنون، «خودبینی» موجب گمراهی اقوام گوناگون شده است.

شد عزازیلی[۵] از این مستی بـلیس[۶]   که: چرا آدم شود بـر مـن رئـیس؟ ۱۹۲۲

از سرمستیِ خودبینی، «عزازیل»، «ابلیس» شد که چرا آدم از من برتر باشد؟

خواجه‌ام من نـیز و خـواجـه‌زاده‌ام   صـــد هـــنر را قـــابل و آمـــاده‌ام ۱۹۲۳

مــن بــلندمرتبه‌ام و از عــنصر بــاارزشی[۷] بـه وجـود آمـده‌ام. اسـتعداد و قـابلیّت‌های بسیاری دارم.

در هـــنر مـــن از کسـی کـم نـیستم   تا به خدمت[۸] پیش دشـمن بـیستم ۱۹۲۴

توانایی‌های ناچیزی ندارم که در برابر آدم سجده کنم.

مـــن ز آتش زاده‌ام، او از وَحَـــل[۹]   پیش ِ آتش مر وَحَل را چه مـحل؟ ۱۹۲۵

من از آتش به وجود آمده‌ام و او از خاک. در برابر آتش، خاک چه شأنی دارد؟

---

۱ - اشارتی قرآنی؛ طارِق: ۵/۸۶: بنگر که انسان از چه آفریده شده است؟ ۲ - **قرن :** صد سال، نسل، قوم.
۳ - **صدهزاران قرن پیشین :** صدها هزار قرن پیش.
۴ - **ره زین کمین :** از همین راه، «مستیِ ناشی از هستی» از همین کمینگاه به در آمد و مردم راگمراه کرد.
۵ - **عزازیل :** نام ابلیس پیش از طغیان. ۶ - **بلیس :** ابلیس: ر.ک: ۸۷۹/۱ ۷ - مراد آتش است.
۸ - **خدمت :** تعظیم، سجده. ۹ - **وَحَل :** گِل.

او کجا بود اندر آن دوری که من صدرِ عالَم بودم و فخرِ زَمَن؟ ۱۹۲۶

در آن زمان که من فخر روزگار و صدر عالم بودم، آدم کجا بود؟

خَلَقَ ٱلجٰانَّ مِنْ مٰارِجٍ مِنْ نٰارٍ،[1] وَ قَوْلُهُ تَعالیٰ فِي حَقِّ إبليس: إِنَّهُ كانَ مِنَ ٱلجِنِّ فَفَسَقَ[2]

شُعله می‌زد آتشِ جانِ سفیه کآتشی بود، اَلْوَلَدْ سِرُّ اَبیه[3] ۱۹۲۷

جان شیطانِ ابله زبانه می‌کشید؛ زیرا سرشتش آتش بود و سرشتِ خود را نشان می‌داد.

نه غلط گفتم، که بُد قهرِ خدا علّتی را پیش آوردن چرا؟[4] ۱۹۲۸

نه، اشتباه گفتم. قهرِ خدا سببِ طغیان ابلیس بود. چرا باید به علّت‌ها توجّه کرد؟

کارِ بی علّت[5] **مُبرّا از عِلَل مُستَمِرّ و مُسْتَقِرّ است**[6] **از اَزَل** ۱۹۲۹

کارِ خداوند از ازل مداوم و مستمر و بی‌هیچ علّت است.

در کمالِ صُنعِ پاکِ مُسْتَحَث[7] **علّتِ**[8] **حادث**[9] **چه گنجد یا حَدَث**[10] **؟** ۱۹۳۰

در نظامِ کاملِ آفرینش که منزّه از درکِ آدمی است، هیچ چیز حادث یا مادّی جایی ندارد.

سِرِّ اَبْ[11] **چه بُوَد؟ اَب ما صُنعِ اوست صُنعْ مغز است و اَبِ صورت چو پوست** ۱۹۳۱

اینکه گفتیم: «اَلْوَلَدْ سِرُّ أَبیه»، راز پدر چیست؟ صنعِ او ما را آفریده است؛ پس پدرِ حقیقیِ ما «آفرینشِ» اوست و پدرِ ظاهری، همانندِ پوست بر روی این مغز است.

---

۱ - اشارتی قرآنی؛ الرّحمن: ۱۵/۵۵: وَ خَلَقَ ٱلْجَانَّ مِنْ مَارِجٍ مِنْ نَارٍ : و جن را از زبانهٔ آتش پدید آوَرد.

۲ - اشارتی قرآنی؛ کهف: ۵۰/۱۸: ...كَانَ مِنَ ٱلْجِنِّ فَفَسَقَ عَنْ أَمْرِ رَبِّهِ : [ابلیس] از جنیان بود و از فرمان پروردگارش سرپیچید. ۳ - پسر نشان پدر دارد، یا پسر رازِ پدر است؛ یعنی نشانِ خو و خصلتِ پدر داشت.

۴ - مراد آنکه: طغیان ابلیس الزاماً ربطی به سرشت وی ندارد.

۵ - **بی علّت** : خارج از علّت‌ها و ادراکِ این جهانی. ۶ - **مستقر** : دایمی. ۷ - **مُسْتَحَث** : برانگیخته شده.

۸ - **علّت** : علّت و عوامل این جهانی که هستیِ فناپذیر دارند. ۹ - **حادث** : هر چیزی که هستیِ ازلی ندارد.

۱۰ - **حَدَث** : موجود حادث. ۱۱ - **اَب** : پدر، پدید آورنده.

۱۹۳۲ **عشق دان ای فُندقِ تن[۱] ! دوستت　　جانْت جوید مغز، و کوبَد پوستت[۲]**

ای تنِ کوچک، دوستِ تو عشقِ حق است. اگر این را دریافتی، جانت می‌کوشد تا ظواهر را بشکافد و به «دوست» برسد.

۱۹۳۳ **دوزخی که پوست باشد دوستش　　داد بَـدَّلْنا جُـلُوداً[۳] پـوستش**

آدمِ شیطان صفت که فقط «پوست»، یعنی «ظواهر» را دوست دارد، خداوند هم به او فقط «پوست» می‌دهد. «تن و پوستی» که در این دنیا در آتشِ شهوات و در آن دنیا در آتشِ دوزخ می‌سوزد.

۱۹۳۴ **معنی و مغزت بر آتش حاکم است　　لیک آتش را قُشورت[۴] هـیزم است**

«نورِ جان» یا «نورِ روح» تو بر آتشِ شهوات یا آتشِ دوزخ سیطره دارد و می‌تواند آن را محو کند؛ چون آتش فقط «پوست» را می‌سوزاند نه «مغز» را.

۱۹۳۵ **کوزهٔ چوبین که در وی آبِ جوست　　قدرتِ آتش همه بـر ظـرفِ اوست**

ارتباط «تن» و «جان» آدمی را می‌توان به کوزه‌ای مانند کرد که در آن آب است و اگر در آتش قرار گیرد، فقط کوزه می‌سوزد؛ امّا آب آتش را خاموش می‌کند.

۱۹۳۶ **معنیِ انسـان بـر آتش مـالک است　　مالکِ دوزخ[۵] در او کِی هالِک است؟**

چون «نورِ» باطنِ انسان بر «نـارِ» صفاتِ دوزخی‌اش غلبه دارد، با این نور هرگز در آتش هلاک نمی‌شود.

۱۹۳۷ **پس مَـیَفزا تـو بَـدَن، معنی فـزا　　تا چو مـالک، بـاشی آتش را کـیا[۶]**

پس به پرورش وجه معنوی بپرداز، نه به وجه مادّیِ وجودت تا تو نیز همانند مالکِ دوزخ بر آتشِ درونت حکومت کنی.

---

۱ - **فندقِ تن :** تنِ حقیر که به کوچکی یک فندق هستی، کنایه‌ای از حقارت هستیِ مادّی.

۲ - **کوبد پوستت :** مجبورت می‌کند تا تمایلات و تعلّقات دنیوی را رها کنی؛ یعنی علایق دیگری را به جایِ آن می‌نشانَد.

۳ - اشارتی قرآنی؛ نساء: ۵۶/۴: ...بَدَّلْناهُمْ جُلُوداً غَیْرَها... : پوستشان را به پوست دیگر مبدّل می‌سازیم. اشاره است به کافران که هرگاه پوستشان در آتش دوزخ بسوزد، به پوست دیگر مبدّل می‌شود.

۴ - **قشور :** جمع قشر: پوست.

۵ - **مالکِ دوزخ :** فرشتهٔ دوزخ، اینجا «نورِ جان» یا «نورِ روح» که با غلبه بر «نارِ معنویِ» درونِ آدمی، می‌تواند مالکِ تن باشد نه مقهورِ آن.　۶ - **کیا :** حاکم، سرور.

پوست‌ها بر پـوست مـی‌افـزوده‌ای　　لاجرم چون پـوست انـدر دوده‌ای ۱۹۳۸

سال‌ها وجه نَفْسانی را پرورش دادی و به همین سبب در جهلِ مطلق مانده‌ای.

زانکه آتش را علفْ جز پوست نیست [۱]　　قهرِ حق آن کِبر را پوستین کَـنی است ۱۹۳۹

زیرا آتشِ نَفْس را تمتّعات مادّی فروزان می‌کند؛ امّا بالاخره روزی قهرِ خداوند پوست کِبر را از وجود متکبّران می‌کَنَد.

ایـن تکـبّر از نـتیجهٔ پـوست است　　جاه و مال آن کِبر را زآن دوست است [۲] ۱۹۴۰

تکبّر نتیجهٔ تمایل به ظواهرِ دنیوی است؛ زیرا «جاه» و «مال» با آن سنخیّت دارند.

این تکبّر چیست؟ غفلت از لُباب [۳]　　مُنْجَمِد، چون غفلتِ یخ ز آفـتاب ۱۹۴۱

تکبّر ناشی از غفلت از حقیقت است، همانند یخی که از حرارت آفتاب دور مانده.

چون خبر شد ز آفتابش، یخ نـماند　　نرم گشت و گرم گشت و تیز [۴] راند [۵] ۱۹۴۲

هنگامی که یخ در معرض آفتاب قرار گیرد، آب می‌شود و به شتاب جریان می‌یابد.

شـد ز دیـدِ لُبّ، جـملهٔ تـن طـمع　　خوار و عاشق شد، که ذَلَّ مَنْ طَمِع [۶] ۱۹۴۳

اگر آدمی قادر به درک حقیقت شود، وجودش برای رسیدن به آن طالب و طامع می‌گردد و در برابر مطلوب چنان خاضع است که اثری از کِبر در او نمی‌مانَد.

چون نبیند مغز، قانع شد به پوست　　بـندِ عَـزَّ مَـنْ قَـنِعْ زنـدانِ اوست ۱۹۴۴

اگر نتواند حقیقت را درک کند، به ظواهر زندگی قناعت می‌کند و قانع شدن بـه عـزّت دنیوی، موجب اسارت او در جهل است.

---

۱ - خوراک یا هیزمِ آتش، مادّه است.　۲ - جاه و مال می‌توانند کِبرآفرین باشند؛ یعنی با آن سنخیّت دارند.

۳ - **لُباب** : جمع لُبّ به معنی مغز، یعنی حقیقت.　۴ - **تیز** : تند، به سرعت.

۵ - اشاره است به حقیقتی که در وجود مُراد طالع شده و می‌تواند جانِ سرد و منجمدِ مرید راگرم و مشتاق سلوک کند.

۶ - اشاره به این عبارت: عَزَّ مَنْ قَنِعَ وَ ذَلَّ مَنْ طَمِعَ : هر که قانع شد به عزّت رسید و هر که طمع ورزید خوار شد. ر.ک. مثنوی، تصحیح و تعلیقات از دکتر محمّد استعلامی، ج ۵، ص ۳۲۳.

عزّتِ اینجاگبری[۱] است، و ذُلّ[۲] دین سنگ، تا فانی نشد، کِی شد نگین؟[۳] ۱۹۴۵

قناعت به عزّتِ دنیوی و عدمِ درک عزّتِ معنوی کافری است؛ امّا خواری در برابر حق عینِ ایمان و دین. تا سنگ فانی و تبدیل نشود به نگین انگشتری مبدّل نمی‌شود.

در مقامِ سنگی، آنگاهی اَنا وقتِ مسکین گشتن توست و فنا ۱۹۴۶

علی‌رغم آنکه در تو هیچ تبدیلی رخ نداده است و هنوز اسیرِ نَفْس امّاره هستی، «منم، منم» می‌گویی؛ امّا بدان که اینک هنگام بیچارگی و فنای توست.

کِبر زآن جوید همیشه جاه و مال که ز سِرگین[۴] است گلخن[۵] را کمال ۱۹۴۷

آدمِ متکبّر همیشه جویای جاه و مال افزون‌تری است؛ زیرا وجودِ پست او که شبیه گلخن است، با همین ابزارِ دنیوی کامل‌تر به نظر می‌رسد.

کین دو دایه، پوست را افزون کنند شَحم و لَحم[۶] و کِبر و نَخوت آگنند[۷] ۱۹۴۸

زیرا جاه و مال، ظاهرِ آدمی را می‌آرایند و او را سرشار از خودبینی می‌کنند.

دیده را بر لُبِّ لُبّ[۸] نَفْراشتند پوست را زآن روی لُبْ پنداشتند ۱۹۴۹

غافلان هرگز به حقیقت توجّه نداشتند و همین ظواهر دنیوی را حقیقت پنداشتند.

پیشوا ابلیس بود این راه را کو شکار آمد شبیکهٔ[۹] جاه را ۱۹۵۰

اوّلین کسی که در این راه‌گام نهاد ابلیس بود که اسیرِ دامِ جاه و برتری‌طلبی شد.

مال چون مار است و آن جاه اژدها سایهٔ مردان، زُمُرّد این دو را[۱۰] ۱۹۵۱

ثروت، همانند مار و مقام، مانند اژدهاست. سایهٔ مردانِ حق مهرِ این چیزها را از دل آدمی می‌بَرَد.

---

۱ - **گَبری** : کافری. ۲ - **ذُلّ** : خواری.

۳ - سنگ برای گران‌بها شدن باید تبدیل شود؛ یعنی دیگر سنگ نباشد. ۴ - **سِرگین** : مدفوع.

۵ - **گُلْخَن** : آتش‌خانهٔ حمّام‌های قدیمی که سوختش مدفوع چهارپایان هم بود.

۶ - **شَحْم و لَحْم** : پیه و گوشت. ۷ - **آگَنَند** : پُر می‌کنند. ۸ - **لُبِّ لُبّ** : مغزِ مغز. ۹ - **شبیکه** : دام.

۱۰ - قُدَما بر این باور بودند که اگر زمرّد را در برابر چشمِ مار نگه‌دارند، کور می‌شود.

زآن زمـــرّد[1] مـــار[2] را دیـده جَـهَد   کــور گــردد مـار، و رَه‌رو[3] وارهـد ۱۹۵۲

همّتِ مردِ حق، «حُبِّ مال و جاه» را از دلِ سالک می‌بَرَد و او نجات می‌یابد.

چون بر این ره خار بـنهاد آن رئـیس[4]   هر که خَست[5] او، گفت: لعنت بر بلیس ۱۹۵۳

چون ابلیس در راهِ حق خارِ کبر و خـودبینی را نـهاده است، هـرکس کـه از وسـوسهٔ او صدمه‌ای ببیند، می‌گوید: لعنت بر شیطان.

یعنی این غم بر من از غدرِ[6] وی است   غـــدر را آن مُـــقتدا ســـابق‌پی[7] است ۱۹۵۴

با این مقصود که غمِ من از وسوسهٔ شیطان است که در خودبینی پیشگام بوده است.

بعد از او خود قرن[8] بر قرن آمـدند   جـــملگان بـر سـنّتِ او پـا زدنـد[9] ۱۹۵۵

بعد از شیطان، مردم نسل به نسل آمدند و همه در همان راه قدم نهادند.

هر که بِنْهَد سـنّتِ بـد[10] ای فـتا[11]   تا در افتد بعدِ او خـلق از عَـمیٰ[12] ۱۹۵۶

ای جوان، هرکس که بنیان‌گذار شیوهٔ بدی باشد که مردم کورکورانه از آن پیروی کنند،

جمع گـردد بـر وی آن جـملهٔ بِـزه[13]   کو سری بوده است و ایشان دُمْغَزَه[14] ۱۹۵۷

تمام گناهان به گردن اوست؛ زیرا او به منزلهٔ سر بوده و دیگران همانند دُم.

لیک آدم چـــارُق و آن پــوستین   پیش می‌آورد[15] که: هســتم ز طـین ۱۹۵۸

امّا آدم(ع) از همان آغاز خواری و انکسار را پیش آورد، یعنی که من از گِلِ آفریده شده‌ام.

---

۱ - **زمرّد**: اینجا سایهٔ مرد حق، یعنی همّت او.   ۲ - **مار**: اینجا حبّ مال.   ۳ - **رَه‌رو**: سالک.

۴ - **رئیس**: سرور، اینجا شیطان که سرورِ تمام متکبّران است.   ۵ - **خَسْتْ**: زخمی کرد.

۶ - **غَدر**: حیله، نیرنگ.   ۷ - **سابقْ‌پی**: پیشگام.   ۸ - **قرن**: نسل، قوم، صد سال.

۹ - **بر سنّت او پا زدند**: به همان روش عمل کردند.

۱۰ - همین معنا در: ۷۴۳/۱: «هر که او بنهاد ناخوش سنّتی   سوی او نفرین رود هر ساعتی»

۱۱ - **فتا**: فتیٰ، جوانمرد.   ۱۲ - **عمیٰ**: کوری.   ۱۳ - **بِزه**: گناه.   ۱۴ - **دُمْغَزَه**: بیخ دُم.

۱۵ - **چارق و پوستین پیش آوردن**: اصلِ خود را فراموش نکردن.

چون ایاز آن چارقش مَوْرُود[1] بـود — لاجـرم او عـاقبت مـحمود بـود ۱۹۵۹

ایاز که همواره به یاد چارق و اصلِ خود بود، ناگزیر سرانجامی ستوده یافت.

هستِ مـطلق[2] کـارْسازِ نـیستی‌ست — کارگاهِ هست کُن، جز نیست چیست؟[3] ۱۹۶۰

«هستیِ مطلق» کارسازِ «نیستی» است؛ یعنی به «هستیِ فانی»، «هستیِ باقی» می‌دهد.

بـر نـوشته هـیچ بـنویسد کسی؟ — یـا نـهاله[4] کـارَد انـدر مَـغْرسی[5] ؟ ۱۹۶۱

هیچ کس روی نوشته چیزی نمی‌نویسد و در نهالستانی پُر نهال درخت نمی‌کارد.

کاغذی جوید که آن بنوشته نیست — تخم کارَد موضعی که کِشته نـیست ۱۹۶۲

نویسنده جویای کاغذ سفید است و زارع خواهان زمین ناکاشته.

تـو بـرادر! مـوضع نـاکِشـته بـاش — کـاغذِ اسـپیدِ نـابنوشته بـاش[6] ۱۹۶۳

پس تو هم ای برادر، بکوش تا زمین ناکاشته و یا کاغذ نانوشته باشی.

تا مُشَرَّف گـردی از نـون و القـلم[7] — تا بکارد در تو تخم[8] آن ذوآلکـرم[9] ۱۹۶۴

تا شأنی داشته باشی که از نوشته‌های قلم الهی، یعنی از عوالم غیبی آگاه گردی و خداوند دلت را به نور معرفت منوّر کند.

خود از ایـن پـالوده نـالیسیده گـیر — مـطبخی کـه دیـده‌ای، نـادیده گـیر ۱۹۶۵

فرض کن که از لذایذ دنیوی بهره‌مند نشده‌ای و مطبخ دنیا را اصلاً ندیده‌ای.

زآن کـز ایـن پـالوده مستی‌ها بُـوَد — پـوستین و چـارُق از یـادت رَوَد ۱۹۶۶

زیرا تمتّعات سببِ زوالِ هوشیاریِ معنوی یا غفلت می‌شود و اصل را فراموش می‌کنی.

۱ - **مَوْرُود**: مورد بحث، اینجا همواره به یاد داشتن. ۲ - **هستِ مطلق**: پروردگار.
۳ - فنای در حق و بعد بقای به حق. ۴ - **نَهاله**: درخت نو، نهال.
۵ - **مَغْرِس**: نهالستان، قلمستان، محلّ کشت.
۶ - باور کن که از خودت چیزی نداری و اراده‌ات را به حق واگذار کن.
۷ - اشارتی قرآنی؛ القلم: ۶۸/۱: نٓ وَٱلْقَلَمِ وَ مَا يَسْطُرُونَ: نون. سوگند به قلم و آنچه خواهند نگاشت.
۸ - **تخم بکارد**: تخم معرفت را بکارد؛ یعنی دلت را منوّر کند.
۹ - **ذوالکرم**: صاحب کَرَم و بخشش، پروردگار.

چون در آید نزع و مرگ، آهی کنی ذکـرِ دلق و چـارق آنگـاهی کـنی ۱۹۶۷
هنگامی که لحظهٔ انتقال به جهان دیگر فرا می‌رسد، عجزِ خویش را به یاد می‌آوری.

تـا نـمانی غـرقِ مـوجِ زشـتیی کـه نـباشد از پـناهی پُشـتیی ۱۹۶۸
مبادا اسیر دنیا شوی که در میانِ امواجی پلید غرق می‌گردی و راه نجاتی ندارد.

یـاد نـاری از سـفینهٔ راسـتین نـنگری در چـارق و در پـوستین ۱۹۶۹
نه به یاد کشتیِ نجاتِ حقیقی می‌افتی و نه به یاد اصلِ خویش.

چـونکه درمـانی بـه غـرقابِ فـنا پس ظَـلَمْنا[1] وِرْد سـازی بـر وَلا[2] ۱۹۷۰
لحظهٔ مرگ و نیستی، عاجزانه و پی‌درپی می‌گویی: خدایا، ما به خود ستم کردیم.

دیـو گـوید: بـنگرید ایـن خـام را سر بُرید ایـن مـرغِ بـی هـنگام[3] را ۱۹۷۱
شیطان می‌گوید: این آدمِ نادان را بنگرید که موقع مرگ به یاد خدا افتاده است. سرِ این خروس بی محل را باید برید؛ یعنی نباید به ناله و توبه‌اش توجّه شود.

دُور این خصلت ز فرهنگِ[4] ایـاز[5] کـه پـدید آیـد نـمازش بـی‌نماز[6] ۱۹۷۲
خو و خصلتِ انسانِ آگاه و عارف چنین نیست و راز و نیازش همواره خالصانه است.

او خروسِ آسـمان[7] بـوده ز پـیش نعره‌هایِ او هـمه در وقتِ خـویش ۱۹۷۳
او از اوّل خروس آسمانی بوده است و بانگ‌هایش به هنگام.

---

۱ - اشارتی قرآنی؛ اعراف: ۲۳/۷. ۲ - **وَلا**: دوستی، اینجا محبّتی عاجزانه و خالصانه.
۳ - **مرغ بی هنگام**: خروسی که بی موقع می‌خوانَد و سرش را می‌بُرند.
۴ - **فرهَنگ**: اینجا کمال و آگاهیِ عارفانه است یا راه و روش انسان بصیر.
۵ - **ایاز**: اینجا نمادی از انسان آگاه، عارف. ۶ - **نماز بی‌نماز**: نماز یا عبارتی که خالصانه نیست.
۷ - **خروسِ آسمان**: کنایه از مرد حق: اشاره به روایتی است که از پیامبر(ص) نقل شده است با این مضمون: در شب معراج خروسی به عظمت کاینات بود که چون شب به آخر رسید، بال‌ها را به هم زد و خدا را تسبیح کرد و خروسان زمین با او هم‌آواز شدند: ر.ک. احادیث، صص ۴۷۰-۴۶۹. مراد آنکه: مرد حق یا عارف مرغِ بی‌هنگام نیست.

در معنیِ این که: «اَرِنَا الاَشیاءَ کَما هِیَ»[۱] و معنی این که: «لَوْ کُشِفَ اَلغِطاءُ مَا اَزْدَدْتُ یَقیناً»[۲] وَ قَولُهُ :
در هر که تو از دیدهٔ بد می‌نگری   از چنبرهٔ[۳] وجودِ خَود می‌نگری
پایهٔ کژ کژ افکَند سایه[۴]

در معنی این که: «هر چیز را چنانکه هست به ما نشان ده» و این سخن که: «اگر پرده کنار رود، بر یقین من افزوده نمی‌شود» و این گفتهٔ شاعر:

به هر کس که به چشم بد می‌نگری   از حلقهٔ وجود خود می‌نگری
پایهٔ کج سایه‌اش هم کج است

ابیات پایانی قطعهٔ پیشین در تقریرِ صدقِ خالصانهٔ «ایاز» بود که به عنوانِ نمادی از «مردِ حق» یا «عارفِ بِالله» مطرح و به «خروسِ آسمانی» مانند شد که بانگِ تسبیح‌اَش خروسانِ زمینی را به همنوایی وامی‌دارَد تا خلق را بیدار و هوشیار کنند. اینک در استمرارِ همان معنا رویِ سخن با سالکانِ راهِ حق و یا تمام‌کسانی است که می‌توانند به نوعی موجب آگاهی و بیداری همنوعان خویش باشند.

ای خروسان[5] ! از وی آموزید بانگ   بانگ بهرِ حق کند نه بهرِ دانگ ۱۹۷۴

ای سالکان، از مردِ حق روشِ زندگی را بیاموزید که قول و فعلش برای خداست نه مطامع دنیوی.

صبحِ کاذب[6] آید و نَفْریبدش   صبحِ کاذبْ، عالَم و نیک و بَدَش 1975

جاذبه‌های دنیا که سرشار از نیکی و بدی است، هرگز نمی‌تواند او را بفریبد.

اهلِ دنیا عقلِ ناقص[۷] داشتند   تا که صبحِ صادقش پنداشتند ۱۹۷۶

«اهلِ دنیا» چون دارای «عقلِ مادّی»اند، هستیِ فانی و جاذبه‌هایش را حقیقت پنداشتند.

صبحِ کاذب کاروان‌ها را زَده‌ست[۸]   که به بویِ روز بیرون آمده‌ست[۹] ۱۹۷۷

«دنیا»، گروه کثیری از اقوام گوناگون را به پندارِ حقیقی بودنِ جاذبه‌هایش فریفته است.

---

۱ - اشاره به حدیث: ر.ک: ۴۶۹/۲ و ۱۷۶۵/۵.

۲ - اشاره به سخنی منسوب به حضرت علی(ع): ر.ک. مثنوی، دکتر استعلامی، ج ۵، ص ۳۲۵.

۳ - **چَنبره :** حلقه، دایره.   ۴ - این مصراع از حدیقة الحقیقهٔ سنایی است.

۵ - **خروسان :** کنایه از سالکان راه حق، تعلیم دهندگان معارف.

6 - **صبح کاذب :** /x kM° ð ¼¨B'UBMB¼j pA³¼B®

۷ - **عقلِ ناقص :** عقلِ معاش، عقلی که در سیطرهٔ نَفْس است، عقلِ مادّی.   ۸ - کاروان‌ها را گمراه کرده است.

۹ - به پندار حقیقی بودن دنیا.

صبحِ کـاذب خـلق را رهـبر مـباد کو دهـد بس کـاروان‌هـا را بـه بـاد ۱۹۷۸

خدا نکند که «دنیا» و «اهلِ دنیا» مطلوب کسی باشند؛ زیرا به این ترتیب بسیاری از اقوام بر باد رفته‌اند.

ای شده تو صبحِ کـاذب را رهـین[1] صبحِ صادق را تو کاذب هم مبین ۱۹۷۹

ای کسی که اسیرِ چیزهای «باطل» شده‌ای، در همان اسارت بمان؛ امّا حدّاقل بکوش تا «حق» را «باطل» نبینی.[2]

گـر نـداری از نـفاق و بـد امـان از چه داری بر بـرادر ظـن هـمان؟ ۱۹۸۰

اگر دورو و بد نیستی، چرا دیگران را دورو و بد می‌پنداری؟

بدگمان بـاشد هـمیشه زشتْ‌کـار[3] نامهٔ خـود خـوانَـد انـدر حـقّ یـار ۱۹۸۱

آدم بد همیشه در مورد دیگران بدگمان است؛ زیرا همه را مثل خود می‌بیند.

آن خسان[4] که در کژی‌ها[5] مانده‌انـد انبیا را سـاحر و کـژ خـوانـده‌انـد ۱۹۸۲

فرومایگانی که در گمراهی باقی ماندند، انبیا را جادوگر و گمراه خواندند.

و آن امـیرانِ خـسیسِ[6] قـلبْ‌ساز[7] این گُمان بُـردند بـر حُـجرهٔ[8] ایـاز ۱۹۸۳

آن امیرانِ پستِ متقلّب به سبب بدیِ خودشان دربارهٔ اتاقِ ایاز گمان بد داشتند.

کـو دفـینه[9] دارد و گـنج انـدر آن ز آیـنهٔ خـود مـنگر انـدر دیگـران ۱۹۸۴

می‌گفتند: او در آن اتاق گنجینه و خزانه دارد. دیگران را همانند خود ندان.

شـاه مـی‌دانست خـود پـاکـیِ او بهرِ ایشان کرد او آن جُست و جـو ۱۹۸۵

شاه از پاک بودن او آگاه بود، برای تأدیب امیران اجازه داد که جست‌وجو کنند.

کِای امیر! آن حجره را بگشـای در نیم‌شب کـه بـاشد او زآن بـی خـبر ۱۹۸۶

شاه گفت: ای امیر، نیمه شب که ایاز بی خبر است، درِ اتاقش را باز کنید.

---

۱ - **رهین** : مرهون، گرو، اینجا در بندِ چیزی بودن.

۲ - یعنی، بپذیر که ممکن است چیزهای دیگری هم باشد که تو ندانی.

۳ - **زشت‌کار** : بدکار، آدم بد، فرد فرومایه و تباهکار. ۴ - **خَسان** : فرومایگان. ۵ - **کژی** : گمراهی.

۶ - **خسیس** : پست. ۷ - **قلب‌ساز** : متقلّب. ۸ - **حُجره** : اتاق. ۹ - **دَفینه** : گنجینه.

تـا پـدید آیـد سِگـالش‌هایِ[1] او بعد از آن بر ماست مـالش‌هایِ[2] او ۱۹۸۷

تا اندیشه‌هایش آشکار شود، و پس از آن مجازاتِ او بر عهدهٔ ماست.

مـر شـما را دادم آن زرّ و گـهر من از آن زرها نخواهـم جـز خـبر ۱۹۸۸

زرّ و جواهرات را به شما بخشیدم. فقط گزارشِ آن را می‌خواهم.

ایـن هـمی گـفت و دلِ او می‌طپید از بـرای آن ایـازِ بـی نَـدید[3] ۱۹۸۹

سلطان این سخنان را می‌گفت؛ امّا برای ایازِ بی‌مانند دلش می‌لرزید.

کـه: مـنم کـین بـر زبـانم مـی‌رود؟ این جفاگر بشنود او، چون شـود؟ ۱۹۹۰

با خود می‌گفت: این منم که چنین حرف‌هایی می‌زنم؟ اگر او این سخنان را بشنود، چه حالی پیدا می‌کند؟

بـاز مـی‌گوید: بـه حـقّ[4] دیـنِ[5] او که از این افـزون بُـوَد تـمکینِ[6] او ۱۹۹۱

باز با خود می‌گفت: به ایمانش قسم که بیش از این مطیع و وفادار است.

که به قَذفِ[7] زشتِ من طَیْره[8] شود وز غرض وز سرِّ مـن[9] غـافل بُـوَد ۱۹۹۲

که از سخن ناروایِ من خشمگین شود و مقصود مرا نداند.

مبتلا، چون دیـد تأویـلاتِ[10] رنج بُرد بیند، کِی شـود او مـاتِ رنج؟ ۱۹۹۳

کسی که به بلایی دچار می‌شود، اگر نتیجهٔ رنج را بداند، به اثر معنویِ آن توجّه می‌کند و از پا در نمی‌آید.

صـاحبِ تأویـل ایـاز صـابر است کو به بحرِ عاقبت‌ها[11] نـاظر است ۱۹۹۴

ایازِ بردبارِ عاقبت‌اندیش، رنج را تحمّل می‌کند و منتظر نتیجهٔ آن می‌مانَد.

همچو یوسف، خوابِ این زندانیان هست تعبیرش به پیشِ او عیان[12] ۱۹۹۵

همان‌طور که یوسف(ع) تعبیر خوابِ زندانیانِ هم‌بندش را آشکارا می‌دانست.

---

۱ - **سِگالِش** : اندیشه. ۲ - **مالِش** : تنبیه. ۳ - **نَدید** : همتا. ۴ - **به حقّ** : سوگند، قسم.
۵ - **دین** : اینجا ایمان و اعتقاد. ۶ - **تمکین** : فرمانبرداری، اطاعت. ۷ - **قَذف** : سخنِ ناروا یا نسنجیده.
۸ - **طَیْره** : آزرده، آشفته و خشمگین. ۹ - **سِرِّ من** : رازِ دلِ من، یعنی اعتماد به او و تأدیب امیران.
۱۰ - **تأویلات** : جمع تأویل، اینجا معنی و نتیجهٔ آن.
۱۱ - **بحرِ عاقبت** : پایانِ کار، «به بحر عاقبت ناظر بودن» یعنی عاقبت‌اندیش بودن.
۱۲ - مراد آنکه: «ایاز» هم که اینجا نمادی از عارفِ عاشق است، به سببِ اتّصال به حق از عوالمِ غیبی و اسرار باخبر بود و رازِ این زندانیان، یعنی اُمرا را که اسیرِ دنیا بودند، می‌دانست.

خوابِ خود را چون نداند مردِ خیر؟ کو بُوَد واقف ز سِرِّ خوابِ غیر ۱۹۹۶
نیک‌مردی که تعبیرِ خواب دیگران را می‌داند، تعبیرِ خواب خود را نمی‌داند؟

گر زنم صد تیغ[1] او را ز امتحان کم نگردد وُصلتِ[2] آن مهربان[3] ۱۹۹۷
اگر برای آزمودنش بارها به او صدمه بزنم و آزرده‌اش کنم، هرگز نمی‌رنجد.

داند او کآن تیغ بر خود می‌زنم مَن وی‌اَم اندر حقیقت، او منم ۱۹۹۸
می‌داند که آن ضربه را به خود می‌زنم؛ زیرا در حقیقت من او هستم و او من است.

بیانِ اتّحادِ عاشق و معشوق از رویِ حقیقت، اگرچه متضادّند از رویِ آنکه نیاز ضدِّ بی‌نیازی است، چنانکه آینه بی صورت است و ساده است و بی صورتی ضدِّ صورت است، و لکن میانِ ایشان اتّحادی است در حقیقت، که شرح آن دراز است، وَ ٱلعاقِلُ یَکفیهِ ٱلاشارةُ[4]

این قطعه در تقریر این معناست که علی‌رغم بی‌نیازیِ حق و نیازمندیِ بنده، بی‌صورتی حق و وجود صوری بنده، میان عاشقِ حق و معشوق در حقیقت یگانگی و اتّحاد است؛ زیرا عاشقِ حقیقی، هستیِ فناپذیرِ خود را در هستیِ حقیقی، محو و مستهلک کرده است و برای خود یا عالمِ امکان، هستیِ مستقلّی جدا از حق نمی‌بیند.

جسمِ مجنون را ز رنج و دوریی اندر آمد ناگهان رنجوریی ۱۹۹۹
تنِ مجنون از رنج و دوری ناگهان بیمار شد.

خون به جوش آمد[5] ز شعلهٔ اشتیاق تا پدید آمد بر آن مجنون خُناق[6] ۲۰۰۰
از شراره‌های عشق و ناکامی به حدّی در فشار بود که نَفَسش بند می‌آمد.

پس طبیب آمد به دارو کردَنَش گفت: چاره نیست هیچ از رگ‌زَنَش[7] ۲۰۰۱
طبیب برای معالجه آمد و گفت: چاره‌ای جز زدن رگ او نیست.

---

۱ - **تیغ** : شمشیر، اینجا «تیغ زدن»، یعنی صدمه زدن، آزار رساندن. ۲ - **وُصلت** : پیوستگی.
۳ - این ابیات در بیان اتّحاد عاشق و معشوق است. ۴ - عاقل را اشاره‌ای کافی است.
۵ - **خون به جوش آمدن** : ناراحت و خشمگین شدن، اینجا تحت فشار شدید قرارگرفتن.
۶ - **خُناق** : دیفتری که غشایِ کاذبی سبب انسداد راه تنفسی می‌شود، اینجا احتمالاً درد شدیدگلو به سبب غصّهٔ غیر قابل تحمّل. ۷ - **رگ زن** : حجامت کننده.

رگ زدن باید برای دفعِ خون رگ‌زنی آمد بدانجا ذوفنون[۱] ۲۰۰۲
برای از بین بردنِ خونِ فاسد باید از او خون گرفت؛ پس رگ‌زنِ ماهری آمد.

بازُوَش بست و گرفت آن نیشْ او بانگ بر زد در زمان آن عشقْ‌خُو ۲۰۰۳
همین که بازوی مجنون را بست و نیشتر را به دست گرفت، آن عاشق نعره‌ای زد.

مزدِ خود بستان و ترکِ فَصد کن گر بمیرم، گو: برو[۲] جسمِ کُهُن[۳] ۲۰۰۴
گفت: مزد را بگیر و رگ را نزن. بمیرم هم مهم نیست، بگذار این جسمِ فرسوده بمیرد.

گفت: آخر از چه می‌ترسی از این؟ چون نمی‌ترسی تو از شیرِ عَرین[۴]؟ ۲۰۰۵
رگ‌زن گفت: تو که از شیر بیشه نمی‌ترسی، چرا از رگ زدن می‌ترسی؟

شیر و گرگ و خرس و هر گور و دَده[۵] گِرد بر گِردِ تو شب گِرد آمده[۶] ۲۰۰۶
شب‌ها همهٔ حیوانات درنده از قبیل: شیر، گرگ، خرس و گورخر اطراف تو جمع می‌شوند.

می نه آیدشان ز تو بویِ بشر ز انْبُهیِّ عشق و وَجْد اندر جگر ۲۰۰۷
از شدّتِ عشق و شوری که دلت را انباشته است، بوی بشریّت از تو به مشامِ جانوران نمی‌رسد.

گرگ و خرس و شیر داند عشق چیست کم ز سگ باشد، که از عشق او عَمی‌ست[۷] ۲۰۰۸
حیوانات درنده هم عشق را می‌شناسند. کسی که عشق را نشناسد از سگ هم کمتر است.

گر رگِ عشقی نبودی[۸] کلب[۹] را کی بجُستی کَلبِ کَهفی قلب را[۱۰]؟ ۲۰۰۹
سگِ اصحابِ کهف هم عشق را می‌شناخت که به دنبال آنان به راه افتاد.

هم ز جنسِ او به صورت چون سگان گر نشد مشهور، هست اندر جهان ۲۰۱۰
در جهان سگ‌هایِ دیگری از جنسِ او هستند، اگرچه مشهور نشده‌اند.

---

۱ - **ذوفنون** : ماهر و استاد. ۲ - **گو برو** : بگذار برود و بمیرد. ۳ - **جسمِ کُهُن** : تن کهنه و فرسوده.
۴ - **عَرین** : بیشه. ۵ - **دَده** : دَد، حیوان درنده.
۶ - در روایات آمده است که مجنون غالباً در بیابان می‌خفته و حیوانات وحشی گِردش جمع می‌آمده‌اند.
۷ - **عَمی** : کور. ۸ - **گر رگ عشقی نبودی** : اگر عشق را نمی‌شناخت. ۹ - **کلب** : سگ.
۱۰ - **قلب را بجستی** : صاحبدل را می‌جست.

بو نبردی تو دل اندر جنس ِ خویش   کِی بری تو بویِ دل از گرگ و میش؟ ۲۰۱۱

تو که از دلِ همنوعان بی‌خبر هستی، چگونه می‌توانی از دلِ گرگ و میش باخبر باشی؟

گر نبودی عشق، هستی کِی بُدی؟   کِی زدی نان بر تو؟ و کِی تو شدی؟ ۲۰۱۲

اگر عشق نبود، هستی نبود. نان نمی‌توانست با وجود تو عجین و به آن مبدّل گردد.

نانْ تو شد، از چه؟ ز عشق و اشتها[1]   ورنه نان را کی بُدی تا جان رهی؟ ۲۰۱۳

نان به سببِ نیرویِ کشش توانست به وجودِ تو تبدیل گردد، وگرنه جماد چه سنخیّتی با جان دارد؟

عشق، نانِ مُرده را می‌جان کُند   جان که فانی بود، جاویدان کُند ۲۰۱۴

عشق و کشش، «جماد» را به «جان» بَدَل می‌کند و «جانِ فانی» را به «جانِ باقی».

گفت مجنون: من نمی‌ترسم ز نیش   صبرِ من از کوهِ سنگین هست بیش[2] ۲۰۱۵

مجنون گفت: از نیشتر نمی‌ترسم و در تحمّلِ رنج و درد بسیار صبور هستم.

مَنْبَلَم[3]، بی زخم ناساید تنم   عاشقم، بر زخم‌ها بر می‌تَنَم[4] ۲۰۱۶

وجودم، همانندِ مرهم جویایِ جراحت است. شیفتهٔ درد و رنجِ عاشقی هستم و با آن خوش.

لیک از لیلی وجودِ من پُر است   این صدف پُر از صفاتِ آن دُر[5] است ۲۰۱۷

امّا صدفِ وجودم پر از لیلی و صفات اوست.

ترسم ای فَصّاد گر فَصْدَم کنی   نیش را ناگاه بر لیلی زنی ۲۰۱۸

ای حجامت کننده، می‌ترسم اگر رگم را بزنی، ناگهان نیشتر به لیلی بخورد.

داند آن عقلی که او دل‌روشنی‌ست   در میانِ لیلی و من فرق نیست[6] ۲۰۱۹

خردمندِ روشن‌ضمیر به خوبی می‌داند که میان من و لیلی تفاوتی نیست.

---

۱ - **اشتها** : به صورت ممال «اِشتهی» بخوانید. «عشق و اشتها»: عشق یا تمایل به حیات «حُبِّ ذات» موجب خوردن نان می‌شود و سنخیّتی که نان با تن آدمی دارد، در واقع کُنش و تمایل این جماد برای ارتقا، یعنی تبدیل شدن به جسم آدمی است که از این طریق سبب کمال یافتنِ نان می‌شود؛ زیرا تن در پرتو نور روح، منوّر می‌گردد.

۲ - مصراع دوم: صبر من از کوهِ سنگی بیشتر است؛ یعنی بسیار صبور هستم، در تحمّل درد و رنج بسیار پابرجا و محکم هستم.   ۳ - **مَنْبَل** : مرهم.   ۴ - **بر زخم‌ها تنیدن** : با درد و رنج خوش بودن.

۵ - **دُر** : دُرّ: مروارید، کنایه از لیلی.   ۶ - در بیان اتّحاد عاشق و معشوق.

معشوقی از عاشق پرسید که: خود را دوست‌تر داری یا مرا؟ گفت: من ازخود مُرده‌ام و به تو زنده‌ام، ازخود و صفتِ خود نیست شده‌ام و به تو هست شده‌ام، علم خود را فراموش کرده‌ام و از علم تو عالِم شده‌ام، قدرتِ خود را از یاد داده‌ام و از قدرتِ تو قادر شده‌ام، اگر خود را دوست دارم تو را دوست داشته باشم، و اگر تو را دوست دارم، خود را دوست داشته باشم

هر که را آینهٔ یقین باشد گرچه خود بین، خدای بین باشد[1]

«اُخْرُجْ بِصِفٰاتي اِلیٰ خَلْقي، مَنْ رَآکَ رَآني، وَ مَنْ قَصَدَکَ قَصَدَني»[2]، وَ عَلیٰ هٰذا[3]

این قطعه در تقریرِ اتّحادِ[4] میانِ عاشق و معشوق است و «فنای فی الله» و «بقای بالله» که بنده با فنای در حق به بقای او باقی می‌شود.

گفت معشوقی به عاشق ز امتحان در صبوحی، کِای فُلان ابنُ الفُلان! ۲۰۲۰

معشوقی برای آزمودنِ عاشقِ خود سحرگاهی به او گفت: ای فلان بن فلان،

مر مرا تو دوست‌تر داری، عجب یا که خود را؟ راست گو یا ذَاآلکُرَب[5]! ۲۰۲۱

ای اندوهمند، راست بگو که مرا بیشتر دوست داری یا خودت را؟

گفت: من در تو چنان فانی شدم که پُرم از تو ز ساران[6] تا قدم ۲۰۲۲

عاشق گفت: چنان در تو محو و فانی شده‌ام که سر تا پا تو هستم.

بر من از هستیِ من جز نام نیست در وجودم، جز تو ای خوش‌کام[7]! نیست ۲۰۲۳

ای محبوب، از هستیِ فانیِ من، جز نام چیزی نمانده است و در وجودم جز تو هیچ نیست.

زآن سبب فانی شدم من این چنین همچو سرکه در تو بحرِ انگبین ۲۰۲۴

از آن رو ای دریای عسل، من در تو، همانندِ سرکه محو شدم.

---

۱ - این بیت منسوب به سنایی و در وزن حدیقه است؛ امّا در حدیقة الحقیقه نیست.

۲ - مطابق روایات صوفیان این سخن الهامی منسوب به بایزید است که پروردگار به او گفته است: با صفات من به میان خلق در آی. آن که تو را بیند، مرا دیده است و آن که به سوی تو آید، به سوی من آمده است: ر.ک. پیشین.

۳ - **وَ عَلیٰ هٰذا**: و الی آخر. ۴ - مراد «اتّحاد نوری» است. ۵ - **ذَاآلکُرَب**: دردمند، دارای اندوه.

۶ - **ساران**: جمع سر. ۷ - **خوش‌کام**: شیرین‌دهان، معشوق.

همچو سنگی کو شود کُل لعلِ ناب[1] پُـر شـود او از صـفاتِ آفـتاب ۲۰۲۵

همان‌گونه که سنگی در اثر تابش خورشید، لعل شود و درخشندگیِ آفتاب را بیابد.

وصـفِ آن سـنگی[2] نـمانَد انـدر او پر شود از وصفِ خور او پُشت و رو[3] ۲۰۲۶

ویژگی‌ها و صفاتِ سنگ تغییر می‌کند و تبدیل به صفاتِ آفتاب می‌شود.

بعد از آن، گر دوست دارد خویش را دوسـتیِّ خـور بُـوَد آن ای فَـتا! ۲۰۲۷

ای جوان، بعد از آن، اگر خود را دوست داشته باشد، در واقع خورشید را دوست دارد.

ورکه خور را دوست دارد او به جان دوسـتیِّ خـویش بـاشد، بـی گـمان ۲۰۲۸

و اگر خورشید را از دل و جان دوست داشته باشد، باز هم بی شک خود را دوست دارد.

خواه خود را دوست دارد لعلِ ناب خـواه تـا او دوست دارد آفـتاب ۲۰۲۹

اگر لعل ناب خود یا خورشید را دوست بدارد، در واقع فرقی نمی‌کند.

اندر این دو دوستی خود فـرق نـیست هر دو جانب جز ضیایِ شرق[4] نیست ۲۰۳۰

در این دو محبّت تفاوتی نیست؛ زیرا هر دو پرتوِ نورِ خورشیدند.

تـا نشـد او لعـل، خـود را دشـمن است زانکه یک من نیست آنجا، دو من است[5] ۲۰۳۱

«سنگ» تا «لعل» نشود، با خود در جنگ و ستیز است؛ زیرا در وجودش دو «من» هست.

زانکه ظلمانی است[6] سنگ و روزکور[7] هست ظـلمانی حـقیقت، ضـدِّ نـور ۲۰۳۲

زیرا «سالک» در تاریکیِ جهل، حقیقت را درک نمی‌کند؛ پس ضدِّ نور است و با آن می جنگد.

خویشتن را دوست دارد، کافر است زانکه او مَنّاعِ شـمسِ اکـبر[8] است ۲۰۳۳

دوست داشتنِ «خود»، کافری است؛ زیرا این «خود» مُنکرِ نورِ حقیقت است و مانع تابشِ آن به باطن خویش.

---

۱ - اشاره است به باور قُدما که سنگ در اثر تابش خورشید به لعل و یاقوت مبدّل می‌شود.

۲ - **سنگ**: نمادی است از «سالکِ مبتدی» یا «طالبِ حق» که در اثر تابشِ فیضِ حق یا انوار الهی که «آفتاب» نمادی است از آن، وجه نَفْسانی یا مادّی‌اش به غیر مادّی یا وجه معنوی «روحانی» مبدّل می‌شود.

۳ - **پشت و رو**: سر تا پا. ۴ - **ضیای شرق**: پرتو نور حق، پرتو نور خورشید حقیقت.

۵ - اشاره به «وجه نفسانی» آدمی که همواره با «وجه روحانی»اش در ستیز است و تا به کلّی در آن مستهلک نشود، همین چالش هست. ۶ - **ظلمانی**: تاریک، غیر منوّر.

۷ - **روزْکور**: کسی که قادر به دیدن حقیقت یا درکِ آن نیست.

۸ - **منّاعِ شمسِ اکبر**: بازدارندهٔ خورشید حقیقت.

پس نشاید که بگوید سنگ: أَنا　　او همه تاریکی است و در فنا ۲۰۳۴

پس «سالک» هستیِ مستقلّی ندارد که «من» بگوید؛ چون «وجه نفسانی» فناپذیرش بر او غلبه دارد.

گفت فرعونی: أَنَا الْحَق،[1] گشت پست　　گفت منصوری: أنا الحق،[2] و بِرَست ۲۰۳۵

فرعون دعوی خدایی کرد و پست شد؛ امّا منصور «اناالحق» گفت و رستگار شد.

آن أَنــا را لَـعْنَةُ اللَّـه در عـقِب　　ویـن أَنـا را رَحْـمَةُ الله، ای مُـحِب! ۲۰۳۶

«من» گفتنِ فرعون سبب لعنتِ خدا شد؛ امّا ای دوستدار حقیقت، «اناالحق» گفتنِ منصور سبب رحمت گردید.

زانکه او سنگِ سیه بُد، ایـن عـقیق　　آن عدوِ نور بـود و ایـن عشـیق[3] ۲۰۳۷

زیرا فرعون در تقابلِ با منصور، سنگ سیاه بود در برابر عقیق یا دشمنِ حقیقت بود و این عاشق آن.

این أَنا هُو بود در سِرّ، ای فضول[4]!　　ز اتّـحادِ نـور[5]، نـه از رایِ حُـلول[6] ۲۰۳۸

ای یاوه‌گو، این «من» در باطنِ او بود، از طریق اتّحاد و یگانگی نورها نه از طریق حلول.

جهد کن تا سنگی‌اَت کـمتر شـود　　تا بـه لعـلی، سـنگِ تـو انـور شـود ۲۰۳۹

بکوش تا «وجه نفسانی» یا مادّی‌ات کاهش یابد تا با لعل شدن سنگِ وجودت منوّر گردد.

صـبر کـن انـدر جـهاد و در عَـنا[7]　　دم بـه دم مـی‌بین بـقا انـدر فـنا ۲۰۴۰

در مجاهده با نفس و رنج‌هایِ سلوک بردبار باش تا هر لحظه بقا را در فنا ببینی.

وصفِ سنگی هر زمان کم می‌شود　　وصفِ لعلی در تو محکم می‌شود ۲۰۴۱

لحظه به لحظه «وجه مادّی»ات[8] کاهش می‌یابد و «وجه روحانی»ات افزایش.

وصفِ هستی[9] مـی‌رود از پـیکرت　　وصفِ مستی مـی‌فزایـد در سَـرَت ۲۰۴۲

امور دنیوی و مادّی در ذهنت بی‌قدر می‌شود و مستیِ درک حقایق جایگزین آن می‌گردد.

---

۱ - اشارتی قرآنی؛ نازعات: ۲۴/۷۹: و گفت: منم خدای بزرگ شما: ر.ک: ۱۸۷۶/۱.

۲ - أَنَاالحق: ر.ک: ۱۸۱۸/۱ و ۳۰۶/۲.　　۳ - **عشیق** : عاشق.　　۴ - **فضول** : یاوه‌گو.

۵ - **اتّحادِ نور** : «نورِ حقیقت» یا «نورِ هستیِ مطلق» یکی بیش نیست، واحد است.

۶ - **رایِ حُلول** : اندیشهٔ حلول، اندیشه‌ای که می‌پندارد خداوند در بنده حلول می‌کند.　　۷ - **عَنا** : رنج.

۸ - **وجه مادّی** : وجه نفسانی که تمایل به سِفل دارد، گرایش به صفاتِ پست و تمایلات دنیوی.

۹ - **هستی** : اینجا هستیِ دنیوی.

سمع شو[1] یکبارگی تو گوش‌وار[2] تا ز حلقهٔ لعل[3] یابی گوشوار[4] ۲۰۴۳

بخواه که وجودت مبدّل به گوشی برای شنیدن حقایق گردد تا به نورِ حقیقت آراسته شوی.

همچو چَه‌کَن، خاک می‌کَن گر کسی زین تنِ خاکی[5]، که در آبی[6] رسی ۲۰۴۴

اگر کسی هستی و می‌خواهی حقایقِ هستی را بدانی، همانندِ چاه‌کَن از این تنِ خاکی، خاک بکَن تا بالاخره روزی به مقصود برسی.

گر رسد جذبهٔ خدا[7]، آبِ مَعین[8] چاه ناکَنده، بجوشد از زمین[9] ۲۰۴۵

اگر عنایتِ الهی شاملِ حال بشود، بدونِ جهد هم قادر به درکِ علوم و اسرار می‌شود.

کار می‌کن تو، به گوشِ آن مباش اندک اندک خاکِ چَهْ را می‌تراش ۲۰۴۶

امّا به امید فرارسیدن «جذبهٔ خدا» دست از مجاهده بر ندار و ببین که آرام آرام توجّهت از امور دنیوی کم می‌شود.

هر که رنجی دید، گنجی شد پدید هر که جِدّی[10] کرد، در جَدّی[11] رسید[12] ۲۰۴۷

هر کس که رنجی کشید، به گنجی رسید. هر کس که جهدی کرد، بهره‌ای برد.

گفت پیغمبر: رکوع است و سُجود بر درِ حق، کوفتن حلقهٔ وجود ۲۰۴۸

پیامبر(ص) گفت: رکوع و سجود در واقع کوبیدن حلقهٔ وجود بر درگاه حق است.

حلقهٔ آن در هر آنکو می‌زند بهرِ او دولت[13] سری بیرون کُند[14] ۲۰۴۹

هر کس که حلقهٔ آن درگاه را بکوبد، عنایت الهی شامل حالش می‌شود.

---

۱ - **سمع شو** : گوش باش، به‌گوش مبدّل شو. ۲ - **گوش وار** : مانند گوش.
۳ - **حلقهٔ لعل** : اینجا حلقهٔ حقایق، دایرهٔ هستی.
۴ - **یابی گوشوار** : گوشوارهٔ بندگیِ حق به‌گوشِ جانت آویخته شود؛ یعنی بندهٔ حق باشی و بتوانی حقایق را درک کنی. ۵ - **تنِ خاکی** : کنایه از امور دنیوی و تعلّقاتِ آن است. ۶ - **آب** : کنایه از ادراکِ معارف و حقایق.
۷ - **جذبهٔ خدا** : جَذْبَةٌ مِنْ جَذَباتِ ٱلْحَقّ تَوازیٰ عَمَلَ الثَّقَلَیْن. کشش از سوی پروردگار برابر است با تأثیرِ عباداتِ جنّ و انس: ر.ک. احادیث مثنوی، ص ۳۷۴. ۸ - **آبِ مَعین** : آب گوارا.
۹ - **زمین** : کنایه از زمینِ وجودِ آدمی. ۱۰ - **جِدّ** : جهد، تلاش. ۱۱ - **جَدّ** : بهره و نصیب.
۱۲ - ناظر است به این عبارت: مَنْ جَدَّ وَجَد: هر که کوشید، یافت. ۱۳ - **دولت** : اقبال، اینجا عنایت الهی.
۱۴ - **سری بیرون کند** : چهره می‌نماید.

آمدنِ آن امیرِ نمّام[۱] با سرهنگان نیم‌شب به گشادنِ آن حُجرهٔ ایاز، و پوستین و چارق دیدن آویخته، و گمان بردن که آن مکر است و روپوش[۲]، و خانه را حُفره کردن به هر گوشه‌یی که گمان آمد، و چاه‌کَنان آوردن و دیوارها را سوراخ کردن، و چیزی نایافتن و خجل و نومید شدن، چنانکه بدگمانان و خیال‌اندیشان در کارِ انبیا و اولیا، که می‌گفتند که ساحرند و خویشتن ساخته‌اند و تصدّر[۳] می‌جویند. بعد از تفحّص خَجِل شوند و سود ندارد[۴]

۲۰۵۰ **آن امینان[۵] بر درِ حُجره شدند طالبِ گنج و زر و خُمره بُدند**

امیران به درِ اتاق رفتند و در جست‌وجویِ دفینه، طلا و خمرهٔ پر از جواهر بودند.

۲۰۵۱ **قفل را بر می‌گشادند از هوس[۶] با دو صد فرهنگ[۷] و دانش چند کس**

چند نفر با مهارتِ تمام و از سر هوای نفس به گشودن قفل مشغول شدند.

۲۰۵۲ **زانکه قفلِ صعب و پُر پیچیده بود از میانِ قفل‌ها بُگْزیده[۸] بود**

زیرا قفلی محکم بود و ساختمانی پیچیده داشت. در واقع قفل باارزشی بود.

۲۰۵۳ **نه ز بُخلِ سیم و مال و زرِّ خام[۹] از برای کَتْمِ[۱۰] آن سِرّ از عوام**

این کارِ ایاز به سبب بُخل یا حرصِ نقره و پول و طلای ناب نبود، می‌خواست رازش از عوام نهان بماند.

۲۰۵۴ **که گروهی بر خیالِ بد تَنَند[۱۱] قومِ دیگر نامْ سالوسم[۱۲] کنند**

زیرا اگر بدانند، گروهی خیال بد می‌کنند و گروه دیگری مرا ریاکار می‌نامند.

---

۱ - **نَمّام**: سخن‌چین. ۲ - **روپوش**: چیزی که حقیقت را می‌پوشاند، تظاهر.
۳ - **تصدّر**: خود را بر صدر نشاندن، برتری طلبیدن.
۴ - بازگشت به «قصّهٔ ایاز و حجره داشتن او...» که در ۱۸۵۷/۵ آغاز شده بود.
۵ - **امینان**: افراد مورد اعتماد، اینجا امیران. ۶ - **هوس**: هوای نفس، اینجا حسد و طمع.
۷ - **فرهنگ**: اینجا حیله و مهارت. ۸ - **بگزیده**: برگزیده، باارزش. ۹ - **زرّ خام**: طلای ناب.
۱۰ - **کتم**: پوشاندن. ۱۱ - **بر خیال بدتَنَند**: خیالِ بد می‌کنند. ۱۲ - **سالوس**: ریاکار.

پیش ِ با همّت[1]، بُـوَد اَسـرارِ جـان　　　از خسان[2] مـحفوظ‌تر از لعـلِ کـان ۲۰۵۵

مردان با همّت، اسرارِ الهی را از غیرِ اهل می‌پوشانند و محفوظ‌تر از هر چیزِ گرانبهایی نگه می‌دارند.

زر بِهْ از جـان است پـیش ِ ابـلهان　　　زر نـثار جـان بُـوَد نـزدِ شـهان ۲۰۵۶

در نظر ابلهان طلا گرانبهاتر از جان است؛ امّا در نظرِ مـردانِ حق طـلا بـاید نـثارِ جـانِ جویایِ حق شود.

می‌شتابیدند تَـفت[3] از حـرص ِ زر　　　عـقلشان مـی‌گفت: نـه، آهسـته‌تر ۲۰۵۷

امیران از حرص طلا شتابان می‌رفتند؛ امّا عقلشان می‌گفت: آهسته‌تر.

حرص تـازد بـیهده سـویِ سـراب　　　عقل گوید: نیک بین کآن نیست آب ۲۰۵۸

طمع، بیهوده به سوی سراب می‌شتابد؛ امّا عقل می‌گوید: دقّت کن، آن آب نیست.

حرص غالب بود، و زر چون جان شده　　　نـعرهٔ عـقل آن زمـان پـنهان شـده ۲۰۵۹

بر اثر طمع طلا را همانند جان عزیز می‌داشتند و فریاد عقل را نمی‌شنیدند.

گشته صد تُو حرص و غوغاهایِ او　　　گشته پنهان حکمت[4] و ایمایِ[5] او ۲۰۶۰

غریوِ حرص فراوان بود و اشاراتِ عقل نهان.

تـا کـه در چـاهِ غـرور انـدر فُـتد　　　آنگـه از حکـمت مـلامت بشـنود ۲۰۶۱

هنگامی که آدمِ حریص به چاه خودبینی می‌افتد، صدایِ سرزنش کـننده‌ای را از درون خود می‌شنود.

چون ز بـندِ دام[6]، بـادِ[7] او شکست　　　نَـفْس ِ لوّامـه[8] بـر او یـابید دست ۲۰۶۲

افتادن در دام، غرورش را می‌شکند و نَفْس ِ ملامتگر بر او غلبه می‌یابد.

---

۱ - **با همّت** : با اراده، کسی که اراده‌ای قوی برای ترک تعلّقات و درک حقایق دارد، مرد حق، سالکِ پخته.

۲ - **خَسان** : فرومایگان، اهلِ دنیا، غیرِ اهلِ معنا.　۳ - **تفت** : تُند، به شتاب.

۴ - **حکمت** : اینجا تعقّل، عاقبت‌اندیشی و درکِ حقیقت.　۵ - **ایما** : اشاره.　۶ - **دام** : دام بلا و گرفتاری.

۷ - **باد** : غرور، خودبینی.

۸ - **نفس لوّامه** : نَفْسِ ملامت‌کننده، تعبیری قرآنی؛ قیامت: ۲/۷۵: لاٰ اُقْسِمُ بِالنَّفْسِ اللَّوّامَةِ : و سوگند بـه نَـفْسِ نکوهش کننده.

نَفْس: ر.ک: ۱۸/۱ و ۳۸۶/۱.

تـــا بـــه دیـــوارِ بـلا نـایَد سـرش[1] نشنود پـندِ دل[2] آن گـوش ِ کـرش[3] ۲۰۶۳

تا دچار گرفتاری و بلا نشود، گوش باطنی‌اش حاضر نیست ندایِ عقل و سرزنشِ درونی را بشنود.

کودکان را حرص ِ گوزینه[4] و شکر از نـصیحت‌ها کـند دو گـوش کَـر ۲۰۶۴

حرص شیرینی و شکر، گوشِ کودکان را از شنیدن اندرزها کر می‌کند.

چـــونکه دَرْدِ دُنـــبَلَش آغـــاز شـــد در نصیحت هر دو گوشش باز شد ۲۰۶۵

هنگامی که دردِ دُمل سببِ رنجِ او گردد، گوش‌هایش برای شنیدن اندرز باز می‌شود.

حُجره را با حرص و صدگونه هوس[5] بـــاز کـــردند آن زمـان آن چـند کس ۲۰۶۶

امیران درِ اتاقِ ایاز را با حرص و آرزوی بسیار گشودند.

انـــــدر افـــتادند از در زِ ازدحـــام هـــمچو انـــدر دوغِ گـندیده هَـوام[6] ۲۰۶۷

از شدّت ازدحام به درون اتاق افتادند، همان‌طور که حشرات در دوغ گندیده می‌افتند.

عـــاشقانه در فُـــتَد بـــا کَـــرّ و فَـر[7] خورد امکان نیّ، و بسته هر دو پـر ۲۰۶۸

حشره با ولع در دوغ می‌افتد؛ امّا نمی‌تواند بخورد و پرهایش هم بسته است.

بـــنگریدند از یســـار و از یـــمین[8] چـــارقی بِـــدریده بـود و پـوستین ۲۰۶۹

امیران به چپ و راست نگاه کردند و جز چارقی پاره و یک پوستین چیزی ندیدند.

بازگفتند: این مکان بی نوش[9] نیست چارق اینجا جز پیِ روپوش نـیست ۲۰۷۰

با خود گفتند: اینجا نمی‌تواند خالی باشد، حتماً چارق برای ردگم کردن است.

هـــین! بـــیاور سـیخ‌هایِ تـیز را امـــتحان کـن حـفره و کـاریز[10] را ۲۰۷۱

میله و ابزارهای نوک‌تیز را بیاورید و هر سوراخ یا حفره‌ای را بکاوید.

---

۱ - مصراع اوّل: تا سرش به دیوار بلا نخورد؛ یعنی تا دچار بلا و گرفتاری نشود.

۲ - **پندِ دل** : مراد ندای عقل و انصافِ درونیِ هر کس است؛ یعنی صدای وجدان.

۳ - **گوش کر** : مرادگوش باطنی است که قبل از فرود آمدن «بلا» یا «مصیبت» نمی‌خواهد حقایق را بشنود، گویی برای شنیدنِ آن کر است. ۴ - **گوزینه** : یک نوع شیرینی با مغز گردو. ۵ - **هوس** : اینجا آرزو.

۶ - **هَوام** : حشرات، جمع هامّه. ۷ - **کَرّ و فَر** : شکوه و جلال، اینجا حرص و ولع.

۸ - **یَسار و یمین** : چپ و راست. ۹ - **بی نوش** : بدون چیزهای به درد خور.

۱۰ - **کاریز** : قنات، اینجا سوراخ، حفره.

هر طرف کندند و جُستند آن فریق   حفره‌ها کردند و گَوْهایِ[1] عمیق ۲۰۷۲

آن گروه همه جا را کَندند و حفره‌ها و گودال‌های عمیقی به وجود آوردند.

حفره‌هاشان بانگ می‌داد آن زمان   کَنده‌هایِ[2] خالی‌ایم ای گَندگان[3] ! ۲۰۷۳

حفره‌ها آن زمان به زبان حال فریاد می‌زدند: ای گندیدگان، ما خالی هستیم.

زآن سِگالش[4] شرم هم می‌داشتند   کَنده‌ها را باز می‌انباشتند ۲۰۷۴

از اندیشهٔ پست خویش شرمگین بودند و حفره‌ها را دوباره پر می‌کردند.

بی عدد لاحول[5] در هر سینه‌یی   مانده مرغ حرصشان بی چینه‌یی[6] ۲۰۷۵

امیران در دل «لاٰ حَول و لاٰ قُوَّة...» می‌گفتند و حریصانه جست‌وجو می‌کردند.

زآن ضلالت‌هایِ یاوه‌تازشان[7]   حفرهٔ دیوار و در غمّازشان[8] ۲۰۷۶

حفره‌های خالیِ این طرف و آن طرفِ اتاق نشان تلاشی گمراهانه و بی‌حاصل بود.

ممکنِ اَنْدایِ[9] آن دیوار نی   با ایاز امکانِ هیچ انکار نی ۲۰۷۷

امکان آن نبود که بتوانند دیوار را تعمیر کنند و یا در برابر ایاز چیزی را انکار کنند.

گر خِداع[10] بی گناهی می‌دهند   حایط[11] و عرصه[12] گواهی می‌دهند ۲۰۷۸

اگر مکّارانه دعوی بی‌گناهی کنند، دیوار و کف اتاق شهادت می‌دهند.

باز می‌گشتند سویِ شهریار   پُر زگَرد و روی زرد و شرمسار ۲۰۷۹

خاک‌آلوده، زرد رو و شرمنده نزد شاه بازگشتند.

---

۱ - **گَوْ** : گودال.   ۲ - **کَنده** : حَفْر شده، گودال.
۳ - **گَندگان** : گَندیدگان، کسانی که از حرص مال دنیا باطن‌شان گندیده است.   ۴ - **سِگالش** : اندیشه.
۵ - لاٰ حَوْل: ر.ک: ۲۰۶/۲.   ۶ - مصراع دوم: پرندهٔ حرص‌شان بی دانه مانده بود؛ یعنی همچنان حریص بودند.
۷ - **ضَلالتِ یاوه‌تاز** : تلاش بیهوده.   ۸ - **غَمّاز** : سخن‌چین، اینجا آشکارکننده.
۹ - **اندای** : اندودن، بستن و تعمیر کردن.   ۱۰ - **خِداع** : خُدعه کردن، مکر ورزیدن.   ۱۱ - **حایط** : دیوار.
۱۲ - **عرصه** : کفِ اتاق، ساحت خانه.

بازگشتنِ نمّامان از حُجرهٔ ایاز به سویِ شاه، توبره‌تهی[1] و خجل، همچون بدگمانانِ درحق انبیا، علیهم السَّلام[2]، به وقتِ ظهور بَرائت و پاکیِ ایشان، که «یَوْمَ تَبْیَضُّ وَ تَسْوَدُّ وُجُوهٌ»[3]، و قَوْلُهُ: «تَرَی الَّذینَ کَذَّبُوا عَلَی اللهِ وُجُوهُهُمْ مُسْوَدَّةٌ»[4]

شاه، قاصد گفت: هین! احوال چیست؟ که بَغَلتان از زر و هَمیان[5] تهی‌ست ۲۰۸۰

شاه عمداً گفت: هان، چه شده که بغل‌های شما از طلا و کیسه‌های پول خالی است؟

ور نهان کردید دینار و تَسو[6] فَرِّ[7] شادی در رُخ و رُخسار کو؟ ۲۰۸۱

اگر دینار و درهم را پنهان کرده‌اید، چرا برق شادی در چهره‌تان دیده نمی‌شود؟

گرچه پنهان بیخ هر بیخ‌آور است[8] برگِ سیماهُم وُجُوهُم اَخْضَر است[9] ۲۰۸۲

اگرچه که ریشهٔ هیچ درختی آشکار نیست؛ امّا اثرش در برگ‌ها به خوبی پیداست.

آنچه خورد آن بیخ از زهر و ز قند نَک منادی می‌کند شاخِ بلند ۲۰۸۳

هرچه را که ریشه جذب کند، خوب یا بد، برگ‌ها بر شاخه‌های بلند به زبان حال بازگو می‌کنند.

بیخ اگر بی‌برگ و از مایه تهی‌ست[10] برگ‌هایِ سبز اندر شاخ چیست؟ ۲۰۸۴

اگر ریشه موادّ خوبی را جذب نمی‌کند؛ پس آن برگ‌هایِ سبز بر شاخه‌ها چیست؟

بر زبانِ بیخ، گِل مُهری نهد[11] شاخ دست و پا گواهی می‌دهد[12] ۲۰۸۵

اگر گِل، ریشه را از سخن گفتن باز دارد، شاخه‌ها که به منزلهٔ دست و پای درخت‌اند، احوالِ نهان را می‌گویند.

---

۱ - **توبره‌تهی**: کیسه‌خالی، یعنی دست خالی.

۲ - همان‌گونه که بداندیشان به هنگام آشکار شدن پاکی و پاکیزگی پیامبران - که سلام بر آنان باد - شرمنده می‌شوند.

۳ - اشارتی قرآنی؛ آل‌عمران: ۱۰۶/۳: روزی که گروهی روسفید و گروهی روسیاه باشند... .

۴ - اشارتی قرآنی: زُمَر: ۶۰/۳۹: وَ یَوْمَ الْقِیامَةِ تَرَی الَّذینَ کَذَبُوا عَلَی اللهِ وُجوهُهُمْ مُسْوَدَّةٌ...: و روز قیامت کسانی را که بر خدا دروغ بسته‌اند، بنگری که همه رویشان سیاه شده است. ۵ - **همیان**: کیسهٔ پول.

۶ - **تَسو**: پول خُرد، سکّهٔ کم‌ارزش، پول سیاه، معادل دِرْهم. ۷ - **فَرّ**: شکوه، اینجا فَرِّ شادی یعنی برق شادی.

۸ - **بیخ‌آور**: درخت، روییدنی.

۹ - برگِ «نشانش بر چهرهٔ آنان» سبز است، اقتباسی از قرآن؛ فتح: ۲۹/۴۸: ...سیماهُمْ فی وُجُوهِهِمْ مِنْ أَثَرِ السُّجُودِ...: بر رخسارشان اثر سجده پدیدار است.

مراد آنکه: همان‌طور که در چهرهٔ مؤمنان و نیکان آثارِ نیکِ سجده و طاعاتشان هویداست، در چهرهٔ منکران و افراد بد نیز آثار طغیان و بدی‌هایشان پیداست. اشاره به امیران که اثر بدگویی و کار زشت در چهره‌شان آشکار بود.

۱۰ - **اگر بی برگ و از مایه تهی است**: اگر بی توشه و بی مایه است.

۱۱ - اگر گِل و لای زبانِ ریشه را مُهر کند؛ یعنی نگذارد که سخن بگوید. ۱۲ - مقتبس از: قرآن: یس: ۶۵/۳۶.

آن امیـنان جـمله در عُـذر آمـدند[۱] همچو سایه پیشِ مَه ساجد شدند[۲] ۲۰۸۶

آن امیران با سرافکندگی از سلطان محمود عذرخواهی کردند.

عُـذرِ آن گـرمی و لاف و مـا و مـن پیشِ شـه رفـتند بـا تـیغ و کـفن[۳] ۲۰۸۷

برای عذرخواهی از آن همه تندی، ادّعا و خودبینی به حضور شاه رفتند.

از خجالت جمله انگشـتان گـزان[۴] هر یکی می‌گفت: کِای شاهِ جـهان! ۲۰۸۸

همه شرمنده و نادم بودند و هر یک می‌گفت: ای شاه بزرگ،

گر بریزی خون، حلال استت حلال ور ببخشی، هست اِنـعام[۵] و نـوال[۶] ۲۰۸۹

اگر خون ما را بریزی، حلالِ حلال است و اگر ببخشی، احسان و عطای توست.

کرده‌ایم آن‌ها کـه از مـا مـی‌سزید[۷] تا چه فـرمایی تـو ای شـاهِ مـجید! ۲۰۹۰

ای شاه بزرگوار، کارهایی که کرده‌ایم، شایستهٔ ما بود. تا تو چه فرمانی بدهی؟

گر ببخشی جُرمِ ما ای دل‌فـروز[۸]! شبْ شبی‌ها کرده بـاشد، روز روز[۹] ۲۰۹۱

ای دل‌افروز، اگر ما را عفو کنی، بخشنده‌ای بخشش کرده است و گناهکاری گناه.

گر ببخشی، یافت نومیدی گشاد[۱۰] ورنه، صد چون ما فـدای شـاه بـاد ۲۰۹۲

اگر ببخشی، ناامیدی امید می‌شود و اگر نبخشی، صدها جانِ چون ما فدای شاه باد.

گفت شه: نه، این نواز و این گُداز[۱۱] من نـخواهـم کـرد، هست آنِ ایـاز ۲۰۹۳

شاه گفت: نه، بخشیدن یا نبخشیدن با من نیست، حقّ ایاز است.

---

۱ - **در عذر آمدن:** معذرت خواستن.

۲ - مصراع دوم: مانند سایه در مقابل ماه به سجده در آمدند؛ یعنی همان‌طور که سایه در برابر نور محو می‌شود، آن‌ها هم در برابر شاه شرمنده و سرافکنده بودند.

۳ - با تیغ و کفن پیش شاه رفتند؛ یعنی گناهِ خود را پذیرفتند و تقاضای بخشش کردند.

۴ - **انگشتان گزان:** انگشت ندامت به دندان گرفته بودند؛ یعنی شرمنده و نادم بودند.

۵ - **اِنعام:** نعمت دادن، احسان کردن. ۶ - **نَوال:** خوراک دادن، بهره و نصیب، اینجا عطا یا انعام.

۷ - **از ما می‌سزید:** عملِ بدِ ما در خورِ درونِ تاریکِ ما بود. ۸ - **دل‌فروز:** روشنی بخشِ دل.

۹ - هرکس مطابقِ خصلتِ خود عمل کرده است. ۱۰ - **گشاد یافتن:** گشایشی حاصل شدن.

۱۱ - **نواز و گداز:** نوازش و تنبیه.

حواله کردنِ[1] پادشاه قبول و توبهٔ نمّامان و حُجره‌گشایان، و سزا دادنِ ایشان به ایاز، که یعنی این جنایت[2] بر عِرضِ[3] او رفته است

این جنایت بر تن و عِرضِ[4] وی است   زخم[5] بر رگ‌هایِ[6] آن نیکوپی است[7] ۲۰۹۴

این اتّهام، تجاوزی به شأن و آبروی او و صدمه‌ای به روح و روانِ آن انسانِ درستکار است.

گرچه نفس واحدیم از رویِ جان   ظاهراً دورم از این سود و زیان ۲۰۹۵

هرچند که «روح» ما یکی است؛ امّا ظاهراً من در این قضیه سود و زیانی ندارم.

تهمتی بر بنده شه را عار نیست   جز مزیدِ حلم و استظهار[8] نیست ۲۰۹۶

برای شاهِ وجود «پروردگار»، عار یا ننگی نیست اگر بنده‌ای از بندگان خوبش را بدنام و متّهم کنند؛ زیرا این اتّهام سببِ افزایش بردباریِ او و یاری خواستنِ از حق می‌شود.

متّهم[9] را شاه، چون قارون[10] کند   بی‌گنه را تو نظر کن چون کند؟ ۲۰۹۷

هنگامی که پروردگار، «قارونِ» گناهکار را از آن همه نعمت برخوردار می‌کند، ببین که در مورد بندهٔ بی‌گناه چه لطفی خواهد کرد.

شاه را غافل مدان از کارِ کس   مانعِ اظهار[11] آنْ حلم است و بس ۲۰۹۸

خداوند از اعمال بندگان بی خبر نیست؛ امّا بردباریِ حق نتایج اعمال را به سرعت آشکار نمی‌کند.

مَنْ هُنا یَشْفَع،[12] به پیشِ علمِ او   لاأُبالی‌وار[13]، إلاّ حلمِ او؟ ۲۰۹۹

هیچ چیز جز «حلم» حق نمی‌تواند بی محابا در برابر «علم» او شفاعت کند.

آن گنه اوّل ز حلمش می‌جَهَد   ورنه هیبت آن مجالش کِی دهد؟ ۲۱۰۰

به اتّکایِ «حلمِ حق»، بنده مرتکب گناه می‌شود و گرنه با وجودِ هیبتِ الهی، جرأت نمی‌کند.

---

۱ - **حواله کردن**: واگذار کردن. ۲ - **جنایت**: تجاوز، جرم و گناه. ۳ - **عِرض**: آبرو.

۴ - **تن و عِرض**: شأن و آبرو، آبرو و حیثیّت. ۵ - **زخم**: ضربه، صدمه. ۶ - **رگ‌ها**: اعصاب و روان.

۷ - **نیکوپی**: درستکار، «پی» به معنی پای، قدم. ۸ - **استظهار**: یاری خواستن، حمایت کردن.

۹ - **متّهم**: گناهکار. ۱۰ - قارون: ر.ک: ۸۶۹/۱ ۱۱ - **اظهار**: ظاهر شدن، آشکار کردن.

۱۲ - **مَنْ هُنا یَشْفَع**: چه چیز اینجا شفاعت می‌کند؟ اقتباس لفظی: قرآن؛ بقره: ۲۵۵/۲: ...مَنْ ذَاالَّذی یَشْفَعُ عِنْدَهُ إلاّ بِإذْنِهِ...: که را این جرأت است که در پیشگاه او به شفاعت برخیزد، مگر به فرمان و اجازهٔ او؟

۱۳ - **لاأُبالی‌وار**: بی محابا، بی پروا.

خـــونبهایِ جُـــرم نَـــفس ِ قـــاتله   هست بر حـلمش، دِیَت بـر عـاقله ۲۱۰۱

«نَفْس» با ارتکاب گـناهان و اسـتمرار آن، «وجـه روحـانی» وجـودِ آدمـی را از بـین مـی‌برد «می‌کشد»؛ امّا از آنجایی که این نَفْس، عاقل و بالغ نیست؛ پس از نظر شرعی دیهٔ این قتل بر عهدهٔ عاقلی است که سرپرستی یا کفالت او را بر عهده دارد؛ بنابراین دیهٔ این جرایم و خطاها را «حلمِ الهی» می‌پردازد؛ یعنی اگر به سویِ حق برگردد، او را می‌بخشد.

مست و بی‌خود نَفْس ِ ما زآن حلم بود   دیــو در مســتی کُــلاه از وی ربــود[1] ۲۱۰۲

نَفْس ِ آدمی از حلم و بردباری حق، سرمست می‌شود که شیطان می‌تواند فریبش دهد.

گرنه ساقی حـلم بـودی بـاده ریـز   دیــو بــا آدم کـجا کـردی سـتیز؟ ۲۱۰۳

اگر سرمستیِ حلمِ حق نبود، شیطان جرأت نمی‌کرد با آدم مبارزه کند.

گاهِ علم، آدم مـلایک را کـه بـود؟[2] **اوســـتادِ عــلم و نَــقّادِ**[3] **نُــقود**[4] ۲۱۰۴

هنگامِ تعلیم به فرشتگان، آدم استادِ علم و ارزیابِ هستیِ همهٔ موجودات و ملایک بود.

چونکه در جنّت شرابِ حلم خَورد   شد ز یک بازیِّ شیطان روی زرد[5] ۲۱۰۵

امّا چون در بهشت از حلمِ الهی آگاه شده بود، به اتّکایِ آن فریب خورد و شرمنده شد.

آن بَـــلادُرهایِ[6] **تــعلیمِ وَدود**[7] **زیرک و دانا و چُستش**[8] **کـرده بـود** ۲۱۰۶

تعلیمِ خداوندِ بسیار مهربان آدم را زیرک، دانا و آگاه کرده بود.

بــاز آن افـیونِ حــلمِ سـختِ[9] **او   دزد را آورد ســــویِ رختِ او** ۲۱۰۷

امّا «حلمِ حق»، بسان افیونی قوی در وی اثر کرد و آگاهی‌اش را تحت الشّعاع قرار داد تا شیطان توانست او را بفریبد.

---

۱ - **کلاه از وی ربود :** فریبش داد، گمراهش کرد.

۲ - اشارتی قرآنی؛ بقره: ۳۳/۲: قالَ یا ٰادَمُ اَنْبِئْهُمْ بِأَسْمٰائِهِمْ... : خداوند فرمود: ای آدم ملائکه را به حقایق این اسما آگاه ساز.   ۳ - **نقّاد :** ارزیاب، صرّاف، کسی که زر و سیم سره و ناسره را می‌شناسد.

۴ - **نقود :** جمع نقد به معنی زر و سیم رایج یا سکّه‌های طلا و نقره، اینجا سکّهٔ وجودِ همهٔ موجودات.

۵ - **رویْ زرد :** شرمنده.

۶ - **بلادُر :** داروی تقویت حافظه، اینجا تعلیم حق به داروِی افزایش عقل و خرد مانند شده است: قرآن: بقره: ۳۱/۲: وَ عَلَّمَ ٰادَمَ ٱلأَسْمآءَ کُلَّها... : و خدای عالم همهٔ اسما را به آدم تعلیم داد.   ۷ - **وَدود :** بسیار مهربان.

۸ - **چُست :** چالاک، اینجا تیزهوش یا هوشیار، آگاه.

۹ - **افیونِ حلم سخت :** حلمِ حق به «افیونِ مؤثر» مانند شده است که سببِ تخدیر و سستی می‌شود و نمی‌گذارد آدمی از زیرکی و آگاهیِ خود استفاده کند.

عقل آید سویِ حـلمَش مُسْـتَجیر[۱] ساقی‌اَم تـو بـوده‌ای، دسـتم بگـیر ۲۱۰۸

عقل هم به حلمِ او پناه می‌بَرَد و می‌گوید: تو مرا مست کردی، کمکم کن.

فرمودنِ شاه ایاز را که: اختیار کن از عفو و مکافات، کـه از عـدل و لطـف هرچه کنی، اینجا صواب است، و در هر یکی مصلحت‌هاست، که در عدل هزار لطف هست درج، «وَ لَکُمْ فِی ٱلقِصٰاصِ حَیٰوةٌ»[۲]، آن کس که کـراهت می‌دارد قصاص را در این یک حیاتِ قاتل نظر می‌کند و در صد هزار حیات که معصوم و محقـون[۳] خواهند شـدن در حِصـنِ بیمِ سیـاست، نمی‌نگرد

فرمودن شاه به ایاز که از عفو یا کیفر یکی را برگزین که اگر عدل و لطف کنی، در این مورد صواب است و در هر یک مصلحت‌ها نهفته است، که در عدل هزار لطف جای دارد «شما را در قصاص، زندگی کردن است»، آن کس که قصاص را زشت می‌شمارد، به زندگانیِ قاتل نظر می‌کند؛ ولی به زندگانیِ صد هزار تن که بر اثر ترس از سیاست در امان و محفوظ خواهند شد، نگاه نمی‌کند.

کُن میانِ مـجرمان حُکـم ای ایـاز! ای ایـازِ پـاکِ بـا صـد احـتراز ۲۱۰۹

ای ایاز، ای ایاز پاک که از بدی‌ها پرهیز می‌کنی، در مورد این گناهکاران حکم کن.

گر دو صد بارَت بجوشم[۴] در عمل[۵] درکفِ جـوشت[۶] نـیابم یک دَغَـل[۷] ۲۱۱۰

اگر تو را صدها بار در بوتهٔ آزمایش بیازمایم، در وجودت حیله‌ای نمی‌یابم.

ز امتحان شرمنده، خلقی بی شـمار امـتحان‌ها از تـو جـمله شـرمسار ۲۱۱۱

انسان‌های بی‌شماری در آزمـون‌ها شـرمنده مـی‌شوند؛ امّـا «آزمـون»هـا از آزمـودنِ تـو شرمنده‌اند.[۸]

---

۱ – **مستجیر** : پناه جوینده. ۲ – اشارتی قرآنی؛ بقره: ۱۷۹/۲: حکم قصاص برای حفظ حیات شماست.
۳ – **معصوم و مَحقون** : در امان و محفوظ. ۴ – **بجوشم** : ذوب کنم و بیازمایم.
۵ – **در عمل** : در آزمون‌های زندگی. ۶ – **درکفِ جوشت** : درکفی که از جوششت حاصل می‌شود.
۷ – **دَغَل** : نیرنگ.
۸ – مراد آنکه: تو برتر از آن هستی که بتوان تو را آزمود، اینجا «ایاز» نمادی از مرد حق است.

بـحرِ بی قعر است، تـنها عـلم نـیست   کوه و صدکوه است این خود، حلم نیست ۲۱۱۲

وجودِ تو نه فقط به سببِ علم آگاه است؛ بلکه دریایی ژرف است که حلم و بردباری‌اش بسان کوه استوار است.

گفت: من دانم عطایِ تـوست ایـن   ورنه من آن چـارقم وآن پـوستین[۱] ۲۱۱۳

ایازگفت: من می‌دانم که این عطای توست وگرنه من وجود ناچیزی بیش نیستم.

بـهرِ آن پـیغمبر ایـن را شـرح سـاخت   هر که خود بشناخت، یزدان را شناخت[۲] ۲۱۱۴

به همین مناسبت پیامبر(ص) فرمود: هر کس خود را شناخت، خدا را شناخته است.

چارُقت نطفه‌ست و خونت پوستین   باقی ای خواجه! عطایِ اوست این ۲۱۱۵

ای خواجه، چارق و پوستین تو، نطفه و خونی است که از آن به وجـود آمـده‌ای، بـقیّه عطای اوست.

بـهر آن داده است تـا جـویی دگـر   تو مگو که: نیستش جُز ایـن قَـدَر[۳] ۲۱۱۶

این‌ها را داد تا جویای چیزهای عالی‌تر باشی؛ یعنی به همین بسنده نکن.

زآن نـماید چـند سـیب آن بـاغبان   تا بدانـی نـخل[۴] و دخـلِ[۵] بـوستان ۲۱۱۷

باغبان نمونه‌ای از محصولات را نشان می‌دهد تا بدانی که باغ بسیار پربار است.

کـفِّ گـندم زآن دهـد خِـریار[۶] را   تـا بـدانـد گـندمِ انـبار را ۲۱۱۸

گندم فروش مُشتی گندم به خریدار می‌دهد تا نوع گندم موجود در انبار را بداند.

نکـته‌یی زآن شـرح گـوید اوسـتاد[۷]   تـا شـناسی عـلمِ او را مُستَزاد[۸] ۲۱۱۹

استاد شمّه‌ای از دانش خود را بیان می‌کند تا بدانی که از علم بیکرانی برخوردار است.

---

۱ - چارق و پوستین اشاره به ناچیز بودن «بنده» در برابر «حق» است.

۲ - مراد این روایت است: مَنْ عَرَفَ نَفْسَهُ فَقَدْ عَرَفَ رَبَّهُ. ر.ک. احادیث، ص ۴۷۱.

۳ - تصوّر نکن که بیش از این را ندارد.   ۴ - **نخل**: درخت خرما، اینجا مطلق درخت.

۵ - **دخل**: محصول.   ۶ - **خِریار**: خریدار.   ۷ - **اوستاد**: اینجا استاد روحانی، مرد حق.

۸ - **علم مُستَزاد**: علم فزاینده، علم بیکرانِ مرد خدا.

دفتر پنجم

ور بگویی خود همینش بود و بس　　دورت اندازد، چنان‌کز ریش[1] خس ۲۱۲۰

و اگر تصوّر کنی که علم او همین بوده است و بس، تو را با انزجار می‌رانَد، مانندِ خاشاکی از ریش و یا عفونتی از زخم.

ای ایاز! اکنون بیا و داد دِه　　دادِ نادِر در جهان بنیاد نِه ۲۱۲۱

ای ایاز، اکنون بیا و با اجرای عدالت، در جهان بنیانگذار عدلی بی‌نظیر باش.

مُجرمانت مستحقِ کشتن‌اند　　وز طمع بر عفو و حلمت می‌تَنَند ۲۱۲۲

کسانی که تهمت زدند، مستحقّ مرگ‌اند؛ امّا چشمِ امّیدشان به بخششِ توست.

تا که رحمت غالب آید یا غضب[2] ؟　　آبِ کوثر غالب آید یا لَهَب[3] ؟ ۲۱۲۳

منتظرند که ببینند رحمت غلبه می‌کند یا غضب؟ بخشش یا کیفر؟

از پیِ مردم‌رُبایی[4] هر دو هست　　شاخِ حلم و خشم[5] از عهدِ اَلَست[6] ۲۱۲۴

از روزِ ازل، «لطف» و «قهر» برای جلب و جذبِ خلق به حق بوده است.

بهرِ این، لفظِ اَلَستِ مُستبین[7]　　نفی و اثبات است در لفظی قرین ۲۱۲۵

به همین مناسبت، اوّلین خطابی که از پروردگار به مخلوقات رسید، «أَلَسْتُ» بود که در آن «نفی» و «اثبات» در کنار هم در یک لفظ آمده‌اند.[8]

زانکه استفهامِ اثباتی[9] است این　　لیک در وی لفظِ لَیْسَ[10] شد قرین ۲۱۲۶

زیرا این پرسش «اثبات» را می‌رساند؛ امّا لفظِ «لَیْسَ» به معنی نیست یا «نفی» هم در آن نهان است.[11]

---

۱ - **ریش** : اینجا می‌تواند به معنی ریشِ مردان و یا به معنی زخم باشد.

۲ - **رحمت یا غضب** : بخشش یا خشم.

۳ - **آبِ کوثر یا لهب** : «آبِ کوثر» اینجا کنایه از «بخشش» و لَهَب که زبانهٔ آتش است کنایه از «کیفر».

۴ - **مردم‌ربایی** : جلب مردم، جذبِ خلق.

۵ - **شاخِ حلم و خشم** : شاخهٔ بردباری و خشم، مراد تجلّی صفات جمالی و جلالی حق است، صفات جمالی همه «لطف» و صفات جلالی همه «قهر»اند.

۶ - **اَلَست** : روز ازل: قرآن؛ اعراف: ۱۷۲/۷: ...أَلَسْتُ بِرَبِّکُمْ...: آیا من پروردگار شما نیستم؟

۷ - **مستبین** : واضح و آشکار.　　۸ - در لفظ «أَلَسْتُ» به معنی «آیا نیستم؟» مفهوم مثبت و منفی با هم‌اند.

۹ - **استفهام اثباتی** : پرسشی که جواب مثبت آن برای گوینده آشکار است.　　۱۰ - **لَیْسَ** : نیست.

۱۱ - در «أَلَسْتُ»، «أَ» همزهٔ استفهام، «لَسْتُ» متکلّم وحده از «لَیْسَ» به معنی «نیست» است و همزهٔ استفهام معنی منفی را مثبت کرده.

ترک کن[1] تا مانَد این تقریر خام کاسهٔ خاصان مَنِه بر خوانِ عام ۲۱۲۷

بگذار این بیان را خام رها کنیم؛ زیرا رزقِ روحانیِ خاصان است نه عوام.

قهر و لطفی، چون صبا و چون وبا آن یکی آهن‌رُبا، وین کَهْرُبا[2] ۲۱۲۸

تجلّیِ صفاتِ جمالی و جلالی حق، همانند بادِ خوش و ناخوش همواره در جریان‌اند. لطفِ او مثل بادِ صبا نرم می‌وزد و «حق‌طلبان» را جذبِ راه خدا می‌کند و قهرِ او مثل بادِ بیماری‌زا «حق‌ستیزان» را در بر می‌گیرد.

می‌کَشَد حق راستان را تا رَشَد[3] قسمِ باطل[4] باطلان را می‌کَشَد ۲۱۲۹

«لطفِ» حق، نیکان را به راه راست و کمال می‌برد و «قهرِ» او بَدان را به سوی بدی و تنزّل.

معده حلوایی بُوَد[5]، حلوا کَشَد معده صفرایی بُوَد، سِرکا کَشَد ۲۱۳۰

کسی که به «حقیقت» گرایش داشته باشد، آن را جذب می‌کند و کسی که به «باطل»، همان را.

فرشِ سوزان سردی از جالِس بَرَد فرشِ افسرده حرارت را خورد ۲۱۳۱

بستر گرم آدم را گرم می‌کند و بستر سرد، سرد.

دوست بینی، از تو رحمت می‌جهد خصم بینی، از تو سَطْوَت[6] می‌جهد ۲۱۳۲

دوست را که می‌بینی، در دلت محبّت می‌جوشد و از دیدنِ دشمن خشم.

ای ایاز! این کار را زوتر گُزار زانکه نوعی انتقام است انتظار ۲۱۳۳

ای ایاز، این کار را زودتر انجام بده؛ زیرا منتظر گذاشتن هم نوعی انتقام گرفتن است.[7]

---

۱ - مخاطب خود مولاناست. ۲ - **آهن‌ربا و کَهْربا :** کنایه از اهل معنا و اهل دنیا. ۳ - **رَشَد :** راه راست.

۴ - **قسم باطل :** قهر حق که نصیب باطلان و گمراهان است.

۵ - **معدهٔ حلوایی بُوَد :** اگر معده گرایش به شیرینی داشته باشد؛ یعنی اگر آدمی حق‌جو باشد. «صفرایی بودن»: گرایش به شیرینی نداشتن، گرایش به ترشی داشتن؛ یعنی تمایل به باطل. ۶ - **سَطْوَت :** خشم.

۷ - زیرا آزرده می‌شوند.

تعجیل فرمودنِ پادشاه ایاز را که: زود این حُکم را به فیصل رسان[1] و منتظر مدار[2]، و اَیّامٌ بَیْنَنٰا[3] مگو، که «اَلانْتِظٰارُ مَوْتُ اَلْأَحْمَر»[4]، و جواب گفتنِ ایاز شاه را

گفت: ای شه! جملگی فرمان تو راست   بـا وجـودِ آفـتاب، اخـتر فـناست[5] ۲۱۳۴

ایاز گفت: ای شاه، فرمان از آنِ توست. با وجود خورشید، ستاره فانی است.

زُهره که بْوَد یـا عُـطارِد یـا شـهاب   کـو بـرون آیـد بـه پـیشِ آفـتاب؟ ۲۱۳۵

زهره، عطارد یا شهاب در برابر خورشید چه نوری دارد؟

گـر ز دلق و پـوستین بگـذشتمی[6]   کِی چنین تـخم مـلامت کِـشتمی؟ ۲۱۳۶

اگر من دلق و پوستین را هم رها می‌کردم، مورد سرزنش و اتّهام قرار نمی‌گرفتم.

قفل کردن بـر درِ حُـجره چـه بـود   در مـیانِ صـد خـیالیِّ حسـود؟[7] ۲۱۳۷

در میان این همه آدمی که اسیرِ پندار و حسدند، قفل کردن در اتاق کار درستی نبود.

دست در کــرده درون آبِ جُــو   هر یکی ز ایشان، کلوخِ خشک جو ۲۱۳۸

آنان در آبِ جوی جویای خشتِ خشک‌اند؛ یعنی تلاشی بیهوده دارند.

پس کلوخِ خشک در جو کِی بُـوَد؟   مـاهیی بـا آب عـاصی کِـی شـود؟ ۲۱۳۹

همان‌طور که خشتِ خُشک در جـویِ آب نـیست، مـاهی کـه هستی‌اش از آب است، نمی‌تواند علیه خود عصیان کند.

بر مـنِ مسکـین، جـفا دارنـد ظـن   کـه وفــا را شــرم مــی‌آید زِ مـن ۲۱۴۰

دربارهٔ منِ بیچاره گمانِ جفا می‌برند؛ در حالی که وفا هم در قبالِ وفایِ من شرمنده است.[8]

---

۱ - **این حکم را به فیصل رسان:** این داوری را زود حلّ و فصل کن.   ۲ - **منتظر مدار:** در انتظار مگذار.

۳ - **ایّامٌ بَیننا:** روزها در پیش است.

۴ - انتظار مرگ سرخ است، «مرگ سرخ» تعبیری است عرفانی: تحمّل رنجِ جفا.

۵ - مراد آنکه اینجا «ایاز» که نمادی از یک عارف است، خود را یک ستارهٔ حقیر و محو در نورِ خورشید حقیقت که «سلطان» نماد آن است، می‌داند.   ۶ - یعنی اگر با وجودِ تو، به هیچ چیز جز تو توجّه نمی‌کردم.

۷ - ایاز با این سخنان گناه را متوجّه خود می‌کند.

۸ - مراد آنکه: وفای من به تو همان وفای تو به توست، اشاره به فنای عبد در حق، یعنی وفای من چیزی بالاتر از وفاست، استهلاک در حق است.

گـر نـبودی زحـمتِ نـامحرمی چـند حـرفی از وفـا واگـفتمی[۱] ۲۱۴۱

اگر مزاحمتِ اغیار نبود، سخنانی دربارهٔ وفا می‌گفتیم.

چون جهانی شُبهت و اِشکال جوست[۲] **حـرف مـی‌رانـیم مـا بـیرونِ پـوست**[۳] ۲۱۴۲

امّا چون دنیا پر از افرادی است که در پی ایراد و اشکال‌اند، برای اینکه شبهه‌ای نباشد، حقایق را رُک و پوست کنده می‌گوییم.

گر تو خود را بشکنی[۴]**، مغزی شوی داسـتانِ مـغزِ نـغزی بشـنوی** ۲۱۴۳

برای اینکه حقایق را درک کنی و دچارِ «شُبهه و اشکال» نشوی، باید «خودبینی» را کنار بگذاری و باور کنی که حقایقِ هستی را نمی‌دانی تا به سببِ انکسار تو هم به درک آن نایل گردی و جزوِ «اهلِ معنا» باشی.

جـوز را در پـوست‌ها، آوازهـاست مغز و روغن را خود آوازی کجاست؟ ۲۱۴۴

وجودِ آدمی مانندِ گردو دارای مغز و پوست است. پوست یا «وجه مادّی» آن، اسیرِ هیاهو و سروصدا یا «قیل و قال» است، و تا این پوست نشکند، نمی‌توان به مغز یا «وجه روحانی» آن که فارغ از هیاهوی دنیوی است، رسید.

دارد آوازی، نه اندر خـوردِ گـوش[۵] **هست آوازش نهان در گوشِ نوش**[۶] ۲۱۴۵

«وجه روحانی» هم آوازی دارد که فقط با گوشِ باطن می‌توان آن را شنید.

گـرنه خـوش آوازیِ مـغزی بُـوَد ژَغـژَغِ[۷] **آوازِ قشـری کِـه شْـنَوَد؟** ۲۱۴۶

اگر آواز دل‌انگیزِ «وجه روحانی» نبود، کسی به آوایِ «وجه مادّی» توجّهی نمی‌کرد.

ژَغْـــژَغِ آنْ زآن تـحمّل مـی‌کنی تا کـه خـاموشانه[۸] **بـر مـغزی زنـی** ۲۱۴۷

هیاهوی دنیوی را تحمّل می‌کنی تا آرام آرام حقیقت را درک کنی.

---

۱ - اشاره است به حضور نامحرمی در جلسهٔ تقریر مثنوی.

۲ - چون مردم خیلی زود با شنیدن معارف دچار شُبهه و اشکال می‌شوند؛ یعنی چون حقایق را درک نمی‌کنند، در پی ایراد و اشکال‌اند. ۳ - **بیرونِ پوست**: بدون پوست، مغزِ سخن. ۴ - اگر انانیّت خود را بشکنی.

۵ - در خورِ گوشِ سر نیست، گوشِ ظاهری نمی‌تواند آن را بشنود. ۶ - **گوشِ نوش**: گوشِ باطن.

۷ - **ژغژغ**: صدای برخورد گردوها. ۸ - **خاموشانه**: در خاموشی، اینجا بدون سروصدا و آرام آرام.

چندگاهی بی لب و بی گوش شو وآنگهان چون لب حریفِ نوش[1] شو ۲۱۴۸

مدّتی خاموش باش و سعی کن تحت تأثیر عوامل دنیوی نباشی و فقط به دل و باطنت توجّه کنی، آنگاه می‌بینی که می‌توانی عالم غیب را درک کنی.

چند گفتی نظم و نثر و رازْ فاش خواجه! یک روز امتحان کن، گنگ باش ۲۱۴۹

مدّتی با گفتنِ نظم و نثر رازها را برملا کردی. اکنون ای خواجه، برای امتحان مدّتی خاموش باش.

حکایت در تقریرِ[2] این سخن که: چندین گاه گفت و گو را آزمودیم، مدّتی صبر و خاموشی را بیازماییم

این قطعه در تقریر خاموشی و ترک قیل و قال است.

چند پختی تلخ و تیز و شُورْگَز[3] این یکی بار، امتحان شیرین[4] بپز ۲۱۵۰

مدّتی از عمرت را با اشتغالاتِ دنیوی گذراندی، یک بار هم برای امتحان به امورِ معنوی بپرداز.

آن یکی را در قیامت زِ انتباه[5] در کف آید نامهٔ عِصیان سیاه ۲۱۵۱

در قیامت برای آنکه آدمی آگاه شود که عمرش را تلف کرده است، نامهٔ سیاه اعمال را به دستش می‌دهند.

سر سیَه چون نامه‌هایِ تعزیه[6] پُر معاصی مَتْنِ نامه و حاشیه ۲۱۵۲

نامه‌ای که بالایِ آن همانند نامه‌های سوگواری سیاه و متن و حاشیه‌اش پر از گناهان است.

جمله فسق و معصیت بُد یکسری همچو دارُالحَرب[7] پُر از کافری ۲۱۵۳

نامه‌ای که پر از تباهی و گناه است و همانندِ سرزمین کافران پر از کفر.

آنچنان نامهٔ پلیدِ پُر وَبال[8] در یمین[9] ناید، در آید در شمال[10] ۲۱۵۴

چنان نامهٔ ناپاک و پر از گناه را به دست راست نمی‌دهند، به دست چپ می‌دهند.

---

۱ - **نوش** : حلاوت، شیرینی، اینجا عوالم معنوی. ۲ - **تقریر** : بیان.
۳ - **شور گز** : یک نوع درختِ گز که طبع آن قابض است، مصراع اوّل: مدّتی غذاهای تلخ، ترش و گس پختی که «تلخ، ترش و گس» صفات و در واقع تعبیری از سخنان و امور دنیوی است.
۴ - **شیرین** : اینجا خاموشی و درکِ عالم معناست. ۵ - **انتباه** : آگاهی. ۶ - **تعزیه** : سوگواری.
۷ - **دارُالحَرب** : محلّ جنگ، کنایه از سرزمین کافران. ۸ - **وَبال** : گناه. ۹ - **یَمین** : راست، دست راست.
۱۰ - **شِمال** : چپ، دست چپ.

خود همینجا نامهٔ خود را ببین دست چپ را شاید آن، یا در یمین؟ ۲۱۵۵

اگر مدّتی به دل و جانِ خود و اعمال و رفتارت توجّه کنی، در همین دنیا می‌فهمی که نامهٔ اعمالت را به دست راست می‌دهند یا چپ.

موزهٔ[1] چپ کفشِ چپ هم در دکان آنِ چپ دانیش، پیش از امتحان ۲۱۵۶

همان‌طور که در مغازهٔ کفّاشی پیش از پوشیدن، لنگهٔ کفشِ چپ را می‌شناسی، با توجّه به افکار و اعمال، خودت را بشناس که جزو کدام گروه هستی، یمین یا یسار؟

چون نباشی راست[2]، می‌دان که چپی[3] هست پیدا نعرهٔ شیر و کَپی[4] ۲۱۵۷

اگر «اهلِ معنا» نیستی؛ «اهلِ دنیا» هستی؛ زیرا تشخیصِ آن همان قدر ساده است که تمییز نعرهٔ شیر از صدای میمون.

آنکه گُل را شاهد[5] و خوش‌بو کند هر چپی را راستْ فضلِ او کند ۲۱۵۸

قادر مطلقی که از میان بوتهٔ خارگلِ زیبا و معطّری را به وجود می‌آوَرَد، می‌تواند به فضلش هر منکری را مؤمن کند.

هر شِمالی را یمینی او دهد بحر را ماءِ مَعینی او دهد ۲۱۵۹

او می‌تواند به هر «نادرستی»، «درستی» بدهد و به دریا آبی گوارا.[6]

گر چپی با حضرتِ او راست باش تا ببینی دستْبُردِ[7] لُطف‌هاش ۲۱۶۰

اگر تو «ناراست» هستی، در پیشگاهِ او «راست»، یعنی معترف و متواضع باش تا الطاف الهی را ببینی.

تو روا داری که این نامهٔ مَهین[8] بگذرد از چپ، در آید در یمین؟ ۲۱۶۱

آیا خودِ تو روا داری که این نامهٔ حقیر از دستِ چپ بگذرد و به دستِ راست برسد؟

این چنین نامه که پر ظلم و جفاست کِی بُوَد خود در خور اندر دستِ راست؟ ۲۱۶۲

این چنین نامه‌ای که پر از گناه و ستم است شایستهٔ دست راست هست؟

---

۱ - **موزه**: کفش. ۲ - **راست**: مراد «اصحاب الیمین» است؛ یعنی اهل معنا، مؤمن.

۳ - **چپ**: مراد «اصحاب الشِمال» است؛ یعنی «اهلِ دنیا»، مُنکر، کافر. ۴ - **کَپی**: بوزینه، میمون.

۵ - **شاهد**: محبوب، زیبارو، زیبا.

۶ - مراد آنکه: خداوند، قادر مطلق است؛ پس باید از او هدایت و کمک خواست. ۷ - **دستبرد**: قدرت.

۸ - **مَهین**: حقیر و پست.

در بیانِ کسی که سخنی گوید که حالِ او مناسبِ آن سخن و آن دعوی نباشد چنانکه کَفَره[۱]، «وَ لَئِنْ سَأَلْتَهُمْ مَنْ خَلَقَ السَّمٰواتِ وَ الْاَرْضَ؟ لَیَقُولُنَّ اللهُ»[۲]، خدمتِ بتِ سنگین[۳] کردن و جان و زر فدایِ او کردن چه مناسب باشد[۴] با جانی که داند که خالقِ سماوات و ارض و خلایق، الهی است، سمیعی، بصیری، حاضری، مراقبی، مستولیی، غیوری، الی آخره؟[۵]

زاهدی زنی غیور داشت که از بیم کنیزکی حُوروش که در خانه خدمت می‌کرد، همواره مراقب حال شوی خود بود که مبادا خلوتی میان آن دو افتد. از قضای روزگار روزی که به حمّام رفته بود و کنیزک ملازم وی بود، نیاز به تشت سیمین که در خانه مانده بود، او را بر آن داشت که کنیزک را برای آوردن آن به خانه روانه کند. کنیزک که شش سال منتظر چنین خلوتی بود، شادمان به سوی خانه پرّان شد. عشقی شهوت‌آلود چنان هر دو را در کام کشید که حَزم را از خاطر بردند و درِ خانه را همچنان باز بر جای نهادند. باری زن که فی الحال از کرده پشیمان شده بود، با بدگمانی راهی خانه شد. بانگِ در برخاست و هر دو از جای جهیدند و زاهد به نماز ایستاد. زن که کنیزک را در هم و آشفته و دنگ دید، از ماجرا واقف گردید و به سوی شوی خود رفت و دامان او را به کناری زد. ران و اندام او را آلوده یافت و ضربه‌ای بر سرش کوبید و گفت: آیا این اندام پلید لایق نماز گزاردن هست؟

در این قصّه، زاهد که با پلیدی برون و چرک درون که همانا شعلهٔ سرکش شهوات است، به نماز می‌ایستد و دعویِ طاعت و قُرب به حق دارد، نمادی است از مدّعیانِ لاف‌زن که رفتار و کردار نابسامان و غیر عارفانه‌شان نیز شاهدی راستین است بر جهلِ مرکّبِ درون‌شان. از این روست که هرگاه دعوی با حقیقتِ حال همراه نباشد، حاصلی جز تباهی و رسوایی ندارد. همان‌گونه که با نامه‌ای سراسر سیاه هیچ‌کس نمی‌تواند از اصحاب‌الیمین باشد.

همچنین این قصّه طعن و ردّی است بر گفتارِ باطلِ کافران که علی‌رغم اقرارِ زبانی‌شان مبنی بر اینکه خداوند خالق آسمان‌ها و زمین است، عمل آنان که خدمت به بت نَفْس است و جان و مال را فدای نَفْسانیّات کردن، چیزی جز دعوی پوچ و رسوایِ زاهدِ نمازگزار نیست.

---

۱ - **کَفَره**: جمع کافر.

۲ - قرآن؛ لقمان: ۲۵/۳۱: و اگر از کافران بپرسی که چه کسی آسمان‌ها و زمین را آفریده است؟ می‌گویند: خدا. مراد آنکه: می‌گویند؛ ولی حرف و عمل‌شان یکی نیست و ایمان ندارند.

۳ - **خدمتِ بتِ سنگین**: تعظیم کردن و پرستیدنِ بتی از سنگ. ۴ - **چه مناسب باشد**: چه تناسبی دارد.

۵ - خدایی است شنوا، بینا، حاضر، ناظر، غالب، غیور، الی آخر.

«لحن هزل آمیخته با خشونتی که در این قصّه و پاره‌ای دیگر از قصّه‌های مثنوی دیده می‌شود، در الهی نامهٔ سنایی هم هست. گه‌گاه این چنین به نظر می‌رسد که تقریر آن احتمالاً مبنی بر این اندیشه بوده است که در دنیایی که همه چیزِ آن از دیدگاهِ عارف، حقیر است و آنچه ماسِوَیالله است، پست و باطلی بیش نیست، چیزِ جدّی کجاست که نتوان آن را در خورِ استهزا، هزل و طنز یافت و آیا عارفِ آگاه حق ندارد این دنیای دون را با هستی موهومی آن گه‌گاه به بادِ هزل و طنز بگیرد و بگوید که وجودِ باطل و عاری از حقیقت او را نمی‌توان چندان هم جدّی پنداشت؟»[۱]

زاهدی را یک زنی بُد بس غیور هم بُد او را یک کنیزک همچو حُور[۲] ۲۱۶۳

زاهدی زنی غیرتمند و کنیزکی بسیار زیبا داشت.

زن ز غیرت پاسِ شوهر داشتی با کنیزک خلوتش نگذاشتی ۲۱۶۴

زن به سبب رشک، مراقبِ شوهر بود و او را با کنیزک تنها نمی‌گذاشت.

مدّتی زن شد مراقب هر دو را تا کِه شان فرصت نیفتد در خلا[۳] ۲۱۶۵

زن مدّتی هر دو را می‌پایید تا فرصتی برای خلوت نیابند.

تا در آمد حکم و تقدیرِ اله عقلِ حارس[۴] خیره‌سر گشت و تباه[۵] ۲۱۶۶

تا قضای الهی فرارسید و عقل عجز و ناتوانی خود را در برابرش دریافت.

حکم و تقدیرش چو آید بی وقوف[۶] عقل که بْوَد؟ در قمر افتد خُسوف[۷] ۲۱۶۷

هنگامی که ناگهان قضای الهی فرا رسد، از عقلِ آدمی کاری ساخته نیست؛ حتّی ماه تیره می‌شود.

بود در حمّام آن زن، ناگهان یادش آمد طشت، و در خانه بُد آن ۲۱۶۸

زن در حمّام بود که به یاد آورد تشت را در خانه جا گذاشته است.

با کنیزک گفت: رو هین! مرغ‌وار طشتِ سیمین را ز خانهٔ ما بیار ۲۱۶۹

به کنیزک گفت: هان، مثل پرنده بپر و برو از خانه آن تشت نقره‌ای را بیاور.

---

۱ - با استفاده از سِرّ نی، ص ۳۲۸.

۲ - **حُور**: جمع اَحْوَر و حَوْراء به معنی سیه چشم، در فارسی به جای مفرد به کار می‌برند به معنی زیبای بهشتی.

۳ - **خلا**: خَلاء، خلوت. ۴ - **عقلِ حارس**: عقلی که مراقب همه چیز بود، عقلِ نگهبان.

۵ - **خیره‌سر گشت و تباه**: سرگشته و عاطل شد. ۶ - **بی وقوف**: ناگهان.

۷ - همه چیز دگرگون می‌شود، در برابر تقدیر، تدبیر اثری ندارد.

آن کنیزک زنده شد، چون این شنید   که: به خواجه[1] این زمان خواهد رسید ۲۱۷۰

کنیزک از این حرف جان گرفت و با خود گفت: به وصل خواجه خواهم رسید.

خواجه در خانه‌ست و خلوت این زمان   پس دوان شد سویِ خانه شادمان ۲۱۷۱

اینک خواجه در خانه است و هیچ کس نیست؛ پس با شادی به سوی خانه شتافت.

عشقِ شش ساله کنیزک را بُد این   که بیابد خواجه را خلوت چنین ۲۱۷۲

کنیزک شش سال در این هوس بود که خواجه را چنین تنها بیابد.

گشت پَرّان، جانبِ خانه شتافت   خواجه را در خانه در خلوت بیافت ۲۱۷۳

کنیزک شتابان به سوی خانه رفت و خواجه را در آنجا تنها یافت.

هر دو عاشق را چنان شهوت رُبود   که احتیاط و یادِ در بستن نبود ۲۱۷۴

چنان شهوت بر آن‌ها غلبه کرده بود که احتیاط نکردند و درِ خانه را باز گذاشتند.

هر دو با هم در خزیدند از نشاط   جان به جان پیوست آن دم ز اختلاط ۲۱۷۵

با شادی در آغوش یک‌دیگر فرو رفتند و جسم و جان‌شان به هم آمیخت.

یاد آمد در زمان زن را که من   چون فرستادم ورا سویِ وطن؟ ۲۱۷۶

بلافاصله زن به یاد آورد که چرا کنیزک را به خانه فرستادم؟

پنبه در آتش نهادم من به خویش   اندر افکندم قُچِ نر را به میش ۲۱۷۷

من با دستِ خودم پنبه را در آتش نهادم و قوچ نر را به میش افکندم.

گِل فرو شست از سر و بی‌جان دوید   در پیِ او رفت، و چادر می‌کشید ۲۱۷۸

گِل سرشوی را شست و در حالی که چادر را به دنبال می‌کشید، پشت سر کنیزک شتافت.

آن ز عشقِ جان دوید و این ز بیم[2]   عشق کو؟ و بیم کو؟ فرقی عظیم ۲۱۷۹

کنیزک با عشق دویده بود و خاتون از خوف، میان این دو فرقِ عظیمی است.

---

۱ - **خواجه** : آقا.

۲ - مولانا خارج از قصّه به سیر إلی الله می‌پردازد که در آن «عارف» به نیروی عشق پرواز می‌کند و «زاهد» از بیم حق سیر و سلوکی و طاعت و عبادتی دارد.

سیرِ عارف هر دمی تا تختِ شاه   سیرِ زاهد هر مهی یک روزه راه ۲۱۸۰

«عارف»، به لحظه‌ای تا پیشگاهِ حق سیر می‌کند؛ ولی «زاهد» در هر ماه، یک روز را طی می‌کند.

گرچه زاهد را بُوَد روزی شگرف[1]   کِی بُوَد یک روزِ او خَمْسینَ اَلْف[2]؟ ۲۱۸۱

«زاهد» موردِ لطفِ حق است؛ امّا بهرهٔ او در هر روز معادل پنجاه هزار سال نیست.

قدرِ هر روزی ز عُمرِ مردِ کار[3]   باشد از سالِ جهان پَنجَهْ هزار ۲۱۸۲

نتیجهٔ پرواز عاشقانهٔ عارف در هر روز معادل پنجاه هزار سال این جهانی است.

عقل‌ها زین سِر بُوَد بیرونِ در   زَهرهٔ وَهْم[4] اَرْ بدرّد گو: بِدَر ۲۱۸۳

عقلِ دنیوی از درکِ این رازِ ناتوان است و اگر از عظمتِ آن زَهره ترک شود، بگذار بشود.

ترس، مویی نیست اندر پیشِ عشق   جمله قرباناند اندر کیشِ عشق ۲۱۸۴

«خوفِ زاهد» در تقابل با «عشقِ عارف» هیچ است و ابداً به حساب نمی‌آید؛ زیرا در مذهب عشق، «عاشقان» مشتاق جان‌فشانی و قربان شدن در راه حق‌اند و از هیچ چیز بیمی ندارند؛ امّا «زاهدان» که هنوز اسیرِ وجه مادّیِ خویش‌اند، همواره از حق بیمناک‌اند.

عشق وصفِ ایزد است، امّا که خوف   وصفِ بندهٔ مبتلایِ فرج و جوف[5] ۲۱۸۵

عشق، محبّت فراوان است که خداوند در قرآن به آن اشاره فرموده است: مائده: ۵۴/۵: ...**یُحِبُّهُمْ وَ یُحِبُّونَهُ**...: *او بندگان را دوست می‌دارد و بندگان او را.* پس «محبّت» از اوصاف خداوند است؛ امّا «خوف» از اوصاف بنده‌ای که هنوز اسیر شهوات و نیازها است.

چون یُحِبُّونَ بخواندی در نُبی[6]   با یُحِبُّهُم قرین در مطلبی ۲۱۸۶

در قرآن خواندی که «دوست دارند» و «دوستشان دارد» با هم قرین‌اند؛ یعنی محبّتِ بین معبود و عبد یک رابطهٔ دوطرفه است.

---

۱ - **روزیِ شگرف**: رزق و روزی فراوان از حق، نصیبِ معنوی و روحانیِ بسیار.
۲ - **خَمسینَ اَلْف**: پنجاه هزار سال، اقتباس لفظی: قرآن؛ معارج: ۴/۷۰.
در قیامت یک روز برابر با پنجاه هزار سال از سال‌های دنیاست.
۳ - **مردِ کار**: مردِ حق، عارف، سالکِ سخت‌کوشِ متعالی.
۴ - **وَهم**: تعقّلِ عقلِ دنیوی چیزی جز «وهم» یا «پندار» نیست؛ زیرا تحت سیطرهٔ نَفْس است و هنوز تکامل نیافته و راهی به عقل کلّ ندارد. ۵ - **فَرْج و جوف**: زیر شکم و شکم، شرمگاه و درون. ۶ - **نُبی**: قرآن.

پس محبّت وصفِ حق دان، عشق نیز　　خوف نَبْوَد وصفِ یـزدان ای عـزیز! ۲۱۸۷

پس «محبّت» و «عشق» صفتِ حقّ است؛ امّا ای عزیز، «خوف» صفت خدا نیست.

وصفِ حق کو؟ وصفِ مشتی خاک کو؟　　وصفِ حادث[1] کو؟ و وصفِ پاک کو؟ ۲۱۸۸

صفت حق کجا؟ صفت انسان کجا؟ آیا صفت مخلوق با صفت خالق قابلِ مقایسه است؟

شرح عشق ار من بگویم بـر دوام[2]　　صـد قـیامت بگـذرد و آن نـاتمام ۲۱۸۹

اگر فقط به توصیفِ عشق بپردازم، صدها بار دنیا به پایان می‌رسد؛ امّا شرحِ عشق به انتها نمی‌رسد.

زانکه تـاریخِ قـیامت را حَـد است　　حدکجا آنجاکه وصفِ ایزد است؟ ۲۱۹۰

زیرا «قیامت» دارای حدّ است، هم فرارسیدنش که پایان عمر این دنیاست و هم بـرپاشدنش کـه «یک روزِ پـنجاه هـزار سـاله» است، در حـالی کـه خـداونـد و اوصـافِ او در حدّ نمی‌گنجند.

عشق را پانصد[3] پَر است و هر پری　　از فـرازِ عـرش تـا تـحتَ الثَّـری[4] ۲۱۹۱

عشق بی‌نهایت بال و پر دارد که از آسمان تا اعماقِ زمین و تمامِ کاینات را فراگرفته است.

زاهـدِ بـا تـرس مـی‌تازد بـه پـا[5]　　عـاشقان پـرّان‌تـر از بـرق و هـوا ۲۱۹۲

سیرِ «زاهد» بر زمین و بـا تـرس است؛ امّـا «عـاشق» بـا عشـق و بـه سـرعت بـرق و بـاد پرواز می‌کند.

کِی رسند این خایفان[6] درگَردِ عشق؟　　کآسـمان را فـرش سـازد دردِ عشـق ۲۱۹۳

هرگز «خایفان» به گَردِ عشق نمی‌رسند؛ زیرا عشق بر فراز آسمان جای دارد.

---

۱ - **حادث :** مخلوق.　۲ - **بر دوام :** همواره، به طور مستمر.

۳ - **پانصد :** نشان کثرت و «بسیار زیاد» است نه عدد خاصّ.

۴ - dUSA° : زیرزمین، اعماق زمین، اینجا اعماقِ عالم امکان، یعنی تمامِ کاینات یا تمام هستی.

۵ - مراد آنکه: «زهد» زمینی است و خوفِ حاصلِ از آن هم محصول تعلّقات و نیازهایِ این جهانی؛ امّـا «عشـق» آسمانی است و شور و حالِ حاصل از آن هم آن جهانی است؛ پس زاهدِ خائف هرگز به گَردِ پای عارف عاشق هم نمی‌رسد.　۶ - Bi¬B½: ترسویان، مراد زاهدانِ خائف است که عاشق نیستند.

جز مگر آید عنایت‌هایِ ضَوْ کز جهان و زین رَوِش آزاد شو ۲۱۹۴

مگر نورِ حق به دل و جانِ «زاهد» بتابد و او را به مرتبهٔ «عاشق» برساند و از قیدِ سیرِ زمینی رها کند.

از قُش ِ خود وز دُش ِ[1] خود بازرَه[2] که سویِ شه یافت آن شهباز رَه ۲۱۹۵

راهِ حق این نیست که در آن بیندیشی که چگونه «بروی» یا چگونه «نروی»؛ چون در آن فقط شاهبازِ تیزپرواز به مقصد می‌رسد.

این قُش و دُش هست جبر و اختیار از وَرایِ این دو آمد جذبِ یار ۲۱۹۶

این «قُش» و «دُش» را که گفتیم، همان «جبر» و «اختیار» است که آدمی در این عالم بدان مقیّد شده؛ امّا در خارج از این حیطه، چیزی دیگری هم هست به نام «جذبهٔ حق» که سالک را به مقصد می‌رسانَد.

چون رسید آن زن به خانه درگشاد بانگِ در درگوش ِ ایشان درفُتاد ۲۱۹۷

چون زن به خانه رسید و در را باز کرد، بانگِ در به‌گوش آنان رسید.

آن کنیزک جَست آشفته ز ساز[3] مرد بر جَست، و در آمد در نماز ۲۱۹۸

کنیزک، پریشان حال از جای جست. مرد هم برخاست و به نماز ایستاد.

زن کنیزک را بژولیده[4] بدید درهم و آشفته و دَنگ[5] و مَرید[6] ۲۱۹۹

زن متوجّه شد که کنیزک پژمرده، آشفته، گیج و سرکش است.

شویِ خود را دید قایم در نماز درگمان افتاد زن زآن اِهتزاز[7] ۲۲۰۰

شوهر را دید که به نماز ایستاده است؛ امّا از لرزش ِ او دچارِ شک شد.

شوی را برداشت دامن بی خطر[8] دید آلودهٔ منی خُصیه و ذَکَر[9] ۲۲۰۱

بدون واهمه دامن شوهر را بلند کرد و دید که بیضه و آلت او به منی آلوده است.

---

۱ - **قُش و دُش :** تعبیری به معنی «قیل و قال»، به ترکی یعنی «بروی یا نروی».

۲ - **بازرَه :** برگرد، آن را رها کن. ۳ - **آشفته ز ساز :** پریشان حال و نامرتّب.

۴ - **بژولیده :** پژمرده، افسرده. ۵ - **دَنگ :** گیج. ۶ - **مَرید :** سرکش، نافرمان. ۷ - **اِهتزاز :** لرزش.

۸ - **بی خطر :** بدون واهمه، بی باک. ۹ - **خُصیه و ذَکَر :** بیضه و آلت تناسلی.

از ذَکَـــر بـــاقیِ نـطفه مـی‌چکید   ران و زانـــو گشــته آلوده و پـلید ۲۲۰۲

از آلت او بقیّهٔ آب منی می‌چکید و ران و زانو را آلوده کرده بود.

بر سرش زد سیلی و گفت: ای مَهین[1]!   خُـصیهٔ مـردِ نـمازی بـاشد ایـن؟ ۲۲۰۳

زن بر سر شوهر کوبید و گفت: ای فرومایه، بیضهٔ مرد نمازگزار این چنین است؟

لایقِ ذِکر و نـماز است ایـن ذَکَـر؟   وین چنین ران و زَهارِ[2] پر قَـذَر[3]؟ ۲۲۰۴

این آلت، ران و شرمگاهِ آلوده شایستهٔ ذکر و نماز است؟

نامهٔ پر ظلم و فِسـق و کُـفر و کـین   لایق است، انصاف دِه، اندر یمین؟ ۲۲۰۵

انصاف بده که نامه‌ای پر از ستم، گناه، کفر و دشمنی شایستهٔ دست راست هست؟

گــر بــپرسی گـبر را کـین آسـمان   آفریدهٔ کیست، وین خلق و جهان؟ ۲۲۰۶

اگر از کافر بپرسی که این آسمان، مخلوقات و جهان را چه کسی آفریده است؟

گوید او کـین آفـریدهٔ آن خـداست   کآفرینش بر خـدایی‌اَش گـواست ۲۲۰۷

می‌گوید: این‌ها آفریدهٔ خالقی است که جهان گواهِ خداوندی اوست.

کــفر و فســق و اِسـتمِ بسیارِ او   هست لایــق بــا چـنین اقـرارِ او؟ ۲۲۰۸

آیا کفر و ستمِ فراوانِ او با چنین اقراری متناسب است؟

هست لایق با چـنین اقـرارِ راست   آن فضیحت‌ها و آن کردارِ کاست؟ ۲۲۰۹

آیا آن رسوایی‌ها و کارهای بد با این اقرارِ صحیح سازگار است؟

فــعل او کــرده دروغ آن قــول را   تــا شــد او لایـق عـذابِ هـول را ۲۲۱۰

کردارش به حدّی گفتارش را تکذیب می‌کند که او را شایستهٔ عذابی سخت می‌نماید.

روزِ مــحشر هـر نـهان پیدا شـود   هم ز خود هر مُجرمی رُسـوا شـود ۲۲۱۱

روز رستاخیز هر راز نهان آشکار می‌شود و هر گناهکاری خود به خود رسوا می‌گردد.

---

۱ - **مَهین**: خوار. ۲ - **زَهار**: شرمگاه زن و مرد. ۳ - **قَذَر**: پلیدی.

دست و پا بِدْهد گواهی با بیان بر فسادِ او، به پیشِ مُستعان ۲۲۱۲

دست و پا در حضور خداوندِ یاری کننده، سخن می‌گویند و بر تباهی‌اش گواهی می‌دهند.

دست گوید: من چنین دُزدیده‌ام لب بگوید: من چنین پرسیده‌ام ۲۲۱۳

دست می‌گوید: من چنین دزدی کرده‌ام و لب می‌گوید: من چنین سؤالی پرسیده‌ام.

پای گوید: من شدستم تا مِنیٰ[1] فرج گوید: من بکردَستم زِنیٰ[2] ۲۲۱۴

پای می‌گوید: من به سوی شهوات رفته‌ام. شرمگاه زن می‌گوید: من زنا کرده‌ام.

چشم گوید: کرده‌ام غمزهٔ حرام[3] گوش گوید: چیده‌ام سوءُالکلام[4] ۲۲۱۵

چشم می‌گوید: به حرام نگریسته‌ام. گوش می‌گوید: سخنان ناپسند شنیده‌ام.

پس دروغ آمد ز سر تا پایِ خویش که دروغش کرد هم اعضایِ خویش ۲۲۱۶

پس سر تا پای او دروغین است و اعضای بدنش او را تکذیب می‌کنند.

آنچنانکه در نمازِ بافروغ[5] از گواهی خُصیه شد زَرقش[6] دروغ ۲۲۱۷

چنانکه در نماز به گواهی بیضه ریاکاریِ زاهد فاش شد.

پس چنان کن فعل، کآن خود بی‌زبان باشد اَشهَد گفتن و عینِ بیان ۲۲۱۸

پس چنان کن که فعلِ تو گواهِ تو و عین زبان باشد.

تا همه تن، عضوْ عضوت، ای پسر! گفته باشد اَشهَد[7]، اندر نفع و ضر ۲۲۱۹

تا همهٔ اعضای بدنت ای پسر، در سود و زیان گواهِ اعمالت باشد؛ یعنی قول و فعل یکی باشند.

رفتن بنده پیِ خواجه گُواست که: منم محکوم و این مولایِ ماست ۲۲۲۰

اینکه بنده در پی صاحب خود می‌رود، گواهیِ آن است که من فرمانبردارِ این ارباب هستم.

---

۱ - **مِنیٰ**: جمع مکسّر «مِنْیَه» به معنی آرزو، اینجا هوا و هوس یا شهوات. ۲ - **زِنیٰ**: زنا.
۳ - **غمزهٔ حرام**: نگریستن و دلبری کردن از کسی که جایز و حلال نیست.
۴ - **چیدن سوءُالکلام**: گوش سپردن به آنچه که نباید شنید.
۵ - **نمازِ بافروغ**: نمازِ نورانی، فریضهٔ سرشار از نور. ۶ - **زرق**: نفاق.
۷ - **اَشْهَد**: گواهی می‌دهم، اشاره به کلمهٔ شهادتین است.

گر سِیَهْ کردی تو نامۀ عمرِ خویش   توبه کن زآن‌ها که کرده‌ستی تو پیش ۲۲۲۱

اگر افعالِ تو سبب سیاهیِ نامۀ اعمالت شده است، از آن‌ها توبه کن.

عمر اگر بگذشت، بیخش این دم است   آبِ توبه‌ش دِه اگر او بی‌نم است ۲۲۲۲

اگر عمر گذشت، ناامید نباش. باقیماندۀ آن مثل ریشه‌ای است که خشک نشده و با «آبِ توبه» بارور می‌شود.

بیخِ عُمرت را بده آبِ حیات   تا درختِ عُمر، گردد با نبات ۲۲۲۳

با «آبِ توبه»، یعنی بازگشت به سوی حق، باقی عمر را پربار کن تا درخت حیاتت سرسبز شود.

جمله ماضی‌ها از این نیکو شوند   زهرِ پارینه از این گردد چو قند ۲۲۲۴

تضرّع و توبۀ راستین می‌تواند کفّارۀ اعمال بد گردد و آن‌ها را به عمل نیک مبدّل کند.

سیّئاتت [1] را مبدّل کرد حق   تا همه طاعت شود آن ماسَبَق [2] ۲۲۲۵

خداوند سیّئات را به حسنات بدل می‌کند تا اعمال بد به افعال نیک تغییر یابند.

خواجه بر توبۀ نصوحی [3] خوش بِتَن [4]   کوششی کن، هم به جان و هم به تن ۲۲۲۶

ای انسان به توبۀ نصوح توجّه کن. با جان و دل بکوش که توبه‌ات راستین باشد.

شرحِ این توبۀ نصوح از من شنو   بگرویدستی، و لیک از نو گِرو ۲۲۲۷

داستان «توبۀ نصوح» را بشنو، اگر قبلاً شنیده و پذیرفته‌ای، باز هم بشنو و عمیق‌تر باور کن.

---

۱ - اشارتی قرآنی؛ تحریم: ۸/۶۶: ...عَسیٰ رَبُّکُمْ أَنْ یُکَفِّرَ عَنْکُمْ سَیِّئٰاتِکُمْ... : امید است [با این کار و توبه‌ای خالص] پروردگارتان گناهانتان را ببخشد.   ۲ - **ما سَبَق** : آنچه گذشته.

۳ - اشارتی قرآنی؛ تحریم: ۸/۶۶: یَا أَیُّهَا ٱلَّذِینَ آمَنُواْ تُوبُواْ إِلَی ٱللهِ تَوْبَةً نَّصُوحاً... : ای مؤمنان به درگاه خداوند توبه‌ای خالصانه کنید.

۴ - **خوش بِتَن** : بِتَن: فعل امر از «تنیدن» به معنی بافتن، اینجا توجّه کردن یا روی آوردن.

حکایت در بیان توبهٔ نَصوح، که چنان که شیر از پستان بیرون آید باز در پستان نرود، آن که توبهٔ نصوحی کرد، هرگز از آن گناه یاد نکند به طریقِ رغبت، بلکه هر دم نفرتش افزون باشد، و آن نفرت دلیل آن بُوَد که لذّتِ قبول یافت، آن شهوتِ اوّل بی لذّت شد، این به جایِ آن نشست

نَبُرَّد عشق را جز عشقِ دیگر چرا یاری نجویی زو نکوتر

و آن که دلش باز بدان گناه رغبت می‌کند، علامت آن است که لذّتِ قبول نیافته است و لذّتِ قبول به جای آن لذّتِ گناه ننشسته است، «سَنُیَسِّرُهُ لِلْیُسْریٰ» نشده است، لذّتِ «وَ نُیَسِّرُهُ لِلْعُسْریٰ»[1] باقی است بر وی[2]

نَصوح مردی بود با رخسار و آوای زنان که مردیِ خود را با حیله نهان می‌داشت و در حمّامِ زنان به دلاّکی می‌پرداخت. سال‌ها بر این منوال گذشت و هیچ کس بر سرّ کارِ او که چادر و سربند می‌پوشید و نقاب می‌زد، واقف نگشته بود و به این ترتیب دختران بزرگان شهر را می شست.

باری، روزی گوهری از شهزاده خانم گُم شد، در حمّام را بستند و همگان را جُستند و نیافتند. بانگ بر آوردند که همه باید عریان شوند تا حاجبه آنان را بازرسی کند. نَصوح که مرگ را پیش روی می‌دید، با روی زرد و لب کبود همچون برگ برخود می‌لرزید و در دل می‌نالید و یاربّ، یاربّ می‌گفت و از خداوند می‌خواست که ستّاری کند و توبهٔ او را که بارها تاکنون شکسته شده بود، بپذیرد و عهدی کرد که اگر از این جلاّد و عوان نجات یابد، هرگز گِرد چنین کاری نگردد.

---

۱ - نظر است به سورهٔ لیل: ۹۲/۱۰-۷: [کسی که بخشید و پروا و پرهیز ورزید] زود راهش را به سوی خیر و آسانی هموار کنیم و امّا کسی که دریغ ورزید و بی‌نیازی نمود و وعدهٔ بهشت را دروغ انگاشت زودا که راهش را به سوی شر و دشواری هموار کنیم.

۲ - مأخذ آن حکایتی است که در احیاءالعلوم غزّالی، ج ۴، ص ۲۷۰ بدون ذکر نام نصوح آمده و در مقالات شمس نیز نقل شده است: نسخهٔ کتابخانهٔ فاتح، صص ۳۸ و ۸۴؛ امّا به نظر می‌رسد که داستان توبهٔ نصوح قبل از آغاز نظم مثنوی در روایات صوفیه شهرت داشته است: بحر درکوزه، ص ۳۱۵، احتمالاً مولانا نام نَصوح را از قصّهٔ دیگری که در کتاب رونق المجالس تألیف ابوحفص عمر بن حسن نیشابوری نقل شده، آورده است: احادیث، صص ۴۷۴-۴۷۲.

در همین هنگام بانگی رسید که نوبت نَصوح است. او با شنیدن این صدا از شدّت وحشت بیهوش بر زمین افتاد. اتّفاقاً همان موقع مژده دادند که آن دُرّ یگانه پیدا شده است و از بانگِ غریو و نعره و دستک زدن، نَصوح که گویی جانش به حق پیوسته بود، به خویش باز آمد و دید که همه عذرخواهان به سوی او می‌آیند و حلالی می‌طلبند؛ زیرا او را که دلاّک خاصّ و ملازم خاتون بوده است، بیش از هر کس دیگری در مظان اتّهام می‌یافته‌اند.

اوضاع آرام شد و شهزاده خانم که مایل بود از وی دلجویی کند، او را خواند تا خدمت دلاّکی خویش را به جای آوَرَد؛ امّا نَصوح که تلخیِ مرگ را در آن هنگامه چشیده و توبهٔ وی لذّت قبول یافته بود، در دل گفت: توبهٔ من حقیقی است و **«نشکنم تا جان شدن از تن جدا»**.

ابیات پایانی مبحث پیشین «بیان کسی که سخنی گوید که حال او مناسب آن سخن و آن دعوی نباشد»، در تقریر این بود که راه رهایی از سیّئات جز توبهٔ راستین و خالصانه نیست و **«قصّهٔ توبهٔ نصوح»** که نمادی از برترین توبه‌های بی‌بازگشت است، در تأیید همان معنا و در تبیینِ حال کسی است که دعوی و حال او با یک‌دیگر تناسب یافته است.

۲۲۲۸ **بود مردی پیش از این، نامش نَصوح　　بُد ز دلاّکیِ زن او را فُتوح**[1]

پیش از این مردی به نام نَصوح بود که از دلاّکیِ زنان امرار معاش می‌کرد.

۲۲۲۹ **بود رویِ او چو رُخسارِ زنان　　مردیِ خود را همی کرد او نهان**

صورتش شبیه زنان بود و او مرد بودنِ خود را از خلق نهان می‌کرد.

۲۲۳۰ **او به حمّامِ زنان دلاّک بود　　در دَغا و حیله بس چالاک بود**

او دلاّک حمّام زنانه بود و در حیله و نیرنگ بسیار زیرکی داشت.

۲۲۳۱ **سال‌ها می‌کرد دلاّکی، و کس　　بو نَبُرد از حال و سِرِّ آن هوس**

سال‌ها دلاّکی می‌کرد؛ امّا هیچ کس از حال و راز او بویی نبرده بود.

۲۲۳۲ **زانکه آواز و رُخَش زنوار بود　　لیک شهوت کامل و بیدار بود**

زیرا صدا و صورتش شبیه زنان بود؛ امّا شهوت مردانه و کاملی داشت.

---

۱ - **فُتوح** : اینجا «دستمزد» که سبب امرار معاش و گشایش در امور زندگی است.

چادر و سربند پوشیده و نقاب مردِ شهوانی و در غُرّهٔ شَباب[1] ۲۲۳۳

چادر بر سر می‌کرد و سربند و مقنعه می‌گذاشت؛ ولی در آغاز جوانی و شهوتران بود.

دختران خسروان را زین طریق خوش همی مالید و می‌شُست آن عشیق[2] ۲۲۳۴

آن هوسران از طریقِ دلاّکی با لذّت دخترانِ اشراف را مشت و مال می‌داد و می‌شست.

توبه‌ها می‌کرد و پا در می‌کشید[3] **نَفْسِ کافر توبه‌اش را می‌درید** ۲۲۳۵

بارها توبه می‌کرد که دست از این کار بردارد؛ امّا نَفْسِ کافر توبه‌اش را می‌شکست.

رفت پیشِ عارفی آن زشتْ‌کار گفت: ما را در دعایی یاد دار ۲۲۳۶

آن مردِ بدکار نزدِ عارفی رفت و گفت: در دعایِ خود ما را هم یاد کن.

سِرِّ او دانست آن آزادمرد لیک چون حلم خدا، پیدا نکرد ۲۲۳۷

آن عارفِ آزاده به راز او پی برد؛ امّا حلیم بود و به روی خود نیاورد.

بر لبش قُفل است، و در دل رازها لب خموش، و دل پُر از آوازها[4] ۲۲۳۸

هرچند که عارف خاموش است؛ امّا دلش سرشار از اسرار و نغمه‌هاست.

عارفان که جامِ حق نوشیده‌اند رازها دانسته، و پوشیده‌اند ۲۲۳۹

عارفانی که از جام نورانی فیض حق برخوردار شده‌اند، بر اسرار واقف‌اند؛ امّا آشکار نمی‌کنند.

هر که را اسرارِ کار آموختند مُهر کردند و دهانش دوختند ۲۲۴۰

به هر کس که اسرار حق می‌آموزند، لبانش را مُهر می‌زنند و می‌دوزند.

سُست خندید و بگفت: ای بَد نهاد! زانکه دانی، ایزدت توبه دهاد ۲۲۴۱

عارف به آرامی لبخندی زد و گفت: ای بدسرشت، خدا از کارِ زشتی که می‌دانی، توبه نصیبت کند.

---

۱ - **غُرّهٔ شباب**: آغاز جوانی. ۲ - **عشیق**: عاشق، معشوق، اینجا عاشق پیشهٔ هوسران.
۳ - **پا در می‌کشید**: سعی می‌کرد بازگردد. ۴ - **آوازها**: اینجا ادراکات باطنی.

در بیانِ آنکه دعایِ عارفِ واصل و درخواستِ او از حق، همچو درخواستِ حقّ است از خویشتن، که «کُنْتُ لَهُ سَمْعاً وَ بَصَراً وَ لِساناً وَ یَداً»[۱] و قولُهُ: «وَ ما رَمَیْتَ اِذْ رَمَیْتَ وَ لٰکِنَّ اللهَ رَمیٰ»[۲] و آیات و اخبار و آثار در این بسیار است، و شرحِ سبب ساختنِ حق تا مجرم را گوش گرفته به توبهٔ نَصوح آوَرَد[۳]

۲۲۴۲ **آن دعا از هفت گردون در گذشت — کارِ آن مسکین به آخر خوب گشت**

دعایِ عارف از هفت آسمان گذشت و سرانجام کارِ آن بدبخت به سامان رسید.

۲۲۴۳ **کآن دعایِ شیخ نه چون هر دعاست — فانی است و گفتِ او گفتِ خداست**

زیرا دعایِ شیخ، همانند دعاهای دیگر نیست. او فانی شده و گفته‌اش عین گفتهٔ خداست.

۲۲۴۴ **چون خدا از خود سؤال و کَد[۴] کُند — پس دعایِ خویش را چون رَد کُند؟**

اگر خدا از خود چیزی بخواهد، هرگز دعایِ خود را رد نخواهد کرد.

۲۲۴۵ **یک سبب انگیخت صُنعِ ذوالجلال — که رهانیدش ز نفرین و وَبال**

احسانِ خدایِ صاحب جلال موجبی فراهم کرد تا او را از لعنت و گناه نجات دهد.

۲۲۴۶ **اندر آن حمّام پر می‌کرد طشت — گوهری از دختر شه یاوه گشت[۵]**

نصوح در حمّام تشت را پر می‌کرد که جواهرِ دختر شاه گم شد.

۲۲۴۷ **گوهری از حلقه‌هایِ گوشِ او — یاوه گشت، و هر زنی در جُست و جو**

جواهری از حلقه‌های گوشواره گم شد؛ بنابراین همهٔ زنان به جست‌وجو پرداختند.

۲۲۴۸ **پس درِ حمّام را بستند سخت — تا بجویند اوّلش در پیچِ رَخت[۶]**

پس در حمّام را محکم بستند تا قبل از همه بقچهٔ جامه‌ها را بجویند.

---

۱ - من گوش و چشم و زبان و دست او می‌شوم: اشاره به یک حدیث قدسی که بنا بر مضمونِ آن، فعلِ عارفِ واصل فعلِ حق است و خداوند عملِ مرد حق را عمل خود می‌داند: ر.ک: ۱۹۴۷/۱.

۲ - اشارتی قرآنی؛ انفال: ۱۷/۸: تیری که تو انداختی، تو نینداختی، خدا انداخت: ر.ک: ۲۲۷/۱ و ۳۸۰۴/۱.

۳ - و بیان آنکه خداوند سبب‌هایی فراهم می‌آوَرَد تا گوش گناهکار را بگیرد و به توبهٔ نصوح بیاورد.

۴ - **کَدّ** : سؤال و درخواست، اینجا طلب. ۵ - **یاوه گشت** : گم شد.

۶ - **پیچِ رخت** : لابلای جامه‌ها یا بقچهٔ حمّام.

۲۲۴۹ **رخت‌ها جُستند و آن پیدا نشد   دزدِ گوهر نیز هم رسوا نشد**

جامه‌ها را جُستند و نیافتند. دزد جواهر هم رسوا نشد.

۲۲۵۰ **پس به جِد جُستن گرفتند از گزاف[1]   در دهان و گوش، و اندر هر شکاف**

پس با جدّیت دهان، گوش و هر شکافی را گشتند.

۲۲۵۱ **در شکاف تحت و فوق و هر طرف   جُست و جو کردند دُرّی خوش صلف**

برای یافتنِ آن مرواریدِ مرغوب سوراخ‌هایِ پایین، بالا و همه جا را جُستند.

۲۲۵۲ **بانگ آمد که: همه عریان شوید   هر که هستید، ازْ عجوز و گر نوید[2]**

فریاد زدند: پیر و جوان، هر که هستید، لخت شوید.

۲۲۵۳ **یک به یک را حاجبه[3] جُستن گرفت   تا پدید آید گُهردانهٔ شِگفت**

ندیمه به تفتیش تک تک آنان پرداخت تا آن جواهر گرانبها را بیابد.

۲۲۵۴ **آن نَصوح از ترس شد در خلوتی   روی زرد و لبْ کبود از خَشیَتی[4]**

نصوح از ترس به گوشهٔ خلوتی رفت در حالی که چهره‌اش زرد و لب‌هایش کبود بود.

۲۲۵۵ **پیش ِ چشمِ خویش او می‌دید مرگ   رفت و می‌لرزید او مانندِ برگ**

مرگ را به چشم می‌دید، در حالی که همانندِ برگ لرزان بود به گوشه‌ای رفت.

۲۲۵۶ **گفت: یا رب بارها برگشته‌ام   توبه‌ها و عهدها بشکسته‌ام**

گفت: پروردگارا، بارها توبه کرده‌ام؛ امّا توبه‌ها و پیمان‌هایم را شکسته‌ام.

۲۲۵۷ **کرده‌ام آن‌ها که از من می‌سزید[5]   تا چنین سیلِ سیاهی در رسید**

کارهایی که شایستهٔ من بود کرده‌ام و در نتیجه چنین بلای عظیمی رسیده است.

۲۲۵۸ **نوبتِ جُستن اگر در من رسد   وَهْ که جانِ من چه سختی‌ها کشد**

اگر نوبت تفتیش به من برسد، وای که چه بلایی بر سرم خواهد آمد.

---

۱ - **گزاف**: بسیار، بی اندازه.   ۲ - **عجوز و نو**: پیر و جوان.   ۳ - **حاجبه**: ندیمه.

۴ - **خَشیَت**: ترس.   ۵ - **از من می‌سزید**: از من انتظار می‌رفت، شایستهٔ من بود.

در جگر، افتاده اَستم صد شرر　　در مناجاتم ببین بویِ جگر ۲۲۵۹

صدها شعله جگرم را می‌سوزانَد، بوی درد، رنج و سوختن را در راز و نیازم ببین.

این چنین اندوه، کافر را مباد　　دامنِ رحمت گرفتم، داد داد! ۲۲۶۰

کافر نیز گرفتار چنین اندوهی مباد، دامنِ رحمتِ تو را گرفته‌ام. به فریادم برس.

کاشکی مادر نزادی مر مرا　　یا مرا شیری بخوردی در چَرا[1] ۲۲۶۱

ای کاش مادرم مرا نزاده بود یا شیری مرا در چراگاهی خورده بود.

ای خدا ! آن کن که از تو می‌سَزَد　　که زِ هر سوراخ مارم می‌گزد ۲۲۶۲

خدایا، کاری بکن که شایستهٔ توست، که از هر سو بلایی درکمین است.

جانِ سنگین دارم و دل آهنین　　ورنه خون گشتی در این رنج و حنین[2] ۲۲۶۳

جانی سخت و دلی از آهن دارم وگرنه در این رنج و زاریِ شدید خون می‌شد.

وقتْ تنگ آمد مرا و یک نَفَس　　پادشاهی کن، مرا فریاد رَس ۲۲۶۴

فرصتی نیست، لحظه‌ای دیگر رسوا می‌شوم. پروردگارا، پادشاهی کن و به فریادم برس.

گر مرا این بار ستّاری کنی　　توبه کردم من زِ هر ناکردنی ۲۲۶۵

اگر این بار گناهم را بپوشانی، از هرکار زشتی توبه می‌کنم.

توبه‌ام بِپذیر این بارِ دگر　　تا ببندم بهرِ توبه صد کمر ۲۲۶۶

این بار هم توبه‌ام را بپذیر تا با همّتی مردانه آماده برای توبه‌ای راستین شوم.

من اگر این بار تقصیری کنم　　پس دگر مشنو دعا و گفتنم ۲۲۶۷

اگر این بار هم مرتکب گناهی بشوم، دیگر دعایم را نپذیر و حرفم را نشنو.

این همی زارید، و صد قطره روان　　که: در افتادم به جلّاد و عَوان[3] ۲۲۶۸

زاری می‌کرد و اشک می‌ریخت که به دست جلّادان و مأموران افتادم.

---

۱ - **در چَرا :** هنگام چریدن در چراگاه.　۲ - **حنین :** ناله.　۳ - **عوان :** مأمور اجرا.

تا نمیرد هیچ اَفرَنگی[1] چنین[2] هیچ مُلحد را مبادا این حنین ۲۲۶۹

این سختی و مرگ نصیب هیچ لامذهب و بی‌دینی نشود و این چنین نالانش نکند.

نوحه‌ها می‌کرد او بر جانِ خویش روی عزرائیل دیده پیش پیش ۲۲۷۰

بر جان خود زاری‌ها می‌کرد، گویی عزرائیل را در برابر خود می‌دید.

ای خدا و ای خدا، چندان بگفت کآن در و دیوار با او گشت جُفت ۲۲۷۱

آن قدر خدایا خدایا گفت که جمادات هم با او همنوا شدند.

در میانِ یارب و یارب بُد او بانگ آمد از میانِ جُست و جو ۲۲۷۲

نصوح در حال یاربّ یاربّ گفتن بود که از میان مأموران صدایی برخاست.

نوبتِ جُستن رسیدن به نَصوح، و آواز آمدن که: همه را جُستیم، نَصوح را بجویید، و بیهوش شدن نَصوح از آن هیبت، و گشاده شدنِ کار بعد از نهایتِ بستگی[3]، کما کانَ یَقولُ رَسولُ الله صلی الله علیه و سلَّم، اِذا اَصابَهُ مَرَضٌ اَوْ هَمٌّ «اِشْتَدّی اَزْمَةُ تَنْفَرِجی»

جمله را جُستیم پیش آی ای نصوح! گشت بیهوش آن زمان، پرّید روح ۲۲۷۳

همه را گشتیم. ای نصوح، بیا جلو. نصوح همان لحظه بیهوش شد و روحش پرواز کرد.

همچو دیوارِ شکسته در فُتاد هوش و عقلش رفت، شد او چون جَماد ۲۲۷۴

مانند دیوار شکسته فرو ریخت. هوش و عقلش رفت و همانند جماد بر زمین افتاد.

---

۱ - **افرنگ:** فرنگ، اروپا، اینجا «افرنگ» یعنی غیر مسلمان یا کافر.

۲ - اشارتی است به جنگ‌های صلیبی و سابقهٔ طولانی آن‌ها و استمراری که در عصر مولانا داشت و مسلمانان آنان را مستحقِ هر نوع سختی و عذاب و کیفری می‌دانستند.

۳ - گشایش کار پس از نهایت بستگی، همانگونه که رسول(ص) هنگامی که بیماری یا اندوهی به او می‌رسید، می‌گفت: سخت‌تر شو تا گشوده‌تر شوی

این سخن در منابع حدیث نیامده و احتمال دارد که برگرفته از مضمون بیتی از دیوان ابن الفارض باشد: مثنوی به تصحیح دکتر استعلامی، ج ۵، ص ۳۴۱.

چونکه هوشش رفت از تن بی اَمان　　سرّ[1] او با حق بپیوست آن زمان ۲۲۷۵

چون بلافاصله هوشش را از دست داد، همان لحظه باطنش به حق پیوست.

چون تهی گشت و وجودِ او نماند　　بازِ جانش[2] را خدا در پیش خواند ۲۲۷۶

هنگامی که از هستی تهی شد و از خودی‌اش چیزی نماند، خداوند روحش را به حضور خواند.

چون شکست آن کشتیِ او، بی‌مُراد　　در کنارِ رحمتِ دریا فُتاد ۲۲۷۷

چون «وجه نفسانی یا مادّی» وجودِ او بسان کشتی با ناامیدی در هم شکست، «وجه روحانی»اش با موجِ رحمتِ الهی به ساحلِ نجات رسید.

جان به حق پیوست چون بیهوش شد　　موجِ رحمت آن زمان در جوش شد ۲۲۷۸

هنگامی که جانِ او «هوشِ این جهانی» را از دست داد و دارای «هوشِ آن جهانی» یا «هوشِ ماورایی» شد، قابلیّتِ پیوستن به حقّ را یافت و موجی از دریای رحمت برخاست.

چونکه جانش وارهید از ننگِ تن　　رفت شادان پیشِ اصلِ خویشتن ۲۲۷۹

چون جانش از قید مادّه رهایی یافت با شادی به سوی اصل خویش رفت.

جان چو باز، و تن مر او را کُنده‌یی[3]　　پای بسته، پر شکسته، بنده‌یی ۲۲۸۰

«جان»، همانندِ بازِ شاهی است که پایش به «تن»کُنده مانند، بسته شده و این وزنهٔ سنگین پر و بالش را شکسته و مانع پروازش گشته و او را اسیر و عبیدِ خود کرده است.

چونکه هوشش رفت و پایش برگشاد　　می‌پَرَد آن باز سوی کیقباد[4] ۲۲۸۱

هنگامی که «هوشِ این جهانی» که جانِ او را مقیّد به قیودِ عالَمِ مادّه کرده بود، از دست رفت، آزاد شد و توانست به سوی شاهِ وجود پروبال بگشاید.

چونکه دریاهایِ رحمت جوش کرد　　سنگ‌ها هم آبِ حیوان نوش کرد[5] ۲۲۸۲

هنگامی که دریایِ رحمتِ الهی می‌جوشد، دل‌هایِ سخت هم می‌توانند حیاتِ معنوی بیابند.

---

۱ - **سرّ**: اینجا مراد باطن یا «جان» است. این ابیات در توصیف فانی شدن یا محو گشتن عبد در حق است «فنای فی‌الله»　۲ - **بازِ جان**: روح سالکِ متعالی، روحِ مرد حق یا کاملِ واصل که به «بازِ شاه» مانند شده است.

۳ - **کُنده**: تنهٔ بریدهٔ درخت.　۴ - **کیقباد**: اسم خاصّ نیست، مطلقِ شاه، اینجا پروردگار.

۵ - این ابیات در توصیف «رحمت حق» است که می‌تواند هرچیز ناممکن را ممکن کند، در واقع تبیینِ «رشتهٔ سبب‌سوزی» است.

ذرّهٔ لاغــر شگــرف[1] و زَفت[2] شــد فرش ِ خاکی اطلس و زربفت شد[3] ۲۲۸۳

ذرّهٔ حقیری عظیم می‌شود و مشتِ خاکی خلیفهٔ حق.

مُردهٔ صد ساله[4] بیرون شـد ز گـور دیوِ ملعون شد به خوبی رشکِ حور ۲۲۸۴

دل و جانی که حیاتِ معنوی‌اش را در طیِّ سالیانِ دراز از دست داده است، مـی‌توانـد حیات بیابد و از گورِ تن بیرون بِجَهَد و به سوی حق پرواز کند و به این ترتیب موجودی که شیطان صفت شده بود، از خوبی و لطافت سببِ رشکِ حوریان می‌شود.

این هـمه رویِ زمـین سـرسبز شـد چوبِ خشک اشکوفه کرد و نغز شد ۲۲۸۵

از جوشش ِ رحمت الهی زمینِ وجودِ آدمی سرسبز می‌شود و درخت خشکیدهٔ حیات روحانی‌اش پرشکوفه و دلنشین می‌گردد.

گُــرگ بــا بــرّه حــریفِ مِــیْ شــده ناامیدان[5] خوش‌رگ[6] و خوش‌پی[7] شده ۲۲۸۶

«بد» و «خوب» درکنار هم از رحمتِ الهی برخوردار و سرمست می‌شوند و «ناامیدان» بـا امید به رحمتِ حق حالی خوش می‌یابند.

یافته شدن گوهر و
حلالی خواستنِ حاجبان و کنیزکانِ شاه‌زاده از نَصوح

بعد از آن خوفی، هلاکِ جـان بُـده مـژده‌ها آمـد کـه: ایـنک گـم شـده! ۲۲۸۷

بعد از ترس ِ وحشتناکی که می‌توانست سببِ مرگ بشود، مژده رسید که گمشده پیدا شد.

بانگ آمـد نـاگـهان کـه: رفت بـیم یـافت شـد گُـم گشـته آن دُرِّ یـتیم ۲۲۸۸

ناگهان اعلام کردند که خطر پایان یافت؛ زیرا مرواریدِ بی‌همتایِ گمشده را یافتیم.

---

۱ - **شِگرف** : شِگفت. ۲ - **زَفت** : عظیم.

۳ - اشاره است به «انسان» که در عالمِ خلقت، از خاک آفریده شده و ذرّهٔ ناچیزی است که به عنایت حق می‌تواند به عالی‌ترین درجات کمال برسد.

۴ - **مردهٔ صد ساله** : دل و جانی که فاقد حیات معنوی و روحانی است، اینجا می‌تواند دل و جانِ «نَصوح» باشد که سال‌ها درگناه و فساد غرق شده بود. ۵ - **ناامیدان** : همان «بدان».

۶ - **خوشْ‌رگ** : خوش حالت، خوش جنس. ۷ - **خوشْ‌پی** : خوش رفتار، خوش قدم.

۲۲۸۹ **یافت شد، و انـدر فـرح در بـافتیم   مـژدگانی دِه، کـه گـوهر یـافتیم**

مروارید پیدا شد و سبب شادی ما گردید. مژده بده که جواهر را یافتیم.

۲۲۹۰ **از غـریو و نـعره و دسـتک زدن   پُـر شـده حـمّام، قَـدْ زالَ اَلْـحَزَن**[1]

حمّام از هیاهو، فریاد و صدای دست زدن پر شده بود؛ زیرا سبب اندوه از بین رفته بود.

۲۲۹۱ **آن نَصوحِ رفته باز آمد بـه خـویش   دید چشمش تابشِ صدْ روز بیش**[2]

نصوح که از حال رفته بود به هوش آمد. چشمش تلألؤ و درخشش خاصّی را دید.

۲۲۹۲ **می‌حلالی خواست از وی هر کسی   بـوسه مـی‌دادنـد بـر دسـتش بسـی**

همه از او حلالیّت می‌خواستند و مدام دستش را می‌بوسیدند.

۲۲۹۳ **بدگـمان بُـردیم، و کـن مـا را حـلال   گوشتِ تو خوردیم**[3] **اندر قیل و قال**[4]

می‌گفتند: ما دربارهٔ تو گمان بد بردیم، حلال کن که غیبتت را کردیم.

۲۲۹۴ **زانکه ظنِّ جمله بـر وی بـیش بـود   زانکه در قربت ز جمله پیش بـود**

زیرا او را بیش از همه در مظان اتّهام می‌دانستند؛ چون به شاهزاده نزدیک‌تر بود.

۲۲۹۵ **خاص دلاّکش بُـد و مـحرم، نَـصوح   بلکه همچون دو تنی، یک گشته روح**

نَصوح دلاّکِ مخصوص و محرمِ او بود، گویی آن دو همانندِ روحی در دو بدن بودند.

۲۲۹۶ **گوهر ار بُردەست، او بُردەست و بس   زو ملازم‌تـر بـه خـاتون نـیست کس**

می‌گفتند: اگر کسی جواهر را دزدیده، فقط اوست؛ زیرا هیچ کس جز او با دختر شاه این همه همراه و نزدیک نیست.

۲۲۹۷ **اوّل او را خواست جُستن در نَبَرد**[5] **بهرِ حرمت داشـتش، تأخـیر کـرد**

ابتدا تصمیم داشتند قبل از همه او را تفتیش کنند؛ امّا برای احترام عقب انداختند.

---

۱ – **قَد زالَ اَلحَزَن :** غم از میان رفت.

۲ – چشمش درخششی و نوری تابناک‌تر از صد روز را دید؛ یعنی درخششی بی‌نظیر، روشنی باطن مرد حق.

۳ – **گوشت تو خوردیم :** غیبتت را کردیم. ۴ – **اندر قیل و قال :** در میانِ معرکه‌ای از حرف‌ها و قیل و قال‌ها.

۵ – **در نبرد :** درگیرودار تفتیش و جست و جو.

تـا بُـوَد کآن را بـیندازد بـه جـا اندر این مُـهلت رهـانَد خـویش را ۲۲۹۸

تا شاید در این فرصت جواهر را گوشه‌ای بیندازد و خود را نجات دهد.

ایـن حـلالی‌ها از او مـی‌خواسـتند وز بـرایِ عـذر بـر مـی‌خاستند ۲۲۹۹

از این رو پیوسته از او حلالیّت می‌طلبیدند و عذرخواهی می‌کردند.

گـفت: بُـد فـضلِ خـدایِ دادگـر ورنه ز آنچِم گفته شـد، هسـتم بَـتَر ۲۳۰۰

نصوح گفت: این لطف خداوند عادل بود وگرنه من از آنچه که شما گفتید، بدتر هستم.

چه حلالی خواست می‌باید زِ من؟ کـه مـنم مُـجرم‌تـرِ اهـلِ زمـن ۲۳۰۱

شما چه حلالیّتی می‌خواهید؟ من گناهکارترین آدمِ روی زمین هستم.

آنـچه گـفتندم زِ بـد، از صـد یکـی‌ست[1] بر من این کشف است،[2] ار کس راشکی‌ست ۲۳۰۲

آنچه در مورد بد بودنم گفتند، جزیی از آن است. اگر دیگران این را نمی‌دانند، خودم می‌دانم.

کس چه می‌داند ز من جز انـدکی؟ از هـزاران جُـرم و بـد فـعلم یکـی ۲۳۰۳

هیچ کس از من و گناهان فراوان و کردار بَدَم جز اندکی چه می‌داند؟

مـن هـمی دانـم و آن سـتّارِ مـن جُـرمهـا و زشـتیِ کـردارِ مـن ۲۳۰۴

گناهان و کارهای زشت مرا فقط من می‌دانم و خدایی که آن‌ها را می‌پوشاند.

اوّل ابـلیسی مـرا اسـتاد بـود بـعد از آن، ابـلیس پـیشم بـاد بـود ۲۳۰۵

ابتدا شیطان استاد من بود. بعدها خودم از او تبهکارتر شدم.

حق بدید آن جمله را، نـادیده کـرد تا نگـردم در فـضیحت[3] روی زرد ۲۳۰۶

خداوند همهٔ گناهان مرا دید و نادیده گرفت تا با رسوایی شرمنده نشوم.

باز، رحـمت پـوستین‌دوزیم[4] کـرد توبهٔ شیرین چو جان روزیم کـرد[5] ۲۳۰۷

بار دیگر رحمتِ او گناهانم را پوشاند و توبه‌ای چون جانِ شیرین نصیبم کرد.

---

۱ - **از صد یکی‌ست :** یکی از صدتاست، اندکی است. ۲ - **بر من این کشف است :** خودم یقین دارم.

۳ - **فَضیحت :** رسوایی. ۴ - **پوستین‌دوزی :** وصله کردن پوستین، کنایه از آبروی رفته‌ای که باز می‌گردد.

۵ - خواست خداوند است که توبه‌ای راستین نصیب بنده می‌کند.

۲۳۰۸ **هر چه کردم، جمله ناکرده گرفت   طاعتِ ناکرده، آورده گرفت**

هر کاری که کردم، ناکرده شمرد. عبادتی را که نکرده بودم، انجام داده فرض کرد.

۲۳۰۹ **همچو سرو[1] و سوسنم[2] آزاد کرد   همچو بخت و دولتم دلشاد کرد**

همانند سرو از قیدِ «تعلّقات» و بسان سوسن از «قیل و قال» رهانید و مثل بخت و اقبال مظهرِ شادمانی‌ام کرد.

۲۳۱۰ **نام من در نامهٔ پاکان نوشت   دوزخی بودم، ببخشیدم بهشت**

نامم را در دفتر پاکان نوشت و با وجود آنکه مستحقّ دوزخ بودم، بهشت را عطا کرد.

۲۳۱۱ **آه کردم، چون رَسَن شد آهِ من   گشت آویزان رَسَن در چاهِ[3] من**

آهی کشیدم که به ریسمانی بدل شد و به درون چاهی که بودم آویخته گردید.

۲۳۱۲ **آن رسن بگرفتم و بیرون شدم   شاد و زفت و فربه و گلگون شدم**

آن ریسمان را گرفتم و بیرون آمدم و اینک دارای باطنی شاد، قوی و متعالی هستم.

۲۳۱۳ **در بُنِ چاهی همی بودم زبون   در همه عالم نمی‌گنجم کنون**

حقیرانه در ته چاهی افتاده بودم، اینک چنان عظیمم که در همهٔ عالم نمی‌گنجم.

۲۳۱۴ **آفرین‌ها بر تو بادا ای خدا !   ناگهان کردی مرا از غم جدا**

پروردگارا، آفرین‌ها بر تو که ناگهان مرا از غم رهانیدی.

۲۳۱۵ **گر سرِ هر مویِ من یابد زبان   شُکرهای تو نیاید در بیان**

اگر هر سر موی من زبانی داشته باشد و شکر بگوید، هرگز نمی‌تواند سپاسگزاری کند.

۲۳۱۶ **می‌زنم نعره در این روضه و عُیون[4]   خلق را: یٰا لَیْتَ قَومي یَعْلَمُون[5]**

در میان این همه عنایت و اقبال فریاد می‌زنم که کاش دیگران هم این را می‌فهمیدند.

---

۱ - **سرو** : نمادی از «آزادگی» و «عدم تعلّق».

۲ - **سوسن** : گلی که صد زبان دارد و خاموش است، نمادی از خاموشی و رسیدن به حقیقت؛ زیرا کسی که درکی از معانی دارد به «حال» می‌پردازد نه به «قال».   ۳ - **چاه** : کنایه از چاهِ تاریکِ نَفْسِ امّاره.

۴ - **روضه و عُیون** : بوستان و چشمه‌ها. «عیون» جمع عَیْن، مراد تعالیِ درونی، اقبال و بختی است که نصیب او شده است.   ۵ - اشارتی قرآنی؛ یس: ۲۶/۳۶؛ ر.ک: ۲۰۱۷/۳.

بازخواندنِ شه‌زاده نَصوح را از بهرِ دلاّکی، بعد از استحکامِ توبه[۱] و قبولِ توبه، و بهانه کردنِ او[۲] و دفع گفتن[۳]

بعد از آن آمد کسی کز مرحمت   دخترِ سلطانِ ما می‌خوانَدَت ۲۳۱۷

بعد از آن کسی نزد نصوح آمد و گفت: دختر پادشاهِ ما از روی لطف تو را می‌خواهد.

دخترِ شاهت همی خوانَد، بیا   تا سرش شُویی کنون، ای پارسا! ۲۳۱۸

ای پرهیزگار، دختر شاه اکنون تو را طلب می‌کند تا سرش را بشویی، بیا.

جز تو دلاّکی نمی‌خواهد دلش   که بمالد یا بشُوید با گِلش ۲۳۱۹

دلش نمی‌خواهد که دلاّکی جز تو تنش را بمالد یا سرش را با گِلِ سرشوی بشوید.

گفت: رو رو، دستِ من بی کار شد   وین نَصوحِ تو کنون بیمار شد ۲۳۲۰

گفت: برو، برو که دست من از کار افتاده، این نصوحِ تو اینک بیمار شده است.

رو، کسی دیگر بجو اشتاب و تَفت[۴]   که مرا وَالله دست از کار رفت ۲۳۲۱

برو، شتابان کسی دیگری را طلب کن که به خدا قسم دستم از کار افتاده است.

با دلِ خود گفت: کز حد رفت جُرم   از دلِ من کِی رود آن ترس و گُرم[۵]؟ ۲۳۲۲

در دلِ خود گفت: گناه از حدّ گذشت، چگونه آن بیم و اندوه را فراموش کنم؟

من بِمُردم یک رَه و باز آمدم   من چشیدم تلخیِ مرگ و عَدَم ۲۳۲۳

من یک بار مُردم و زنده شدم و تلخیِ مرگ و نیستی را چشیدم.

توبه‌یی کردم حقیقت با خدا   نشکنم تا جان شدن از تن جدا ۲۳۲۴

حقیقتاً پیش خدا توبه‌ای کردم که تا جدا شدن جان از تنم، آن را نخواهم شکست.

بعدِ آن محنت، که را بار دگر   پا رود سویِ خطر؟ اِلاّ که خر ۲۳۲۵

بعد از آن همه رنج و سختی چه کسی به جز الاغ به سوی خطر می‌رود؟

---

۱ - **استحکامِ توبه:** استوار شدن توبه. ۲ - **بهانه کردنِ او:** بهانه آوردن. ۳ - **دفع گفتن:** ردکردن.
۴ - **تَفت:** شتابان. ۵ - **گُرم:** اندوه، غصّه.

حکایت در بیانِ آنکه کسی توبه کند و پشیمان شود، و باز آن پشیمانی‌ها را فراموش کند و آزموده را باز آزماید، در خسارتِ ابد افتد[۱]، چون توبهٔ او را ثباتی و قوّتی و حلاوتی و قبولی مدد نرسد، چون درختِ بی بیخ هر روز زردتر و خشک‌تر، نَعُوذُ بِالله[۲]

گازُری خری پشت ریش، شکم تهی و لاغر داشت که در میانِ سنگلاخِ بی‌گیاهی بی‌نوا و بی‌پناه مانده بود. در همان حوالی بیشه‌ای بود که شیری در آن مسکن داشت. از قضای روزگار شیر را با پیل نر، جنگی درگرفت که در تعاقب آن خسته و رنجور شد و از صید باز ماند. دیگر دَدان آن بیشه هم که ریزه‌خوارِ خوانِ قدرت و صیدِ وی بودند از چاشت باز ماندند و به تنگ آمدند. شیر به روباه امر کرد که برود و خری را بیابد و به فسون طعمه شیر سازد تا با خوردن گوشت خر، قوّت یابد و بتواند مانند همیشه به صید بپردازد و از باقی‌ماندهٔ طعمهٔ او دیگر وحوش هم نصیبی یابند.

روباه در پی اجرای فرمان شیر به شتاب از سر کوه به سوی جویبار سرازیر شد و آن خر مسکینِ لاغر را یافت و با سلامی گرم به او نزدیک شد و به او وعده داد که اگر به مرغزاری که در همین حوالی است بیاید، از علف و سبزهٔ آنجا خرسند خواهد بود. خر متوکّلانه گفت: قسمتِ من چنین است و به آنِ خویش راضی‌ام؛ امّا روباه او را به کسب تحریض کرد و نهایتاً وی را فریفت و به سوی بیشه کشاند. شیر، خر را از دور دید و بی‌درنگ جهید و حمله آورد و او را مجروح کرد؛ ولی چون قوّتِ کافی نداشت، خر موفّق به فرار شد. شیر بار دیگر از روباه خواست تا باز به نیرنگی خر را بدان بیشه بکشاند و گوشزد کرد که از خری او هیچ بعید نیست که صحنهٔ هولناکی را که دید، فراموش کند و باز هم به فسونِ تو مفتون گردد و بدین

---

۱ - **در خسارت ابد افتد:** در زیان ابدی افتد.

۲ - مأخذ آن حکایتی است در کلیله و دمنه، که در آن قصّه، شیری گَر که سخت رنجور شده‌است، می‌شنود که درمانِ درد و قوّت او در خوردن دل و گوش خر است و با آن علاج می‌یابد؛ پس روباه به وی اطمینان می‌دهد که خرِ گازُر را می‌فریبد و بدان جایگاه می‌آورد، به شرط آنکه مَلِک نذر کند که فقط دل و گوش خر را بخورد و باقی بر بندگان صدقه کند و چون روباه خر را نزد شیر می‌آوَرَد و مَلِک وی را می‌دَرَد، می‌گوید که غسلی کنم و آن‌گاه دل و گوش او بخورم که معالجت بر این سیاقت مفیدتر باشد و چون باز می‌گردد و جویای دل و گوش که روباه قبلاً آن را خورده است، می‌شود، روباه در پاسخ می‌گوید: بقا باد مَلِک را که اگر او دل و گوش داشتی که مرکز عقل و محلِّ سمع است، پس از آن صولت که مشاهدت کردی، هرگز دروغ من نشنودی و به پای خود به گور نیامدی: احادیث، صص ۴۷۶-۴۷۴.

ترتیب روباه بار دیگر به نزدِ خر رفت و به او گفت: هنگامی که تو را چنان زار و گرسنه یافتم، اشتیاقی که برای درمانِ درد تو در جانم جوشید، مانع شد که راجع به «طلسمِ بیشه» سخنی بگویم و شرح دهم که تأثیرِ این طلسم است که خرِ دیگری را که در آن مرغزار می‌چرد، شیر خواهی دید و جهشی که از جانب او دیدی، چیزی جز ابرازِ شفقت و مهر نبوده است.

بدین سان روباه موفّق شد بار دیگر خر را که به جُوع‌الکلب مبتلا شده و از حرص و طمع بی‌قرار بود، نزد شیر بیاوَرَد. شیر به محضِ دیدنِ خر حمله کرد و پاره‌پاره‌اش ساخت و چون از دریدن خر خسته و تشنه شد، به سوی چشمه رفت که آبی بیاشامد و در همین اثنا روباه به سرعتی تمام دل و جگر خر را خورد و هنگامی که شیر از آب خوردن فراغت یافت و جویای دل و جگر شد، در پاسخ گفت: اگر او دل و جگری می‌داشت، با آن قیامت، هولناکی که دید، چگونه ممکن بود باز هم به سوی تو بیاید؟

سِرّ سخن در این تمثیل که در ادامهٔ داستان توبهٔ نصوح آمده آن است که نصوح با توبه‌ای بی‌بازگشت از رسوایی نجات یافت و هنگامی که شهزاده باز هم او را به کاری که موجبات هلاکتش بود، فرا خواند، گفت: بعد از محنتی که من دیدم، چه کسی باز هم به سوی خطر می‌رود اِلاّ خر؟ و این تعبیر تداعی‌گر قصّهٔ خرِ گازُر شد که در طیِّ آن خر، علی‌رغم صولت و هیبتی که دید باز هم به استقبال هلاکت رفت.

گازُری[1] بود و مر او را یک خری — پشت‌ریش[2]، اِشکم تُهی و لاغری ۲۳۲۶

جامه‌شویی، خری لاغر و شکم خالی و پُشت زخم داشت.

در میانِ سنگلاخ بی‌گیاه — روز تا شب بی‌نوا و بی‌پناه ۲۳۲۷

صبح تا شب در میان سنگلاخِ بی علف، بینوا و بی‌پناه بود.

بهرِ خوردن جز که آب آنجا نبود — روز و شب بُد خر در آن کور و کبود[3] ۲۳۲۸

آنجا جز آب چیزی برای خوردن نبود و خر شب و روز با بیچارگی به سر می‌برد.

آن حوالی نیْستان و بیشه بود — شیر بود آنجا، که صیدش پیشه بود ۲۳۲۹

در آن نزدیکی نیزار و بیشه‌ای بود که شیری شکاری در آن مسکن داشت.

---

۱ - **گازُر**: جامه‌شوی. ۲ - **ریش**: زخم. ۳ - **کور و کبود**: تعبیری برای بیچارگی و بینوایی.

شیر را با پیلِ نر جنگ اوفتاد   خسته شد آن شیر و ماند از اِصطیاد[1] ۲۳۳۰

شیر با فیلِ نر جنگ کرد، زخمی شد و از شکار باز ماند.

مدّتی واماند زآن ضعف از شکار   بی نوا ماندند دَدْ[2] از چاشت‌خوار ۲۳۳۱

شیر به سببِ ناتوانی از شکار باز ماند و جانورانِ وحشی از غذا محروم شدند.

زانکه باقی‌خوارِ شیر ایشان بُدند   شیر چون رنجور شد، تنگ آمدند[3] ۲۳۳۲

زیرا آن‌ها باقی ماندهٔ طعمهٔ شیر را می‌خوردند و حالا بی غذا مانده بودند.

شیر یک روباه را فرمود: رو   مر خری را بهرِ من صیّاد شو ۲۳۳۳

شیر به روباهی دستور داد که برو و خری را برایم شکار کن.

گر خری یابی به گِردِ مرغزار   رو فسونَش خوان، فریبانَش[4] بیار ۲۳۳۴

اگر در اطراف مرغزار خری را دیدی، حیله‌ای به کار ببر، فریبش بده و بیاور.

چون بیابم قوّتی از گوشتِ خر   پس بگیرم بعد از آن صیدی دگر ۲۳۳۵

چون از گوشتِ خر نیرویی بگیرم، می‌توانم به شکارهایِ دیگر بپردازم.

اندکی من می‌خورم، باقی شما   من سبب باشم شما را در نوا ۲۳۳۶

کمی را من می‌خورم، بقیّه برایِ شما می‌مانَد. من سببِ روزی رساندن به شما می‌شوم.

یا خری، یا گاو، بهرِ من بجوی   زآن فسون‌هایی که می‌دانی، بگوی ۲۳۳۷

توسّط حیله‌هایی که می‌دانی، خر یا گاوی برایم بیاور.

از فسون و از سخن‌هایِ خوشش   از سرش بیرون کن[5]، و اینجا کَشَش ۲۳۳۸

او را با نیرنگ و سخنان دلنشین گول بزن و به اینجا بکشان.

---

۱ - **اِصطیاد :** صیدکردن.   ۲ - دَد : جانور درنده.   ۳ - **تنگ آمدند :** گرفتار مضیقه شدند، بی غذا ماندند.
۴ - **فریبانَش :** او را فریب بده.   ۵ - **از سرش بیرون کن :** عقل را از سرش بیرون کن، گولش بزن.

تشبیه کردنِ قطب که عارفِ واصل است در اِجری[1] دادنِ خلق از قُوتِ مغفرت و رحمت، بر مراتبی که حقّش الهام دهد، و تمثیل به شیر، که دَدْ اِجْری‌خوار و باقی‌خوارِ وی‌اند، بر مراتبِ قُربِ ایشان به شیر، نه قربِ مکانی، بلکه قربِ صفتی، و تفاصیلِ این بسیار است، واللهُ آلهادی

تشبیه قطب که عارفِ واصل است، در مستمرّی دادن به خلق از رزقِ بخشایش و رحمت الهی برحسب درجاتی که خداوند به او الهام می‌کند و مانندکردن به شیر که جانوران وحشی به نسبت قرابتی که با او دارند، جیره‌خوار او هستند و پس‌ماندهٔ او را می‌خورند؛ البتّه نه بر حسب قرابت مکانی؛ بلکه برحسب قرابت معنوی، و تفصیلات این بحث طولانی است، خداوند به راه راست هدایت می‌کند.

در این قطعه مردان حق به شیر مانند می‌شوند؛ زیرا شیران بیشهٔ حقیقت‌اند. سرّ سخن در آن است که همان‌گونه که شیر واسطهٔ روزی رساندن به ددان است، مردِحق نیز واسطهٔ فیض ـ روحانی و معنوی به خلق است؛ یعنی از حق می‌گیرد و به خلق می‌دهد؛ پس بهرهٔ هر کس از او به قدرِ تقرّبی است که به او دارد.

قطبْ[2] شیر و صید کردن کارِ او　　　باقیان این خلق باقی‌خوارِ او ۲۳۳۹

«قطب»، شیرِ بیشهٔ حقیقت است که کارش صید کردن یا دریافتِ فیض ِ الهی است و بقیّهٔ مردم فیض را از او دریافت می‌کنند.

تا توانی در رضایِ قطب کوش[3]　　　تا قوی گردد[4]، کُنَد صیدِ وحوش[5] ۲۳۴۰

تا می‌توانی بکوش که قطب را خشنود کنی؛ یعنی خالصانه خدمت کنی تا او با آسایش خاطر و قوّت به تعلیم و ارشاد بپردازد.

چون برنجد، بی‌نوا مانندْ[6] خلق　　　کز کفِ عقل[7] است جملهٔ رزقِ حَلق ۲۳۴۱

اگر برنجد، مردم از رزق ِ روحانی محروم می‌شوند؛ چون روزی به دستِ اوست.

---

۱ - **اجری** : مستمرّی.

۲ - **قطب** : عارفِ کاملِ واصل، برجسته‌ترین مرتبهٔ معنوی در هر عصر، به اعتقاد عارفان قطب محورِ توجّه حق است.　　۳ - از بذل جان و مال در راه خدمت و رضایت شیخ دریغ نکنی.

۴ - **قوی گردد** : بتواند با فراغ بال به «حالِ درون» که حاصلش قوّتِ باطنی افزون‌ترِ خود وی و قوّت افزون‌ترِ تعلیم و ارشاد «نفوذ روحانی مراد در مرید» است، بپردازد.　　۵ - **صیدِ وحوش** : تعبیری برای تعلیم و تربیت مراد.

۶ - **مانند** : می‌مانند.　　۷ - **عقل** : صاحبِ عقل، مُراد یا پیر که مظهرِ عقلِ کُلّ است.

زانکه وَجْدِ خلق باقی‌خوردِ[1] اوست این نگه دار[2]، اَزْ دلِ تو صید جوست ۲۳۴۲

زیرا وجد و ذوق سالکان در پرتوِ حالِ باطنیِ اوست؛ پس اگر جویایِ ترقّی و کمال هستی، همواره در پی خشنودیِ دل پیر باش.

او چو عقل و خلق چون اعضا و تن بستهٔ عقل است تدبیرِ بدن ۲۳۴۳

قطب، همانند «عقل» و مردم چون «اعضای بدن»اند. تدبیرِ بدن به عقل وابسته است.

ضعفِ قطب از تن بُوَد، از روح نی ضعف در کَشتی بُوَد، در نوح نی[3] ۲۳۴۴

ضعفِ قطب از جسم است نه روح. فرسودگی در کشتی است نه در نوح.

قطبْ آن باشد که گِردِ خود تَنَد گردشِ افلاک گِردِ او بُوَد ۲۳۴۵

«قطب»، کسی است که دورِ محورِ خود می‌گردد[4] و افلاک هم گِرداگِردِ او می‌گردند.[5]

یاریی دِه در مَرَمّهٔ کَشتی‌اش گر غلامِ خاص و بنده گشتی‌اش 2346

اگر غلام و بندهٔ خاص او شدی، در مرمّت کشتی یاری‌اش کن؛ یعنی تا می‌توانی در همهٔ امور دنیوی به او کمک و خدمت کن.

یاریَت در تو فزاید، نه اندر او گفت حق :اِنْ تَنْصُرُوا اللّٰه، تُنْصَرُوا[6] ۲۳۴۷

یاریِ تو، قوّتِ روحانیِ خودت را می‌افزاید، نه او را، خداوند گفت: اگر خدا را یاری کنید، شما را یاری می‌کند.

---

۱ - **باقی‌خورد :** پس‌مانده. ۲ - **این نگه دار :** به این نکته توجّه داشته باش.

۳ - تنِ قطب به «کشتی» و روحش به «نوح» مانند شده است.

۴ - بر مدارِ «حقیقتِ» خود که چیزی جز حقیقتِ الله نیست، می‌گردد؛ یعنی ظاهر و باطنِ قطب بر محور حقیقتِ او می‌گردند.

۵ - عارفان، انسان کامل واصل را محور یا قطب عالم می‌دانند که بنابر ارادهٔ حق تعالیٰ گردش کار جهان به دست اوست. نیکلسون مضمون بیت را متأثر از بیتی در تائیّهٔ کبرای ابن الفارض می‌داند:

فَبی دارَتِ الافلاکُ فاعْجَبْ لِقُطْبِها الـ ... مُحیطِ بِها وَ الْقُطْبُ مَرکَزُ نُقْطَةِ

افلاک بر مدار من می‌گردد. قطب شگفت‌انگیزی که محیط بر افلاک است و مرکز نقطه‌ای.

ر.ک. شرح مثنوی مولوی، ج ۵، ص ۱۸۶۵.

۶ - اشارتی قرآنی؛ محمّد: ۷/۴۷: ...إن تَنْصُرُوا اللّٰهَ یَنْصُرْکُمْ...: اگر [دین] k¼j°rB¾nAki { /k j»«°rB¾nB

همچو روبَهْ صیدگیر و کُن فِداش تا عوض گیری هزاران صید بیش[1] ۲۳۴۸

همانند روباهِ این قصّه که برای شیر صید می‌آوَرَد، در کسبِ روزی بکوش و از حاصلِ آن، هرچه را که می‌توانی، نثار او کن تا موجِ رضایت باطنی‌اش که به سبب دل کندنِ تو از مال دنیا یا «قطع تعلّقات» است، موجبِ ارتقایِ جانت شود.

رُوبهانه باشد آن صیدِ مُرید مُرده گیرد صیدْ کفتارِ مَرید[2] ۲۳۴۹

همان‌طور که روباهِ قصّه، صید زنده‌ای را به محضر شیر می‌بَرَد، «متاع دنیوی» یا وجوهی که مُرید نثار مُراد می‌کند؛ علی‌رغم آنکه «مادّی» و «دنیوی» است؛ چون به نیّتِ رضایت مراد و ارتقای باطنیِ مرید است، امری معنوی محسوب می‌شود؛ پس صیدی که او تقدیم می‌کند، صید زنده است؛ امّا اگر کسبِ «متاعِ دنیوی» فقط با هدفِ لذّت‌هایِ فانی باشد، صیدِ مُرده‌ای است که کفتارصفتانِ دنیادوست به دست می‌آورند.

مُرده پیشِ او کَشی زنده شود چرک[3] **در پالیز**[4] **روینده شود** ۲۳۵۰

در محضر مُراد که زنده و زنده کننده است، هر امر دنیوی به امری معنوی بَدَل می‌شود، مثلِ پِهن که بد و متعفّن است؛ امّا در بوستان به گل و گیاهِ خوب و معطّر بَدَل می‌شود.

گفت روبَهْ شیر را: خدمت کُنَم حیله‌ها سازم، ز عقلش بر کَنَم ۲۳۵۱

روبه به شیر گفت: اطاعت می‌کنم. نیرنگ‌هایی به کار می‌برم و گولش می‌زنم.

حیله و افسونگری کارِ من است کارِ من دَستان و از رَه بُردن است[5] ۲۳۵۲

کارِ من به کار بردن حیله و وسوسه است و در حقّه‌بازی و گمراه کردن بسیار ماهرم.

از سَرِ کُه جانبِ جو می‌شتافت آن خرِ مسکینِ لاغر را بیافت ۲۳۵۳

روباه از بالای کوه به سوی جویبار می‌رفت که خرِ درماندهٔ لاغری را دید.

پس سلامِ گرم کرد و پیش رفت پیشِ آن ساده دلِ درویش[6] **رفت** ۲۳۵۴

سلامی گرم کرد و جلو رفت تا به آن خر ساده دل بینوا رسید.

---

۱ - مصوّت «الف» با مصوّت «یاء» قافیه شده است، «فداش» را «فدیش» بخوانید.

۲ - **مَرید**: سرکش، گمراه و نافرمان. ۳ - **چرک**: کود یا پِهن. ۴ - **پالیز**: بوستان، کشتزار.

۵ - **دستان و از ره بردن**: حقّه‌بازی و گمراه کردن. ۶ - **درویش**: اینجا به معنی بینوا و بیچاره.

گفت: چونی اندر این صحرایِ خشک؟ در میانِ سنگلاخ و جایِ خشک ۲۳۵۵

گفت: در این بیابان بی آب و علف در میان سنگلاخ خشک چگونه‌ای؟

گفت خر: گر در غمم، گر در اِرَم[1] قسمتم حق کرد، من زآن شاکرم[2] ۲۳۵۶

خر گفت: اگر بدم یا خوبم، خداوند قسمت مرا همین قرار داده و راضی‌ام.

شُکر گویم دوست را در خیر و شر زانکه هست اندر قضا از بد بَتَر ۲۳۵۷

خدا را در نیک و بد شاکرم؛ زیرا از قضای بد بدتری هم می‌تواند باشد.

چونکه قسّام اوست، کفر آمد گِله صبر باید، صبر مِفتاحُ الصِّلَه ۲۳۵۸

چون روزی را او قسمت می‌کند، شکایت کفر است. باید صبر کرد که کلید عطای اوست.

غیرِ حق جمله عَدوانند، اوست دوست با عدو از دوست شَکْوَت[3]، کِی نکوست؟ ۲۳۵۹

جز خدا همه دشمن‌اند، دوست فقط اوست، شکایت از دوست به دشمن خوب نیست.

تا دهد دوغم[4] نخواهم انگبین زانکه هر نعمت غمی دارد قرین ۲۳۶۰

اگر چیزی که از حق به من می‌رسد، «بد» باشد، برایم خوب است؛ چون نعمت‌های دنیوی فانی‌اند و غمِ از دست رفتن را در پی دارند.

---

۱ - **اِرَم**: باغ بهشت، اینجا «گر در غمم گر در اِرَم» یعنی اگر بد یا خوبم، اگر ناخوش و یا خوشم.

۲ - از این بیت به بعد در واقع یک بندهٔ مؤمن یا یک عارف است که سخن می‌گوید، بنده‌ای که راضی به رضای حق است و تحت شرایط گوناگون شاکر. ۳ - **شکوت**: شکوه، شکایت.

۴ - **دوغ**: اینجا کنایه از محنت و مصیبت یا هر چیزِ غیر خوب است، مثلاً رزقِ ناچیز.

حکایتِ دیدنِ خرِ هیزمْفروش با نوایی[۱] اسبانِ تازی را بر آخُرِ خاص و تمنّا بردن آن دولت را، در موعظهٔ[۲] آنکه تمنّا[۳] نباید بردن الاّ مغفرت و عنایت و هدایت، که اگر در صد لون[۴] رنجی، چون لذّتِ مغفرت بُوَد، همه شیرین شود، باقی هر دولتی که آن را ناآزموده تمنّیٰ می‌بری، با آن رنجی قرین است که آن را نمی‌بینی، چنانکه از هر دامی دانه پیدا بُوَد و فَخ[۵] پنهان. تو در این یک دام مانده‌ای، تمنّیٰ می‌بری که کاشکی با آن دانه‌ها رفتمی، پنداری که آن دانه‌ها بی دام است؟[۶]

سقّایی خرِ بینوایی داشت که غالباً از تیمار و آب و کاه محروم می‌ماند. میر آخورِ سلطان که از دیرباز با صاحبِ خر آشنایی داشت، از وی خواست تا خرک محروم و محنت‌زدهٔ خود را به او بسپارَد تا در اصطبل سلطان بپروَرَد. بدین ترتیب، خرکِ پشتْ‌ریش در آخـورِ خـاصّ از هرگونه نعمتی برخوردار شد و چون آن همه تیمار و توجّه ویژه را نسبت به اسبانِ سلطان دید و مشاهده کرد که نه تنها کاه و جو آن‌ها به موقع آماده است؛ بلکه خارش و مالش هم در حقّ آن‌ها انجام می‌شود، پوز بالا کرد که: خدایا، **«نه که مخلوق توأم؟ گیرم خرم»**.

ناگهان آوازهٔ پیکار درگرفت و اسبان را زین کردند و به صحنهٔ نبرد بردند. هنگام بازگشتِ اسبان، خر مشاهده کرد که همگی خسته و مجروح‌اند و آسیب پیکان‌ها تن‌هایشان را دریده و انواع آزار و صدمه بر آنان وارد شده است. خر سر بر آسمان کرد و گفت: خدایا، من به فقر و عافیت راضی‌ام، از نوایی که پیامدِ آن چنین زخمِ زشتی است، بیزارم. **«هرکه خواهد عافیت دنیا بِهِشت»**.

این قصّه در تبیین حال آنان است که برای برخورداری از انواع نعمت‌های دنیوی خود را به عذاب می‌افکنند و به فقر و عافیت تن در نمی‌دهند.

بود سقّایی[۷]، مـر او را یک خـری گشته از محنت دوتا چون چَنبری ۲۳۶۱

سقّایی خری داشت که از رنج پشتش خمیده بود.

---

۱ - **با نوا**: نیکوحال. ۲ - **موعظه**: پند و اندرز. ۳ - **تمنّا**: آرزو. ۴ - **صد لون**: صدگونه.

۵ - **فَخ**: دام.

۶ - مأخذ این قصّه احتمالاً صورت بسط و گسترش یافته‌ای از «امثال» است که در افواه نقل شده است: بحر در کوزه، ص ۱۹۳.

۷ - **سقّا**: آب فروش، در عنوان صاحبِ خر، «هیزم فروش» است و در متن «سقّا». در متون کهن چنین آمده است.

پُشتش از بارِ گران صد جای ریش   عاشق و جویانِ روزِ مرگِ خویش[1] ۲۳۶۲

پشتش از بارِ سنگین زخم‌های فراوان داشت. از شدّت رنج و درد آرزویِ مرگ می‌کرد.

جُو کجا؟ از کاهِ خُشک او سیر نی   در عقب زخمی و سیخی آهنی ۲۳۶۳

جو که بماند، کاهِ خشک هم سیر نمی‌خورد؛ امّا دایم به او سیخونکِ آهنی می‌زدند.

میرِ آخُر[2] **دید او را، رحم کرد   کآشنایِ صاحبِ خر بود مرد** ۲۳۶۴

میر آخور که آشنای صاحب خر بود، او را دید و دلش به حال او سوخت.

پس سلامش کرد و پرسیدش ز حال   کز چه این خرگشت دوتا همچو دال؟ ۲۳۶۵

به صاحب خر سلام کرد و ضمن احوالپرسی گفت: این خر چرا مثل حرف دال خمیده است؟

گفت: از درویشی و تقصیرِ[3] **من   کَهْ نمی‌یابد خود این بسته دهن** ۲۳۶۶

سقّا گفت: از فقرِ من، این حیوان زبان بسته کاه و جو پیدا نمی‌کند.

گفت: بسپارَش به من تو روزِ چند   تا شود در آخُرِ شه زورمند ۲۳۶۷

میرآخور گفت: چند روزی او را به من بسپار تا در آخور شاه زور و قوّتی بیابد.

خر بدو بسپرد، و آن رحمت پرست   در میانِ آخُرِ سلطانْش بست ۲۳۶۸

سقّا خر را به او سپرد. آن آدم دلسوز هم او را در آخور سلطان بست.

خر زِ هر سو مرکبِ تازی[4] **بدید   با نوا و فربه و خوب و جدید**[5] ۲۳۶۹

خر هر جا نگاه می‌کرد اسب‌های اصیل نیرومند، سر حال، زیبا و شاداب را می‌دید.

زیرِ پاشان رُوفته آبی زده   کَهْ به وقت و جُو به هنگام آمده ۲۳۷۰

زیر پایشان آب و جارو شده بود. جو و کاه هم به موقع می‌رسید.

خارِش و مالِش مر اسبان را بدید   پوز بالا کرد: کِای ربِّ مجید! ۲۳۷۱

دید که آن‌ها را قشو می‌زنند و تیمار می‌کنند. سر به آسمان بلند کرد و گفت: ای خدای بزرگ،

---

۱ - عاشقِ روزِ مرگ خویش بود و آن را می‌جُست؛ یعنی آرزوی مرگ می‌کرد.

۲ - **میر آخُر** : امیر آخور، سرپرست اصطبل.   ۳ - **درویشی و تقصیر** : فقر و بینوایی.

۴ - **مرکبِ تازی** : اسب عربی، اسبِ اصیل.   ۵ - **جدید** : اینجا شاداب یا خوشبخت.

نه که مخلوق توأم؟ گیرم خَرَم از چه زار و پشت ریش و لاغرم؟ ۲۳۷۲

هرچند که خرم؛ امّا مخلوق توأم. چرا نحیف و لاغرم و پشتم زخمی است؟

شب ز دردِ پشت و از جوع[1] شکم آرزومندم به مُردن دَم به دَم ۲۳۷۳

شب از دردِ پشت و گرسنگی هر لحظه در آرزوی مرگ هستم.

حالِ این اسبان چنین خوش، بانوا من چه مخصوصم به تعذیب[2] و بلا؟ ۲۳۷۴

این اسب‌ها چنین خوش و در رفاه‌اند چرا من باید به رنج و عذاب گرفتار باشم؟

ناگهان آوازهٔ پیکار شد تازیان را وقتِ زین و کار شد ۲۳۷۵

ناگهان بانگِ طبلِ جنگ برخاست و هنگامِ زین کردن و کارِ اسب‌ها فرارسید.

زخم‌هایِ تیر خوردند از عدو رفت پیکان‌ها در ایشان سو به سو ۲۳۷۶

از دشمن تیرها خوردند و از هر سو نیزه‌ای به تنشان فرو رفت.

از غزا باز آمدند آن تازیان اندر آخُر جمله افتاده سِتان[3] ۲۳۷۷

اسب‌ها از جنگ برگشتند و همه در آخور به پشت افتادند.

پای‌هاشان بسته محکم با نوار نعلبندان ایستاده بر قطار[4] ۲۳۷۸

پاهایشان را با نوارهای باریک محکم بستند و نعلبندان همه جمع شدند.

می‌شکافیدند تن‌هاشان به نیش تا برون آرند پیکان‌ها ز ریش ۲۳۷۹

با نیشتر بدن‌هایشان را می‌شکافتند تا پیکان‌ها را از زخم بیرون آورند.

آن خر آن را دید و می‌گفت: ای خدا! من به فقر و عافیت دادم رضا ۲۳۸۰

خر چون آن حال را دید، می‌گفت: ای خدا، من از بینوایی و سلامت خود خشنودم.

زآن نوا بیزارم و زآن زخمِ زشت هر که خواهد عافیت، دنیا بِهِشت ۲۳۸۱

از رفاه و رنجِ پیامدش بیزارم. هرکس خواهان عاقبتِ خیر باشد، دنیا را رها می‌کند.

---

۱ - **جوع**: گرسنه شدن. ۲ - **تعذیب**: شکنجه کردن، عذاب دادن.

۳ - **سِتان**: خوابیدن به پشت، طاق‌باز، اینجا افتاده به زمین.

۴ - نعلبندان به دوا و درمان ستوران آشنا بودند و تجمعشان به این مناسبت بوده است.

ناپسندیدنِ روباه گفتنِ خر را که: من راضیم به قسمت

گفت روبه: جُستنِ رزقِ حلال[1] فرض باشد از برای امتثال[2] ۲۳۸۲
روباه گفت: برای اطاعت از فرمان خدا، کسبِ روزیِ حلال واجب است.

عالَمِ اسباب، و چیزی بی سبب می‌نباید پس مُهم باشد طلب ۲۳۸۳
دنیا، دنیایِ علّت و سبب است و هیچ چیز بدون سبب به دست نمی‌آید؛ پس طلب مهم است.

وَٱبْتَغُوا مِن فَضلِ ٱللهِ[3] است امر تا نباید غصب کردن همچو نَمر[4] ۲۳۸۴
امر شده است که «رزق خدا را طلب کنید» تا نیازی نداشته باشید که همانندِ پلنگ روزیِ دیگران را غصب کنید.

گفت پیغمبر که: بر رزق ای فتا[5]! در فرو بسته‌ست و بر در قفل‌ها[6] ۲۳۸۵
ای جوان، پیامبر(ص) گفته است: درِ رزق بسته است و بر آن قفل‌هایی زده شده است.

جنبش و آمد شدِ ما واکتساب هست مفتاحی بر آن قفل و حجاب ۲۳۸۶
تلاش، کوشش و کسبِ ما کلیدِ آن قفل است.

بی کلید، این در گشادن راه نیست بی طلب نان، سُنّتِ ٱلله نیست[7] ۲۳۸۷
بدون کلید این در گشوده نمی‌شود. شیوهٔ خداوند این نیست که بدون طلب نان بدهد.

جواب گفتنِ خر روباه را

گفت: از ضعفِ توکّل باشد آن ورنه بِدْهد نان کسی که داد جان ۲۳۸۸
خر گفت: این از ضعفِ توکّل است و گرنه کسی که جان داد، نان هم می‌دهد.

---

۱ - از این بیت به بعد جان کلام در ارتباط با «کسب و توکّل» است که در دفتر اوّل به تفصیل در حکایت «نخچیران و شیر» به تقریر آمد. ۲ - **اِمتثال** : اطاعت از فرمان حق.

۳ - اشارتی قرآنی؛ جمعه: ۱۰/۶۲: فَإِذَا قُضِيَتِ ٱلصَّلوٰةُ فَٱنْتَشِرُوا فی ٱلأَرْضِ وَ ٱبْتَغُوا مِن فَضْلِ ٱللهِ...: سپس چون نمازگزارده شود، در زمین پراکنده شوید [و به راه خود بروید] و [روزی خود] از بخشش الهی بجویید.

۴ - **نَمر** : پلنگ. ۵ - **فتا** : فتیٰ: جوان، جوانمرد.

۶ - در منابع حدیث مورد نظر را نیافتیم. نیکلسون عباراتی را با همین مضمون آورده؛ ولی مأخذی ذکر نکرده است.

۷ - باید خواست و کوشش کرد.

هر که جوید پادشاهی و ظفر[۱]   کم نیاید لقمه‌یی نان ای پسر![۲] ۲۳۸۹

ای پسر، هر کس که جویای کمال و ترقّیِ روحانی باشد، هرگز برای نان در نمی‌مانَد.

دام و دَد جمله همه اَکّالِ[۳] رزق[۴]   نه پیِ کسب‌اند، نه حمّالِ رزق[۵] ۲۳۹۰

همهٔ جانوران اهلی و غیر اهلی روزی می‌خورند؛ امّا نه در پیِ کسب‌اند و نه در پیِ اندوختن رزق.

جمله را رزّاق روزی می‌دهد   قسمتِ هر یک به پیشش می‌نهد ۲۳۹۱

خدایِ روزی‌رسان رزق همه را می‌دهد و سهمِ هر کس را پیشش می‌نهد.

رزق آید پیش ِ هر که صبر جُست   رنجِ کوشش‌ها ز بی صبریِ توست ۲۳۹۲

هر کس صبر کند، روزی‌اش می‌رسد. رنجِ تلاش‌ها از بی‌صبری توست.

جواب گفتنِ روبَهْ خر را

گفت روبَهْ: آن توکّل نادِر است   کم کسی اندر توکّل ماهر است ۲۳۹۳

روباه گفت: آن توکّل را به ندرت کسی دارد، همه در توکّل به چنین مرتبه‌ای نمی‌رسند.

گِردِ نادر گشتن از نادانی است   هر کسی را کِی رَهِ سلطانی است ۲۳۹۴

جویایِ چیزِ کمیابی بودن از نادانی است. همهٔ مردم شایستگیِ مراتبِ عالی را ندارند.

چون قناعت را پیمبر گنج گفت   هر کسی را کِی رسد گنجِ نهفت؟ ۲۳۹۵

پیامبر(ص) قناعت را گنج خوانده است و همه نمی‌توانند به این گنج نهانی دست یابند.

---

۱ - **پادشاهی و ظفر** : اِمارت بر نفس و پیروزی، یعنی تقرّب به حق و سلطنت معنوی.

۲ - بالاخره روزی‌اش را حق می‌رساند. ۳ - **اَکّال** : بسیار خورنده.

۴ - اشاره به مضمونِ: قرآن: عنکبوت: ۶۰/۲۹: چه بسیار جنبندگانی که یارایِ تحصیلِ روزیِ خویش را ندارند و خدا آن‌ها و شما را روزی می‌دهد و او شنوای داناست. ۵ - **حمّالِ رزق** : مُراد اندوختنِ رزق است.

حدِّ خود بشناس و بر بالا مپر تا نیفتی در نشیبِ[1] شور و شر[2] ۲۳۹۶

پس حدّ خود را بشناس و بلندپرواز نباش تا به رنج و بلا یا فتنه و فساد مبتلا نشوی.

جواب گفتنِ خر روباه را

گفت: این معکوس می‌گویی، بدان شور و شر از طَمْع آید سویِ جان ۲۳۹۷

خر گفت: موضوع را وارونه می‌گویی؛ زیرا ابتلای جان به فتنه و فساد ناشی از حرص است.

از قناعت هیچ کس بی‌جان نشد از حریصی هیچ کس سلطان نشد ۲۳۹۸

کسی از قناعت هلاک نشده و کسی با حرصِ دنیوی به مقامات معنوی نرسیده است.

نان ز خوکان و سگان نَبْوَد دریغ کسبِ مردم نیست این باران و میغ[3] ۲۳۹۹

نان را از خوک و سگ هم دریغ نمی‌کنند؛ یعنی رزق همهٔ موجودات را خدا می‌رساند. برای باران و ابر باران‌زا، مردم تلاشی نکرده‌اند.

آنچنانکه عاشقی بر رزق زار هست عاشق رزق هم بر رزق‌خوار[4] ۲۴۰۰

همان‌طور که تو مشتاق و بیقرارِ روزیِ خود هستی، روزی هم مشتاق و بیقرارِ توست.

گر تو نشتابی بیاید بر دَرَت ور تو بشتابی دهد دردِ سَرَت[5] ۲۴۰۱

اگر شتاب نکنی، روزی در وقتِ مقرّر می‌رسد و اگر شتاب کنی، به رنج بیهوده دچار می‌شوی.

---

۱ - **نشیب**: سراشیبی. ۲ - **شور و شر**: رنج و بلا، فتنه و فساد. ۳ - **میغ**: ابر.

۴ - اشاره به حدیثی با همین مضمون: احادیث، ص ۴۷۸.

۵ - این بیت در متن نیست، در مقابله به دو حاشیهٔ عنوان افزوده‌اند.

در تقریرِ معنیِ توکّل، حکایتِ آن زاهد که توکّل را امتحان می‌کرد، از میان اسباب[۱] و شهر بیرون آمد و از قَوارع[۲] و ره‌گذرِ خلق دور شد، و به بُنِ کوهی[۳]، مهجوری، مفقودی[۴]، در غایتِ گرسنگی سر بر سنگی نهاد و خُفت، و با خود گفت: توکّل کردم بر سبب‌سازی و رزّاقی تو از اسباب منقطع شدم،[۵] تا ببینم سببیّتِ توکّل را[۶]

زاهدی که در حدیثی از پیامبر(ص) شنیده بود که رزقِ مخلوق خواه ناخواه به سوی او می‌آید، به جهت امتحان به کوهی مهجور رفت و در غایت گرسنگی سر بر سنگی نهاد، بر این اندیشه که اسباب و علل را رها می‌کنم تا معنی توکّل حقیقی را دریابم. اتّفاقاً کاروانی راه گم کرد و به بُن آن کوه رسید و با دیدن مرد مُمْتَحِن که به تصوّر ایشان سخت ضعیف و در حال مرگ بود، رحم و شفقت در دلشان جوشید، شوربایی آوردند و به جبر در دهان مرد که تعمّداً دهان را نمی‌گشود، ریختند.

این قصّه که در تقریر معنی توکّل است، علی‌رغم صورت داستان که شرح امتحان توکّل است، تأکیدی بر امتحان توکّل نیست، بیان حال آنانی است که خود را به معرض هلاکت افکنده‌اند تا کلام بزرگان را که در مقام کمال‌اند، به تجربه دریابند که: **«گر تو نشتابی بیاید بر دَرَت»**.

۲۴۰۲ **آن یکی زاهد شنود از مصطفی که: یقین آید به جان رزق از خدا**

زاهدی، حدیثی از مصطفی(ص) را شنیده بود که رزق بی‌گمان از جانب خدا به سوی جان‌ها می‌آید.

---

۱ - **از میان اسباب :** از میان سبب‌ها. ۲ - **قوارع :** جمع قارعة به معنی حادثه، سختیِ روزگار.
۳ - **به بُن کوهی :** در دامنهٔ کوهی. ۴ - **مهجوری مفقودی :** دورافتاده و گمنام.
۵ - **از اسباب منقطع شدم :** از اسباب بریدم، از اسباب قطع امید کردم.
۶ - مأخذ این قصّه را حکایتی در نشوار المحاضرة، طبع دمشق، ص ۴۱ و ۴۲ دانسته‌اند که علی‌رغم سِرّ آن که تقریر امتحان توکّل است با صورت حکایت چندان شباهتی ندارد. در این قصّه شیخی از متصوّفه با صوفی دیگری همسفر است و بنابر توکّل و رزق که محور کلام اوست، معتقد است که قسمت من آن است که مدّتی چیزی نخورم و پس از آنکه مرا سوگند دهند، حلوای تازه خواهم خورد. بدین‌سان با ضعفی مفرط به مسجد می‌رسند. نیم‌شب کنیزی سیاه با طبقی حلوا وارد می‌شود و علی‌رغم سوگندی که صوفی به شیخ می‌دهد که از این حلوا بخورید، او نمی‌پذیرد وکنیزک که خشمگین شده‌است، کشیدهٔ سختی به گوش شیخ می‌زند و می‌گوید که به خدا سوگند اگر نخورید، همچنان خواهم زد. شیخ می‌پذیرد و کنیزک هنگام رفتن شرح می‌دهد که او کنیز کدخدای قریه است که نیم‌شب از ما حلوا خواسته و چون مهیّا ساختن حلوا اندکی به درازا انجامیده است، کدخدای بی خرد از سر خشم گفته است که همسر خود را به جُرم این سهل‌انگاری طلاق خواهد داد، مگر آنکه یک نفر غریبه را بیابید که از این حلوا بخورَد و من تو را یافتم. همچنین در تلبیس ابلیس نیز نظیر آن در صفحات ۳۱۴-۳۱۰ آمده است: احادیث و قصص، ص ۴۸۱-۴۷۹.

۲۴۰۳ گر بخواهی، ور نخواهی، رزقِ تو   پیشِ تو آید دوان از عشقِ تو
رزقِ تو به سببِ کششی که به تو دارد، خواه ناخواه شتابان به سویت می‌آید.

۲۴۰۴ از بـرای امتحـان، آن مـرد رفت   در بیابان نزدِ کوهی خُفت، تَفت¹
آن مرد برای امتحان شتابان به بیابان رفت و در دامنهٔ کوهی خوابید.

۲۴۰۵ کـه: بـبینم رزق می‌آید به من؟   تـا قوی گـردد مـرا در رزق ظن²
گفت: ببینم که واقعاً روزیِ من می‌رسد تا اعتقادم به رزقِ مقسوم قوی‌تر شود.

۲۴۰۶ کـاروانـی راه گـم کرد و کشید   سویِ کوه، آن مُمْتَحِن³ را خُفته دید
کاروانی راهش را گم کرد و به سوی آن کوه رفت و زاهد را در خواب دید.

۲۴۰۷ گفت: این مرد این طرف چون است عور⁴   در بــیـابان، از ره و از شـهر دور؟
یک نفر گفت: این مرد در این بیابان دور از راه و شهر چرا زار و نزار افتاده است؟

۲۴۰۸ ای عجب! مُردهست یا زنده؟ که او   مـی‌نترسد هـیچ از گُـرگ و عدو
مرده است یا زنده؟ آیا هیچ از گرگ و دشمن نمی‌ترسد؟

۲۴۰۹ آمـدند و دست بــر ویْ مـی‌زدند   قاصدا⁵ چیزی نگفت آن ارجمند
به نزدش آمدند و بدنش را لمس کردند؛ امّا آن مرد گرامی عمداً حرفی نزد.

۲۴۱۰ هـم نـجُنبید و نـجُنبانید سر   وانکـرد از امتحـان هم او بَصَر
تکان نخورد و سرش را هم تکان نداد. برای امتحان چشمش را هم باز نکرد.

۲۴۱۱ پس بگفتند: این ضعیفِ بی‌مُراد   از مَـجاعت⁶، سَکته انـدر اوفتاد
گفتند: این مرد بیچارهٔ ناتوان از گرسنگی بیهوش شده است.

۲۴۱۲ نـان بیاوردند و در دیگی طعـام   تا بـریزندش به حـلقوم و بـه کام
نان و طعامی آوردند تا به گلو و دهانش بریزند.

۲۴۱۳ پس به قاصد، مرد دندان سخت کرد   تــا بـبیند صدقِ آن میعادْ مرد⁷
آن زاهد عمداً دندان‌هایش را محکم کرد تا صحّتِ آن وعده را ببیند.

۱- تَفت: شتابان. ۲- ظن: اینجا معنیِ اعتقاد و باور را دارد نه گمان. ۳- مُمْتَحِن: امتحان‌کننده.
۴- عور: برهنه، اینجا بی چیز و با ظاهریِ زار و نزار. ۵- قاصدا: عمداً. ۶- مَجاعت: گرسنگی.
۷- وعده‌ای که حق روزیِ بنده را می‌رساند.

رحمشان آمد که این بس بی‌نواست وز مَجاعت هالکِ مرگ و فناست ۲۴۱۴

دلشان سوخت، گفتند: این مرد بینوا و بیچاره از گرسنگی می‌میرد و از بین می‌رود.

کارد آوردند قوم، اِشتافتند بسته دندان‌هاش را بشکافتند ۲۴۱۵

کارد آوردند و با عجله دندان‌های بسته‌اش را باز کردند.

ریختند اندر دهانَش شوربا[1] می‌فشردند اندر او نان پاره‌ها ۲۴۱۶

در دهانش شوربا می‌ریختند و تکّه‌های نان را فرو می‌کردند.

گفت: ای دل! گرچه خود تن می‌زنی[2] راز می‌دانی، و نازی می‌کنی ۲۴۱۷

زاهد با خود گفت: ای دل، گرچه سکوت می‌کنی، راز را می‌دانی و ناز می‌کنی.

گفت دل: دانم و قاصد می‌کنم رازقْ اَللهُ است بر جان و تَنَم ۲۴۱۸

دل گفت: می‌دانم و عمداً چنین می‌کنم. می‌دانم که خداوند روزی دهندهٔ جان و تنِ من است.

امتحان زین بیشتر خود چون بُوَد؟ رزق سویِ صابران خوش می‌رود ۲۴۱۹

امتحان بیشتر از این نمی‌شود. روزی، خود به خوشی به سوی بردباران می‌رود.

جواب دادنِ روبه خر را و تحریض کردنِ[3] او خر را بر کسب[4]

گفت روبَهْ: این حکایت را بِهِل دست‌ها بر کسب زن، جُهْدُ المُقِل[5] ۲۴۲۰

روباه گفت: این قصّه را رها کن، با توانِ ناچیز هم دست به کار بزن.

دست داده‌ستت خدا، کاری بکن مَکسبی[6] کن، یاریِ یاری بکن ۲۴۲۱

خداوند به تو دست داده است که با آن کاری و کسبی بکنی و به دوستی کمکی برسانی.

هر کسی در مَکسبی پا می‌نهد یاریِ یارانِ دیگر می‌کُند ۲۴۲۲

هر کسی که دست به کاری می‌زند، در واقع به مردم و اجتماع کمک می‌کند.

---

۱ - **شوربا**: آش ساده. ۲ - **تن زدن**: سکوت کردن، به روی خود نیاوردن.

۳ - **تحریض کردن**: تشویق کردن. ۴ - در ادامهٔ قصّه هم همچنان روباه خر را به کسب روزی تشویق می‌کند.

۵ - **جُهْدُ المُقِلّ**: سعیِ کسی که توانایی کمی دارد، بخشش آدمِ تهیدست: ر.ک: ۱۱۰۳/۵.

۶ - **مَکْسَبی**: کاسبی، کسب.

زانکه جمله کسب ناید از یکی　　　هم دُروگر، هم سَقا، هم حایِکی[۱] ۲۴۲۳

زیرا همهٔ کارها را یک نفر نمی‌تواند انجام دهد که نجّار، سقّا و بافنده و هر چیزِ دیگری باشد.

این به هنبازی[۲] است عالم بر قرار　　　هر کسی کاری گزیند ز افتقار[۳] ۲۴۲۴

جهان با تعاون و همکاری برقرار است. هرکس بنا بر احتیاجی که دارد، کاری را بر می‌گزینند.

طبل‌خواری[۴] در میانه، شرط نیست　　　راهِ سنّت[۵] کار و مکسب کردَنی‌ست ۲۴۲۵

مفت‌خواری شرط عقل نیست. سنّت کار و کسب است.

جواب گفتنِ خر روباه را که توکّل بهترینِ کسب‌هاست، که هر کسبی محتاج است به توکّل که: «ای خدا! این کار مرا راست آر»، و دعا متضمّنِ توکّل است، و توکّل کسبی‌است که به هیچ کسبی دیگر محتاج نیست، الی آخره

گفت: من بِهْ از توکّل بر رَبی[۶]　　　می‌ندانم در دو عالم مَکسبی ۲۴۲۶

خر گفت: در دو عالم، کار و کسبی بهتر از توکّل کردنِ بر پروردگارم نمی‌شناسم.

کسبِ شُکرش را نمی‌دانم نَدید[۷]　　　تا کَشَد رزقِ خدا رزق و مَزید[۸] ۲۴۲۷

هیچ کسبی بهتر از شکرگزاری نیست؛ زیرا شکر سبب جذبِ روزی و افزایش آن می‌شود.

بحث‌شان بسیار شد اندر خطاب[۹]　　　مانده گشتند از سؤال و از جواب ۲۴۲۸

گفت‌وگو و مباحثه میان آن‌ها به درازا کشید و از پرسش و پاسخ خسته شدند.

بعد از آن گفتش: بدان در مَملِکه[۱۰]　　　نَهیِ لا تُلقُوا بِأیدی تَهْلُکه[۱۱] ۲۴۲۹

روباه گفت: بدان که خداوند نهی کرده است که: «خود را به دست خود به هلاکت نیندازید».

---

۱ - **حایک**: بافنده، نسّاج.　۲ - **هنبازی**: انبازی، تعاون و همکاری.　۳ - **افتقار**: نیازمندی، اینجا احتیاج.

۴ - **طبل‌خواری**: مفت‌خوری.　۵ - **سنّت**: سنّت جهان یا سنّت رسول خدا(ص).　۶ - **رَبی**: مخفّف رَبّی.

۷ - **ندید**: نظیر، همتا.

۸ - اشارتی قرآنی؛ ابراهیم: ۷/۱۴، که اگر شاکر باشید نعمت شما را می‌افزایم: ر.ک: ۹۴۴/۱، «مَزید» یعنی زیاد کردن.

۹ - **اندر خطاب**: ضمن گفت‌وگو.　۱۰ - **مَمْلِکه**: قلمرو.

۱۱ - اشارتی قرآنی؛ بقره: ۱۹۵/۲: ...وَ لاَ تُلْقُواْ بِأَيْدِيكُمْ إِلَى ٱلتَّهْلُكَةِ...

صبر در صحرایِ خشک و سنگلاخ احمقی باشد، جهانِ حق فراخ ۲۴۳۰
صبرکردن در این صحرایِ خشک و سنگلاخ حماقت است؛ زیرا زمینِ خدا وسیع است.

نقل کن زینجا به سویِ مرغزار می‌چَر[1] آنجا سبزه، گِردِ جویبار ۲۴۳۱
از اینجا به چمنزار کوچ کن و در کنار جویبار و سبزه چرا کن.

مرغزاری سبز مانند جِنان[2] سبزه رُسته اندر آنجا تا میان ۲۴۳۲
چمنزارِ خرّمی، همانند بهشت با سبزه‌هایی که تا کمر روییده‌اند.

خُرّم آن حیوان که او آنجا شود اشتر اندر سبزه ناپیدا شود ۲۴۳۳
خوشا به حال جانوری که آنجا برود، جایی که شتر در لابلای سبزه‌ها گم می‌شود.

هر طرف در وی یکی چشمهٔ روان اندر او حیوان مرفّه، در امان ۲۴۳۴
از هر سو چشمه‌ای روان است و جانوران در امن و آسایش‌اند.

از خری او را نمی‌گفت: ای لعین! تو از آن جایی، چرا زاری چنین؟ ۲۴۳۵
خر از نادانی نمی‌گفت: ای ملعون، تو که از چنان جایی آمده‌ای، چرا چنین زار و نزاری؟

کو نشاط و فربهی و فَرّ[3] تو؟ چیست این لاغر تنِ مضطرِّ تو؟[4] ۲۴۳۶
شادابی، چاقی، ظاهر امن و آسودهٔ تو کجاست؟ چرا تنِ درمانده‌ات نحیف است؟

شرحِ روضه[5] گر دروغ و زور[6] نیست پس چرا چشمت از او مخمور[7] نیست؟ ۲۴۳۷
اگر وصف باغ دروغ نیست؛ چرا چشمانت در اثر شادابی خمارآلوده نیست؟

این گداچشمی[8] و این نادیدگی[9] ازگدایی[10] توست، نه از بَگْلَربَگی[11] ۲۴۳۸
این آزمندی و افلاسِ تو حاکی از دون‌مایگی است نه از بلندپایگی.

---

۱ - **می‌چَر** : چَرا کن. ۲ - **جِنان** : جمع جنّت به معنی باغ بهشت.
۳ - **فَرّ** : شکوه، اینجا به معنیِ ظاهری که حاکی از تمامِ این خوبی‌ها و آسایش و امنیّت است.
۴ - مشابه این ابیات که سخن چیزی را می‌گوید؛ امّا ظاهر و حالِ گوینده چیزِ دیگر را قبلاً در قصّهٔ «مدّاحی که از جهت ناموس شکر ممدوح می‌کرد و بوی اندوهِ او ظاهر می‌کرد که آن شکرها لاف است و دروغ» آمده است: ر.ک: ۱۷۳۹/۴. ۵ - **روضه** : گلستان. ۶ - **زور** : دروغ. ۷ - **مخمور** : مست.
۸ - **گداچشمی** : آزمندی، حرص. ۹ - **نادیدگی** : افلاس، مفلس بودن.
۱۰ - **گدایی** : اینجا بی‌چیزیِ توأم با پستی، بینوایی و فرومایگی. ۱۱ - **بَگْلَربَگی** : امیری، سروری.

چون ز چشمه آمدی، چونی تو خشک؟ ور تو ناف آهویی، کو بوی مشک؟ ۲۴۳۹

اگر از چشمه آمدی، چرا خشک هستی؟ اگر نافهٔ آهو هستی، عِطر مُشکت کجاست؟

زانکه می‌گویی و شرحش می‌کنی چون نشانی در تو نامد؟ ای سنی[1] ! ۲۴۴۰

ای مرد بزرگ، چرا نشانی از آنچه که می‌گویی و وصف می‌کنی، در تو نیست؟[2]

مَثَل آوردنِ اُشتر[3] در بیانِ آنکه: در مُخبرِ دولتی[4] فرّ و اثر آن چون نبینی، جایِ متّهم داشتن باشد[5]، که او مقلّد است در آن[6]

در این لطیفه که تقریری از یک ضرب المثل است، از شتر که همواره زانوانی پینه بسته و خاک‌آلوده دارد، می‌پرسند: از کجا می‌آیی؟ پاسخ می‌دهد: از حمّام. پرسنده زانوان او را نشان می‌دهد و می‌گوید: درست است، این هم علامتش.

جان‌کلام در این تمثیل آنکه: روباه شرح روضهٔ خوشی راکه در آن می‌زید، برای خر باز می‌گوید تا دیگِ طمع وی به جوش آید و خر که ذاتاً خر است، به او نمی‌گوید: اگر حقیقتاً در مرغزاری چنین خوش در چرایی؛ پس چنین زار چرایی؟ این لطیفه نیز در تبیین همان معنا و طعن و ردِ اهلِ تقلید است که سخنانِ خوشِ اهلِ تحقیق راکه از درونی شاد و مصفّا برخاسته است، مقلّدانه بر زبان جاری می‌سازند و بی‌خبرند که حالِ زار، منکرِ قال ایشان است.

آن یکی پرسید اُشتر را که: هی! از کجا می‌آیی ای اقبال‌پی؟ ۲۴۴۱

شخصی از شتر پرسید: هی، ای خوش قدم، از کجا می‌آیی؟

گفت: از حمّامِ گرمِ کویِ تو گفت: خود پیداست در زانویِ تو ۲۴۴۲

شتر گفت: از حمّام گرم محلّهٔ تو می‌آیم. گفت: آری، از زانوی تو پیداست.

مارِ موسی دید فرعونِ عَنود[7] مهلتی می‌خواست، نرمی می‌نمود ۲۴۴۳

فرعون حق‌ستیز، چون اژدهای موسی(ع) را دید، مهلت خواست و ملایمت نشان داد.

---

۱ - **سَنی** : رفیع، بلندمرتبه. ۲ - طعنی در حقّ مدّعیان کمال نیز هست.

۳ - **مَثَل آوردنِ شتر** : تمثیل شتر. ۴ - **مُخبِرِ دولتی** : کسی که از دولت و اقبالی خبر می‌دهد.

۵ - **جای متّهم داشتن باشد** : جا دارد که او را متّهم بدانی.

۶ - مأخذ این تمثیل ضرب المثلی است که در افواه عام رواج دارد: زانوی کَبَره بستهٔ شتر، چه نشانی از حمّام گرم دارد؟ ۷ - **عَنود** : حق‌ستیز، معاند.

زیرکان[1] گفتند: بایستی که این تندتر گشتی، چو هست او ربِّ دین ۲۴۴۴

افراد زیرک می‌گفتند: اگر فرعون «ربِّ دین» یا «خدا» است، باید در برابرِ موسی با صلابت رفتار می‌کرد.

معجزه گر اژدها گر مار بُد نخوت و خشمِ خدایی‌اش چه شد؟ ۲۴۴۵

معجزهٔ موسی هر چه که بود، اژدها یا مار، در هر حال فرعون باید مقامِ کبریایی و قهرِ خدایی‌اش را نشان می‌داد؛ یعنی او را کیفر می‌داد نه اینکه مهلت بخواهد و نرمش نشان دهد.

ربِّ اعلی گر وی است اندر جلوس بهر یک کِرمی چی است این چاپلوس؟ ۲۴۴۶

اگر او «ربِّ اعلیٰ» است، چرا از ترسِ یک مار «اژدها» چاپلوسی می‌کند؟

نَفسِ تو تا مست نُقل است و نَبید[2] دانکه روحت خوشهٔ غیبی[3] ندید ۲۴۴۷

تا نَفْسِ خودبینِ تو از خوشی‌های دنیوی برخوردار است، روحت نمی‌تواند از حقایقِ غیبی آگاه شود.

که علامات است زآن دیدارِ نور اَلتَّجافی مِنْکَ عَنْ دٰارِ الغُرُور[4] ۲۴۴۸

زیرا «دل کندن از دنیا» از نشانه‌های معرفتِ عالمِ غیب است.

مرغ چون بر آبِ شوری می‌تَنَد آبِ شیرین[5] را ندیده‌ست او مدد[6] ۲۴۴۹

پرنده‌ای که گِرد آب شور می‌گردد، بی‌شک مزهٔ آب شیرین را نچشیده است.

بلکه تقلید است آن ایمانِ او رویِ ایمان را ندیده جانِ او ۲۴۵۰

آنچه را که از ایمان و معرفت می‌گوید، کورکورانه و مقلّدانه است. هرگز جانش به نور ایمان منوّر نشده است.

پس خطر باشد مقلّد را عظیم از ره و رَهزن[7]، ز شیطانِ رجیم ۲۴۵۱

پس برای کسی که هنوز دل و جانش به نور حق منوّر نشده است، خطرات بزرگی از قبیل: راه، راهزن و شیطانِ ملعون وجود دارد.

---

۱ - مراد آنکه زیرکان دریافته بودند که فرعون فقط ادّعای خدایی می‌کند و «ربِّ اعلیٰ» نیست: قرآن: نازعات: ۲۴/۷۹. ۲ - **نُقل و نبید** : نُقل و باده، اینجا لذّت‌های دنیوی و مطامع آن.

۳ - **خوشهٔ غیبی** : خوشه‌های عالم غیب، یعنی علوم و اسرار یا حقایق.

۴ - دوری کردنِ تو از سرای فریب، «سرای فریب» کنایه از دنیاست.

۵ - **آب شور و آب شیرین** : «لذّت دنیوی» یا «تظاهر به ایمان و معرفتِ عالم غیب» در تقابل با «حظوظِ معنوی و روحانیِ حقیقی». ۶ - **مدد** : یاری، اینجا بهره و نتیجه.

۷ - **ره و رَهزن** : اینکه چه راهی را انتخاب کند، «رهزن» عامل گمراه شدن.

۲۴۵۲ **چون ببیند نورِ حق آمِن شود   ز اضطراباتِ شک او ساکن شود**

هنگامی که نورِ حق به دلِ او بتابد، ایمن می‌شود و از پریشانیِ تردید نجات می‌یابد.

۲۴۵۳ **تا کفِ[1] دریا نیاید سوی خاک   کَاصْلِ او آمد، بُوَد در اِصطکاک[2]**

تا «کفِ» روی دریا به اصلِ خود که خاک است، نرسد، همواره در تلاطم است.

۲۴۵۴ **خاکی است آن کف، غریب است اندر آب[3]   در غریبی چاره نَبْوَد ز اضطراب**

زیرا «کف» از خاک است و در آب غریبه و ناآشناست، در غربت هم معمولاً پریشانی هست.

۲۴۵۵ **چونکه چشمش باز شد و آن نقش خواند   دیو را بر ویْ دگر دستی نماند**

هنگامی که آدمی قادر به درکِ حقایق می‌شود، عواملِ دنیوی و شیطانی در او اثری ندارند.

۲۴۵۶ **گر چه با روباه خر اسرار گفت   سَرسَری گفت و مُقلِّدوار گفت**

هرچند که خر به روباه اسراری را گفت؛ امّا سخنش سطحی و طوطی‌وار بود.

۲۴۵۷ **آب را بستود، و او تایق[4] نبود   رُخ درید و جامه، او عاشق نبود**

آب را ستود؛ امّا تشنه نبود. همانندِ عاشقانِ مهجور چهره و جامه را چاک کرد؛ ولی عاشق نبود.

۲۴۵۸ **از منافق عذر رَدّ آمد، نه خوب   زانکه در لب بود آن، نه در قلوب**

عذرخواهیِ منافق را نمی‌پذیرند؛ زیرا زبانی است نه قلبی.

۲۴۵۹ **بویِ سیبش هست، جُزوِ سیب نیست   بو در او جز از پیِ آسیب نیست**

در سخنانِ منافق بویِ معارف هست؛ امّا «جان» او اتّصالی به عالمِ معنا ندارد و این «بو» به دیگران صدمه می‌زند؛ زیرا گول می‌خورند.

۲۴۶۰ **حملهٔ زن در میانِ کارزار   نشکند صف، بلکه گردد کار زار**

حملهٔ آدم ضعیف در جنگ صف دشمن را نمی‌شکند؛ بلکه کار را خراب‌تر می‌کند.

---

۱ - شاید مراد از «کف»، خَس و خاشاکِ رویِ آب دریاست که از جنس خاک است و یا اصلش از خاک است.

۲ - **اصطکاک**: ساییده شدن دو چیز به هم.

۳ - در این دو بیت، جسم و روح به کف و دریا مانند شده‌اند که هر یک تا به اصلِ خود باز نگردند در تب و تاب‌اند و آرام نمی‌یابند و مدیریّتِ عقلِ کمال‌جوست که می‌تواند «جان» را به تهذیب وا دارد تا بتواند ارتقا یابد.

۴ - **تایق**: مشتاق.

گرچه می‌بینی چو شیر اندر صفش تـیغ بگـرفته، هـمی لرزد کَـفَش ۲۴۶۱

هرچند که در جنگ، همانند شیر شمشیر به دست گرفته است؛ امّا دستش می‌لرزد.

وایِ آنکـه عـقل او مـاده[1] بُـوَد نَـفْس ِ زشـتش نـرّ و آمـاده بُـوَد ۲۴۶۲

وای به کسی که عقلش ضعیف و نَفْسش قوی و مستعدِّ ارتکاب بدی‌ها باشد.

لاجـرم مـغلوب بـاشد عـقلِ او جز سویِ خُسـران نـباشد نَـقلِ او[2] ۲۴۶۳

لاجرم عقل مغلوبِ نَفْس می‌شود و زیان می‌بیند.

ای خُنُک آن کس که عقلش نر بُوَد نَفْس ِ زشـتش مـاده و مُـضطر بُـوَد ۲۴۶۴

خوشا به کسی که عقلش نیرومند و نَفْس ِ زشتش ضعیف و درمانده باشد.

عقلِ جزویَ‌اَش نـر و غـالب بُـوَد[3] نَفس اُنْـثیٰ[4] را خِـرَد سـالب[5] بُـوَد ۲۴۶۵

اگر عقل جزوی قدرتمند و چیره بشود، خِرَد می‌تواند بر نَفْس غلبه کند.

حملهٔ ماده، به صورت هم جَری است[6] آفتِ او همچو آن خر از خـری است[7] ۲۴۶۶

در کشمکش درونی کـه بـین «عـقل» و «نَـفْس» هست، حـملات نَـفْس بـه عـقل، ظـاهراً قدرتمندانه است؛ امّا خردمندانه و مؤثّر نیست؛ پس عقلِ کمال‌جو مـی‌توانـد در بـرابـرش مقاومت و بر او غلبه کند.

وصفِ حیوانـی بُـوَد بـر زن فـزون زانکه سویِ رنگ و بو دارد رُکون[8] ۲۴۶۷

اوصافِ حیوانی در نَفْس ِ امّاره غلبه دارد و به همین دلیل به «رنگ و بو»، یـعنی لذّات، شهوات و تمتّعاتِ دنیوی تمایل دارد.

رنگ و بویِ سبزه‌زار آن خر شـنید جـمله حـجّت‌ها ز طـبعِ او رمـید ۲۴۶۸

آن خر، رنگ و بوی چمنزار را شنید و دلایلی را که در اثبات توکّل گفته بود، از یاد برد.

---

۱ - **ماده**: اینجا ضعیف بودن یا ناتوانیِ عقل در درک حقایق، که چنین عقلی معمولاً تحت سیطرهٔ نفس امّاره است.

۲ - مصراع دوم: به سوی زیان می‌رود. ۳ - عقل جزوی تبدیل به عقل کمال‌جو شود.

۴ - **نفس ِ انثیٰ**: نفسِ ماده، یعنی نَفْسِ اَمّاره. ۵ - **سالِب**: سلب کننده. ۶ - **جَری**: گستاخ، بی باک.

۷ - زیانی که می‌رساند به سبب نادانی شبیه زیانی است که آن خر از جهل و خر بودن به خود رساند.

۸ - **رُکون**: تمایل، کشش.

تشنه محتاجِ مَـطَر[۱] شـد، وَ ابْـر نـه نَفْس را جُوعُ البَـقَر[۲] بُـد، صـبر نـه ۲۴۶۹

آن خر، همانند تشنه‌ای نیازمندِ باران بود و ابری نبود، نَفْسش محتاج بود و صبری نبود.

اِسـپرِ آهــن بُـوَد صـبر ای پـدرا! حق نـبشته بـر سـپر جـاءَ الظَّـفَر[۳] ۲۴۷۰

پدرجان، «صبر» سپری آهنین است که خداوند آن را توأم با ظفر قرار داده است.

صــد دلیــل آرَد مــقلِّد در بــیان از قیاسی[4] گـوید آن را نـه از عـیان 2471

مدّعیِ معرفت، هنگامِ تعلیمِ امورِ معنوی می‌تواند دلایلِ عقلیِ فراوانـی را ارائـه بدهد؛ امّا همهٔ آن‌ها را طوطی‌وار آموخته، هرگز درکِ باطنی نداشته است.

مُشکْ‌آلوده‌ست[5]، اِلاّ مُشک نــــیست بویِ مُشک استش، ولی جز پُشک[۶] نیست ۲۴۷۲

کلامِ او بوی حقایق را دارد؛ امّا برخاسته از باطنِ منوّر نیست. بویِ حقیقت دارد؛ ولی باطل است.

تا که پُشکی مُشک[۷] گردد ای مُرید! سـال‌ها بـاید در آن روضـه چـرید ۲۴۷۳

ای مُرید، برای آنکه نَفْسِ سالک از «وجه کاملاً مادّی» به «وجه کاملاً غیر مادّی» تبدیل شود، سال‌های سال باید در خدمتِ استاد باشد و از بوستانِ روحانیِ محضر و باطنِ او بهره ببرد، آنگاه امکان دارد که سخنش توأم با درکِ باطنی و بصیرت باشد نه طوطی‌وار.

کَهْ نباید خورد و جُو[۸]، همچون خران آهــوانــه در خُــتن، چَــر ارغوان[۹] ۲۴۷۴

به لذّت‌هایِ دنیوی بسنده نکن، سعی کن مثل عارفان به معرفتِ عالمِ غیب نایل شوی.

جز قَرَنْفُل یا سمن[۱۰] یـا گـل مَـچَر رو به صحرایِ خُـتَن بـا آن نـفر[۱۱] ۲۴۷۵

با سالکان همراه باش و درکِ معانیِ غیبی را سرلوحهٔ زندگی‌ات قرار بده.

---

۱ - **مَطَر** : باران. ۲ - **جُوعُ البَقَر** : گرسنگی شدید و سیری ناپذیر و بیمارگونه.

۳ - خداوند بر سپر آهنین نوشته است که پیروزی فرا می‌رسد: اشاره به آیاتی از کلام الله مجید که در آن ظفر منوط به صبر است.

4 - **قیاس** : اینجا مراد «آموختن» و یا «کسبِ علم»، یعنی «قال» است نه «حال»، یعنی «کسب» است نه «کشف».

۵ - **مُشک‌آلود** : آلوده به مُشک، مراد سخنانِ مدّعیان است. ۶ - **پُشک** : پِشگل، مراد سخنِ باطل است.

۷ - **پُشک و مُشک** : اینجا کنایه از نفس امّاره و نفس مطمئنّه است. کلامِ غیر حقّانیِ مدّعی در تقابل با کلامِ حقّانیِ عارف. ۸ - **کاه و جو** : کنایه از لذّات و شهوات یا امور دنیوی.

۹ - **ارغوان خُتن** : مراد درکِ عوالمِ غیبی و معارف است.

۱۰ - **قَرَنْفُل و سمن** : گل‌های مختلَف که اینجا کنایه از «معارف» است. «سمن»: یاسمن.

۱۱ - **آن نفر** : آن گروه، مراد سالکان‌اند.

معده را خو کن بدان ریحان و گل تا بیابی حکمت[۱] و قُوتِ رُسُل[۲] ۲۴۷۶

عادت کن که نیازمندِ رزقِ روحانی باشی تا بتوانی از اسرارِ غیبی که خاصِ پیامبران است، بهره‌ای ببری.

خویِ معده زین کَهْ و جو بازکن[۳] خوردنِ ریحان و گل آغاز کن ۲۴۷۷

اجازه نده حیاتت صرفاً مادّی باشد، حیاتِ معنوی و رزقِ روحانی را شروع کن.

معدهٔ تن[۴] سویِ کَهدان می‌کشد معدهٔ دل[۵] سویِ ریحان می‌کشد ۲۴۷۸

کششِ تامّ به امور دنیوی سببِ تنزّل جان می‌شود و گرایش به امورِ معنوی سبب ترقّیِ آن.

هر که کاه و جو[۶] خورَد، قربان شود هر که نورِ حق خورَد، قرآن شود ۲۴۷۹

غوطه‌ور شدن در امور پست، سبب نابودیِ وجه روحانیِ «جانِ» آدمی است؛ ولی غرقه گشتن در امور معنوی، سبب منوّر شدن آن است، به حدّی که می‌تواند منبع انوار حق گردد.

نیمِ تو مُشک است و نیمی پُشک، هین! هین! میفزا پُشک، افزا مُشکِ چین ۲۴۸۰

«جان» تو، هم «وجه روحانی» دارد و هم «وجه نفسانی»، بکوش تا جنبهٔ روحانی‌ات را تقویت کنی.

آن مقلّد صد دلیل و صد بیان در زبان آرَد، ندارد هیچ جان ۲۴۸۱

مدّعیِ معرفت از حقایق می‌گوید و دلایل فراوانی را ارائه می‌دهد؛ امّا سخنش بر دل نمی‌نشیند.

چونکه گوینده ندارد جان و فَر[۷] گفتِ او را کِی بُوَد برگ و ثمر؟ ۲۴۸۲

گوینده‌ای که جانِ منوّری ندارد، می‌تواند کلام گیرا و مؤثّری داشته باشد؟

می‌کند گستاخ[۸] مردم را به راه او به جان لرزان‌تر است از برگِ کاه ۲۴۸۳

سخنانش به مردم شهامت می‌دهد که بتوانند در راه حق گام بگذارند؛ امّا خودش هیچ شهامتی ندارد و گامی در آن راه ننهاده است.

---

۱ - **حکمت** : مراد علوم و اسرار الهی است. ۲ - **قُوت رُسُل** : خوراک پیامبران.

۳ - **خوی بازکردن** : عادتی را ترک کردن، اینجا عادت به حیاتِ صرفاً مادّی و به دور از معنویات است.

۴ - **معدهٔ تن** : نیازهای مادّی. ۵ - **معدهٔ دل** : نیاز یا گرایش‌های معنوی.

۶ - **کاه و جو** : کنایه از «لذّات و شهوات» یا امور پست دنیوی.

۷ - **جان و فَرّ** : جانِ متعالی و منوّر، «فَرّ» به معنی شکوه، و شکوهِ جان منوّر بودن آن است.

۸ - **گستاخ کردن** : جسور کردن.

پس حدیثش[۱] گرچه بس با فر بُوَد　　در حدیثش لرزه هم مُضمَر[۲] بُوَد ۲۴۸۴

پس علی‌رغم سخنانِ بلندمرتبه‌ای که می‌گوید، خودش هم آن‌ها را چندان باور ندارد و در کلامش تردید و لرزش محسوس است.

فرقِ میانِ دعوتِ شیخِ کاملِ واصل[۳]، و میانِ سخنِ ناقصانِ فاضلِ فضلِ تحصیلیِ بر بَسته[۴]

شیخِ نورانی زِ رَه آگه کند　　با سخن، هم نور را همره کند ۲۴۸۵

شیخِ کاملِ واصل، سالک را از راه حق آگاه می‌کند و همراه با کلامش نورِ نفوذِ روحانیِ وی در مرید هم هست؛ یعنی جانِ مرید منوّر و آگاه می‌شود و ارتقا می‌یابد.

جهد کن تا مست و نورانی شوی　　تا حدیثت را، شود نورش رَوی[۵] ۲۴۸۶

بکوش که مست و نورانی شوی تا در پرتو نورِ درون، سخنت در دل و جان اثر بگذارد و در واقع تأثیرش بیانگر نور باطنی‌ات باشد.

هر چه در دوشاب[۶] جوشیده شود　　در عقیده[۷] طعمِ دوشابش بُوَد ۲۴۸۷

هر میوه‌ای را که در شیرهٔ انگور بجوشانند، شربت یا مربّای آن طعم شیره را دارد.

از جَزَر[۸] وز سیب و بِهْ، وزگِردَکان[۹]　　لذّتِ دوشاب یابی تو از آن ۲۴۸۸

از هویج، سیب، به و گردو می‌توانی مزهٔ شیره را حس کنی.

علم اندر نور چون فَرْغَرده[۱۰] شد　　پس ز علمت نور یابد قومِ لُد[۱۱] ۲۴۸۹

اگر علم با نورِ باطن همراه باشد، افرادِ لجباز و منکر هم آن را می‌پذیرند.[۱۲]

۱ - **حدیثش** : اینجا سخنش.　۲ - **مُضمَر** : نهان.

۳ - **شیخِ کاملِ واصل** : کسی که با نور درون و درک باطنی به حقایق معرفت دارد نه از طریق درس، دلیل و مدرسه.

۴ - **فاضلِ فضلِ تحصیلیِ بربسته** : اینجا کسی که معرفتش به حقایق فقط از طریق درس، دلیل و مدرسه است نه نور درون یا کشف و شهود: ر.ک: ۲۲۷۴/۱.　۵ - **رَوی** : مخفّف «راوی» به معنی روایت کننده، بیانگر.

۶ - **دوشاب** : شیرهٔ انگور یا خرما.　۷ - **عقیده** : شیرهٔ غلیظ، شربت یا مربّا.　۸ - **جَزَر** : هویج.

۹ - **گردکان** : گردو.　۱۰ - **فرغرده** : پرورده.

۱۱ - **قومِ لُد** : مردمِ حق‌ستیز و لجباز، منکر و معاند: تعبیری قرآنی: مریم: ۹۷/۱۹.

۱۲ - خطاب به عالمانِ فضلِ تحصیلیِ بربسته.

هرچه گویی باشد آن هم نورناک کآسمان هرگز نبارد غیرِ پاک ۲۴۹۰

هر سخنی که بگویی نورانی است؛ زیرا از آسمانِ پاک جز بارانِ پاک نمی‌بارد.

آسمان شو، ابر شو، باران ببار ناودان بارش کند، نَبْوَد به کار ۲۴۹۱

پس تو هم بکوش تا با اتّصال به حق همانند آسمان و ابرهای باران‌زا بر سر خلق سایه بیفکنی و بارش کنی؛ چون بدونِ این اتّصال و به صِرف دانش اکتسابی، همانند ناودانی هستی که بارش‌اش از خودِ او نیست و به کار نمی‌آید؛ یعنی تأثیری برای تبدیل و ارتقای جان شنونده ندارد.

آب اندر ناودان عاریتی‌ست آب اندر ابر و دریا فطرتی‌ست ۲۴۹۲

آبی که از ناودان می‌بارد متعلّق به او نیست؛ امّا آبِ ابر و دریا ذاتی است.

فکر و اندیشه‌ست مثلِ ناودان وحی و مکشوف است ابر و آسمان ۲۴۹۳

فکر و اندیشه، همانندِ ناودان است و وحی و کشف بسان ابر و آسمان.

آبِ باران باغ صد رنگ آوَرَد ناودان همسایه در جنگ آورد ۲۴۹۴

آبِ باران همه جا را سبز و خرّم می‌کند، ولی آبِ ناودان آدمیان را به جان یک‌دیگر می‌اندازد.

خر دو سه حمله به روبه بحث کرد چون مقلّد بُد فریب او بخَورد ۲۴۹۵

خر دو سه بار با روباه بحث کرد؛ امّا چون ادراکِ باطنی نداشت، بالاخره گول خورد.

طنطنهٔ[1] ادراکِ بینایی نداشت دَمدَمهٔ[2] روبَهْ بر او سکته گماشت[3] ۲۴۹۶

چون ثباتِ قدم و ایمانِ ناشی از نور و درکِ باطنی در او نبود، وسوسهٔ روباه او را فریب داد.

حرصِ خوردن آنچنان کردش ذلیل که زبونش گشت با پانصد دلیل ۲۴۹۷

طمعِ خوردن چنان خوارش کرد که علی‌رغمِ دلایلِ فراوانی که داشت، مغلوب روباه شد.

---

۱ - **طنطنه** : شکوه و جلال، اینجا ایمان و ثبات قدم. ۲ - **دمدمه** : وسوسه.
۳ - **سکته گماشت** : بازداشت و خاموش کرد.

حکایتِ آن مُخَنَّث[1] و پرسیدنِ لوطی[2] از او در حالتِ لواطه که این خنجر از بهرِ چیست؟ گفت: از برای آنکه هر که با من بد اندیشد، اِشکمش بشکافم. لوطی بر سرِ او آمد شد می‌کرد و می‌گفت: اَلْحَمْدُ لله که من بد نمی‌اندیشم با تو

بیتِ من بیت نیست، اقـلیم است هزلِ من هزل نیست، تعلیم است[3]

«اِنَّ اللهَ لاٰ یَسْتَحْیی اَنْ یَضْرِبَ مَثَلاً ما بَعُوضَةً فَما فوقَها»[4]، اَیْ فَما فَوْقَها فی تَغْییرِ النُّفُوسِ بِالاِنْکارِ[5] اَنْ «ما ذٰا اَرٰادَ اللهُ بِهٰذا مَثَلاً» و آنگه جواب می‌فرماید که این خواستم: «یُضِلُّ بِهِ کَثیراً وَ یَهْدی بِهِ کَثیراً» که هر فتنه همچون میزان است، بسیاران از او سُرخ‌رو شوند و بسیاران بی مراد شوند. وَ لَوْ تَأَمَّلْتَ فیهِ قَلیلاً وَجَدْتَ مِنْ نَتایِجِهِ الشَّریفَةِ کَثیراً

مردِ پلیدکاری، مُخنّثی را به خانه بُرد تا با وی در آمیزد. در همان حال که بدان عمل پلید اشتغال داشت، خنجری را بر میان مُخنّث دید و پرسید: چرا این خنجر را بسته‌ای؟ مُخنّث گفت: تا شکم هر کس را که در من بد اندیشد، بشکافم. مرد تبهکار با طنزی رندانه پاسخ داد: جای شکر است که من در تو بد نیندیشیدم. «**چونکه مردی نیست، خنجرها چه سود؟**» و چونکه دلِ دلیر نیست از کلاه خُود چه سود؟

---

۱ - **مُخَنَّث** : امرد، مردِ تن‌فروش. ۲ - **لوطی** : لواط کار، فاسق.

۳ - بیت از حدیقهٔ سنایی است که مصراع‌های آن مقدّم و مؤخّر شده است:

هزل من هزل نیست، تعلیم است بیت من بیت نیست، اقلیم است

۴ - اشارتی قرآنی؛ بقره: ۲۶/۲: خداوند پروا ندارد که به پشه و فراتر [یا فروتر] از آن مَثَل زَند، آنگاه مؤمنان می‌دانند که آن [مَثَل] راست و درست است [و] از سوی پروردگارشان است، ولی کافران می‌گویند: خداوند از این مَثَل چه می‌خواهد؟ [بدین سان] بسیاری را بدان گمراه و بسیاری را راهنمایی می‌کند؛ ولی جز نافرمانان کسی را بدان بیراه نمی‌گرداند.

مولانا در توضیح می‌فرماید: این را می‌خواستم، زیرا که هر امتحان و آزمونی چون ترازویی است برای سنجش که گروهی بسیار از آن سرخ‌رو و شادمان می‌شوند و گروهی بسیار به آرزوی خود دست نمی‌یابند. اگر اندکی در باب آن بیندیشی، از نتایج بزرگ آن بهره‌ها می‌بری.

در توضیح آیهٔ فوق مفسّران نوشته‌اند: چون قبل از این آیه، خداوند از عنکبوت: عنکبوت/۴۱، و ذُباب (مگس): حج/۷۳، سخن گفته بود، یهود استبعاد کردند که چگونه خداوند به آفریده‌های ناچیز مثال می‌زند. و این به کلام الهی نمی‌مانَد. این آیه ناظر به سخن آنان و ردّ آن است: ر.ک. قرآن، ترجمهٔ خرّمشاهی، ص ۵.

۵ - «فَما فَوْقَها»: در تفسیر آن می‌فرماید: کمتر از آن و یا بیشتر، در هر حال نفوسی که در اثر انکار تغییر کرده‌اند، ایراد می‌گیرند.

«قصّه صورتی رکیک دارد که متضمّن نکاتی اخلاقی است؛ امّا چون مولانا به سِرّ قصّه بیش از صورت ظاهر آن اهمیّت می‌دهد، در نقل چنین قصّه‌هایی باید به این امر نیز توجّه داشت که تصویر عادات مذموم و شهوت‌های بی‌لجام طبقات عامّه، هنگامی که این چنین بی نقاب عرضه می‌شود و معروض طنز قرار می‌گیرد، در واقع تأثیر عصر و محیط است که در مثنوی انعکاس می‌یابد، در عین حال سِرّی در این قصّه‌های هزل‌آمیز هست که تاریخ و محیط عصر او را بیش از هر چیز ورای این حدیث پست نازل، مستغرق در جدّ نشان می‌دهد.»[۱]

این قصّه پس از قطعه‌ای که در آن تقابل میان دعوتِ «شیخِ کاملِ واصل» و دعویِ «ناقصانِ فاضلِ فضلِ کسبی»، به تقریر آمده بود، تداعی شده است و در حقیقت تبیین همان معناست در قالب قصّه‌ای که سخت مستهجن می‌نماید و برای مخاطب قابل قبول نیست که کلامی چنین دانی را از عارفی چنین عالی بپذیرد؛ امّا سِرّ قصّه دقیقاً در همین نکته است که دیدگاهی که ناظر به ظاهر قصّه است، نمی‌تواند آن را بپذیرد؛ پس چگونه دیدگاهی که ناظر به معناست، می‌تواند دعوی پوچ و پستِ فاضلانِ فضلِ کسبی را که دعویِ مردانِ مرد را دارند، بپذیرد؟

گیرم که ابراهیم‌وار بت جهل مردمان را به علوم خویش بشکنند، کو آن صفت مردانگی که بت «خودبینی» را بشکنند و نَفْس را به کمالی که برای آن آفریده شده است، برسانند؟

۲۴۹۸ **کُنده‌یی[۲] را لوطیی در خانه بُرد — سرنگون افکندش و در وی فُشُرد**

لوطی، مفعولی را به خانه برد و با او به عملی زشت مشغول شد.

۲۴۹۹ **بر میانَش خنجری دید آن لَعین — پس بگفتش: بر میانت چیست این؟**

آن ملعون خنجری به کمر آن شخص دید و گفت: چرا خنجر بسته‌ای؟

۲۵۰۰ **گفت: آنکه با من ار یک بَدمَنِش — بد بیندیشد، بِدَرَّم اِشکمش**

گفت: برای آنکه اگر آدم بداندیشی دربارهٔ من فکر بدی به سرش بزند، شکمش را پاره کنم.

۲۵۰۱ **گفت: لوطی حمدُ لِلّه را که من — بد نه اندیشیده‌ام با تو به فن**

لوطی گفت: خدا را شکر که من در مورد تو فکر بدی نکردم.

۲۵۰۲ **چونکه مردی نیست، خنجرها چه سود؟ — چون نباشد دل، ندارد سود خُود[۳]**

اگر مردانگی نباشد، خنجر چه فایده دارد؟ و اگر جرأت نباشد، کلاه‌خُود به چه درد می‌خورد؟

۲۵۰۳ **از علی میراث داری ذوالفقار[۴] — بازویِ شیرِ خدا هستت بیار**

فرض کنیم که شمشیر علی(ع) را داشته باشی، زور بازوی او را که نداری.

---

۱ - بحر در کوزه، ص ۴۰۱. ۲ - **کُنده**: مرد تن‌فروش، مفعول در عمل لواط.

۳ - مراد آنکه: کمالِ باطنیِ واصلان از طریق استدلال و برهان «ابزار ظاهری» حاصل نشده است.

۴ - ذوالفقار: ر.ک: ۲۳۰۵/۲.

۲۵۰۴ **گــر فســونی[1] یــاد داری از مســیح   کو لب و دندان عیسی[2]؟ ای وقیح!**

ای بی‌شرم، اگر اذکاری را از مسیح(ع) آموخته‌ای، قدرتِ روحانیِ او را که سبب تأثیر فسون بود، داری؟

۲۵۰۵ **کشتیی سازی ز تـوزیع[3] و فـتوح[4]   کو یکی ملاّحِ کشتی هـمچو نـوح؟**

فرض کنیم که با پولی که مردم و معتقدان می‌پردازند، دم و دستگاهی به عنوانِ ارشادِ خلق به راه انداختی، بدون نورِ درون می‌توانی این کشتی را به ساحل نجات برسانی؟

۲۵۰۶ **بُت شکســتی گــیرم ابــراهـیم وار   کو بُتِ تن را فدا کـردن بـه نـار[5]؟**

ممکن است بتوانی از طریق دلیل و برهان، بتِ جهلِ مردم را بشکنی، همان‌گونه که ابراهیم این کار(ع) را کرد؛ امّا آیا مثل او می‌توانی بتِ خودپرستی‌ات را در آتشِ تهذیب بسوزانی؟

۲۵۰۷ **گــر دلیــلت هست، انـدر فـعل آر   تیغ چوبین را، بـدآن کـن ذوالفـقار**

الفاظ و «دلیل و برهان» سببِ کمالِ معنوی نمی‌شوند، باید به آن عمل کرد تا تیغِ چوبینِ «استدلال»، به کلامِ حقّانیِ بُرنده و نافذی مانندِ «ذوالفقار» بَدَل شود.

۲۵۰۸ **آن دلیــلی کــه تــو را مـانع شـود   از عــمل، آن نِـقمتِ[6] صـانع بـود**

دعویِ کمال مانعِ انجامِ اعمال نیک می‌شود و نشانهٔ قهر و خشمِ آفریدگار است.

۲۵۰۹ **خــــایفانِ[7] راه را کــــردی دلیــر   از هــمه لرزان‌تـری تـو زیـرْ زیـر[8]**

با دلایلی که ارائه می‌دهی، ترس را از دلِ سالکان دور می‌کنی، در حالی که خودت در نهان بیش از همه بیمناک هستی.

۲۵۱۰ **بــر هــمه درس تــوکّل مــی‌کنی   در هــوا تــو پشّـه را رگ مـی‌زنی[9]**

به همه «توکّل» را درس می‌دهی، در حالی که خودت حریصانه در پیِ منافع ناچیز و حقیر هستی.

---

۱ - **فسون** : اوراد یا دعایی که خواندنِ آن سبب خَرقِ عادت می‌شد؛ مثلاً زنده شدن مرده.

۲ - **لب و دندان عیسی** : دهان و باطن پاک و منوّر. ۳ - **توزیع** : پولی که افراد مختلف می‌پردازند.

۴ - **فتوح** : پول یا هدیه‌ای که در راه خدا می‌دهند، نیاز.

۵ - **نار** : آتش، اینجا مراد آتشِ ریاضت، عبادت، طاعت و خدمت است. ۶ - **نِقمت** : عذاب.

۷ - **خایف** : ترسان، هراسان. ۸ - **زیرْ زیر** : در نهان، در خفا.

۹ - **پشّه را در هوا رگ زدن** : جویای منافع پست و حقیر بودن.

ای مـخَنَّث[1] پـیش رفـته از سـپاه　　بـر دروغِ ریشِ تـو، کـیرت گـواه[2] ۲۵۱۱

ای نامرد که پیشتاز لشکر شده‌ای، آلتت گواهِ ریش دروغین توست.

چـون ز نـامردی دل آگـنده بُـوَد　　ریش و سِبلت مـوجبِ خـنده بُـوَد ۲۵۱۲

هنگامی که دل عاری از صفات مردان باشد، ظاهر مردانه سبب تمسخر است.

توبه‌یی کن، اشک باران چون مَطَر[3]　　ریش و سبلت را ز خـنده بـازخـر ۲۵۱۳

توبه کن و همانند باران اشک بریز تا باطنِ تو پاک شود و ظاهرت از تمسخر نجات یابد.

داروِیِ مـردی بـخور انـدر عـمل　　تا شوی خورشیدِ گرم اندر حَـمَل[4] ۲۵۱۴

همانندِ مردانِ مرد خالصانه عمل کن تا بسانِ خورشید که با ورود به برج حَمَل «آغازِ بهار»، سایر بروج را هم طی می‌کند، دلِ تو هم به امدادِ حق گرم شود و بتواند دایرهٔ وجود را طی کند.

مـعده را بگـذار و سـویِ دل خـرام　　تا کـه بـی پـرده ز حـقّ آیـد سـلام ۲۵۱۵

علایق دنیوی را رها کن و تمام توجّهت را به امور معنوی معطوف کن تا سلام حق بی‌پرده به تو برسد.

یک دو گامی رو، تکلّف ساز خَوش　　عشق گـیرد گـوشِ تـو، آنگـاه کَش ۲۵۱۶

حتّی اگر به تکلّف یا تظاهر در راه حق قدم بگذاری، گوشِ تو را می‌گیرند و به آن سوی می‌کشند.

غالب شدنِ حیلهٔ روباه بر استعصام[5] و تَعَفُّفِ[6] خر، و کشیدنِ روبَهْ خر را سویِ شیر به بیشه

روبَهْ اندر حـیله پـایِ خـود فُشـرد　　ریشِ خر[7] بگرفت و آن خر را ببُرد ۲۵۱۷

روباه در مکر پافشاری کرد و توانست خر را با خود ببرد.

---

۱ - **مُخَنَّث** : اَمْرد، نامرد.

۲ - علی‌رغم ظاهرت که به مردان حق مانند است، باطنت به صفات آنان آراسته نیست.　　۳ - **مَطَر** : باران.

۴ - **حَمَل** : به معنی بره، اوّلین برج از بروج دوازده‌گانه: ر.ک: ۱۵۹۶/۲.　　۵ - **اِسْتِعْصام** : خویشتن‌داری.

۶ - **تَعَفُّف** : پاکدامنی و خویشتن‌داری.

۷ - خر اینجا نمادی است از کسی که عاقبت‌اندیش نیست و عقل حق‌طلب ندارد.

مطرب آن خانقه کو؟ تا کـه تَـفت[1]   دف زند که: خر برفت و خر برفت[2] ۲۵۱۸

مطرب آن خانقاه کجاست تا با شور دف بزند و بخواند: خر برفت و خر برفت.

چونکه خرگوشی بَرَد شیری به چاه[3]   چون نـیارد روبـهی خـر تـا گـیاه؟ ۲۵۱۹

هنگامی که خرگوشی می‌تواند شیری را به چاه بیفکند، چرا روباه خر را به چمنزار نکشاند؟

گوش را بربند و افسـون‌ها مـخَور[4]   جـــز فســـونِ آن ولیِّ دادگـــر[5] ۲۵۲۰

به سخن‌های فریبندهٔ این و آن توجّه نکن. خودت را به فسونِ حق بسپار.

آن فســـونِ خـــوشتر از حـلوایِ او   آنکه صد حلواست خـاکِ پـایِ او ۲۵۲۱

سخنان او که شیرین‌تر از هر شیرینی است و هیچ حلوایی در خوشی به پای آن نمی‌رسد.

خُـنب‌هایِ[6] خسـروانـی پـر ز مِیْ   مـایه بُــرده از مِـیِ لب‌هـایِ وی[7] ۲۵۲۲

خُمره‌های پر شرابِ شاهانه از بادهٔ لب‌های او مایه گرفته‌اند.

عـاشقِ مِیْ بـاشد آن جـانِ بـعید   کـو مِـیِ لب‌هـایِ لعـلش را نـدید ۲۵۲۳

جانِ کسی‌که از عالم معنا دور مانده‌است، به شرابِ این‌جهانی «علوم رسمی و کسبی»، عشق‌می‌ورزد.

آبِ شیرین چون نبیند مـرغ کـور[8]   چون نگردد گِردِ چشمهٔ آب شـور؟ ۲۵۲۴

پرندهٔ کور که نمی‌تواند آبِ شیرین را ببیند، چرا گِردِ آبِ شور نگردد؟

موسیِ جان[9] سینه را سـینا کـند[10]   طـــوطیانِ کـور[11] را بـینا کـند ۲۵۲۵

جانِ منوّر مُراد با نفوذ روحانی سببِ روشن شدنِ دل مرید می‌شود و مبتدیان راه حق را که هنوز ادراکی از حقایق ندارند و طوطی‌وار سخنی می‌گویند با آن آشنا می‌کند.

---

۱ - **تَفت** : با حرارت.

۲ - اشاره به قصّه‌ای در دفتر دوّم «فروختن صوفیان بهیمهٔ مسافر را جهت سماع»: ر.ک: ۵۱۶/۲.

۳ - اشاره به قصّهٔ «شیر و نخچیران» که در طیّ آن خرگوش می‌تواند شیر را بفریبد و به چاه بیندازد: ر.ک: ۹۰۵/۱ به بعد.   ۴ - **افسون خوردن** : گول خوردن، سخن فریبنده‌ای را شنیدن و تحت تأثیر قرارگرفتن.

۵ - **ولیّ دادگر** : ولیّ عادلِ حق، مراد از «فسون او» سخنِ حق است با دلِ بنده.

۶ - **خُنب** : ظرفی باشد که شراب و امثال آن در آن کنند.

۷ - مراد آنکه عارفان اسرار و معارف را باطناً از طریق اتّصال روحی با ولیّ دادگر آموخته‌اند.

۸ - **مرغ کور** : کنایه از آدم ناآگاه، کسی که از عالم معنا به دور است و فقط ظواهر یا علوم ظاهری را می‌شناسد.

۹ - **موسیِ جان** : کنایه از روح تابناک مراد.

۱۰ - **سینه را سینا کند** : اشاره است به موسی(ع) بر کوه طور و تجلّی حق بر کوه و مُندَک شدن آن.

۱۱ - **طوطیانِ کور** : مبتدیان.

خسروِ شیرینِ جان[۱] نوبت زده است[۲] لاجرم در شهر قند[۳] ارزان شده است ۲۵۲۶

مرشدِ روحانی ارشاد می‌کند و به طالبان بنا بر قابلیّت‌شان، بهرهٔ درک معانی می‌دهد.

یوسفانِ غیب لشکر می‌کَشند[۴] تَنگ‌هایِ قند و شکّر می‌کشند ۲۵۲۷

در ارشادِ ظاهری و باطنیِ مراد، لشکری از «فیوضاتِ ربّانی»، اسرار را به دل و جان خلق می‌رسانَد.

اُشترانِ مصر[۵] را رُو سویِ ما بشنوید ای طوطیان[۶]! بانگِ درا[۷] ۲۵۲۸

قافله‌ای از «فیوضات و تجلیّات» می‌آید. ای طالبان، بانگ جَرَس را که نویدِ ورودِ کاروان است، بشنوید.

شهر ما فردا پُر از شکّر شود شکّر ارزان است، ارزان‌تر شود ۲۵۲۹

دل و جان ما با افاضهٔ این تجلیّات آگاه‌تر می‌شود و درکِ ما از اسرار افزون‌تر می‌گردد.

در شکَر غلطید ای حلواییان[۸]! همچو طوطی، کوریِ صفراییان[۹] ۲۵۳۰

ای طالبانِ معرفت، به کوریِ چشم منکران از فیضِ حق سرشار شوید، همان‌گونه که طوطی از «شکر» بهره‌مند می‌شود.

نیشکر کوبید[۱۰]، کار این است و بس جان بر افشانید، یار این است و بس ۲۵۳۱

مهم‌ترین کار، درکِ معانی و اسرارِ افاضه شده است. جان را نثار کنید که معشوق همین است و بس.

یک تُرُش[۱۱] در شهرِ ما[۱۲] اکنون نماند چونکه شیرین[۱۳] خسروان[۱۴] را بر نشاند ۲۵۳۲

در میان مشتاقان هیچ کس بی بهره نمانده است، همه شادمان‌اند؛ زیرا پروردگار عاشقان را بار داده است.

---

۱ - **خسروِ شیرینِ جان :** اینجا انسان کامل واصل.

۲ - **نوبت زدن :** طبل و نقاره‌ای که برای اعلام اقتدار و شکوه شاهان می‌نواختند، اینجا ارشاد مرشد روحانی است.

۳ - **قند :** کنایه از معارف غیبی.

۴ - انتساب معانی صریح و دقیق به تصویر شعری این قطعه خالی از خطر نیست: ر.ک. مثنوی معنوی مولوی، نیکلسون، ج ۵، ص ۱۸۷۵. ۵ - **اُشتران مصر :** می‌تواند قافله‌ای از فیوضات و تجلیّات حق باشد.

۶ - **طوطیان :** سالکان، طالبان. ۷ - **دَرا :** جَرَس، زنگِ بزرگ. ۸ - **حلواییان :** طالبانِ حقایق و معارف.

۹ - **صفراییان :** کنایه از اهل دنیا، دنیا دوستان، حق‌ستیزان، «صفرایی» به معنی خشمگین.

۱۰ - **نیشکر کوبید :** اسرار غیبی را بفهمید. ۱۱ - **تُرُش :** ترشرو، اینجا بی بهره از فیض حق.

۱۲ - **شهر ما :** در میانِ اهل معنا. ۱۳ - **شیرین :** کنایه از حق تعالی.

۱۴ - **خسروان :** مراد عاشقان حق‌اند.

نُقل بر نُقل است و مِی[1] بر مِی، هلا ! بـر مـناره رو، بـزن بـانگ صَـلا[2] ۲۵۳۳

هان، فَیَضان معانی و اسرار است. همه را به این بزم فراخوانید.

سِـرکهٔ نُـه سـاله[3] شـیرین مـی‌شود سنگ و مرمر لعل و زرّین مـی‌شود ۲۵۳۴

فیضِ حق چنان بر «اهلِ معنا» می‌بارد که اگر از «اهلِ دنیا» هـم کسـی ایـنجا بـاشد، از آن بهره‌مند می‌شود و شدّتِ انوار دلِ سنگ‌دلان را هم نرم و روشن می‌کند.

آفـتاب انـدر فـلک دسـتک‌زنان[4] ذرّه‌ها چـون عـاشقان بـازی کُـنان ۲۵۳۵

آفتاب در آسمان با شادی می‌تابد و ذرّات چون عاشقان می‌رقصند.

چشـم‌ها مـخمور شـد از سـبزه‌زار گل شکوفه[5] می‌کند بـر شـاخسار[6] ۲۵۳۶

چشمِ عارفان مست از شهود باطنی است و جانشان در برابرِ عظمتِ حق شوریده و سرگشته است.

چشمِ دولت[7] سِـحرِ مـطلق مـی‌کند[8] روح شد مـنصور، اَنَـا الْـحَق مـی‌زند ۲۵۳۷

توجّه و عنایتی که به «اهلِ معنا» شده، بخت و اقبال عظیمی است که موجب این تأثیرات شگفت‌انگیز و غریب گشته و روح را به مرتبه‌ای رسانده است که خود را واصل می‌یابند و همانند منصورِ حلاّج اَنَاالحق می‌گویند.

گـر خـری را مـی‌برد روبَـهْ زِ سـر گو: بِبَر، تو خر مباش و غم مـخَور ۲۵۳۸

اگر روباهی خری را می‌فریبد، بگذار بفریبد. اگر تو گول نخوری، اندوهی نیست؛ زیرا این عنایات ممکن است بالاخره یک روز شامل حال تو هم بشود.

---

۱ - **نقل و می :** معانی و اسرار. ۲ - **بر مناره رفتن و صلا دادن :** فراخواندن و دعوت کردن.

۳ - **سرکهٔ نه ساله :** ترش‌ترینِ ترشی‌ها، کنایه از «دنیاپرستان» یعنی کسانی که از عالم معنا به کلّی بی‌بهره‌اند.

۴ - **دستک‌زنان :** دست‌افشانی و پایکوبی.

۵ - **گل و شکوفه :** اشاره به اتّحاد با معشوق است در مقام تقرّب به حق.

۶ - **شاخسار :** شاخه‌ها، کنایه از جان‌های شوریده در برابر عظمت حق است که از تفکّر دربارهٔ طبیعت مادّی‌شان سرگشته‌اند: ر.ک. ترجمان الاشواق، ابن عربی، ترجمهٔ فارسی دکتر گل‌بابا سعیدی، ص ۱۲۰.

۷ - **چشمِ دولت :** عنایت الهی. ۸ - **سِحرِ مطلق می‌کند :** اعجاز می‌کند.

حکایتِ آن شخص که از ترس خویشتن را در خانه‌یی انداخت، رخ‌ها زرد چون زعفران، لب‌ها کبود چون نیل، دست لرزان چون برگِ درخت. خداوندِ خانه پرسید که: خیر است، چه واقعه است؟ گفت: بیرون خر می‌گیرند به سُخره[۱]. گفت: مبارک خر می‌گیرند، تو خر نیستی، چه می‌ترسی؟ گفت: خر به جِد می‌گیرند[۲]، تمییز برخاسته است[۳] امروز، ترسم که مرا خر گیرند[۴]

مردی با وحشتی تمام به خانه‌ای گریخت و در پاسخ صاحبخانه که جویای واقعه بود، گفت: امروز به امر سلطان خر می‌گیرند و در این کار سخت به جدّ ایستاده‌اند. صاحبخانه گفت: گیرم که خر بگیرند، تو که خر نیستی؛ پس با کی نیست. مرد پاسخ داد: تمییزی در میان نیست. چون اینک بی تمییزان سرورند، ممکن است **«صاحب خر را به جای خر برند»**.

این لطیفه طعنی است بر بی‌تمییزی عوام در تهاجم تعصّبات و هیجانات و انعکاسی است از اوضاعِ اجتماعی ایران در عصری که جاهلان سرور بوده‌اند؛ امّا «نیست شاهِ شهرِ ما بیهوده‌گیر»؛ پس آنان که میرِ آخُر و در مقامِ انسان‌اند و از آدمیّت سیرت را هم دارند، از سُخرهٔ خرگیران و وسوسه‌های نَفْسانی و شیطانیِ خرگیران در امان‌اند.

آن یکی در خانه‌یی در می‌گریخت زردرو و لب‌کبود و رنگ‌ریخت ۲۵۳۹

شخصی با چهره‌ای زرد و لب‌های کبود و رنگ پریده به خانه‌ای گریخت.

صاحبِ خانه بگفتش: خیر هست که همی لرزد تو را چون پیر دست؟ ۲۵۴۰

صاحبخانه گفت: خیر است. چرا دستت همانند افراد پیر می‌لرزد؟

---

۱ - **به سُخره**: به بیگاری. ۲ - **به جِد می‌گیرند**: کاملاً جدّی می‌گیرند.

۳ - **تمییز برخاسته است**: قدرت تشخیص از بین رفته است.

۴ - مأخذ این لطیفه حکایتی است با همین مضمون در زهرالادب، ص ۶۳ که در طیّ آن مردی که معروف به جَمَل است، مضطرب به خانه می‌رود و می‌گوید: شترها را به بیگاری گرفته‌اند، بعید نبود مرا هم بگیرند. همچنین یادآور حکایتی است در گلستان سعدی، چاپ فروغی، ص ۳۱، که در آن روباهی گریزان و هراسناک گشت که شنیده است شتر را به سُخره می‌گیرند، اگر حسودان به غَرَض گویند که این روباه شتر است، کِه غم تخلیص من دارد؟ : احادیث، ص ۴۸۲. مولانا هم به نظر می‌رسد مانند سعدی باید این لطیفه را از قطعه‌ای متعلّق به انوری اخذ کرده باشد: بحر در کوزه، ص ۳۸۲.

واقعه چون است؟ چون بگـریختی؟   رنگِ رخساره چنین چون ریختی[۱] ؟ ۲۵۴۱

چه شده است؟ چرا فرار کرده‌ای؟ چرا رنگِ صورتت این چنین پریده است؟

گـفت: بـهرِ سُـخرهٔ شـاهِ حَـرون[۲]   خـر هـمی گـیرند امـروز از بُـرون ۲۵۴۲

گفت: امروز در بیرون برای بیگاریِ شاهِ ظالم خر می‌گیرند.

گـفت: مـی‌گیرند گـو خـر، جـانِ عَـم!   چون نه‌ای خر، رو، تو را زین چیست غم؟ ۲۵۴۳

صاحبخانه گفت: عزیز من، گیرم خر می‌گیرند، تو که خر نیستی، چرا غمگین هستی؟

گفت: بس جِدّند و گرم اندر گرفت   گر خرم گـیرند، هـم نَـبْوَد شِگِـفت ۲۵۴۴

گفت: چنان جدّی‌اند که اگر مرا هم به جای خر بگیرند، عجبی نیست.

بـهرِ خـرگیری بـر آوردنـد دست   جِدِّ جِدّ، تمییز هم بـر خـاسته‌ست ۲۵۴۵

چنان در این کار جدّی‌اند که قدرت تشخیص ندارند.

چـونکه بـی‌تمییزیان‌مان سـرورند   صاحبِ خر را به جـایِ خـر بـرند ۲۵۴۶

چون نادانان بر ما سروری می‌کنند، ممکن است صاحبِ خر را به جایِ خر ببرند.

نـیست شـاهِ شـهرِ مـا[۳] بـیهوده گـیر   هست تمییزش، سمیع است و بصیر[۴] ۲۵۴۷

ولی شاهِ شهرِ ما کسی را بیهوده نمی‌گیرد. او قدرت تشخیص دارد، شنوا و بیناست.

آدمی بـاش[۵] و ز خـرگیران مـترس   خر نه‌ای ای عیسی دوران[۶]! مترس ۲۵۴۸

انسان باش و از خرگیران نترس. ای عیسایِ روزگارِ خویش، خر نیستی، باکی نداشته باش.

چرخِ چارم[۷] هم ز نورِ تو پُـر است   حاشَ لِلّه کِی مقامت آخُر است[۸] ؟ ۲۵۴۹

فلک چهارم هم از نور تو پُر است. دور از تو باد که جایگاهت دنیا باشد.

---

۱ - **رنگ ریختن :** رنگ پریدن.

۲ - **حَرون :** سرکش، اسب سرکش، اینجا «شاهِ حرون» یعنی شاهِ غالب یا شاهِ چیره.

۳ - **شاه شهر ما :** پروردگار.   ۴ - **سمیع و بصیر :** صفات پروردگار.

۵ - **آدمی بودن :** روح حق‌جو و کمال‌طلب داشتن.

۶ - **عیسی دوران :** روح حق طلب با سیر در مسیر کمال و اتّصال به حق نه تنها خود به کمالِ تَنَوُّر می‌رسد؛ بلکه می‌تواند دل و جانِ دیگران را نیز آگاه و منوّر کند و از هلاکت برهانَد.

۷ - **چرخ چارم :** آسمان چهارم، روایات اسلامی مقام عیسی(ع) را در آسمان چهارم می‌دانند.

۸ - **آخُر :** کنایه از دنیای مادّی.

تو ز چرخ و اختران هم برتری گرچه بهرِ مصلحت در آخُری[۱] ۲۵۵۰

تو از افلاک و ستارگان هم برتر هستی، هرچند که بنابر مصلحت در این دنیا به سر می‌بری.

میرِ آخُر[۲] **دیگر و خر دیگر است نه هر آنکه اندر آخُر شد خر است** ۲۵۵۱

«وجه روحانی»ات بر «وجه مادّی»ات غلبه دارد؛ پس روحِ کمال‌جویِ تو بر وجودت مسلّط و «میرِ آخر» است. هرکس که در این دنیای مادّی زندگی می‌کند، الزاماً وجودش مادّی نیست.

چه در افتادیم در دنبالِ خر؟ از گلستان گوی و از گل‌هایِ تر ۲۵۵۲

چرا این همه به «وجه مادّی»مان اهمّیّت می‌دهیم؟ توجّه‌مان باید به عالم معنا باشد.

از انار و از تُرنج[۳] **و شاخِ سیب وز شراب و شاهدانِ**[۴] **بی حساب**[۵] ۲۵۵۳

از معانی لطیف، دقایق ظریف، صفاتی که حامل علم الهی برای عارفان‌اند و با بخشندگی و رحمت به سوی آنان می‌گرایند، بگوییم و از شادیِ درک و شهود حقایق.

یا از آن دریا[۶] **که موجش گوهر است گوهرش گوینده و بیناور است** ۲۵۵۴

یا از دریای وحدانیّت بگوییم که موج رحمتش در عالم، تجلّیِ اسما و صفات است و مقامِ جامع‌اش به انسانِ «بینا» و «آگاه» تعلّق یافته است.

یا از آن مرغان[۷] **که گُل‌چین می‌کنند بیضه‌ها زرّین و سیمین**[۸] **می‌کنند** ۲۵۵۵

یا از مردانِ حق که عالی‌ترین ادراکات را از عالمِ معنا دارند و «احوال»، «افعال» و «اقوال»شان روحانی است.

یا از آن بازان[۹] **که کبکان**[۱۰] **پرورند هم نگون اِشکم، هم اِسْتان**[۱۱] **می‌پَرَند** ۲۵۵۶

یا از مرشدانی که به تربیت مریدان می‌پردازند و سلوک‌شان هم ظاهری است و هم باطنی.

---

۱ - تا آزموده و پخته شوی و به مرتبه‌ای که برایِ آن خلق شده‌ای برسی.

۲ - **میر آخُر** : امیرِ آخور، مسئول اصطبل و طویله. ۳ - **تُرنج** : بالنگ.

۴ - همه تعبیری برای حقایق غیبی‌اند. ۵ - «حساب» را به صورت ممال «حسیب» بخوانید.

۶ - دریای وحدت: ر.ک: ۶۹۳/۱ و ۲۴۷۸/۱. ۷ - **مرغان** : مراد مردان حق‌اند، عارفان.

۸ - **بیضه‌های زرّین و سیمین** : مراد حال، فعل و قولِ متعالی آن‌هاست. ۹ - **بازان** : کنایه از مرشدان، پیران.

۱۰ - **کبکان** : کنایه از مریدان.

۱۱ - هم مستقیم و هم طاقباز پرواز می‌کنند؛ یعنی هم عبادات و طاعات ظاهری را دارند و هم به سیر و سلوک درونی با حق مشغول‌اند.

نردبان‌هایی[1]ست پنهان در جهان پایه پایه تا عَنانِ[2] آسمان ۲۵۵۷

سالکان در درون‌شان سیری است که آنان را پایه پایه تا اوج آسمان معرفت می‌برد.

هر گُرُه را نردبانی دیگر است[3] هر رَوِش را آسمانی دیگر است[4] ۲۵۵۸

هر گروه برای رسیدن به حق راهی را انتخاب کرده‌اند که غایت آن مختصِ همان راه است.

هر یکی از حالِ دیگر بی‌خبر مُلکِ با پهنا و بی‌پایان و سر ۲۵۵۹

هیچ کس از حقیقتِ راه دیگر باخبر نیست. دنیا بزرگ است، اوّل و آخرش پیدا نیست.

این در آن حیران که او از چیست خَوش؟ وآن در این خیره که: حیرت چیستش؟ ۲۵۶۰

این یکی متحیّر است که آن دیگری به چه چیزی دلخوش کرده و آن دیگری به این می‌نگرد که چرا حیران است؟

صَحْنِ اَرْضُ الله[5] واسع آمده هر درختی از زمینی سر زده ۲۵۶۱

عرصهٔ هستی وسیع است و هر مخلوقی به نوعی خلقت صوری یافته است.

بر درختان شُکر گویان برگ و شاخ که: زهی مُلک و زهی عرصهٔ فراخ[6] ۲۵۶۲

شاخه و برگ درختان و همهٔ اجزای هستی به لسان حال شکرگزار خداوندند.

بلبلان[7] گِردِ شکوفهٔ پُر گِره[8] که: از آنچه می‌خوری، ما را بِدِه ۲۵۶۳

عاشقانِ حق، گردِ کاملان جمع شده و طالب فیض‌اند.

این سخن پایان ندارد، کن رجوع سویِ آن روباه و شیر و سُقم و جوع[9] ۲۵۶۴

این سخن پایان ناپذیر است. به حکایت روباه و شیر و بیماری و گرسنگی‌اش باز گردیم.

---

۱ - **نردبان‌ها :** راه درونیِ سیر سالک. ۲ - **عَنان :** اوج، بالاترین نقطه.

۳ - اشاره است به مذاهب متعدد و مکاتب گوناگون.

۴ - ظاهراً ناظر به این قول است: اَلطُّرُقُ إِلَی اللهِ بِعَدَدِ أَنْفاسِ الْخَلایِق.

۵ - **اَرْضُ الله :** زمین خدا: لفظاً از آیه اقتباس شده است: قرآن؛ نساء: ۹۷/۴، عنکبوت: ۵۶/۲۹، زُمَر: ۱۰/۳۹، اینجا عرصهٔ وسیع هستی. ۶ - چه مُلکی و چه سرزمین پهناوری. ۷ - **بلبلان :** کنایه از عاشقان و مشتاقان حق.

۸ - **شکوفهٔ پُر گِره :** انبوهی از شکوفه، کنایه از کاملان و واصلان. ۹ - **سُقم و جُوع :** بیماری و گرسنگی.

بردن روبَه خر را پیشِ شیر و جَستنِ خر از شیر و عِتاب کردنِ روباه با شیر که: هنوز خر دور بود و تعجیل کردی، و عذر گفتنِ شیر و لابه کردن روبه را شیر، که: برو بارِ دگرش بفریب

چونکه بر کوهش به سویِ مَرج[۱] بُرد تا کُنَد شیرش به حمله خُرد و مُرد[۲] ۲۵۶۵

چون روباه خر را به چراگاه بالای کوه برد که شیر با حمله‌ای پاره‌پاره‌اش کند،

دور بود از شیر، و آن شیر از نَبَرد[۳] تا به نزدیک آمدن صبری نکرد ۲۵۶۶

خر هنوز دور بود که شیر به سبب گرسنگی و حرص صبر نکرد که او نزدیک‌تر بیاید.

گنبدی کرد[۴] از بلندی شیرِ هول خود نبودش قوّت و امکانِ حَول[۵] ۲۵۶۷

شیرِ هولناک از بالای کوه خیز برداشت در حالی که نیرویی برای این کار نداشت.

خر ز دُورش دید و برگشت، و گریز تا به زیرِ کوه، تازان، نعل‌ریز[۶] ۲۵۶۸

خر او را از دور دید، برگشت و تا دامنهٔ کوه به سرعت فرار کرد.

گفت روبَه شیر را: ای شاهِ ما! چون نکردی صبر در وقتِ وغا[۷]؟ ۲۵۶۹

روباه گفت: ای شاه ما، چرا به هنگام حمله صبر نکردی؟

تا به نزدیکِ تو آید آن غَوی[۸] تا به اندک حمله‌یی غالب شوی ۲۵۷۰

تا آن نادان نزدیک بیاید و بتوانی با حمله‌ای جزیی بر او چیره شوی.

مکرِ شیطان است تعجیل و شتاب لطفِ رحمان است صبر و اِحتساب[۹] ۲۵۷۱

عجله و شتاب وسوسهٔ شیطان و صبر و حسابگری لطف خداوند است.

دور بود و حمله را دید و گریخت ضعفِ تو ظاهر شد و آبِ تو ریخت ۲۵۷۲

خر دور بود، حمله‌ات را دید و گریخت. ناتوانی‌ات آشکار شد و آبرویت رفت.

گفت: من پنداشتم برجاست زور تا بدین حد می‌ندانستم فُتور[۱۰] ۲۵۷۳

شیر گفت: می‌پنداشتم که قدرتم باقی است. نمی‌دانستم که تا این اندازه ضعیف شده‌ام.

---

۱ - **مَرج**: چمنزار. ۲ - **خُرد و مُرد**: پاره پاره. ۳ - **از نبرد**: به سبب گرسنگی و عجله‌ای که داشت.
۴ - **گنبدی کرد**: جهید، خیز برداشت. ۵ - **حول**: قدرت، «امکانِ حول» امکان قدرت‌نمایی.
۶ - **نعل‌ریز**: نعل ریزنده، کنایه از شتاب فراوان است. ۷ - **وَغا**: نبرد. ۸ - **غَوی**: گمراه، نادان.
۹ - **اِحتساب**: حساب کردن، حسابگری. ۱۰ - **فُتور**: سستی، ضعف.

نیز جُوع و حاجتم از حد گذشت صبر و عقلم از تَجَوُّع[۱] یاوه گشت[۲] ۲۵۷۴

همچنین گرسنگی و نیازم بیش از حد بود و صبر و عقلم را از دست داده بودم.

گر توانی بار دیگر، از خِرَد باز آوردن مر او را مُستَرَد[۳] ۲۵۷۵

اگر بتوانی بار دیگر او را عاقلانه باز گردانی،

منّتِ بسیار دارم از تو من جهد کن، باشد بیاری‌اش به فن ۲۵۷۶

من از تو بسیار سپاسگزار هستم. سعی کن، شاید بتوانی او را با نیرنگ به اینجا بیاوری.

گفت: آری، گر خدا یاری دهد بر دلِ او از عَمیٰ[۴] مُهری نهد ۲۵۷۷

روباه گفت: آری، اگر خدا بخواهد و بر دلش مُهری از کوری و نادانی بگذارد،

پس فراموشش شود هولی[۵] که دید از خریِّ او نباشد این بعید ۲۵۷۸

تا حادثهٔ هولناکی را که دید، فراموش کند؛ البتّه از خریّت او بعید نیست.

لیک چون آرَم من او را، بر متاز تا به بادش نَدْهی از تعجیل باز ۲۵۷۹

امّا اگر او را آوردم، فوراً حمله نکن تا مبادا به سبب عجله او را از دست بدهی.

گفت: آری، تجربه کردم که من سخت رنجورم، مُخَلخَل[۶] گشته تن ۲۵۸۰

شیر گفت: آری، به تجربه فهمیدم که سخت ناتوان و ضعیف هستم.

تا به نزدیکم نیاید خر تمام من نجنبم، خفته باشم در قوام[۷] ۲۵۸۱

تا خر کاملاً نزدیک نشود، حرکت نمی‌کنم و خود را به خواب می‌زنم.

رفت روبَه، گفت: ای شَهْ! همّتی[۸] تا بپوشد عقلِ او را غفلتی ۲۵۸۲

روباه رفت و می‌گفت: ای شاه، دعا کن که غفلت عقلش را بپوشاند.

توبه‌ها کرده است خر با کِردگار که نگردد غِرّهٔ[۹] هر نابکار ۲۵۸۳

خر به درگاه خدا توبه‌ها کرده است که فریبِ هر بدکرداری را نخورد.

---

۱ - **تَجَوُّع**: گرسنگی. ۲ - **یاوه گشت**: تباه شد. ۳ - **مُسْتَرَد**: پس گرفته شده. ۴ - **عَمیٰ**: کوری.
۵ - هولناک، ترس. ۶ - **مُخَلْخَل**: دارای سوراخ، اینجا بسیار ناتوان، علیل.
۷ - **قوام**: اعتدال، شکل و هیأت چیزی، اینجا «در قوام» یعنی بدون حرکت و آرام.
۸ - **همّت**: نفوذ روحانی و باطنی مراد در مرید. ۹ - **غِرّه**: فریفته، گول خورده.

ما عـدوِ عـقل و عـهدِ روشـنیم[۱]   توبه‌هااَش را بـه فـن بـر هـم زنـیم ۲۵۸۴

با نیرنگ توبه‌هایش را می‌شکنیم. ما دشمن عقلِ روشن و عهدِ استوار هستیم.

کَـلّهٔ خـرْ گـویِ فـرزندانِ مـاست   فکـرتش بـازیچهٔ دسـتانِ مـاست ۲۵۸۵

کلّهٔ خر گویِ کودکان ما و اندیشه‌اش بازیچهٔ نیرنگِ ماست.

عـقل کآن بـاشد ز دورانِ زُحَـل[۲]   پـیش عـقل کُـل نـدارد آن مـحل ۲۵۸۶

عقلِ جزیی که تحتِ تأثیرِ گردشِ ستارگان است، در تقابل با عقلِ کُلّ شأنی ندارد.

از عُـطارِد[۳] وز زُحـل دانـا شـد او   مـا ز دادِ کـردگارِ لطـف‌خو ۲۵۸۷

«عقل مادّی» از علل و اسباب دنیوی تأثیر پذیرفته است، در حالی که ما از عطای آفریدگارِ لطیف دانا شده‌ایم.

عَلَّمَ ٱلاِنْسان[۴]، خَمِ طُغرایِ[۵] ماست   عِـلمُ عِـنْدَالله[۶] مـقصدهایِ مـاست ۲۵۸۸

علمی که خداوند به کاملان و واصلان آموخته، فرمانِ کمالِ روحانی است و رسیدن به علمِ الهی.

تـربیهٔ[۷] آن آفـتابِ روشـنیم   رَبِّـیَ الأَعْـلیٰ از آن رو مـی‌زنیم ۲۵۸۹

ما تربیت شدهٔ فضلِ الهی هستیم و همواره پروردگار و مربّیِ والای خود را یاد می‌کنیم.

تـجربه گـر دارد او بـا ایـن هـمه[8]   بشکند صـد تـجربه زیـن دَمـدَمه[۹] 2590

هرچند که او ما را آزموده است؛ امّا این افسون صد تجربه را در هم می‌شکند.

بوک[10] توبه بشکند آن سست خُو[11]   در رسـد شـومیِ اِشکـستش در او 2591

شاید آن سست عنصر توبه‌اش را بشکند و نتیجهٔ بد آن را ببیند.

---

۱ - سخن از زبان هر نابکاری است که ساده‌دلی را می‌فریبد.   ۲ - **زُحل** : کیوان.

۳ - **عطارد** : این ستاره را کاتب فلک گویند که علم و عقل بدان تعلّق دارد: ر.ک: ۱۶۰۱/۲.

۴ - اشارتی قرآنی؛ عَلَق: ۵/۹۶: عَلَّمَ ٱلإِنْسَانَ مَا لَمْ يَعْلَمْ : به انسان چیزی را که نمی‌دانست، آموخت.

۵ - **طُغرا** : مهر یا امضا، فرمان یا منشور.   ۶ - **علمُ عندالله** : مراد علم لَدُنّی است.

۷ - **تربیه** : تربیت شده.   ۸ - سخنان روباه است دربارهٔ فریب دادن خر.   ۹ - **دمدمه** : نیرنگ.

10 - **بوک** : kB(,kB(³/   11 - **سست خُو** : vw S1® ~ρ vw SAAj²/

در بیانِ آنکه نقضِ عهد و توبه موجبِ بلا بُوَد، بلکه موجبِ مسخ[۱] است، چنانکه در حقّ اصحابِ سَبت[۲] و در حقِ اصحابِ مائدهٔ[۳] عیسی: وَ جَعَلَ مِنْهُمُ ٱلقِرَدَةَ وَ الخَنٰازیرَ[۴]، و اندر این اُمّت مسخِ دل[۵] باشد، و به قیامت تن را صورت دل دهند، نعوذُ بِالله

۲۵۹۲ **نقضِ میثاق و شکستِ توبه‌ها   موجبِ لعنت شود در انتها**

شکستنِ پیمان و توبه سرانجام موجبِ نفرین می‌شود.

۲۵۹۳ **نقضِ توبه و عهدِ آن اصحابِ سَبت   موجبِ مسخ آمد و اِهلاک و مَقْت[۶]**

شکستنِ توبه و پیمانِ یهودیان سبب تبدیلِ صورت، هلاکت و منفور شدن آنان شد.

۲۵۹۴ **پس خدا آن قوم را بوزینه کرد   چونکه عهدِ حق شکستند از نبرد[۷]**

خداوند آن قوم را به میمون مبدّل کرد؛ زیرا از سرِ لجاجت و ستیزه پیمانِ خدا را شکستند.

۲۵۹۵ **اندر این اُمّت نَبُد مسخِ بدن   لیک مسخِ دل بُوَد ای بُوٱلفِطَن[۸]!**

ای زیرک، در این اُمّت تغییرِ صورت نیست؛ ولی تغییر و مسخِ دل و جان هست.

---

۱ - **مسخ :** تبدیل صورت آدمی به صورت حیوانات گوناگون که کیفری الهی بوده است.

۲ - **اصحابِ سَبت :** سَبت معادلِ عربی شبّات عبری، نام روز استراحتِ همراه با عبادتِ یهود است. شنبه نزد یهودیان آخرین روز هفته است و بنا بر شرحی که در تورات در باب خلقت آمده است: سِفْر پیدایش: ۲،۱، خداوند عالم را در شش روز آفرید و روز هفتم به استراحت پرداخت و آن روز را مبارک خواند و تقدیس کرد. یادآوری و نگهداری آن در احکام عشرهٔ موسی(ع) هم هست. به دستور کتاب مقدّس در روز سَبت کارهای دنیوی ممنوع است. یکی از منهیاتی که به گفتهٔ قرآن کریم، یهودیان رعایت نمی‌کرده‌اند، ماهیگیری بوده، چنانکه در اعراف: ۱۶۳/۷، به صراحت در مورد آزمون الهی در باب آنان گفته شده است که روز شنبه که باید حرمت را نگه می‌داشتند، ماهی بر روی آب پدیدار می‌شد و در روزهای دیگر بر روی آب نمی‌آمد و بدین سان آنان به نافرمانی آزموده شدند. یهودیان حیلهٔ شرعی می‌زدند و ماهی‌ها را در روز سبت به چاله‌هایی راهنمایی و محبوس می‌کردند و روز بعد می‌گرفتند. مطابق بقره: ۶۵/۲، تصریح شده که به لعنت الهی دچار شدند و بوزینگانی مطرود گشتند: ر.ک. قرآن، ترجمهٔ بهاءالدّین خرّمشاهی، ذیل آیهٔ ۱۲۴ سورهٔ نحل.

۳ - **اصحاب مائده :** حواریون عیسی(ع)اند که بنابر: مائده: ۱۱۵/۵-۱۱۲: برای آزمودن قدرت الهی از عیسی(ع) مائدهٔ آسمانی خواستند: «آیا پروردگارت می‌تواند برای ما مائده‌ای از آسمان نازل کند؟» مائده که برخی آن را با شام آخر در سنّت مسیحی برابر دانسته‌اند، نازل شد؛ امّا باز هم معجزهٔ دیگری خواستند. مائده به آسمان برشد و پیروان عصیان پیشه کردند و به صورت میمون و خوک مسخ شدند: ر.ک. قرآن، خرّمشاهی، ذیل آیهٔ ۱۱۲ سورهٔ مائده.

۴ - اشارتی قرآنی؛ مائده: ۶۰/۵: ... و [خداوند] آنان را [همچون] بوزینه و خوک گردانده است.

۵ - **مسخِ دل :** اینکه دل قابلیّت و استعدادی را که برای منوّر شدن دارد از دست بدهد. در این امّت کیفر کافران این است. ۶ - **مَقْت :** منفور شدن. ۷ - **از نبرد :** از لجاجت. ۸ - **بوالفِطَن :** زیرک و هوشیار.

چون دلِ بوزینه گردد آن دلش　　　از دلِ بوزینه شد خوار آن گِلش ۲۵۹۶

دلِ آدمی به دلِ بوزینه بدل می‌شود و این دلِ پست زندگیِ دنیوی او را هم خوار و حقیر می‌کند.

گر هنر[۱] بودی دلش را ز اختیار[۲]　　　خوارکی بودی ز صورت آن حِمار[۳]؟ ۲۵۹۷

اگر دلِ آن درازگوش شایستهٔ آگاه شدن بود، هرگز این همه خوار نمی‌شد.

آن سگِ اصحاب خوش بُد سیرتش　　　هیچ بودش مَنْقَصَت[۴] زآن صورتش؟ ۲۵۹۸

شأنِ سگ اصحاب کهف که سیرتی نیکو داشت، از سگ بودن کم شد؟

مسخِ ظاهر بود اهلِ سَبت را　　　تا ببیند خلق، ظاهر کَبْت[۵] را ۲۵۹۹

«اهلِ سَبت» مسخِ ظاهر شدند تا مردم خوار شدن را آشکارا ببینند.

از رَهِ سِرّ صد هزارانِ دگر　　　گشته از توبه شکستن خوک و خر ۲۶۰۰

صدها هزار نفر دیگر هم از توبه شکستن باطناً به خوک و خر مبدّل شده‌اند.

دُوُم بار آمدنِ روبَهْ بر این خرِ گریخته، تا باز بفریبدش

پس بیامد زود روبه سویِ خر　　　گفت خر: از چون تو یاری الحَذَر[۶] ۲۶۰۱

روباه دوباره نزد خر آمد. خر گفت: از دوستی همانندِ تو باید دوری کرد.

ناجوامردا! چه کردم من تو را؟　　　که به پیشِ اژدها بُردی مرا ۲۶۰۲

ای ناجوانمرد، مگر من با تو چه کرده بودم که مرا پیش اژدها بردی؟

موجبِ کین تو با جانم چه بود؟　　　غیرِ خُبْثِ جوهرِ تو، ای عَنود[۷]! ۲۶۰۳

ای دشمن، ستیزه‌ات با جان من چه موجبی جز پلیدی باطنی‌ات می‌تواند داشته باشد؟

همچو کژدم، کو گزد پایِ فتی[۸]　　　نارسیده از وی او را زحمتی ۲۶۰۴

همانندِ کژدم که پای جوانی را نیش می‌زند، بدون آنکه از او به وی رنجی رسیده باشد.

---

۱ - **هنر**: اینجا قابلیّت و شایستگی.　۲ - **اختیار**: آگاهی یافتن از چیزی.　۳ - **حِمار**: خر، الاغ.
۴ - **مَنْقَصَت**: کاستی و نقصان.　۵ - **کَبْت**: خوار شدن، تحقیر شدن.　۶ - **الحَذَر**: دوری کردن.
۷ - **عَنود**: ستیزه‌گر.　۸ - **فتی**: جوان، جوانمرد.

یا چو دیوی کو عدوی جانِ ماست   نارسیده زحمتش از ما و کاست ۲۶۰۵

یا همانند شیطان که دشمن جان ماست، بی‌آنکه از ما به او ضرر و زیانی رسیده باشد.

بلکه طبعا خصم جانِ آدمی است   از هلاکِ آدمی در خرّمی است ۲۶۰۶

زیرا شیطان ذاتاً دشمن انسان است و از هلاکتش شاد می‌شود.

از پیِ هر آدمی او نَسْکُلَد[۱]   خو و طبعِ زشتِ خود او کِی هِلَد[۲]؟ ۲۶۰۷

به خاطر هیچ کس حاضر نیست از خُو و طبیعتِ زشت خود دست بردارد.

زانکه خُبثِ ذاتِ او بی‌موجبی   هست سویِ ظلم و عُدْوان[۳] جاذبی ۲۶۰۸

زیرا پلیدیِ ذاتی سببِ ستمگری و دشمنی اوست، نه چیز دیگری.

هر زمان خوانَد تو را تا خرگَهی[۴]   که در اندازد تو را اندر چَهی[۵] ۲۶۰۹

هر لحظه تو را با وعدهٔ جایی خوب یا چیزی خوب می‌فریبد تا سرنگونت کند.

که فلان جا حوضِ آب است و عُیون[۶]   تا در اندازد به حوضت سرنگون ۲۶۱۰

وسوسه می‌کند که فلان جا از بهترین تمتّعات بهره‌مند می‌شوی تا تو را هلاک کند.

آدمی را با همه وحی و نظر[۷]   اندر افکند آن لعین در شور و شر ۲۶۱۱

آن ملعون، حتّی آدم(ع) را که به او وحی نازل می‌شد و بصیر بود، به فتنه و بلا افکند.

بی‌گناهی، بی‌گزَندِ سابقی   که رسد او را ز آدم، ناحَقی ۲۶۱۲

بدون آنکه مرتکب گناهی شده باشد و یا قبلاً و به ناحق زیانی به او رسانده باشد.

گفت روبه: آن طلسمِ سِحْر بود   که تو را در چشم، آن شیری نمود ۲۶۱۳

روباه گفت: آن طلسم، جادویی بود که به نظرت همانند شیر جلوه‌گر شد.

ورنه من از تو به تن مسکین‌ترم   که شب و روز اندر آنجا می‌چرم ۲۶۱۴

و گرنه من که شب و روز آنجا چرا می‌کنم، جثّه‌ای ناتوان‌تر از تو دارم.

---

۱ - **نَسْکُلَد** : نمی‌گسلد، اینجا دست بر نمی‌دارد.   ۲ - **هِلَد** : رها کند، ترک گوید.

۳ - **عُدْوان** : تجاوز، ستم.   ۴ - **خرگه** : خرگاه، سراپرده، خیمه، کنایه از یک چیز یا یک جای خوب.

۵ - **در چاه انداختن** : سرنگون کردن.   ۶ - **حوض آب و عیون** : حوض و چشمه‌ها، کنایه از بهترین تمتّعات.

۷ - اشارتی قرآنی؛ بقره: ۳۱/۲: وَ عَلَّمَ ءَادَمَ ٱلْأَسْمآءَ كُلَّهَا... .

گـرنه زآن گـونه طـلسمی سـاختی   هـر شکـم‌خواری بـدانـجا تـاختی ۲۶۱۵

اگر برای مرغزار چنان طلسمی نمی‌ساختند، هر شکم‌پرستی به آنجا هجوم می‌آورد.

یک جهانِ بی نـوا پُـر پـیل و ارج[1]   بی طلسمی کِی بماندی سبز مَرج[2] ؟ ۲۶۱۶

در دنیایی که غذا و توشه‌ای نیست و پـر از فـیل و کـرگدن است، آن چـمنزار چگـونه می‌توانست سبز و خرّم باقی بماند؟

من تو را خود خواستم گفتن به درس[3]   کـه چـنان هـولی اگـر بـینی، مـترس ۲۶۱۷

من می‌خواستم به تو یادآوری کنم که اگر چنان منظرهٔ هولناکی دیدی، نترس.

لیک رفت از یـاد عـلم آموزیَت   کـه بُـدم مُسـتغرقِ دلسـوزیَت ۲۶۱۸

امّا چون با دلسوزی به تو فکر می‌کردم، از یاد بردم که این مطلب را بگویم.

دیـدمت در جُـوعِ کـلب[4] و بی‌نوا   مـی‌شتابیدم کـه آیـی تـا دوا ۲۶۱۹

چون دیدم که شدیداً گرسنه و بینوا هستی، عجله داشتم که زود دردت را درمان کنم.

ورنـه بـا تـو گـفتمی شـرحِ طـلسم   کآن خیالی می‌نماید، نیست جسم ۲۶۲۰

وگرنه به تو راجع به طلسم توضیح می‌دادم که خیالی و غیر واقعی است.

جواب گفتنِ خر روباه را

گفت: رو رو، هین ز پیشم ای عدو!   تـا نـبینم رویِ تـو، ای زشت‌رو! ۲۶۲۱

خر گفت: ای دشمن، ای زشت‌رو، دور شو که رویت را نبینم.

آن خدایی که تو را بـدبخت[5] کـرد   رویِ زشتت را کریه و سخت کرد[6] ۲۶۲۲

آن خدایی که تو را گمراه آفریده، صورت زشتت را هم کریه و بی‌شرم ساخته است.

---

۱ - **اَرْج** : کرگدن.   ۲ - **مَرج** : مرغزار.

۳ - **خواستم گفتن به درس** : می‌خواستم تذکّر بدهم یا یادآوری کنم.   ۴ - **جُوعِ کَلب** : گرسنگی شدید.

۵ - **بدبخت** : گمراه.   ۶ - **روی سخت** : بی‌شرم، وقیح.

بـا کـدامـین روی مـی‌آیی بـه مـن؟ این چنین سَـغری[1] نـدارد کـرگدن ۲۶۲۳

با چه رویی پیش من می‌آیی؟ کرگدن هم چنین پوست کلفتی ندارد.

رفــته‌ای در خـــونِ جـانم آشکـار کـه تـو را مـن رَه بـرم تـا مـرغزار! ۲۶۲۴

آشکارا قصد جانم را کرده‌ای و می‌گویی که می‌خواهم تو را به چمنزار ببرم!

تـــا بـــدیدم رویِ عــزرائـیل را بـــاز آوردی فـــن و تســـویل[2] را؟ ۲۶۲۵

چنانکه عزرائیل را به چشم خودم دیدم. دوباره با ظاهرسازی آمده‌ای و قصد فریب داری؟

گرچـه مـن نـنگ خـرانـم، یـا خـرم جانْوَرَم، جان دارم، این را کِی خرم؟ ۲۶۲۶

هرچند که من خرم و از شدّت خریّت آبروی خران را برده‌ام؛ امّا به هر حال جانوری هستم، جان دارم و حرف تو را باور نمی‌کنم.

آنـچه مـن دیـدم ز هـولِ بـی امـان طفل دیـدی، پـیر گشـتی در زمـان ۲۶۲۷

آن منظرهٔ هولناکِ سختی را که من دیدم، اگر طفل می‌دید، بی‌درنگ پیر می‌شد.

بی‌دل و جان، از نهیبِ[3] آن شِکوه[4] سرنگون خـود را درافکـندم ز کـوه ۲۶۲۸

از ترسِ آن موجود وحشتناک، بی‌دل و جان خود را سرنگون از کوه به پایین انداختم.

بسته شـد پـایم در آن دم از نَـهیب چون بدیدم آن عذابِ[5] بی‌حجاب[6] ۲۶۲۹

هنگامی که آن خطرِ آشکار را دیدم، همان لحظه از ترس پایم بسته شد.

عهد کردم با خدا کـای ذوالمِـنَن[7]! بر گشا زیـن بسـتگی تـو پـایِ مـن ۲۶۳۰

با خدا پیمان بستم که ای خدایی که لطف بی حد داری، نجاتم بده.

تا ننوشم[8] وسوسهٔ کس بعد از ایـن عــهد کـردم، نـذر کـردم ای مُـعین ۲۶۳۱

تا بعد از این گولِ وسوسهٔ کسی را نخورم. ای یاور، پیمان بستم و نذر کردم.

---

۱ - **سَغری**: «ساغری» ترکی است به معنی پوستِ کلفت، یعنی وقاحت، بی شرمی.

۲ - **تسویل**: فریب و ظاهرسازی. ۳ - **نَهیب**: هیبت، ترس.

۴ - **شِکوه**: ترس، اینجا همان موجودِ ترسناک، یعنی شیر است. ۵ - **عذاب**: رنج، اینجا خطر.

۶ - حجاب باید به صورت ممال «حِجیب» خوانده شود.

۷ - **ذوالمِنَن**: صاحب نعمت‌ها، صاحب احسان، کسی که بسیار لطف دارد. ۸ - **ننوشم**: نشنوم، باور نکنم.

حق گشاده کرد آن دم پایِ من[۱] زآن دعا و زاری و ایمایِ[۲] من ۲۶۳۲

خداوند همان لحظه به سبب دعا، ناله و خواست قلبی نجاتم داد.

ورنه، اندر من رسیدی شیرِ نر چون بُدی در زیرِ پنجهٔ شیر، خر؟ ۲۶۳۳

وگرنه شیرِ نر به من می‌رسید. خر زیرِ پنجهٔ شیر چه حالی پیدا می‌کند؟

باز بفرستادت آن شیرِ عَرین[۳] سویِ من از مکر، ای بِئسَ آلقرین[۴]! ۲۶۳۴

ای رفیق بد، باز آن شیر بیشه تو را برای گول زدن من فرستاده است.

حقِّ ذاتِ پاکِ اللهُ الصَّمَد که بُوَد بِهْ مارِ بد، از یارِ بد ۲۶۳۵

به حقّ ذاتِ پاکِ خداوندِ بی‌نیاز که مارِ بد بهتر از یارِ بد است.

مارِ بد جانی سِتانَد از سلیم[۵] یارِ بد آرَد سویِ نارِ مُقیم[۶] ۲۶۳۶

مارِ بد حیاتِ این جهانی را می‌گیرد و یارِ بد حیاتِ آن جهانی را.

از قرین[۷] بی قول و گفت و گویِ او خُو بدزدد دل،[۸] نهان از خُویِ او ۲۶۳۷

خوی و خصلتِ همنشین باطناً در آدمی اثر می‌کند؛ حتّی بی‌سخن و گفت‌وگویی.

چونکه او افکند بر تو سایه را دزدد آن بی‌مایه[۹] از تو مایه را ۲۶۳۸

تحت تأثیر او سرمایهٔ معنوی‌ات را از دست می‌دهی.

عقلِ تو گر اژدهایی گشت مست[۱۰] یارِ بد او را زُمُرّد، دان که هست[۱۱] ۲۶۳۹

حتّی اگر خیلی عاقل باشی، باز هم یار بد به تو صدمه می‌زند.

---

۱ - **گشاده کرد پای من** : پایم راگشود؛ یعنی نجاتم داد.

۲ - **ایما** : اشاره، اینجا اشارهٔ دل، یعنی خواستِ قلبی. ۳ - **عَرین** : بیشه و نیزار.

۴ - **بِئْسَ القرین** : رفیق بد، همنشین بد. عبارت قرآنی؛ زخرف: ۳۸/۴۳. ۵ - **سلیم** : مارگزیده.

۶ - **نار مقیم** : آتش ابدی، دوزخ. ۷ - **قرین** : همنشین. ۸ - **خُو بدزدد دل** : باطناً اثر می‌گذارد.

۹ - **بی مایه** : کسی که سرمایهٔ معنوی و روحانی ندارد.

۱۰ - اگر عقلت اژدهایی خشمناک باشد؛ یعنی اگر عقلت خیلی نیرومند باشد.

۱۱ - اشاره به باور قُدَما که می‌پنداشتند زمرّد افعی راکور می‌کند.

دیدهٔ عقلت بدو بیرون جَهَد[1]   طعنِ اوت اندر کفِ طاعون نهد ۲۶۴۰

در اثر همنشینی با او عقلِ کمال‌جوی را از دست می‌دهی و با طعنه‌هایش حیاتِ روحانی‌ات زوال می‌یابد.

جواب گفتنِ روبه خر را

گفت روبَهْ: صافِ ما را دُرد نیست[2]   لیک تخییلاتِ وَهمی[3] خُرد[4] نیست ۲۶۴۱

روباه گفت: نیرنگی در کار ما نیست؛ ولی خیالاتِ بی‌اساس را هم نمی‌شود دست کم گرفت.

این همه وهم تو است ای ساده دل!   ورنه بر تو نه غِشی دارم نه غِل[5] ۲۶۴۲

ای ساده‌لوح، این بدبینی‌ها از پندار توست و گرنه من با تو خیلی روراست هستم.

از خیال زشت خود منگر به من   بر مُحبّان از چه داری سوءِ ظن؟ ۲۶۴۳

نسبت به من بدبین نباش. چرا باید نسبت به دوستانت بدگمان باشی؟

ظنِّ نیکو بر بر اِخوانِ صفا[6]   گرچه آید ظاهر از ایشان جَفا ۲۶۴۴

دربارهٔ دوستان صمیمی حُسنِ ظنّ داشته باش؛ حتّی اگر ظاهراً از آن‌ها ستمی برسد.

این خیال و وَهْمِ بد چون شد پدید   صد هزاران[7] یار را از هم بُرید ۲۶۴۵

هنگامی که خیال بد یا پنداری به وجود بیاید دوستی‌های دیرینه را از بین می‌برد.

مُشفقی گر کرد جُور و امتحان   عقل باید که نباشد بدگمان ۲۶۴۶

اگر دوست مهربانی ستمی بکند یا تو را بیازماید، نباید نسبت به او بدبین بشوی.

---

۱ - چشم عقلت را از حدقه بیرون می‌آوَرَد؛ یعنی عقلت را از تو می‌گیرد.

۲ - وجودِ صاف و زلال ما بدون غِلّ و غِش است. ۳ - **تخییلاتِ وهمی :** خیالاتِ زاده از پندار.

۴ - ضبطِ متن کهن «خورد» است. ۵ - **غِش و غِلّ :** نیرنگ، ناراستی.

۶ - **اِخوانِ صفا :** یاران صمیمی، اینجا فقط معنی لفظی آن مورد نظر است.

۷ - **صد هزاران :** نشان کثرت است.

خاصه من بَدْرگ[1] نبودم، زشتْ اِسم   آنکه دیدی بد نَبُد، بود آن طِلسم ۲۶۴۷

مخصوصاً که من بدجنس و بدنام نیستم و آنچه که تو دیدی، چیزِ بدی نبود، طلسم بود.

ور بُدی بد آن سِگالِش[2]، قَدَّرا[3]   عفو فرمایند یاران زآن خطا ۲۶۴۸

اگر فرضاً آزمایش بدی کردم، دوستان باید آن خطا را ببخشند.

عالَمِ وَهْم و خیالِ طَمْع و بیم   هست رَه‌رو را یکی سدّی عظیم[4] ۲۶۴۹

برای سالک، پندار، خیال، طمع و ترس مانعِ بزرگی است.

نقش‌هایِ این خیالِ نقش‌بند[5]   چون خلیلی را که کُه بُد، شد گزند[6] ۲۶۵۰

خیالاتِ بیهوده، بازدارندهٔ بزرگی است و به ابراهیم خلیل(ع) با آن عظمت هم صدمه زد.

گفت: هٰذٰا ربّی، ابراهیمِ راد[7]   چونکه اندر عالمِ وَهْم اوفتاد ۲۶۵۱

هنگامی که ابراهیمِ جوانمرد(ع) دچارِ پندار شد، گفت: این پروردگارِ من است.

ذکر کوکب را چنین تأویل گفت   آن کسی که گوهرِ تأویل سُفت ۲۶۵۲

حتّی «اهلِ تأویل» که ظاهرِ لفظ را به معنی تفسیر کرده است، دربارهٔ ستاره همین را می‌گوید.

عالمِ وَهم و خیالِ چشم‌بند   آنچنان کُه را ز جایِ خویش کَند[8] ۲۶۵۳

عالمِ پندار و خیال که مانع دیدن حقیقت است، چنان کوه استواری را از جای کَند.

تا که هٰذٰا رَبّی آمد قالِ او   خَرْبَط[9] و خر را چه باشد حالِ او؟ ۲۶۵۴

چنانکه گفت: «این پروردگارِ من است». ببین که پندار و توهّمِ مدّعیان و جاهلان تا چه حدّ می‌تواند باشد؟!

---

۱ - **بدرگ** : بدنهاد، بدسرشت. ۲ - **سِگالش** : اندیشیدن. ۳ - **قَدَّرا** : تقدیراً، فرضاً.

۴ - از این بیت سخنان مولانا خطاب به سالکان است.

۵ - مصراع اوّل: نقش‌هایی که خیالِ نقش آفرین پدید می‌آوَرَد؛ یعنی خیالات بیهوده.

۶ - مصراع دوم: صدمه زد و سبب شد که اشتباه بکند: اشارتی قرآنی؛ انعام: ۶/۷۹-۷۶، که بنابر مضمون آیات و بنابر روشِ استدلالی، ابراهیم(ع) ابتدا ستاره، ماه و خورشید را خدا می‌پنداشت؛ امّا با دیدن افول آن‌ها به خدایی روی آورد که افول نمی‌کند: قرآن کریم: ترجمهٔ بهاءالدّین خرّمشاهی، ذیل آیهٔ شریفه، ص ۱۳۷.

۷ - **راد** : جوانمرد. ۸ - مصراع دوم: تحت تأثیر قرار داد.

۹ - **خَربَط** : غاز، مرغابی بزرگ، کنایه از مدّعیانِ معرفت.

غرق گشته عقل‌هایِ چون جِبال[1] در بِحارِ وَهم و گرداب خیال ۲۶۵۵

پندار و توهّم، همانند دریاها و گرداب‌هایی است که عقلِ مردانِ بزرگی را غرق کرده است.

کوه‌ها را هست زین طوفان فُضوح[2] کو امانی؟ جز که در کَشتیِّ نوح[3] ۲۶۵۶

توفانِ «پندار و وهم»، بر عقلِ مردان بزرگ اثر می‌گذارد و تنها راه نجات امدادِ روحانیِ مردان حق است.

زین خیالِ رَهزنِ راهِ یقین گشت هفتاد و دو ملّت، اهلِ دین ۲۶۵۷

در اثر این «پندار و وهم» که راهزنِ راه یقین است، دینداران دچار تفرقه شده‌اند.

مردِ ایقان[4] رَست از وَهم و خیال مویِ ابرو را نمی‌گوید هلال[5] ۲۶۵۸

امّا کسی که به اعتقادِ خود یقین دارد، از «پندار یا وهم» رهایی یافته است و هیچ چیز نمی‌تواند او را متزلزل کند.

وانکه نورِ عُمَّرش[6] نبود سَنَد[7] مویِ ابرویِ کژی راهش زند ۲۶۵۹

کسی که از هدایت و ارشاد استاد کامل بهره‌مند نیست، به سهولت گمراه می‌شود.

صدهزاران کشتیِ با هول و سَهْم[8] تخته تخته گشته در دریایِ وَهْم ۲۶۶۰

تا کنون گروه کثیری از مردان با قابلیّت‌ها و استعدادهایِ عظیم اسیر «پندار یا وهم» شده و نابود گشته‌اند.

کمترین، فرعونِ چُستِ فیلسوف ماهِ او در بُرجِ وَهمی در خسوف[9] ۲۶۶۱

یکی از آن‌ها فرعون است که علی‌رغم زیرکی و دانایی به توهّم و خودبزرگ‌بینی مبتلا شد.

---

۱ - **عقل‌هایِ چون جبال :** عقل‌های چون کوه، یعنی استوار و باعظمت. ۲ - **فُضوح :** رسوایی، بی‌آبرویی.
۳ - **کشتیِ نوح :** دامانِ تربیت، ارشاد و امداد مردان حق. ۴ - **ایقان :** یقین.
۵ - اشاره است به قصّهٔ «هلال پنداشتن آن شخص خیال را در عهد عمر»: بیت ۱۱۳ دفتر دوم به بعد که مردی مویِ ابرویِ خود را که به چشمش افتاده بود، هلال ماه پنداشت. ۶ - **عُمَّرش :** عُمَرِ خود، یعنی مرشدِ خود.
۷ - **سَنَد :** تکیه‌گاه، کسی یا چیزی که می‌توان به آن تکیه کرد.
۸ - **کشتیِ با هول و سهم :** کنایه از کسی که قابلیّت و استعداد زیادی دارد، «سهم» یعنی ترس.
۹ - مصراع دوم: ماهِ او «عقلِ او» در برج پندار دچار خسوف شد.

کس نداند روسپی‌زن[1] کیست آن؟ وانکه دانَد، نیستش بر خود گُمان ۲۶۶۲

به طور معمول مردم ذهنِ پندارگرا و اسیرِ اوهام را نمی‌شناسند یا اگر بشناسند، باور ندارند که ممکن است در موردِ خودشان هم مصداق داشته باشد.

چون تو را وَهمِ تو دارد خیره‌سر از چه گردی گِردِ وَهم آن دگر؟ ۲۶۶۳

چون می‌دانی که «وهم» می‌تواند تو را گیج و از درک حقایق عاجز کند؛ پس به خودت توجّه کن. چه کاری به اوهام دیگران داری؟

عاجزم من از منیِ خویشتن[2] چه نشستی پُر منی تو پیشِ من؟ ۲۶۶۴

من که از خودبینیِ[3] خود به تنگ آمده‌ام، با خودبینیِ تو که به امیدی در برابرم نشسته‌ای چه می‌توانم بکنم؟

بی من و مایی همی جویم به جان تا شوم من گویِ آن خوش صَوْلَجان[4] ۲۶۶۵

آرزو می‌کنم که از این «خودبینی» رهایی یابم تا همانندِ گویی در خَمِ چوگان حق باشم.[5]

هر که بی من شد[6]، همه من‌ها خود اوست دوستِ جمله شد، چو خود را نیست دوست ۲۶۶۶

هر کس که در حق فانی شود، به حقیقتِ هستی اتّصال یافته و کُلّ شده است.

آینه بی نقش شد، یابد بها زانکه شد حاکیِ جمله نَقْش‌ها ۲۶۶۷

آینهٔ وجودش از اوصاف و تعلّقات این جهانی صاف شده و شأنِ واقعی یافته است و می‌تواند حقیقت هر چیز را نشان دهد.

---

۱ – کسی که زن بدکار دارد، اینجا کنایه از ذهنِ اسیرِ اوهام و پندار.
۲ – اینجا مولانا همانند دیگر عارفان خود را در مرتبه‌ای نازل می‌نماید «تجاهلِ عارف»، روشی که در میان استادان طریقت تداول دارد. ۳ – «خودبینی» به عنوان یکی از وجوه «پندارگرایی و اوهام» مطرح شده است.
۴ – **صَوْلَجان :** معرّب چوگان. ۵ – فعل و قول من به خواست حق باشد. ۶ – **بی من :** فانی.

حکایتِ
شیخ محمّدِ سَرزَزیِ غزنوی قَدَّسَ اللهُ سِرَّهُ[1]

زاهدی ریاضت پیشه به نام شیخ محمّد سَرْزَزی در غزنین می‌زیست که در دانش بر اَقرانِ خویش برتر بود و علی‌رغمِ مکاشفاتِ سال‌های زُهد و ریاضت، همواره بی‌تاب و بیقرار بود و به هیچ چیز جز لِقایِ جمالِ حق آرامِ دل نمی‌یافت و چنان از وجود خویش که آن را حجابی برای این لقا می‌پنداشت، سیر شده بود که روزی بر قلّهٔ کوهی رفت و خطاب به حق گفت: اگر جمال خود را به من ننمایی، خویش را از کوه به زیر می‌افکنم. ندایی رسید که هنوز مهلت آن مَکْرُمت فرانرسیده است و اگر از کوه هم به زیر افتی، نخواهی مُرد. شیخ از سرِ درد خود را از کوه به زیر افکند؛ امّا در میان آبی افتاد و زنده ماند و از مهجوری ناله‌ها زد و در حالی که موت را از غیب طلب می‌کرد، خطابی از حق رسید که از صحرا به سوی شهر باز رَوَد و همچون «عبّاس دَبس» به کُدیه پردازد و حاصل آن را به مسکینان برسانَد که این کار برای ذُلِّ نفس وی لازم است.

شیخ که سال‌های بسیاری را در عُزلت گذرانده بود، با شنیدن این خطاب از بیابان به شهر رفت. اهالی غزنین به استقبال وی آمدند و بزرگان او را به کاخ‌های خویش دعوت کردند؛ امّا وی نپذیرفت و به آنان یادآور شد که به فرمان حق برای گدایی و سؤال به شهر بازگشته است؛ پس زنبیل را برگرفت و «شَیْءٌ لِلّه»[2] گویان به دریوزگی پرداخت و در این کار سماجت فراوانی نشان داد؛ مثلاً در یک روز چهار بار برای کُدیه به درِ سرایِ امیر رفت و در آخرین بار امیر از فرطِ غضب او را وقیح و «نرگدا» خواند. شیخ در پاسخ گفت: ای امیر، بدان که این گدایی به اشارت و الهام حق است و تو از آتشِ اشتیاق و سوزِ درون من بی‌خبری؛ پس چندین مجوش و به عاشقان سرسری منگر؛ زیرا به چشمِ عشق در عاشقان می‌توان نظر کرد. با گفتن این سخنان و یادی از عشق که در ضمیر و جان او آتش سوزانی افروخته بود، شیخ گریان شد و های‌هایِ بی‌امان و اشکِ خالصانهٔ غلتان او صداقتی خاص داشت که پرتو آن بر

---

۱ - از معارف بهاء ولد بر می‌آید که در زمان وی هنوز برخی از مریدان شیخ سَرْزَزی در میان یاران وی بوده‌اند؛ بنابراین آنچه را که مولانا در باب این شیخ می‌گوید به احتمال قوی باید مبنی بر روایات و خاطرات بعضی از اصحاب پدرش بوده باشد: بحر در کوزه، ص ۱۵۴.

۲ - چیزی در راهِ خدا بده.

جان امیر زد و او نیز گریان شد؛ سپس از شیخ خواست که هرچه را می‌خواهد، از خزانه برگیرد؛ امّا شیخ عذر آورد که فرمانِ حق مرا موظّف به سؤال کرده است نه انتخاب.

شیخ، مدّت دو سالِ تمام به این سؤال تن در داد تا اشارتی از حق رسید که این دو سال را به فرمان ما سِتاندی و دادی، اینک می‌دِه و مَستان. دست در زیر حصیر کن که ما آن را چون انبان ابوهُریره کردیم در حقِّ تو، هرچه خواهی، آنجا بیابی.

از آن پس هر خواهنده‌ای که به نزد شیخ می‌آمد به قدر نیاز و حاجت خویش دریافت می‌داشت؛ حتّی اگر حاجت خود را بر زبان نمی‌آورد، شیخ از ضمیر او آگاه می‌شد و نیاز وی را برطرف می‌کرد؛ زیرا جان شیخ در پرتو ذُلّ نفس به مرتبهٔ فنا که کمال سلوک است، رسیده بود و بر ضمایر اِشراف داشت.

حقیقت آنکه: این گونه کُدیه را راهبان مسیحی نیز وسیله‌ای برای تذلیل نفس و مایهٔ تلطیف روح می‌شمرده‌اند.

زاهدی در غزنی[1]، از دانش مَزی[2] بُد محمّد نام و کُنیت[3] سَررَزی ۲۶۶۸

محمّد سَرْرَزی، زاهدی از اهالیِ غزنین بود که دانشی برتر از همگنان داشت.

بود اِفطارش سرِ رَز هر شبی هفت سال او دایم اندر مطلبی ۲۶۶۹

هفت سال برای کشف و درکِ چیزِ خاصّی روزه می‌گرفت و با برگ رز افطار می‌کرد.

بس عجایب دید از شاهِ وجود لیک مقصودش جمالِ شاه بود ۲۶۷۰

پروردگار حقایق شگفت‌انگیزی را بر او مکشوف داشته بود؛ امّا او خواهان دیدار جمال حق بود.

بر سَرِ کُه رفت آن از خویش سیر گفت: بنما، یا فُتادم من به زیر ۲۶۷۱

او که از جان سیر شده بود، بر فراز کوهی رفت و گفت: یا جمال را بنما یا خود را به زیر خواهم انداخت.

---

۱ - شیخ اهل غزنین بود و «سَرْرَز» هم قریه‌ای از توابع «چرخ» از قُراء غزنه بوده است: بحر در کوزه، ص ۱۵۴. غزنین از شهرهای افغانستان کنونی است که قبلاً جزو خراسان بزرگ بود.

۲ - **مَزی**: صفت مشبهه از مزیّت به معنی دارای مزیّت و برتری، ممتاز.

۳ - **کُنْیَت**: کنیه نامی است که با «اب، ابن و ام» ساخته می‌شود؛ پس اینجا «سَررَزی» لقب یا شهرت است و مولانا «کُنیه» را در معنی لفظی به کار برده است.

گفت: نامد مُهلتِ آن مَکْرُمت[1] ور فرو افتی، نمیری، نَکْشَمت ۲۶۷۲

ندایی رسید که هنوز هنگام آن کَرَم نرسیده است. اگر هم از کوه بیفتی، نمی‌میری و جانت را نمی‌گیرم.

او فرو افکند خود را از وَداد[2] در میانِ عمقِ آبی اوفتاد ۲۶۷۳

او از فرطِ عشق خود را به زیر افکند؛ امّا میانِ آبِ عمیقی افتاد.

چون نَمُرد از نُکس[3] آن جان‌سیرْ مرد از فراقِ مرگ بر خود نوحه کرد ۲۶۷۴

چون زاهد از جان گذشته نمرد، غمگین شد و گریست.

کین حیات او را چو مرگی می‌نمود کازْ پیشش بازگونه گشته بود ۲۶۷۵

زیرا زندگی را همانند مرگ می‌دید و همه چیز در نظرش وارونه شده بود.

موت را از غیب می‌کرد او کَدی[4] اِنَّ فی مَوْتی حَیاتی[5] می‌زدی ۲۶۷۶

مرگ را به التماس از خدا می‌خواست و بانگ می‌زد: زندگی من در مرگ من است.

موت را چون زندگی قابل[6] شده با هلاکِ جانِ خود یکدل[7] شده ۲۶۷۷

همان‌طور که خلق مشتاق زندگی‌اند او تمایل به مرگ داشت و آن را آرزو می‌کرد.

سیف و خنجر چون علی، ریحانِ او[8] نرگس و نسرین عدوی جانِ او ۲۶۷۸

همانندِ علی(ع) شمشیر و خنجر برایش گل و ریحان بود و نرگس و نسرین چون دشمنِ جان؛ یعنی سختی و رنج‌های راه حق برای او خوشایند بود.

بانگ آمد: رو ز صحرا سویِ شهر بانگِ طُرفه[9]، از وَرایِ سِرّ و جَهر[10] ۲۶۷۹

ندایی شگفت‌انگیز از عالم غیب رسید که از صحرا به شهر برو.

---

۱ - **مَکْرُمت** : نواخت. ۲ - **از وَداد** : از محبّت حق.
۳ - **نُکس** : بازگشت بیماری، سستی، اینجا صدمه یا آسیب. ۴ - **کَدی** : تکدّی، گدایی.
۵ - بخشی از بیتی منسوب به حلاّج: ر.ک: ۳۹۴۹/۱. ۶ - **قابل** : مایل، تمایل «اشتیاق».
۷ - **یک‌دل** : موافق، اینجا آرزومند.
۸ - ناظر است به بیتی منسوب به مولا علی(ع):
وَٱلسَّیفُ وَٱلْخَنْجَرُ رَیْحانُنا أُفٍّ عَلَی ٱلنَّرجِسِ وَٱلآسِ
: ر.ک. نثر و شرح مثنوی شریف، عبدالباقی گولپینارلی، ج ۳، ص ۳۳۰. ۹ - **طُرفه** : شگفت و تازه.
۱۰ - **از وَرای سِرّ و جَهر** : از ورای نهان و آشکار، عالمِ غیب.

گفت: ای دانایِ رازم مو بـه مـو! چه کنم در شهر از خـدمت؟ بگـو ۲۶۸۰

شیخ گفت: ای کسی که اسرار مرا مو به مو می‌دانی، در شهر چه خدمتی را انجام دهم؟

گفت: خـدمت آنکه بهر ذُلِّ نفس خویش را سازی تو چون عَبّاسِ دَبس[1] ۲۶۸۱

نداگفت: خدمت این است که برای خوار کردن نَفْس باید، همانند عبّاس دَبس شوی.

مـدّتی از اغـنیا زر مـی‌ستان پس به درویشانِ مسکین می‌رسان ۲۶۸۲

مدّتی از ثروتمندان طلا بگیر و به بینوایان بده.

خدمتت این است تا یک چندگـاه گفت: سَمْعاً، طـاعَةً ای جـان‌پناه! ۲۶۸۳

تا مدّتی خدمتت همین است. شیخ گفت: ای پناهِ جان، شنیدم، اطاعت می‌کنم.

بس سؤال و بس جـواب و مـاجرا بُـد مـیانِ زاهـد و رَبُّ الْوَریٰ[2] ۲۶۸۴

میان زاهد و پرودگار سؤال و جواب و گفت‌وگوهای بسیار ردّ و بدل شد.

کـه زمین و آسمان پُـر نور شد در مـقالات[3] آن هـمه مـذکور شد ۲۶۸۵

که زمین و آسمان را منوّر کرد و در مجالسِ عارفان و صوفیان ذکر شده است.

لیک کـوته کـردم آن گـفتار را تـا نـنوشد[4] هـر خسی اَسرار را ۲۶۸۶

امّا من برای آنکه هر آدم فرومایه‌ای آن رازها را نشنود، سخن را کوتاه کردم.

---

۱ - **عبّاس دَبس** : نمونهٔ کامل گدای بیکاره و طمّاع که به سبب حرص و طمع به هرگونه مذلّت تن در می‌داد. از اشارت‌هایی که در اسرارنامهٔ عطّار و جوامع‌الحکایات عوفی و در لطایف الطوایف صفی در باب وی هست، بر می‌آید که حکایات این شیخ و اوستادِ گدایانِ نیشابور در خراسان غالباً با ذوق و علاقه نقل می‌شده است: بحر درکوزه، ص ۲۷۸. ۲ - **رَبُّ الْوَریٰ** : پروردگارِ مخلوقات.

۳ - مسلّماً مُراد از مقالات، فیه ما فیه نیست، شاید معارف بهاء ولد یا شرح شفاهی آن باشد که مخاطبان مثنوی آن را از زبان مولانا می‌شنیده‌اند و یا مقالات دیگری از خودِ مولانا محتملاً مورد نظر است که گه‌گاه بعضی مطالب آن‌ها در مناقب العارفین افلاکی هم دیده می‌شود: بحر درکوزه، ص ۱۵۴. ۴ - **ننوشد** : مخفّف ننیوشد، نشنود.

آمدنِ شیخ بعد از چندین سال از بیابان به شهرِ غزنین و زنبیل گردانیدن[۱] به اشارت غیبی و تفرقه کردنِ[۲] آنچه جمع آید بر فقرا
هر که را جـانِ عـزّ لبّـیک است[۳] نامه بر نامه پیک بر پیک است[۴]
چنانکه روزنِ خانه باز باشد، آفتاب و ماهتاب و باران و نامه و غیره منقطع نباشد

رُو بـه شـهر آورد آن فـرمان پـذیر شهرِ غـزنین گشت از رُویش مُـنیر ۲۶۸۷

شیخِ مطیع به شهر رفت. غزنین از چهرهٔ تابناکش منوّر شد.

از فـرح خـلقی بـه استقبال رفت او در آمـد از رهِ دزدیـده تَـفت[۵] ۲۶۸۸

عدّه‌ای با شادی به پیشواز رفتند؛ امّا او از بیراهه وارد شهر شد.

جـمله اعـیان و مِـهان بـرخاستند قـصرها از بـهرِ او آراستند ۲۶۸۹

همهٔ اشراف و بزرگان به تکاپو افتادند و برایش قصرهایی را آماده کردند.

گـفت: مـن از خـودنمایی نـامَدَم جز بـه خـواری و گـدایی نـامَدَم ۲۶۹۰

او گفت: من برای خواری و گدایی آمده‌ام نه برای جلب توجّه و کسب شهرت.

نـیستم در عـزمِ قـال و قـیلْ مـن در به در گردم، به کـف زنـبیل مـن ۲۶۹۱

در صدد مباحثه نیستم. می‌خواهم زنبیلی به دست بگیرم و گدایی کنم.

بـنده‌فرمانم، کـه امـر است از خـدا کـه گـدا بـاشم، گـدا بـاشم، گـدا ۲۶۹۲

بندهٔ فرمان حق هستم که امر کرده است که گدایی کنم و گدا باشم.

در گـدایـی لفـظِ نـادر نـاوَرَم جـز طـریقِ خَس‌گـدایـان نسـپَرَم ۲۶۹۳

هنگام تکدّی، سخنی از معارف نمی‌گویم و جز روش گدایانِ فرومایه را نخواهم داشت.

تـا شـوم غـرقهٔ مـذلّت مـن تـمام تا سَقَط‌ها[۶] بشنوم از خاص و عـام ۲۶۹۴

تا بدین ترتیب کاملاً خوار و حقیر باشم و از خاصّ و عام ناسزا بشنوم.

---

۱ - **زنبیل گردانیدن :** گدایی کردن. ۲ - **تفرقه کردن :** تقسیم کردن.

۳ - هر کس که جانش چنان شرفی یابد که از خدا پاسخ شنود. یعنی دعایش با اجابت حق مقرون باشد.

۴ - بیت منسوب به سنایی است؛ امّا در حدیقهٔ تصحیح مدرّس رضوی نیست: نثر و شرح مثنوی شریف، ج سوم، ص ۳۳۱. ۵ - **تَفت :** شتاب. ۶ - **سقط :** دشنام.

۲۶۹۵ امرِ حق جان است و من آن را تَبَع　　او طـمع فـرمود، ذَلَّ مَـنْ طَـمَع[۱]

فرمان حق عزیز است و من پیرو آن هستم. او مرا به طمع امر فرمود و طمع‌کننده خوار می‌شود.

۲۶۹۶ چون طمع خواهد ز من سلطانِ دین　　خاک بر فرقِ قـناعت بـعد از ایـن

چون پروردگار از من طمع می‌خواهد، بعد از این خاک بر سر قناعت.

۲۶۹۷ او مذلّت[۲] خواست، کِی عزّت تَنَم؟　　او گدایی خواست، کِی میری کُـنم؟

چون او خواری‌اَم را می‌خواهد، عزّت نمی‌خواهم. او گدایی‌اَم را می‌خواهد؛ پس امیری نمی‌خواهم.

۲۶۹۸ بعد از این کَدّ[۳] و مذلّت، جـانِ مـن　　بیست عـبّاس[۴] اَنـد در انـبانِ[۵] مـن

بعد از این، عزیزترین چیزها نزد من گدایی و خواری است. از سمج‌ترین گدایان نیز سمج‌تر هستم.

۲۶۹۹ شیخ بر می‌گشت زنـبیلی بـه دست　　شَیْءٌ لِلّٰه خواجه! توفیقیت هست؟

شیخ زنبیل به دست می‌گشت و می‌گفت: خواجه، اگر توفیق داری، چیزی در راه خدا بده.

۲۷۰۰ بـرتر از کـرسی و عـرش اسـرارِ او　　شَـیْءٌ لِـلّٰه شَـیْءٌ لِـلّٰه، کـارِ او

شیخی که به سبب جان منوّرش با علوم و اسرار الهی آشنا بود، گدایی می‌کرد.

۲۷۰۱ انـبیا هـر یک هـمین فـن مـی‌زنند　　خلقْ مفلس، کُـدیه ایشـان مـی‌کنند

هر یک از انبیا هم همین‌طور بوده‌اند و با بی‌نیازی، از خلقِ نیازمند کمک می‌خواسته‌اند.

۲۷۰۲ اَقْرِضُوا اللّٰه[۶] اَقْرِضُوا اللّٰـه مـی‌زنند　　بـاژگون بـر اُنْـصُرو اللّٰـه[۷] مـی‌تَنَند

می‌گفتند: «به خدا قرض بدهید، به خدا قرض بدهید» و از مردم می‌خواستند که خدا را یاری کنند، در حالی که به این ترتیب خلق به خود کمک می‌کردند؛ زیرا از حمایت خداوند برخوردار می‌شدند.

---

۱ - اشاره به این عبارت: قانع عزّت می‌یابد و طامع خواری: ر.ک: ۱۹۴۳/۵.　۲ - **مذلّت** : خواری.
۳ - **کَدّ** : تکدّی، گدایی.　۴ - **عبّاس** : عبّاس دَبس: ر.ک: ۲۶۸۱/۵.　۵ - **انبان** : کیسه.
۶ - أَقْرِضُوا اللّٰه: مزّمّل: ۲۰/۷۳ و حدید: ۱۸/۵۷.　۷ - أَنْصُروا الله: خدا را یاری کنید: اشاره به: محمّد: ۷/۴۷.

در بـه در ایـن شـیخ مـی‌آرد نـیاز   بر فلک صـد در[1] بـرای شـیخ بـاز ۲۷۰۳

شیخ برای تکدّی به هر دری رو می‌کرد، در حالی که درهای آسمان به رویش باز بود.

کآن گدایی کـه بـه جِـد مـی‌کرد او   بـهرِ یـزدان بـود، نـه از بـهرِ گـلو[2] ۲۷۰۴

زیرا جدّیتش در سؤال برای خدا بود، نه برای خود.

ور بکـــردی نـــیز از بـــهرِ گـــلو   آن گـــلو از نـــورِ حـــق دارد غُـلو[3] ۲۷۰۵

اگر برای «خود» هم بود، اشکالی نداشت؛ زیرا آن وجود پر از نورِ خدا بود.

در حقِ او، خوردِ نان و شهد و شیر   بِه ز چِلّه، وز سه روزهٔ[4] صـد فـقیر ۲۷۰۶

«خوردن» او بهتر از چلّه‌نشینی و روزه‌های طولانی دیگران است.

نور می‌نوشد، مگو نـان مـی‌خورد[5]   لاله می‌کارد، بـه صـورت مـی‌چرد ۲۷۰۷

او از نورِ حق سیراب می‌شود، نه از نان؛ زیرا نان به نور بدل مـی‌گردد و از آن گُـل‌هایِ معرفت می‌روید.

چون شراری کو خورد روغن ز شمع[6]   نور افـزایـد ز خـوردش بـهر جـمع ۲۷۰۸

همانندِ شعله‌ای که از موم شمع بهره می‌بَرَد تا به حاضران نور ببخشد.

نان خوری را گفت حق: لا تُسْرِفُوا[7]   نور خوردن را نگـفته‌ست: اِکْـتَفُوا[8] ۲۷۰۹

خداوند در مورد نان گفته است: «زیاده‌روی نکنید»، نور را نگفته که بس کنید.

آن گـــلویِ ابــتلا بُــد، ویــن گــلو   فــارغ از اِســراف و آمِــن از غُـلو ۲۷۱۰

گلوی ظاهری مایهٔ بلا و دردسر است؛ امّا گلویِ باطنی از اسراف و افراط در امان است.

امر و فرمان بود، نه حرص و طـمع   آنچنان جـان حـرص را نَـبْوَد تَـبَع ۲۷۱۱

او از فرمان پیروی می‌کرد، نه از حرص و طمع. چنان جان منوّری حریص نیست.

---

۱ - **صد در**: درهای زیادی.   ۲ - **از بهرِ گلو**: برای خوردن یا نیازهای دنیوی.

۳ - **غُلُو**: غُلُوّ، زیاده‌روی، اینجا «پر بودن».

۴ - **سه روزه**: سه روز روزهٔ پیاپی که افطار نکنند، مراد روزه‌های طولانی است.

۵ - هرچه که بخورد نور می‌شود.

۶ - همانند شعله‌ای که روغن شمع را می‌خورد، کاملان مثل شمع‌اند که خوردن آنان برای نورافشانی و بهره رساندن به دیگران است.   ۷ - **لا تُسْرِفُوا**: اسراف نکنید: اعراف: ۳۱/۷.   ۸ - **اِکْتَفُوا**: بسنده کنید.

گــر بگــوید کــیمیا مِس را: بــدِه   تو به من خود را، طمع نَبْوَد فِره[۱] ۲۷۱۲

اگر کیمیا به مس بگوید: خود را در اختیار من قرار بده، در این سخن طمعی نیست؛ زیرا مس تبدیل به زرّ می‌شود و برای خودِ کیمیا سودی در بر ندارد.

گــنج‌هایِ خــاک تــا هــفتم طَبَق   عرضه کرده بود پیشِ شیخ، حــق ۲۷۱۳

خداوند گنج‌های زمین را تا طبقهٔ هفتم آسمان بر شیخ عرضه کرده بود.

شــیخ گــفتا: خــالقا! مــن عــاشقم   گــر بــجویم غــیرِ تــو، مــن فــاسقم ۲۷۱۴

شیخ گفت: ای آفریننده، من عاشقم، اگر جز تو چیزی بخواهم، به عشق خیانت کرده‌ام.

هشت جــنّت گــر در آرَم در نــظر[۲] **ورکنم خدمت من از خوفِ سَــقَر**[۳] ۲۷۱۵

اگر بهشت بخواهم و یا از دوزخ بترسم،

مــؤمنی بــاشم سلامت‌جوی مــن   زانکــه ایــن هــر دو بُــوَد حــظِّ بــدن ۲۷۱۶

مؤمن عافیت‌طلبی هستم؛ زیرا آن‌ها هر دو ناشی از توجّه به لذّت‌های مادّی است.

عاشقی کز عشقِ یزدان خورد قُوت[۴] **صــد بَــدَن پــیشش نــیرزد تَــرّه‌تُوت**[۵] ۲۷۱۷

عاشقی که از عشق حق بهره‌مند است، تن و مادّه در نظرش هیچ شأنی ندارد.

وین بدن کــه دارد آن شــیخ فِــطَن[۶] **چیز دیگر گشت، کم خوانَش بــدن** ۲۷۱۸

بدن شیخِ آگاه در پرتو تابشِ نورِ جان، صفات جان را یافته است، آن را «تن» نخوان.

عــاشقِ عشــقِ خــدا و آنگــاه مُــزد   جــبرئیل مُــؤتَمَن[۷] **و آنگــاه دزد؟** ۲۷۱۹

عاشق حق برای عشقِ خود مزد نمی‌خواهد، او همانند جبرائیل مورد اعتماد است و اگر خواهان چیزی جز حق باشد، به عشق خیانت کرده است.

---

۱ - **فِره**: غالب، چیره.   ۲ - اگر هشت بهشت را در نظر داشته باشم؛ یعنی آن را بخواهم.
۳ - **سَقَر**: دوزخ.   ۴ - که از عشق الهی روزی خورَد؛ یعنی عاشق حق باشد.
۵ - **تَرّه‌تُوت**: توتِ کال و نارس، اینجا چیز بی‌قدر و بی‌اهمیّت.
۶ - **فِطَن**: جمع فِطْنَه به معنی زیرکی، هوشیاری، فَطِن: هوشمند.   ۷ - **مؤتَمَن**: امین.

عــــاشقِ آن لیــلیِ کــور و کــبود مُلکِ عالَم پـیش او یک تَـرّه[1] بـود ۲۷۲۰

عاشقِ لیلی که از نظرِ ظاهری زیباییِ چندانی هم نداشت، چنان در عشق محو بود که مُلکِ عالم به چشمش هیچ بود.

پیش ِ او یکسان شده بُد خاک و زر زر چه باشد؟ که نَبُد جان را خـطر ۲۷۲۱

نزد او خاک و زر یکسان بود. چه جای زر که جان هم در نظرش قدری نداشت.

شیر و گُرگ و دَد از او واقف شـده همچو خویشان گِـردِ او گِـرد آمـده ۲۷۲۲

درندگان از حال او واقف بودند و همانند خویشان گِردِ او جمع می‌شدند.

کین شده‌ست از خویِ حیوان پاکْ پاک پُر ز عشق و لَحم[2] و شَحمش[3] زَهرناک ۲۷۲۳

آن‌ها می‌گفتند: این آدم از صفاتِ حیوانیِ پاک شده و وجودش پر از عشق است. گوشت و پیه‌اش خوردنی نیست، کشنده است.

زهــرِ دَد[4] بــاشد شکــرریز[5] خِـرَد زانکــه نـیکِ نـیک بـاشد ضـدِّ بـد ۲۷۲۴

تراوشاتِ عقلِ متعالی، «وجه مادّی» نَفْس آدمی را محو می‌کند؛ زیرا نور ضدِّ ظلمت است.

لَــحمِ عــاشق را نــیارَد خــورد دَد عشقْ معروف است پیش ِ نیک و بد[6] ۲۷۲۵

درنده نمی‌تواند گوشتِ عاشق را بخورد؛ زیرا عشق را همه می‌شناسند.

ور خورد خود فی المَثَل دام و دَدَش گوشتِ عاشق زهر گردد، بُکشَدَش[7] ۲۷۲۶

و اگر هم جانور اهلی یا درنده‌ای گوشتِ او را بخورد، همانندِ زهر وی را می‌کُشد.

هر چه جز عشق است، شد مأکولِ[8] عشق دو جـهان یک دانـه پـیش ِ نُـولِ[9] عشـق ۲۷۲۷

همه چیز در برابر عشق محو می‌شود. عشق مانند پرنده‌ای است که دو جهان در برابر منقارش دانه‌ای بیش نیست.

---

۱ - **تَرّه** : تره‌بار، اینجا هر چیزِ بی‌قدر. ۲ - **لَحم** : گوشت. ۳ - **شَحم** : پیه.

۴ - **دَد** : مراد «وجه مادّی» یا نازل‌ترین وجه نفس آدمی است.

۵ - **شکرریز** : شکر ریختن، یعنی تراوشات یا افاضات.

۶ - اشاره است به «حُبّ ذاتی» و سَرَیان عشق در کُلّ کاینات.

۷ - شاید اشاره به این سخن باشد: لُحُومُ الْعُلَماءِ مَسْمُومَةٌ : گوشت عالمان زهرناک است: نثر و شرح مثنوی شریف، ج سوم، ص ۳۳۲. ۸ - **مأکول** : خورده شده. ۹ - **نُول** : نوک، منقار.

دانه‌یی مر مرغ را هرگز خورَد؟ کاهدان[1] مر اسب[2] را هرگز چَرَد؟ ۲۷۲۸

آیا «دانه» می‌تواند پرنده را بخورد و یا «کاهدان» اسب را؟

بندگی کن تا شوی عاشق لَعَل[3] بندگی کسبی‌ست، آید در عمل[4] ۲۷۲۹

بندگی کن، شاید تو هم عاشق شوی؛ زیرا استمرارِ بندگی جان را ارتقا می‌دهد و تأثیرش می‌تواند «عاشقی» باشد.

بنده آزادی طمع دارد ز جَد[5] عاشق آزادی نخواهد تا اَبَد ۲۷۳۰

هر بنده‌ای آرزو می‌کند که بخت نصیبش شود و او را به آزادی برسانَد؛ امّا عاشقِ حق جز این عشق که در واقع ظهورِ «آزادگی» است، آزادی دیگری نمی‌خواهد.

بنده دایم خلعت[6] و اِدرارْجوست[7] خلعتِ عاشق همه دیدارِ دوست ۲۷۳۱

«بنده»، همواره جویایِ پاداش است، در حالی که «عاشق» جز شهودِ حق پاداشی نمی‌شناسد.

در نگنجد عشق در گفت و شنید عشق دریایی است قعرش ناپدید ۲۷۳۲

«عشق» در سخن و بیان نمی‌گنجد؛ زیرا دریایی است که عمق آن معلوم نیست.

قطره‌هایِ بحر را نتوان شمرد هفت دریا[8] پیشِ آن بحر است خُرد ۲۷۳۳

قطره‌های دریا را نمی‌توان شمرد؛ پس «عشق» غیر قابل وصف است. هفت دریا در برابر دریای عشق هیچ نیست.

این سخن پایان ندارد ای فلان! باز رو در قصّهٔ شیخِ زمان ۲۷۳۴

ای فلان، این سخن پایان‌ناپذیر است، بهتر است به قصّهٔ شیخِ زمان باز گردیم.

---

۱ - **دانه و کاهدان**: کنایه از هر دو جهان. ۲ - **اسب**: کنایه از عشق. ۳ - **لَعَلَّ**: شاید.
۴ - **کسبی‌ست آید در عمل**: کاری است که نتیجه می‌دهد. ۵ - **جَد**: بخت و اقبال.
۶ - **خلعت**: جامهٔ فاخر که بزرگی عطا کند، اینجا پاداش. ۷ - **ادرار**: مستمرّی، حقوق.
۸ - **هفت دریا**: ر.ک: ۱۳۸۱/۱.

در معنیِ لَوْلاکَ لَما خَلَقْتُ اَلاَفلاک[1]

شد چنین شیخی گدایِ کو بـه کـو   عشــق آمــد لاأُبــالی[2]، اِتَّــقُوا[3] ۲۷۳۵

چنین شیخی گدایی شد که کوی به کوی می‌گشت. عشق، بی‌پروا آمد، مواظب باشید.

عشـق جُـوشَد بـحر را مـانندِ دیگ   عشـق سـایَد کـوه را مـانندِ ریگ ۲۷۳۶

«عشق» می‌تواند دریای عظیمی را، همانند دیگی به جوش آوَرَد و کوهی را مثل ریگ خُرد کند.

عشق بشکافد فلک را صد شکاف[4]   عشــق لرزانـد زمـین را از گـزاف[5] ۲۷۳۷

«عشق» آسمان را می‌شکافد و زمین را می‌لرزاند.

با مـحمّد بـود عشـقِ پـاک جـفت   بهرِ عشق او را خـدا لَـوْلاک گـفت ۲۷۳۸

چون وجود محمّد(ص) سرشار از عشق حق بود، خداوند به او گفت: اگر تو نبودی... .

منتهیٰ[6] در عشق، چون او بود فـرد   پس مر او را ز انبیا تخصیص کـرد ۲۷۳۹

چون او تنها کسی بود که در عشق حق به نهایت رسید، خداوند از میان پیامبران او را به این خطاب مخصوص کرد.

گــر نــبودی بــهرِ عشقِ پـاک را   کِـی وجــودی دادمـی افـلاک را؟ ۲۷۴۰

اگر برای «عشق» نبود عالم را نمی‌آفریدم.

مـن بـدان افـراشـتم چـرخِ سَـنی[7]   تـا عُـلُوِّ عشــق را فــهمی کـنی ۲۷۴۱

آسمان بلند را برافراشتم تا رمزی از رفعت و بلندیِ مقام عشق باشد.

مــنفعت‌هایِ دگـر آیـد ز چــرخ   آن چو بیضه[8] تابع آید، این چو فَرْخ[9] ۲۷۴۲

وجود آسمان و افلاک منافع دیگری هم دارد؛ امّا «عشق» اصل آن است و منافع دیگر فرعِ آن؛ پس «عشق» را می‌توان به جوجه یا مرغ مانند کرد و نتایج دیگر را به تخم مرغ.

خاک را من خـوار کـردم یکسـری   تــا ز ذُلِّ عــاشقان بـویی بـری ۲۷۴۳

«خاک» را پست آفریدم تا بدانی که در راهِ عشقِ حق باید خوار و پست بود.

---

۱ - اشاره به حدیث: ر.ک: ۹۷۶/۲: «اگر تو نبودی آسمان‌ها را نمی‌آفریدم». ۲ - **لا اُبالی** : بی‌پروا.
۳ - **اِتَّقُوا** : بترسید، بپرهیزید. ۴ - **صد شکاف** : صد شکاف ایجاد می‌کند؛ یعنی می‌شکافد.
۵ - **گزاف** : بسیار زیاد. ۶ - **منتهیٰ** : به انتها رسیده. ۷ - **سنی** : بلند. ۸ - **بیضه** : تخم مرغ.
۹ - **فَرْخ** : جوجه.

خـــاک را دادیـــم ســـبزی و نـوی   تـــا ز تـــبدیلِ فـــقیر آگـــه شـــوی ۲۷۴۴

همین خاک را سبز و خرّم نیز می‌کنیم تا نشانی باشد از تحوّل و تبدیلِ درونی عاشقان حق که از مراتب پست مادّی به مراتب عالی معنوی می‌رسند.

با تو گـویند ایـن جـبالِ راسـیات[1]   وصفِ حـالِ عـاشقان انـدر ثـبات ۲۷۴۵

کوه‌های استوار نشانی از ثبات و پایداریِ عاشقان در عشق‌اند.

گرچه آن معنی‌ست و این نقش، ای پسر!   تـــا بـــه فـــهمِ تـو کـند نـزدیک‌تر ۲۷۴۶

ای پسر، هرچند که آن ثبات باطنی است و ایـن ظـاهری؛ امّـا تشبیه آن را بـه فـهم تـو نزدیک‌تر می‌کند.

غـــصّه را بـــا خـــار تشبیهی کـنند   آن نـــباشد، لیک تـــنبیهی[2] کـــنند ۲۷۴۷

مثلاً «غصّه» را به خار تشبیه می‌کنند؛ ولی «غم»، خار نیست، این تشبیه برای آگاه کردن است.

آن دلِ قاسی[3] که سنگش خوانـدند   نـــامناسب بُـــد، مـــثالی رانـــدند ۲۷۴۸

اینکه دلِ سخت را سنگ می‌گویند، دل و سنگ تناسبی با هم ندارند و آن را مثال می‌آورند.

در تـــــصوّر در نـــــیاید عـــینِ آن   عیب بر تصویر نِـهْ، نـفی‌اَش مـدان ۲۷۴۹

حقیقتِ آن را نمی‌توان تصوّر و یا بیان کرد؛ پس اصلِ مـوضوع را نـفی نکـن. عـیب در تصویرها و یا مثال‌هاست که چندان رسا نیست.

رفتنِ این شیخ درِ خانهٔ امیری بـهرِ کُـدیه، روزی چهار بار به زنبیل به اشارت غیب، و عِتاب کردنِ امیـر او را بدآن وقاحت، و عـذر گفتـنِ او امیـر را

شیخ روزی چار کرّت[4] چون فـقیر   بـــهرِ کُـــدیه[5] رفت در قـصرِ امـیر ۲۷۵۰

شیخ یک روز چهار بار، مانند گدایان برای گدایی به قصر امیر رفت.

---

۱ - **جبالِ راسیات**: کوه‌های استوار. ۲ - **تنبیه**: آگاهی. ۳ - **قاسی**: سخت. ۴ - **کرّت**: دفعه، بار.
۵ - **کُدیه**: گدایی.

دفتر پنجم ۴۰۹

در کَفَش زنبیل و شَی لِلّه زنان: خالقِ جان می‌بجوید تایِ نان! ۲۷۵۱

زنبیلی به دست داشت و می‌گفت: چیزی در راه خدا بدهید. پروردگار قرصی نان طلب می‌کند.

نعل‌هایِ بازگونه[1]ست ای پسر! عقلِ کُلّی را کند هم خیره سر ۲۷۵۲

ای پسر، کارهایی که ظاهر و باطنش یکی نیست، عقل کُلّی را هم متحیّر می‌کند.

چون امیرش دید، گفتش: ای وقیح! گویمت چیزی، مَنِه نامم شَحیح[2] ۲۷۵۳

چون امیر او را دید، گفت: ای بی‌شرم، حرفی به تو می‌زنم؛ ولی از سرِ نظرتنگی و بُخل نیست.

این چه سَغری[3] و چه روی است و چه‌کار؟ که به روزی اندر آیی چار بار ۲۷۵۴

این چه پوست کلفتی و پررویی و چه کاری است که در یک روز چهار بار می‌آیی؟

کیست اینجا شیخ! اندر بندِ تو؟ من ندیدم نرگدا[4] مانند تو ۲۷۵۵

ای شیخ، اینجا هیچ کس به تو محل نمی‌گذارد. من گدایی به پررویی تو ندیده‌ام.

حُرمت و آبِ گدایان برده‌ای این چه عبّاسیِ[5] زشت آورده‌ای؟ ۲۷۵۶

احترام و آبروی گدایان را برده‌ای. از این گدابازی زشت چه منظوری داری؟

غاشیه[6] بر دوشِ تو عبّاسِ دَبس[7] هیچ مُلحد را مباد این نَفْسِ نحس ۲۷۵۷

سمج‌ترین گدایان هم به پای تو نمی‌رسند. خدا چنین نَفْسِ شومی را نصیب هیچ کافری نکند.

گفت: امیرا ! بنده‌فرمانم، خموش ز آتشم آگه نه‌ای، چندین مجوش ۲۷۵۸

شیخ گفت: ای امیر، خاموش باش که فرمان حق را اطاعت می‌کنم. از آتشِ درونم آگاه نیستی، این همه جوش نزن.

بهرِ نان در خویش حرصی دیدمی اِشکم نان‌خواه را بدریدمی ۲۷۵۹

اگر در وجودم طمعی برای نان می‌دیدم، شکمِ حریص خود را پاره می‌کردم.

---

۱ - **نعل بازگونه** : نعلی که به‌طور وارونه به پای ستور می‌زدند تا از اثر آن بر روی زمین، مردم گمراه شوند و گمان کنند که سوار در جهت مخالف رفته است. ۲ - **شَحیح** : بخیل.

۳ - **سَغری** : مخفّف «ساغری»، یعنی پوستِ کلفت، کنایه از بی‌شرمی. ۴ - **نرگدا** : گدایِ پررو.

۵ - **عبّاسی** : اینجا گدایی.

۶ - **غاشیه** : پوشش زین اسب، «غاشیه‌داری» کنایه از اطاعت و فرمانبرداری، اینجا چاکر یا شاگرد.

۷ - **عبّاس دَبس** : نمونهٔ کاملِ گدای حریص: ر.ک: ۲۶۸۱/۵.

هفت سال از سوزِ عشقِ جسم‌پز   در بیابان خورده‌ام من برگِ رَز ۲۷۶۰

هفت سال از آتشِ عشقی که تمام وجودم را می‌سوزانید، غذایم در بیابان برگ تاک بود.

تا ز برگِ خشک و تازه خوردنم   سبز گشته بود این رنگِ تنم ۲۷۶۱

از بس که برگ خشک و تازه خوردم، بدنم سبز رنگ شده بود.

تا تو باشی در حجاب بوآلبَشَر   سرسری در عاشقان کمتر نگر ۲۷۶۲

تو که فقط می‌توانی همین زندگی دنیوی را درک کنی و از احوال معنوی چیزی نمی‌دانی، اجازه نداری عاشقان را سرسری و نسنجیده نگاه کنی؛ زیرا حالشان ماورای درک توست.

زیرکان[1] که مویها بشکافتند   عِلمِ هیأت[2] را به جان دریافتند ۲۷۶۳

زیرکانی که با سعی و دقّتِ تمام علم هیأت را فراگرفتند،

علم نارنجات[3] و سِحر و فلسفه   گرچه نشناسند حقَّ آلمَعْرِفَه[4] ۲۷۶۴

هرچند که از درکِ حقیقتِ علومی مانند طلسم، جادو و فلسفه نیز عاجز ماندند،

لیک کوشیدند، تا امکانِ خود   بر گذشتند از همه اَقرانِ خود ۲۷۶۵

امّا در حدّ توان کوشیدند تا از امثالِ خود جلو افتادند.

عشق غیرت کرد و ز ایشان درکشید   شد چنین خورشید ز ایشان ناپدید ۲۷۶۶

چون تمام توجّه‌شان به علومِ این جهانی بود، غیرتِ حق اجازه نداد که حقایق را ببینند.

نورِ چشمی کو به روز استاره دید   آفتابی چون از او رُو درکشید؟[5] ۲۷۶۷

چشمِ تیزبینی که در روز می‌توانست ستاره‌ها را ببیند، چطور نتوانست آفتاب را ببیند؟

زین گذر کن، پندِ من بپذیر هین!   عاشقان را تو به چشمِ عشق بین ۲۷۶۸

آگاه باش، پند مرا بشنو و از این موضوع بگذر. با چشمِ عشق عاشقان را ببین.

---

۱ - **زیرک**: هوشیار، طعنی در حقّ عالمانِ علومِ این جهانی که علمشان نتوانست سبب معرفت به حقایقِ کُلّی باشد.

۲ - **علم هیأت**: علمی که از احوال اجرام سماوی بحث می‌کند.

۳ - **نارنَج**: معرّبِ نیرنگ، «علم نارنجات» یعنی استفاده از نیروهایِ خفی برای انجام امور شگفت‌انگیز و یا خارق عادت. ۴ - **حقُّ المَعرِفَه**: رَسیدن به معرفت حقیقی.

۵ - عقلِ جزوی «عقلِ نظری» علی‌رغمِ دقّت و نکته سنجی‌اش از درکِ حقیقت ناتوان است.

۲۷۶۹ **وقتْ نازک باشد، و جان در رَصَـد   با تو نتوان گفت آن دم عـذرِ خَـود**

اینک برای من زمانِ خاصّی است و جانم کاملاً متوجّه پروردگار است و نمی‌توانم عذر خود را برایت بگویم.

۲۷۷۰ **فهم کـن، مـوقوفِ آن گـفتن مـباش   سینه‌هایِ عـاشقان را کـم خـراش**

با همین اندکی که گفتم، نکته را دریاب و منتظرِ پاسخی بیش از این نباش و دل عاشقان را آزرده نکن.

۲۷۷۱ **نه گمانی بـرده‌ای تـو زیـن نشـاط؟   حـزم را مگـذار، مـی‌کن احـتیاط**

اینکه جانِ عاشق به سبب اجرای فرمان معشوق به چه نشاط و انبساطی می‌رسد، امری است که تو از آن بویی هم نبرده‌ای؛ پس دوراندیشی را از دست نده و قضاوت نکن.

۲۷۷۲ **واجب است و جایز است و مُستحیل[1]   این وسط را گیر در حَزم، ای دخیل[2] !**

در دنیا، عملِ ما سه حالت بیشتر ندارد، یا «واجب» است مثل اجرایِ امر پروردگار یا «جایز» است در امور مشروع و حلال و یا «غیرجایز»، یعنی ناپسند. تو که این معانی را نمی‌دانی، محتاط باش و حدّ وسط را رعایت کن.

گریان شدنِ امیر از نصیحتِ شیخ و عکسِ صدقِ او،[3] و ایثار کردنِ مخزن[4] بعد از آن گستاخی، و اِستعصامِ[5] شیخ و قبول ناکردن و گفتن که: من بی‌اشارت نیارم تصرّفی کردن

۲۷۷۳ **این بگفت و گریه در شد های های   اشکْ غلطان بر رُخِ او جای جـای**

شیخ این سخنان را گفت و های های به گریه افتاد. اشک از هر طرفِ چهره‌اش جاری شد.

۲۷۷۴ **صـدقِ او هـم بـر ضـمیرِ مـیر زد   عشق هر دم طُرفه[6] دیگی مـی‌پَزَد[7]**

پرتوِ صداقت او در دلِ امیر اثر گذاشت. عشق هر لحظه جلوهٔ تازه‌ای دارد.

---

۱ - **مُستَحیل** : ناممکن.
۲ - **دَخیل** : آنکه در کارِ کسی دخالت کند، درآینده، اینجا کسی که از معانی و معارف چیزی نمی‌داند، سالکِ مبتدی.   ۳ - **عکسِ صدقِ او** : بازتابِ صداقت او در دل امیر.
۴ - **ایثار کردن مخزن** : بخشیدن گنجینهٔ خود.   ۵ - **اِستعصام** : خودداری، خود را پاک نگه داشتن.
۶ - **طُرفه** : نادر، تازه.   ۷ - **دیگی می‌پزد** : کاری می‌کند، جلوه‌ای دارد.

صدقِ عاشق بر جمادی می‌تَنَد   چه عجب گر بر دلِ دانا زند؟ ۲۷۷۵

صداقت عشق در جمادات هم اثر دارد، اگر در دلِ دانا اثر کند که عجبی نیست.

صدقِ موسی بر عصا و کوه زد   بلکه بر دریایِ پُر اُشکوه زد ۲۷۷۶

صداقتِ موسی(ع) در عصا و کوه اثر کرد؛ حتّی دریایِ شکوهمند را هم تحت تأثیر قرار داد.

صدقِ احمد بر جمالِ ماه زد   بلکه بر خورشیدِ رُخشان راه زد ۲۷۷۷

صداقتِ پیامبر(ص) سببِ «شقّ‌القمر»[1] و «رَدُّالشّمس»[2] شد.

رُو بـه رُو آورده، هر دو در نفیر[3]   گشته گریان، هم امیر و هم فقیر ۲۷۷۸

امیر و فقیر، گریان و نالان روبروی هم ایستادند.

ساعتی بسیار چون بگریستند   گفت میر او را که: خیز ای ارجمند! ۲۷۷۹

مدّتی گریستند؛ سپس امیر گفت: ای مرد گرامی، برخیز،

هرچه خواهی از خزانه برگزین   گرچه استحقاق داری صد چنین ۲۷۸۰

از خزانه هرچه می‌خواهی بردار، هرچند که شایستهٔ صدها خزانه هستی.

خانه آنِ توست هر چِت میل هست   برگزین، خود هر دو عالم اندک است ۲۷۸۱

این خانه مال تو، هرچه می‌خواهی بردار. دو جهان هم برای تو اندک است.

گفت: دستوری ندادندم چنین   که: به دستِ خویش چیزی برگزین ۲۷۸۲

شیخ گفت: به من چنین اجازه‌ای نداده‌اند که هرچه خواستی به دستِ خود بردار.

من ز خود نتوانم این کردن فُضول[4]   که کنم من این دخیلانه دخول[5] ۲۷۸۳

من نمی‌توانم خودسرانه و بدون اجازه مرتکب این گستاخی شوم.

این بهانه کرد و مُهره در ربود[6]   مانع آن بُد کآن عطا صادق نبود ۲۷۸۴

شیخ این بهانه را آورد و خود را خلاص کرد؛ زیرا بخشش امیر خالص و صادقانه نبود.

---

۱ - **شَقّ القمر :** به دو نیمه شدن ماه: ر.ک: ۱۱۸/۱.

۲ - **رَدّالشّمس :** در ارتباط است با غزوهٔ حُنین که به دعای پیامبر(ص) خورشید پس از غروب برگشت تا علی(ع) و دیگر یاران بتوانند نمازشان را که قضا شده بود، به وقت بخوانند: ر.ک. احادیث، ص ۴۸۵.   ۳ - **نفیر :** ناله.

۴ - **فضول :** فضولی.

۵ - **دخیلانه دخول کردن :** مثل غریبه‌ها سرم را بیندازم پایین و بدون اجازه وارد شوم؛ یعنی بدون آنکه حق داشته باشم.   ۶ - **مُهره در ربود :** مُهرهٔ مهر امیر را ربود، یا اینکه خود را خلاص کرد.

نه که صادق بود و پاک از غلِّ و خشم شیخ را هر صدق می‌نآمد به چشم ۲۷۸۵

البتّه به نسبت احوالِ امیر آن بخشش صادقانه و بدون آلایش و خشم بود؛ امّا صدقِ کاملی نبود که در نظرِ شیخ شأنی داشته باشد.

گفت: فرمانم چنین داده‌ست اِلٰه که: گدایانه برو نانی بخواه ۲۷۸۶

شیخ گفت: خداوند به من فرمان داده است که برو و مثل گدایان تکدّی کن.

اشارت آمدن از غیب به شیخ که: این دو سال به فرمانِ ما بِسْتَدی و بدادی، بعد از این بده و مَستان، دست در زیرِ حصیر می‌کن که آن را چون انبانِ بوهُرَیره[1] کردیم در حقِّ تو، هرچه خواهی بیابی، تا یقین شود عالمیان را که وَرایِ این عالمی است که خاک به‌کف گیری زر شود، مُرده در او آید، زنده شود، نحسِ اکبر در وی آید، سعدِ اکبر[2] شود، کفر در او آید، ایمان گردد، زَهر در او آید، تریاق[3] شود. نه داخلِ این عالم است و نه خارجِ این عالم، نه تحت و نه فوق، نه متّصل نه منفصل، بی‌چون و بی‌چگونه، هر دم از او هزاران اثر و نمونه ظاهر می‌شود، چنانکه صنعتِ دست با صورتِ دست و غمزهٔ چشم با صورتِ چشم و فصاحتِ زبان با صورت زبان، نه داخل است و نه خارجِ او، نه متّصل و نه منفصل، و اَلعاقِلُ یَکفیهِ الاِشارَة[4]

تا دو سال این کار کرد آن مردِ کار بعد از آن امر آمدش از کردگار ۲۷۸۷

آن مردِ حق دو سال این کار را ادامه داد تا از آفریدگار فرمانی رسید.

بعد از این می‌دِه، ولی از کس مخواه ما بدادیمت ز غیب این دستگاه[5] ۲۷۸۸

از این به بعد احسان کن؛ ولی از کسی چیزی نخواه. این کرامت را به تو عطا کردیم.

۱ - **انبانِ ابوهُرَیره:** خورجین یا توبره‌ای که عبدالرّحمن بن صَخْر ازدی یا دوسی فقیرترین صحابیِ پیامبر (ص) داشت و در آن خرما یا نان می‌ریخت. وی ۵۰۳ هزار حدیث روایت کرده است که چندان مورد اعتماد نیست.

۲ - **نحس اکبر و سعد اکبر:** طالع بد «نحس اکبر» که بنا بر اعتقاد ستاره‌شناسان مربوط به «زحل» است. «سعد اکبر» که طالع نیک و متعلّق به «مشتری» و «زهره» است. ۳ - **تریاق:** تریاک، پادزهر.

۴ - خردمند را اشاره‌ای بس است. ۵ - **دستگاه:** قدرت، اینجا کرامت.

هر که خواهد از تو از یک تا هزار[1] دست در زیرِ حصیری کن، بر آر ۲۷۸۹

هر که هر چه خواست از زیر حصیر به او بده.

هین! ز گنجِ رحمتِ بی مَر[2] بدِه در کفِ تو خاک گردد زر، بدِه ۲۷۹۰

آگاه باش و از رحمتِ بیکران عطا کن. خاک در دست تو زر خواهد شد. آن را به محتاجان بده.

هرچه خواهندت بده، مندیش از آن دادِ یزدان را تو بیش از بیش دان[3] ۲۷۹۱

هر چه می‌خواهند، بده و بیمناک نباش. عطایِ حق بی‌حدّ است.

در عطایِ ما نه تَحشیر[4] و نه کم نه پشیمانی نه حسرت زین کرم ۲۷۹۲

عطای ما از خزانهٔ لایزالی است که در آن تنگ‌نظری، کاستی، پشیمانی و یا حسرتی بر آنچه که بخشیده‌ایم، نیست.

دست زیرِ بوریا کن ای سَنَد[5]! از برای رویِ‌پوش، چشم بد ۲۷۹۳

ای انسان واصل که تکیه‌گاه سالکان هستی، از آنجا که خلق چشمِ حقیقت‌بین ندارند،[6] دست به زیر حصیر ببر.

پس ز زیر بوریا پُر کن تو مُشت دِه به دستِ سائلِ بشکسته پُشت ۲۷۹۴

پس از زیر حصیر مشتت را پُر کن و به فقیرِ درمانده بده.

بعد از این از اجرِ نا‌ممنون[7] بده هر که خواهد، گوهرِ مکنون[8] بده ۲۷۹۵

بعد از این، از کرامتی که به تو عطا شده است، بده. هر کس که گوهر گرانبها خواست، عطا کن.

---

۱ - **از یک تا هزار :** کم یا زیاد. ۲ - **بی مَرّ :** بی شمار.

۳ - **بیش از بیش دان :** عطای حق را بیش از این‌ها بدان؛ یعنی بی حدّ.

۴ - **تَحشیر :** تنگ داشتن نفقه بر عیال و فرزند، اینجا به معنی تنگ‌نظری و یا بُخل. ۵ - **سند :** تکیه‌گاه.

۶ - و نمی‌توانند کرامتی را که به تو داده شده است، بفهمند؛ پس برای حفظِ ظاهر، وانمود کن که زر را از آنجا برمی‌داری.

۷ - **اجرِ ناممنون :** پاداش بی‌پایان و بی‌منّت، یعنی کرامتی که به تو عطا شده است: مقتبس از: انشقاق: ۲۵/۸۴.

۸ - **گوهرِ مکنون :** گوهر گرانبها.

رو یَدُاللّه فَوْقَ اَیْدیهِم[۱] تو باش   همچو دستِ حق، گزافی رزق پاش ۲۷۹۶

برو که بعد از این دستت دست خداست و همانند دستِ خدا روزیِ بی‌حساب نثار کن.

وام‌داران را ز عُهده[۲] وارهان   همچو باران سبز کن فرشِ جهان ۲۷۹۷

بدهیِ بدهکاران را بپرداز. بارانِ رحمت باش و بر همه ببار و وجودشان را طراوت ببخش.

بود یک سالِ دگر کارش همین   که بدادی زر ز کیسهٔ رَبِّ دین ۲۷۹۸

یک سال دیگر بر این منوال گذشت و شیخ از کیسهٔ حق به خلق می‌بخشید.

زر شدی خاکِ سیه[۳] اندر کَفَش   حاتمِ طایی گدایی در صفش[۴] ۲۷۹۹

خاک در دستش زر می‌شد. چنان می‌بخشید که حاتم طایی در برابرش به شمار نمی‌آمد.

دانستنِ شیخ ضمیرِ سائل را بی گفتن، و دانستن قدرِ وامِ وامداران بی گفتن، که نشان آن باشد که: اُخْرُجْ بِصِفاتی اِلیٰ خَلقی[۵]

دانستن شیخ راز درون نیازمند و میزان بدهیِ بدهکاران را بی آنکه سخنی بگویند و این نشانهٔ آن است که: «با صفاتِ من بر بندگانم جلوه کن».

حاجتِ خود گر نگفتی آن فقیر   او بدادی و بدانستی ضمیر ۲۸۰۰

اگر فقیر حاجت خود را بر زبان نمی‌آورد، شیخ راز دلش را می‌دانست و عطا می‌کرد.

آنچه در دل داشتی آن پُشت‌خَم[۶]   قدرِ آن دادی بدو، نه بیش و کم ۲۸۰۱

به فقیر درمانده همان‌قدر می‌بخشید که او در دل می‌خواست و بدان محتاج بود.

---

۱ - **یَدُ الله فوق أَیْدیهِم**: دستِ خدا بالای دست آن‌هاست: فتح: ۱۰/۴۸: ر.ک: ۶۷۹/۱ و ۲۹۸۵/۱.

۲ - **عهده**: تعهّد، قرض. ۳ - **خاکِ سیه**: خاکِ بی‌قدر.

۴ - حاتم طایی گدایی در صفِ گدایانِ او بود؛ یعنی به حساب نمی‌آمد.

۵ - کلام پروردگار به بایزید: ر.ک: ۲۰۲۰/۵. ۶ - **پشتْ‌خم**: نیازمند، درمانده.

پس بگفتندی: چه دانستی که او   این قَدَر اندیشه دارد؟ ای عمو[1] ! ۲۸۰۲

خلق می‌پرسیدند: ای شیخ، از کجا دانستی که او چه قدر می‌خواهد؟

او بگفتی: خانهٔ دل خلوت است   خالی از کُدیه، مثالِ جَنَّت است ۲۸۰۳

او می‌گفت: خانهٔ دلم پاک از نیاز و خواهش است، همانندِ بهشت.

اندر او جز عشقِ یزدان کار نیست   جز خیالِ وصلِ او دَیّار[2] نیست ۲۸۰۴

در آنجا جز عشقِ حق و خیالِ وصلِ او هیچ چیز دیگری نیست.

خانه را من روفتم از نیک و بَد   خانه‌ام پُرّ است از عشقِ اَحَد ۲۸۰۵

دل من پُر از عشق حق است و خالی از هر چیزِ دیگر.

هر چه بینم اندر او غیرِ خدا   آنِ من نَبْوَد، بُوَد عکسِ گدا ۲۸۰۶

هر نیاز دنیوی که در آن ببینم، نیازِ من نیست، بازتاب خواستهٔ نیازمندی است.

گر در آبی نَخْل یا عُرْجُون[3] نمود   جز ز عکسِ نَخْلهٔ بیرون نبود ۲۸۰۷

اگر در آبی، نخل و یا شاخه‌اش دیده شود، مسلماً تصویرِ نخلِ بیرون از آب است.[4]

در تکِ آب ار ببینی صورتی   عکسِ بیرون باشد آن نقش ای فتی[5]! ۲۸۰۸

ای جوانمرد، اگر در آب تصویری را ببینی، قطعاً عکسِ کسی است که در بیرون آب است.

لیک تا آب از قَذیٰ[6] خالی شدن   تنقیه[7] شرط است در جویِ بَدَن[8] ۲۸۰۹

امّا برای آنکه خس و خاشاکی در آب نباشد و تصویر را به خوبی منعکس کند، باید وجودِ آدمی از تعلّقاتِ دنیوی پاک باشد.

تا نمانَد تیرگی و خَس در او   تا امین گردد نماید عکسِ رو ۲۸۱۰

هنگامی که در آن گِل و لایِ نیازهای مادّی و خاشاکِ تعلّقات نمانَد، صادقانه و امین، درون خلق را نشان می‌دهد.

---

۱ - **ای عمو** : ای شیخ، عموجان.   ۲ - **دَیّار** : ساکنِ دیر، کسی.

۳ - **عُرجون** : چوب خوشهٔ خرما، شاخهٔ خمیدهٔ نخل.

۴ - دلِ عارف مثلِ آب زلال و یا آینهٔ شفّافی است که بازتاب نیازِ دیگران را منعکس می‌کند.

۵ - **فتیٰ** : فتیِ بخوانید: جوان، جوانمرد.   ۶ - **قذیٰ** : خس و خاشاک.   ۷ - **تَنقیه** : پاک کردن.

۸ - **جویِ بدن** : بدن یا وجود آدمی به جویی مانند شده که در آن آب روان است.

جز گِلابه در تنت کو ای مُقِل[1]! آبْ صافی کن ز گِل، ای خصمِ دل! ۲۸۱۱

ای تهیدست، در وجودت جز آبِ گِل‌آلود نیست. اگر آن را صاف نکنی، با دل و جانت دشمنی کرده‌ای.

تو بر آنی هر دمی کز خواب و خَور خاک ریزی اندر این جُو بیشتر؟ ۲۸۱۲

همهٔ تلاشِ تو در جهت بهره‌منديِ بیشتر از لذّات دنیوی است و به این ترتیب هر لحظه آب را گِل‌آلوده‌تر می‌کنی.

سببِ دانستنِ ضمیرهایِ خلق

چون دلِ آن آب زین‌ها خالی است عکسِ روها از برون در آب جَست ۲۸۱۳

چون درونِ آب چیزی نیست، می‌تواند تصویر صورت شخص را نشان دهد.

پس تو را باطن مصفّا ناشده خانه پر از دیو و نسناس و دَده[2] ۲۸۱۴

پس تا قلبت صفا نیافته و درونت پر از صفات بد و هواهای نفسانی است،

ای خری زِ استیزه[3] مانده در خری کِی ز ارواح مسیحی[4] بو بَری؟ ۲۸۱۵

ای نادانی که با عِناد در جهل مانده‌ای، با این نادانی هرگز نمی‌توانی عارفان مسیحادم را بشناسی.

کِی شناسی گر خیالی سر کُند کز کدامین مَکْمَنی[5] سر بر کُند؟[6] ۲۸۱۶

اگر خیالی سر بر آوَرَد، چگونه می‌توانی بفهمی که از کدامین نهانگاه برخاسته است؟

چون خیالی می‌شود[7] در زهد، تن تا خیالات از درونه[8] روفتن ۲۸۱۷

برای آنکه درونِ آدمی از هوایِ نَفْس پاک شود، باید رنج کشید و پرهیزکار بود.

۱ - **مُقِل** : فقیر. ۲ - **دیو و نسناس و دَده** : کنایه از صفات بد و هوایِ نفس.
۳ - **اِستیزه** : عِناد، دشمنی، اینجا عِناد با حقایق. ۴ - **ارواح مسیحی** : روح مسیحایی، روحِ کاملِ واصل.
۵ - **مَکْمَن** : نهانگاه. ۶ - که آن خیال حقّانیِ نَفْسانی و یا شَیطانی است.
۷ - **چون خیالی می‌شود** : باریک و لاغر می‌شود؛ یعنی باید بسیار رنج بکشد و ریاضت‌ها را تحمّل کند.
۸ - **درونه** : درون.

غالب شدنِ مکرِ رُوبَه بر استعصامِ[1] خر

خر بسی کوشید و او را دفع گفت   لیک جُوعُ آلکلب[2] با خر بود جُفت ۲۸۱۸

خر خیلی سعی کرد که روباه را از خود براند؛ امّا بسیار گرسنه بود.

غالب آمد حرص و صبرش بُد ضعیف   بس گلوها کـه بُـرَد عشقِ رَغیف[3] ۲۸۱۹

صبری نداشت و حرص غلبه کرد. بسا جان‌ها که فدای شکم می‌شود.

زآن رسولی کِش حقایق داد دست   کادَ فَقْرٌ أنْ یَکُنْ کُفر[4]، آمده است ۲۸۲۰

از پیامبر(ص) که حقایق را شهود کرد، نقل کرده‌اند: نزدیک است که فقر به کفر انجامد.

گشته بود آن خر مَجاعت[5] را اسیر   گفت: اگر مکر است، یک ره مُرده‌گیر ۲۸۲۱

خر که بسیار گرسنه بود، با خود گفت: اگر نیرنگی هم باشد، بهتر است که یک‌باره بمیرم.

زیـن عـذابِ جُـوع بـاری وارَهَم   گر حیات این است، من مُرده بِهْاَم ۲۸۲۲

از رنج گرسنگی نجات می‌یابم. اگر زندگی این است، بهتر است بمیرم.

گر خر اوّل تـوبه و سـوگند خَـورد   عاقبت، هم از خری، خَبْطی بکـرد ۲۸۲۳

هرچند که خر ابتدا توبه کرد و سوگند خورد؛ امّا بالاخره با حماقت خطا کرد.

حرص کور و احـمق و نـادان کـند   مـرگ را بـر احـمقان آسـان کـند ۲۸۲۴

«حرص»، آدمی را کور، ابله و جاهل می‌کند و موجب می‌شود که خود را به کشتن بدهد.

نیست آسان مرگ بر جـانِ خـران[6]   کـه نـدارنـد آبِ جـانِ جـاودان ۲۸۲۵

کسی که از حیاتِ جاودانه بی‌بهره است، نمی‌خواهد بمیرد؛ چون مفهومِ زندگی برای او، فقط همین زندگیِ دنیوی است.

---

۱ - **استعصام**: چنگ زدن، توسّل جستن. ۲ - **جُوعُ الْکَلْب**: گرسنگی شدید. ۳ - **رَغیف**: قرص نان.
۴ - ر.ک: ۵۱۹/۲. ۵ - **مَجاعت**: گرسنگی، اسیرِ مجاعت شدن یعنی بسیار گرسنه بودن.
۶ - **خر**: کنایه از کسی که از عالم معنا و حقایق به کلّی بی‌بهره است.

چون ندارد جانِ جاوید، او شقی‌ست[1]   جـرأتِ او بـر اَجَـل از احـمقی‌ست ۲۸۲۶

چون او حیاتِ روحانیِ جاودانه ندارد، بدبخت است و اگر خود را به کام مرگ بیفکند، از حماقت است نه از معرفت به حیات باقی.

جهد کن تا جـان مُـخَلَّد[2] گـرددت   تـا بـه روز مـرگ بـرگی بـاشدت ۲۸۲۷

بکوش تا روحت ابدی شود و توشه‌ای برای روز مرگت باشد.

اعـتمادش نـیز بـر رازِق نـبود   که بر افشانَد بـر او از غـیب جُـود ۲۸۲۸

«خر»، توکّل هم نداشت که مطمئن باشد روزی‌اش از عالم غیب می‌رسد.

تا کنونَش فضل بی روزی نـداشت   گرچه گَه گَه بر تَنَش جُوعی گماشت ۲۸۲۹

هرچند گه گاهی گرسنه می‌ماند؛ امّا لطف الهی روزی‌اش را می‌رساند.

گـر نـباشد جُـوع صـد رنـج دگـر   از پـیِ هَـیْضَه[3] بـر آرَد از تـو سـر ۲۸۳۰

اگر آدمی رنجِ کم خوردن را تحمّل نکند، ناچار است رنجِ ناشی از پرخوری را تحمّل کند.

رنجِ جُوع اَوْلیٰ بُوَد خـود زآن عـلل   هم به لطف و هم به خفّت، هم عمل ۲۸۳۱

رنجِ گرسنگی در برابر عوارضِ پرخوری بهتر است و اثراتِ نیک هم دارد.

رنـجِ جُـوع از رنـج‌ها پـاکـیزه‌تر   خاصه در جُوع است صد نفع و هنر ۲۸۳۲

رنجِ گرسنگی در مقایسه با رنجِ پرخوری، رنجی پاک است، بخصوص که فواید بسیاری هم دارد.

در بیانِ فضیلتِ اِحتما[4] و جُوع

جُوع، خود سلطانِ داروهـاست هـین!   جُوع در جان نِهْ،[5] چنین خوارش مبین ۲۸۳۳

«جوع»، بهترین دارو برای بسیاری از بیماری‌های جسم و جان آدمی است. آن را بپذیر. چیزِ بی‌قدری نیست.

---

۱ - **شَقی** : گمراه، بدبخت، کسی که تحتِ سیطرهٔ روح حیوانیِ خود است.   ۲ - **مُخَلَّد** : جاودانه.
۳ - **هَیْضَه** : امتلاء توأم با اسهال و استفراغ.   ۴ - **اِحتما** : پرهیز، خود را نگه داشتن.
۵ - **جُوع در جان نِه** : گرسنگی را بپذیر.

جمله ناخوش از مَجاعت خوش شده است   جمله خـوش‌ها بـی مَـجاعت‌ها رَد است ۲۸۳۴

به سببِ گرسنگی هر طعامِ ناخوشایند، خوشایند جلوه می‌کند و با پرخوری برعکس.

آن یکـی مـی‌خورد نـانِ فَـخْفَره[1]   گفت سائل: چون بدین استت شَرَه[2]؟ ۲۸۳۵

شخصی نان سبوس را با اشتها می‌خورد. سائلی گفت: چگونه به چنین چیزی این همه رغبت داری؟

گفت: جُوع از صبر چون دو تا شود   نانِ جو در پـیشِ مـن حـلوا شـود ۲۸۳۶

گفت: از اینکه بردباری ورزیده‌ام، گرسنگی‌ام دو برابر می‌شود و نان جُو حلوا می‌نماید.

پس تـوانـم کـه هـمه حـلوا خـورم   چون کنم صـبری، صـبورم لاجـرم ۲۸۳۷

پس می‌توانم همیشه حلوا بخورم؛ چون صبر پیشه می‌کنم.

خود نباشد جُوع، هر کس را زبـون   کین علف‌زاری[3] است ز اندازه برون ۲۸۳۸

تحمّلِ گرسنگی کار هر کس نیست؛ زیرا دنیا علفزار بی‌کرانه‌ای است.

جُوع مـر خـاصانِ حـق را داده‌انـد   تـا شـوند از جُـوع، شـیرِ زورمـند ۲۸۳۹

«جوع» را نصیب خاصّان حق کرده‌اند تا جانشان قدرتمند شود.

جُوع هر جِلف گدا[4] را کِی دهـند؟   چون علف کم نیست، پیشِ او نهند ۲۸۴۰

مدّعیانِ معرفت بهره‌ای از «جُوع» ندارند. علفِ دنیا را به آن‌ها می‌دهند.

که: بـخور، کـه هـم بـدین ارزانـیی   تـو نـه‌ای مُـرغاب[5]، مـرغِ نـانیی[6] ۲۸۴۱

می‌گویند: بخور که قدرِ تو بیش از این نیست. تو «اهلِ معنا» نیستی، «اهلِ دنیا» هستی.

---

1 - **نان فَخْفَره**: نان سبوس.   2 - ₽ª ° | œ :²o{
۳ - **علف‌زار**: کنایه از فریبندگی‌ها و لذایذ دنیوی که پرهیز از آن برای هر کسی سهل نیست.
۴ - **جلف گدا**: گدای ابله، اینجا مراد مدّعیِ لاف‌زن است.
۵ - **مرغاب**: مرغابی، کنایه از کسی که می‌تواند در دریای معنا شنا کند، اهل معنا.
۶ - **مرغ نانی**: مرغ خانگی، اهل دنیا.

حکایتِ مریدی که شیخ از حرص و ضمیرِ او واقف شد، او را نصیحت کرد به زبان، و در ضمنِ نصیحت، قوّتِ توکّل بخشیدش به امرِ حق[1]

شیخی با مُریدی عزم سفر به شهری کرد که در آنجا نان سخت نایاب بود. در تمام راه مُریدِ غافل لحظه‌ای از اندیشهٔ ترس از جُوع و بیمِ قحط نیاسود. شیخ که از ضمیر مرید آگاه بود، به رسم ارشاد به ملامت او پرداخت و گفت: اَز غصّهٔ نان سوختی و صبر و توکّل را به فراموشی سپردی. آگاه باش که «**جوع رزقِ جانِ خاصانِ خداست**» و تو از آن نازنینان نیستی که از رزقِ خاص بهره‌مند گردی؛ پس توکّل کن و لرزان مباش که: «**رزق تو بر تو ز تو عاشق‌تر است**».

این قصّه در ارتباط با مشایخ و کاملان متصوّف و ناظر به اِشراف بر ضمایر است و کمالِ مطلوبِ تعالیمِ صوفیه را در باب تسلیم و توکّل تبیین می‌دارد. توکّلی که به کاملان اختصاص دارد. کسانی که بی واسطهٔ اسباب و علَل از درگاه حق روزی می‌یابند و مُرشدان در مقام ارشاد این قلّهٔ رفیع را به مریدان می‌نمایند تا هرکس به قدر قابلیّت و استعداد از آن بهره بَرَد و به درجه‌ای از درجاتِ توکّل ارتقا یابد.

شیخ می‌شد بـا مُـریدی بـی درنگ   سویِ شهری، نان بدانجا بود تـنگ ۲۸۴۲

شیخی با مرید شتابان به سوی شهری می‌رفت که در آنجا نان کمیاب بود.

ترسِ جوع و قحط در فکرِ مُرید   هر دمی می‌گشت از غـفلت[2] پـدید ۲۸۴۳

مریدِ غافل در تمام راه نگرانِ گرسنگی و قحطی بود.

شیخ آگـه بـود و واقـف از ضـمیر   گفت او را: چند باشی در زَحیر[3]؟ ۲۸۴۴

شیخ که به نورِ درون بر ضمایر اشراف داشت، گفت: چرا این قدر در رنج هستی؟

از بـــرای غـصّهٔ نـــان سـوختی   دیـدهٔ صـبر و تـوکّل[4] دوخـتی ۲۸۴۵

از غم نان سوختی و صبر و توکّل را فراموش کردی.

تـــو نِـه‌ای زآن نـازنینانِ عـزیز   که تو را دارنـد بـی جـوز و مـویز[5] ۲۸۴۶

تو از خاصّان حق نیستی که نصیبت «جوع» باشد.

---

۱ - مأخذ آن را حکایتی در تذکرة الاولیاء، ج ۲، ص ۱۸ دانسته‌اند که در طیّ آن کسی از گرسنگی و برهنگی نزد جُنید شکایت کرد. جُنید گفت: برو و ایمن باش که این‌ها را به کسی ندهد که جهان را پر از شکایت کند، به دوستان خود دهد: احادیث، ص ۴۸۶.   ۲ - **غفلت**: غفلت از حق و غفلت از رزّاق بودن او.

۳ - **زَحیر**: تنگی و فشار، پریشانی، رنج و عذاب.   ۴ - **توکّل**: ر.ک: ۴۷۲/۱ و ۹۱۴/۱.

۵ - **جوز و مویز**: گردو و کشمش، مراد رزقِ مادّی است.

جُوع، رزقِ جانِ خاصانِ خـداست کِی زبونِ همچو تو گیجِ گداست[1]؟ ۲۸۴۷

«جوع»، روزیِ مردانِ حق است، نصیبِ احمقیِ جاهل چون تو نمی‌شود.

بــاش فــارغ، تـو از آن‌هـا نـیستی که در این مطبخ[2] تو بی‌نان بـیستی ۲۸۴۸

آسوده باش، تو از کسانی نیستی که در دنیا بدون نان بمانی.

کاسه بر کاسه‌ست و نان بر نان مدام از بــرای ایـن شکـم‌خوارانِ عـام[3] ۲۸۴۹

برای عوامِ پرخور همواره کاسه و نان می‌رسد.

چون بمیرد، می‌رود نان پیش پیش کِای ز بیم بی‌نوایی کُشته خـویش! ۲۸۵۰

چون بمیرد، رزقِ او پیشاپیش می‌رود و می‌گوید: ای آنکه از بینوایی خود را کشتی!

تو برفتی، ماند نـان، بـرخـیز، گـیر ای بکُشته خـویش را انـدر زَحـیر! ۲۸۵۱

تو مُردی و نان باقی ماند. ای آنکه خود را با رنج و عذاب کُشتی، برخیز و بگیر.

هین! توکّل کن، ملرزان پـا و دست رزقِ تو بر تو ز تـو عـاشق‌تر است ۲۸۵۲

آگاهانه توکّل کن و بیمناک نباش؛ زیرا روزیِ تو بیش از تو مشتاق رسیدنِ به توست.

عاشق است و می‌زند او مُول مُول[4] که ز بی صبریت داند، ای فـضول! ۲۸۵۳

روزی‌ات عاشق توست؛ ولی برای آمدن به سـویت درنگ مـی‌کند؛ زیـرا ای یـاوه‌گـو، بی‌صبری‌ات را می‌داند و می‌خواهد آن را آشکار کند.

گر تو را صبری بُـدی، رزق آمـدی خویشتن چون عاشقان بر تـو زدی ۲۸۵۴

اگر بردبار بودی، رزق می‌آمد و همانند عاشقان خود را به تو می‌رساند.

این تبِ لرزه[5] ز خوفِ جوع چیست؟ در تــوکّل، سـیر مـی‌تانند زیست ۲۸۵۵

چرا از گرسنگی وحشت دارند؟ با «توکّل» می‌توان به سیرچشمی و غنایِ درون رسید.

---

۱ - **گیج گدا:** اینجاکودنِ جاهل، آدمِ ابلهی که از عالم معنا غافل است. ۲ - **مطبخ**: کنایه از دنیا.
۳ - **شکم‌خواران عام:** عوام پرخور، کسانی که فقط به دنیا و بهره‌های مادّی می‌اندیشند.
۴ - **مُول مُول:** درنگ از پیِ درنگ.
۵ - **تبِ لرزه:** تب توأم با لرز، اینجا «وحشت و دغدغه» یا اضطراب و نگرانی.

حکایت آن گاو که تنها در جزیره‌ای است بزرگ، حق تعالی آن جزیرهٔ بزرگ را پُر کند از نبات و ریاحین که علفِ گاو باشد، تا به شب آن گاو همه را بخورَد و فربه شود چون کوه پاره‌یی، چون شب شود خوابش نَبَرد از غصّه و خوف که: همهٔ صحرا را چریدم، فردا چه خورم؟ تا از این غصّه لاغر شود همچون خلال، روز برخیزد همهٔ صحرا را سبزتر و انبوه‌تر بیند از دی. باز بخورَد و فربه شود، باز شبش همان غم بگیرد. سال‌هاست که او همچنین می‌بیند و اعتماد نمی‌کند[1]

در این تمثیل، گاوی خوشخور در جزیره‌ای پر نعمت از صبح تا شب می‌چَرَد و فربه می‌شود؛ امّا شب هنگام از دغدغهٔ آنکه شاید فردا چیزی برای خوردن نیابد، تا صبح نمی‌آساید و مانند مو لاغر می‌شود و علی‌رغم آنکه صبح باز جزیره را فراخ و پر نعمت می‌یابد، همچنان با فرارسیدن شب همان دغدغه و بیم او را اندوهگین می‌کند و این اندیشه نعمت و نِقمت او را رها نمی‌کند و با اینکه سال‌ها در سبزه‌ها چریده و در آن کاهشی نیافته است، هرگز نمی‌اندیشید که دلیلی برای این همه دل‌نگرانی و اندوه نیست.

سرّ سخن در این تمثیل در تقریر احوالِ «نَفْسِ آدمی» است که در مقامِ تأویل، همان «گاو» است و آن جزیرهٔ بزرگ پر نعمت، این جهان، که نَفْسِ حریصِ انسانِ غیرِ متوکّل پیوسته او را مشوّش می‌کند و از بیم زوال نعمت اندوهگین می‌سازد.

یک جزیرهٔ سبز هست اندر جهان — اندر او گاوی‌ست تنها خوش‌دهان ۲۸۵۶

جزیرهٔ سرسبزی در جهان هست که در آن گاوی خوشخور زندگی می‌کند.

جمله صحرا را چَرَد او تا به شب — تا شود زَفت[2] و عظیم و مُنْتَجَب[3] ۲۸۵۷

آن گاو همهٔ صحرا را می‌چرد و چاق و سرحال و خرسند می‌شود.

شب ز اندیشه که: فردا چه خورم؟ — گردد او چون تارِ مو لاغر ز غم ۲۸۵۸

شب از فکر اینکه فردا چه بخورم از غصّه همانند تارِ مو باریک می‌شود.

---

۱ - مأخذ تمثیل گاو و جزیرهٔ پر نعمت را می‌توان امثالِ عامیانه دانست که در الهی‌نامهٔ عطّار، ص ۳۰۱ نیز سابقهٔ آن دیده می‌شود که حیوان پشت کوه قاف است و بهره‌مند از نعمت هفت صحرا و هفت دریا: احادیث، ص ۴۸۷.
۲ - **زَفت**: قوی. ۳ - **مُنْتَجَب**: برگزیده، مقبول، اینجا سرحال و راضی.

۲۸۵۹ **چون برآید صبح، گردد سبز دشت   تا میان رُسته قَصیلِ[1] سبز و کَشت**

صبحگاه دشت سرسبز می‌شود و علف‌ها و گیاهانِ سبز تا کمر قد می‌کشند.

۲۸۶۰ **انــدر افــتد گــاو بــا جُــوعُ آلبَـقَر[2]   تا به شب آن را چَرَد او سر به سـر**

گاو حریصانه در آن چمنزار تا شب می‌چَرَد.

۲۸۶۱ **بــاز زَفت و فــربه و لَــمْتُر[3] شـود   آن تـنش از پـیه و قـوّت پُـر شـود**

دوباره درشت، فربه و چاق می‌شود و تنش پر از چربی و قوّت.

۲۸۶۲ **بــاز شب انــدر تب افـتد از فَـزَع[4]   تــا شـود لاغـر ز خـوفِ مُـنْتَجَع[5]**

باز شب از نگرانی با تب و لرز و بیمِ نیافتنِ چراگاه لاغر می‌شود.

۲۸۶۳ **که: چه خواهم خورد فردا وقت خَور؟   ســـالها ایــن است کــارِ آن بَـقَر**

با خود می‌اندیشد: فردا چه بخورم؟ سال‌هاست که کارِگاو همین است.

۲۸۶۴ **هیچ نَنْدیشد که: چندین سـال مـن   می‌خورم زین سبزه‌زار و زین چمن**

هرگز نمی‌اندیشد که سال‌هاست که از این سبزه‌زار و چمنزار می‌خورم.

۲۸۶۵ **هـــیچ روزی کــم نــیامد روزی‌اَم   چیست این ترس و غم و دلسوزی‌اَم؟**

هیچ روز گرسنه نماندم؛ پس این همه ترس، اندوه و حسرت برای چیست؟

۲۸۶۶ **باز چون شب می‌شود، آن گاوِ زَفت   مــی‌شود لاغر کـه: آوه! رِزق رفت**

باز چون شب می‌شود، آن گاو درشت لاغر می‌شود که وای! روزی‌ام تمام شد.

۲۸۶۷ **نَفْس آن گاو است، و آن دشت این جهان   کــو هــمی لاغـر شـود از خـوفِ نـان**

«نَفْس»، شبیه آن گاو است که همواره از نعمتِ جهان بهره‌مند می‌شود؛ امّا بیمناک است.

۲۸۶۸ **که: چه خواهم خورد مستقبل[6]؟ عجب!   لوتِ[7] فـردا از کـجا سـازم طـلب؟**

نَفْس می‌اندیشد که در آینده چه بخورم؟ غذای فردا را از کجا بیاورم؟

---

۱ - **قَصیل** : بوتهٔ سبز گندم یا جو.   ۲ - **جُوعُ آلبَقَر** : گرسنگی شدید، اینجا حرص شدید.
۳ - **لَمتُر** : چاق، فربه.   ۴ - **فَزَع** : ترس، بیم.   ۵ - **مُنْتَجَع** : چراگاه.   ۶ - **مستقبل** : آینده، فردا.
۷ - **لوت** : طعام، غذا.

۲۸۶۹ **سال‌ها خوردی و کم نآمد ز خَور　　ترکِ مستقبل کن و ماضی نگر**

سال‌ها خوردی و هرگز خوراکِ تو کم نیامد. به فردا فکر نکن، گذشته را ببین.

۲۸۷۰ **لوت و پوتِ[۱] خورده را هم یاد آر　　منگر اندر غابِر[۲] و کم باش زار**

آن‌ها را که تاکنون خورده‌ای، به یاد بیاور، به آینده فکر نکن و غصّه نخور.

صید کردنِ شیر آن خر را[۳] و تشنه شدنِ شیر از کوشش. رفت به چشمه تا آب خورَد، تا باز آمدنِ شیر، جگربند[۴] و دل و گُرده را روباه خورده بود، که لطیف‌تر است. شیر طلب کرد، دل و جگر نیافت. از روبَهْ پرسید که: کو دل و جگر؟ روبه گفت: اگر او را دل و جگر بودی، آنچنان سیاستی[۵] دیده بود آن روز و به هزار حیله جان برده، کِی بَرِ تو باز آمدی؟ لَوْ کُنّا نَسْمَعُ اَوْ نَعْقِلُ، ما کُنّا فی اَصْحابِ اَلسَّعیر[۶]

۲۸۷۱ **بُرد خر را روبَهَک تا پیشِ شیر　　پاره پاره کردش آن شیرِ دلیر**

روباهِ حقیر خر را نزد شیر برد و شیرِ دلیر خر را پاره پاره کرد.

۲۸۷۲ **تشنه شد از کوشش آن سلطانِ دد　　رفت سویِ چشمه تا آبی خورَد**

سلطان درندگان از تلاشِ زیاد تشنه شد و به سوی چشمه رفت تا آبی بخورد.

۲۸۷۳ **روبهک خورد آن جگربند و دلش[۷]　　آن زمان چون فرصتی شد حاصلش**

روباه حقیر از فرصت استفاده کرد و دل و جگر خر را خورد.

---

۱ - **لوت و پوت**: انواع خوردنی‌ها.

۲ - **غابِر**: باقی و پاینده، بقیّه، باقیماندهٔ چیزی، از اضداد است: گذشته و آینده.

۳ - بازگشت به قصّهٔ خرگازر در ادامهٔ بیت ۲۸۲۴/۵.　۴ - **جگربند**: دل و جگر و شُش.

۵ - **سیاست**: قهر و خشم.

۶ - قسمتی از آیهٔ شریفه: قرآن: مُلک: ۱۰/۶۷: ...اگر [سخنان آنان را] به سمع قبول می‌شنیدیم یا تعقّل می‌کردیم، از زُمرهٔ دوزخیان نبودیم.　۷ - در کلیله و دمنه روباه «دل و گوش» خر را می‌خورَد.

شیر چون واگشت از چشمه به خَور[۱] جُست در خر دل، نه دل بُد نه جگر ۲۸۷۴

هنگامی که شیر برگشت، دلِ خر را جست‌وجو کرد؛ ولی نه دل بود و نه جگر.

گفت روبه را: جگر کو؟ دل چه شد؟ که نباشد جانور را زین دو بُد[۲] ۲۸۷۵

شیر به روباه گفت: جگر کو؟ دل کجا رفت؟ هر جانوری باید این‌ها را داشته باشد.

گفت: گر بودی وَرا دل یا جگر[۳] کِی بدینجا آمدی بارِ دگر؟ ۲۸۷۶

روباه گفت: اگر دل یا جگر داشت، بار دیگر به اینجا می‌آمد؟

آن قیامت دیده بود و رستخیز[۴] وآن ز کوه افتادن و هول و گریز ۲۸۷۷

آن حمله و افتادن از کوه و آن ترس و گریز را دیده بود،

گر جگر بودی ورا یا دل بُدی بارِ دیگر کی بَرِ تو آمدی؟ ۲۸۷۸

اگر دل یا جگر داشت که دوباره نزد تو نمی‌آمد.

چون نباشد نورِ دل، دل نیست آن چون نباشد روح، جز گِل نیست آن[۵] ۲۸۷۹

اگر دل به نورِ حق حیات نیافته یا «حیّ» و «منوّر» نشده باشد، دل نیست و گِل است.

آن زُجاجی[۶] کو ندارد نورِ جان بول[۷] و قاروره‌ست[۸]، قِندیلش[۹] مخوان ۲۸۸۰

شیشه یا حبابی که به آن «نورِ جان» نمی‌تابد، چراغ نیست، ابزاری آلوده است.

نورِ مصباح[۱۰] است دادِ ذوالجلال صنعتِ خلق است آن شیشه و سُفال ۲۸۸۱

نوری که بر دل و جان می‌تابد، عطای خداوند است؛ امّا نوری که از چراغِ شیشه‌ای و سفالی می‌تابد، مادّی و ساختهٔ دست بشر است.

---

۱ - **به خَور**: برای خوردن. ۲ - **بُد**: چاره، گزیر.

۳ - **جگر**: معمولاً «جگر» را محلِ «جرأت و شهامت» می‌دانند، اینجا توسّعاً به معنی شعور و فهم است.

۴ - **قیامت و رستخیز**: اینجا «هنگامه و غوغا»، یعنی حملهٔ شیر.

۵ - از این بیت به بعد تعالیمِ مولاناست برای سالکان که از «دل» می‌گوید. ۶ - **زُجاج**: شیشه.

۷ - **بَوْل**: ادرار.

۸ - **قاروره**: ظرفی شیشه‌ای که در آن ادرار را می‌ریختند و پزشکان برای تشخیص بیماری استفاده می‌کردند.

۹ - **قندیل**: چراغ

۱۰ - **مصباح**: چراغ، اینجا «نورِ مصباح» همان «نورِ دل» یا «نورِ جان» است که سبب ادراک معارف و عوالم غیبی است.

لاجــرم در ظــرف بــاشد اِعــتداد[۱]　　در لَــــهَب‌ها[۲] نَــــبْوَد اِلاّ اتّــحاد ۲۸۸۲

دل‌ها و جان‌هایی که نور حق به آن‌ها تابیده به ظاهر متعدّدند؛ امّا نور معرفت در همه یکی است.

نــورِ شش قــندیل چــون آمــیختند　　نیست اندر نورشان اعــداد و چــند ۲۸۸۳

اتّحاد و وحدت نوریِ شان، همانندِ روشناییِ چندین چراغ است که مـجموعاً یک نـورِ واحدِ غیر قابلِ تفکیک را تشکیل می‌دهند.

آن جهود از ظرف‌ها مُشرک شده است　　نور دید آن مؤمن و مُـدرک شـده است ۲۸۸۴

انکارِ منکر برای این است که قالب‌ها یا «ظـرف»هـای مـتعدّد را مـی‌بیند و مـثلِ مـؤمن نمی‌تواند حقیقتِ هستی را که در آن‌ها متجلّی شده است، درک کند.

چون نظر بـر ظـرف اُفـتد روح[۳] را　　پس دو بـیند شـیث را و نـوح را ۲۸۸۵

اگر آدمی فقط به ظاهر یا «ظرف» توجّه کند، انبیایی همانند «شیث» و «نوح» را که سخنی واحد برای دعوت به توحید داشتند، دو وجودِ متفاوت می‌بینند.

جُو که آبش هست، جُو خود آن بُوَد　　آدمـی آن است کـو را جـان بُـوَد ۲۸۸۶

جویی را جوی آب می‌گویند که در آن آبی روان باشد، انسان هم کسی است که علاوه بر حیاتِ مادّی حیاتِ غیر مادّی هم داشته باشد.

این نه مردان‌اَند، این‌ها صورت‌انـد　　مـردهٔ نـان‌انـد و کُشـتهٔ شـهوت‌انـد ۲۸۸۷

غافلان، انسان واقعی نیستند؛ زیرا از انسانیّت فقط ظاهری دارند و تمامِ توجّه‌شان به امور حقیر و پستِ دنیوی است.

---

۱ - **اعتداد** : تعدّد.　۲ - **لَهَب** : زبانهٔ آتش.

۳ - **روح** : اینجا مراد صاحبِ روح است که اینجا صاحبِ روحِ غیر متعالی است.

حکایتِ آن راهب که روز با چراغ می‌گشت در میانِ بازار، از سرِ حالی که او را بود [1]

راهبی در روزِ روشن چراغی به دست گرفته بود و گِردِ بازار می‌گشت و در پاسخ بوالفضولی که از وی پرسید: جویای چه هستی؟ گفت: دنبال آدمی‌ام «که بُوَد حَیّ از حیات آن‌دمی» و چون به او گفت: این بازار پر از آدم است، پاسخ داد: جویای مردی‌ام که وقت شهوت و خشم، مردصفت باشد. مرد بازاری، از دیدگاه جبریون جوابی جبریانه داد که نادر چیزی را می‌جویی؛ امّا غافل از حُکم قضایی، اندیشه‌ات ناظر بر فرع است نه اصل. احکام قَدَر الهی اصل است که نه فقط ما، بلکه چرخِ گردان را نیز سرگردان و گمراه می‌کند و جهانِ چاره را تنگ می‌گرداند.

۲۸۸۸ **آن یکی با شمع بر می‌گشت روز گِردِ بازاری دلش پر عشق و سوز**

شخصی با دلی پر از عشق و سوز، روز هنگام با شمعی در بازار می‌گشت.

۲۸۸۹ **بوالفضولی [2] گفت او را: کِای فلان! هین! چه می‌جویی به سویِ هر دکان؟**

یاوه‌گویی به او گفت: فلانی در بازار دنبال چه هستی؟

---

۱ - مأخذ آن مطلبی است که دربارهٔ دیوجانس نقل کرده‌اند که میان روز با فانوس روشن می‌گشت و جویای انسان بود. همین مضمون را مولانا در غزلیّات دیوان کبیر بدین گونه نظم فرموده است: احادیث، ص ۴۸۸.

دی شیخ با چراغ همی گشت گِردِ شهر کز دیو و دَد ملولم و انسانم آرزوست

گفتند: یافت می‌نشود، جُسته‌ایم ما گفت: آن که یافت می‌نشود، آنم آرزوست

چهرهٔ دیوجانس حکیم یونانی در پس صورت راهب قصّهٔ مولانا نهان گشته و تقریرگر این معناست که انسانِ راستین بس نهان و کمیاب است که عام خلق عنان به دست هوا سپرده‌اند. دیوجانس : دیوگنس یا دیوژن موسوم به دیوجانس کلبی (حدود ۳۲۳-۴۱۲ ق.م) فیلسوف یونانی پیرو مکتب کلبی که در سینوپ متولّد شد و در آتن می‌زیست. مشهور است که در میان خمره یا چلیکی مسکن داشت. فضیلت را در ساده زیستن می‌دانست و به همین مناسبت به تمام آداب و رسوم اجتماعی پشت پا زده بود. هنگامی که اسکندر مقدونی به او که در برابر آفتاب نشسته بود رسید و پرسید چه خدمتی می‌تواند به او بکند، پاسخ داده بود که از برابر او رد شود تا مانع تابش آفتاب نگردد. او روزِ روشن با چراغ در کوچه دنبال انسان صاحب فضیلت می‌گشت. این برجسته‌ترین معرّف نظرِ تحقیرآمیز وی به مردم روزگارش بود. کلبیّون: فرقه‌ای از فلاسفهٔ یونان که توسّط آنتیس‌تن یکی از شاگردان سقراط پایه‌گذاری و توسّط دیوژن مشهور گردید و شهرت آنان بدین نام از جهت تحقیر تمام روابط اجتماعی و پیش گرفتن یک زندگی بَدَوی و عادت به سرزنش و خُرده‌گیری از مردم کوی و برزن بود که با سگان مشابهت داشتند. همچنین صحبت‌های آنتیس‌تن در محلّه‌ای از آتن واقع می‌شد که آن را سگ سفید می‌خواندند: نقل از لغت‌نامهٔ دهخدا.

۲ - **بوالفضول** : یاوه‌گو، کسی که فراتر از حدّ خود سخن می‌گوید.

هین! چه می‌گردی تو جویان با چراغ   در میانِ روزِ روشن؟ چیست لاغ[۱]؟ ۲۸۹۰

با چراغ وسط روزِ روشن چه چیز را می‌جویی؟ این کار بیهوده برای چیست؟

گفت: می‌جویم به هر سو آدمی   که بُوَد حَیّ از حیاتِ آن‌دَمی[۲] ۲۸۹۱

گفت: به دنبال انسانی می‌گردم که از نفخهٔ الهی زنده باشد.

هست مردی؟ گفت: این بازار پُر   مردمان‌اَند آخِر ای دانایِ حُر! ۲۸۹۲

آیا چنین انسانی هست؟ بوالفضول گفت: ای دانای آزاده، بازار پُر از آدم است.

گفت: خواهم مرد، بر جادهٔ دو رَه   در رهِ خشم و به هنگامِ شَرَه[۳] ۲۸۹۳

گفت: انسانی که بر سرِ دو راهیِ خشم و حرص بتواند خویشتن‌داری کند.

وقتِ خشم و وقتِ شهوت، مرد کو؟   طالبِ مردی دوانم کو به کو ۲۸۹۴

کجاست کسی که هنگامِ خشم و شهوت خوددار باشد؟ کو به کو دنبال چنین مردی می‌دوم.

کو در این دو حال مردی در جهان؟   تا فدایِ او کنم امروز جان ۲۸۹۵

چنین مردی در جهان کجاست؟ تا جانم را فدای او کنم.

گفت: نادر چیز می‌جویی، و لیک   غافل از حکم و قضایی، بین تو نیک[۴] ۲۸۹۶

بوالفضول گفت: دنبال چیز کمیابی هستی؛ امّا تأثیر قضای الهی را فراموش نکن.

ناظرِ فرعی، ز اصلی بی خبر   فرعْ ماییم، اصلْ اَحکامِ قَدَر ۲۸۹۷

فرع را می‌بینی نه اصل را. ما فرع هستیم و اصل فرمانِ تقدیر است.

چرخِ گردان را قضا گمره کُند[۵]   صد عُطارد[۶] را قضا ابله کند ۲۸۹۸

«قضا»، فلکِ گردان را از مسیر خود منحرف می‌کند و دانایان را نادان.

---

۱ - **لاغ**: شوخی، مسخره. ۲ - **حیات آن‌دمی**: حیات روحانی و معنوی. ۳ - **شَرَه**: حرص.

۴ - مصراع دوم، خوب توجّه کن که از قضا و قدر الهی بی‌خبر هستی؛ یعنی آن را فراموش نکن.

از این بیت به بعد، بحثِ «جبر و اختیار» شروع می‌شود.

۵ - قضای الهی افلاک و کائنات را نیز دگرگون می‌کند.

۶ - **عطارد**: قُدما این ستاره را دبیر فلک دانسته‌اند که علم و عقل به او تعلّق دارد. در این بیت مظهر دانایی است.

۲۸۹۹ **تـــنگ گـــردانَـــد جـــهانِ چـــاره را آب گـــردانَـد حَـدید[1] و خـاره[2] را**

چاره‌ای نمی‌گذارد و سخت‌ترین چیزها در برابرش یارای ایستادگی ندارند.

۲۹۰۰ **ای قـــــراری داده رَه را گـــامْ گـــام خامِ خامی، خامِ خامی، خامِ خـام**

ای کسی که می‌خواهی این راه را گام به گام طی کـنی، نـاپختهٔ نـاپخته‌ای، خـامِ خـامی، خامِ خام.

۲۹۰۱ **چون بدیدی گـردشِ سـنگ آسیا آبِ جـــو[3] را هـم بـبین آخـر، بـیا**

تو که گردش سنگ آسیا را می‌بینی، جریان آبِ جوی را که سبب چرخش است، ببین.

۲۹۰۲ **خـــاک را دیـــدی بـر آمـد در هـوا در مـــــیانِ خـــاک بـــنگر بـــاد را**

گرد و غبار را در هوا دیدی، باد را هم که غبار را بلند کرده است، ببین.

۲۹۰۳ **دیگ‌هایِ فکر[4] می‌بینی بـه جـوش اندر آتش هم نظر می‌کن بـه هـوش**

اندیشهٔ انسان‌ها را می‌بینی که همواره می‌جوشد، هوشیار باش و به عامل اصـلی ایـن جوشش توجّه کن.

۲۹۰۴ **گفت حقّ ایّـوب را: در مَکـرُمت[5] من به هر مـوییت صـبری دادمت[6]**

خداوند به ایّوب گفت: من از روی لطف و کَرَم به تو صبرِ بی نظیری عطا کردم.

۲۹۰۵ **هین! به صبر خود مکن چندین نظر صـــبر دیـدی، صـبر دادن را نگـر**

هوشیار باش و بدان که اگر «صبر»ی داری، آن را حق عطا کرده است.

۲۹۰۶ **چـــند بـــینی گـــردشِ دولاب[7] را؟ سر برون کن، هم بـبین تـیز آب را**

فقط گردش سنگ آسیا را می‌بینی؟ به جریانِ تندِ آبی که آن را می‌گرداند، توجّه کن.

---

۱ - **حدید** : آهن.

۲ - **خاره** : سنگ خارا، «حدید و خاره را آب گرداند»، یعنی سخت‌ترین چیزهای در برابرش نرم می‌شوند و توانِ مقاومت ندارند. ۳ - «آب جو» کنایه از قدرت حق و ارادهٔ اوست و در ابیات بعد «باد» و «آتش».

۴ - **دیگ‌هایِ فکر** : فکر و اندیشه به «دیگ» مانند شده است. ۵ - **مَکرُمت** : لطف و کَرَم، بخشش.

۶ - به هر تار مویت صبری عطا کردم؛ یعنی صبرِ فراوان.

۷ - **دولاب** : چرخ چاه، اینجا منظور باید «سنگ آسیا» باشد که در اثر جریان آب به‌گردش می‌آید.

تو همی گویی که: می‌بینم و لیک   دیدِ آن را بس علامت‌هاست نیک ۲۹۰۷

تو ادّعا می‌کنی که عوامل نهانیِ ایجادِ پدیده‌ها و آثارِ ظاهری را می‌بینی و می‌دانی؛ امّا چنین درک و شهودی نشانه‌هایِ آشکاری دارد.

گردشِ کف[1] را چو دیدی مختصر   حیرتت[2] باید، به دریا در نگر ۲۹۰۸

فعل و انفعالاتِ ظاهری چندان اهمّیّتی ندارند، درک و شهودِ دریایِ وحدت تحیّربرانگیز است.

آنکه کف را دید، سِر گویان بُوَد   وانکه دریا دید، او حیران بُوَد ۲۹۰۹

«عالِم»، فقط ظواهر را می‌بیند و از اسرارِ حق یا «سرِّ قضا و قَدَر» سخن می‌گوید؛ امّا درکِ باطنی ندارد؛ ولی «عارف» و صوفی چنان در شهود متحیّر است که نمی‌تواند سخنی بگوید؛ زیرا کلام در وصف آن عاجز است.[3]

آنکه کف را دید، نیّت‌ها کند[4]   وانکه دریا دید، دل دریا کند ۲۹۱۰

کسی که فقط به ظواهر توجّه دارد، می‌کوشد تا به کمک اسباب و ابزار خود را به مقصد برساند؛ ولی آن کس که درک و شهود باطنی دارد، از خود نیّت و قصدی ندارد و تابع تقدیر الهی است.

آنکه کف‌ها دید، باشد در شمار   وانکه دریا دید، شد بی اختیار ۲۹۱۱

«ظاهربین»، در مرحلهٔ تکثّر، «اسباب و علل» و «اختیار» باقی می‌مانَد؛ ولی «باطن‌بین»، اختیار خود را در اختیارِ حق مستهلک کرده است و از خود اختیاری ندارد.

آنکه او کف دید، در گَردش بُوَد   وانکه دریا دید، او بی غِش[5] بُوَد ۲۹۱۲

«ظاهربین» در میان پدیده‌هایِ ظاهری جویایِ حقیقت است و «باطن‌بین» برای درک و شهودِ حقایق نیازی به این پدیده‌ها ندارد.

---

۱ - **کف** : کنایه از ظاهر هر چیز یا ظاهر پدیده‌ها.   ۲ - **حیرت** : مراد حیرت عارفانه است.

۳ - مراد این عبارت است: مَنْ عَرَفَ اللهَ کَلَّ لِسانُهُ: ر.ک: ۳۰۲۱/۲.

۴ - **نیّت‌ها کند** : نیّت و قصد یا مقاصدی را در سر می‌پروراند.

۵ - **بی غِش** : بدون آلایش، آلوده به امور مادّی و پدیده‌های مادّی نیست.

دعوت کردنِ مسلمان مُغ را[1]

در این قصّه مسلمانی به مُغی[2] اندرز می‌دهد که اسلام آوَرَد و در سِلک مؤمنان در آید. مُغ در پاسخ می‌گوید: اگر خدا بخواهد مسلمان می‌شوم. مسلمان معترضانه پاسخ می‌دهد: البتّه خداوند می‌خواهد؛ امّا نفس پلیدِ تو که از شیطان پیروی می‌کند، مانع این ایمان است. مُغ می‌گوید: وقتی خدا می‌خواهد و خواست او تحقّق نمی‌یابد، ارادهٔ او چه سودی دارد؟ اینجا ارادهٔ شیطان غالب است؛ پس من چاره‌ای جز آنکه بندهٔ این دیو باشم، ندارم.

این سؤال و جواب به نوعی جبرِ مذموم منتهی می‌شود که نتیجهٔ شومِ آن سقوطِ تکلیف است؛ بنابراین مولانا بلافاصله در قطعهٔ بعد، شیطان را که به اعتقاد مُغ اراده‌ای غالب دارد، در تمثیلی، به سگی مانند می‌کند که بر درگاه حق ایستاده و بیگانه را دورباش می‌دهد، همان‌گونه که سگِ ترکمانان بر درِ خیمه و خرگاه ایشان اهلِ خیمه را پاس می‌دارد و غیر را می‌دَرَد و به هلاکت می‌افکند.

همچنین در قطعهٔ بعد از آن، از زبان مؤمنِ سنّی این نوع جبر را که منجر به ابطالِ شرایع است، مردود اعلام می‌کند.

مر مُغی را گفت مردی: کِای فلان! هین! مسلمان شو، بباش از مؤمنان ۲۹۱۳

مسلمانی به مغی گفت: فلانی، به خود بیا. مسلمان شو و به مؤمنان بپیوند.

گفت: اگر خواهد خدا، مؤمن شوم وز فزاید فضل هم مُوقِن[3] شوم ۲۹۱۴

کافر گفت: اگر خدا بخواهد ایمان می‌آورم و اگر لطف کند به مرتبهٔ یقین هم می‌رسم.

گفت: می‌خواهد خدا ایمانِ تو تا رهد از دستِ دوزخ جانِ تو ۲۹۱۵

مسلمان گفت: خداوند می‌خواهد که تو ایمان بیاوری و جانت از دوزخ نجات یابد.

---

۱ - مأخذ آن حکایتی است در عیون الاخبار، ج ۲، ص ۴۲ با همین مضمون که در طیّ آن قَدَری با زردشتی همسفر است و تقریباً همین سؤال و جواب‌ها مطرح می‌گردد: احادیث، ص ۴۸۹.

۲ - **مُغ**: اینجا مطلق کافر است و ارتباطی به مُغان پیش از زرتشت و پیش از آیین مزدیسنا ندارد.

۳ - **مُوقِن**: کسی که به مرتبهٔ یقین رسیده است.

لیک نَفسِ نحس و آن شیطانِ زشت   می‌کَشَندت سویِ کفران و کُنِشت[1] ۲۹۱۶

امّا نفسِ شوم و شیطانِ بدکردار تو را به سویِ کُفر و بُت‌خانه می‌کشاند.

گفت: ای مُنصف! چو ایشان غالب‌اَند   یارِ او باشم که باشد زورمند ۲۹۱۷

کافر گفت: ای مردِ باانصاف، چون آن‌ها غالب هستند، من یارِ طرفِ قدرتمند می‌شوم.

یارِ آن تانَم بُدَن کو غالب است   آن طرف افتم، که غالب جاذب است ۲۹۱۸

من یار کسی هستم که غلبه دارد و به سویی که غالب مرا می‌کشد، می‌روم.

چون خدا می‌خواست از من صدقِ زَفت[2] **   خواستِ او چه سود؟ چون پیشش نرفت** ۲۹۱۹

خدا که از من صداقت کاملی می‌خواهد، وقتی اراده‌اش عملی نمی‌شود، خواست او چه فایده‌ای دارد؟

نَفْس و شیطان خواستِ خود را پیش بُرد   و آن عنایت قهرگشت[3] **و خُرد و مُرد**[4] ۲۹۲۰

نَفْس و شیطان خواستهٔ خود را عملی کردند و عنایت الهی برای هدایت من از بین رفت.

تو یکی قصر و سرایی[5] **ساختی   اندر او صد نقش خوش افراختی** ۲۹۲۱

فرض کن که تو کاخ و خانه‌ای ساختی و آن را با نقوشی زیبا آراستی،

خواستی مسجد بُوَد آن جایِ خیر   دیگری آمد، مر آن را ساخت دِیْر ۲۹۲۲

می‌خواستی که آنجا مسجد باشد؛ امّا دیگری آمد و آن بنا را به صومعه مبدّل کرد.

یا تو بافیدی یکی کرباس، تا   خوش بسازی بهرِ پوشیدن قبا ۲۹۲۳

و یا فرض کن که کرباسی بافتی تا از آن قبای خوبی بدوزی.

تو قبا می‌خواستی، خصم[6] **از نبرد   رَغمِ تو، کرباس را شلوار کرد** ۲۹۲۴

علی‌رغم آنکه تو قبا می‌خواستی؛ امّا دشمن بر خلاف میل تو کرباس را شلوار دوخت.

---

۱ - **کُنشت** : کِنشت: عبادتگاه یهودیان، مجازاً بت‌خانه.   ۲ - **زَفت** : عظیم.

۳ - **عنایت قهرگشت** : عنایت مقهور شد و از بین رفت.   ۴ - **خُرد و مُرد** : خُرد و ریز، توسّعاً از بین رفتن.

۵ - **قصر و سرا** : تمثیلی برای آدمی، همچنین است در ابیات بعد «کرباس» و «قبا».

۶ - **خصم** : دشمن، کنایه از شیطان.

چارهٔ کرباس چه بْوَد جانِ من! جز زبونِ رایِ آن غالب شدن؟ ۲۹۲۵

عزیز من، کرباس جز آنکه در برابر ارادهٔ غالب تسلیم شود، چاره‌ای دارد؟

او زبون شد، جُرم این کرباس چیست؟ آنکه او مغلوبِ غالب نیست، کیست؟[۱] ۲۹۲۶

کرباس که مغلوب شد، چه گناهی دارد؟ چه کسی در برابر غالب مغلوب نیست؟

چون کسی بی‌خواستِ او بر وی براند خاربُن در مِلک و خانهٔ[۲] **او نشاند** ۲۹۲۷

اگر کسی بدون خواستِ صاحبخانه در مِلک و خانهٔ او بوتهٔ خار بکارد،

صاحبِ خانه بدین خواری بُوَد که چنین بر وی خَلاقت[۳] **می‌رود** ۲۹۲۸

صاحبخانه با این کار تحقیر می‌شود؛ زیرا به حقّ او تجاوز شده است.

هم خَلَق گردم من ار تازه و نُوَم چونکه یارِ این چنین خواری شوم ۲۹۲۹

من اگر سربلند و شاداب هم باشم با همراهیِ چنین صاحبخانهٔ خواری، حقیر می‌شوم.

چونکه خواستِ نَفْس آمد مُستعان تَسْخَر[۴] **آمد، اَیْش**[۵] **شاءَ اللهُ کان**[۶] ۲۹۳۰

چون خواستهٔ نَفْس بر آورده می‌شود، پس این سخن که: «هرچه خدا خواست، همان می‌شود»، خنده‌آور است.

من اگر ننگِ مُغان یا کافرم آن نی‌اَم که بر خدا این ظن بَرَم ۲۹۳۱

من اگر «ننگِ مغان» و یا کافر هم باشم، هرگز دربارهٔ خداوند چنین گمانی ندارم.

که کسی ناخواهِ او و رَغْمِ او گردد اندر مُلکَتِ[۷] **او حُکْم‌جو** ۲۹۳۲

و هرگز نمی‌گویم که کسی می‌تواند بر خلاف میل و ارادهٔ او در قلمرو او حکمی برانَد.

---

۱ - همواره قدرتمند غلبه می‌کند.

۲ - **مِلک و خانه** : تمثیل «انسان» است که برای کاشتن و پروردن گل‌های معرفت و رسیدن به کمال آفریده شده و «صاحبخانه» خداوند است. ۳ - **خَلاقَت** : کهنگی و پاره شدن، اینجا توهین و تجاوز.

۴ - **تَسْخَر** : مسخره. ۵ - **اَیْش** : مخفّف «اَیُّ شَیْءٍ» به معنی هر چیز.

۶ - اشاره به حدیث: «ما شاءَ اللهُ کان» است به معنی «هر چه خدا بخواهد همان می‌شود».

۷ - **مُلْکَت** : قلمرو، مملکت.

مُـلکتِ او را فـرو گـیرد چـنین کــه نـیارَد دَم زدن دَمْآفـرین ۲۹۳۳

قلمرو او را چنان تسخیر کند که خداوندِ نَفَس آفرین جرأت نَفَس کشیدن نداشته باشد.

دفـعِ او مـی‌خواهـد و مـی‌بایدش دیـو هـر دم غـصّه مـی‌افـزایـدش ۲۹۳۴

می‌خواهد و سعی می‌کند که شیطان را برانَد؛ امّا نمی‌تواند و همواره از این بابت غصّه می‌خورد.

بـندهٔ ایـن دیـو مـی‌باید شـدن چونکه غالب اوست در هر انجمن ۲۹۳۵

باید بندهٔ این شیطان شد؛ زیرا او همه جا غالب است.

تـا مـبادا کـین کَشَـد شـیطان زِ مـن پس چه دستم گیرد آنجا ذُوآلمِنَن[1] ؟ ۲۹۳۶

تا مبادا از من انتقام بگیرد و گرنه خدایِ مهربان چگونه دستم را می‌گیرد؟

آنکــه او خــواهـد، مُـرادِ او شـود از کـه کـارِ مـن دگـر نـیکو شـود؟[2] ۲۹۳۷

چون هر چه که شیطان می‌خواهد، می‌شود؛ پس چگونه کار و بار من نیکو می‌شود؟

مَثَلِ شیطان بر درِ رحمان

حــاشَ لِـلَّه، اَیْش شـاءَ اللهُ کـانْ حــاکـم آمـد در مکـان و لامکـان ۲۹۳۸

پناه بر خدا، حقیقت این است که هرچه خدا بخواهد، همان می‌شود. او حاکمِ مکان و لامکان است.

هــیچ کس در مُـلکِ او بـی امـرِ او در نـیفزایـد سـرِ یک تـایِ مـو ۲۹۳۹

هیچ کس نمی‌تواند بدون فرمان او در سراسر هستی یک تار مو بیفزاید.

مُـلک مُـلکِ اوست، فـرمان آنِ او کمترین سگ بـر در آن شـیطانِ او ۲۹۴۰

پادشاهی و فرمان از اوست. شیطان مخلوق او و کمترین سگِ درگاهِ اوست.

---

۱ - **ذُوالمِنَن** : نامی از نام‌های خداوند، صاحب عطاها، صاحب احسان‌ها. ۲ - سخنان «مُغ» است.

تُرکمان را گر سگی باشد بـه در[۱] بـر دَرَش بـنهاده بـاشد رو و سـر ۲۹۴۱

اگر ترکمان سگی داشته باشد که سر بر درِ او نهاده باشد،

کـودکانِ خـانه دُمَّش مـی‌کَشند باشد اندر دستِ طفلان خوارمـند[۲] ۲۹۴۲

بچّه‌های خانه دُم سگ را می‌کشند، چون او در برابرِ «خودی‌ها» نرم و خوار است.

بـاز اگـر بـیگانه‌یی مَـعْبَر[۳] کـند حمله بر وی هـمچو شیرِ نـر کـند ۲۹۴۳

اگر بیگانه‌ای عبور کند مثل شیرِ نر به او حمله می‌کند.

کـه اَشِـدّآءُ عَـلَی آلکُـفّار[۴] شـد با ولی گُل، با عدو چون خـار شـد ۲۹۴۴

زیرا مؤمنان با کفّار بسیار سخت‌گیرند، با دوستان نرم و با دشمنان سخت.

ز آب تُتماجی[۵] کـه دادش تـرکمان آنچنان وافـی شـده‌ست و پـاسبان ۲۹۴۵

سگ از مختصر غذایی که ترکمان به او می‌دهد، آن‌طور باوفا و نگهبان شده است.

پس سگِ شیطان[۶] که حق هستش کند اندر او صـد فکـرت و حـیلت تَـنَد[۷] ۲۹۴۶

پس شیطان، همان سگ است که حق او را آفرید و اجازه داد که صدها فکر و مکر داشته باشد.

آبِ روهـا[۸] را غـذایِ او کـند[۹] تـا بَـرَد او آبِ رویِ نـیک و بـد ۲۹۴۷

برای آزمون خلق به او اجازه داده شد که آنان را وسوسه کند و «آبرو»شان را ببرد.

آبِ تُـتماج است آبِ رویِ عـام که سگِ شیطان از آن یـابد طـعام ۲۹۴۸

آبروی خلق، غذایی است که این سگ «شیطان» از آن قوّت می‌یابد.

بـر درِ خـرگاهِ قـدرت جـانِ او چون نباشد حکم را قربان؟ بگو[۱۰] ۲۹۴۹

اینک بگو که چگونه شیطان بر درِ بارگاه الهی خود را فدایِ امر خداوند نکند؟

---

۱ - شیطان به سگ ترکمان مانند شده که سگِ درگاهِ حق است و بیگانه را دورباش می‌دهد و سبب گمراهیِ کسی می‌شود که مستعدّ گمراهی است. ۲ - **خوارمند** : خوار.

۳ - **معبر** : عبورکردن، معنی مصدری دارد: عبور. ۴ - اشارتی قرآنی؛ فتح: ۲۹/۴۸؛ ر.ک: ۱۳۵۰/۱ و ۲۴۴/۴.

۵ - **تُتماج** : نوعی آش، «آبِ تتماج» یعنی غذای ناچیز.

۶ - **سگ شیطان** : اضافهٔ تشبیهی، شیطانی که مانند سگ است. ۷ - این قدرت را به او داده است.

۸ - **آب رو** : مراد ایمان خلق است. ۹ - **غذای او کند** : شیطان با فریفتن خلق قوّت می‌یابد.

۱۰ - مراد آنکه: شیطان همانند سگ ترکمان و بر درِ بارگاه حق است و با وسوسه کردن خلق وفاداری و پاسبانیِ خود را ثابت می‌کند.

گــلّه گــلّه از مُــرید و از مَــرید[1]   چون سگِ باسِط[2] ذِراعَیْ[3] بِالْوَصید[4] ۲۹۵۰

همهٔ خلق از بد و خوب، دسته دسته، همانند سگِ کهف که دست‌ها را بر درِ غار گسترده بود، در خدمت حق‌اند.

بــر درِ کـهفِ اُلوهـیّت[5] چـو سگ   ذرّه ذرّه امر جـو، بـر جَـسته رَگ[6] ۲۹۵۱

تمام موجودات و تمام ذرّاتِ هستی بر درگاه حق مشتاقانه در انتظار فرمان‌اند.

ای سگِ دیو! امتحان می‌کن کـه تـا   چون در این ره می‌نهند این خلق پا؟ ۲۹۵۲

ای شیطانِ سگ، امتحان کن و ببین که خلق چگونه با شوق پای در این راه می‌نهند.

حمله می‌کُن، مـنع مـی‌کُن، مـی‌نگر   تا کِه باشد ماده اندر صدق و نر[7] ؟ ۲۹۵۳

به آنان حمله کن. بازشان دار و ببین که در راه حق کدام مردِ راه و کدام نامردند؟

پس اعوذ از بهرِ چه باشد؟ چو سگ   گشــته بــاشد از تَـرَفُّع[8] تـیزتگ ۲۹۵۴

پس چرا «أَعُوذُ بِاللهِ مِنَ الشَّيْطانِ الرَّجيم» می‌گویند و به خدا پناه می‌برند، در حالی که به شیطان این قدرت داده شده است که از خشم به سرعت به ما حمله کند؟

این اعوذ آن است، کِای تُرکِ خطا[9] !   بانگ بـر زَن بـر سگت، رَه بـرگشا ۲۹۵۵

این «أَعُوذُ بالله...» یعنی: ای خدا، بر سگِ خودت بانگ بزن و راه را برایم باز کن.

تــا بــیایم بــر درِ خــرگاهِ تــو   حاجتی خواهم ز جُـود و جـاهِ تـو ۲۹۵۶

راه را بگشا تا به درگاهت بیایم و از فضل و جلالِ تو حاجتی بخواهم.

---

۱ - **مُرید و مَرید :** فرمانبر و نافرمان. ۲ - **باسِط :** گسترنده، گشاینده.

۳ - **ذِراعَی :** ذراعین، دو ذراع: از آرنج تا انگشتان دست.

۴ - **وَصید :** آستانهٔ در. اقتباس لفظی از قرآن: کهف: ۱۸/۱۸: ...وَ كَلْبُهُمْ باسِطٌ ذِراعَيْهِ بِالْوَصيدِ... : و سگشان بر آستانهٔ غار دو دست را درازکرده بود. ۵ - **کهفِ الوهیّت :** غارِ الوهیّت، مراد بارگاهِ الهی است.

۶ - **برجسته رَگ :** منتظر و بسیار مشتاق.

۷ - **نر و ماده اندر صدق :** یعنی در صدق و ایمان قوّت یا ضعف داشتن.

۸ - **تَرَفّع :** برتری جویی، اینجا حمله یا تهاجم.

۹ - **تُرکِ خطا :** ترکِ ختا: زیباروی ختا «سرزمین خُتن در ترکستان» که زیبارُخان آن شهره بوده‌اند، اینجا مُراد خداوند است.

چونکه تُرک از سَطْوَتِ[1] سگ عاجز است — ایــن اَعُــوذ و ایــن فـغان نـاجایز است ۲۹۵۷

اگر صاحبِ سگ از دفعِ او عاجز باشد، پناه بردن به او جایز نیست.

تُرک هم گوید: اَعُوذ از سگ، که من — هم ز سگ درمـانده‌ام انـدر وطـن[2] ۲۹۵۸

صاحبِ سگ می‌گوید: من هم از سگ پناهی می‌جویم؛ زیرا در خانه هم در امان نیستم.

تــو نــمی‌یاری بـر ایـن در آمـدن — مــن نــمی‌آرم ز در بـیرون شـدن ۲۹۵۹

تو نمی‌توانی درون بیایی و من نمی‌توانم بیرون بیایم.

خاک اکنون بر سـر تُـرک و قُـنُق[3] — که یکی سگ هر دو را بندد عُـنُق[4] ۲۹۶۰

خاک بر سر تُرک و مهمانش که یک سگ گردنشان را بسته و اختیارشان را گرفته است.

حــاشَ لِـلّه[5]، تُـرک بـانگی بـر زنـد — سگ چه باشد؟ شیرِ نر خون قی کند[6] ۲۹۶۱

امّا، نـه در مـورد خـداونـد کـه اگـر اراده کـند، نـیرومندترینِ قـدرت‌ها از تـرس زَهـره تَرَک می‌شود.

ای که خود را شیرِ یزدان خوانده‌ای[7] — ســال‌ها شـد، بـا سگـی درمـانده‌ای ۲۹۶۲

ای آنکه خود را شیر خدا نامیده‌ای، سال‌هاست که اسیرِ سگِ نفس ِخود مانده‌ای.

چون کند این سگ برای تو شکار؟ — چون شکارِ سگ شده‌ستی آشکـار ۲۹۶۳

چون تو آشکارا شکار سگ شده‌ای، چگونه او برای تو شکار کند؟

---

۱ - **سَطْوت** : حمله، تهاجم.

۲ - مصراع دوم: در خانهٔ خود هم از دست سگ درمانده و از دفعِ او عاجز هستم.

۳ - **قُنُق** : مهمان، واژهٔ ترکی، مهمان هم از آن جهت که به این ترکِ خوار امید دارد، خاک بر سر است.

۴ - **عُنُق** : گردن. ۵ - **حاشَ لِلّه** : پناه بر خدا، حاشا که چنین باشد.

۶ - **خون قی کردن** : کنایه از خون شدن جگر و قالب تهی کردن یا زهره تَرَک شدن است.

۷ - خطاب به مدّعیِ معرفت.

جوابِ گفتنِ مؤمنِ سُنّی، کافرِ جبری را، و در اثباتِ اختیارِ بنده دلیل گفتن. سنّت راهی باشد کوفتهٔ اَقدامِ انبیا علیهم السَّلام. بر یمینِ آن راه بیابانِ جبر، که خود را اختیار نبیند و امر و نهی را منکر شود و تأویل کند، و از مُنکر شدنِ امر و نهی لازم آید اِنکارِ بهشت، که بهشت جزایِ مطیعانِ امر است و دوزخ جزایِ مخالفانِ امر، و دیگر نگویم به چه انجامد، که اَلْعاقِلُ یَکْفیهِ اَلاشارة، و بر یسارِ آن راه بیابانِ قَدَر است که قدرتِ خالق را مغلوبِ قدرتِ خلق دانَد، و از آن، آن فسادها زاید، که آن مُغ جبری بر می‌شمرد

در ادامهٔ سؤال و جوابی که در «دعوت کردنِ مسلمان مُغ را»[1] مطرح شد و در پاسخ مُغ که با احتجاج رشتهٔ سخن را به جبرِ مذموم کشانید، اینک در این قطعه مولانا از زبان «سنّیِ مؤمن» به «مُغ» که همان «کافرِ جبری» است، جواب می‌دهد و می‌گوید: انکارِ اختیار، همانندِ انکارِ حسّ است؛ زیرا بی شک هر انسان احساس می‌کند که در اموری قادر است و بر اموری نیست؛ مثلاً اینکه از کسی می‌خواهیم که کاری را انجام دهد یا از انجام آن ممانعت می‌کنیم، امر و نهی بر دیگران، خشم و عتابی که باکسی داریم و یا عطوفت و مهری که می‌ورزیم، همه نشانهٔ آن است که خلق را بر انجام و یا عدمِ انجام آن افعال مختار و قادر می‌دانسته‌ایم.

همچنین در ادامه خاطرنشان می‌کند که قول به «جبر» حتی از قول به «قَدَر» هم غیر عقلانی‌تر است؛ زیرا جبری آنچه را که حسّ آدمی در می‌یابد و عقل و وجدان بشری بدان گواه است، نمی‌پذیرد.

نتیجه آنکه: «جبری» به بهانهٔ «جبر» خود را محکوم به تقدیرِ الهی و غیرِ مسئول می‌بیند و «قَدَری» که فقط امورِ ظاهری و محسوس را می‌بیند از هستیِ مطلق بی خبر و گمراه است.

گفت مؤمن: بشنو ای جبری! خطاب   آنِ خود گفتی، نَک[2] آوردم جواب ۲۹۶۴

مؤمن گفت: ای جبری، سخنانت را گفتی، اینک جواب را بشنو.

بازیِ خود[3] دیدی ای شطرنج‌باز!   بازیِ خَصمت ببین پهن و دراز ۲۹۶۵

ای شطرنج باز، بازیِ خودت را دیدی. اکنون بازی پرطول و تفصیل حریفت را ببین.

نامهٔ عذرِ خودت برخواندی[4]   نامهٔ سُنّی بخوان، چه ماندی؟ ۲۹۶۶

حرف‌های خودت را زدی. حرف‌های مرا بشنو. چرا معطّلی؟

---

۱ - ر.ک: ۲۹۱۳/۵. ۲ - **نک**: اینک. ۳ - اشاره به استدلال جبریانه.

۴ - **نامهٔ عذر**: سخنان خودت را گفتی، ادلّه‌ای را که می‌توانستی آوردی.

نکته گفتی جبریانه در قضا   سرِّ آن بشنو ز من در ماجرا ۲۹۶۷

دربارهٔ قضا و قَدَر نکاتی جبریانه گفتی، اینک سرّ آن را از من بشنو.

اختیاری هست ما را بی گمان   حسّ را مُنکِر نتانی شد عیان ۲۹۶۸

بدون تردید ما اختیاری داریم، نمی‌توانی حسّ را آشکارا انکار کنی.

سنگ را هرگز بگوید کس: بیا؟   از کلوخی کس کجا جوید وفا؟ ۲۹۶۹

آیا کسی به «سنگ» می‌گوید: بیا؟ یا از «کلوخ» انتظار وفا دارد؟

آدمی را کس نگوید: هین! بپَر   یا: بیا ای کور! تو در من نگر[1] ۲۹۷۰

کسی از «انسان» توقّع پرواز کردن دارد؟ یا از آدم نابینا توقّع دیدن؟

گفت یزدان: ما عَلَی ٱلاعمیٰ حَرَج[2] **کِی نهد بر کس حَرَجْ رَبُّ ٱلفَرَج**[3] **؟** ۲۹۷۱

خداوند فرمود: بر نابینا حرجی نیست. خداوندِ مشکل‌گشا، کسی را در تنگنا نمی‌گذارد.

کس نگوید سنگ را: دیر آمدی   یا که: چوبا! تو چرا بر من زدی؟ ۲۹۷۲

کسی از جمادات بازخواست نمی‌کند و به «سنگ» نمی‌گوید: چرا دیر آمدی؟ یا از «چوب» نمی‌پرسد: چرا به من زدی؟

این چنین واجُستها مجبور را   کس بگوید؟ یا زند معذور را؟ ۲۹۷۳

چنین مؤاخذه‌هایی هرگز دربارهٔ کسی که مجبور و معذور است، نیست.

امر و نهی و خشم و تشریف و عِتاب[4] **نیست جز مختار را، ای پاکْ‌جیب!** ۲۹۷۴

ای پاک دامن، امر و نهی، قهر و مهر همه برای کسی است که اختیاری دارد.

اختیاری هست در ظلم و ستم   من از این شیطان و نَفْس، این خواستم ۲۹۷۵

در ما اختیاری هست که مرتکب «ظلم و ستم» بشویم یا نه. مقصودِ من از شیطان و نفس همین بود.

---

۱ - اشاره به مضمون آیه: قرآن: بقره: ۲۸۶/۲: لاٰ یُکَلِّفُ اللهُ نَفْساً إلاّ وُسْعَهَا...: خداوند هیچ کس را جز به اندازهٔ توانش تکلیف نمی‌کند. ۲ - اشارتی قرآنی؛ فتح: ۱۷/۴۸: بر نابینا [در نرفتن به جنگ] حَرَجی نیست.
۳ - **ربُّ الفَرَج**: آفرینندهٔ گشایش در کارها. ۴ - عِتاب را به صورت ممال «عِتیب» بخوانید.

اختیار انـدر درونت سـاکـن است تا ندید او یوسفی[1]، کف را نَخَست[2] ۲۹۷۶

«اختیار» در درونت هست و تا کششی برای بهره‌مندی از لذّت دنیوی در تـو بـه وجـود نیامده بود، از آن استفادهٔ بدی نکردی.

اخـتیار و داعـیه در نَـفْس بـود رُوش دیـد، آنگـه پـروبالی گشـود ۲۹۷۷

«اختیار» و «انگیزه» در نَفْس وجـود دارد، هـنگامی کـه «سببِ دنیوی»، هـوایِ نـفس را بـر می‌انگیزد، می‌تواند از قدرتِ تصمیم‌گیری درونیِ خود برای ارتکابِ «ظلم و ستم» و یا پرهیز از آن استفاده کند.

سگ بـخفته، اخـتیارش گشـته گُـم چـون شکـنبه دیـد، جُـنبانید دُم ۲۹۷۸

«نَفْسِ امّاره»، همانند سگِ خفته، اختیار یا عدم اختیارش آشکار نیست و از دیدن «منفعت و لذّت» حرکت می‌کند.

اسب هم حُوحُو کند چون دید جَو چون بجُنبد گوشت، گربه کـرد مَوْ ۲۹۷۹

همان‌گونه که اسب با دیدنِ جو شیهه می‌کشد و گربه با دیدن گوشت میومیو می‌کند.

دیـدن آمـد جُـنبش ِ آن اخـتیار همچو نفخی[3]، ز آتش انگیزد شرار ۲۹۸۰

«دیدن»، سببِ جنبشِ اختیار است، همان‌طور که آتش با دمیدن شعله‌ور می‌شود.

پس بجُنبد اختیارت، چون بلیس شـد دَلاله[4]، آرَدَت پـیغامِ ویس[5] ۲۹۸۱

شیطان، هم واسطه می‌شود و با وسوسه وانمود می‌کند که مطلوبت نیز به تو تمایل دارد.

چونکه مطلوبی بر این کس عرضه کرد اخـتیارِ خُـفته، بگشـاید نَـوَرد[6] ۲۹۸۲

همین وسوسه یا «پیغامِ معشوق» سبب کشش بیشتر می‌شود.

وآن فـرشته خـیرها، بـر رغـمِ دیـو عـرضه دارد، مـی‌کند در دل غـریو ۲۹۸۳

از سوی دیگر، «فرشته» بر خلافِ شیطان، نیکی‌ها را نشان می‌دهد و در دل شوری برپا می‌کند.

---

۱ - **یوسفی** : اینجا هر چیز دنیوی که برای نفسِ آدمی جاذبه داشته باشد، هر چیزِ دلخواه، اشاره است بـه: قـرآن: یوسف: ۳۰/۱۲. ۲ - **نَخَست** : مجروح نکرد. ۳ - **نفخ** : دمیدن. ۴ - **دلاّله** : اینجا واسطه.
۵ - **ویس** : اینجا معشوق یا محبوب: ر.ک: ۲۲۸/۳.
۶ - **بگشاید نَوَرد** : لا و پیچِ آن باز می‌شود؛ یعنی از قوّه به فعل می‌رسد.

تـــا بـــجُنبد اخـــتیارِ خـــیرِ تـــو زانکه پیش از عرضه، خفتەست این دو خُو ۲۹۸۴

تا ارادەات را به سوی خیر برانگیزد؛ زیرا پیش از آنکه شیطان و فرشته «بدی» یا «خوبی» را در نظرت جلوه دهند، توانایی انتخاب «خیر» یا «شرّ» در تو وجود داشته است.

پس فرشته و دیو گشـته عـرضەدار بـــهرِ تــحریکِ عــروقِ اخــتیار ۲۹۸۵

پس در واقع وجود این دو، برای به حرکت در آوردنِ تمایلاتِ درونی توست.

مـــی‌شود ز اِلهـــامها و وســـوسه اخــتیارِ خــیر و شَـرَّت دَه کَـسه[1] ۲۹۸۶

در اثر الهام فرشته یا وسوسهٔ شیطان، کشش و تمایلاتِ درونی افزون‌تر می‌شود.

وقتِ تحلیلِ نـماز[2]، ای بـانمک[3]! ز آن سـلام آورد بـاید بـر مَـلَک ۲۹۸۷

ای حق‌شناس، به همین سبب هنگام پایان نماز باید به فرشتگان سلام داد.

کــه ز اِلهــام و دعــایِ خــوبتان اخــتیارِ ایــن نــمازم شــد روان ۲۹۸۸

که به سبب الهام و دعای خیر شما بود که من این نماز را ادا کردم.

بـــاز از بـــعدِ گُـــنَه لعــنت کــنی بر بلیس، ایـرا[4] کـز اویـی مـنحنی ۲۹۸۹

و همین‌طور بعد از ارتکابِ گناه بر شیطان لعنت می‌فرستی که سرافکندەات کرده است.

این دو ضد عرضه‌کنندەت در سِرار[5] در حـجاب غـیب آمـد عـرضەدار ۲۹۹۰

این دو همواره از پس پردهٔ غیب «خیر» و «شرّ» را به تو عرضه می‌کنند.

چونکه پردهٔ غیب برخیزد ز پـیش تــو بــبینی رویِ دلّالان خــویش ۲۹۹۱

هنگامی که از نظر باطنی ارتقا پیدا کنی، عوامل «خیر» و «شرّ» را می‌شناسی و تفاوت‌شان را می‌فهمی.

---

۱ - **دَه‌کَسه**: ده نفره، ده برابر. ۲ - **تحلیلِ نماز**: تمام کردن نماز.

۳ - **بانمک**: باظرافت، کنایه از دقیق و حق شناس. ۴ - **ایرا**: زیرا.

۵ - **سِرار**: مُحاق، اینجا کنایه از نهانی یا ناپیدا.

وآن سخنشان واشناسی بی گزند   کآن سخن گویان نهان، این‌ها بُدند ۲۹۹۲

بدون آنکه آسیبی ببینی، می‌فهمی که آن عواملِ نهانی این‌ها بودند.

دیو گوید: ای اسیرِ طبع و تن   عرضه می‌کردم، نکردم زور من ۲۹۹۳

شیطان می‌گوید: تو اسیرِ سرشتِ طبیعی و تمایلاتِ نَفْسانی بودی. من بدی را در نظرت آراستم، مجبورت نکردم.

وآن فرشته گویدت: من گفتمت   که از این شادی فزون گردد غمت ۲۹۹۴

فرشته می‌گوید: من به تو هشدار دادم که این لذّتِ ناپایدار غمِ پایداری در پی دارد.

آن فلان روزت نگفتم من چنان   که از آن سوی است ره سوی جِنان؟ ۲۹۹۵

آیا فلان روز نگفتم که راه بهشت از آن سو است؟

ما مُحبِّ جان و روحْ‌افزایِ تو   ساجدانِ مُخلِصِ بابایِ تو[1] ۲۹۹۶

فرشتگان می‌گویند: ما روحِ لطیف و جانبخشِ تو را دوست داریم و خالصانه به پدرت سجده کردیم.

این زمانت خدمتی هم می‌کنیم   سویِ مخدومی[2] **صلایت می‌زنیم** ۲۹۹۷

اینک به تو خدمت می‌کنیم و به راهِ نیک و سروری فرا می‌خوانیم.

آن گُرُه بابات را بوده عِدیٰ[3]   **در خطابِ اُسْجُدُوا**[4] **کرده اِبا** ۲۹۹۸

شیاطین دشمن پدرت بودند و از فرمان «سجده کنید» سرپیچی کردند.

آن گرفتی، آنِ ما انداختی   حقِّ خدمت‌هایِ ما نشناختی ۲۹۹۹

سخن آنان را پذیرفتی و به گفتهٔ ما اهمّیّتی ندادی. قدر خدمت ما را ندانستی.

این زمان ما را و ایشان را عیان   در نگر، بشناس از لحن و بیان ۳۰۰۰

اکنون ما و آن‌ها را آشکارا ببین و از سخن و بیان هر یک را بشناس.

---

۱ - اشارتی قرآنی؛ اعراف: ۱۱/۷.   ۲ - **مخدومی**: سروری، بزرگی.

۳ - **عِدیٰ**: عُدیٰ: دشمنان، اسم جمع.   ۴ - اشارتی قرآنی؛ بقره: ۳۴/۲.

نیم‌شب[1] چون بشنوی رازی ز دوست — چون سخن گوید سَحَر، دانی که اوست ۳۰۰۱

اگر در تاریکی صدایِ دوست را بشنوی، در روشنایی هم صدایش را می‌شناسی.

ور دو کس در شب خبر آرَد تو را — روز از گفتن شناسی هر دو را ۳۰۰۲

و اگر در شب دو نفر با تو سخن بگویند، در روز می‌توانی صدایِ آن‌ها را تشخیص بدهی.

بانگِ شیر و بانگِ سگ در شب رسید — صورتِ هر دو ز تاریکی ندید ۳۰۰۳

اگر «غرّشِ شیر» و «پارسِ سگ» در شب به گوش برسد؛ ولی صورتشان دیده نشود،

روز شد، چون باز در بانگ آمدند — پس شناسدشان ز بانگ آن هوشمند ۳۰۰۴

شخص هوشیار بانگ آن دو را در روز هم خواهد شناخت.

مَخلص این که: دیو و روحِ عرضه‌دار — هر دو هستند از تتمّهٔ[2] اختیار ۳۰۰۵

خلاصه اینکه: وجودِ «شیطان» و «فرشته» که «شرّ» و «خیر» را عرضه می‌کنند، برای تکمیل کردنِ «اختیار» است.

اختیاری هست در ما ناپدید — چون دو مطلب دید، آید در مزید[3] ۳۰۰۶

اختیارِ بالقوّه‌ای که در ما هست، با عرضهٔ «خیر» و «شرّ» بِالفعل می‌شود.

اوستادان کودکان را می‌زنند — آن ادب سنگِ سیه را کِی کنند؟ ۳۰۰۷

تأدیب یا تنبیه کودکان هم برای وجودِ «اختیار» است. هرگز از جماد توقّعی ندارند.

هیچ گویی سنگ را: فردا بیا — ور نیایی، من دهم بد را سزا؟ ۳۰۰۸

«امر و نهی» و «وعده و وعید» برای جمادات نیست.

هیچ عاقل مر کلوخی را زنَد؟ — هیچ با سنگی عِتابی کس کند؟ ۳۰۰۹

به همین سبب هرگز هیچ عاقلی «جماد» را مسئول نمی‌داند و تنبیه یا توبیخ نمی‌کند.

---

۱ - **نیم شب** : کنایه از جهلِ درون آدمی در هنگامی که هنوز صدایِ «خیر» یا «شرّ» درونِ خویش را نمی‌شناسد. «سحر» هم کنایه از «آگاهی» است. ۲ - **تتمّه** : بقیّهٔ یک چیز یا تمامیِ آن چیز.

۳ - **مزید** : زیادکرده شده یا زیادکردن.

۳۰۱۰ **در خِرَد جبر از قَدَر رسواتر است   زانکه جبری حسِّ خود را مُنکِر است[۱]**

نزد خِرَد، «جبری» گمراه‌تر از «قَدَری» است؛ زیرا قوّهٔ آشکارِ اختیار خود را انکار می‌کند.

۳۰۱۱ **مُنکر حس نیست[۲] آن مردِ قَدَر   فعلِ حق حسّی نباشد ای پسر!**

«قَدَری»، اختیار را انکار نمی‌کند؛ امّا قدرتِ درکِ «فعل حق» را که با حواسّ این جهانی قابل فهم نیست، ندارد.

۳۰۱۲ **مُنکر فعلِ خداوندِ جلیل[۳]   هست در انکارِ مدلولِ دلیل**

«قَدَری» که منکرِ فعلِ حق است، «مدلولِ حقیقی» را که «علّت العلل» است، انکار می‌کند.

۳۰۱۳ **آن بگوید: دود هست و نار[۴] نی   نورِ شمعی، بی ز شمعی، روشنی[۵]**

سخنِ او همانندِ آن است که بگوید: دود بدون آتش هست و نورِ شمع بدون شمع.

۳۰۱۴ **وین همی بیند معیّن نار[۶] را   نیست می‌گوید پیِ انکار را**

«جبری»، آشکارا قدرتِ انتخاب و «اختیار» را می‌بیند؛ امّا باز هم منکر می‌شود.

۳۰۱۵ **جامه‌اش سوزد، بگوید: نار نیست   جامه‌اش دوزد، بگوید: تار نیست**

سخنِ «جبری» مانند آن است که جامه‌اش بسوزد و آتش را انکار کند یا آن را بدوزد و وجود نخ را منکر شود.

۳۰۱۶ **پس تَسَفْسُط[۷] آمد این دعویِ جبر   لاجَرَم بدتر بُوَد زین رُو زِ گبر[۸]**

پس ادّعایِ «جبری» سفسطه است و از «قَدَری» هم بدتر است.

---

۱ - مصراع دوم: می‌بیند و حسّ می‌کند که هیچ مدلولی بی دلیل نیست؛ امّا باز هم همین را انکار می‌کند.

۲ - حسّ باطنی خود را می‌پذیرد و قائل به اختیار مطلق است؛ ولی «دلیل و مدلول» را در حدّ امور مادّی و این جهانی درک می‌کند و منکرِ آن حقیقت غیرِ حسّی و غیر مادّی است.   ۳ - مراد «قَدَری» است.

۴ - **دود و نار** : «دود» کنایه از آثارِ حق و «نار» کنایه از به وجود آورندهٔ آن آثار.

۵ - اختیار خود را می‌بینند؛ امّا مختاری را که این اختیار برای گرایش به نیک و بد از سوی اوست، حسّ نمی‌کند؛ پس «اثر» را می‌بیند، «مؤثّر» را نه.

۶ - **نار** : اینجا کنایه از «حقیقتِ انسان» که دارایِ «اختیار» و «قوّهٔ ادراک» است.

۷ - **تَسَفْسُط** : سفسطه، انکار حقیقت با لفّاظی و دلایل غیر واقعی: ر.ک: ۵۵۲/۱ و ۳۵۱۲/۲.

۸ - **گبر** : بی دین، اینجا «قَدَری».

گبر گوید: هست عالَم، نیست رَب یاربی گوید که نَبْوَد مُستحب[۱] ۳۰۱۷

«قَدَری»، عالمِ مادّه را قبول دارد؛ ولی عالم معنا را نه و اگر «یاربّ» هم بگوید، منظورش قدرت‌های مادّیَ است نه الهی، پس مقبول درگاه حق نیست.

این[۲] **همی گوید: جهان خود نیست هیچ هست سوفسطایی، اندر پیچ پیچ**[۳] ۳۰۱۸

«جبری» که جهان و مخلوقاتش را «هیچ» و فاقدِ «اختیار» و توانایی می‌داند، اهلِ سفسطه و گمراه است.

جملهٔ عالم مُقِرّ در اختیار امر و نهیِ این میار و آن بیار ۳۰۱۹

اهلِ عالم به «اختیارِ» انسان معترف‌اند و این همه «اوامر و نواهی» مؤیّد آن است.

او همی گوید که امر و نهی لاست اختیاری نیست، این جمله خطاست ۳۰۲۰

«جبری» که «اختیار» را قبول ندارد، «امر و نهی» را هم بیهوده و نادرست می‌داند.

حسّ را حیوان مُقِرّ است، ای رفیق! لیک ادراکِ دلیل[۴] **آمد دقیق**[۵] ۳۰۲۱

ای رفیق، امور محسوس را حیوانات هم می‌فهمند، ظرافت در آن است که امورِ نامحسوس را بفهمی و بدانی که هیچ مدلولی بی دلیل نیست.

زانکه محسوس است ما را اختیار[۶] **خوب می‌آید بر او تکلیفِ کار** ۳۰۲۲

زیرا وجودِ «اختیار» محسوس است و اگر آن را باور کنند، «اوامر و نواهی» را ناخوشایند نمی‌دانند.

---

۱ - **مُسْتَحَب** : پسندیده. ۲ - این: مراد «جبری» است. ۳ - **پیچ پیچ** : سردرگم، گمراه.
۴ - **ادراکِ دلیل** : درکِ اینکه هیچ مدلولی بی دلیل نیست. ۵ - **دقیق** : ظریف و حسّاس.
۶ - مصراع اول: بنا بر درکِ وجدانی کاملاً حس می‌شود.

درکِ وُجدانی چون اختیار و اضطرار و خشم و اِصطبار[۱] و سیری و ناهار[۲]، به جایِ حسّ است، که زرد از سرخ بداند و فرق کند، و خُرد از بزرگ و تلخ از شیرین و مُشک از سِرگین، و درشت از نرم به حسِّ مَسّ[۳]، و گرم از سرد و سوزان از شیرگرم[۴]، و تر از خشک، و مَسِّ دیوار از مَسِّ درخت؛ پس منکرِ وُجدانی مُنکرِ حسّ باشد، و زیاده که وُجدانی از حسّ ظاهرتر است؛ زیرا حس را توان بستن و منع کردن از احساس، و بستنِ راه و مَدخَلْ، وجدانیّات را ممکن نیست و اَلعاقِلُ یَکفیهِ اَلاشارة[۵]

در ادامهٔ قطعات پیشین، مولانا در اثباتِ اختیار و ابطالِ جبرِ مذموم ادلّه‌ای می‌آوَرَد و می‌گوید: انسان در خود اختیاری را حس می‌کند که وجدان او بدان گواهی می‌دهد. دیگر آنکه تردیدی را که در انجام امور دارد **«این که: فردا این کنم یا آن کنم؟»** خود نشان اختیاری است که در خود می‌یابد؛ زیرا آدمی در انجامِ افعالِ غیر ممکن مردّد نمی‌شود؛ مثلاً هرگز دچار تردید نمی‌شود که آیا به آسمان بپرد یا نپرد، یا پشیمانی حاصل از فعلِ بدی که از وی سر زده است، نشان اختیاری است که از عدم انجام آن داشته است.

همچنین «امر و نهی» و «وعده و وعید» و «ثواب و عقاب» که در قرآن آمده است، همه با نفیِ اختیار نامعقول و غیر موجّه خواهد بود.

بروز حالاتی مانند خشم و کینه و غضب نسبت به افعال و اعمالی که دیگران مرتکب شده‌اند، نشان آن است که آنان را در انجام افعال مختار دانسته‌ایم.

در این قطعه برای اثباتِ «اختیار» فراتر از دلایلِ ظاهری و حواسِ ظاهری، سخن از «حواسِ باطنی» هم هست که به «درکِ وجدانی» تعبیر می‌شود.

درکِ وُجدانی به جایِ[۶] حس بُوَد هر دو در یک جدول[۷] ای عم[۸]! می‌رود ۳۰۲۳

«درکِ وجدانی» یا «درکِ باطنی» هم «حسّ» است؛ ولی باطنی است. حسّ ظاهری و حسّ باطنی هر دو در جهت ادراک هستی‌اند، یکی برای درک امور دنیوی و دیگری معنوی.

نغز می‌آید بر او کُن یا مَکُن امر و نهی و ماجراها و سخُن ۳۰۲۴

با وجودِ «درکِ وجدانی» انسان از هستی درکی می‌یابد که دیگر «امر و نهی»، «اختیار» و «تکلیف» را اموری ضروری و خوشایند می‌بینند.

---

۱ - **اِصطبار**: بردباری. ۲ - **ناهار**: گرسنه، اینجا گرسنگی. ۳ - **حسِّ مَسّ**: حسّ لامسه.
۴ - **شیرگرم**: ولرم. ۵ - عاقل را اشاره‌ای کافی است. ۶ - **به جای**: به منزلهٔ.
۷ - **جدول**: جوی، آبراه، اینجا مسیر. ۸ - **ای عم**: ای عمو، خطابِ عام.

این که: فردا این کنم یا آن کنم؟ — این دلیل اختیار است، ای صنم! ۳۰۲۵

ای زیبارو، تردیدی که برای انجام کارها داری، نشان اختیار توست.

وآن پشیمانی که خوردی زآن بدی — ز اختیارِ خویش گشتی مُهتَدی[1] ۳۰۲۶

و به سبب اختیاری که داری، از کارِ بد نادم می‌شوی و به راه راست باز می‌گردی.

جمله قرآن اَمر و نهی است و وعید[2] — امر کردن سنگِ مرمر را که دید؟ ۳۰۲۷

قرآن سرشار است از «امر و نهی» و «وعده و وعید»، اگر انسان مثلِ جماد بدون درک و اختیار بود، مخاطب حق قرار نمی‌گرفت.

هیچ دانا، هیچ عاقل، این کُند — با کلوخ و سنگ خشم و کین کند؟ ۳۰۲۸

آیا هیچ دانا و عاقلی به «جماد» امر می‌کند و یا از او خشمگین می‌شود؟

که: بگفتم کین چنین کن یا چنان — چون نکردید؟ ای مَوات و عاجزان! ۳۰۲۹

و نمی‌گوید: ای موجودات بی جان و درمانده، چرا امر مرا اجرا نکردید؟

عقل کی حکمی کند بر چوب و سنگ؟ — عقل کی چنگی زند[3] بر نقش[4] چنگ[5]؟ ۳۰۳۰

آیا «عقل» به جمادات فرمان می‌دهد؟ و یا به نقشِ چنگ، چنگ می‌زند؟

کِای غلام بسته دست، اشکسته پا! — نیزه برگیر و بیا سویِ وَغا[6]! ۳۰۳۱

یا از غلام دست بستهٔ پا شکسته می‌خواهد که نیزه را بردارد و به میدان جنگ برود؟

خالقی که اختر و گردون[7] کُند — امر و نهیِ جاهلانه چون کند؟ ۳۰۳۲

چگونه ممکن است که خالقِ هستی جاهلانه امر و نهی کند؟

احتمالِ عجز از حق راندی — جاهل و گیج و سفیهش خواندی ۳۰۳۳

تو که با پندارِ وجودِ «جبر»، احتمال عجز را از حق دور کردی و گفتی همه چیز در سیطرهٔ اوست و آدمی هیچ اختیاری ندارد، در واقع به او نسبت جهل داده‌ای.

---

۱ - **مُهتدی**: هدایت شونده. ۲ - **وعید**: وعدهٔ بد دادن. ۳ - **چنگ زدن**: حمله و تجاوزکردن.
۴ - **نقش**: تصویر. ۵ - **چنگ**: اینجا ساز زهی. ۶ - **وَغا**: جنگ.
۷ - **اختر و گردون**: ستارگان و آسمان.

۳۰۳۴ **عَـجز نَـبْوَد از قَـدَر وَرْ گـر بُـوَد جـاهلی از عـاجزی بـدتر بُـوَد**

قَدَریّه، به خداوند نسبت عجز نمی‌دهند، اگر هم بدهند، «جهل» بدتر از «عجز» است.

۳۰۳۵ **تُـرک[۱] مـی‌گوید قُـنُق[۲] را از کَـرَم بی سگ[۳] و بـی دَلق[۴] آ سـویِ دَرَم**

تُرک از روی کَرَم به میهمان می‌گوید: به درگاه من بدون سگ و پوستین بیا.

۳۰۳۶ **وز فلان سوی اندر آ، هین! بـا ادب تا سگـم[۵] بـندد ز تـو دنـدان و لب**

از فلان سو نرم و ملایم بیا تا سگِ من تو را نگیرد.

۳۰۳۷ **تو به عکس ِ آن کـنی، بـر در رَوی لاجرم از زخمِ سگ خـسـته شـوی**

امّا تو بر خلاف آن عمل می‌کنی و به درگاه می‌روی. لاجرم سگ تو را مجروح می‌کند.

۳۰۳۸ **آنـچنان رو کـه غـلامان[۶] رفـته‌انـد تـا سگش گـردد حـلیم و مِـهرمند**

همان‌گونه که بندگان او رفته‌اند، برو تا سگ نسبت به تو بردبار و مهربان باشد.

۳۰۳۹ **تو سگی با خود بـری یـا روبَـهی[۷] سگ[۸] بشـورَد از بُـنِ هـر خـرگهی**

اگر تو سگ یا روباهی را با خود ببری، مسلّماً از کنار هر چادری سگی حمله می‌کند.

۳۰۴۰ **غـیر حـق را گـر نـباشد اخـتیار[۹] خشم چون می‌آیدت بر جُرم‌دار؟[۱۰]**

اگر انسان دارای اختیار نیست، چرا از خطای دیگران خشمگین می‌شوی؟

۳۰۴۱ **چون همی خایی تو دندان[۱۱] بر عدو؟ چون همی بـینی گـناه و جُـرم از او؟**

چرا بر دشمن غضبناک می‌شوی؟ چرا گناه را از او می‌دانی؟

---

۱ - **تُرک**: کنایه از حق. ۲ - **قُنُق**: میهمان، واژهٔ ترکی، کنایه از بندهٔ حق.

۳ - **سگ**: کنایه از نفس امّاره و یا خودبینی.

۴ - **دَلق**: ردای پشمین دراویش، اینجا کنایه از «تظاهر» و «ریاکاری» است. در ارتباط با تمثیل ۲۹۴۱/۵ به بعد.

۵ - کنایه از ابلیس. ۶ - **غلامان**: کنایه از بندگان حق. ۷ - **روباه**: کنایه از عقل جزوی، عقل معاش.

۸ - اینجا شیطان. ۹ - پاسخ مسلمان به مُغ: ر.ک: ۲۹۱۳/۵.

۱۰ - همچنان این ابیات در اثبات «اختیار» آدمی و مسئول بودن اوست.

۱۱ - **دندان خاییدن**: کنایه از خشمگین شدن.

گر ز سقفِ خانه چوبی بشکند　　بر تو افتد، سخت مجروحت کند ۳۰۴۲

اگر چوبی از سقفِ خانه بشکند و تو را به شدّت زخمی کند،

هیچ خشمی آیدت بر چوبِ سقف؟　　هیچ اندر کینِ او باشی تو وَقف[1]؟ ۳۰۴۳

آیا از چوب خشمگین می‌شوی و سعی می‌کنی انتقام بگیری؟

که: چرا بر من زد و دستم شکست؟　　او عدو و خصمِ جانِ من بُده‌ست ۳۰۴۴

که چرا دستم را شکست؟ لابد دشمن جان من بوده است.

کودکانِ خُرد را چون می‌زنی؟　　چون بزرگان را منزّه می‌کنی؟[2] ۳۰۴۵

چرا کودکان را تنبیه می‌کنی؟ ولی بزرگسالان را نمی‌کنی؟

آنکه دزدد مالِ تو، گویی: بگیر　　دست و پایش را بِبُر، سازش اسیر ۳۰۴۶

کسی که مال تو را بدزدد، می‌گویی: بگیر، دست و پایش را بِبُر و به زندان بیفکنش.

وانکه قصدِ عورت[3] تو می‌کند　　صد هزاران خشم از تو می‌دمد ۳۰۴۷

از کسی که قصد ناموس تو را می‌کند، بسیار خشمگین می‌شوی.

گر بیاید سیل و رخت تو بَرَد　　هیچ با سیل آوَرَد کینی خِرَد؟ ۳۰۴۸

اگر سیل دار و ندارت را ببرد، آیا عقلت اجازه می‌دهد که با سیل دشمنی کنی؟

ور بیامد باد و دستارت ربود　　کِی تو را با باد دل خشمی نمود؟ ۳۰۴۹

و اگر باد عمّامه‌ات را ببرد، از باد عصبانی می‌شوی؟

خشم در تو شد، بیانِ اختیار　　تا نگویی جبریانه اعتذار ۳۰۵۰

خشمی که به دزد داری و به سیل نداری، بیانگر آن است که می‌دانی دزد در دزدیدن مختار بوده و سیل نبوده است؛ پس مبادا همانند «جبریان» عذری بیاوری.

---

۱ - **در کینِ وقف بودن:** به انتقام گرفتن ادامه دادن یا در صدد انتقام بودن.

۲ - کودک را تنبیه می‌کنی؛ زیرا فکر می‌کنی که باید خود را بهتر کند؛ امّا بزرگسالان را مجبور و بی اختیار می‌دانی و «خطا»ی آنان را در پوشش «جبر» مخفی می‌کنی و مربوط به مسئولیّت‌پذیری‌شان نمی‌دانی.

۳ - **عورت:** شرمگاه مرد و زن، توسّعاً به همسر مرد نیز گویند، ناموس و آبرو.

۳۰۵۱ **گـر شـتربان اُشـتری را مـی‌زند　　آن شـتـر قـصدِ زنـنده مـی‌کُند**

اگر ساربان شتر را بزند، شتر به او حمله می‌کند.

۳۰۵۲ **خشمِ اُشتر نیست بـا آن چـوب او　　پس ز مختاری، شتر بُـرده‌ست بـو**

خشمِ شتر از چوبِ ساربان نیست، از خودِ ساربان است؛ پس شتر هم می‌فهمد که چوب اختیاری نداشته و ساربان مختار بوده است.

۳۰۵۳ **همچنین سگ، گر بر او سنگی زنی　　بـر تـو آرَد حـمله، گـردد مُـنْثَنی**[1]

همچنین اگر به سگ سنگ بزنی، به تو حمله می‌کند.

۳۰۵۴ **سنگ را گر گیرد، از خشم تو است　　که تو دوری و ندارد بـر تـو دست**

اگر سنگ پرتاب شده را بگیرد، از سرِ خشم است و دستش به خودِ تو که دوری نمی‌رسد.

۳۰۵۵ **عقلِ حیوانـی چـو دانست اخـتیار　　این مگو ای عقلِ انسـان! شـرم دار**

چون عقلِ حیوان از اختیار آگاه است، ای عقلِ انسان، شرم کن و نگو مجبور هستم.

۳۰۵۶ **روشن است این، لیکن از طَمْعِ سَحور**[2] **　　آن خـورنده چشـم مـی‌بندد ز نـور**

موضوع روشن است؛ امّا غرض نمی‌گذارد حقیقت را ببینی، همانند کسی که در حال سحری خوردن ترجیح می‌دهد، سپیده‌دم را نبیند.

۳۰۵۷ **چونکه کُلّی میل او نان خوردنی‌ست　　رُو بـه تـاریکی نـهد کـه: روز نـیست**

چون میلِ او معطوف به خوردن است، به تاریکی نگاه می‌کند که روز نشده است.

۳۰۵۸ **حرص، چون خورشید را پنهان کند　　چه عجب گر پُشت بر بُرهان کند؟**

چون غلبهٔ نَفْس خورشید را ندیده می‌انگارد، عجبی نیست که دلیل و برهان را نپذیرد.

---

۱ - **مُنْثَنی**: دوتا و خمیده، حالت حمله کردن.　　۲ - **سَحور**: سحریِ روزه‌گیران، خوراک سحرگاه.

حکایت هم در بیانِ تقریرِ اختیارِ خلق و بیانِ آنکه:
تقدیر و قضا سلب‌کنندهٔ اختیار نیست

شِحنه‌ای دزدی را به عقوبت گرفت. دزد که به جبر معتقد بود، به شِحنه گفت: عمل من قضایِ الهی و حُکم خدا بوده است؛ پس مستوجبِ منع و زجر نیست. شِحنه که قضای حق را سلب کنندهٔ اختیار نمی‌دانست؛ امّا می‌دانست که دلیل و برهان هم بر چنین کسانی اثری ندارد، در پاسخ دزد به ضرب و شتم پرداخت و گفت: آنچه من هم می‌کنم، **«حُکم حقّ است، ای دو چشم روشنم!»**.

این لطیفه متضمّن گفت و شنودهای دزد و شحنه و تکراری است از تقریرِ بحثِ «جبر و اختیار» که بارها در مثنوی بدان پرداخته شده و مولانا در ردّ عقیدهٔ معتقدان به جبرِ محض یا اختیارِ محض، ادلّه و براهین بسیار ارائه کرده است.

«مضمون لطیفه در واقع یک جواب عادی است که در آن ایّام هواداران معتزله در خوارزم به اهلِ جبر می‌دادند و حتّی پدر مولانا در باب رسم ولایت خاطرنشان می‌کند که مخالفان «هر سنّی را که بیابند می‌زنند که این زدن ما به تقدیرِ الله است». در این قصّه، نکتهٔ اصلی آن است که جاهلان مسألهٔ استنادِ فعل به حق یا عبد را دستاویزی کرده‌اند تا حُکم برهان را نپذیرند. چنین کسانی مظهرِ تبعیّت از نَفْس و مانند سوفسطایی‌اند که بحث کردن با آنان سودی در بر ندارد و پیداست که سوفسطاییِ منکر را جز با ضرب و اکراه نمی‌توان اِلزام کرد.»[1]

نَفْسِ سالک همان سوفسطایی است که جز با ضرب و شتمِ ریاضت، حجّت‌پذیر نیست.

همچنین این لطیفه در تبیین این معنا نیز هست که تقدیر و قضای حق سلب‌کنندهٔ اختیار نیست و به این مستمسک نمی‌توان اوامر و نواهی و وعده و وعید را فرو نهاد.

گفت دزدی شحنه را: کِای پادشاه! آنچه کردم، بود آن حُکمِ اِلٰه ۳۰۵۹

دزدی به داروغه گفت: ای امیر، کارِ من تقدیر الهی بود.

گفت شحنه: آنچه من هم می‌کنم حُکمِ حقّ است، ای دو چشم روشنم! ۳۰۶۰

داروغه گفت: ای عزیز من، کارِ من هم تقدیر الهی است.

از دکانی گر کسی تُربی بَرَد کین ز حکم ایزد است، ای باخرد! ۳۰۶۱

اگر کسی از دکانی تُربی را بردارد و بگوید: ای خردمند، این کار از تقدیر حق است،

---

۱ - بحر در کوزه، صص ۳۷۵-۳۷۴.

بر سرش کوبی دو سه مشت: ای کَرِه[1] ! حکم حقّ است این که: اینجا باز نِهْ ! ۳۰۶۲

تو دو سه مشت بر سرش می‌زنی و می‌گویی: ای کریه، تقدیر این است که تُرُب را سر جایش بگذاری.

در یکی تَرّه[2] چو این عُذر، ای فضول! مـــی‌نیاید پـــیش ِ بـــقّالی قـــبول ۳۰۶۳

ای یاوه گو، چون چنین عذری برای یک تُرُب مورد قبول بقّال نیست،

چون بدین عُذر اعتمادی می‌کنی؟ بـــر حـــوالی اژدهـــایی[3] مـی‌تنی؟ ۳۰۶۴

چگونه به استنادِ چنین عُذری با قدرت عظیم پروردگار مقابله می‌کنی؟

از چـــنین عـذر ای سـلیمِ نـانَبیل[4] خون و مال و زن همه کردی سبیل[5] ۳۰۶۵

ای ساده دلِ نانجیب، با این عُذر مال و جان و ناموس خود را بر خلق مُباح می‌کنی؟

هر کسـی پس سِـبلتِ تـو بـر کَـنَد عُذر آرَد، خـویش را مُـضطَر[6] کـند ۳۰۶۶

پس هر کسی می‌تواند تو را آزار بدهد و با «عذری جبریانه» خود را بی‌تقصیر بداند.

حکمِ حق گر عذر می‌شاید[7] تـو را پس بـــیاموز و بـــده فـــتوی مـــرا ۳۰۶۷

اگر «تقدیرِ الهی»، عذر قابل قبولی برای انجام هر کاری است؛ پس به من هم بیاموز و فتوا بده.

که مـرا صـد آرزو و شـهوت است دستِ من بسته ز بیم و هیبت است ۳۰۶۸

زیرا من هم آرزوها و هوس‌های فراوانی دارم؛ امّا از قدرتِ حق می‌ترسم.

پس کـرم کـن عُـذر را تـعلیم ده بـرگشا از دست و پـایِ من گـره ۳۰۶۹

پس لطف کن و با تعلیم این بهانه از قیدِ ترس رهایم کن.

اخـــتیاری کـرده‌ای تـو[8] پـیشه‌یی کـــاختیاری دارم و انـــدیشه‌یی ۳۰۷۰

اینکه تو شغل خاصّی را انتخاب کرده‌ای، مفهومش این است کـه مـن مـختار هسـتم و نسبت به این پیشه احساس تعهّد دارم.

ورنه چون بگـزیده‌ای آن پـیشه را؟ از مـیانِ پـیشه‌ها، ای کـدخدا[9] ! ۳۰۷۱

ای سرور، اگر «اختیار» نداری، چرا از میان مشاغل مختلف این شغل را برگزیده‌ای؟

---

۱ - **کَرِه**: کریه، زشت. ۲ - **تَرّه**: اینجا به معنی مطلق تره‌بار و همان تُرُب است.
۳ - **اژدها**: کنایه از قدرتِ غیر قابل مقابله و سهمناک حق است. ۴ - **نانَبیل**: نانجیب.
۵ - **سَبیل**: مُباح، روا. ۶ - **مضطر**: ناچار. ۷ - **می‌شاید**: شایسته و رواست.
۸ - خطاب به «جبری» است. ۹ - **کدخدا**: سرور، بزرگ، آقا.

چونکه آید نوبتِ نَفْس و هوا بیست مَرده اختیار آید تو را ۳۰۷۲

چون نوبت شهوت راندن می شود، بیش از همه خود را صاحبِ «اختیار» می دانی.

چون بَرَد یک حبّه از تو یار سود اختیارِ جنگ در جانت گشود[1] ۳۰۷۳

اگر دوستی ذرّه‌ای از منافع تو را بکاهد، نسبت به او دشمنی می‌کنی.

چون بیاید نوبتِ شُکْرِ نِعَم اختیارت نیست؟ وَز سنگی تو کم؟ ۳۰۷۴

امّا چون نوبتِ شکر نعمت‌ها می‌رسد، اختیار نداری و از جماد هم جمادتری؟

دوزخت را عُذر این باشد یقین کاندر این سوزش مرا معذور بین ۳۰۷۵

یقیناً دوزخ هم تو را می‌سوزاند و می‌گوید: من هم اختیاری ندارم.

کس بدین حجّت چو معذورت نداشت وز کفِ جلاّد، این دورت نداشت ۳۰۷۶

اینک که با این بهانه‌ها معذور نیستی و از کیفر نجات نمی‌یابی،

پس بدین داور جهان منظوم شد حالِ آن عالَم هَمَت[2] **معلوم شد** ۳۰۷۷

پس باید بفهمی که «نظم و قانون» بر جهان حاکم است و از نظمِ این دنیا متوجّه بشوی که آن دنیا هم حساب و کتابی خاصّ خود دارد.

حکایت هم در جوابِ جبری و اثباتِ اختیار و صحّتِ امر و نهی و بیانِ آنکه عذرِ جبری در هیچ ملّتی و در هیچ دینی مقبول نیست و موجبِ خلاص نیست از سزایِ آن کار که کرده است. چنانکه خلاص نیافت ابلیسِ جبری بدان که گفت: بِما اَغْوَیْتَنی[3]، وَ ٱلقَلیلُ یَدُلُّ عَلَی ٱلْکَثیر[4]

مردی به باغ دیگری وارد شد و میوه‌ها را افشاند. صاحب باغ رسید و اعتراض کرد. دزد جبریانه کوشید که صاحب باغ را متقاعد کند که من جرمی مرتکب نشده‌ام. باغ از آن خداست و بندهٔ خدا خرمایی را که عطای حق است، می‌افشانَد. این چه ملامتی است که عامیانه بر خوان کَرَم آن غنی روا می‌داری؟ صاحب باغ دزد جبری را به درختی بست و با

---

۱ - «اختیارِ» جنگیدنِ با او در تو ظاهر می‌شود. ۲ - هَمَت : هم تو را.

۳ - تو مراگمراه کردی: اشارتی قرآنی؛ اعراف: ۱۶/۷؛ ر.ک: ۱۴۸۵/۱. ۴ - اندک، دلیل بسیار است.

چوب کیفری تمام داد و گفت: چوب از آن خداست. من هم بندهٔ او و تو نیز بندهٔ دیگر او. آنچه من می‌کنم نیز به خواستِ اوست. دزد جبری فریاد برداشت که از جبر توبه کردم: **«اختیار است، اختیار است، اختیار»**.

بدین ترتیب در این لطیفهٔ کوتاه نیز که بلافاصله پس از قصّهٔ «شحنه و دزد» و در تأیید مضمون آن مطرح می‌شود، تبیین این معنا مکرر می‌گردد که جبرِ مذموم را نمی‌توان دستاویزی برای رهایی از کیفر قرار داد و در تبرئهٔ خویش عذری جبریانه آورد، همان‌گونه که ابلیس فعلِ خویش را به حق نسبت داد و گفت: مرا اغواکردی و با چنین عذر جبریانه از عقوبت خلاصی نیافت. از دیدگاه مولانا معتقدِ به جبرِ مذموم مانند سوفسطایی است که نمی‌خواهد حقایق را بپذیرد؛ پس بحث و مناظره در مقامی که با پیشداوری نتیجه معلوم است، حاصلی ندارد.

این حکایت کوتاه در فیه ما فیه نیز آمده است.

آن یکی می‌رفت بالایِ درخت / می‌فشاند آن میوه را دزدانه سخت ۳۰۷۸

شخصی بالای درختی دزدانه درخت را می‌تکاند.

صاحبِ باغ آمد و گفت: ای دَنی[1]! / از خدا شرمیت کو؟ چه می‌کنی؟ ۳۰۷۹

صاحب باغ رسید و گفت: ای فرومایه، از خدا شرم نمی‌کنی؟ چه می‌کنی؟

گفت: از باغِ خدا بندهٔ خدا / گر خورَد خرما که حق کردش عطا ۳۰۸۰

آن شخص گفت: اگر از باغِ خدا، بندهٔ خدا خرمایی را که حق داده است، بخورد،

عامیانه چه ملامت می‌کنی؟ / بُخل بر خوانِ خداوندِ غنی ۳۰۸۱

چرا عامیانه سرزنش می‌کنی و بر خوان نعمتی که خدا گسترده است، بُخل می‌ورزی؟

گفت: ای اَیْبک[2]! بیاور آن رَسَن / تا بگویم من جوابِ بوالحسن[3] ۳۰۸۲

صاحب باغ به یکی از غلامان گفت: طناب را بیاور تا پاسخش را بدهم.

پس ببستش سخت آن دَم بر درخت / می‌زد او بر پُشت و ساقش چوبِ سخت ۳۰۸۳

او را سخت به درخت بست و با چوب محکم به پشت و ساق پایش می‌زد.

گفت: آخر از خدا شرمی بدار / می‌کُشی این بی‌گنه را زار زار ۳۰۸۴

دزد گفت: از خدا شرم کن. تو که داری این بندهٔ بی گناه را به خواری می‌کشی.

---

۱ - **دنی**: ناکس. ۲ - **اَیبک**: از اسامی غلامان ترک.

۳ - بوالحسن اینجا اسم خاصّ نیست، مخاطب ناشناس.

۳۰۸۵ **گفت: از چوبِ خدا این بنده‌اش   می‌زند بر پُشتِ دیگر بنده خَوش**

صاحب باغ گفت: این بندهٔ خدا با چوب خدا به پشت بندهٔ دیگرش می‌زند.

۳۰۸۶ **چوبِ حقّ، و پُشت و پهلو آنِ او   من غلام و آلتِ فرمانِ او**

چوب مال خداست و پشت و پهلوی بنده‌اش هم. من هم غلام او هستم و وسیلهٔ اجرای فرمان او.

۳۰۸۷ **گفت: توبه کردم از جبر ای عَیارا   اختیار است، اختیار است، اختیار**

دزدِ جبری گفت: ای جوانمرد، از «جبر» توبه کردم. اختیار است، اختیار است، اختیار.

۳۰۸۸ **اختیارات، اختیارش هست کرد   اختیارش چون سواری زیرِ گَرد**[1]

اختیار مطلق خداوند موجب اختیار انسان شده؛ امّا اختیار او در پسِ اختیار آدمی نهان است.

۳۰۸۹ **اختیارش اختیار ما کُند   امر، شد بر اختیاری مُسْتَنَد**[2]

اختیار او به ما اختیار داده است و اوامرِ الهی هم بنا بر اختیاری است که داریم.

۳۰۹۰ **حاکمی**[3] **بر صورتِ بی‌اختیار   هست هر مخلوق را در اقتدار**[4]

ما انسان‌ها می‌توانیم بر هر موجود بی‌اختیاری سلطه و سیطره داشته باشیم.

۳۰۹۱ **تا کَشَد بی اختیاری صید**[5] **را   تا بَرَد بگرفته گوش**[6]**، او زید**[7] **را**

و می‌توانیم آن‌ها را به هر جا که می‌خواهیم بکشانیم.

۳۰۹۲ **لیک بی هیچ آلتی صُنعِ صَمَد**[8] **اختیارش را کمندِ او کند**

امّا قدرت آفرینش خداوند چنان است که توسّطِ «اختیار» خودِ شخص و بدون هیچ ابزاری او را در کمندِ ارادهٔ خویش به هر سو که بخواهد، می‌کشاند.

۳۰۹۳ **اختیارش زید را، قیدش کند   بی سگ و بی دام، حق صیدش کند**

اختیارِ زید و یا هر کس، همانندِ قید و بندی او را در اختیارِ حق قرار می‌دهد.

---

۱ - چون سواری پشتِ گرد و غبار نهان است. ۲ - **مستند**: تکیه داده شده.

۳ - **حاکمی**: حکومت، تسلّط و سیطره، باید با یاء مصدری خواند.

۴ - مصراع دوم: در حیطهٔ قدرت هر آفریده‌ای هست. ۵ - **صید**: مراد هر موجودِ بی اختیار است.

۶ - **بگرفته گوش**: گوش کشان. ۷ - زید اسم خاصّ نیست، فلانی یا هر کس.

۸ - **صمد**: بی نیاز، از اسامی حق تعالی.

۳۰۹۴ **آن دُروگــر[1] حــاکــمِ چــوبی بُــوَد وآن مــصوِّر حــاکــمِ خــوبی بُــوَد**

هر پیشه‌وری بر ابزار کار خود تسلّط دارد، مثلاً نجّار بر چوب و نقّاش بر زیبایی نقش‌ها.

۳۰۹۵ **هست آهــنگر بــر آهــن قَــیِّمی هست بــنّا هم بــر آلت حــاکــمی**

آهنگر بر آهن و بنّا بر ابزار خود مسلّط است.

۳۰۹۶ **نادِر این باشد کــه چــندین اخــتیار ســاجد انــدر اخــتیارش بــنده‌وار**

شگفتا که این اختیارها همه در برابر سیطرهٔ اختیارِ حق بی‌اختیارند.

۳۰۹۷ **قــدرتِ تــو بــر جــمادات از نَــبَرد کِی جــمادی را از آنــها نــفی کــرد؟**

سلطه‌ای که آدمی بر جمادات دارد، جماد بودنِ آن‌ها را سلب نمی‌کند.

۳۰۹۸ **قــدرتش بــر اخــتیارات، آنــچنان نــفی نکــند اخــتیاری را از آن**

سلطهٔ اختیار خداوند بر اختیار آدمی هم اختیار انسان را سلب نمی‌کند.

۳۰۹۹ **خواستش می‌گوی، بر وجــه کــمال کــه نــباشد نــسبتِ جــبر و ضَــلال**

هنگامی که از ارادهٔ حق سخن می‌گویی به کامل‌ترین وجه بگو تا جبر یا گمراهی نباشد.

۳۱۰۰ **چونکه گفتی کفرِ من خواستِ وی است خواستِ خود را نیز هم می‌دان که هست**

چونکه گفتی: کفر من خواستِ خداست، بدان که در این خواست، انتخاب و ارادهٔ تو هم دخالت داشته است.

۳۱۰۱ **زانکه بی خواهِ تو، خود کفرِ تو نیست کفرِ بی‌خواهش تناقض گــفتنی است**

زیرا اگر تو نخواهی، کفری وجود ندارد. کفرِ اجباری در واقع تناقض‌گویی است.[2]

۳۱۰۲ **امر عــاجز را قــبیح است و ذمیم[3] خشــم بَــتَّر، خــاصه از رَبِّ رحــیم**

همان‌طور که امر و نهی به شخصِ ناتوان نکوهیده است، خشمِ پروردگار مهربان در برابر نافرمانیِ شخصِ مجبور بدتر است؛ پس خشمِ حق نشانِ «اختیار» و «مسئولیّت» انسان است.

---

۱ - **دروگر** : درودگر، نجّار.

۲ - کفر اجباری، یعنی اثبات جبر و اثبات اختیار به این مفهوم که در واقع می‌گویی: خداوند مرا مجبور به کفر کرده است در حالی که من نمی‌خواستم، این «من نمی‌خواستم» اثبات اختیار است. ۳ - **ذَمیم** : مذموم، ناپسند.

گاو گر یوغی[1] نگیرد، می‌زنند   هیچ گاوی که نپرّد، شد نژند[2] ؟ ۳۱۰۳

از هر موجودی متناسب با توانایی و استعدادش می‌توان توقّع داشت، مثلاً گاوی را که یوغ بر گردن نگیرد، می‌زنند؛ امّا توقّع ندارند که پرواز کند؛ چون قابلیّت آن را ندارد.

گاو چون معذور نَبْوَد در فُضول[3]   صاحبِ گاو از چه معذور است و دُول[4] ؟ ۳۱۰۴

چون «گاو» در نپذیرفتن قابلیّتِ خود معذور نیست، «انسان» معذور است؟

چون نه‌ای رنجور، سر را برمبند   اختیارت هست، بر سِبْلت مخند ۳۱۰۵

چون بیمار نیستی، تظاهر به بیماری نکن. وقتی‌که «اختیار» داری با تظاهر به «جبر» خود را مسخره نکن.

جهد کن کز جامِ حق یابی نوی   بی خود و بی اختیار آنگه شوی ۳۱۰۶

هنگامی می‌توانی بگویی: «اختیار» ندارم که با مست شدن از جامِ حق، تولّدی دیگر بیابی و اختیارت در اختیارِ حق محو شود؛ پس بکوش تا به این «نو شدن» برسی.

آنگه آن مِیْ را بُوَد کُلّ اختیار   تو شوی معذورِ مُطلق، مست‌وار[5] ۳۱۰۷

آن‌گاه اختیارت در دستِ «میِ حق» است و هر کاری که بکنی، مطلقاً معذور هستی.

هر چه گویی، گفتهٔ مِیْ باشد آن   هر چه رُوبی، رُفتهٔ مِیْ باشد آن[6] ۳۱۰۸

کلامت کلام اوست و فعلِ تو فعل او.

کِی کُند آن مست جز عدل و صواب   که ز جامِ حق کشیده است او شراب ۳۱۰۹

عارفی که از «جامِ حق» بی خود شده است، فعلش جز عدل و صواب نیست.

جادوان فرعون را گفتند: بیست[7]   مست را پروایِ دست و پای نیست[8] ۳۱۱۰

اینکه ساحران به فرعون گفتند: بس کن؛ برای آن بود که از نور حقیقت سرمست بودند و می‌دانستند که موسیٰ(ع) ساحر نیست؛ پس از بریده شدن دست و پا بیمناک نبودند.

---

۱ - **یوغ :** چوبِ مخصوصِ شخم زدن.   ۲ - **نژند :** غمگین، ناپسند و مکروه، بد.

۳ - **معذور نَبْوَد در فضول :** در سرکشی و نپذیرفتن استعدادِ خود معذور نیست؛ یعنی تنبیه و مجبورش می‌کنند.

۴ - **دُول :** مکّار، بی حیا، بدسرشت، اینجا بدون «قابلیّت و استعداد».

۵ - مصراع دوم: تو همانند مستان مطلقاً معذور هستی.

۶ - مصراع دوم: هرچه را که بروبی (جارو کنی یا از میان ببری) او روبیده و از میان برده است.

۷ - **بیست :** مخفّف بایست، اینجا به معنیِ ادامه نده یا بس کن؛ یعنی ادّعا را بس کن.

۸ - اشارتی قرآنی؛ اعراف: ۱۲۴/۷: که دستان و پاهایتان را در خلاف جهت هم‌دیگر خواهم برید و همگی‌تان را به دار خواهم زد.

دست و پـای مـا مِـی آن واحـد است دستِ ظاهر سایه است و کاسد[۱] است ۳۱۱۱

«بادهٔ حق» به ما دست و پایِ حقیقی می‌دهد که دست و پایِ ظاهر سایهٔ بی قدرِ آن است.

معنیِ ماشاءَ اللهُ کـانَ[۲]، یـعنی خـواست خـواستِ او و رضـا رضای او جـویید، از خشـم دیگـران و ردِّ دیگـران دلتـنگ مباشید. آن کانَ اگرچه لفظِ ماضی است، لیکن در فعلِ خدا ماضی و مستقبل نباشد که «لَیْسَ عِنْدَ اللهِ صَباحٌ وَ لا مَساءٌ»[۳]

معنیِ «آنچه خدا بخواهد، می‌شود»؛ یعنی خواستْ خواستِ خداست، و رضا رضایِ اوست، آن را بجویید. از خشم و طردِ دیگران دلتنگ نشوید. اگرچه لفظ «کانَ» فعل ماضی است؛ امّا در کار خداگذشته و آینده نیست که «در پیشگاه خداوند صبح و شام نیست».

قـــولِ بـــنده، اَیش شاءَ اللهُ کـــان بهرِ آن نَبْوَد کـه: تَـنبَل کُـن[۴] در آن ۳۱۱۲

اینکه بنده می‌گوید: «هرچه که خدا بخواهد، می‌شود» به مفهومِ سستی کردنِ در کارها نیست.

بلکه تحریض[۵] است بر اخلاص و جِد[۶] که در آن خـدمت فـزون شـو مُستَعد ۳۱۱۳

بلکه برای تشویق به خلوصِ نیّت و کوشش است که در انجامِ خدمت آماده‌تر شو.

گر بگویند: آنچه می‌خواهی تـو راد کـار کـارِ تـوست بـر حسبِ مُـراد ۳۱۱۴

اگر بگویند: ای جوانمرد، هر چه بخواهی، می‌شود و همه چیز موافق میلِ تو خواهد بود،

آنگــهان تــنبل کــنی، جـایز بُـوَد کآنچه خواهی وآنچه گویی، آن شود ۳۱۱۵

می‌توانی در کارها سستی هم بکنی، زیرا بدون کوشش نیز خواسته‌ات انجام می‌شود.

چـون بگـویند: اَیْشَ شـاءَ اللهُ کـان حُکم حُکمِ اوست مطلق، جـاودان ۳۱۱۶

امّا وقتی می‌گویند: «هرچه خدا بخواهد، می‌شود» و این حُکم حُکمِ مطلق و جاوید است،

---

۱ - **کاسد**: بی رونق، بی قدر. ۲ - اشاره به حدیث: ر.ک: ۱۸۸۷/۱. ۳ - عالم امر از زمان منزّه است.
۴ - **تنبل کن**: سستی کنی، تنبلی کنی. ۵ - **تحریض**: تشویق، ترغیب. ۶ - **جِد**: کوشش.

۳۱۱۷ **پس چرا صدمَرده[1] اندر وِردِ[2] او بر نگردی بندگانه[3] گِردِ او؟**

چرا با تمام قوا و بنده‌وار به ذکر و طاعت نمی‌پردازی؟

۳۱۱۸ **گر بگویند: آنچه می‌خواهد وزیر خواست آنِ اوست اندر داروگیر[4]**

اگر بگویند که در حیطهٔ قدرت و حکومت، ارادهٔ فلان وزیر بسیار نافذ است،

۳۱۱۹ **گِردِ او گردان شوی صدمَرده زود تا بریزد بر سرت احسان و جُود**

فوراً دور و بَرِ او می‌گردی و خوش خدمتی می‌کنی تا احسانِ او شاملِ حالِ تو هم بشود.

۳۱۲۰ **یا گریزی از وزیر و قصرِ او؟ این نباشد جُست و جوی نصرِ او**

یا اینکه از او و کاخش دوری می‌کنی؟ دوری کردن که طلبِ یاری و احسان نیست.

۳۱۲۱ **بازگونه زین سخن کاهل شدی منعکس ادراک و خاطر آمدی**

امّا تو از این سخن، کوشش را رها کردی. فهمِ تو از عبارتِ «هرچه خدا بخواهد، می‌شود» برعکس است.

۳۱۲۲ **امرْ امرِ آن فلان خواجه‌ست[5]، هین! چیست؟ یعنی با جز او کمتر نشین**

وقتی می‌گویند: هوشیار باش که امر امرِ فلان آدم مقتدر است؛ یعنی با او ارتباط برقرار کن.

۳۱۲۳ **گِردِ خواجه گَرد، چون امر آنِ اوست کو کُشد دشمن، رهانَد جانِ دوست**

پیرامون او باش؛ زیرا امر امرِ اوست، می‌تواند دشمن را بکشد و دوست را برَهانَد.

۳۱۲۴ **هرچه او خواهد همان یابی یقین یاوه کم رو[6]، خدمتِ او بر گزین**

به یقین هر چه که او اراده کند، نصیب تو می‌شود؛ پس باید خدمتت در جهت رضایت او باشد.

۳۱۲۵ **نی چو حاکم اوست، گِردِ او مَگَرد تا شوی نامه‌سیاه و روی‌زرد[7]**

نه اینکه چون حاکم است دور و بَرَش نروی و شأن و اعتبارت را از دست بدهی.

---

۱ - **صدمَرده**: با نیروی صد مرد، یعنی با تمام قوا. ۲ - **وِرد**: ذکر. ۳ - **بندگانه**: همانند بندگان.

۴ - **داروگیر**: حکومت و سیاست. ۵ - **خواجه**: بزرگمرد، دولتمرد.

۶ - **یاوه‌کم رو**: راهِ نادرست را نرو. ۷ - **نامه‌سیاه و روی‌زرد**: بدنام و شرمنده، رسوا و شرمنده.

حق بُوَد تأویل[1]، کآن گرمت کند　　پُر امید و چُست و باشرمت کند ۳۱۲۶

تفسیرِ حقیقی از «ما شاءَ اللهُ کانَ» آن است که تو را در راه حق دلگرم کند و به تلاش وادارد و از نافرمانی شرمسار کند.

ور کند سُستت، حقیقت این بدان　　هست تبدیل و نه تأویل است آن ۳۱۲۷

و اگر سببِ دلسردی و سستی شود، تفسیرِ حقیقی نیست، تحریف است.

این برای گرم کردن آمده‌ست　　تا بگیرد ناامیدان را دو دست[2] ۳۱۲۸

این حدیث برای دلگرم کردن و کمک به ناامیدان گفته شده است.

معنیِ قرآن ز قرآن پُرس و بس[3]　　وز کسی کآتش زَده است اندر هوس[4] ۳۱۲۹

قرآن را خودِ قرآن می‌تواند تفسیر کند یا کسی که به عالی‌ترین مرتبهٔ نَفْس رسیده است.

پیش قرآن گشت قربانی و پَست　　تا که عین روح او قرآن شده‌ست ۳۱۳۰

کسی که در برابر کلامِ الهی چنان قربانی و تسلیم شده که روحش به حقیقتِ قرآن تبدیل گشته است.

روغنی[5] کو شُد فدایِ گُل به کُل　　خواه روغن بوی کن، خواهی تو گُل ۳۱۳۱

او مثل روغنی است که از گُل گرفته شده و بویش با بوی گُل یکی است.

---

۱ - **تأویل**: بیان مفهوم باطنی کلام، در سخن مولانا معمولاً معادل «تفسیر» است.

۲ - مصراع دوم: برای گرفتنِ دستِ خطاکاران و یا کسانی که به هر دلیلی ناامید شده‌اند.

۳ - اشاره به اینکه آیات قرآن کریم یک‌دیگر را تفسیر می‌کنند و گواهِ هم‌اند.

۴ - کسی که آتش به نفس‌پرستی زده است.　۵ - مادّهٔ عطری ترکیب روغنی دارد.

و همچنین قَدْ جَفَّ ٱلْقَلَمُ[۱]، یعنی جَفَّ ٱلقَلَمُ وَ کَتَبَ: لا یَسْتَوِی الطّاعَةُ وَٱلْمَعْصِیَةُ، لا یَسْتوِی ٱلاَمانَةُ وٱلسَّرْقَةُ، جَفَّ ٱلْقَلَمُ اَنْ لا یَسْتَوِی ٱلشُّکرُ وٱلکُفْرانُ، جَفَّ ٱلقَلَمُ: «اِنَّ اللهَ لا یُضیعُ اَجرَ ٱلْمُحسِنین»[۲]

و همچنین «قلم نوشته و خشک شده» نیز چنین است؛ یعنی قلم نوشت و خشک شد و نوشت که بندگی و گناه‌ورزی یکی نیست. درستکاری و دزدی یکی نیست. قلم نوشت و خشک شد که سپاس و ناسپاسی برابر نیست. قلم نوشت و خشک شد که: «خداوند پاداش نیکوکاران را تباه نمی‌کند».

۳۱۳۲ **همچنین تأویلِ قَد جَفَّ ٱلقَلَم[۳] بهرِ تحریض[۴] است بر شُغلِ اَهَم[۵]**

تأویلِ «قلم نوشته و خشک شد»، یعنی «تقدیر» برای ترغیبِ تو و «تدبیر» در «راه حق» است.

۳۱۳۳ **پس قلم بنوشت که هر کار را لایقِ آن هست تأثیر و جزا[۶]**

پس تقدیر مقرّر کرده است که هر کاری اثر و پاداشی متناسب با آن را دارد.

۳۱۳۴ **کژ روی، جَفَّ ٱلْقَلَمْ کژ آیدت راستی آری، سعادت زایَدَت**

اگر به بیراهه بروی، قلم برایت کج می‌نویسد و اگر به راه راست بروی، سعادت نصیبت می‌شود.

۳۱۳۵ **ظلم آری، مُدبری[۷]، جَفَّ ٱلقَلَم عدل آری، بَر خوری، جَفَّ ٱلقَلَم**

اگر ظلم کنی، بدبخت می‌شوی و اگر عدالت را رعایت کنی، برخوردار می‌شوی.

۳۱۳۶ **چون بدزدد، دست شد، جَفَّ ٱلقَلَمْ خورد باده، مست شد، جَفَّ القَلَم**

دزدی سبب بریده شدن دست و شراب خواری سبب مستی می‌شود.

۳۱۳۷ **تو روا داری؟ روا باشد؟ که حق همچو معزول آید از حکمِ سَبَق[۸] ؟**

ای جبری، آیا به نظر تو این درست است که خداوند بنا بر قوانینی که در ازل مقرّر کرده است، قدرت مطلقهٔ خود را بر کُلِّ هستی از خویش سلب کرده باشد؟

---

۱ - **جَفَّ القَلَمُ** : ر.ک: ۳۸۶۶/۱. ۲ - قرآن: توبه: ۱۲۰/۹، بخشی از آیهٔ شریفه.

۳ - خشک شد قلم، یعنی مقدّر شد. ۴ - **تحریض** : ترغیب، برانگیختن و تشویق.

۵ - **شغلِ اَهَم** : کار مهم‌تر، یعنی تلاش در راه حق.

۶ - مراد آنکه ارادهٔ باری تعالی مقرّر فرموده است که هر پدیده‌ای منشأ بروز پدیدهٔ دیگری است؛ یعنی نظام هستی قوانینی دارد و هیچ کس از تأثیرِ کاری که می‌کند، مصون نیست. ۷ - **مُدْبری** : مُدبر بودن، بدبختی.

۸ - **حکم سَبَق** : تقدیرِ الهی. مراد آنکه خداوند از مقامی فوقِ همهٔ قوانینِ هستی، حکومت مطلقه‌ای بر عالم دارد و هیچ چیز نظارتِ عالیهٔ او را خدشه‌دار نمی‌کند.

که ز دستِ من برون رفته است کار　　　پیش ِ من چندین مَیا، چندین مزار[۱] ۳۱۳۸

بگوید: رشتهٔ امور از دست من خارج شده است، از من کمک نخواه.

بـــلکه مـــعنی آن بُـوَد جَـفَّ ٱلقَـلَم　　　نیست یکسان پیش ِ من عدل و ستم ۳۱۳۹

بلکه معنیِ «جَفَّ ٱلْقَلَم» آن است که نزد من نیکی و بدی یکسان نیست.

فــرق بِــنْهادم مــیانِ خـیر و شـر　　　فــرق بِــنْهادم زِ بــد هــم از بَــتَر ۳۱۴۰

میان نیکی و بدی فرق گذاشتم و برای هر یک درجات و مراتبی قرار دادم.

ذرّه‌یــی گــر در تــو افـزونی ادب　　　باشد از یارت[۲]**، بدانـد فـضلِ رَب**[۳] ۳۱۴۱

اگر در وجودت ذرّه‌ای ادبِ اجرایِ فرامینِ حق بیش از دیگری باشد، منظور می‌شود.

قــدرِ آن ذرّه[۴] **تــو را افـزون دهـد　　　ذرّه، چون کوهی قدم بـیرون نـهد**[۵] ۳۱۴۲

به همان مقدار به تو احسان بیشتری دارد؛ احسان را برای تو چندین برابر می‌کند.

پـادشاهی کـه بـه پـیش ِ تـختِ او　　　فــرق نَــبْوَد از امــین و ظــلم‌جو ۳۱۴۳

پادشاهی که در پیشگاهش درستکار و ستمکار یکی باشند،

آنکـــه مـــی‌لرزد ز بـــیم ردِّ او　　　وانکــه طــعنه مـی‌زند در جَـدِّ[۶] **او** ۳۱۴۴

یا کسی که از ترس ِ عدمِ قبولِ شاه بیمناک است با کسی که مطلقاً عظمت او را باور ندارد،

فرق نَبْوَد، هـر دو یک بـاشد بَـرَش　　　شاه نَـبْوَد، خـاکِ تـیره بـر سَـرَش ۳۱۴۵

نزدش یکسان باشند، شاه نیست. خاک سیاه بر سرش باد.

ذرّه‌یــی گـر جـهدِ تـو افـزون بُـوَد　　　در تــرازویِ خــدا مــوزون بُـوَد[۷] ۳۱۴۶

ذرّه‌ای تلاش ِ افزون‌تر در ترازوی خدا وزن می‌شود و به حساب می‌آید.

---

۱ - مصراع دوم: نیا و زاری نکن؛ یعنی از من کمک نخواه.　　۲ - **یارت** : دوستت، هرکس، دیگری.

۳ - **بداند فضلِ رب** : لطف خداوند می‌داند و آن را به حساب می‌آوَرَد.

۴ - اشارتی قرآنی؛ زلزال: ۹۹/۸-۷: هرکس همسنگ ذرّه‌ای عمل خیر انجام داده باشد، [پاداش] آن را می‌بیند و هرکس همسنگ ذرّه‌ای عمل ناشایست انجام داده باشد [کیفر] آن را می‌بیند.

۵ - مصراع دوم: ناظر به خبری است با این مضمون که صدقهٔ حلال پذیرفته می‌شود و خداوند آن را برای صاحبش چندین برابر و کوه‌پیکر می‌کند: ر.ک. احادیث، ص ۴۹۲.　　۶ - **جَدّ** : عظمت.

۷ - **موزون بُوَد** : به حساب می‌آید.

پیشِ این شاهان، هماره جان کَنی   بی خبر ایشان ز غَدر[1] و روشنی[2] ۳۱۴۷

امّا نزدِ شاهانِ دنیوی تلاشِ خالصانه ارجی ندارد و فرقِ خدمت و خیانت را نمی‌دانند.

گفتِ غمّازی[3] که بدگوید تو را   ضایع آرَد خدمتت را سال‌ها ۳۱۴۸

بدگوییِ آدمِ بدخواهی می‌تواند خدمت چندین ساله‌ات را تباه کند.

پیشِ شاهی که سمیع است و بصیر   گفتِ غمّازان نباشد جای‌گیر[4] ۳۱۴۹

امّا نزدِ شاهی که همه چیز را می‌شنود و می‌بیند، گفتهٔ سخن‌چینان اثری ندارد.

جمله غمّازان از او آیس[5] شوند   سویِ ما آیند و افزایند پند ۳۱۵۰

همهٔ سخن‌چینان از او ناامید می‌شوند و به عارفان و مردانِ حق پندِ بی‌حاصل می‌دهند.

بس جفا گویند[6] شه را پیشِ ما   که: برو، جَفَّ ٱلقَلَم، کم کن وفا ۳۱۵۱

از پروردگار بدگویی می‌کنند و می‌گویند: به او وفا نکن که سرنوشت رقم خورده است و با «وفا» یا هر فعل دیگری نمی‌توانی آن را تغییر بدهی.

معنیِ جَفَّ ٱلقَلم کِی آن بُوَد   که: جفاها[7] با وفا یکسان بُوَد؟ ۳۱۵۲

کی معنیِ «قلم نوشت و خشکید» یا «تقدیر» آن است که «جفا» با «وفا» یکی است؟

بل جفا را هم جفا، جَفَّ ٱلقَلَم   و آن وفا را هم وفا، جَفَّ القَلَم ۳۱۵۳

بلکه بر عکس «قلم نوشته و خشکیده است» که: سزایِ جفا جفا و پاداشِ وفا وفاست.

عفو باشد، لیک کو فَرِّ امید[8]   که بُوَد بنده ز تقوی رو سپید؟ ۳۱۵۴

بخشایش الهی هم هست؛ امّا امید به آن با امیدِ بندهٔ پرهیزکارِ روسفید قابل مقایسه نیست.

دزد[9] را گر عَفْو باشد، جان بَرَد   کِی وزیر و خازنِ مخزن[10] شود؟ ۳۱۵۵

حتّی اگر گنهکار را ببخشند، هرگز جزو مقرّبان نخواهد شد.

---

۱ - **غَدر** : مکر.

۲ - **روشنی** : راستی و اینجا خدمت. یعنی فقط ظاهر را می‌بینند و از باطنِ خلق بی‌خبرند، حکم به ظاهر می‌کنند و از صدق یا مکرِ درون مردم چیزی نمی‌دانند. ۳ - **غَمّاز** : سخن‌چین. ۴ - **جای‌گیر** : جای گیرنده.

۵ - **آیس** : ناامید. ۶ - **جفا گفتن** : ناروا یا ناسزا گفتن، اینجا خلافِ حقیقت سخن گفتن.

۷ - **جفا** : ستم. ۸ - **فَرِّ امید** : شکوه امید، امید توأم با طمأنینهٔ قلبیِ مؤمن. ۹ - **دزد** : کنایه از گناهکار.

۱۰ - **خازنِ مخزن** : خزانه‌دار گنج‌های الهی.

ای امـــین الدّیـــنِ ربّـــانی[1] ! بـــیا   کـــز امـانت رُست هـر تـاج و لِـوا ۳۱۵۶

ای انسان کاملِ تو بیا که تقرّبِ تو ناشی از امانت‌داری است.

پورِ سلطان گـر بـر او خـاین شـود   آن سرش از تن بـدآن بـایِن[2] شـود ۳۱۵۷

اگر نزدیک‌ترینِ نزدیکان به شاه خیانت کند، سرش جدا می‌شود.

ور غـــلامی هـــندوی[3] آرَد وفـــا   دولت[4] او را مـــی‌زند[5] طـــالَ بَـقا[6] ۳۱۵۸

و اگر دورترینِ افراد به او وفا کند، عنایت می‌بیند و به معرفت و «بقا» می‌رسد.

چه غلام؟ ار بر دری سگ باوفاست   در دلِ سالار، او را صـد رضـاست ۳۱۵۹

غلام که سهل است؛ حتّی اگر سگِ دربان وفادار باشد، صاحبش از او بسیار راضی است.

زین، چو سگ را بوسه بر پوزش دهد[7]   گر بُـوَد شـیری، چـه پـیروزش کـند؟ ۳۱۶۰

و به سبب همین «وفا» به او لطف می‌کند، حال ببین اگر شیری باوفا بر درگاه باشد چه منزلتی نصیبش خواهد کرد؟

جز مگر دزدی کـه خـدمت‌ها کـند   صـــدقِ او بـــیخِ جـــفا را بـــر کـند ۳۱۶۱

امّا اگر گناهکاری خدمت صادقانه‌ای بکند، چنانکه صداقتش بتواند ریشهٔ تمامِ گناهان و خطاهایش را بخشکاند، نه تنها از کیفر در امان است؛ بلکه جزو مقرّبان هم قرار می‌گیرد.

چون فُضیلِ[8] رَه‌زنی، کو راست باخت[9]   زانکه دَه‌مَرده[10] به سویِ تـوبه تـاخت ۳۱۶۲

همانند «فضیل بن عیاض» که راهزن بود؛ امّا از صمیمِ قلب توبه کرد و خود را صادقانه در راه خدا فنا کرد و از مشایخ تصوّف شد.

وآن چـــنانکه سـاحران فـرعون را   رُو ســـیه کـــردند از صـــبر و وفـــا ۳۱۶۳

و همانندِ ساحران که یک عمر جادوگری کردند؛ امّا در ماجرایِ اژدهـای مـوسی(ع) در برابر فرعون صبور و باوفا بودند و او را روسیاه کردند.

---

۱ - **امین الدّین ربّانی** : امینِ دینِ پروردگار، انسان کامل یا بندهٔ مؤمن، خطاب به هر بندهٔ با ایمانی است که امانت‌داری‌اش و حفظِ اسرار حق او را به «تاج و لوا»، یعنی سلطنتِ معنوی رسانیده و اینک جزو مقرّبان و «خازنِ مخزنِ» حق است. ۲ - **بایِن** : جدا. ۳ - **غلامِ هندو** : کنایه از مرتبهٔ پست دنیوی، افرادِ دور از بارگاه.

۴ - **دولت** : اقبال، توجّه حق. ۵ - **دولت او را می‌زند** : اقبالِ الهی شامل حالش می‌شود.

۶ - **طالَ بقا** : بقا در پناه حق طولانی باد. ۷ - دهان سگ را می‌بوسد؛ یعنی به او محبّت می‌کند.

۸ - **فُضیل** : صوفی معروف (۱۸۷-۱۰۵ هـق) که ابتدا رهبرِ راهزنان بود.

۹ - **راست باخت** : صادقانه عمل کرد. ۱۰ - **ده‌مَرده** : با قوای ده مرد، یعنی با تمامِ قوا، از صمیم قلب.

دست و پـا دادنـد در جُـرمِ قَـوَد[۱] آن به صد ساله عبادت کـی شـود؟ ۳۱۶۴

فرعون به کیفرِ نافرمانی دست و پایشان را برید. پاداشِ این فداکاری بیش از صد سال عبادت است.

تو که پَنجَه سـال خـدمت کـرده‌ای کی چنین صدقی به دست آورده‌ای؟ ۳۱۶۵

تو که یک عمر عبادت کرده‌ای، چنین صدقی داری؟

حکایتِ آن درویش که در هَری[۲] غلامانِ آراستهٔ عمیدِ خراسان[۳] را دید، و بر اسبان تازی و قباهایِ زربَفت و کلاه‌هایِ مُغَرَّق[۴] و غیر آن، پرسید که: این‌ها کدام امیران‌اند و چـه شاهان‌اند؟ گفتند او را که: این‌ها امیران نیستند، این‌ها غلامانِ عمیدِ خراسان‌اند. روی به آسمان کرد که: ای خدا! غلام پروردن از عمید بیاموز! آنجا مستوفی[۵] را عمید گویند[۶]

درویشی برهنه و بینوا در زمستانی سرد، غلامان آراستهٔ عمید خراسان را با جامه‌های اطلس و کمربندهای زرّین دید، با حسرت روی به آسمان کرد و گفت: خدایا، بنده‌پروری را از این عمید شهر ما بیاموز.

از قضا مقارن همان ایّام عمید خراسان مورد خشم سلطان واقع شد و محبوس گردید. غلامانش مورد شکنجه قرار گرفتند تا محلِّ دفینهٔ خواجهٔ خویش را برملا سازند؛ امّا غلامان وفادار زیر شکنجه جان دادند و راز عمید را برملا نکردند.

هاتف غیب شب هنگام به درویش بینوا که «ندیم حق» و از «اهلِ معرفت» به شمار می‌آمد و گستاخی او نیز در اعتراضی که با حسرت بر زبان آورده بود، نـاشی از اعـتماد بـر هـزاران مـوهبتی بـود کـه از حق مـی‌دید، در خـواب نـدا داد: ای کـیا، تـو هـم بـندگی را از ایـن غلامان بیاموز.

---

۱ - **جُرمِ قَوَد**: به جای «قَوَدِ جُرم» به کار رفته، یعنی کیفرِ جُرم. ۲ - **هَری**: هرات.

۳ - مقصود از عمید خراسان، محمّد بن منصور نَسَوی (کندری) است. از اعاظم رجال عهد سلجوقی در قرن پنجم (متوفّی به سال ۵۹۴ هـ ق.). ۴ - **مُغَرَّق**: دارای یراق فلزی.

۵ - **مستوفی**: سر دفتر دیوان، رئیس امور مالی.

۶ - مأخذ آن قطعه‌ای است در منطق الطّیر عطّار نیشابوری که در طیّ آن درویش بینوایِ مثنوی، دیوانه‌ای ژنده‌پوش و مجذوبی است شوریده حال که از دیدگاه عطّار، این گستاخی از جانب او قابل تحمّل است: احادیث، ص ۴۹۳.

مولانا بر حکایت عطّار که با اعتراض گستاخانهٔ دیوانهٔ ژنده‌پوش پایان می‌یابد، ماجرای محبوس شدن «عمید خراسان» و شکنجهٔ غلامان و ندای هاتف غیب را نیز می‌افزاید تا با شرحی بر آن به تقریرِ حال درویش بـا حـق بپردازد و سِرّی را که در میان است به اشارت بازگو کند که حق تعالیٰ به «فقیرِ الی الله»، «کمرِ همّت» برای سلوک عنایت کرده و «تاجی از فقرِ حقیقی» بر سر وی نهاده و این همان اعتبارِ راستین است؛ پس تـو بـنده بـودن را از غلامانِ عمید بیاموز که با جامه‌ای زیبا که عمری کوتاه و اعتباری بی‌قدر داشت، چنان به خواجـهٔ خـویش اعـتماد داشتند که در آن ایمان جان باختند و سِرِّ عمید را افشا نکردند، حال آنکه تو علی‌رغمِ ادّعای دوستی، سِرِّ ما را که خواهانِ فقر و فاقه توایم در بَرِ اغیار افشا می‌کنی.

۳۱۶۶ **آن یکـی گُسـتاخْ‌رَو[1] انـدر هَـری   چـون بـدیدی او غـلامِ مـهتری[2]**

آدمِ گستاخی در هرات، غلامِ یکی از بزرگان را دید.

۳۱۶۷ **جـامهٔ اطـلس، کـمر زرّیـن، روان   روی کـردی سـویِ قـبلهٔ آسـمان**

که با لباس حریر و کمربند زرّین روانه بود. روی به آسمان کرد و گفت:

۳۱۶۸ **کِای خدا! زین خواجهٔ صاحب مِنَنْ[3]   چـون نـیاموزی تـو بـنده داشـتن؟**

خدایا، چرا بنده‌پروری را از این خواجه فرا نمی‌گیری؟

۳۱۶۹ **بـنده پـروردن بـیاموز ای خـدا !   زیـن رئـیس و اخـتیارِ شـهرِ مـا**

ای خدا، بنده‌پروری را از سرورِ برگزیدهٔ شهر ما بیاموز.

۳۱۷۰ **بـود مـحتاج و بـرهنه و بـی‌نوا   در زمسـتان لرز لرزان از هـوا**

او نیازمندِ برهنهٔ بی‌نوایی بود که از هوای سردِ زمستان لرزان بود.

۳۱۷۱ **انـبساطی[4] کـرد آن از خـود بَـری[5]   جـرأتـی بـنمود او از لَـمْتُری[6]**

آن مرد که از خود بیزار بود، به آنی جسارتی یافت و گستاخی کرد.

۳۱۷۲ **اعـتمادش بـر هـزاران مـوهبت[7]   که نـدیمِ حـق شـد، اهـلِ مـعرفت**

او به عنایت بی کران الهی که شامل حال ندیم خداست، آگاه بود.

---

۱ - **گستاخ‌رَو** : گستاخ، کسی که رفتاری گستاخانه دارد. ۲ - **غلامِ مهتری** : غلامِ بزرگی از بزرگان.

۳ - **خواجهٔ صاحب مِنَن** : سرورِ صاحبِ احسان، یعنی اربابِ این غلام.

۴ - **انبساط** : سخن گفتن بی پرده و بدون رعایت آداب و مراتب. ۵ - **از خود بَری** : بی اختیار، بی خویش.

۶ - **لَمْتُری** : فربهی، اینجا بی توجّهی و گستاخی. ۷ - **موهبت** : عطا، عنایت.

گر ندیمِ شاه گستاخی کند تو مکن آن، که نداری آن سند[۱] ۳۱۷۳

اگر ندیمِ شاه گاه بدون رعایتِ آداب سخنی بگوید، تو که آن تقرّب را نداری، نگو.

حق میان[۲] داد، و میان بِه از کمر[۳] گر کسی تاجی دهد، او داد سر ۳۱۷۴

حق «کمرِ همّت» داده که از «کمرِ زرّین» بهتر است. اگر کسی «تاج» داده، او «سر» بخشیده است.

تا یکی روزی که شاه آن خواجه را مُتّهم کرد و ببستش دست و پا ۳۱۷۵

روزی رسید که بخت از خواجه عمید برگشت و شاه او را متّهم و دستگیر کرد.

آن غلامان را شکنجه می‌نمود که: دفینهٔ خواجه بنمایید زود ۳۱۷۶

غلامانش را شکنجه کردند که محلِّ گنجینهٔ عمید را نشان دهند.

سرِّ او با من بگویید ای خَسان! ورنه بُرَّم از شما حلق و لِسان ۳۱۷۷

ای فرومایگان، رازش را بگویید و گرنه گلو و زبانتان را می‌بُرم.

مدّتِ یک ماهشان تعذیب کرد روز و شب اِشکنجه و اِفشار[۴] و درد ۳۱۷۸

حدود یک ماه آنان را شکنجه کرد و شب و روز در رنج و درد قرار داد.

پاره پاره کردشان، و یک غلام رازِ خواجه وانگفت از اهتمام[۵] ۳۱۷۹

غلامان را پاره پاره کرد؛ امّا حتّی یک نفر از آنان به سبب همّتی که داشتند، راز را نگفت.

گفتش اندر خواب هاتف، کای کیا! بنده بودن هم بیاموز و بیا! ۳۱۸۰

ندای غیبی در خواب به درویش گفت: ای بزرگمرد، تو هم بیا و بندگی را از این غلامان بیاموز.

ای دریده پوستینِ یوسفان گر بِدَرَّد گُرگت،[۶] آن از خویش دان[۷] ۳۱۸۱

ای آنکه با نیکان بدی می‌کنی، اگر بلایی به تو برسد، نتیجهٔ فعلِ خودِ توست.

---

۱ - **سند** : تکیه‌گاه، اینجا موهبتی که شاملِ حال ندیم یا «اهل معرفت» است. تو به مرتبه‌ای که این بزرگان رسیده‌اند نرسیده‌ای. ۲ - **میان** : کمر، قسمت میانی بدن، اینجا «کمرِ همّت» برای طاعات و سلوک.

۳ - **کمر** : کمربند، اینجا همان کمربند زرّین. ۴ - **اِفشار** : فشار، رنج.

۵ - **اِهتمام** : در کاری همّت و توجّه داشتن. ۶ - **گر بدَرَّد گرگت** : اگرگرگ تو را بِدَرَد.

۷ - خطاب به مریدان برای ارشاد، همچنین می‌تواند تلویحاً اشاره به عمید خراسان هم باشد که بندگی را از غلامانش بیاموزد.

زانکه می‌بافی[1] همه ساله بپوش   زانکه می‌کاری، همه ساله بنوش ۳۱۸۲

نتیجهٔ افعالت را ببین و ثمره‌اش را دریافت کن.

فعلِ توست این غصّه‌هایِ دم به دم   این بُوَد معنیِ قَدْ جَفَّ اَلْقَلَمْ ۳۱۸۳

اندوهِ لحظه به لحظه نتیجهٔ کردار خود توست. معنیِ «قلم تقدیر» همین است که پاداش یا کیفر عمل خود را می‌بینی.

که نگردد سنّتِ ما از رَشَد[2]   نیک را نیکی بُوَد، بد راست بد ۳۱۸۴

سنّت ما منحرف نمی‌شود؛ یعنی همواره پاداشِ نیکی، نیکی و کیفرِ بدی، بدی است.

کارکن هین! که سلیمان[3] زنده است   تا تو دیوی، تیغ او بُرّنده است ۳۱۸۵

هشیار باش و در راه تعالی بکوش؛ زیرا قدرت حق پابرجاست و شمشیرِ قهر برای شیطان صفتان برّان است.

چون فرشته گشت، از تیغ ایمنی‌ست   از سلیمان هیچ او را خوف نیست ۳۱۸۶

هر کس به فضایل برسد و فرشته‌صفت شود از قهر در امان است و او را بیمی نیست.

حکمِ او بر دیو باشد، نه مَلَک   رنج در خاک است، نه فوقِ فلک ۳۱۸۷

کیفر شاملِ حالِ شیطان صفتی است که قبله‌اش دنیاست، نه فرشته صفتی که قبله‌اش فوقِ فلک است.

ترک کن این جبر را[4] که بس تهی است   تا بدانی سرِّ سرِّ جبر چیست؟ ۳۱۸۸

این «جبرِ» توخالی را رها کن تا «جبرِ حقیقی» را بفهمی.

ترک کن این جبرِ جمعِ مَنْبَلان[5]   تا خبر یابی از آن جبرِ چو جان[6] ۳۱۸۹

«جبرِ» موردِ نظرِ افرادِ کاهل و مسئولیّت‌گریز را کنار بگذار تا «جبرِ خاصّ» را دریابی.

---

۱ - **ز آن که می‌بافی :** یعنی اعمالت.   ۲ - اشارتی قرآنی؛ فتح: ۲۳/۴۸: ...وَ لَن تَجِدَ لِسُنَّةِ اللهِ تَبدیلاً.

۳ - **سلیمان :** اینجا نمادی از مرد حق، انسان کامل. «سلیمان زنده است» یعنی قدرت حق همچنان سیطرهٔ تامّ دارد.

۴ - همچنان روی سخن با مُغِ جبری است از بیت ۲۹۱۳/۵ به بعد.

۵ - **مَنْبَل :** تنبل، کاهل، اینجا کسی که جهدی در راه حق ندارد و خود را مسئولِ فعل خود نمی‌داند و همه را به حق نسبت می‌دهد.   ۶ - **جبرِ چو جان :** جبرِ خاصّ، جبرِ کاملان، جبرِ فانیان در حق.

۳۱۹۰ **ترکِ معشوقی[۱] کُن و کُن عاشقی ای گُمان برده که خوب و فایقی[۲]!**

ای آنکه خود را خوب و برتر می‌پنداری، خودپرستی را کنار بگذار و حق را بپرست.

۳۱۹۱ **ای که در معنی ز شب خامُش‌تری گفتِ خود را چند جویی مشتری؟**

تو که از نظر معنوی تاریک هستی، تا کی برای کلامِ بی‌قدر خود به دنبال مشتری می‌گردی؟

۳۱۹۲ **سر بجُنبانند پیشت بهرِ تو رفت در سودایِ ایشان دهرِ تو**

آن‌ها وانمود می‌کنند که خریدار سخنِ بی‌جان و بی‌نورِ تواَند؛ امّا تو نمی‌فهمی و عمرت در سودای آنان می‌گذرد.

۳۱۹۳ **تو مرا گویی: حَسَد اندر مپیچ چه حسد آرَد کسی از فوتِ هیچ؟**

فکر می‌کنی که ما به تو حسد می‌ورزیم. آیا کسی برای از دست دادنِ «هیچ» حسد می‌ورزد؟

۳۱۹۴ **هست تعلیمِ خَسان[۳]، ای چشمْ شوخ[۴] همچو نقشِ خُرد کردن بر کلوخ[۵]**

ای بی شرم، تعلیم دادن به آدم‌های فرومایه‌ای که تأییدت می‌کنند، کارِ بی‌حاصلی است.

۳۱۹۵ **خویش را تعلیم کُن عشق و نظر کآن بُوَد چون نقش فِی جِرمِ الحَجَر[۶]**

به خودت عشقِ حق و بصیرت را بیاموز که همانند نقشِ بر سنگ ماندگار است.

۳۱۹۶ **نَفْس تو[۷] با توست، شاگردِ وفا غیرْ فانی شد، کجا جویی؟ کجا؟**

تنها شاگردِ باوفای تو نَفْسِ توست. دیگران می‌روند، کجا آن‌ها را می‌جویی؟

۳۱۹۷ **تا کنی مر غیر را حَبْر[۸] و سَنی[۹] خویش را بدخو و خالی می‌کنی[۱۰]**

برای آنکه دیگران را دانا و متعالی کنی، به خودت زیان می‌رسانی.

۳۱۹۸ **متّصل چون شد دلت با آن عَدَن[۱۱] هین! بگو مَهْراس[۱۲] از خالی شدن**

هنگامی که دلت به دریای حقیقت پیوست، تعلیم بده و از گفتن و خالی شدن بیمی نداشته باش.

---

۱ - **معشوقی**: معشوق خود بودن، خود را پرستیدن، خودپرستی. ۲ - **فایق**: برتر.

۳ - **خَسان**: فرومایگان. ۴ - **چشمْ شوخ**: بی شرم.

۵ - مصراع دوم: نقش خُرد یا ظریفی بر کلوخی کشیدن، کنایه از کارِ بی ثمر.

۶ - **فِي جِرمِ الحَجَر**: در جِرمِ سنگ. ۷ - **نَفْسِ تو**: وجود خودِ تو. ۸ - **حَبْر**: دانا، دانشمند.

۹ - **سَنی**: بلندمرتبه.

۱۰ - مصراع دوم: خود را بدخُو و از دانش تهی می‌کنی؛ یعنی به خودت ضرر می‌رسانی.

۱۱ - **عَدَن**: جاودان، جاودانی، مراد دریای حقیقت است. ۱۲ - **مَهْراس**: هراسی نداشته باش.

امرِ قل¹ زین آمدش، کای راستین!   کم نخواهد شد، بگو، دریاست این   ۳۱۹۹

حق تعالی از این رو به پیامبر(ص) امر فرمود: ای برگزیدهٔ راستین، بگو که وجودت دریاست و نقصان نمی‌پذیرد.

اَنصِتُوا²، یعنی که: آبت را به لاغ³   هین! تلف کم کن که لب‌خشک است باغ⁴   3200

«خاموش باشید»⁵، یعنی سکوت کن. علم تو به منبع الهی اتّصال ندارد و تأثیرگذار نیست.

این سخن پایان ندارد ای پدر!   این سخن را ترک کن، پایان نگر   ۳۲۰۱

ای پدر، این سخن پایانی ندارد. آن را رها کن و به عاقبت کار بنگر.

غیرتم آید که پیشت بیستند   بر تو می‌خندند، عاشق نیستند   ۳۲۰۲

غیرت من اجازه نمی‌دهد که این‌ها در حضور تو بایستند و لبخند بزنند در حالی که عاشقت نیستند.

عاشقانت در پسِ پردهٔ کرم   بهرِ تو نعره‌زنان بین دم به دم   ۳۲۰۳

ببین که عاشقانِ حقیقی‌ات از پسِ پردهٔ غیب پیوسته تو را فریاد می‌زنند.

عاشقِ آن عاشقانِ غیب باش   عاشقانِ پنج روزه کم تراش⁶   ۳۲۰۴

عاشقِ عاشقانِ غیبی باش نه این عاشقان گذرا.

که بخوردندت ز خُدعه و جَذبه‌ای   سال‌ها ز ایشان ندیدی حبّه‌ای   ۳۲۰۵

زیرا این مکّارها با ارادتی دروغین، هستی‌ات را نابود کردند و تو خیری از آنان ندیدی.

چند هنگامه نهی⁷ بر راهِ عام   گامِ خَستی⁸، بر نیامد هیچ کام   ۳۲۰۶

تا کی در پیِ جلبِ عوام هستی؟ تلاش خسته‌کنندهات هیچ ثمری نداشت.

۱- امرِ قُل: اشاره به موارد عدیده‌ای در قرآن است که خطاب به پیامبر(ص) امر می‌شود که بگوید؛ زیرا علم او به علم الهی متّصل است و نقصان نمی‌پذیرد.   ۲- اَنصِتُوا: خاموش باشید: اعراف: ۲۰۴/۷.
۳- لاغ: هزل، اینجا بیهوده.
۴- لب‌خشک است باغ: این آب، باغ وجود دیگران را سیراب نمی‌کند و در آن اثری ندارد.
۵- [آیه قرآنی]
۶- مصراع دوم: عاشقان گذرا را کمتر بپرور؛ یعنی جویای آنان نباش.   ۷- هنگامه نهادن: معرکه گرفتن.
۸- گامِ خَستی: پایت را مجروح و خسته کردی.

وقتِ صحّت جمله یارند و حریف وقتِ درد و غم، بجز حق کو اَلیف[1] ؟ ۳۲۰۷

هنگام خوبی و خوشی همه یار و همراه‌اند؛ امّا وقتِ درد و غم جز حق مونسی نیست.

وقتِ دردِ چشم و دندان هیچ کس دستِ تو گیرد بجز فریادرس؟ ۳۲۰۸

وقتی که چشم یا دندانت درد می‌کند، هیچ کس جز خداوند به فریادت می‌رسد؟

پس همان درد و مرض را یاد دار چون ایاز از پوستین کن اعتبار[2] ۳۲۰۹

پس در وقت صحّت هم همان درد را به یاد بیاور، همان‌طور که ایاز از پوستین و چارق عبرت می‌گرفت.

پوستین آن حالتِ دردِ تو است که گرفته است آن ایاز[3] آن را به دست ۳۲۱۰

پوستینِ تو همان «درد و مرض» و در واقع ناچیزیِ وجود است که عارف آن را دریافته.

بازجواب گفتنِ[4] آن کافرِ جبری آن سنّی را که به اسلامش دعوت می‌کرد و به ترکِ اعتقادِ جبرش دعوت می‌کرد، و دراز شدنِ مناظره از طرفین که مادّهٔ اِشکال و جواب را نَبُرَّد[5] الا عشقِ حقیقی، که او را پروایِ آن نماند، وَ ذلِکَ فَضْلُ اللهِ یُؤتیهِ مَنْ یَشاء[6]

کافرِ جبری جواب آغاز کرد که از آن حیران شد آن مِنطیق[7] مرد ۳۲۱۱

کافرِ جبری چنان به جواب گویی پرداخت که آن مردِ سخنور حیران شد.

لیک گر من آن جوابات و سؤال جمله واگویم، بمانم زین مقال ۳۲۱۲

امّا اگر من همهٔ آن پاسخ و پرسش‌ها را بگویم از گفتارِ خود باز می‌مانم.

زآن مُهم‌تر گفتنی‌ها هستمان که بدآن فهم تو، بِهْ یابد نشان ۳۲۱۳

ما گفتنی‌های مهم‌تری داریم که به درکِ بهترِ تو کمک می‌کند.

---

۱ - **اَلیف**: مونس. ۲ - **اعتبار**: عبرت گرفتن.
۳ - **ایاز**: غلامِ ترکِ سلطان محمود که تمثیل یا نمادی از «عارف» است.
۴ - بازگشت به قصّه‌ای که از بیت ۲۹۱۳ همین دفتر آغاز شده بود.
۵ - **مادّهٔ اشکال و جواب را نَبُرَّد**: هیچ چیز جز عشق حق نمی‌تواند اصلِ «سؤال و جواب» را تمام کند.
۶ - اشارتی قرآنی؛ مائده: ۵۴/۵: ... این فضل الهی است که به هر کس که بخواهد ارزانی می‌دارد....
۷ - **مِنطیق**: زبان‌آور.

اندکی گفتیم زآن بحث ای عُتُل[1] ! ز انـدکی پـیدا بُـوَد قـانونِ کُـل ۳۲۱۴

ای آدمِ خشن، اندکی را گفتیم که از آن قانون کلّی پیداست.

همچنین بحث است تا حَشْرِ بشر در مـیانِ جـبری و اهـلِ قَـدَر ۳۲۱۵

بحثِ میانِ اهلِ «جبر» و «اختیار» همچنان تا قیامت ادامه خواهد داشت.

گر فرو ماندی ز دفعِ خصمِ خویش مـذهبِ ایشـان بـرافـتادی ز پـیش ۳۲۱۶

اگر هر یک از دفعِ حریف عاجز می‌شدند که مذهب‌شان قبلاً از میان رفته بود.

چون برون‌شوشان[2] نبودی در جواب پس رمـیدندی از آن راهِ تَـباب[3] ۳۲۱۷

و اگر پاسخی را نمی‌یافتند که قطعاً از این راهِ تباه و گمراهی می‌گریختند.

چونکه مَقضی بُـد[4] دوامِ آن رَوِش مـی‌دَهَدشان از دلایـل پـرورِش ۳۲۱۸

چون خواست خداوند همین است، همواره طرفین دلایلی برای ردّ دیگری می‌یابند.

تا نگردد مُلْزَم از اِشکالِ خصم تا بُـوَد مـحجوب از اقـبالِ خـصم ۳۲۱۹

تا از اشکال حریف مغلوب نشوند و از موفّقیّت او در بحث ناامید نگردند.

تا که این هـفتاد و دو مـلّت[5] مُـدام در جـهان مـانَد اِلی یَـوْمِ القِـیام ۳۲۲۰

در نتیجه این هفتاد و دو مذهب تا روز قیامت باقی بماند.

چون جهانِ ظلمت است و غیب این از بـرای سـایه مـی‌باید زمـین ۳۲۲۱

اینجا دنیای مادّی است و حقایق در آن نهان‌اند، هنگامی که خورشید حقیقت بر این عالم می‌تابد، در برخوردِ به نقاطِ تاریک «انسان‌هایِ غیرِ منوّر» سایه یا «شبهه و اشکال» ایجاد می‌شود؛ پس باید از طریق همین سایه‌ها و همین دنیای مادّی به حقیقت رسید و آن را شناخت.

تـا قیامت مـانَد ایـن هـفتاد و دو کـم نـیاید مُبتدِع[6] را گـفت و گـو ۳۲۲۲

این اختلاف اندیشه و اعتقاد تا قیامت می‌ماند و هیچ یک از این بدعت‌گزاران در بیان اندیشهٔ خود دچار نقص و کمبود نمی‌شوند.

---

۱ - **عُتُل** : خشن، وحشی، غیر لطیف «آدمِ لطیف قادر به درکِ حقایق هست؛ ولی غیر لطیف نه».

۲ - **برون‌شو** : راه خروج. ۳ - **تباب** : هلاکت، تباهی، گمراهی. ۴ - **مَقضی بُد** : خواست خدا بود.

۵ - **هفتاد و دو ملّت** : پیروان مذاهب گوناگون. ۶ - **مُبتدع** : بدعت‌گزار.

عـــزّت مــخزن بُــوَد انــدر بــها   کــه بــر او بســیار بــاشد قُــفل‌ها ۳۲۲۳

شک نیست که یک گنجینهٔ گرانبها توسّط قفل‌های گران و تدابیر امنیّتی حفاظت می‌شود.

عــزّتِ مـقصد بـود ای مُـمْتَحَن[۱] !   پـیچ پـیچ راه و عَـقبه[۲] و راه‌زن[۳] ۳۲۲۴

ای انسان، مقصودِ مهم معمولاً با طیِّ راه‌های دشوار و تحملِ سختی‌های فراوان حاصل می‌شود.

عـــزّتِ کــعبه بُــوَد وآن نــادیه[۴]   رَه‌زنــی اعــراب[۵] و طــول بـادیه[۶] ۳۲۲۵

عزّت کعبه و آن مجلسِ محتشم، به رنجِ ناشی از راهزنیِ اعراب و راهِ بسیار دشوار و طویلِ صحرا نیز وابسته بود.[۷]

هر رَوِش، هر ره، که آن محمود نیست   عـــقبه‌یی و مــانعی و رَه‌زنــی‌ست ۳۲۲۶

راه و روش‌های گمراه کننده، همان گردنه‌ها، موانع و راهزن‌های راهِ حق‌اند.

این رَوِش خصم و حَقُودِ[۸] آن شـده   تا مـقلّد[۹] در دو رَه[۱۰] حـیران شـده ۳۲۲۷

آدمِ ظاهربینِ «مقلّد»، سرگردان می‌مانَد که کدام یک از راه‌ها را که در تقابل هم‌اند، انتخاب کند.

صـــدقِ هــر دو ضـدّ بـیند در رَوِش   هر فریقی[۱۱] در رَه خود خوش‌منش[۱۲] ۳۲۲۸

می‌بیند که هر یک در روش خود بسیار صادق و خرسندند.

گر جوابش نیست، مـی‌بندد سـتیز   بـر هـمان دم تـا بـه روزِ رسـتخیز ۳۲۲۹

اگر جوابی در برابر حریف نداشته باشد، تا قیامت لج‌بازی می‌کند.

که: مِهانِ مـا بـدانـند ایـن جـواب   گرچه از ما شد نهان وَجهِ صـواب ۳۲۳۰

می‌گوید: بزرگان ما این‌طور گفته‌اند، هرچند که خودِ ما حقیقت را نمی‌دانیم.

---

۱ - **مُمْتَحَن :** مورد امتحان، انسان که مورد امتحان الهی است. ۲ - **عَقبه :** گردنه، کنایه از سختی‌های راه حق.

۳ - **راه‌زن :** کسی یا چیزی که خلق را از راه حق باز می‌دارد.

۴ - **نادیه :** انجمن، محلّی که جمع شوند و در آن گفت و گو و یا حدیث کنند.

۵ - **رَه‌زنیِ اعراب :** راهزنان بادیه‌نشین. ۶ - **بادیه :** صحرا، ریگزار.

۷ - مُراد آنکه: حقیقت گنجی است که برای وصولش باید راهِ بسیار دشوار و طویلی را طی کرد.

۸ - **حَقُود :** کینه‌توز. ۹ - **مقلّد :** تقلید کننده، کسی که هنوز به درکِ حقیقت نرسیده است.

۱۰ - **دو ره :** دو راه، مراد کثرت مذاهب است. ۱۱ - **فریق :** گروه.

۱۲ - اشارتی قرآنی؛ مؤمنون: ۵۳/۲۳: ...كُلُّ حِزْبٍ بِمَا لَدَيْهِمْ فَرِحُونَ : هر گروهی به آنچه در دست دارد، شادمان است.

پوزبندِ وسوسه عشق است و بس   ورنه کِی وسواس را بسته است کس؟ ۳۲۳۱

فقط «عشق» می‌تواند آدمی را از قیدِ بحث‌ها و تردیدها برهانَد.

عاشقی شو، شاهدی[1]، خوبی بجو   صیدِ مرغابی[2] همی کن جُو به جُو ۳۲۳۲

عاشقِ حقیقت باش و معشوقی حقّانی بیاب تا به امداد او بتوانی به روحِ عالی خودت برسی.

کِی بری زآن آب[3]؟ کآن آبت بَرَد[4]   کِی کنی زآن فهم؟ فهمت را خورَد ۳۲۳۳

بحث‌ها و تردیدها، هیچ کس را به جایی نمی‌رساند. آبرو را می‌برد و فهم را زایل می‌کند.

غیرِ این معقول‌ها[5]، معقول‌ها[6]   یابی اندر عشقِ بافرّ و بَها[7] ۳۲۳۴

با «عشقِ حق»، فراتر از علوم رسمی به علوم کشفی می‌رسی؛ یعنی درک و عقلی برتر.

غیرِ این عقلِ تو حق را عقل‌هاست   که بدآن تدبیرِ اسبابِ سماست[8] ۳۲۳۵

غیراز «عقلِ جزوی» که مُدبّرِ امورِ دنیوی است، عقل مراتب دیگری هم دارد که مُدبّر امور غیبی‌اند.

که بدین عقل آوری ارزاق را   زآن دگر مَفْرَش کنی اطباق را[9] ۳۲۳۶

توانایی «عقلِ معاش» در کسبِ رزقِ دنیوی و توانایی «عقلِ معاد» در کسبِ رزقِ روحانی است.

چون ببازی عقل در عشقِ صمد   عَشْر اَمثالت دهد، یا هفتصد[10] ۳۲۳۷

اگر عقلِ دنیایی‌ات را در عشق حق ببازی، به عقلِ برتری می‌رسی که با این قابل قیاس نیست.

آن زنان چون عقل‌ها در باختند   بر رواقِ عشقِ یوسف تاختند[11] ۳۲۳۸

زنان مصری هم با دیدنِ یوسف محو جمالِ او شدند و دست‌ها را بریدند.

---

۱ - **شاهد :** انسان کامل، مرادِ کامل.

۲ - **مرغابی :** روح عالی انسانی که می‌تواند در دریای وحدت شنا کند و اسرار آن را بداند.

۳ - **زآن آب :** آبِ علوم رسمی و کسبی، «قال»، همان بحث‌ها و استدلال‌ها.

۴ - **کآن آبت بَرَد :** نزد حق آبرویت را می‌بَرَد؛ چون گمراه می‌شوی؛ یعنی همچنان در «قال» می‌مانی و به «حال» نمی‌رسی.   ۵ - **معقول‌ها :** اینجا علوم کسبی و رسمیِ اهل نظر.

۶ - **معقول‌ها :** اینجا علوم کشفی یا باطنی.   ۷ - **عشقِ با فَرّ و بها :** عشقِ شکوهمندِ ارجمند، عشقِ الهی.

۸ - **سَما :** آسمان، «اسبابِ سما» یعنی عالمِ غیب.

۹ - **مَفْرَش کنی اَطباق را :** آسمان را در زیرِ پایِ خود بگستری؛ یعنی زیر پا بگذاری.

۱۰ - مصراع دوم: ده برابر یا هفتصد برابر عوض می‌دهد؛ یعنی خیلی زیاد، «عَشْر» نظر به: انعام: ۱۶۰/۶ و در «هفتصد» نظر به: بقره: ۲۶۱/۲ است.

۱۱ - مراد آنکه: عقلشان در شهودِ جمال زایل شد؛ امّا به جایِ این عقل، «عشق» نشست، مثالی برای محو و مستهلک شدن عاشق در معشوق.

عقلشان یک دم سِتَد ساقیِ عمر[1] **سیر گشتند از خِرَد، باقیِ عمر** ۳۲۳۹

عشق لحظه‌ای عقلشان را ربود و آنان را برای تمام عمر از عقل بیزار کرد.

اصلِ صد یوسف جمالِ ذوالجلال **ای کم از زن! شو فدایِ آن جمال** ۳۲۴۰

جمالِ حق اصلِ زیبایی‌هاست. اگر از زنان مصری کمتر نیستی، قربانیِ آن جمال باش.

عشق بُرَّد بحث را ای جان و بس **کو ز گفت‌وگو شود فریادرس** ۳۲۴۱

ای عزیز، فقط با فرارسیدنِ عشق می‌توانی از بحث‌هایِ عقلانیِ دنیوی نجات یابی.

حیرتی آید ز عشق آن نُطق[2] **را** **زَهره**[3] **نَبْوَد که کند او ماجرا** ۳۲۴۲

عاشق درکامِ عشق چنان حال و حیرتی دارد که رغبتی به بیانِ آن ندارد.

که بترسد، گر جوابی وادهد[4] **گوهری**[5] **از لُنج**[6] **او بیرون فُتد** ۳۲۴۳

بیمناک است که مبادا سخنی بگوید و ناخودآگاه از ادراکِ باطنی‌اش حرفی بزند.

لب ببندد سخت او از خیر و شر **تا نباید کز دهان افتد گُهَر** ۳۲۴۴

خاموش می‌ماند تا سرّی را فاش نکند.

همچنانکه گفت آن یارِ رسول[7] **چون نَبی برخواندی بر ما فُصول**[8] ۳۲۴۵

همان‌طور که صحابی رسول(ص) گفت: چون پیامبر(ص) برای ما سخن می‌گفت،

آن رسولِ مجتبی[9] **وقتِ نثار**[10] **خواستی از ما حضور و صد وِقار** ۳۲۴۶

مایل بود که ما آرام و ساکت باشیم و کاملاً توجّه کنیم.

آنچنانکه بر سرت مرغی بُوَد **کز فواتش**[11] **جان تو لرزان شود** ۳۲۴۷

چنانکه گویی پرنده‌ای بر سرت نشسته و بیمناکی که از دستش بدهی.

---

۱ - **ساقیِ عمر** : عشق. ۲ - **نطق** : قوّهٔ ناطقه. ۳ - **زَهره** : جرأت، اینجا تمایل یا رغبت.

۴ - **گر جوابی وادهد** : اگر چیزی بگوید. ۵ - **گوهر** : کنایه از حالِ باطنی و درکِ حقایق است.

۶ - **لُنج** : لب.

۷ - اشاره به خبری به نقل از «اسامة بن شریک» با این مضمون: وقتی پیامبر(ص) سخن می‌گفت، اصحاب چنان بی‌حرکت و ساکت بودند که گویی پرنده‌ای روی سرشان نشسته است: کَاَنَّهُمْ علی رُؤُسِهِمُ الطَّیْرُ: که در امثال عرب هم هست: ر.ک. احادیث، ص ۴۹۶. ۸ - **فصول** : جمع فصل، بخش، سخن حق و راست.

۹ - **مجتبی** : برگزیده. ۱۰ - **وقتِ نثار** : هنگامِ افاضهٔ فیض و سخن گفتن.

۱۱ - **فوات** : فوت شدن (مصدر است).

پس نیاری هیچ جُنبیدن ز جا　　تا نگیرد مرغِ خوبِ[1] تو هوا ۳۲۴۸

پس هیچ حرکتی نمی‌کنی که پرواز نکند.

دم نیاری زد، ببندی سُرفه را　　تا نباید که بِپرَّد آن هُما ۳۲۴۹

نَفَس نمی‌زنی و سرفه را حبس می‌کنی تا مبادا آن هُمایِ سعادت بِپرّد.

ور کَسَت شیرین بگوید یا تُرُش　　بر لب انگشتی نهی، یعنی: خَمُش ۳۲۵۰

در برابر سخن خوب یا بد هیچ واکنشی نشان نمی‌دهی.

حیرتْ آن مرغ است، خاموشت کند　　بر نهد سَردیگ[2] و پُر جوشت کند ۳۲۵۱

«حیرت»، همانند آن پرنده است، عاشق را که درونش جوششی برپاست، وادار به سکوت می‌کند.

پرسیدنِ پادشاه[3] قاصدا[4] ایاز را که: چندین غم و شادی با چارق و پوستین که جماد است، می‌گویی؟ تا ایاز را در سخن آوَرَد

ای ایازا! این مِهرها بر چارُقی　　چیست؟ آخِر همچو بر بُت عاشقی ۳۲۵۲

ای ایاز، این محبّت عاشقانه به چارق برای چیست؟

همچو مجنون از رخِ لیلیِ خویش　　کرده‌ای تو چارُقی را دین و کیش؟ ۳۲۵۳

«چارق» برای تو همانند «رویِ لیلی» برای مجنون، دین و آیین شده است.

با دو کهنه مِهرِ جان آمیخته　　هر دو را در حُجره‌یی آویخته ۳۲۵۴

به دو چیز کهنه که در اتاقت آویخته‌ای، این همه مهر می‌ورزی!

چند گویی با دو کهنه نو سخن؟　　در جمادی می‌دَمی سرِّ کهن؟[5] ۳۲۵۵

تا کی با این جمادات حرف می‌زنی و سرّ عشق را می‌گویی؟

---

۱ - **خوب**: زیبا. ۲ - **سَردیگ**: سرِ دیگ.

۳ - بازگشت به «قصّهٔ ایاز و حجرهٔ او...» که از بیت ۱۸۵۷ همین دفتر آغاز و در بیت ۲۱۴۹ رها شده بود.

۴ - **قاصدا**: قاصداً، عمداً. ۵ - **سرّ کهن**: سرِّ عشق است که جانِ منوّر می‌تواند آن را درک کند.

چون عرب با رَبع[1] و اَطلال[2]، ای ایاز! مــی‌کشی از عشــقْ گــفتِ خــود دراز ۳۲۵۶

تو هم مانند اعراب با ویرانهٔ منزلگاه یا آثار برجای ماندهٔ معشوق از عشق سخنِ دراز می‌گویی.

چارقت رَبْعِ کـدامـین آصـف[3] است پوستین گویی که کُرْتهٔ[4] یوسف است ۳۲۵۷

گویی که چارقت یادگارِ یکی از مردان حق و پوستینت پیراهنِ یوسف است.

همچو ترسا[5] که شمارد بـا کَشِش[6] جـرمِ یکسـاله، زنـا و غِـلّ و غِش ۳۲۵۸

این کارِ تو شبیه رفتنِ مسیحی نزد کشیش است که به گناهان یک سالهٔ خود از قبیل: زنا، کینه و خیانت اعتراف می‌کند.

تـــا بـــیامرزد کَشِش زُو آن گـــناه عـــفوِ او را عـــفو دانـــد از اِلٰـــه ۳۲۵۹

تا کشیش او را ببخشد و عفو او را مغفرتِ الهی می‌داند.

نیست آگه آن کَشِش از جُـرم و داد لیک بس جادوست عشق و اعتقاد ۳۲۶۰

آن کشیش از درون مردم و نیکی و بدی‌شان بی‌خبر است؛ امّا علاقهٔ شدید آنان به عفو سبب این باور شده است.

دوســتی و وَهــمْ صــد یــوسف تَـنَد اَسْحَر[7] از هاروت و ماروت[8] است خَود ۳۲۶۱

نیرویِ عشق و تخیّلاتِ آن، قدرتی جادویی دارد که سبب می‌شود موجودِ زشتی را زیبا بپنداریم.

صــورتی پــیدا کــند بــر یــادِ او جذبِ صورت آرَدَت در گفت و گو ۳۲۶۲

به یاد معشوق، صورتی ذهنی پدید می‌آوَرَد که جذبهٔ آن تصویر، تو را به سخن گفتن وامی‌دارد.

راز گویی پیشِ صـورت صـدهزار آنــچنانکه یــار گــوید پــیشِ یــار ۳۲۶۳

با تصویر خیالی راز و نیاز می‌کنی، همان‌طور که عاشقی نزد معشوق سخن می‌گوید.

---

۱ - **رَبع** : محل و منزل.

۲ - **اَطلال** : جمع طَلَل به معنی ویرانه و آثار باقی‌مانده، «رَبع و اَطلال» یعنی آثار باقی‌ماندهٔ کاروان معشوق، کنایه از آثار این جهانی و مادّی است که گفت و گو یا راز و نیازِ با آن هیچ عاشقی را به معشوق نمی‌رساند.

۳ - **آصف** : آصفِ برخیا که وزیر یا کارگزار سلیمان(ع) بوده است، اینجا کنایه از یک مرد حق است که عشق و ارادت به او می‌تواند سالک را در سلوک امداد کند و به حق برساند. ۴ - **کُرته** : پیراهن.

۵ - امیدی که به عوامل مادّی و دنیوی داری، همان قدر واهی و پوچ است که اعترافِ مسیحی نزد کشیشی که از حقایق چیزی نمی‌داند و به سهولت جُرم خلق را می‌بخشد. ۶ - **کَشِش** : کِشیش. ۷ - **اَسحر** : ساحرتر.

۸ - هاروت و ماروت: ر.ک: ۵۳۹/۱.

۳۲۶۴ **نه بدانجا صورتی، نه هیکلی زاده از وی صد اَلَست و صد بَلی**

در صورتی که آنجا تصویر یا پیکرِ مادّی نیست؛ امّا در واقع تصویر خیالی به زبان حال می‌پرسد: آیا محبوبت نیستم؟ و تو می‌گویی: هستی، و این کار همواره تکرار می‌شود.

۳۲۶۵ **آنچنانکه مادری دل‌برده‌یی پیشِ گورِ بچّهٔ نومُرده‌یی**[۱]

چنانکه مادرِ داغدار در کنارِ گورِ فرزند تازه درگذشتهٔ خود،

۳۲۶۶ **رازها گوید به جِدّ و اجتهاد**[۲] **می‌نُماید زنده او را، آن جَماد**

نجوا می‌کند و از دردِ جدایی سخن می‌گوید. گورِ بی جان در نظرش زنده جلوه می‌کند.

۳۲۶۷ **حیّ و قایم**[۳] **داند او آن خاک را چشم و گوشی داند او خاشاک را**

مادر آن خاک را زنده می‌داند و فکر می‌کند که قادر به شنیدن است.

۳۲۶۸ **پیشِ او هر ذرّهٔ آن خاکِ گور گوش دارد، هوش دارد وقتِ شور**

هنگامی که با هیجان راز و نیاز می‌کند، ذرّاتِ خاک را هوشیار می‌داند.

۳۲۶۹ **مستمع داند به جِدّ آن خاک را خوش نگر این عشقِ ساحِرناک را**

ببین که «عشق» افسونگر چه می‌کند که او واقعاً خاک را شنوا می‌پندارد.

۳۲۷۰ **آنچنان بر خاکِ گورِ تازه، او دم به دم خوش می‌نهد با اشک رُو**

چنان لحظه به لحظه صورت اشک‌آلودش را بر خاک گور تازه می‌نهد،

۳۲۷۱ **که به وقتِ زندگی هرگز چنان روی ننهاده‌ست بر پورِ چو جان**

که هرگز در حال حیاتِ فرزند نکرده بود.

۳۲۷۲ **از عزا چون چند روزی بگذرد آتشِ آن عشق او ساکن شود**

امّا چند روز بعد از سوگواری، آتش عشقِ او فروکش می‌کند.

۳۲۷۳ **عشق بر مُرده نباشد پایدار عشق را بر حیِّ جان‌افزای**[۴] **دار**

زیرا عشق به مُرده پایدار نیست. به حق عشق بورز.

---

۱ - در این تمثیل کسی که خدا را از طریق عوامل مادّی می‌جوید، همانند مادر داغدیده‌ای است که با گریستن بر گور، فرزند مردهٔ خود را باز نمی‌یابد. ۲ - **جِدّ و اجتهاد** : کوشش و تلاش.

۳ - **قایم** : قائم: ایستاده، برپا. ۴ - **حیّ جان افزا** : زندهٔ جانبخش و جان‌افزا، پروردگار.

۳۲۷۴ بعد از آن، زآن گور، خود خواب آیدش   از جَمادی هم جَمادی زایدش
بعد از مدّتی، گور برای او کسالت‌بار می‌شود؛ زیرا جماد شوقی بر نمی‌انگیزد.

۳۲۷۵ زانکه عشق افسونِ خود بِرْبود و رفت¹   ماند خاکستر، چو آتش رفت تَفت²
زیرا عشقِ به مُرده پایدار نیست و زایل می‌شود. آتشِ عشق که رفت، خاکسترش می‌ماند.

۳۲۷۶ آنچه بیند آن جوان در آینه   پیر اندر خشت می‌بیند همه
آنچه جوان در آینه بیند، پیر در خشت می‌بیند.

۳۲۷۷ پیرِ عشقِ توست، نه ریش سپید   دستگیرِ صدهزاران ناامید
«پیرِ» تو «عشق» است که دستِ ناامیدان را می‌گیرد و به حق می‌رسانَد نه آنکه ریش سفید دارد.

۳۲۷۸ عشق صورت‌ها بسازد در فراق   نامصوّر³ سر کُنَد وقتِ تَلاق⁴
تا وقتی که به حقیقتِ هستی نرسیده‌ای، عشق در صورت‌ها و آثار مادّی جلوه می‌کند؛ امّا برای عاشق، بی‌صورت و غیر مادّی متجلّی می‌شود.

۳۲۷۹ که منم آن اصلِ اصلِ هوش و مست   بر صُوَر آن حُسنِ عکسِ ما بُدَست
و می‌گوید: حقیقتِ اصلیِ هوشیاری و مستی منم. زیباییِ صورت‌ها و آثارِ مادّی بازتابی از جمالِ ما بوده است.

۳۲۸۰ پرده‌ها را این زمان برداشتم   حُسن را بی واسطه بفراشتم
اکنون حجاب‌ها را به کنار زدم و جمالِ خود را بدون واسطه عرضه داشتم.

۳۲۸۱ زانکه بس با عکسِ من دریافتی   قُوَّتِ تجریدِ ذاتم یافتی
زیرا چنان با آثارِ وجودِ حق در آمیختی که شایستگی درکِ آن را بدون آثار، یعنی «مجرّد» یافتی.

۳۲۸۲ چون از این سو جذبهٔ من شد روان   او کَشیش⁵ را می‌نبیند در میان
چون جذبهٔ من از این سو روان باشد، آن کشیشِ مسیحی را در میانه نمی‌بیند.

۳۲۸۳ مغفرت می‌خواهد از جُرم و خطا   از پسِ آن پرده از لطفِ خدا
از پشت پرده از عنایت الهی برای گناه و جُرمِ خود بخشایش می‌طلبد.

---

۱ - عشق جادوی خود را برده و رفته است؛ یعنی تأثیرش را از او دور کرده.   ۲ - تَفت: شتابان.
۳ - مُصوَّر: نقاشی شده، صورت داده شده.   ۴ - تلاق: دیدار، ملاقات.   ۵ - کَشِش: کشیش.

چون ز سنگی[1] چشمه‌یی جاری شود   سنگ اندر چشمه مُتواری[2] شود ۳۲۸۴

اگر از سنگی چشمه‌ای جاری شود، سنگ در پشتِ جریانِ آب نهان می‌گردد.

کس نخوانَد بعد از آن او را حَجَر   زانکه جاری شد از آن سنگ آن گُهر ۳۲۸۵

بعد از آن دیگر کسی آن را «سنگ» نمی‌نامد؛ زیرا از آن گوهرِ آب جاری شده است.

کاسه‌ها دان این صُوَر را و اندر او   آنچه حق ریزد، بدآن گیرد عُلو[3] ۳۲۸۶

وجودِ ظاهریِ هر چیز مثلِ کاسه‌ای است که شأن و اعتبارش وابسته به مرتبه‌ای از حقیقت است که در آن متجلّی و جاری است.

گفتنِ خویشاوندان مجنون را که: حُسنِ لیلی به اندازه‌ای است، چندان نیست، از او نغزتر[4] در شهرِ ما بسیار است، یکی و دو و دَه بر تو عرضه کنیم، اختیار کن، ما را و خود را وارَهان، و جواب گفتنِ مجنون ایشان را[5]

خویشاوندان مجنون او را سرزنش می‌کردند که لیلی زیبا نیست، این همه شیفتگی برای چیست؟

گفت: صورت کوزه است و حُسنْ مِیْ   مِیْ خدایم می‌دهد، از نقشِ وی

ابلهان گفتند مجنون را زِ جهل: حُسنِ لیلی نیست چندان، هست سهل ۳۲۸۷

نابخردان به مجنون گفتند: زیباییِ لیلی آن قدرها هم نیست، معمولی است.

بهتر از وی صد هزاران دلربا   هست همچون ماه اندر شهرِ ما ۳۲۸۸

در شهر ما صدها هزار دلبر ماهروی زیباتر از او هست.

گفت: صورت کوزه است و حُسن مِیْ   مِیْ خدایم می‌دهد از نقشِ وی ۳۲۸۹

مجنون گفت: وجودِ ظاهری مثل «کوزه» است و جمالِ باطنی همچون «شراب». خداوند از کوزهٔ وجودِ او مرا سرمست می‌کند.

---

۱ - **سنگ** : اشاره به واسطه‌ای که لطفِ حق از طریقِ او جریان می‌یابد.   ۲ - **مُتَواری** : پنهان شونده.

۳ - **عُلُو** : قدر و بلندی.   ۴ - **نغز** : نیکو.

۵ - مأخذ این حکایتِ کوتاه دیوان منسوب به مجنون بنی عامر است با همین مضمون: احادیث، صص ۴۹۷-۴۹۶.

مر شما را سِرکه داد از کوزه‌اش تا نباشد عشق اوتان گوش کَش[۱] ۳۲۹۰

امّا خداوند از این کوزه به شما سرکه داده است تا عاشقش نباشید.

از یکی کوزه دهد زهر و عسل[۲] **هر یکی را دستِ حق، عَزّوَجَل** ۳۲۹۱

دستِ قدرتِ خداوندِ عزیز و جلیل می‌تواند از یک کوزه هم زهر و هم عسل بدهد.

کوزه می‌بینی، و لیکن آن شراب روی ننماید به چشمِ ناصواب[۳] ۳۲۹۲

کوزه را می‌بینی؛ امّا برای دیدنِ شراب باید قابلیّت و شایستگی داشت.

قاصِراتُ الطَّرف[۴] **باشد ذوقِ جان جز به خصمِ**[۵] **خود بِنَنماید نشان** ۳۲۹۳

«شرابِ روحانی»، همانند دلبرِ شرمگینی است که خود را فقط به محرم می‌نماید.

قاصِراتُ الطَّرف آمد آن مُدام[۶] **وین حجابِ ظرف‌ها همچون خِیام**[۷] ۳۲۹۴

«درکِ معنوی»، مثل شرابی است که در جامِ وجودِ ظاهری موجودات ریخته شده است؛ امّا همه آن را نمی‌چشند، بعضی از این جام فقط ظاهرش را می‌بینند و از آن بهرهٔ دنیوی می‌برند و برخی معنوی.

هست دریا[۸] **خیمه‌یی در وی حیات بطّ را، لیکن کلاغان را مَمات** ۳۲۹۵

«دریا» برای مرغابی مایهٔ حیات است و برای کلاغ مایهٔ مرگ.

زهر باشد مار را هم قُوت و برگ[۹] **غیرِ او را زهرِ او درد است و مرگ** ۳۲۹۶

«زهر» برای خودِ مار سبب استمرار حیات است و برای دیگران مایهٔ زوالِ آن.

صورتِ هر نعمتی و محنتی هست این را دوزخ، آن را جنّتی ۳۲۹۷

وجودِ ظاهریِ هر «نعمت» یا «محنت» می‌تواند موجبِ استمرار حیاتِ دنیوی باشد یا وسیلهٔ درک حقیقت و بقایِ آن جهانی.

---

۱ - **گوش کَش :** گوش کشان، جذب یا مجذوب شدن.

۲ - **زهر و عسل :** «زهر» کنایه از لذّت دنیوی و «عسل» کنایه از لذّت روحانی یا معرفت.

۳ - **چشم ناصواب :** چشم ناشایسته، چشمِ کج‌بین، چشمِ اهلِ ظاهر. وجودِ همهٔ مردم قابلیّت عاشق شدن را ندارد.

۴ - **قاصِراتُ الطَّرف :** تعبیری قرآنی؛ الرّحمن: ۵۶/۵۵، یعنی: زنانی که فقط به همسرانشان چشم دارند. در وصف کنیزکان بهشتی که نازنینان و فرو شکسته چشمان‌اند.

۵ - **خصم :** حریف، اینجا مردی که شایستهٔ آن زیباروست. ۶ - **مُدام :** شراب.

۷ - **خِیام :** خیمه‌ها: قرآن: الرّحمن: ۷۲/۵۵: حُورٌ مَقْصُوراتٌ فِی ٱلْخِیامِ : حوریان پرده‌نشین در خیمه‌ها.

۸ - **دریا :** کنایه از دریای هستی، دریا همانند خیمه یا خرگاهی است که درون آن برای مرغابی زندگی نهان است و برای کلاغ مرگ. ۹ - زهر برای مار مایهٔ قوت و غذاست.

پس هـــمه اجســام و اشـیا تُـبْصِرُون   واندر او قُوت است و سَم،[۱] لا تُبْصِرُون[۲] ۳۲۹۸
پس شما ظاهرِ اجسام و پدیده‌ها را می‌بینید نه این دو خاصیّت‌شان را.

هست هر جسمی چو کاسه و کوزه‌یی   انـدر او هـم قُـوت و هـم دلسـوزه‌یی ۳۲۹۹
هر جسم مانندِ قالبی محتویِ غذا یا سمّ است.[۳]

کاسه پـیدا، انـدر او پـنهان رَغَـد[۴]   طاعِمش[۵] داندکز آن چه مـی‌خورَد ۳۳۰۰
قالبِ ظاهری پیداست نه «نعمت» یا «محنت». کسی که می‌چشد، می‌داند که چه می‌خورَد.

صورتِ یوسف چو جامی بود خوب   زآن، پدر می‌خورد صد بادهٔ طَروب[۶] ۳۳۰۱
جمالِ یوسف(ع)، همانندِ جامِ زیبایی بود که پدرش از آن باده‌ها می‌خورد.

بـاز اِخـوان را از آن زهـرآب[۷] بـود   کآن در ایشان خشم و کینه می‌فزود ۳۳۰۲
امّا برادران از آن بهره‌ای جز خشم و دشمنی نداشتند.

بـاز از وی مـر زلیـخا را سَکَـر[۸]   مـی‌کشید از عشـقْ افـیونی دگر ۳۳۰۳
زلیخا از آن سرمست و عاشق‌تر می‌شد.

غـیرِ آنـچه بـود مـر یـعقوب را   بـود از یـوسف غـذا آن خـوب را[۹] ۳۳۰۴
بهرهٔ یعقوب(ع) مستیِ دیگری بود و بهرهٔ زلیخا نوعی دیگر.

گـونه گـونه شـربت و کـوزه یکـی   تا نمانَد در مِیِ غـیبـ‌اَت شکـی[۱۰] ۳۳۰۵
هر وجود می‌تواند تأثیرات گوناگونی بر افراد مختلف داشته باشد.

باده از غیب است و کوزه زین جهان   کوزه پـیدا، بـاده در وی بس نـهان ۳۳۰۶
در هر وجود این جهانی که کاملاً آشکار است، باده‌ای غیبی ریخته‌اند که نهان است.

۱ - مصراع دوم: در هر چیزی غذایی و سمّی نهفته است، یعنی «خوبی» و «بدی» در آن هست.
۲ - نمی‌بینید؛ چون چشم بصیرت یا حقیقت‌بین ندارید. ۳ - بستگی به نگرش آدمی دارد.
۴ - **رَغَد** : ناز و نعمت، اینجا «نعمت». ۵ - **طاعِم** : چشنده.
۶ - **طَروب** : شادی‌بخش، بسیار شاد، مراد بهرهٔ روحانی و معنوی است.
۷ - **زهرآب** : آبی زهرآلود، صفرا، به معنی خشم هم هست. ۸ - **سَکَر**: می
۹ - درکِ خلق از یک پدیدهٔ واحد، واحد نیست.
۱۰ - مصراع دوم: تا در وجودِ شراب معنوی و روحانی تردیدی نداشته باشی.

بس نهان از دیدهٔ نامحرمان لیک بر مَحْرَم هویدا و عِیان ۳۳۰۷

«اهلِ ظاهر» آن را نمی‌بینند؛ امّا «اهلِ باطن» می‌بینند.

یا اِلٰهی! سُکِّرت[1] اَبْصارُنا فَاعْفُ عَنّا، اُثْقِلَتْ[2] اَوْزارُنا[3] ۳۳۰۸

الهی، چشمانِ ما مست است و نمی‌بیند. درگذر که بارگناه‌مان سنگین گشته است.

یا خَفِیّاً قَدْ مَلأتَ[4] اَلخافِقَیْن[5] قَدْ عَلَوْتَ فَوْقَ نُورِ اَلمَشْرِقَیْن ۳۳۰۹

ای وجودِ پنهانی، خاور و باختر را پر کرده‌ای و فراتر از نور مشرق و مغرب رفته‌ای.

اَنْتَ سِرٌّ، کاشِفٌ أَسرارَنا اَنْتَ فَجْرٌ[6]، مُفْجِرٌ[7] أنْهارَنا ۳۳۱۰

تو رازی نهانی هستی که اسرار ما را هویدا می‌کنی. تو طلیعه‌ای هستی که جویبارهای وجود ما را جاری کرده‌ای.

یا خَفِیَّ اَلذّاتِ مَحْسُوسَ اَلعَطا أَنْتَ کَالماءِ وَ نَحْنُ کَالرَّحا[8] ۳۳۱۱

ای که ذاتت نهان و تجلیّاتت آشکار است، تو همانند آب هستی و ما همچون آسیاب.

أَنْتَ کَالرّیحِ[9] وَ نَحْنُ کَالْغُبار تَخْتَفی الرّیحُ وَ غَبْراها[10] جِهار[11] ۳۳۱۲

تو مانند باد و ما مانند غبار هستیم. باد نهان و غبار آشکار است.

تو بهاری، ما چو باغِ سبز خَوش او نهان و آشکارا بخشِشَش ۳۳۱۳

تو مانند بهاری و ما مانند باغ سرسبز و خوب. بهار ناپیدا و احسانش آشکار است.

تو چو جانی، ما مثالِ دست و پا قبض و بَسطِ دست از جان شد روا ۳۳۱۴

تو مانند «جان» هستی و ما مثل «تن». حیات و حرکت ما از توست.

تو چو عقلی ما مثالِ این زبان این زبان از عقل دارد این بیان ۳۳۱۵

تو مانند عقلی و ما مثل زبان که سخنوری‌اش از عقل است.

---

۱ - **سُکِّرت** : مست شده. ۲ - **اُثْقِلَت** : سنگین شده. ۳ - **اَوزارُنا** : جمع «وِزْر» به معنی گناه.
۴ - **مَلأت** : پر کرده‌ای.
۵ - **خافِقَیْن** : خاور و باختر، یا شرق و غرب را پُر کرده‌ای؛ یعنی بر همه جا سیطره داری.
۶ - **فَجر** : شکافتن، طلیعهٔ بامداد، سپیدهٔ سحر. ۷ - **مُفْجِر** : جاری کننده. ۸ - **رَحا** : آسیاب.
۹ - **ریح** : باد. ۱۰ - **غَبْرا** : اینجا گرد و غبار. ۱۱ - **جِهار** : آشکار.

تـو مـثالِ شـادی و مـا خـندهایـم   کــه نــتیجهٔ شـادیِ فـرخـندهایـم ۳۳۱۶

تو مانند شادی و ما مثل خندهایم که محصول آن شادیِ فرخنده است.

جنبش ما هر دمی خود اَشهَد است   کـه گـواهِ ذوالجـلالِ سَـرمَد[1] است ۳۳۱۷

هر حرکت ما در واقع شهادتی است بر وجودِ خداوند شکوهمند جاودانی.

گـردشِ سـنگ‌آسیا در اضـطراب   أشْـهَد آمـد بـر وجـودِ جـویِ آب ۳۳۱۸

گردش و جنبش سنگِ آسیا گواهِ وجود جوی آب است.

ای برون از وَهْم و قال و قیل مـن[2]   خـاک بـر فـرقِ مـن و تـمثیلِ مـن ۳۳۱۹

ای خدایی که منزّه از پندار و گفتار من هستی، خاک بر سر من و تمثیلات نامناسبی که برای توصیف تو آوردم.

بـنده نشکـیبد ز تـصویرِ خـوشت   هر دَمت گوید که: جـانم مَـفرَشت[3] ۳۳۲۰

بندهٔ عاشق چاره‌ای جز آن ندارد که معبودش را با همین تمثیل‌ها و خیالات زیبا وصف کند؛ چون به غیر از قالبِ تنگِ الفاظ وسیله و معیار دیگری ندارد که احساسش را بیان کند؛ پس هر لحظه می‌گوید: جانم خاکِ پای تو.

همچو آن چوپان که می‌گفت: ای خدا!   پـیشِ چـوپان و مُـحبّ خـود بـیا ۳۳۲۱

همانند آن چوپانِ قصّهٔ «موسی و شبان» که می‌گفت: خدایا، نزد چوپان و دوستدارِ خود بیا.

تا شـپش جـویم مـن از پـیراهـنت   چـارُقت دوزم بـبوسم دامـنت ۳۳۲۲

تا شپش پیراهنت را بجویم، چارقت را وصله بزنم و دامنت را ببوسم.

کس نبودش در هوا و عشق جـفت   لیک قاصر بـود از تسـبیح و گـفت ۳۳۲۳

هیچ کس در عشق و محبّتِ به خدا همتای او نبود؛ امّا بیانش شایستهٔ تسبیح نبود.

عشـقِ او خـرگاه بـر گـردون زده   جانْ سگِ خرگاهِ آن چـوپان شـده ۳۳۲۴

عشق او کاملاً آسمانی و بسی برتر از جانِ انسانی بود.

چونکه بحرِ عشقِ یزدان جوش زد   بـر دلِ او زد، تـو را بـر گـوش زد ۳۳۲۵

چون دریای عشق حق به تلاطم در آمد، او دلش اثر پذیرفت و توگوش‌ات.

---

۱ - **سرمد**: جاوید.   ۲ - خداوند را از طریق «قال» یا «الفاظ» نمی‌توان شناخت.   ۳ - **مفرش**: گستردنی.

حکایتِ جوحیٰ[1] که چادر پوشید و در وعظ میانِ زنان نشست و حرکتی کرد، زنی او را بشناخت که مرد است، نعره‌یی زد[2]

واعظی خوش سخن بر منبر به وعظ مشغول بود و مردان و زنان گِرد آمده بودند. «جوحیٰ» که از مسخرگی لذّتی وافر می‌برد، با روبنده و چادر در میان زنان نشسته بود. کسی از واعظ پرسید: آیا وجودِ موی در شرمگاه به نماز خِللی وارد می‌آوَرَد؟ واعظ پاسخ داد: اگر آن موی دراز شود، کَراهت دارد و باید آن را زایل کرد. سؤال کننده باز هم پرسید: حدِّ درازیِ موی چقدر است؟

واعظ گفت: اگر از یک جُو بلندتر گردد، کراهت دارد و باید سترده شود. جوحیٰ به زنی که در کنار او نشسته بود گفت: ای خواهر! دست بر موی من بگذار و ببین که آیا به مقامِ کراهت رسیده؟ زن دست به شرمگاه وی برد و با تماس دستش با آلت مرد از وحشت نعره زد. واعظ که در همان لحظه به وعظی ظریف اشتغال داشت، اندیشید که کلام او بر دل زن اثر کرده و فریاد از آن‌روست؛ بنابراین گفت: **«بر دلش زدگفتِ من»**. زن در پاسخ گفت: نه بر دل نزد، بر دست زد، **«وای اگر بر دل زدی ای پُر خرد»**.

در این لطیفهٔ هزل‌آمیز که سِرّ سخن بسی والاست، الفاظ حقیقی‌اند و از رعایتِ تصنّعات لفظی که بیانگر رهایی مولانا از قید قیودی است که از دیدگاه اخلاق و عفّت مطرح‌اند، عامداً اجتناب شده است و همان‌گونه که در «قصّهٔ زاهد و زن غیور»[3] آمد، حاکی از آن است که عارفِ آگاه هرچه راکه غیر از حق است «نیستیِ هست‌نما» و در خورِ «هزل و طنز» می‌یابد.

سِرّ سخن در تقابل میانِ حالِ «اهلِ تحقیق» و «اهلِ تقلید» است، که وعظ و اندرز کاملان که سِرّ حقایق است، بر دلِ مستعدِّ قابل که گَردِ تعلّقات را از دامن برفشانده، کارگر می‌افتد و شور و حال وگاه بانگی مستانه را حاصل می‌آید. در این قصّه جوحیٰ با تمایل به لذّت‌های حسّی، نمادی از «اهلِ دنیا» و مقلّدانِ بی‌مایه است که سِرّ حق آن‌ها را بر گوش می‌زند و بر دل و جان کارگر نمی‌افتد. **«بر دلِ او زد تو را بر گوش زد»**

۳۳۲۶ **واعظی بُد بس گزیده در بیان   زیرِ منبر جمع مردان و زنان**

واعظ خوش بیانی سخن می‌گفت و مردان و زنان پایِ منبرش جمع شده بودند.

---

۱ - **جوحیٰ**: ر.ک: ۳۱۲۴/۲ و ۳۱۳۲/۲.

۲ - احتمالاً از کلام مولانا به لطائف عبید (چاپ اسلامبول، ص ۱۲۲) هم راه یافته که در طیّ آن در مجلس وعظی که سخن از پرِ جبرائیل است، زنی که کنار معشوق نشسته و چادر را بر زانوی محبوب افکنده بود، ناگاه با دست زدن به شرمگاه مرد نعره‌ای زد. واعظ را خوش آمد و پرسید: پرِ جبرائیل بر جانت رسید یا بر دلت؟ زن گفت: من این چیزها را نمی‌دانم. ناگاه بوق اسرافیل به دستم رسید: احادیث، ص ۴۹۸.

۳ - ر.ک: ۲۱۶۳/۵.

رفت جُوحی، چادر و رُوبند ساخت   در مــیانِ آن زنــان شـد، نـاشناخت ۳۳۲۷

جوحیٰ با روبند و چادر و ناشناس در میان زنان نشست.

ســائلی پــرسید واعــظ را بـه راز   مـویِ عـانه[1] هست نـقصانِ نـماز؟ ۳۳۲۸

شخصی از واعظ خصوصی پرسید: آیا موهای زهار به نماز خدشه‌ای وارد می‌کند؟

گفت واعظ: چون شـود عـانه دراز   پس کـراهت بـاشد از وی در نـماز ۳۳۲۹

واعظ گفت: اگر دراز شود، سبب کراهت در نماز است.

یـا بـه آهک، یـا سُـتُرّه[۲]، بِسـتُرَش   تا نمازت کامل آید، خوب و خَوش ۳۳۳۰

باید آن را با واجبی یا تیغ پاک کنی تا نمازت مقبول افتد.

گفت سائل: آن درازی تا چـه حـد   شــرط بــاشد؟ تـا نـمازم کـم بُـوَد ۳۳۳۱

سؤال کننده پرسید: درازی آن تا چه حد باشد که به نمازم خللی وارد نیاید؟

گفت: چون قدرِ جُوی گردد به طول   پس سُتُردن فرض باشد، ای سَئول[۳]! ۳۳۳۲

واعظ گفت: اگر به اندازهٔ جوی باشد، زدودن آن واجب است.

گفت جوحیٰ: زود ای خواهر! ببین   عانهٔ من گشـته بـاشد ایـن چـنین؟ ۳۳۳۳

جوحیٰ فوراً به زنی گفت: ای خواهر، ببین که مال من به حدّ کراهت رسیده است؟

بهرِ خشنودیِ حـق پـیش آر دست   کآن بـه مـقدارِ کـراهت آمـده‌ست؟ ۳۳۳۴

برای رضای خدا دست بزن و ببین که به حدِّ کراهت رسیده است؟

دستْ زن در کــرد در شـلوارِ مـرد   کیر او بـر دستِ زن آسـیب کـرد[۴] ۳۳۳۵

زن در شلوار مرد دست بُرد و دستش به آلت مرد رسید.

نـعره‌یی زد سـخت انـدر حـال زن   گفت واعظ: بر دلش زد گـفتِ مـن ۳۳۳۶

ناگهان فریاد بلندی کشید. واعظ گفت: لابد سخنان من بر دلش اثر کرده است.

گفت: نه، بر دل نـزد، بـر دست زد   وای اگر بر دل زدی، ای پُـر خـرد ۳۳۳۷

جوحیٰ گفت: ای عاقل، نه، بر دلش اثر نکرد بر دستش اثر کرد. وای اگر بر دلش اثر می‌کرد.

1 - **عانه** : زهار، فرج زن، شرمگاه، مويِ زهار.   2 - [illegible]

۳ - **سَئول** : سؤال کننده.   ۴ - **آسیب کرد** : برخورد کرد.

بــــر دلِ آن ســـاحران زد انـــدکی[1] شد عصا و دستْ ایشـان را یکـی[2] ۳۳۳۸

اندکی بر دل ساحران زد، دست و عصا در نظرشان یکسان شد.

گر عـصا بسـتانی از پـیری، شـها ! بیش رنجد کآن گروه از دست و پا ۳۳۳۹

ای مرد بزرگ، اگر عصایِ پیری را بگیری، بیشتر آزرده می شود تا ساحران که دست و پا را از دست دادند.

نــعرهٔ لاضَـــیْر[3] بـر گـردون رسـید هین! بِبُر که جان ز جان کَندن رهید ۳۳۴۰

فریادِ «باکی نیست» به آسمان رسید و می‌گفتند: هان، بِبُر که جان از جان کندن رهایی یافت.

مـا بـدانسـتیم مـا ایـن تـن نـه‌ایـم از ورایِ تـن، بـه یـزدان مـی‌زییم ۳۳۴۱

ما فهمیدیم که این تن خاکی نیستیم و حقیقتِ وجودِ ما از ورای این جسم از خداوند حیات می‌یابد.

ای خُنُک آن راکه ذاتِ[4] خود شناخت انـدر امـنِ سـرمدی قـصری بسـاخت ۳۳۴۲

خوشا به کسی که می‌تواند خود را بشناسد و در حیطهٔ امن الهی تقرّب و شکوهی بیابد.

کــودکی گِــریَد پـی جُـوز و مـویز پیشِ عاقل، باشد آن بس سهل چیز ۳۳۴۳

کودک برای گردو و کشمش گریه می‌کند؛ امّا نزدِ عاقل این چیزها بسیار بی‌قدر است.

پیشِ دل، جُوز و مویز آمـد جسـد طفل کِـی در دانشِ مـردان رسـد؟ ۳۳۴۴

نزد «اهلِ دل» زندگی دنیوی قـدری نـدارد؛ امّـا «اهلِ دنیا» هـرگز دانشِ مـعنویِ آنـان را درنمی‌یابند.

هر که محجوب است، او خود کودک است مــرد آن بـاشد کـه بـیرون از شک است ۳۳۴۵

کسی که حقایق را درک نمی‌کند، یا شک دارد، کودک است. مرد راهِ حق به مرتبهٔ یقین رسیده است.

گر به ریش و خایه مَردَستی کسـی هر بُزی را ریش و مـو بـاشد بسـی ۳۳۴۶

اگر مردانگی به ریش و آلت باشد که هر بُزی ریش و پشم زیادی دارد.

---

۱ - اشاره به قصّهٔ ساحران و فرعون، خارج از قصّهٔ جوحیٰ تقریر نکات معنوی است.

۲ - یعنی برای از دست دادن دست و پا بیمناک نبودند. ۳ - **لا ضَیْرَ** : باکی نیست. اخذ شده از: شعرا: ۵۰/۲۶.

۴ - **ذات** : اینجا مراد روحِ انسانی و حقیقت انسان است.

۳۳۴۷ **پیشوایِ بد بود آن بُز[1]، شتاب[2]   می‌برد اصحاب را پیشِ قصاب**

مدّعیِ ارشاد به سرعت همراهانش را به هلاکت معنوی می‌رساند.

۳۳۴۸ **ریش شانه کرده که: من سابقم[3]   سابقی، لیکن به سویِ مرگ و غم**

ریش خود را شانه می‌زند و مدّعی است که راهنمایِ خلق است، البتّه او راهنماست؛ امّا به سوی نابودی.

۳۳۴۹ **هین رَوِش بگزین[4] و ترکِ ریش کن[5]   ترکِ این ما و من[6] و تشویش[7] کن**

آگاه شو و سالک راه حق باش. و ریا و خودبینی را رها کن.

۳۳۵۰ **تا شوی چون بویِ گُل با عاشقان   پیشوا و رهنمایِ گُلستان**

تا همانندِ بویِ گُل راهنمایِ عاشقانِ حق به گلستانِ عالم معنا باشی.

۳۳۵۱ **کیست بویِ گُل؟ دَم عقل و خِرَد   خوش قَلاووز[8] رَه مُلک ابد[9]**

«بویِ گُل»، نَفْسِ انسانی است با عقل و خردِ حق‌جو که راهنمایِ زندگی جاوید است.

فرمودنِ شاه به ایاز[10] بارِ دگر که: شرحِ چارُق و پوستین آشکارا بگو، تا خواجه‌تاشانت[11] از آن اشارت پند گیرند و موعظه یابند که: اَلدّینُ اَلنَّصیحَةُ[12]

۳۳۵۲ **سِرّ چارُق[13] را بیان کن ای ایاز!   پیشِ چارق چیستت چندین نیاز؟**

ای ایاز، راز چارق را بگو که علّت این همه توجّه به آن برای چیست؟

۳۳۵۳ **تا بنوشد سُنقر و بَکیارُق‌َت[14]   سِرِّ سِرِّ پوستین و چارُقت**

تا یارانت آن را بشنوند و رازش را بدانند.

---

۱ - **بُز** : کنایه از مدّعی ارشاد.   ۲ - **شتاب** : به شتاب.

۳ - **سابق** : پیشی گیرنده، پیشتاز، اینجا مُرشد روحانی.   ۴ - **روِش بگزین** : سالک راه حق باش.

۵ - **ترکِ ریش کن** : ریا و ظاهرسازی را کنار بگذار.   ۶ - **ما و من** : دوبینی، و در واقع خودبینی.

۷ - **تشویش** : پریشانی و مشوّش کردن خود و دیگران.   ۸ - **قلاووز** : راهنما.

۹ - **مُلکِ ابد** : مُلکِ سرمدی، یعنی حیاتِ جاودانی یا بقای به حق.

۱۰ - بازگشت به قصّهٔ «ایاز و حجرهٔ او» که از بیت ۱۸۵۷ این دفتر آغاز و در بیت ۲۱۴۹ رها شده و باز در بیت ۳۲۵۲ نیز به آن بازگشته است.   ۱۱ - **خواجه‌تاشان** : کسانی که غلامِ یک خواجه‌اند.

۱۲ - دین اندرزگویی است؛ یعنی مؤمن باید دیگران را پند بدهد.

۱۳ - **سِرّ چارق** : آنکه ایاز خود راگم نکند و بداند که غلامی بیش نبوده است.

۱۴ - **سُنْقُر و بَکیارُق** : نام‌های ترکی، این و آن یا فلان و بهمان.

ای ایازا! از تو غلامی نور یافت نورت از پستی سویِ گردون شتافت ۳۳۵۴

ای ایاز، «بندگی» از تو که نور وجودت به آسمان رسیده، ارزش و اعتبار خاصّی یافته است.

حسرتِ آزادگان شد بندگی بندگی را چون تو دادی زندگی ۳۳۵۵

تو به «بندگی» چنان ارجی داده‌ای که آزادگان هم حسرتش را دارند.

مؤمن آن باشد که اندر جَزر و مَد کافر از ایمانِ او حسرت خورد ۳۳۵۶

ایمانِ مؤمن که در کشاکش زندگی متزلزل نمی‌شود، مایهٔ حسرتِ مُنکر است.

حکایتِ کافری که گفتندش در عهدِ ابایزید که: مسلمان شو و جواب گفتنِ او ایشان را [1]

در دوران بایزید بسطامی به منکری گفتند: مسلمان شو. گفت: اگر ایمان این است که بایزید دارد، طاقت آن را ندارم و اگر آن است که شما دارید، بدان رغبتی ندارم.

بود گبری [2] در زمانِ بایزید گفت او را یک مسلمانِ سعید [3] ۳۳۵۷

در عهد بایزید، مسلمانِ مؤمنی به کافری گفت:

که چه باشد گر تو اسلام آوری؟ تا بیابی صد نجات و سروری ۳۳۵۸

چرا مسلمان نمی‌شوی که به رستگاری و اعتبار برسی؟

گفت: این ایمان اگر هست ای مُرید! آنکه دارد شیخِ عالم بایزید ۳۳۵۹

کافر گفت: اگر ایمان آن است که بایزید دارد،

من ندارم طاقتِ آن، تابِ آن کآن فزون آمد ز کوشش‌هایِ جان ۳۳۶۰

من تابِ تحمّلش را ندارم و بیش از طاقت من است.

گرچه در ایمان و دین ناموقنم [4] لیک در ایمان او بس مؤمنم ۳۳۶۱

هرچند اعتقادی به دین و ایمان ندارم؛ امّا در ایمان او تردیدی ندارم.

---

۱ - قبل از مثنوی در تذکرةالاولیای عطّار، ج ۱، ص ۱۴۹ آمده است با همین مضمون: احادیث، ص ۴۹۸.

۲ - **گَبر**: اینجا مطلقِ کافر. ۳ - سعید: نیک‌بخت، اینجا دارای ایمان، مؤمن. ۴ - **ناموقن**: بی‌یقین.

۳۳۶۲ **دارم ایمان کآن ز جمله برتر است بس لطیف و با فروغ و با فَر است**

مطمئن هستم که او عارفی پر از لطف، نورانی، محتشم و برتر از همه است.

۳۳۶۳ **مؤمنِ ایمانِ اویم در نهان گرچه مُهرم هست محکم بر دهان**

باطناً ایمان او را قبول دارم؛ امّا نمی‌توانم در میان گبران بر زبان بیاورم.

۳۳۶۴ **باز ایمان خود گر ایمانِ شماست نه بدآن میل‌اَستم و نه مُشتَهاست**[1]

امّا اگر ایمان آن است که شما دارید، میل و رغبتی بدان ندارم.

۳۳۶۵ **آنکه صد میلش سوی ایمان بُوَد چون شما را دید، آن فاتر**[2] **شود**

ایمان شما، تمایل و اشتیاقِ آدم‌های بسیار علاقمند را هم سست می‌کند.

۳۳۶۶ **زانکه نامی بیند و معنیش نی چون بیابان را مَفازه**[3] **گفتنی**

زیرا ایمان شما ایمان نیست، همان‌طور که اعراب بیابانِ هولناک را «مفازه»، یعنی «محلّ رستگاری» می‌نامند.

۳۳۶۷ **عشقِ او ز آوردِ ایمان بِفسُرَد**[4] **چون به ایمانِ شما او بنگرد**

عشقِ کسی که بسیار مشتاقِ ایمان است، با دیدن ایمان شما زایل می‌شود.

حکایتِ آن مؤذّنِ زشت آواز، که در کافرستان بانگِ نماز داد و مردِ کافری او را هدیه داد[5]

شخص بدصدایی در محلّهٔ کافران اذان می‌گفت. کافری به شکرانهٔ بانگِ زشتش برای او هدیه‌ها آورد که به برکت صدای ناهنجارت دخترم که سخت اشتیاقِ مسلمانی داشت، پشیمان شد و مرا از عذاب رهانید.

---

۱ - **مُشْتَها :** میل شده. ۲ - **فاتر :** سست، دچار فترت. ۳ - **مفازه :** بیابان بی‌آب و علف.

۴ - **بِفْسُرَد :** افسرده و سرد می‌شود، زایل می‌شود.

۵ - این حکایت قبل از مثنوی در فرائدالسّلوک با مضمونی مشابه آمده است. همچنین قصّه‌ای در ربیع الابرار هم همین مقصود را می‌رسانَد. در فرائدالسّلوک دو مؤذّن‌اند در شهر تفلیس که بانگ یکی مردم را به مسلمانی ترغیب و دیگری تحذیر می‌کند؛ پس مُنکران از بیم آنکه همه از صوت خوش او مسلمان شوند، وی را از شهر راندند و مسلمانانِ شهر نیز از بیم آنکه مؤمنان از اسلام باز نگردند، مؤذّن بد صدایی را که پس از او اذان می‌گفت، حلعت‌ها دادند که برود و دلِ خلق را از ایمانشان سرد نکند: احادیث، صص ۴۹۹-۴۹۸.

۳۳۶۸ **یک مؤذّن داشت بس آوازِ بد — در میانِ کافرستان بانگ زد**

مؤذّن بدصدایی در دیار کافران اذان می‌گفت.

۳۳۶۹ **چند گفتندش: مگو بانگِ نماز — که شود جنگ و عداوت‌ها دراز**

چندین بار به او تذکّر دادند که اذان نگو و نگذار دشمنیِ ما و منکران ادامه یابد.

۳۳۷۰ **او ستیزه کرد، و پس بی‌احتراز[1] — گفت در کافِرستان بانگِ نماز**

او لجبازی کرد و بی‌پروا اذان می‌گفت.

۳۳۷۱ **خلق خایف[2] شد ز فتنهٔ عامه‌یی — خود بیامد کافری با جامه‌یی**

مسلمانان بیمناک بودند که مبادا فتنه‌ای برپا شود که ناگهان یکی از منکران با خلعتی وارد شد.

۳۳۷۲ **شمع و حلوا با چنان جامهٔ لطیف — هدیه آورد و بیامد چون الیف[3]**

با حالتی کاملاً دوستانه آمد و با خلعتی لطیف، شمع و شیرینی هم آورد.

۳۳۷۳ **پرس پرسان، کین مؤذّن کو؟ کجاست؟ — که صَلا[4] و بانگ او راحت‌فزاست**

پرسان پرسان جویای مؤذّن بود که این صدایِ راحت‌بخش کجاست؟

۳۳۷۴ **هین! چه راحت بود زآن آوازِ زشت؟ — گفت: کآوازش فُتاد اندر کُنِشت[5]**

خلق گفتند: عجیب است! چگونه این آواز ناهنجار سبب آرامشِ تو شد؟ گفت: چون صدایش به عبادتگاه ما رسید،

۳۳۷۵ **دختری دارم لطیف و بس سَنی[6] — آرزو می‌بود او را مؤمنی**

دختر زیبا و فهیمی دارم که می‌خواست مسلمان شود.

۳۳۷۶ **هیچ این سودا نمی‌رفت از سرش — پندها می‌داد چندین کافرش**

کافرانِ دیگر پندها دادند؛ امّا این خیال باطل از سرش بیرون نمی‌رفت.

۳۳۷۷ **در دلِ او مهرِ ایمان رُسته بود — همچو مِجمَر[7] بود این غم، من چو عود**

محبّتِ ایمان در دلش جوانه زده بود. من همچون عود در آتشی از غم می‌سوختم.

---

۱ - **احتراز**: پرهیز کردن، خویشتن‌داری. ۲ - **خایف**: دچار خوف شدن، ترسیدن.
۳ - **الیف**: الفت گیرنده، دوست صمیمی. ۴ - **صلا**: آواز دادن. ۵ - **کُنشت**: عبادتگاه کافران (عموماً).
۶ - **سَنی**: بلندمرتبه، رفیع. ۷ - **مِجْمَر**: آتشدان.

در عـذاب و درد و اِشکـنجه بُـدم   کـه بـجُنبد سـلسلهٔ او دَم بـه دَم ۳۳۷۸

همواره در رنج و درد و شکنجه بودم که مبادا تمایلش به مسلمانی تازه شود.

هـیچ چـاره مـی‌ندانسـتم در آن   تا فرو خـوانـد ایـن مؤذّن آن اذان ۳۳۷۹

نمی‌دانستم چه کنم تا اینکه این مؤذّن اذان گفت.

گفت دختر: چیست این مکروه بانگ؟   که به گوشم آمد این دو چـار دانگ[1]؟ ۳۳۸۰

دخترم گفت: این بانگ زشت و ناهنجار چیست؟

من همهٔ عُمر این چنین آوازِ زشت   هیچ نشنیدم در این دِیـر و کُـنِشت ۳۳۸۱

هرگز در تمام عمرم چنین آواز ناخوشایندی در این دیر و معبد نشنیده‌ام.

خواهرش گفتا که: ایـن بـانگِ اذان   هست اِعـلام و شِـعار مـؤمنان ۳۳۸۲

خواهرش گفت: این صدای اذان مسلمانان برای وقت نماز است.

بـاورش نـامد، بـپرسید از دگـر   آن دگـر هـم گـفت: آری ای پـدر! ۳۳۸۳

او باور نکرد و از دیگری پرسید، آن دیگری هم گفت: آری عزیزم همین است.

چون یقین گشتش، رخِ او زرد شد[2]   از مسـلمانی دلِ او سـرد شـد ۳۳۸۴

چون مطمئن شد، ناامید و شرمنده از مسلمانی دل‌سرد شد.

بـاز رَسـتم مـن ز تشـویش و عـذاب   دوش خوش خفتم درآن بی خوف خواب ۳۳۸۵

من از دغدغه و عذاب نجات یافتم و دیشب را بدون کابوس وحشتناک آسوده خوابیدم.

راحـتم ایـن بـود از آوازِ او   هدیه آوردم به شکر، آن مـرد کـو؟ ۳۳۸۶

اینک که از آوازش به آرامش رسیده‌ام، برایش هدیه آورده‌ام، او کجاست؟

چون بدیدش، گفت: این هدیه پذیر   که مرا گشـتی مُـجیر[3] و دسـتگیر[4] ۳۳۸۷

چون او را دید، گفت: این هدیه را بپذیر که مرا نجات دادی.

آنچه کردی با من از احسان و بِـر[5]   بـندهٔ تـو گشـته‌ام مـن، مسـتَمِر[6] ۳۳۸۸

نیکی و احسانی که در حقّ من کردی مرا همواره غلام تو کرده است.

---

۱ - **دو چار دانگ** : اینجا ناهماهنگ، زشت. ۲ - **رخ او زرد شد** : شرمنده و ناامید شد.
۳ - **مُجیر** : پناه دهنده. ۴ - **دستگیر** : دست کسی را گرفتن و کمک کردن. ۵ - **بِرّ** : نیکی.
۶ - **مستمر** : همواره، همیشه.

گر به مال و ملک و ثروت فَردَمی[1] مــن دهــانت را پُـر از زر کـردمی ۳۳۸۹

اگر ثروتِ بی‌مانندی داشتم دهانت را پر از طلا می‌کردم.

هست ایمانِ شـما[2] زَرق[3] و مَـجاز راه‌زن هـمچون کـه آن بـانگِ نـماز ۳۳۹۰

«ایمانِ» شما تزویر و غیرِ حقیقی و مانندِ آن اذان راهزنِ ایمان است.

لیک از ایــمان و صــدقِ بـایزید چند حسرت در دل و جانم رسـید ۳۳۹۱

امّا آرزویِ ایمان و صدقِ بایزید را دارم و نمی‌توانم.

همچو آن زن کـو جـماع خـر بـدید[4] گفت: آوه! چیست این فَحْلِ[5] فَرید؟[6] ۳۳۹۲

همانند آن زن که آمیزش خر را دید، گفت: افسوس، این نرِ بی همتا چیست؟

گر جماع این است، بُردند این خران بر کُسِ مـا مـی‌رینند ایـن شـوهران ۳۳۹۳

اگر آمیزش این است؛ پس بُرد با خران است و شوهران حق ما را ضایع می‌کنند.

داد جــمله دادِ ایــمان بـایزید آفـرین‌ها بـر چـنین شیرِ فـرید ۳۳۹۴

بایزید حقّ ایمان حقیقی را به تمامی ادا کرد. آفرین بر چنین شیرِ یگانه باد.

قطره‌یی ز ایـمانش در بـحر اَرْ رَوَد بــحر انــدر قـطره‌اش غـرقه شـود ۳۳۹۵

اگر قطره‌ای از ایمان راستین او به دریا بچکد، دریا در برابر عظمتش غرق می‌شود.

هــمچو ز آتش ذرّه‌یی در بـیشه‌ها انــدر آن ذرّه، شـود بـیشه فـنا[7] ۳۳۹۶

همان‌گونه که اگر جرقه‌ای از آتش در بیشه بیفتد، آن را نابود می‌کند.

---

۱ - **فَردَمی** : اگر فرد بودم، اگر بی‌همتا بودم.

۲ - گویندهٔ این ابیات گبری است که در عهد بایزید به او گفتند که مسلمان شو: ر.ک: ۳۳۵۷/۵.

۳ - **زَرق** : مکر، حیله.

۴ - مضمون این دو بیت را در شعر انوری، رکیک‌تر و مفصّل‌تر می‌یابیم و احتمالاً مولانا آن را از دیوان انوری اخذ کرده است: مآخذ قصص و تمثیلات مثنوی، ص ۱۸۶: احادیث، ص ۵۰۰.

۵ - **فَحْلِ فرید** : نرِ بی‌همتا.

۶ - تمثیل گونه‌ای است که در آن نهایت قوّت نرینگی عریان تصویر شده، به موجب «بر قد خواجه بُرَد دَرزی قبا»: مثنوی ۱۲۴۵/۶، چون قامت ادراک حقیقی مستمعان در مقامِ عام انسان نازل است، در جهت تبیین این معناست که ایمان «اهل تحقیق» که بایزید نمونه‌ای از کمال آن است با ایمان «اهل تقلید» قابل قیاس نیست.

۷ - جان کلام در این ابیات آن است که در عالم ظاهر هم یک پدیدهٔ ظاهراً کوچک می‌تواند منشأ پدیده‌ها و یا حوادث بزرگ باشد، همان‌طور که در عالم باطن یک قطره از ایمان بایزید می‌تواند دریای عظیمی را غرق کند.

دفتر پنجم ۴۹۵

چون خیالی در دلِ شه یا سپاه کرد اندر جنگ خصمان را تباه ۳۳۹۷

همانند خیالی که در دل شاهی یا سپاهی پیدا می‌شود و آتش افروز جنگی می‌گردد که در آن دشمنان تار و مار می‌شوند.

یک ستاره در محمّد رخ نمود تا فنا شد گوهرِ گبر و جهود[1] ۳۳۹۸

همان‌طور که یک ستارهٔ آتش یا یک جرقه در وجود پیامبر(ص) ریشهٔ کفر و انکار را بر کند.

آنکه ایمان یافت، رفت اندر امان کفرهایِ باقیان شد زو گمان ۳۳۹۹

هرکس که ایمان یافت، آسود و کُفر دیگران نیز به سبب ایمان او در سایهٔ تردید فرو رفت.

کفرِ صِرفِ اوّلین باری نماند یا مسلمانی، و یا بیمی نشاند ۳۴۰۰

انکارِ محض پیشینیان به مسلمانی و یا ترس از قدرت مسلمانان، یعنی کفر نهانی بَدَل شد.

این، به حیله آب و روغن کردنی‌ست[2] **این مَثَل‌ها کُفْوِ**[3] **ذرّهٔ نور نیست** ۳۴۰۱

می‌کوشم که با مثال‌های مختلف، مطلب را بنا بر استعدادِ شنونده بیان کنم و گرنه این تمثیل‌ها هرگز نمی‌تواند بیانگر ذرّه‌ای از نورِ حقیقت باشد.

ذرّه نَبْوَد جز حقیری مُنْجَسِم[4] **ذرّه نَبْوَد شارِقِ لا یَنْقَسِم**[5] ۳۴۰۲

مثلاً واژهٔ «ذرّه» را که برای نور به کار بردیم، یک چیزِ حقیرِ مادّی است، در حالی که نورِ حقیقت نه ذرّه است و نه تقسیم‌پذیر.

گفتنِ ذرّه مُرادی دان خفی مَحرمِ دریا نه‌ای این دم، کَفی ۳۴۰۳

بدان که از گفتن «ذرّه» مقصودی نهانی دارم؛ امّا چون تو هنوز با دریای حقایق آشنا نیستی و همانند «کف» روی آن شناور هستی، چاره‌ای جز این ندارم.

آفتابِ نَیِّرِ[6] **ایمانِ شیخ گر نماید رُخ ز شرقِ جانِ شیخ**[7] ۳۴۰۴

اگر خورشید تابناک ایمان شیخ از مشرق جان او طلوع کند،

---

۱ - **گبر و جهود** : اینجا مطلقاً منکر و معاند، غیر حق. ۲ - سخنان خودِ مولاناست.
۳ - **کفو** : معادل، همتا. ۴ - **مُنجَسِم** : دارای جسم، جسم یافته، تجسّم‌پذیر.
۵ - **شارِق لا یَنْقَسِم** : خورشیدی که تقسیمات ظاهری نمی‌پذیرد، خورشید غیر قابل تقسیم، «شارق» یعنی خورشید به هنگام طلوع. ۶ - **نیّر** : نوردهنده، روشن. ۷ - ادامهٔ سخنان گبر است.

۳۴۰۵ **جمله پستی[1] گنج گیرد تا ثَری[2] جمله بالا خُلد[3] گیرد اَخضری[4]**

تمام عوالمِ هستی، یعنی عالمِ محسوس و نامحسوس همه خرّم و منوّر می‌شوند.

۳۴۰۶ **او یکی جان دارد از نورِ مُنیر او یکی تن دارد از خاکِ حقیر**

او دارای جانی از «نور» و تنی از «خاک» است.

۳۴۰۷ **ای عجب! این است او یا آن؟ بگو که بماندم اندر این مشکل، عمو!**

عجبا، او این است یا آن؟ من در این مشکل درمانده‌ام.

۳۴۰۸ **گر وی این است، ای برادر! چیست آن؟ پُر شده از نورِ او هفت آسمان**

اگر او این «جسم» است؛ پس «نور»ی که هفت آسمان را پر کرده چیست؟

۳۴۰۹ **وَر وی آن است، این بَدَن ای دوست چیست؟ ای عجب! زین دو کدامین است و کیست؟**

و اگر او آن «جان» منوّر است، این «تن» چیست؟ او کدام است؟

حکایت آن زن که گفت شوهر را که: گوشت را گربه خورد. شوهر گربه را به ترازو بر کشید، گربه نیم من بر آمد، گفت: ای زن! گوشت نیم من بود و افزون، اگر این گوشت است گربه کو؟ و اگر این گربه است گوشت کو؟

مردی همسری ناپاک و پلید داشت که هر چه را به منزل می‌آورد، تلف می‌کرد و مرد از بیم آبرو سخنی نمی‌گفت. روزی که قرار بود میهمانی برسد، مرد گوشتی به خانه آورد؛ امّا زن در نهان آن را کباب کرد و خورد. با ورود میهمان، شوی در انتظار بود که غذایی برای او مهیّا گردد؛ امّا زن مدّعی شد که گوشت را گُربه خورده است و باید گوشتی دیگر خرید. مرد ترازو آورد و گربه را وزن کرد و گفت: گوشتی که خریدم یک سیر بیش از نیم من بود؛ امّا گربه نیم من بیشتر نیست. اگر این گربه است؛ پس گوشت کجاست و اگر گوشت است، گربه کجاست؟

---

۱ - **پستی**: عالم سفلی. ۲ - **ثَری**: خاک، مراد قعر زمین است. ۳ - **خُلد**: جاودانی.
۴ - **أَخْضَری**: سبزی و خرّمی.

سِرّ این قصّهٔ تمثیلی ارتباطی با احوال عارفان دارد که اگر عارف این جسم خاکی است؛ پس آن روح چیست؟ و اگر آن روح است؛ پس این تصویر کیست؟ حکمت حق تعالیٰ چنین اقتضا کرده است که این اضداد علی‌رغم عدم سنخیّت با هم پیوند یابند و حاصل این پیوند در کسوت بشر «عارفی بالله» است که «وجهی خلقی» و «وجهی ربّی» دارد.

۳۴۱۰ **بـود مـردی کـدخدا[۱]، او را زنی سـخت طـنّاز[۲] و پـلید و ره‌زنـی[۳]**

مردی زنی بسیار افسونگر، نابکار و دزد داشت.

۳۴۱۱ **هـرچـه آوردی، تـلف کـردیش زن مـرد مُـضطر[۴] بـود انـدر تـن زدن[۵]**

مرد هر چه به خانه می‌آورد، زن تلف می‌کرد و او چاره‌ای جز سکوت نداشت.

۳۴۱۲ **بهرِ مهمان گوشت آورد آن مُـعیل[۶] سویِ خانه با دو صد جهدِ طـویل[۷]**

آن مرد عیالوار با زحمت بسیار گوشتی برای پذیرایی از مهمان به خانه آورد.

۳۴۱۳ **زن بخوردش با کباب و بـا شـراب مــرد آمــد، گــفت دفـعِ نـاصواب**

زن گوشت را کباب کرد و با شراب خورد و مرد که به خانه آمد، جواب‌های بی‌ربط داد.

۳۴۱۴ **مرد گفتش :گوشت کو؟ مهمان رسید پیشِ مهمان لوت[۸] مـی‌باید کشـید**

مرد گفت: گوشت کو؟ مهمان می‌رسد و باید غذایی آورد.

۳۴۱۵ **گفت زن: این گربه خورد آن گوشت را گوشتِ دیگر خر، اگـر بـاید تـو را[۹]**

زن گفت: گوشت را گربه خورد؛ اگر لازم است، گوشت دیگری بخر.

۳۴۱۶ **گفت: ای اَیـبَک[۱۰]! تـرازو را بـیار گُربه را من بـر کَشَـم انـدر عِـیار[۱۱]**

مرد به غلامش گفت: ترازو را بیاور تا گربه را وزن کنم.

۳۴۱۷ **بـر کشـیدش، بـود گـربه نـیم من پس بگفت آن مرد: کِای مُحتال[۱۲] زن**

گربه را وزن کرد، نیم من بود. به زن گفت: ای مکّار!

---

۱ - **کدخدا :** صاحبِ خانه، آقای خانه. ۲ - **طنّاز :** افسونگر. ۳ - **ره‌زن :** راهزن، دزد.
۴ - **مُضطر:** درمانده، ناچار. ۵ - **تن زدن :** سکوت کردن. ۶ - **مُعیل :** عیالوار.
۷ - **جهدِ طویل :** زحمت زیاد. ۸ - **لُوت :** غذا.
۹ - در متن ابتدا «باشد هلا» نوشته‌اند بعد بر بالای آن «باید تو را» افزوده و اصلاح کرده‌اند.
۱۰ - **اَیْبَک :** نام غلامان ترک. ۱۱ - **بر کشم اندر عیار :** وزن کنم. ۱۲ - **مُحتال :** حیله‌گر.

۳۴۱۸ **گوشت نیم من بود و افزون یک سِتیر[۱]   هست گربه نیم مـن، هـم ای سَـتیر[۲] !**

گوشت کمی بیش از نیم من بود؛ ولی این گربه نیم من است.

۳۴۱۹ **این اگر گربه‌ست، پس آن گوشت کو؟   وَر بُوَد این گـوشت، گـربه کـو؟ بـجو**

اگر این گربه است، گوشت کو؟ و اگر گوشت است، گربه کو؟

۳۴۲۰ **بـایزید ار ایـن بُـوَد، آن روح چـیست؟   وَر وی آن روح‌است، این‌تصویر کیست؟[۳]**

اگر «بایزید» این جسم است، آن روح چیست؟ و اگر روح است، این ظاهر چیست؟

۳۴۲۱ **حیرت اندر حیرت است ای یارِ من   این نه کارِ توست و نه هم کـارِ مـن**

ای دوست، بسیار حیرت‌انگیز است. من و تو نمی‌توانیم این معمّا را حل کنیم.

۳۴۲۲ **هر دو او باشد و لیکـن رَیـعِ زرع[۴]   دانه باشد اصل و آن کَهْ پَـرّه[۵] فـرع**

هر دو اوست؛ امّا در کشت و زراعت هم، اصل دانه است و کاه فرع.

۳۴۲۳ **حکمتْ این اضداد را با هـم بِـبَست   ای قصاب این گِرْدْران باگردن است[۶]**

حکمت الهی این اضداد را پیوند داده است. ای قصّاب، گوشت ران و گردن با هم‌اند.

۳۴۲۴ **روح بـی قـالب نـدانـد کـار کـرد   قالبت بی جان فسرده بود و سـرد[۷]**

روح بدون تن نمی‌تواند کاری بکند و تن هم بدون روح نمی‌تواند.

۳۴۲۵ **قـالبت پـیدا و آن جـانَت نـهان   راست شد زین هر دو اسباب جهان**

جسمِ تو پیدا و جانت نهان است. بنیان عالم بر دو وجه ظاهری و باطنی است.

۳۴۲۶ **خاک را بر سـر زنـی، سـر نشکـند   آب را بـر سـر زنـی، در نشکـند**

مثلاً اگر خاک و یا آب را بر سر کسی بزنی سرش نمی‌شکند.

---

۱ - **سِتیر** : مُمال «استار» واحد کوچک وزن، معادل چهار مثقال.   ۲ - **سَتیر** : محجوب، پوشیده، اینجا زن.

۳ - ادامهٔ سخنان گبر که از بایزید می‌گفت.

۴ - **رَیع زرع** : رشد و زیاد شدن محصول زراعت. در متن «و لیک از ریع و زرع» نوشته‌اند، در حاشیه مطابق ضبط فوق اصلاح کرده‌اند.   ۵ - **کَه پَرّه** : برگِ کاه، کنایه از جسم.

۶ - **گِرْدْران باگردن** : رانِ گرد، بخشِ پرگوشتِ ران، «گردن» قسمت پراستخوان و کم گوشت. مَثَل است.

۷ - یعنی لازم و ملزم‌اند و در کنار یک‌دیگر به کمال می‌رسند.

گر تو می‌خواهی که سر را بشکنی آب را و خاک را بر هم زنی[1] ۳۴۲۷

اگر بخواهی سر کسی را بشکنی باید آب و خاک را مخلوط کنی و با کلوخ بزنی.

چون شکستی سر، رَوَد آبش به اصل خاک سوی خاک آید روزِ فصل[2] ۳۴۲۸

در پایانِ عمر، جسم و روح از هم جدا می‌شوند و هر یک به اصلِ خود می‌روند.

حکمتی که بُود حق را ز اِزدواج[3] **گشت حاصل از نیاز و از لجاج** ۳۴۲۹

حکمتِ الهی در پیوندِ این اضداد به سبب نیازها و تضادّ درونی آدمی است.

باشد آنگه اِزدواجاتِ دگر لا سَمعٌ اُذْنٌ[4] **وَ لا عَیْنٌ**[5] **بَصَر**[6] ۳۴۳۰

پیوندهای دیگری هم هست که چشم و گوش ظاهر نمی‌تواند آن‌ها را ببیند و بشنود.

گر شنیدی اُذْن، کِی ماندی اُذُن؟ یا کجا کردی دگر ضبطِ سخُن؟[7] ۳۴۳۱

اگر «گوش» آن‌ها را می‌شنید، این جهانی نبود و اهمّیّتی به اصوات دنیوی نمی‌داد.

گر بدیدی برف و یخ[8] **خورشید را از یخی برداشتی اومید را** ۳۴۳۲

اگر ما با همین وجودِ مادّی می‌توانستیم، خورشیدِ حقیقت را ببینیم، متعالی بودیم و تمایلی به حیاتِ دنیوی نداشتیم. همان‌طور که یخ و برف در برابر خورشید ذوب می‌شوند، در برابر هستیِ حقیقی، ذوب می‌شدیم.

آب گشتی، بی عُروق و بی گِره[9] **ز آب داوودِ هوا کردی زره**[10] ۳۴۳۳

به صورت آبِ پاک و صافی در می‌آمدیم و با وزش نسیمِ عنایت از ما زره می‌ساختند.

پس شدی درمانِ جانِ هر درخت[11] **هر درختی از قدومش نیکبخت** ۳۴۳۴

آن‌گاه این وجودِ متعالی می‌توانست درختِ وجود دیگران را هم سعادتمند کند.

---

۱ - مخلوط شدن «آب» و «خاک» کنایه است از همجواری «روح» و «جسم» تا بتوانند در کنارِ هم حقایق را درک کنند و به کمال برسند. ۲ - **روزِ فصل** : روز جدایی. ۳ - **ازدواج** : وصلت، پیوند.

۴ - **اُذْن** : گوش، اُذُن نیز صحیح است. ۵ - **عین** : چشم. ۶ - **بَصَر** : دید.

۷ - با فعّال شدن حواسّ باطنی، حواسّ ظاهری شأن خود را از دست می‌دهند.

۸ - **برف و یخ** : کنایه از حیات و وجود مادّی و این جهانی، «آب» کنایه از حیات روحانی.

۹ - **بی عروق و بی گره** : صاف و زلال، یعنی بدون آلایش‌های دنیوی.

۱۰ - **زره** : کنایه از چین و شکن. اشاره به زره‌سازی داوود(ع): قرآن: سبا: ۱۱/۳۴، «نسیم» کنایه از نسیمِ عنایت الهی.

۱۱ - انسانِ غیر متعالی نه به خودش خیرِ حقیقی می‌رساند، نه به دیگران.

آن یـخی بـفسرده در خـود مـانده لا مِسـاسی[۱] بـا درخـتان خـوانـده ۳۴۳۵

کسی که در قیدِ زندگیِ مادّی بمانَد، هرگز نمی‌تواند به دیگران بهره‌ای برسانَد.

لَـیْسَ یَألَـفْ لَـیْسَ یُـؤلَف جِسْـمُهُ لَــیْسَ اِلاّ شُــحُّ نَــفْسٍ قِسْــمُهُ[۲] ۳۴۳۶

جان افسرده از حیاتِ مادّی، گرمایِ محبّت حقیقی را ندارد که با دیگران اُنس بگیرد یا دیگران با او.

نیست ضایع، زو شود تازه جگـر[۳] لیک نَبْوَد پـیک و سـلطانِ خُـضَر[۴] ۳۴۳۷

امّا حیاتِ مادّی هم بیهوده نیست، لطفِ خاصّ خود را دارد؛ ولی پیام‌آور تعالی نیست.

ای ایـاز[۵]! اسـتارهٔ[۶] تـو بس بـلند نیست هر بُرجی عبورش را پسند[۷] ۳۴۳۸

ای ایاز، ایمان و وفای تو برتر از آن است که خلق آن را دریابند.

هـر وفـا را کِـی پسـندد هـمّتت؟[۸] هر صفا را کِی گـزیند صَـفْوَتت[۹]؟ ۳۴۳۹

همّت و صفای تو هرگز وفا و صفای دنیوی را نمی‌پسندد.

---

۱ - **لاٰ مِساس :** با من تماس نداشته باشید، برخورد یا پیوندی نداشته باشید: اقتباس لفظی: قرآن: طه: ۹۷/۲۰، که بنا بر تفسیر طبری: سامری فرد برجسته‌ای از قبیلهٔ سامرهٔ بنی اسرائیل بود که موسی(ع) برای مجازاتش او را از هر گونه تماس اجتماعی و کاری با بنی اسرائیل نهی کرد؛ امّا بنا بر تحقیقات بعضی از محقّقان سامری و قبیله‌اش نمایندهٔ جدایی‌طلبان [سامرهٔ فلسطین] بوده‌اند و تماس با غیر قبیلهٔ خود را نجس می‌دانسته‌اند: ر.ک. قرآن، ترجمهٔ خرّمشاهی، ذیل آیهٔ شریفه.

۲ - ترجمهٔ تحت اللفظیِ بیت: جسم یخ با چیزی انس نمی‌گیرد و چیزی با او مأنوس نمی‌شود. نصیب او فقط بخل بر نَفْس است.

۳ - **زو شود تازه جگر :** جگر را خنک می‌کند؛ یعنی سبب می‌شود که روح منوّر به حیات دنیوی ادامه دهد و اهداف آفرینش تحقّق یابد. ۴ - **خُضَر :** سبزی‌ها، جمع خُضْرَة.

۵ - بازگشت به قصّهٔ حجرهٔ ایاز: ر.ک: ۱۸۵۷/۵.

۶ - در قصّهٔ قبلی هم سخن از ایمان بایزید بود و اینجا «ستاره» اشاره به ایمان و وفای ایاز است. «ایاز» کنایه است از عارف یا مرد حق.

۷ - هر بُرجی لیاقتِ عبور ستارهٔ تو را ندارد. یعنی همه شایستگیِ بهره‌مند شدن از کمالِ انسانِ متعالی را ندارند.

۸ - مراد آنکه اراده و نفوذ روحانیِ عارف برای تعالی هرگز شامل حال کسانی که «وفا و صفا»ی معنوی و حقیقی نداشته باشند، نمی‌شود. ۹ - **صفوت :** پاکی و صافی، خالص و برگزیده.

حکایتِ آن امیر که غلام را گفت که: مِیْ بیار. غلام رفت و سبویِ مِیْ آوَرد، در راه زاهدی بود، امرِ معروف کرد، زد سنگی و سبو را بشکست. امیر بشنید و قصدِ گوشمالِ زاهد کرد، و این قصّه در عهدِ دینِ عیسی بود علیه السَّلام، که هنوز مِیْ حرام نشده بود، و لیکن زاهد تقزُّزی[۱] می‌کرد و از تنعّم منع می‌کرد[۲]

در روزگارِ عیسی(ع)، امیری مِیْ‌باره که ذوقی از معرفت نیز داشت، با رسیدن میهمان غلام خود را برای تهیهٔ خَمر به دیر فرستاد. زاهدی خشک‌مغز، علی‌رغم رُخصتِ شریعت، استفاده از آن را بر طالبِ یزدان که امیر نیز در نظر او همان بود، حرام می‌دانست؛ پس غلام را آزاری بسزا داد و سبو را شکست. امیر آهنگ جان او را کرد؛ امّا شفیعان و همسایگانِ زاهد شفاعت کردند که امیر بی‌باده نیز سرخوش است، چرا این آفتاب از ذرّه‌ای وام‌خواه شده است، یا از خُمره‌ای جام‌خواه؟ امیر پاسخ داد که حال وی در عوالم روحانی چنان هم نیست که سرمست و بیخود باشد و او مشتاق حالی است که در آن از خوف و امید بِرَهد و چون شاخهٔ بید به چپّ و راست بگردد و چون شریعت آن را مجاز می‌دارد، منعِ زاهد از فضولی است و مستوجبِ عقوبت.

«قصّهٔ مثنوی به احتمال قوی تصویری از یک واقعهٔ تجربی است و اسناد آن به عهد عیسی(ع)، به سبب الزامی است که مولانا خویش را بدان متعهّد می‌یافته است. هرچند که در روایت مثنوی، قصّه نشان می‌دهد که هرکس به ذوق جسمانی و صفای عالم حسّی خوکرده باشد، به ذوق و صفای روحانی اکتفا نمی‌کند؛ امّا در عین حال به این معنی هم نظر دارد که ذوق و صفای حسّی برای همه‌کس مایهٔ زلّت نیست و زاهد که در این باب سختگیری دارد، از آن روست که خود محبوس بوی و رنگ مائده است و رهایی از این تنگنا برایش ممکن نیست.»[۳]

در عین حال تأکید بر آن دارد که انبیا به این خوشی‌ها وقعی نمی‌نهادند؛ زیرا سرشته در خوشی حق بودند و آنان که جان‌شان آن خوشی حقیقی را یافته باشد، **«این خوشی‌ها پیششان بازی نمود»**.

---

۱ - **تَقَزُّز**: خود را پاک نگه داشتن، پرهیزِ فراوان.

۲ - مأخذ آن را حکایتی در احیاءالعلوم، ج ۲، ص ۲۴۷ دانسته‌اند که در آن حسین نوری چشمش به قایقی افتاد که محموله‌اش سی خُمرهٔ شراب به عنوان تحفه برای معتضد (خلیفهٔ عبّاسی) بود. نوری بیلی گرفت و جز یک خمره همه را شکست و در پاسخ خلیفه که پرسید: چرا چنین کردی؟ گفت: برای آنکه منکَری را از تو دور کنم. خلیفه پرسید: چرا یکی را بر جای نهادی؟ گفت: همین که به شکستن آخرین خُمره رسیدم، غرور بر من مستولی گشت که این منم که علیه خلیفه برخاسته‌ام و آن اخلاص برایم نماند؛ بنابراین از شکستن آخرین خُمره منصرف شدم. خلیفه دستور داد تا او را به سلامت بیرون بَرَند و به سوی بصره خارج شد: احادیث، ص ۵۰۴-۵۰۲.

۳ - بحر درکوزه، ص ۳۵۲.

بود امیری، خوش دلی می‌باره‌یی کهْفِ[1] هر مخمور و هر بیچاره‌یی ۳۴۴۰

امیرِ شاددل و باده‌پرستی بود که درماندگان و بینوایان را پناه می‌داد.

مشفقی، مسکین نوازی، عادلی جوهری، زربخششی، دریا دلی ۳۴۴۱

مهربان، درویش نواز، دادگر، پاک نژاد، بخشنده و بلند طبع بود.

شاهِ مردان و امیرالمؤمنین راه‌بان و رازدان و دوستْ‌بین ۳۴۴۲

سرورِ مردان و مؤمنان، نگهبانِ راه راست و آشنا به اسرار و دوستی بود.

دورِ عیسی بود و ایّامِ مسیح خلق دلدار[2] و کم آزار و ملیح[3] ۳۴۴۳

دوران عیسی(ع) بود و مردم همه مهربان، کم آزار و خوشخوی بودند.

آمدش مهمان به ناگاهان شبی هم امیری، جنسِ او، خوش مذهبی ۳۴۴۴

شبی سرزده امیری خوش مشرب مثل خودِ او به عنوان مهمان رسید.

باده می‌بایَستِشان در نظمِ حال باده بود آن وقت مأذون[4] و حلال ۳۴۴۵

برای حالی خوش باده می‌خواستند که آن ایّام مجاز و حلال بود.

باده‌شان کم بود و گفتا: ای غلام! رو، سبو پُر کن، به ما آور مُدام[5] ۳۴۴۶

باده کم داشتند. امیر غلام را فرستاد که سبو را پر کن و بیاور.

از فلان راهب که دارد خمرِ خاص تا ز خاص و عام یابد جان خلاص ۳۴۴۷

از فلان راهب که بادهٔ ناب دارد، بگیر تا از امور دنیوی بیاساییم.

جرعه‌یی زآن جامِ راهب[6]، آن کند که هزاران جَرّه[7] و خُمدان[8] کند ۳۴۴۸

جرعه‌ای از آن جامِ راهب تأثیر هزاران سبو و خُمخانه را دارد.

اندر آن مِیْ مایهٔ پنهانی است آنچنان کاندر عبا[9] سلطانی است ۳۴۴۹

در آن باده مایه‌ای نهان است، همان‌طور که سلطنت در فقر نهان است.

---

۱ - **کهف**: ملجأ و پناه. ۲ - **دلدار**: مهربان.

۳ - **ملیح**: بانمک، جذّاب، یعنی هم‌دیگر را جذب می‌کردند و خوشخوی بودند.

۴ - **مأذون**: اجازه داده شده. ۵ - **مُدام**: شراب.

۶ - واژهٔ «خَمرِ خاص» که مولانا در بیت پیشین و از زبان امیرِ می‌باره به کار برد، ذهن او را متوجّه «بادهٔ خاص» یا «بادهٔ اَلَست» و میِ معرفت کرده است؛ بنابراین از این بیت به بعد «جامِ راهب» تعبیری است در تأثیر تربیت و نفوذ روحانیِ مراد در مشتاقان. ۷ - **جَرّه**: سبو. ۸ - **خُمدان**: شرابخانه.

۹ - **عبا**: مراد خرقهٔ فقرِ معنوی است، لباس فقیرانهٔ اهل معنا.

دفتر پنجم ۵۰۳

تـو بـه دلق[1] پـاره پـاره کـم نگـر　　　　کـه سـیه کـردند از بـیرونِ زر[2] ۳۴۵۰

به لباس ساده و یا مندرس عارف توجّه نکن به باطن گرانبهایش توجّه کن.

از بـرای چشـمِ بـد مـردود شـد　　　　وز بـرون آن لعـل دودآلود شـد ۳۴۵۱

برای آنکه گوهرِ وجودشان در امان باشد، ظاهرِ آنان شکوهِ باطنی‌شان را نشان نمی‌دهد.

گنج و گوهر کِی میانِ خانه‌هاست؟　　　　گـنج‌ها پـیوسته در ویـرانـه‌هاست ۳۴۵۲

گنج را معمولاً در ویرانه‌ها مخفی می‌کنند نه در خانه‌ها.

گنجِ آدم چون به ویـران بُـد دفـین　　　　گشت طینش[3] چشم بندِ[4] آن لعین[5] ۳۴۵۳

گنجِ وجود آدم(ع) نیز در تنِ خاکیِ او نهان بود و چشمِ شیطان فقط جسم را دید.

او نظر می‌کرد در طین سُستْ سُست[6]　　　　جان همی گفتش که: طینم سَدِّ توست ۳۴۵۴

او نگاهی تحقیرآمیز به آدم(ع) داشت؛ امّا جانِ آدم(ع) می‌گفت: ظاهرم نمی‌گذارد باطن را ببینی.

دو سبو بستد غلام و خوش[7] دوید　　　　در زمـان در دیـرِ رُهـبانان رسـید ۳۴۵۵

غلام دو سبو گرفت و به سرعت خود را به دیرِ راهبانان رسانید.

زر بـداد و بـادهٔ چـون زر خـرید　　　　سنگ داد و در عوض گوهر خـرید ۳۴۵۶

زر داد و شراب نابی گرفت، گویی سنگی داد و گوهری خرید.

بـاده‌یی کآن بـر سـرِ شـاهان جَـهَد　　　　تـاجِ زر بـر تـارکِ سـاقی نـهد ۳۴۵۷

باده‌ای که اگر شاهان را گرم کند، تاج زرّین بر سر ساقی می‌نهند.

فـتنه‌ها و شـورها انگـیخته　　　　بـندگان و خسـروان آمـیخته ۳۴۵۸

شرابی که شورها و فتنه‌ها برپا می‌کند و مراتب و درجات دنیوی در آن شأنی ندارند.

استخوان‌ها رفـته، جـمله جـان شـده　　　　تخت[8] و تخته[9] آن زمان یکسان شده ۳۴۵۹

حالی که در آن همهٔ وجودِ آدمی، جان است و سلطنت و فقر یکسان.

---

۱ - **دَلق** : خرقه.

۲ - زرّ و یا جواهر را با دوده سیاه می‌کردند تا از دستبرد دزدان در امان باشد؛ یعنی ضرورتی ندارد که هر چشمِ ناپاکی بتواند مرد حق را بشناسد.　۳ - **طین** : گِل.　۴ - **چشم‌بند** : مانع، چیزی که چشم را می‌بندد.

۵ - **لعین** : ملعون.　۶ - **سست سست** : تحقیرآمیز.　۷ - **خوش** : اینجا به معنی سریع.

۸ - **تخت** : تخت سلطنت.　۹ - **تخته** : فقر و تهیدستی.

وقتِ هشیاری چو آب و روغن‌اند[1] وقتِ مستی همچو جان اندر تن‌اند ۳۴۶۰

افرادی که در حال هوشیاری مراتبی متفاوت دارند، در مستیِ معرفت به جانی واحد بَدَل می‌شوند.

چون هَریسه[2] گشته، آنجا فرق نیست نیست فرقی کاندر آنجا غرق نیست ۳۴۶۱

مثلِ هلیم که اجزایش در هم رفته و ترکیب شده‌اند.

این چنین باده همی بُرد آن غلام سویِ قصرِ آن امیرِ نیکنام ۳۴۶۲

غلام، چنین باده‌ای را به سویِ قصرِ امیرِ نیکنام می‌برد.

پیشش آمد زاهدی، غم دیده‌ای خشک مغزی، در بلا پیچیده‌ای[3] 3463

زاهدِ غم زدهٔ متعصّبِ سختی کشیده‌ای در برابرش ظاهر شد.

تن ز آتش‌هایِ دل بگُداخته خانه از غیرِ خدا پرداخته ۳۴۶۴

زاهدی که با رنجِ بسیار سعی کرده بود برای خدا دلش را پاک کند.

گوشمالِ محنتِ بی‌زینهار داغ‌ها بر داغ‌ها، چندین هزار ۳۴۶۵

در دورانِ تهذیب رنجِ بسیار کشیده بود و داغ‌ها بر دل داشت.

دیده هر ساعت دلش در اجتهاد روز و شب چفسیده[4] او بر اجتهاد[5] ۳۴۶۶

همواره در حالِ مجاهده و مبارزه با نَفْس بود.

سال و مه در خون و خاک آمیخته[6] صبر و حِلمش نیم‌شب بگریخته ۳۴۶۷

زاهدِ رنج کشیده با دیدنِ غلام و سبو، صبر و بردباری‌اش را از دست داد.

گفت زاهد: در سبوها چیست آن؟ گفت: باده، گفت: آن کیست آن؟ ۳۴۶۸

زاهد گفت: در سبوها چیست؟ غلام گفت: باده. پرسید: مالِ کیست؟

گفت: آنِ آن فلان میرِ اجل گفت: طالب را چنین باشد عمل؟ ۳۴۶۹

غلام گفت: از آنِ فلان امیرِ محتشم. زاهد گفت: عملِ طالبِ حق این است؟

طالبِ یزدان و آنگه عیش و نوش؟ بادهٔ شیطان و آنگه نیم هوش؟ ۳۴۷۰

طالبِ خدا عیش و نوش می‌کند که آن هوشِ ناقصش را هم شیطان ببرد؟

۱- آب و روغن: جدا از یکدیگر، غیر قابل امتزاج.   ۲- هریسه: هلیم.
۳- در بلا پیچیده: ...   ۴- چفسیده: ...
۵- اجتهاد: مجاهده.   ۶- مصراعِ اوّل: سال‌ها و ماه‌ها خون خورده و رنج کشیده بود.

هوشِ تو بی مِیْ چنین پژمرده است   هوش‌ها باید بر آن هوشِ تو بست ۳۴۷۱

درکِ تو بدون باده هم ناقص است و نیاز به هوش برتری دارد.

تا چه باشد هوش تو هنگام سُکر[1] ؟   ای چو مرغی گشته صید دامِ سُکر! ۳۴۷۲

چه برسد به هنگام مستی، ای اسیر باده!

حکایتِ ضیاءِ دَلْق که سخت دراز بود، و برادرش شیخِ اسلام تاجِ بلخ به غایت کوتاه‌بالا بود، و این شیخِ اسلام از برادرش ضیا ننگ داشتی. ضیا در آمد به درس او و همهٔ صُدورِ[2] بلخ حاضر به درسِ او. ضیا خدمتی کرد و بگذشت، شیخ اسلام او را نیم قیامی کرد سرسری. گفت: آری سخت درازی، پاره‌ای در دُزد[3]

«ضیاءِ دلق»، واعظی خوش سخن و صاحب ذوق بود از اهالی بلخ و گویا به سبب نکته سنجی و شیرین سخنی به ضیا دلق «دلقک» شهرت داشت؛ امّا برادرش «تاجِ بلخ» که شیخ الاسلام بود، هیبتی می‌نمود و تفاخر و تکبّری، و از اقوال و رفتار برادرش ضیاء دلق ننگ داشت.

شیخ الاسلامِ بلخ کوتاه قد و برادرش ضیاء بلند قد بود. روزی در محفلی در حضور شیخ‌الاسلام، قاضیان و اصفیا حضور داشتند. ضیاء به مجلس وارد شد، تاجِ بلخ برای احترام به او نصف القیام را بسنده دید. ضیا که از کبر و غرور برادر آزرده شده بود، برای آنکه او را نزد خلق تنبیه کند، گفت: بس درازی، بهر مُزد،[4] **«اندکی زآن قدِّ سَروَت هم بدزد!»**.

این لطیفه که آموزه‌ای اخلاقی را در بر دارد، در ادامهٔ حکایت «امیری مِیْباره و غلام» آمده و در واقع مشابه عملِ زاهد است که سبویِ امیر را بر سنگ زد و شکست و در تقریر این معناست که مشتاقِ بادهٔ کبر و خودبینی، چون بر مسند و منصبی نیز تکیه زَنَد، نیم‌هوش خویش را نیز از دست می‌دهند **«ناز از نازنینان شاید نه ازینان»**.

آن ضیاءِ دَلْق خوش‌الهام بود   دادَرِ[5] آن تاجِ شیخ‌اسلام بود ۳۴۷۳

«ضیاء دلق» حاضر جواب و برادرِ «تاجِ شیخ الاسلام» بود.

---

۱ - **سُکر**: مستی.   ۲ - **صدور**: بزرگان.

۳ - ذکر این «شیخ تاج» در «معارف بهاء ولد» مکرّر آمده و پیداست که وی در عصر کودکی مولانا در بلخ شهرت قابل ملاحظه‌ای داشته و به همین سبب داستان ضیاء دلق با او می‌بایست از همان ادوار در خاطر مولانا تأثیر گذاشته باشد: بحر در کوزه، ص ۳۷۳.   ۴ - **بهرِ مُزد**: برای ثواب.   ۵ - **دادَر**: برادر.

۳۴۷۴ **تـاجِ شـیخ‌اسـلامِ دارُالمـلکِ[۱] بـلخ   بود کوته قد و کوچک همچو فَرْخ[۲]**

تاج، شیخ الاسلام بلخ بود، با قدّی کوتاه و جثّه‌ای کوچک.

۳۴۷۵ **گرچه فاضل بود و فَحل[۳] و ذوفنون   این ضـیا انـدر ظـرافت بُـد فـزون**

هرچند که فاضل و متبحّر بود؛ امّا ضیاء دلق نکته‌سنج‌تر بود.

۳۴۷۶ **او بسـی کـوته، ضـیا بـی‌حد دراز   بود شیخ اسلام را صـد کِـبر و نـاز**

او قدی کوتاه و ضیا قدی بلند داشت. شیخ اسلام بسیار متکبّر و از خود راضی بود.

۳۴۷۷ **زیـن بـرادر عـار و نـنگش آمـدی   آن ضیا هم واعـظی بُـد بـا هُـدی[۴]**

شیخ الاسلام از برادرش ننگ داشت، در حالی که ضیا هم واعظِ آگاهی بود.

۳۴۷۸ **روزِ مـحفل انـدر آمـد آن ضـیا   بـارگه پُـر قـاضیان و اَصـفیا[۵]**

روز درس، شیخ الاسلام که قاضیان و گزیدگان نشسته بودند، ضیا وارد شد.

۳۴۷۹ **کـرد شـیخ اسـلام از کِـبرِ تـمام   این برادر را، چنین، نِـصفُ آلقـیام**

شیخ الاسلام با غرور تمام برای برادر نیم‌خیز شد.

۳۴۸۰ **گـفت او را: بس درازی! بـهرِ مُـزد   اندکی زآن قـدِّ سَـروَت هـم بـدزد[۶]**

ضیا گفت: برای ثواب، نیمی از قدِّ سروت را هم بدزد.

۳۴۸۱ **پس تو را خود هوش کو؟ یا عقل کو؟   تا خوری مِی، ای تـو دانش را عـدو!**

پس ای دشمن معرفت، عقل تو کجاست که شراب هم می‌خوری؟

۳۴۸۲ **روت بس زیباست، نیلی[۷] هم بکَش   ضُحْکه[۸] باشد نیل بر روی حَبَش[۹]**

پوست و رویت خیلی زیبا و روشن است که آن را تیره هم می‌کنی؟

۳۴۸۳ **در تو نوری کِی در آمد؟ ای غَوی[۱۰]!   تا تو بـیهوشی و ظـلمتْ‌جو شـوی**

آیا هرگز در تو نورِ فهم تابیده که اینک خواهان زوالِ آن یا «مستی و تاریکی» شده‌ای؟

---

۱ - **دارُالملک**: پایتخت. ۲ - **فَرْخ**: جوجه. ۳ - **فَحل**: برجسته و نامور. ۴ - **با هُدی**: آگاه.
۵ - **اَصفیا**: گزیدگان. ۶ - طعن و کنایه به قدِّ کوتاه شیخ الاسلام.
۷ - **نیل**: مادّه‌ای آبی رنگ که برای خوش رنگ کردن لباس‌ها به کار می‌برند. ۸ - **ضُحْکه**: مایهٔ خنده.
۹ - **حَبَش**: اهل حبشه، کنایه از تیرگی و سیاهی. ۱۰ - **غَوی**: گمراه.

سایه در روز است جُستن قاعده[1]   در شبِ[2] ابری تو سایه‌جُو شده؟ ۳۴۸۴

وقتی کسی به روز می‌رسد، جویای سایه می‌شود، نه تو که در شب مانده‌ای.

گر حلال آمد پی قُوتِ عوام   طالبانِ دوست را آمد حرام ۳۴۸۵

اگر باده برای عوام حلال شده، برای خواص که نشده است.

عاشقان را باده خونِ دل بُوَد   چشمشان بر راه و بر منزل بُوَد ۳۴۸۶

عاشقان حق از خون دل مست‌اند و همواره مشتاق رسیدن به مقصود.

در چنین راهِ بیابانِ مخوف   این قلاوُوز[3] خِرَد با صد کسوف[4] ۳۴۸۷

راهِ حق برای «اهلِ دنیا» بیابانِ مخوفی است که عقلِ جزوی در آن نمی‌تواند هادی باشد.

خاک در چشمِ قلاوُوزان زنی   کاروان را هالِک و گُمرَه کنی ۳۴۸۸

به این ترتیب راهنمایان راستین را آزار می‌دهی و قافله را گمراه می‌کنی.

نانِ جو حقّا حرام است و فسوس   نَفْس را در پیش نِهْ نانِ سبوس[5] ۳۴۸۹

برای نَفْس، نانِ جوین هم حرام و حیف است، او را ریاضت بده.

دشمن راهِ خدا را خوار دار   دزد را مِنبر مَنِهْ، بر دار دار ۳۴۹۰

دشمن راه خدا را خوار کن. به او اجازهٔ خودنمایی نده، نابودش کن.

دزد را تو دست بُبْریدن پسند   از بُریدن عاجزی دستش ببند ۳۴۹۱

دستِ دزد را بِبُر، اگر نمی‌توانی، آن را ببند.

گر نبندی دستِ او، دستِ تو بست   گر تو پایش نشکنی، پایت شکست[6] ۳۴۹۲

اگر نبندی، او دستِ تو را می‌بندد و اگر پایش را نشکنی، پایت را می‌شکند.

تو عدو را مِیْ دهی و نی شکر[7]   بهرِ چه؟ گو زهر خند و خاک خَور ۳۴۹۳

چرا دشمن را تقویت می‌کنی؟ بگذار تلخ بخندد و خاک بخورد.

---

۱ - **قاعده است :** درست و منطقی است.

۲ - **شب :** مراد از «شب»، ظلمات و تاریکیِ جهل و نادانی است یا عدم معرفت.   ۳ - **قلاووز :** پیشرو، رهبر.

۴ - **با صد کسوف :** عقل جزوی هر قدر که بکوشد باز هم دچار تیرگی می‌شود.

۵ - یعنی نَفْس را از همهٔ خواسته‌هایش محروم کن تا تسلیم شود.   ۶ - یعنی عاجزت می‌کند.

۷ - چرا شراب و شیرینی می‌دهی؟

زد ز غیرت بر سبو سنگ، و شکست او سبو انداخت و از زاهد بِجَست ۳۴۹۴
زاهد از غیرت سنگی زد و سبو را شکست و غلام هم سبو را انداخت و فرار کرد.

رفت پیشِ میر، و گفتش: باده کو؟ ماجرا را گفت یک یک پیش او ۳۴۹۵
غلام نزد امیر رفت. امیر پرسید: باده کو؟ غلام ماجرا را باز گفت.

رفتنِ امیر خشم‌آلود برای گوشمالِ زاهد

میر چون آتش شد و برجَست راست گفت: بنما خانهٔ زاهد کجاست؟ ۳۴۹۶
امیر خشمگین از جا پرید و گفت: خانهٔ آن زاهد کجاست؟

تا بدین گرزِ گِران کوبم سرش آن سرِ بی‌دانشِ مادرغَرش[1] ۳۴۹۷
تا با این گرز سنگین بر سرش بکوبم، سرِ بی معرفتِ مادر فلانش را.

او چه داند امرِ معروف[2] از سگی طالبِ معروفی است و شُهرگی ۳۴۹۸
او آدمِ پستی است که از هدایت چیزی نمی‌داند، می‌خواهد معروف شود.

تا بدین سالوس[3] خود را جا کُند تا به چیزی خویشتن پیدا کند ۳۴۹۹
تا با این حیله خودی نشان بدهد و مقامی نزد خلق بیابد.

کو ندارد خود هنر اِلاّ همان که تَسَلُّس[4] می‌کند با این و آن ۳۵۰۰
زیرا هنری جز همین مکر و نیرنگ ندارد.

او اگر دیوانه است و فتنه‌کاو[5] داروی دیوانه باشد کیرِ گاو[6] ۳۵۰۱
اگر او دیوانه و فتنه‌جوست باید با تازیانه او را درمان کرد.

تا که شیطان از سرش بیرون رَوَد[7] بی لَتِ خرْبندگان[8]، خر چون رَوَد؟ ۳۵۰۲
تا با ضرب و شتم به راه بیاید، مثلِ ضربتی که به خر می‌زنند.

---

۱ - **غَر :** فاحشه. ۲ - **امرِ معروف :** امر به معروف و نهی از مُنْکَر، هدایتِ خلق. ۳ - **سالوس :** نیرنگ.
۴ - **تسلُّس :** سالوسی، مکّاری. ۵ - **فتنه‌کاو :** فتنه‌جو.
۶ - **کیرِ گاو :** نوعی تازیانه، مراد تازیانهٔ شدید است. گفته‌اند که در گذشته از آلت تناسلی خشک شدهٔ گاوِ نر برای تعزیر مجرم استفاده می‌کردند: شرح جامع مثنوی، کریم زمانی، ذیل بیت. ۷ - تا که شیطان از تنش بیرون رَوَد.
۸ - **خربنده :** کسی که خر را کرایه دهد.

میر بیرون جست دَبّوسی[1] به دست — نیم‌شب آمد به زاهد، نیم مست ۳۵۰۳
امیر نیمه مست با گُرزی در دست نیمه‌شب به خانهٔ زاهد رفت.

خواست کُشتن مردِ زاهد را ز خشم — مردِ زاهد گشت پنهان زیرِ پشم ۳۵۰۴
می‌خواست از خشم زاهد را بکشد؛ ولی او زیر پُشته‌ای از پشم پنهان شد.

مردِ زاهد می‌شنود از میر آن — زیرِ پشمِ آن رَسَن‌تابان نهان ۳۵۰۵
زاهد سخنان امیر را در حالی که در زیر پشم ریسمان‌بافان پنهان شده بود، می‌شنید.

گفت در رُو گفتنِ زشتیِّ مرد — آینه تانَد که رُو را سخت کرد ۳۵۰۶
امیر می‌گفت: کسی می‌تواند عیوب دیگران را بگوید که خود عیبی نداشته باشد.

روی باید آینه‌وار، آهنین — تات گوید: رویِ زشتِ خود ببین ۳۵۰۷
کسی که مثل آینهٔ آهنی صیقلی شده باشد، می‌تواند بگوید: زشتیِ تو این است.

حکایتِ مات کردنِ دلقک، سیّد شاه تِرمِذ را[2]

«دلقک»، در تِرْمِذْ مسخره‌ای لطیفه‌پرداز و از ندیمان سیّد اجل حاکم ولایت بود.[3] روزی سیّد ترمذ با دلقک که به حاضرجوابی‌هایِ ظریفِ رندانه شهره بود، به بازی شطرَنج پرداخت. ندیم در همان دست اوّل سیّد را مات کرد و چون اصطلاح «شَه شَه» را که تعبیری از شه‌مات کردن است، بر زبان آورد، خشم سیّد برانگیخته شد و صفحه و مُهره‌ها را یکایک بر سرش کوبید؛ امّا باز هم از دلقک خواست تا یک دست دیگر نیز با وی بازی کند و چون این بار هم دلقک موفّق به مات کردن سیّد اجل شد، از جای برخاست و خود را زیر لحافی نهان کرد و در پاسخ سیّد اجل که جویایِ دلیل این حرکت نابجای وی بود، «شَه شَه» کنان گفت: با خشم‌آوری چون تو، **«کی توان حق گفت جز زیر لحاف؟»**. تو در بازی مات شدی و من از ضربه‌های تو.

در این قصّه شاهِ ترمذ، نمادی از «حق ستیزی» است و ندیم حاضر جواب نمادی از «زاهدِ خشکْ مغز» که در عینِ رنج گنجی نیافته است و پیش از گشاد سینه و فتح باب، از غصّهٔ آن بی‌مرادی‌ها امر به معروف می‌کند و زشتیِ کسان در روی آنان می‌مالد، حال آنکه در روگفتنِ زشتیِ مرد، **«آینه تانَد که رُو را سخت کرد»**.

این لطیفه که در ادامهٔ داستان «آن امیر که غلام را گفت که می بیار»، تداعی شده، در تبیین همان معناست که تنها کاملان‌اند که می‌توانند عیوب و نقایص خلق را بشناسند و بازگو کنند.

---

۱ - **دبّوس**: گُرز آهنی. ۲ - مأخذ این لطیفه احتمالاً روایات عامیانهٔ عصر و افواه عام بوده است.
۳ - ر.ک: ۲۳۳۸/۲.

۳۵۰۸ **شاه با دلقک همی شطرنج باخت   مات کردش زود[1]، خشمِ شه بتاخت**

شاه که با دلقک شطرنج بازی می‌کرد، از باختن بسیار خشمگین شد.

۳۵۰۹ **گفت شَه شَه[2] و آن شهِ کِبرآوَرَش   یک یک از شطرنج می‌زد بر سرش**

دلقک گفت: کیش و مات. شاهِ متکبّر تمام مُهره‌ها را بر سر او کوبید.

۳۵۱۰ **که: بگیر اینک شَهَت، ای قَلْتَبان[3]!   صبر کرد آن دلقک و گفت: الامان**

که بگیر ای بی غیرت. دلقک که شاه را خشمگین دید، امان خواست.

۳۵۱۱ **دستِ دیگر باختن[4] فرمود میر   او چنان لرزان که عور از زَمْهَریر[5]**

شاه دستور داد که یک دور دیگر هم بازی کنند، دلقک از ترس می‌لرزید.

۳۵۱۲ **باخت دستِ دیگر و شَهْ مات شد   وقتِ شَه شَه گفتن و میقات[6] شد**

شاه این بار هم مات شد و وقت کیش، کیش گفتن رسید.

۳۵۱۳ **بر جهید آن دلقک و در کُنج رفت   شش نمد بر خود فِکَند از بیمْ تفت[7]**

دلقک برجست و در گوشه‌ای از ترس خود را در میان نمدها مخفی کرد.

۳۵۱۴ **زیرِ بالش‌ها و زیرِ شش نمد   خفت پنهان، تا ز زخم شَهْ رهد**

زیر بالش‌ها و نمدها مخفی شد تا از ضربهٔ شاه در امان باشد.

۳۵۱۵ **گفت شه: هی هی، چه کردی؟ چیست این؟   گفت: شَه‌شَه شَه‌شَه، ای شاهِ گزین!**

شاه گفت: هی، چکار کردی؟ گفت: ای شاه عزیز، کیش، کیش.

۳۵۱۶ **کِی توان حق گفت جز زیرِ لحاف؟   با تو ای خشم‌آورِ آتش‌سِجاف[8]!**

آیا می‌توان سخن حق را با آدم خشمگین جز در زیر لحاف گفت؟

---

۱ - **زود**: فوری.   ۲ - **شَه شَه**: اعلام کیش و مات.   ۳ - **قَلْتَبان**: بی غیرت.   ۴ - **باختن**: بازی کردن.
۵ - همان‌گونه که لخت در سرمای شدید.
۶ - **میقات**: وعده‌گاه، وقت معیّن برای هر کار، اینجا وقتِ خشم شاه.   ۷ - **تَفْت**: با شتاب.
۸ - **آتشْ سجاف**: کسی که در پوششی از آتش است و گویی از همهٔ بدنش آتش بیرون می‌جَهَد، خشمگین.

۳۵۱۷ ای تو مات و من زِ زخمِ شاه مات / می‌زنم شَه‌شَه به زیر رخت‌هات

تو در بازی مات شدی و من از ضربه‌های تو؛ پس مجبورم زیر لحاف کیش بدهم.

۳۵۱۸ چون محلّه پُر شد از هَیْهایِ میر / وز لگد بر در زدن وز داروگیر [1]

چون محلّه از لگد زدن‌های امیر بر در و قدرت‌نمایی او پر شد،

۳۵۱۹ خلق بیرون جَست زود از چپّ و راست / کِای مقدَّم! وقتِ عفو است و رضاست

خلق جمع شدند که ای امیر، هنگام عفو و رضایت است.

۳۵۲۰ مغزِ او خشک است و عقلش این زمان / کمتر است از عقل و فهمِ کودکان

او آدم متعصّب و بی‌خردی است که اینک عقل و فهمش کمتر از کودکان است.

۳۵۲۱ زُهد و پیری، ضعف بر ضعف آمده / و اندر آن زُهدش گشادی ناشده [2]

زاهدِ پیرِ ضعیفی است که از زُهدِ خود گشایشی ندیده و به مقصود نرسیده است.

۳۵۲۲ رنج دیده، گنج نادیده ز یار / کارها کرده، ندیده مُزدِ کار

در ازای رنج‌ها، لطفی از حق ندیده و پاداشی دریافت نکرده است.

۳۵۲۳ یا نبود آن کارِ او را خود گُهر / یا نیامد وقتِ پاداش از قَدَر

یا عملش اخلاصی نداشته یا وقتِ دریافت پاداشِ معنوی‌اش نرسیده است.

۳۵۲۴ یا که بود آن سعی چون سعیِ جُهود / یا جزا وابستهٔ میقات بود

یا ایمان و اعتقادی نداشته و جهدِ بی‌حاصلی کرده یا پاداشش در وقتِ دیگری است.

۳۵۲۵ مر وَرا درد و مصیبت این بس است / که در این وادیِّ پُر خون بی کس است [3]

همین درد و رنج برای او کافی است که از گشایش هیچ نصیبی نداشته است.

۳۵۲۶ چشم پُر دُرد [4] و نشسته او به کُنج / رو تُرُش کرده، فرو افکنده لُنج [5]

با ادراکی تنگ، اخمو و لبی آویزان در گوشه‌ای نشسته است.

---

۱ - **داروگیر** : گیر و دار، اینجا قدرت‌نمایی.

۲ - گشادِ دل نیافته، ابوابی از ادراکِ حقایق به روی دلش گشوده نشده.

۳ - **بی کس است** : به یار نرسیده و بی نصیب است.

۴ - **چشم پُر دُرد** : چشمی دُردآلود، کنایه از عدم ادراک حقایق. کُندفهم. ۵ - **لُنج** : لب و لوچه.

نه یکی کَحّال[1]، کو را غم خورَد نی‌ش[2] عقلی که به کُحلی[3] پی بَرَد ۳۵۲۷
نه کاملی غمخوار اوست و نه عقلی دارد که به سوی کاملی برود.

اجتهادی می‌کند با حَزْر[4] و ظن کار در بُوک[5] است تا نیکو شدن ۳۵۲۸
از روی حدس و گمان جهدی می‌کند و امیدوار است که به جایی برسد.

زآن رَهَش دور است تا دیدارِ دوست کو نجوید سر، رئیسیش آرزوست ۳۵۲۹
راهِ بس درازی تا رسیدن به دوست دارد، چون می‌خواهد مُراد باشد نه مُرید.

ساعتی او با خدا اندر عتاب[6] که: نصیبم رنج آمد زین حساب ۳۵۳۰
گاه با خدا عتاب می‌کند که نصیب من از مجاهدات فقط رنج بود.

ساعتی با بختِ خود اندر جدال که: همه پرّان[7] و ما ببریده بال! ۳۵۳۱
گاه از بخت خود می‌نالد که همه دارای توفیق‌اند و ما نه.

هر که محبوس است اندر بو و رنگ گرچه در زُهد است، باشد خُوش[8] تنگ ۳۵۳۲
هر کس که در عالمِ مادّه محبوس باشد، تنگ خُو و تنگ نظر است.

تا برون ناید از این ننگین‌مُناخ[9] کِی شود خُویَش خوش و صَدْرَش فراخ[10]؟ ۳۵۳۳
تا از عالمِ مادّه خارج نشود، خُلقِ خوش و آرامش نخواهد داشت.

زاهدان را در خَلا[11] پیش از گُشاد[12] کارد و اُسْتُرَه[13] نشاید هیچ داد ۳۵۳۴
هیچ زاهدی را قبل از آنکه آرامشی بیابد، نباید بر مسندی نشاند.

کز ضَجَر[14] خود را بِدَرّانَد شکم غصّهٔ آن بی‌مرادی‌ها و غم ۳۵۳۵
زیرا او از نامرادی و غم می‌خواهد شکم خود را بِدَرَد.

---

۱ - **کحّال** : طبیب چشم، کنایه از مرد حق. ۲ - **نی‌ش** : نی‌آش، نیست او را، ندارد.
۳ - **کُحل** : سُرمه، کنایه از بینش و بصیرت یافتن. ۴ - **حَزْر** : حدس.
۵ - **بُوک** : امیدی که نتیجه‌اش معلوم نیست، باشد که. ۶ - **عِتاب** : با تندی با کسی سخن گفتن.
۷ - **پرّان** : موفّق، دارای توفیق. ۸ - **خُوش** : خوی‌اش، خویِ او.
۹ - **ننگین مُناخ** : حصارِ ننگین، کنایه از عالمِ مادّه. «مُناخ»: محلّ استراحت شتر.
۱۰ - **صَدرِ فراخ** : سینهٔ گشاده، درونی آرام. ۱۱ - **خَلا** : خلوت، کنج عزلت، در حال ریاضت و زهد.
۱۲ - پیش از آنکه فتح بابی برسد. ۱۳ - **اُسْتُره** : تیغ، کنایه از قدرت. ۱۴ - **ضَجَر** : دلتنگی.

انداختنِ مصطفی، علیه السَّلام، خود را از کوهِ حِریٰ از وحشتِ دیر نمودنِ جبرئیل، علیه السّلام، خود را به وی، و پیدا شدنِ جبرئیـل به وی که: مینـداز که تو را دولت‌ها در پیـش است [1]

چند روزی وحی نیامد و رسول گرامی(ص) کـه از فـترت و انـقطاع مـوقّتی وحـی دلتـنگ و آزرده‌خاطر بود، از فرط اندوه مصمّم گشت که خود را از فراز کوه به پایین افکَنَد و هنگامی که چنین قصدی داشت، جبرائیل نازل می‌شد و می‌گفت: چنین مکن که به «امرِ کُن» و بـه «فرمان الهی» برایت بسی دولت‌هاست و آن شاهِ بی‌بدیل و بی‌نظیر همچنین بر این منوال بود تا حجابِ غیب به کناری رفت و سلطانِ عالمیان آن گوهر را در گریبان خویش یافت.

«در این داستان که فترتی موقّتی در تأخیرِ وحی به دنبال نـزول اوّلیـن آیـات الهـی سـببِ انـتظار و دلـتنگیِ پیامبر(ص)گردید، بر وفق روایات مشهور به سبب این اندیشه بود که شاید الهامِ نخستین نیز از مقولهٔ احوالی باشد که بر شاعران و پری‌زادگان عارض می‌شود و کافران قریش او را بدین امر منسوب مـی‌کردند و پـیامبر(ص) از چـنین نسبتی عار داشت و به اندک زمانی که مفسّران زمان آن را بین دوازده تا چهل روز ذکر کرده‌اند، با نزول سورهٔ مبارکهٔ والضّحیٰ: ۱/۹۳، اشارتِ: مٰا وَدَّعَكَ رَبُّكَ وَ مٰا قَلیٰ، استمرارِ وحی و توالیِ رحمت را نوید داد.» [2]

مولانا این روایت را در مثنوی به قصّه‌ای پر شور و عارفانه مبدّل ساخته و دلتنگی و اندوهِ ناشی از تأخیرِ وحی را به تعبیرِ عارفانهٔ هجرانِ عاشقی از معشوق به تقریر آورده است.

مصطفی را هَـجر چـون بِـفْراخـتی خـویش را از کـوه مـی‌انـداخـتی ۳۵۳۶

پیامبر(ص) از نیامدن وحی چنان دلتنگ بود که می‌خواست خود را از کوه به پایین افکَنَد.

تا بگـفتی جـبرئیلش: هـین! مکـن که تو را بس دولت است از امرِ کُنْ [3] ۳۵۳۷

امّا جبرائیل می‌رسید و می‌گفت: چنین مکن که به ارادهٔ الهی، اقبال بلندی داری.

مصطفی ساکن شـدی ز انـداخـتن بـاز هـجران آوریـدی تـاختن ۳۵۳۸

پیامبر(ص) آرام می‌شد؛ ولی باز همان حالت پیش می‌آمد.

---

۱ - مأخذ آن روایتی از ابن عبّاس است در دلائل النبوّة، ج ۱، ص ۶۹، که در طیّ آن ابن عبّاس نقل کرده است: با تأخیری که در وحی رخ داد، رسول خدا(ص) شدیداً غمگین می‌شد و شتابان به کوه ثَبیر و گاه به کوه حرا می‌رفت و می‌خواست خود را با پایین افکَنَد و یک بار که چنین قصدی داشت، ناگهان صدایی از آسمان شنید، آن چنان که مدهوش گردید: احادیث، ص ۵۰۵. ۲ - بحر در کوزه، ص ۸۷ ۳ - **امرِ کُن**: مشیّت و تقدیر الهی.

بــاز خــود را ســرنگون از کــوه او مــــی‌فکندی از غــم و انــدوه او ۳۵۳۹

دوباره از غم و اندوه می‌خواست خود را از کوه به پایین بیفکَنَد.

باز خـود پـیدا شـدی آن جـبرئیل که: مکن این، ای تو شاهِ بی بَدیل! ۳۵۴۰

باز جبرائیل می‌آمد و می‌گفت: ای شاه بی‌نظیر، نکن.

همچنین می‌بود تا کشـفِ حـجاب تــا بــیابید آن گُـهَر را او ز جـیب ۳۵۴۱

همین‌طور بود تا توانست گوهر مقصود را در درون خویش بیابد.

بهرِ هر محنت چـو خـود را می‌کُشند اصلِ محنت‌هاست این، چونَش کَشَند؟ ۳۵۴۲

خلق خود را از ناراحتی می‌کشند. اصلِ همهٔ ناراحتی‌ها هجران است، چطور تحمّل کنند؟

از فـدایـی مـردمان را حـیرتی‌ست هر یکـی از مـا فـدایِ سـیرتی‌ست ۳۵۴۳

مردم از اینکه کسی خود را فدای مقصودی بکند، متحیّر می‌شوند، در حالی که همهٔ ما فدایی ذهنیّات خود هستیم.

ای خُنُک آنکه فدا کـرده است تـن بــهرِ آن کَــارْزَد فــدایِ آن شــدن ۳۵۴۴

خوشا به سعادت کسی که خود را در راه کسی فدا می‌کند که ارزشش را دارد.

هـر یکـی چـونکه فـدائیِ فـنی‌ست کاندر آن ره صَرفِ عُمر و کُشتنی‌ست ۳۵۴۵

چون هر کسی عمر خود را صرف چیزی می‌کند و می‌میرد،

کُشــتنی انــدر غُـروبی یـا شـروق که نه شایق[1] مانَد آنگه نـه مَشـوق[2] ۳۵۴۶

یا در گمراهی «غروب» یا در راه «ظهور و روشنی» و در هر دو صورت محو می‌شود، در «نار» یا «نور»،

باری این مُقبل[3] فدایِ این فن[4] است کاندر او صد زندگی در کُشـتن است ۳۵۴۷

لا اقلّ این نیکبخت خود را فدای حق می‌کند که در این فنا، بقاست.

عاشق و معشوق و عشقش بر دوام در دو عــالم بــهره‌مند و نـیک‌نام ۳۵۴۸

عاشق و معشوق و عشق او جاودانی است، با کامرانی و نیکنامی در دو جهان.

---

۱ - **شایق** : مشتاق، عاشق. ۲ - **مَشوق** : مورد اشتیاق، معشوق. ۳ - **مقبل** : نیکبخت. پیامبر(ص).
۴ - **این فن** : این هنر، مراد عشقِ حق و جان باختن در راهِ خداست.

یـا کِـرامـی! اِرْحَـمُوا أهْـلَ الْـهَویٰ شَأنـُـهُمْ وِرْدُ اَلتَّـویٰ[۱] بَـعدَ اَلتَّـوی ۳۵۴۹

ای یاران کریم من، به عاشقانی که بعد از مرگ دوباره مشتاق مرگ‌اند، رحم کنید.

عـفو کـن ای مـیرا! بـر سـختیِّ او در نگـر در درد و بـدبختیِّ او ۳۵۵۰

ای امیر، درشتی‌اش را ببخش و درد و بدبختی‌اش را ببین.

تا ز جُرمت هـم خـدا عـفوی کـند زَلَّـتَت را مـغفرت در آکَـنَد ۳۵۵۱

ببخش تا خدا هم تو را ببخشد و از لغزشت بگذرد.

تو ز غـفلت بس سـبو بشکسـته‌ای در امـیدِ عـفوْ دل در بسـته‌ای ۳۵۵۲

تو هم غافلانه سبوهایی را شکسته‌ای و امیدِ عفو داری.

عـفو کـن تـا عـفو یـابی در جـزا[۲] مـی‌شکافد مـو[۳] قَـدَر[۴] انـدر سـزا[۵] ۳۵۵۳

ببخش تا بخشیده شوی. تقدیر موشکاف و دقیق است.

جواب گفتنِ امیر مر آن شفیعان را و همسایگانِ زاهد را که گستاخی چرا کرد؟ و سبویِ ما را چرا شکست؟ من در این باب شفاعت قبول نخواهم کرد که سوگند خورده‌ام که سزایِ او را بدهم

میر گفت: او کیست کو سنگی زنـد بـر سـبوی مـا؟ سبو را بشکـند؟ ۳۵۵۴

امیر گفت: او چه حقّی داشت که سبوی ما را بشکند؟

چون گـذر سـازد ز کـویَم شـیرِ نـر ترس ترسان بگذرد بـا صـد حَـذَر ۳۵۵۵

شیر نر از حیطهٔ من با ترس و احتیاط می‌گذرد.

بـندهٔ مـا را چـرا آزُرد دل؟ کـرد مـا را پـیش مـهمانان خَـجِل ۳۵۵۶

چرا غلام را آزار داد و ما را نزد میهمان شرمنده کرد؟

---

۱ - **تَویٰ**: هلاکی، تباهی. ۲ - **در جزا**: در پاداشِ آن. ۳ - **می‌شکافد مو**: دقیق است.
۴ - **قَدَر**: تقدیر، حُکم الهی. ۵ - **اندر سزا**: در مکافات.

شربتی که بِهْ ز خونِ اوست، ریخت   این زمان همچون زنان از ما گریخت ۳۵۵۷
باده‌ای را که از خون او بهتر است، ریخته و اینک در خانه پنهان شده است.

لیک جان از دستِ من او کِی بَرَد؟   گیر[1] همچون مرغ بالا بر پَرَد ۳۵۵۸
امّا اگر پرندهٔ آسمان هم بشود، از دست من جان سالم به در نمی‌بَرَد.

تیرِ قهرِ خویش بر پَرَّش زنم   پَرّ و بال مُرده‌ریگش[2] بر کَنَم ۳۵۵۹
تیرِ قهرِ من بال و پرِ حقیرش را می شکَنَد.

گر رود در سنگِ سخت، ازکوششم[3]   از دلِ سنگش کنون بیرون کشم ۳۵۶۰
اگر درون سنگ خارا هم برود، بیرونش می‌آورم.

من بِرانم بر تنِ او ضربتی   که بُوَد قَوّادَکان[4] را عبرتی ۳۵۶۱
ضربه‌ای به او می‌زنم که همهٔ فرومایگان عبرت بگیرند.

با همه سالوس[5]؟ با ما نیز هم؟   دادِ او و صد چو او این دم دهم ۳۵۶۲
با همه ریا، با ما هم؟ سزای او و امثالش را الان می‌دهم.

خشمِ خون‌خوارش شده بُد سرکشی   از دهانش می‌برآمد آتشی ۳۵۶۳
خشمِ خونخواری امیر را عصبانی کرده بود و از دهانش آتش می‌بارید.

دوم بار دست و پایِ امیر را بوسیدن، و لابه کردنِ شفیعان و همسایگانِ زاهد

آن شفیعان از دَمِ هیهایِ او   چند بوسیدند دست و پایِ او ۳۵۶۴
شفیعان در برابر هیاهوی او بارها دست و پایش را بوسیدند.

کِای امیرا! از تو نشاید کین‌کشی   گر بشد باده، تو بی‌باده خوشی[6] ۳۵۶۵
و گفتند: ای امیر، انتقام شایستهٔ تو نیست. تو بدون باده هم خوشی.

---

۱ - **گیر**: به فرض که. ۲ - **مُرده‌ریگ**: میراث، چیز حقیر. ۳ - **ازکوششم**: از سخت‌کوشی من.
۴ - **قوّادَک**: فرومایه، قَلْتبان، «ک» تصغیر است + ان (علامت جمع فارسی). ۵ - **سالوس**: ریا، ظاهرسازی.
۶ - **بی باده خوشی**: درونت مصفّاست و می‌توانی حالی خوش و روحانی بدون باده داشته باشی. از اینجا به بعد «امیر» نماد «انسانِ کامل» است.

بـاده سـرمایه ز لطـفِ تـو بَـرَد　　　لطفِ آب از لطفِ تو حسرت خورَد ۳۵۶۶

لطفِ باده از لطافت توست. نرمی و لطافت آب در برابر لطف و نرمخوییِ تو هیچ است.

پادشاهی کن، ببخشَش ای رحیم!　　　ای کریم ابنِ آلکریم ابنِ الکریم ۳۵۶۷

ای مهربان، ای بخشنده‌ای که از ذرّیهٔ بخشندگانی، او را ببخش.

هر شـرابی بـندهٔ ایـن قـدّ و خَـد[1]　　　جمله مستان را بُـوَد بـر تـو حسـد ۳۵۶۸

شراب‌ها مست قامت و جمال تو و مستان در حسرت حال تواَند.

هـیچ مـحتاج مِـیِ گـلگون نـه‌ای[2]　　　ترک کـن گـلگونه، تـو گـلگونه‌ای[3] ۳۵۶۹

تو نیازی به شادی و طربِ «مِیْ» نداری، خودت سراپا طربی.

ای رخ چون زُهره‌ات[4] شَمْسُ آلضُّحیٰ[5]　　　ای گـدایِ رنگِ تـو گـلگونه‌ها ۳۵۷۰

چهرهٔ تو چنان شاد و درخشان است که زیبایی‌ها در برابرت جلوه‌ای ندارند.

باده کاندر خُنب[6] مـی‌جوشد نـهان　　　ز اشتیاقِ رویِ تـو جـوشد چـنان ۳۵۷۱

جوشش نهانی باده در خُم از شوق رویِ توست.

ای همه دریا[7]! چه خواهی کرد نَم[8]؟　　　وی همه هستی! چه می‌جویی عدم[9]؟ ۳۵۷۲

ای دریا صفت، چه نیازی به بهره‌های زندگی دنیوی داری؟

ای مهِ تابان چه خواهی کرد گَرد[10]؟　　　ای که مَهْ در پیش ِ رویت رویْ‌زرد[11] ۳۵۷۳

ای وجود تابناک، این امور مادّی در قِبال تو چه ارزشی دارند؟

تاجِ کـرَّمناست[12] بـر فـرقِ سـرت　　　طـوقِ أَعْـطَیْناکَ[13] آویـزِ بَـرت ۳۵۷۴

خداوند تو را گرامی داشته و از علوم و اسرار مطّلع کرده است.

---

۱ - **خَد** : چهره.　۲ - **نِه‌ای** : نیستی.　۳ - **گُلگونه** : سرخاب.
۴ - **زُهره** : نماد شادی و طرب، ربّ النّوعِ طرب.　۵ - **شَمس الضُّحیٰ** : خورشید تابناک.　۶ - **خُنب**: خُم.
۷ - **ای همه دریا** : ای انسانِ واصل به هستیِ مطلق.　۸ - **نم** : شبنم، کنایه از تمتّعات دنیوی.
۹ - مصراع دوم: در حالی که وجود تو هستیِ حقیقی شده و این‌ها مجازی و عدمی‌اند.
۱۰ - **گَرد** : گرد و غبار، کنایه از امور مادّی و دنیوی.
۱۱ - مصراع دوم: ای کسی که ماه در برابر تو شرمنده است.
۱۲ - **تاج کرّمنا** : اشاره به مضمونِ قرآن: إسریٰ: ۷۰/۱۷: به راستی که فرزندان بنی آدم راگرامی داشتیم... .
۱۳ - کوثر: ۱/۱۰۸: ما به تو کوثر بخشیده‌ایم. خطاب به پیامبر(ص) که اینجا «انسان کامل واصل» پرتوی از نور او و ظهوری از حقیقتِ حقیقیِ اوست. «حوضِ کوثر» معمولاً رمزی از «علوم و اسرار الهی» است.

تو خوش و خوبی و کانِ هر خوشی   تو چرا خود منّتِ باده کشی؟ ۳۵۷۵

تو که خودت منشأ همهٔ خوبی‌ها و خوشی‌ها هستی، چه نیازی به باده داری؟

جوهر است انسان، و چرخ او را عَرَض[1]   جمله فرع و پایه‌اند و او غَرَض ۳۵۷۶

حقیقتِ انسان، «جوهر» است و همهٔ عالم «عَرَض». او اصل و بقیّه فرع‌اند.

ای غلامت عقل و تدبیرات و هوش   چون چنینی خویش را ارزان‌فروش؟ ۳۵۷۷

ای کسی که همهٔ عقل‌ها، تدبیرها و هوش‌ها پرتوی از توأند، چرا قدر خود را نمی‌دانی؟

خدمتت بر جمله هستی مُفْتَرَض[2]   جوهری چون نَجْده[3] خواهد از عَرَض ۳۵۷۸

همهٔ عالم برای تو آفریده شده و در خدمت توست، تو که نباید به آن‌ها نیازمند باشی.

عِلم جویی از کُتُب‌ها، ای فسوس!   ذوق جویی تو ز حلوا، ای فسوس! ۳۵۷۹

علمِ دنیوی و لذّت مادّی، بهره‌های ناپایدارند که حیف است به آن‌ها دل ببندی.

بحرِ علمی، در نَمی پنهان شده   در سه گز[4] تن عالمی پنهان شده ۳۵۸۰

در این قالبِ کوچکِ خاکی همهٔ عالم و علم حق نهان شده است.

میْ چه باشد یا سَماع[5] و یا جِماع[6]   تا بجویی زو نشاط و انتفاع[7]؟ ۳۵۸۱

«می» و «عیش» و «عشرت» چیست‌اند و چه قدری دارند که به تو شادی و لذّت بدهند؟

آفتاب از ذرّه‌یی[8] شد وام‌خواه!   زُهره‌یی[9] از خُمره‌یی شد جام‌خواه! ۳۵۸۲

نه آفتاب محتاج ذرّه است و نه زُهره محتاجِ خُمره.

جانِ بی‌کیفی[10] شده محبوس کَیْف!   آفتابی حبسِ عُقده[11] اینْتْ حَیْف ۳۵۸۳

افسوس که این آفتاب دچار کسوف شده است و این جانِ غیر مادّی اسیر دنیا.

---

۱ - **جوهر و عَرَض** : ر.ک: ۲۱۲۰/۱ و ۹۴۷/۲.   ۲ - **مُفترَض** : فریضه، واجب.   ۳ - **نَجْدَه** : کمک، یاری.
۴ - **گز** : ذرع، اینجا خیلی کم و کوچک.   ۵ - **سَماع** : شنیدن نوا یا آهنگ.   ۶ - **جِماع** : آمیزش جنسی.
۷ - **اِنتفاع** : بهره و سود بردن.   ۸ - **ذرّه** : اینجا بهرهٔ دنیوی.
۹ - **زُهره** : سیّاره‌ای است که مطربهٔ فلک است.
۱۰ - **جانِ بی کیف** : جانی که کیفیّت و کمّیّت‌پذیر نیست، جانِ غیر مادّی، جانِ مجرّد.
۱۱ - **عُقده** : اصطلاح نجومی، اینجا مادّه یا عوامل مادّی.

باز جواب گفتنِ امیر ایشان را

گفت: نه نه، مـن حـریفِ آن مِـیْ‌اَم   من به ذوق این خوشی قـانع نـی‌اَم ۳۵۸۴
امیر گفت: من «مِیْ» روحانی را هم می‌شناسم و دلبستهٔ این «مِیْ» دنیوی نیستم.

من چنان خواهم که همچون یاسمین[1]   کژ همی گـردم چـنان، گـاهی چـنین ۳۵۸۵
امّا این خوشی دنیوی را هم می‌خواهم. گاهی چنان، گاهی چنین.

وارهـیده از هـمه خـوف و امـید[2]   کژ همی گردم به هر سو همچو بید ۳۵۸۶
آسوده از بیم و امید، بسان درخت بید به هر سو خم شوم.

همچو شاخِ بیدگردان چپّ و راست   که ز بادش گـونه گـونه رقص‌هاست ۳۵۸۷
مانند شاخهٔ بید که با وزش باد می‌رقصد.

آنکـه خـو کـرده است بـا شـادیِّ مِیْ   این خوشی را کِی پسندد؟ خواجه کِی؟ ۳۵۸۸
ای خواجه، کسی که با «مِیِ حق» خو گرفته باشد، این خوشی را نمی‌پسندد.

انبیا زآن زین خوشی بیرون شـدند   که سـرشته در خـوشیِّ حـق بُـدند ۳۵۸۹
انبیا، وجودشان از خوشیِ حق سرشته بود که این خوشی‌ها را دوست نداشتند.

زانکه جانْشان آن خوشی را دیده بود   این خـوشی‌ها پـیششان بـازی نـمود ۳۵۹۰
چون خوشیِ حقیقی را می‌شناختند، این‌ها نزدشان بی‌قدر بود.

با بُتِ زنده[3] کسی چون گشت یـار   مُرده[4] را چون درکَشَـد انـدر کـنار؟ ۳۵۹۱
کسی که معشوقِ حقیقی دارد، چگونه به معشوق مجازی تن در دهد؟

---

۱ - **همچون یاسمین**: مثلِ گل یاسَمَن کج شوم، گاهی به این سو، گاهی به آن سو.
۲ - مصراع اوّل: از خوف و رجا بِرَهم: خوف و رجا: ر.ک: ۳۶۲۹/۱، از امور دنیوی و مملکتی بِرَهم.
۳ - **بُتِ زنده**: هستیِ حقیقی. ۴ - **مُرده**: اینجا هستیِ مجازی، بت‌ها، صنم‌ها یا لذّت دنیوی.

تفسیرِ این آیت که: «وَ اِنَّ الدّارَ الآخِرَةَ لَهِیَ الحَیَوانُ لَوْ کانُوا یَعْلَمُونَ»،[۱] که در و دیوار و عرصهٔ آن عالم، و آب و کوزه و میوه و درخت، همه زنده‌اند و سخن گوی و سخن شنو، و جهتِ آن فرمود مصطفی علیه السّلام که «اَلدُّنیا جیفَةٌ وَ طُلّابُها کِلابٌ»[۲] و اگر آخرت را حیات نبودی، آخرت هم جیفه[۳] بودی، جیفه را برای مُردگی‌اش جیفه گویند، نه برای بویِ زشت و فِرَخْجی[۴]

تفسیر این آیه که «اگر بدانند، سرایِ آخرت سرایِ زندگی است»؛ یعنی که در و دیوار و حیاطِ آن عالم، و آب و کوزه و میوه و درخت، همه زنده‌اند و سخن می‌گویند و سخن می‌شنوند، و از این روست که مصطفی(ص) فرمود: «دنیا مُرداری است و جویندگانِ آن سگان‌اند»، آخرت اگر حیات نداشت، آخرت هم مُردار بود، مُردار را به سبب حیات نداشتن مُردار می‌گویند، نه به سبب بویِ بد و پلشتیِ آن.

۳۵۹۲ **آن جهان چون ذرّه ذرّه زنده‌اند / نکته دان‌اَند و سخن گوینده‌اَند**

تمام ذرّات آن عالم زنده‌اند و نکته‌دان و سخن‌گو.

۳۵۹۳ **در جهانِ مُرده‌شان آرام نیست / کین علف[۵] جز لایقِ اَنعام نیست**

در این جهان مُرده آرام و قرار ندارند؛ زیرا علف برای چهارپایان است.

۳۵۹۴ **هر که را گلشن[۶] بُوَد بزم و وطن / کِی خورَد او باده اندر گولَخَن[۷] ؟**

کسی که موطن‌اش عالم معناست، خوشی دنیوی برایش جاذبه‌ای ندارد.

۳۵۹۵ **جایِ روحِ پاک، عِلّیّین[۸] بُوَد / کِرم[۹] باشد کِش وطن سِرگین[۱۰] بُوَد**

«روحِ پاک» به عالم بالا تعلّق دارد و «روحِ ناپاک» به عالم مادّه.

۳۵۹۶ **بهرِ مَخمورِ خدا جامِ طَهور[۱۱] / بهرِ این مرغانِ کور، این آبِ شور**

بهرهٔ عاشقان حق، معارف و حقایق و بهرهٔ منکران همین امور پست دنیوی است.

---

۱ - عنکبوت: ۶۴/۲۹، مراد آنکه: زندگیِ دنیوی ناپایدار، مُرده و لهو و لعب است، اینجا اشاره به بخشی از آیهٔ شریفه است.

۲ - این عبارت را به عنوان حدیثِ نبوی در منابع نیافتم؛ ولی منسوب به مولا علی(ع) هست و در منابع صوفیّه هم با همین مضمون آمده است. ۳ - **جیفه** : مُردار. ۴ - **فِرَخجی** : فِرَخچی: کثیف و آلوده بودن.

۵ - **علف** : کنایه از بهره‌هایِ دنیوی. ۶ - **گلشن** : کنایه از عالم معنا.

۷ - **گولخن** : آتش‌خانهٔ حمّام، جایِ پست، دنیا. ۸ - **علّیین** : عالم بالا.

۹ - **کِرم** : کنایه از روحِ پست که در کثافات غوطه می‌خورد.

۱۰ - **سِرگین** : نجاستَ، مدفوع، کنایه از پست‌ترین عالم از عوالمِ هستی، یعنی عالمِ مادّه.

۱۱ - مقتبس از: انسان: ۲۱/۷۶.

دفتر پنجم ۵۲۱

۳۵۹۷ هر که عدلِ عُمَّرش¹ ننمود دست   پیش او حَجَّاج² خونی عادل است
هرکس عالم معنا را نشناسد، دنیا را دوست دارد.

۳۵۹۸ دختران را لُعبتِ مُرده دهند   که ز لعبِ زندگان بی‌آگه‌اند
به دختر بچّه‌ها عروسک می‌دهند؛ زیرا کودک‌اند و نمی‌توان طفل زنده‌ای را به آنان داد.

۳۵۹۹ چون ندارند از فُتُوّت زور و دست   کودکان را تیغ چوبین بهتر است
یا شمشیرِ چوبینی که به کودکان می‌دادند، برای بازی بود نه قدرت‌نمایی.

۳۶۰۰ کافران³ قانع به نقشِ انبیا   که نگاریده است اندر دیرها
آنان که جویای حقیقتِ تام نیستند، به نقوش در و دیوار صومعه یا دیر بسنده می‌کنند.

۳۶۰۱ زآن مِهان، ما را چو دورِ روشنی‌ست⁴   هیچمان پروای نقش سایه نیست
ما که از طریق آن بزرگان توانسته‌ایم حقایق را درک کنیم، با وجودِ مادّی‌شان کاری نداریم.

۳۶۰۲ این یکی نقشش نشسته در جهان⁵   وآن دگر نقشش چو مَه در آسمان
هر پیامبر دو نقش دارد، یکی این جهانی، یکی آن جهانی.

۳۶۰۳ این دهانَش نکته گویان با جلیس⁶   وآن دگر با حق به گفتار و انیس
دهان مادّی‌شان با خلق و دهانِ معنویِ آنان با خدا سخن می‌گوید.

۳۶۰۴ گوشِ ظاهر، این سخن را ضبط کُن   گوشِ جانش جاذبِ اسرار کُن⁷
«گوشِ ظاهر» برای شنیدن سخنِ خلق و «گوشِ باطن» برای جذبِ اسرار است.

۳۶۰۵ چشم ظاهر ضابطِ حِلیهٔ⁸ بشر   چشم سِرّ حیرانِ ما زاغَ الْبَصَر⁹
«چشم ظاهر» برای دیدن دنیا و «چشم سِرّ» برای دیدن حقایق غیبی است.

---

۱ - **عدلِ عُمَر**: عدالتِ عمر.   ۲ - **حَجَّاج**: حجاج بن یوسف حاکم ظالم بغداد.
۳ - **کافران**: اینجا احتمالاً مسیحیان‌اند که در و دیوار کلیساها و صومعه‌ها را با مجسّمه‌ها و نقش مسیح(ع) و مریم (س) تزیین می‌کنند و اشاره به بعضی از آنان که فقط به ظواهر توجّه دارند. [اشاره به تمام ظاهربینان]: مثنوی، دکتر استعلامی، ج ۵، ص ۴۰۳.
۴ - چون از آن بزرگان دورِ روشنی نصیب ما شده است، دوران معرفت و آگاهی، دوران محمّدی(ص).
۵ - مراد وجه ظاهری و باطنی است.   ۶ - **جلیس**: همنشین.   ۷ - **اسرار کُن**: اسرار هستی.
۸ - **حِلیه**: رنگ و شکلِ انسان.   ۹ - مقتبس از نجم: ۱۷/۵۳. ر.ک: ۳۹۶۴/۱.

۳۶۰۶ **پایِ ظاهر در صفِ مسجد صَواف[۱] پایِ معنی فوقِ گردون در طواف**

«پایِ ظاهر» در مسجد و در صف و «پای باطن» فوق افلاک در طواف است.

۳۶۰۷ **جزو جزوش را تو بِشمُر همچنین این درونِ وقت، و آن بیرونِ حین[۲]**

تمام اجزایش همین است، «وجهی ظاهری» و «وجهی باطنی».

۳۶۰۸ **این که در وقت است باشد تا اجل وآن دگر یارِ اَبد، قِرنِ[۳] ازل**

«وجه ظاهری» مقیّد به زمان و «وجه باطنی» عاری از قیود است.

۳۶۰۹ **هست یک نامش وَلیُّ الدَّوْلَتَیْن هست یک نعتش[۴] امامُ الْقِبْلَتَیْن[۵]**

یک نام او «صاحبِ دو جهان» و وصفِ او امامت و هدایت در دو جهان است.

۳۶۱۰ **خلوت و چِلّه بر او لازم نماند هیچ غَیْمی[۶] مر وَرا غایم[۷] نماند**

عارف کامل نیازی به خلوت و چلّه‌نشینی ندارد؛ زیرا به کمال و وصال رسیده است.

۳۶۱۱ **قرص ِ خورشید است خلوتْ‌خانه‌اش[۸] کِی حجاب آرَد شبِ[۹] بیگانه‌اش؟**

در دلش حق جای دارد و محلّی برای ظلمت نیست.

۳۶۱۲ **علّت[۱۰] و پرهیز شد، بُحران[۱۱] نماند کُفرِ او ایمان شد، و کُفران نماند[۱۲]**

نَفْس او از نقص رهیده و در عین وصل، برتر از کفر و ایمان است.

۳۶۱۳ **چون اَلِف[۱۳] از استقامت، شد به پیش او ندارد هیچ از اوصافِ خویش[۱۴]**

او همانند ﷺ > به سبب «راست بودن» پیشوا شده است و هیچ صفت بشری ندارد.

3614 **گشت فردْ ازکِسوهٔ[15] خُوهای خویش شد برهنه جان به جان افزای خویش**

برهنه و عاری از اخلاق و صفات بشری به وصل یار رسیده است.

---

۱ - **صَواف** : جمع صافّه به معنی در صف ایستاده.

۲ - **حین** : زمان، «بیرونِ حین» یعنی بدون مقیّد بودن به زمان و جاودانه. ۳ - **قِرْن** : قرین، یار، همنشین.

۴ - **نعت** : صفت. ۵ - امام دو قبله است؛ یعنی هدایت در دو جهان.

۶ - **غَیم** : ابر، کنایه از حجابِ نفسانی. ۷ - **غایم** : ابر پوشنده.

۸ - **خلوت خانه** : کنایه از دل، خانهٔ دل که محلّ تجلّی حق است. ۹ - **شب** : کنایه از ظلمت.

۱۰ - **علّت** : نقص، نفسانیّات. ۱۱ - **بحران** : تب، بیماری، همان نقص.

۱۲ - واصلِ به حق عین حق است. ۱۳ - **الف** : که پیشوای حروف است و انحنا یا نقطه‌ای ندارد.

۱۴ - اوصاف او تبدیل شده‌اند. ۱۵ - **کِسوه** : جامه.

چون برهنه رفت پیشِ شاهِ فرد شاهش از اوصافِ قُدسی جامه کرد ۳۶۱۵

چون از اخلاق و اوصاف بشری تهی شد، به اخلاق و صفات حق آراسته گردید.

خلعتی پوشید از اوصافِ شاه بر پرید از چاه بر ایوانِ جاه ۳۶۱۶

با خلعتِ صفات حق، از عالم مادّه به پیشگاه حق پرواز کرد.

این چنین باشد چو دُردی[1] صاف[2] گشت از بُنِ طشت[3] آمد او بالایِ طشت ۳۶۱۷

«جان» که از قید مادّه رها شود، به عالم معنا اوج می‌گیرد.

در بُنِ طشت از چه بود او دُردناک؟ شومیِ آمیزشِ اجزایِ خاک ۳۶۱۸

«جان» به سبب آمیزش با عالم مادّه و قیوداتِ آن، محبوس شده بود.

یارِ ناخوش[4] پَرّ و بالش بسته بود ورنه او در اصل بس برجسته بود ۳۶۱۹

«وجه نفسانی» گرفتارش کرده بود و گرنه «وجه روحانی»اش مجرّد بود.

چون عِتابِ اِهْبِطُوا[5] انگیختند همچو هاروتش[6] نگون آویختند ۳۶۲۰

با فرمان «فرود آیید» او را همانند هاروت وارونه آویختند.

بود هاروت از مِلاکِ آسمان از عِتابی شد مُعلّق همچنان ۳۶۲۱

«هاروت» فرشته‌ای بود که به سبب قهری وارونه آویخته شد.

سرنگون زآن شد که از سر دُور ماند خویش را سر ساخت و تنها پیش راند ۳۶۲۲

سرنگون شد، چون در زمین همواره متوجّه حق نبود و فکر کرد خودش کسی است.

آن سَبَد[7] خود را چو پُر از آب[8] دید کرد اِستغنا، و از دریا بُرید ۳۶۲۳

هر آدم «خودبینی» که حالی در خود ببیند، آن را از کمالِ خویش می‌داند، نه از عنایت حق.

بر جگر، آبش یکی قطره نماند بحرْ رحمت کرد و او را باز خواند ۳۶۲۴

از حق که جدا شود، می‌فهمد هیچ ندارد و باز رحمت الهی او را فرا می‌خوانَد.

---

۱ - **دُردی :** آلایش مادّی. «دُرد» رسوب شراب است.   ۲ - **صاف :** شراب بدون رسوب، زلال.
۳ - **طشت :** کنایه از عالم مادّه.   ۴ - **یار ناخوش :** همنشین بد، وجه نَفْسانیِ جان آدمی.
۵ - بقره: ۳۶/۲ و ۳۸.   ۶ - هاروت: ر.ک: ۵۳۹/۱.   ۷ - **سبد :** حالِ آدمِ خودبین به سبد مانند شده است.
۸ - **آب :** کنایه از قوّت روحانی و معنوی، «نوری و شوری و حالی».

رحمتی، بی علّتی، بی خدمتی[1] آید از دریا، مبارک ساعتی ۳۶۲۵

چه مبارک ساعتی است که عنایت حق بی علّت و خدمت شامل حال بنده می‌شود.

اَللّه اَللّه، گِردِ دریابار[2] گَرد گرچه باشند اهلِ دریابار زرد ۳۶۲۶

تو را به خدا به راه حق برو، هرچند که این راه سخت است و سالکانش در رنج‌اند.

تا که آید لطفِ بخشایش‌گری سرخ گردد رویِ زرد از گوهری ۳۶۲۷

تا عنایت حق فرا برسد و لطف او غمت را به شادی بَدَل کند.

زردیِ رو بهترینِ رنگ‌هاست زانکه اندر انتظارِ آن لقاست ۳۶۲۸

رنگِ زردِ سالکان و عاشقان بهترینِ رنگ‌هاست؛ چون مقدّمهٔ وصل است.

لیک سرخی بر رخی کآن لامِع[3] است بهرِ آن آمد که جانَش قانع است ۳۶۲۹

کسی که جانَش دردِ طلب ندارد و قانع است، چهره‌اش از سرخی می‌درخشد.

که طمع لاغر کند، زرد و ذلیل نیست او از علّتِ ابدانْ علیل ۳۶۳۰

اشتیاقِ رسیدن به حق آدمی را زرد و ناتوان می‌کند که از بیماری جسمی نیست.

چون ببیند رویِ زردِ بی سَقَم[4] خیره گردد عقل جالینوس[5] هم ۳۶۳۱

طبیب این جهانی هم نمی‌داند چرا چهرهٔ انسانِ سالم زرد شده است؟

چون طمع بَستی تو در انوارِ هو مصطفی گوید که: ذَلَّت نَفْسُهُ[6] ۳۶۳۲

چون طمعِ تو رسیدن به تجلّیات حق است و مصطفی(ص) فرماید: طمع نَفْس را خوار می‌کند.

نورِ بی سایه لطیف و عالی است[7] آن مُشبَّک[8] سایهٔ غربالی است[9] ۳۶۳۳

طالب باید وجودش پر از نور حق باشد که جایی برای ظلمت نمانَد.

---

۱ - مصراع اوّل: جذبه‌ای که بدون هیچ طاعت یا عبادت خاصّی و فقط به سبب رحمت است.

۲ - **دریابار** : کرانه یا ساحل دریا. «گِردِ دریابار گردیدن» یعنی جویای راه حق بودن.

۳ - **لامِع** : درخشان، روشن. ۴ - **سَقَم** : بیماری. ۵ - **جالینوس** : ر.ک: ۲۴/۱.

۶ - اشاره به حدیث: ر.ک: ۱۹۴۳/۵: هر که طمع ورزد، خود را خوار می‌کند؛ امّا اینجا طمع به عشقِ حق، نَفْس را خوار و جان را متعالی می‌کند. ۷ - نور بدون سایه عالی و زیباست. ۸ - **مُشبَّک** : سوراخ سوراخ.

۹ - نوری که با ظلمات توأم باشد، مثلِ سایهٔ غربال مشبّک است و هنوز کامل نیست.

عاشقان عُریان همی‌خواهند تن[1] پیش عِنّینان[2] چه جامه چه بَدَن ۳۶۳۴

عاشقان، تن را عریان می‌خواهند؛ امّا برای ناتوانان با جامه یا بی‌جامه فرقی ندارد.

روزه‌داران[3] را بُوَد آن نان و خوان خرمگس[4] را چه اَبا[5] چه دیگدان ۳۶۳۵

سفرهٔ معارف و حقایق برای عارفان است نه مدّعیان.

دگر بار استدعایِ شاه از ایاز که: تأویلِ کار خود بگو، و مشکلِ منکران را و طاعنان[6] را حل کن، که ایشان را در آن التباس[7] رها کردن مُروَّت[8] نیست

این سخن از حدّ و اندازه است بیش ای ایاز! اکنون بگو احوالِ خویش[9] ۳۶۳۶

علوم و اسرار بی‌حدند؛ پس ای ایاز، اینک تو حال خویش را بگو.

هست احوالِ تو از کانِ نُوی[10] تو بدین احوال کِی راضی شوی؟ ۳۶۳۷

احوال تو از عالم غیب است و نمی‌تواند به این احوالِ عادی رضایت دهد.

هین! حکایت کن از آن احوالِ خَوش خاک بر احوال و درسِ پنج و شَش ۳۶۳۸

از احوال روحانی‌ات بگو و همهٔ موضوعات دنیوی را رها کن.

حالِ باطن گر نمی‌آید به گفت حالِ ظاهر گویمت در طاق و جفت[11] ۳۶۳۹

حال باطنی‌ات که قابل وصف نیست؛ ولی حالِ ظاهرت را در «بُرد و باخت» زندگی می‌گویم.

که ز لطفِ یار تلخی‌هایِ مات[12] گشت بر جانْ خوشتر از شَکّرنبات ۳۶۴۰

که به لطف حق، تحمّل سختی‌ها چگونه جان را منوّر و شیرین می‌کند.

---

۱ - عریان از تمام تعلّقات و قیودات عالم مادّه، در واقع پاکِ پاک برای معشوق.

۲ - **عِنّینان** : عنّین + ان، مردی که ناتوانیِ جنسی دارد، اینجا کسی که عالمِ معنا را نمی‌شناسد و از حق چیزی نمی‌داند. ۳ - عارفان در این دنیا روزه‌دار هستند.

۴ - **خرمگس** : کنایه از مدّعیِ معرفت که فرق «آش» و «دیگ» را نمی‌داند، یعنی آنچه را که از معارف می‌گوید، هیچ تجربه نکرده است و فرق «مظروف» و «ظرف» را نمی‌فهمد. ۵ - **اَبا** : آش.

۶ - **طاعنان** : سرزنش کنندگان. ۷ - **اِلتباس** : پوشیدگی، نگفتن. ۸ - **مُروّت** : جوانمردی.

۹ - بازگشت به قصّه‌ای که در ۱۸۵۷/۵ آغاز شده بود. ۱۰ - **کانِ نُوی** : معدنِ تازگی‌ها، سرچشمهٔ آن جهانی.

۱۱ - **طاق و جفت** : اصطلاحِ نرد، اینجا خوب و بدِ زندگی، بُرد و باخت.

۱۲ - **مات** : مات شدن، باختن، تحمّل رنج‌ها در راه حق.

زآن نـبات، ار گَـرد در دریـا رَوَد تـلخی دریـا هـمه شـیرین شـود ۳۶۴۱

شیرینی و حلاوت این عنایت چنان است که دریایِ تلخ را هم شیرین می‌کند.

صـد هـزار احـوال آمـد هـمچنین بـاز سـویِ غـیب رفـتند ای امـین! ۳۶۴۲

ای امین، همواره واردات غیبی احوال گوناگونی را ایجاد می‌کنند و محو می‌شوند.

حـالِ هـر روزی بـه دیِ مـانند نـی همچو جُو اندر رَوِش، کِش بند نـی ۳۶۴۳

این احوال، مثل جریانِ آب در جویبار هرگز پایدار و یکسان نیستند.

شـادیِ هـر روز از نـوعی دگـر فکـرتِ هـر روز را دیگـر اثـر [1] ۳۶۴۴

شادی هر روز نوع دیگری است و اندیشه هر روز اثرِ دیگری دارد.

تمثیلِ تنِ آدمی به مهمانخانه، و اندیشه‌هایِ مختلف به مهمانانِ مختلف. عارف در رضا بدان اندیشه‌هایِ غم و شادی، چون شخصِ مهمان‌دوستِ غریب‌نواز خلیل‌وار، که درِ خلیل به‌اکرامِ ضیف [2] پیوسته باز بود بر کافر و مؤمن و امین و خاین [3]، و با همهٔ مهمانان روی تازه داشتی

در این تمثیل وجودِ انسان به مهمانخانه‌ای مانند است که افکار، اندیشه و احوال گوناگون بسان مهمانانِ مختلف بدان جا می‌آیند؛ امّا مدّتی طولانی در آن نمی‌پایند و باز می‌روند. اگر صاحبخانه مهمان‌دوست و غریب‌نواز باشد، همان گونه که ابراهیم خلیل(ع) بود، مقدم مهمان را گرامی می‌دارد و خانهٔ خویش را بر «کافر و مؤمن» و «امین و خاین» به لطف و مهربانی می‌گشاید.

به همین مناسبت است که عارف از ورود و هجوم اندیشه‌های گونه‌گون ناخرسند نیست و با احوالِ متفاوتی که در وی رخ می‌نماید، از «غم و شادی» توافق دارد؛ زیرا به خوبی واقف است که بلایا و مصایب مانند ابر تیره و تاری است که با چهره‌ای عبوس و گرفته فرا می‌رسد؛ امّا حاصل آن همه سرسبزی و خرّمی است.

هست مهمانْ خانه این تن ای جوان! هـر صـباحی ضَـیفِ نـو آیـد دوان [4] ۳۶۴۵

ای جوان، وجودِ آدمی همانند مهمانخانه، هر صبح مهمان تازه‌ای دارد.

---

۱ - همواره در حال نو شدن است. ۲ - **ضَیف** : مهمان. ۳ - **امین و خاین** : درستکار و خیانت پیشه.
۴ - **دوان** : به شتاب.

دفتر پنجم

**هین! مگو کین ماند اندر گردنم		که هم اکنون باز پَرَّد در عدم** ۳۶۴۶
آگاه باش. نگو که این میهمان وبال گردنم شد که فوراً محو می‌شود.

**هر چه آید از جهانِ غیبْ‌وَش		در دلت ضیف است، او را دار خَوش** ۳۶۴۷
تمام واردات غیبی را به منزلهٔ میهمان عزیز بدار.

حکایتِ آن مهمان که زنِ خداوندِ خانه گفت که: باران فرو گرفت و مهمان در گردنِ ما ماند

میهمانی پاسی از شب گذشته به سرای مردی وارد شد. صاحبخانه در حقِّ وی اکرام کرد و پس از تناولِ شام در بستری آسود. زنِ صاحبخانه که به خانهٔ همسایه رفته بود، دیرگاه بازگشت و در تاریکیِ شب به گمان آنکه نزد شوهر می‌رود، به خوابگاهِ میهمان خزید و اظهارِ ملال کرد که شب است و باران و میهمان به ناچار ماندنی. میهمان آزرده از ملال میزبان، آنان را ترک کرد؛ امّا ندامتِ زن و شوهر از اینکه میهمان را که در اندیشهٔ ایشان محتملاً یار خضر بوده است، گرامی نداشته‌اند، همچنان باقی ماند و خانهٔ خویش را به مهمانخانه تبدیل کردند تا «خانه» را که رمزی است از «دل آدمی» از واردات غیبی و فوایدِ معنوی و روحانیِ آن، با گرامی داشت این خواطر و واردات، از وجودِ آن‌ها محروم ندارند.

**آن یکی را بیگهان آمد قُنُق[۱]		ساخت او را همچو طَوق[۲] اندر عُنُق[۳]** ۳۶۴۸
برای شخصی میهمانی بی موقع آمد؛ ولی صاحبخانه او را گرامی و عزیز داشت.

**خوان کشید او را، کرامت‌ها نمود		آن شب اندر کویِ ایشان سور بود** ۳۶۴۹
سفره گسترد و احترام گذاشت و در دلش از حضور او جشنی بود.

**مرد زن را گفت پنهانی سخُن		کِامشب ای خاتون! دو جامه خواب کُن** ۳۶۵۰
مرد آهسته به زن گفت: امشب دو رختخواب بگستر.

---

۱ - **قُنُق** : میهمان.	۲ - **همچو طوق بر گردن نهادن** : عزیز داشتن و پذیرا شدن.	۳ - **عُنُق** : گردن.

۳۶۵۱ **بســترِ[1] مــا را بگســتر ســوی ِ در بــهرِ مـهمان گستر آن سـوی ِ دگـر**

بستر ما را کنارِ در و رختخوابِ میهمان را آن سوی ِ دیگر پهن کن.

۳۶۵۲ **گفت زن: خدمت کنم، شادی کـنم سمع و طاعَه، ای دو چشمِ روشنم!**

زن گفت: ای دو چشم روشن من، شنیدم، اطاعت می‌کنم و شادمانم.

۳۶۵۳ **هــر دو بســتر گســترید و رفت زن سوی ِ خـتنه‌سور، کـرد آنـجا وطـن**

زن رختخواب‌ها را گسترد و به ختنه سوران رفت و نشست.

۳۶۵۴ **مــاند مــهمانِ عــزیز و شــوهرش نُــقل بــنهادند از خشک و تَــرَش**

میهمان عزیز و شوهر ماندند و با تنقّلات خشک و تر از خود پذیرایی کردند.

۳۶۵۵ **در سَــمَر[2] گــفتند هــر دو مُــنتجَب[3] سرگذشتِ نـیک و بـد تـا نـیم‌شب**

دو مرد برجسته تا نیمه شب از نیک و بد سرگذشت‌ها گفتند.

۳۶۵۶ **بعد از آن، مهمان ز خواب و از سَمَر شد در آن بستر که بُد آن سـوی در**

میهمان بعد از آن حرف و حکایت، خواب‌آلود به سوی بسترِ نزدیک در رفت.

۳۶۵۷ **شـوهر از خـجلت بـدو چـیزی نگفت که: تو را این سوست ای جان! جایِ خُفت**

شوهر خجالت کشید که بگوید: رختخواب تو این سو است.

۳۶۵۸ **که: برای خـوابِ تـو ای بـوآلکرم! بســتر آن ســویِ دگــر افکـنده‌ام**

ای صاحب کرم، برای خوابیدنت آن سوی ِ دیگر رختخواب پهن کرده‌ام.

۳۶۵۹ **آن قــراری کــه بــه زن او داده بــود گشت مُبْدَل[4]، و آن طرف مهمان غُنود[5]**

قراری که با زن داشت عوض شد و میهمان آن طرف خوابید.

۳۶۶۰ **آن شب آنجا سخت باران درگرفت کـز غـلیظی ابـرشان آمـد شگـفت**

باران سختی می‌بارید و تیرگی ابرها شگفت‌انگیز بود.

۳۶۶۱ **زن بــیامد، بــر گـمانِ آنکـه شُــو سوی ِ در خفته‌ست، و آن سو آن عمو**

زن به گمان آنکه شوی در کنار در و آن مرد سوی دیگر است، بازگشت.

---

۱ - در متن کهن «پُستر» ضبط شده است، بستر. ۲ - **سَمَر**: مجلسِ شب‌نشینی، افسانه‌ای که در شب گویند.
۳ - **مُنتجَب**: ممتاز، برجسته، برگزیده. ۴ - **مُبدل**: تبدیل شده. ۵ - **غُنود**: خوابید.

**رفت عریان در لحاف آن دم عروس		داد مهمان را به رغبت چند بوس** ۳۶۶۲

زن عریان زیر لحاف خزید و با شوق چند بار میهمان را بوسید.

**گفت: می‌ترسیدم ای مردِ کَلان!		خود همان آمد، همان آمد، همان** ۳۶۶۳

و گفت: ای مرد بزرگ، همان چیزی که می‌ترسیدم، پیش آمد.

**مردِ مهمان را گِل و باران نشاند		بر تو چون صابونِ سلطانی[1] بماند** ۳۶۶۴

باران و گِل، میهمان را اینجا ماندنی کرد و چون صابون سلطانی به گردنت ماند.

**اندر این باران و گِل او کِی رود؟		بر سر و جانِ تو او تاوان شود** ۳۶۶۵

او در این باران و گِل نمی‌رود و وبالِ جانِ تو می‌شود.

**زود مهمان جَست و گفت: ای زن! بِهِل		موزه[2] دارم، غم ندارم من ز گِل** ۳۶۶۶

میهمان از جا پرید و گفت: ای زن، رهایم کن. من چکمه دارم و از گِل باکی ندارم.

**من رَوان گشتم، شما را خیر باد		در سفر یک دم مبادا روح شاد[3]** ۳۶۶۷

من رفتم. خدا خیرتان بدهد. روح لحظه‌ای در سفر آرامش ندارد.

**تا که زوتر جانب معدن رود		کین خوشی اندر سفر رَه‌زن شود** ۳۶۶۸

زیرا خوشی‌ها نمی‌گذارند که انسان هرچه زودتر به مسکن اصلی خود برگردد.

**زن پشیمان شد از آن گفتارِ سرد		چون رمید و رفت آن مهمانِ فرد** ۳۶۶۹

وقتی که آن میهمان بی همتا برخاست و رفت، زن از سخنان سرد خود پشیمان شد.

**زن بسی گفتش که آخِر ای امیرا!		گر مِزاحی[4] کردم از طیبت[5]، مگیر** ۳۶۷۰

زن اصرار کرد که ای امیر، اگر مزاحی کردم به دل نگیر.

**سجده و زاری زن سودی نداشت		رفت و ایشان را در آن حسرت گذاشت** ۳۶۷۱

احترام و ناله زن سودی نداشت. میهمان رفت و آنان را در حسرت باقی گذاشت.

---

۱ - **صابونِ سلطانی**: صابونی که حکومت توزیع می‌کرد، نوعِ پستِ صابون.   ۲ - **موزه**: چکمه.
۳ - روح می‌خواهد به موطن اصلیِ خود بازگردد.   ۴ - **مِزاح**: شوخی.   ۵ - **طیبت**: خوش طبعی.

۳۶۷۲ **جامه ازرق[۱] کرد زآن پس مرد و زن صورتش دیدند شمعی بی‌لگن[۲]**

بعد از آن، مرد و زن از غصّه عزادار بودند؛ زیرا صورتش را کاملاً نورانی دیدند.

۳۶۷۳ **می‌شد، و صحرا ز نورِ شمعِ مرد[۳] چون بهشت از ظلمتِ شب گشته فرد[۴]**

می‌رفت و صحرا از نورِ وجودِ او چون بهشت روشن بود.

۳۶۷۴ **کرد مهمان خانه خانهٔ خویش را از غم و از خجلتِ این ماجرا**

صاحبخانه از غم و شرمندگی خانه‌اش را تبدیل به مهمانخانه کرد.

۳۶۷۵ **در درونِ هر دو از راهِ نهان هر زمان گفتی خیالِ میهمان**

خیال میهمان هر لحظه نهانی به دل آن‌ها می‌گفت:

۳۶۷۶ **که منم یارِ خَضِر، صد گنج و جُود می‌فشاندم، لیک روزی‌تان نبود**

من یار خضر هستم. می‌توانستم گنج‌ها و عطا بدهم؛ ولی روزی‌تان نبود.

تمثیلِ فکرِ هر روزینه که اندر دل آید، به مهمانِ نو که از اوّلِ روز در خانه فرود آید و تحکّم و بدخویی کند به خداوندِ خانه، و فضیلتِ مهمان‌نوازی و نازِ مهمان کشیدن

۳۶۷۷ **هر دمی فکری چو مهمانِ عزیز آید اندر سینه‌ات هر روز نیز**

هر روز و هر لحظه اندیشه‌ای، چون میهمان گرامی به دلت می‌رسد.

۳۶۷۸ **فکر را ای جان! به جایِ شخص دان زانکه شخص از فکر دارد قدر و جان**

ای عزیز، اندیشهٔ هر کس خودِ اوست؛ زیرا انسان به سبب فکر و جان منزلت دارد.

۳۶۷۹ **فکرِ غم گر راهِ شادی می‌زند کارسازی‌هایِ شادی می‌کند**

اگرچه اندیشهٔ اندوه‌زا شادیِ دنیوی را می‌بَرَد؛ امّا مقدّمهٔ شادیِ حقیقی است.

۳۶۸۰ **خانه می‌روبد به تندی او ز غیر تا در آید شادیِ نو ز اصلِ خیر**

خانهٔ دل را از هر چیز دیگری پاک می‌کند تا شادیِ نوی از اصل شادی‌ها برسد.

---

۱ - **ازرق** : کبود. ۲ - **شمع بی‌لگن** : شمعِ بدون موم، کاملاً نورانی. ۳ - **مرد** : از اولیای حق بوده است.
۴ - ظلمت شب به سبب وجودِ او زایل شده بود.

۳۶۸۱ می‌فشانَد بـرگِ زرد از شـاخ دل   تـا بـرویَد بـرگ سـبزِ مُـتّصل¹
برگ‌های زرد را از شاخهٔ دل می‌تکاند تا برگ‌های همیشه سبز بروینـد.

۳۶۸۲ مـی‌کَنَد بـیخ سُـرورِ کـهنه را   تـا خـرامـد ذوقِ نـو از مـاورا²
ریشهٔ شادی‌های دنیوی را می‌کَنَد تا شادی معنوی از عالم غیب بیاید.

۳۶۸۳ غـم کَـنَد بـیخ کـژ پـوسیده را   تـا نُـمایـد بـیخ رُوپـوشیده را
ریشهٔ کج پوسیده را می‌کَنَد تا ریشهٔ نهانی آشکار شود.

۳۶۸۴ غـم ز دل هر چه بریزد یا بَرَد   در عـوض حـقّـا کـه بـهتر آوَرَد
غم هر چه را از دل ببرد، به راستی که چیز بهتری را می‌آوَرَد.

۳۶۸۵ خاصه آن را کـه یقینش باشد این   کـه: بُـوَد غـم بـندهٔ اهـلِ یـقین
بخصوص برای «اهل یقین» که از غم دنیوی غمگین نمی‌شود.

۳۶۸۶ گر تُرُش رویی نیارَد ابر و برق³   رَز⁴ بـسوزد از تـبسّم‌هایِ شرق⁵
چون شادیِ پیوستهٔ دنیوی «جان» را تباه می‌کند و «غم‌ها» مثل باران، آن را صفا می‌دهند.

۳۶۸۷ سعد و نحس اندر دلت مهمان شود⁶   چـون سـتاره خـانه خـانه مـی‌رود
واردات غیبی «خوب» و «بد» به دلت می‌رسند و بعد می‌روند.

۳۶۸۸ آن زمـان کـه او مـقیم بُـرج توست⁷   باش همچون طالعش⁸ شیرین و چُست
هنگامی که «غم» یا «شادی» به دلت رسید، پذیرای آن باش.

۳۶۸۹ تا که با مَه چـون شـود او مـتّصل   شُکر گـویـد از تـو بـا سـلطانِ دل⁹
تا وقتی که «واردات غیبی» به عالم غیب برگشتند، از میهمان‌نوازیِ تو راضی باشند.

---

۱ - مُتّصل: ماندگار. ۲ - ماورا: عالم غیب.
۳ - مصراع اوّل: اگر رعد و برق و باران نشود، آفتابِ دایم باغ را می‌سوزاند.   ۴ - رَز: تاک.
۵ - تبسّم‌های شرق: آفتاب سوزان.
۶ - «دل» به «منطقة البروج» مانند شده است که در آن، گاه ستارگان سعد و گاه نحس در «برج» خاصّی قرار دارند.
۷ - بُرج تو: وجودِ تو که مانند یکی از برج‌های فلکی است.
۸ - همچون طالعش: مانندِ طالعِ خود ستاره که با ستاره موافقت دارد، تو هم با او موافق باش؛ یعنی بپذیر. طالعِ ستارهٔ سعد، سعد است و برعکس.   ۹ - سلطانِ دل: پروردگار.

هفت سال ایّوب با صبر و رضا[1] در بلا خوش بود با ضَیفِ خدا ۳۶۹۰

«ایّوب»(ع) هفت سال انواع بلاها را با صبر و رضایت تحمّل کرد.

تا چو واگردد بلایِ سخت رو[2] پیش حق، گوید به صدگون شُکرِ او ۳۶۹۱

تا وقتی به عالم غیب باز می‌گردد، از او راضی و سپاسگزار باشد.

کز محبّتْ با منِ محبوبْ کُش[3] رو نکَرد ایّوب یک لحظه تُرُش ۳۶۹۲

و بگوید: «ایّوب» با من یک لحظه ترش‌رویی نکرد.

از وفا و خجلتِ علمِ خدا[4] بود چون شیر و عسل او با بلا ۳۶۹۳

او بندهٔ وفاداری بود که با میهمان غیبی خوشخویی کرد.

فکر در سینه در آید نو به نو خندخندان[5] پیش او تو باز رو ۳۶۹۴

از هر اندیشهٔ نو یا «وارد غیبی» استقبال کن.

که: اَعِذْنی[6] خالِقی مِنْ شَرِّهِ لا تُحَرِّمْنی، اَنِلْ[7] مِنْ بِرِّهِ ۳۶۹۵

بگو: ای آفریدگار، مرا از بدیِ اندیشهٔ بد پناه ده و از نیکی‌هایی که از غیب می‌رسد، محروم نکن.

رَبِّ اَوْزِعْنی[8] لِشُکْرِ ما أریٰ لاٰ تُعَقِّبْ[9] حَسْرَةً لی اِن مَضیٰ[10] ۳۶۹۶

پروردگارا، مرا بر آنچه که می‌بینم، سپاسگزاری الهام کن و چون چیزی بگذرد، نگذار حسرت و ناسپاسی داشته باشم.

آن ضمیرِ روتُرُش را پاس دار آن تُرُش را چون شکر شیرین شمار ۳۶۹۷

دلِ اندوهگین را گرامی دار و پذیرایِ غم باش.

ابر را گر هست ظاهر رو تُرُش گلشن آرنده است ابر، و شوره‌کُش[11] ۳۶۹۸

ابر با ظاهری اخم‌آلود، شوره را می‌برد و گلستان را پدید می‌آوَرَد.

---

۱ - اشاره به: ص: ۴۲/۳۸-۴۱. ۲ - **سخت‌رو**: سمج.

۳ - **منِ محبوب کُش**: همان «غم» که عزیزان بدان مبتلا می‌شوند.

۴ - **خجلتِ علم خدا**: می‌دانست که خدا حالِ او را می‌داند و این خواستِ حق است.

۵ - **خند خندانَ**: در حال خنده. ۶ - **اَعِذْنی**: پناه ده. ۷ - **اَنِل**: برسان. ۸ - **أَوْزِعْنی**: الهام کن.

۹ - **لا تُعقِّب**: در پی میاور. ۱۰ - **مضیٰ**: گذشت.

۱۱ - **شوره**: کنایه از رذایل یا غفلت‌ها و هر چیزی که سدّ راه کمال است.

فکرِ غم را تو مثال ابر دان　　با تُرُش تو رو تُرُش کم کن چنان ۳۶۹۹

فکرِ اندوه‌زا هم مثل ابر است، ظاهری اخمو دارد.

بوکه آن گوهر به دست او بُوَد　　جهد کن تا از تو او راضی رَوَد ۳۷۰۰

شاید قرار باشد که «معرفت» با ورود او حاصل شود، بگذار راضی باشد.

ور نباشد گوهر و نَبْوَد غنی[1]　　عادتِ شیرینِ خود افزون کنی ۳۷۰۱

اگر هم نبود، به خوشخویی عادت می‌کنی.

جایِ دیگر سود دارد عادتت　　ناگهان روزی بر آید حاجتت ۳۷۰۲

خوشخویی در جای دیگری به دردت می‌خورد و روزی آرزویت برآورده می‌شود.

فکرتی کز شادی‌اَت مانع شود　　آن به امر و حکمتِ صانع شود ۳۷۰۳

این «غم»ها به امر حق می‌آیند و در آن‌ها حکمتی هست.

تو مخوان دو چار دانگش[2] ای جوان!　　بوکه نجمی[3] باشد و صاحب قِران[4] ۳۷۰۴

ای جوان، فکر نکن که چیز خوبی نیست. شاید ستارهٔ سعادت و اقبال باشد.

تو مگو فرعی‌ست، او را اصل گیر　　تا بُوِیِ پیوسته بر مقصود چیر[5] ۳۷۰۵

فکر نکن که این اصل و مطلوب من نیست، شاید در پسِ این فرع، اصل هم باشد.

ور تو آن را فرع گیری و مُضِر　　چشمِ تو در اصل باشد منتظر ۳۷۰۶

اگر آن را فرع و زیان‌آور بدانی، همواره باید منتظرِ اصل بمانی.

زهر آمد انتظار اندر چَشِش　　دایما در مرگ باشی زآن رَوِش ۳۷۰۷

انتظار مثل زهر تلخ و کشنده است. به این ترتیب همواره در حال مرگ می‌مانی.

اصل دان آن را، بگیرش در کنار　　باز رَه دایم ز مرگِ انتظار ۳۷۰۸

انتظار را رها کن و همین را که آمده است، بپذیر و قبول کن.

---

۱ - اگر گوهر «معرفت» به دست او نباشد، ثروتمند نباشد.

۲ - **دو چار دانگ** : ناخوشایند و ناقص، کنایه از چیزِ بد.　۳ - **نجم** : ستاره، اینجا ستارهٔ سعادت و اقبال.

۴ - **صاحب قِران** : صاحبِ دولت و بخت، اینجا مبارک و فرخنده.　۵ - **چیر** : چیره.

نواختنِ سلطان ایاز را

ای ایـازِ پُـر نـیازِ[1] صـدق کـیش[2] صدقِ تو از بحر و ازکوه است بیش ۳۷۰۹

ای ایاز پر نیازِ مؤمن، صدقِ تو را نمی‌توانم وصف کنم.

نه بـه وقت شـهوتت بـاشد عِـثار[3] کـه رَوَد عـقلِ چـو کـوهت کـاه‌وار ۳۷۱۰

نه به هنگام شهوت می‌لغزی که عقلِ استوار و کاملت مانند کاه از دست برود،

نه به وقتِ خشم و کینه صـبرهات سُست گـردد در قـرار و در ثَـبات ۳۷۱۱

نه هنگام خشم و غضب، بردباری‌ات را از دست می‌دهی.

مردی این مردی‌ست، نه ریش و ذَکَر[4] ورنـه بـودی شـاهِ مـردان کـیرِ خـر ۳۷۱۲

مردانگی همین تسلّط بر نفس است نه به اسباب ظاهری.

حق که را خوانده است در قرآن رجال؟[5] کِـی بُـوَد ایـن جسـم را آنجا مَجال؟ ۳۷۱۳

خداوند در قرآن کسانی را «رجال» خوانده است که جویای پاکی و حق‌اند، سخن از تن نیست.

روحِ حیوان[6] را چه قدر است ای پدر؟ آخـر از بـازارِ قـصّابان گـذر ۳۷۱۴

ای پدر، روحِ حیوانی چه ارزشی دارد؟ به بازار قصّابان برو و ببین.

صـد هـزاران سـر نـهاده بـر شکـم اَرْزِشـان از دُنـبَه و از دُمّ کـم ۳۷۱۵

هزاران کلّه را رویِ شکنبه گذاشته‌اند که ارزششان از دنبه و دُم هم کمتر است.

روسـپی بـاشد کـه از جـولانِ کـیر عقلِ او موشی شود، شهوت چو شیر ۳۷۱۶

فقط روسپی است که از جنبش شهوت عقلش زایل می‌شود.

---

۱ – **پُر نیاز:** نیازمندِ دوست. ۲ – **صدقْ کیش:** صادق و با ایمان. ۳ – **عِثار:** لغزش.
۴ – **ذَکَر:** آلت تناسلی نر. ۵ – اشاره به مضمون: توبه: ۱۰۸/۹ و نور: ۳۷/۲۴.
۶ – **روح حیوانی:** روحی که عالم معنا را درک نمی‌کند.

وصیّت کردنِ پدر دختر را که: خود را نگهدار تا حامله نشوی از شوهرت

خواجه‌ای دخترِ ماه‌رخسار و سیمین اندامِ خویش را به ناچار به مردی که هم‌شأن وی نبود، تزویج کرد؛ امّا گفت: دختر، به‌هوش باش و از شوی حمل نگیر، که این مرد را وفایی نیست و ناگاه ممکن است تو و طفلت را ترک کند. پند پدر سودمند نیفتاد و دختر حامله شد. پدر با تغیّر او را ملامت کرد. دختر به سادگی تمام گفت: چگونه می‌توانستم پرهیز کنم؟ پدر گفت: چون با تو در می‌آمیخت، وقتی که چشمِ او کَلاپیسه می‌شد، باید خود را از وی نگاه می‌داشتی. دختر گفت: پدر جان تا چشمِ او کلاپیسه شود، چشم من کور گشته است.

تبیینِ صدق و صفات مردانگیِ ایاز در «نواختنِ سلطان ایاز را»، که عقلِ کوه‌مانند او به هنگام خشم و شهوت چون کاه از جای برکنده نمی‌شود، تداعی‌گر قصهٔ خواجه و دختر است که در تقریر همین معناست که انسان به جانِ انسانی زنده است و آن کس را که جانِ حیوانی در سیطرهٔ خویش آورده است، انسان نیست، چه زن و چه مرد.

۳۷۱۷ **خواجه‌یی بوده است، او را دختری   زُهره‌خدّی[۱]، مَه‌رخی، سیمین‌بَری**

خواجه‌ای دختری با چهره‌ای درخشان، ماهرخ و خوش اندام داشت.

۳۷۱۸ **گشت بالغ، داد دختر را به شو   شُو نبود اندر کَفاءَت[۲] کُفْوِ[۳] او**

دختر به سنّ بلوغ رسید و او را به شوهری داد که همتایِ دختر نبود.

۳۷۱۹ **خربزه چون در رسد، شد آبناک   گر بِنَشکافی، تلف گردد هلاک**

اگر خربزهٔ رسیدهٔ آبدار را قاچ نکنی، خراب می‌شود و از بین می‌رود.

۳۷۲۰ **چون ضرورت بود دختر را بداد   او به ناکُفوی، ز تخویفِ[۴] فساد**

مرد بنا به ضرورت و از ترسِ تباهی، دختر را به آدمِ غیر هم‌شأن داد.

۳۷۲۱ **گفت دختر را کَز این دامادِ نو   خویشتن پرهیز کن، حامِل نشو**

مرد به دختر گفت: پرهیز کن تا از شوهرت حامله نشوی.

۳۷۲۲ **کز ضرورت بود عَقدِ این گدا   این غریب‌اِشمار[۵] را نَبْوَد وفا**

از رویِ ناچاری تو را به عقدِ این گدا در آوردم، او گمنام و بی‌وفاست.

۳۷۲۳ **ناگهان بِجْهد، کُنَد ترکِ همه   بر تو طفلِ او بماند مَظلمه[۶]**

ممکن است یک دفعه تو را ترک کند و بچّه وبال گردنت بمانَد.

۱ - **خَدّ** : رخساره.   ۲ - **کفائت** : مساوات و برابری.   ۳ - **کُفْو** : هم‌شأن، هم‌تراز.
۴ - **تخویف** : ترساندن، از خوف.   ۵ - **غریب‌اِشمار** : کسی که در شمار غریبه‌هاست.
۶ - **مَظْلمه** : ستمی که بر کسی رَوَد.

گفت دختر کِای پدرا! خدمت کنم — هست پندت دلْپذیر و مغتنم ۳۷۲۴

دختر گفت: پدر اطاعت می‌کنم که پندت دلنشین و باارزش است.

هر دو روزی، هر سه روزی آن پدر — دخترِ خود را بفرمودی حَذَر ۳۷۲۵

هر چند روز یک بار، پدر همین تذکّر را می‌داد.

حامله شد ناگهان دختر از او — چون بُوَد هر دو جوان خاتون و شُو؟ ۳۷۲۶

ناگهان دختر حامله شد؛ چون وقتی زن و شوهر هر دو جوان باشند، چه پیش می‌آید؟

از پدر او را خفی می‌داشتش — پنج ماهه گشت کودک یا که شش ۳۷۲۷

دختر از پدر مخفی کرد تا جنین پنج یا شش ماهه شد.

گشت پیدا، گفت بابا: چیست این؟ — من نگفتم که از او دوری گزین؟ ۳۷۲۸

پدر برآمدگی شکم او را دید و گفت: مگر نگفتم که از او پرهیز کن.

این وصیّت‌هایِ من خود باد بود؟ — که نکردت پند و وَعظم هیچ سود؟ ۳۷۲۹

مگر سفارش‌های من باد هوا بود که اثری نکرد؟

گفت: بابا! چون کنم پرهیز من؟ — آتش و پنبه است بی شک مرد و زن ۳۷۳۰

دختر گفت: پدر، چگونه پرهیز کنم؟ زن و مرد مثل آتش و پنبه‌اند.

پنبه را پرهیز از آتش کجاست؟ — یا در آتش کِی حفاظ است و تُقاست[1]؟ ۳۷۳۱

پنبه که نمی‌تواند از آتش پرهیز کند و خود را حفظ نماید.

گفت: من گفتم که سویِ او مرو — تو پذیرایِ مَنیِّ او مشو ۳۷۳۲

پدر گفت: گفتم که پیش او نرو؛ یعنی منی او را نپذیر.

در زمانِ حال و اِنزال و خوشی — خویشتن باید که از وی در کشی ۳۷۳۳

باید خود را در حال انزال و خوشی از او دور کنی.

گفت: کِی دانم که انزالش کِی است — این نهان است و به غایت مخفی است ۳۷۳۴

دختر گفت: زمان انزال معلوم نیست که من بدانم.

---

۱ - **تُقا**: پرهیز.

گفت: چشمش چون کلاپیسه شود[1]　　　فهم کُن کآن وقتِ انزالش بُوَد ۳۷۳۵

پدر گفت: وقتی که حالت چشمش عوض می‌شود.

گفت: تا چشمش کلاپیسه شدن　　　کور گشته است این دو چشمِ کورِ من ۳۷۳۶

دختر گفت: تا بخواهد حالت چشم او عوض شود، چشم من کور شده است.

نیست هر عقلی، حقیری، پایدار　　　وقتِ حرص و وقتِ خشم و کارزار ۳۷۳۷

هر عقل کوچکی نمی‌تواند هنگام حرص، خشم و جنگ پایدار بماند.

وصفِ ضعیفْ‌دلی[2] و سستیِ[3] صوفیِ سایه‌پرورد[4] مجاهده‌ناکرده[5]، درد و داغ عشق ناچشیده، به سجده[6] و دست بوسِ عام و به حرمتِ نظر کردن و به انگشت نمودنِ[7] ایشان که امروز در زمانه صوفی اوست غرّه[8] شده، و به وَهم بیمار شده، همچون آن معلّم که کودکان گفتند که رنجوری، و با این وَهْم که من مجاهدم، مرا در این ره پهلوان می‌دانند، با غازیان[9] به غزا[10] رفته که: به ظاهر نیز هنر بنمایم[11]، در جهادِ اکبر مستثناام، جهادِ اصغر خود پیشِ من چه محل دارد؟ خیالِ شیر[12] دیده و دلیری‌ها کرده و مستِ این دلیری شده، و روی به بیشه نهاده به قصدِ شیر، و شیر به زبان حال گفته که: «کَلاَّ سَوْفَ تَعْلَمُونَ ثُمَّ کَلاَّ سَوْفَ تَعْلَمُونَ»[13]

صوفیِ مجاهده ناکرده‌ای که مدّعیِ مردانگی بود و مردِ میدان نبود، با این پندار که در جهادِ اکبر فرد بوده‌ام، جهادِ اصغر بسی سهل است، با غازیان به غزای کُفّار رفت و هنگامِ رزم همراه ضعیفان نزد بُنه و خیمه ماند. سواران به صفِ مصاف رفتند و پیروز باز گشتند. صوفی از غنایم هیچ نگرفت و خشمگین بود که از غزا محروم مانده و خنجری نکشیده است. برای آنکه او هم از غزا بهره برده باشد، اسیری را به وی سپردند که این دست بسته را تو بکش؛

۱ - **کلاپیسه شود:** از حال طبیعی خارج شود.　۲ - **ضعیف دل:** ترسو.　۳ - **سُست:** تنبل.

۴ - **سایه پَرَوَرد:** در آسایش زیسته و گرمی آفتاب را هم نیازموده.

۵ - **مجاهده‌ناکرده:** کسی که اهل ریاضت و تهذیب هم نبوده است.　۶ - **سجده:** تعظیم و احترام.

۷ - **به انگشت نمودن:** انگشت نما شدن.　۸ - **غَرّه:** مغرور و فریب خورده.

۹ - **غازیان:** جمع غازی، جنگاوران.　۱۰ - **غزا:** جنگ.　۱۱ - در ظاهر هم هنرنمایی کنم.

۱۲ - **خیالِ شیر:** شبح شیر.

۱۳ - قرآن: تکاثر: ۱۰۲/۴-۳: حقّاً که به زودی خواهید دانست، باز هم حقّاً که به زودی خواهید دانست.

پس از مدّتی تأخیر غازیان به پسِ خرگاه رفتند و دیدند که اسیرِ دست بسته بر رویِ سینهٔ او نشسته و با دندان گلوی وی را مجروح کرده و صوفی بینوا از هوش رفته است؛ چون به هوش باز آمد و ملامت غازیان را دید که از اسیری نیم جان و بسته دست «این چنین بیهوش افتادی و پست»، اعتراف کرد که هولِ نگاهِ اسیر او را به چنین فلاکتی مبتلا ساخته است.

این قصّه در تقریر این معناست که هرچند جهاد با نَفْس که جهاد اکبرش خوانند از جهاد با کفّار و معاندان سخت‌تر است؛ امّا هرکس هم که مدّعی جهاد با نَفْس است، الزاماً در جهادِ خویش چندان موفّق نیست؛ زیرا در پیِ جهاد با نَفْس، شهامت و مردانگی حصول می‌یابد و در غلبه بر خصم آدمی را استوار می‌دارد؛ پس جهادِ اصغر نیز کار هر کس نیست.

۳۷۳۸ **رفت یک صوفی به لشکر در غزا ناگهان آمد قَطاریق[۱] و وَغا[۲]**

یک صوفی همراه لشکری برای غزا رفت. ناگهان هیاهوی نبرد برخاست.

۳۷۳۹ **مانْد صوفی با بُنه و خیمه و ضِعاف[۳] فارِسان[۴] راندند تا صفِّ مَصاف[۵]**

صوفی با بار و بُنه و افرادِ ناتوان در خیمه ماند و سواران تا صفّ مقدّم رفتند.

۳۷۴۰ **مُثْقِلانِ خاک[۶] بر جا ماندند سابِقُونَ آلسّابِقُون[۷] در راندند**

ناتوانان ماندند و پیشتازان راه حق شتافتند.

۳۷۴۱ **جنگ‌ها کرده، مظفّر آمدند بازگشته با غنایم سودمند**

بعد از نبرد با پیروزی و غنایم بازگشتند.

۳۷۴۲ **ارمغان دادند، کِای صوفی! تو نیز او بُرون انداخت، نَسْتَد هیچ چیز**

به صوفی هم غنیمتی دادند که نپذیرفت.

۳۷۴۳ **پس بگفتندش که: خشمینی چرا؟ گفت: من محروم ماندم از غَزا**

پرسیدند: چرا خشمگینی؟ گفت: چون از غزا محروم شدم.

۳۷۴۴ **زآن تلطّف هیچ صوفی خوش نشد که میانِ غزوْ خنجرْکَش نشد**

مهربانی آنان دلش را خوش نکرد؛ چون در جنگ شرکت نکرده و خنجری نکشیده بود.

۱ - **قطاریق**: هیاهوی جنگ. ۲ - **وَغا**: جنگ. ۳ - **ضِعاف**: جمع ضعیف «ناتوان».
۴ - **فارِس**: اسب‌سوار. ۵ - **مَصاف**: جمع مَصَفّ به معنی میدانِ نبرد.
۶ - **مُثقَلانِ خاک**: گران‌بار شدگان، کسانی که نمی‌توانند در جنگ شرکت کنند، ناتوانان.
۷ - از سورهٔ: واقعه: ۵۶/۱۰، اخذ شده است: کسانی که در راه حق پیشتازند.

پس بگـفتندش کـه: آوردیـم اسـیر آن یکـی را بـهرِ کُشـتن تـو بگـیر ۳۷۴۵
گفتند: یکی از این اُسرا را تو بگیر و بکش.

سر بِبُرَّش تا تـو هـم غـازی شـوی اندکی خوش‌گشت صوفی، دل قوی ۳۷۴۶
سرش را بِبُر تا تو هم مجاهد شمرده شوی. صوفی کمی راضی و قویدل شد.

کآب راگر در وُضو صد روشنی‌ست چونکه آن نَـبْوَد تـیمّم کـردنی‌ست ۳۷۴۷
اگرچه فضیلتِ آب برای وضو بسیار است؛ ولی وقتی نیست، باید تیمّم کرد.

بُـرد صـوفی آن اسـیرِ بسـته را در پسِ خـرگه، کـه آرَد او غَـزا ۳۷۴۸
صوفی اسیر دست بسته را پشت خیمه بُرد تا او هم جنگی کرده باشد.

دیر مانْد آن صوفی آنـجا بـا اسیر قـوم گـفتا: دیـر مـاند آنـجا فـقیر ۳۷۴۹
صوفی خیلی تأخیر کرد. قوم گفتند: چرا این قدر طول کشید؟

کافرِ بسته دو دست، او کُشتنی‌ست بِسْمِلش[۱] را موجِبِ تأخیر چیست؟ ۳۷۵۰
کشتنِ کافر دست بسته که تأخیر ندارد.

آمد آن یک در تـفحّص در پـی‌اَش دیـد کـافر را بـه بـالایِ وی‌اَش ۳۷۵۱
یک نفر برای بررسی آمد و دید کافر روی سینه صوفی نشسته است.

همچو نـر بـالایِ مـاده، و آن اسـیر همچو شـیری، خُـفته بـالایِ فـقیر ۳۷۵۲
همان‌طور که نر بالای ماده قرار می‌گیرد، اسیر هم مثلِ شیر روی صوفی نشسته بود.

دست‌هـا بسـته، هـمی خـایید او از سـرِ اسـتیز[۲] صـوفی را گـلو ۳۷۵۳
دست بسته و با سرسختی داشت گلویِ صوفی را می‌جَوید.

گَـبر مـی‌خایید بـا دنـدان گـلوش صوفی افتاده به زیر و رفـته هـوش ۳۷۵۴
کافر گلوی او را می‌جوید و او بیهوش افتاده بود.

---

۱ - **بِسْمِل**: سر بریدن با آداب شریعت و گفتن بسم الله. ۲ - **اِستیز**: ستیزه، مخالفت و جنگ.

خسته کرده حلقِ او بی‌حربه‌یی	دستِ بسته گبر، همچون گربه‌یی ۳۷۵۵

کافرِ دست بسته، بدون سلاح، چون گربه گلوی او را زخمی کرده بود.

ریشِ او پر خون ز حلقِ آن فقیر	نیم کُشته‌ش کرده با دندان اسیر ۳۷۵۶

نیمه جانش کرده بود و ریشش خون‌آلود بود.

همچو آن صوفی شدی بی‌خویش و پست	همچو تو کز دستِ نَفْسِ بسته‌دست[۱] ۳۷۵۷

مانند تو که از دستِ نَفْسِ امّاره مثل صوفی خوار و زار شده‌ای.

صد هزاران کوه‌ها در پیشِ تو	ای شده عاجز ز تَلّی[۲] کیشِ تو ۳۷۵۸

تو که در راه حق از مانع کوچکی عاجز می‌شوی، با موانع بزرگ چه می‌کنی؟

چون رَوی بر عَقْبه‌های[۵] همچو کوه؟	زین قَدَر خَرپُشته[۳] مُردی از شِکوه[۴] ۳۷۵۹

تو که از بیم مشکل کوچکی می‌میری، چگونه می‌توانی با مشکلات بزرگ روبرو شوی؟

هم در آن ساعت، ز حَمْیَت[۶] بی دریغ	غازیان کُشتند کافر را به تیغ ۳۷۶۰

جنگاوران فوراً از غیرت کافر را بی‌دریغ با شمشیر کشتند.

تا به هوش آید ز بی‌خویشی و خواب	بر رخِ صوفی زدند آب و گُلاب ۳۷۶۱

به صورتِ صوفی آب و گلاب زدند تا به هوش آمد.

پس بپرسیدند: چون بُد ماجرا؟	چون به خویش آمد، بدید آن قوم را ۳۷۶۲

وقتی که به هوش آمد، پرسیدند: ماجرا چه بود؟

ای چنین بی‌هوش گشتی از چه چیز؟	اللّه اللّه این چه حال است ای عزیز! ۳۷۶۳

ای عزیز، تو را به خدا چه شد که این چنین بیهوش شدی؟

---

۱ - نَفْسِ بسته دست: عقلِ معاد یا عقلِ کمال طلب می‌تواند دستِ نَفْس را ببندد و او را مطیع خویش کند.
۲ - تَلّ: تپه، پُشته.
۳ - خَرپُشته: پُشته، اتاقکی شیب‌دار بر بام، برآمدگی و پشته‌ای که بر سرِ گورها از آجر و خاک می‌ساختند، اینجا

۳۷۶۴ از اسـیرِ نـیم کُشتِ بسـته دسـت   این چنین بی‌هوش افتادی و پست؟
چه شد که از اسیرِ دست بسته، این‌طور بیهوش و زار افتادی؟

۳۷۶۵ گفت: چون قصدِ سرش کردم به خشم   طُرفه¹ در من بنگرید آن شوخ‌چشم²
صوفی گفت: وقتی خواستم سرش را ببُرم، آن بی‌شرم نگاه تهدیدآمیزی کرد.

۳۷۶۶ چشم را واکرد پهن او سویِ مـن   چشم گردانید و شـد هـوش ز تـن
با چشم‌های دریده به من نگاه کرد. با گردش غیر عادی چشمش بیهوش شدم.

۳۷۶۷ گردشِ چشمش مـرا لشکر نمود   من ندانم گفت چون پُر هـول بـود
گردش چشمش در نظرم لشکری جلوه کرد و نمی‌توانم بگویم که چقدر هولناک بود.

۳۷۶۸ قصّه کوته کن کز آن چشم این چنین   رفتم از خـود، اوفـتادم بـر زمـین
ماجرا را کوتاه کنم که از نگاهِ او بیهوش شدم.

نصیحتِ مبارزانِ او را که: با این دل و زَهره که تو داری، که از کلاپیسه شدنِ چشمِ کافرِ اسیری دستْ بسته بیهوش شوی و دشنه از دست بیفتد، زنهار زنهار ملازمِ مطبخ³ خانقاه باش و سویِ پیکار مرو تا رُسوا نشوی

۳۷۶۹ قـوم گـفتندش: بـه پـیکار و نبرد   با چنین زَهره که تـو داری، مَگرد
قوم گفتند: با این دل و جرأت بهتر است هرگز به پیکار و نبرد نروی.

۳۷۷۰ چـون ز چشم آن اسیر بسـته دسـت   غرقه گشتی، کَشتیِ تـو در شِکست
چون از نگاه اسیرِ دست بسته، خودت را باختی و در هم شکستی.

۳۷۷۱ پس مـیان حـملهٔ شـیرانِ نـر   که بُوَد با تیغ‌شان چـون گُویْ سَر
پس هنگامِ حملهٔ دلاورانی که کلّه‌ها در برابر شمشیرشان چون گوی است،

---
۱ - طُرفه: غیر عادی، عجیب.   ۲ - شوخ‌چشم: گستاخ، بی‌شرم.
۳ - مُلازمِ مطبخ: خادمی که در آشپزخانه خدمت می‌کند.

۳۷۷۲ **کِی توانی کرد در خون آشنا[۱] ؟ چون نِه‌ای با جنگِ مردان آشنا**

نمی‌توانی صحنهٔ پر خون را تحمّل کنی؛ چون با نبرد مردان آشنا نیستی.

۳۷۷۳ **که ز تاقاتاق[۲] گردن‌ها زدن تاق تاق جامه‌کوبان[۳] مُمتَهَن[۴]**

که در برابر سروصدای شدید گردن زدن، تاق تاقِ شدیدِ «رختشویان» هیچ است.

۳۷۷۴ **بس تنِ بی‌سر که دارد اضطراب بس سرِ بی‌تن به خون بَر چون حُباب**

چه بسا تن‌های بی سر که دست و پا می‌زنند و یا سرهای بی تن که چون حباب روی خون‌اند.

۳۷۷۵ **زیرِ دست و پایِ اسبان در غَزا صد فناکن[۵] غرقه گشته در فنا**

صدها جنگجو در نبرد زیر دست و پای اسب‌ها، نابود شده‌اند.

۳۷۷۶ **این چنین هوشی که از موشی پرید اندر آن صفْ تیغ چون خواهد کشید؟**

هوشی که به موشی از دست برود، نمی‌تواند در آن پیکار شمشیر بکشد.

۳۷۷۷ **چالش[۶] است آن، حمزه[۷] خوردن نیست این تا تو برمالی به خوردن آستین**

نبرد است نه آش خوردن که برای آن آستین بالا بزنی.

۳۷۷۸ **نیست حمزه خوردن، اینجا تیغ بین حمزه‌یی[۸] باید در این صف آهنین**

آش خوردن نیست، شمشیر خوردن درکار است و مردی آهنین چون حمزه می‌طلبد.

۳۷۷۹ **کارِ هر نازکْ‌دلی[۹] نَبْوَد قِتال که گریزد از خیالی[۱۰]، چون خیال**

جنگ کار آدم نازک دل نیست که از خیال دشمن بگریزد.

۳۷۸۰ **کارِ تُرکان[۱۱] است نه تَرْکان[۱۲]، برو جایِ تَرکان هست خانه، خانه شو**

جنگ کار جنگاوران است نه خاتونان. آدم ترسو بهتر است در خانه بماند.

---

۱ - **آشنا :** شنا، نمی‌توانی در خون شنا کنی؛ یعنی نمی‌توانی تحمّل کنی.

۲ - **تاقاتاق :** سروصدا، صدای شمشیر زدن. ۳ - **جامه‌کوب :** رخت‌شوی. ۴ - **مُمْتَهَن :** خوار و ناچیز.

۵ - **فناکن :** جنگجو. ۶ - **چالش :** نبرد. ۷ - **حَمزه :** آش بلغور. ۸ - **حَمزه :** عموی پیامبر(ص).

۹ - **نازکْ‌دل :** کم طاقت، اینجا ترسو یا بدون شجاعت. ۱۰ - **خیال :** اینجا پندار.

۱۱ - **تُرکان :** جنگاوران، دلیران.

۱۲ - **تَرکان :** بانو، خاتون، نام چند تن از زنان سلجوقیان و خوارزمشاهیان هم بوده است.

حکایتِ عَبّاضی[۱] رَحِمَهُ الله که هفتاد غَزْو[۲] کرده بود سینه‌برهنه، بر امیدِ شهید شدن. چون از آن نومید شد، از جهادِ اصغر رو به جهادِ اکبر آورد و خلوت گزید. ناگهان طبلِ غازیان[۳] شنید، نَفْس از اندرون زنجیر می‌درّانید سویِ غزا، و متّهم داشتنِ او نَفْسِ خود را در این رغبت

«عَبّاضی» که مؤمنی مجاهد و صادق بود، گفت: در کثیری از غزوات به امیّد شهادت جنگیدم؛ امّا علی‌رغم آن همه زخم زنده ماندم. اندیشیدم که بهتر است به جای «جهاد اصغر» به «جهاد اکبر»، یعنی مبارزه با نَفْس روی آوَرَم؛ پس در خلوت به تهذیب و ریاضت پرداختم. ناگاه بانگِ طبلِ غازیان آمد و آوای نَفْس را از درون شنیدم که مرا به غزا تشویق می‌کرد و پس از تفحّص دانستم که از ریاضت به تنگ آمده است **«که مرا تو می‌کُشی بی خواب و خَور»** در حالی که در غزا به ضربتی از تن رها می‌شوم و **«خلق بیند مردی و ایثار مـن»**. آنگاه نذر کردم که تا زنـده‌ام در خلوت بمانم و نَفْس را راحت نرسانم که جهادِ اکبر و اصغر **«هر دو کار رُستم است و حیدر است»**.

۳۷۸۱ **گـفت عَـبّاضی: نَـوَد بـار آمـدم — تـــن‌برهنه بـوکه زخـمی آیـدم**

عبّاضی گفت: به امید آنکه زخمی و کشته شوم، نود بار با تن عُریان به جنگ آمدم.

۳۷۸۲ **تــن‌برهنه مـی‌شدم در پـیشِ تـیر — تا یکی تیری خـورَم مـن جـای‌گیر**

در برابر تیر برهنه بودم، شاید تیرِ مؤثّری بر من اصابت کند.

۳۷۸۳ **تــیر خـوردن بـر گُـلو یـا مَـقْتَلی[۴] — در نـیابد جـز شـهیدی، مُـقْبِلی[۵]**

تیر خوردن به گلو یا کشتنگاه فقط نصیبِ شهیدِ نیکبخت است.

۳۷۸۴ **بر تَنَم یک جایگه بی‌زخـم نـیست — این تنم از تیر چون پرویزنی[۶] است**

همه جای بدنم از زخم چون غربال است.

۳۷۸۵ **لیک بـــر مَـــقْتَل نـــیامد تـــیرها — کارِ بخت است این، نه جَلدی[۷] و دَها[۸]**

تیرها به جای حسّاسی نخورد. شهادت بخت می‌خواهد نه زرنگی و زیرکی.

---

۱ - **عَبّاضی** : شارحان در مورد او احتمالاتی داده‌اند؛ امّا به تحقیق نمی‌توان گفت که او کیست؛ امّا مشابه این روایت در تذکرةالاولیاء هست دربارهٔ شیخ احمد خِضْرُویه به نقل از خودِ وی: احادیث، ص ۵۰۷.

۲ - **غَزْو** : جنگ. ۳ - **غازیان** : جنگاوران.

۴ - **مَقتل** : محلّ کشته شدن یا کشتن، نقاط خاصّ مثل قلب یا مغز. ۵ - **مقبل** : صاحب اقبال.

۶ - **پرویزَن** : الک، غربال. ۷ - **جَلدی** : چالاکی. ۸ - **دَها** : زیرکی.

چون شهیدی روزیِ جانم نبود رفتم اندر خلوت و در چِلّه زود ۳۷۸۶

چون شهادت نصیبم نشد، به خلوت گزینی و چلّه نشینی پرداختم.

در جهادِ اکبر افکندم بدن در ریاضت کردن و لاغر شدن ۳۷۸۷

تن را به ریاضت و مجاهده در جهاد با نفس مجبور کردم.

بانگِ طبلِ غازیان آمد به گوش که خرامیدند جیش،[1] غَزْوْ کوش[2] ۳۷۸۸

بانگِ طبلِ جنگاوران به گوشم رسید که با ناز به نبرد می‌رفتند.

نَفْس از باطن مرا آواز داد که به گوشِ حسْ شنیدم بامداد ۳۷۸۹

نَفْس از درون مرا صدا کرد که سحرگاه با گوش حسّ صدایش را شنیدم.

خیز! هنگامِ غزا آمد، برو خویش را در غزو کردن کُن گرو ۳۷۹۰

می‌گفت: وقت جهاد است. برو و خودت را وقفِ آن کن.

گفتم: ای نفسِ خبیثِ بی وفا! از کجا میلِ غزا؟ تو از کجا؟ ۳۷۹۱

گفتم: ای نفسِ پلیدِ بی وفا، تو و میلِ جهاد؟

راست گوی ای نفْس! کین حیلت‌گری‌ست ورنه نَفْسِ شهوت از طاعت بَری‌ست ۳۷۹۲

راست بگو که این حیله‌گری است. نَفْس شهوت پرست از طاعت بیزار است.

گر نگویی راست، حمله آرَمَت در ریاضت سخت‌تر اَفشارمت ۳۷۹۳

اگر راست نگویی، حمله می‌کنم و در ریاضت شکنجه‌ات می‌کنم.

نَفْس بانگ آوَرد آن دم از درون با فصاحت، بی دهان اندر فسون ۳۷۹۴

در آن لحظه نفس از درون به طور فصیح، بدون دهان دربارهٔ افسونِ خود سخن گفت.

که مرا هر روز اینجا می‌کُشی جانِ من چون جانِ گبران می‌کَشی ۳۷۹۵

که تو هر روز مرا اینجا همانند کافران می‌کُشی و شکنجه می‌کنی.

---

۱ - **جیش** : لشکر. ۲ - **غزْوْکوش** : غزوکوشنده، جنگاور.

۳۷۹۶ هیچ کس را نیست از حالم خبر که مرا تو می‌کُشی بی خواب و خَور
هیچ کس هم نمی‌داند که تو مرا بدون خواب و خوراک می‌کُشی.

۳۷۹۷ در غزا بِجْهَم به یک زخم از بَدَن خَلق بینند مردی و ایثارِ من
در جنگ با ضربه‌ای از تن رها می‌شوم و خلق مردانگی و جانبازی‌ام را می‌بینند.

۳۷۹۸ گفتم ای نَفسَک! منافق زیستی هم منافق می‌مُری[1]، تو چیستی؟
گفتم: ای نفسِ حقیر، منافقانه زندگی کردی و منافقانه می‌میری. تو چه بلایی هستی؟

۳۷۹۹ در دو عالم تو مُرایی[2] بوده‌یی در دو عالم تو چنین بیهوده‌یی
در دو عالم ریاکاری و به درد نمی‌خوری.

۳۸۰۰ نَذر کردم که ز خلوت هیچ من سر برون نارَم، چو زنده است این بدن
نذر کردم که تا این تن زنده است در خلوت بمانم.

۳۸۰۱ زانکه در خلوت هر آنچه تن کُند نه از برای رویِ مرد و زن کُند
زیرا کاری را که تن در خلوت می‌کند برای نمایش به این و آن نیست.

۳۸۰۲ جنبش و آرامش اندر خلوتش جُز برای حق نباشد نیّتش
حرکت، آرامش و نیّت او در خلوت برای خداست.

۳۸۰۳ این جهادِ اکبر است، آن اصغر است هر دو کارِ رُستم است و حیدر است
جهادِ اکبر و جهادِ اصغر، هر دو کار دلیرانی چون رستم و حیدر(ع) است.

۳۸۰۴ کارِ آن‌کس نیست کو را عقل و هوش پَرَّد از تن[3]، چون بجنبد دُنْبِ موش
کارِ کسی که از حرکتِ دمِ موش می‌ترسد، نیست.

۳۸۰۵ آنچنان کس را بباید چون زنان دور بودن از مُصاف و از سِنان[4]
چنان کسی باید چون زنان از جنگ و نیزه دور باشد.

---

۱ - **می‌مُری**: می‌میری. ۲ - **مُرایی**: ریاکار. ۳ - عقل و هوش از تنش پرواز کند. ۴ - **سِنان**: نیزه.

صوفی آن، صوفی این، اینْتْ حیف آن ز سوزن کُشته، این را طعمه سَیف[۱] ۳۸۰۶

آن و این هر دو صوفی‌اند، دریغ که یکی از سوزنی می‌میرد و یکی شمشیر هم حریفش نیست.

نقش ِ صوفی باشد، او را نیست جان صوفیانْ بـدنام هـم زیـن صـوفیان ۳۸۰۷

آن یکی نام و نقشی از «صوفی» دارد نه روحِ متعالی. این‌ها صوفیان را بدنام کرده‌اند.

بر در و دیـوارِ جسـم گِـلْ سـرشت[۲] **حق ز غیرت نقش ِ صد صوفی نبشت** ۳۸۰۸

در دنیا خیلی‌ها صوفی هستند؛ ولی غیرتِ حق نمی‌گذارد که صوفیِ حقیقی را همه بشناسند.

تا ز سِحْر آن نقش‌ها جُـنَبان شـود تـا عـصایِ مـوسوی پـنهان شـود ۳۸۰۹

این ظاهرِ صوفی مانند، شبیه سحرِ ساحران است در تقابل با عصایِ موسی(ع).

نـقش‌ها را مـی‌خورَد صـدقِ عـصا چشمِ فرعونی‌ست پُر گَرد و حَصا[۳] ۳۸۱۰

حقیقتِ صوفیِ راستین، همهٔ صوفی نمایان را محو می‌کند و چشمی گریان برای آنان می‌مانَد.

صـوفیِ دیگـر مـیانِ صـفِّ حـرب انـدر آمد بیست بـار از بـهرِ ضـرب ۳۸۱۱

صوفی دیگری هم بارها برای زخمی شدن به صف نبرد وارد شد.

بـا مسـلمانان بـه کـافر وقتِ کَـرّ[۴] **وانَگَشت او بـا مسـلمانان بـه فَـرّ**[۵] ۳۸۱۲

هنگام حمله به کفّار همراه مسلمانان بود و هنگام گریزِ آنان باز نگشت.

زخم خورد و بست زخمی را که خَورد بـــارِ دیگـــر حـمله آورد و نـبرد ۳۸۱۳

زخمی شد و آن را بست و دوباره به نبرد پرداخت.

تا نمیرد تن به یک زخـم از گـزاف تا خورد او بیست زخم اندر مصاف ۳۸۱۴

برای آنکه بدن به آسانی با ضربه‌ای نمیرد، در جنگ زخم‌های فراوانی برداشت.

حیفش آمد که به زخمی جان دهـد جان ز دستِ صدقِ او آسان رَهَـد ۳۸۱۵

دریغش آمد که با ضربه‌ای بمیرد و جان به آسانی از دستِ صدقِ او رهایی یابد.

---

۱ - **سیف :** شمشیر. ۲ - **گِل سرشت :** گِلی، از گِل سرشته شده. ۳ - **حَصا :** شن و ریگ.
۴ - **وقتِ کَرّ :** وقت حمله. ۵ - **فَرّ :** فرار، گریز در جنگ.

حکایتِ آن مجاهد که از هَمیانِ[۱] سیم هر روز یک دِرَم در خندق انداختی به تَفاریق[۲] از بهرِ ستیزهٔ حرص و آرزویِ نَفْس، و وسوسهٔ نَفس که: چون می‌اندازی به خندق، باری به یک بار بینداز تا خلاص یابم، که: اَلْیَأسُ اِحْدَی اَلرّاحَتَین[۳]، او گفته که این راحت نیز ندهم[۴]

مجاهدی در همیان خویش چهل درم داشت و هر شب یک درم را به درون خندقی می‌افکند و می‌خواست نَفْس خود را همواره در رنجی مستمر نگه دارد و با خواستهٔ نَفْس که حرص و آز است، بستیزد و به وسوسهٔ او که همه را به یکباره بیندازد و نَفْس را از رنجی مکرّر برهانَد، وقعی نمی‌نهاد و به حُکم مَثَل حکمت‌آمیزِ **«اَلیَأسُ اِحْدَی الرّاحَتَیْن»**، او را به راحت نمی‌رساند که در این رنج، نَفْس تعالی می‌یابد و مبدّل می‌گردد، که همان **«جهاد اکبر»** است.

لطیفه‌ای است در بابِ صوفیان، با این نکتهٔ تعلیمی که نزد ایشان مبارزه و غزو با کُفّار و حق‌ستیزان «جهادِ اصغر» است و مجاهده برای تهذیبِ نَفْس «جهادِ اکبر». این قصّه که پس از «حکایتِ عَبّاضی» تداعی شده است، در تبیین همان معناست که «جهادِ اکبر» که سالکان بدان همّت می‌ورزند، بسی سخت‌تر از جهادِ اصغر است، که در غزا به یک زخم بدن «نَفْس» به یکباره می‌جَهَد و خلق نظّاره‌گر مردی و ایثاراند؛ امّا در غزوِ درون هر لحظه رنجی است و هر دم مرگی.

۳۸۱۶ **آن یکی بودش به کف دَر چِل درم — هر شب افکندی یکی در آبِ یَم**

شخصی چهل درم داشت و هر شب یک درم را به دریا می‌انداخت.

۳۸۱۷ **تا که گردد سخت بر نَفْسِ مَجاز — در تأنّی[۵] دَردِ جان کَندن دراز**

تا با درنگِ او جان کندنِ نَفْس طولانی شود.

۳۸۱۸ **با مسلمانان به کَرّ او پیش رفت — وقتِ فَرّ[۶] او وانگشت از خصم تفت[۷]**

همراه مسلمانان حمله کرد؛ ولی در بازگشت همانند دیگران به سرعت نیامد.

---

۱ - **همیان :** کیسه. ۲ - **تفاریق :** جمع تفریق: اندک اندک. ۳ - ناامیدی یک نوع راحتی است.
۴ - مأخذ آن حکایتی است که از شبلی نقل می‌کنند که چهل هزار دینار را یک‌باره به دجله انداخت و گفت: سنگ به آب اولیٰ‌تر. گفتند: چرا به خلق ندهی؟ گفت: حجاب از دل خود برگیرم و بر دل مسلمانان نهم؟ و همین حکایت با اختلافی مختصر در احیاءالعلوم، ج ۲، ص ۱۹ و تلبیس ابلیس، ص ۳۶۱ آمده است. در تذکرةالاولیاء، ج ۲، ص ۱۹، این حکایت در ارتباط با جُنید نقل شده است که جوانی بر دست او توبه می‌کند و مال به غارت می‌دهد و هزار دینار یک به یک در دجله می‌اندازد. جنید با دیدن او می‌گوید: قدمی که به یک بار باید نهاد، به هزار بار می‌نهی، برو که ما را نشایی. در ربیع‌الابرار هم این حکایت مشابه روایات فوق نقل شده است. ۵ - **تأنّی :** درنگ کردن.
۶ - **کَرّ و فَرّ :** حمله و گریز. ۷ - **تفت :** با شتاب.

زخـمِ دیگـر خـورد آن را هـم بـبست بیست کَرَّت[1] رُمح[2] و تیر از وی گذشت ۳۸۱۹

باز هم زخمی شد و آن را بست. بیست بار نیزه و تیر در بدنش شکست.

بـعد از آن قُـوّت نـماند، افـتاد پـیش مَقعدِ صِدق[3] او ز صدق ِ عشق خویش ۳۸۲۰

دیگر قدرتی نماند و جان داد و به سبب صداقتِ عشق به جایگاهی پسندیده رفت.

صدقْ جان دادن بُوَد، هین! سابِقُوا[4] از نُبی[5] بر خـوان رِجـالٌ صَـدَقُوا[6] ۳۸۲۱

معنیِ «صدق»، جان دادن برای حق است، بشتابید. از قرآن «رِجالٌ صَدَقُوا» را بخوان.

این همه مُردن نه مرگِ صورت است این بَدَن مر روح را چون آلت است ۳۸۲۲

این «جان دادن»، مرگِ تن نیست، فانی شدنِ «جان» در حق است و «بدن» وسیلهٔ آن.

ای بسا خامی که ظاهر خونش ریخت لیک نَفْس ِ زنده آن جـانب گـریخت ۳۸۲۳

چه بسا انسان خامی که خونش ریخته شد؛ امّا نَفْسش به حق نرسید.

آلتش بشکست و رهْزن زنـــده مـــاند نَفس زنده است، اَرْچه مرکب خون فشاند ۳۸۲۴

«تن» از بین رفت و نَفْس ِ دزد ماند. خونِ جسم ریخت؛ ولی نَفْس نمرد.

اسب کُشت و راهِ او[7] رَفــته نشـد[8] جز که خام و زشت و آشـفته نشـد ۳۸۲۵

«تن» را کُشت؛ امّا راهی نرفت و حاصلی جز خامی، زشتی و پریشانی نداشت.

گر به هر خون‌ریزیی گشتی شهید کـافری کُشـته، بُـدی هـم بـوسعید ۳۸۲۶

شهادت، کشته شدن جسم نیست و گرنه هر کافرِ کشته شده، همپایهٔ ابوسعید ابی‌الخیر بود.

ای بســا نَـفس ِ شـهیدِ مُـعْتَمَد[9] مُـرده، در دنـیا چـو زنـده مـی‌رود ۳۸۲۷

چه بسا کسانی که در این جهان زندگی می‌کنند؛ امّا در حق فانی شده‌اند و شهیدِ مورد قبول حق هستند.

---

۱ - **کَرّت :** بار، مرتبه. ۲ - **رُمح :** نیزه.

۳ - مقتبس از: قمر: ۵۵/۵۴، اینجا یعنی مقام و مرتبهٔ صدّیقان نزد خدا.

۴ - **سابِقُوا :** سبقت بگیرید، مقتبس از: حدید: ۲۱/۵۷. ۵ - **نُبی :** قرآن.

۶ - قرآن: احزاب: ۲۳/۳۳: مِنَ ٱلْمُؤمِنینَ رِجَالٌ صَدَقُوا مَا عٰاهَدُوا اللهَ عَلَیْهِ : از میان مؤمنان کسانی هستند که در پیمانی که با خداوند بسته‌اند، صدق ورزیده‌اند. ۷ - راهِ حق. ۸ - **راهِ او رفته نشد :** متعالی نشد.

۹ - مراد عارفان و عاشقان‌اند.

روحِ رهْزن مُرد، و تن که تیغ اوست   هست باقی، در کَفِ آن غزوْجُوست ۳۸۲۸

«نَفْسِ غیرِ متعالی» مُرده و «تن» در خدمتِ حق در دستِ آن مجاهد است.

تیغْ آن تیغ است، مرد آن مرد نیست   لیک این صورت تو را حیرانکُنی[1]ست ۳۸۲۹

«تن» ظاهراً همان است؛ ولی «جان» همان «جان» نیست، این امر انسان را متحیّر میکند.

نَفْس چون مُبدَل شود، این تیغِ تن   باشد اندر دستِ صُنعِ ذوالْمِنَن[2] ۳۸۳۰

با تبدیلِ نَفْس، «تن» در دستِ حق و وسیلهٔ اجرای فرمان اوست.

آن یکی مردی است قُوتش جمله دَرد   این دگر مردی میانْتی[3]، همچو گَرد[4] ۳۸۳۱

چنین کسی جویای دردِ عشقِ حق است؛ امّا «اهلِ دنیا» از «عشقِ حق» چیزی نمیداند و درونی خالی و سبکمایه چون غبار دارد.

صفت کردنِ مردِ غمّاز[5] و نمودنِ صورتِ کنیزک مصوَّر در کاغذ[6]، و عاشق شدنِ خلیفهٔ مصر بر آن صورت و فرستادنِ خلیفه امیری را با سپاهِ گران به درِ موصل[7] و قتل و ویرانیِ بسیار کردن بهرِ این غرض[8]

خلیفهٔ مصر از شنیدن وصفِ کنیزکی حوریوش و دیدن تصویر او که متعلّق به پادشاه موصل بود، دلباخته شد. امیری را با سپاهی گران بدانسو گسیل داشت تا نگار را به میل یا به جبر حاضر آوَرَند. شاه موصل برای اجتناب از درگیری، کنیزک را به پهلوان سپرد. اتّفاقاً پهلوان با دیدن حوری دل از کف داد و در راه بازگشت با وی در آمیخت. در همین هنگام هیاهویی برپا شد که شیری هولناک از بیشه بر قلب سپاه زده‌است. پهلوان، برهنه و شمشیر به کف برجهید،

---

۱ - **حیرانکُن :** حیران کننده.   ۲ - **صُنع ذوالْمِنَن :** آفرینش صاحب نعمت‌ها.
۳ - **میانْتی :** میان تهی، بی‌مایه.   ۴ - **هَمچو گرد :** مانندِ غبار سبک، یعنی سبک مغز و بی مایه و بی حاصل.
۵ - **غَمّاز :** سخن‌چین، جاسوس.   ۶ - تصویر کنیزک که روی کاغذ کشیده شده بود.
۷ - **موصل :** شهری در عراق.
۸ - مأخذ آن حکایتی است از نوادر عامیانه و روایات مبالغه‌آمیز که در نشوارالمحاضره، ج ۲، صص ۳۹-۳۸ با مضمونی مشابه آمده است. همچنین در کتاب المستطرف، ج ۱، ص ۲۰۵ هم نقل شده است که در طیّ آن جوانی از بستگان حاکم که کنیزکی را به هدیه گرفته بود، آهنگ وی داشت که با شنیدن صدا و دیدن موشی در سقف بیهوش شد: احادیث، صص ۵۱۲-۵۰۹.

شیر را هلاک کرد و بازگشت و کنیزک را در کنار کشید. این پهلوان که سرلشکرِ سپاه بود، از خیانت پشیمان شد و کنیزک را سوگند داد که این راز سر به مُهر بمانَد و او را به دربار برد. خلیفه سرمست از دیدار کنیزک با وی خلوت کرد؛ امّا ناگهان صدای خَشت و خُشتِ موشی به‌گوشش رسید و آتش شهوت را در وی خاموش کرد، زن با دیدن سستی او به شگفت آمد و به قهقهه خندید که پهلوان بعد از کشتن شیر نیز همچنان پای برجای بود، و به اصرارِ خلیفه که دلیل خندهٔ نابهنگام او را جویا شد، شرح ماوَقَع راگفت. خلیفه خشم خود را فرو خورد و اندیشید که نامردی او در حقِّ شاه موصل سبب این رسوایی و مکافات شده است؛ پس در دل خویش پهلوان را بخشید و خیانت او را قضای الهی دانست و کنیزک را به عقد او در آوَرد.

این قصّه که با تساهل و واقع‌گرایی روایت شده تصویری از افعال پنهانی است، و بیانگر آنکه مولانا خود را ملزم به قیودی که دیگران مقیّد بدان بوده‌اند، نمی‌دیده است و بر آن اندیشه که چون مجلس بی چنین پَیغاره نیست، «از حدیثِ پستِ نازل چاره نیست»، در بیانِ معانیِ بلند و دقایقِ ظریفِ عرفانی، جدّ را با چاشنی هزل به تقریر می‌آورده است و قصّه از دیدگاه وی پیمانه‌ای است برای دانهٔ معنا. سِرّ قصّه آنکه: مردصفتیِ مردانِ راستین در غلبه بر خشم و شهوت است، نه در اعضا.

مـر خـلیفهٔ مـصر را غَـمّاز گـفت ‌‌ ‌ ‌ که: شهِ موصل به حوری گشت جُفت ۳۸۳۲

سخن‌چینی به خلیفهٔ مصر گفت: شاه موصل کنیزکی زیبا دارد.

یک کـنیزک دارد او انـدر کـنار ‌ ‌ ‌ ‌ که به عـالم نـیست مـانندش نگـار ۳۸۳۳

کنیزکِ او در دنیا مثل و مانندی ندارد.

در بیان ناید، که حُسنش بی حَد است ‌ ‌ ‌ ‌ نقش او این است کـاندر کـاغذ است ۳۸۳۴

حُسن او قابل بیان نیست. این هم تصویرش در این کاغذ.

نقش در کاغذ چو دیـد آن کـیقباد[1] ‌ ‌ ‌ ‌ خیره گشت و جام از دستش فُـتاد ۳۸۳۵

آن شاه با دیدن نقش خیره ماند و جام از دستش رها شد.

پـهلوانـی را فـرستاد آن زمـان ‌ ‌ ‌ ‌ سویِ مـوصل، بـا سـپاهِ بس گـران ۳۸۳۶

بلافاصله پهلوانی را با لشکری گران به سوی موصل روانه کرد.

کـه اگـر نَـدْهد بـه تـو آن مـاه را ‌ ‌ ‌ ‌ بـر کَـن از بُـن آن در و درگـاه را ۳۸۳۷

که اگر کنیزک را ندهد، دربار و بارگاهش را با خاک یکسان کن.

---

۱ - **کیقباد**: اسم خاص نیست، مطلقِ شاه.

ور دهد، تَرکش کن و مَهْ را بیار   تا کَشَم من بر زمینْ مَهْ در کنار ۳۸۳۸

اگر تسلیم کرد، کاری نداشته باش. حوری را بیاور تا ماه را در زمین در آغوش بگیرم.

پهلوان شد سویِ موصل با حَشَم   با هزاران رُستم و طبل و عَلَم ۳۸۳۹

پهلوان با چاکران و هزاران مردِ جنگی و طبل و بیرق به سوی موصل رفت.

چون ملخ‌ها بی عدد بر گِردِ کَشت[1]   قاصدِ اِهلاکِ[2] اهلِ شهر گشت ۳۸۴۰

با سپاهِ بزرگی همانند مور و ملخ به قصد کشتن اهالی شهر به راه افتادند.

هر نواحی منجنیقی[3] از نَبَرد   همچو کوهِ قاف،[4] او بر کار کرد ۳۸۴۱

در هر سو منجنیقِ بزرگی نصب کردند.

زخمِ تیر و سنگ‌هایِ منجنیق   تیغ‌ها در گَرد، چون برق از بَریق[5] ۳۸۴۲

تیرها، سنگ‌های پرتاب شده و شمشیرها در گرد و غبار مثل برق می‌درخشیدند.

هفته‌یی کرد این چنین خونریزِ گرم   برجِ سنگین سُست شد چون مومِ نرم ۳۸۴۳

یک هفته به شدّت خون ریخت و باروهای سنگی را خراب کرد.

شاهِ موصل دید پیگارِ مَهُول[6]   پس فرستاد از درون پیشش رسول ۳۸۴۴

شاهِ موصل با دیدن این جنگ وحشتناک، پیکی به نزد پهلوان فرستاد.

که چه می‌خواهی ز خونِ مؤمنان؟   کُشته می‌گردند زین حَربِ[7] گران ۳۸۴۵

گفت: منظورِ تو از این نبرد و کشتارِ مؤمنان چیست؟

گر مُرادت مُلکِ شهرِ موصل است   بی چنین خونریز اینَت حاصل است ۳۸۴۶

اگر مقصودت گرفتنِ موصل است، نیازی به این کشتار نیست.

من رَوَم بیرونِ شهر، اینک در آ   تا نگیرد خونِ مظلومان تو را ۳۸۴۷

من از شهر می‌روم، تو بیا تا خونِ ستمدیدگان دامنت را نگیرد.

---

۱ - **بر گِردِ کِشت** : مانند ملخ‌هایی که گِردِ مزرعه جمع می‌شوند. ۲ - **اِهلاک** : نابود کردن.
۳ - **مَنجنیق** : اهرمِ آهنی که با آن مواد آتش‌زا یا سنگ‌ها را به مسافت دور، درون شهر یا قلعه پرتاب می‌کردند.
۴ - **همچو کوهِ قاف** : کنایه از بزرگی است، خیلی بزرگ. ۵ - **بَریق** : تابش برق از ابر، درخشندگی.
۶ - **مَهُول** : هولناک. ۷ - **حَرب** : جنگ.

ور مُرادت مال و زرّ و گوهر است این ز مُلکِ شهر، خود آسان‌تر است ۳۸۴۸
اگر مال، طلا و جواهر می‌خواهی، از تصرّف شهر آسان‌تر است.

ایثار کردنِ صاحبِ موصل آن کنیزک را بدین خلیفه تا خونریزِ مسلمانان بیشتر نشود

چون رسول آمد به پیشِ پهلوان داد کاغذ، اندر او نقش و نشان ۳۸۴۹
چون پیک نزد پهلوان آمد، پهلوان تصویر کنیزک را نشان داد.

بنگر اندر کاغذ، این را طالبم هین! بِده، ورنه کنون من غالبم ۳۸۵۰
گفت: من صاحبِ این تصویر را می‌خواهم. فوراً تسلیم کن و گرنه به زور می‌گیرم.

چون رسول آمد، بگفت آن شاهِ نر[1] : صورتی کم گیر، زود این را بِبَر ۳۸۵۱
پادشاه گفت: مهم نیست که صورتی از صورت‌ها کم شود، فوراً کنیزک را ببر.

من نی‌اَم در عهدِ ایمان بُت‌پرست بت بَـر آن بتْ‌پرست اولیترست ۳۸۵۲
من در عصر ایمان، بت نمی‌پرستم. بهتر است بت نزدِ آن بت‌پرست باشد.

چونکه آوردش رسول، آن پهلوان گشت عاشق بر جمالش آن زمان ۳۸۵۳
پیک کنیزک را آورد و پهلوان با دیدنِ او، عاشقش شد.

عشقْ بحری، آسمانْ بَر وی کفی چون زلیخا در هوایِ یوسفی ۳۸۵۴
«عشق» به عظمت دریاست و «آسمان» در تقابلش حبابی از کف‌های روی آب و محو و ماتِ اوست، همانگونه که زلیخا در برابر یوسف(ع) بود.

دورِ گردون‌ها ز موجِ عشق دان گر نبودی عشق، بِفْسُردی[2] جهان ۳۸۵۵
تحرّک عالم هستی و افلاک از عشق است. اگر عشق نبود حرکتی نبود.

کِی جمادی محو گشتی در نبات؟[3] کِی فدایِ روح گشتی نامیات[4] ؟ ۳۸۵۶
نه خاک به گیاه مبدّل می‌شد و نه نبات جذبِ تن.

---

۱ - **شاه نر :** شاه مرد صفت. ۲ - **بِفْسُردی :** افسرده و منجمد می‌شد، بی حرکت و ساکن.
۳ - اشاره به سیر استکمالیِ جهان از دانی به عالی. ۴ - **نامیات :** جمع نامیه به معنی گیاه.

روح کِی گشتی فدایِ آن دَمی　　کز نسیمش حامله شد مریمی؟[۱] ۳۸۵۷

آیا «جان» خود را در آن نفخهٔ الهی که کاملان را به کمال می‌رسانَد، فانی می‌کرد؟

هر یکی بر جا تُرُنجیدی[۲] **چو یخ　　کِی بُدی پَرّان و جویان چون ملخ؟**[۳] ۳۸۵۸

هر یک از آن‌ها سرد بر جای می‌ماندند و هرگز جویا و جست‌وجوگر نبودند.

ذرّه ذرّه عاشقانِ آن کمال　　می‌شتابد در عُلُو[۴] **همچون نهال** ۳۸۵۹

تمام ذرّات عالم، همانند درختِ نو رُسته با عشق به سوی کمال می‌شتابند.

سَبَّحَ لِلّٰه هست اِشتابشان[۵] **　　تنقیهٔ**[۶] **تن می‌کنند از بهرِ جان** ۳۸۶۰

با تسبیح حق، تن را برای تعالیِ جان پاک می‌کنند.

پهلوان چَهْ را چو رَهْ پنداشته[۷] **　　شوره‌اَش خوش آمده، حَب کاشته**[۸] ۳۸۶۱

پهلوان مرتکب خطا و عمل زشتی شد.

چون خیالی، دید آن خفته به خواب　　جفت شد با آن، و از وی رفت آب ۳۸۶۲

مانند خفته‌ای بود که در خواب خیالی دید، در آمیخت و محتلم شد.

چون برفت آن خواب و شد بیدار زود　　دید کآن لُعبت به بیداری نبود ۳۸۶۳

وقتی که بیدار شد، دید آن زیبا روی را به بیداری ندیده است.

گفت: بر هیچ آبِ خود بُردم، دریغ　　عشوهٔ آن عشوه‌دِه[۹] **خوردم، دریغ** ۳۸۶۴

با خود گفت: حیف که گولِ آن خیال را خوردم و محتلم شدم.

پهلوانِ تن بُد، آن مردی نداشت　　تخمِ مردی در چنان ریگی بکاشت[۱۰] ۳۸۶۵

پهلوان بر خلاف تنِ نیرومند، مرد صفت نبود و فریب خورد.

مرکبِ عشقش دریده صد لگام　　نعره می‌زد: لا اُبالیِ بالحِمام[۱۱] ۳۸۶۶

احساساتِ او عاصیانه فریاد می‌زد: از مرگ هم پروایی ندارم.

---

۱ - مصراع دوم: که مریم(س) از آن نفخهٔ الهی حقیقتی را حامله شد.

۲ - **تُرُنجیدی** : از تُرُنجیدن: در هم رفتن و افسرده شدن.　۳ - مثل ملخ که پرواز و جست‌وجو می‌کند.

۴ - **عُلُو** : بلندی، رفعت.　۵ - **اِشتابِشان** : شتابِ آنان.　۶ - **تنقیه** : پاک کردن.

۷ - مصراع اوّل: چاه را راه پنداشتن، گمراه شدن، خطا کردن.

۸ - **حَب در شوره کاشتن** : کارِ بی حاصل و بدی کردن.　۹ - **عشوه‌دِه** : فریب دهنده، اینجا رویایِ فریبنده.

۱۰ - کنایه از آمیزشِ ناروا، کارِ خطا.　۱۱ - **لاٰ اُبالی بالحِمام** : از مرگ باک ندارم.

أیْش اُبـالي بِـالْخَلیفَه فِی اَلهَـوىٰ اِسْـتَوىٰ عِـنْدي وُجُـودي وَاَلتَّـوىٰ ۳۸۶۷
در راه عشق، چرا باید از خلیفه بترسم؟ مرگ و زندگی در نظرم یکسان است.

این چنین سوزان و گرم، آخِر مکار مشورت کـن بـا یکـی خـاوندگار[۱] ۳۸۶۸
این چنین با حرارت و آتشین نتیجه‌گیری نکن. با کاردانی مشورت کن.

مشورت کو؟ عقل کو؟ سیلاب آز[۲] **در خـرابـی کـرد نـاخن‌ها دراز** ۳۸۶۹
هر جا که سیلابِ طمع ناخنش را دراز کرده باشد، مشورت و عقل کجاست؟

بَیْنَ اَیدیِ سَـدّ[۳] **و سـویِ خَـلْف سَـد پیش و پس کِی بیند آن مفتونِ خَدّ**[۴] **؟** ۳۸۷۰
آن مفتونِ ظاهر که «در برابر و پشت سرش دیواری» باشد، چگونه پیش و پس را ببیند؟

آمـده در قـصدِ جـان سیلِ سیاه[۵] **تا که روبَهْ**[۶] **افکند شیری**[۷] **بـه چـاه** ۳۸۷۱
سیلِ تمایلاتِ نفسانی می‌آید تا عقل را تباه کند.

از چَـهی بـنموده مـعدومی خـیال[۸] **تـا در انـدازد اُسُـوداً**[۹] **کـالْجِبٰال** ۳۸۷۲
با پنداری خوش، مردانِ کوه‌پیکری هلاک می‌شوند.

هـیچ کس را بـا زنـان مـحرم مـدار که مثالِ این دو، پنبه است و شرار ۳۸۷۳
هیچ کس را با زنان محرم و آشنا نکن که این دو مانند پنبه و آتش‌اند.

آتشـــی بـــاید بشســـته ز آبِ حـــق همچو یوسف مُعتَصِم[۱۰] **اندر رَهَق**[۱۱] ۳۸۷۴
مگر کسی همانندِ یوسف(ع) که با توسّل به حق آتش شهوتش خاموش باشد و مصون بمانَد.

کـــز زلیـــخایِ لطـیفِ سـروقد همچو شیران خـویشتن را واکَشَـد ۳۸۷۵
و بتواند مانند مردانِ حق خود را از زلیخایِ زیبایِ سروقد دور نگه دارد.

---

۱ - **خاوندگار**: خداوندگار، مُرشدِ روحانی. ۲ - **آز**: طمع.
۳ - مقتبس از: یس: ۹/۳۶: وَ جَعَلْنَا مِن بَیْنَ أَیْدِیْهِم سَدّاً وَ مِن خَلْفِهِم سَدّاً... . و در پیشاپیش آنان سدّی و در پشتشان هم سدّی نهاده‌ایم. ۴ - **خَدّ**: چهره. ۵ - **سیلِ سیاه**: سیلِ تمایلاتِ نَفْسانی.
۶ - **روبه**: کنایه از نفس. ۷ - **شیر**: کنایه از عقل.
۸ - اشاره به قصّهٔ شیر و نخچیران است که روباه شیر را به چاه افکند. ۹ - **اُسُود**: جمع اسد به معنی شیر.
۱۰ - **مُعْتَصِم**: چنگ زننده، پناه برنده. ۱۱ - **رَهَق**: گناه، فعل حرام.

باز گشت از موصل، و می‌شد به راه تا فرود آمد بـه بیشه و مَرج‌گاه[1] ۳۸۷۶

پهلوان از موصل برگشت و در میانِ راه در بیشه و چراگاهی فرود آمد.

آتش ِ عشـقش فـروزان آن چـنان کـه نـدانـد او زمـین از آسـمان ۳۸۷۷

چنان آتش عشق در وجودش شعله می‌کشید که زمین را از آسمان نمی‌شناخت.

قـصدِ آن مَـهْ کـرد انـدر خـیمه او عـقل کـو و از خـلیفه خـوف کـو؟ ۳۸۷۸

به قصد دیدار آن ماهرو به خیمه رفت. نه عقلی بود و نه ترسی از خلیفه.

چون زند شهوت در این وادی[2] دُهُل[3] چیست عقلِ تو فُجُلّ ابْنِ آلفُـجُلْ[4] ؟ ۳۸۷۹

هنگامی که شهوت بر وجود غلبه کند، ای آدمِ بی‌ارزش، عقلِ تو چه کاره است؟

صـد خـلیفه گشـته کـمتر از مگس پـیش ِ چشـمِ آتشـینش آن نَـفَس ۳۸۸۰

در آن لحظه صدها خلیفه در برابر چشمِ برافروخته از شهوت، ناتوان‌تر از مگس‌اند.

چون برون انداخت شلوار و نشست در مـیانِ پـایِ زن آن زن پَـرَست ۳۸۸۱

چون آن زن‌باره شلوار را انداخت و در میان پایِ زن نشست،

چون ذَکَر[5] سویِ مَقَر می‌رفت راست رستخیز و غـلغل از لشکـر بـخاست ۳۸۸۲

تا خواست نزدیکی کند، هیاهویی از لشکر بلند شد.

برجهید و کـون‌برهنه سـویِ صـف ذوآلفقاری[6] همچو آتش او به کـف ۳۸۸۳

برهنه از جای پرید و با شمشیری در دست به سوی سپاهیان دوید.

دیـد شـیرِ نـر، سیَه، از نـیستان بـر زده بـر قـلبِ لشکـر نـاگـهان ۳۸۸۴

شیر نر سیاهی را دید که از درون نیزار آمد و به قلب سپاه حمله کرده است.

تازیان چون دیـو در جـوش آمـده هـر طـویله و خـیمه انـدر هـم زده ۳۸۸۵

اسبان تازی چون دیو رم کرده‌اند و طویله‌ها و خیمه‌ها در هم ریخته‌اند.

---

۱ - **مَرجْ‌گاه :** چراگاه. ۲ - **وادی :** بیابان، کنایه از وجودِ آدمی.
۳ - **دهل زدن :** طبل پیروزی زدن، کنایه از غلبه کردن.
۴ - **فُجُلّ ابْنِ آلفُجُل :** تُرُبِ تُرُب‌زاده، کنایه از تحقیر و تخفیف است. ۵ - **ذَکَر :** آلت مردی.
۶ - **ذوالفقار :** مطلقِ شمشیر.

شیرِ نر گنبد همی کرد[1] از لُغَز[2] در هوا چون موجِ دریا بیست گز[3] ۳۸۸۶

شیر نر از نهانگاه خیز بلندی می‌زد و چون موج دریا بیست متر در هوا می‌پرید.

پهلوان مردانه بود و بی‌حَذَر پیش ِ شیر آمد چو شیرِ مستِ نر ۳۸۸۷

پهلوان بی باک و جسور با خشم به سوی شیر رفت.

زد به شمشیر و سرش را بر شکافت زود سویِ خیمهٔ مَه‌رو شتافت ۳۸۸۸

شمشیری زد و سرش را دو نیم کرد و فوراً به خیمهٔ ماهرو بازگشت.

چونکه خود را او بدآن حوری نمود مردیِ او همچنین برپای بود ۳۸۸۹

چون به حوری رسید، هنوز آلتش راست بود.

با چنان شیری به چالش[4] گشت جُفت مردی او مانده بر پای و نخفت ۳۸۹۰

در نبرد با چنان شیری هم در او تغییری حاصل نشده بود.

آن بُتِ شیرین لقایِ ماه‌رو در عجب در ماند از مردیّ او ۳۸۹۱

آن کنیزکِ خوش سیما از مردانگیِ او متعجّب مانده بود.

جفت شد با او به شهوت آن زمان متّحدگشتند حالی آن دو جان ۳۸۹۲

با او در آمیخت و در آن لحظه جانشان به هم پیوست.

ز اتّصالِ این دو جان با همدگر می‌رسد از غیبشان جانی دگر ۳۸۹۳

پیوند و اتّصال جان‌ها با یک‌دیگر جانِ تازه‌ای پدید می‌آوَرَد.

رُو نماید از طریقِ زادنی گر نباشد از عُلوقش[5] ره‌زنی[6] ۳۸۹۴

همان‌طور که در پیوند زن و مرد اگر مانعی نباشد، کودکی زاده می‌شود.

هر کجا دو کس به مهری یا به کین جمع آید، ثالثی زاید یقین ۳۸۹۵

مردم در مجالست بر یک‌دیگر اثر می‌گذارند و جانِ تازه‌ای پدید می‌آید.

لیک اندر غیب زاید آن صُوَر چون رَوی آن سو، ببینی در نظر ۳۸۹۶

امّا صورتِ آن جانِ جدید غیبی است و در عالم معنا دیده می‌شود.

---

۱ - **گنبد کردن :** خیز برداشتن. ۲ - **لُغَز :** نهانگاه. ۳ - **گز :** معادل یک متر.
۴ - **چالش :** نبرد، جدال. ۵ - **عُلوق :** باردارگردیدن. ۶ - **رَه‌زن :** مانع.

آن نتایج از قِرانات[1] تو زاد هین! مَگرد از هر قرینی زود شاد ۳۸۹۷
آن‌ها محصولِ مجالست‌های تو هستند؛ پس از دیدار هر کسی شاد نباش.

منتظر می‌باش آن میقات[2] را صدق دان اِلحاقِ ذُرّیّات[3] را ۳۸۹۸
منتظر باش تا نتیجهٔ این پیوندهای روحی را ببینی. باور کن که همین‌طور است.

کز عمل زاییده‌اند و از عِلل هر یکی را صورت و نطق و طَلَل[4] ۳۸۹۹
این صورت‌هایِ غیبی که گفتار و کالبد دارند نتیجهٔ اعمال و آثارِ وجودِ شخص‌اند.

بانگشان در می‌رسد زآن خوش‌حِجال[5] کِای ز ما غافل! هلا! زوتر تَعال[6] 3900
آن‌ها در حجله‌های زیبایِ خود بانگ می‌زنند: ای بی خبر از ما، زود بیا.

منتظر در غیب جانِ مرد و زن مُول مُولت[7] چیست؟ زُوتر گام زن ۳۹۰۱
صورتِ غیبی عمل و فعلِ ما در انتظار ماست که چرا درنگ می‌کنی؟

راه گُم کرد او از آن صبحِ دروغ[8] چون مگس افتاد اندر دیگِ دوغ[9] ۳۹۰۲
پهلوان از وجودِ کنیزک گمراه شد و گول خورد.

پشیمان شدنِ آن سرلشکر از آن خیانت که کرد،
و سوگند دادنِ او آن کنیزک را که به خلیفه باز نگوید از آنچه رفت

چند روزی هم بر آن بُد، بعد از آن شد پشیمان او از آن جُرمِ گران ۳۹۰۳
بعد از چند روز پهلوان از آن گناهِ عظیم پشیمان شد.

---

۱ - **قرانات** : جمع قِران به معنی مجالست و همنشینی. ۲ - **میقات** : وقتِ معیّن، وعده‌گاه.
۳ - **ذُرّیّات** : جمع ذُرّیّه به معنی فرزند، نسل: ناظر است به مضمون: طور: ۲۱/۵۲: ...أَلحَقْنَا بِهِمْ ذُرِّيَّتَهُمْ...: زاد و رودشان را به ایشان ملحق سازیم «در مورد مؤمنان که فرزندانِ باایمان‌شان را به آنان ملحق می‌کنند».
۴ - **طَلَل** : جمع طل: آثار و نتایج. ۵ - **حِجال** : جمع حجله، مراد حجله یا غرفه‌های بهشتی است.
۶ - **تَعال** : بیا. ۷ - **مول مول** : تأخیر زیاد، فِس و فِس کردن.
۸ - **صبح دروغ** : صبح کاذب، کنایه از زیبایی زن.
۹ - مصراع دوم: چون مگس در دیگ افتادن، یعنی گول خوردن و خطا کردن، خطایی که می‌تواند منجر به هلاکتِ باطنی شود.

داد سوگندش که ای خورشیدرُو! با خلیفه زینچه شد، رمزی مگو ۳۹۰۴

کنیزک را سوگند داد که ای زیبارو، به خلیفه از این ماجرا چیزی نگو.

چون بدید او را خلیفه مست گشت پس ز بام افتاد او را نیز طشت[1] ۳۹۰۵

خلیفه هم با دیدنِ او عاشق و شیدا شد.

دید صد چندان که وصفش کرده بود کِی بُوَد خود دیده مانندِ شُنود؟ ۳۹۰۶

خلیفه دید که زیباتر از آن است که گفته بودند. شنیدن مانند دیدن نیست.

وصفْ تصویر است بهرِ چشمِ هوش صورتْ آنِ چشم دان، نه زآنِ گوش ۳۹۰۷

توصیف تصویری است برای چشمِ عقل؛ امّا صورت را چشم می‌بیند نه گوش.

کرد مردی از سخن دانی سؤال حقّ و باطل چیست ای نیکو مَقال[2]**؟** ۳۹۰۸

سائلی از واعظی سخندان پرسید: فرق بین حق و باطل چیست؟

گوش[3] **را بگرفت و گفت: این باطل است چشمْ حقّ است و یقینش حاصل است** ۳۹۰۹

واعظ گوش را نشان داد و گفت: این باطل است؛ امّا چشم حق و یقینش حاصل است.

آن به نسبت باطل آمد پیشِ این نسبت است اغلب سخن‌ها، ای امین! ۳۹۱۰

ای مردِ درستکار، شنیدن به نسبت دیدن باطل است، چون اکثر سخن‌ها نسبی است.

ز آفتاب ارکرد خُفّاش اِحتِجاب[4] **نیست محجوب از خیالِ آفتاب** ۳۹۱۱

کسی که نمی‌تواند حقایق را ببیند، در اثر شنیدن تصوّراتی از آن دارد.

خوفْ او را خود خیالش می‌دهد آن خیالش سوی ظلمت می‌کشد ۳۹۱۲

از رفتن به سوی حقیقت بیمناک است و به تاریکی بسنده می‌کند.

آن خیالِ نور می‌ترساندش بر شبِ ظلمات می‌چَفساندش[5] ۳۹۱۳

تصوّری که دارد او را از نور می‌ترسانَد و در تاریکی نگه می‌دارد.

---

۱ - مصراع دوم: کنایه از رسوایی است. ۲ - **نیکو مقال**: سخنور و سخن‌دان.

۳ - **گوش**: کنایه از علوم کسبی در تقابلِ با علوم کشفی. ۴ - **احتجاب**: در پرده شدن.

۵ - **چفساندن**: چسباندن.

از خـیالِ دشـمن و تـصویرِ اوست   که تو بر چفسیده‌ای بر یار و دوست ۳۹۱۴

تو هم از پندارِ دشمنی واهی جویای دوستانِ این جهانی هستی.

موسیا[1] ! کَشفَت لُمَع بر کُهْ فَراشت   آن مُخَیِّل[2] تابِ تـحقیقت نـداشت ۳۹۱۵

ای موسی، پرتوِ نوری که بر تو متجلّی شد، برقی به کوه زد؛ ولی تابِ تحمّل آن را نداشت.

هـین! مشـو غـرّه بـدان کـه قـابلی   مر خـیالش را، و زیـن رَه واصـلی ۳۹۱۶

هان، مغرور نباش که چون از حقیقت تصوّری داری، می‌توانی با تصوّر به حق برسی.

از خــیالِ حَـرب نَـهراسـید کس   لاشَجاعَه قَبْلَ حَرب،[3] این دان و بس ۳۹۱۷

قبل از نبرد، همه دلیرند و از خیال رزم نمی‌هراسند. معنیِ مَثَلِ «پیش از جنگ شجاعتی نیست»، همین است.

بر خیالِ حَرْب، حیز[4] انـدر فِکَـر[5]   می‌کند چون رُستمان[6] صدکَرّ و فَر[7] ۳۹۱۸

مدّعی خود را در اندیشه و تصوّراتش، همانند مردان حق می‌داند.

نقش ِ رسـتم کآن بـه حـمّامی بُـوَد   قِرْنِ[8] حَـملهٔ فکـرِ هـر خـامی بُـوَد ۳۹۱۹

تصویر رستم بر دیوار حمّام‌ها، نقش است نه رستم، همانند فکر و خیالِ مدّعی در مورد خودش.

این خیالِ سمع چون مُـبْصَر شـود   حیز چه بْوَد؟ رستمی مُضطَر شـود ۳۹۲۰

اگر همان خیالِ حقیقت جلوه‌گر و قابل رؤیت شود، او که هیچ، مردان راه هم در می‌مانند.

جـهد کـن کـز گـوش در چشمت رَوَد   آنچه کآن باطل بُده است، آن حق شود ۳۹۲۱

بکوش تا درک ظاهری‌ات به درک باطنی مبدّل شود و آنچه باطل بود به حقیقت بپیوندد.

---

۱ - **موسیا** : مورد خطاب می‌تواند خودِ موسیٰ(ع) باشد و یا هر صاحبِ کشف و شهود.
۲ - **مُخَیِّل** : صاحبِ خیال، غیر عارف.
۳ - اشاره به روایتی منسوب به لقمان با همین مضمون: ر.ک. احادیث، ص ۵۱۳.
۴ - **حیز** : مُخَنّث، نامرد، اینجا مدّعی.   ۵ - **فِکَر** : اندیشه.   ۶ - **رستمان** : پهلوانان، کنایه از عارفان.
۷ - **کَرّ و فَر** : حمله و گریز، مجازاً شکوه و جلال.   ۸ - **قِرْن** : قرین و نظیر.

زآن سپس گوشَت شود هم‌طبعِ چشم   گوهری گردد دو گوشِ همچو یَشم ۳۹۲۲

بعد از آن گوشِ باطنی‌ات گشوده می‌شود و شأن چشم را می‌یابد، مثلِ سنگی که گوهر شود.

بلکه جمله تن چو آیینه شود   جمله چشم و گوهرِ سینه شود ۳۹۲۳

بلکه تمامِ وجودت صیقلی می‌شود و دارایِ ادراکِ باطنی.

گوش انگیزد خیال[1]، و آن خیال   هست دلّالهٔ[2] وصالِ آن جمال[3] ۳۹۲۴

شنیده‌ها در وجودت خیالی را بر می‌انگیزد که باطل نیست، وسیلهٔ وصل است.

جهد کن تا این خیال افزون شود   تا دَلاله رهبر مجنون شود ۳۹۲۵

بکوش تا این گونه خیالات افزون شود و تو را به «حقیقت» برساند.

آن خلیفهٔ گول[4] هم یک چند نیز   ریشِ گاوی کرد خوش با آن کنیز ۳۹۲۶

آن خلیفهٔ نادان هم چندی با کنیزک خوشیِ احمقانه‌ای داشت.

مُلک را تو مُلکِ غرب و شرق گیر   چون نمی‌ماند، تو آن را برق گیر ۳۹۲۷

فرض کن که سلطنت شرق و غرب را داشته باشی، چون پایدار نیست، مثل صاعقه است.

مملکت کآن می‌نمانَد جاودان   ای دلت خفته! تو آن را خواب دان ۳۹۲۸

ای غافل، سلطنتی که همیشگی نیست، خواب است.

تا چه خواهد کرد آن باد و بُروت[5]؟   که بگیرد همچو جلّادی گلوت ۳۹۲۹

غرور و خودبینی که چون جلّادی گلویت را گرفته است، به چه درد می‌خورد؟

هم در این عالم، بدان که مأمنی‌ست   از منافق کم شنو کو گفت: نیست ۳۹۳۰

در این دنیای مادّی هم «پناه حق» محلّ امنی است. سخن منافق را که باور ندارد، قبول نکن.

---

۱ - چون «قال» یا شنیده‌ها در عارف یا سالک با «حال» و «جهد» و «تهذیب» توأم است.   ۲ - **دلّاله** : واسطه.
۳ - **جمال** : جمال حق.   ۴ - **گول** : ابله.   ۵ - **باد و بروت** : کبر و خودبینی، باد در سبیل انداختن.

حجّتِ[1] منکرانِ آخرت، و بیانِ ضعفِ آن حجّت،[2] زیرا حجّتِ ایشان بدین باز می‌گردد که: غیرِ این نمی‌بینیم[3]

جان کلام در این قطعه آن است که: باید با هر کس در حدّ درک و فهمِ او سخن گفت. منکر که توانایی درکِ عوالمِ غیبی را ندارد، فقط این جهانِ مادّی را می‌بیند و هدایت‌پذیر نیست.

حجّتش این است، گوید هر دمی　　　گر بُدی چیزی دگر من دیدمی ۳۹۳۱

بُرهانِ منکر همواره این است که اگر چیز دیگری بود، من می‌دیدم.

گر نبیند کودکی احوالِ عقل　　　عاقلی هرگز کند از عقل نَقل؟ ۳۹۳۲

اگر کودکی نتواند تعقّل بزرگان را دریابد، می‌توان تعقّل را کنار گذاشت؟

ور نبیند عاقلی احوالِ عشق　　　کم نگردد ماهِ نیکوفال عشق ۳۹۳۳

اگر عاقلی عاشق نشود، چیزی از جمال عشق کاسته نمی‌شود.

حُسنِ یوسف، دیدهٔ اِخوان ندید　　　از دلِ یعقوب کِی شد ناپدید؟ ۳۹۳۴

حُسن یوسف(ع) همواره در دل و جان یعقوب(ع) بود؛ ولی برادران آن را ندیدند.

مر عصا را چشمِ موسی چوب دید　　　چشمِ غیبی افعی و آشوب دید[4] ۳۹۳۵

موسی(ع) هم عصای خود را چوب می‌دید و نمی‌دانست که اژدها می‌شود و فتنه به پا می‌کند.

چشمِ سر با چشمِ سِر در جنگ بود　　　غالب آمد چشمِ سِر، حجّت نمود[5] ۳۹۳۶

چشمِ ظاهربین با چشمِ باطن با هم در ستیزه بودند تا چشم باطن با دلیل قاطع غلبه کرد.

چشمِ موسی دست خود را دست دید　　　پیش چشمِ غیب نوری بُد پدید[6] ۳۹۳۷

چشمِ موسی(ع) دستِ خود را دستِ عادی می‌دید؛ امّا چشمِ غیب‌بین می‌توانست نورِ آن ببیند.

این سخن پایان ندارد در کمال　　　پیش ِ هر محروم باشد چون خیال ۳۹۳۸

این سخنان پایانی ندارد. محروم، حقایق را خیال می‌پندارد.

---

۱ - **حجّت :** بُرهان.　۲ - **بیانِ ضعفِ آن حجّت :** بیان سستیِ آن برهان.
۳ - که غیر از این دنیا چیزی را نمی‌بینیم.　۴ - چشم غیب‌بین می‌دانست که آن عصا اژدها خواهد شد.
۵ - **حجّت نمود :** دلیل ارائه کرد، غلبه کرد.　۶ - با چشمِ باطن نورش دیده می‌شد.

چون حقیقت پیشِ او فرج و گلوست کم بیان کن پیشِ او اسرارِ دوست ۳۹۳۹

چون حقیقت نزد او همین شهوات است؛ پس اسرار یار را در حضور او مگو.

پیشِ ما فَرْج و گلو باشد خیال لاجرم هر دم نماید جان جمال ۳۹۴۰

نزد ما که هر لحظه حقایق عالم معنا را می‌بینیم، این دنیا و شهواتش خیال است.

هر که را فرج و گلو آیین و خُوست[1] آن لَکُمْ دینُ وَلِیَ دین[2] بهر اوست ۳۹۴۱

به «اهل دنیا» می‌گوییم: دینِ تو برای تو، دینِ من برای من.

با چنان انکار کوته کن سخن احمدا! کم گوی با گبرِ کُهن[3] ۳۹۴۲

ای احمد(ص) با انکار شدید منکران، سخن را کوتاه کن.

آمدنِ خلیفه نزد آن خوب‌روی برای جِماع[4]

آن خـلیفه کـرد رایِ اجـتماع سـویِ آن زن رفت از بـهرِ جِماع ۳۹۴۳

خلیفه به خیال مجامعت نزد کنیزک رفت.

ذِکر او کرد، و ذَکَر بر پای کرد قصدِ خفت و خیزِ مهرافزای[5] کرد ۳۹۴۴

با یادِ کنیزک آماده شد و قصد هماغوشی کرد.

چون میانِ پایِ آن خاتون نشست پس قضا آمد، رَه عیشش بِبَست ۳۹۴۵

چون میان پای زن نشست، قضا مانعِ عیش او شد.

خَشت و خُشتِ موش درگوشش رسید خفت کیرش، شهوتش کُلّی رمید ۳۹۴۶

خش خشِ موشی را شنید و شهوتش زایل شد.

وَهْمِ آن کز مار باشد این صَریر[6] که همی جنبد به تندی از حصیر ۳۹۴۷

پنداشت که خش خشِ مار است که به تندی زیر حصیر حرکت می‌کند.

---

۱ - مصراع اوّل: کسی که خُو و خصلتش شهوت راندن و خوردن است، یعنی «اهل دنیا».

۲ - مقتبس از: کافرون: ۶/۱۰۹: لَکُمْ دینُکُمْ وَ لِیَ دین. ۳ - **گبرِ کُهن** : کافرِ دیرین. ۴ - **جِماع** : آمیزش.

۵ - **مهرافزای** : مهرانگیز. ۶ - **صَریر** : صدا.

خنده گرفتن آن کنیزک را از ضعفِ شهوتِ خلیفه و قوّتِ شهوتِ آن امیر، و فهم کردنِ خلیفه از خندهٔ کنیزک

زن بدید آن سُستیِ او از شِگفت — آمد اندر قهقهه، خنده‌اش گرفت ۳۹۴۸

زن ناتوانیِ او را دید و با تعجّب به قهقهه خندید.

یادش آمد مردیِ آن پهلوان — که بکُشت او شیر، و اندامش چنان ۳۹۴۹

به یاد پهلوان و مردانگی‌اش بعد از کشتن شیر افتاده بود.

غالب آمد خندهٔ زن، شد دراز — جهد می‌کرد و نمی‌شد لب فراز[1] ۳۹۵۰

خنده غلبه کرد و طولانی شد و نمی‌توانست لبش را از خنده ببندد.

سخت می‌خندید، همچون بَنْگیان[2] — غالب آمد خنده بر سود و زیان ۳۹۵۱

مانند آدمِ بنگی بلند می‌خندید و فکر سود و زیان و عواقب آن را نمی‌کرد.

هر چه اندیشید، خنده می‌فزود — همچو بندِ سیل[3] ناگاهان گشود ۳۹۵۲

هر چه سعی کرد به چیز دیگری بیندیشد، بیشتر می‌خندید. خنده مانند سیلِ سد شکسته، می‌آمد.

گریه و خنده، غم و شادی دل — هر یکی را معدنی دان مُستقل[4] ۳۹۵۳

گریه، خنده، غم و شادی هر یک منبع جداگانه‌ای نزد حق دارند.

هر یکی را مخزنی، مفتاحِ[5] آن — ای برادر! در کفِ فتّاح دان ۳۹۵۴

هر یک مخزنی دارند که کلیدش نزد خداوند گشاینده است.

هیچ ساکن می‌نشد آن خنده زو — پس خلیفه طَیْره[6] گشت و تندخو ۳۹۵۵

خنده‌اش پایان نمی‌یافت؛ پس خلیفه خشمگین و عصبانی شد.

---

۱ - **فراز**: بسته. ۲ - **بنگی**: کسی که حشیش می‌کشد.
۳ - **بندِ سیل**: سدّ در راه سیل یا در مسیر رودهای سیلابی.
۴ - اشاره به: حِجْر: ۲۱/۱۵: وَ إن مِّن شَیْءٍ اِلاَّ عِندَنَا خَزَآئِنُهُ وَ مَا نُنَزِّلُهُ إلاَّ بِقَدَرٍ مَعْلُومٍ: و هیچ چیز نیست مگر آنکه گنجینه‌هایش نزد ماست و جز به اندازهٔ معین از آن پدید نمی‌آوریم. ۵ - **مِفتاح**: کلید. ۶ - **طَیْره**: خشم.

زود شمشیر از غلافش بر کشید گفت: سِرّ خنده واگو ای پلید! ۳۹۵۶

به سرعت شمشیر را کشید و گفت: ای پلید، دلیلِ خنده‌ات چیست؟

در دلم زین خنده ظنّی اوفتاد راستی گو، عشوه[1] نتوانیم داد ۳۹۵۷

خنده‌ات مرا مظنون کرد. راست بگو. نمی‌توانی فریبم بدهی.

ور خلافِ راستی بفریبی‌اَم یا بهانهٔ چرب[2] آری تو به دم ۳۹۵۸

اگر دروغ بگویی و مرا فریب دهی، یا بهانهٔ مزوّرانه بیاوری،

من بدانم، در دلِ من روشنی‌ست بایدت گفتن هر آنچه گفتنی‌ست ۳۹۵۹

من می‌فهمم، چون در دلم نوری است که در می‌یابد؛ پس گفتنی را بگو.

در دلِ شاهان تو ماهی دان سِطَبر[3] گرچه گه‌گَه شد ز غفلت زیرِ ابر[4] ۳۹۶۰

در دلِ شاهان ماه تابناکی هست؛ ولی گه‌گاه به سبب غفلت زیر ابر نهان می‌شود.

یک چراغی هست در دل وقتِ گشت[5] وقتِ خشم و حرص آید زیرِ طشت[6] ۳۹۶۱

چراغی در دلشان هست که وقت خشم و حرص نورش نهان می‌شود.[7]

آن فراست این زمان یارِ من است گر نگویی آنچه حقِّ گفتن است ۳۹۶۲

آن تیزبینی را اینک دارم، اگر راست نگویی،

من بدین شمشیر بُرّم گردنت سود نَبْوَد خود بهانه کردنت ۳۹۶۳

با این شمشیر گردنت را قطع می‌کنم. هیچ بهانه‌ای برایت سود ندارد.

ور بگویی راست، آزادت کنم حقِّ یزدان نشکنم، شادت کنم ۳۹۶۴

اگر راست بگویی آزادت می‌کنم. به خدا سوگند که نمی‌کشمت و شادت می‌کنم.

هفت مُصحف[8] آن زمان بر هم نهاد خورد سوگند و چنین تقریر داد ۳۹۶۵

تأکید کرد که سوگندش استوار است و به قول خود پایدار.

---

۱ - **عشوه:** فریب. ۲ - **بهانهٔ چرب:** چرب زبانی و جواب غیر قابلِ قبول.

۳ - **ماهِ سطبر:** ماه بزرگ و نورانی، ماه منوّر. ۴ - اینجا خلیفه برای خود اوصافِ مردِ حق را بر می‌شمارد.

۵ - **وقتِ گشت:** در زندگی، در شرایط متعارف. ۶ - **زیر تشت رفتن:** نهان شدن.

۷ - این نور، درک باطنی مرد حق است. ۸ - **مُصْحَف:** قرآن، هفت مُصحف قرار دادن یعنی سوگندِ استوار.

فاش کردنِ آن کنیزک آن راز را با خلیفه از بیمِ زخمِ شمشیر، و اکراهِ[1] خلیفه که: راست گو سببِ این خنده را، وگرنه بکشمت

زن چو عاجز شد، بگفت احوال را　　مردیِ آن رُستمِ صد زال[2] را ۳۹۶۶

زن درمانده شد و ماجرای مردانگیِ آن پهلوانِ نیرومند را تعریف کرد.

شرح آن گِرْدَک[3] که اندر راه بود　　یک به یک با آن خلیفه وانمود ۳۹۶۷

حجله‌ای را که در راه برپا کرده بودند، همه را یک به یک گفت.

شیر کُشتن، سویِ خیمه آمدن　　وآن ذَکَر قایم چو شاخ کرگدن ۳۹۶۸

کشتن شیر، بازگشتِ پهلوان و برجای بودن مردانگی‌اش.

باز این سُستیِ این ناموس‌کوش[4]　　کو فرو مُرد از یکی خَش خُشتِ موش ۳۹۶۹

همچنین ناتوانی این خلیفهٔ جویای نام را که مردانگی‌اش از خش خش موش فروکش کرد.

رازها را می‌کند حق آشکار　　چون بخواهد رُست، تخمِ بد[5] مَکار ۳۹۷۰

خداوند اسرار را آشکار می‌کند. چون همهٔ دانه‌ها می‌روید، دانهٔ بد نکار.

آب و ابر و آتش و این آفتاب　　رازها را می‌برآرَد از تُراب ۳۹۷۱

عوامل طبیعی سبب رویش دانه‌های نهان در خاک هستند.

این بهارِ نو ز بعدِ برگ‌ریز　　هست بُرهانِ وجودِ رستخیز ۳۹۷۲

وجود بهار بعد از خزان، برهانِ وجود رستاخیز است.

در بهار آن سِرّها پیدا شود　　هرچه خورده است این زمین رسوا شود[6] ۳۹۷۳

با فرارسیدنِ بهار هرچه که در دل زمین هست آشکار می‌شود.

---

۱ - **اکراه:** وادار کردنِ کسی به کاری که موافقِ میل و طبعِ او نیست.

۲ - **رستمِ صد زال:** رستمِ بسیار نیرومند، پهلوان بسیار قَوی. «صد زال» اینجا صفتِ رستم است.

۳ - **گِردکَ:** حجلهٔ عروس و داماد.　　۴ - **ناموس‌کوش:** کسی که جویای نام و برتری است.

۵ - **تخم بد:** اشاره به فعل بد یا فکر بد.

۶ - ناظرَ است به مضمون: روم: ۵۰/۳۰: فَانْظُرْ إِلَى آثارِ رَحْمَةِ اللهِ کَیْفَ یُحْیِی الْأَرْضَ بَعْدَ مَوْتِهَا...: پس به آثار رحمت الهی بنگر که چگونه زمین را پس از پژمردنش زنده می‌دارد.

۳۹۷۴ **بـر دمـد آن از دهـان و از لبش[1] تـا پـدید آرَد ضـمیر و مـذهبش[2]**

رویبدنی‌ها می‌رویند تا هر چه که در زمین هست، هویدا شود.

۳۹۷۵ **سِرِّ بیخِ هـر درخـتی و خـورَش[3] جملگی پیدا شـود آن بـر سَـرَش[4]**

آنچه را که ریشهٔ هر درخت جذب کرده است، به صورت گُل و برگ ظاهر می‌شود.

۳۹۷۶ **هـر غـمی کـز وی تـو دل آزرده‌ای از خُـمارِ مِیْ بُـوَد کآن خـورده‌ای**

حضورِ هر «غم» به سبب سرمستیِ ناشی از یک جهل، غفلت و یاگناه است.

۳۹۷۷ **لیک کِـی دانـی کـه آن رنـجِ خُـمار از کـدامین مِیْ بـر آمـد آشکـار؟**

امّا به درستی نمی‌توان فهمید که این «غم» محصولِ کدام یک از خطاهاست.[5]

۳۹۷۸ **این خُـمار اشکـوفهٔ آن دانـه است آن شـناسد کاگـه و فـرزانـه است**

این «غم و درد»، نتیجهٔ گناهی است که فقط انسان کامل دانه و میوه‌اش را می‌شناسد.

۳۹۷۹ **شـاخ و اشکـوفه نـمانَد دانـه را نـطفه کِـی مـانَد تـنِ مـردانـه را؟**

شاخه و شکوفه شبیه دانهٔ کاشته شده نیست و نطفه شباهتی به انسان ندارد.

۳۹۸۰ **نـیست مـانندا هـیولا[6] بـا اثـر دانـه کِـی مـاننده آمـد بـا شَـجَر؟**

«هیولا» که مادّه اوّلیّهٔ جهان مادّی است، شباهتی به درخت یا هیچ یک از مخلوقات این جهانی ندارد؛ زیرا فاقد صورت است و قابلِ صورت پذیری.

۳۹۸۱ **نطفه از نان است، کِی باشد چو نان؟ مردم از نطفه است، کِی باشد چنان؟**

نطفه از خوردن خوراک است؛ ولی شباهتی به آن ندارد، مانند انسان که شباهتی به نطفه ندارد.

۳۹۸۲ **جنّی از نار است، کِی مانَد به نـار؟ از بُخار است ابر و نَبْوَد چون بخار**

جنّ که از آتش است، شباهتی به آن ندارد، همانند ابر که از بُخار است و شبیه آن نیست.

---

۱ – از دهان و لبش بردَمَد یعنی از زمین بروید.

۲ – مصراع دوم اشاره به رستاخیز دارد که در آن تمامِ نهانی‌هایِ زمینِ وجودِ آدمی هویدا می‌شود.

۳ – **خورَش**: آنچه را که خورده.

۴ – درختِ وجودِ آدمی هم هرچه را که جذب کرده است، از مادّی و یا معنوی به صورت «فعل و قول و عمل»، در وجودش پیدا می‌شود. ۵ – چون نتیجهٔ عمل با خودِ عمل شباهتی ندارد.

۶ – **هیولا**: «هیولا» نزد حُکما چیزی است که صورت را به‌طور مطلق می‌پذیرد، اینجا در مصراع اوّل: مـادّه اوّلیّـه هیچ شباهتی با موجودات این جهانی ندارد.

از دَمِ جبریل عیسی شد پدید / کِی به صورت همچو او بُد یا ندید[۱] ؟ ۳۹۸۳

عیسی(ع) از دمیدن جبرائیل به وجود آمد؛ ولی شبیه یا نظیر او نبود.

آدم از خاک است، کِی مانَد به خاک؟ / هیچ انگوری نمی‌مانَد به تاک ۳۹۸۴

آدم خاکی چه شباهتی به خاک دارد و یا انگور به درخت انگور؟

کِی بُوَد دزدی به شکل پایِ دار؟ / کِی بُوَد طاعت چو خُلدِ پایدار؟ ۳۹۸۵

«دزدی» چه شباهتی به پایِ چوبهٔ دار دارد یا بندگی به بهشت؟

هیچ اصلی نیست مانندِ اثر / پس ندانی اصلِ رنج و دردِ سر ۳۹۸۶

چون هیچ اصلی شبیه «اثر» خود نیست، نمی‌توان به اصلِ درد یا رنج پی برد.

لیک بی اصلی نباشد این جزا / بی گناهی کِی برنجاند خدا؟ ۳۹۸۷

امّا هیچ کیفری بدون منشأ نیست؛ زیرا خداوند بدون ارتکابِ جُرم کسی را نمی‌رنجاند.

آنچه اصل است و کَشندهٔ آن شی است / گر نمی‌مانَد به وی، هم از وی است ۳۹۸۸

اصل و منشأ پدید آورنده شبیه اثر حاصلِ از آن نیست؛ ولی از اوست.

پس بدان: رنجت نتیجهٔ زَلَّتی‌ست[۲] / آفتِ این ضربتت از شهوتی‌ست ۳۹۸۹

پس بدان که «رنج» نتیجهٔ لغزش و خطاست. هر ضربه برای شهوتی است.

گر ندانی آن گُنه را ز اعتبار / زود زاری کن، طلب کن اِغتفار[۳] ۳۹۹۰

اگر نمی‌دانی گناهت چیست، ناله سرده و طلب استغفار کن.

سجده کن، صد بار می‌گوی: ای خدا! / نیست این غم غیرِ در خورد و سزا ۳۹۹۱

صدها بار سجده کن و بگو: خدایا، این غم، کیفرِ شایستهٔ من است.

ای تو سبحان! پاک از ظلم و ستم / کِی دهی بی جُرم جان را درد و غم؟ ۳۹۹۲

ای خدای منزّه که مبرّا از جور و ستم هستی، بدون گناه درد و غم نمی‌دهی.

من مُعَیَّن می‌ندانم جُرم را / لیک هم جُرمی بباید گُرم[۴] را ۳۹۹۳

من به‌طور واضح گناهم را نمی‌دانم؛ امّا هر گناه اندوهی در پی دارد.

---

۱ - ندید: همتا. ۲ - زَلَّت: لغزش. ۳ - اِغتفار: آمرزش. ۴ - گُرم: غم.

چون بپوشیدی سبب را ز اعتبار دایما آن جُرم را پوشیده دار ۳۹۹۴
چون برای عبرتِ من سبب را پوشاندی، گناه را هم پوشیده دار.

که جزا اظهارِ جُرم من بُوَد کز سیاست دُزدی‌اَم ظاهر شود ۳۹۹۵
زیرا کیفر، جرم مرا آشکار می‌کند و با مجازات، دزدی و خلافم آشکار می‌شود.

عزم کردنِ شاه، چون واقف شد بر آن خیانت، که بپوشانَد[1] و عفو کند و او را به او دهد[2]، و دانست که آن فتنه جزایِ او بود[3]، و قصد او بود و ظلمِ او بر صاحبِ موصل، که «وَ مَن اَساءَ فَعَلَیْها»[4]، «وَ اِنَّ رَبَّکَ لَبِالْمِرصاد»[5] و ترسیدنَ که اگر انتقام کشد، آن انتقام هم بر سرِ او آید، چنانکه این ظلم و طمع بر سرش آمد

شاه با خود آمد، استغفار کرد یادِ جُرم و زَلّت و اِصرار کرد ۳۹۹۶
شاه به خود آمد و طلبِ مغفرت کرد؛ زیرا گناهِ خود را در گرفتن کنیزک به یاد آورد.

گفت با خود: آنچه کردم با کسان شد جزایِ آن به جانِ من رسان ۳۹۹۷
با خود گفت: آنچه با دیگران کردم، نتیجه‌اش را دیدم.

قصدِ جفتِ دیگران کردم ز جاه بر من آمد آن و افتادم به چاه[6] ۳۹۹۸
به غرورِ موقعیّت و مقام قصدِ همسرِ دیگران را کردم و این بلا به سرم آمد.

من درِ خانهٔ کسی دیگر زدم او درِ خانهٔ مرا زد لاجرم[7] ۳۹۹۹
من درِ خانهٔ کسی را زدم، او هم در خانهٔ مرا زد.

هر که با اهلِ کسان شد فسق‌جو[8] اهلِ خود را دان که قَوّاد[9] است او ۴۰۰۰
هر کس که با همسر دیگری تباهی بکند، بدان که دلّال همسر خویش است.

زانکه مِثل آن جزایِ آن شود چون جزایِ سَیِّئَه[10] مِثلش بُوَد ۴۰۰۱
زیرا کیفر مشابه عمل است. جزای بدی بدی است.

---

۱ - **بپوشانَد** : پنهان کند. ۲ - **او را به او دهد** : کنیزک را به پهلوان بدهد.
۳ - آن فتنه کیفرِ او و به سببِ ظلم او بود. ۴ - و هر که بد کند به زیانِ اوست: فُصِّلَت: ۴۶/۴۱.
۵ - زیرا پروردگارت در کمینگاه است: فجر: ۱۴/۸۹. ۶ - **افتادم به چاه** : مجازات شدم.
۷ - یعنی بدی کردم و بدی دیدم. ۸ - **فسق‌جو** : تباهی‌خواه.
۹ - **قوّاد** : واسطه و دلّال عمل منافی عفّت. ۱۰ - **سَیِّئه** : سَیِّئة: کار بد

۴۰۰۲ **چون سبب کردی، کشیدی سویِ خویش مِثل آن را، پس تو دَیّوثی[1] و بیش**

چون به دنبال همسر کسی باشی، کیفری مشابه را جذب می‌کنی و آدمِ بی ناموس یا بدتر از آن هستی.

۴۰۰۳ **غصب کردم از شه موصل کنیز غصب کردند از من او را زود نیز**

کنیزِ شاهِ موصل را به زور گرفتم و او را از من به زور گرفتند.

۴۰۰۴ **او کَامینِ من بُد و لالایِ[2] من خاینش کرد آن خیانت‌هایِ من**

آن پهلوان مورد اعتماد و للهٔ من بود، خیانتِ من او را به خیانت واداشت.

۴۰۰۵ **نیست وقتِ کین گزاری وِ انتقام من به دست خویش کردم کارِ خام**

وقت انتقام و کینه‌ورزی نیست. من به دست خود کار را خراب کردم.

۴۰۰۶ **گر کَشَم کینه بر آن میر و حَرَم[3] آن تعدّی هم بیاید بر سَرَم**

اگر از پهلوان و کنیزک انتقام بگیرم، کیفرش را خواهم دید.

۴۰۰۷ **همچنان کین یک بیامد در جزا آزمودم، باز نزمایم وَرا**

چنانکه این بار جزایش را دیدم و دیگر تجربه نخواهم کرد.

۴۰۰۸ **دردِ صاحب موصل‌اَم گردن شِکَست من نیارَم این دگر را نیز خَست[4]**

رنجِ شاهِ موصل گردنم را شکست. دیگری را آزرده نمی‌کنم.

۴۰۰۹ **داد حق‌مان از مکافات آگهی گفت: اِنْ عُدْتُمْ بِهِ، عُدْنٰا بِهِ[5]**

خداوند ما را از کیفر آگاهی داده و فرموده است: اگر باز گردید، ما هم باز می‌گردیم.

۴۰۱۰ **چون فزونی کردن اینجا سود نیست غیرِ صبر و مرحمت محمود نیست**

چون در این حال افزودن بر گناه ثمری ندارد، باید بردبار و مهربان بود.

۴۰۱۱ **رَبَّنا اِنّا ظَلَمْنا،[6] سهو رفت رحمتی کن ای رحیمی‌هات زفت[7]**

«پروردگارا، ما به خود ستم کردیم»، اشتباه کردیم. رحم کن که رحمت تو بی نهایت است.

۴۰۱۲ **عفو کردم، تو هم از من عفو کن از گناهِ نو، زِ زَلّاتِ[8] کُهُن**

خدایا، بخشیدم. تو هم ببخش گناهان تازه و کهنه‌ام را.

---

۱ - **دیّوث** : مردِ بی‌غیرت. ۲ - **لالا** : خادم. ۳ - **حَرَم** : عیال، زنانِ یک مرد و یا خانواده‌اش.
۴ - **خَست** : خَستن، زخمی یا مجروح کردن، آزار دادن. ۵ - إسراء: ۸/۱۷.
۶ - اشارتی قرآنی؛ اعراف: ۲۳/۷. ۷ - **زفت** : بزرگ. ۸ - **زَلّات** : جمع زَلّت به معنی لغزش.

گفت: اکنون ای کنیزک! وامگو ‌ ‌ ‌ این سخن را که شنیدم من ز تو ۴۰۱۳

شاه به کنیزک گفت: این حرف را جایِ دیگر نگو.

با امیرت جفت خواهم کرد من ‌ ‌ ‌ اللّه اللّه زین حکایت دَم مزن ۴۰۱۴

تو را همسرِ پهلوان می‌کنم. تو را به خدا از این ماجرا به کسی چیزی نگو.

تا نگردد او ز رُویَم شرمسار ‌ ‌ ‌ کو یکی بد کرد و نیکی صد هزار ۴۰۱۵

تا او شرمسار نشود؛ زیرا یک بدی کرده و هزاران نیکی.

بارها من امتحانش کرده‌ام ‌ ‌ ‌ خوب‌تر از تو بدو بسپرده‌ام ۴۰۱۶

بارها او را آزموده‌ام و کنیزکانی زیباتر از تو را به او سپرده‌ام.

در امانت یافتم او را تمام ‌ ‌ ‌ این قضایی بود هم از کرده‌هام ۴۰۱۷

او را کاملاً امین دیدم. این قضا نتیجهٔ عمل خودِ من بود.

پس به خود خواند آن امیرِ خویش را ‌ ‌ ‌ کُشت در خود خشمِ قهراندیش[1] را ۴۰۱۸

پس امیر را به حضور خواند و خشم و انتقام را فرو خورد.

کرد با او یک بهانهٔ دلپذیر ‌ ‌ ‌ که: شُدَستم زین کنیزک من نَفیر[2] ۴۰۱۹

بهانه‌ای آورد و گفت: از این کنیزک متنفّر شده‌ام.

زآن سبب کز غیرت و رشکِ کنیز ‌ ‌ ‌ مادرِ فرزند دارد صد اَزیز[3] ۴۰۲۰

مادر فرزندم از رشکِ کنیزک در جوش و خروش است.

مادرِ فرزند را بس حقّ‌هاست ‌ ‌ ‌ او نه در خوردِ چنین جور و جفاست ۴۰۲۱

همسرم حقّ زیادی به گردنم دارد و شایستهٔ این ظلم و ستم نیست.

رشک و غیرت می‌بَرَد، خون می‌خورد ‌ ‌ ‌ زین کنیزک سخت تلخی می‌برد ۴۰۲۲

رشک و حسد دارد و خون دل می‌خورَد و به سبب این کنیزک تلخ‌کام است.

چون کسی را داد خواهم این کنیز ‌ ‌ ‌ پس تو را اولیتر است این ای عزیز! ۴۰۲۳

ای عزیز، چون می‌خواهم این کنیزک را به کسی بدهم، تو از همه شایسته‌تر هستی.

---

۱ - **خشم قهراندیش**: خشمی که سبب انتقام است. ۲ - **نَفیر**: متنفّر.

۳ - **اَزیز**: غَلَیان، جوشیدنِ دیگ، اینجا عدم رضایت و گِله.

کـه تـو جـانبازی نـمودی بـهرِ او　　خوش نـباشد دادنِ آن جـز بـه تـو ۴۰۲۴

چون تو برای او جانبازی کرده‌ای، روا نیست آن را به دیگری بدهم.

عـقدکـردش بـا امیر، او را سـپرد　　کرد خشم و حرص را او خُرد و مُرد[1] ۴۰۲۵

او را به عقد امیر در آورد و به او سپرد. خشم و طمع را ندیده گرفت.

بیان آنکه: «نَحْنُ قَسَمْنٰا»،[2] که یکی را شهوت و قوّتِ خران دهد، و یکی را کیاست و قوّتِ انبیا و فرشتگان دهد

سر ز هوا تـافتن از سـروری‌ست　　ترکِ هـوا قـوّتِ پـیغمبری‌ست[3]

تـخم‌هایی کـه شـهوتی نَـبْوَد　　بَـرِ آن جـز قـیامتی نَـبْوَد[4]

گـر بُـدَش سسـتیِّ نـرّیِّ خـران　　بـود او را مـردیِ پـیغمبران ۴۰۲۶

هرچند که آن خلیفه شهوتِ خران را نداشت؛ امّا مردانگیِ پیامبران را داشت.

ترکِ خشم و شهوت و حرص‌آوری　　هست مـردی و رگِ پـیغمبری ۴۰۲۷

خشم، شهوت و حرص را فرو نهادن از مردصفتی و طبع بزرگان است.

نَـرّیِ خـر گـو مـباش انـدر رگش　　حق همی خوانَد اُلُغ[5] بَگـلَربَگَش[6] ۴۰۲۸

بگذار که در سرشتش شهوت خر نباشد. خداوند او را امیرِ امیران می‌خوانَد.

مُرده‌یی باشم، بـه مـن حـق بـنگرد　　بِـه از آن زنـده کـه بـاشد دور و رَد ۴۰۲۹

اگر مرده‌ای باشم که حق به من نظر داشته باشد، بهتر از زندهٔ مطرود است.

مغزِ مردی این شناس و پوست آن　　آن بَـرَد دوزخ، بَـرَد ایـن در جِـنان ۴۰۳۰

این جوهرِ مردانگی و پوستهٔ آن مردی است. یکی به دوزخ می‌برد، یکی به جنّت.

---

۱ - **خُرد و مُرد**: خُرد و پایمال کرد، ندیده گرفت.

۲ - «روزیِ آنان را ما تقسیم می‌کنیم»: زُخْرُف: ۳۲/۴۳: ...نَحْنُ قَسَمْنَا بَيْنَهُمْ مَعِيشَتَهُمْ... .

۳ - این بیت از مخزن‌الاسرار نظامی و بیت دوم از حدیقة‌الحقیقهٔ سنایی است.

۴ - بذری که ناشی از شهوت نباشد، میوه‌اش را در قیامت می‌توان چید.　۵ - **اُلُغ**: بزرگ.

۶ - **بَگلَربَگ**: امیرِ امیران.

حُفَّتِ الجَنَّه، مَكارِه¹ را رسید　　　حُفَّتِ النّار، از هوا آمد پدید   ۴۰۳۱

«بهشت احاطه شده»، دربارهٔ سختی‌هاست و «دوزخ احاطه شده»، دربارهٔ هوای نَفْس است.

ای ایاز شیرِ نرِّ دیو کُش　　　مردی خر کم، فزون مردیِّ هُش   ۴۰۳۲

ای ایازِ نرّهٔ شیرِ شیطان کش، ای آنکه مردیِ حیوانیِ کم و مردیِ روحانیِ فراوان داری.

آنچه چندین صدر ادراکش نکرد　　　لعبِ کودک بود پیشت، اینت مرد   ۴۰۳۳

چیزی را که چندین نفر از بزرگان نفهمیدند، برای تو سهل بود، مرد این است.

ای بدیده لذّتِ امرِ مرا　　　جان سپرده بهرِ امرم در وفا   ۴۰۳۴

ای آنکه لذّتِ فرمان مرا چشیده‌ای و با وفاداری حاضر به جانثاری بوده‌ای،

داستانِ ذوقِ امر و چاشنی‌ش　　　بشنو اکنون در بیان و در نَشیش²   4035

اکنون لذّتِ فرمانبرداری و لطف آن را در داستان زیر گوش کن.

دادنِ شاه گوهر را میانِ دیوان و مجمع به دستِ وزیر، که: این چند ارزد؟ و مبالغه کردنِ وزیر در قیمتِ او، و فرمودنِ شاه او را که: اکنون این را بشکن، و گفتنِ وزیر که: این را چون بشکنم؟ اِلیٰ آخِرِ القصّه³

روزی سلطان غزنه⁴ در دیوان و در حضور ارکان دولت، گوهری گرانبها را به وزیر داد و پرسید: بهای این گوهر چند است؟ وزیر گفت: بیش از صد خروارِ زرّ می‌ارزد. شاه از وی خواست تا آن گوهر نایاب را بشکند. وزیر عذر آورد که چگونه می‌توان چنین گوهرِ بی‌بهایی را شکست؟ شاه به او خلعتی بسزا داد و حاجب را خواست و بهای گوهر را از وی پرسید. حاجب ارزش آن را معادل نیمی از مملکت سلطان دانست و برای شکستن آن نیز عذر آورد که این کار به خزانهٔ سلطان زیان می‌رساند. شاه عقل او را ستود و با خلعتی وی را نواخت و به همین ترتیب گوهر بی‌بها را به دست هر یک از اُمرا داد و نظر آنان را جویا شد؛ امّا همه به تقلید از وزیر به شکستن گوهر تن در ندادند.

۱- ر.ک: ۱۸۳۹/۲.
۲- نَشیش: [نامفهوم]
۳- مأخذ آن حکایتی است در مقالات شمس، نسخهٔ ولی الدّین، ورق ۲۲-۲۳، که در طنِ آن ایاز به سبب خوابی که در این باب دیده است، سنگ‌ها را از آستین خارج می‌کند و گوهر را می‌شکند. عینِ قصّه با پاره‌ای تفاوت در مصیبت‌نامه عطّار آمده است: احادیث، صص ۵۱۵-۵۱۶.　　۴- سلطان محمود و ایاز: ر.ک: ۱۸۵۷/۵.

آنگاه سلطان محمود، ایاز را آزمود و ارزش گوهر را از او پرسید. ایاز گفت: ارزش آن بیش از آن است که بتوانم بگویم. شاه خواهان شکستن گوهر شد. ایاز سنگ‌هایی را که در آستین داشت، بیرون آورد و بی‌درنگ گوهر نایاب را خُرد کرد. بانگ و فغان امیران از بی‌باکی و کفرانِ نعمتِ ایاز برخاست؛ امّا او با آرامشی که نشانِ معرفت است، در پاسخِ سرزنشِ امیران با لحنی عتاب‌آمیز گفت: اجرای امر شاه ارزشمندتر است یا حفظ این گوهر؟

اُمرا از اینکه گوهرِ خزانه را بر گوهرِ حُکم شاه ارجح دانسته‌اند، شرمگین و عذرخواه شدند. به اشارت شاه جلاّد آمد تا این خَسانِ رنگ و بوی‌پَرَست را از آستان دور سازَد؛ امّا ایاز شفاعت کرد و غُفرانِ مُجرمان را خواستار شد و خود را «هیچ‌کس» خواند که چترِ دولت سلطان او را «کس» ساخته است؛ پس از سر کَرَم شفاعت او را بپذیرد؛ زیرا شاه او را از «خودیِ خویش» بیرون برده است؛ بنابراین **«آن شفاعت هم تو خود را کرده‌ای»** و بدین ترتیب از شفاعت نیز عذرخواه شد.

در این قصّه، «شاه» نمادی است از «شاهِ مُلکِ هستی» که در اجرایِ احکامِ او «انبیا و اولیا و کاملان» با شکستن «گوهرِ هستیِ موهومی» خویش که نزد «دنیاداران»، «اُمرای دولت» نمادی از آن‌انـد، هیچ تأمّل و تأخیری روا نمی‌دارند؛ امّا غیر عارفان به دیگر اعتبارات و ارزش‌ها می‌پردازند. در این حکایت ایاز نمونهٔ «عارفِ کامل» است که از خودی خویش رهیده و به اویی او پیوسته.

شاه روزی جانبِ دیوان شتافت — جمله ارکان را در آن دیوان بیافت ۴۰۳۶

شاه روزی به دیوان رفت. همهٔ بزرگان حضور داشتند.

گوهری بیرون کشید او مُستنیر[1] — پس نهادش زود در کفِّ وزیر ۴۰۳۷

گوهری درخشان را بیرون آورد و در دست وزیر گذاشت.

گفت: چون است و چه ارزد این گهر؟ — گفت: بِهْ ارزد ز صد خروار زر ۴۰۳۸

گفت: چگونه است و چند می‌ارزد؟ وزیر گفت: بیش از صد خروار طلا ارزش دارد.

گفت: بشکن، گفت: چونَش بشکنم؟ — نیکخواهِ مخزن و مالت منم ۴۰۳۹

شاه گفت: آن را بشکن. وزیر گفت: من که خیرخواهِ خزانه‌ام چگونه آن را بشکنم؟

چون روا دارم که مثلِ این گُهر — که نیاید در بها، گردد هَدَر؟ ۴۰۴۰

چگونه روا دارم که این جواهری را که برایش نمی‌توان قیمتی نهاد، از بین ببرم؟

---

۱ - **مُسْتَنیر**: روشن، تابناک، نورگرفته.

گفت: شاباش، و بدادش خلعتی   گوهر از وی بِسْتَد آن شاه و فَتی[1] ۴۰۴۱

شاه آفرین گفت و خلعتی به او داد و جواهر را از او گرفت.

کرد ایثارِ وزیر آن شاهِ جُود   هر لباس و حُلّه[2] کو پوشیده بود ۴۰۴۲

شاه بخشنده تمام لباس‌هایِ گرانبهایی را که پوشیده بود، به وزیر بخشید.

ساعتی‌شان کرد مشغولِ سخن   از قضیّهٔ تازه و رازِ کهن ۴۰۴۳

مدّتی حاضران را با سخنان مختلف و موضوعات متفاوت سرگرم کرد.

بعد از آن دادش به دستِ حاجبی[3]   که چه ارزد این به پیشِ طالبی؟ ۴۰۴۴

بعد گوهر را به یکی از حاجبان داد و پرسید: این جواهر در نظر خریدار چند می‌ارزد؟

گفت: ارزد این به نیمهٔ مملکت   کِش نگهدارا خدا از مَهْلِکت ۴۰۴۵

حاجب گفت: به بهای نیمی از مملکت که خدا آن را حفظ کند.

گفت: بشکن، گفت: ای خورشیدتیغ[4]!   بس دریغ است این شکستن را، دریغ ۴۰۴۶

گفت: بشکن. حاجب گفت: ای شاه مقتدر، خیلی حیف است که آن را بشکنم.

قیمتش بگذار، بین تاب و لُمَع[5]   که شده است این نورِ روز او را تَبَع ۴۰۴۷

قیمتش بمانَد. تابشش را ببین که از خورشید تابناک‌تر است.

دست کِی جنبد مرا در کَسرِ[6] او   که خزینهٔ شاه را باشم عدو؟ ۴۰۴۸

چگونه دستِ من برای شکستنِ آن بجنبد و دشمن خزانهٔ شاه باشد؟

شاه خِلعت داد، اِدرارش[7] فزود   پس دهان در مدحِ عقلِ او گشود ۴۰۴۹

شاه به او هم خلعت داد و مقرّری‌اش را افزود و عقلِ او را ستایش کرد.

بعدِ یک ساعت به دست میرِ داد[8]   دُرّ را، آن امتحان‌کن[9] باز داد ۴۰۵۰

بعد از مدّتی آن را به دست رئیس عدلیه داد.

---

۱ - **فَتی**: جوانمرد. ۲ - **حُلّه**: جامهٔ ابریشمیِ گرانبها. ۳ - **حاجب**: پرده‌دار، یکی از بلندپایگان دربار.
۴ - **خورشید تیغ**: کسی که شمشیرش برق می‌زند، یعنی آدم باقدرت، مقتدر. ۵ - **لُمع**: درخشش.
۶ - **کَسر**: شکستن. ۷ - **ادرار**: وظیفه، مقرّری. ۸ - **میرِ داد**: رئیس عدلیه.
۹ - **امتحان‌کُن**: امتحان کننده، شاه.

او همین گفت و همه میران همین   هر یکی را خِلعتی داد او ثَمین[1] ۴۰۵۱

او همین را گفت و همهٔ امیران هم همین‌طور. شاه به هر یک خلعتی گرانبها داد.

جامگی‌هاشان[2] همی افزود شاه   آن خسیسان را بِبُرد از رَه به چاه ۴۰۵۲

شاه مقرّری‌شان را افزود و آن تنگ‌نظران را گمراه کرد.

این چنین گفتند پنجَهْ شصت امیر   جمله یک یک هم به تقلیدِ وزیر ۴۰۵۳

پنجاه، شصت امیر، همه به پیروی از وزیر همین جواب را دادند.

گرچه تقلید است اُستونِ جهان   هست رُسوا هر مُقلِّد ز امتحان ۴۰۵۴

در این جهان همه چیز بر تقلید استوار است؛ امّا مقلّدی که دلیلِ تقلیدِ خود را نداند، در امتحان رسوا می‌شود.

رسیدنِ گوهر از دست به دست، آخِرِ دور به ایاز، و کیاستِ[3] ایاز و مقلّد ناشدنِ[4] ایشان را، و مغرور ناشدنِ[5] او به گال[6] و مال دادنِ شاه و خلعت‌ها و جامگی‌ها افزون کردن و مدحِ عقلِ مُخطئان[7] کردن به مکر و امتحان، که کِی روا باشد مقلّد را مسلمان داشتن، مسلمان باشد، امّا نادر باشد که مقلّد «ثبات کند بر آن اعتقاد»،[8] و مقلّد از این امتحان‌ها به سلامت بیرون آید، که ثباتِ بینایان ندارد، اِلاّ مَنْ عَصَمَهُ الله[9]، زیرا حق یکی‌است، و آن را ضدّ بسیار غلط‌افکن و مشابهِ حق[10]، مقلّد چون آن ضد را نشناسد از آن رو حق را نشناخته باشد، امّا حق با آن ناشناختِ او، چو او را به عنایت نگاه دارد، آن ناشناختْ[11] او را زیان ندارد

ای ایاز! اکنون نگویی کین گهر   چند می‌ارزد بدین تاب و هنر؟ ۴۰۵۵

شاه گفت: ای ایاز، بگو که این گوهر با این زیبایی و درخشندگی چند می‌ارزد؟

---

۱ - **ثَمین** : گرانبها. ۲ - **جامگی** : مقرّری. ۳ - **کیاست** : هوشیاری. ۴ - **مقلّد ناشدن** : تقلید نکردن.
۵ - **مغرور ناشدن** : فریفته نشدن. ۶ - **گال** : صدا و آواز، اینجا تعریف و تمجیدِ شاه از عقل وزیر و... .
۷ - **مُخطئان** : خطاکاران. ۸ - در اعتقاد و عقیدهٔ خود ثابت قدم باشد. ۹ - مگر آنکه خدا حفظش کند.
۱۰ - زیرا حق یکی است و ضدِّ مشابه بسیار دارد. ۱۱ - **ناشناخت** : عدمِ شناخت.

گفت: افزون زآنچه تانَم گفت من　　　گفت: اکنون زود خُردش در شکن ۴۰۵۶

گفت: بیش از آنکه بتوانم بگویم. شاه گفت: زود آن را بشکن.

سنگ‌ها در آستین بودَش، شتاب　　　خُرد کردش، پیشِ او بود آن صواب[1] ۴۰۵۷

سنگ‌هایی را از آستین در آورد و آن را خُرد کرد.

ز اتفاقِ طالعِ با دولتش　　　دست داد آن لحظه نادر حکمتش[2] ۴۰۵۸

بخت و اقبال با او یار بود و همان لحظه حکمت نادری به نظرش رسید.

یا به خواب این دیده بود آن پُر صفا　　　کرده بود اندر بغل دو سنگ را ۴۰۵۹

یا شاید ایازِ باصفا این ماجرا را در خواب دیده بود و دو سنگ زیر بغل داشت.

همچو یوسف که درونِ قعرِ چاه　　　کشف شد پایانِ کارَش از اِلٰه[3] ۴۰۶۰

مانند یوسف که در ته چاه از جانب خداوند پایان کارش را فهمید.

هر که را فتح و ظفر[4] **پیغام داد　　　پیشِ او یک شد مُراد و بی مراد** ۴۰۶۱

برای کسی که فتح و گشایش درونی داشته باشد، مراد و بی‌مرادی یکسان است.

هر که پایَندانِ[5] **وی شد وصلِ یار　　　او چه ترسد از شکست و کارزار؟** ۴۰۶۲

کسی که به حق واصل باشد، از هیچ چیز نمی‌ترسد.

چون یقین گشتش که خواهد کرد مات　　　فوتِ اسب و پیل[6] **هستش تُرَّهات**[7] ۴۰۶۳

چون به موفقیّتِ باطنی خود مطمئن است، از زوالِ منافعِ دنیوی بیمی ندارد.

گر بَرَد اسبش هر آنکه اسب‌جوست　　　اسب روگو، نه که پیش‌آهنگ اوست[8] ۴۰۶۴

اگر منافعش را دیگری تصاحب کند، مهم نیست، چون او پیشتاز و پیروز است.

---

۱ - **پیشِ او بود آن صواب:** به نظرِ او این کار درست بود.

۲ - این بیت با اشاره به محلِّ آن در حاشیه نوشته شده است.

۳ - یوسف: ۱۵/۱۲: ...به او وحی [الهام] کردیم که [سرانجام] ایشان را در حالی که هیچ آگاه نیستند، از [چون و چند] این کارشان آگاه خواهی ساخت.　۴ - **فتح و ظفر:** عنایت الهی و گشایش دل به نورِ الهی.

۵ - **پایَندان:** کفیل، ضامن.　۶ - **اسب و پیل:** کنایه از امکانات و توانایی‌هایِ دنیوی.

۷ - **تُرّهات:** سخنِ بی قدر و بی اهمّیت.

۸ - **پیش‌آهنگ اوست:** در امر باطن که برایش مهم‌ترین است، پیروز و پیشتاز است.

مرد را با اسب کِی خویشی بُوَد؟ عشقِ اسبش از پیِ پیشی بُوَد ۴۰۶۵
سالک با این ابزار دنیوی سنخیّتی ندارد، آن‌ها وسیلهٔ پیشی گرفتن‌اند.

بهرِ صورت‌ها مَکَش چندین زَحیر[1] بی صُداع[2] صورتی، معنی بگیر ۴۰۶۶
برای ظواهر این قدر رنج نکش. بدون دردسرِ دنیایِ مادّی هم می‌شود به عالم معنا رسید.

هست زاهد را غمِ پایانِ کار تا چه باشد حالِ او روزِ شمار؟ ۴۰۶۷
زاهد غصّه‌دار است که حالِ او در روز قیامت چه خواهد بود؟

عارفان ز آغاز گشته هوشمند از غم و احوالِ آخر فارغ‌اند ۴۰۶۸
عارفان با هوشیاری اوّلیّه از غم و غصّهٔ پایان آسوده‌اند.

بود عارف را همین خوف و رَجا سابقه دانیش،[3] خورد آن هر دو را ۴۰۶۹
عارف هم همین «بیم و امید» را داشت؛ ولی با معرفتِ باطنی و عشق، فارغ از خوف و رجا، مبدأ هستی را که اصلِ او بود پرستید.

دید، کو سابق زراعت کرد ماش[4] او همی داند چه خواهد بود چاش[5] ۴۰۷۰
او با بینش و بصیرت، از فعل و عملِ خود و حاصلِ آن و عاقبت خویش آگاه است.

عارف است و بازرَست از خوف و بیم های هو را کرد تیغِ حق دو نیم ۴۰۷۱
او صاحب معرفت است و فارغ از ترس؛ زیرا درک حقایق محلّی برای ادّعا و تظاهر زاهدانه برجای نمی‌گذارد.

بود او را بیم و اومید از خدا خوف فانی شد، عیان گشت آن رجا ۴۰۷۲
«بیم و امیدِ» او برای وصل حق بود که آثار و تجلیاتش را در خود می‌بیند.

چون شکست او گوهرِ خاص آن زمان زآن امیران خاست صد بانگ و فغان ۴۰۷۳
چون ایاز گوهر گرانبها را شکست، امیران فریاد و فغان کردند.

کین چه بی باکی‌ست؟ وَاللّٰه کافر است هر که این پر نور گوهر را شکست ۴۰۷۴
این چه بی پروایی است؟ به خدا هر کس این گوهر درخشان را بشکند، کافر است.

---

۱ - **زَحیر**: رنج. ۲ - **صُداع**: درد سر.
۳ - **سابقه دانی**: آگاهی از اینکه: از هستیِ حقیقی آمده‌ایم و به همان جا باز می‌گردیم.
۴ - **ماش**: اشاره به زارعی که ماش می‌کارَد و ماش برداشت می‌کند. «هر کسی آن دِرَوَد عاقبت کار که کِشت.»
۵ - **چاش**: محصول.

وآن جماعت جمله از جهل و عَما[1] در شکسته دُرِّ امرِ شاه را ۴۰۷۵
آن گروه از نادانی و کوردلی، مرواریدِ فرمانِ شاه را شکسته بودند.

قیمتی گوهر نتیجهٔ مهر و وُدّ[2] بر چنان خاطر چرا پوشیده شد؟ ۴۰۷۶
چرا به گوهرِ گرانبهایِ دوستی و محبّتِ سالیان دراز توجّهی نکردند؟

تشنیع[3] زدنِ اُمَرا بر ایاز که چرا شکستش؟ و جواب دادنِ ایاز ایشان را

گفت ایاز: ای مهترانِ ناموَرا! امرِ شه بهتر ز قیمت، یا گُهَر؟ ۴۰۷۷
ایاز گفت: ای بزرگان نامدار، ارزش فرمان شاه بیشتر است یا گوهر؟

امرِ سلطان بِهْ بُوَد پیشِ شما یا که این نیکوگُهر؟ بهرِ خدا ۴۰۷۸
شما را به خدا، امر شاه بهتر است یا این گوهر؟

ای نظرتان بر گُهر، بر شاه نه قبله‌تان غول است و جادهٔ راه نه ۴۰۷۹
شما که به گوهر توجّه دارید نه به شاه، پندارتان قبلهٔ شماست و گمراه‌اید.

من ز شَهْ بر می‌نگردانم بَصَر من چو مُشرک روی نارَم با حَجَر[4] ۴۰۸۰
تمام توجّه من به شاه است نه به این سنگ قیمتی.

بی‌گُهر جانی که رنگین سنگ را برگزیند، پس نهد شاهِ مرا ۴۰۸۱
جانی که سنگ را بر فرمان شاه برگزیند، جان نیست.

پُشت سوی لُعبتِ گلرنگ کن عقل در رنگ‌آورنده دَنگ[5] کُن ۴۰۸۲
به عوامل فریبندهٔ دنیوی اهمیّت نده، عقل و هوش را محوِ خالق آن‌ها کن.

اندرآ در جُو[6]، سبو[7] بر سنگ زن آتش اندر بو و اندر رنگ[8] زن ۴۰۸۳
به عالم معنا روی بیاور. سبویِ هستیِ مجازی‌ات را بشکن و ظواهر را رها کن.

---

۱ - **عَما**: کوری، اینجا کوردلی. ۲ - **وُدّ**: دوستی. ۳ - **تشنیع**: بدگفتن از کسی.
۴ - مصراع دوم: چون مُشرک، یعنی همانند شما روی به سنگ نمی‌آورم. ۵ - **دَنگ**: گیج، مات و محو.
۶ - **جُو**: کنایه از عالم معنا. ۷ - **سبو**: کنایه از هستیِ مجازی. ۸ - **بو و رنگ**: کنایه از ظواهر.

گـر نـه‌ای در راهِ دیـن از ره‌زنـان　　　رنگ و بـو مَـپْرَست مـانندِ زنـان ۴۰۸۴
اگر «ره‌زن» راه خدا نیستی، همانندِ هواپرستان، دنیا را قبلهٔ خود نکن.

سـر فـرود انـداخـتند آن مِـهتران　　　عذرجویان گشته زآن نِسیان[1] به جان ۴۰۸۵
بزرگان با شرمندگی از غفلتِ خویش عذرخواهی کردند.

از دلِ هر یک دو صـد آه آن زمـان　　　همچو دودی مـی‌شدی تـا آسـمان ۴۰۸۶
آه و حسرتشان، چون دودی به آسمان بلند می‌شد.

کـرد اشـارت شَـهْ بـه جـلادِ کُـهُن　　　که ز صَدرم این خسان را دور کُـن ۴۰۸۷
شاه به دژخیمِ پیر اشاره کرد که این فرومایگان را از پیشگاه من دور کن.

این خسان چه لایقِ صدرِ من‌انـد؟　　　کز پـیِ سـنگ امـرِ مـا را بشکـنند ۴۰۸۸
این آدم‌های پست که برای سنگ فرمان ما را می‌شکنند، لایق پیشگاه نیستند.

امرِ مـا پـیش ِ چـنین اهـلِ فسـاد[2]　　　بهرِ رنگین‌سنگ شد خوار و کسـاد ۴۰۸۹
فرمانِ ما برای سنگی رنگین نزد این ظاهرپرستان بی‌قدر و خوار شد.

قصدِ شاه به کشتن اُمَرا و شفاعت کردنِ ایاز پیش ِ تختِ سلطان که: ای شاه عالم اَلْعَفْوُ اَوْلیٰ[3]

پس ایـاز مِـهرافـزا[4] بـر جـهید　　　پیش ِ تختِ آن اُلُغ[5] سـلطان دویـد ۴۰۹۰
پس ایاز مهربان برخاست و نزد تخت آن شاه بزرگ رفت.

سجده‌یی کرد و گلویِ خود گـرفت　　　کِای قبادی[6] کز تو چرخ آرَد شگفت ۴۰۹۱
تعظیم کرد و با التماس گلوی خود را گرفت و گفت: ای پادشاهی که آسمان از عظمتت حیران است،

۱ - **نسیان :** فراموشی.　۲ - **اهلِ فساد :** تباهکار، اینجا اهل دنیا، ظاهرپرست.
۳ - **اَلْعَفْوُ أولیٰ :** بخشش شایسته‌تر است.　۴ - **مهرافزا :** مهربان.　۵ - **اُلُغ :** بزرگ.
۶ - **قباد :** مطلقِ شاه، اسم خاصّ نیست.

ای همایی[1] که همایان فَرّخی از تو دارند، و سخاوت هر سخی ۴۰۹۲
ای همایی که اقبالِ هماها و سخاوتِ سخاوتمندان از توست،

ای کریمی که کَرَم‌هایِ جهان[2] محو گردد پیشِ ایثارت[3]، نهان ۴۰۹۳
ای بخشنده‌ای که بخشش‌ها در برابر بخشش‌ات هیچ‌اند،

ای لطیفی که گُلِ سرخت بدید از خجالت پیرهن را بر درید[4] ۴۰۹۴
ای لطیفی که گل سرخ در تقابل با لطافتِ تو شرمنده است،

از غفوریِّ تو غُفران چشم‌سیر روبَهان بر شیر از عفوِ تو چیر[5] ۴۰۹۵
به سبب غفرانِ بی حدّ تو، خطاکاران مرتکب خبط می‌شوند.

جز که عفوِ تو که را دارد سند؟ هر که با امرِ تو بی باکی کند ۴۰۹۶
نافرمانِ بی پروا به چه چیز جز بخشایش تو تکیه کند؟

غفلت و گستاخیِ این مُجرمان از وفورِ عفوِ توست، ای عَفْوْلان[6]! ۴۰۹۷
ای بخشنده، غفلت و گستاخیِ این خطاکاران از بخشش بیکران توست.

دایما غفلت ز گستاخی دمد که بَرَد تعظیم از دیده رَمَد[7] ۴۰۹۸
بی توجّهیِ بنده سببِ «غفلت» است، در حالی که بزرگداشت حق، آگاه کننده است.

غفلت و نسیانِ بَد آموخته ز آتشِ تعظیم گردد سوخته ۴۰۹۹
بزرگداشتِ معبود «غفلت ونسیان» را از بین می‌برد.

هیبتش بیداری و فِطْنَت[8] دهد سهو و نسیان از دلش بیرون جهد ۴۱۰۰
عظمتِ حق آگاهی و زیرکی می‌بخشد و خطا و فراموشی را زایل می‌کند.

وقتِ غارت خواب نایَد خلق را تا بِنَربایدکسی زو دَلْق را ۴۱۰۱
مردم از ترس غارت نمی‌خوابند که مبادا کسی بار و بُنه و جامه‌شان را ببرد.

---

۱ - **هما**: پرنده‌ای که نمادی از اقبال و شکوه و بلندپروازی است.
۲ - در واقع سخنان انسان کامل است با حق. ۳ - **ایثار**: بخشش.
۴ - مصراع دوم: از شرم پیراهن چاک کرد.
۵ - از بخشندگیِ تو بخشش چشم‌سیر شده و به همان سبب روباه‌ها بر شیر غلبه کرده‌اند.
۶ - **عفولان**: عفو + لان، محل یا منبع عفو، بسیار بخشنده. ۷ - **رَمَد**: دردِ چشم، اینجا ندیدن حقایق.
۸ - **فِطْنَت**: هوشیاری و زیرکی.

۴۱۰۲ خوابِ نسیان کِی بُوَد با بیمِ حَـلْق؟ خواب چون در می‌رَمَد از بیمِ دَلْـق

پس انسان آگاه همیشه می‌کوشد تا هوشیار باشد که جانش اسیرِ غفلت نشود.

۴۱۰۳ لا تُـؤاخِـذْ اِنْ نَـسِـینا[۱] شـد گـواه که بُوَد نسیان بـه وجـهی هـم گـناه

آیهٔ «ما را بازخواست نکن اگر فراموش کردیم»، گواهِ آن است که فراموش کردنِ فرمانِ حق گناه است.

۴۱۰۴ زانکـه اِسـتکمالِ[۲] تـعظیم او نکـرد ورنــه نـســیان در نـیاوردی نَـبَرد[۳]

زیرا همواره عظمت حق را به یاد نداشت وگرنه دچار فراموشی نمی‌شد.

۴۱۰۵ گرچه نسیان لابُـد و نـاچار بـود[۴] در سـبب ورزیـدن او مـختار بـود

گاه فراموشی پیش می‌آید؛ ولی عوامل به وجود آورنده‌اش را آدمی ایجاد می‌کند.

۴۱۰۶ کـه تـهاون[۵] کـرد در تـعظیم‌ها تا که نسیان زاد، یـا سـهو و خـطا

با سستی در تعظیمِ حق، فراموشی یا اشتباه و خطا به وجود می‌آید.

۴۱۰۷ هـمچو مسـتی کـو جـنایت‌ها کـند گوید او: معذور بـودم مـن ز خَـود

مانندِ مستی که در خوردن مِی مختار بوده و در جنایتِ حاصلِ از آن خود را معذور بداند که در حالِ طبیعی نبوده است.

۴۱۰۸ گویدش: لیکن سبب ای زشتکار! از تـو بُـد در رفـتنِ آن اخـتیار

مخاطب می‌گوید: ای بدکار، سبب از بین رفتن اختیار خودت بوده‌ای.

۴۱۰۹ بی خودی نامَد به خود، توش[۶] خواندی اخـتیارت خـود نشـد، تـوش رانـدی

آن بی خودی که خود به خود نیامد، تو خواستی. تو اختیارت را مختارانه دور کردی.

۴۱۱۰ گر رسـیدی مسـتیی بـی جـهدِ تـو حفظ کردی ساقیِ جـان عـهدِ تـو[۷]

اگر مستیِ میِ حق برسد، خداوند اجازه نمی‌دهد عهدت را با حق فراموش کنی.

---

۱ – بقره: ۲۸۶/۲، بخشی از آیه شریفه. ۲ – **استکمال**: به کمال رساندن، تمام کردن.

۳ – **نبرد**: در عرصهٔ نبرد زندگی و نبردِ عقل و نفس. ۴ – **لابد و ناچار بود**: به ناچار پیش می‌آید.

۵ – **تهاون**: سستی. ۶ – **تُش**: توآش.

۷ – مستیِ معنوی و روحانی که به عنایت حق و بی جهد بنده حاصل می‌شود و خداوند حافظ آن است.

پشت‌دارت بودی او و عُذرخواه   من غلامِ زَلَّتِ[۱] مستِ اِلٰه ۴۱۱۱

پشتیبانت می‌شد و از جانب تو عذر می‌خواست. من غلام لغزشی هستم که از سرمستِ خدا سر بزند.

عفوهایِ جمله عالم ذرّه‌یی   عکسِ عفوت، ای ز تو هر بهره‌یی[۲] ۴۱۱۲

بخشش‌های عالم ذرّه‌ای از پرتوِ بخشایش توست.

عفوها گفته ثنایِ عفوِ تو   نیست کُفوَش، اَیُّها النّاس! اِتَّقُوا ۴۱۱۳

بخشش‌ها، ستایش بخششِ تواَند. «ای مردم پرهیز کنید»؛ یعنی به این عفوِ بیکران چنگ بزنید.

جانشان بخش، و ز خودْشان هم مَران   کامْشیرین تواند ای کامران![۳] ۴۱۱۴

به آنان جانی ببخش و دورشان نکن. ای سلطان کامروا، آن‌ها از عطایِ تو شیرین‌کام‌اند.

رحم کن بر وی که رویِ تو بدید   فُرقتِ تلخِ تو چون خواهد کشید؟ ۴۱۱۵

بر کسی که رویت را دیده است، رحم کن که فراق ناگوارت را نمی‌تواند تحمّل کند.

از فراق و هجر می‌گویی سُخُن   هر چه خواهی کن، ولیکن این مکن ۴۱۱۶

از دوری و جدایی سخن می‌گویی. هرچه می‌خواهی بکن؛ ولی این کار را نکن.

صدهزاران مرگِ تلخ شصتْ تُو[۴]   نیست مانندِ فراقِ رویِ تو ۴۱۱۷

صدها هزار مرگِ دردناک به تلخیِ هجران روی تو نیست.

تلخیِ هجر از ذُکور و از اِناث[۵]   دور دار ای مُجرمان را مُستغاث! ۴۱۱۸

ای فریادرسِ گناهکاران، مجرمان را به هجرانِ تلخ مبتلا نکن.

بر امیدِ وصلِ تو مُردن خوش است   تلخیِ هجرِ تو فوقِ آتش است ۴۱۱۹

مرگ با امیدِ وصل تو خوشایند است و تلخیِ هجرانت از آتش سوزنده‌تر.

گبر می‌گوید میانِ آن سَقَر[۶]   چه غمم بودی گَرَم کردی نظر؟ ۴۱۲۰

کافر می‌گوید: اگر در میان دوزخ نظری می‌کردی، غمی نداشتم.

---

۱ - **زَلَّت** : لغزش.   ۲ - **ای ز تو هر بهره‌یی** : ای آنکه همه چیز از توست.

۳ - سخنان ایاز به سلطان محمود است.   ۴ - **شصتْ تُو** : شصت لایه، خیلی زیاد.

۵ - **از ذکور و از اِناث** : از مرد و زن، از همه. «اناث»: جمع اُنثیٰ به معنی جنس مؤنّث.

۶ - **سَقَر** : دوزخ یا درکه‌ای از دَرَکات دوزخ.

۴۱۲۱ **کآن نـظر شـیرین‌کنندهٔ رنـج‌هاست ساحران را خون‌بهایِ دست و پاست**[۱]

نظرِ تو رنج‌ها را شیرین می‌کند و برای جانبازانت همه چیز است.

تفسیرِ گفتنِ ساحران فرعون را در وقتِ سیاست که: «لا ضَیْرَ اِنّا اِلیٰ رَبِّنا مُنْقَلِبُونَ»[۲]

۴۱۲۲ **نـعرهٔ لا ضَـیْر بشـنید آسـمان چرخ، گویی شد پیِ آن صَـوْلَجان**[۳]

فریادِ «باکی نیست» را آسمان هم شنید و فلک خود را در برابر آن ناتوان یافت، چون «گوی» در برابر چوگان.

۴۱۲۳ **ضربتِ فرعون ما را نـیست ضَـیْر**[۴] **لطفِ حق غالب بُوَد بـر قـهرِ غـیر**

ضربهٔ فرعون به ما زیانی نمی‌رساند، چون لطفِ حق بر قهرِ خلق غالب است.

۴۱۲۴ **گـر بـدانـی سرِّ مـا را ای مُـضِل**[۵] **مـی‌رهانی‌مان ز رنـج، ای کـوژدل**

ای گمراه کنندهٔ کوردل، اگر رازِ دلمان را بدانی ما را از رنج آزادمان می‌کنی.[۶]

۴۱۲۵ **هین! بیا زین سو، ببین کین ارغنون**[۷] **می‌زند: یـا لَـیْتَ قـومی یَـعْلَمُون**[۸]

هان، بیا این سو تا ببینی که نوایِ رستگارشدگان «کاش قوم من می‌دانستند» است.

۴۱۲۶ **دادْ مـــا را دادِ حـــق فـرعونیی نه چـو فـرعونیت و مُـلکت فـانیی**

عطای الهی به ما هم سلطنتی داد؛ ولی باقی نه فانی.

۴۱۲۷ **سر بر آر و مُلک بین زنده و جـلیل ای شده غـرّه بـه مـصر و رودِ نـیل**

ای فریفتهٔ مصر و رود نیل، سر را بلند کن و سلطنتِ حقیقی و پرشکوه را ببین.

---

۱ - اشاره به ساحران که ایمان آوردند و فرعون دست و پایشان را بُرید.

۲ - شعراء: ۵۰/۲۶: قَالُوا لاَ ضَیْرَ إِنَّا إِلیٰ رَبِّنَا مُنْقَلِبُونَ. [جادوگران] گفتند باکی نیست، ما به پروردگارمان روی آورده‌ایم. ۳ - **صَوْلَجان** : معرّب چوگان. ۴ - **ضَیر** : ضرر، گزند رساندن. ۵ - **مُضِل** : گمراه کننده.

۶ - یعنی هرچه زودتر ما را می‌کشی.

۷ - **ارغنون** : نام یک ساز، اینجا نوایِ خوشِ رستگاران و نجات یافتگان. ۸ - یس: ۲۶/۳۶.

گر تو ترکِ این نجس‌خرقه[1] کنی نیل را در نیلِ جان[2] غرقه کنی ۴۱۲۸

اگر دست از هوای نَفْس برداری، وجودِ دریاصفتی می‌یابی که رود نیل با همهٔ عظمتش در آن محو و غرق می‌شود.

هین! بدار از مصر[3] ای فرعون! دست در میانِ مصرِ جان[4] صد مصر هست ۴۱۲۹

ای فرعون، به خود بیا و از مصر دست بکش. در مصرِ وجودت مصرهاست.

تو اَنـا رَبٌّ[5] همی گویی به عام غافل از ماهیّتِ این هر دو نام ۴۱۳۰

تو ادّعا می‌کنی که من خدای شما هستم، در حالی که نه «أنَا» را می‌شناسی و نه «ربّ» را.

ربّ بر مَربوب[6] کِی لرزان بُوَد؟ کِی اَنَا دان بندِ جسم و جان بُوَد؟ ۴۱۳۱

«رَبّ» که از بنده نمی‌ترسد. کسی که خود را بشناسد در قیدِ جسم و جان نمی‌مانَد.

نک اَنَا ماییم، رَسته از اَنا از اَنایِ پُر بلایِ پُر عَنا[7] ۴۱۳۲

اینک «أنَا» ماییم که از «انانیّت» پُر رنج و دردسر رها شده‌ایم.

آن اَنایی بر تو ای سگ! شوم بود در حقِ ما دولتِ محتوم[8] بود ۴۱۳۳

ای پست، «من» گفتن برای تو شوم و برای ما «اقبالِ قطعی» بود.

گر نبودی‌ت این اَنایی کینه‌کَش کِی زدی بر ما چنین اقبالِ خَوش؟ ۴۱۳۴

اگر این «انانیّتِ» کینه‌توز تو نبود، چنین اقبالِ خوشی نصیب ما نمی‌شد.

شُکرِ آن کز دارِ فانی می‌رهیم بر سرِ این دار پندت می‌دهیم ۴۱۳۵

به شکرانهٔ نجات از این دارِ فانی، بالای دار تو را پند می‌دهیم.

دارِ قتلِ ما بُراقِ[9] رحلت است[10] دارِ مُلکِ[11] تو غرور و غفلت است ۴۱۳۶

چوبهٔ دار مانند مرکبی ما را به سوی خدا می‌برد؛ امّا تو می‌مانی با حکومتی که مرکز غرور و غفلت است.

---

۱ - **نجس خرقه** : خرقهٔ آلوده، کنایه از تن و هوایِ نَفْس. ۲ - **نیلِ جان** : دریایِ وجودِ خودت.
۳ - **مصر** : کنایه از سلطنت دنیوی و اقتدار بر یک سرزمین.
۴ - **در مصرِ جان** : درکشورِ جانت قابلیّتِ اقتدارِ معنوی هست. ۵ - اشاره به مضمون: نازعات: ۲۴/۷۹.
۶ - **مَربوب** : پرورده شده، بنده. ۷ - **عَنا** : رنج. ۸ - **محتوم** : حتمی، مسلّم.
۹ - **بُراق** : مرکب پیامبر(ص) در شب معراج. ۱۰ - **رحلت** : کوچ کردن، سفر کردن.
۱۱ - **دارِ مُلک** : پایتخت، مرکز حکومت.

این حیاتی[1] خُفیه[2] در نقشِ مَمات[3] — و آن مماتی خُفیه در قشرِ حیات ۴۱۳۷

این مرگِ ما حیاتی است که در مرگ نهان شده و حیات شما مرگی است که در پوستهٔ زندگی مخفی است.

می‌نماید نورْ نار و نارْ نور — ورنه دنیا کِی بُدی دارُالغُرور[4]؟ ۴۱۳۸

دنیا را سرای فریب می‌گویند، چون در آن «نور»، «نار» می‌نماید و «نار»، «نور».

هین! مکن تعجیل، اوّل نیست شو — چون غروب آری، بر آ از شرقِ ضَو[5] ۴۱۳۹

هان! شتاب نکن. اوّل فانی شو، چون فانی شدی، باقی شو.

از اَنـایِیِ ازل دل دنگ[6] شد — این اَنایی سرد گشت و ننگ شد ۴۱۴۰

با دیدن هستیِ مطلق همهٔ دل‌ها و جان‌ها محو او شد و خودبینی مایهٔ رسوایی.

زآن اَنایِ بی اَنا خوش گشت جان — شد جَهان او از اَنایِیِ جَهان ۴۱۴۱

جان من از آن هستیِ حقیقی خوش شد و این هستیِ فانیِ دنیوی را بی‌شأن یافت.

از اَنا چون رَست، اکنون شد اَنا — آفرین‌ها بر اَنای بی عَنا ۴۱۴۲

چون توانست از خودبینی رها شود، آفرین بر این «منِ» عاری از رنج باد.

کو گریزان، و اَنایی در پِی‌اش — می‌دود چون دید وی را بی وِی‌اش ۴۱۴۳

جانی که از این جهان رسته است، دنیا در پی‌اش می‌دود؛ ولی او از عالَمِ مادّی گریزان است.

طالب اویی، نگردد طالبت — چون بمُردی، طالبت شد مطلبت ۴۱۴۴

اگر طالب او باشی، او تو را نمی‌خواهد، چون مُردی و فانی شدی، خواستارت می‌شود.

زنده‌ای، کِی مُرده‌شُو شُوید تو را؟ — طالبی، کِی مطلبت جوید تو را؟ ۴۱۴۵

تا زنده‌ای، مُرده‌شو، تو را نمی‌شوید. تا طالبی، مطلوب طالبِ تو نیست.

اندر این بحث ار خِرَد رَه‌بین بُدی — فخرِ رازی[7] رازدان دین بُدی ۴۱۴۶

اگر در این بحث عقل راه‌گُشا بود، فخر رازی اسرار دین را می‌دانست.

---

۱ - **حیات**: اشاره به حیاتِ کاملان و واصلان. ۲ - **خُفیه**: نهان، مخفی شده. ۳ - **مَمات**: مرگ.
۴ - **دارُالغُرور**: سرای فریب. ۵ - **ضَو**: ضَوء: پرتو، نور. ۶ - **دنگ**: بیهوش، بی‌خبر.
۷ - **فخر رازی**: فقیه و متفکّر قرن هفتم که نمادی از خرد و دانش اکتسابی و مَدْرَسی است که عاقل‌ترین عُقَلا بود؛ ولی رمزِ عشق را نمی‌دانست؛ یعنی تا عقلِ جزوی با عشق به عقلِ کُلّی پیوند نیابد، از درک حقایق هستی بی خبر است.

لیک چون مَنْ لَمْ یَذُقْ لَمْ یَـدْرِ بـود   عقل و تـخییلاتِ او حـیرت فـزود ۴۱۴۷

امّا چون گفته‌اند: «کسی که نچشیده باشد، نمی‌داند»، عقل و تخیّل سرگشتگی را افزون می‌کند.

کِی شود کشف از تفکّر ایـن أَنـا؟   آن اَنــا مکشـوف شـد بـعد از فـنا ۴۱۴۸

این «من»، یعنی «هستیِ غیرحقیقی» را با تفکّر نمی‌توان دریافت، بعد از فنا معلوم می‌شود.

مـی‌فُتَد ایــن عــقل‌ها در اِفـتقاد[1]   در مُـغاکـیِ[2] حُـلول[3] و اتّـحاد[4] ۴۱۴۹

عقلِ جزوی در راه تفحّص به پرتگاهِ حلول و اتّحاد می‌افتد.

ای ایــازِ گشــته فــانی زِاقـتراب[5]   هــمچو اخــتر در شــعاعِ آفــتاب ۴۱۵۰

ای ایاز، که از شدّتِ تقرّب، چون ستاره‌ای در پرتو آفتاب محو شده‌ای،

بلکه چون نـطفه مُـبَدَّل تـو بـه تـن   نـه از حُـلول و اتّـحادی مُـفْتَتَن[6] ۴۱۵۱

بلکه چون نطفه‌ای که به تن مبدّل شده است، مفتون حلول و اتّحاد نشده‌ای،

عفو کن، ای عفو در صـندوقِ تـو[7]   سـابقِ لطـفی، هــمه مسبوقِ تـو ۴۱۵۲

ای بخشنده، ببخش که لطف تو بر همه پیشی گرفته است و همه به دنبال تو اند.

من که باشم کـه بگـویم: عـفو کـن؟   ای تو سلطان و خـلاصهٔ امرِ کُـن[8] ۴۱۵۳

ای شاه و خلاصهٔ امر کن، من کیستم که بگویم ببخشای؟

من که باشم که بُوَم[9] من بـا مَـنَت؟   ای گــرفته جــمله مــن‌ها دامـنت ۴۱۵۴

ای منِ حقیقی که همهٔ هستی‌ها را آفریده‌ای، من که هستم که با منِ تو من بگویم؟

---

۱ - **اِفتقاد**: جُستن چیزِ گم شده.   ۲ - **مُغاک**: چاه یا غارِ عمیق.
۳ - **حُلول**: اعتقاد به اینکه خداوند در وجودِ بنده حلول می‌کند.
۴ - **اتّحاد**: اعتقاد به اینکه بنده با تهذیب و عبادت با حق یکی می‌شود، این هر دو وجودِ خاصّی را برای بنده ثابت می‌کند که از نظر عُرفا شرک است.   ۵ - **اِقتراب**: نزدیکی جستن.   ۶ - **مُفْتَتَن**: فریب‌آمیز، فریفته.
۷ - مصراع اوّل: ببخشای، ای آنکه بخشایش در اختیار توست.   ۸ - **امرِ کُن**: قرآن؛ بقره: ۱۱۷/۲.
۹ - **بُوَم**: باشم.

مُجرم دانستنِ ایاز خود را[۱] در این شفاعت‌گری و عذرِ این جُرم خواستن، و در آن عذرگویی خود را مُجرم دانستن، و این شکستگی، از شناخت و عظمتِ شاه خیزد که: «اَنَا اَعْلَمُکُمْ بِاللهِ وَ اَخْشیٰکُمْ لِلّهِ»[۲] وَ قٰالَ الله تَعٰالیٰ: «اِنَّمٰا یَخْشَی اللهَ مِنْ عِبٰادِهِ اَلْعُلَمٰاءُ»[۳]

۶ **مـن کِـی آرَم رحـم، خِـلْم‌آلود[۴] را؟ ره نـمایم حـلم[۵]، عـلم‌انـدود[۶] را** ۴۱۵۵

من حق ندارم شفیعِ مغضوبی شوم و یا کسی را که علمِ کاملی دارد به حلم فراخوانم.

صـد هـزاران صَـفْع[۷] را ارزانـی‌ام گـر زبـونِ صَـفْع‌ها گـردانـی‌ام ۴۱۵۶

و چون عذرخواهِ مجرمان شده‌ام، سزاوار صدها هزار سیلی و خفّت هستم.

من چه گویم پیشت؟ اِعلامت کنم؟ یـا کـه وایـادت دهـم شـرطِ کَـرَم؟ ۴۱۵۷

من چه بگویم؟ از چه چیزی آگاهت کنم؟ یا کدام شرط بخشندگی را به یادت آوَرَم؟

آنچه معلوم تـو نَـبْوَد چـیست آن؟ وآنچه یادت نیست، کو اندر جهان؟ ۴۱۵۸

چه چیزی بر تو معلوم نیست؟ چه چیزی را نمی‌دانی؟

ای تو پاک از جهل، و علمت پاک از آن کـه فـرامـوشی کـند بـر وی نـهان ۴۱۵۹

ای مبرّا از جهل و دانش‌ات مبرّا از نسیان،

هـیچ کس را، تـو کسـی اِنگـاشتی همچو خورشیدش به نور افراشـتی ۴۱۶۰

تو ناسزاواری را سزاوار انگاشتی و او را چون خورشید تابناک و منوّر کردی.

چون کَسَـم کـردی، اگـر لابـه کـنم مُسـتمع شـو لابـه‌ام را از کَـرَم ۴۱۶۱

بندهٔ تو و «هیچ‌کس»ام که مرا کسی انگاشته‌ای؛ پس ناله‌ام را از کَرَم بشنو.

زانکه از نقشم چـو بـیرون بُـرده‌ای آن شفاعت هم، تو خود را کرده‌ای ۴۱۶۲

چون تو مرا از «خودبینی» رهانیده‌ای؛ پس شفاعتِ من شفاعتِ توست.

---

۱ - اینکه ایاز خود را در این شفاعت و عذرخواهی ازگناهِ دیگران گناهکار می‌داند و فروتنیِ او ناشی از معرفتِ شاه است که «من خدا را بهتر از شما می‌شناسم؛ بنابراین بیشتر از خدا می‌ترسم» و خداوند تعالی گفت: از میانِ بندگان تنها دانشمندان از او می‌ترسند.

۲ - حدیث نبوی به نقل از کشف‌الاسرار، ج ۶، ص ۱۸۸: شرح مثنوی معنوی مولوی، نیکلسون، ترجمهٔ حسن لاهوتی، ج ۵، ص ۱۹۹۲.   ۳ - قرآن؛ فاطر: ۲۸/۳۵.   ۴ - **خِلْم** : خشم، «خشم‌آلود»: کسی که مغضوب است.

۵ - **حِلم** : بردباری.   ۶ - **علم اندود** : کسی که علم کامل دارد.   ۷ - **صَفْع** : سیلی، پس گردنی.

چون ز رَختِ من تهی‌گشت این وطن   تــرّ و خشکِ خــانه نَــبْوَد آنِ مــن ۴۱۶۳
چون وجودم از من تهی شده است؛ پس هیچ چیزِ آن به من تعلّق ندارد.

هم دعا از من روان کردی چـو آب   هم نباتش بخش و دارَش مُستجاب ۴۱۶۴
تو دعایی در وجودم چون آب جاری ساختی، پس آن را سرسبز کن و بپذیر.

هــم تــو بــودی اوّل آرنــدهٔ دعــا   هم تو باش آخِـر اجـابت را رَجـا[1] ۴۱۶۵
پدیده آورندهٔ دعا تو بودی، اجابت کننده‌اش هم تو باش.

تـا زنـم مـن لاف کآن شـاهِ جـهان   بــهرِ بــنده عـفو کـرد از مُـجرمان ۴۱۶۶
تا بتوانم ادّعا کنم که آن شاهِ جهان برای بنده‌ای، گناهکاران را بخشید.

درد بودم[2] سر به سر من خودپسند   کــرد شــاهم داروِی هــر دردمـند ۴۱۶۷
من خودپسندی پُر از درد و رنج بودم که شاه مرا دوایِ هر دردمندی قرار داد.

دوزخی بودم پُـر از شـور و شـری   کــرد دستِ فـضلِ اویَـم کـوثری ۴۱۶۸
دوزخی پر از فتنه و آشوب بودم، دست کَرَمش مرا به کوثر بَدَل کرد.

هـر کـه را سـوزید دوزخ در قَـوَد[3]   مــن بــرویانم دگــر بـار از جَسَـد ۴۱۶۹
هر کسی را که دوزخِ درونش شایستهٔ کیفر است، نجات می‌دهم.

کارِ کوثر چیست؟ که هـر سـوخته   گــردد از وی نـابِت[4] و انـدوخته[5] ۴۱۷۰
همانند کوثر که هر عضوِ سوخته‌ای را دوباره سرسبز و بارور می‌کند.

قـــطره قـــطرهٔ او مُـــنادیِ کَـــرَم   کآن چه دوزخ سوخت، من باز آورم ۴۱۷۱
هر قطرهٔ کوثر ندا می‌کند: هر عضوی را که دوزخ سوزانده است، دوباره می‌رویانم.

هست دوزخ همچو سرمایِ خـزان   هست کوثر چون بهار ای گـلستان! ۴۱۷۲
دوزخ، همانندِ سرمایِ خزان نابود کننده است و کوثر همانندِ بهار زنده کننده.

هست دوزخ همچو مرگ و خاکِ گور   هست کـوثر بـر مـثالِ نَـفْخ[6] صـور ۴۱۷۳
دوزخ، مانندِ مرگ و گور و کوثر، مانندِ دمیدن در صور است.

---

۱ - **رَجا** : امید. ۲ - **درد بودم** : اینجا اسیرِ ظواهر دنیا بودم؛ یعنی پر از دردِ جهل و خودبینی.
۳ - **قَوَد** : قصاص، کیفر و مجازات. ۴ - **نابِت** : روینده و مثمر. ۵ - **اندوخته** : دوباره درست شده.
۶ - **نفخ** : دمیدن.

ای ز دوزخ سوخته اَجسامتان   سویِ کوثر می‌کَشَد اِکرامتان ۴۱۷۴

ای کسانی که بدن‌هایتان از دوزخ سوخته است، کَرَم الهی شما را به سوی کوثر می‌کشاند.

چون خَلَقْتُ اَلخَلْقَ کَیْ یُرْبَحْ عَلَیّ[1]   لطفِ تو فرمود، ای قَیّومِ حَیّ! ۴۱۷۵

ای خدای پایندهٔ زنده، چون لطف تو فرمود: «من آفریدم تا از من بهره‌مند شوند»،

لاٰ لِاَنْ اَرْبَحْ عَلَیْهِمْ جُودِ توست   که شود زو جمله ناقص‌ها دُرُست ۴۱۷۶

«نیافریدم که من از آنان بهره‌مند شوم»، بخشش توست که همه با آن به کمال می‌رسند.

عفو کن زین بندگانِ تن‌پرست   عفو از دریایِ عفو اولیتر است ۴۱۷۷

گناهِ این بندگانِ تن‌پرور را عفو کن؛ زیرا عفو شایستهٔ دریای بخشایش است.

عفوِ خلقان همچو جُو و همچو سیل   هم بدآن دریایِ خود تازند خیل[2] ۴۱۷۸

بخششِ خلق، مانند جوی یا سیل به دریای بخشش تو می‌ریزد؛ چون مبدأ و مرجعش تویی.

عفوها هر شب از این دل‌پاره‌ها   چون کبوتر سویِ تو آید شها![3] ۴۱۷۹

شاها، هر شب بخششِ دل‌هایِ کوچک چون کبوتر به سوی تو می‌آید.

بازِشان وقتِ سحر پَرّان کنی   تا به شب محبوسِ این ابدان کنی ۴۱۸۰

تو دوباره سحرگاه آن‌ها را به پرواز در می‌آوری تا شب باز در تن محبوسشان کنی.

پَرزنان بارِ دگر در وقتِ شام   می‌پرند از عشقِ آن ایوان و بام ۴۱۸۱

شب دوباره به عشقِ آن بارگاه پرواز می‌کنند.

تا که از تنْ تارِ وُصلت[4] بِسکُلند   پیشِ تو آیند، کز تو مُقبل‌اند[5] ۴۱۸۲

تا وقتی بتوانند تار اتّصال با تن را بگسلند و پیش تو بیایند که خوشبختی نزدِ توست.

پَرزنان، آمِن[6] ز رَجعِ سرنگون   در هوا، که اِنّا اِلَیْهِ راجِعُون[7] ۴۱۸۳

در هوا پر بزنند و از بازگشت مجدد در امان باشند که «ما به سوی او باز می‌گردیم».

---

۱ - حدیث قدسی دانسته‌اند؛ ولی از سخنان حضرت علی(ع) است: قال الله تعالی: خَلَقْتُ اَلْخَلْقَ لِیَرْبَحوا عَلَیَّ وَ لَمْ اَخْلُقْهُمْ لِاَرْبَحَ عَلَیْهِمْ: خدای تعالی گفت: من مردم را آفریدم تا از من بهره‌مند شوند نه اینکه من از آنان بهره بگیرم: احادیث، ص ۱۹۹.   ۲ - **خیل**: رَمهٔ اسب.

۳ - عواطف ما از دل‌هایِ کوچکِ ما به سویِ حق می‌روند و امیدِ پذیرفته شدن دارند.

۴ - **وُصْلَت**: پیوند، اتّصال.   ۵ - **مُقبل**: نیکبخت.   ۶ - **آمِن**: بی‌بیم، ایمن.   ۷ - قرآن؛ بقره: ۱۵۶/۲.

بـــانگ مـــی‌آید تَـعالوا[1] زآن کـرم   بعد از آن رجعت، نماند از حرص و غم ۴۱۸۴

بانگِ دریایِ کَرَم می‌آید: «بیایید»، بعد از بازگشت دیگر اندوهی نیست.

بس غـریبی‌ها کشیدیت از جـهان   قـدرِ مـن دانسـته بـاشید ای مِـهان ۴۱۸۵

آن بانگ گوید: ای بزرگان، در دنیا غربت‌ها کشیدید، قدر مرا بدانید.

زیرِ سـایهٔ ایـن درخـتم، مستِ نـاز   هــــین! بـیندازیـد پـاها را دراز ۴۱۸۶

زیر سایهٔ درخت عنایتم سرمستانه بیاسایید.

پـایهایِ پُـر عَـنا[2] از راهِ دیـن   بر کنار و دستِ حوران[3]، خالِدین[4] ۴۱۸۷

پایی را که در راه دین رنج کشیده است به آغوش و دست حوریان بسپارید.

حـوریان گشـته مُـغَمِّز[5]، مـهربان   کز سفر بـاز آمـدند ایـن صـوفیان ۴۱۸۸

حوریان به یک‌دیگر اشاره می‌کنند که این صوفیان از سفری خسته کننده آمده‌اند.

صوفیانِ صافیان چون نـورِ خَـور[6]   مـدّتی افـتاده بـر خـاک و قَـذَر[7] ۴۱۸۹

می‌گویند: این صوفیانِ پاکدل، چون نور خورشید مدّتی بر خاک و پلیدی افتاده‌اند.

بـی اثـر پـاک از قَـذَر بـاز آمـدند   همچو نورِ خور سویِ قـرصِ بـلند ۴۱۹۰

پلیدی در آنان اثری نگذاشته است و مانند نورِ خورشید به خورشید بازگشته‌اند.

این گروهِ مُجرمان هم ای مـجید[8]!   جمله سرهاشان به دیواری رسـید[9] ۴۱۹۱

ای مجید، این گناهکاران هم پشیمان‌اند.

بر خطا و جُرم خود واقـف شـدند   گرچـه مـاتِ کَـعبَتَیْن[10] شَـه بُـدند ۴۱۹۲

هرچند که اسیرِ تقدیر بودند؛ امّا به گناه و جُرمِ خود پی برده‌اند.

---

۱ - **تعالوا**: بیایید. ۲ - **عَنا**: رنج. ۳ - **حوران**: حوریان بهشتی. ۴ - **خالدین**: جاودان.
۵ - **مُغَمِّز**: اشاره کننده، به صیغهٔ اسم فاعل در فارسی: دلاّک یا کسی که دست و پا را برای رفع خستگی مالش می‌دهد. ۶ - **خَور**: خورشید. ۷ - **قَذَر**: پلیدی. ۸ - **مجید**: دارایِ جُود، بزرگوار.
۹ - **سر به دیوار رسیدن**: کنایه از پشیمان شدن. ۱۰ - **کَعْبَتَیْن**: دو طاس تخته نرد، اینجا کنایه از تقدیر الهی.

رو بـه تـو کـردند اکـنون اَهْ‌کـنان[1] ای که لُطفت مـجرمان را رَهْ‌کُـنان[2] ۴۱۹۳

ای کسی که لطفت راه‌گشای مجرمان است، اکنون آه‌کنان به تو روی آورده‌اند.

راه دِه آلودگـــان را، الْـــعَجَل[3] در فُـراتِ[4] عَـفْو و عَـیْنِ مُـغْتَسَل[5] ۴۱۹۴

این آلودگانِ گناه را در رودخانهٔ بخشایش و چشمهٔ پاک کننده‌ات راه ده.

تـا کـه غسـل آرَنـد زآن جُـرمِ دراز در صفِ پـاکـان رونـد انـدر نـماز ۴۱۹۵

تا خود را از آن گناهانِ فراوان بشویند و در صف پاکان به نماز بایستند.

انــدر آن صــف‌ها ز انـدازه بـرون غـرقگانِ نـورِ نَـحْنُ الصّـافُّون[6] ۴۱۹۶

در صف‌هایی که گروه بی‌شماری از غرقه‌شدگانِ در نور می‌گویند: «ما صف بسته‌ایم».

چون سخن در وصفِ این حالت رسید هـم قـلم بشکست و هـم کـاغذ دریـد ۴۱۹۷

چون سخن به توصیف این حال رسید، هم قلم شکست و هم کاغذ پاره شد.

بـحر را پـیمود هـیچ اُسْکُـرّه‌یی[7] ؟ شـیر را بـرداشت هـرگز بـرّه‌یی؟[8] ۴۱۹۸

زیرا کاسه نمی‌تواند، همانند کشتی دریا را بپیماید و یا برّه شیر را شکار کند.

گر حجاب اَسْتَت برون رو زاحتجاب تـــا بـــبینی پـادشاهیِ عُـجاب[9] ۴۱۹۹

اگر نمی‌توانی این سخنان را درک کنی، از حجاب برون آی تا سلطنتِ شگفت‌انگیز را ببینی.

گرچـه بشکسـتند جـامت قـومِ مست آنکه مست از تو بُوَد، عذریش هست[10] ۴۲۰۰

هرچند که این گروه خودبین جامِ امر تو را شکستند؛ امّا مستِ تو معذور است.

مســتیِ ایشــان بـه اقـبال و بـه مـال نه ز بادهٔ توست؟ ای شیرین‌فِعال[11] ! ۴۲۰۱

خدایا، تو آنان را از اقبال و مال بهره‌مند و سرمست کرده‌ای.

---

۱ - **اَهْ‌کنان :** آه کُنان. ۲ - **رَه‌کُنان :** راهنما. ۳ - **أَلْعَجَل :** شتاب کن. ۴ - **فُرات :** مطلق رودخانه.

۵ - **عَینِ مُغْتَسَل :** چشمهٔ شست‌وشو دهنده.

۶ - صافات: ۱۶۵/۳۷-۱۶۴. که فرشتگان می‌گویند: ما صف زدگانیم. ۷ - **اُسْکُرّه :** کاسهٔ گلین، پیالهٔ کوچک.

۸ - مراد آنکه: توصیف این حال هم کار «قلم و قال» نیست. منوط به «حال» است.

۹ - **عُجاب :** بسیار تعجّب‌آور. خطاب به سالک یا طالبِ مبتدی است که هنوز به عالم معنا راه نیافته و همچنان در پس پرده‌ها مانده است. ۱۰ - مناجات مولانا با پروردگار است. ۱۱ - **شیرین‌فعال :** خوش‌کردار، خداوند.

ای شهنشه! مستِ تخصیص[1] تو اَند عفو کن از مستِ خود، ای عفومند! ۴۲۰۲
ای پروردگار، آنان از لطف و عنایتِ تو مست‌اند. ای بخشنده، مستِ خود را ببخش.

لذّتِ تخصیص تو وقت خطاب آن کند که نایَد از صد خُم شراب ۴۲۰۳
هنگامی که کسی را بندهٔ خود می‌خوانی، لذّتِ این انتساب از صد خُمِ شراب افزون‌تر است.

چونکه مستم کرده‌ای، حَدَّم مزن[2] شرع مستان را نبیند حَد زدن ۴۲۰۴
چون تو مرا مست کرده‌ای، حدّ نزن؛ زیرا شرع حدّ زدنِ بر مست را روا ندارد.

چون شوم هشیار، آنگاهم بزن که نخواهم گشت خود هشیار من[3] ۴۲۰۵
چون هشیار شدم، حدّ بزن؛ امّا هرگز هشیار نمی‌شوم.

هر که از جام تو خورد ای ذُوالْمِنَن! تا ابد رَست از هُش و از حَد زدن ۴۲۰۶
ای صاحبِ نعمت‌ها، هر کس از جامِ تو باده خورد، تا ابد بیهوش شد و از حد زدن رهید.

خـالِدینَ فـی فَـناءِ سُکْـرُهُم مَـنْ تَـفْانِی فِی هَـواکُم، لَمْ یَـقُم ۴۲۰۷
آنان همواره از فنایِ در تو مست‌اند. کسی که در عشق تو فانی شود، جاودانه مست می‌ماند.

فـضلِ تـو گـوید دلِ مـا را کـه: رو ای شـده در دوغِ[4] عشـقِ مـا گـرو ۴۲۰۸
فضلِ الهیِ تو به دل ما که عاشقِ حق شده است، می‌گوید: آسوده باش.

چون مگس در دوغِ مـا افـتاده‌ای[5] تو نه‌ای مست ای مگس! تو باده‌ای ۴۲۰۹
تو غرقِ عشق حق شده‌ای و اینک وجودت، همانند «باده» دیگران را مست می‌کند.

کرکسان[6] مست از تو گردند ای مگس! چـونکه بـر بـحرِ عسـل رانی فَـرَس[7] ۴۲۱۰
اگر «اهلِ دنیا» را هم از حلاوتِ دریایِ معرفتِ وجودت بهره‌مند کنی، سرمست می‌شوند.

---

۱ - **تخصیص**: اختصاص یافتن، لطف و عنایت.
۲ - **حد زدن**: حکم شرع که مست را پس از هوشیاری حد می‌زنند.
۳ - مصراع دوم: همواره مستِ حق و فانیِ در حق هستم.
۴ - **در دوغ افتادن**: معمولاً گول خوردن، اینجا محو و مستهلک شدنِ در عشقِ حق.
۵ - مانند مگسی که در دوغ می‌افتد و می‌میرد. ۶ - **کرکس**: کنایه از «اهل دنیا» که همانند کرکس مردارخورند.
۷ - مصراع دوم: روی دریای عسل رانی، یعنی هنگامی که خلق را از شیرینیِ دریایِ معرفتِ وجودت بهره‌مند کنی.

کوه‌ها چون ذرّه‌ها سرمستِ تو نقطه و پرگار و خط در دستِ تو ۴۲۱۱

همهٔ اجزایِ هستی سرمستِ «عاشقِ حق»اند؛ زیرا وجودش محورِ هستی شده است.

فتنه[1]، که لرزند از او، لرزانِ توست هر گران‌قیمت گُهر ارزانِ توست ۴۲۱۲

همه از «فتنه» می‌ترسند و او از تو. هر چیزِ گرانبهایی در تقابل با تو بی‌ارزش است.

گر خدا دادی مرا پانصد دهان گفتمی شرحِ تو ای جان و جهان[2]! ۴۲۱۳

اگر پانصد دهان داشتم شاید می‌توانستم شرحِ تو را بگویم.

یک دهان دارم من، آن هم مُنکسِر[3] در خجالت از تو ای دانایِ سِر! ۴۲۱۴

ای دانای راز، فقط یک دهان دارم و آن هم از شرمِ تو ناقص است.

منکسِرتر خود نباشم از عدم کز دهانش آمدستند این اُمَم ۴۲۱۵

امّا از عدم ناقص‌تر نیستم که تمام این مخلوقات از دهانه‌اش ظهور کرده‌اند.

صد هزار آثارِ غیبی منتظر کز عدم بیرون جَهَد با لطف و بِر[4] ۴۲۱۶

صدها هزار آثار غیبی منتظرند تا به لطف و احسان الهی از عدم بیرون آیند.

از تقاضایِ تو می‌خارد سرم[5] ای بمُرده من به پیشِ آن کَرَم ۴۲۱۷

ای خدایی که جانم فدایِ کَرَمت، در هوایِ تو ملتهب و مضطربم.

رغبتِ ما از تقاضایِ تو است جذبهٔ حقّ است هر جا رهرو است ۴۲۱۸

اشتیاقِ ما از جذبهٔ حق است. همهٔ سالکان با جذبهٔ حق رونده راه شدند.

خاک بی بادی به بالا برجهد؟ کشتیِ بی بحر، پا در رَهْ نهد؟ ۴۲۱۹

همان‌طور که خاک بدون باد به بالا نمی‌رود و کشتی بدون دریا حرکتی ندارد.

پیشِ آبِ زندگانی[6] کس نَمُرد پیشِ آبت آبِ حیوان است دُرد ۴۲۲۰

هیچ کس با وجودِ «آبِ حیات» نمی‌میرد؛ امّا «آبِ عشقِ حق» عمرِ جاودان پُر معناتری می‌دهد.

---

۱ - **فتنه** : آزمون الهی، عاشقان حق در آزمون‌ها به تعلیم عشق سربلندند.

۲ - **ای جان و جهان** : دلِ عاشق حق که «جان» است و «جهان» است.

۳ - **منکسر** : شکسته، سُست و ناتوان. ۴ - **بِرّ** : نیکی. ۵ - **می‌خارَد سرم** : کنایه از بی‌قراری، التهاب.

۶ - **آبِ زندگانی** : آبِ حیات.

آبِ حیوان قبلهٔ جان دوستان   زآب باشد سبز و خندان بوستان ۴۲۲۱

«آبِ حیات» مورد توجّه علاقه‌مندان به زندگیِ این جهانی است که می‌خواهند بوستانِ وجودشان همیشه سرسبز و جوان بماند.

مرگ‌آشامان ز عشقش زنده‌اند   دل ز جان و آبِ جان بر کنده‌اند ۴۲۲۲

عاشقانِ حق به قدرتِ عشق، مرگ را هم می‌آشامند و نیازی به «آبِ حیات» ندارند.

آبِ عشق تو چو ما را دست داد   آبِ حیوان، شد به پیشِ ما کساد ۴۲۲۳

به قدرت عشق تو، هیچ چیز در نظر ما شأنی ندارد.

زآبِ حیوان، هست هر جان را نوی   لیک آبِ آبِ حیوانی تُوی ۴۲۲۴

هر جان از آبِ حیات تازگی و طراوت می‌یابد؛ امّا تو سرچشمهٔ آب حیات هستی.

هر دمی مرگی و حشری دادی‌ام   تا بدیدم دست‌بُردِ[1] آن کرم[2] ۴۲۲۵

مرا هر لحظه مرگ و رستاخیزی دادی تا قدرت تو را دیدم.

همچو خُفتن گشت این مُردن مرا   ز اعتمادِ بعث کردن، ای خدا! ۴۲۲۶

ای خدا، از اطمینانی که به رستاخیز دارم، مُردن را شبیه خوابیدن می‌دانم.

هفت دریا هر دم ار گردد سراب   گوش گیری، آوریش، ای آبِ آب ۴۲۲۷

اگر همهٔ دریاها محو و نابود شوند، تو که اصلِ آن‌ها هستی، بازشان می‌گردانی.

عقل لرزان از اجل، و آن عشقْ شوخ   سنگ کِی ترسد ز باران چون کُلوخ؟ ۴۲۲۸

«عقل» از اجل می‌ترسد؛ ولی «عشق» جسور است. سنگ مثل کلوخ از باران بیمی ندارد.

از صِحافِ مثنوی این پنجم است   در بروجِ چرخِ جان چون اَنجُم است[3] ۴۲۲۹

این پنجمین دفتر از دفترهایِ مثنوی است که در آسمانِ جان نورافشانی می‌کند.

رَهْ نیابد از ستاره، هر حواس   جز که کشتیبانِ اِستاره شناس[4] ۴۲۳۰

این سخنان تابناک را فقط اهلِ معرفت در می‌یابند.

---

۱ - **دست‌بُرد**: قدرت و غلبه. ۲ - **آن کَرَم**: آن صاحب کَرَم.

۳ - مصراع دوم: در برج‌هایِ آسمانِ جان چون ستارگان نور می‌افشانَد.

۴ - **کشتی‌بانِ اِستاره‌شناس**: کنایه از عارفان و اهلِ معرفت است.

جــز نـظاره نـیست قِسمِ دیگـران   از سُـعودش غـافل‌انـد و از قِـران[1] ۴۲۳۱

دیگران از ظاهرِ سخنان بهره می‌برند و از دقایق و ظرایف چیزی درک نمی‌کنند.

آشــنایی گــیر شب‌هــا تـا بـه روز   بــا چــنین اِسـتاره‌هایِ دیـوْسوز[2] ۴۲۳۲

شب و روز را با این سخنانِ ظلمت‌سوز بگذران.

هــر یکــی در دفــعِ دیـوِ بـدگمان   هست نــفطْ‌انــداز[3] **قـلعهٔ آسـمان**[4] ۴۲۳۳

هر یک از این معانی بلند، همانند آتشی از آسمان برای دفع شیطان و وسوسه‌ها می‌بارد.

اختر اَز با دیو همچون عَقرب است[5] **   مشـتری**[6] **را او وَلِیُّ اْلاَقْـرَب**[7] **است** ۴۲۳۴

مثنوی با شیطان دشمن و برای اهلِ معرفت بهترین دوست است.

قــوس[8] **اگــر از تـیر دوزد دیـو را   دَلوِ**[9] **پُــر آب است زَرْع و مــیو را** ۴۲۳۵

«ظرایفِ مثنوی»، شیطان را با «تیر» می‌زند و سبب حاصلخیزی زمینِ وجودِ طالبان است.

حُوت[10] **اگرچه کشتیِ غَیْ**[11] **بشکند   دوست را چون ثَوْر**[12] **کِشتی می‌کند** ۴۲۳۶

معانی و معارفِ مثنوی، «نکته‌ها چون تیغ پولادند تیز»، بـرای گـمراهـان خـطرناک و بـرای دوستان طربناک‌اند.

۱ - مصراع دوم: از سعود و قِران ستارگان، یعنی از معانیِ بلندِ آن غافل‌اند. «سُعود» به معنی طالعِ نیک، «قِران» به معنی تقارنِ ستارگان با هم.

۲ - **اِستاره‌های دیوسوز**: شهابِ ثاقب که شیطان را دور می‌کند، اینجا معانی و معارف مثنوی.

۳ - **نفط انداز**: نفت‌انداز، کسی که آتش می‌بارد. ۴ - **قلعهٔ آسمان**: باروِی آسمان، آسمان.

۵ - **همچون عقرب است**: مثل عقرب نیش می‌زند و دفع می‌کند.

۶ - **مشتری**: ستارهٔ سعد اکبر، اینجا «اهلِ معرفت» که ستارهٔ سعد دارند و اقبال بلند.

۷ - **وَلِیّ اْلاَقْرب**: بهترین دوست.

۸ - **قوس**: صورت فلکی در منطقهٔ البروج، برج نُهم سال خورشیدی به شکل کمان و تیر، تیرانداز از کمان.

۹ - **دَلْو**: یازدهمین برج فلکی، صورت آن شبیه کسی است که از چاه آب می‌کشد.

۱۰ - **حُوت**: ماهی، برج دوازدهم، مانند نهنگی که به کشتی صدمه می‌زند برای کشتیِ وجودِ گمراه زیان‌آور است.

۱۱ - **کشتیِ غَی**: کشتیِ گمراه، کنایه از وجودِ آدمِ گمراه در دریایِ عظیمِ مثنوی.

۱۲ - **ثور**: لفظاً به معنی گاو، صورتِ فلکی، برج دوم، برجِ رویش معادل اردیبهشت، زمینِ وجودِ دوست را کشت می‌کند، یعنی شخم می‌زند.

شمس اگر شب را بدَرَّد چون اَسَد[1] لعـل را زو خِـلعتِ اطـلس رسـد[2] ۴۲۳۷

خورشیدِ «مثنوی»، ظلمت را می‌سوزانَد و دل‌هایِ قابل راگوهر می‌کند.

هـر وُجـودی کـز عـدم بـنمود سَـر بر یکی زهر است و بر دیگر شکَـر ۴۲۳۸

هر پدیده یا هر وجودی برای یکی خوب و برای دیگری بد است.

دوست شو وز خوی ناخوش شو بـری تـا ز خُـمرهٔ زهـر هـم شکّـر خـوری ۴۲۳۹

اگر به مرتبهٔ «دوستی» و «صلحِ کُلّی» برسی، همه چیز شیرین است.

زآن نشـد فـاروق[3] را زهـری گـزند که بُد آن تـریاقِ فـاروقی‌ش[4] قـند ۴۲۴۰

زهر در عُمَر اثر نکرد، چون در وجودش پادزهر بود.

---

۱ - مصراع اوّل: همانند شیر شب را می‌دَرَد، «اسد»: برج پنجم، خانهٔ آفتاب، آن را مثال شیری توهّم کرده‌اند، مطابق مرداد فارسی، «اسد» دلالت بر خشم و دلاوری است. ۲ - سنگ را لعل می‌کند.

۳ - **فاروق** : لقب عُمر بن خطّاب.

۴ - **تریاقِ فاروقی** : پادزهر بسیار قوی، متمایز کننده حیات و ممات، اشاره به زهری که امپراتور روم برای عُمَر در میانِ سایر هدایا و برای دفعِ دشمنانِ او فرستاده بود که عمر آن را خورد و نمرد، اینجا کنایه از درونِ منوّر.

A Commentary on the Mathnavi

A Fresh Approach to the
Foundations of Theoretical Mysticism

Vol. V

Authur : Nahid Abghari

2 0 1 6